AF870542

Pensionnats du Canada

Volume 1 • Partie 2

Pensionnats du Canada :
L'histoire, partie 2
de 1939 à 2000

Rapport final de la Commission de vérité et réconciliation du Canada

Volume 1

Publié pour la
Commission de vérité et réconciliation du Canada
par
McGill-Queen's University Press
Montreal & Kingston • London • Chicago

Le présent rapport relève du domaine public.

Toute personne peut, sans frais ni demande de permission, reproduire le rapport intégralement ou partiellement.

2015

Commission de vérité et réconciliation du Canada

Site Web : www.trc.ca

Imprimé au Canada sur papier non acide

ISBN 978-0-7735-4664-6 (vol. 1, ptie 2 : couverture souple).

Un index de ce volume du rapport final est disponible en ligne. Visitez le http://nctr.ca/trc_reports.ph

Catalogage avant publication de Bibliothèque et Archives Canada
Commission de vérité et réconciliation du Canada
[Canada's residential schools. Français]
Pensionnats du Canada : rapport final de la Commission de vérité et réconciliation du Canada.

Traduction de : Canada's residential schools.
Comprend des références bibliographiques et un index.
Sommaire : Volume 1, partie 1-2. L'histoire — volume 2. L'expérience inuite et nordique — volume 3. L'expérience métisse volume 4. Enfants disparus et lieux de sépulture non marqués — volume 5. Les séquelles — volume 6. La réconciliation.
Publié en formats imprimé(s) et électronique(s).
ISBN 978-0-7735-4663-9 (vol. 1, ptie 1 : couverture souple).
ISBN 978-0-7735-4664-6 (vol. 1, ptie 2 : couverture souple).
ISBN 978-0-7735-4665-3 (vol. 2 : couverture souple).
ISBN 978-0-7735-4666-0 (vol. 3 : couverture souple).
ISBN 978-0-7735-4667-7 (vol. 4 : couverture souple).
ISBN 978-0-7735-4668-4 (vol. 5 : couverture souple).
ISBN 978-0-7735-4669-1 (vol. 6 : couverture souple).
ISBN 978-0-7735-9831-7 (vol. 1, ptie 1 : ePDF).
ISBN 978-0-7735-9833-1 (vol. 1, ptie 2 : ePDF).
ISBN 978-0-7735-9835-5 (vol. 2 : ePDF).
ISBN 978-0-7735-9837-9 (vol. 3 : ePDF).
ISBN 978-0-7735-9839-3 (vol. 4 : ePDF).
ISBN 978-0-7735-9841-6 (vol. 5 : ePDF).
ISBN 978-0-7735-9843-0 (vol. 6 : ePDF).
ISBN 978-0-7735-9832-4 (vol. 1, ptie 1 : ePUB).
ISBN 978-0-7735-9834-8 (vol. 1, ptie 2 : ePUB).
ISBN 978-0-7735-9836-2 (vol. 2 : ePUB).
ISBN 978-0-7735-9838-6 (vol. 3 : ePUB).
ISBN 978-0-7735-9840-9 (vol. 4 : ePUB).
ISBN 978-0-7735-9842-3 (vol. 5 : ePUB).
ISBN 978-0-7735-9844-7 (vol. 6 : ePUB)

1. Internats pour autochtones — Canada. 2. Autochtones — Éducation — Canada. 3. Autochtones — Canada — Relations avec l'État. 4. Autochtones — Canada — Conditions sociales. 5. Autochtones — Canada — Histoire. I. Titre. II. Titre : Canada's residential schools. Français.

E96.5.T7814 2016 971.004'97 C2015-906048-6
C2015-906049-4

Table des matières

Pensionnats du Canada

Volume 1 • Partie 2

Introduction

Dans les années 1930, les fonctionnaires fédéraux concluent que le système des pensionnats n'atteint pas ses objectifs. En 1936, R. A. Hoey, ancien ministre de l'Éducation du Manitoba, est nommé surintendant du bien-être et de la formation au département des Affaires des Sauvages. Dès son entrée en fonction, il procède à l'évaluation des pensionnats. Il constate que, en 1935-1936, une enveloppe totalisant 1 511 153,76 $ leur a été affectée, ce qui correspond à 77,8 % du budget de 1 943 645 $ que le Ministère consacre à l'éducation. Le nombre d'inscriptions augmente à raison de 250 élèves par année. Scolariser ces enfants dans des pensionnats coûterait 40 000 $ de plus annuellement, sans compter ce qu'il en coûterait de bâtir des établissements additionnels ni les frais d'intérêt sur la mise de fonds. Par contre, scolariser 250 élèves de plus en externat ne coûterait que 7 000 $ par année. Sans surprise, Hoey s'oppose à l'élargissement du système des pensionnats : « Persister à construire des établissements d'enseignement, surtout des pensionnats, alors que le budget ne nous permet pas d'entretenir les établissements actuels m'apparaît fort peu judicieux et difficilement justifiable. »

Hoey fait aussi clairement comprendre que le département n'a aucun objectif précis en matière d'éducation.

> Si l'objectif consiste à faire de l'Indien un homme blanc prêt à s'intégrer à l'ordre social industriel, le programme d'enseignement actuel peut sembler plutôt adéquat. Cependant, s'il s'agit plutôt de laisser les diplômés retourner dans les réserves pour s'adonner à l'agriculture, à la pêche, à la chasse et ainsi de suite, il doit y avoir un lien clair et direct entre l'enseignement prodigué et ces activités.

Il propose subséquemment un système semblable à celui des externats fédéraux améliorés qu'avait proposé Frank Pedley lorsqu'il était sous-ministre des Affaires des Sauvages, 30 ans auparavant. Hoey entend remplacer les pensionnats par des externats situés dans les réserves qui assureraient une formation à la fois scolaire et professionnelle et qui deviendraient le noyau des communautés en veillant à la scolarisation et à la formation des adultes autant que des enfants. Devenu en 1945 directeur de la Division des affaires indiennes, Hoey va de l'avant, avec un succès mitigé, durant une dizaine d'années[1].

Hoey doit faire face à l'opposition des trois principaux organismes religieux à diriger des pensionnats : l'Église Unie, l'Église anglicane et les Oblats de Marie Immaculée. Bien que ces derniers soient prêts à reconnaître que le système des pensionnats ne répond pas aux attentes, ils estiment que la solution réside dans son intensification. Ils demeurent par ailleurs résolus à assimiler les Autochtones et à faire abolir les réserves. Au cours d'une conférence tenue en 1936, les travailleurs auprès des Indiens de l'Église Unie concluent que l'éducation des Indiens vise « l'abolition des réserves, qui sont assorties de restrictions, pour favoriser l'intégration pleine et entière des Sauvages, avec les privilèges que cela implique, aux autres citoyens canadiens ». Ils reconnaissent que le système de scolarisation actuel n'atteint pas cet objectif, précisant que « peut-être 5 % de nos élèves peuvent être formés et éduqués de manière à ce que, leurs études terminées, ils s'intègrent à la société canadienne ». Les autres élèves devraient retourner dans leur réserve. Pour garantir que les enfants finissent par incarner l'idéal du « civisme chrétien », l'Église fait valoir qu'« il faut conserver aussi bien les externats que les pensionnats »[2].

T. B. R. Westgate, secrétaire de la commission sur les pensionnats indiens et esquimaux de la Société missionnaire de l'Église d'Angleterre du Canada, soutient en 1938 que les membres des Premières Nations « doivent inévitablement être assimilés au reste de la population et jouir des mêmes droits que tous les autres citoyens canadiens », ajoutant : « Avec son grand savoir, l'homme blanc a le devoir solennel d'incarner les valeurs supérieures du monde actuel aux yeux des moins privilégiés que lui, dont les Indiens, et d'aider ces derniers à réussir leur difficile processus d'adaptation. » Sur la question du type d'établissement à privilégier, Westgate fait remarquer que, au cours de l'exercice 1936-1937, les Affaires des Sauvages ont recensé 9 040 élèves dans les pensionnats et 9 027 dans les externats. Alors que le taux d'assiduité dans les pensionnats atteignait 90,44 %, il n'était que de 62,52 % dans les externats. De plus, 212 élèves de pensionnat avaient terminé leur huitième année, contre 146 dans les externats. Pour la neuvième année, les chiffres étaient de 87 et de 15 respectivement. Dans ce contexte, Westgate recommande de « transférer tous les élèves des externats dans des pensionnats lorsqu'ils atteignent l'âge de 10 ans ou qu'ils ont réussi la 5e année ». Il veut également repousser de 16 à 18 ans l'âge auquel les enfants quittent le pensionnat. « Un seul type d'école sera bénéfique pour les Indiens des régions éloignées, qui sont presque tous nomades : le pensionnat[3]. » Autrement dit, les anglicans veulent que tous les élèves fréquentent des pensionnats et pendant plus longtemps.

À son assemblée de 1939, le comité des missions indiennes des pères oblats reconnaît que « l'idée que les pensionnats soient supérieurs aux externats soulève une vive controverse ». Si la plupart des fonctionnaires s'opposent aux pensionnats, ce serait en raison de leur coût élevé et parce qu'ils nécessitent la séparation des enfants et de leurs parents. On redoute que, même si l'État n'« élimine [pas] totalement les pensionnats existants », il « fera obstacle à la construction d'autres écoles ». En conséquence, les oblats adoptent une motion selon laquelle le pensionnat constitue le meilleur mode de scolarisation pour « refaire une santé aux Indiens, qui souffrent beaucoup trop de tuberculose ou d'autres maladies; faire l'éducation morale des Indiens, la promiscuité qui règne dans les tentes et la majorité de leurs maisons en faisant des milieux peu propices ».

Les oblats soulignent également que le taux d'assiduité fluctue dans les externats et que, étant donné l'apathie des parents, le milieu familial nuit à l'essor intellectuel et civique des enfants[4].

En 1940, le gouvernement et les Églises sont dans l'impasse. Ne serait-ce que pour des considérations économiques, l'État entend réaffecter les ressources des pensionnats aux externats. Or, les Églises ne sont pas prêtes à céder entièrement le contrôle que les pensionnats leur permettent d'exercer sur les enfants. Il faudra des décennies pour dénouer l'impasse. Entre-temps, les pensionnats poursuivront leurs activités. Une autre génération d'élèves des Premières Nations franchira leurs portes pour recevoir l'éducation médiocre qui fait la réputation de la première époque des pensionnats, vivant dans des bâtiments vétustes, où les enfants seront sous-alimentés et surmenés, où ils subiront une discipline de fer, où ils souffriront de négligence affective et où ils seront trop souvent victimes de sévices sexuels et physiques. C'est cette histoire qui fait l'objet des chapitres qui suivent.

3

Le système de pensionnats au Canada, de 1940 à 2000

CHAPITRE 32

Administration et démantèlement du système : 1940-2000

Dans les années 1940, les responsables des Affaires indiennes sont décidés à mettre fin au système de pensionnats. En mai 1944, R. A. Hoey, le surintendant du bien-être et de la formation des Affaires indiennes, déclare devant le Comité spécial de la restauration et du rétablissement de la Chambre des communes, « je crois que les pensionnats indiens ne suffisent plus aux besoins ». Il relève qu'il n'exprime pas une politique gouvernementale, mais, dit-il : « J'aimerais voir les pensionnats fermer leurs portes graduellement, à mesure que les Indiens deviendront capables de s'en passer. Je crois qu'il en faudra toujours quelques-uns pour les orphelins et les enfants des ménages désunis[1]. » Plus tard au cours de l'année, il fait savoir à Harold McGill, directeur de la Division des affaires indiennes, que

> [...]nous approchons rapidement d'une époque à laquelle il faudra prendre une décision définitive au sujet des pensionnats dans tout le Dominion. S'ils ne répondent plus aux besoins pour lesquels ils ont été créés, ils devraient à mon avis être soit fermés, soit remaniés, ou le programme qui est en vigueur à l'heure actuelle devrait être modifié pour satisfaire aux besoins plus urgents de la population indienne[2].

Selon le Rapport annuel du ministère des Affaires indiennes pour l'exercice 1944-1945, il y a 8 865 pensionnaires et 76 pensionnats[3]. Vingt-cinq ans plus tard, au printemps 1969, le gouvernement fédéral se charge de l'administration complète des 56 pensionnats restants dans le Sud du Canada. À ce moment, 8 000 élèves vivent dans les résidences. (Ces chiffres ne comprennent pas les foyers ou les élèves qui y vivent, car ils étaient administrés par les Affaires du Nord dans les Territoires du Nord-Ouest. L'histoire de ce système est décrite dans un volume distinct du présent rapport[4].) Cependant, bien que la scolarisation en pensionnat ait survécu, elle n'est plus une partie dominante du programme d'éducation des Affaires indiennes. En 1944-1945, les 8 865 élèves des pensionnats représentent 53,9 % des 16 438 élèves des Premières Nations scolarisés au Canada. Les 7 573 élèves restants fréquentent des externats des Affaires indiennes[5].

Graphique 32.1.
Inscription aux pensionnats, de 1940-1942 à 1964-1965.

Source : Rapports annuels du ministère des Affaires indiennes.

Les Affaires indiennes cessent de faire état de l'inscription aux pensionnats dans leurs rapports annuels postérieurs à 1965. Le graphique 32.1 montre l'inscription déclarée aux pensionnats de 1940 à 1965. Il illustre que les inscriptions demeurent élevées tout au long de cette période.

Selon le Rapport annuel du ministère des Affaires indiennes de 1968-1969, 8 206 élèves vivent dans des résidences. Ces pensionnaires ne représentent que 13 % des 62 834 élèves des Premières Nations scolarisés au Canada. La majorité de ceux-ci, soit 33 351, fréquentent des écoles publiques ou privées administrées par une instance provinciale ou territoriale[6]. Depuis les années 1950, les Affaires indiennes s'efforcent avec diligence de se départir de la prestation directe de l'enseignement scolaire aux enfants autochtones. Elles préfèrent qu'ils soient éduqués dans des écoles provinciales ou territoriales. Il s'agit d'un élément central de ce qu'elles qualifient de « politique d'intégration ».

Dans le cadre de ce processus, la fermeture à terme des pensionnats est programmée. En 1968, à des fins administratives, le gouvernement commence à reclasser les pensionnats comme résidences et écoles, qui ont chacune leur propre structure administrative. Les écoles sont absorbées dans le système d'externats du gouvernement. En 1969, lorsque le gouvernement assume le plein contrôle des résidences en le retirant aux Églises, le fonctionnaire des Affaires indiennes, R. F. Davey, écrit que l'inscription aux résidences « a enfin commencé à baisser ». Il estime qu'au cours des cinq années suivantes, il sera possible de fermer 25 résidences supplémentaires. Cela mettrait non seulement fin à la séparation inutile des enfants de leurs parents, que Davey décrit comme étant nuisible pour les uns et les autres, mais permettrait également au gouvernement d'économiser 5 millions de dollars par an[7].

La principale raison pour laquelle l'inscription aux pensionnats reste stable jusqu'à la fin des années 1960 est que les Affaires indiennes n'ont pas construit suffisamment de salles de classe pour permettre à tous les parents des Premières Nations d'envoyer leurs enfants à l'école. Ce n'est que pendant l'année scolaire 1966-1967 que 95 % de tous les enfants des Premières Nations d'âge scolaire sont scolarisés[8]. Faute d'un nombre suffisant de salles de classe, la fermeture des pensionnats ne ferait qu'aggraver la pénurie de salles de classe des Affaires indiennes. La scolarisation en pensionnat enregistre en fait une expansion de courte durée dans le Nord lorsque le gouvernement fédéral établit de nouvelles résidences et de nouveaux pensionnats dans le cadre des efforts qu'il déploie pour fournir une éducation aux enfants autochtones dans les territoires et dans le nord du Québec. La durée de vie des pensionnats est également prolongée par le soutien qu'ils continuent de recevoir des Églises, particulièrement de l'Église catholique, qui s'oppose à la politique de fermeture des écoles et d'intégration du gouvernement fédéral.

La scolarisation en pensionnat survit et reste en grande partie intacte jusqu'à la fin des années 1960, mais dans l'esprit des bureaucrates gouvernementaux, sa fermeture est programmée. Bien qu'à quelques occasions le gouvernement fédéral augmente considérablement le financement du système, il le maintient en réalité à un niveau qui reste constamment insuffisant.

Pendant cette période, les pensionnats sont un élément négligé de la politique d'éducation des Affaires indiennes. Lorsque le gouvernement assume la pleine responsabilité pour les pensionnats en 1969, il ne le fait pas dans la foulée d'une décision politique concertée, mais en réaction à une décision du Conseil du travail fédéral qui l'oblige à assumer les conséquences de ses propres mesures.

Les enfants autochtones font les frais de cette politique marquée au coin de la dérive, de la négligence et des conflits entre le gouvernement et les Églises. Pendant une période de croissance et de prospérité économiques sans précédent au pays, les enfants qui fréquentent les pensionnats continuent d'être mal logés, mal nourris, mal vêtus et mal éduqués. Séparés de leurs parents, ils sont négligés sur le plan affectif, assujettis à une discipline brutale et, en raison de la piètre qualité du recrutement et de la supervision, exposés au risque de devenir victimes d'abus sexuels.

Dans les années qui suivent la prise de contrôle par le gouvernement en 1969, le nombre de résidences dans le Sud du Canada diminue rapidement, comme l'a prédit R. F. Davey. En 1980, il ne reste que 16 résidences ouvertes. (Comme il en a été discuté dans le volume consacré aux écoles du Nord, les résidences du Nord ont été placées sous contrôle territorial à la fin des années 1960.)

Le graphique 32.2 démontre le nombre de pensionnats et de résidences en activité de 1940 à 2000. Il comprend les deux résidences en activité dans le Nord du Canada.

Graphique 32.2.
Nombre de pensionnats et de résidences, de 1940 à 1998.

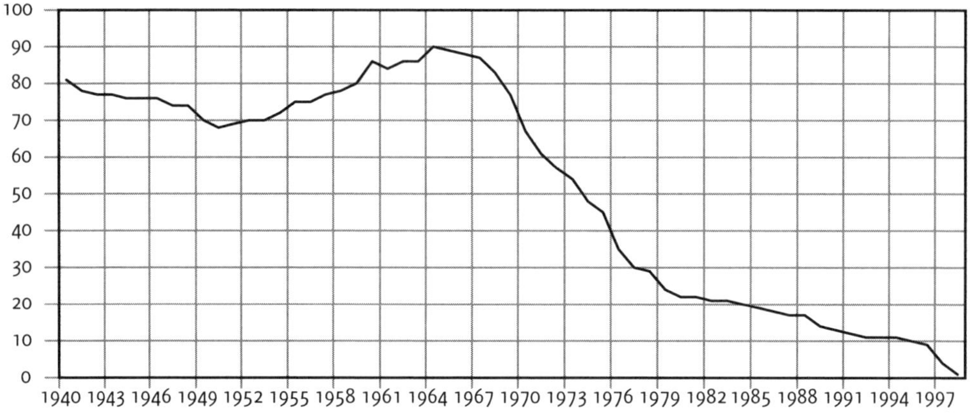

Sources : Affaires indiennes et du Nord Canada - Convention de règlement relative aux pensionnats indiens, 2011.

Les chiffres ont commencé à baisser au milieu des années 1960, et le recul s'est intensifié après que le gouvernement fédéral a pris en charge les écoles du Sud en 1969 et cédé les écoles du Nord aux gouvernements territoriaux pendant la même période.

La plupart des résidences qui continuent de fonctionner jusque dans les années 1990 doivent la prolongation de leur existence à un nouveau facteur politique : la revendication par les Autochtones du droit de contrôler l'éducation des enfants autochtones. En 1969, le ministre des Affaires indiennes, Jean Chrétien, publie la *Politique indienne du gouvernement du Canada* (communément appelée le « Livre blanc »), un document de politique fédéral qui cherche à accélérer l'assimilation des peuples des Premières Nations. Le Livre blanc déclenche une affirmation puissante et efficace des droits autochtones de la part des organisations politiques autochtones. Le gouvernement abandonne publiquement le document stratégique et finit par accepter le principe de la « Maîtrise indienne de l'éducation indienne ». À ce moment, les organismes d'éducation des Premières Nations ont déjà pris le contrôle d'au moins un pensionnat de l'Alberta. D'autres organisations autochtones emboîtent le pas ailleurs, particulièrement en Saskatchewan. La décision que prennent ces organisations de maintenir la scolarisation en pensionnat s'apparente en grande partie à un rejet de la solution de rechange proposée : l'assimilation aux systèmes d'éducation provinciaux, que les Autochtones considèrent comme peu réceptifs, inappropriés et racistes.

Le présent chapitre se veut un cadre pour le reste de cette section du rapport. Après une description de l'élaboration de la politique générale des Affaires indiennes au cours de cette période, nous examinons la politique sur l'éducation des Affaires indiennes. Nous nous penchons plus particulièrement sur les témoignages présentés lors des audiences du Comité spécial mixte du Sénat et de la Chambre des communes sur la *Loi sur les Indiens* à la fin des années 1940. Les déclarations de témoins des Premières Nations lors de ces audiences donnent une excellente idée de l'étendue des points de vue qu'ont les Autochtones au sujet de la scolarisation en pensionnat et de l'éducation en général.

Viennent ensuite deux exemples de l'expansion du système dans les provinces canadiennes pendant cette période (dans le Moyen-Nord du Québec et dans le Nord-Ouest de l'Ontario). Suit une description des principales modifications de la politique gouvernementale de la période. Ces dernières comprennent l'instauration de politiques de financement destinées à renforcer le contrôle qu'exerce le gouvernement sur les écoles et le transfert des élèves des pensionnats des Affaires indiennes dans des écoles qui sont placées sous l'autorité des provinces. Nous accordons une attention particulière au conflit qui a fait surface entre les Églises et le gouvernement fédéral. Ces sections ne laissent planer aucun doute que la scolarisation en pensionnat n'est pas, pendant cette période, un seul système qui fonctionne bien, mais plutôt un ensemble de systèmes dont les relations sont marquées au coin de la suspicion, de la méfiance, du défi et, par moment, de la tromperie délibérée.

Dans les dernières sections du chapitre, il est question de la prise de contrôle finale, et quelque peu accidentelle, du système par le gouvernement en 1969 et l'augmentation subséquente du nombre de résidences administrées par les Autochtones et leur disparition finale.

La politique du gouvernement canadien : du Comité mixte spécial jusqu'au Livre blanc

Il n'y a jamais eu d'énoncé plus clair de la politique des Affaires indiennes du Canada que celui qu'a formulé Duncan Campbell Scott lors de son témoignage à l'appui des modifications de la *Loi des Indiens* en 1920. Ces modifications donnent au gouvernement le droit d'émanciper des personnes (de leur retirer leur statut en vertu de la *Loi des Indiens*) sans leur consentement et d'obliger les enfants des Premières Nations à être scolarisés dans des pensionnats. Scott, qui était le sous-ministre des Affaires indiennes, a justifié l'adoption de ces pouvoirs exécutoires en déclarant : « Notre objectif est de continuer jusqu'à ce qu'il n'y ait plus un seul Indien au Canada qui n'ait pas été absorbé par la société, jusqu'à ce qu'il n'y ait plus de questions indiennes ni de départements des Affaires indiennes. Tel est le but de ce projet de loi[9]. »

L'objectif est l'assimilation : la fin du statut spécial pour les peuples des Premières Nations, la dissolution effective des réserves et la dénonciation des traités (s'il n'y a pas d'Indiens, il ne peut pas y avoir de responsabilités découlant des traités). Ces objectifs sont conformes à la politique historique des Affaires indiennes, qui a été élaborée et mise en œuvre sans que les Autochtones soient consultés. Tout comme les pensionnats proprement dits, cette politique est, en fait, en contradiction directe avec la Proclamation royale de 1763 et les engagements pris pendant la négociation des traités.

Dans une remarque moins connue émanant du même témoignage, Scott formule un commentaire sur le fait que dans l'exercice de ses fonctions de sous-ministre, il n'a « jamais eu l'occasion de recueillir l'avis des Indiens ». Il n'a pas plus été en mesure d'obtenir que son ministre « s'asseye et saisisse la nature compliquée de l'affaire indienne »[10].

Les deux déclarations représentent des tendances permanentes de la politique des Affaires indiennes. Pendant les années 1920 et 1930, le gouvernement adopte des mesures plus restrictives pour tenter d'imposer l'assimilation; dans ce cas encore, sans consulter les Autochtones. En même temps, les politiciens, parmi lesquels le Ministre, continuent d'ignorer en grande partie le fonctionnement des Affaires indiennes au jour le jour. Par exemple, en 1944, J. R. MacNicol, qui est député conservateur depuis 1930, déclare ce qui suit à un comité parlementaire :

> Je me suis toujours fait l'avocat des Affaires indiennes chaque fois que l'occasion s'en est présentée. Cette occasion ne m'a pas été offerte souvent, car les crédits sont présentés aux derniers jours de la session, aux dernières heures, et nous les adoptons pour ainsi dire sans les approfondir et nous nous en tenons à l'exposé que fait le Ministre lorsqu'il les présente[11].

Pendant la période qui s'étend de 1940 à 1973, époque à laquelle le gouvernement fédéral a radicalement réduit le nombre de pensionnats au Canada et s'est engagé à fermer ceux qui restent, les objectifs de la politique gouvernementale demeurent en grande partie inchangés. La politique sur les Autochtones fait l'objet de deux enquêtes par des comités mixtes du Parlement : l'une est une importante étude universitaire, l'autre une consultation dirigée par un ministre du Cabinet. La *Loi sur les Indiens* subit une révision importante (1951) qui élimine bon nombre des mesures contraignantes, tout en maintenant l'engagement envers l'assimilation. En 1969, le gouvernement fédéral publie un document stratégique, le Livre blanc, qui ne tient pratiquement aucun compte de ce que les peuples des Premières Nations ont déclaré au gouvernement au sujet des droits issus des traités et ancestraux. Les objectifs du Livre blanc ne sont ni plus ni moins qu'une poursuite et une accélération des politiques formulées par Duncan Campbell Scott en 1920.

Depuis les années 1930, les Affaires indiennes fonctionnent presque sans supervision et sont insuffisamment financées. Le ministre des Mines et des Ressources naturelles, T. A. Crerar, qui est responsable des Affaires indiennes depuis 1935, cède le fonctionnement journalier des Affaires indiennes au Dr Harold McGill, qui a succédé à Duncan Campbell Scott comme sous-ministre des Affaires indiennes en 1932 et exerce les fonctions de directeur de la Division des affaires indiennes à partir de 1936[12].

Au milieu des années 1940, des hauts fonctionnaires des Affaires indiennes s'inquiètent ouvertement de la mesure dans laquelle la Division manque d'orientation et de ressources. Par exemple, lorsque la députée du Parti travailliste progressiste (communiste), Dorise Nielsen, déclare à des fonctionnaires des Affaires indiennes comparaissant devant un Comité mixte du Sénat et de la Chambre des communes de 1944 que la Division a besoin d'« un programme entièrement nouveau », ils abondent dans son sens. Le surintendant du bien-être et de la formation, R. A. Hoey, déclare au Comité :

> Je crois que le temps est venu de passer en revue tout le problème indien. En passant, je crois que la politique adoptée en ce pays en ce qui concerne les affaires indiennes a été influencée jusqu'à un certain point par l'idée que les Peaux-Rouges étaient en train de disparaître. Un membre éminent de l'Église anglicane me disait, la première année que je suis entré dans le ministère: [1936], « Les meilleurs Indiens s'assimilent, les autres s'éteignent graduellement. Dans quelques dizaines d'années, il n'y aura plus de problème indien. » Quels sont les faits réels? La population indienne du continent nord-américain augmente bien plus rapidement que tout autre groupe ethnique[13].

Plus tard la même journée, le secrétaire de longue date des Affaires indiennes, T. R. L. MacInnes, donne au Comité une idée du type de changements qu'il aimerait voir apporter. Il est clair que bien que les réserves puissent encore être justifiées en tant que mesure de protection des peuples des Premières Nations dans l'Ouest canadien, dans l'Est du pays, « il semble n'y avoir rien pour nous justifier de continuer à nous occuper des réserves indiennes ». Le temps est venu, dit-il, que les membres des Premières Nations qui y habitent « devraient être mis en dehors du système de la réserve entièrement et laissés à eux-mêmes. C'est leur seule chance de salut[14]. »

Confronté à ce témoignage, le député libéral George Ross propose que l'on constitue un comité spécial du Parlement chargé d'enquêter sur les problèmes autochtones au Canada[15]. En août 1944, T. A. Crerar promet de constituer un tel comité après la fin de la guerre[16]. Avant qu'il puisse le faire, en 1945, Crerar est nommé au Sénat et McGill se retire de son poste de directeur de la Division[17]. Le nouveau ministre est J. Allison Glen, qui a l'intention de voir davantage au fonctionnement de la Division des affaires indiennes. Dans un même temps, R. A. Hoey devient directeur des Affaires indiennes[18]. Une des premières dérogations de Glen à la pratique antérieure consiste à aviser le personnel que les Affaires indiennes ne s'opposeront plus aux organisations politiques autochtones[19].

Il s'agit d'un changement important. Jusque dans les années 1930, la politique du gouvernement fédéral a consisté à contrecarrer les organisations politiques autochtones et à les assujettir à une surveillance policière. Par exemple, les Affaires indiennes essaient de dépouiller F. O. Loft, dirigeant de la Ligue des Indiens, de son statut d'Indien et envisagent de le poursuivre en vertu de la disposition de la *Loi sur les Indiens* qui interdit de lever des fonds pour soutenir des revendications contre le gouvernement[20]. En 1934, lorsque John Tootoosis, dirigeant de la Ligue des Indiens de l'Ouest canadien, se rend dans la réserve de Driftpile, en Alberta, il est cueilli par la Gendarmerie à Edmonton qui lui déclare que s'il poursuit son voyage, il risque d'être arrêté pour violation du droit de propriété. À une autre occasion, lorsque Tootoosis demande à un fonctionnaire des Affaires indiennes 12 exemplaires de la *Loi sur les Indiens*, on lui remet deux exemplaires accompagnés d'une explication qu'on ne juge pas nécessaire de la « diffuser largement ». On lui dit que si les gens veulent en savoir plus long sur la Loi, ils peuvent poser des questions à leur agent des Indiens[21].

Dans une certaine mesure, Glen se rend simplement à l'évidence. Au cours des dernières années de la guerre, les organisations autochtones nationales commencent à se réaffirmer. En 1943, les dirigeants des Premières Nations de Colombie-Britannique rencontrent les dirigeants des Premières Nations de l'Ontario et du Québec et rédigent une pétition au gouvernement qui puise dans des documents comme la Proclamation royale de 1763 et divers traités afin de présenter des arguments en faveur de la reconnaissance de leurs droits en tant qu'Autochtones[22]. L'année suivante, deux organisations nationales voient le jour : l'Indian Nation of North America et la Fraternité des Indiens de l'Amérique du Nord[23].

Après avoir subi une pression incessante de la part des organisations autochtones et non autochtones afin qu'il examine les problèmes autochtones, Glen annonce, en décembre 1945, qu'une révision de la *Loi sur les Indiens* sera mise en chantier[24]. En mai 1946, le gouvernement fédéral constitue le Comité mixte spécial du Sénat et de la Chambre des communes chargé d'examiner la *Loi sur les Indiens*. Parmi les questions qu'il est plus particulièrement chargé d'examiner figure l'administration des externats et des pensionnats[25]. L'un des premiers témoins à comparaître devant le comité est R. A. Hoey. Il insiste qu'une augmentation spectaculaire du financement des Affaires indiennes s'impose.

> À mon sens, si nous voulons mettre en œuvre un programme tendant à l'avancement des Indiens, en nous fondant sur les besoins actuels et éventuels de la population indienne, il nous faudrait des crédits parlementaires d'environ 14 millions de dollars, soit un peu plus du double de la somme prévue dans l'exposé budgétaire de 1946-1947. En vue de poursuivre ce programme, je suis convaincu qu'il faudrait accroître cette somme annuelle, du moins pendant les quinze années prochaines, jusqu'à ce que nous atteignions le chiffre maximum de 25 millions de dollars. Si un programme de cette nature se fondait sur une ligne de conduite solide et était dirigé de façon efficace, les frais d'administration devraient diminuer graduellement à compter de la seizième année. Bien entendu, ce résultat dépendrait pour une large part de la

> valeur pratique de notre programme d'éducation et de la mesure dans laquelle nous pourrons enrayer les ravages causés par la tuberculose et les autres maladies contagieuses[26].

L'objectif d'un tel programme d'amélioration demeure l'assimilation. Selon Hoey : « À mon sens, l'éducation de la population indienne et son assimilation définitive seront longues et difficiles, exigeant beaucoup de dévouement, de sacrifices et de patience de la part des hommes et des femmes qui s'attaqueront à cette tâche ardue, mais pratique[27]. »

Dans l'exposé qu'il présente au comité, le secrétaire des Affaires indiennes, T. R. L. MacInnes, fait valoir que les dispositions des traités sont en grande partie archaïques et imposent peu d'obligations juridiques au gouvernement[28].

Ces points de vue sont contestés par les dirigeants autochtones, qui insistent sur la nécessité d'apporter des améliorations à l'emploi, au logement, à la santé et à l'éducation, ainsi que sur celle de respecter les droits ancestraux. Andrew Paull, qui représente la Fraternité des Indiens de l'Amérique du Nord, présente une critique détaillée de la politique du comité mixte et du gouvernement en juin 1946. Il pointe du doigt l'absence d'Autochtones au sein du comité mixte, qu'il appelle « comité enquêtant sur vous-mêmes »[29]. Parmi les lacunes du gouvernement relevées par Paull, on trouve :

- le non-respect des droits issus de traités;
- le fait que les peuples des Premières Nations ne participent aucunement à la définition de qui est et n'est pas membre d'une bande;
- le fait que des personnes peuvent être émancipées sans leur consentement;
- l'influence pernicieuse des écoles administrées par des confessions religieuses;
- l'absence de gens des Premières Nations au Parlement;
- l'absence de gens des Premières Nations travaillant pour les Affaires indiennes;
- le manque de contrôle exercé par les conseils de bande sur les affaires locales[30].

De 1946 à 1948, le Comité spécial mixte tient 128 réunions, entend les dépositions de 122 témoins et reçoit 411 mémoires écrits[31]. Il publie deux rapports intérimaires et un rapport final[32]. Le comité consacre bien du temps à examiner les problèmes liés à l'éducation. (Le débat qui en résulte sera examiné plus en détail plus loin dans le présent chapitre.) Dans son rapport final, le comité conclut que la *Loi sur les Indiens* existante est anachronique, contradictoire et truffée d'anomalies. Il recommande que « tous les articles de la *Loi*, à quelques exceptions près, soient révoqués ou modifiés ». La nouvelle *Loi* ne devrait contenir que des dispositions ayant « pour objet de permettre aux Indiens de passer graduellement de la tutelle à la citoyenneté et de favoriser leur avancement ».

Les principales recommandations peuvent être résumées comme suit :

- accorder le vote aux hommes et aux femmes des Premières Nations;
- accorder aux femmes le droit de vote lors d'élections de bande;
- accorder aux bandes davantage de pouvoirs d'autonomie gouvernementale et accroître le soutien financier et, lorsqu'elles sont « suffisamment avancées », permettre aux réserves de se constituer en municipalités;
- éliminer les infractions et les peines spéciales qui s'appliquent uniquement aux gens des Premières Nations;
- clarifier les règles traitant de l'émancipation;
- éduquer les enfants autochtones avec les enfants non autochtones afin de mieux les préparer à l'assimilation;
- transférer la responsabilité pour divers services fournis aux peuples des Premières Nations du gouvernement fédéral aux gouvernements provinciaux;
- constituer une commission chargée d'examiner, d'évaluer et de régler les revendications territoriales non réglées[33].

Les méthodes doivent être moins coercitives, mais l'objectif demeure le même : l'assimilation.

Au cours du même mois pendant lequel le comité publie son rapport, Allison Glen se retire du cabinet. Cet été-là, R. A. Hoey démissionne de son poste aux Affaires indiennes pour devenir le directeur canadien du Fonds des Nations Unies pour l'enfance (UNICEF)[34]. Avant leur départ, ils rédigent le projet d'une nouvelle *Loi sur les Indiens*. Cette version ne constitue pas une amélioration importante par rapport à la *Loi* précédente. Le projet de 1948 maintient le droit du gouvernement à émanciper des personnes sans leur consentement, élimine les droits issus de traités et les droits aux fonds des bandes d'une femme ayant un statut en vertu de la *Loi sur les Indiens* qui épouse une personne sans statut, et maintient le contrôle du Ministère sur l'administration de la succession de personnes ayant le statut en vertu de la *Loi sur les Indiens*. Le projet maintient également les restrictions sur la vente de produits agricoles et de ressources, l'interdiction de danses et de cérémonies et l'interdiction de lever des fonds pour soutenir des revendications contre le gouvernement (essentiellement, une interdiction visant les revendications territoriales)[35].

Les dispositions visant l'éducation du projet de loi autorisent le Ministre à conclure des accords avec les gouvernements provinciaux et territoriaux et avec les commissions scolaires, ainsi qu'avec des organismes religieux et caritatifs, afin de prendre des dispositions pour l'éducation d'enfants ayant un statut en vertu de la *Loi sur les Indiens*. Elles permettent au Ministre de nommer un fonctionnaire indépendant chargé de régler les différends au sujet de l'école dans laquelle un enfant devrait être scolarisé. Elle donne également aux bandes, et cela est significatif, la possibilité de déterminer si un externat d'une réserve doit être administré comme une école confessionnelle ou une école non confessionnelle[36]. Les responsables catholiques s'opposent à ces dispositions et contribuent à ce que le projet de loi provisoire ne soit pas déposé au Parlement en 1948[37].

Les années suivantes, les ministres des Affaires indiennes se succèdent rapidement. James A. MacKinnon occupe le poste de 1948 à 1949; Colin Gibson, de 1949 à 1950; et Walter Harris, de 1950 à 1954. Lorsque Harris est nommé, la Division des affaires indiennes est transférée du ministère des Mines et des Ressources au nouveau ministère de la Citoyenneté et de l'Immigration. Ce transfert donne à penser que le gouvernement considère que les gens des Premières Nations sont assimilables à des immigrants récents[38].

Harris présente un nouveau projet de la *Loi sur les Indiens* au Parlement en juin 1950. Bien qu'un certain nombre de dispositions offensantes, notamment l'interdiction de cérémonies autochtones, aient été abandonnées, le projet de loi permet toujours au Ministre d'exercer un éventail de pouvoirs unilatéraux, notamment la capacité d'émanciper des personnes contre leur gré, en plus de comprendre toujours l'interdiction d'amasser des fonds pour soutenir des revendications contre le gouvernement. Le projet de loi est retiré à la suite de critiques émanant des dirigeants des Premières Nations, de politiciens et de défenseurs des libertés civiles[39].

Ce n'est qu'avec l'adoption de la *Loi sur les Indiens* de 1951 que bon nombre des éléments les plus restrictifs et punitifs de la *Loi* sont éliminés. Disparues les interdictions des cérémonies et de collectes de fonds pour soutenir des revendications. Les pouvoirs discrétionnaires du Ministre sont réduits, tout comme le pouvoir des agents des Indiens de faire office de juge de paix. L'émancipation obligatoire demeure, et le gouvernement refuse de constituer une commission des revendications. La *Loi* contient également des dispositions qui autorisent le Ministre à conclure des accords avec des commissions scolaires et des gouvernements provinciaux. Bien que l'on accorde aux femmes le droit de voter lors d'élections de bande, le droit de vote lors d'élections générales continue d'être refusé aux personnes des Premières Nations qui ne renoncent pas aux avantages associés au statut d'Indien[40]. La *Loi* statue également que toutes les « lois d'application générale » provinciales s'appliquent aux Indiens[41].

L'assimilation (ou « intégration » comme on l'appelle de plus en plus) demeure l'objectif de la politique gouvernementale. Comme l'explique Walter Harris à un comité parlementaire, l'intention consiste à rendre les membres des Premières Nations « égaux sous tous rapports. Nous voulons leur venir en aide économiquement. Nous les protégeons à cet égard.... Nous voulons donc leur assurer l'égalité vis-à-vis de nous. Nous allons pas leur promettre de leur donner quelque chose qui est refusé à l'homme blanc[42]. »

Cette déclaration indique clairement que le gouvernement est d'avis qu'il ne faut pas permettre aux Autochtones de conserver de quelconques droits ancestraux ou issus de traités découlant du fait qu'ils étaient les premiers habitants et les propriétaires originels de la terre et des ressources.

À la fin du processus qui dure cinq ans, la *Loi* est rendue moins restrictive. Cependant, les éléments des exposés présentés par les Premières Nations qui laissent entendre que les Autochtones détiennent un statut politique et culturel distinct, notamment la reconnaissance des droits ancestraux, le règlement des violations des traités et le règlement des revendications territoriales, n'ont pas été pris en compte[43].

Au fil des années 1950, le terme *intégration* finit par remplacer *assimilation* dans la politique des Affaires indiennes, bien qu'il convienne de noter que ces termes peuvent également être utilisés indifféremment[44]. Il semble que peu de Canadiens soient au courant de la distinction. En 1958, l'Association du Barreau canadien utilise le terme *assimilation* pour décrire les objectifs de la politique autochtone du gouvernement fédéral, comme le font les membres de la délégation du gouvernement de l'Ontario qui comparaissent devant le Comité spécial mixte du Parlement en 1960[45].

Il est manifeste que dans l'esprit des personnes chargées d'administrer la politique des Affaires indiennes, la politique d'assimilation n'a guère changé. En 1953, J. E. Andrews, directeur du pensionnat presbytérien de Kenora, en Ontario, écrit que « nous devons être réalistes et accepter le fait que le seul espoir pour l'Indien canadien est de finir par être assimilé à la race blanche »[46]. En 1957, le directeur du pensionnat de Gordon, en Saskatchewan, Albert Southard, écrit qu'à son avis, l'objectif culturel de la scolarisation en pensionnat consiste à « changer la façon dont les enfants indiens conçoivent la vie. En d'autres termes, puisqu'ils doivent travailler et vivre avec des "Blancs", ils doivent commencer à penser comme des "Blancs" ». Southard affirme que le pensionnat de Gordon ne pourra jamais avoir de conseil des élèves puisque « dans la mesure où l'Indien comprend la politique du Ministère, il s'y oppose »[47]. Dans un article de 1958 sur les pensionnats, l'oblat principal André Renaud fait valoir que les externats sont inférieurs aux pensionnats parce que, lorsque les élèves des externats retournent « chez eux à la fin de la journée scolaire et pour la fin de semaine, les élèves sont de nouveaux exposés à leur culture autochtone, même si elle est diluée, dont l'école essaie de les éloigner ». Un pensionnat, par contre, peut « immerger ses élèves presque 24 heures sur 24 dans une culture canadienne non indienne au moyen de la radio, de la télévision, du système de diffusion publique, de films, de livres, de journaux, d'activités de groupe, etc. »[48].

Tout au long de cette période, les pensionnats continuent d'être chroniquement sous-financés. Le directeur de la Division des affaires indiennes, H. M. Jones, le reconnaît en 1957, dans une note de service interne qu'il écrit au sous-ministre Laval Fortier.

> Les pensionnats catholiques et protestants approchent rapidement d'une crise parce qu'ils sont incapables d'obtenir et de retenir du personnel compétent. Bien que la situation soit moins grave dans les pensionnats catholiques, les ordres religieux ne sont pas en mesure de répondre à tous les besoins et doivent engager du personnel laïc. Personne ne peut défendre les salaires que les

pensionnats versent actuellement à leurs employés pas plus que la qualité des aliments et des vêtements dans certains cas[49].

La même année, Fortier reconnaît que le gouvernement fédéral n'a pas réussi à exercer un contrôle significatif sur un système qu'il finance depuis près d'un siècle. Le système de financement existant, écrit-il, est tout bonnement « un système qui consiste à faire des dons directs aux confessions religieuses, le directeur exerçant un contrôle illimité sur la façon dont ces fonds sont dépensés. Dans certains cas, les directeurs ne sont pas de bons administrateurs, et on est d'avis que les fonds ne sont pas utilisés de la façon la plus sage[50]. »

La victoire des conservateurs lors des élections fédérales de 1957 prépare le terrain pour un autre examen de la politique du ministère des Affaires indiennes. En 1959, la ministre de la Citoyenneté et de l'Immigration, Ellen Fairclough, constitue un nouveau Comité mixte du Sénat et de la Chambre des communes chargé d'enquêter sur les problèmes autochtones[51]. Avant que le comité termine ses audiences, le gouvernement modifie la *Loi sur les Indiens* pour permettre aux personnes ayant le statut d'Indien de voter sans devoir céder quelconque avantage associé à leur statut[52]. Pendant l'audience, divers groupes des Premières Nations présentent des exposés dans lesquels ils insistent sur leurs droits à la souveraineté et à l'autonomie gouvernementale. Les avis des présentateurs autochtones sont variés et divergents, mais ils n'appuient pas des mesures qui sont destinées à éroder leur statut distinct ou qui se solderaient par l'abolition des réserves[53].

En réaction aux audiences qui se tiennent de 1959 à 1961, le gouvernement s'engage à établir une Commission des revendications des Indiens chargée de s'occuper principalement des traités et des revendications territoriales, et à une modification à la *Loi sur les Indiens* qui élimine le pouvoir du gouvernement à émanciper un homme sans son consentement[54]. Des plans sont élaborés pour rédiger une nouvelle *Loi sur les Indiens* qui repose à la fois sur un retrait progressif du gouvernement fédéral du rôle qu'il joue dans l'administration de la vie des Premières Nations et sur un engagement à poursuivre l'intégration et l'assimilation des peuples des Premières Nations dans la société canadienne. Cependant, ces propositions ne sont jamais intégrées à la *Loi sur les Indiens*. Le gouvernement conservateur de John Diefenbaker est battu lors des élections fédérales de 1963 par les libéraux dirigés par Lester Pearson, qui devient premier ministre[55].

Au cours des cinq années suivantes, on compte cinq différents ministres libéraux aux Affaires indiennes; le roulement rapide au niveau ministériel a pour conséquence que la politique n'évolue guère[56]. La première conférence fédérale-provinciale sur les affaires indiennes se tient en 1964. Lors de celle-ci, les provinces conviennent de mettre leurs services à la disposition des enfants des Premières Nations. Selon les Affaires indiennes, ceci permet « la mise en œuvre de projets importants, entre autres l'extension aux Indiens des services de bien-être provinciaux, l'éducation des Indiens et le nouveau programme de développement communautaire »[57].

En 1964, le gouvernement fédéral confie à l'Université de la Colombie-Britannique la coordination d'une enquête nationale sur la situation des peuples des Premières Nations du Canada. L'enquête est dirigée par le professeur en anthropologie Harry Hawthorn; le premier volume de son rapport (appelé « rapport Hawthorn ») est publié en 1966[58]. Ce rapport est remarquable parce qu'il adopte des positions qui établissent des rapports entre l'intégration (qu'il trouve difficile à distinguer dans la pratique de l'assimilation) et les droits des ancestraux. Les auteurs du rapport écrivent qu'ils ne sont pas d'avis

> qu'on doive demander à l'Indien de s'assimiler, ni maintenant, afin de recevoir ce dont il a besoin, ni plus tard. Les recommandations que renferme le présent rapport dans les domaines économique et politique tiennent compte de ce que bon nombre d'Indiens peuvent rejeter certaines valeurs ou institutions chères au cœur de la majorité des Canadiens. Ce principe doit être maintenu à cause du respect normal que doivent inspirer les valeurs et institutions, la langue, la religion et les courants de pensée qui se perpétuent dans leurs petites localités, choses qui, à une certaine époque étaient des plus valables et le sont encore aujourd'hui, jusqu'à un certain point[59].

Dans le même ordre d'idée, les auteurs font valoir que « les Indiens devraient être considérés comme des "citoyens avantagés"; en plus des droits et devoirs qui découlent normalement de la citoyenneté, les Indiens détiennent certains droits supplémentaires en leur qualité de membres privilégiés de la collectivité canadienne »[60]. Dans le premier volume du rapport, dans lequel ils formulent 91 recommandations distinctes, les auteurs demandent un niveau d'investissement dans le développement économique et social des Premières Nations qui correspondrait à « une entreprise de grande envergure, par comparaison avec le programme de mesures partielles qu'on a suivi jusqu'ici »[61]. Bien qu'il mette de l'avant la notion de citoyen avantagé, le rapport est fidèle à la politique antérieure dans le sens où il préconise que le gouvernement fédéral cède certaines de ses responsabilités, notamment l'assistance sociale, aux provinces[62].

Après l'élection de Pierre Trudeau comme premier ministre du Canada, en juin 1968, le ministre sans portefeuille Robert Andras est chargé de mener une consultation avec les peuples autochtones de tout le pays. Lors de ces réunions, les dirigeants autochtones soulèvent une fois de plus des préoccupations au sujet des engagements qui ont été pris dans les traités, mais qui n'ont pas été tenus, ainsi que des droits fonciers[63]. Le 25 juin 1969, le ministre des Affaires indiennes, Jean Chrétien, présente sa *Politique indienne du gouvernement du Canada*, document qui est généralement connu sous le nom de « Livre blanc »[64]. (Le terme « livre blanc » est un générique utilisé pour décrire des documents de principe gouvernementaux[65].)

Dans ses remarques préliminaires, Chrétien souligne la philosophie qui sous-tend l'approche préconisée dans le Livre blanc : « Ce régime particulier a fait de la collectivité indienne un groupe désavantagé et à part[66]. » Pour s'y attaquer, le gouvernement a l'intention de supprimer « les fondements législatifs et constitutionnels de la discrimination »[67]. Il faudrait pour cela révoquer la *Loi sur les Indiens* et liquider la section des Affaires indiennes du ministère des Affaires indiennes et du Nord canadien. La *Loi sur les Indiens* serait remplacée par une *Loi sur les terres indiennes,* en vertu de laquelle les peuples des Premières Nations devraient obtenir le contrôle et les droits sur les « terres indiennes ». Il faudrait demander aux gouvernements provinciaux qu'ils assument « envers les Indiens les mêmes responsabilités qu'envers les autres citoyens situés sur leur territoire »[68]. Le gouvernement fédéral financerait la prestation de ces services. Les responsabilités des Affaires indiennes qui ne sont pas transférées aux provinces seront confiées « à d'autres ministères fédéraux compétents »[69]. De cette façon, le gouvernement réaliserait son objectif que les services dispensés aux Premières nations « le leur soient par les mêmes voies administratives et les mêmes institutions gouvernementales » qu'à tous les Canadiens[70]. L'élimination des Affaires indiennes et le début du transfert du contrôle sur les terres indiennes devraient se dérouler sur une période de cinq ans[71]. Pendant cette période, des « crédits importants » devraient être mis à disposition pour le développement économique des Premières Nations[72]. À la fin du processus, les traités seraient abolis. « Finalement, dès que les terres indiennes tomberont sous le contrôle des Indiens, l'anomalie de traités entre certains groupes à l'intérieur de la société et le gouvernement de cette société rendra nécessaire une révision de ces traités afin de les mettre à jour de façon équitable[73]. »

Le Livre blanc ne contient guère de dispositions qui tiennent compte des problèmes qui ont été soulevés par les peuples autochtones lors de leurs réunions avec Andras au cours de l'année précédente. Il semble s'agir également d'un rejet total de la notion de citoyen avantagé. Une fois de plus, l'initiative stratégique gouvernementale n'a tenu aucun compte des éléments du message des Autochtones qui ne cadrent pas avec son programme assimilationniste[74]. Les dés sont jetés pour la confrontation.

La Fraternité des Indiens du Canada, récemment formée, décrit le Livre blanc comme un document destiné à « détruire une nation de gens en légiférant et en pratiquant un génocide culturel »[75]. David Courchene, le dirigeant de la Fraternité des Indiens du Manitoba, déclare : « On ne nous a pas consultés; on a été mis devant le fait accompli[76]. » Le premier ministre répond sur le même ton. Le 8 août 1969, Trudeau déclare à un auditoire de Vancouver : « Il est inconcevable de penser que dans une société donnée, une partie de la société ait conclu un traité avec l'autre partie de la société[77]. » Avant la fin de l'année, Harold Cardinal, le président de l'Association des Indiens de l'Alberta, publie *La tragédie des Indiens du Canada,* un livre dont le titre anglais, *The Unjust Society,* est un reproche adressé à l'engagement que Trudeau a pris pendant la campagne de créer « une société juste ». Cardinal décrit le Livre blanc comme « un programme à peine voilé d'extermination par le biais de l'assimilation. La vérité revient à ceci : pour survivre, l'Indien doit, se dit le gouvernement, devenir un bon petit-homme-blanc-bronzé[78]. »

En juin 1970, la Fraternité des Indiens du Canada adopte un document de principe qui a, au départ, été élaboré par l'Association des Indiens de l'Alberta et le présente au gouvernement fédéral. Intitulé *Citizens Plus* (Citoyen avantagé), on a fini par l'appeler le « Livre rouge ». Dans le document, on prend comme point de départ la nécessité que le gouvernement reconnaisse et honore les droits issus des traités et les droits ancestraux[79]. Pour faciliter ce processus, on demande la création d'une commission des revendications investie de pouvoirs lui permettant de prendre des décisions exécutoires à l'égard des réclamations présentées au titre des traités, ainsi que dans le cas des peuples des Premières Nations qui n'ont pas conclu de traité[80]. Bien qu'on demande dans le document que des modifications soient apportées à la *Loi sur les Indiens* pour la rendre moins paternaliste, on ne cherche pas à la faire abroger[81]. Le Livre rouge ne demande pas non plus l'abolition de la Division des affaires indiennes. Au lieu de cela, on demande à cette dernière de « cesser d'être autoritaire et... de commencer à servir la population »[82]. On demande également la création d'un poste de ministre des Affaires indiennes dont le titulaire n'assume pas de responsabilités supplémentaires[83].

Le document s'oppose au transfert de l'éducation aux gouvernements provinciaux. Il fait valoir ce qui suit :

> Les fonds destinés à l'éducation devraient être proposés à chaque conseil tribal. Ensuite, la tribu peut décider si elle administrera les écoles elle-même ou conclura des contrats avec des écoles publiques proches pour y placer une partie ou la totalité de ses élèves. Ces contrats donneraient une voix et un vote aux Indiens pour le fonctionnement de ces écoles. On pourrait donner l'occasion aux enfants d'autres Canadiens de fréquenter les écoles dans les réserves[84].

En mars 1971, Chrétien annonce officiellement que le gouvernement fédéral abandonne les orientations stratégiques exposées dans le Livre blanc[85]. Comme le Livre blanc ne représente pas une nouvelle politique, mais se contente d'accélérer la politique existante, l'annonce signifie une victoire considérable pour les Autochtones.

La scolarisation en pensionnat est entraînée directement dans le conflit au sujet du Livre blanc en 1970, lorsque des parents des Premières Nations occupent le pensionnat Blue Quills, en Alberta, pour protester contre un plan qui prévoit la fermeture de l'école (mais non de la résidence) et de faire éduquer les enfants dans l'école publique de St. Paul, en Alberta. L'occupation aboutit à un accord gouvernemental par lequel l'école et la résidence sont confiées à une instance d'éducation autochtone. La prise de contrôle du pensionnat Blue Quills prépare le terrain pour l'énoncé de position de la Fraternité des Indiens du Canada de 1972 intitulé *Maîtrise indienne de l'éducation indienne.* (Ces événements sont discutés en détail plus loin dans le présent chapitre.)

L'abandon par le gouvernement des principes énoncés dans le Livre blanc n'est que partiel. Au cours des années suivantes, les droits issus des traités et ancestraux sont évoqués dans un certain nombre d'affaires judiciaires marquantes. Dans toutes ces affaires, la position des gouvernements fédéral et provinciaux consiste à refuser et à limiter les droits issus des traités et ancestraux. Ce n'est qu'après que la Cour suprême confirme en 1973, dans l'affaire *Calder*, que les droits ancestraux existent, que le gouvernement fédéral se décide d'établir un Bureau des revendications des Autochtones[86]. Les dirigeants autochtones sont exclus des pourparlers aboutissant au rapatriement de la Constitution canadienne en 1981, et les droits ancestraux sont exclus de l'accord initial sur le rapatriement. Après une campagne de lobbying très publique et plusieurs journées de discussions animées en public et en coulisse lors d'une conférence constitutionnelle nationale fédérale-provinciale, les droits ancestraux sont enchâssés dans la Constitution. Cependant, tout au long du processus, la bonne volonté du gouvernement est réduite à sa portion congrue : trois conférences fédérales-provinciales destinées à définir ces droits parviennent à des résultats peu concluants. Des gouvernements fédéraux successifs ne donnent pas suite à la recommandation du Comité spécial de la Chambre des communes sur l'autonomie gouvernementale des Indiens de reconnaître l'autonomie dans la Constitution[87]. Les dirigeants autochtones ont également cerné des éléments du Livre blanc qui transparaissent toujours dans les efforts que déploie le gouvernement conservateur suivant de Brian Mulroney, comme le montre le groupe de travail du vice-premier ministre Erik Nielsen sur les programmes des Premières Nations au milieu des années 1980. Lui aussi a cherché à transférer les programmes aux gouvernements provinciaux et à démanteler les Affaires indiennes[88].

L'objectif global du gouvernement canadien à l'égard des peuples autochtones pendant cette période demeure cohérent avec la politique antérieure : assimilation et fin du statut d'Indien. Le gouvernement fédéral n'a jamais pu se convaincre que le statut d'Indien est autre chose qu'un état de subordination que les peuples autochtones souhaitent abandonner lorsqu'ils deviendront plus « civilisés ». Par le passé, le gouvernement a essayé de parvenir à cet objectif en pratiquant la ségrégation des peuples des Premières Nations en les plaçant dans des réserves à accès restreint et souvent isolées, en mettant hors la loi leurs pratiques culturelles et en adaptant des mesures qui limitent leur capacité à participer à l'économie canadienne. À partir des années 1940, le gouvernement cherche à atteindre son objectif en transférant la plupart des responsabilités envers les peuples autochtones aux gouvernements provinciaux et territoriaux. Ces politiques forment la toile de fond d'une grande partie de l'histoire des pensionnats pendant cette période. Les dernières décennies du système, au cours desquelles les pensionnats en activité sont bien moins nombreux, se déroulent dans un cadre différent, créé par les peuples autochtones qui affirment leurs droits avec plus de force, notamment leurs droits à contrôler l'éducation de leurs enfants.

Les audiences du Comité spécial mixte de 1946–1948 et l'éducation

Les procès-verbaux du Comité mixte spécial du Sénat et de la Chambre des communes chargé d'examiner la *Loi sur les Indiens* donnent un précieux aperçu des points de vue des Autochtones, des Églises et du gouvernement au sujet de l'éducation des Autochtones en général et de la scolarisation en pensionnat en particulier. Il ressort des procès-verbaux que les témoins des Premières Nations sont certes prêts à reconnaître que les pensionnats jouent un rôle dans certaines circonstances, mais ils préfèrent que leurs enfants soient éduqués dans des externats situés dans leur collectivité d'origine. Il ressort également qu'il y a des différences de points de vue entre les Autochtones au sujet du rôle que les Églises doivent jouer dans l'éducation. Le témoignage apporte la preuve que les différences se creusent entre les approches adoptées par les Églises catholique et protestante à l'égard de l'avenir de la scolarisation en pensionnat. Dans le témoignage, on peut également distinguer les premiers balbutiements de ce qui deviendra un conflit permanent et de plus en plus amer entre le gouvernement fédéral et l'Église catholique.

Comme ce fut précédemment le cas, les témoins des Premières Nations expriment habituellement leur opposition aux pensionnats en évoquant le soutien pour l'expansion de la scolarisation en externat. L'Association des Indiens de l'Alberta et l'Union des Indiens de la Saskatchewan utilisent un libellé identique dans des mémoires distincts pour énoncer leur point de vue que « dans plusieurs réserves, l'instruction peut être donnée avec le plus d'avantages par l'établissement d'externats à proximité du foyer des enfants ». Ils fondent leur position sur les arguments suivants.

1) L'éducation est à la charge de trois institutions — l'école, l'Église et la famille. Les externats s'adaptent mieux à ce principe.

   L'externat peut concentrer ses efforts sur ses fonctions propres, soit la formation académique et professionnelle. Actuellement, les difficultés de langage et le régime des demi-journées privent les enfants d'environ trois années scolaires réparties sur la période allant de la septième à la seizième année. On trouve la preuve de cette situation malheureuse dans la statistique de la fréquentation scolaire qui a été publiée par le ministère des Mines et des Ressources, Division des affaires indiennes. Il serait dérisoire de parler du relèvement des Indiens dans des conditions semblables. Le régime actuel favorise la délinquance des écoliers, multiplie les arriérés et fait prendre l'école en aversion. En pratique, il forme une classe de gens incapables de devenir autre chose que des bûcherons et des porteurs d'eau au pays de leurs ancêtres.

2) L'enfant ne peut pas se développer comme il le devrait sans les attentions et l'affection de la vie de famille. Les contraintes, la discipline, l'usage exclusif de l'anglais, etc., dans les internats sont reconnus comme nuisibles aux esprits et aux corps qui n'ont pas atteint la maturité.

Notre Association est d'avis que cette lacune dans les liens de famille et la formation par les parents est du moins en partie la cause de la délinquance post-scolaire. Malgré toutes ses bonnes dispositions, le personnel d'un internat ne peut pas remplacer la moyenne des parents.

Quand la situation de famille l'exige, les enfants indiens doivent être enlevés à leurs parents tout comme les enfants blancs le sont quand on constate qu'ils sont négligés.

Les parents indiens apprécient hautement la compagnie de leurs enfants dont le retour à la maison à la sortie de l'école contribue largement à l'éducation des adultes et à l'amélioration ultérieure des conditions domestiques[89].

Selon le mémoire de l'Association des Indiens de l'Alberta :

> Les parents indiens peuvent désormais enseigner aux enfants les tâches ménagères et agricoles, qui étaient jusqu'à présent une caractéristique du pensionnat. Qui plus est, les parents ont droit à la compagnie de leurs enfants et le droit, en tant que parents, de superviser leur vie au foyer. Le système actuel a été comparé à raison à la vie d'un veau dans une ferme laitière. Le veau est séparé de sa mère peu après la naissance; il est nourri par un étranger et en peu de temps a perdu complètement le contact avec sa mère qui ne le reconnaît plus et qu'il ne reconnaît plus.

Le mémoire témoigne d'un soutien à l'idée d'intégrer les enfants des Premières Nations aux écoles publiques et relève le fait qu'un

> [...] nombre de plus en plus considérable de parents progressifs des territoires susmentionnés réclament le droit de retirer leurs enfants des pensionnats pour les envoyer dans les écoles placées sous le contrôle des municipalités montre que l'on se rend compte de la qualité de l'éducation diffusée par les externats. Les progrès de ces enfants qui fréquentent les écoles sous contrôle municipal se comparent avantageusement à ceux de leurs condisciples de race blanche[90].

L'association conclut que les enfants des externats « progressent plus rapidement » et acquièrent « beaucoup plus tôt la facilité de s'exprimer en anglais » que les élèves des pensionnats. L'un des rares endroits convenant aux pensionnats, de l'avis de l'Association des Indiens de l'Alberta, sont les réserves qui sont « si désavantageuses qu'il est impossible aux Indiens d'y vivre, le pensionnat est actuellement la seule solution pratique ». La réserve Stoney est citée comme exemple d'une telle réserve[91].

Par suite du manque de place dans les écoles locales situées dans cette réserve, les Affaires indiennes proposent d'envoyer les enfants de la réserve Stoney à l'école d'Edmonton. La section Brocket de l'Association des Indiens de l'Alberta écrit : « Les parents seraient parfaitement justifiables de refuser une telle proposition. » Elle fait valoir : « Aucun enfant ne devrait être éloigné de ses parents et placé dans un milieu totalement différent de celui où il retournera vivre[92]. » En d'autres termes, avoir le pensionnat dans la réserve est préférable à expédier les enfants dans un pensionnat plus éloigné.

L'Association admet trois autres situations dans lesquelles la scolarisation en pensionnat peut jouer un rôle. En premier lieu, certaines réserves peuvent souhaiter conserver les pensionnats existants. En deuxième lieu, un certain nombre de pensionnats sont nécessaires pour loger les orphelins et les enfants dont les parents ne peuvent pas leur fournir une « ambiance familiale favorable ». En troisième lieu, ce que l'on appelle un « demi-pensionnat » répondrait aux besoins des parents qui ne sont à la maison qu'une partie du temps[93].

L'Association fait également valoir que les pensionnats qui continuent leurs activités ont besoin d'une importante augmentation du financement. « La présente subvention annuelle de 170 $ par tête, plus 15 $ d'indemnité de vie chère, est totalement insuffisante. Aucune école ne peut fonctionner en ne recevant approximativement que soixante cents par jour par enfant. » Selon l'Association, aux États-Unis, la subvention par élève des pensionnats est de 335 $. Elle recommande que la subvention canadienne soit portée à 300 $. Elle demande également qu'il soit mis fin au système de demi-journée. « Chez les Blancs, il n'y a pas de parents qui toléreraient un seul instant cette forme d'éducation », dont l'Association dit qu'elle « équivaut à une violation de la loi qui prohibe le travail des enfants »[94].

Sur un plan plus local, la section de Goodfish Lake de l'Association des Indiens de l'Alberta fournit la liste suivante de raisons pour lesquelles elle est opposée à envoyer des enfants aux pensionnats d'Edmonton et de St-Paul-des-Métis (le pensionnat Blue Quills).

1) La distance pour se rendre à Edmonton ou à St-Paul-des-Métis.
2) Les enfants sont irrespectueux à l'égard de leurs parents et désobéissants.
3) Les enfants sont pauvrement vêtus au pensionnat, particulièrement à Edmonton.
4) Le système d'alternance du travail manuel avec la classe retarde les progrès et finalement décourage complètement les enfants eux-mêmes de poursuivre leurs études, sans substituer chez eux un autre intérêt à celui de s'instruire.

5) Les enfants retirés des pensionnats et envoyés aux externats retardent sur les autres d'une classe ou deux, ce qui indique que, dans les pensionnats, les normes ne correspondent pas à l'année indiquée.

6) La ségrégation des enfants dans les pensionnats indiens n'est pas conforme au meilleur intérêt du bien-être des Indiens. Les enfants indiens devraient être éduqués en compagnie des enfants blancs, dans le meilleur intérêt des deux groupes.

7) Les infirmières visiteuses, employées par maints districts scolaires, devraient contrôler la santé des enfants indiens.

8) Les parents ne sont pas informés des maladies de leurs enfants.

9) Les enfants fréquentant l'externat près de la réserve peuvent parler beaucoup mieux l'anglais que ceux qui sont au pensionnat.

10) L'encombrement des classes et l'instruction diffusée à des groupes trop nombreux retardent les progrès de l'élève plus intelligent et rendent inutile tout ce que celui-ci a pu apprendre d'anglais à la maison avant d'aller à l'école.

11) La discipline des pensionnats est trop sévère.

12) La brutalité et, dans certains cas, d'autres difficultés d'ordre mental prévalent dans les pensionnats[95].

Dans son mémoire, l'Union des Indiens de la Saskatchewan admet que les pensionnats ont une place sur les grandes réserves (les collectivités ayant une faible densité démographique). Il faut « les aménager convenablement, leur fournir des fonds suffisants et un personnel enseignant compétent pour que l'instruction soit aussi bonne que possible ». Il faudrait abolir l'exigence que les élèves travaillent et que le temps précédemment passé à faire des corvées soit consacré à « des études essentielles, à la culture physique et aux jeux organisés »[96]. Le mémoire de la Saskatchewan demande également la séparation de l'Église et de l'école, et recommande de « remplacer les présentes institutions par des écoles publiques de caractère interconfessionnel »[97].

Lorsqu'on lui demande de comparer les pensionnats aux externats, Andrew Paull, de la Fraternité des Indiens de l'Amérique du Nord déclare : « Les externats devraient être établis dans un grand nombre d'endroits et vous devriez garder les pensionnats pour les enfants négligés[98]. » Dans un témoignage ultérieur, il affirme que les pensionnats conviennent aux familles nomades[99].

En puisant dans sa propre expérience, John Tootoosis, président de l'Union des Indiens de la Saskatchewan, fait valoir que la scolarisation en pensionnat rompt les liens qui unissent le parent et l'enfant.

> [...] l'enfant indien élevé dans un pensionnat est claquemuré et n'est pas en contact avec le monde extérieur. Quand il en sort, il entre dans un monde qu'il ne connaît pas du tout. Dans les écoles publiques, c'est différent. Mes garçons sont à l'école publique. Je les trouve obéissants et plus respectueux envers leurs parents; en d'autres termes, la discipline est meilleure dans les externats. Quand les enfants reviennent des internats, j'ai beaucoup de peine à les garder à la maison, Les enfants qui sont allés dans les internats n'ont pas de respect du tout pour leurs parents. Je le sais par expérience. Un grand nombre de parents disent comme moi.

Lorsqu'on lui demande s'il veut dire que « la discipline n'est pas assez stricte dans les pensionnats », Tootoosis répond : « La discipline est peut-être bonne, mais la préparation à la vie ne l'est pas[100]. »

Joseph Dreaver de la Saskatchewan souligne également que même à l'intérieur des pensionnats, les relations familiales sont rompues. « Il s'est présenté des cas dans des pensionnats où un frère et une sœur fréquentant la même école, devaient obtenir la permission du principal pour se parler. Ils ne peuvent s'approcher l'un de l'autre. Il me semble que cela ne favorise pas beaucoup l'atmosphère du foyer dans les écoles[101]. »

Les bandes qui sont en faveur des pensionnats ont souvent une école dans leur réserve, ce qui permet aux membres de la bande d'avoir des contacts plus réguliers avec leurs enfants. Dans ces cas, bien que la bande accepte que le pensionnat continue d'être présent, elle souligne dans son mémoire les carences de l'établissement. La section de Brocket de l'Association des Indiens de l'Alberta énumère les préoccupations suivantes à l'égard de la scolarisation en pensionnat dans cette réserve.

> Dans le cas du pensionnat catholique – il n'est tout simplement pas capable de résister au vent qui souffle dans la réserve.
>
> Il y a quelques années, ce pensionnat était supporté par deux barres de fer au deuxième étage qui le croisaient. Une barre est à l'extrémité ouest du bâtiment et l'autre à l'extrémité est.
>
> Dans les conditions actuelles, il est dans un pire état encore.
>
> Dans le dortoir des garçons, par exemple, les nuits de grand vent, les enfants doivent tenir leurs lits pour les empêcher de s'entrechoquer.
>
> Dans le dortoir des filles, qui se trouve du côté ouest du bâtiment, les petites filles sont tirées de leur sommeil et commencent à pleurer de crainte que le bâtiment soit renversé par le vent.
>
> Une autre preuve que le bâtiment n'est pas apte à être occupé est que le toit fuit lorsqu'il pleut et lorsque la neige fond.

La section affirme que des conditions semblables prévalent dans le pensionnat anglican de la réserve. Les parents ne sont pas opposés à la scolarisation en pensionnat proprement dite, parce que les écoles se trouvent sur la réserve. « Cependant », écrivent-ils, « de l'avis des membres de l'Association, le travail manuel devrait être aboli et remplacé par des heures de classe régulières entrecoupées de périodes de jeux organisés »[102].

La bande de Cold Lake, en Alberta, demande la construction d'un pensionnat dans sa collectivité et recommande que les subventions par élève « devaient être calculées sur la base du coût, ce qui pourrait facilement être établi par une commission indépendante ou par la Division des affaires indiennes ». Elle recommande également que les enseignants soient nommés fonctionnaires fédéraux[103].

Dans tous les exposés présentés au comité, le système de demi-journée est critiqué à l'envi et avec virulence. John Tootoosis déclare au comité que

> la raison de l'opposition des Indiens au travail des enfants aux pensionnats est que le travail des enfants aux pensionnats est censé avoir pour fin de leur apprendre comment travailler. C'est une partie de leur exercice, mais ils peuvent prendre de l'exercice en jouant après la classe. Le travail que l'enfant fait à l'école ne peut pas l'intéresser autant que celui qu'il fait à la maison après les heures de l'externat pour son propre compte. Dans ce dernier cas, il verrait le fruit de son travail. Il en profiterait en partie et l'apprécierait. Son intérêt serait plus soutenu qu'au pensionnat. Ayant été à l'école moi-même je sais ce qui en est[104].

D'autres témoins partagent également leurs expériences personnelles. Norman Lickers, un ancien élève de l'Institut Mohawk, est l'avocat indépendant du Comité mixte. Il déclare :

> Quand nous nous levions le matin, nous faisions les corvées coutumières, nous mangions notre petit déjeuner et, après cela, nous sortions et nous faisions n'importe quel autre travail qu'on nous disait de faire. Il n'y avait aucun enseignement dans cela. Je veux dire qu'on ne nous expliquait pas pourquoi certaines choses étaient plantées, ou la nécessité d'alterner les récoltes, ou quelque chose de ce genre. Nous sortions simplement et nous faisions ce qu'on nous disait de faire. Et ensuite, quant au bétail qu'il y avait là, jamais on nous enseignait à faire l'élevage des bestiaux. Et il en était ainsi des autres domaines de l'agriculture; on ne nous enseignait absolument rien. La même chose s'applique aux fruits, aux volailles, aux porcs, à tout ce qu'il y a sur une ferme. C'est ce que j'ai personnellement constaté dans ces écoles. Nous obtenions juste assez d'instruction à l'école pour savoir que nous étions mécontents une fois de retour dans la réserve, et pourtant, nous n'avions jamais reçu assez d'instruction pour faire notre chemin dans la vie[105].

Sur le même sujet, Ahab Spence de la Saskatchewan déclare que lorsqu'il fréquentait un pensionnat anglican à Le Pas, au Manitoba, « j'apprenais à porter du bois, à planter des pommes de terre et à graisser les moteurs. J'avais le privilège de me promener comme aide de l'ingénieur. J'ai beaucoup appris. Du moins, je sais quel côté de la pomme de terre pointe le premier ». Il déclare qu'il n'était pas opposé à ce que l'on enseigne aux élèves comment effectuer des corvées utiles, mais, dit-il, les élèves avaient besoin de plus d'une demi-journée en classe[106].

Le chef Joseph Dreaver de la Saskatchewan affirme aux membres du comité que de l'avis de nombreux parents, ce qui se passait au pensionnat était ni plus ni moins que du travail des enfants. « Ce n'est pas simplement une question de montrer aux enfants comment accomplir ces tâches, les écoles ne pourraient pas arriver sans profiter du travail de ces enfants. Le grain qui est cultivé et les recettes provenant des bestiaux élevés aident aux écoles[107]. »

Le brigadier Oliver Martin, qui a été élevé dans la réserve des Six Nations et qui est devenu un magistrat de l'Ontario, parle de son expérience comme inspecteur des écoles dans les années 1930. Il déclare aux membres du comité avoir observé qu'à l'Institut Mohawk, « la formation professionnelle donnée aux enfants consistait à faire accomplir les travaux domestiques par les jeunes filles et les travaux quotidiens de la ferme par les garçons ». Bien qu'il ne souhaite pas décrier le travail qu'ont fait les Églises, il trouve « que le temps est venu de confier l'éducation élémentaire de nos jeunes Indiens à des externats non confessionnels »[108].

Le mémoire de la bande de Lower Kootenay prétend qu'en raison du manque de financement au pensionnat de Cranbrook,

> [...]les enfants passent trop de temps aux travaux ménagers et agricoles. On pourrait modifier cet état de choses, nous dit-on, en utilisant l'énergie électrique. On pourrait éliminer une bonne partie du travail que requièrent l'épluchage des pommes de terre, le repassage des vêtements à la main, le cirage des planchers à la main, la traite des vaches et d'autres besognes en se servant de machines électriques.

La bande signale que le pensionnat n'est éloigné que de deux milles et demi (quatre kilomètres) d'une source d'électricité[109].

Une autre question fait bien moins l'unanimité : le rôle que les écoles confessionnelles devraient jouer dans l'éducation des Autochtones. Les témoins des Premières Nations ont exprimé des avis fortement divergents devant le comité mixte. Le mémoire du chef C. L. Big Canoe de l'île Georgina, en Ontario, demande « d'abolir le régime des instituteurs missionnaires. Nous désirons qu'une commission scolaire, analogue à celles des blancs, surveille nos externats, afin d'assurer le choix de professeurs compétents[110]. » Le mémoire de la bande de Saanich, en Colombie-Britannique, déclare : « Nous aimons à avoir des écoles, pourvu que nos enfants s'y instruisent et apprennent à être des Indiens intelligents, pourvu qu'ils n'apprennent pas la religion, c'est-à-dire le catéchisme et les cantiques. Les prêtres sont là pour enseigner le catéchisme et les cantiques à l'église, et non pas pour accaparer le temps réservé à l'instruction des enfants[111]. »

Andrew Paull recommande que

> [...] le système scolaire fût graduellement contrôlé par l'État. Notre idée, au fond, était que l'éducation incombe à l'État. Nous ne vous demandons pas de vous passer complètement des Églises, mais nous voulons que vous preniez possession des écoles et, au lieu de laisser les diverses confessions prendre soin des Indiens par charité, que l'État paie les gens d'Église pour éduquer les Indiens. À l'heure actuelle, vous déléguez aux Églises votre responsabilité en matière d'éducation. Nous voulons que vous assumiez cette responsabilité *in toto*. Cela veut dire que vous pouvez maintenir vos écoles confessionnelles, mais qu'elles soient payées par l'État du bas au haut de l'échelle. Voilà ce que nous voulons[112].

Dans un exposé présenté par écrit, la bande de Fort Vermilion, en Alberta, déclare que ses membres sont en faveur du système existant d'éducation administré par l'Église, et ajoute qu'elle pense que les subventions par élève devraient être augmentées. Elle déclare que « préférerions voir nos enfants sans instruction » du tout, plutôt que de devoir accepter une scolarité non confessionnelle[113].

L'exposé de la bande de Fort Smith, dans les Territoires du Nord-Ouest, parle élogieusement des réalisations de l'externat catholique et des pensionnats catholiques à Fort Chipewyan et Fort Resolution. Le mémoire, signé par le chef Abraham Deneyutchele, André Deneyutchele, Baptiste Arcand, Baptiste Niyalti, Josep Keskore, Adam Calumet et Germain Tourangeau déclare que la bande espère sincèrement que

> [...] le Gouvernement laisse la direction de ces écoles à celles qui s'en occupent présentement et qui depuis la fondation de ces établissements, se sont révélées éducatrices capable de faire honneur à la réserve où elles vivent, de même qu'a l'enseignement de nos enfants auquel elles ont dévoué leur vie et leurs talents[114].

Trois chefs de la région de Fort Norman (Tulita) demandent l'établissement d'un pensionnat catholique dans leur collectivité. Cependant, dans une lettre qui accompagne le mémoire, on mentionne :

> Le grand Chef de Fort a refusé de signer, en alléguant que les Indiens de Fort ne voulaient pas que les sœurs enseignent la classe, sous prétexte que les élèves de l'école de Providence n'avaient pas été bien nourris et, en outre, que plusieurs Indiens qui avaient été hospitalisés à Simpson étaient revenus à Fort jurant qu'ils ne retourneraient jamais à cet hôpital parce que les religieuses ne les avaient pas bien nourris[115].

Dans son mémoire initial, la bande de Lower Kootenay demande le retrait des sœurs et des prêtres du pensionnat de Cranbrook, en Colombie-Britannique. Par la suite, des membres de la bande visitent l'école et présentent un second mémoire. Dans celui-ci, ils retirent la demande d'un changement de gestion en déclarant que, compte tenu du faible niveau de financement, ils sont d'avis que les oblats font un travail digne d'éloges en administrant l'école[116].

L'Association des anciens de Wikwemikong, sur l'île Manitoulin, en Ontario, exprime un fort attachement à la foi catholique dans son mémoire. Elle est opposée « à ce qu'on nous impose un système d'école publique. Nous désirons conserver nos écoles confessionnelles catholiques et nous voulons qu'on continue d'enseigner la religion dans les écoles, comme par le passé. » L'Association tient en haute estime les deux pensionnats de Spanish, en Ontario, et ajoute qu'il devrait y avoir « à cet endroit, une école supérieure ainsi qu'une école de formation professionnelle ». Malgré ce soutien à la scolarisation en pensionnat, le mémoire regrette le fait que « chaque année, de soixante à soixante-dix enfants de la réserve quittent leur famille afin d'étudier dans un pensionnat. Cette séparation est inutile, car ils demeurent suffisamment près les uns des autres pour qu'on construise des externats qui recevraient au moins 25 enfants chacun. » Le mémoire demande également l'introduction du « cours complet d'Ontario », mesure qui entraînerait la fin du système de demi-journée[117].

D'autres attirent l'attention sur le fait que la disposition de la *Loi sur les Indiens* qui empêche les enfants catholiques d'être envoyés à des écoles protestantes et vice versa est ni plus ni moins que de la discrimination religieuse, puisqu'elle n'accorde aucun droit à ceux qui adhèrent aux pratiques spirituelles autochtones. Le chef Teddy Yellowfly de la réserve des Pieds-Noirs, en Alberta, déclare au comité

> [...] certains Indiens ont très nettement une religion à eux qu'ils estiment très belle et très consolante. Si un Indien pratique sa religion primitive, qu'allez-vous faire de ses propres enfants? Dans un pays qui prône la liberté religieuse, allez-vous forcer cet Indien à devenir un hypocrite en assumant un vernis de l'une ou l'autre des religions mentionnées dans la loi, surtout s'il se montre meilleur Indien en respectant la sainteté de ses croyances réelles?

Yellowfly recommande qu'un pensionnat non confessionnel soit établi dans chaque province pour les enfants dont les parents ne sont ni catholiques ni protestants[118]. Yellowfly fait également valoir qu'en comptant sur les écoles confessionnelles, le gouvernement a manqué à ses obligations issues des traités à l'égard de l'éducation. Il reconnaît que le gouvernement a construit les écoles, mais « le but n'est pas atteint, les enfants ne reçoivent pas d'instruction ». Lorsque les membres du comité le pressent à s'expliquer à ce sujet, il déclare : « Il y a des instituteurs et des écoles là-bas; les instituteurs sont des personnes qui s'occupent d'œuvres missionnaires, probablement parce qu'ils ne sont pas payés, c'est sans doute à cause du salaire qu'ils reçoivent[119]. »

Joseph Dreaver de la Saskatchewan déclare ce qui suit au comité :

> Un grand nombre d'Indiens ne professent aucune des religions des blancs. Ce sont des païens. La première question à laquelle les parents doivent répondre quand ils veulent inscrire leurs enfants à une école indienne est la suivante :

> Quelle est votre confession religieuse? Dites-moi, existe-il une école au Canada où peuvent entrer les petits Indiens de religion païenne?

La réponse que lui donne le président est « Je ne le crois pas ». Dreaver poursuit en faisant observer que l'exigence de se désigner comme catholique ou protestant pour faire éduquer ses enfants crée une impression exagérée du nombre de gens des Premières Nations qui sont chrétiens. « Des Indiens de nos réserves appartiennent aujourd'hui à des fois différentes, à des religions implantées par les blancs, mais ces mêmes Indiens prennent part aux danses rituelles de leurs tribus quand il y en a[120]. »

De tous les mémoires des Églises présentés au comité, celui de l'Église catholique présenté par J. O. Plourde, le surintendant du bien-être et de la formation des Indiens des oblats, présente la défense la plus ferme du système d'éducation existant. Plourde commence par soutenir les dispositions de la *Loi sur les Indiens* qui exigent que les enfants catholiques ne soient pas éduqués dans des écoles administrées par l'Église protestante. Plourde fait valoir que « la formation morale et intellectuelle donnée dans nos écoles chrétiennes est pour l'État une garantie que nos Indiens se conduiront individuellement et socialement, dans la mesure de leurs talents, en bons citoyens de notre grande démocratie »[121]. Plourde n'est pas disposé à accepter des insinuations selon lesquelles « les internats n'offrent pas les avantages de l'enseignement dont les enfants indiens ont besoin ». Il n'accepte pas non plus la validité des critiques qui se concentrent sur la façon dont les pensionnats séparent les enfants de leurs parents. Au lieu de cela, il laisse entendre que les écoles doivent être comparées aux pensionnats qui ont la faveur de l'élite économique du pays.

> Lorsque nous voyons les fils et les filles de nos riches familles, ici au Canada, fréquenter des pensionnats afin de recevoir une meilleure formation et lorsque l'on constate que les parents de ces enfants consentent à se priver de leur compagnie pendant leurs années de formation, il est très difficile de condamner ces institutions comme impropres à éduquer ces enfants dans les voies de notre civilisation commune et à réaliser les idéaux et les principes chrétiens[122].

Le mémoire catholique ne se contente pas d'exprimer une satisfaction globale avec le système de pensionnats, mais il cherche également à l'élargir et demande l'établissement de pensionnats spéciaux pour les filles âgées de 16 à 18 ans. En les gardant à l'école pendant deux ans supplémentaires, on garantirait que « leur vigueur morale serait ainsi raffermie »[123].

Le mémoire de l'Église anglicane décrit le besoin d'un énoncé clair de la politique autochtone nationale.

> Nous sommes convaincus qu'ils doivent progresser de la ségrégation et du statut inférieur de tutelle et ne pas rester un groupe minoritaire arriéré et dépendant. Nous déclarons sans hésitation que si on leur montre la voie et qu'on leur en

> donne l'occasion, nos peuples indiens peuvent accéder à l'indépendance et occuper une place valable de citoyens de ce Dominion[124].

Lorsqu'ils abordent l'éducation en particulier, les anglicans insistent sur leur conviction que l'Église doit continuer de s'impliquer dans l'éducation des Autochtones. Comme le Canada a été « établi sur des principes chrétiens », ils trouvent que « l'éducation laïque est nettement inappropriée pour permettre à nos Canadiens autochtones de devenir des citoyens à part entière dans un tel État ». Ils font également valoir que l'Église a gagné la confiance des « meilleurs éléments » de la collectivité autochtone et qu'elle est par conséquent la mieux placée pour « les influencer et les guider ». En outre, il est possible de recruter un nombre adéquat d'employés pour les écoles éloignées uniquement « lorsque le motif du service [chrétien] existe »[125].

Pour les anglicans, les pensionnats sont

> [...] la seule réponse aux besoins d'un peuple nomade et doivent continuer d'exister et se multiplier lorsque de telles conditions existent. Par contre, lorsqu'un modèle de vie sédentaire devient la règle et que des externats peuvent être établis pour les élèves d'un pensionnat particulier, ce dernier devrait normalement cesser de fonctionner de la façon ordinaire[126].

Dans ces cas, les pensionnats peuvent avec succès être transformés en foyers depuis lesquels les élèves peuvent poursuivre leur éducation dans des écoles publiques locales. Ceci serait « très précieux pour surmonter la ségrégation et favoriser l'assimilation ». Dans d'autres cas, les écoles peuvent être transformées en « collèges indiens qui se spécialisent dans l'enseignement supérieur où la formation professionnelle auxquels les élèves plus âgés des externats pourraient avancer »[127]. Contrairement aux catholiques, les anglicans sont ensuite prêts à accepter une réduction de la scolarisation en pensionnat et une augmentation du recours aux écoles publiques par opposition aux écoles confessionnelles.

George Dorey, le secrétaire du Comité des missions intérieures de l'Église Unie du Canada, déclare au comité : « Nous ne croyons pas qu'une église doit justifier son travail missionnaire. En dépit des insuccès, nous estimons que ce changement du paganisme au christianisme est tel que l'œuvre peut se passer de commentaires[128]. » L'Église Unie pense également que le moment est venu pour le gouvernement de réévaluer sa politique autochtone. Il s'impose, de dire Dorey, que le gouvernement abandonne la politique de ségrégation qui consiste à isoler les peuples des Premières Nations dans des réserves et à les traiter comme des pupilles de l'État. Cette politique, dit-il, a fait obstacle aux « principaux buts du christianisme et du système démocratique, c'est-à-dire, encourager le développement de la personnalité en faisant preuve de discernement »[129].

L'Église Unie est également davantage disposée à remettre en question l'avenir de la scolarisation en pensionnat. Elle demande qu'on effectue une enquête nationale sur les besoins des Premières Nations. C'est en se fondant sur une telle enquête, plutôt que pour « défendre certains des droits apparemment acquis », que l'Église trouve qu'il faut prendre des décisions au sujet de l'augmentation ou de la réduction de la disponibilité de la scolarisation en pensionnat. Si l'on établit de quelconques nouveaux pensionnats, « l'on devrait s'efforcer davantage de déterminer comment un pensionnat peut donner l'atmosphère du foyer qui est essentielle au développement normal d'un enfant plutôt que l'idée de monter une grande institution »[130]. De tels commentaires montrent bien que l'on reconnaît que les pensionnats n'ont pas réussi à satisfaire aux besoins affectifs de leurs élèves. L'Église Unie est également opposée à

> [...] la proposition d'établir des pensionnats destinés à donner un enseignement secondaire ou professionnel, continuant ainsi de séparer les élèves indiens des autres membres de la collectivité. Nous estimons que le besoin d'une éducation supérieure pour le peuple indien est très grand, mais nous croyons que les enfants devraient l'obtenir, autant que possible, dans les écoles où ils seront en contact avec les enfants d'autres races[131].

Ceci met en relief ce qui deviendra, au cours des années suivantes, une importante pierre d'achoppement entre le gouvernement fédéral et l'Église catholique, qui insiste sur l'établissement d'écoles secondaires dans bon nombre de ses pensionnats.

Toutes les Églises pointent du doigt le sous-financement du système de pensionnats, bien que les catholiques fassent valoir que parce que bon nombre des membres de leur personnel font essentiellement don de leur travail, la situation de l'école est acceptable. Lorsqu'on lui demande si la subvention par élève convient, l'oblat Plourde déclare : « Comme vous le savez, les écoles catholiques ont des prêtres comme directeurs, qui travaillent en collaboration avec les communautés de sœurs et quelques frères convers. Si nous n'avions pas cette aide pratiquement gratuite, nous ne pourrions nous tirer d'affaire avec la subvention par tête accordée actuellement par le gouvernement[132]. » Les anglicans témoignent que les demandes pour des pensionnats

> [...] ont régulièrement augmenté, mais la base du soutien est loin à la traîne. Les inspecteurs gouvernementaux insistent sur les normes de travail scolaire, d'alimentation et de soins infirmiers, et de formation professionnelle qui sont effectivement admirables, mais très coûteuses. On nous reproche que nos instructeurs agricoles ne sont pas des diplômés des collèges d'agriculture et que nos cuisiniers n'ont pas obtenu leur diplôme en sciences ménagères. Notre réponse est très simple : à quoi peut-on s'attendre lorsque la subvention gouvernementale atteint en moyenne seulement 50 cents par enfant et par jour? Compte tenu des prix qui prévalent à l'heure actuelle, l'absurdité de ce montant est manifeste. Il ne permettrait pas de fournir de la nourriture et des vêtements selon les normes désirées, mais l'Église doit, en sus de répondre à ces besoins primaires, administrer un pensionnat, avec tous les coûts salariaux,

> de combustible, d'éclairage, de matériel et d'innombrables autres articles que cela exige[133].

En novembre 1946, l'Église anglicane réclame une augmentation de 50 % de la subvention par élève des pensionnats. Même ce montant, de dire les anglicans, « ne suffira pas pour atteindre les normes que nous souhaitons et pour offrir les salaires élevés auxquels nos travailleurs ont droit. À ce jour, cependant, nous n'avons reçu aucune avance, et l'année 1946 a fortement alourdi notre dette. » Ils militent en faveur du remplacement du système par élève, qui entraîne une fluctuation du revenu en fonction du nombre d'inscriptions, par un autre dans le cadre duquel le gouvernement paie « le coût réel de fonctionnement vérifié par des vérificateurs gouvernementaux »[134]. Le gouvernement attendra plus de dix ans, soit jusqu'en 1957, avant d'instaurer un tel système.

Tout comme l'Église anglicane, l'Église Unie montre du doigt le sous-financement continu du système de pensionnats. Citant un rapport d'inspection défavorable sur l'externat d'une réserve, Dorey déclare : « Une telle situation est, à notre avis, le résultat d'un manquement de la part, non pas des fonctionnaires du Ministère, mais des membres de la Chambre de communes, à se rendre compte que l'éducation des Indiens est une question importante et à fournir les fonds nécessaires[135]. » Dorey affirme en particulier que l'Église Unie

> [...] s'offense d'être critiquée de n'avoir pas donné de bonne nourriture et de bons vêtements dans les pensionnats, et de n'avoir pas engagé d'instituteurs compétents en nombre suffisant, alors que le mal provient de l'insuffisance des subventions accordées par le gouvernement et la Chambre des communes, insuffisance qui a constamment gardé le service de l'enseignement de la Division des affaires indiennes dans un état de gêne.

Au lieu d'estimer le montant dont on aurait besoin pour financer convenablement les pensionnats, il propose que le gouvernement fédéral administre une école « guide » pour « établir les frais à être payés à toutes les écoles »[136].

La Société missionnaire des femmes de l'Église presbytérienne au Canada, Division de l'Ouest, qui est responsable du fonctionnement de deux pensionnats presbytériens, ne présente pas d'exposé. Robert Johnston, le président du Conseil des missions de l'Église presbytérienne présente plutôt un message en son nom. Il déclare au comité : « Elles estiment insuffisante l'allocation par tête qu'elles reçoivent en ce moment ». La Société missionnaire des femmes dépense 13 000 $ de plus pour les deux pensionnats administrés par les presbytériens que le montant que contribue le gouvernement fédéral. Malgré cela, le déficit de fonctionnement augmente[137]. Le mémoire poursuit en ces termes :

> De toutes les œuvres dont s'occupe notre Église, le soin des Indiens exerce le plus vif attrait pour nos membres. Nous croyons qu'il importe de maintenir

> le niveau que nous avons atteint, tout en procurant aux enfants qui nous sont confiés une nourriture suffisante et propre à améliorer l'état de leur santé. Le chiffre de la subvention actuelle ne nous permet pas d'atteindre ce résultat.
>
> Nous vous prions donc humblement d'étudier cette question et d'augmenter la subvention par élève de 50 %[138].

Les mémoires des catholiques et des anglicans défendent tous deux le système de demi-journée. Parlant au nom des catholiques, Plourde reconnaît qu'il n'est pas possible de « donner, à la fois, à l'enfant indien le programme de classe de la journée entière en même temps qu'une formation professionnelle suffisante ». Il est d'avis que « pour la plupart des enfants indiens il semble que le régime de la demi-journée complété par une formation professionnelle pratique et bien organisée serait satisfaisant »[139].

Les anglicans font valoir que « pour la grande majorité des élèves indiens, une sage combinaison de formation en classe et de formation pratique est la meilleure pour le genre de vie qu'ils vivront. Si les pensionnats fonctionnaient selon le principe de la journée entière en salle de classe, le résultat serait d'une valeur douteuse et le coût augmenterait énormément. » Ils font observer que puisque les écoles reçoivent des subventions pour la formation manuelle, les élèves « ne font plus simplement les corvées de l'établissement »[140].

L'Église anglicane croit qu'en ce qui concerne le programme d'enseignement, « la nature spécialisée de l'éducation des Indiens exige une orientation bien plus forte de la part des instances fédérales et ceci est dans l'intérêt de la grande majorité des élèves »[141]. Dans la même veine, l'Église Unie demande instamment au gouvernement fédéral de ne pas se contenter de suivre le programme d'enseignement provincial, mais d'élaborer un programme qui répondra aux besoins des enfants autochtones[142].

Les critiques proférées par les témoins des Premières Nations à l'égard des restrictions qu'impose la *Loi sur les Indiens* au passage d'enfants catholiques et protestants dans les écoles de la confession opposée donnent lieu à une série de questions des membres du comité et de leur avocat. Norman Lickers demande à Plourde si la *Loi sur les Indiens* devrait tenir compte des « personnes qui professent l'ancienne religion des Indiens ». Plourde déclare qu'il trouve la question curieuse puisque, en tant que pays chrétien, le Canada s'est engagé à réunir « tous ses citoyens sous la bannière de l'une ou l'autre des Églises chrétiennes. Étant donné ces circonstances, je ne vois pas pourquoi nous devrions encourager des croyances aborigènes. » L'ironie est que les années suivantes, les responsables catholiques défendront ces dispositions au motif qu'elles protègent le droit du choix parental. Dans ce cas, cependant, l'argument intéressé que Plourde avance est que le choix des parents non chrétiens est sans importance[143]. Lorsqu'on demande à George Dorey de l'Église Unie si l'on refuse aux personnes qui sont des adeptes de la « religion naturelle » la liberté de religion par rapport à l'éducation de leurs enfants, ce dernier laisse entendre que toute cette question a été « évoquée ». Dans le cas des gens des Six Nations qui appartiennent à ce qu'il désigne comme la « longue maison », il déclare : « Je ne sais pas jusqu'à quel point c'est indigène, et je ne suis pas aussi certain que certaines gens le sont, jusqu'à quel point c'est une croyance[144]. » Cependant, bien qu'il mette en doute l'existence de religions autochtones, il fait valoir que l'article de la *Loi sur les Indiens* est « boiteux ». Dorey déclare que l'Église Unie a pour position que

> [..] le moment est venu de songer sérieusement à placer l'éducation indienne sur une base complètement non confessionnelle, pourvu que soit accordé aux missionnaires une certaine période chaque jour pour l'instruction religieuse, de la même façon que ce privilège est accordé dans nombre de provinces[145].

Bien que les approches adoptées par les Églises pour aborder un éventail de problèmes d'éducation varient grandement, il n'y a aucun doute que les quatre Églises font savoir clairement que le niveau de financement gouvernemental est inadéquat. Les Églises protestantes ont également fait comprendre sans ambiguïté que l'insuffisance leur rendait impossible de nourrir, d'habiller, de loger, de soigner et d'éduquer les enfants dans les pensionnats. Ce témoignage est présenté publiquement, et les procès-verbaux de ces audiences sont accessibles au public. Il vaut également la peine de noter que personne ne conteste les assertions des Églises que les fonds sont insuffisants.

Une grande partie de l'exposé présenté au comité par le directeur de la Division des affaires indiennes, R. A. Hoey, en 1946, porte principalement sur l'éducation, plus particulièrement sur la nécessité d'accroître radicalement le montant dépensé pour l'éducation. Il y a certes 16 438 élèves dans 255 externats et 76 pensionnats fédéraux, mais il y a 28 429 enfants des Premières Nations d'âge scolaire. Comme le souligne Hoey, cela signifie « qu'on ne fournit aucun moyen d'éducation à quelque 12 000 enfants ». Les 12 000 élèves qui ne sont pas du tout scolarisés représentent 42 % de la population des Premières Nations d'âge scolaire. La majorité de ces élèves vivent « dans la partie septentrionale des provinces, dans le Yukon et les territoires du Nord-Ouest »[146].

Hoey déclare au comité : « Vous conviendrez, j'en suis sûr, qu'il faudrait leur fournir immédiatement ces moyens[147]. » Les témoins suivants expliquent qu'il faut entre 350 et 400 salles de classe pour atteindre cet objectif[148].

Les Affaires indiennes ne doivent pas seulement fournir des écoles pour les 12 000 élèves existants pour lesquels il n'y a pas de salles de classe, mais elles doivent également répondre aux besoins d'une population croissante des Premières Nations. Hoey déclare dans son témoignage :

> Le nombre d'élèves augmente d'environ 150 par année. En suivant la présente ligne de conduite, il nous faudrait loger la moitié de ces élèves dans un

pensionnat et l'autre moitié dans un externat; il y aurait donc lieu de construire un internat qui, une fois meublé, coûterait environ 175 000 $, et cinq externats d'environ 8 000 $ chacun[149].

En d'autres termes, faute d'une augmentation annuelle considérable des fonds, le nombre d'élèves autochtones non scolarisés continuera de croître.

Dans son témoignage, Bernard Neary, surintendant du bien-être et de la formation des Affaires indiennes, ne laisse planer aucun doute que la qualité de l'éducation proposée dans les écoles des Affaires indiennes est inférieure à la norme. « Trop de nos maîtresses sont routinières et laissent tout simplement les enfants tuer le temps. » Il fait observer qu'il n'y a pas d'inspecteur des écoles qualifié pour la Colombie-Britannique. Lorsque l'on en embauche un, cette personne doit inspecter 76 externats et pensionnats éparpillés dans toute la province. La seule façon de se rendre à l'école sur l'île Christie, explique-t-il, est « à dos d'Indiens »[150]. Les résultats scolaires sont également limités. Le commissaire des Affaires indiennes en Colombie-Britannique, D. M. MacKay, déclare au comité que sur 4 000 élèves des Premières Nations inscrits dans les pensionnats de la Colombie-Britannique, seulement 87 ont atteint la 8e année[151]. MacKay reconnaît que le système de demi-journée est un des obstacles à la réussite scolaire des enfants des Premières Nations. Lorsqu'on lui demande de quoi on a besoin pour éliminer le système de demi-journée, MacKay déclare : « Pour soulager les enfants indiens d'une partie quelconque des tâches ardues qu'ils doivent actuellement accomplir, je pense qu'il faudrait augmenter considérablement la subvention par tête, afin d'accroître le personnel[152]. »

Au cours des années suivantes, les documents internes rédigés par des fonctionnaires des Affaires indiennes formulent divers points de vue fortement critiques du rôle que les Églises, et en particulier l'Église catholique, jouent dans l'administration des pensionnats. Mais comme le reconnaît Neary devant le comité, les Églises subventionnent les écoles en fournissant de la main-d'œuvre bon marché. « Les internats bien aménagés et pourvus d'un personnel enseignant à l'emploi du Gouvernement coûteraient certainement beaucoup plus cher que ceux qui sont dirigés par des organismes culturels[153]. » Outre le personnel bon marché, les Églises versent également des subventions aux écoles. Cependant, le gouvernement ne sait pas quelle est l'importance de la subvention globale, puisque l'argent est versé aux écoles individuelles et non au gouvernement. Selon Hoey, les Églises payent la différence des coûts qui ne sont pas couverts par la subvention par élève et, ajoute-t-il, « dans la plupart des cas, elle est assez considérable »[154].

Lorsqu'on lui demande ce qu'il pense de l'avenir des pensionnats et du rôle que joueront les Églises dans l'éducation des Premières Nations, le commissaire des Affaires indiennes de la Colombie-Britannique MacKay déclare : « Je suis convaincu en mon âme et conscience que le pensionnat a atteint son maximum d'utilité dans l'éducation des Indiens, et qu'il sera graduellement remplacé par l'externat indien.

Quant à la question de savoir si cela entraînera l'élimination complète du rôle joué par l'Église, c'est aux législateurs qu'il appartient de décider[155]. » Selon Hoey, les Affaires indiennes n'ont construit aucun nouveau pensionnat depuis qu'il s'est joint à la division en 1936, sauf pour remplacer quelques-uns de ceux qui ont brûlé. Il relève cependant que l'Église catholique a, de sa propre initiative, construit un certain nombre de pensionnats dans le Nord de l'Alberta. Il dit : « Je crois qu'il serait juste de dire que nous penchons vers l'établissement d'externats plutôt que de pensionnats pour les Indiens. Je fais cette déclaration en songeant combien difficile il serait d'obtenir un permis pour l'établissement d'un nouveau pensionnat[156]. »

La politique d'éducation aux Affaires indiennes est élaborée sans tenir compte d'un apport journalier des Autochtones. Il n'y a pas de gens des Premières Nations qui travaillent pour les sections de l'éducation et du bien-être des Affaires indiennes à Ottawa. Selon Neary, le fonctionnaire des Premières Nations occupant le rang le plus élevé à la section du bien-être et de la formation est Joseph Hill, le directeur surveillant du système scolaire des Six Nations[157]. Il n'y a pas de gens des Premières Nations qui enseignent à l'un quelconque des pensionnats des Affaires indiennes de la Colombie-Britannique[158].

La preuve présentée par le gouvernement fédéral lui-même souligne la nécessité d'une augmentation considérable du financement et, comme bon nombre des exposés présentés au comité mixte, le gouvernement fédéral y exprime une préférence pour des externats au lieu de pensionnats. La nécessité de fournir de nouvelles salles de classe pour plus de 12 000 élèves, cependant, signifie que les Affaires indiennes ne seront pas pressées de fermer les pensionnats existants. Si elles le faisaient, il faudrait simplement construire encore plus d'externats. Si l'on mettait fin au système de demi-journée, il faudrait également davantage d'enseignants et de salles de classe. Comme tellement d'enfants des Premières Nations qui ne sont pas scolarisés vivent dans les régions nordiques et éloignées, et que le gouvernement pense que la scolarisation en pensionnat convient dans de telles régions, la perspective d'une dernière expansion du système existe. C'est effectivement ce qui se passe au Yukon, dans les Territoires du Nord-Ouest, au Québec et, d'une façon limitée, dans le Nord-Ouest de l'Ontario.

Expansion du système dans le Nord

Comme l'ont laissé entendre R. A. Hoey et D. M. MacKay dans leur témoignage devant le Comité spécial mixte, le système de pensionnats du Canada a atteint son point culminant et n'a guère de perspective d'élargissement. Cela restera le cas pour la majeure partie du Sud du Canada, où l'effort principal de la politique des Affaires indiennes à partir de 1950 consiste à exercer un plus grand contrôle financier sur les pensionnats, l'objectif ultime étant de mettre fin au système. Ce n'est pas le cas dans les collectivités du Nord et éloignées. En 1957, le fonctionnaire des Affaires indiennes, R. F. Battle, écrit : « L'hébergement en pensionnat, comme nous le connaissons traditionnellement, sera nécessaire dans les régions isolées du Nord pendant un certain nombre d'années encore[159]. »

L'expansion la plus importante des pensionnats pendant la période après 1940 a lieu dans le Nord canadien. En 1948, on ne compte que six pensionnats dans le Nord : deux au Yukon et quatre dans les Territoires du Nord-Ouest. À la fin des années 1950, le gouvernement fédéral remanie ce système. Tous les anciens pensionnats administrés par les Églises, à l'exception d'un seul, sont fermés en 1960. Dans les grands centres de population, ils sont remplacés par des externats fédéraux et de grandes résidences, administrés habituellement par l'Église anglicane ou catholique. Dans les petites collectivités, particulièrement dans l'Est de l'Arctique et dans le Nouveau-Québec, on construit des externats et de petits foyers (qui souvent n'hébergent que six élèves). (L'histoire complexe de cette expansion, qui est supervisée par le ministère fédéral du Nord canadien et des Ressources nationales, et non par la Division des affaires indiennes, est examinée ailleurs dans le présent rapport.) Bien que cette expansion aille à l'encontre de l'approche générale des Affaires indiennes, qui consiste à réduire la scolarisation en pensionnat pendant cette période, elle concorde entièrement avec une tradition canadienne bien plus ancienne. Selon cette tradition, les pensionnats ont été établis dans l'Ouest canadien dans les années 1880 dans le cadre d'un effort déployé pour exercer le contrôle sur une colonie interne, en prévision de l'intensification de l'exploitation économique de cette région. La même justification s'applique à l'expansion de la scolarisation en pensionnat qui a eu lieu au Québec dans les années 1950.

Québec

En 1946, il n'y a que deux pensionnats au Québec : tous deux se trouvent à Fort George sur la Baie James. Les deux écoles ne comptent que 37 élèves au total[160]. De 1952 à 1963, les Affaires indiennes fondent quatre pensionnats au Québec, trois administrés par l'Église catholique et le quatrième, par les anglicans. Cette expansion fait partie d'une colonisation plus vaste du Moyen-Nord québécois. Il s'agit de la région située au nord des vallées du Saint-Laurent et de l'Outaouais et au sud des bassins hydrographiques de la baie d'Hudson et de la mer du Labrador. Cette région englobe l'Abitibi-Témiscamingue, la Haute-Mauricie, le Saguenay-Lac-Saint-Jean et la côte nord du fleuve Saint-Laurent, depuis la rivière Saguenay jusqu'au Labrador. Jusque dans les années 1940, il n'y a eu que peu de colonisation ou de développement non autochtone dans cette région, et la population autochtone assure sa subsistance au moyen du piégeage et d'activités économiques traditionnelles. Au cours de la

Seconde Guerre mondiale, cependant, la mise en valeur des ressources économiques de la région gagne en intérêt. Pour faciliter cette mise en valeur, les Affaires indiennes commencent à jouer un rôle plus important et plus direct dans la vie des Autochtones de la région. Ceci comprend la réinstallation de certaines collectivités, la création de réserves et l'ouverture de pensionnats.

Même jusqu'en 1948, D. M. MacKay, qui a remplacé R. A. Hoey comme directeur des Affaires indiennes, considère cette région comme « l'extrême limite de la civilisation ». MacKay voit avec scepticisme les avantages d'étendre la scolarisation en pensionnat à la région.

> Bien entendu, certains de ces Indiens sont fortement opposés à envoyer leurs enfants (particulièrement les garçons) dans des pensionnats. Ils affirment qu'une absence de six ou sept ans dans une telle école prive un garçon de pouvoir réussir à devenir un bon trappeur. Vous n'êtes pas sans savoir probablement que ces Indiens peuvent transporter des charges incroyables sur leur dos lorsqu'ils font du portage. L'argument qu'ils présentent est qu'un garçon doit être entraîné pour effectuer une telle tâche et pour acquérir les autres compétences et arts de la vie en forêt à partir de huit ou neuf ans.
>
> Si nous fournissons les pensionnats comme « éducation pour la vie », leur argument est valable, car il semble certain que ces Indiens ne seront jamais autre chose que des trappeurs. Les projets de mise en valeur de la fourrure dans cette région sont conçus pour leur procurer un mode de vie économiquement sain.

MacKay conseille d'exercer « une grande prudence » avant d'étendre la scolarisation en pensionnat à la région[161]. Au lieu d'examiner la politique sur l'éducation en fonction des besoins actuels et futurs de ces gens des Premières Nations qui comptent sur la chasse et le piégeage pour assurer leur subsistance, les fonctionnaires décident de poursuivre l'expansion de la scolarisation en pensionnat dans le Moyen-Nord québécois. Cette décision ne va pas à contre-courant de la décision d'étendre les pensionnats dans le Nord canadien. Dans ce cas, l'objectif des Affaires indiennes d'accroître le nombre d'élèves des Premières Nations qui ont accès à l'éducation surpasse son intention d'avoir moins recours à la scolarisation en pensionnat. La construction de pensionnats à Maliotenam (Sept-Îles), Amos, Pointe-Bleue et La Tuque est également motivée par la pression exercée par les responsables locaux des Églises catholique et anglicane et, dans certains cas, en réaction aux objections des parents à la pratique d'envoyer leurs enfants dans des pensionnats encore plus éloignés.

Le premier pensionnat que l'on ouvre au Québec dans l'après-guerre se trouve près de Sept-Îles, sur la rive nord du fleuve Saint-Laurent. Bien que les colons francophones vivent le long de la Côte-Nord et exploitent ses ressources depuis des siècles, dans les années 1950, moins de 1 % de la population du Québec habite le long de la rive ou dans l'arrière-pays. Cette population relativement petite d'origine européenne de la région s'explique par l'utilité agricole marginale de la Côte-Nord, la migration saisonnière des pêcheurs et travailleurs forestiers (dont les familles habitent ailleurs) et l'épuisement du bois d'œuvre facilement accessible de la région. Tout cela change après la guerre, lorsque la croissance de l'exploitation minière, de l'hydroélectricité et de l'exploitation forestière dans l'intérieur des terres provoque une explosion démographique dans la région, transformant des villages comme Sept-Îles en centres urbains[162].

À mesure que l'urbanisation devient pour la première fois une force dans la région, le gouvernement fédéral cherche à encourager la population autochtone de la Côte-Nord à s'établir dans des réserves dotées de maisons et d'écoles nouvellement construites. Par conséquent, la majorité des familles des Premières Nations innues finissent lentement par adopter un mode de vie sédentaire au lieu de passer une grande partie de l'année à chasser et à piéger dans la forêt. Au début des années 1950, les Affaires indiennes entreprennent un programme de déportation de toutes les familles innues vivant à Sept-Îles et à Moisie, village situé à environ 20 kilomètres à l'Est, vers Maliotenam, une réserve créée en 1949, sur un plateau sablonneux situé entre deux villes à croissance rapide. (La réserve s'appelle actuellement « Innu Takuaikan Uashat mak Mani-Utenam ».) Le gouvernement fédéral construit plusieurs douzaines de maisons, une église et un centre communautaire à Maliotenam[163]. Les Affaires indiennes établissent ce village dans l'espoir d'ouvrir aux colons non autochtones les terres occupées par la réserve originelle créée en 1906 (Uashat). Au début de l'après-guerre, elle occupait des terrains de grande valeur au cœur de Sept-Îles. Cependant, malgré la pression exercée par les instances religieuses et municipales, ainsi que par les Affaires indiennes, une minorité seulement des familles de Sept-Îles (Uashat) décident de se joindre aux Innus de Moisie et de déménager dans la nouvelle réserve. Par conséquent, outre la collectivité de la nouvelle réserve, la communauté originelle d'Uashat existe toujours à son emplacement de Sept-Îles[164]. (La réinstallation partielle provoque des divisions internes dans la collectivité qui se font encore sentir aujourd'hui, selon certains des survivants qui ont parlé à la Commission de vérité et réconciliation du Canada.) Dans les années qui suivent immédiatement la guerre, Napoléon-Alexandre Labrie, l'évêque catholique du diocèse du golfe du Saint-Laurent, « présente plusieurs demandes pour la construction d'un pensionnat indien à Sept-Îles, au Québec. Cette école fournira des services pédagogiques aux Indiens vivant le long de la côte nord du Saint-Laurent », notamment ceux dont les familles commercent traditionnellement à Sept-Îles, Moisie, La Romaine, Saint-Augustin, Mingan et Natashquan[165]. Les Affaires indiennes décident de cibler ces enfants pour une scolarisation en pensionnat parce qu'il est « difficile, voire impossible, que les écoles fonctionnent tout au long de l'année scolaire »[166]. J. M. Pauze, l'agent des Indiens, apporte un soutien supplémentaire, car il pense qu'on a besoin d'un pensionnat pour contribuer à contrôler ce qu'il considère comme la prolifération de la tuberculose dans la collectivité[167].

La construction est retardée parce qu'on a du mal à déterminer un emplacement pour le pensionnat[168]. Des responsables de l'ordre oblat s'opposent au site proposé parce qu'il est trop près du village innu nouvellement établi dans la réserve Maliotenam. Dans une lettre aux Affaires indiennes, J. O. Plourde, surintendant de la Commission du bien-être et de la formation des Indiens des oblats formule

> [...]de graves objections à ce que des familles indiennes soient si proches, car il semble que votre intention consiste à les avoir dans ce nouveau pensionnat. La discipline qui s'impose pour les élèves, particulièrement les garçons et les filles plus âgées, est presque impossible à mettre en vigueur si des parents, des jeunes gens et des jeunes femmes, sont autorisés à parler aux élèves et à les voir comme bon leur semble, comme ils seront en mesure de le faire, si les maisons sont construites selon le plan actuel[169].

Les objections de Plourde portent fruit[170].

L'école de Maliotenam ouvre en septembre 1952. Elle fonctionne comme pensionnat et externat combiné et compte 273 élèves de la 1re à la 7e année. Sur ceux-ci, 168 vivent à l'école, bien que sa capacité d'accueil officielle soit de 150 enfants[171]. En janvier 1953, quelque 190 élèves sont pensionnaires, et des demandes pour onze enfants supplémentaires sont à l'étude[172]. Le nombre baisse à 160 pendant l'année scolaire 1953–1954, en grande partie parce que les Affaires indiennes se rendent compte que l'école est surpeuplée depuis qu'elle est ouverte[173].

Dans une autre partie du Nord du Québec, les régions de l'Abitibi et du Témiscamingue, la population a crû de 143 % dans les années 1930, par suite des projets de colonisation et de l'exploitation minière. Cette croissance spectaculaire de la population exerce une forte pression sur les Algonquins, qui constituent traditionnellement la majorité de la population de la région et qui continuent d'assurer leur subsistance en chassant et en piégeant[174]. En 1950, les Affaires indiennes décident d'acheter une ferme près de la ville d'Amos, dans la région de l'Abitibi, qui doit servir de pensionnat[175]. En 1955, confrontés à de nouvelles pressions démographiques d'une telle ampleur, et en particulier parce qu'ils souhaitent que leurs enfants soient scolarisés, 207 Algonquins décident de déménager de leurs campements le long de la rivière Harricana. Ils se réinstallent à Pikogan, un nouveau village fondé sur les terres achetées avec les fonds de la bande, à environ trois kilomètres d'Amos. Le pensionnat Saint-Marc-de-Figuery à Amos commence à accueillir des élèves en octobre 1955[176]. Bien que l'évêque catholique local ait joué un rôle de premier plan dans l'établissement du pensionnat, l'Église transfère la responsabilité de l'administration de l'école à l'ordre des oblats[177].

À la fin décembre, 148 enfants au total vivent au pensionnat (66 garçons et 82 filles). Le personnel du pensionnat compte six membres d'ordres religieux féminins, quatre membres de sexe masculin et neuf Autochtones laïcs[178]. Au début de l'année scolaire suivante, les fonctionnaires des Affaires indiennes commencent à utiliser un effectif de 210 élèves inscrits lorsqu'ils préparent leur budget, bien que le directeur de la division continue de déclarer que l'école a « une limite d'inscriptions de 200 élèves »[179].

Les pensionnats de Maliotenam et d'Amos sont établis dans des régions comptant des populations autochtones relativement importantes qui ne connaissent la colonisation que depuis peu de temps. Le pensionnat de Pointe-Bleue, cependant, se trouve au bord du lac Saint-Jean, un immense plan d'eau douce dont les rives ont été colonisées par des Canadiens d'origine européenne pendant la seconde moitié du XIXe siècle. Au moment où cette école ouvre en 1960 dans la réserve de Pointe-Bleue (Mastheuiatsh), une majorité d'Innus s'y sont installés à longueur d'année.

En 1949, le surintendant des Indiens, Edgar Arsenault, décide d'envoyer quatre enfants innus de la réserve au pensionnat catholique de Fort George, qui se trouve bien plus loin au Nord et dans une région native de Cris et non d'Innus[180]. Arsenault envoie toujours plus d'enfants innus au Nord chaque année : des quatre enfants envoyés pendant l'année scolaire 1949-1950, le nombre bondit à 19 enfants en 1950-1951 et à 33 enfants en 1953-1954[181]. Les inspecteurs des écoles des Affaires indiennes et d'autres responsables de l'éducation s'opposent à cet afflux continu d'élèves du Sud pour fréquenter le pensionnat de Fort George; ils font valoir, entre autres choses, que « la région dans le bassin de la rivière Albany soit desservie par ce pensionnat plutôt que de faire venir des enfants de Pointe-Bleue »[182]. Malgré ceci, le nombre d'enfants innus inscrits à Fort George demeure élevé jusqu'à la fin de la décennie[183].

En décembre 1952, les oblats demandent deux pensionnats supplémentaires dans « le centre du Québec », le premier à Pointe-Bleue et le second « soit à Parent ou à Oskalaneo ». Les oblats affirment que ces pensionnats sont nécessaires parce que « les indigènes sont obligés, pour assurer leur subsistance, de travailler dans divers camps de bûcherons, loin de leur foyer, et un certain nombre d'entre eux passent plusieurs mois chaque hiver sur les parcours de piégeage »[184].

En 1953, Jules D'Astous, superviseur régional des agences indiennes pour le Québec, fait rapport à Philip Phelan, surintendant de l'éducation des Affaires indiennes en poste à Ottawa, sur les enfants innus qui fréquentent le pensionnat catholique de Fort George. « Nous admettons certes que c'est pratiquement un non-sens d'envoyer ces enfants si loin, mais malheureusement, nous ne trouvons pas de meilleure solution à l'heure actuelle et, par conséquent, nous recommandons que les enfants de Pointe-Bleue retournent à Fort George de nouveau à la fin du mois. »

Il note :

> Ces enfants sont issus de familles de trappeurs qui passent tout l'hiver dans la forêt et de familles brisées. Ils sont sans aucun doute des candidats pour un pensionnat et c'est la raison pour laquelle je vous ai dit à de nombreuses occasions déjà que nous devrions avoir un pensionnat ici même à Pointe-

> Bleue. Nous comptons plus de 60 enfants de l'Agence qui devraient être en résidence, mais pour lesquels il est tout à fait impossible de songer à les envoyer à Fort George.

D'Astous ajoute que le pensionnat de Pointe-Bleue est également nécessaire parce que les inscriptions à Maliotenam dépassent la capacité et doivent être réduites[185].

En septembre 1956, les oblats ont demandé la construction d'un « pensionnat de 200 lits et 8 à 10 salles de classe »[186]. Les Affaires indiennes approuvent la construction de l'école en novembre[187]. Au début de janvier 1957, la commission scolaire de Roberval accepte que les pensionnaires soient placés dans ces écoles[188]. Le pensionnat de Pointe-Bleue ouvre le 7 octobre 1960[189]. Il s'agit d'une école mixte, pensionnat et externat, comptant 144 élèves vivant en résidence[190].

Le seul pensionnat anglican qui ouvre au Québec pendant cette période se trouve à La Tuque, dans la Haute-Mauricie. Établie au tournant du XXe siècle, La Tuque est devenue une ville de près de 10 000 habitants en 1951[191]. Bien que sa population soit dominée par les catholiques canadiens-français, elle est également le domicile d'une petite collectivité protestante. L'industrie papetière de la région contribue à financer d'ambitieux projets de travaux publics, ce qui en fait un foyer attrayant pour l'investissement et la colonisation, malgré son isolement des autres centres urbains[192].

Au début de 1957, l'Église anglicane et les Affaires indiennes conviennent d'établir un pensionnat pour les enfants autochtones « dans le Centre-Nord du Québec »[193]. Dès le départ, les directions de l'Église anglicane et des Affaires indiennes conçoivent le pensionnat comme, pour citer Henry G. Cook, le surintendant de l'Administration des écoles indiennes anglicanes, « un foyer pour les enfants des bandes Mistassini et Waswanipi du Centre-Nord du Québec »[194]. Cette décision découle de la croyance que les enfants des familles anglicanes du Québec doivent être éduqués dans la province au lieu d'être obligés, comme la plupart l'ont été depuis quelque temps, de se rendre en Ontario pour avoir accès à des pensionnats protestants, comme l'Institut Mohawk de Brantford[195].

Il devient de plus en plus difficile d'amener les parents à envoyer leurs enfants en Ontario. En novembre 1959, Hervé Larivière, surintendant de l'agence indienne d'Abitibi, reconnaît que « les Indiens Mistassini qui vivent le long de la ligne du chemin de fer ont toujours fait preuve de réticence à renvoyer leurs enfants à l'école [en Ontario]. Pendant de nombreuses années, grâce à l'aide du Dr Rivard et d'Edward Mark, nous avons réussi à faire retourner la plupart d'entre eux à l'école. Cette année... ils ont refusé de les renvoyer »[196].

La Tuque a été choisie parce qu'on y trouve une école secondaire protestante, une école technique, de l'électricité bon marché, des terres disponibles, de bons services municipaux et l'accès au transport, et qu'elle est à proximité de Trois-Rivières. On la considère également comme un centre naturel pour les peuples autochtones chez lesquels le gouvernement compte recruter des élèves[197].

Les responsables des Églises et les fonctionnaires s'inquiètent bientôt de la faisabilité du projet, en raison de la taille prévue du pensionnat de La Tuque et du nombre d'enfants cris qui doivent être éduqués dans ses murs. En janvier 1958, Larivière prévient le superviseur régional des Affaires indiennes que le nombre d'enfants de Mistassini et de Waswanipi dépassera la capacité de l'école[198]. Dans une lettre qu'il envoie à l'administration centrale de la Division à Ottawa, le mois suivant, au fonctionnaire des Affaires indiennes, A. J. Doucet fait valoir qu'il faudrait fixer le nombre maximum d'élèves hébergés au pensionnat plus haut que celui d'autres pensionnats du Québec. Il signale qu'il n'y a pas de réserve dans la région dans laquelle le gouvernement pourrait établir des externats anglicans[199].

Le surintendant de l'éducation, R. F. Davey, hésite « à accepter cette recommandation sur la foi des maigres données présentées, et je ne veux pas accepter l'insinuation que tous les enfants de ces bandes sont des cas devant être placés en institution ». Au lieu d'accepter immédiatement de construire une école bien plus grande, il conclut que « d'envoyer tous les enfants dans un pensionnat engage le Ministère à élargir sans cesse le pensionnat et à négliger le développement communautaire, ce qui, comme le prouve l'expérience du passé, entrave au lieu d'aider le développement socio-économique de l'Indien »[200]. Malgré la préférence de Davey pour un pensionnat relativement petit, la pression du personnel de terrain des Affaires indiennes finit par aboutir à l'adoption, en juin 1959, d'un plan pour un pensionnat ayant une capacité maximale de 250 élèves[201]. Soucieux de maintenir l'inscription à un niveau moins important, on décide que les élèves de Mistassini et de Waswanipi qui sont déjà inscrits dans des écoles en Ontario continueront d'être scolarisés dans cette province[202]. En outre, des discussions commencent en 1958 pour ouvrir un externat à Mistassini; l'école ouvre en 1963[203]. (On ouvre en 1971 un foyer à Mistassini qui reste en activité jusqu'en 1978[204].)

Les responsables anglicans et gouvernementaux veillent à l'intégration des élèves autochtones du pensionnat de La Tuque à l'école secondaire administrée par la Commission scolaire protestante de la ville. En juin 1959, Doucet informe l'administration centrale des Affaires indiennes de son plan pour ces élèves. « J'ai pensé les inclure dans les 5e, 6e et 7e année ainsi qu'à l'école secondaire locale. Nous garderions dans notre pensionnat les quatre premières années ce qui, sans aucun doute, exigera plus d'une salle par classe[205]. » Le pensionnat de La Tuque ouvre ses portes au début de septembre 1963. À la fin du mois, 217 élèves (116 filles et 101 garçons) sont inscrits[206]. Ceci achève en grande partie l'expansion au Québec, ainsi que le système de foyers dans les collectivités inuites de la région arctique du Nunavik au Québec.

La plupart des écoles ont une brève durée de vie de moins de 20 ans : Maliotenam (Sept-Îles) ferme en 1971, Amos en 1973 et La Tuque en 1978[207]. Après le transfert de la gestion du pensionnat de Pointe-Bleue aux Autochtones, l'école reste en activité jusqu'en 1991[208].

Les écoles mennonites en Ontario

Les adeptes d'un mouvement protestant du XVIe siècle qui insistaient sur le baptême des adultes, et qui étaient au départ connus sous le nom d'« anabaptistes », ont fini par s'appeler les « mennonites » (car l'un de leurs dirigeants s'appelait Menno Simons). Historiquement, il y a eu des vagues importantes de migration mennonite vers ce qui de nos jours est le Canada : l'une depuis la Pennsylvanie vers le Haut-Canada après la guerre d'Indépendance américaine à la fin du XVIIIe siècle; et une autre à la fin du XIXe siècle, au cours de laquelle 18 000 mennonites migrent de la Russie vers l'Ouest canadien. Une Conférence des mennonites du Canada est établie en 1903. Elle s'appelle de nos jours « L'Église mennonite du Canada ». Cependant, toutes les congrégations mennonites ne sont pas affiliées à cette organisation, et elles jouissent d'une autonomie considérable[209]. Les mennonites canadiens entreprennent un travail missionnaire général auprès des peuples autochtones du Canada, mais dans le domaine de l'éducation, trois pensionnats mennonites ont été établis dans le Nord-Ouest de l'Ontario à partir du début des années 1960. Ils sont un prolongement du travail d'une mission mennonite américaine : la Northern Light Gospel Mission, qui est elle-même une extension du travail que les mennonites de Pennsylvanie ont effectué au Minnesota[210]. Au milieu des années 1960, son siège se trouve à Red Lake, en Ontario, et dirige 19 missions en Ontario et au Minnesota. La mission cesse ses activités en 1997. Les congrégations qui y sont affiliées continuent d'exister comme membres de la Christian Anishnabec Fellowship ou des Églises mennonites non affiliées[211].

La Northern Light Gospel Mission établit une école privée dans la collectivité éloignée de Poplar Hill, dans le Nord-Ouest de l'Ontario, à la fin des années 1950. Selon un rapport des Affaires indiennes de mars 1960, cinq enfants de la collectivité de McDowell Lake sont pensionnaires à l'école mennonite de Poplar Hill[212]. À l'époque, il n'y a pas de place pour eux dans l'un quelconque des pensionnats ou externats des Affaires indiennes[213]. Bien que les Affaires indiennes ne soient pas prêtes à financer l'école au même niveau qu'un pensionnat, elles sont disposées à verser 1 $ par jour pour chaque élève qui est pensionnaire de l'école[214]. En 1962, le pensionnat de Sioux Lookout éprouve des problèmes avec « l'absentéisme et les mauvais comportements », ce qui aboutit à des expulsions et des transferts d'élèves. On décide de refuser l'admission d'élèves aux pensionnats de Sioux Lookout et McIntosh si leur assiduité laisse à désirer ou s'ils dépassent largement l'âge correspondant à leur niveau scolaire[215]. À la même époque, le gouvernement conclut un accord avec la

Northern Light Gospel Mission afin de scolariser en pensionnat 30 élèves à Poplar Hill. Quinze des élèves doivent être « d'un âge normal et suivre des cours ordinaires », et quinze doivent être « des enfants qui ont dépassé l'âge et qui suivent un cours spécial consistant en une mise à niveau scolaire à mi-temps et une formation professionnelle à mi-temps »[216]. Lorsque le programme de pensionnat démarre en août 1962, sept élèves du premier groupe ayant dépassé l'âge sont transférés du pensionnat de Sioux Lookout[217]. La plupart des élèves sont âgés de 14 à 18 ans. Les membres du personnel sont pour la plupart des bénévoles recrutés par la mission. L'école s'efforce principalement de fournir aux élèves une formation à l'utilisation de matériel qui sera à leur disposition dans leur collectivité d'origine. L'école possède une petite scierie, et les élèves participent à la construction de bon nombre des bâtiments de l'école et on leur enseigne la réparation de moteurs. Une évaluation de l'école en 1966 relève que seulement deux élèves ont décroché et que 16 sont retournés au « système scolaire ordinaire dans une classe correspondant à leur âge ». On considère ceci comme des signes des réussites obtenues par l'école[218].

Au milieu des années 1960, dans la correspondance, les Affaires indiennes parlent de l'école mennonite comme d'un pensionnat. En 1966, on décide d'accroître l'inscription et de donner à l'école une orientation centrée davantage encore sur la formation professionnelle[219]. Une inspection de l'école de 1971 conclut que « la Northern Light Gospel Mission fournit un excellent service d'éducation aux enfants indiens dans l'école de perfectionnement de Poplar Hill. Ses installations d'enseignement, ses locaux résidentiels pour les enfants et ses ateliers sont impressionnants[220]. » En 1971, le Northern Youth Program, une section de la Northern Light Gospel Mission, voit le jour, à la demande des parents des collectivités du Nord-Ouest de l'Ontario afin de travailler avec des élèves qui ont soit décroché de l'école secondaire ou qui ne souhaitent pas quitter la région pour fréquenter une école secondaire[221]. En 1972, le gouvernement conclut un accord avec le Northern Youth Program afin que ce dernier administre un pensionnat pour garçons à Stirland Lake, également dans le Nord-Ouest de l'Ontario[222]. Un troisième pensionnat ouvre, à la demande des chefs locaux, à Cristal Lake en 1976. Il propose des classes de 9e, 10e et 11e année pour filles uniquement[223]. Les préoccupations au sujet du programme et des activités aux trois pensionnats mennonites amènent les chefs de la région de Pehtabun à décider de ne pas envoyer les élèves à l'école en 1979[224]. Leurs préoccupations font l'objet d'une enquête par le représentant du Northern Nishnawbe Education Council, qui déclare que, bien que les élèves aient eu à se plaindre quelquefois des restrictions à l'école, « ils sont assez satisfaits du traitement qu'ils reçoivent de la part des membres du personnel »[225]. Le Northern Nishnawbe Education Council est une organisation de personnes qui se soucient de l'éducation des Autochtones dans le Nord-Ouest de l'Ontario. Après 1983, il est partie aux accords conclus entre le Northern Youth Program et le gouvernement fédéral au sujet des pensionnats de Cristal Lake et Stirland Lake[226].

Le pensionnat de Cristal Lake ferme en 1986, et celui de Stirland Lake devient mixte à cette époque[227]. Une controverse au sujet de la discipline au pensionnat de Poplar Hill (décrit ailleurs dans le présent rapport) aboutit à la fermeture de ce pensionnat en 1989[228]. Le pensionnat de Stirland Lake ferme en 1991[229].

Comme nous l'avons relevé, ces expansions, bien qu'elles aillent à l'encontre de la préférence générale des Affaires indiennes pour les externats, par opposition aux pensionnats, concordent avec la tendance historique qui consiste à utiliser les pensionnats comme éléments de la colonisation des régions éloignées, destinée en grande partie à l'exploitation des précieuses ressources naturelles de ces régions. Le thème dominant de la politique d'éducation de l'époque est cependant la contraction et non l'expansion du système de pensionnats. Pour réduire leur dépendance des pensionnats, les Affaires indiennes changent la formule de financement afin de pouvoir exercer davantage de contrôle sur le système et lancent un vaste programme par lequel la majorité des élèves des Premières Nations seront éduqués dans des écoles provinciales. Les deux politiques mettront les Affaires indiennes en situation de conflit permanent avec les responsables catholiques qui dirigent la plupart des pensionnats.

Exercice du contrôle par le financement et la réglementation

Le déclenchement de la Seconde Guerre mondiale en 1939 mène à un nouveau cycle de compressions budgétaires pour les pensionnats. Cette fois-ci, cependant, au lieu de réduire les subventions par élève des pensionnats, les Affaires indiennes réduisent le nombre d'élèves pouvant être admis (le nombre d'élèves pour lesquels l'école est autorisée à toucher une subvention par élève) de 7,76 %. En d'autres termes, les écoles qui, par le passé, ont été autorisées à recevoir des fonds pour un maximum de 100 élèves recevront dorénavant une subvention par élève pour un maximum de seulement 92,24 élèves[230]. En apparence, la politique est plus équitable que celle consistant à réduire la subvention par élève, puisque les écoles recevront la pleine subvention pour les élèves dont l'inscription est autorisée. Le problème est que de nombreuses écoles ont besoin de l'inscription totale pour couvrir leurs frais de fonctionnement, qui augmentent régulièrement, même lorsque le nombre d'élèves est réduit. Bien que les catholiques ainsi que les protestants s'opposent à la réduction, certains responsables catholiques pensent que la politique est un signe de favoritisme du gouvernement envers les protestants. Le directeur du pensionnat de Kamloops, Fergus O'Grady, déclare que la réduction est destinée à aider les pensionnats protestants, puisque, selon lui, ils ne réussissent souvent pas à atteindre le nombre maximal d'inscriptions. Les pensionnats catholiques, par contre, dit-il, « dépassent toujours le nombre d'inscriptions autorisées et devraient recevoir une subvention plus importante pour prendre soin des enfants supplémentaires »[231]. Il a peut-être raison.

En 1943, seulement 24 % des pensionnats catholiques n'ont pas réussi à recruter assez d'élèves pour atteindre le nombre d'inscriptions qui leur est attribué, tandis que 65 % des pensionnats anglicans n'ont pas réussi à le faire, et 50 % des pensionnats de l'Église Unie non plus. Les deux pensionnats presbytériens ont non seulement réussi à atteindre le nombre d'inscriptions prévu, ils l'ont même dépassé[232].

Le responsable de l'Église anglicane, T. B. R. Westgate, ne croit cependant pas que son Église a bénéficié d'un traitement préférentiel. En 1941, il informe les Affaires indiennes que la réduction du nombre d'inscriptions autorisées a « rendu absolument impossible d'entreprendre bon nombre des réparations et des améliorations que nous souhaitons ardemment »[233]. Le directeur du pensionnat de l'Église Unie de Muncey, en Ontario (Mount Elgin), écrit en 1944 que « le nombre d'inscriptions de cette école est à l'heure actuelle considérablement inférieur au niveau de fonctionnement économique, ce qui crée une difficulté considérable à financer et à exécuter un programme de formation convenable »[234]. Confrontées à l'inflation du temps de guerre, en 1942, les Affaires indiennes versent à tous les pensionnats un paiement spécial de 10 $ par élève, qui est versé de nouveau l'année suivante et porté à 15 $ en 1944-1945[235].

Bien que le nombre d'élèves que le gouvernement est disposé à financer ait chuté de 7,76 %, l'inscription n'a baissé que de 2,8 % (passant de 9 027 en 1939-1940 à 8 774 en 1940-1941). Par conséquent, il y a moins d'argent disponible pour nourrir, habiller, loger davantage d'enfants et leur enseigner[236]. La tendance se maintient. Selon un mémoire présenté par le responsable de l'Église Unie, George Dorey, 8 294 élèves fréquentent les pensionnats de tout le Canada en septembre 1943. Le gouvernement fédéral est cependant disposé à ne financer qu'une inscription maximale de 7 715 élèves. La situation se complique davantage parce que 22 pensionnats n'ont pas réussi à recruter suffisamment d'élèves pour atteindre le nombre d'inscriptions réduit qui leur est attribué. Le déficit total dans ces pensionnats est de 257 élèves. Par conséquent, le Canada verse une subvention par élève pour seulement 7 458 des 8 294 élèves admis dans les pensionnats. Les Églises paient la différence des coûts[237].

Les Églises soulignent l'ampleur du sous-financement en renvoyant au niveau de soutien accordé aux pensionnats indiens aux États-Unis. La subvention par élève pour un pensionnat comptant moins de 200 élèves y est de 335 $. La subvention par élève en 1941 pour les pensionnats canadiens, dont la plupart comptent moins de 200 élèves, est de 170 $. En 1943, un comité de représentants des organisations d'Églises qui participent au fonctionnement des pensionnats du Canada fait valoir que la différence entre les taux par élève canadien et américain correspond à « la différence entre l'échelle gouvernementale des dépenses en matière de salaires, pensions, etc., et l'échelle d'une entreprise purement humanitaire comme l'Église, qui mobilise les services de tant d'hommes et de femmes dont le principal motif est le service »[238]. Malgré ces arguments, la réduction du nombre maximal d'inscriptions n'est pas levée avant 1944[239].

L'augmentation des dépenses continue d'exercer un effet sur la capacité des pensionnats de prendre soin convenablement des élèves. Lorsqu'il demande une augmentation de la subvention par élève en 1947, George Dorey écrit :

> C'est le moment de l'année où nous nous occupons de nos budgets d'églises; et je dois dire que nous n'envisageons pas, avec un quelconque sentiment de bonheur, de devoir employer l'argent de l'Église pour faire le travail du gouvernement et, par ailleurs, que toute demande pour une augmentation de la subvention à même les fonds de l'Église pour les activités des pensionnats indiens donnera à notre conseil de direction un fort sentiment que le gouvernement ne s'acquitte pas de son obligation pour les besoins d'éducation des peuples indiens[240].

Dans l'après-guerre, le gouvernement augmente considérablement le financement des pensionnats. Il accorde, par exemple, une augmentation de 17 % de la subvention par élève à partir d'octobre 1947[241]. Le tableau 32.1 montre l'inscription annuelle et les dépenses pour les pensionnats au cours de cette période.

Tableau 32.1. Financement des pensionnats par les Affaires indiennes, 1946-1947 à 1950-1951.

Année	Nombre de pensionnaires	Montant que le gouvernement fédéral a dépensé pour les pensionnats	Montant dépensé par élève
1946-1947	9 304	1 766 509,03	189,87
1947-1948	8 986	2 223 632,20	247,46
1948-1949	9 368	2 917 743,80	311,46
1949-1950	9 316	3 354 920,20	360,12
1950-1951	9 357	3 928 238,38	419,82

Sources : Canada, Rapport annuel du ministère des Affaires indiennes, 1947, p. 237; Canada, Rapport annuel du ministère des Affaires indiennes, 1948, p. 260; Canada, Rapport annuel du ministère des Affaires indiennes, 1949, p. 224; Canada, Rapport annuel du ministère des Affaires indiennes, 1950, p. 71; Canada, Rapport annuel du ministère des Affaires indiennes, 1951, p. 74; Canada, Rapport annuel du ministère des Affaires indiennes, 1947, p. 257; Canada, Rapport annuel du ministère des Affaires indiennes, 1948, p. 277; Canada, Rapport annuel du ministère des Affaires indiennes, 1949, p. 241; Canada, Rapport annuel du ministère des Affaires indiennes, 1950, p. 87; Canada, Rapport annuel du ministère des Affaires indiennes, 1951, p. 91.

Au cours d'une période de cinq ans, le financement par élève des pensionnats augmente de plus de 121 %. Après le rajustement pour l'inflation, il s'agit toujours d'une augmentation de 66 %[242]. Cependant, ces augmentations sont calculées sur la base d'un très faible financement, et font suite à des années de négligence opérationnelle. De nombreuses écoles continuent d'avoir du mal parce que le financement approprié est absent. En 1949, le fonctionnaire des Affaires indiennes, H. N. Woodsworth, présente un argumentaire pour une augmentation de la subvention par élève pour le pensionnat d'Hobbema, en Alberta, puisque la subvention actuelle est « insuffisante pour couvrir les charges de fonctionnement de ce pensionnat ». Il ajoute que selon lui, la subvention est « plus faible que celle d'autres pensionnats semblables »[243].

Les responsables du gouvernement sont contrariés parce qu'ils ne peuvent pas contrôler la façon dont l'argent de la subvention par élève est dépensé. Par exemple, le fonctionnaire des Affaires indiennes, J. Coleman, écrit en 1947 qu'il soupçonne qu'une partie des pensionnats anglicans financés par la Société missionnaire de l'Église d'Angleterre du Canada (SMEAC) « s'est gravement endettée et que les subventions du Ministère, au lieu d'être utilisées promptement pour le pensionnat pour lequel elles sont versées, sont utilisées pour payer des comptes plus urgents de ces institutions moins favorisées ». Selon Coleman, la SMEAC a tardé à payer les comptes que le pensionnat d'Alert Bay, en Colombie-Britannique, devait à des marchands locaux. Par conséquent, le directeur trouve difficile d'obtenir des fournitures[244].

Jusque dans les années 1950, le gouvernement a aussi du mal à contrôler qui est scolarisé dans les pensionnats. En 1953, par exemple, les Affaires indiennes refusent de verser une subvention par élève pour deux élèves qui fréquentent le pensionnat Christie, en Colombie-Britannique, parce que leur inscription n'a pas été approuvée par le Ministère[245]. L'augmentation des inscriptions fait monter les coûts et dilue l'effet qu'exerce l'amélioration du financement lorsque les inscriptions dépassent le nombre autorisé.

Les Affaires indiennes sont également perturbées par les demandes incessantes de payer pour des bâtiments et des réparations que la division n'a pas autorisés à l'avance. En 1946, R. A. Hoey rappelle au directeur que les Affaires indiennes ont pour politique d'« apporter une aide financière pour couvrir le coût des bâtiments et du matériel uniquement lorsque l'autorisation du Ministère a été obtenue au préalable »[246].

Les directeurs voient d'un mauvais œil les tentatives du gouvernement d'exercer le contrôle sur la façon dont ils mènent leur pensionnat. En 1948, le directeur du pensionnat de Sechelt, en Colombie-Britannique, H. F. Dunlop, accuse les Affaires indiennes de prendre « des décisions dans les affaires les plus minuscules pour s'opposer aux souhaits du directeur et de l'agent dont le conseil est demandé dans toutes les questions ayant trait à l'école ». Il pointe du doigt le refus par le gouvernement d'une subvention de 45 $ pour l'achat, pour l'atelier de formation manuelle, d'un moteur électrique qui serait utilisé pour alimenter le matériel fourni par le gouvernement. Dans un autre cas, la moitié seulement du montant nécessaire est fourni pour des réparations de plomberie et dans un autre, un plan pour transformer une étable en gymnase est « examiné d'un regard suspicieux, comme s'il s'agissait du produit d'un esprit imbécile ». Pour lui, les Affaires indiennes sont « avares », leurs subventions sont « inadéquates », et leur approche du processus décisionnel est « étouffante »[247].

En janvier 1953, la réglementation sur les pensionnats indiens (*Regulations With Respect to Teaching, Education, Inspection, and Discipline for Indian Residential Schools, Made and Established by the Superintendent General of Indian Affairs Pursuant to Paragraph (a) of Section 114 of the Indian Act*) entre en vigueur. De bien des façons, la réglementation est tout bonnement une répétition de politiques antérieures : elle représente une tentative par les Affaires indiennes d'exercer le contrôle sur les pensionnats.

Les pensionnats doivent suivre le programme d'enseignement provincial, et le nombre d'heures de cours en salle de classe doit être déterminé par le programme. Dans le cas des textes, il doit s'agir de textes provinciaux, et il ne peut y avoir plus d'une demi-heure d'enseignement religieux par jour. Les élèves ne peuvent pas être admis sans l'approbation des Affaires indiennes. Les Affaires indiennes peuvent également ordonner qu'un élève soit retiré. Les élèves ne peuvent pas être suspendus, expulsés ou libérés sans l'approbation des Affaires indiennes. Chaque cas d'absentéisme doit être signalé aux Affaires indiennes, et le directeur doit prendre promptement des mesures pour veiller au retour des élèves en fugue. La seule situation dans laquelle des élèves peuvent être retirés de l'école sans l'approbation des Affaires indiennes est lorsque le directeur suit un avis médical.

Le directeur de chaque pensionnat est tenu de maintenir des normes acceptables qui s'appliquent au personnel, à l'inscription, à l'alimentation, à l'habillement, au logement, aux services publics, aux activités en salle de classe, aux loisirs, à l'orientation, aux relations avec les parents et à la tenue des dossiers et à la comptabilité des fonds, au stock et au matériel. Le directeur doit « assumer les responsabilités de parent ou de tuteur à l'égard du bien-être et de la discipline des élèves dont il a la charge ». Bien que les formulaires de demande d'admission au pensionnat de l'époque exigent que les parents placent leurs enfants sous la tutelle du directeur, cette exigence n'est pas fondée sur les dispositions visant l'éducation de la *Loi sur les Indiens*. Les élèves sont tenus de « se conformer aux règles de conduite et de comportement d'élèves pendant qu'ils se trouvent dans les locaux du pensionnat ou près de ceux-ci ou dans tout local dans lequel une quelconque activité de l'école se déroule »[248].

En 1954 et de nouveau en 1957, le gouvernement fédéral accroît davantage le niveau global de financement des pensionnats. Dans les deux cas, il le fait en assumant un plus grand contrôle sur la façon dont l'argent est dépensé. À partir de septembre 1954, le gouvernement fédéral a « assumé la responsabilité d'engager le personnel enseignant de tous les internats que possède le gouvernement »[249]. Les enseignants demeurent simultanément sous l'autorité quotidienne des directeurs de pensionnat – qui restent des employés de l'Église. Dans le cadre de cet arrangement, les enseignants peuvent également être tenus d'offrir une demi-heure d'enseignement religieux[250]. Selon les Affaires indiennes, cette mesure amène la rémunération des enseignants à un niveau qui est

> plus de pair avec les niveaux révisés des salaires versés aux autres fonctionnaires de l'État et aux instituteurs enseignant dans les écoles administrées par les provinces. L'échelle des salaires pour toutes les classes et les grades a été élevée, les augmentations annuelles de certaines classes ont été accrues et des changements ont été apportés aux conditions requises pour certaines autres classes. On prévoit que ces modifications aideront la Division à embaucher des instituteurs diplômés et d'expérience pour toutes les positions[251].

Cette mesure correspond également à la ligne de pensée des Affaires indiennes, qui préfèrent exercer un plus grand contrôle sur la façon dont l'argent est dépensé. Depuis qu'elles ont pris à leur charge les coûts des salaires des enseignants, les Affaires indiennes réduisent la subvention par élève globale des pensionnats de 5 %[252].

La mesure crée des complications pour les pensionnats catholiques, dans lesquels la plupart des enseignants sont des membres d'ordres religieux[253]. En 1958, les oblats concluent un accord avec le gouvernement fédéral en vertu duquel les membres religieux du personnel seront considérés comme un seul groupe, et aucun salaire particulier ne sera attribué à des individus particuliers. Les oblats proposent également que « les sœurs continuent de travailler pour les oblats comme par le passé et non directement pour le gouvernement, comme cela a été proposé »[254].

En 1957, les Affaires indiennes remplacent le système de subvention par élève par ce qu'il appelle un système de financement « à coût contrôlé ». Au moyen de ce changement, s'il faut en croire le sous-ministre Laval Fortier, les Affaires indiennes ont l'intention de renforcer le contrôle qu'elles exercent sur les écoles et d'« éliminer les difficultés financières auxquelles se heurtent certaines écoles à l'heure actuelle ». La nouvelle méthode « aboutira à une augmentation considérable des coûts, mais il faut souligner que cela était inévitable dans tous les cas », en raison de l'augmentation des frais. La nouvelle formule ne s'appliquera pas aux dix pensionnats appartenant à l'Église (en grande partie catholiques) puisque ceux-ci acceptent les élèves « non indiens » (dans la plupart des cas des Métis).

La description donnée par Fortier des raisons pour l'adoption du nouveau système de financement est en fait une admission très franche de l'échec du système à ce jour. Il écrit que dans le système de subvention par élève,

> 1) Les normes maintenues dans les pensionnats, notamment la qualité de la gestion et du personnel opérationnel, la quantité et la qualité des aliments et des vêtements fournis aux élèves et la tenue générale des installations et des locaux ne présentent aucune uniformité.
>
> 2) Le Ministère n'est pas en mesure d'exercer un quelconque contrôle sur la manière dont ces fonds sont dépensés. Ceci vaut particulièrement pour les articles mentionnés au point 1, ainsi que pour les dépenses en immobilisations. Dans le cadre du système de subvention par élève, il n'y a

pas de définition nette de l'autorité à l'égard de l'entretien, des rénovations et des ajouts aux bâtiments. Dans bien des cas, les instances de l'Église ont entrepris de grands projets qui appartiennent aux catégories ci-dessus sans consulter le Ministère. Dans de nombreux cas, les travaux ne seraient pas conformes aux normes d'ingénierie.

3) Le Ministère a subi une pression constante et continue de la part des chefs des confessions religieuses et de directeurs de pensionnat individuels pour qu'il augmente le taux de la subvention par élève. Par suite du manque de contrôle sur la manière dont les fonds sont dépensés, il a été difficile, voire impossible, de déterminer une subvention juste et appropriée pour chaque école.

4) Le système de subvention par élève est, en fait, un système qui consiste à faire des dons directs aux confessions religieuses, le directeur exerçant un contrôle limité sur la manière dont ces fonds sont dépensés. Dans certains cas, les directeurs ne sont pas de bons administrateurs, et on est d'avis que les fonds ne sont pas utilisés de la manière la plus judicieuse[255].

Le nouveau modèle de financement conserve des éléments du système de subvention par élève et on le décrit, au départ, comme un « nouveau système pour établir les subventions par élève ». Par le passé, les pensionnats étaient censés payer un vaste éventail de coûts à même une seule subvention par élève qui n'avait que peu de rapport avec les coûts. Dans le cadre du nouveau système, on crée différentes catégories budgétaires; elles ont toutes des plafonds de financement qui sont liés au coût et à l'inscription[256].

Par exemple, les pensionnats sont répartis dans différentes catégories, selon le nombre des élèves qui y sont inscrits. À partir de là, on établit un plafond salarial pour chaque établissement. De même, des plafonds sont élaborés pour la nourriture et l'habillement par élève. Au départ, les frais de nourriture, d'habillement et de fret reposent sur les dépenses de l'exercice précédent. La responsabilité pour les coûts des immobilisations et des principales réparations doit incomber directement au gouvernement. Celui-ci assume également la responsabilité pour la fourniture de tout le matériel important, l'achat de ce matériel devant être autorisé à l'avance. Comme les fermes des pensionnats tendent à fonctionner à perte, le gouvernement fédéral a l'intention d'« éliminer progressivement ces fermes », ou du moins celles qui perdent de l'argent[257]. Les pensionnats comptant plus de 250 élèves reçoivent des fonds pour embaucher un infirmier auxiliaire. Le gouvernement fédéral peut prendre à sa charge les frais de transport, y compris le coût pour renvoyer les élèves dans leur collectivité d'origine pendant les vacances[258]. Les dépenses réelles pour le téléphone, le combustible et l'éclairage doivent être remboursées, de même que les dépenses pour les postes d'entretien ménager et les réparations des bâtiments, jusqu'à concurrence de 1 500 $ par école et par an, et de 200 $ pour chaque projet individuel[259]. Bien que les responsables des Églises soient ouverts au nouveau modèle, ils s'inquiètent que les divers plafonds de financement ne soient établis à des niveaux trop bas[260].

En octobre 1957, le Conseil du Trésor approuve le nouveau système de financement et le rend rétroactif au début de l'année civile. Lorsqu'il approuve la politique, le Conseil du Trésor reconnaît en l'approuvant la « politique actuelle consistant à restreindre l'utilisation de pensionnats, eu égard au coût élevé de ce type de scolarisation ». Il encourage les Affaires indiennes à « continuer de déployer et d'intensifier leurs efforts pour limiter le nombre de pensionnats »[261].

La nouvelle formule de financement s'accompagne de la négociation d'un ensemble d'ententes entre le gouvernement et les Églises. Ces contrats donnent au ministre responsable des Affaires indiennes « une mesure de contrôle très importante » sur le fonctionnement des écoles. Un tel contrôle s'impose, fait-on valoir plus tard, parce que « les normes dans bon nombre d'écoles administrées par les Églises sont scandaleusement basses »[262]. Cependant, en reprenant davantage de responsabilités pour les pensionnats, le gouvernement se place dans une situation dans laquelle il se heurterait à moins d'opposition s'il voulait fermer les écoles. Les détails des contrats ne sont pas conclus définitivement jusqu'en 1961. Ils exigent que les pensionnats soient administrés selon des « règles, règlements, directives » émis par le gouvernement. Les contrats sont conclus avec les oblats de Marie Immaculée, la société missionnaire de l'Église anglicane du Canada, le Comité des missions intérieures de l'Église Unie du Canada, et la Société missionnaire des femmes de l'Église presbytérienne (Division de l'Ouest) de l'Église presbytérienne au Canada[263].

Les oblats considèrent le passage au nouveau système comme un signe avant-coureur de la perte de contrôle sur les écoles. Un document interne des oblats demande si le contrat (et le système de financement) représente « l'ouverture de la brèche » qui finira par les évincer de « l'éducation des enfants indiens ». Il fait valoir que la brèche s'est ouverte, soit lorsque l'Église a vendu la plupart de ses écoles au gouvernement, soit lorsque le gouvernement a commencé de payer les salaires des enseignants. Globalement, les oblats hésitent à signer le contrat, « pas tellement en raison de ce qu'il contient, mais en raison de ce qu'il ne contient pas, c'est-à-dire une quelconque garantie que nous aurons un rôle véritable à jouer dans l'éducation des enfants indiens ». Il reconnaît cependant aussi qu'il y a un avantage à avoir un contrat « par lequel le gouvernement promet et s'impose de faire quelque chose de précis »[264].

Le changement a de véritables répercussions pour les pensionnats. Le financement de ceux-ci passe de 8 718 771 $ en 1957-1958 à 11 405 931 $ en 1958-1959, soit une augmentation de 23 %[265].

Le système de subvention par élève subsiste dans les pensionnats appartenant aux Églises, ce qui entraîne régulièrement des demandes pour augmenter le financement. En 1967, le directeur de l'éducation des Affaires indiennes, R. F. Davey, appuie une demande des oblats d'accroître la subvention par élève du pensionnat Christie, en Colombie-Britannique, pour faire passer ce dernier de 650 $ à 830 $ par an. Davey souligne que dans le cadre de la subvention existante, le pensionnat est incapable d'attirer des enseignants compétents ou de payer à son personnel auxiliaire un salaire horaire d'au moins 1,25 $. La situation est compliquée davantage par le fait que pour se conformer à la directive du commissaire des incendies, le pensionnat est obligé de réduire le nombre d'élèves inscrits. Davey souligne également que pour des raisons semblables, les Affaires indiennes ont majoré la subvention versée au pensionnat de Fort Albany, en Ontario, à 830 $ par an[266].

De 1940 à 1960, époque à laquelle les nouveaux contrats sont négociés, l'inscription dans les pensionnats demeure relativement stable. Elle s'élève à 8 774 élèves en 1940-1941 et atteint 9 109 élèves en 1959-1960[267]. Cependant, on enregistre une croissance spectaculaire de l'inscription dans les externats des Affaires indiennes et des gouvernements provinciaux. En 1940-1941, le nombre d'inscriptions aux externats des Affaires indiennes est de 8 651[268]. En 1959-1960, il atteint 18 812[269]. Le changement le plus important dans les inscriptions est enregistré dans une catégorie qui n'existait même pas vingt ans plus tôt : le nombre d'élèves des Premières Nations inscrits de la 1re à la 13e année dans les écoles provinciales, privées et territoriales. En 1959-1960, ce nombre atteint 9 006 élèves, soit à peine 100 élèves de moins que les élèves scolarisés dans les pensionnats[270]. Ce sont les élèves scolarisés dans le cadre de la politique d'intégration du gouvernement. C'est au moyen d'une extension supplémentaire de cette politique que le gouvernement fédéral a l'intention de mettre fin à la scolarisation en pensionnat.

Intégration

Dans son rapport final, publié en 1949, le Comité mixte spécial du Sénat et de la Chambre des communes chargé d'examiner la *Loi sur les Indiens* ne formule que deux recommandations à l'égard de l'éducation.

> Votre Comité recommande la révision des sections de la *Loi* qui ont trait à l'instruction, afin de préparer les enfants indiens à jouer leur rôle de citoyens.
>
> Par conséquent, votre Comité recommande que lorsque la chose est possible, les élèves indiens reçoivent leur instruction en contact avec d'autres enfants[271].

En fait, ces deux recommandations ne font qu'une. La première définit l'objectif, qui est inchangé depuis 1883, en l'occurrence l'assimilation. La seconde jette les fondations de la méthode : ce que l'on finira par appeler « intégration ». Dans le cadre de la politique d'intégration, les élèves des Premières Nations doivent être transférés des écoles des Affaires indiennes aux écoles publiques. Comme les pensionnats ne jouent qu'un petit rôle dans le système scolaire provincial, le comité demande – sans le dire tout haut – la fin des pensionnats[272].

Les recommandations du Comité spécial mixte forment la base du premier article des dispositions de la *Loi sur les Indiens* de 1951 traitant de l'éducation :

> Le gouverneur en conseil peut, en conformité de la présente loi, autoriser le Ministre,
>
> a) À établir, diriger et entretenir des écoles pour les enfants indiens;
>
> b) À conclure, au nom de Sa Majesté et pour l'instruction des enfants indiens conformément à la présente loi, des accords avec
>
> (i) le gouvernement d'une province
>
> (ii) le conseil des Territoires du Nord-Ouest
>
> (iii) le conseil du Territoire du Yukon
>
> (iv) une commission d'écoles publiques ou séparées, et
>
> (v) une institution religieuse ou de charité[273].

L'Église catholique s'oppose aux dispositions qui permettent au Ministre de conclure des contrats avec les gouvernements provinciaux et territoriaux et les commissions scolaires. Elle est d'avis que ces mesures compromettent les dispositions de la *Loi* qui garantissent que les élèves catholiques ne seront pas placés dans des écoles administrées par des protestants[274].

À partir de 1951, le gouvernement cherche davantage à utiliser pleinement les pouvoirs qui lui sont conférés à l'alinéa *b*) : le pouvoir de sous-traiter sa responsabilité pour la prestation de l'éducation des Premières Nations et des Inuits. La *Loi sur les Indiens* de 1951, qui est la première révision importante de la *Loi* depuis des décennies, ne contient que neuf autres articles traitant de l'éducation : quatre traitent de l'assiduité, de l'absentéisme et de l'expulsion; trois affirment les droits des Églises catholique et protestante (en ne mentionnant toujours pas la spiritualité autochtone); et un autre décrit l'autorité du Ministre et le dernier est un ensemble de définitions. Elle ne mentionne qu'au passage les pensionnats[275].

Par le passé, la plupart des élèves des Premières Nations scolarisés ont soit vécu à la maison et fréquenté un externat des Affaires indiennes (souvent administré par un organisme religieux), soit vécu dans un pensionnat dans lequel ils ont étudié (et qui était presque toujours administré par un organisme religieux). Cependant, dans les années 1950, un nouvel ensemble de catégories d'éducation est élaboré. Par exemple, certains élèves qui vivent dans des pensionnats commencent à suivre des cours dans des externats des Affaires indiennes. D'autres élèves peuvent vivre à la maison et suivre des cours au pensionnat local. On donne également des cours dans les hôpitaux des Affaires indiennes et dans les écoles qui sont administrées uniquement sur une base saisonnière. L'inscription dans la nouvelle catégorie « Écoles pour les non-Indiens » augmente, passant de 1 406 élèves en 1949 à 8 186 en 1959[276].

La politique consistant à transférer les élèves d'écoles des Affaires indiennes dans des externats publics et d'autres administrés par les Églises est mise en œuvre avec détermination. Le gouvernement fédéral commence à négocier des ententes avec les instances scolaires locales, habituellement les conseils scolaires, pour contribuer à la construction de ce qu'il appelle des « écoles mixtes ». Le gouvernement fédéral verse également des frais de scolarité annuels pour chaque élève des Premières Nations qui fréquente une école mixte[277].

En 1949, le gouvernement de la Colombie-Britannique adopte une loi qui permet au ministère de l'Éducation de la province et aux commissions scolaires locales de conclure des ententes avec le gouvernement fédéral pour l'éducation des enfants des Premières Nations. Cette même année, les Affaires indiennes versent leur première contribution financière pour la construction d'une école provinciale. Le Manitoba agit de façon semblable, en 1954, en conférant aux commissions scolaires le pouvoir de conclure des ententes avec le gouvernement fédéral pour l'éducation des élèves des Premières Nations. La loi de l'Alberta, qui est adoptée en 1956, mais avec effet rétroactif à 1952, permet aux commissions scolaires de conclure des ententes semblables[278].

En 1958, 15 ententes de ce genre sont en place et couvrent 52 écoles mixtes, dont 21 se trouvent en Colombie-Britannique. Selon le rapport annuel des Affaires indiennes,

> Ces écoles jouent un rôle important, non seulement en ce qu'elles permettent aux écoliers indiens de bénéficier d'un programme éducatif plus développé, mais en favorisant du même coup leur adaptation sociale dans des centres et des milieux où ils devront vraisemblablement un jour se chercher de l'emploi. Il ne fait aucun doute que l'établissement d'écoles mixtes a grandement favorisé une meilleure compréhension entre Indiens et non-Indiens[279].

Le tableau 32.2 montre les changements d'endroits où les élèves des Premières Nations sont scolarisés dans les années 1950. Sur une période de 10 ans, le nombre total d'élèves augmente de 67 %. Le nombre d'élèves hébergés dans des pensionnats (et qui suivent des cours dans le pensionnat ou dans une école des Affaires indiennes proche) s'élève à 9 974. Il s'agit d'une augmentation de 606 élèves par rapport au nombre d'élèves précédemment inscrits dans des pensionnats (une augmentation de 6,5 %). Les élèves qui vivent à la maison et qui fréquentent les externats des Affaires indiennes représentent le plus grand nombre d'élèves au début et à la fin de la période. Le groupe augmente de 5 282 (42 %). La plus forte augmentation se produit cependant chez ceux qui sont intégrés dans les écoles publiques et séparées (souvent des écoles catholiques). Dans ce groupe, le nombre bondit de 1 406 à 8 186, soit une augmentation de 482,2 %[280].

Tableau 32.2. Élèves des Premières Nations en 1949 et en 1959, comparaison du nombre d'inscriptions pour différents types d'écoles.

Type d'école	Inscription d'élèves	
	1949	1959
Externats indiens	12 511	17 793
Pensionnaires scolarisés dans des externats indiens		283
Écoles saisonnières		893
Écoles dans les hôpitaux		572
Pensionnats	9 368	
a) Pensionnaires scolarisés dans les pensionnats		9 691
b) Élèves externes scolarisés dans les pensionnats		1 418
Écoles non indiennes	1 406	**8 186
Total	*23 285	38 836

[*Sont compris un nombre indéterminé d'élèves non indiens.]
[**Sont compris 737 élèves qui logent dans des pensionnats et sont scolarisés dans des écoles non indiennes.]
Sources : Canada, Rapport annuel du ministère des Affaires indiennes, 1959, p. 59.

On enregistre une légère baisse du nombre de pensionnats : 69 pendant l'année scolaire 1949–1950, et 63 pendant l'année scolaire 1959–1960[281]. Les Affaires indiennes commencent à administrer un petit nombre d'écoles sur une base saisonnière pendant l'année scolaire 1955–1956. L'inscription initiale est de 1 073 élèves. Cinq années plus tard, elle descend à 698, et en 1964–1965, la dernière année pendant laquelle les Affaires indiennes présentent un rapport sur le projet, 79 élèves sont scolarisés dans de telles écoles. L'année scolaire 1955–1956 est également la première année au cours de laquelle les Affaires indiennes déclarent le nombre d'élèves qui reçoivent un enseignement dans les hôpitaux des Affaires indiennes. Au cours de cette année, il y a 739 élèves. Ce chiffre culmine l'année suivante à 832. Il baisse annuellement jusqu'en 1964–1965, dernière année pour laquelle les Affaires indiennes présentent un rapport. À ce moment, 173 élèves reçoivent un enseignement dans les hôpitaux[282].

En 1960, le nombre d'élèves fréquentant des écoles « non indiennes » (9 479) dépasse le nombre de ceux vivant dans des pensionnats (9 471)[283]. Il s'agit de la deuxième année de suite au cours de laquelle la croissance de l'inscription d'élèves des Premières Nations dans des écoles « non indiennes » a dépassé la croissance de l'inscription à des écoles des Affaires indiennes[284]. L'objectif global de la politique consiste à restreindre l'éducation donnée dans les écoles des Affaires indiennes aux premières années du primaire. Par la suite, on s'attend à ce qu'au cours de leur scolarité, au moins la moitié des élèves qui fréquentent un pensionnat indien soient transférés dans une école « non indienne »[285].

En 1963, un certain nombre d'écoles des Affaires indiennes du Nord de l'Alberta sont placées sous l'autorité de la Northlands School Division. Cette même année, les Affaires indiennes concluent 157 ententes distinctes avec des autorités de tout le pays pour l'éducation des enfants des Premières Nations[286]. Jusqu'en 1966, le gouvernement fédéral avait investi 15 581 600 $ dans les écoles provinciales pour scolariser 15 550 élèves des Premières Nations[287]. Les ententes ont été conclues avec les gouvernements provinciaux du Manitoba et de la Colombie-Britannique, établissant par la même occasion des frais de scolarité pour l'ensemble de la province (devant être payés par le gouvernement fédéral) pour les élèves des Premières Nations fréquentant des écoles provinciales[288]. Le gouvernement fédéral continue également de faire des investissements importants dans la construction d'écoles provinciales. En 1966-1967, il contribue pour 4 145 000 $ aux coûts des immobilisations des écoles provinciales, soit un peu moins de 10 % des 52 000 000 $ que les Affaires indiennes ont prévu pour l'éducation au cours de cette année[289]. Dans le cadre du processus d'intégration, les Affaires indiennes commencent également à fermer leurs propres externats. En 1959, il y a 220 écoles des Affaires indiennes possédant une seule salle de classe. Une décennie plus tard, selon le fonctionnaire des Affaires indiennes R. F. Davey, « la plupart des petites écoles inadéquates à une seule salle de classe » sont fermées[290]. L'année scolaire 1966-1967 est marquée par deux faits nouveaux importants. En premier lieu, il s'agit de la première année au cours de laquelle 95 % de tous les enfants des Premières Nations d'âge scolaire sont scolarisés. On atteint ces résultats en grande partie grâce à l'intégration. En second lieu, il s'agit également de la première année au cours de laquelle le nombre d'élèves des Premières Nations fréquentant des écoles provinciales dépasse le nombre fréquentant des écoles des Affaires indiennes[291].

Il convient de noter que les peuples autochtones, qui n'avaient eu aucune influence sur le système scolaire des Affaires indiennes, n'ont guère plus de chances d'influencer les écoles provinciales. Les personnes ayant un statut en vertu de la *Loi sur les Indiens* n'ont pas le droit de vote en Colombie-Britannique avant 1949; au Manitoba, avant 1952; en Ontario, avant 1954; en Saskatchewan, avant 1960; en Alberta, avant 1965; et au Québec, avant 1969. Ils reçoivent le droit de vote aux élections canadiennes en 1960. Les Inuits reçoivent le droit de vote en 1950[292]. Par ailleurs, jusqu'au milieu des années 1960, les gens des Premières Nations n'ont pas le droit de participer aux élections des commissions scolaires, soit en tant qu'électeurs ou candidats, en Ontario et au Nouveau-Brunswick[293].

Il est manifeste d'après les chiffres qu'à partir de 1950, la scolarisation en pensionnat joue un rôle de plus en plus effacé dans l'éducation des Premières Nations. Cette situation est loin de ne pas provoquer de controverse, et s'inscrit dans un ensemble plus vaste de conflits opposant le gouvernement fédéral et les Églises, plus particulièrement l'Église catholique.

Conflit interconfessionnel

À la fin des années 1930, de hauts fonctionnaires des Affaires indiennes concluent que les pensionnats du pays sont inadéquats, inefficaces et inefficients[294]. Ils sont convaincus que l'avenir appartient à l'établissement d'externats[295]. Les modifications de 1951 de la *Loi sur les Indiens* leur confèrent le pouvoir de conclure des ententes afin que les enfants des Premières Nations soient éduqués dans des écoles provinciales[296]. Malgré cela, le nombre d'élèves des Premières Nations vivant en résidence ne commence à baisser qu'au milieu des années 1960[297]. Encore en 1970-1971, 6 000 élèves vivent en résidence[298]. De nombreuses raisons expliquent pourquoi l'utilisation des pensionnats est si lente à diminuer. Comme nous l'avons relevé plus tôt, l'une des principales raisons est le manque de solutions de rechange aux salles de classe. Il y a cependant d'autres facteurs, notamment le fait que les Églises participant à l'administration des pensionnats, particulièrement les Églises anglicane et catholique, considèrent les écoles comme faisant partie de leur travail missionnaire global. Lorsqu'elles effectuent ce travail, les Églises se regardent l'une et l'autre et ainsi que le gouvernement en chiens de faïence. Le résultat est souvent un dédoublement des services dans une même région, des conflits coûteux et des sources de discorde entre les Églises au sujet d'élèves individuels, et le maintien d'écoles inférieures à la norme. Le degré d'hostilité entre l'Église catholique et le gouvernement fédéral atteint de telles proportions qu'à un moment donné, les responsables gouvernementaux envisagent d'accuser un directeur catholique de fraude, tandis que les catholiques se voient comme étant impliqués dans une lutte semblable à une guerre.

En 1947, l'Église anglicane mène une étude sur les pensionnats à sa charge afin de déterminer lesquels pourraient être fermés ou transférés au gouvernement fédéral. Cette étude révèle la mesure dans laquelle l'Église est convaincue qu'elle est engagée dans un conflit avec les catholiques. Elle montre également la mesure dans laquelle l'Église est prête à tolérer les écoles inférieures à la norme plutôt que de les fermer et de laisser le champ libre aux catholiques. Lorsque vient le temps d'évaluer l'avenir de ces pensionnats, le critère dominant est de savoir si une fermeture peut entraîner une ouverture pour l'Église catholique. Deux des pensionnats les plus septentrionaux du pays, soit Carcross, au Yukon et Aklavik, dans les Territoires du Nord-Ouest, sont considérés par les anglicans comme cruciaux, à la lumière du « travail vigoureux des catholiques » dans les deux territoires. L'Église anglicane est d'avis que les écoles de Whitefish Lake et Wabasca, en Alberta, pourraient être transférées au gouvernement fédéral. Cependant, l'étude comprend la mise en garde suivante : « Les deux écoles semblent être très nécessaires compte tenu du type très agressif et fanatique du catholicisme dans cette région. » L'école de Moose Factory ne parvient pas à atteindre le nombre maximal d'admissions et fonctionne à perte. La fermeture d'une école qui a été construite à peine neuf ans plus tôt serait cependant « l'admission qu'on a commis une erreur en érigeant ce bon bâtiment et nuirait gravement à notre prestige dans une région dont l'Église catholique s'efforce avec acharnement de nous évincer ». Le pensionnat de Fort George, au Québec, est « nécessaire » si les anglicans souhaitent maintenir leur position en face des « efforts vigoureux des catholiques » dans la région. Les pensionnats de Sioux Lookout, en Ontario, et de Prince Albert, en Saskatchewan, sont « essentiels à notre travail missionnaire, car les agents catholiques sont actifs partout ». Bien que le pensionnat d'Alert Bay, en Colombie-Britannique, et celui de Shingwauk, en Ontario, ne soient pas considérés comme essentiels pour le travail missionnaire anglican, l'étude les représente tous deux comme étant marqués au coin du succès et de la rentabilité. Par contre, elle dit des écoles d'Elkhorn au Manitoba et de Chapleau en Ontario, qu'elles ne sont plus utiles et qu'elles peuvent être fermées. Dans le cas d'Elkhorn, on s'attend à ce que le gouvernement fédéral propose une nouvelle école à l'Église dans le Nord du Manitoba, si elle accepte la fermeture d'Elkhorn. (Une nouvelle école est bâtie dans les années 1950, non pas dans le Nord, mais à Dauphin, au Manitoba[299].)

Les approches différentes qu'adoptent les Églises à l'égard de la politique d'intégration des Affaires indiennes alimentent le conflit interconfessionnel. Contrairement à l'Église catholique, les Églises anglicane et Unie finissent par appuyer la politique d'intégration. Cependant, un rapport interne de l'administration des écoles indiennes anglicanes s'inquiète, qu'en Alberta du moins, la politique anglicane consistant à collaborer avec la politique d'intégration « milite contre nos efforts missionnaires ». À Cardston, bien que les anglicans encouragent les élèves à fréquenter les écoles publiques, les « catholiques, quant à eux, encouragent leurs élèves à suivre des cours d'enseignement secondaire et à résider au pensionnat ». Comme ceci leur permet de vivre dans la réserve et près de leur domicile, « quelques familles anglicanes ont fini par devenir catholiques »[300].

En 1960, un ministre de l'Église Unie, Earl F. Stotesbury, se plaint aux Affaires indiennes du « tort très important qu'une politique de l'Église catholique cause aux peuples indiens en imposant un programme délibéré de ségrégation des Indiens des autres Canadiens à cause de la religion, et d'une prétendue raison culturelle, et en exerçant des pressions injustes sur votre Ministère et d'autres confessions pour parvenir à ses fins ». La Conférence de l'Église Unie de la Saskatchewan adopte une motion à l'appui des plans des Affaires indiennes « pour l'intégration des enfants indiens des réserves dans des écoles urbaines » en les transportant en autobus des réserves jusqu'aux écoles. Cependant, l'Église Unie déclare que les plans ont été bloqués « par le refus des instances de l'Église catholique de permettre à ses élèves de participer à ce plan ». (En 1960, il n'y a plus de pensionnat de l'Église Unie en Saskatchewan.)

Stotesbury souligne que l'Église Unie a accepté de fermer sa résidence à Round Lake, en Saskatchewan, en s'attendant à ce que le système d'externats soit étendu à la région. Au lieu de cela, le gouvernement fédéral paie pour l'agrandissement du pensionnat catholique de Grayson. Lorsque l'Église Unie accepte la fermeture de son école à File Hills, elle s'attend à ce que le pensionnat catholique de Qu'Appelle ferme également; au lieu de cela, il est agrandi. Stotesbury déclare également qu'un certain nombre de familles de l'Église Unie se sont converties au catholicisme et que leurs enfants ont été baptisés dans cette religion afin qu'ils puissent fréquenter le pensionnat catholique, qui est alors l'école la plus proche de leur domicile[301]. Dans d'autres cas, dit-il, on n'a guère laissé aux parents de l'Église Unie d'autre choix que d'envoyer leurs enfants dans des externats administrés par des catholiques. Quant à lui, le directeur de la Division des affaires indiennes, H. M. Jones, conclut que les accusations de Stotesbury sont « injustifiées », et découlent de « mauvaises informations qu'il a reçues, de soupçons dus à sa connaissance des affiliations de certains fonctionnaires du Ministère et de sa mauvaise interprétation délibérée ou malencontreuse des déclarations de fonctionnaires de la Division ». Cette situation est néanmoins le reflet de l'hostilité et des soupçons qui continuent de caractériser les relations entre les Églises[302].

Les Églises ont également une vision fortement sectaire des Affaires indiennes. Elles surveillent de très près l'attention que chaque Église reçoit du gouvernement en guettant tout signe de traitement spécial. Lorsque le gouvernement envisage de fermer le pensionnat Mount Elgin, à la fois âgé et mal entretenu, à Muncey, en Ontario, en 1943, les responsables de l'Église Unie notent qu'il « ne serait guère juste pour les intérêts de l'Église Unie de fermer cette école, à moins qu'une réduction correspondante s'applique à l'inscription dans les écoles administrées par d'autres organismes religieux »[303].

Elles s'intéressent également de près à l'affiliation religieuse des fonctionnaires des Affaires indiennes. En 1946, le responsable oblat, J. O. Plourde, présente au premier ministre Louis Saint-Laurent un tableau montrant que 69 des 83 inspecteurs et agents des Affaires indiennes sont des protestants. De même, dit-il, tous les hauts fonctionnaires des Affaires indiennes à Ottawa (R. A. Hoey, T. R. L. MacInnes, P. E. Moore, D. J. Allan et W. J. F. Ford) sont également protestants. Pour régler ceci, il recommande qu'un catholique, Philip Phelan, soit nommé au poste vacant de surintendant du bien-être et de la formation[304]. Phelan est nommé et exerce les fonctions de chef de la nouvelle Division de la formation (qui est plus tard baptisée Division de l'éducation). Il part à la retraite en 1953[305].

Les anglicans tiennent eux aussi des comptes. En 1952, une évaluation effectuée par Henry Cook, le chef de l'Administration des écoles indiennes anglicanes, conclut : « Les deux hommes les plus influents aux Affaires indiennes (du point de vue de l'éducation) sont le colonel L. Fortier (sous-ministre de la Citoyenneté et de l'Immigration) et M. Philip Phelan (surintendant de l'Éducation indienne). Tous deux sont de fervents catholiques et M. Phelan est un membre très actif des Chevaliers de

Colomb. » Cook ne fait pas non plus confiance automatiquement aux protestants des Affaires indiennes. Il juge que le directeur de la Division des affaires indiennes, le major D. M. MacKay, un protestant, est « inefficace », puisqu'il ne sait « très peu de ce qui se passe »[306]. Six ans plus tard, Cook s'inquiète que le nombre d'agents des Indiens catholiques augmente dans tout le pays. Il déclare que « plus d'un directeur d'école catholique lui a dit que son Église encourage des laïcs à se présenter à de telles nominations de la fonction publique ». Il recommande : « il convient d'encourager davantage d'anglicans brillants à considérer de tels postes comme des ministères laïcs »[307]. Les Affaires indiennes tentent d'équilibrer les affiliations religieuses de leurs employés qui s'occupent des pensionnats. Lorsque R. F. Davey succède à Philip Phelan à la tête de la Division de l'éducation, on est d'avis que son assistant « devrait être une personne appartenant à l'Église catholique, compte tenu du grand nombre de pensionnats administrés sous les auspices de cette Église ». On décide en outre de retarder l'annonce du poste jusqu'à ce que le gouvernement soit sûr qu'un catholique qualifié présenterait sa candidature[308].

La guerre pour les âmes ne se limite pas à l'obtention de postes concurrentiels pour exercer le contrôle des écoles et influencer le Ministère. Elle est également menée sur ce que l'on peut qualifier de lutte pour chaque enfant. La disposition de la *Loi sur les Indiens* stipulant que « aucun enfant dont le père ou la mère, selon le cas, est protestant ou protestante, ne peut être assigné à une école dirigée par des catholiques romains, et aucun enfant dont le père ou la mère, selon le cas, est catholique romain ou catholique romaine, ne peut être assigné à une école dirigée par des protestants » est à l'origine d'un violent conflit au fil des ans[309]. La disposition renforce le sentiment des missionnaires que les peuples autochtones qu'ils cherchent à convertir leur appartiennent. Les catholiques et les protestants s'accusent régulièrement les uns les autres de ce qui revient, ni plus, ni moins, à voler « leurs enfants ». Les fonctionnaires des Affaires indiennes sont, par conséquent, continuellement sollicités pour arbitrer ces différends.

En 1940, par exemple, un conflit éclate entre les pensionnats catholique et anglican près de Cardston, en Alberta. Le directeur du pensionnat anglican, le chanoine S. H. Middleton, prétend qu'une fille qui a été inscrite volontairement à son école a été retirée par ses parents et inscrite à l'école catholique, après qu'il a rejeté la demande de la mère de l'emmener à l'extérieur pour une visite. Middleton déclare que le père de la fille est un anglican de longue date. Lorsqu'on souligne que le père n'a pas signé le formulaire de demande de l'école, Middleton explique que c'est lui qui l'a signé, à la demande de la mère, « de la même façon dont j'en ai signé des douzaines et des douzaines par le passé, en raison de la confiance qui s'est installée entre l'Église et les gens par suite de nombreuses années de service ». Il déclare que ceci est légitime, puisque dans cette famille, le mari donne toujours suite aux demandes de la femme (il finit par dire que la femme est « cachottière et menteuse »)[310]. Le fonctionnaire des

Affaires indiennes, R. A. Hoey, adopte une vision plus négative de l'affaire, déclarant que la pratique de Middleton n'est « ni légale, ni orthodoxe, ni légitime ». On enjoint à l'agent d'expédier de nouvelles demandes à tous les élèves dont les demandes ont été signées par le directeur[311]. Ce conflit souligne un problème supplémentaire : le manque de contrôle et d'examen minutieux que les Affaires indiennes exercent sur qui est admis dans les pensionnats.

La même année, l'inspecteur des agences des Indiens du Manitoba, A. G. Hamilton, est obligé d'essayer de régler le conflit qui surgit lorsqu'un homme, qui s'est converti du catholicisme au presbytérianisme, tente de transférer sa fille du pensionnat catholique Pine Creek au pensionnat presbytérien de Birtle, au Manitoba. Hamilton relève qu'à l'époque : « Il y a malheureusement une forte rivalité sur cette réserve entre le missionnaire presbytérien et le père [catholique] Comeau, ce qui a pour résultat que bon nombre des Indiens ne savent pas d'un jour à l'autre à quelle Église ils appartiennent[312]. » Trois ans plus tard, Hamilton participe à l'arbitrage d'un différend entre les pensionnats de Portage la Prairie (Église Unie) et de Sandy Bay (catholique), au Manitoba. John Daniels, de la réserve de Long Plain, déclare qu'il est né et a été élevé dans le protestantisme et qu'il a épousé sa femme, une catholique, lors d'une cérémonie protestante. Cependant, dit-il, un prêtre catholique « le harcèle depuis des années pour qu'il devienne catholique », et il finit par accepter d'être baptisé. Cependant, lorsqu'il demande de faire éduquer son fils Donald, il indique la religion du garçon comme protestante. Comme il n'aime pas la façon dont son fils est traité au pensionnat de Portage la Prairie, il demande de le transférer à un pensionnat catholique. Après que des changements sont survenus dans la direction du pensionnat de Portage la Prairie, lui-même et sa femme décident qu'ils veulent que leur fils y reste. Hamilton doit également se mêler d'un différend au sujet des enfants d'Archie Meeches de Long Plain. Meeches a dit à Hamilton qu'il « n'a pas de religion, sauf la religion indienne », mais que sa femme a été élevée dans le protestantisme. À l'été 1943, suivant les exhortations du prêtre catholique local, elle-même et ses enfants sont baptisés, et une demande est présentée pour envoyer les enfants dans un pensionnat catholique. Cependant, en novembre, Hamilton écrit que les parents « ont demandé que l'on oublie ces formulaires et ont déclaré qu'ils préfèrent que les enfants reviennent au pensionnat de Portage », où ils seraient plus près de chez eux[313].

En 1945, D. S. Pitts, le directeur du pensionnat presbytérien de Kenora, en Ontario, proteste contre l'inscription du fils d'un ancien élève au pensionnat catholique de Kenora. Pitts souhaite également attirer l'attention sur « les activités louches du père LaSalles du pensionnat St. Mary's [le pensionnat catholique], qui déploie des efforts pour persuader nos gens de nous quitter et de se joindre à son pensionnat (apparemment) surpeuplé »[314]. L'année suivante, des parents de la bande Islington, dans le Nord de l'Ontario, cherchent à envoyer leurs enfants au pensionnat presbytérien de Kenora. Dans ce cas, le père a été baptisé dans la foi catholique, mais il a fréquenté l'école presbytérienne et n'a jamais été un catholique pratiquant. Sa femme est catholique, mais ils ont été mariés selon le rite de l'Église anglicane. Ils ont fait baptiser leurs enfants comme catholiques, mais ils souhaitent qu'ils fréquentent le pensionnat presbytérien, parce que « la plupart des enfants d'Islington y étudient »[315].

Les souhaits des parents dans le cadre de ce processus sont souvent écartés. En 1946, Mary Bone, une élève au pensionnat Sandy Bay, décède des suites de la tuberculose à l'hôpital indien Dyneger. À la fin des vacances d'été de cette année, ses parents choisissent de transférer six enfants du pensionnat catholique Sandy Bay au pensionnat presbytérien de Birtle. Le directeur de Sandy Bay proteste, et on ordonne aux enfants d'y retourner. Après deux mois de conflit continu, les enfants sont retournés dans leur réserve. En février 1947, l'agent des Indiens rend visite aux parents dans la réserve. Il dit que, bien qu'il pense qu'ils sont prêts à envoyer leurs enfants à Sandy Bay, l'un d'eux « préférerait les envoyer au pensionnat de Birtle, car il est bien plus près de la réserve, et par conséquent, il est moins coûteux d'y aller au cas où les enfants tomberaient malades »[316].

En 1947, les parents d'une fille qui étudie au pensionnat catholique d'Hobbema, en Alberta, depuis sept ans, demandent qu'elle soit transférée au pensionnat de l'Église Unie à Edmonton. La demande est rejetée, bien que le pensionnat d'Edmonton ait déjà accepté la fille. En rendant une décision sur le cas, B. F. Neary, le surintendant du bien-être et de la formation du ministère des Affaires indiennes, écrit que la politique générale du gouvernement consiste à ce que les enfants soient éduqués dans la foi de leur père, même après sa mort. (Ce n'est qu'en Colombie-Britannique que les points de vue d'une mère veuve sont le facteur déterminant.) Lorsque des parents cherchent à faire élever leurs enfants dans une foi autre que la leur, le Ministère exige un affidavit du père et retarde la prise d'une décision pendant plusieurs mois. Dans le cas de la fille de l'école d'Hobbema, la décision d'insister pour que l'élève retourne au pensionnat catholique, contre les vœux de ses parents, repose sur la longue période pendant laquelle la pensionnaire avait déjà fréquenté cette école[317].

Le directeur du pensionnat Pine Creek laisse entendre que la Gendarmerie pratique de la discrimination raciale lorsqu'elle refuse d'obliger deux élèves à retourner dans son école à l'automne 1949. À la fin de l'été, les parents ont refusé de remettre ces enfants au directeur, et ce dernier fait appel à la police. Selon le directeur Bretagne, « ladite police a trouvé quelque explication évasive pour ne pas y aller ». Le directeur découvre plus tard que le père s'est converti à une foi protestante et que les enfants ont été admis au pensionnat de Birtle[318]. Le Ministère ordonne ensuite que les enfants soient transférés de nouveau à Pine Creek[319].

Dans le témoignage qu'il dépose devant le Comité spécial mixte qui examine sur la *Loi sur les Indiens*, R. A. Hoey relève la difficulté qu'ont les fonctionnaires des Affaires indiennes à administrer la disposition de la *Loi sur les Indiens* qui empêche les élèves catholiques d'être éduqués dans des écoles protestantes et vice versa. Il déclare au comité : « Je suis parfaitement convaincu que, lorsqu'il surgit des différends concernant le statut religieux d'un enfant, on ne devrait pas laisser aux fonctionnaires du Ministère le soin de trancher cette question, comme on le fait à l'heure actuelle, mais qu'il vaudrait mieux en charger un ou plusieurs fonctionnaires indépendants, désignés par le Ministre[320]. » Sa demande d'être libéré de ce fardeau d'arbitrage religieux est ignorée.

En 1951, la *Loi sur les Indiens* est modifiée afin de disposer « qu'aucun enfant dont le père ou la mère, selon le cas, est protestant ou protestante, ne peut être assigné à une école dirigée par des catholiques romains, et aucun enfant dont le père ou la mère, selon le cas, est catholique romain ou catholique romaine, ne peut être assigné à une école dirigée par des protestants, sauf sur des instructions écrites du père ou de la mère, suivant le cas[321] ».

L'option de changer d'école sur la foi d'instructions écrites est nouvelle. Henry Cook de l'Église anglicane s'inquiète à l'époque que l'ajout de la phrase qui autorise une déclaration écrite « ne fera que rendre les choses plus confuses lorsqu'elle sera mise en vigueur sur le terrain ». Lorsqu'il soulève ces préoccupations auprès de Walter Harris, le ministre responsable des Affaires indiennes, celui-ci l'assure que « lorsque la preuve indique qu'un organisme religieux a utilisé des pots-de-vin ou la persuasion pour influencer les parents, la demande écrite du parent sera ignorée et le Ministre décidera où l'enfant doit être scolarisé ». Harris révèle également que lors d'une réunion avec des dirigeants indiens au sujet des modifications de la *Loi sur les Indiens*, le seul commentaire qu'ils font au sujet de l'éducation est qu'ils « préfèrent tous les externats gouvernementaux aux pensionnats administrés par l'Église ».

Malgré les assurances que donne le Ministre, en 1952, Cook conclut que les directeurs des pensionnats catholiques tirent parti de la modification pour accélérer une campagne destinée à amener les enfants anglicans dans des pensionnats catholiques : « Il est manifeste que les autorités catholiques ont le sentiment que tout ce qui est nécessaire pour admettre les élèves de l'Église anglicane dans leurs pensionnats est une déclaration écrite à cet effet de l'un ou l'autre des parents. » Cook trouve également que les fonctionnaires tranchent continuellement en faveur des catholiques lorsqu'ils prétendent qu'un parent anglican souhaite que son enfant fréquente un pensionnat catholique, mais contre les anglicans dans des situations semblables[322].

Le nombre de conflits au sujet des enfants s'accroît les années suivantes. L'agent des Indiens de Norway House signale, à l'automne 1951, qu'un missionnaire oblat a recruté 15 élèves dans la réserve d'Island Lake et les a fait venir par avion au pensionnat Pine Creek sans lui soumettre d'abord leur inscription pour qu'il l'approuve. Il note que les parents d'au moins cinq des enfants sont membres de l'Église Unie, et il n'a vu aucun document indiquant que les parents ont approuvé la décision d'envoyer les enfants dans un pensionnat catholique[323]. Par conséquent, on enjoint à l'école de retourner les enfants[324]. Après avoir tergiversé pendant trois semaines, le directeur répond que les enfants ont été baptisés dans la foi catholique à la demande de leurs parents. Le gouvernement finit par accepter la proposition du directeur que l'école soit autorisée à garder les élèves jusqu'en juin[325].

En janvier 1952, les Affaires indiennes enquêtent sur 50 cas concernant des enfants protestants qui ont été envoyés dans des pensionnats catholiques et vice versa[326]. Au début de 1953, le directeur de la Division des affaires indiennes, D. M. MacKay, désigne 30 cas dans lesquels il trouve que « l'admissibilité pour l'admission dans un pensionnat est douteuse pour des motifs religieux »[327]. La même année, une lourde correspondance tente de déterminer si un jeune garçon, dont le père décédé était catholique et dont la mère est membre de l'Église Unie, peut être admis au pensionnat catholique McIntosh dans le Nord-Ouest de l'Ontario[328].

La Conférence catholique canadienne est d'avis que les Affaires indiennes ont un parti pris contre les catholiques lorsqu'elles prennent des décisions au sujet de quelle école l'enfant fréquentera. En 1954, elle prétend que les décisions du gouvernement fédéral sont prises à l'encontre du principe qu'il faut donner « une éducation chrétienne aux enfants indiens catholiques et protestants du Canada ». L'organisme dit, en particulier, qu'il ne peut « approuver la politique consistant à envoyer des enfants catholiques dans des écoles neutres. Ces enfants doivent être envoyés dans des pensionnats catholiques ou, si le nombre d'élèves est suffisant, il faut leur fournir un externat séparé, conformément à l'article 121 de la *Loi sur les Indiens.* » Il étaie son argument en renvoyant à la disposition de la *Déclaration universelle des droits de l'homme*, qui se lit comme suit : « Les parents ont, par priorité, le droit de choisir le genre d'éducation à donner à leurs enfants[329]. »

Dans d'autres situations, les responsables religieux ne se préoccupent pas autant du choix des parents. Dans leur déposition devant le Comité spécial mixte du Sénat et de la Chambre des communes, les témoins catholiques nient que les parents qui suivent les pratiques spirituelles autochtones traditionnelles ont de tels droits. Lorsque le directeur de Sechelt, en Colombie-Britannique, William Bernardo, traite avec un conseil de bande qui demande son remplacement, il fait remarquer sous l'emprise de la frustration que les gens de la Première Nation locale trouvent que l'école leur appartient et que par conséquent, « ils devraient être autorisés à l'administrer ou du moins avoir leur mot à dire sur la façon dont elle devrait l'être ». Il ajoute qu'il y a « un sentiment croissant qu'ils ont le droit à l'extériorisation et à l'autonomie et qu'ils doivent l'exercer. Il semble que l'autonomie pour eux signifiera la dictature pour nous. » Le directeur conclut : « Je pense que pour moi, la meilleure marche à suivre est d'être très dur avec ces personnes, même si cela signifie une autre demande de mutation[330]. »

En 1955, J. A. Davis, un agent des Indiens du Sud de la Saskatchewan, reçoit 18 demandes d'admission au pensionnat catholique de Kamsack. Selon les dossiers du Ministère, 16 enfants proviennent de familles appartenant à l'Église Unie et deux élèves sont de familles anglicanes[331]. Lorsqu'il examine les demandes, Davis relève que l'un des témoins des demandes semble avoir deux signatures différentes, et dans un cas, il pense que la signature des parents est falsifiée[332]. Lorsque l'on conteste ces déclarations, le directeur explique que lorsqu'il a visité la réserve, il a fait signer aux parents une feuille vierge, parce qu'il n'avait pas de formulaire de demande avec lui. Il a ensuite « rempli les formulaires à l'école » lui-même[333].

Les controverses continuent jusque dans les années 1960. À l'automne 1960, le directeur du pensionnat Christie, en Colombie-Britannique, le père Allan Noonan, écrit qu'il y a tellement peu de places dans son pensionnat qu'au moins six enfants catholiques fréquentent l'école publique. Il ajoute : « Le ministère indien semble se réjouir de voir nos Indiens catholiques fréquenter des écoles publiques ou ne pas aller à l'école du tout. Si seulement nous avions quelques bons catholiques au Ministère pour monter au créneau pour nous! » Le père Noonan est également mêlé à un conflit avec le directeur du pensionnat de l'Église Unie de Port Alberni. Il a fait en sorte que deux enfants, qui avaient fréquenté le pensionnat de l'Église Unie par le passé, soient amenés à son pensionnat. Noonan n'a pas encore reçu la permission du gouvernement de les inscrire, mais il prétend : « Je garde ces enfants, peu importe que j'obtienne les approbations ou non[334]. »

Tous les conflits n'opposent pas catholiques et protestants. Pour maintenir les inscriptions, le pensionnat de l'Église Unie d'Edmonton commence à accepter un nombre important d'élèves anglicans. Ceci aboutit, en 1958, à la nomination d'un anglican au poste d'aumônier de l'école. Le secrétaire adjoint du Comité des missions intérieures de l'Église Unie du Canada, E. E. Joblin, s'inquiète de cette évolution, particulièrement à la lumière du fait que les derniers chiffres d'inscription indiquent que les anglicans sont à présent plus nombreux que les membres de l'Église Unie au pensionnat de l'Église Unie. Joblin est « très curieux de savoir comment ceci s'est produit », et souligne que la sélection d'élèves est entre les mains des fonctionnaires du Ministère[335]. On révèle plus tard que le responsable anglican en question n'a pas été nommé aumônier de l'école; il a simplement reçu, avec l'approbation du directeur du pensionnat, le droit de visiter les élèves anglicans de l'école[336]. En 1963, les Églises continuent toujours de se chamailler lorsque l'Église anglicane soulève des objections à ce que des élèves anglicans soient inscrits dans le nouveau pensionnat administré par les mennonites de Poplar Hill, en Ontario[337].

Toute cette querelle de clocher confessionnelle se déroule à l'heure même où les pensionnats indiens administrés par les Églises du Sud du Canada se dirigent vers leur fermeture. Pourtant, dans ces régions relativement éloignées et plus nordiques, l'expansion et les manœuvres des religieux pour prendre le dessus se poursuivent. L'expansion est de durée relativement courte; la fermeture de ces pensionnats suit bientôt la tendance générale de démantèlement du système.

Mépris par les Églises de la politique gouvernementale

Le vœu fait par le directeur du pensionnat Christie, Noonan, selon lequel il gardera les enfants au pensionnat avec ou sans l'approbation du gouvernement, souligne la difficulté qu'a le gouvernement à imposer son autorité dans les pensionnats. Les gestes de défi sont plus communs que ce à quoi on pourrait s'attendre. Lorsque le gouvernement fédéral envoie un dentiste dans les pensionnats du Nord du Manitoba, le directeur du pensionnat de Norway House, Joseph Jones, refuse de le laisser fumer pendant qu'il travaille au pensionnat[338]. Par conséquent, le dentiste refuse de fournir les services. Ceci amène le directeur de la Division des affaires indiennes, H. McGill, à ordonner que le dentiste (un Dr Church) soit autorisé à « faire son travail sans ingérence »[339]. Jones, qui est d'avis que le tabagisme est un risque d'incendie, déclare qu'il ne laissera pas le dentiste fumer dans le pensionnat, même si le premier ministre lui-même en donne l'ordre[340]. George Dorey, le chef du Comité des missions de l'Église Unie, défend Jones, en déclarant que McGill a outrepassé son pouvoir en enjoignant au directeur de laisser le dentiste fournir un service sans ingérence[341].

En 1946, R. A. Hoey se plaint que les Églises ne tiennent aucun compte d'une politique de 1934 qui énonce que le gouvernement fournira un financement pour des améliorations aux écoles appartenant à l'Église uniquement si l'Église en demande l'approbation avant le début des travaux. Il y a eu, écrit-il, « plusieurs cas » dans lesquels on a demandé au Ministère de payer les coûts en immobilisations des écoles appartenant à l'Église, en plus de demander des subventions pour des ajouts aux bâtiments, des réparations et l'entretien, et l'achat de matériel et de fournitures. Souvent, on présente ces demandes de subvention après que le travail a déjà été achevé et sans soumettre d'abord un devis aux Affaires indiennes pour qu'elles l'approuvent[342]. Les inspections du pensionnat de McIntosh, en Ontario, effectuées en 1958, révèlent que le directeur apporte des améliorations non autorisées au bâtiment. Il s'agit de réparations qui consistent, à certains moments, à retirer des étais des murs porteurs[343].

Dans d'autres exemples, le personnel administratif de pensionnats catholiques fait fi des directives gouvernementales au sujet de la façon dont les fonds doivent être dépensés et consignés, au moment même où le nouveau système de coûts contrôlés est mis en place. Un vérificateur du gouvernement fédéral, H. Oldring, est contrarié et déclare, en 1958, que les responsables du pensionnat catholique de Wabasca, en Alberta, énumèrent des employés qui sont, en fait, rémunérés par le gouvernement, et déclarent de la même façon des dépenses qui sont payées par le gouvernement. Selon Oldring, lorsqu'il demande à l'économe (administrateur financier) du pensionnat pourquoi il n'a pas tenu de dossiers salariaux convenables, celui-ci déclare : « il s'agit seulement d'un tas de paperasse gouvernementale »[344]. Le budget pour les aliments et les vêtements de l'école a été dépassé, en partie parce qu'on l'utilise pour nourrir le personnel et les patients d'un hôpital qui se trouve à proximité. L'école envoie également 600 $ par an à la Commission des oblats, à Ottawa. De tels paiements sont autorisés, mais ils doivent se limiter à 4 $ par an et par élève, ce qui signifie qu'en fonction du nombre des inscriptions à l'école, celle-ci n'a le droit d'expédier que 396 $ à la Commission des oblats[345]. L'économe du pensionnat présente un certain nombre de justifications de ses actes. Dans certains cas, il n'a pas reçu de directive des Affaires indiennes sur la façon de mettre en œuvre le nouveau système de financement; d'autres gestes ont, à son avis, été approuvés par le vérificateur; et dans le cas du paiement aux oblats, il donnait suite à des directives de ses supérieurs[346].

Lorsqu'ils enquêtent, en 1965, sur un négociant en combustible de Fort Frances, en Ontario, soupçonné d'infractions à la *Loi sur les douanes*, des agents de la Police provinciale de l'Ontario trouvent des preuves de ce qui semble être des pots-de-vin versés au pensionnat local pour le droit d'approvisionner l'école en mazout. (Dans un cas, le fournisseur a effectivement décrit le paiement sur un talon de chèque comme « pot-de-vin ».) Le responsable du pensionnat, Royal Carrière, maintient que l'argent a été utilisé pour acheter du matériel pour l'école[347]. Carrière, qui a repris les fonctions de directeur du pensionnat en 1961, enregistre un déficit de fonctionnement au pensionnat[348]. L'enquête policière révèle que le contrat pour le combustible n'a pas été accordé au moins-disant[349]. Les Affaires indiennes concluent que sur une période de trois ans, le fournisseur a versé au pensionnat et à l'ordre des oblats 2 678,49 $ afin d'être le fournisseur unique de combustible du pensionnat. Au lieu de porter des accusations de fraude contre les personnes impliquées, les Affaires indiennes demandent que les oblats, qui administrent le pensionnat, rendent l'argent[350]. Les oblats émettent un chèque, présentent des excuses et l'affaire est classée[351].

Carrière quitte le pensionnat de Fort Frances en 1965 et devient l'économe du pensionnat de Qu'Appelle, en Saskatchewan. Sa méthode de comptabilité met la puce à l'oreille du vérificateur du gouvernement fédéral, qui conclut que les comptes ne sont pas convenablement tenus et que des fonds sont détournés. Le fonctionnaire des Affaires indiennes, R. F. Davey, craint que les Affaires indiennes ne soient bientôt « confrontées à une accumulation de problèmes qu'il sera difficile de régler »[352].

Le gouvernement fédéral n'a guère de succès en essayant de contrôler les activités du directeur du pensionnat de Brandon, au Manitoba, Oliver Strapp. Dans les années 1950, Strapp (dont les problèmes avec la discipline et les fugueurs sont discutés ailleurs dans le présent rapport) réussit à contrôler et à faire échouer une enquête des Affaires indiennes sur le fonctionnement de l'école. Le conflit trouve ses origines immédiates dans une visite qu'a rendue à l'école le colonel Laval Fortier, sous-ministre responsable des Affaires indiennes, en 1951. Il y découvre qu'un des garçons est « laissé au lit comme punition ». Strapp explique que le garçon est « perturbé mentalement et qu'on n'arrive à rien avec lui », mais Fortier fait faire des enquêtes supplémentaires par son personnel. L'inspecteur des pensionnats indiens du Manitoba, G. H. Marcoux, conclut que le garçon « n'avait pas de tels antécédents médicaux ». Il note également que le pensionnat a été le théâtre de 13 fugues pendant l'année scolaire 1950–1951[353].

On demande ensuite à Marcoux d'entreprendre une enquête complète sur les activités de l'école. Strapp refuse de laisser un quelconque membre du personnel parler à Marcoux ou à l'infirmière qui l'accompagne, hors de sa présence. Marcoux accède à cette demande extraordinaire et, comme il le relève : « Ceci n'était guère satisfaisant, car chaque membre du personnel semble compter sur Strapp pour les réponses. » C'était, dit-il, « une procédure laborieuse ». Cependant, il en retire l'impression que quelques membres du personnel sont aigris par la façon dont ils sont traités pendant leurs temps libres. Marcoux menace de mettre fin à l'enquête immédiatement s'il ne peut pas parler aux élèves individuellement. En guise de compromis, on l'autorise à parler à deux élèves sélectionnés par Strapp, en tête-à-tête. Selon ses notes, Irene Eastman, âgée de 12 ans, lui dit qu'elle n'aime pas l'école, que la nourriture n'est pas bonne et fournie en petite quantité, qu'elle travaille des demi-journées à la cuisine chaque jour, qu'elle aime bien son enseignante, qu'elle a peu de temps pour jouer et qu'elle ne souhaite pas revenir l'année prochaine. Russell Smith, âgé de 17 ans, lui dit qu'il ne reçoit pas assez de nourriture, qu'il a peu de temps pour jouer, qu'il n'a pas de vêtements assez chauds pour travailler à l'extérieur et que les superviseurs se montraient « parfois brutaux avec les garçons ». Marcoux conclut : « Il faudra apporter des changements radicaux à ce pensionnat si nous souhaitons régler la situation des fugues[354]. »

À ce point, Strapp se sent persécuté. Il se plaint à Philip Phelan, surintendant de la formation des Indiens, que les Affaires indiennes ont entrepris de nombreuses enquêtes sur le pensionnat au cours des dernières années, dont chacune a laissé l'école « rongée par le mécontentement ». Par conséquent, il ne permettra plus que d'autres enquêtes soient menées sans la présence de responsables de l'Église Unie. Pour ce qui est des plaintes au sujet du manque d'activités récréatives à l'école, il rappelle à Phelan qu'il a, à de nombreuses occasions, attiré l'attention du gouvernement sur le manque d'espace et de matériel récréatif au pensionnat. Le problème plus vaste réside dans le fait que les enfants sont envoyés à l'école contre le gré de leurs parents, et sont retenus au pensionnat pendant l'été sur directive du Ministère. Ceci « donne à l'enfant un sentiment de ressentiment contre l'école qui se concrétise dans son attitude à l'égard de membres individuels du personnel du pensionnat »[355]. Dans cet exemple, le directeur d'un pensionnat qui est principalement financé par le gouvernement fédéral est autorisé à imposer les modalités selon lesquelles son pensionnat sera examiné.

En juin 1953, Phelan correspond avec l'Église Unie au sujet de la possibilité de faire remplacer Strapp[356]. À l'automne de cette année, Marcoux signale que des parents de l'Agence de Fisher River, au Manitoba, ne veulent pas envoyer leurs enfants au pensionnat de Brandon parce qu'ils pensent que « la nourriture n'est pas bonne, il n'y a pas de temps pour le jeu, tout n'est que travail et les vêtements ne sont pas bons ». Marcoux ajoute qu'à son avis, les parents ont raison. Selon lui, la participation de Strapp aux activités de plein air (qui ne sont pas décrites), le manque de contact direct avec les activités quotidiennes du pensionnat et l'incapacité de maintenir en poste un personnel permanent témoignent d'une attitude selon laquelle les élèves « n'en valent pas la peine »[357].

Malgré le mécontentement croissant que ressent le gouvernement à l'égard de Strapp, ce n'est qu'en 1955 que l'Église Unie accepte de retirer Strapp du pensionnat. Cependant, il continuera d'exercer les fonctions de directeur de pensionnat. Au départ, l'Église souhaite le muter au pensionnat de Morley, en Alberta, qui est en crise[358]. Éventuellement, Strapp est muté au pensionnat d'Edmonton. Bien que les Affaires indiennes aient quelques préoccupations au sujet des qualifications du successeur de Strapp à Brandon (l'ancien directeur de Morley, G. R. Inglis), elles ne s'opposent pas officiellement à la nomination de Strapp au pensionnat d'Edmonton[359].

Dès son arrivée à Edmonton, Strapp entre en conflit avec le personnel, les élèves et les Affaires indiennes. En 1956, R. F. Davey, le surintendant de l'éducation des Affaires indiennes, fait état d'un nombre croissant de plaintes au sujet de Strapp, dont on considère qu'il se « préoccupe en premier lieu des affaires telles que l'exploitation de la ferme, l'état de la résidence du directeur, les coûts de fonctionnement de l'école, etc., au lieu de penser en premier au bien-être et aux sentiments des élèves ». Par exemple, R. F. Battle, le superviseur régional des agences indiennes de l'Alberta, fustige la décision prise par Strapp d'insister que tous les garçons portent des salopettes. Les adolescents en particulier protestent contre ces vêtements et ne sont pas convaincus par le fait qu'ils sont moins chers que des pantalons[360].

Strapp compte ses partisans. Le responsable du Comité des missions intérieures de l'Église Unie du Canada, M. C. Macdonald, défend Strapp en disant : « il n'y a aucun directeur qui écrit à ce bureau en se préoccupant davantage du bien-être du pensionnat que M. Strapp ». Macdonald admet que Strapp a des manières abruptes qui pourraient donner « une fausse impression »[361].

La lutte pour l'intégration de l'école secondaire

C'est au sujet de l'enseignement secondaire que le conflit entre les ordres catholiques et le gouvernement fédéral est le plus flagrant. De l'avis des fonctionnaires fédéraux, l'enseignement secondaire, qui comprend la formation professionnelle, peut être proposé de la façon la plus rentable dans des écoles provinciales. Ces écoles, avec leur important bassin d'élèves, peuvent se permettre d'investir dans un vaste éventail de matériel, de proposer un vaste assortiment de cours et de recruter des enseignants spécialisés. On considère également qu'il est avantageux sur le plan social d'éduquer ensemble les Autochtones et non-Autochtones. Bref, les fonctionnaires des Affaires indiennes pensent que leur approche est supérieure sur le plan économique, social et éducatif. Elle concorde également fort à propos avec deux de leurs objectifs : limiter la participation du gouvernement fédéral à l'éducation des Premières Nations en se contentant de la payer, et hâter l'assimilation des peuples autochtones. Les dirigeants de l'Église catholique font valoir que la scolarisation en pensionnat est nécessaire parce que, dans de trop nombreux cas, la vie au foyer des Autochtones est trop perturbée pour procurer un milieu dans lequel les élèves peuvent faire leurs devoirs à domicile. Les catholiques font valoir que la scolarisation en pensionnat est préférable pour trois raisons : 1) les enseignants des écoles publiques n'ont pas été préparés à traiter avec des élèves autochtones; 2) les élèves des écoles publiques manifestent souvent des attitudes racistes envers les élèves autochtones; 3) les élèves autochtones ont profondément honte de leur indigence, surtout à cause de la qualité des vêtements qu'ils portent et de la nourriture qu'ils mangent. À cause de ces facteurs, les élèves décrochent en grand nombre[362]. (Ces critiques sont également formulées par les dirigeants de l'Église protestante; cependant, ils ne les avancent en général pas comme justification pour la prestation d'un enseignement secondaire dans les pensionnats protestants.) Les arguments des catholiques concordent avec leurs propres objectifs qui consistent à conserver le contrôle de l'éducation des enfants des Premières Nations ayant des parents catholiques.

En 1942, l'archevêque catholique de Vancouver, W. M. Duke, demande le soutien du gouvernement fédéral pour une expansion des classes afin d'ajouter le premier cycle de l'école secondaire au pensionnat de Mission, en Colombie-Britannique. Le fonctionnaire des Affaires indiennes, R. A. Hoey, rejette la proposition et déclare que le gouvernement fédéral n'a ni l'argent ni le matériel nécessaires pour une telle expansion. Il explique également que le Ministère projette de rendre la scolarisation en pensionnat « plus pratique et plus professionnelle », en partie parce que « le succès remporté par des Indiens qui ont suivi ce que nous appelons habituellement un cours axé sur la théorie, a été plutôt décevant dans l'ensemble. Ceux qui sont retournés dans les réserves l'ont fait non pour assurer du leadership mais pour devenir des agitateurs d'une façon très radicale et destructrice[363]. » La pression exercée par les catholiques pour l'enseignement secondaire en 1942 est un fait nouveau. En 1940 encore, G. Forbes, le directeur du pensionnat catholique Christie, en Colombie-Britannique, écrit qu'il ne voit aucun problème à limiter le nombre de pensionnaires dans les classes supérieures. Quelques-uns des pensionnats protestants, dit-il, essaient de se tailler une réputation en faisant en sorte d'avoir des élèves dans ces classes. Mais les élèves finissent par se voir comme « supérieurs à leurs parents indiens et ils ne sont acceptés ni par les Indiens ni par les Blancs ». Dans l'esprit de Forbes, proposer ces classes « ne mènerait pas au couvent, mais au bordel »[364].

Le fait est qu'au début des années 1940, les Affaires indiennes n'ont ni l'engagement ni la capacité de fournir aux élèves des Premières Nations une éducation secondaire. Comme le programme de construction de pensionnats est suspendu indéfiniment en raison de la guerre et que la population des pensionnats augmente d'environ 300 élèves par an, R. A. Hoey écrit en 1940 que pour les Affaires indiennes « le premier devoir est à l'égard des élèves âgés de 7 à 16 ans ». Si des fonds supplémentaires sont mis à disposition, il pourrait être possible d'étendre la scolarité de certains des « élèves les plus brillants des pensionnats », écrit-il[365]. À mesure que le nombre d'élèves assez âgés pour faire des études secondaires augmente, les Affaires indiennes s'attendent, particulièrement après 1949, qu'ils soient scolarisés dans des écoles publiques.

Les catholiques prennent l'initiative en 1946, lorsque le nouveau directeur du pensionnat de Spanish, en Ontario, parvient à convaincre les Affaires indiennes de fournir 125 $ supplémentaires par élève, ce qui permet d'embaucher un enseignant supplémentaire[366]. Le programme d'études secondaires démarre en 1946 avec huit garçons et onze filles. L'année suivante, il compte 27 garçons et 29 filles. Lorsque l'école ferme en 1958, 77 élèves ont décroché leur diplôme[367]. L'efficacité du programme d'études secondaires au pensionnat de Spanish est limitée par le manque d'enseignants qualifiés. En 1955, un prêtre conclut :

> Les résultats scolaires des garçons sont terribles et ne peuvent que rabaisser notre réputation en tant que bons enseignants. Bon nombre des garçons qui ont « obtenu leur diplôme » en juin dernier auraient plus que probablement échoué à un examen en bonne et due forme de 8e ou 9e année. Lorsque ces « diplômés » essaient de poursuivre des études, comme certains d'entre eux le font, des sourcils sont froncés lorsque l'on découvre qu'ils sont tellement mauvais, et l'estime pour nos normes scolaires baisse[368].

En 1956, le doyen des études du pensionnat décrit la situation de l'enseignement à l'école comme « pitoyable »[369].

En 1953, les Affaires indiennes réagissent avec quelque préoccupation lorsque le pensionnat catholique de Kenora annonce son intention d'offrir des cours de 10e année. L'inspecteur régional des écoles, H. G. Mingay, écrit au directeur : « Ce ne sera pas une sinécure pour vous d'entreprendre le travail de 10e année. » Il se sent également obligé de lui rappeler que « l'enseignant doit être qualifié, et détenir préférablement un brevet de l'Ontario »[370]. L'année suivante, lorsqu'il examine un certain nombre de candidatures à des postes d'enseignant à la même école, Mingay relève que « quelques-unes des bonnes sœurs ne sont pas qualifiées, et il me semble que l'Église devrait être exhortée à recruter des enseignants qualifiés pour ces postes »[371]. Deux ans plus tard, Mingay écrit dans son rapport d'inspection de l'école que l'enseignement est « d'une norme inférieure à celle des écoles publiques de la province et de certains de nos pensionnats. Ceci est imputable à plusieurs choses : les classes sont trop grandes, on a ouvert une classe de débordement pour les débutants, trois des enseignants n'ont aucune formation et n'ont pas terminé le cours d'enseignement secondaire ordinaire[372]. »

Dans tout le Canada, il n'y a encore en 1957 que 988 élèves des Premières Nations dans les classes de 10e à 13e année (et seulement sept de ces élèves sont en 13e année). Seulement 309 de ces élèves fréquentent des pensionnats des Affaires indiennes[373]. Il devient apparent que l'intégration est une expérience stressante et déplaisante pour de nombreux élèves. Selon des rapports émanant de diverses administrations, les élèves des Premières Nations ne se sentent pas bienvenus dans les écoles publiques. Le superviseur des agences indiennes de la Saskatchewan, J. A. Davis, soulève un certain nombre de préoccupations au sujet des problèmes auxquels sont confrontés les enfants des Premières Nations qui sont intégrés aux écoles publiques de Kamsack en 1956. Bien que le conseil scolaire et le personnel soient accueillants et obligeants, Davis est d'avis que les enfants sont souvent embarrassés par leurs vêtements et leurs repas. « Le directeur déclare que les enfants refusent simplement de sortir leur repas devant les non-Indiens et inventent donc des raisons pour aller en ville sur l'heure du midi pour y manger. » Il dit également que les mauvais résultats scolaires « sont la cause d'épisodes de découragement fréquents » chez les enfants[374].

Au milieu des années 1950, la Conférence catholique canadienne (CCC) propose l'établissement d'écoles secondaires centrales pour les élèves des Premières Nations en Ontario, au Manitoba, en Saskatchewan, en Alberta et en Colombie-Britannique. On a besoin de telles écoles, déclare la CCC, parce qu'« un important regroupement de garçons et de filles, qui ne souhaitent pas poursuivre leurs études secondaires avec des Blancs, quittent l'école lorsqu'ils ont terminé la 8e année ». On trouve également que ceux qui réussissent dans les écoles intégrées ne retournent pas dans leur collectivité d'origine. De l'avis de la CCC, « on aurait tort de priver de telles collectivités autochtones de leurs dirigeants naturels en attirant les meilleurs élèves dans les collectivités blanches »[375].

Dans le Nord de l'Alberta, l'évêque catholique Henri Routhier entre en conflit avec les fonctionnaires des Affaires indiennes à quelques occasions. En 1961, il accuse un agent des Indiens de dire à une femme que le pensionnat de Joussard, en Alberta, est destiné « aux bébés et aux imbéciles ». Selon Routhier, l'agent a recommandé que la femme envoie sa fille dans une école publique ou dans une « école catholique blanche distincte ». Routhier est d'avis que ces commentaires témoignent d'une politique des Affaires indiennes destinée à saper les pensionnats catholiques[376]. En 1963, l'employé des Affaires indiennes Walter Hlady déclare aux délégués à une conférence sur l'éducation à Edmonton, que l'un des principaux problèmes auxquels sont confrontés les élèves autochtones est « l'impossibilité virtuelle d'étudier à la maison. Les maisons sont petites et surpeuplées, car elles abritent en moyenne des familles importantes. Il n'y a pas de tradition d'encourager l'étude à domicile. Ce problème est surmonté dans les pensionnats grâce à des périodes d'études supervisées[377]. » Selon Routhier, le directeur des Affaires indiennes, H. M. Jones, a appelé Hlady le lendemain matin, « lui reprochant sévèrement certaines déclarations qu'il a faites dans son allocution ». Routhier pense que le fonctionnaire des Affaires indiennes, R. F. Davey, qui a assisté à la réunion, a rapporté le commentaire de Hlady à Jones. Le Ministère, craint-il, « est devenu une sorte de Gestapo qui contrôle rigoureusement toutes les déclarations de ses employés »[378].

Les catholiques ne sont pas les seuls à s'inquiéter de l'impact de l'intégration au niveau secondaire. En mai 1961, Eric Barrington, le directeur du pensionnat anglican de Sioux Lookout, met en garde les Affaires indiennes :

> Bon nombre de nos enfants qui fréquenteront les classes intégrées les prochains trimestres, ou qui devraient le faire, m'ont fait savoir qu'ils ne retourneront pas à l'école, car ils n'aiment pas l'idée d'aller à l'école avec d'autres enfants. Je ne pense pas qu'il y aura d'importants problèmes avec bon nombre de ces jeunes gens, mais il y a des familles qui sont fortement contrariées à la pensée que leurs enfants fréquentent le pensionnat à Sioux[379].

En décembre de la même année, Harry Hives, l'évêque anglican de Keewatin, conclut que les prévisions de Barrington se sont réalisées. Les élèves qui fréquentent à présent l'école publique ont été « projetés dans une expérience ministérielle comme s'il s'agissait de "cobayes" ». Faute d'avoir quelqu'un vers qui se tourner à l'école, bon nombre sont devenus des cas problèmes en matière de discipline et ont dû être expulsés. Hives écrit : « Il ne s'agit pas de mauvais jeunes. Mais nous les avons mal traités. » Il recommande que les enfants soient soigneusement sélectionnés et préparés à l'intégration dans les écoles publiques. Ceux « qui ne peuvent pas accepter la rigueur de l'intégration dans les écoles devraient pouvoir retourner dans une situation scolaire qu'ils connaissent bien » : le pensionnat[380].

Le directeur de la Division des affaires indiennes, H. M. Jones, fait la déclaration suivante :

> [...] la politique du Ministère au sujet de l'enseignement secondaire pour les élèves indiens est qu'ils devraient recevoir leur enseignement en association avec des élèves non indiens dans des écoles provinciales et privées dans lesquelles ils peuvent profiter du vaste programme d'études des écoles urbaines et de la socialisation qui résulte de leurs nombreux contacts avec le mode de vie non indien.

Jones reconnaît que, par suite de l'augmentation du nombre d'élèves des Premières Nations qui entrent au secondaire, il devient difficile de leur trouver de la place et, dans certains cas, les conseils des écoles publiques limitent « l'inscription d'élèves indiens ». Par conséquent, en 1958, l'enseignement secondaire est fourni dans les pensionnats catholiques de Kenora, Fort Alexander, Qu'Appelle, Cardston, Crowfoot, Hobbema et Kamloops. Jones fait observer avec insistance : « L'établissement d'une école secondaire séparée pour la région peut être inévitable, mais il ne faut pas permettre qu'elle déplace l'enseignement non ségrégué[381]. »

Une partie de cette expansion n'est pas autorisée par les Affaires indiennes. Lorsqu'en 1957, l'ordre des oblats propose d'ajouter une classe de 9e et 10e années au pensionnat McIntosh dans le Nord-Ouest de l'Ontario, les Affaires indiennes s'opposent à l'idée et préfèrent transférer les élèves dans une école existante de Kenora[382]. Cependant, on ne tient aucun compte de la recommandation de transférer les élèves, au grand étonnement de l'agent des Indiens local[383].

Dans un document sur l'enseignement secondaire pour les élèves des Premières Nations en Alberta, les oblats insistent que l'intégration « doit se faire assez lentement pour que la transition ne provoque pas de rupture dans la pensée de l'élève indien individuel, ou dans les habitudes de vie auxquelles il doit s'habituer ». Le mémoire déclare que les trois pensionnats catholiques qui proposent l'enseignement secondaire en Alberta sont une motivation pour les élèves de l'enseignement primaire et constituent un fondement pour l'éducation des adultes dans les réserves. Il recommande que les trois écoles secondaires existantes soient élargies et que trois autres écoles soient établies à St. Paul-Bonnyville (Blue Quills), à Petit lac des Esclaves (à l'école Joussard), et à Fort Vermilion (au pensionnat de Fort Vermilion). En outre, il propose l'établissement d'une école secondaire catholique centrale à Edmonton[384].

Un document non daté des Affaires indiennes des années 1960 décrit les principaux points d'un mémoire des oblats et les réfutations du gouvernement. Lorsque les oblats déclarent que l'intégration devrait se faire à un rythme sans hâte pour éviter la rupture, le gouvernement fait valoir que la rupture est déjà en cours et définit l'intégration comme « le vaste objectif de faire atteindre aux Indiens un état social, éducationnel et économique qui ne les met pas à part en tant que groupe défavorisé au Canada ». Lorsque les oblats insistent sur la nécessité de maintenir le leadership dans les réserves afin de développer les économies locales, la position fédérale est que peu de réserves atteindront probablement l'autonomie économique. Le gouvernement fait valoir que la plupart des réserves n'ont pas le fondement économique ou démographique nécessaire pour soutenir un ensemble de professionnels, sinon quelques rares enseignants, infirmiers et médecins. Ce que les oblats désignent comme « éducation dans les réserves », est appelée « éducation ségréguée » par le gouvernement fédéral. Les oblats considèrent les écoles comme contribuant au développement local; le gouvernement fédéral fait valoir qu'elles fournissent une éducation inférieure à la norme. Le gouvernement montre du doigt les problèmes auxquels sont confrontés les élèves que l'on transfère d'un pensionnat de Kenora, en Ontario, à Kamloops en Colombie-Britannique, et à Cluny, en Alberta, lorsqu'ils essaient de suivre la cadence des autres élèves des écoles publiques de 12e année. Les oblats maintiennent que les pensionnats aident les élèves à nouer des liens sociaux, tandis que le gouvernement fédéral note que les élèves qui fréquentent des externats sont en contact quotidien avec leurs parents[385]. Les fonctionnaires des Affaires indiennes doutent également qu'une éducation de bonne qualité puisse être donnée par un grand nombre de petits pensionnats secondaires. En 1960, le pensionnat catholique de Cardston, dans la réserve des Gens-du-Sang, compte 49 élèves du secondaire, l'école de Cluny en a 35 et celle d'Hobbema compte 60 élèves. On a du mal à attirer des enseignants spécialisés, particulièrement des enseignants professionnels dans ces écoles[386].

Les oblats remportent un certain nombre de victoires dans leur lutte continue avec les Affaires indiennes. L'ordre se dit intéressé à établir un pensionnat à Winnipeg, au Manitoba, en 1958, lorsque le nombre d'élèves des Premières Nations qui s'inscrivent au secondaire augmente. Jusqu'alors, les anciens élèves des pensionnats de Le Pas, Pine Creek et Sandy Bay étaient tous envoyés à Fort Alexander pour faire des études secondaires. Les oblats se rendent compte qu'un bâtiment qui avait été utilisé comme foyer de convalescence pour les anciens combattants à Winnipeg est à vendre. Ils proposent que l'immeuble soit transformé en pensionnat[387]. Bien que le Ministère souhaite qu'il soit simplement utilisé comme résidence, en 1960, il accepte d'autoriser qu'il soit administré comme une école secondaire, sous le nom d'école Assiniboia[388].

L'Église catholique est en mesure d'organiser du soutien autochtone pour sa campagne destinée à conserver les pensionnats et pour la fourniture de classes secondaires dans ces écoles. En août 1959, 100 membres de la Catholic Indian League de l'Alberta se réunissent à Hobbema. Ils demandent la création d'une école des métiers centrale et une augmentation de la formation professionnelle dans toute la province. Selon un rapport de presse : « On est généralement d'avis que la prétendue politique d'intégration, qui consiste à envoyer les élèves indiens dans des écoles non indiennes, est prématurée et finit généralement par aggraver les obstacles entre les deux éléments. » On préfère des « écoles entièrement indiennes dans les réserves indiennes »[389]. En 1961, les « Indiens catholiques de la réserve des Pieds-Noirs » présentent un mémoire aux Affaires indiennes dans lequel ils déclarent qu'ils souhaitent conserver le pensionnat de Cluny, car il est nécessaire pour « les élèves qui ont besoin de périodes d'études pour obtenir leur diplôme, ainsi que pour les orphelins, ou pour les enfants de familles désunies, ou pour ceux qui sont trop pauvres pour fréquenter un externat ou trop éloignés. Nous pensons que nos maisons ne conviennent pas pour l'étude pour nos élèves des classes supérieures. » Ils affirment que les parents qui travaillent pendant une partie de l'année hors de la réserve dépendent du pensionnat. Ils disent également qu'ils ne sont pas d'avis que les élèves sont les bienvenus dans les collectivités et les écoles de Blancs[390].

Les fonctionnaires des Affaires indiennes tendent à considérer l'appui qu'apportent les Premières Nations à la scolarisation en pensionnat comme étant suscité par les dirigeants oblats locaux. Lorsque, par exemple, le chef Shot Both Sides présente une pétition au conseil de bande des Gens-du-Sang, dans laquelle il demande l'établissement d'une école secondaire catholique dans la réserve, le fonctionnaire des Affaires indiennes présent à la réunion, K. R. Brown, demande qui a préparé la pétition. Shot Both Sides répond qu'elle a « été préparée par le révérend père Laverne ». Après que le membre de la bande Mike Mountain Horse, qui se décrit lui-même comme n'appartenant à aucune des principales confessions de la réserve, se prononce contre la résolution, le débat lors de la réunion du conseil se divise selon les appartenances religieuses. À ce moment, Brown met fin aux discussions en déclarant qu'il n'est pas convenable de discuter d'affaires religieuses lors d'une réunion du conseil[391].

Les enseignants, y compris les enseignants autochtones, appuient également la position catholique. Dans un article de 1963 pour la publication catholique *The Indian Record*, Clive Linklater, le président de l'Association des enseignants indiens de l'Alberta (et enseignant au pensionnat Blue Quills), écrit que les peuples des Premières Nations considèrent l'intégration comme « l'abolition de toutes les écoles indiennes, l'élimination de toutes les réserves indiennes, l'extinction de la culture indienne et l'abrogation des traités et des droits issus de traités ». Il souligne que pour de nombreux Indiens, les écoles dans les réserves sont un droit issu des traités. L'intégration comporte souvent la fermeture d'écoles des réserves et le transfert des élèves dans des écoles publiques. « Si c'est le mélange d'enfants indiens et blancs dans les salles de classe qui est tellement important et nécessaire, les Indiens se demandent pour quelle raison le mouvement est entièrement à sens unique – hors des réserves. » Au lieu de l'intégration, qui d'après ce que dit Linklater implique une ségrégation qui n'existe pas, il propose une politique « d'inter-sociation », qui ferait la promotion du « mélange et de l'association étroite d'Indiens et de Blancs »[392]. Linklater a raison : les Affaires indiennes n'ont jamais cherché à intégrer des enfants non autochtones dans des écoles des Affaires indiennes. C'est une situation qui exaspère le gouvernement de la Saskatchewan, qui a essayé sans succès de faire entrer des enfants métis et blancs dans des écoles des Affaires indiennes dans le Nord de la Saskatchewan[393].

L'intégration subit également les attaques de la collectivité non autochtone. En 1965, les résidents de Joussard, en Alberta, se plaignent de la menace que fait planer l'intégration sur la collectivité blanche francophone. Une lettre parle de l'effet qu'exercent les enfants métis sur l'école locale : « Il est devenu plus difficile de maintenir la discipline dans cette école. La délinquance juvénile a augmenté : on commet des entrées par infraction, des vols, des bris de fenêtres, on détruit de la propriété personnelle et publique. » De l'avis de l'auteur, l'intégration de 150 élèves des Premières Nations avec 55 enfants métis et 45 enfants blancs « n'est pas de l'intégration – il s'agit d'une discrimination raciale contre les enfants blancs ». De l'avis du rédacteur de la lettre, la véritable intégration exige un ratio d'un-pour-un d'élèves autochtones à non autochtones[394].

Au milieu des années 1960, les Affaires indiennes décident d'éliminer progressivement le programme d'études secondaires au pensionnat de Qu'Appelle, en Saskatchewan. Pour justifier la décision, le gouvernement renvoie à une étude qu'il a effectuée du programme d'études secondaires en pensionnat. Sur les 48 élèves qui sont entrés en 9e année en 1959, 23 ont poursuivi jusqu'à la 12e année; sur les 68 élèves qui sont entrés en 9e année en 1960, 13 seulement ont atteint la 12e année, soit un taux d'abandon de 81 %. Sur les 102 élèves qui sont entrés en 12e année au cours de la période de six ans, 22 ont obtenu leur diplôme. L'étude a trouvé des tendances semblables dans quatre écoles secondaires catholiques en Alberta. À Joussard, 14 élèves sont entrés en 9e année en septembre 1960, mais seulement quatre sont entrés en 12e année en septembre 1963. À l'école d'Hobbema, 27 élèves ont été inscrits en 9e année en septembre 1960, mais seulement quatre ont été inscrits en 12e année en septembre 1963. À l'école de Cardston, les chiffres étaient de 29 élèves (1960) et 11 élèves (1963), respectivement; et à Cluny, 25 élèves (1960) et 11 élèves (1963) ont respectivement été inscrits. La conclusion est que « le pensionnat est mal équipé pour inculquer aux élèves indiens les compétences scolaires dont ils ont besoin au niveau secondaire »[395].

En Saskatchewan et en Alberta, les catholiques organisent de fortes campagnes publiques pour défendre ces écoles. Le directeur du pensionnat de Qu'Appelle, Leonard Charron, exhorte les élèves et leurs parents à faire du lobbying auprès du gouvernement pour qu'il renverse sa décision, en promettant que cela amènerait le gouvernement à leur proposer « un plus vaste choix de cours – commerciaux, techniques, en plus du programme scolaire actuel »[396]. Le fonctionnaire des Affaires indiennes, J. G. McGilp, note que dans tout autre système scolaire, Charron aurait été prié de démissionner pour s'être opposé de façon tellement publique à la politique de l'organisme qui le rémunère. Comme Charron ne peut être renvoyé, McGilp se demande s'il serait possible de simplement lui confier la charge de la résidence[397].

La position des Affaires indiennes, comme la formule R. F. Davey, est que « comme c'est le cas avec les élèves ailleurs », il vaudrait mieux orienter les élèves des Premières Nations qui ne sont pas motivés à suivre le cours théorique vers des cours professionnels. Et, comme le gouvernement fédéral fournit les fonds aux gouvernements provinciaux pour qu'ils mettent cette formation à la disposition des élèves des Premières Nations, Davey déclare que les Affaires indiennes « trouveraient difficile de recommander le dédoublement de ces services dans les pensionnats ». Même si c'était possible, ce n'est pas souhaitable, puisque « dans des classes séparées, l'élève indien n'a pas l'occasion de vivre l'expérience sociale qui peut être dérivée du contact quotidien avec des élèves non indiens »[398].

L'année scolaire suivante, 11 élèves qui vivent au pensionnat de Qu'Appelle sont scolarisés en 12e année à l'école secondaire polyvalente de Fort Qu'Appelle, à environ sept kilomètres du pensionnat[399].

En 1966 en Alberta, la Catholic Indian League s'oppose à une décision des Affaires indiennes d'acheter des places pour les élèves des Premières Nations dans l'école secondaire de Strathmore, nouvellement construite. Les parents déclarent qu'ils souhaitent que leurs enfants soient éduqués au pensionnat de Cluny qui, comme ils le font observer, a de la place pour 30 élèves supplémentaires. Le directeur de Cluny, Adrian Charron, remet aux médias une liste des problèmes du pensionnat, qui donne à penser que les Affaires indiennes ont essentiellement laissé tomber l'école[400]. Deux ans plus tard, en septembre 1968, E. J. Dosdall des Affaires indiennes informe Charron que le gouvernement fédéral a approuvé l'inscription de seulement 27 des 68 élèves résidant au pensionnat. Pour économiser davantage sur les coûts, Dosdall recommande que Charron renvoie chez eux les enfants restants[401]. Le Ministère envisage de fermer la résidence pendant ce trimestre, puisque la plupart des 27 élèves peuvent être placés soit dans des familles d'accueil dans la réserve ou au pensionnat catholique de Cardston. Selon un fonctionnaire des Affaires indiennes, la bande locale « n'a exprimé aucun véritable désaccord avec le plan que nous proposons ». Il y a cependant une « hostilité latente des parents » qui pourrait se retrouver dans les médias si le pensionnat est fermé trop rapidement[402]. Cette hostilité se manifeste lors d'une réunion des parents, le 1er décembre 1968. Des parents déclarent qu'ils n'ont pas l'impression qu'on leur a donné un choix quelconque pour déterminer quelle école leurs enfants fréquenteront, puisque ce sont les Affaires indiennes qui les ont avisés quelles écoles acceptent des enfants indiens. Les parents disent qu'un pensionnat est nécessaire à cause du mauvais état des routes, du piètre logement et de l'absence d'emplois dans la réserve. « La majorité du travail qui est à la disposition des Indiens se trouve hors de la réserve, et il s'impose de placer leurs enfants en résidence s'ils doivent s'en aller et trouver de bons emplois bien rémunérés. » Un parent parle de la façon dont sa fille a refusé de retourner à l'école publique parce qu'on l'a traitée de « squaw ». Selon le parent, « rien n'a été fait pour corriger le comportement des enfants blancs à l'égard des enfants indiens »[403]. En dépit de ces préoccupations, le pensionnat de Cluny est fermé à la fin de 1968[404].

Une circulaire de la maison des oblats de Vancouver expose clairement à quel point les catholiques se sentent poussés dans leurs derniers retranchements pendant cette période. Les oblats de toute la Colombie-Britannique sont informés que « le Biafra et le Vietnam ne sont pas les seuls endroits où on fait la guerre. Le père Al Noonan, Gerry Kelly et Tom Lobsinger sont engagés dans une bataille pour défendre le droit des peuples indiens à choisir le mode et la manière de l'éducation de leurs enfants, particulièrement pour ce qui est des foyers ou des résidences d'élèves[405]. » En Colombie-Britannique, les oblats s'inquiètent tout particulièrement de la décision du gouvernement de réduire le nombre d'élèves qui sont envoyés dans des résidences[406]. La résidence de Kamloops, par exemple, pourrait accueillir 398 élèves, mais le gouvernement fédéral n'a approuvé que l'admission de 238 élèves. Les oblats organisent un certain nombre de réunions avec les chefs des Premières Nations, lors desquelles ils prennent dans le collimateur la réduction du nombre d'enfants envoyés aux résidences de Kamloops, Williams Lake et Cranbrook. Lors de la réunion, les chefs s'inquiètent de ne pas être consultés au sujet de quels élèves sont expédiés dans les résidences, et déclarent que ce sont eux les personnes les mieux placées pour déterminer quels enfants sont négligés[407]. Après une réunion, le directeur de la résidence indienne de Kamloops, Allan Noonan, écrit au directeur de la publicité des oblats et déclare : « Les Indiens appuient certainement ces écoles à 100 % dans cette région. Si nous pouvons amener les Indiens à lutter pour ce qu'ils jugent être juste, le Ministère finira peut-être par les écouter[408]. »

Les problèmes qui ont été soulevés à l'encontre de l'intégration de l'enseignement secondaire ont la vie dure. Mais après 1969, lorsque le gouvernement fédéral assume la responsabilité pour l'administration des résidences, la contestation ne provient plus des Églises, mais des organisations politiques autochtones.

La prise de contrôle fédérale de 1969

La formule de financement que le gouvernement fédéral adopte en 1957 lui permet d'exercer un plus grand contrôle sur la façon dont les fonds publics sont dépensés dans les pensionnats. Dans le cadre du nouveau système, le gouvernement fixe les montants qui doivent être dépensés pour les salaires dans les écoles appartenant à l'État, et négocie des contrats qui lui donnent également un contrôle considérable sur le fonctionnement des écoles. Ce faisant, le gouvernement jette involontairement les fondations d'une décision du Conseil canadien des relations industrielles qui déclarera que pour ainsi dire tous les employés des écoles sont essentiellement des fonctionnaires. Cette décision aboutit à une restructuration de la relation entre le gouvernement et les Églises en 1969.

La décision du Conseil des relations industrielles est déclenchée par un mouvement d'organisation que le Syndicat canadien de la fonction publique (SCFP) lance en 1965 dans un certain nombre de pensionnats[409]. La campagne, qui au départ porte principalement sur le personnel non enseignant, pousse le gouvernement fédéral à examiner les conditions de travail dans les pensionnats. (Le personnel enseignant est formé de fonctionnaires depuis que le gouvernement a repris le paiement direct de leurs salaires en 1954.) L'étude révèle ce qui suit dans le cas du personnel domestique autre que les employés de bureau :

- Il n'y a habituellement pas de contrat écrit régissant l'embauche d'employés par les organismes religieux qui administrent les pensionnats.
- La plupart des employés sont embauchés pendant 10 mois de l'année.
- Il n'y a pas d'heures de travail quotidiennes normalisées.
- On paie les congés, le transport vers des endroits éloignés, les régimes de pension, on accorde des taux de logement réduits, le paiement des cotisations

au régime d'assurance maladie et de prestations d'assurance-chômage ainsi que des indemnisations spéciales pour les employés dans des endroits éloignés.

La rémunération et les avantages sociaux sont plus faibles que ceux accordés par le gouvernement fédéral aux personnes qu'il emploie dans d'autres sections du service civil qui effectuent des tâches semblables. On estime que si les employés des écoles doivent être rémunérés à des taux semblables à ceux des fonctionnaires, les coûts augmenteront de 750 000 $[410].

Dans ses déclarations publiques, le gouvernement fédéral adopte la position que ces « employés domestiques » des pensionnats sont employés par les Églises[411]. Cependant, un avis juridique confidentiel du gouvernement parvient à la conclusion que, comme les contrats entre les Églises et le gouvernement donnent au gouvernement des pouvoirs considérables sur la façon dont les écoles sont administrées, les Églises sont essentiellement des « agents de la Couronne ». Selon l'avis juridique, cela signifie que les membres du personnel domestique des pensionnats sont des employés de la Couronne[412].

Bien qu'il ait reçu cet avis, le gouvernement ne démord pas que les membres du personnel domestique sont des employés de l'Église. En février 1966, on demande au Parlement si le *Code canadien du travail* s'applique aux pensionnats et aux résidences et si les salaires qui y sont payés sont inférieurs à ceux du minimum fédéral de 1,25 $ l'heure. Arthur Laing, le ministre responsable des Affaires indiennes, déclare que l'application des dispositions du *Code du travail* aux employés des écoles est à l'étude. Il déclare que tous les membres du personnel, autres que les enseignants, sont des employés de l'Église. Cependant, il explique que les directeurs ont été avisés que le salaire minimum dans les écoles est de 1,25 $ de l'heure[413].

La campagne d'organisation du SCFP est menée selon le principe que les écoles individuelles sont les employeurs. Dans un tel cas, le travailleur et l'employeur sont assujettis aux dispositions de la *Loi des enquêtes en matière de différends industriels* (LEDI) fédérale, loi qui ne s'applique pas directement aux fonctionnaires (employés de la Couronne)[414]. C'est en vertu des dispositions de cette *Loi* que le syndicat demande le droit de représenter les employés du pensionnat de Fort Frances, en Ontario. À l'automne de 1966, la Commission des relations de travail du Canada rejette la demande du SCFP. La Commission statue que les membres du personnel des pensionnats sont effectivement des employés de la Couronne et, par conséquent, ne sont pas assujettis aux dispositions de la LEDI[415]. La décision de la Commission ne signifie pas que les membres du personnel ne peuvent pas être syndiqués : elle ne fait que retarder la perspective. En 1968, l'Alliance de la fonction publique du Canada réclame le droit de représenter le personnel en vertu des dispositions de la *Loi sur les relations de travail dans la fonction publique fédérale* nouvellement adoptée[416].

Le transfert de responsabilités pour les employés des Églises au gouvernement fédéral serait ni plus ni moins qu'un transfert de l'administration des pensionnats également[417]. Il rendrait également nuls les contrats conclus entre les Églises et le gouvernement[418]. Il faudra trois ans de négociations avant que les incidences de la décision de la Commission soient entièrement réglées.

Le gouvernement et les Églises se retrouvent placés devant deux options.

1) Revenir au système de subvention par élève. Ce système, qui a conféré aux Églises une plus grande flexibilité quant à la façon dont la subvention est dépensée, leur permettrait de faire valoir que les membres du personnel des pensionnats sont employés par les Églises et non par le gouvernement.

2) Accepter la décision de la Commission des relations de travail que les employés des pensionnats, y compris les directeurs, travaillent pour le gouvernement fédéral. Ceci reviendrait à accepter une prise de contrôle des pensionnats par le gouvernement fédéral.

Lorsque les responsables du gouvernement et des Églises se réunissent pour examiner ces options, les responsables de l'Église Unie s'opposent à la première option, parce qu'elle « tend à céder tout le terrain gagné au cours des neuf années précédentes, pour ce qui est de maintenir les normes de soins des enfants et de contrôle des dépenses ». Selon un document de l'Église Unie, « les représentants protestants, du moins, ne sont pas disposés à envisager sérieusement un retour à l'ancien système »[419].

On admet en règle générale que la seconde option aboutira à une amélioration importante du salaire, des conditions de travail et des avantages sociaux des employés des écoles. Les responsables des Églises craignent que, faute d'avoir le pouvoir d'embaucher et de congédier des employés, ils ne perdent le contrôle des pensionnats. Ils craignent également que « l'atmosphère chrétienne des résidences finisse par en souffrir »[420]. Les Églises Unie et anglicane indiquent toutes deux qu'elles envisagent de se retirer de l'éducation en pensionnat[421]. Bien qu'elles ne le fassent pas immédiatement, leur participation baisse rapidement après 1969. L'Église catholique, cependant, reste fermement engagée envers les pensionnats. Le fonctionnaire des Affaires indiennes, R. F. Davey, conclut que « la perspective d'ajouter 1 400 employés supplémentaires à l'établissement est effrayante » certes, mais qu'il sera plus facile de fermer les pensionnats à l'avenir si les membres du personnel sont des fonctionnaires[422].

Le sous-ministre adjoint R. F. Battle relève qu'il sera compliqué d'intégrer les directeurs de pensionnat à la fonction publique, car bon nombre d'entre eux sont membres d'ordres religieux. Il pense qu'il sera possible d'exempter leur recrutement de la réglementation fédérale. Lorsqu'ils auront été embauchés, les directeurs continueront de recevoir des directives de l'Église pour toutes les affaires de spiritualité, mais « pour toutes les autres affaires ayant trait au fonctionnement de l'école, les directeurs recevront les directives du Ministère ». Du point de vue de Battle, il s'agit d'une évolution favorable, puisqu'« à l'heure actuelle, certains directeurs ne se sentent aucunement obligés d'appuyer la politique gouvernementale »[423].

Finalement, on conclut avec les Églises des ententes qui permettent de transférer le personnel à la fonction publique tout en laissant les Églises continuer de nommer l'administrateur de la résidence. Pour que cela se fasse, il faut cependant une exemption de la Commission de la fonction publique, exemption que la Commission n'est d'abord pas disposée à accorder. Bien que le gouvernement soit en faveur de la prise de contrôle, il admet qu'il ne peut pas doter et administrer immédiatement plus de 50 établissements qui sont touchés par la décision. À court terme, il souhaite que les responsables des Églises restent en poste comme administrateurs[424]. La Commission de la fonction publique finit par accepter d'exempter environ 200 administrateurs et superviseurs des soins aux enfants de toutes les dispositions de la *Loi sur l'emploi dans la fonction publique* (LEFP) pendant une période de deux ans[425]. On reconnaît que les Églises peuvent choisir de ne plus s'impliquer dans les résidences, mais le sous-ministre J. A. MacDonald pense qu'un tel geste « causerait les graves problèmes administratifs qui se produiraient si les Églises devaient se retirer à présent »[426]. En vertu de l'entente, les administrateurs des résidences demeurent des employés des Églises[427]. Ils auront le pouvoir de nommer les travailleurs en soins aux enfants, qui devront être approuvés par le Ministère. Tous les autres membres du personnel doivent être nommés conformément à la LEFP[428]. À ce moment, on estime que les coûts de la prise de contrôle s'établissent aux environs de 2 millions de dollars[429].

La question de savoir si les membres du personnel des pensionnats sont des fonctionnaires atteint son paroxysme au même moment où les Affaires indiennes envisagent la séparation de la responsabilité administrative des résidences de la responsabilité des salles de classe. À la fin des années 1960, il y a au moins quatre types différents de pensionnats dans le Sud du Canada.

1) Les pensionnats traditionnels. Ils fournissent des installations d'hébergement et l'enseignement en salle de classe à tous les élèves inscrits au pensionnat.

2) Les foyers. Ils fournissent des installations d'hébergement aux élèves qui suivent des cours dans une école provinciale. Ils n'ont pas de salle de classe.

3) Les pensionnats et externats mixtes. Il s'agit de pensionnats qui fournissent également un enseignement en salle de classe aux élèves qui ne vivent pas dans la résidence, mais qui suivent les cours comme externes.

4) Les foyers, pensionnats et externats combinés. Ces établissements comportent trois catégories d'élèves différentes : a) ceux qui vivent dans la résidence et suivent les cours dans une école provinciale; b) ceux qui ne vivent pas dans la résidence, mais qui suivent les cours comme externes; et c) ceux qui vivent dans la résidence et suivent les cours au pensionnat.

Outre l'évolution de ces différentes catégories, on constate plusieurs tendances importantes. Dans certains cas, les pensionnats sont transformés en résidences, car leurs salles de classe sont fermées; dans d'autres cas, les pensionnats réduisent le nombre d'élèves en résidence et accroissent le nombre d'externes auxquels ils enseignent dans leurs classes. En 1968, il y a 12 foyers (dans le Sud du Canada), et les Affaires indiennes projettent d'éliminer des salles de classe dans 15 pensionnats. Compte tenu de ces tendances, R. F. Battle propose que tous les pensionnats soient divisés en deux unités administratives distinctes : les externats et les résidences. L'ancien directeur du pensionnat deviendra l'administrateur de la résidence, et l'école sera administrée essentiellement comme externat fédéral, un éducateur formé (habituellement l'ancien enseignant principal) faisant fonction de directeur[430]. Le changement est introduit en septembre 1968. Il ne s'applique d'abord qu'aux cas dans lesquels les résidences et les salles de classe se trouvent dans des bâtiments séparés[431]. À partir du mois d'août de cette même année, les pensionnats se décrivent eux-mêmes comme « résidences d'élèves » au lieu de « pensionnats »[432].

Le transfert des écoles et résidences des Églises au gouvernement fédéral touche 8 000 élèves, 56 résidences et 1 600 employés et entre en vigueur en avril 1969[433]. Alors même que le transfert se fait, le gouvernement continue de fermer des pensionnats (qui à ce moment sont appelés « résidences »). À la fin de l'année scolaire 1968-1969, le gouvernement ferme trois pensionnats anglicans (Cardston, en Alberta; Old Sun, en Alberta; Carcross, au Yukon), deux pensionnats catholiques (McIntosh, en Ontario; Kamsack, en Saskatchewan), et un pensionnat de l'Église Unie (Morley, en Alberta)[434]. Selon le rapport annuel des Affaires indiennes de 1968-1969, le Ministère est responsable de 60 résidences. Deux années plus tard, ce nombre baisse à 45 résidences[435].

Les membres des ordres religieux n'acceptent pas de bonne grâce que leurs résidences se trouvent sous une nouvelle administration. Un rapport de 1970 sur la résidence Assumption à Hay Lakes, en Alberta, fait observer que les sept sœurs de la Providence qui y travaillent constituent une « organisation au sein de l'organisation officielle ». Elles sont décrites comme « un groupe puissant et soudé qui est pour ainsi dire indépendant des autres employés. Selon leurs vœux religieux, les sœurs relèvent de la sœur supérieure. » Dans la classification des postes du gouvernement, la sœur supérieure est la surveillante du pensionnat. Par conséquent, elle n'est pas la superviseure des travailleurs en soins aux enfants du pensionnat. Cependant, les deux sœurs qui sont classées comme travailleuses en soins aux enfants la considèrent comme leur supérieure.

D'autres membres de l'ordre ne se semblent pas non plus se sentir tenus par la réglementation des Affaires indiennes. Lors d'un atelier sur le soin aux enfants, les instructeurs déclarent au sujet de la couturière, qui est également membre des Sœurs de la Providence, qu'elle « a recours à des méthodes de discipline qui ne peuvent pas être considérées comme étant les plus bienfaisantes pour les enfants, par exemple gifler un enfant qui a égaré une paire de mitaines ou tirer par les cheveux et humilier publiquement un enfant qui s'est sali par inadvertance »[436].

Le plan du gouvernement consistant à mettre fin à la scolarisation en pensionnat au Canada se heurtera bientôt à un nouveau barrage inattendu : l'opposition des parents autochtones et des organisations autochtones. L'intensification de la politique d'intégration du gouvernement entre en vigueur à peine trois mois avant la publication du Livre blanc fédéral. Ceci prépare le terrain pour la controverse qui place carrément le contrôle de l'éducation des Autochtones par les Autochtones dans le programme politique.

Confrontation au pensionnat Blue Quills

Le 14 juillet 1970, un groupe de 25 membres des Premières Nations commence une occupation du pensionnat Blue Quills près de la réserve de Saddle Lake, en Alberta. Ils protestent contre le plan de transformer le pensionnat en résidence et d'envoyer les élèves dans une école publique éloignée de près de cinq kilomètres, à St. Paul, en Alberta. Craignant que leurs enfants ne soient confrontés à de la discrimination raciale à St. Paul, les parents souhaitent que l'école soit cédée à une société privée qui l'administrerait à la fois comme pensionnat et résidence. Le gouvernement fédéral serait disposé à envisager un tel transfert si l'organisation des Premières Nations était structurée comme une division scolaire provinciale. La Première Nation rejette cette possibilité, déclarant qu'un transfert de l'éducation des Premières Nations aux instances provinciales est une violation de ses droits issus de traités.

Le conflit de Blue Quills découle du mécontentement qu'éprouvent de longue date les Premières Nations envers l'administration de l'école, et de l'insatisfaction plus généralisée concernant la politique d'intégration. On est d'avis que les élèves des Premières Nations n'ont pas profité de la politique. La plupart des foyers dans les réserves sont petits et bondés, ce qui ne laisse guère de place ou d'intimité aux élèves pour étudier à la maison. Comme les autobus scolaires quittent le pensionnat à l'heure où les élèves sont libérés des cours, il y a peu de possibilités pour que les élèves restent à l'école et y étudient. De nombreux parents ne peuvent se permettre d'habiller convenablement leurs enfants, particulièrement en hiver. Par conséquent, lorsqu'il fait froid, ils gardent leurs enfants à la maison. Les enfants autochtones sont également honteux de la mauvaise qualité de leurs vêtements. Bon nombre ont le sentiment que la réception que leur réservent les élèves et le personnel non autochtones de ces écoles intégrées est hostile, voire raciste[437].

Le mécontentement est exacerbé par l'intensification de l'activité politique qui a été déclenchée par le Livre blanc de 1969 et la prise de contrôle par le gouvernement fédéral des résidences au cours de la même année. L'occupation de Blue Quills débouche sur un résultat auquel ni le gouvernement fédéral, ni les Églises ne sont préparés : la prise de contrôle des pensionnats par les Premières Nations. Ceci donne le ton pour une tendance qui caractérisera et prolongera les dernières années du système de pensionnat.

En 1966, les Affaires indiennes se mettent à dos les parents des élèves de Blue Quills et les administrateurs du pensionnat en décidant que la résidence ne pourra accepter que 112 élèves pendant l'année scolaire 1966-1967. Cette décision doit réduire le surpeuplement du pensionnat[438]. Cependant, l'annonce se fait après que le pensionnat a déjà accepté 160 élèves pour la résidence. La réduction, qui a été apportée sans que les parents soient consultés, s'attire les foudres des membres de l'Agence de Saddle Lake, qui signent une pétition déclarant que le pensionnat peut accueillir 176 élèves[439]. Finalement, 157 élèves sont admis à la résidence[440].

À la fin de 1966, les Affaires indiennes décident de transformer Blue Quills en « foyer pour les élèves les plus âgés ». Sur une période de cinq ans, le personnel enseignant doit passer de sept à zéro. Le fonctionnaire des Affaires indiennes Roy L. Piepenburg conseille au Ministère d'agir lentement et d'entreprendre une consultation continue s'il souhaite éviter une confrontation[441]. En 1967, les Affaires indiennes entament des pourparlers avec la commission de l'école secondaire régionale de St. Paul pour faire en sorte qu'il y ait de la place pour 100 élèves des Premières Nations à l'école secondaire polyvalente régionale prévue pour St. Paul[442].

On s'inquiète de plus en plus du taux élevé de décrochage des élèves des Premières Nations. En 1965, il n'y a que 14 élèves de la réserve de Saddle Lake en 9e année. Dans un rapport de 1967 du gouvernement de l'Alberta sur Saddle Lake, Morton Newman fait observer :

> Les parents et les élèves indiens prétendent que l'administration est la principale cause pour laquelle les enfants quittent l'école avant d'avoir terminé la 12e année. Ils prétendent que le prêtre qui a la charge de Bluequills est trop strict; les enfants ont peu d'occasions de se mélanger avec ceux du sexe opposé, et il leur est interdit de participer ensemble à des sports dans l'après-midi. En outre, ils s'offusquent de l'attitude plus permissive du prêtre envers certaines filles et des raisons qu'ils perçoivent pour ce comportement. On a permis à certaines de ces filles de visiter leurs parents plus d'une fin de semaine par mois, ce qui est la règle du pensionnat, et quelques-unes ont reçu des cadeaux consistant d'argent et de vêtements supplémentaires du prêtre. Les deux intervieweuses [qui ont effectué la recherche pour l'étude sur laquelle repose le rapport de Newman] ont parlé à cinq des adolescentes qui ont quitté l'école, et elles ont toutes déclaré que le prêtre leur a fait des avances, ce qui est la principale raison de leur décrochage. (Des enquêtes ultérieures effectuées par des chercheurs ont reçu une corroboration suffisante de la Division des affaires indiennes pour que la déclaration soit incluse comme attendus du rapport. On a également appris que

le prêtre en question a depuis été muté dans une réserve en Saskatchewan. Bien que les personnes aient été en faveur de la mutation, elles trouvent que ce type de mesure n'est qu'un geste à court terme, parce que le système proprement dit demeure inchangé[443].)

La section de Saddle Lake de la Catholic Indian League demande à l'aide d'une pétition, en 1966, que le directeur de Blue Quills, H. P. Lyonnais, soit remplacé. Selon la section, Lyonnais « y est depuis trop longtemps, il a l'air très fatigué et malade, il semble que ce poste, après toutes ces années, soit trop lourd à porter pour sa santé »[444]. Plus tard au cours de la même année, on annonce que Lyonnais doit être muté au poste de directeur du pensionnat d'Onion Lake, en Saskatchewan. Son remplaçant est le directeur d'Onion Lake, M. Michaud[445]. Il semble que ce plan ait été abandonné, et le directeur Lyonnais est plutôt remplacé par S. R. Gagnon[446].

Au milieu des années 1950, les Affaires indiennes commencent à établir des comités de parents dans les réserves afin de « contrôler partiellement cette administration, de surveiller la dépense des fonds et d'éveiller l'intérêt des parents pour les études de leurs enfants ». Dans le rapport annuel des Affaires indiennes de 1956–1957, on relève que « D'après les procès-verbaux des réunions tenues par ces comités, il ressort que leurs membres portent un intérêt sérieux à l'enseignement et cherchent à faire mieux comprendre aux parents les avantages offerts à leurs enfants dans le domaine éducationnel[447]. » Les points qui figurent souvent à l'ordre du jour du comité scolaire de Saddle Lake à l'époque sont les articles de sport, la qualité du service d'autobus et les fournitures pour les repas du midi[448]. Cependant, au début de 1969, le comité discute des taux de décrochage, de l'apprentissage et de l'absentéisme[449]. À la réunion du 9 septembre 1969, les membres du comité parlent de leurs préoccupations au sujet du manque de qualifications de certains membres du personnel du pensionnat Blue Quills. Le comité décide de tenir une réunion extraordinaire plus tard au cours du mois avec les membres du conseil de bande afin de discuter des problèmes qui existent à l'école avec les responsables de l'école[450].

Lors de cette réunion, la discussion porte principalement sur les problèmes de la résidence, par opposition à ceux du personnel enseignant. Les membres du comité souhaitent savoir pour quelles raisons l'école n'emploie pas davantage d'Autochtones, pourquoi tant de jeunes gens sont employés comme superviseurs et ce qui peut être fait pour aider les élèves qui quittent la collectivité pour étudier dans des centres urbains. On rapporte que les Autochtones n'occupent que quatre emplois sur trente dans le domaine des services et entretien à l'école. Lorsqu'un membre du comité demande si les élèves seraient plus disposés à collaborer avec des superviseurs autochtones, le directeur Gagnon dit qu'un superviseur autochtone a trouvé qu'il « ne peut imposer de mesures disciplinaires aux enfants, car les parents le prendraient mal ». Stanley Redcrow déclare à la réunion que lorsqu'il a été superviseur d'études, « au début, les enfants pensaient qu'ils pouvaient faire ce qui leur plaisait, mais après plusieurs soirées, il leur a parlé dans leur propre langue et leur a signalé que le temps leur était accordé pour qu'ils en profitent et qu'ils en pâtiraient s'ils ne faisaient pas bon usage de cette occasion ». Après cela, dit-il, il n'a plus eu de problèmes de discipline[451].

Il semble que les parents n'aient pas encore été informés de la décision de 1966 de fermer le pensionnat. En octobre 1969, une réunion de trois jours de représentants de tous les comités d'écoles du district de Saddle Lake/Athabaska se tient à St. Paul, en Alberta. Un des membres du comité relate qu'une « histoire circule selon laquelle les salles de classe de Blue Quills pourraient être réduites à cause de la nouvelle école secondaire régionale, St. Paul ». Un fonctionnaire des Affaires indiennes présent à la réunion téléphone à son superviseur à Edmonton et se fait confirmer que le plan consiste « à fermer les salles de classe du pensionnat Blue Quills et d'utiliser le bâtiment comme résidence d'élèves ». L'information est ensuite transmise à la réunion. Bien qu'une résolution en faveur de l'utilisation de Blue Quills comme résidence soit adoptée, une discussion ultérieure révèle que l'on est mécontent de l'administration du pensionnat et qu'on souhaite qu'un enseignement partiel continue d'être offert à Blue Quills[452].

Les parents s'inquiètent également que le mécontentement des élèves n'augmente. Un membre du comité soulève des préoccupations au sujet de la façon dont un certain nombre d'élèves de sexe féminin ont été traitées par le personnel de l'école lors d'une réunion. Elle rapporte que les filles lui ont dit qu'on « leur a fait la morale sans leur donner la chance de parler de leur plainte ». Selon le procès-verbal de la réunion, un membre du comité dit que les élèves doivent avoir la possibilité d'exprimer leurs points de vue : « D'anciens élèves se sont insurgés contre la façon dont ils étaient traités lorsque le directeur n'a pas écouté leurs problèmes. Une fois de plus, les élèves se révoltent contre l'organisation scolaire. » On s'inquiète également de la difficulté qu'ont d'anciens élèves à trouver un travail à la résidence et de la nécessité de prendre des mesures correctrices au pensionnat[453].

Le sujet devient brûlant lorsque des fonctionnaires des Affaires indiennes laissent entendre aux réunions que la fermeture du pensionnat Blue Quills a été entreprise à la demande d'Autochtones[454]. Lors d'une réunion extraordinaire du conseil de bande de Saddle Lake, le 7 décembre 1969, Stanley Redcrow déclare que, bien que le comité scolaire ait adopté une motion appuyant la fermeture des salles de classe de Blue Quills, on aurait tort de prétendre que le comité a demandé « que le pensionnat de Blue Quills soit progressivement fermé ». Un des membres de la bande, Jonas Cardinal, s'oppose à la fermeture du pensionnat et à ce que l'on envoie davantage d'élèves à St. Paul. Il déclare à la réunion : « Les enfants qui vont à l'école en autobus quittent la maison le matin, se rendent en ville, puis disparaissent pendant le reste de la journée, réapparaissant à temps pour prendre le bus dans la soirée. Je constate que ce genre de scolarité n'est pas bon pour mes enfants. » Il dit que son propre fils a fait l'école buissonnière de cette façon, mais lorsqu'il a été transféré à Blue Quills, il a commencé à assister aux cours régulièrement. On adopte unanimement des motions portant que Blue Quills continue de fonctionner comme pensionnat et résidence, et que « tout le personnel domestique du pensionnat Blue Quills soit constitué d'Indiens ». En outre, on propose et adopte à l'unanimité que « l'administration du pensionnat Blue Quills soit cédée aux Indiens »[455].

Au beau milieu de ces faits, le gouvernement publie son Livre blanc de 1969. Comme on l'a relevé plus tôt, Harold Cardinal de l'Association des Indiens de l'Alberta joue un rôle de premier plan pour formuler la critique des Premières Nations de ce document, particulièrement l'insistance sur la cession des services aux provinces. Cardinal a fréquenté lui-même le pensionnat et dans son livre de 1969 intitulé *La tragédie des Indiens du Canada*, il trace un portrait défavorable des pensionnats.

> Le prêtre enseignant avait rarement les qualifications habituellement requises. Question d'ailleurs peu importante. Tout ce qu'il voulait pour les jeunes Indiens à sa charge, c'était de leur faire entrer dans le crâne à coups de pioche juste assez d'anglais pour déchiffrer les textes religieux et les quelques éléments d'arithmétique qui leur permettraient tout au moins de comptes [sic] les bêtes de la communauté. Pour que l'enfant maîtrise son par cœur de réponses à la messe, il lui importait peu de lui briser l'âme. Si, par chance exceptionnelle, un Indien finissait sa huitième année avant d'avoir seize ans, on lui trouvait un travail servile à la ferme du pensionnat. Il était là prétendument pour apprendre à cultiver la terre et à soigner les animaux [sic] ce qui lui permettrait d'exercer le métier d'agriculteur une fois son cours terminé[456].

Cardinal et l'Association des Indiens de l'Alberta joueront un rôle consultatif lors des événements de 1970.

Les Affaires indiennes s'inquiètent également de plus en plus de l'administration du pensionnat. On a reçu des plaintes que le directeur Gagnon a giflé un garçon. Il semble y avoir un manque de contrôle des élèves pendant les fins de semaine, de nombreux élèves s'absentant sans le consentement de leurs parents. Deux des travailleuses en soins aux enfants ont du mal à exercer un contrôle sur les élèves. Selon le fonctionnaire des Affaires indiennes, V. G. Boultbee, elles sont jeunes et incapables de parler couramment anglais, et par conséquent les élèves ne peuvent pas les comprendre. Boultbee recommande qu'on mène une enquête sur la discipline au pensionnat, mais il n'est pas clair si une telle enquête a eu lieu.

Boultbee rapporte également que le sentiment parmi « la population indienne, les élèves indiens et certains membres du personnel au bureau du district est que sœur Mageau et père Gagnon ont eu une attitude très négative envers les Indiens au cours de l'année dernière ». De l'avis de Boultbee, le directeur Gagnon a le sentiment que

> Les Indiens ne sont ni très capables ni fiables en règle générale. Il fait quelques exceptions – il s'agit en l'occurrence de trois Autochtones travaillant à l'école.

> Lorsqu'il parle de la prise de contrôle du pensionnat par les Indiens, il est d'avis qu'il faudra cinq ans aux Indiens pour apprendre comment administrer l'école, et s'ils devaient prendre le contrôle immédiatement, ils ne dureraient pas deux mois[457].

Lorsque les comités scolaires du district de Saddle Lake/Athabaska se réunissent de nouveau en avril 1970, les représentants des collectivités dans lesquelles les élèves ont été intégrés dans les écoles provinciales parlent de leur mécontentement avec le niveau des services qui sont fournis dans le système provincial. Les membres de la réunion adoptent une résolution à l'appui d'une prise de contrôle du pensionnat Blue Quills par les Autochtones[458]. La résolution est expédiée immédiatement par télégramme au ministre des Affaires indiennes Jean Chrétien, qui y répond en demandant davantage d'information[459].

Le même mois, la constitution d'une organisation destinée à administrer le pensionnat Blue Quills est débattue et adoptée. Cette organisation finit par s'appeler Association pour l'éducation autochtone de Blue Quills (qui s'appellera plus tard le Blue Quills Native Education Council, ou BQNEC, soit le Conseil d'éducation autochtone de Blue Quills)[460].

Le Conseil d'éducation autochtone de Blue Quills représente des Autochtones des réserves avoisinantes. Il propose de prendre le contrôle du pensionnat le 1er août 1970 et offre les classes de la 4e jusqu'à la 9e année. Le conseil décrit sa position en formulant le problème comme relevant des politiques du Livre rouge par opposition à celles du Livre blanc. Les principales positions du conseil sont les suivantes :

a) Le droit des collectivités indiennes de déterminer leurs objectifs en matière d'éducation doit être respecté.

b) Les structures organisationnelles spéciales élaborées par les groupes indiens doivent être respectées et reconnues par les gouvernements fédéral et provinciaux.

c) Des politiques habilitantes fédérales doivent être instituées et doivent permettre aux groupes indiens d'assumer la responsabilité de montants d'argent considérables pour la prestation de services d'éducation.

d) Il faut élaborer des dispositions qui aboliront certains postes éducatifs essentiels dans la fonction publique du Canada et transféreront les fonds destinés aux salaires aux groupes indiens.

e) Les groupes d'éducation indiens indépendants auront une autonomie importante et mèneront des consultations avec les organismes fédéraux et provinciaux lorsque le besoin surgit.

f) Des programmes de formation pour adultes généraux seront fournis pour l'éducation des membres du conseil et les travailleurs institutionnels, ces fonds devant être inclus dans les budgets annuels.

g) Un minimum d'ingérence du ministère des Affaires indiennes et du Nord fédéral, sauf que les groupes indiens seront tenus de rendre compte des fonds d'éducation qui sont en leur possession.

Le conseil a l'intention de « suivre le programme d'enseignement du ministère de l'Éducation de l'Alberta en y apportant des innovations. Ceci comprendrait la culture autochtone, c'est-à-dire langues, légendes, artisanats; ainsi que des classes de mise à niveau en anglais, lecture et rédaction[461]. »

Le gouvernement fédéral est prêt à céder le contrôle de l'école à une organisation autochtone, à condition que la réserve devienne, en fait, un district scolaire provincial, et que le pensionnat fonctionne d'après la réglementation scolaire provinciale. Cette demande est rejetée comme constituant une mise en œuvre continue de la politique du Livre blanc consistant à transférer la responsabilité pour les peuples des Premières Nations aux gouvernements provinciaux[462].

L'oblat provincial G.-M. Latour assure Redcrow, qui est le chef de l'Association pour l'éducation autochtone de Blue Quills, que les oblats « ne sont pas opposés à votre décision de prendre le contrôle de l'administration de la résidence Blue Quills ». Il dit que, si on le leur demande, les oblats fourniront un aumônier au pensionnat[463].

Les comités scolaires du district de Saddle Lake/Athabasca invitent H. B. Robinson, le sous-ministre des Affaires indiennes, à assister à une réunion à Blue Quills le 14 juillet 1970, afin de discuter de l'avenir du pensionnat[464]. Le sous-ministre adjoint, J. B. Bergevin, dirige la délégation de fonctionnaires des Affaires indiennes qui est envoyée à la réunion. La coprésidente du comité scolaire, Alice Makokis, lui a conseillé de ne pas venir s'il n'a pas l'autorité d'agir au nom du Ministre[465]. Les fonctionnaires fédéraux rencontrent pendant la matinée Harold Cardinal. Après cette réunion, ils pensent que « M. Cardinal est peut-être prêt à envisager des districts scolaires indépendants en vertu de la loi sur les écoles de l'Alberta ». Cependant, pendant l'après-midi, lorsqu'ils se réunissent au pensionnat Blue Quills avec des représentants des bandes qui font partie du BQNEC, Cardinal expose clairement sa position : « L'éducation doit rester une responsabilité fédérale[466]. »

Lorsque la réunion se termine, l'on dit à Bergevin que le groupe de Blue Quills souhaite rencontrer soit le ministre ou le sous-ministre dans une semaine pour recevoir une réponse sur l'avenir du pensionnat Blue Quills et sur la possibilité que les Affaires indiennes assument la responsabilité des pensionnats qui ont été cédés à la division scolaire provinciale Northlands de l'Alberta[467]. Sur ces entrefaites, l'occupation commence. Cardinal déclare aux médias que l'éducation des Premières Nations « a été payée d'avance lorsqu'elles ont signé les traités ». Les manifestants déclarent qu'ils n'abandonneront pas l'occupation jusqu'à ce que le ministre des Affaires indiennes, Jean Chrétien, les rencontre[468].

Selon les estimations, plus de 1 000 personnes participent à la manifestation, il est rare que moins de 200 personnes se trouvent au pensionnat. Certaines d'entre elles habitent dans les tentes et les tipis qui parsèment le terrain du pensionnat. Des cuisiniers bénévoles préparent des repas gratuits qui comprennent des amélanches et de la rhubarbe cueillies par les personnes participant à la manifestation, du poisson qui a été pris par les élèves et même du gibier qui est ramené par un groupe de chasseurs autorisés par le comité de l'éducation[469].

Les oblats et les sœurs de la Charité quittent l'école après le début de la manifestation. L'inscription du 15 juillet dans les chroniques quotidiennes des sœurs Grises pour le pensionnat Blue Quills se lit comme suit : « Dernier jour de travail en notre mission de Blue Quills. » L'inscription du 20 juillet se lit comme suit : « C'est un dernier voyage à Blue Quills pour s'assurer une dernière fois que tout est en ordre. Nous constatons que les Indiens envahissent l'école, il n'est plus possible d'y demeurer. Les larmes aux yeux, nous disons un dernier ADIEU[470]. »

Outre l'occupation, on organise des manifestations aux bureaux régionaux des Affaires indiennes à Edmonton[471]. Dans le cadre de la manifestation, le comité de l'éducation des Premières Nations organise un séminaire sur la scolarisation en pensionnat[472]. La manifestation reçoit l'appui de la Fraternité des Indiens du Canada, des dirigeants autochtones de l'Alberta, de députés conservateurs et néodémocrates et même d'anciens enseignants de la réserve de Saddle Lake[473].

L'occupation prend fin après qu'une délégation de responsables des Premières Nations se rend à Ottawa pour rencontrer Chrétien. Le 31 juillet 1970, 17 jours après le début de l'occupation, le Ministre annonce que l'école sera transférée au BQNEC et que le gouvernement fédéral continuera de financer les activités du pensionnat[474]. La date cible pour le transfert de la résidence est le 1er janvier 1971 et, pour le pensionnat, le 1er juillet 1971. Chrétien convient également « d'examiner immédiatement et sérieusement la demande du conseil pour des fonds supplémentaires devant permettre de tenir des réunions du conseil et couvrir les programmes de formation et les services juridiques pour l'année en cours »[475].

Le BQNEC prend immédiatement le contrôle. Roland Harpe, qui a travaillé comme enseignant dans des pensionnats indiens depuis le début des années 1960, est nommé administrateur de l'école. Un fonctionnaire des Affaires indiennes, qui a assisté à une réunion entre le BQNEC et le personnel, observe qu'elle a été « dirigée sans accroc », le besoin de collaboration étant la clé de l'approche que le comité souhaite adopter[476]. Le 5 février 1971, l'autorité pour la résidence du pensionnat est transférée officiellement au BQNEC[477].

L'année scolaire 1971-1972 commence par une cérémonie d'inauguration, lorsque le BQNEC assume l'administration complète de l'école, ainsi que de la résidence. Le président du conseil, Stanley Redcrow, déclare aux élèves, parents et responsables présents qu'il s'agit de « la première fois dans l'histoire de notre région que des Indiens inaugurent leur propre école, qui doit être administrée par leurs propres gens ». Lloyd Cardinal, un aîné de Saddle Lake, prononce une bénédiction en cri, et Harold Jackson, le chef de la réserve de Saddle Lake, coupe le ruban. Eugene Steinhauer, directeur exécutif de la Société des communications autochtones de l'Alberta, déclare : « J'étais un élève dans ce pensionnat il y a 30 ans, et à l'époque, il ne nous était pas permis de parler notre langue d'origine. Je vous parlerai à présent en cri et plus tard dans une langue étrangère. » Alice Makokis déclare : « Par le passé, lorsque les enfants montaient dans les autobus scolaires à la fin des vacances d'été, les larmes coulaient sur des visages tristes. » Cependant, dit-elle, « Aujourd'hui, j'étais très heureuse de voir ni larmes, ni visages tristes[478]. »

Contrôle de l'éducation des Indiens par les Indiens

Dans le sillage de la victoire de Blue Quills, la Fraternité des Indiens du Canada (FIC) crée le groupe de travail sur l'éducation qui, à la fin de 1972, publie un important document de principe intitulé *Maîtrise indienne de l'éducation indienne*. Le document affirme le droit des Autochtones à ce qui suit :

> Le droit de diriger l'éducation de nos enfants. Forts de deux principes éducatifs reconnus par la société canadienne, soit la responsabilité des parents et l'administration locale de l'éducation, les parents indiens veulent participer et s'associer au gouvernement fédéral, dont la responsabilité juridique dans ce domaine est établie dans les traités et la *Loi sur les Indiens*. Tout en soutenant que seuls les Indiens peuvent définir une philosophie de l'éducation fondée sur les valeurs indiennes et adaptée à la vie moderne, nous croyons fermement que la responsabilité financière de l'enseignement de tout genre et à tous les niveaux, dispensé à tous les Indiens inscrits vivant à l'intérieur ou à l'extérieur des réserves, relève du gouvernement fédéral. Pour atteindre cet objectif, il faudra que les représentants des Indiens, travaillant en étroite collaboration avec les représentants du ministère des Affaires indiennes, déterminent les besoins et les priorités des communautés locales suivant les subventions gouvernementales disponibles[479].

Le document devient un document de base de la politique d'éducation autochtone au cours des années suivantes. En février 1973, le ministre des Affaires indiennes, Jean Chrétien, répond au document de la FIC, en déclarant qu'il est complètement d'accord

> avec la position fondamentale du document au sujet de la responsabilité parentale et de l'administration locale de l'éducation en partenariat avec le

gouvernement fédéral. Grâce aux nouveaux pouvoirs qui leur sont conférés pour transférer le contrôle de l'éducation aux conseils de bande, les fonctionnaires de mon Ministère sont prêts à élaborer des procédures pour un transfert effectif, y compris la formation des bandes, au besoin[480].

Les pouvoirs que mentionne Chrétien ont été conférés par le Conseil du Trésor dans son approbation d'une présentation destinée à permettre au gouvernement fédéral de conclure des ententes avec les conseils de bande pour administrer « des programmes d'éducation dans les écoles, dont l'assiduité et les services de consultation sociale »[481]. Ceux-ci comprennent « l'embauche d'enseignants, les programmes d'aide à l'éducation, les indemnités d'éducation, le transport saisonnier, les résidences d'élèves et tous les autres services qui sont normalement réputés faire partie du programme scolaire »[482].

Il s'agit d'une victoire importante, qui correspond à un rejet complet de la position du Livre blanc. Elle survient à un moment, cependant, auquel la majorité des enfants des Premières Nations fréquentent déjà des écoles provinciales, privées ou territoriales. Selon le Rapport annuel des Affaires indiennes de 1973-1974, 32 563 élèves des Premières Nations fréquentent des écoles des Affaires indiennes et 42 022 des écoles provinciales[483]. À ce moment, les Affaires indiennes ont cessé de déclarer le nombre d'élèves vivant en résidence. Cependant, en 1970-1971, le nombre d'élèves en résidence est de 6 000. Six milles élèves supplémentaires vivent dans des pensions de famille privées et des foyers de groupe pendant l'année scolaire et « en plus d'être logés et nourris, la majorité d'entre eux reçoivent des allocations pour leur habillement et leurs cours »[484]. À partir de 1970, la scolarisation en pensionnat représente un petit volet qui perd de l'importance dans l'éducation des Premières Nations. Malgré tout, dans certaines régions, particulièrement en Saskatchewan, elle joue un rôle de premier plan dans la campagne que mènent les Premières Nations pour prendre le contrôle de l'éducation. Les tentatives du gouvernement fédéral de fermer les écoles sont réduites à néant par les organisations et les gens des Premières Nations qui cherchent à maintenir les pensionnats ouverts, sous le contrôle des Autochtones.

Il y a plusieurs raisons pour lesquelles les organisations autochtones appuient l'existence continue des établissements résidentiels auxquels ils étaient nombreux à s'opposer par le passé. Il n'y a pas de position autochtone unique à l'égard de la scolarisation en pensionnat. Comme l'indique un examen des témoignages présentés de 1946 à 1948 au Comité spécial mixte, un nombre considérable de témoins autochtones étaient en faveur du maintien de l'existence des pensionnats, particulièrement s'ils se trouvaient dans des réserves (ce qui permettait un contact régulier entre les parents et les enfants). Le niveau de soutien augmente lorsque les chiffres comprennent ceux qui sont opposés à la scolarisation en pensionnat en général, mais admettent qu'elle a un rôle à jouer dans l'hébergement et l'éducation d'orphelins et d'enfants pris en charge.

Le débat sur l'efficacité de la politique d'intégration du gouvernement fédéral met en évidence le racisme direct et institutionnel auquel sont assujettis les élèves dans les écoles publiques. Les niveaux élevés de pauvreté et les piètres conditions de logement dans de nombreuses réserves créent également des problèmes qui rendent difficile pour de nombreux parents d'aider financièrement leurs enfants et de leur procurer un milieu dans lequel ils peuvent étudier. Dans de telles situations, les pensionnats finissent par faire partie d'une stratégie de survie familiale. On craint également, avec raison, que le gouvernement fédéral ne ferme les pensionnats sans veiller à ce qu'il y ait en place des moyens de soutien et des écoles communautaires convenables et suffisamment financées. On s'attend à ce que le contrôle par les Autochtones sonne le glas de bon nombre des politiques sociales et éducatives associées à l'éducation dans les pensionnats qui sont depuis longtemps une source de ressentiment. Au lieu d'avoir des établissements consacrés à l'éradication de la culture autochtone, les collectivités autochtones souhaitent que l'on se concentre désormais sur la protection et le renforcement de leur culture.

Le conflit de Blue Quills n'est qu'une campagne parmi celles que les Premières Nations organisent afin de prendre le contrôle des pensionnats destinés à la fermeture. Toutes ne sont pas couronnées de succès. À la fin des années 1960, par exemple, la plupart des élèves de l'Institut Mohawk de Brantford, en Ontario, proviennent soit du Nord du Québec soit du Nord-Ouest de l'Ontario. Au début de 1970, 25 des 96 élèves de l'école seulement proviennent du Sud de l'Ontario, région que le pensionnat devait au départ desservir. Suite à l'ouverture prévue d'un plus grand nombre d'écoles dans les réserves au Québec et dans le Nord-Ouest de l'Ontario à l'automne de 1970, l'inscription à l'Institut Mohawk doit descendre à 25 élèves. Par conséquent, les Affaires indiennes décident de fermer le pensionnat en juin 1970. De telles fermetures font souvent passer une partie des inscriptions des pensionnats sous l'autorité d'organismes provinciaux d'aide à l'enfance. Le fonctionnaire des Affaires indiennes, Donald Cassie, explique que les élèves du Sud de l'Ontario sont pris en charge « par des organismes de protection de l'enfance locaux ou on prendra des dispositions pour les loger »[485]. Cependant, en mars 1970, le Conseil des Six Nations annonce qu'il n'a pas été consulté en bonne et due forme au sujet de la fermeture du pensionnat. Le Conseil fait valoir que « l'Institut pourrait toujours être très utile. Bon nombre des membres des Six Nations qui ont réussi sont passés par l'Institut ». À l'avenir, la résidence pourra desservir « les enfants orphelins ou défavorisés des Six Nations »[486].

Le conseil propose que 64 enfants des Six Nations, qui sont déjà pris en charge par les organismes provinciaux d'aide à l'enfance, soient transférés à l'Institut Mohawk pour ramener son inscription à 101 élèves. Le gouvernement fédéral s'oppose à cette mesure, non parce qu'elle aboutirait au placement en institution de tant d'élèves, mais parce que, selon les mots du directeur de la division de l'éducation, George Cromb, elle « renverserait la politique du Ministère qui consiste à passer de services administrés au niveau fédéral à des services gérés à l'échelon provincial pour les résidents indiens »[487]. L'Institut Mohawk, qui a ouvert ses portes dans les années 1830, est fermé le 30 juin 1970, et le bâtiment est cédé aux Six Nations[488].

En Saskatchewan, les événements suivent un cours différent de celui de l'Ontario. En février 1970, David Ahenakew, chef de la Fédération des nations indiennes de la Saskatchewan, proteste contre la fermeture proposée des résidences d'Onion Lake et Grayson. Il affirme que les décisions ont été prises sans tenir compte du « sentiment des populations indiennes qui sont directement ou indirectement touchées par ce geste paternaliste et inhumain ». Il écrit que la fermeture de ces établissements « n'est pas ce que souhaitent les Indiens touchés »[489]. D. K. F. Wattie, le chef de la Division des services d'orientation des Affaires indiennes, visite les réserves qui seront touchées par la fermeture de la résidence Marieval (anciennement le pensionnat Cowessess à Grayson). Dans son rapport, il écrit : « Les Indiens auxquels j'ai parlé croient unanimement que la résidence de Marieval continue d'être nécessaire pour accueillir des enfants vivant dans un piètre milieu familial. » Le Ministère estime qu'il y a environ 20 élèves dans cette catégorie. Au moment de la fermeture du pensionnat, le plan est soit de les envoyer à la résidence de Qu'Appelle, soit de les placer dans des foyers d'accueil. Les gens auxquels Wattie parle soulèvent deux préoccupations au sujet du plan. En premier lieu, il couperait les enfants du contact avec leur collectivité d'origine. Bien que les enfants soient issus de familles qui ont des problèmes, on dit à Wattie que « chaque enfant a de solides liens affectifs avec l'un ou plusieurs parents, grands-parents, membres de la famille ou tuteur ». En second lieu, on pense que les parents de familles d'accueil sont uniquement intéressés à faire de l'argent en accueillant les enfants. En faisant fond sur ce qu'il reconnaît être uniquement sa première impression, il écrit que le programme de foyer d'accueil « semble ne pas du tout convenir aux besoins des gens; le placement se fait sans ordonnance du tribunal et la supervision de ces foyers semble être inexistante ». Il souligne qu'il y a 120 enfants dans des foyers d'accueil dans le district de Yorkton. Confronté à cette charge de travail, l'agent du bien-être des enfants récemment nommé serait chanceux s'il pouvait visiter chaque foyer une fois par an. Il écrit que comme les parents des Premières Nations ne font guère de différence entre les foyers d'accueil et les pensions de famille, la collectivité résiste fortement à la notion de confier les enfants à des tiers[490].

La campagne pour garder ouverte la résidence de Marieval réussit. En juin 1975, elle est toujours en activité. Elle compte 52 enfants en résidence, dont 50 s'y trouvent parce qu'ils ont des problèmes à la maison[491]. Son existence a toujours été précaire. En 1978, Sol Sanderson, le premier vice-président de la Fédération des nations indiennes de la Saskatchewan, écrit au ministre des Affaires indiennes pour s'opposer à la fermeture proposée des résidences de Grayson (Marieval), Duck Lake et Lestock (Muskowekwan, qui est également écrit Muscowequan). Il souligne que « toutes les régions de la province éprouvent une grave pénurie d'espace, tant pour les services d'éducation que pour le placement des enfants »[492].

Les organisations des Premières Nations ne se contentent pas d'arrêter la fermeture des résidences. Tout comme à Blue Quills, elles commencent à prendre le contrôle des établissements. Sous la pression des Premières Nations, en novembre 1970, la Division de l'éducation des Affaires indiennes propose de transférer l'administration des foyers fédéraux aux Premières Nations. L'argument est le suivant :

> Comme les résidences sont des maisons de substitution pour les élèves indiens, il est important que dans une forme ou une autre les Indiens participent directement à la planification et à l'administration du programme de résidences... Pour accroître le contrôle et la responsabilité des Indiens dans ce secteur, on propose que les services de résidence soient confiés par contrat à des groupes indiens. La proposition est présentée parce que l'on croit que les Indiens sont prêts à assumer les responsabilités directes de l'administration des services de résidence et à respecter les normes du Ministère[493].

En janvier 1971, le gouvernement est disposé à « examiner des propositions émanant d'un groupe de parents indiens au sujet du transfert du contrôle de la gestion d'une résidence individuelle au groupe lorsque l'on prévoit qu'on continuera d'avoir besoin de la résidence ». Les résidences de Prince Albert, Gordon, Qu'Appelle, Lestock, Duck Lake et Beauval en Saskatchewan figurent toutes en tête de la liste des Affaires indiennes de pensionnat où un tel besoin est prévu[494].

Au milieu des années 1970, on met en place un processus au moyen duquel le contrôle des résidences est transféré du gouvernement fédéral aux bandes. Une des premières prises de contrôle après Blue Quills se produit au pensionnat de Qu'Appelle[495]. Le conseil du pensionnat indien de Qu'Appelle écrit en 1972 qu'il est chargé « d'administrer et de diriger le pensionnat indien de Qu'Appelle »[496]. Le conseil négocie pour prendre le contrôle de la résidence de Qu'Appelle en avril 1973 et celui du pensionnat à une date ultérieure[497]. Dans le contrat qui en résulte, le gouvernement fédéral inclut les normes qu'il attend que le pensionnat respecte, et qui imposent au conseil de

> fournir aux élèves vivant dans la résidence une alimentation conforme aux normes établies par le Bureau des services médicaux du ministère de la Santé nationale et du Bien-être social et du ministère provincial de la Santé et de permettre que des agents des ministères inspectent la résidence à des intervalles déterminés par les ministères de la Santé nationale et du Bien-être social et le ministère provincial de la Santé; il doit mettre en vigueur leurs recommandations visant la norme selon laquelle l'alimentation, le logement et les soins aux enfants doivent être fournis par le conseil aux élèves de la résidence[498].

En outre, le conseil doit « assurer une protection incendie adéquate dans la résidence, permettre au commissaire fédéral des incendies d'inspecter la résidence à des intervalles déterminés par ce dernier et doit donner suite à ses recommandations à l'égard des mesures de protection incendie devant être prises dans la résidence »[499].

Auparavant, les pensionnats administrés par l'Église avaient négligé de respecter, en grande partie à cause du sous-financement gouvernemental, bon nombre de ces normes sur lesquelles le gouvernement insiste à présent pour les instances des Premières Nations.

En outre, le contrat stipule ce qui suit :

> Le recrutement, la discipline et le renvoi de toutes les personnes employées par le conseil dans la résidence ou en rapport avec celle-ci, et le nombre de personnes ainsi employées, doivent relever uniquement du contrôle du conseil, à la discrétion de celui-ci, et être assortis de la promesse que les décisions à cet égard seront prises en consultation avec l'administrateur de la résidence[500].

Le transfert de la résidence de Qu'Appelle, la plus ancienne de la Saskatchewan, est suivi par celui de la résidence de Prince Albert, la plus grande de la province. En 1972, le conseil des chefs de district de Prince Albert adopte une résolution : que la résidence d'élèves de Prince Albert soit transférée à un conseil de direction constitué de représentants des chefs de la région de Prince Albert et de la Fédération des nations indiennes de la Saskatchewan[501]. À l'époque, les Affaires indiennes proposent que d'autres approches soient examinées, notamment de la « doter uniquement avec des Indiens locaux ». Cependant, le Ministère est prêt à collaborer avec les chefs de la région de Prince Albert s'ils souhaitent prendre le contrôle de la résidence[502]. À la fin de l'année, l'organisation crée un conseil qui finira par exercer le contrôle sur la résidence[503]. L'Église anglicane tente de ralentir le rythme du changement. Le Conseil indien du diocèse anglican de la Saskatchewan, qui prétend représenter 7 500 membres anglicans des Premières Nations, propose que le transfert se fasse sur une période de plusieurs années, au cours desquelles les Autochtones seraient embauchés à l'école pour travailler sous la direction de l'administration actuelle. Les anglicans s'opposent également à toute rupture du lien entre l'école et l'Église. Ils font valoir que « bien des parents ne permettront plus à leurs enfants d'aller à la résidence », si celle-ci n'est pas reliée à l'Église[504]. En janvier 1973, on parvient à une entente pour un transfert progressif de la responsabilité. Dans le cadre de cette entente, les Affaires indiennes conserveront un contrôle financier considérable sur la résidence[505].

En mai 1973, le Conseil étudiant de la résidence Prince Albert demande aux Affaires indiennes d'ajouter deux salles de classe primaires à la résidence parce que « les élèves des classes primaires ont souvent de la difficulté dans des classes intégrées »[506]. Il s'agit de la première étape d'un processus qui aboutit à ce que les conseils détiennent l'autorité sur une résidence et un système scolaire. En avril 1974, à l'insistance du conseil d'administration, les Affaires indiennes acceptent l'établissement de classes de maternelle, 1re, 2e et 3e année à la résidence[507]. Cette année-là, la résidence est également rebaptisée la résidence d'élèves indiens Prince Albert[508]. En 1985, le Conseil des chefs de district de Prince Albert accroît la capacité d'éducation de la résidence en louant à bail l'école Queen Elizabeth de la division scolaire de Prince Albert[509]. La résidence est cédée au Conseil des chefs de district de Prince Albert et rebaptisée centre d'éducation d'élèves indiens de Prince Albert en 1985[510]. On en fait une installation considérable comptant 18 bâtiments sur 16,6 hectares de terrain[511].

On constate des évolutions semblables dans d'autres résidences. En 1981, des responsables de Premières Nations locales constituent la résidence d'élèves indiens de Muskowekwan en société sans but lucratif chargée d'administrer la résidence à Lestock. Un conseil autochtone d'administrateurs prend le contrôle de la résidence d'élèves indiens Marieval en 1981. Après 1987, la résidence est administrée par la Première Nation Cowessess sous le nom de centre d'éducation communautaire de Cowessess. En 1982, la résidence Duck Lake est placée sous le contrôle des chefs de district de Saskatoon. En 1984, le contrôle de la résidence de Qu'Appelle est cédé par le conseil du pensionnat indien de Qu'Appelle à la bande Star Blanket. Le conseil tribal de Meadow Lake prend le contrôle de la résidence indienne de Beauval en 1985[512]. Toutes les Premières Nations n'adoptent pas la même approche cependant; en 1974, le conseil de la bande d'Onion Lake approuve une résolution qui demande que la résidence d'Onion Lake soit remplacée par quatre foyers de groupe[513].

Les organismes des Premières Nations qui administrent les résidences cherchent à renforcer plutôt qu'à éliminer l'identité culturelle des Autochtones. Le premier article sur la liste des objectifs du comité de la résidence d'élèves de Qu'Appelle est « d'aider les élèves dans tous les secteurs afin qu'ils deviennent de bons citoyens ». Le premier objectif de la liste du programme d'études consiste à « stimuler la fierté pour la culture indienne ». Le deuxième est « d'améliorer l'image de soi des élèves en tant qu'individus dans une société mixte »[514]. Le premier article de l'énoncé de mission du Prince Albert Indian Student Education Centre, à la rubrique Perfectionnement des élèves est : « Favoriser la fierté de l'ascendance indienne de l'élève », et le deuxième est « Donner et améliorer l'image de soi de l'élève comme individu appartenant à une société multiculturelle »[515].

Après le transfert de pouvoirs à Blue Quills, des gens des Premières Nations sont embauchés comme superviseurs, gardiens de sécurité, cuisiniers, personnel de buanderie, portiers, ingénieurs et travailleurs d'entretien[516]. Au départ, le pensionnat propose les classes de la 4e à la 9e année, mais au fil du temps, les classes inférieures sont abandonnées, car les collectivités construisent leurs propres écoles primaires, et des classes supérieures sont ajoutées à Blue Quills. On élabore un programme en langue crie pour toutes les années. En 1975, Blue Quills commence également à proposer des études postsecondaires, à commencer par un programme de formation des enseignants. Les années suivantes, on ajoute des programmes d'études en arts libéraux et en administration publique, ainsi qu'une formation professionnelle[517].

Les Autochtones commencent à assumer des postes de responsabilité dans les résidences administrées par le gouvernement et les Églises, ainsi que dans celles administrées par les Premières Nations. En 1972, James Neacappo est nommé administrateur principal de la résidence anglicane de Fort George[518]. Le gouvernement renouvelle la disposition qui exempte les administrateurs des résidences et les travailleurs en soins aux enfants du service civil en 1973. Il a l'intention de donner ainsi aux gens des Premières Nations une chance d'obtenir ces emplois « dans les plus brefs délais », selon l'oblat Yvon Levaque[519]. En septembre 1973, Alexander Aleck remplace H. F. Dunlop comme administrateur de la résidence de Mission. Aleck a été élève au pensionnat de Mission et y a plus tard enseigné[520]. Nathan Matthew, un ancien élève de Kamloops, reprend la responsabilité de la résidence de Kamloops en 1973[521]. En avril 1973, James Roberts est embauché comme administrateur stagiaire de la résidence d'élèves de Prince Albert[522]. Roberts a grandi dans la résidence et y a travaillé au cours des cinq années précédentes[523]. Il devient l'administrateur de la résidence le 1er novembre 1973[524]. L'automne de la même année, Howard Bighead est le travailleur en soins aux enfants principal de la résidence de Prince Albert[525].

Les Autochtones de Colombie-Britannique songent à prendre le contrôle des résidences, mais, à quelques exceptions de courte durée près, choisissent de ne pas le faire. Les procès-verbaux détaillés d'une réunion des représentants des conseils consultatifs des pensionnats de la Colombie-Britannique, qui se tient en 1971, donnent un aperçu de l'éventail d'attitudes à l'égard des résidences, et de la perspective que ce soient les bandes, au lieu des Églises ou du gouvernement, qui les administrent. Pour de nombreuses personnes, les résidences sont préférables à l'intégration. Le chef Vincent Harris de Seabird Island déclare que, d'après son expérience, « les conseils scolaires provinciaux ne souhaitent pas entendre les Indiens parler ». Il demande comment « ils contrôleront le système provincial quand ils feront l'intégration aux écoles blanches. Les Blancs ne veulent pas que des Indiens viennent leur dire quoi faire lorsqu'ils gèrent les écoles. »

John Andrews, l'ancien administrateur du pensionnat Alberni, lance un avertissement : « Celui qui paie le musicien choisit les airs. » Il entend par là que le gouvernement conservera probablement un rôle considérable dans l'administration des résidences. Il souligne que par le passé, les Églises ont en fait été des agents des Affaires indiennes. « On nous dit à présent que les résidences et les pensionnats doivent être repris et administrés par divers groupes indiens, et qu'ils doivent toujours être administrés en grande partie de la même façon que le faisaient les Églises auparavant, en tant qu'agents du Ministère. » Comme le prédit Andrews, le niveau de financement compromet gravement l'efficacité des résidences administrées par les Premières Nations.

Bien que la fermeture des résidences signifie que certains enfants retourneront dans leur foyer, on s'inquiète de ce qu'il adviendra des orphelins et des élèves qui ont été placés dans des pensionnats pour des motifs d'aide sociale. Mme G. Guerin évoque

« combien il est très difficile de trouver des foyers pour les enfants indiens. Il y a de nombreux orphelins et enfants à problèmes qui ont vraiment besoin de résidences. Où placera-t-on ces enfants si les résidences doivent être éliminées? »

Il n'y a pas non plus de consensus sur l'efficacité des anciens pensionnats. Selon le procès-verbal de la réunion, Larry Seymour de Chemainus Bay déclare que lorsqu'il songe à sa collectivité, il ne perçoit aucune amélioration à la suite de l'éducation qui a été fournie. Il constate « l'échec des tentatives de diverses personnes dévouées et sincères qui ont essayé d'améliorer la situation des Indiens de sa collectivité. Il n'y a AUCUN changement dans la collectivité, et aucun changement ne découle du système actuel dans cet établissement et dans des établissements semblables dans toute la province ». À son avis, « tout le système est un énorme échec, un gigantesque fiasco ». Il ne voit aucune raison pour laquelle les Premières Nations ne devraient pas prendre le contrôle des résidences, puisque « ILS ont complètement échoué. Nous ne pourrions pas faire pire. » Bob Hall déclare que comme plus de 90 % des élèves n'ont pas réussi à aller au bout du système de pensionnat, « quelque chose ne doit pas bien marcher ». Il dit que les dirigeants des Églises n'ont pas « la capacité d'administrer les Indiens ». Par conséquent, dit-il, « les Indiens devraient prendre le contrôle de l'administration de leurs propres résidences ».

Une Mme Andrews de Seabird Island s'offusque des critiques portées contre les pensionnats. Elle a fréquenté le pensionnat de Mission et trouve que l'école l'a aidée, de même que ses camarades de classe, à réussir et à bâtir de bons foyers. « Quelques-uns ont de bons postes de haute direction, d'autres sont des enseignants et d'autres encore des charpentiers et des mécaniciens, etc. Les Indiens ne peuvent pas prétendre que cette résidence les a laissés tomber. Si ce n'avait été des oblats qui ont réparé les pots cassés dans les réserves, ils ne seraient pas où ils sont aujourd'hui. » Gilbert Joe déclare que si les Premières Nations prennent le contrôle de la résidence de Sechelt, ils souhaiteront conserver le père Dunlop comme administrateur. La réponse que donne le gouvernement fédéral à la réunion est que si « un groupe indien contrôle une résidence, le Ministère lui donnera l'argent convenu pour administrer la résidence. Les Indiens pourront alors, quant à eux, conclure des contrats avec n'importe quel organisme, Église ou autres pour leurs services[526]. »

En 1974, le Conseil des chefs indiens du district de la côte Ouest prend en mains l'administration de la résidence Christie, qui se trouve alors à Tofino, en Colombie-Britannique[527]. En 1975, il semble que les Affaires indiennes aient repris l'administration de la résidence[528]. À la fin des années 1970, la plupart des résidences de la Colombie-Britannique sont fermées. Les efforts déployés pour fermer les pensionnats s'accompagnent souvent d'investissements pour la construction de foyers afin d'accueillir les enfants des résidences et de donner une formation aux parents de foyers d'accueil. Les retards apportés à la construction de ces foyers amènent les Affaires indiennes à reporter d'une année la fermeture prévue de la résidence de Lytton[529]. Le dernier pensionnat de Colombie-Britannique à fermer est celui de Mission (ouvert en 1862 et fermé en 1984), qui a été également le premier à ouvrir dans la région[530].

Les Églises continuent de s'impliquer dans la vie des résidences, car les Affaires indiennes concluent des contrats avec les anglicans et les oblats pour la prestation d'une variété de services, notamment l'aumônerie dans les résidences[531]. L'oblat John Tritschler est aumônier à la résidence de Mission de 1976 à 1984[532]. En 1987, les oblats se sont en grande partie retirés du travail d'éducation auprès des Premières Nations en Colombie-Britannique, en partie à cause d'une « pénurie de personnel oblat »[533]. Les anglicans, quant à eux, assurent toujours les services d'aumônerie au pensionnat de Gordon, en Saskatchewan, jusque dans les années 1990[534].

Les écoles sous l'administration des Premières Nations

Le passage des pensionnats sous contrôle autochtone entraîne d'importants changements et améliorations aux résidences. En 1990, Gerry Stonechild, le directeur de la résidence de Qu'Appelle, est invité à décrire de quelle façon les conditions au pensionnat ont changé par rapport à l'époque où il l'a fréquenté dans les années 1940.

> C'est le même bâtiment de l'extérieur, mais les enfants sont les plus heureux du monde. Une fois de plus, des super sportifs. Nos enfants viennent tout juste de rentrer après avoir gagné le championnat de district de basketball. Trois enfants viennent tout juste de rentrer de Saskatoon avec des médailles d'or, des médailles d'argent en athlétisme. Nos équipes de volleyball ont des résultats fantastiques. Nos enfants ont des moyennes de 80, 90[535].

Les commentaires de Stonechild sont sans aucun doute ceux d'une personne débordant d'enthousiasme, mais le recrutement d'administrateurs et de personnel autochtone change profondément la vie dans les résidences. Eddy Jules, un ancien élève de la résidence de Kamloops, trouve que Nathan Matthew a apporté des changements spectaculaires à l'établissement après en être devenu l'administrateur en 1974.

> En trois jours, il a changé cet endroit en un claquement de doigts. On nous servait des gaufres et des œufs à la coque, du bacon et des œufs, tout ce que vous pouvez imaginer. On était au septième ciel. Le lait était du vrai lait, vous savez. C'était dément, complètement dément, il nous était envoyé par Dieu. À ce jour, j'ai tellement de respect pour cet homme[536].

Au pensionnat de Prince Albert, en Saskatchewan, le programme d'éducation révisé sous l'administration autochtone finit par comprendre un programme en langue crie qui se donne dans toutes les classes proposées au pensionnat, un conseiller en orientation à temps partiel, un enseignant en salle de ressources et un coordonnateur culturel à temps partiel[537].

Les problèmes qui se font bientôt jour ne se manifestent pas dans le secteur des programmes. Ils ont à voir avec le fonctionnement et l'entretien des pensionnats et des résidences proprement dits. Comme il est dit dans les modalités de transfert au contrôle autochtone, les résidences doivent respecter les normes de soins et d'entretien établies par les Affaires indiennes. Lorsqu'elles discutent du transfert des résidences avec les Premières Nations de la Colombie-Britannique, les Affaires indiennes exigent que les groupes qui prennent le contrôle des résidences respectent ce qui suit :

> Les normes de services alimentaires qui sont énoncées dans le Guide alimentaire canadien. Les gens de Santé nationale et Bien-être social effectuent des inspections régulières des résidences et en font rapport.
>
> Mesures de sécurité incendie – le commissaire fédéral des incendies est responsable dans ce domaine.
>
> Normes de soins aux enfants – mentionnées dans certaines lois sur le bien-être des enfants de la province.
>
> Normes administratives – qui établissent des normes pour les activités administratives[538].

Il importe de répéter que le gouvernement lui-même n'a pas respecté les mêmes normes lorsque les pensionnats se trouvaient sous son administration. La capacité des Premières Nations à respecter de telles normes dépendra manifestement aussi de la suffisance du financement gouvernemental. Une étude d'experts-conseils effectuée à la fin des années 1980 conclut que les résidences « ont besoin d'importantes rénovations, de remplacements et d'une mise à niveau du code du bâtiment et du code de prévention des incendies. Les normes contemporaines de logement, d'accès et de sécurité ne sont pas respectées dans tous les cas. » On estime qu'un investissement de 6,7 millions de dollars s'impose pour régler les carences des bâtiments qui existent en 1988[539]. Comme les Affaires indiennes ont l'intention de fermer le système à partir de 1960, le gouvernement limite son investissement à l'entretien d'urgence. Si les bâtiments avaient été convenablement entretenus, il y aurait pu y avoir davantage de prises de contrôle par les bandes dans les années 1970.

Des solutions temporaires se transforment souvent en solutions permanentes. Les dix roulottes qui ont été installées sur la propriété de la résidence de Prince Albert pour servir de salles de classe temporaires au milieu des années 1970 sont toujours en activité en 1988. À la fin des années 1980, l'avenir de l'établissement est incertain. Par conséquent, les Affaires indiennes ne sont pas disposées à investir dans des bâtiments permanents[540].

La formule de financement, ou l'absence de celle-ci, est à la racine du problème. Dans un mémoire au ministre des Affaires indiennes fédéral de 1986, la commission du Centre d'éducation communautaire Marieval déclare que le gouvernement fédéral n'a pas fourni de financement suffisant depuis que le centre a assumé les responsabilités pour le contrôle de l'éducation[541]. L'administration de Prince Albert est d'avis que le financement des Affaires indiennes n'a pas réussi à emboîter le pas à l'augmentation du coût des aliments et de l'habillement, problème qui est aggravé par le fait qu'au fil des ans, le pourcentage d'élèves plus âgés inscrits à l'établissement a augmenté[542]. Le budget pour les salaires du personnel est également un problème. En 1979, le chef Andy Michel de Duck Lake dit que les réductions de personnel ont eu pour conséquence que certains travailleurs de la résidence doivent travailler des quarts doubles[543]. Selon une étude d'experts-conseils de 1990, « les pratiques de renouvellement du personnel actuelles ne comportent que peu d'équité, de logique, de prévisibilité ou de flexibilité ». En règle générale, le financement est établi au moment du transfert, et le coût par élève augmente peu les années suivantes. Les résidences ont un faible pouvoir de négociation et, en fait, se font mutuellement la concurrence pour un maigre financement[544].

Tous ces problèmes sont aggravés par le fait que les conditions sociales ont pour effet de transformer ces établissements en établissements de protection de l'enfance.

En 1974, le président de la commission de Prince Albert, Allan Felix, s'inquiète que les parents ne soient autorisés à se soustraire à leurs responsabilités en envoyant « leurs enfants en résidence au moindre signe de difficulté ». Il déclare que l'un des principaux objectifs de la résidence est d'aider les enfants qui « pour de bonnes raisons » ne peuvent rester dans leur foyer. Ni la résidence ni le personnel ne sont cependant « équipés pour s'occuper d'enfants à problèmes »[545].

Le fonctionnaire des Affaires indiennes, R. Martin, constate en 1976 que bien que les résidences aient été créées et financées pour fournir un foyer aux élèves pendant qu'ils sont scolarisés, il devient manifeste qu'on les utilise pour héberger des enfants ayant des besoins spéciaux. Il n'y a pas d'évaluation adéquate avant le placement, peu ou pas de consultations psychologiques avec les parents, pas de traitement de cas et aucune planification pour les besoins postérieurs aux soins[546].

La tendance se maintient dans les années 1980. Comme le montre le tableau 32.3, en 1987, plus des trois quarts des admissions à la résidence de Prince Albert sont motivées par des raisons « sociales ».

Tableau 32.3. Motifs d'admission au Centre d'éducation des élèves indiens de Prince Albert, septembre 1987

Principal motif	Nombre d'élèves	Admissions en pourcentage
Études	64	19,7
Social	249	76,6
Mesures disciplinaires	9	2,8
Soins médicaux	3	0,9
Total	325*	100

Source : CVR, ARN, AINC, Secteur de la résolution, Collection des dossiers historiques des pensionnats indiens, Ottawa, dossier E4965-1, volume 1, « Reasons for Admission to P.A.I.S.E.C.: After Discharge – Summary – 15 septembre 1987 ». [PAR-000059-0001]

* La source indique incorrectement un total de 326.

Sur les 249 élèves admis pour des motifs sociaux, 79 sont admis dans une catégorie décrite comme « grave ». Ceci représente un peu moins du quart du total des inscriptions. La ventilation des « admissions pour motifs graves » est présentée au tableau 32.4[547].

Tableau 32.4. Catégorie d'admission « grave » et nombre d'élèves inscrits, Centre d'éducation des élèves indiens de Prince Albert, septembre 1987

Catégorie	Nombre d'élèves	Admissions en pourcentage
Toxicomanie dans la famille	7	2,2
Toxicomanie – parents	22	6,8
Toxicomanie – enfant	3	0,9
Pas accepté par les beaux-parents	9	2,8
Rejeté par la famille naturelle	13	4
Mauvais traitement physique ou social	18	5,6
Violence familiale	1	0,3
Négligence	6	1,8
Total	79	24,1

Sources : CVR, ARN, AINC, Secteur de la résolution, Collection des dossiers historiques des pensionnats indiens, Ottawa, dossier E4965-1, volume 1, « Reasons for Admission to P.A.I.S.E.C.: After Discharge – Summary – 15 septembre 1987 ».[PAR-000059-0001]

Les enfants issus de telles conditions exercent une forte pression sur les résidences. Selon un rapport du Centre d'éducation des élèves indiens de Prince Albert, les soins dont ont besoin les élèves dans la catégorie « grave » comprennent :

- des consultations psychologiques individuelles
- une thérapie individuelle
- des évaluations psychologiques

- de la thérapie de groupe
- de la thérapie/des consultations psychologiques en famille

À l'époque, le ratio de personnel à élèves des dortoirs à Prince Albert est de 24 élèves pour un surveillant. Selon un rapport, même si l'on doublait le personnel de dortoir, cela ne « suffirait pas », puisque « les enfants ayant des problèmes plus graves devraient avoir accès à un ratio de personnel plus élevé »[548]. Un an plus tard, le ratio reste inchangé.

L'inscription a cependant augmenté et est passée à 466, partiellement à cause de l'adoption du projet de loi C31. Cette disposition législative permet aux Autochtones qui ont été émancipés sans leur consentement de récupérer leur statut selon la *Loi sur les Indiens*[549]. Bien qu'il s'agisse d'une évolution favorable pour les particuliers et les familles qui sont touchés, elle contribue à renforcer les pressions qui s'exercent sur la capacité du pensionnat. On a de plus en plus le sentiment que les pensionnats sont utilisés pour combler les lacunes d'autres services essentiels qui manquent dans les collectivités autochtones.

Fermeture du système

À partir de 1969, le nombre global de résidences baisse. En 1970, les Affaires indiennes rapportent qu'il y a 56 résidences (hormis celles des Territoires du Nord-Ouest)[550]. En 1980, seules 16 résidences sont encore en activité. En 1990, il y en a 11 et en 1999, il n'y en a plus (voir les tableaux 32.5 et 32.6).

Tableau 32.5. Résidences d'élèves en activité en 1980 dans le Sud du Canada

Province	Écoles
Alberta	Cardston (anciennement un pensionnat catholique) Blue Quills
Colombie-Britannique	Williams Lake Mission Christie
Manitoba	Dauphin
Ontario	Poplar Hill Stirland Lake
Québec	Pointe-Bleue
Saskatchewan	Beauval Duck Lake Gordon Marieval (Grayson) Muskowekwan (Lestock) Prince Albert Qu'Appelle

Source : Pensionnats indiens inclus dans la Convention de règlement relative aux pensionnats indiens de 2011, données fournies par Affaires indiennes et du Nord Canada, 29 septembre 2011.

Tableau 32.6. Résidences d'élèves en activité en 1990 dans le Sud du Canada.

Province	Écoles
Alberta	Blue Quills
Ontario	Poplar Hill Stirland Lake
Québec	Pointe-Bleue
Saskatchewan	Beauval Duck Lake Gordon Marieval (Grayson) Muskowekwan (Lestock) Prince Albert Qu'Appelle

Source : Pensionnats indiens inclus dans la Convention de règlement relative aux pensionnats indiens de 2011, données fournies par Affaires indiennes et du Nord Canada, 29 septembre 2011.

En 1987, les Affaires indiennes informent les administrateurs du pensionnat Blue Quills que le programme d'études secondaires ne sera plus financé après juin 1988. Cette décision a été prise, du moins en partie, parce que d'autres Premières Nations locales ont exprimé le souhait d'élaborer leurs propres programmes d'études secondaires. Les Affaires indiennes continuent de financer les programmes postsecondaires à Blue Quills[551]. Le programme d'études secondaires prend fin en juin 1988, et le foyer qui y est associé ferme ses portes. Cette année-là, 76 élèves de 12e année obtiennent leur diplôme du pensionnat : il s'agit de la classe de finissants la plus importante des douze années de l'histoire de l'école secondaire[552].

La décision de fermer la résidence de Dauphin, au Manitoba, en 1988, provoque une protestation du conseil tribal de la région de l'Ouest du Manitoba, qui est perturbé par la perte d'emplois locaux et la nécessité de réinstaller les élèves[553].

Les Affaires indiennes ont prévu la fermeture du pensionnat de Pointe-Bleue en 1979[554]. Cependant, en mars de cette année, le conseil de bande de Pointe-Bleue décide que la résidence restera ouverte, parce qu'un rapport qui a été préparé sur ses utilisations possibles a « prouvé statistiquement [que] les étudiants indiens qui passent par la Résidence ont de meilleurs résultats et que le taux d'échecs est le moins élevé de toutes les réserves environnantes »[555].

Les meilleurs résultats qu'obtiennent les élèves de la résidence sont probablement dus à la composition du personnel de l'établissement. Depuis le début de la décennie, la résidence de Pointe-Bleue est administrée par un nombre croissant d'employés autochtones. Pendant l'année scolaire 1972-1973, par exemple, 24 de ses 46 employés sont autochtones[556]. La résidence reste ouverte sous l'administration innue tout au long de l'année scolaire 1990-1991, et finit par fermer ses portes parce que le gouvernement fédéral refuse de financer son entretien[557].

En 1971, le fonctionnaire des Affaires indiennes D. Wattie déclare que le Ministère s'inquiète qu'en cédant le contrôle des résidences aux Premières Nations, il ne devienne plus difficile d'éliminer progressivement ce que le Ministère considère comme des résidences « non essentielles ». Il exprime la crainte que les employés des Premières Nations « n'exercent des pressions pour que les résidences restent ouvertes. Ceci n'est que naturel »[558]. C'est certainement le cas pour les sept résidences du Sud du Canada qui sont encore en activité en 1994. Toutes se trouvent en Saskatchewan. À l'exception de la résidence Gordon, toutes sont administrées par des bandes.

La plupart des résidences ont été construites dans les années 1920 et 1930, bien que des parties de certaines résidences soient plus anciennes, et que des annexes et des dépendances aient été construites depuis. L'état des résidences dans les années 1990 va de « passable à bon ». En septembre 1993, 1 037 élèves sont inscrits dans les sept résidences de la Saskatchewan. L'administration contrôlée par les Premières Nations accepte des élèves selon les critères suivants : droit issu des traités, droit de fréquenter une école de bande, choix des parents et droit des élèves à la meilleure option disponible.

En 1993, l'administration des pensionnats indiens est devenue une forme importante d'activité économique dans les réserves dans lesquelles ils se trouvent. Ils emploient 360 personnes dans des postes de résidence ou d'éducation. De ces postes, 220 sont occupés par des gens des Premières Nations.

Les problèmes auxquels est confronté le gouvernement lorsqu'il tente de mettre un terme au système sont illustrés dans une déclaration attribuée à Andy Michael (probablement Andy Michel), de la résidence St. Michael's (Duck Lake). Selon une note de service des Affaires indiennes, il a déclaré : « Vous nous avez fait entrer dans la résidence à nos corps défendant; vous devrez à présent nous en faire sortir à nos corps défendant. » Les fermetures s'éternisent, mais les Affaires indiennes ont conclu que les écoles représentent un passif et souhaitent en être débarrassées[559].

Dans les années 1990, un nombre croissant d'anciens élèves parlent des sévices qu'ils ont subis dans les pensionnats. Des enquêtes policières, qui aboutiront finalement à un certain nombre de condamnations, sont en cours. On prépare le terrain pour des poursuites au civil. Ces deux phénomènes sont examinés dans les chapitres suivants. Des préoccupations au sujet de la future responsabilité semblent avoir renforcé la détermination du gouvernement quant à la fermeture des pensionnats. La condamnation, en 1993, de William Starr, l'ancien administrateur de la résidence Gordon, pour dix chefs d'accusation d'agression sexuelle sur les élèves dans la résidence met en relief le problème[560]. Un document interne des Affaires indiennes examine le cas dans le contexte des plans de fermeture de toutes les résidences. Après avoir noté que la résidence Gordon est un établissement administré par le gouvernement, l'auteur écrit « bien que l'on ait pris d'importantes mesures pour éduquer le personnel et les enfants de toutes les résidences, le fait demeure qu'en tant qu'exploitant et gestionnaire de la résidence Gordons [sic], le MAINC est responsable juridiquement et civilement »[561]. Starr quitte l'école en 1984, mais le pensionnat Gordon a continuellement des problèmes avec l'administration de mesures disciplinaires brutales et abusives par les membres du personnel jusque loin dans les années 1990. Cette situation est examinée en détail dans d'autres chapitres du présent rapport[562].

La résidence de Beauval reste en activité jusqu'en 1995[563]. Les résidences de Duck Lake et Gordon ferment toutes les deux en 1996[564]. Les résidences de Lestock (Muskowekwan), de Grayson (Marieval) et de Prince Albert ferment toutes en 1997[565].

Les groupes des Premières Nations s'inquiètent que le gouvernement n'ait pas mis en place de ressources suffisantes pour répondre aux besoins sociaux ainsi qu'éducatifs des enfants qui ont vécu dans ces établissements. La directrice de l'éducation de Montreal Lake, Julia Johnston, note que la bande utilise la résidence de Prince Albert « comme une ressource pour les familles qui sont aux prises avec de la violence familiale et des sévices ». Elle déclare qu'il faudra un travail considérable avant que les élèves retournent dans la collectivité après l'école[566]. La bande de Lac la Ronge prévient que son agence de services à l'enfance et à la famille compte au moins 33 élèves qui sont « gravement dysfonctionnels » et qui doivent être surveillés 24 heures sur 24. Elle demande que la résidence de Prince Albert reste ouverte jusqu'à ce que ces élèves puissent être réinsérés dans leur collectivité en toute sécurité[567]. En mars 1997, lorsque l'on planifie la fermeture du Centre d'éducation des élèves indiens de Prince Albert, on estime qu'environ 140 des élèves de l'établissement auront besoin d'une forme quelconque d'aide à l'enfance après la fermeture de l'établissement[568]. Après sa fermeture, en juin 1997, l'établissement de Prince Albert devient le siège du Centre d'éducation et de soins à l'enfance du Grand conseil de Prince Albert. Le programme du centre porte principalement sur les élèves aux besoins qui ne sont pas comblés dans la collectivité. L'inscription initiale est de 66 élèves[569].

Confronté au plan du gouvernement de fermer la résidence de Qu'Appelle, la Première Nation crie Star Blanket propose que le bâtiment vieux de 60 ans soit remplacé par un nouvel immeuble. Administré en tant « qu'école haut de gamme », le pensionnat comprendra des classes de 7e à 12e année. Dans sa proposition, la bande fait valoir que « les enfants indiens échouent lorsqu'ils sont transférés dans des écoles hors réserve »[570]. Le gouvernement fédéral rejette la proposition, et les derniers élèves quittent l'école en juin 1998. Le 23 mars 1999, le bâtiment est détruit.

Vern Bellegarde, l'ancien administrateur en chef du pensionnat, est présent lorsque le bâtiment est détruit. Il déclare aux journalistes : « Mon grand-père, John Bellegarde, se trouvait à l'école en 1903, lorsqu'elle a brûlé. Mon père, Joseph Bellegarde, s'y trouvait en 1932, lorsqu'elle a de nouveau brûlé. Je ne l'ai pas vu brûler, mais... ».

Michael Starr, qui a fréquenté l'école comme externe dans les années 1970, déclare qu'il s'agit d'une « journée chargée d'émotions ». Il déclare : « Une partie de l'histoire s'est éteinte... de bien des façons, les gens qui ont été blessés par le pensionnat ont été libérés d'une partie de cette douleur lorsqu'il a été abattu. Mais ils avaient en même temps de bons souvenirs du pensionnat[571]. »

Les fonctionnaires des Affaires indiennes perdent confiance dans la scolarisation en pensionnat au début des années 1940. Le rapport de 1948 du Comité spécial mixte du Parlement demande que l'on mette un terme à tous les établissements d'éducation séparés des Premières Nations. La *Loi sur les Indiens* de 1951 donne aux responsables gouvernementaux les instruments dont ils ont besoin pour donner une éducation aux élèves des Premières Nations au moyen de contrats avec les écoles provinciales. Cependant, il faut près de 60 ans pour que les Affaires indiennes mettent un terme au système.

Les pensionnats ont survécu tellement longtemps à cause du manque global d'espace de salles de classe dans les réserves pour les élèves des Premières Nations, du soutien que les Églises ont continué d'apporter à la scolarisation en pensionnat, de la croissance du nombre d'élèves de Premières Nations et, à un niveau plus fondamental, de l'opposition des Premières Nations à un transfert global de leurs enfants à des écoles provinciales. Pendant cette période, le système de demi-journée prend fin, les compétences en éducation s'améliorent, et le financement et le contrôle gouvernementaux augmentent. Ces augmentations font suite à une décennie de négligence financière. Bien que les augmentations puissent améliorer le fonctionnement au quotidien des pensionnats, bon nombre des établissements continuent de se détériorer.

En 1952, un inspecteur du ministère des Affaires indiennes compare le pensionnat anglican de Cardston (Alberta) à Dotheboys Hall, le pensionnat fictif dans le roman *Nicholas Nickleby* de Charles Dickens. Selon l'inspecteur : « Tous les enfants de la troisième année et plus doivent effectuer des corvées à la ferme et l'entretien hors des heures de cours, et chaque enfant de la troisième à la huitième année passe deux demi-journées d'instruction à accomplir ces mêmes corvées. »
Archives du Synode général de l'Église anglicane du Canada, P2004-09-145.

La buanderie du pensionnat de Brandon (Manitoba), en 1946.
Office national du film du Canada, Photothèque, Bibliothèque et Archives Canada, PA-048572.

Dans le sens horaire, à partir du haut, à gauche : la vie dans les pensionnats de Chesterfield Inlet (Territoires du Nord-Ouest); Lac la Ronge (Saskatchewan); Prince Albert (Saskatchewan) et Mission (Colombie-Britannique).

Diocèse de Churchill-Baie d'Hudson, CHB 07 03018; Bud Glunz, Office national du film du Canada, Photothèque, Bibliothèque et Archives Canada, PA-134110; Archives du Synode général, Église anglicane du Canada, P7556-46; Archives communautaires de Mission, MCA-248-10.

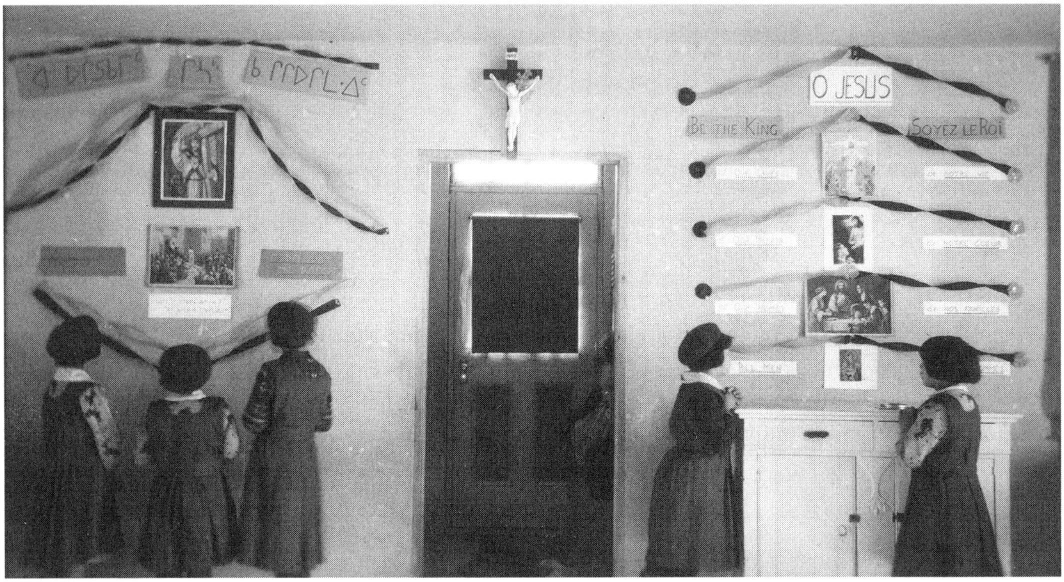

En ce qui concerne les Églises, les langues autochtones font partie des outils des missionnaires, dans un effort élargi auprès non seulement des enfants autochtones, mais aussi de leurs parents, afin de les éloigner des croyances traditionnelles et de les guider vers la chrétienté. Au pensionnat catholique romain de Fort George (Québec), l'instruction religieuse est offerte en anglais et dans des langues autochtones.

Archives Deschâtelets.

Le martyre du père Jean Brébeuf, image tirée de l'ouvrage *Les missionnaires au pays des Indiens*, l'un des manuels utilisés dans les pensionnats indiens du Québec, dans les années 1960.

En 1953, J. E. Andrews, le directeur de l'école presbytérienne de Kenora (Ontario), écrit : « Nous devons être réalistes : le seul espoir pour les Indiens au Canada est d'être éventuellement assimilés par la race blanche. »
Archives de l'Église presbytérienne du Canada, G-3807-fc-2.

Dave Crowchild et Teddy Yellowfly à la gare, en attendant le train pour se rendre à Ottawa afin de faire une déclaration au Comité mixte spécial de la Loi sur les Indiens, en 1947. Lors de son exposé, Yellowfly affirme que les Autochtones « ont très certainement leur propre religion ».
Musée Glenbow, NA-4212-42.

Le pensionnat de Maliotenam, à Sept-Îles (Québec), est le premier pensionnat à être construit dans la province après la fin de la Seconde Guerre mondiale.
Bibliothèque et Archives Canada, PA-212963.

Cours d'éducation physique des filles au pensionnat de La Tuque (Québec).
Archives du Synode général, Église anglicane du Canada, P8471-4.

Jusque dans les années 1970, les élèves des pensionnats administrés par les mennonites dans le Nord-Ouest de l'Ontario n'ont pas le droit de parler leur langue lorsqu'ils sont en présence d'un membre du personnel qui ne comprend pas cette langue.

Programme des pensionnats, Nation nishnawbe aski et Projet Shingwauk, Université Algoma.

L'école de Duck Lake (Saskatchewan) a été transférée aux chefs du district de Saskatoon en 1982. L'école est restée ouverte jusqu'en 1996.

Archives Deschâtelets.

En 1940, R. A. Hoey, le surintendant du bien-être et de la formation du ministère des Affaires indiennes, recommande la fermeture du pensionnat catholique romain de Brocket (Alberta). Ce dernier est resté ouvert jusqu'en 1961.
Musée Glenbow, NA-5203-1.

Même si le pensionnat a de la difficulté à recruter des élèves, l'Église anglicane résiste à l'idée de fermer les portes de son établissement à Moose Factory (Ontario). La fermeture du pensionnat représenterait une admission d'échec qui ternirait la réputation de l'Église et donnerait raison aux propos des missionnaires de l'Église catholique.
Archives du Synode général, Église anglicane du Canada, P75-103-S8-121.

Au milieu de la décennie 1960, le ministère des Affaires indiennes décide d'éliminer progressivement le programme d'études secondaires à l'école de Qu'Appelle (Saskatchewan).
Bibliothèque et Archives Canada, PA-185531.

Le premier ministre de l'Alberta, Harry Strom, le président de l'Association des Indiens de l'Alberta, Harold Cardinal, et le ministre des Affaires indiennes, Jean Chrétien. Cardinal et Chrétien sont entrés en conflit en 1969, après la parution du Livre blanc sur la politique indienne du gouvernement fédéral, et à nouveau en 1970, lorsque les parents ont tenté d'occuper le pensionnat Blue Quills (Alberta).
Edmonton Journal, 18 décembre 1970, Archives provinciales de l'Alberta, J547.

Des élèves du pensionnat de Morley (Alberta). Durant leur existence, les pensionnats n'ont ni les fonds, ni le personnel nécessaires pour fonctionner en tant qu'établissement de protection de l'enfance ayant les moyens de bien s'occuper des enfants sur le plan personnel et émotionnel.
Archives de l'Église Unie du Canada, 93-049P798.

Des fillettes au pensionnat de Gordon (Saskatchewan). Une étude menée en 1967 dans neuf pensionnats de la Saskatchewan conclut que 59,1 % des élèves inscrits sont au pensionnat pour des raisons de « protection de l'enfance » et que 40,9 % y sont pour des raisons d'« éducation ».
Archives du Synode général de l'Église anglicane du Canada, M2008-10-P14.

La nécessité de se rendre hors des réserves pour trouver du travail force de nombreux parents à placer leurs enfants au pensionnat de Sandy Bay (Manitoba).
Archives de la Société historique de Saint-Boniface, Fonds des Oblats de Marie Immaculée du Manitoba, délégation, SHSB22623.

Élèves du pensionnat de Beauval (Saskatchewan). Un rapport présenté en 1967 sur neuf pensionnats de la Saskatchewan critique la discipline excessive et le manque d'intimité. Dans la plupart des pensionnats de la Saskatchewan, les élèves vivent dans de grands dortoirs, certains renferment jusqu'à 50 élèves. Les élèves mangent dans de grandes salles à manger et disposent de très peu d'espace de rangement personnel. Il n'existe pratiquement pas d'endroit où un enfant peut être seul.
Archives Deschâtelets.

Une inspection du bâtiment effectuée en 1948 au pensionnat File Hills (Saskatchewan) rapporte que la plomberie est en piètre état, que la fosse septique ne fonctionne pas correctement, que la génératrice ne fournit pas suffisamment d'électricité pour bien éclairer l'école, que l'approvisionnement en eau est insuffisant et que seulement deux des sept toilettes fonctionnent. On conclut dans le rapport que le pensionnat devrait être démoli.

Archives de l'Église Unie du Canada, 93-049P1124.

L'inspection, en 1965, du pensionnat d'Assiniboia, à Winnipeg (Manitoba), décrit le vestiaire des garçons, aménagé dans le sous-sol du pensionnat, comme étant « absolument inadéquat, fortement surpeuplé, déprimant et humide ». La salle de toilette des garçons a trop peu d'urinoirs et la salle des douches est mal aérée et n'offre aux élèves aucune intimité.

Archives provinciales du Manitoba, SIS 69-69 40.

Peu de temps après avoir assumé ses fonctions de directeur du pensionnat anglican de Wabasca (Alberta), Eric Barrington, rapporte, en 1961, que l'eau au pensionnat a « pour être poli, une saveur qui lui est propre, sa couleur est celle d'un café moyennement fort, l'eau est dure et teint tous les contenants qui ont le malheur d'entrer en contact avec elle ».
Archives du Synode général, Église anglicane du Canada, P75-103-S7-270.

En 1940, le pensionnat de Chapleau (Ontario) est parmi les pensionnats n'ayant pas d'approvisionnement en eau adéquat.
Archives du Synode général, Église anglicane du Canada, P7538-1099.

La surpopulation est réputée avoir contribué à une épidémie de cas de tuberculose au pensionnat de Cross Lake (Manitoba), au printemps 1943.

Archives de la Société historique de Saint-Boniface, Fonds de l'archidiocèse de Keewatin – Le Pas, N5228.

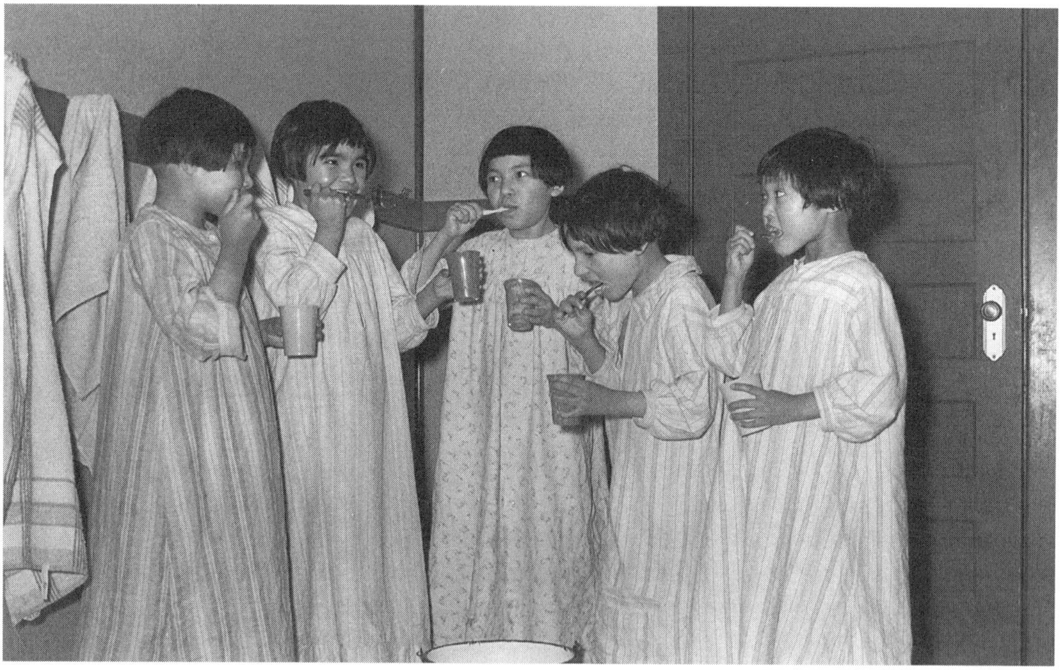

Des fillettes se brossant les dents au pensionnat anglican de Fort George (Québec). Les soins dentaires au pensionnat sont compromis par les luttes bureaucratiques : le ministère des Affaires indiennes payait les brosses à dents, mais c'était au ministère fédéral de la Santé de fournir le dentifrice.

Archives du Synode général, Église anglicane du Canada, P75-103-S7-301.

CHAPITRE 33

Éducation : 1940-2000

En 1964, Kay Cronin, auteure d'une histoire dithyrambique des oblats en Colombie-Britannique et elle-même oblate honoraire, présente un rapport affligeant sur le travail accompli par les pensionnats à une réunion des directeurs oblats des pensionnats, qui se tient à Ottawa. Au cours des cinq années précédentes, elle a travaillé à Vancouver auprès d'élèves autochtones venus en ville en quête d'une formation et d'une éducation supplémentaires. Elle fait remarquer que lorsqu'elle a effectué des recherches pour son livre sur les oblats, elle a vu peu de choses à reprocher au système des pensionnats. Cependant, lorsqu'elle a commencé à travailler avec d'anciens élèves,

> toutes les banalités que j'ai débitées au sujet de la nécessité de sauver ces jeunes doux et sensibles des mauvaises influences de leur famille désunie, du système des réserves, des maux de notre société blanche matérialiste et de son système scolaire public d'où Dieu est absent, ont été pulvérisées et j'ai dû recommencer à réfléchir à l'éducation des Indiens depuis le début.

Son travail avec d'anciens élèves l'amène à la conclusion que les pensionnats ne les ont pas adéquatement préparés à l'éducation qu'ils auraient aimé recevoir à la ville. Ils ont reçu peu de formation sur la façon de gérer leur argent ou de chercher un emploi. Bien que la majorité des élèves des Premières Nations éprouvent, dans une certaine mesure, de la difficulté dans ces situations, elle a l'impression que « ces problèmes sont plus marqués chez les élèves sortant du système des pensionnats »[1]. Cronin présente aux directeurs un ensemble de propositions pour améliorer les pensionnats.

Le temps des réformes menées par l'Église est cependant révolu. Au cours des cinq années suivantes, le gouvernement fédéral prendra le contrôle complet des pensionnats et amorcera le processus de fermeture du système. Les lacunes que Cronin prend dans le collimateur ne sont que des éléments partiels qui ont concouru à l'échec global des pensionnats en tant que système d'éducation.

Jusqu'à la fin des années 1950, les pensionnats constituent un système d'éducation et de résidence complet. Les élèves vivent et s'instruisent dans un seul et même établissement. Sous le régime de la politique d'intégration des années 1950, les pensionnats commencent à devenir moins monolithiques en changeant de plusieurs façons. Dans certains cas, les élèves vivent dans des résidences (habituellement appelées « foyers ») et sont instruits dans des externats. En 1959, 283 élèves des Premières Nations vivent dans ces résidences et fréquentent les écoles des Affaires indiennes, et 737 fréquentent les externats, qui ne sont pas administrés par les Affaires indiennes (comme les Affaires indiennes ont transféré les pouvoirs en matière d'éducation des Premières Nations dans les Territoires du Nord-Ouest aux Affaires du Nord, aucune statistique des Affaires indiennes postérieure à 1954–1955 ne comprend de chiffres pour les Territoires du Nord-Ouest)[2]. Au cours de cette année, 9 691 élèves des Premières Nations au total vivent et étudient dans les pensionnats. En 1965, ils sont 9 875 à vivre dans des pensionnats ou des foyers, mais seulement 6 717 d'entre eux fréquentent l'école d'un pensionnat[3]. Les élèves restants étudient en externat, généralement dans une école publique. Puisque le rapport annuel du ministère des Affaires indiennes de 1965–1966 est le dernier à contenir des rapports distincts permettant de distinguer les élèves qui résident dans un établissement de ceux qui y résident et étudient, il devient difficile à partir de ce moment de rendre compte des résultats scolaires des élèves des pensionnats. Suite à la décision prise en 1968 de diviser officiellement tous les pensionnats restants en établissements distincts — une résidence et un externat — , tous les élèves des Premières Nations sont donc des élèves d'externat d'un point de vue administratif et de tenue de dossiers[4]. Au cours des années 1950, de plus en plus de pensionnats des réserves commencent à instruire en externat les élèves qui vivent chez leurs parents dans la réserve. En d'autres mots, à partir des années 1960, les pensionnats ne sont plus nécessairement des établissements complets d'éducation et de résidence. Un nombre croissant de résidents fréquentent d'autres écoles et de plus en plus d'élèves qui suivent des cours dans les pensionnats vivent à la maison. Suite à tous ces changements, il devient de plus en plus difficile de porter un jugement général sur l'efficacité de l'éducation dans les pensionnats après 1960, bien qu'il faille reconnaître qu'après 1969, le nombre d'élèves qui reçoivent un enseignement dans les pensionnats commence à diminuer rapidement.

Progression lente

Les années 1940 et 1950 sont toutefois une période au cours de laquelle les inscriptions dans les pensionnats culminent et pour laquelle on dispose, au plan national, de chiffres détaillés pour les résultats scolaires. D'après ces renseignements, il est évident que d'un point de vue scolaire, le système est un échec. Sur une période de 20 ans (de 1940–1941 à 1959–1960), chaque année, 41,3 % des élèves de première année des pensionnats sont recalés et n'avancent pas à la deuxième année (consultez le tableau 33.1 pour de plus amples renseignements).

Tableau 33.1 : Nombre d'élèves de première année des pensionnats qui avancent/n'avancent pas à la deuxième année, de 1940–1941 à 1959–1960.

Année scolaire	Nombre d'élèves de première année	Nombre d'élèves qui sont en deuxième année l'année suivante	Nombre d'élèves de première année qui redoublent	Pourcentage des élèves de première année qui redoublent
1940–1941	2 923	1 404	1 519	52
1941–1942	2 754	1 423	1 331	48,3
1942–1943	2 806	1 436	1 370	48,8
1943–1944	2 592	1 286	1 306	50,4
1944–1945	2 820	1 366	1 454	51,6
1945–1946	2 951	1 530	1 421	48,2
1946–1947	2 657	1 413	1 244	46,8
1947–1948	2 563	1 443	1 120	43,7
1948–1949	2 779	1 345	1 434	51,6
1949–1950	2 770	1 469	1 301	47
1950–1951	2 619	1 487	1 132	43,2
1951–1952	2 762	1 545	1 217	44,1
1952–1953	2 709	1 768	941	34,7
1953–1954	2 626	1 643	983	37,4
1954–1955	2 633	1 540	1 093	41,5
1955–1956	2 594	1 640	954	36,8
1956–1957	1 828	1 514	314	17,2
1957–1958	1 552	1 405	147	9,5
1958–1959	1 553	1 347	206	13,3
1959–1960	1 372	1 252	120	8,7
Total	49 863	29 256	20 607	41,3

Source : Canada, Rapport annuel du ministère des Affaires indiennes, 1941, p. 202; Canada, Rapport annuel du ministère des Affaires indiennes, 1942, p. 162; Canada, Rapport annuel du ministère des Affaires indiennes, 1943, p. 184; Canada, Rapport annuel du ministère des Affaires indiennes, 1944, p. 196; Canada, Rapport annuel du ministère des Affaires indiennes, 1945, p. 204; Canada, Rapport annuel du ministère des Affaires indiennes, 1946, p. 253; Canada, Rapport annuel du ministère des Affaires indiennes, 1947, p. 258; Canada, Rapport annuel du ministère des Affaires indiennes, 1948, p. 278; Canada, Rapport annuel du ministère des Affaires indiennes, 1949, p. 262, 242; Canada, Rapport annuel du ministère des Affaires indiennes, 1950, p. 88–89; Canada, Rapport annuel du ministère des Affaires indiennes, 1951, p. 36–37; Canada, Rapport annuel du ministère des Affaires indiennes, 1952, p. 78–79; Canada, Rapport annuel du ministère des Affaires indiennes, 1953, p. 88–89; Canada, Rapport annuel du ministère des Affaires indiennes, 1954, p. 90–91; Canada, Rapport annuel du ministère des Affaires indiennes, 1955, p. 82; Canada, Rapport annuel du ministère des Affaires indiennes, 1956, p. 80–81; Canada, Rapport annuel du ministère des Affaires indiennes, 1956–1957, p. 94–95; Canada, Rapport annuel du ministère des Affaires indiennes, 1958, p. 100–101; Canada, Rapport annuel du ministère des Affaires indiennes, 1959, p. 104; Canada, Rapport annuel du ministère des Affaires indiennes, 1960, p. 102; Canada, Rapport annuel du ministère des Affaires indiennes, 1961, p. 113.

Cela signifie que pendant une grande partie de cette période, près de 50 % des élèves de première année de chaque année sont des élèves qui redoublent, et que la plupart des élèves passent deux ans en première année. Ces échecs sont principalement dus au fort pourcentage d'élèves qui ne savent parler ni français ni anglais lorsqu'ils entrent à l'école. Par exemple, en 1952, on rapporte que 29 des 181 élèves en résidence au pensionnat de Brandon ne savent qu'un ou deux mots d'anglais. Il s'agit probablement des élèves des premières années scolaires[5]. Encore au milieu des années 1960, 3 839 des 5 075 nouveaux élèves (75 %) dans les pensionnats des Affaires indiennes (externats et pensionnats confondus) ont une langue autochtone pour langue maternelle[6].

Les résultats scolaires ne s'améliorent que très peu au cours des années suivantes, comme on peut le constater dans le tableau 33.2. La deuxième colonne montre le nombre d'élèves des pensionnats en deuxième année pour chaque année scolaire de 1941-1942 à 1957-1958 (cette comparaison prend comme point de départ la deuxième année au lieu de la première, en raison du grand nombre d'élèves qui redoublent la première année. Il faut cependant admettre aussi que parmi les élèves inscrits en deuxième et sixième année se trouvent également des élèves qui redoublent). La troisième colonne montre le nombre d'élèves des pensionnats qui ont avancé à la sixième année quatre ans plus tard. Sur une période de 17 ans, en moyenne, seuls 53 % des élèves inscrits en deuxième année ont réussi à atteindre la sixième année quatre ans plus tard. Comme on peut le constater dans le tableau, cet obstacle demeure constant tout au long de la période. La seule conclusion que l'on peut en tirer est qu'environ la moitié des élèves inscrits chaque année réussissent à avancer jusqu'en sixième année.

Tableau 33.2 : Nombre d'élèves de deuxième année des pensionnats qui avancent jusqu'à la sixième année, de 1940-1941 à 1957-1958.

Année de l'inscription en deuxième année	Nombre des élèves des pensionnats en deuxième année	Nombre des élèves des pensionnats qui ont avancé jusqu'à la sixième année quatre ans plus tard	Pourcentage des élèves en deuxième année qui ont avancé jusqu'à la sixième année quatre ans plus tard
1941-1942	1 404	705	50,2
1942-1943	1 423	721	50,7
1943-1944	1 436	684	47,6
1944-1945	1 286	706	54,9
1945-1946	1 366	735	53,8
1946-1947	1 530	675	44,1
1947-1948	1 413	736	52,1
1948-1949	1 443	775	53,7
1949-1950	1 345	916	68,1
1950-1951	1 469	864	58,8
1951-1952	1 487	824	55,4

Année de l'inscription en deuxième année	Nombre des élèves des pensionnats en deuxième année	Nombre des élèves des pensionnats qui ont avancé jusqu'à la sixième année quatre ans plus tard	Pourcentage des élèves en deuxième année qui ont avancé jusqu'à la sixième année quatre ans plus tard
1952–1953	1 545	893	57,8
1953–1954	1 768	839	47,45
1954–1955	1 643	910	55,4
1955–1956	1 540	806	52,3
1956–1957	1 640	865	52,7
1957–1958	1 514	787	52
1958–1959	1 405	681	48,5
Moyenne	26 657	14 122	53

Source : Canada, Rapport annuel du ministère des Affaires indiennes, 1942, p. 162; Canada, Rapport annuel du ministère des Affaires indiennes, 1943, p. 184; Canada, Rapport annuel du ministère des Affaires indiennes, 1944, p. 196; Canada, Rapport annuel du ministère des Affaires indiennes, 1945, p. 204; Canada, Rapport annuel du ministère des Affaires indiennes, 1946, p. 253; Canada, Rapport annuel du ministère des Affaires indiennes, 1947, p. 258; Canada, Rapport annuel du ministère des Affaires indiennes, 1948, p. 278; Canada, Rapport annuel du ministère des Affaires indiennes, 1949, p. 242; Canada, Rapport annuel du ministère des Affaires indiennes, 1950, p. 88–89; Canada, Rapport annuel du ministère des Affaires indiennes, 1951, p. 36–37; Canada, Rapport annuel du ministère des Affaires indiennes, 1952, p. 78–79; Canada, Rapport annuel du ministère des Affaires indiennes, 1953, p. 88–89; Canada, Rapport annuel du ministère des Affaires indiennes, 1954, p. 90–91; Canada, Rapport annuel du ministère des Affaires indiennes, 1955, p. 82; Canada, Rapport annuel du ministère des Affaires indiennes, 1956, p. 80–81; Canada, Rapport annuel du ministère des Affaires indiennes 1956–1957, p. 94–95; Canada, Rapport annuel du ministère des Affaires indiennes, 1958, p. 101; Canada, Rapport annuel du ministère des Affaires indiennes, 1959, p. 104; Canada, Rapport annuel du ministère des Affaires indiennes, 1960, p. 102; Canada, Rapport annuel du ministère des Affaires indiennes, 1961, p. 112; Canada, Rapport annuel du ministère des Affaires indiennes, 1962, p. 77; Canada, Rapport annuel du ministère des Affaires indiennes, 1963, p. 66.

Comme près de la moitié des élèves n'arrivaient pas jusqu'à la sixième année, il n'est pas surprenant de découvrir que peu d'élèves des pensionnats font des études secondaires. Une étude sur l'éducation des Premières Nations du Canada menée en 1956 conclut que 61 % des 28 174 élèves des Premières Nations inscrits à l'école (externats et pensionnats confondus) se retrouvent de la première à la troisième année, alors qu'il n'y a que 136 élèves (moins que 0,5 %) en douzième année[7].

Dans les années 1950, les Affaires indiennes adoptent une politique pour encourager l'avancement régulier d'une classe à la suivante. Le manuel à l'intention des enseignants des Affaires indiennes fournit le conseil qui suit en la matière :

> En général, les élèves qui obtiennent constamment la note « E » [moins de 50 %] devraient être tenus de redoubler. Aucun élève ne devrait rester plus de quatre ans dans la division (de la première à la troisième année). Tout élève qui atteint ses 11 ans en troisième année devrait passer en quatrième année à la fin du mois de juin suivant. Aucun élève, après la deuxième année, ne devrait rester plus de deux ans dans quelque classe que ce soit[8].

Malgré cette politique, bon nombre d'enfants ne progressent que très lentement d'une année à la suivante. Un rapport publié en 1958 sur l'âge et l'année scolaire des élèves des Premières Nations (qui ne fait aucune distinction entre les élèves des externats et ceux des pensionnats) conclut sur les 33 320 élèves des Premières Nations, 468 (1,4 %) sont d'un âge inférieur à la normale — lorsqu'on les compare aux élèves de la population générale — pour l'année scolaire à laquelle ils sont inscrits; 14 623 élèves (43,9 %) ont l'âge normal pour la classe dans laquelle ils se trouvent, et 18 299 élèves (54,9 %) sont d'un âge supérieur à la normale pour l'année scolaire à laquelle ils sont inscrits[9].

D'autres études (qui comprennent les élèves des externats et les élèves des pensionnats) n'enregistrent que des améliorations mineures dans les années 1960. Par exemple, en 1956, seuls 2,74 % des élèves des Premières Nations sont inscrits à l'école secondaire, tandis que 10 ans plus tard, ce chiffre sera passé à 5 %. Bien que ce pourcentage ait doublé, la répartition des élèves des Premières Nations par classes demeure inquiétante. Le tableau 33.3 montre la répartition des élèves des Premières Nations en 1956 et 1966 et la répartition des élèves de la population générale canadienne en 1965 à titre de comparaison. Au milieu des années 1960, les trois quarts des élèves des Premières Nations sont inscrits à l'école primaire, contre 60 % de la population générale. Le tableau expose clairement qu'en 1966 : 1) un important pourcentage d'élèves des Premières Nations ne gravissent pas les classes à l'école primaire; 2) la majorité des élèves des Premières Nations quittent l'école lorsqu'ils ont atteint l'âge légal de le faire et 3) la probabilité est six fois et demie plus élevée que les élèves non-autochtones accèdent à l'école secondaire que les élèves autochtones[10].

Tableau 33.3 Répartition des élèves des Premières Nations par classes en 1956 et en 1966 et répartition des élèves dans les provinces en 1965

Année et groupe d'élèves	Pourcentage d'inscription selon les années scolaires		
	Première à sixième	Septième à neuvième	Dixième à douzième
Inscription des élèves des Premières Nations en 1956	85,16	12,10	2,74
Inscription des élèves des Premières Nations en 1966	77,55	17,45	5,00
Inscription des élèves dans les provinces en 1965	58,31	23,88	17,81

* Ce groupe représente tous les élèves, indépendamment de leur race, dans les écoles provinciales de tout le Canada.

Source : Canada, Rapport annuel du ministère des Affaires indiennes, 1965–1966, p. 65.

Dans les années 1960, le gouvernement fédéral publie toujours des données sur la réussite scolaire des élèves des Premières Nations, mais il ne précise plus si les élèves proviennent des externats ou des pensionnats. À ce moment, bon nombre d'étudiants ont fréquenté différentes écoles — les externats des Affaires indiennes, les pensionnats et les écoles publiques — au cours de leur cheminement scolaire. Quoi qu'il en soit, la triste et inévitable réalité est que la majorité des élèves courent à l'échec. Bien que l'on puisse parler de réussites individuelles, les résultats globaux sont loin d'être reluisants. Pour l'année scolaire 1967–1968, les Affaires indiennes rapportent que seulement 180 élèves des Premières Nations fréquentent les universités canadiennes[11]. Lorsque le Conseil canadien du bien-être publie un rapport qui critique vivement les pensionnats en 1967 (que l'on appelle souvent « rapport Caldwell » d'après son auteur principal, George Caldwell), il provoque une réaction hostile de la part des directeurs oblats des pensionnats de Colombie-Britannique. Ils reprochent notamment au rapport de ne pas donner assez de renseignements sur les élèves indiens qui ont réussi et « qui ont reçu leur éducation du système que M. Caldwell semble être empressé de détruire »[12].

Caldwell répond en expliquant qu'il a effectué une enquête auprès d'anciens élèves. « Contrairement aux avis extrêmement flatteurs qu'ont exprimés les directeurs au sujet des révélations qui pourraient émaner d'une enquête de ce genre, les réponses que j'ai recueillies ont été accablantes. » D'ailleurs, les réponses sont tellement dévastatrices que le rapport se contente de faire état des réponses des élèves qui ont fréquenté les externats et les pensionnats pendant les années 1960, période durant laquelle, de l'avis de Caldwell, « le système était mieux financé et doté ». Caldwell pense que s'il avait inclus les commentaires des élèves qui ont fréquenté les externats et les pensionnats avant 1960, son rapport aurait « été ni plus ni moins qu'une révélation qui aurait réduit à néant les progrès réalisés dans ces établissements dans les années 1960 »[13].

À une époque où les écoles exercent un contrôle total sur les élèves et où l'économie nationale prospère, les pensionnats — et les écoles des Affaires indiennes en général — ne parviennent pas à donner aux enfants autochtones l'éducation dont ils ont besoin pour progresser dans le système scolaire au même rythme que les enfants non autochtones. Il n'y a pas de cause unique à cet échec. Parmi les facteurs qui y ont contribué, il convient de pointer du doigt le manque de qualifications du personnel, le mauvais traitement infligé aux élèves, les vues antagonistes du gouvernement et des Églises sur la finalité de l'éducation, le programme d'enseignement inapproprié et le manque de fournitures, sans oublier les facteurs émotifs qui accompagnent la solitude et la séparation du foyer et de la famille, ainsi que les effets extrêmes des traumatismes sur la capacité d'apprendre des élèves qui subissent divers sévices.

Amélioration des compétences du personnel

Au cours de sa carrière, le sous-ministre adjoint des Affaires indiennes, Duncan Campbell Scott, prend régulièrement l'engagement, au nom du Ministère, de déployer « des efforts soutenus pour obtenir les services des meilleurs professeurs qualifiés possibles pour l'enseignement académique et le travail manuel dans tous nos pensionnats »[14]. La grande dépression aboutit à des réductions du financement et, à la fin des années 1930, bon nombre d'enseignants ne possèdent toujours pas les compétences voulues[15]. Pendant la Seconde Guerre mondiale, toutes les écoles canadiennes ont de la difficulté à recruter et à maintenir à l'effectif des enseignants qualifiés, et il n'est donc pas surprenant d'apprendre que les pensionnats ont également bien du mal à trouver ces employés[16]. La situation ne s'améliore guère dans l'après-guerre. Les pensionnats subissent non seulement la concurrence des écoles publiques provinciales, mais ils n'ont pas non plus les moyens d'offrir des salaires et des avantages aussi élevés que les externats indiens. En 1947, par exemple, la Division des affaires indiennes approuve une grille salariale pour les enseignants dans les externats et les hôpitaux des Affaires indiennes[17]. Les enseignants des externats ont également droit à des prestations de retraite du gouvernement fédéral. L'augmentation des salaires et des avantages sociaux entraîne, selon la Division des affaires indiennes, une amélioration considérable de « la valeur des instituteurs employés dans les externats indiens »[18]. Les enseignants des pensionnats, par contre, continuent d'être recrutés par les Églises et rémunérés à même la subvention proportionnelle au nombre d'élèves.

En 1948, le directeur du pensionnat de Birtle, au Manitoba, cherche un enseignant aguerri pour la classe des plus jeunes, mais constate : « ils sont très rares et nos salaires ne sont pas aussi attrayants que ceux de la majorité des écoles publiques ». Une jeune femme bien qualifiée en quête d'emploi communique avec le pensionnat, mais décide d'accepter un poste à la commission scolaire de Swan River, car cette dernière lui offre un meilleur salaire[19]. Qui plus est, les salaires varient aussi considérablement d'un pensionnat à l'autre. Le responsable des Affaires indiennes, J. Coleman, remarque que les salaires versés par le pensionnat anglican d'Alert Bay, en Colombie-Britannique, en 1947, sont environ moitié moindre que ceux payés par le pensionnat de l'Église unie d'Alberni[20].

Bon nombre d'écoles catholiques survivent grâce à ce qui constitue essentiellement du bénévolat. En 1948, le directeur du pensionnat de Sechelt en Colombie-Britannique, H. F. Dunlop, informe Ottawa que :

> si le pensionnat ne s'est pas enfoncé dans le déficit l'année dernière, c'est en grande partie parce que quatre oblats qui travaillent ici à temps plein ont touché des salaires totalisant 1 800 $ de janvier 1947 à janvier 1948. Cela correspond à 35 $ par mois pour chaque homme et comprend mon salaire de directeur. Votre garçon de bureau reçoit probablement le double de ce montant. Il semblerait donc que, pour le crime d'avoir équilibré le budget du pensionnat à grands frais pour les oblats, nous avons été pénalisés[21].

Encore dans les années 1960, les sœurs du pensionnat indien de Christie, en Colombie-Britannique reçoivent un salaire de 50 $ par mois, ce qui pousse le directeur, A. Noonan, à avoir « l'impression d'être une canaille »[22].

Les pensionnats catholiques ont de plus en plus de mal à trouver suffisamment d'enseignants compétents dans les ordres religieux. Lorsqu'ils n'ont d'autre choix que d'embaucher des enseignants qui n'appartiennent pas à un ordre, ils se heurtent aux mêmes problèmes que les écoles protestantes. En 1949, un inspecteur provincial rapporte qu'au cours des huit années précédentes, il y a eu dix enseignants au pensionnat catholique de Kenora, en Ontario. Bien que deux enseignants y soient restés pendant cinq ans, la durée moyenne de séjour est de 2,2 ans. L'inspecteur fait remarquer que le « changement constant d'enseignants empêche ces derniers de s'intéresser suffisamment longtemps aux élèves ». Il fait également remarquer qu'il s'agit de la 19e année consécutive au cours de laquelle le pensionnat catholique n'a présenté aucun enfant à l'examen d'entrée à la huitième année. Il poursuit en disant : « votre pensionnat n'aura jamais chez les Indiens le prestige auquel son travail lui donne droit, à moins que vous puissiez faire en sorte d'avoir des enseignants compétents qui restent suffisamment longtemps au pensionnat pour exercer une influence sur ces enfants et façonner leur caractère et leurs idéaux »[23]. Bernard Neary, surintendant de l'éducation des Indiens, reçoit une copie de la lettre et indique qu'après avoir « réussi à réduire considérablement le nombre d'enseignants n'ayant pas de brevet d'enseignement dans nos externats indiens », il est temps de « faire des efforts semblables dans les pensionnats »[24].

Cependant, on ne peut pas faire grand-chose pour améliorer le recrutement et le maintien à l'effectif d'enseignants compétents tant que les écoles doivent utiliser les fonds de la subvention proportionnelle au nombre d'élèves qui est insuffisante. La décision que prend la Division des affaires indiennes en 1954 d'assumer la « responsabilité d'engager le personnel enseignant de tous les pensionnats que possède le gouvernement » est une percée importante à cet égard[25]. En 1955, la Division des affaires indiennes emploie 241 enseignants dans les pensionnats indiens dont, selon la Division des affaires indiennes, 60 % (145) sont titulaires d'au moins un brevet d'enseignement de première classe, 17 % (41) détiennent un brevet d'enseignement de deuxième classe et 23 % (55) n'ont pas de brevet[26]. Cinq ans plus tard, 87 % des enseignants des pensionnats indiens ont des compétences d'enseignement reconnues[27].

Même pendant qu'ils cherchent à améliorer le nombre d'enseignants ayant des compétences professionnelles, les responsables des Affaires indiennes finissent par admettre que la formation que reçoivent les enseignants dans les écoles normales (les instituts de formation des enseignants s'appellent « écoles normales ») ne les prépare pas à enseigner à des élèves des Premières Nations. En 1942, la Division des affaires indienne reconnaît qu'il « pourrait être nécessaire à l'avenir d'offrir un cours spécialisé aux enseignants des externats et des pensionnats indiens ». Compte tenu du mal qu'a la division de recruter du personnel pendant la guerre, elle croit qu'« on éprouverait beaucoup de difficulté à convaincre les instituteurs de se livrer à des études supplémentaires dans un avenir rapproché »[28]. À la fin de la guerre, la Division des affaires indiennes commence à publier *The Indian School Bulletin* comme ressource pour les enseignants. Dans les années 1950, la Division des affaires indiennes organise des cours d'été pour ses enseignants. Pour avoir droit à une augmentation de salaire, les enseignants doivent suivre deux séances d'été[29]. Les enseignants peuvent également se faire accorder un congé non rémunéré s'ils désirent suivre une formation professionnelle. En 1958, 14 enseignants prennent ce congé[30].

Formés ou non, les enseignants sont difficiles à retenir : à la fin de l'année scolaire 1959–1960, 24,5 % de tous les enseignants des écoles des Affaires indiennes (externats et pensionnats) démissionnent[31]. En 1965, le taux de roulement du personnel est de 29,3 % . La Division des affaires indiennes attribue ce taux de roulement en majorité à la faible rémunération et aux salaires plus élevés qui sont offerts aux enseignants qualifiés ailleurs[32]. En 1969, les Affaires indiennes doivent déclarer qu'elles versent encore à leurs enseignants un salaire inférieur à celui qu'ils pourraient toucher dans les écoles provinciales. « Par conséquent, il y a environ autant d'enseignants n'ayant pas de compétences, soit quelque 140, dans les écoles fédérales [pensionnats et externats] à l'heure actuelle, qu'il y a 10 ans[33]. »

L'influence éducative des écoles est également réduite par le fait que peu de directeurs ont une formation d'enseignant. Ils appartiennent presque tous au clergé de l'Église qui administre l'école. Pour les Églises et le gouvernement, leurs compétences en tant qu'agriculteurs et gestionnaires sont aussi importantes que leurs connaissances de l'éducation. Tout au long de sa carrière, au cours de laquelle il a été directeur de trois écoles, Oliver Strapp est très respecté pour sa gestion des affaires commerciales. R. A. Hoey, haut fonctionnaire des Affaires indiennes, décrit Strapp comme « une bonne personne et un homme pragmatique ». Il affirme que sous la direction de Strapp, la ferme de Mount Elgin est un « modèle d'efficacité » et possède l'un des « meilleurs troupeaux de bovins laitiers Holstein pur-sang dans le Sud-Ouest de l'Ontario ». Il porte aussi aux nues les élevages de porc et de volaille[34]. L'une des premières évaluations du travail de Strapp à Brandon, au Manitoba, est favorable : A. G. Hamilton déclare que l'école est propre et que la discipline n'est plus un problème[35].

Au milieu des années 1950, toutefois, les Affaires indiennes en viennent à ne plus accorder autant d'importance à ces compétences. En 1956, R. F. Davey, surintendant de l'éducation pour les Affaires indiennes, rapporte que les plaintes à l'endroit de Strapp, qui est désormais directeur de l'école d'Edmonton, s'accumulent. Dans cette école, on constate qu'« il se préoccupe avant tout de questions comme l'exploitation de la ferme, l'état de la résidence du directeur, les coûts d'administration de l'école, etc., plutôt que de faire du bien-être et des sentiments des élèves son souci premier »[36] (d'autres aspects controversés de l'administration de Strapp sont abordés ailleurs dans le présent rapport).

Afin de résoudre ce problème dans l'ensemble du système, en 1956, les Affaires indiennes créent le poste d'enseignant principal dans chaque école. Ces titulaires « remplissent certaines fonctions administratives exigées par la division et qui leur sont confiées par le directeur : ils surveillent l'instruction dans les classes et aident leurs supérieurs à mettre au point un meilleur programme scolaire ». À des fins salariales, les enseignants principaux étaient classés comme directeurs[37]. En 1958, il y a 55 enseignants principaux. La majorité d'entre eux ont des tâches d'enseignement et des responsabilités administratives. Toutefois, dans les grandes écoles de l'Alberta, de la Colombie-Britannique et de la Saskatchewan, ils consacrent la majorité de leur temps à des « fonctions de directeurs »[38].

Les efforts déployés par les Affaires indiennes pour améliorer l'éducation vont souvent à l'encontre des priorités de l'Église, qui accorde davantage d'importance aux efforts missionnaires des écoles qu'à leur rôle d'établissement d'enseignement. Dans les années 1940, par exemple, la majorité des enseignants des pensionnats catholiques — qui constituent la majorité des écoles — sont membres d'ordres religieux féminins. Les enseignants de sexe masculin ne sont généralement employés dans les pensionnats catholiques que lorsqu'il y a un nombre considérable d'élèves masculins âgés de plus de 14 ans[39]. Bon nombre de femmes qui enseignent dans ces écoles n'ont pas reçu de formation professionnelle d'enseignante. Selon R. F. Davey, alors surintendant de l'éducation des Affaires indiennes, en septembre 1953, 198 enseignantes travaillent dans les pensionnats catholiques de tout le Canada, dont 79 n'ont aucun brevet d'enseignement. Parmi ce groupe :

- cinq enseignantes sont titulaires d'un diplôme collégial;
- six enseignantes ont suivi quelques cours à l'université;
- vingt et une enseignantes ont terminé leurs études secondaires;
- trente-sept enseignantes ont suivi une partie de leurs études secondaires;
- dix enseignantes n'ont pas fait d'études secondaires.

Davey précise dans son rapport que sur les 119 enseignantes qui possèdent un brevet d'enseignement, six ont des compétences supérieures à l'équivalent d'un brevet de première classe, 52 possèdent un brevet de première classe et 61 possèdent un brevet de deuxième classe[40].

Les compétences ne sont pas nécessairement le seul élément dont on tient compte. Les catholiques sont conscients de l'ampleur des préoccupations que nourrissent les Affaires indiennes au sujet du manque d'enseignants compétents dans leurs écoles. En 1946, A. H. Fleury, le directeur du pensionnat de Mission, en Colombie-Britannique, prévoyant que l'on critiquerait le fait que les enseignants du pensionnat ne possèdent pas de brevets provinciaux, fait observer que dans sa récente évaluation, l'inspecteur provincial des écoles H. H. MacKenzie dit dans son rapport :

> La caractéristique exceptionnelle du programme d'éducation pour ces enfants indiens est l'excellence du service d'enseignement offert par les trois Sœurs de Sainte-Anne qui font partie du personnel. En ma qualité d'inspecteur des écoles publiques, primaires et secondaires de premier et de deuxième cycle, je dois admettre qu'il serait difficile d'imaginer une formation mieux conçue et plus complète, avec tout ce que le mot « formation » sous-entend, que celle qui est donnée par les Sœurs[41].

D'autres évaluations sont moins élogieuses. En 1945, une évaluation des enseignants du pensionnat Ermineskin à Hobbema, en Alberta, dit de l'un des enseignants qu'il a « peu d'expérience » et de « maigres » compétences, et qualifie en outre ses méthodes de « très élémentaires »[42]. Une autre enseignante a certes fait montre d'amélioration, mais elle a besoin de « titres de compétence plus élevés » et ses méthodes d'enseignement sont jugées « très simples »[43]. Une troisième enseignante est considérée comme « inexpérimentée », tandis que « sa formation et son faible niveau d'études ne lui permettent pas de donner des cours efficaces ». Sa méthode d'enseignement tient peu compte des différences des élèves et ne laisse aucune place à l'expression individuelle[44].

Le rapport annuel de l'année suivante (1948) indique que quatre membres du personnel d'Hobbema poursuivent leurs études de dixième année. Un autre enseignant, qui n'a suivi aucune formation à l'école normale, a un niveau d'instruction de onzième année et a déjà enseigné au Manitoba[45]. Dans un rapport qu'il prépare à l'automne de 1948, l'inspecteur fait remarquer que les élèves n'ont pas suffisamment de fournitures; que le programme d'enseignement comporte des lacunes, probablement en raison du manque d'enseignants qualifiés et que le directeur n'accorde pas suffisamment d'attention à ce qui se passe dans les salles de classe. L'inspecteur est impressionné parce que l'enseignant de la classe de débutants parle cri et utilise cette compétence pour « faire progresser rapidement les enfants »[46].

Le surintendant des agences indiennes, H. N. Woodsworth, formule le commentaire suivant en 1949 : « comme il n'y a aucun enseignant qualifié au pensionnat indien Ermineskin, cet établissement ne peut être qualifié d'école ». Le directeur du pensionnat a récemment informé Woodsworth qu'en raison d'un manque de fonds, « aucun enseignant qualifié ne peut être employé dans un avenir rapproché »[47]. À l'automne de la même année, deux enseignants qualifiés sont embauchés dans l'externat affilié au pensionnat. Ils doivent être rémunérés comme des fonctionnaires[48]. Dix ans plus tard, une inspection du pensionnat Ermineskin effectuée en 1959 révèle des changements importants. Ce rapport conclut que les enseignants sont « bien compétents et offrent une éducation convenable ». Toutefois, le professeur d'éducation physique et le professeur d'arts industriels ne possèdent pas de brevet d'enseignement[49].

En 1960, un fonctionnaire des Affaires indiennes, L. C. Hunter, fait observer que peu d'enseignants dans les pensionnats catholiques du Nord de l'Alberta possèdent les compétences voulues.

> Par exemple, au pensionnat de Desmarais, sur les cinq enseignants à l'effectif, trois n'ont pas de qualifications. Un seul de ces enseignants possède des qualifications de l'Alberta. Nous avons recommandé l'embauche d'un enseignant supplémentaire en raison des nombreuses inscriptions d'élèves. Au pensionnat d'Assumption, sur quatre enseignants à l'effectif, deux n'ont pas de qualifications, un autre est qualifié, mais a dépassé l'âge de la retraite et un dernier qui possède des qualifications de l'Alberta. Au pensionnat de Joussard, deux enseignants n'ont pas de qualifications, un autre a obtenu ses qualifications ailleurs et deux enseignants possèdent des qualifications de l'Alberta. Au pensionnat de Sturgeon Lake, trois enseignants sur un total de quatre n'ont pas de qualifications[50].

En Alberta, les Sœurs de la Charité de Providence fournissent du personnel aux pensionnats de Crowfoot, Assumption, Joussard, Fort Vermilion et Desmarais. Bien qu'en 1962, tous les enseignants du pensionnat de Crowfoot soient dûment qualifiés, la moitié seulement des enseignants des pensionnats de Joussard et de Fort Vermilion et le tiers seulement de ceux des pensionnats d'Assumption et de Desmarais le sont[51].

Quelques enseignants des pensionnats catholiques possèdent des titres de compétence exceptionnels. En 1966, E. O. Drouin, directeur du pensionnat catholique de Cardston, en Alberta, se targue de ce que 10 des 21 membres de son personnel possèdent un grade universitaire. Le fait que Drouin a quitté son poste de professeur d'université pour venir travailler dans un pensionnat indien est, à son avis, la preuve qu'il « aime assurément les Indiens »[52].

Certaines écoles catholiques reçoivent des éloges pour d'autres qualités. Après avoir visité, en 1957, les pensionnats des agences indiennes d'Edmonton, des réserves des Peigan et des Gens-du-Sang en Alberta, un inspecteur est « frappé par la supériorité des pensionnats indiens catholiques ». Il est particulièrement impressionné par le pensionnat catholique de Cardston. L'inspecteur des Affaires indiennes pour l'Alberta, R. F. Battle, abonde dans son sens et indique que « cette situation découle davantage de l'esprit d'initiative et de l'ingéniosité du père Lafrance [le directeur] que de notre bonne administration ». Il précise que cet esprit d'initiative se manifeste également dans la façon dont les problèmes d'entretien permanents sont réglés. « Invariablement, si l'on entend pousser des hauts cris au sujet de situations qui pourraient facilement être résolues à l'échelle locale, ils proviennent d'écoles administrées sous l'égide des Églises protestantes[53]. »

La campagne menée pour améliorer les qualifications des enseignants se complique en raison du caractère confessionnel du système scolaire : non seulement les enseignants doivent-ils posséder les titres scolaires nécessaires, ils doivent également être de la bonne confession. En 1965, G. K. Gooderham, surintendant régional des pensionnats, indique qu'il lui semble que les directeurs des pensionnats catholiques de Cluny et de Cardston, après l'affichage prolongé d'une offre d'emploi pour un enseignant d'arts industriels, auraient « à choisir entre un enseignant d'arts industriels non catholique ou aucun enseignant, si nous avons la chance d'en trouver un »[54]. Ils n'ont apparemment pas réussi à recruter personne. Au mois de novembre de la même année, le directeur du pensionnat de Cluny, M. McMahon, écrit à R. F. Davey pour se plaindre : « nous attendons encore l'embauche d'un enseignant d'atelier et l'arrivée de manuels scolaires d'une valeur totale de 700 $ pour l'année scolaire en cours »[55]. En avril 1966, le poste d'enseignant d'arts industriels est toujours vacant[56]. Les difficultés qui entravent le recrutement d'enseignants catholiques au Canada poussent un externat de la réserve de Saddle Lake à recruter deux enseignants des Philippines dans les années 1960[57].

En 1956, le père Ryan, directeur du pensionnat catholique de Mission, essaie de recruter une religieuse pour enseigner en douzième année. Le directeur de Kamloops, J. P. Mulvihill, n'est pas sûr de pouvoir recruter une religieuse et sera probablement obligé d'embaucher un enseignant laïc. Cette situation aurait des répercussions sur l'ordre des oblats dans son ensemble, car il est pratique courante de verser une partie des salaires des employés membres de l'ordre prévus au budget à la congrégation. En l'occurrence, Mulvihill fait remarquer que s'il est obligé d'embaucher un enseignant laïc (auquel il faudra verser un salaire d'employé à plein temps), l'Ordre des oblats « ne recevra aucun surplus de Mission cette année »[58]. Finalement, Ryan est obligé d'embaucher un enseignant laïc au salaire annuel de 3 200 $, ce qui amène le père oblat provincial, L. K. Poupore, à craindre que « les perspectives ne sont guères reluisantes » pour les oblats[59].

Comme de nombreux enseignants catholiques proviennent du Québec ou d'Europe, la question des qualifications des enseignants se complique d'un cran. De nombreux rapports indiquent que, même pendant l'après-guerre, les professeurs des écoles catholiques de l'Alberta sont plus à l'aise en français qu'en anglais. Le père oblat Gerald F. Kelly, dont la carrière dans les pensionnats indiens de la Colombie-Britannique a commencé en 1945, se souvient que lorsqu'il a visité le pensionnat d'Hobbema en Alberta, « les oblats parlaient français, sauf en classe. De même, les sœurs parlaient français à l'extérieur de la salle de classe. Après le repas du soir, j'ai visité la patinoire extérieure et tous les enfants, joueurs et spectateurs, s'entretenaient en indien. » Il ajoute qu'« on faisait peu de cas de l'anglais »[60]. Harold Cardinal, qui a fréquenté le pensionnat de Joussard, en Alberta, décrit la même expérience, mais dans un langage très cru :

> Le programme d'études, à vomir! Le personnel enseignant, des espèces d'inaptes et des types de deuxième ordre. Imaginez qu'à l'école primaire, il m'est arrivé à moi de prendre la classe de huitième en main parce que le professeur était

> un de ces inaptes, un dépassé, ou plutôt une nullité, que ses supérieurs de Québec avaient expédiée dans un endroit perdu, pour enseigner aux sauvages puisqu'il avait totalement raté sa vie dans la civilisation. Il ne parlait même pas suffisamment l'anglais pour se faire comprendre. Naturellement, il ne savait pas un mot de cri. Si nous protestions contre de telles injustices, on nous faisait taire, « petits sauvages sans cœur, incapables d'apprécier ce qu'on fait pour vous »[61].

En 1946, un groupe de surintendants des écoles du gouvernement de l'Alberta qui ont de l'expérience avec les écoles des Affaires indiennes sont d'avis que la qualité de l'enseignement dans ce qu'ils appellent les « écoles missionnaires » n'est « pas conforme aux normes », en partie parce que ces établissements « embauchent rarement des enseignants compétents ». Ils font également remarquer que les enseignants ne suivent pas toujours le programme provincial. Ainsi, l'enseignement « est bien loin d'atteindre les normes fixées pour nos écoles publiques ». Selon un rapport qui s'inspire de la réunion des surintendants :

> On a signalé que les bibliothèques des écoles missionnaires étaient inadéquates dans presque tous les cas. La majorité des livres fournis sont de nature religieuse et dépassent de loin la capacité de compréhension des élèves. Les surintendants ont indiqué qu'ils ont souvent recommandé des livres qui conviennent, mais que leurs recommandations ont rarement, voire jamais, été prises en compte. Quelques personnes présentes étaient d'avis que les livres destinés aux pensionnats indiens sont choisis à Ottawa, par des personnes sans expérience de l'enseignement qui ne sont pas au courant des conditions qui prévalent dans les pensionnats indiens.

Lorsqu'ils formulent des recommandations sur ce que devrait être un parcours scolaire adapté, les surintendants martèlent que « l'Indien a une âme d'artiste et il aime le travail manuel, mais déteste tout ce qui se rapporte à l'abstrait. Il aime la nature, les sports et les jeux. » Ils recommandent que « l'on ne néglige aucun effort pour fournir des enseignants formés ayant une expérience convenable ». De plus, le personnel « devrait être imprégné de l'esprit missionnaire. Les enseignants devraient avoir un acquis scolaire suffisant et une formation adéquate en pédagogie. » Il est également recommandé qu'« ils suivent des cours spécialisés en enseignement à des enfants indiens, offerts par des enseignants compétents et chevronnés »[62].

Les responsables de l'Église protestante font obstacle aux tentatives que déploient les Affaires indiennes pour améliorer la qualité de l'enseignement dans les pensionnats. Au début des années 1940, par exemple, les responsables des Affaires indiennes et de l'Église anglicane ont des avis radicalement opposés au sujet de la qualité de l'enseignement prodigué au pensionnat de Gordon, en Saskatchewan. Le directeur R. W. Frayling a été nommé en 1930, essentiellement à cause de son expérience des affaires; il n'est ni membre du clergé ni enseignant. En 1941, il est âgé de 70 ans. Le soutien dont il bénéficiait dans la communauté autochtone s'est considérablement effrité lorsqu'Andrew Gordon, âgé de 11 ans, est mort gelé en 1939 en essayant de s'enfuir de l'école. Le député de l'endroit, G. H. Castleden, dit aux Affaires indiennes qu'à son avis, Frayling est non seulement trop vieux pour le poste qu'il occupe, mais qu'en outre l'un de ses assistants, qui possède 30 ans d'expérience, est également trop âgé. Les conclusions d'une inspection effectuée à la fin de l'année scolaire 1940–1941 sont que les progrès réalisés dans la classe des garçons se sont ressentis du fait qu'il y a eu trois enseignants différents au cours de l'année. On estime que le dernier enseignant a fait du bon travail, mais il vient tout juste de s'enrôler dans l'armée. On juge qu'il manque à l'enseignante de la classe des filles « l'enthousiasme nécessaire pour amener les élèves à donner le maximum ». Elle enseigne au pensionnat depuis 29 ans. On pense que ses méthodes sont enlisées dans la routine et que ses élèves ne sont pas motivées. Un autre inspecteur rapporte que des responsables de la réserve de Gordon croient qu'il faudrait ajouter la septième et la huitième année aux classes existantes, ainsi que plus de formation professionnelle. Toutefois, lorsque R. A. Hoey demande à l'évêque anglican E. H. Knowles d'envisager de nommer un nouveau directeur, Knowles lui répond que, de l'avis de personnes qu'il respecte, « le pensionnat Gordon est jugé ne pas avoir d'égal parmi les pensionnats indiens du Dominion ». Frustré, Hoey recommande que ses supérieurs des Affaires indiennes demandent à Knowles de réclamer la démission de Frayling[63]. Cependant, Frayling est toujours directeur en 1944 lorsque des membres de la réserve de Gordon demandent à l'Église anglicane de le remplacer[64]. L'Église finit par demande à Frayling de démissionner à l'été de 1944[65]. Six membres du personnel démissionnent alors pour lui témoigner leur appui[66]. À la fin du mois d'octobre, le personnel de l'établissement se limite à Frayling et trois autres employés[67]. Il quitte ses fonctions à la fin novembre 1944. Ce n'est qu'en décembre que le bureau d'Ottawa des Affaires indiennes est avisé de la nomination de son successeur, le révérend J. H. Corkhill[68].

Programme d'enseignement : d'étonnantes omissions et erreurs

Depuis les années 1920, les Affaires indiennes exigent des pensionnats qu'ils adoptent le programme pédagogique provincial[69]. Le ministère demande également aux gouvernements provinciaux de faire inspecter les pensionnats indiens par leurs inspecteurs[70]. Le bien-fondé de cette pratique est remis en question pendant les audiences que tient le Comité spécial mixte du Sénat et de la Chambre des communes dans le cadre de son enquête sur la *Loi des Indiens* dans les années 1940. Andrew Moore, l'inspecteur des écoles secondaires de la province du Manitoba, affirme aux membres du Comité que les Affaires indiennes assument l'entière responsabilité de tous les aspects de l'éducation des membres des Premières Nations, ce qui englobe le programme pédagogique[71]. Selon lui, les ministères provinciaux de l'Éducation, dont celui pour lequel il travaille, « ne sont pas organisés pour ce travail et ils ne sont pas non plus intéressés aux écoles indiennes »[72]. Il croit également que les Affaires indiennes devraient inspecter leurs propres écoles plutôt que de confier cette tâche par contrat aux inspecteurs des écoles provinciaux. « C'était pour eux une tâche supplémentaire; je dirais que dans au moins 50 % des cas ils ne s'intéressaient pas d'une façon particulière à l'éducation des Indiens. Ils étaient qualifiés pour examiner les élèves sur leurs connaissances des matières primaires, etc., mais ils ne cherchaient pas à donner les directives qu'ils auraient normalement données dans leurs propres domaines[73]. » Dans le cas des pensionnats du Manitoba, il affirme que « nos inspecteurs sont surchargés de travail et ne peuvent pas, règle générale, consacrer plus de temps aux écoles indiennes; et on les leur confie tout simplement »[74].

Les commentaires de Moore sont complètement déphasés par rapport à l'intention qu'ont les Affaires indiennes de transférer davantage de responsabilités dans le domaine de l'éducation des Premières Nations aux gouvernements provinciaux, et ne sont donc pas pris en compte. Les Affaires indiennes préfèrent déclarer qu'elles permettront aux écoles indiennes de s'écarter légèrement du programme pédagogique provincial dans « les régions dans lesquelles la population indigène a atteint un haut degré d'intégration ». Dans « les territoires moins avancés », on s'attend à ce que les enseignants tâchent

> de souligner l'étude du langage pratique d'usage courant et de l'arithmétique, les occupations accessoires, l'hygiène personnelle et collective et l'établissement d'un bon esprit de citoyenneté. L'attention spéciale que l'on consacre aux mesures contre la tuberculose dans les écoles indiennes de Colombie-Britannique, ainsi que le cours pratique que peuvent suivre les garçons plus âgés du pensionnat de Moose Fort, dans l'Ontario, afin de se spécialiser dans les pièges à castor, illustrent bien l'adaptation du programme scolaire aux conditions locales[75].

Ce n'est qu'en 1959 que les Affaires indiennes enjoignent aux écoles de donner aux élèves de leurs pensionnats des cours sur les Traités conclus entre les Premières Nations et le gouvernement canadien. Les cours ne doivent aborder que le Traité particulier qui s'applique à la région dans laquelle se trouve l'école, et non enseigner l'histoire générale des Traités[76]. Si aucun Traité ne s'applique, il semble que rien n'est enseigné. Par exemple, le commissaire des Indiens de la Colombie-Britannique déclare que puisque « pratiquement aucun Indien de l'agence du Yukon n'a reçu de traité », il n'est pas nécessaire d'inclure l'étude des Traités au programme des écoles des Affaires indiennes du Yukon[77]. Il ne vient pas à l'esprit des fonctionnaires que l'histoire des Traités devrait être enseignée à tous les Canadiens.

Un gouffre sépare la politique gouvernementale de la réalité : certaines écoles ne sont pas en mesure d'enseigner le programme provincial parce qu'il leur manque les fournitures nécessaires. En novembre 1943, le directeur du pensionnat de Mission se plaint auprès du commissaire des Indiens de la Colombie-Britannique que les Affaires indiennes n'ont pas envoyé les manuels demandés. Le directeur souligne que l'inspecteur des écoles a insisté pour que l'école reçoive les livres, mais que le Ministère a envoyé certains livres en quantité insuffisante et aucun exemplaire de certains autres. Le retard des livres est « une source de découragement et une difficulté constantes pour nos enseignants »[78]. Une enseignante du pensionnat de Brandon, au Manitoba, M. E. McNeill, formule une plainte semblable en décembre 1948. Les livres qu'elle a commandés l'année précédente, et de nouveau en juin et à l'automne, ne sont toujours pas arrivés. « Nous avons à l'heure actuelle 59 élèves en première et deuxième année et il est donc énormément important que cette commande soit exécutée[79]. » John House, directeur du pensionnat de Gleichen, en Alberta, se plaint en 1947 que, bien que les écoles soient censées suivre le programme d'enseignement provincial, il arrive souvent que les Affaires indiennes ne fournissent pas les manuels appropriés. Il fait valoir que le ministère des Affaires indiennes « fait preuve de favoritisme politique en traitant avec des éditeurs de l'Est du pays, de qui il achète des manuels pour l'Ontario, ou n'importe quel autre manuel qu'il pense qui fera l'affaire et nous l'expédie ». Depuis 15 ans, affirme-t-il, les inspecteurs et les directeurs se plaignent de cette pratique, mais en vain[80].

La décision de ne pas tenir compte des conseils d'Andrew Moore et de confier la responsabilité du programme d'enseignement aux ministères de l'Éducation provinciaux signifie que les élèves autochtones sont exposés à une éducation qui avilit leur histoire, ne tient pas compte de leur situation actuelle et ne les considère, ni eux ni leur famille, comme des citoyens. C'est l'une des raisons qui expliquent la montée de l'hostilité des Autochtones envers la politique d'intégration des Affaires indiennes. Un examen de la façon dont les manuels approuvés par les gouvernements provinciaux traitent les Autochtones révèle à quel point ce problème est grave et profondément enraciné. Lorsque l'on recommande, en 1956, d'élaborer des manuels adaptés aux élèves, le responsable des Affaires indiennes, R. F. Davey, rétorque : « la préparation des manuels scolaires est une question épineuse ». Il est d'avis qu'« il y a d'autres besoins auxquels on peut satisfaire plus facilement et dont on devrait s'occuper d'abord ». Il donne une réponse semblable à une autre recommandation préconisant que l'on enseigne davantage « les arts et l'artisanat indiens ». Il affirme que des efforts précédemment déployés dans ce sens ont eu « très peu de succès »[81].

Le programme d'enseignement de l'histoire au Québec présente un exemple de la manière dont les Autochtones n'étaient même pas considérés comme faisant partie de la population étudiante éventuelle. Le Québec n'a pas de ministère de l'Éducation provincial avant 1964[82]. Avant cette date, l'éducation dans la province est essentiellement dirigée par deux comités : l'un protestant, l'autre catholique. En 1959, le *Programme d'études des écoles élémentaires* du Comité catholique (le Comité catholique du Conseil de l'instruction publique) proclame que le but premier de l'enseignement de l'histoire est « de révéler à l'enfant l'action de la Providence Divine ». Les cours d'histoire doivent mettre de l'avant « la pureté de nos origines canadiennes françaises, sur les sentiments et le caractère religieux, héroïques, moraux et idéalistes de nos ancêtres », de même que le rôle que Dieu a joué dans « la survivance de notre nationalité »[83]. Ce programme n'envisage même pas l'existence des enfants autochtones en tant qu'élèves.

Au milieu des années 1960, un certain nombre d'analyses critiques de la représentation des Autochtones dans les manuels scolaires commencent à être publiées. En 1964, Norma Sluman termine un examen du traitement des Autochtones dans cinq manuels scolaires utilisés au Manitoba. Elle conclut que malgré des améliorations considérables au cours des dix années précédentes, « il reste beaucoup à faire. Il y a d'étonnantes omissions et erreurs[84]. » La même année, un mémoire de l'Indian and Métis Conference présenté au gouvernement du Manitoba avance que « le traitement réservé aux Autochtones dans nos manuels d'histoire demeure insatisfaisant ». Les religions autochtones y sont dénigrées, les contributions positives de ces peuples ont été passées sous silence, les mauvais traitements qu'ils ont subis aux mains des colons sont à peine effleurés et les problèmes sociaux qu'ils vivent sont présentés de manière inexacte[85].

Le troisième tome de la *Commission royale d'enquête sur l'enseignement dans la province de Québec* (communément appelée le « rapport Parent ») est publié en 1966. Il recommande que les manuels d'histoire du Canada utilisés dans la province soient modifiés de façon à présenter une image des Autochtones qui soit plus près de la réalité, en rejetant les représentations généralement répandues de l'époque dépeignant les Premières Nations comme des sauvages cruels aspirant à la destruction de colons bien intentionnés[86]. Une étude effectuée en 1968 sur la façon dont les manuels scolaires de l'Ontario abordent les Autochtones parvient aux conclusions suivantes :

> L'organisation sociopolitique originelle des différents groupes indiens n'est pas adéquatement abordée et on ne parle pratiquement pas de la religion, des valeurs, de l'éthique et du sens de l'esthétique de ces peuples. Il n'y a aucune description vraiment complète ne serait-ce que d'une seule culture indienne. L'omission de toute donnée factuelle sur la situation des Indiens canadiens d'aujourd'hui est tout aussi grave. Omettre des faits n'est guère mieux que de les présenter de manière inexacte[87].

Les tentatives que font les Affaires indiennes d'améliorer la situation sont en grande partie inefficaces. En 1960, George Davidson, le sous-ministre responsable des Affaires indiennes, écrit à tous les ministres de l'Éducation des provinces pour les prévenir que le public s'inquiète des « propos trompeurs et entachés de préjugés sur l'histoire des Indiens du Canada que l'on présente dans les manuels scolaires utilisés par les élèves du Canada ». Davidson reconnaît que les Affaires indiennes n'ont pas non plus entrepris de recherche indépendante sur le sujet. Il signale toutefois qu'un manuel scolaire de niveau primaire écrit par Aileen Garland qui vient d'être publié, *Canada Our Country*, contient un certain nombre de propos trompeurs. Il sous-estime le nombre de personnes des Premières Nations de 50 %, il laisse entendre qu'ils sont exemptés de toutes les lois sur la chasse et, de l'avis du sous-ministre, certains passages du livre peuvent amener les lecteurs à croire que les paiements prévus par les Traités sont plus généreux qu'ils ne le sont en réalité (Davidson les qualifie de symboliques)[88].

La préoccupation croissante à l'égard de la mauvaise représentation des Autochtones dans les manuels scolaires amène les Affaires indiennes à demander, en janvier 1968, aux enseignants de leurs écoles, de faire part des préoccupations qu'ils nourrissent au sujet des manuels scolaires qu'ils utilisent. Seuls 50 des 1 600 enseignants répondent à la demande. Certains manuels scolaires sont ciblés pour leurs représentations des Autochtones comme étant paresseux, gloutons, irréligieux, sauvages, ivrognes, cruels, grossiers, ignorants et superstitieux. On conteste l'utilisation du mot *squaw* pour décrire les femmes autochtones et le mot *Peaux-Rouges* pour décrire les Autochtones. Selon un résumé des réponses

> Les enseignants se sont montrés plus préoccupés par l'omission de renseignements exacts et à jour sur les Indiens que par le point de vue négatif présenté. Il semble qu'en Ontario, les textes recommandés sont relativement exempts d'affirmations discriminatoires, mais elles fourmillent dans les livres recommandés comme lectures complémentaires. Les livres d'histoire couramment utilisés au Québec semblent exiger une révision intégrale[89].

Après avoir examiné les résultats, R. F. Davey — qui, en 1956, disait que la révision des manuels scolaires n'était pas une grande priorité — écrit en 1968 :

> La tâche immédiate de chaque surintendant scolaire [des Affaires indiennes] est de veiller à ce que tous les livres contenant des propos discriminatoires et entachés de préjugés à l'endroit des Indiens soient immédiatement retirés de nos écoles. Si une telle mesure concerne des manuels scolaires de base ou des livres de lecture, le ministère de l'Éducation doit être informé du problème et il faut lui demander de proposer des ouvrages de remplacement acceptables[90].

Le problème qui se pose est qu'en cédant la responsabilité du programme d'enseignement aux provinces, le ministère des Affaires indiennes n'a pas contribué à l'élaboration de tels ouvrages de remplacement. Un an après avoir émis la directive de retirer immédiatement les livres répréhensibles, Davey doit reconnaître qu'il y a « de plus en plus de plaintes » au sujet des manuels scolaires

> en ce qui concerne les commentaires désobligeants au sujet des Indiens, le manque d'une reconnaissance adéquate de la contribution que les Indiens ont apportée au développement de ce pays, l'écart entre les textes et les illustrations figurant dans les manuels et l'environnement indien ainsi que l'absence

> généralisée d'une composante culturelle indienne dans les programmes d'enseignement[91].

Des évaluations négatives de manuels scolaires continuent de paraître jusque dans les années 1970. En 1971, une étude réalisée pour la Commission ontarienne des droits de la personne examine les manuels scolaires autorisés en Ontario. On donne à cette étude le titre alarmant, et amplement justifié, *Teaching Prejudice*[92]. L'étude se penche sur le traitement d'une variété de groupes de la société canadienne, y compris les Autochtones. Les cinq mots les plus utilisés pour décrire les personnes des Premières Nations sont : « sauvages », « amicaux », « féroces », « hostiles » et « habiles ». À titre de comparaison, les cinq mots les plus utilisés pour décrire les chrétiens sont : « dévoués », « zélés », « martyrs », « grands » et « célèbres »[93]. Les auteurs remarquent que les descriptions détaillées de l'exécution des missionnaires jésuites Jean Brébeuf et Gabriel Lalemant ne sont pas placées dans le contexte des châtiments qui étaient régulièrement infligés aux personnes reconnues coupables d'hérésie, de sorcellerie ou de trahison dans les sociétés européennes à la même époque. Bien souvent, les Européens qui se marient avec des femmes autochtones, selon les manuels scolaires, « s'abaissaient au niveau des sauvages et devenaient féroces comme des Peaux-Rouges ». Selon un manuel, « les Indiens étaient encore des sauvages lorsque l'homme blanc est arrivé, mais les Indiens qui faisaient de l'agriculture et les Indiens de la côte du Pacifique étaient peut-être plus près de la vie civilisée que les autres »[94].

Un examen des illustrations figurant dans les manuels conclut que les Autochtones sont souvent « représentés comme des êtres primitifs et peu habiles; il n'est pas rare qu'on les représente comme des êtres agressifs et hostiles également »[95]. Non seulement les Autochtones sont-ils vilipendés dans les cours d'histoire; on y donne aussi l'impression qu'ils ont pratiquement cessé d'exister. Les auteurs constatent que :

> même si le programme d'études prévoit des discussions sur l'Indien d'aujourd'hui dans trois années scolaires distinctes, les seuls textes qui abordent ce sujet figurent dans le manuel de géographie de la septième année, et même dans celui-ci on ne trouve que des allusions superficielles ici et là. Pas un seul n'essaie sérieusement de discuter de la situation actuelle des Indiens canadiens ou de questions de droit et d'éthique, particulièrement de celles qui ont trait aux droits accordés par les traités auxquelles les Canadiens sont confrontés[96].

Le livre *The Shocking Truth about Indians in Textbooks!*, publié par la Fraternité des Indiens du Manitoba au milieu des années 1970, constate que les manuels scolaires de sciences sociales et les ressources utilisés par les élèves de quatrième, cinquième et sixième année du Manitoba sont, en général, empreints de préjugés et inadéquats. Leur principal défaut est de « traiter les Autochtones comme un obstacle à éliminer pour que l'on puisse réaliser les objectifs de "progrès" européens. Après avoir abordé ce conflit, les auteurs passent sous silence l'histoire récente des Indiens[97]. » Les mots

« sauvages », « hostiles », « hurleurs » et « belliqueux » continuent d'être couramment utilisés pour décrire les Autochtones, tandis que dans certains livres, les femmes autochtones continuent d'être appelées des « squaws »[98].

Plusieurs manuels à l'intention des enseignants publiés à partir des années 1940 donnent des éclaircissements sur les attentes que les écoles ont à l'égard de leurs élèves durant cette période. Ainsi, le manuel destiné au personnel du pensionnat presbytérien de Kenora dans les années 1940 indique que l'on s'attend à ce que les élèves « retournent dans les réserves indiennes d'où ils proviennent » après avoir quitté l'école. Le nombre d'élèves qui poursuivent leurs études secondaires ne représente habituellement qu'« une infime proportion du total des élèves inscrits ». Les possibilités d'emploi pour la plupart des garçons se limitent normalement à « la pêche, le travail de guide pour touristes, la coupe de bois de corde et le piégeage ». Bien que quelques rares filles puissent trouver du travail pendant l'été dans les camps de touristes, « pour la majorité, le mariage est le seul choix convenable qui s'offre à elles après qu'elles ont quitté l'école ». Compte tenu de cet avenir, on affirme aux membres du personnel que « la meilleure préparation que nous pouvons leur donner est de leur enseigner la façon chrétienne de vivre »[99].

On enjoint également aux membres du personnel de se défaire « de toute idée fausse selon laquelle il faudrait "civiliser" l'Indien. Le mot est souvent mal utilisé. Nous croyons que par "civiliser" on entend le processus qui consiste à enseigner notre mode de vie. Nous le croyons probablement parce que notre mode de vie est le seul dont nous connaissions quoi que ce soit. » Le manuel fait observer que « les parents et les élèves ont vu bien des choses, ici dans nos écoles, qui ne sont pas de bons exemples de nos enseignements. À Kenora, l'Indien n'est accueilli que par une poignée de "bonnes gens". Il ne lui est permis de se sentir chez lui qu'avec les ivrognes et les prostituées[100]. »

Le manuel soutient qu'« avant d'avoir vu ou entendu un homme blanc pour la première fois, l'Indien était civilisé, mais son état de civilisation était différent du nôtre ». Il affirme que le contact avec les Européens a compromis et dégradé cette civilisation, qui, selon le manuel, était caractérisée par un haut niveau de comportement éthique, une responsabilité sociale, une bonne santé et un abondant approvisionnement en nourriture[101].

Les termes grossiers et stéréotypés figurent pratiquement mot pour mot dans le manuel du personnel du pensionnat Gordon, en Saskatchewan, dans les années 1950. Par exemple, le livre presbytérien de Kenora informe le personnel que « la vie dans la nature sauvage a rendu l'Ojibway farouche envers les étrangers. Dans la forêt, le moindre bruit l'avertissait qu'il devait se cacher. Lui et ses enfants continueront de le faire, même dans un autre environnement. Son esprit réagit de la même façon que son corps[102]. » Le livre anglican de la Saskatchewan explique que « la vie dans la nature sauvage a rendu le Cri farouche envers les étrangers. Pendant des siècles, le moindre bruit dans la forêt l'avertissait qu'il devait se cacher. Lui et ses enfants continueront de le faire, même dans un autre environnement. Son esprit réagit de la même façon que son corps[103]. »

Un manuel qui a été compilé pour être utilisé au pensionnat de Prince Albert, en Saskatchewan, reprend manifestement les manuels antérieurs. Dans une section élargie sur la culture autochtone, il indique que les Premières Nations ont traditionnellement pratiqué une religion « naturelle » qui reconnaît l'existence d'esprits dans la nature. En même temps, ils ont « un Dieu suprême » qui est le « maître de toute la nature et le créateur de toutes choses »[104].

Langue et culture

D'anciens élèves ont décrit les pensionnats comme des endroits d'où leur culture et leur langue étaient bannies, marginalisées et tournées en dérision. Les Églises — en particulier l'Église catholique — et le gouvernement fédéral ont des opinions divergentes quant à l'utilisation des langues autochtones. Du point de vue défendu par le gouvernement dans les années 1940, l'avenir des élèves autochtones repose sur leur apprentissage le plus rapide possible de l'anglais (ou, au Québec, du français). Certaines Églises, en raison de leur tradition missionnaire, sont davantage disposées à ménager une place aux langues autochtones, surtout pour l'enseignement religieux. Un événement qui se produit en 1947 fait ressortir cette tension. Cette année-là, un Autochtone du Nord du Manitoba écrit aux Affaires indiennes pour soulever quelques inquiétudes qu'il éprouve au sujet du pensionnat de Cross Lake, où dit-il, le cri est enseigné aux enfants. Il n'existe pas de copie de cette lettre, mais il semble que l'homme voulait que l'on enseigne l'anglais aux enfants. D'après la réaction du gouvernement, il est évident que ce dernier s'oppose à l'enseignement des langues autochtones dans les pensionnats. Lorsqu'il reçoit la lettre, Bernard Neary, surintendant du bien-être et de la formation aux Affaires indiennes, informe le directeur du pensionnat de Cross Lake que « puisque l'anglais est la seule langue autorisée dans nos écoles indiennes dans toutes les provinces, sauf au Québec, je vous saurais gré de nous faire part de vos commentaires concernant cette déclaration au sujet de la langue crie »[105]. Dans sa réponse, le père G. E. Trudeau écrit que pendant la demi-heure allouée chaque jour à l'enseignement religieux, « nous leur montrons à prier en cri, leur propre langue, afin qu'ils sachent comment prier avec leurs parents lorsqu'ils retournent à la maison. Durant cette demi-heure, nous leur montrons également à lire l'écriture syllabique crie dans laquelle leurs livres de prières sont rédigés ». Le reste du temps, en classe, on n'enseigne aux enfants qu'en anglais. D'ailleurs, explique-t-il, aucun des enseignants n'est capable de parler cri, et encore moins d'enseigner dans cette langue[106]. Pour les Églises, les langues autochtones demeurent un outil de la panoplie du missionnaire utilisée dans le cadre d'une campagne plus vaste menée pour convertir non seulement les enfants autochtones, mais également leurs parents, au christianisme et à les éloigner de leurs croyances traditionnelles.

Le fait de consacrer une demi-heure par jour à l'enseignement religieux signifie que le remplacement continu de la culture autochtone, y compris de la spiritualité, est ancré dans le programme d'enseignement. Dans son autobiographie, le chef de la bande Stoney, John Snow, relate qu'au pensionnat de Morley, en Alberta, « on ne retrouvait absolument rien de nous ou de notre culture dans l'éducation que l'on recevait. Au contraire, la culture de la bande Stoney était explicitement et implicitement condamnée[107]. » Il se rappelle qu'on leur enseignait que les seules bonnes personnes sur la terre étaient les non-Autochtones et, surtout, les chrétiens blancs. « On nous enseignait que le travail et le savoir de nos guérisseurs et guérisseuses étaient l'œuvre du Diable. On nous disait que lorsque les gens mouraient, ils allaient au paradis et marchaient dans des rues pavées d'or ou en enfer, où ils grillaient dans un lac de feu. » Ce type d'enseignement, fait-il remarquer, « était un véritable endoctrinement et certains élèves détestaient aller à l'église, mais on ne leur laissait pas d'autre choix. Nous vivions tous des moments difficiles, car à la maison, on nous enseignait à respecter les croyances de nos aînés, tandis qu'à l'école, on nous disait de ne pas respecter leurs valeurs[108]. »

Les directeurs ne se contentent pas de s'opposer à la culture autochtone dans les salles de classe. En 1942, John House, directeur du pensionnat de Gleichen, en Alberta, participe à une campagne visant la destitution de deux chefs de la bande des Pieds-Noirs, en partie parce qu'ils appuient les cérémonies de danses traditionnelles. Dans un cas, le chef Turned Up Nose se rend au pensionnat pour voir trois filles à qui l'on a interdit de quitter l'école les samedis après-midi (comme c'était l'usage à l'école), parce qu'elles s'étaient mal comportées. Selon le directeur, Turned Up Nose « a utilisé un langage insultant envers le superviseur et a incité les filles à se rebeller ». Dans un autre cas, House demande au chef Joe Crowfoot de « rabrouer » son fils, parce qu'il a « fait le malin avec une enseignante de mon personnel ». Au lieu de cela, Crowfoot répond à House : « Si vous vous mêlez des affaires de mon fils, je vais vous flanquer une raclée. » House affirme que ces deux chefs ont diffusé « de la propagande selon laquelle il n'est pas juste d'être régi par le gouvernement et les chefs sont l'autorité suprême ». Lorsque le directeur refuse d'autoriser des élèves à assister à une « danse indienne », Crowfoot vient chercher son fils à l'école pour l'y emmener. Ces activités, écrit House, sont des incidents qui s'inscrivent dans « un mouvement subversif qui risque probablement de s'aggraver s'il n'est pas enrayé »[109]. L'agent des Indiens est d'accord avec l'évaluation de House et recommande que les chefs soient destitués[110]. Crowfoot proteste en disant qu'il est montré du doigt pour avoir reproché à l'école de ne pas nourrir correctement les élèves. La vie dans les réserves, écrit-il, a pris des allures de dictature : « Si nous nous plaignons, nous, les chefs, perdrons notre titre[111]. » Finalement, l'inspecteur des agences indiennes choisit de mettre en garde les deux chefs qu'ils pourraient être destitués, mais ne prend aucune autre mesure[112].

En 1943, F. E. Anfield, directeur du pensionnat d'Alert Bay, en Colombie-Britannique, prend comme prétexte une récente cérémonie du potlatch qui s'est tenue dans le village de Kingcome pour écrire une lettre aux anciens élèves. Il commence sa lettre en mentionnant la guerre mondiale qui fait rage et que si Hitler et Hirohito devaient la gagner, « toutes les races et les tribus autres qu'eux-mêmes seraient traitées comme des esclaves ou pire ». Il demande si « la "coutume" autochtone ou le "potlatch" vous donne, à vous et à votre peuple, la liberté de travailler, de rire et de jouer ou vous rend, vous-mêmes et vos enfants esclaves de la dette, des mariages insatisfaisants, de la pauvreté, de la piètre santé et des mauvaises conditions de vie ». Bien que la lettre se présente comme une série de questions auxquelles Anfield dit ne pas avoir de réponse, son argument sous-jacent est que le potlatch et les autres traditions constituent un obstacle au progrès. Les conséquences, à mots à peine couverts, sont que ces pratiques nuisent à l'effort de guerre, divisent les collectivités, reposent sur une superstition dépassée et entraînent l'appauvrissement ainsi que la négligence familiale[113].

L'enseignement religieux obligatoire continue de faire partie du programme d'enseignement jusque dans les années 1960. En 1966, par exemple, cinq des neuf écoles de la Saskatchewan donnent une demi-heure d'enseignement religieux par jour et les quatre autres intègrent l'enseignement religieux à leurs activités quotidiennes. Il est obligatoire d'aller à la messe du dimanche à l'église. Il semble que l'obligation d'aller à l'église n'ait réussi qu'à détourner de nombreux élèves de l'Église : seuls 6 des 354 élèves des pensionnats de la Saskatchewan interviewés par le Conseil canadien du bien-être en 1966 mentionnent la religion lorsqu'on leur demande ce que l'expérience qu'ils ont vécue à l'école leur a enseigné[114].

Les Affaires indiennes ne semblent pas avoir eu d'autre politique sur la langue utilisée dans les écoles que l'exigence selon laquelle l'anglais et le français doivent être les deux seules langues d'enseignement et les deux seules langues enseignées dans les écoles. La déficience de cette politique est évidente dans une réponse que donnent les Affaires indiennes en 1953 à une demande de renseignements sur la politique du gouvernement sur l'utilisation des langues autochtones dans ses écoles. Le directeur de la Division, H. M. Jones, écrit que l'objectif des écoles est d'« alphabétiser les Indiens dans la langue officielle prédominante dans la région où l'école se trouve ». Cela signifie qu'à l'extérieur du Québec, la langue d'enseignement est l'anglais et qu'à l'intérieur du Québec, la langue d'enseignement dépend de la langue dominante de la région (ce qui signifie habituellement l'anglais dans les écoles anglicanes et le français dans les écoles catholiques). Les manuels scolaires et les livres de la bibliothèque sont censés être fournis conformément à la pratique du ministère de l'Éducation de la province dans laquelle les écoles se trouvent. La politique est d'enseigner l'anglais ou le français et d'enseigner en anglais ou en français. Dans le reste de sa réponse, toutefois, Jones minimise l'utilité de l'enseignement ou de l'apprentissage des langues autochtones. Il fait remarquer que les peuples des Premières Nations représentent moins de 1 % de la population — chiffre qu'il s'attend à voir diminuer dans les années à venir. Il y a en outre plusieurs langues autochtones, dont bon nombre ont un nombre limité de locuteurs. Par ailleurs, mis à part les ouvrages des missionnaires, il y a très peu d'écrits rédigés en langues autochtones. Jones affirme :

> Même si nous produisions des manuels scolaires et d'autre matériel didactique en diverses langues autochtones, des enseignants professionnellement formés qui pourraient les utiliser seraient rarement disponibles. En outre, notre objectif est de veiller à ce que le plus d'enfants indiens possible soient instruits conjointement avec d'autres enfants qui seront instruits en français ou en anglais[115].

Le gouvernement croit simplement que les langues autochtones sont en train de disparaître et qu'elles ne seront d'aucun intérêt ni d'aucune utilité pour les enfants autochtones à l'avenir.

On laisse aux écoles le soin d'improviser leur propre politique. Ces politiques et leur mise en application varient grandement d'une école à l'autre. Au pensionnat anglican de Moose Factory, en Ontario, Billy Diamond, qui sera par la suite chef du Grand conseil des cris du Québec pendant de nombreuses années, se souvient que dans les années 1950, la punition pour avoir parlé le cri était de se faire laver la bouche avec du savon[116]. Jane Willis, qui a fréquenté un pensionnat dans les années 1940 et 1950, se rappelle du message d'ouverture du directeur au pensionnat anglican de Fort George, au Québec, qui insistait sur le fait que dès cet instant, les élèves devaient parler anglais à l'école, puisqu'ils étaient là pour apprendre de nouvelles façons de vivre. Dans la pratique, les élèves refusent d'obéir à ce règlement. Ils évitent les punitions en refusant de parler cri ou anglais lorsque les enseignants sont dans les environs et en parlant cri lorsqu'ils sont entre eux[117]. Lorsque la mère d'Isabelle Knockwood l'emmène pour la première fois à l'école de Shubenacadie, en Nouvelle-Écosse, elles rencontrent une jeune fille autochtone dans le parloir de l'école. Lorsque la mère d'Isabelle commence à lui parler en micmac, la jeune fille, gênée, répond en anglais. On explique par la suite à Mme Knockwood qu'il n'est pas permis de parler micmac à l'école[118]. Selon Albert Canadien, à Fort Providence, dans les Territoires du Nord-Ouest, dans les années 1950, dès que les élèves ont appris un peu d'anglais, ils n'ont plus le droit de parler slavey (déné)[119]. Lorsque James Roberts devient le premier administrateur autochtone du pensionnat de Prince Albert, en Saskatchewan, en 1973, il mentionne que lorsqu'il a fréquenté le pensionnat dans sa jeunesse, il n'a pas aimé le fait que lui et les autres élèves « n'avaient pas le droit de parler leur langue autochtone »[120]. Il ressort clairement de ces exemples que dans les écoles du Canada, on disait aux enfants qu'il était contraire à la politique de l'école de parler leur propre langue.

En 1952, Kathleen Stewart, infirmière récemment embauchée, formule des observations sur le fait qu'au pensionnat presbytérien de Kenora, les élèves sont autorisés à « parler librement en indien devant le personnel ». Elle écrit que bien que ce puisse être « une manière plus sûre d'arriver à une meilleure fin, entre-temps, nous sommes tout de même exclus de leur groupe à l'école et ils ne semblent pas se rendre compte à quel point cela peut paraître impoli à l'égard de nouvelles personnes »[121]. Les élèves du pensionnat de Norway House, au Manitoba, ont le droit de parler cri lorsqu'Elijah Harper fréquente l'école dans les années 1960. Il retient cependant du pensionnat un vif souvenir d'une fille qui a été humiliée parce qu'elle a écrit à ses parents en utilisant l'alphabet syllabique cri et à laquelle on dit qu'elle doit apprendre à écrire en anglais[122]. Jusque dans les années 1970, les élèves des pensionnats administrés par les mennonites dans le Nord-Ouest de l'Ontario n'ont pas le droit de parler leur langue en présence d'un membre du personnel qui ne la comprend pas[123].

Les responsables catholiques des pensionnats continuent de manifester de l'intérêt pour les langues autochtones dans les années 1950. Les oblats administrent un programme de formation en langue crie au pensionnat Blue Quills, en Alberta, pendant l'année scolaire 1950-1951. Sous la direction de Jean Lessard, qui parle cri, quatre jeunes oblats viennent à l'école pour apprendre le cri auprès de lui et des élèves. Un élève écrit dans le bulletin de l'école, *The Moccasin Telegram* : « Nous serons très heureux lorsque les pères seront capables de parler cri comme nous[124]. » À la fin de l'année, on s'attend à ce que les quatre oblats « se rendent dans les missions de l'Ouest afin de poursuivre la grande mission d'éduquer les masses indiennes ». Avant de réussir le programme, chaque oblat doit célébrer une messe en cri pour les élèves de Blue Quills[125]. Pendant que Lessard dirige le pensionnat, les élèves ont plus d'occasions de parler cri et de participer à ce que l'on juge être, de façon stéréotypée, des danses traditionnelles autochtones. L'un des faits saillants des portes ouvertes du pensionnat Blue Quills au printemps 1951 est, selon les journaux, « les dix petits garçons indiens qui ont revécu le rôle de leurs ancêtres en exécutant une danse de la guerre indienne »[126]. Lors du même événement, Lessard apparaît « vêtu d'un costume complet en peau de daim, comme un chef des Pieds-Noirs ». L'un des élèves explique, en cri, la signification des motifs réalisés en perles de verre sur les vêtements[127]. Cette même année, Lessard porte les vêtements en peau de daim à une assemblée des élèves. Dans le bulletin de l'école, un élève écrit : « Il nous a dit que le costume a été fabriqué par des enfants du pensionnat indien Crowfoot. Il a expliqué le couvre-chef, les gants, la couverture et d'autres parties de son costume. Finalement, il nous a montré un lasso en poil de bison que les Indiens utilisaient jadis pour capturer des chevaux sauvages[128]. »

Au début de l'hiver 1950, Lessard enregistre les chœurs de garçons et de filles qui chantent des cantiques de Noël pour les diffuser dans une émission de radio locale en langue crie[129]. Ils enregistrent également des chansons traditionnelles. Romeo Paul, élève de cinquième année, rapporte : « Nous avons chanté une chanson de danse du hibou, puis nous nous sommes écoutés. Nous avons ri de nous, car nous avions fait quelques erreurs. Nous avons donc recommencé. Nous avons chanté quatre chansons et, cette fois-ci, nous les avons bien chantées[130]. » Cependant, les langues autochtones et l'expression culturelle ne sont tolérées que sous la supervision des missionnaires. L'utilisation générale du cri demeure interdite à l'école, bien qu'il semble que certains oblats cherchent à faire lever l'interdiction. L'un des oblats qui apprend le cri se retrouve d'ailleurs en conflit avec les sœurs au sujet de leur interdiction du cri et leur dit : « Si vous arrêtez de parler français, alors je dirai aux enfants d'arrêter de parler cri[131]. »

Le programme d'un an offert à Blue Quills ne semble pas avoir été répété. Ce n'est que dans les années 1960 que les attitudes ont commencé à changer au sujet de la place que devait avoir la culture autochtone dans les pensionnats. On constate l'effet des changements dans un mémoire que la Conférence catholique canadienne présente cette année-là au Comité spécial mixte du Sénat et de la Chambre des communes sur les Affaires indiennes. Parmi les quatre principaux faits sociologiques évoqués au début du mémoire figure l'importance de

> la persévérance avec laquelle ces collectivités continuent de s'identifier à leur culture indienne. La culture est la sagesse accumulée et le mode de vie des ancêtres, et il coule donc de source que les collectivités indiennes persévérantes élèvent leurs enfants dans la tradition humaine qu'ils connaissent le mieux. La tradition vue de l'extérieur peut être très différente de ce qu'elle était avant Colomb et reflète notre culture de la majorité à divers degrés. Toutefois, dans son essence et pour autant que les collectivités sont concernées, la substance de la culture traditionnelle a été préservée sous forme d'un patrimoine psychologique et spirituel qui caractérise presque toutes les personnes ayant le statut indien et qui sont issues de ce milieu. Les caractéristiques peuvent varier d'un groupe à l'autre et d'une personne à l'autre, mais elles sont, dans une certaine mesure, communes à pour ainsi dire tous les Indiens qui en sont, à juste titre, fiers car elles sont le lien commun qui les unit entre eux et les rattache à leur passé.

Le mémoire catholique n'épouse pas le point de vue que cette culture doit être éradiquée. Il recommande plutôt que des mesures soient prises pour aider les peuples des Premières Nations à apprendre ce qu'il faut savoir « au sujet de leurs situations passées et présente de façon objective et les invite à planifier leur avenir au sein de la communauté canadienne afin qu'ils puissent apporter ce que leur patrimoine culturel a de mieux à notre société commune »[132].

Le deuxième volume de *l'Étude sur les Indiens contemporains du Canada* (mieux connue sous le nom de « Rapport Hawthorn »), rapport commandé par le gouvernement fédéral en 1964 et publié en 1967, porte principalement sur l'éducation. Les auteurs écrivent qu'ils n'ont trouvé :

> de texte proposant que l'enseignement d'écoles maternelles de l'enseignement se fasse dans une langue indienne ou qu'il y ait des cours de langues indiennes. Il est vrai que la chose est plus difficilement réalisable dans les écoles intégrées [par quoi ils entendaient les écoles publiques dans lesquelles les Affaires indiennes payaient pour l'éducation d'élèves indiens] que dans les écoles de réserve, mais il est concevable que même dans les écoles intégrées, les jeunes Indiens améliorent la connaissance écrite et parlée de leur propre langue, même si pour cela, il leur faut suivre des cours spéciaux. La pénurie d'un personnel qualifié dans l'enseignement des langues indiennes est la principale explication de cette lacune importante.
>
> La politique du gouvernement sur la conservation des langues indiennes est ambiguë. Il semble qu'on évite de se prononcer ouvertement sur ce sujet. Cependant par le peu de cas que l'on fait de l'enseignement des langues indiennes dans les programmes de cours, il semble bien qu'on permette que les langues indiennes soient abandonnées au profit de la langue anglaise... et de la langue française (dans le Québec). Le grand nombre des langues indiennes et des dialectes ainsi que la nécessité de l'intégration à la société canadienne pourraient justifier cette mesure[133].

La politique officieuse au milieu des années 1960 est, en d'autres mots, la même que celle que H. M. Jones sous-entendait en 1953 : elle vise la croyance selon laquelle les langues autochtones disparaîtront tout simplement.

Les années suivantes, des améliorations petites, mais importantes sont apportées afin d'intégrer du contenu autochtone significatif. Le Conseil canadien du bien-être, dans son rapport de 1967 portant sur neuf pensionnats de la Saskatchewan, fait état « d'une attention particulière accordée aux liens entre le contenu des cours et la culture indienne » qualifiée « d'imaginative » et d'indicatrice des progrès réalisés « pour faire de l'expérience éducative une expérience significative pour l'enfant indien »[134]. En 1968, le pensionnat catholique de Cardston incorpore la langue pied-noir dans son programme d'enseignement. Joanne Davis, une femme de la région, est embauchée comme assistante spéciale pour la classe de premier niveau. Elle travaille avec des élèves « en utilisant leur langue maternelle pour leur enseigner l'anglais ». Selon le rapport, « elle passe 20 minutes par jour à raconter des légendes aux enfants en pied-noir, puis à discuter avec eux des légendes en pied-noir ». Le spectacle de Noël se déroule en pied-noir, avec des chasseurs au lieu des bergers et un tipi au lieu de l'étable traditionnelle. L'année suivante, les élèves apprennent la langue des signes universelle des Indiens. Dans le cadre de ce cours, les élèves rencontrent des adultes qui leur montrent « les signes qu'ils utilisaient autrefois »[135].

Encore pendant l'année scolaire 1969-1970, seulement sept pensionnats des Affaires indiennes offrent des cours dans les langues autochtones ou utilisent les langues autochtones comme langue d'enseignement[136]. En 1972, le ministère des Affaires indiennes en vient à reconnaître que :

> des difficultés culturelles qui freinent le progrès de nombreux étudiants, et désormais, l'histoire, les traditions et les langues indiennes font partie des programmes des cours. Les professeurs suivent des cours d'enseignement multiculturel et des universités étudient les moyens d'intégrer les langues indiennes dans la vie de l'école. L'année a été marquée par une importante production de matériel audio-visuel, de rubans magnétiques et d'ouvrages de toute sorte, et par des cours portant sur les danses et les arts indiens ainsi que sur la culture des autochtones[137].

Pendant l'année scolaire 1972–1973, un programme de langue crie est lancé dans les écoles de Gordon et Qu'Appelle[138]. En 1974–1975, le nombre de pensionnats des Affaires indiennes offrant une forme quelconque d'éducation en langue autochtone passe à 174[139]. Il convient de souligner une fois de plus que, même si un petit nombre de pensionnats continuent de fonctionner jusqu'à la fin des années 1990, au moment où le programme d'enseignement des langues autochtones est élargi au milieu des années 1970, le gouvernement a déjà entamé le processus de fermeture de la majorité des pensionnats existants.

Le système de demi-journée

Le terme *système de demi-journée* est courant dans les discussions sur les pensionnats du Canada. Il désigne le système dans le cadre duquel les élèves plus âgés suivent des cours en salle de classe pendant une moitié de la journée scolaire et une formation professionnelle pendant l'autre. Bien que les Affaires indiennes recommandent généralement que les écoles suivent un système de ce genre, il n'y a jamais eu de politique officielle du gouvernement qui décrit en détail la façon dont le système doit être mis en œuvre. D'ailleurs, l'existence du système de demi-journée est contraire à la politique générale selon laquelle les écoles doivent adopter et suivre le programme d'enseignement de la province dans laquelle elles sont situées. Aucun programme d'enseignement provincial n'exige que les élèves des écoles primaires consacrent la moitié de la semaine à une formation professionnelle. La politique préconisant de garder les élèves plus âgés hors des salles de classe pendant la moitié de la semaine scolaire concourt à l'un des principaux échecs du système des pensionnats : le fait que les élèves parviennent rarement à atteindre l'année scolaire la plus avancée qui soit offerte avant d'avoir atteint l'âge auquel ils peuvent décrocher.

Outre qu'il fait obstacle à la réussite scolaire des enfants autochtones, le système de demi-journée leur donne rarement une formation professionnelle utile. Les dossiers montrent clairement qu'au lieu d'obtenir une formation qui les aide à acquérir des compétences favorisant l'employabilité, les élèves passent la moitié de la journée à effectuer des tâches répétitives qui contribuent à financer les activités de l'école.

Ainsi, une enquête effectuée en 1946 sur la qualité de la nourriture dans les écoles du Nord-Ouest de l'Ontario, du Manitoba et de la Saskatchewan révèle que, dans le cadre de leur formation, les filles doivent apprendre à éplucher des pommes de terre à la main : « Mais pour ce faire, il n'est pas nécessaire de peler des pommes de terre pour 100 personnes ou plus par jour. En fait, cela fait négliger d'autres aspects de la formation. » L'étude recommande que l'on fournisse aux écoles des épluche-pommes de terre automatiques[140]. En 1948, D. S. Pitts, directeur du pensionnat presbytérien de Kenora, en Ontario, s'en plaint : « Nous croyons que dans un établissement de cette taille, un épluche-pommes de terre est une nécessité. Beaucoup de temps est “gaspillé” pour la “leçon” très élémentaire d'éplucher 100 livres de pommes de terre chaque matin — du temps qui pourrait être mieux mis à profit pour enseigner de meilleures méthodes, comme de vraies leçons de cuisine[141]. »

Les Affaires indiennes sont tout à fait conscientes que la formation professionnelle donnée dans les pensionnats se résume à pas grand-chose. Le rapport annuel des Affaires indiennes de 1942 mentionne : « Des difficultés se présentent dans le choix de professeurs capables de donner une instruction professionnelle profitable aux garçons[142]. » En 1944, R. A. Hoey souligne que, même si les Affaires indiennes ont élaboré un programme de formation professionnelle pour ces écoles, « très peu d'écoles disposent des bâtiments ou de l'équipement nécessaires pour mettre en place ce programme »[143].

Dans un rapport de 1946, le fonctionnaire des Affaires indiennes, A. J. Doucet, évalue les possibilités de formation manuelle qu'offrent différentes écoles du Nord-Ouest de l'Ontario, du Manitoba et de la Saskatchewan. Dans le Nord-Ouest de l'Ontario, il estime que « très peu de formation structurée est offerte ». Les établissements sont mal équipés, ce qui complique l'embauche et le maintien à l'effectif d'enseignants compétents. Au pensionnat de Lestock, en Saskatchewan, l'atelier se trouve dans un vieux bâtiment qui ne suffit pas à la tâche. Celui de Grayson, quant à lui, n'a pas d'atelier convenable. Le pensionnat de Qu'appelle dispose toutefois d'un bon atelier qu'il a rénové par ses propres moyens. Doucet est d'avis qu'un garage situé près du pensionnat de Portage la Prairie, au Manitoba, peut être converti en un établissement convenable et il considère que l'atelier du pensionnat de Sandy Bay, au Manitoba, qui a été réaménagé par les élèves, est en bon état. Cependant, Doucet fait également remarquer que les « enseignants n'ont pas de formation pour ce travail »[144].

En 1947, John House, directeur du pensionnat de Gleichen, en Alberta, se plaint que les Affaires indiennes sont récemment arrivées à la conclusion que :

> la formation professionnelle est plus importante pour les Indiens que les travaux en classe, donc des cours complets de menuiserie, de ferronnerie, de ferblanterie, de travail du cuir, de production laitière, de couture, d'économie

> domestique, de cuisine, de garde de chèvres et plusieurs autres nous ont été imposés. Ces cours ont été rendus obligatoires et des rapports mensuels sur ceux-ci doivent être envoyés au Ministère. Il faudrait un effectif d'environ 30 employés pour se charger de l'instruction technique et de l'exécution des travaux nécessaires pour enseigner toutes ces spécialités, et aucune école canadienne technique ou publique a jamais essayé d'entreprendre un programme aussi ambitieux.

Il affirme que cette politique fera baisser l'importance que l'on accorde aux études en salle de classe, ce qui incitera les parents à se plaindre qu'ils veulent que leurs enfants soient en « salle de classe tout le temps comme les enfants blancs »[145].

En 1957, la formation professionnelle dans les pensionnats administrés par les Affaires indiennes dans le Sud du Canada demeure limitée. Des 66 pensionnats :

- quarante-neuf enseignent l'économie domestique (cuisine, couture, entretien ménager);
- quarante-sept enseignent la menuiserie;
- vingt-cinq enseignent la ferronnerie;
- vingt et un enseignent la mécanique automobile;
- onze enseignent le soudage;
- quatre enseignent la cordonnerie;
- trois enseignent la mécanique agricole et domestique.

La menuiserie est la seule formation professionnelle donnée dans plus de la moitié des écoles[146]. Le rapport du Conseil canadien du bien-être de 1967 sur neuf pensionnats de la Saskatchewan constate : « Le programme d'études est axé sur le travail en salle de classe et ne comporte pas de formation professionnelle, sauf des cours de menuiserie et d'économie domestique offerts aux plus âgés, garçons et filles, à raison d'une demi-journée par semaine[147]. »

En 1940, l'inspecteur des écoles de la Colombie-Britannique, G. H. Barry, écrit qu'il lui semble que neuf filles du pensionnat de Lytton, en Colombie-Britannique, qui suivent des cours d'économie domestique ne reçoivent aucune formation en salle de classe. Il se plaint que « même si les enfants indiens ont hâte de passer ne serait-ce qu'un peu de temps en salle de classe », le directeur exclut les plus âgés des cours en salle de classe. Barry poursuit en disant : « J'entends, encore et encore, des plaintes selon lesquelles on refuse aux enfants le travail en salle de classe et, par conséquent, ceux-ci ne veulent pas rester à l'école. De temps à autre, un enfant s'enfuit pour cette raison[148]. »

Des parents protestent contre le surmenage de leurs enfants. Lorsqu'un agent de la Gendarmerie retrouve Wilfred Deiter, un fugueur du pensionnat File Hills, en Saskatchewan, en 1940, son père dit qu'il ne veut pas que son fils retourne à l'école. Selon lui, Wilfred « ne fait aucun travail en salle de classe; il fait du travail à l'extérieur, comme transporter du foin, couper du bois et d'autres travaux manuels ». Il estime que son fils « ne reçoit pas une meilleure éducation à l'école qu'à la maison »[149].

À l'occasion d'une réunion du Conseil de l'agence indienne de Stony, les membres de bande présentent une longue liste des motifs pour lesquels plus de 40 enfants n'ont pas été placés au pensionnat. La principale raison est liée à la quantité de travail que les élèves doivent abattre et au peu de temps qu'ils passent en salle de classe. On relate à la réunion que lorsqu'un garçon a demandé à un membre du personnel de l'école : « Combien d'argent vais-je recevoir pour travailler des demi-journées pour faire les corvées à l'école? », on lui a répondu : « Tu ne recevras rien. Tu travailles pour tes vêtements. » Lorsqu'un membre de bande demande à une fille si elle reçoit une bonne éducation au pensionnat de Morley, elle répond : « Nous, les filles plus âgées, n'avons pas été en salle de classe depuis deux ans. » Un père dit qu'après avoir passé huit ans à l'école, une de ses filles a passé ses dernières années au pensionnat à faire des corvées. Il affirme qu'il hésite à envoyer son fils de huit ans à l'école, craignant que « lorsqu'il sera assez vieux, on lui fera faire des corvées, alors qu'il devrait étudier comme les enfants blancs »[150]. Ces inquiétudes sont confirmées par l'inspecteur local des agences indiennes, G. H. Gooderham, qui écrit : « Il n'y a pas d'enseignants; le travail en salle de classe est très rudimentaire, car le directeur et le surveillant doivent enseigner, en plus de s'acquitter de leurs autres tâches[151]. »

La pénurie de main-d'œuvre rurale créée par l'enrôlement en temps de guerre dans les années 1940 offre des possibilités d'emploi aux élèves plus âgés des pensionnats. Bon nombre d'élèves estiment que s'ils sont forcés de passer leurs journées à faire des travaux agricoles, on n'a qu'à les payer. La mère de l'un des garçons qui se sont enfuis du pensionnat Mount Elgin, en Ontario, au printemps de 1943, demande que son fils soit autorisé à quitter le pensionnat lorsqu'on le retrouvera. Elle affirme que « chaque fois qu'il s'est enfui et qu'on l'a retrouvé, le directeur du pensionnat lui a infligé une sévère correction, mais il a dit que ça ne le fera pas rester ». La dernière fois qu'elle l'a vu, il lui a dit qu'« il aimerait mieux quitter l'école ou travailler dans une ferme »[152]. Les Affaires indiennes voulaient que l'enfant soit autorisé à partir, mais le directeur du pensionnat Mount Elgin, Oliver Strapp, est d'avis que le gouvernement devrait poursuivre les fermiers qui embauchent des fugueurs au motif qu'ils emploient des mineurs[153]. Le fonctionnaire des Affaires indiennes, R. A. Hoey, rejette l'idée[154]. La situation au pensionnat Mount Elgin aboutit à une crise à l'automne 1944. Selon le successeur de Strapp, S. H. Soper, le travail agricole incombe à un nombre décroissant d'élèves, qui, pour la plupart, sont âgés de moins de 12 ans. Il écrit qu'avec l'aide « d'un garçon de 16 ans et de sept garçons âgés de 9, 10 et 11 ans », l'école a récolté 160 tonnes de foin, 500 boisseaux d'avoine, 350 boisseaux de blé et 200 boisseaux d'orge. Les mêmes élèves se sont occupés également de 55 têtes de bétail et de 40 porcs. Au total, il n'y avait que 65 élèves — car un seul nouvel élève a été recruté cette année-là. L'école, dit-il, a besoin de 120 élèves pour assurer sa rentabilité. Soper plaide : « Nous avons besoin de plus d'élèves et nous devons avoir plus d'élèves âgés de 12 à 17 ans[155]. » Hoey, toutefois, n'a aucun espoir que le nombre d'inscriptions augmente avant la fin de la guerre[156]. L'enquête *Survey of Indian Education on Reserves in Western Ontario* mentionne que dans les pensionnats, « les élèves qui sont capables d'effectuer des travaux à la ferme et dans la maison doivent travailler plus qu'ils ne le devraient ». Le problème est aggravé par le jeune âge de la majorité des élèves[157].

Non seulement le travail est-il un fardeau, mais il reste également dangereux. Le rapport de 1946 de la Commission d'enquête sur le travail des Indiens de l'Église anglicane, qui s'est penchée sur les conditions dans les pensionnats, reconnaît ce qui suit :

> Un médecin associé aux Affaires indiennes affirme qu'il ne croit pas qu'il soit raisonnable ou sage d'attendre des élèves qu'ils effectuent toutes les lourdes tâches qui résultent du fonctionnement d'un établissement de taille considérable pendant qu'ils poursuivent en même temps leurs études dans une langue qui n'est pas la leur. En fait, il considère que cette situation est un réel danger pour la santé.

Les anglicans recommandent que les élèves « soient exemptés de tout travail pénible. Les heures de travail dans bon nombre de pensionnats devraient être réduites sur-le-champ et on devrait augmenter les heures consacrées aux études et aux loisirs[158]. »

Le système demeure en place pendant au moins cinq ans de plus. Le risque que ces travaux représentent pour la santé des élèves est bien réel pendant cette période. Au pensionnat de Brandon, un garçon de 12 ans qui travaille dans l'étable perd tous les doigts d'une main quand il se coince la main dans une poulie utilisée pour soulever le foin jusqu'au fenil. Lorsqu'il déclare l'accident, le directeur R. T. Chapin insiste sur le fait que le garçon, Kenneth Smith, « jouait apparemment avec la corde pendant qu'elle défilait ». Les détails de l'accident, qui s'est produit le 10 juillet 1941, ne sont pas communiqués aux Affaires indiennes jusqu'au 10 septembre de la même année[159].

En 1942, les Affaires indiennes reçoivent une facture de 350 $ pour le traitement à l'hôpital de Christine Nichols (on trouve aussi la graphie Christina Nicholas), qui a été hospitalisée à la suite d'une blessure qu'elle a subie pendant qu'elle travaillait dans la buanderie du pensionnat de Shubenacadie, en Nouvelle-Écosse. Comme il n'a pas été informé de l'accident, R. A. Hoey est surpris de recevoir la facture[160]. En réponse à la demande de Hoey qu'on lui soumette un rapport complet, le directeur du pensionnat de Shubenacadie, J. P. Mackey, explique que la jeune fille réchauffait ses mains sur une machine à repasser (qui utilise des rouleaux chauffants pour repasser les vêtements) un froid matin de décembre de l'année précédente, lorsque l'une de ses mains s'est coincée dans la machine. Elle n'est revenue de l'hôpital qu'en avril 1942, « avec la main bandée et les doigts encore raides et pliés vers la paume de la main ». Selon Mackey, à la fin du mois de mai, elle était « capable de saisir un objet avec sa main ». Mackey, qui ne rate jamais l'occasion de se plaindre de ce qu'il perçoit comme étant la paresse des gens des Premières Nations, ajoute : « Lorsqu'elle était à l'hôpital, nous avons entendu dire que les médecins étaient plutôt mécontents parce qu'elle ne faisait pas les exercices avec sa main et que l'on mettait à l'essai également un certain nombre de méthodes expérimentales. Mais ce ne sont que des ouï-dire qu'il faut prendre comme tel[161]. »

Le 16 avril 1949, Rodney Beardy, âgé de 15 ans, est l'un des quatre garçons qui reviennent de la ferme du pensionnat de Brandon pour le repas du midi. Ils sont assis sur un tracteur conduit par un élève de 15 ans. Lorsque le véhicule descend une colline, Beardy, qui est assis sur le garde-boue gauche, tombe et se fait écraser par la roue arrière gauche. Il meurt avant que le personnel de l'école soit appelé sur place[162]. Le secrétaire des Affaires indiennes, T. R. L. MacInnes, écrit : « Il me semble que les responsables des pensionnats devraient prendre de grandes précautions pour veiller à ce que les jeunes garçons ne soient pas exposés à des accidents en utilisant des machines de ce genre[163]. »

Deux garçons de l'école de Birtle, au Manitoba, sont blessés dans un accident de camion en 1942. D'après la correspondance des Affaires indiennes, il semble que l'accident ait impliqué un camion transportant 70 garçons de l'école jusqu'aux champs afin qu'ils y effectuent des travaux agricoles. Le fonctionnaire des Affaires indiennes, R. A. Hoey, reproche au directeur d'avoir autorisé une telle pratique, faisant remarquer « qu'il est presque inconcevable que le directeur autorise le transport de 70 élèves dans un seul camion »[164].

George Breast, un élève du pensionnat d'Edmonton, en Alberta, perd un pied en 1944 dans un accident qui se produit pendant qu'il utilise une désileuse à couteau vibrant (une machine utilisée pour la préparation de fourrage)[165]. En 1953, Marlene Milliken doit être soignée dans un hôpital après s'être blessée en utilisant une machine à couper le pain manuelle au Mohawk Institute de Brantford, en Ontario[166].

Le recours exagéré au travail des pensionnaires se poursuit dans les années 1950. L'inspecteur C. A. F. Clark conclut que l'année scolaire 1949-1950 au pensionnat de Brandon, au Manitoba, a mal commencé. Au cours des premières semaines, dit-il, « l'accent devrait être mis sur des jeux amusants », mais le directeur, Oliver Strapp, commence immédiatement le système de demi-journée. En octobre, on n'a toujours pas projeté de film à l'école et les cours d'éducation physique ne commenceront pas avant l'Action de grâces[167]. En 1952, les garçons de la cinquième à la septième année du pensionnat de Brandon font des travaux manuels quatre demi-journées par semaine, tandis que les filles de la quatrième à la septième année s'attèlent à des tâches domestiques quatre demi-journées par semaine. Philip Phelan, surintendant de l'éducation pour les Affaires indiennes, fait savoir à Strapp que d'après lui, ces tâches représentent « un pourcentage de temps des élèves déraisonnablement élevé », en particulier parce que la majorité des pensionnats ont abandonné le système des demi-journées[168]. Strapp répond que l'école dépend économiquement de la ferme. Soucieux de réduire le travail des élèves, il a investi dans la technologie agricole. Il souligne qu'il est essentiel d'avoir une ferme qui fonctionne bien, compte tenu de la modicité de la subvention proportionnelle au nombre d'élèves versée par le gouvernement. Si le gouvernement souhaite que le travail agricole cesse, tout ce qu'il lui suffit de faire, écrit-il, est d'augmenter la subvention[169].

En 1952, Phelan écrit à l'inspecteur régional des pensionnats indiens de l'Alberta, L. G. P. Waller, pour obtenir de l'information sur la quantité de travail effectué par les élèves au pensionnat anglican de Cardston, en Alberta. La question a été soulevée par des parents lors d'une récente réunion, mais Phelan dit que le Ministère ne peut pas prendre de mesures « sans avoir d'information précise sur le temps consacré au travail en salle de classe que perdent les élèves, ainsi que sur l'âge et l'année scolaire de ces élèves ». Cette déclaration est, en fait, un aveu que les Affaires indiennes n'ont pas de politique sur cette question et ne suivent pas la quantité de travail que les élèves sont obligés de faire[170]. Waller répond que même s'il y a de nombreux exemples de surcharge de travail au pensionnat anglican de Cardston, il croit qu'il vaut mieux « s'attaquer au principe sur lequel le système repose plutôt que d'en montrer les exemples horribles ». Il signale qu'à son avis, l'approche du directeur Pitts ressemble quelque peu à celle qui a cours au tristement célèbre « Dotheboys Hall » dans le roman *Nicholas Nickleby* de Charles Dickens. Selon Waller, à l'école de Cardston :

> Tous les enfants à partir de la troisième année effectuent des travaux agricoles et domestiques chaque jour hors des heures de cours, et chaque enfant de la troisième à la huitième année passe deux demi-journées qui devraient être consacrées à l'enseignement à ces mêmes corvées.
>
> Les corvées quotidiennes commencent à 6 h 45 pour les garçons, qui doivent traire les 12 vaches du troupeau laitier et nourrir les cochons et les poulets. Les filles, quant à elles, effectuent des corvées domestiques dans la cuisine et les dortoirs.

Waller se préoccupe particulièrement du fait que :

> des enfants sont affectés individuellement ou en groupe à chaque membre du personnel chaque jour pour les corvées quotidiennes, de sorte que les membres du personnel deviennent des superviseurs et les enfants font le travail. L'ingénieur fait pelleter le charbon et alimenter la chaudière par les garçons; l'assistant agricole supervise la traite des vaches, l'alimentation des animaux et les travaux dans l'étable; la surveillante supervise les travaux domestiques des filles, etc. Les enfants de l'école servent de domestiques au personnel. On leur trouve sans cesse du travail à faire. Le travail dans l'établissement est organisé de façon à garder les enfants occupés chaque jour. La lessive, par exemple, est étalée sur toute la semaine au lieu d'être effectuée le lundi[171].

En 1952, des responsables du gouvernement encouragent les directeurs à abandonner le système de demi-journée. Cette année-là, l'inspecteur G. H. Marcoux écrit, au sujet du pensionnat de Portage la Prairie, au Manitoba, que son « système de demi-journée est encore suivi pour les enfants des années les plus avancées (de la sixième à la huitième année). On attend de ces élèves qu'ils fassent les mêmes études que les élèves blancs, mais en la moitié moins de temps. Je recommande fortement que le système soit aboli. » Philip Phelan est d'accord et demande au fonctionnaire des Affaires indiennes, R. S. Davis, du Manitoba, de parler avec le directeur de l'école pour qu'il abandonne la pratique[172]. Le même mois, Marcoux signale qu'au pensionnat de Sandy Bay, au Manitoba, le système de demi-journée est en train d'être remplacé par un système dans le cadre duquel les élèves « manquent une demi-journée par sept jours d'école »[173].

En janvier 1953, les Affaires indiennes élaborent un ensemble de règles pour les pensionnats, dont une disposition selon laquelle « chaque élève d'un pensionnat doit recevoir une éducation en salle de classe d'une durée égale au nombre d'heures par semaine exigées par le programme d'enseignement »[174]. Cette politique est à la fois une reconnaissance tacite du fait que, par le passé, les élèves n'ont pas passé suffisamment de temps en salle de classe et une directive de ne pas recourir au système de demi-journée.

Il faudra toutefois des ressources supplémentaires pour mettre fin au système de demi-journée. Les écoles auront non seulement besoin d'un financement plus important pour compenser la perte de main-d'œuvre étudiante, mais elles auront également besoin de plus de salles de classe et d'enseignants[175]. L'un des fonctionnaires des Affaires indiennes décrit l'abolition du système de demi-journée comme le passage « du système d'écoles industrielles au système scolaire provincial » — un passage qui a pour conséquence que « l'espace dans les salles de classe du pensionnat d'Edmonton est... inadéquat ». Les Affaires indiennes réussissent à repousser la construction de nouvelles salles de classe en envoyant les élèves recevoir un enseignement dans une école publique de l'endroit[176].

Le simple fait que les élèves sont désormais tenus par le règlement de passer la journée entière en classe n'empêche pas qu'on les fasse encore travailler dans les écoles. Un rapport de 1956 sur l'éducation des Premières Nations au Canada signale que dans les pensionnats :

> la pratique est d'attribuer des corvées aux garçons et des tâches ménagères aux filles. Même si ces tâches sont nécessaires au fonctionnement de l'établissement, elles ne sont pas directement liées aux activités d'éducation. Au bout du compte, ces tâches domestiques et ces corvées deviennent un fardeau et éveillent chez les élèves du ressentiment plutôt qu'un sain respect de celles-ci.

Le rapport indique également que la formation professionnelle est souvent reléguée aux sous-sols et aux dépendances. Selon les auteurs, cela n'aide guère « à conférer un prestige scolaire à ces volets de l'enseignement ou à éveiller l'intérêt des élèves ou à les faire réagir »[177].

En 1957, K. Kingwell, le directeur de l'école publique de Lytton, en Colombie-Britannique, se plaint que les élèves de la résidence de Lytton qui fréquentent son école ont du mal à suivre le rythme d'apprentissage. Il attribue ce problème aux corvées que ces élèves doivent effectuer avant et après l'école. Il demande au responsable des Affaires indiennes : « Quels seraient vos résultats scolaires si l'on vous tirait du lit à 5 h pour faire des travaux pénibles jusqu'à 7 h ou 8 h 30, après quoi vous iriez à l'école jusqu'à 15 h 30 et retourneriez à vos corvées de 16 h à 18 h avant le souper?[178] »

Après s'être enfui du pensionnat de Birtle, au Manitoba, en 1959, Sam Ross dit au responsable des Affaires indiennes, J. R. Bell, qu'il souhaite poursuivre ses études, mais qu'il a été forcé d'y travailler « trop dur ». Il raconte que l'année précédente, de septembre à Noël, il a travaillé à l'étable de l'école chaque jour « de 6 h à 7 h, puis de 8 h à 9 h, de nouveau pendant la récréation, ensuite de 16 h à 18 h et, finalement, il devait remplir la chaudière de charbon à 22 h avant d'aller se coucher ». Ross affirme qu'il « aime l'école, mais il n'aime pas travailler comme un ouvrier ». Il est le premier de sa classe de neuvième année à Noël avec une moyenne de 78,8. Bell recommande que l'on enquête sur la quantité de travail effectué par les élèves au pensionnat de Birtle[179].

Bell soulève le problème encore une fois en octobre lorsqu'un autre garçon de l'agence de Le Pas s'enfuit du pensionnat de Birtle. Fred Nasecapow affirme qu'il s'est enfui parce qu'il « n'est pas allé à l'école pour devenir un travailleur agricole ». En plus de suivre les cours en salle de classe, dit-il, il doit travailler trois heures par jour à la ferme. En faisant son rapport sur le cas, Bell fait remarquer que dans le Nord du Manitoba, Nasecapow est perçu comme un « travailleur consciencieux et fiable »[180].

Des exemples de travail d'élèves continuent de faire surface. En 1963, le directeur du pensionnat catholique de Kenora décide de sortir de la salle de classe plusieurs filles âgées de 15 ans qui, à son avis, n'ont aucun avenir scolaire, pour en faire des assistantes de l'école. Le Ministère doit alors intervenir, car le règlement provincial stipule que les enfants doivent fréquenter l'école jusqu'à ce qu'ils atteignent l'âge de 16 ans[181]. En 1975, la résidence de Mission, en Colombie-Britannique, commence à faire effectuer par des élèves plus âgés des tâches dans la cuisine, du travail de bureau et la supervision des élèves plus jeunes. Contrairement à ce qui s'est fait par le passé, ces élèves sont rémunérés pour leur travail. Toutefois, la raison pour laquelle la résidence doit recourir aux élèves n'est pas nouvelle : les salaires qu'elle offre sont trop bas pour attirer qui que ce soit d'autre[182].

La vie en salle de classe

Comme des centaines d'enseignants travaillent dans les salles de classe d'un bout à l'autre du pays depuis plus d'un siècle, il est difficile de faire des généralisations sur les expériences vécues dans les salles de classe de l'ensemble du système. Les relations que font les enfants de leurs expériences scolaires sont reproduites en détail ailleurs dans le présent rapport. Il est important de reconnaître que bon nombre d'élèves, tant dans leurs mémoires que dans les déclarations qu'ils ont faites devant la Commission de vérité et réconciliation, parlent en termes élogieux de l'influence que certains professeurs ont eue sur leur vie.

Dans ses mémoires, Jane Willis loue le directeur adjoint de l'école publique de Sault Ste. Marie qu'elle a fréquentée lorsqu'elle vivait à l'Institut Shingwauk. Lorsqu'elle s'inscrit à l'école, le directeur adjoint Weir lui dit qu'elle peut le considérer comme un ami. « Je n'en ai pas cru un mot, bien entendu, mais au fil des années que j'y ai passées, il a prouvé qu'il voulait sincèrement m'aider. Il m'a encouragée lorsque j'avais envie d'abandonner. Personne au pensionnat indien ne s'est intéressé à moi d'aussi près et j'en suis venue à le considérer comme mon deuxième grand-père[183]. »

Bon nombre d'années après avoir quitté le pensionnat de Shubenacadie, en Nouvelle-Écosse, Rita Joe, qui à l'âge adulte a été honorée à l'échelle nationale pour sa poésie, a rendu visite à l'un de ses anciens enseignants; ils se sont embrassés et ont fondu en larmes. Elle dit de cette rencontre : « Il est vrai que bien des choses déplorables se sont produites, mais il en est également sorti beaucoup de bien[184]. »

Il n'est cependant pas permis de douter que les attitudes hostiles, les faibles attentes et la réglementation excessive se sont liguées pour saper la mission éducative des écoles. En 1945, Philip Phelan, le chef de la division de la formation des Affaires indiennes, attire l'attention sur la faible performance éducative du pensionnat d'Hobbema. Dans une lettre au directeur, il fait remarquer que plusieurs garçons ne sont qu'en troisième année après avoir passé quatre ans à l'école. L'un d'eux n'est qu'en première année après trois années à l'école, tandis qu'un autre qui a passé dix ans à l'école n'est qu'en cinquième année. « Tout élève, écrit-il, qui a besoin de dix ans pour avancer à la cinquième année est indubitablement mécontent[185]. » Deux ans plus tard, le directeur du pensionnat d'Hobbema, Gérard Labonté, donne la description qui suit des progrès réalisés en éducation au pensionnat l'année précédente :

> Il est assez difficile d'avancer quoi que ce soit de précis, car il y a tellement d'obstacles qui empêchent les enfants d'être véritablement dans le bon milieu pour apprendre quelque chose. En général, il est juste de dire qu'ils sont plutôt lents à prendre l'habitude de parler anglais entre eux. Et sans la pratique, ils ne l'apprendront jamais suffisamment pour le parler couramment.
>
> Les filles apprennent mieux et plus rapidement que les garçons. Les garçons, en général, lorsqu'ils atteignent l'âge de 13 ou 14 ans, deviennent en quelque

> sorte paresseux, indifférents, voire lunatiques, et la salle de classe n'a plus aucun sens pour eux. C'est la seule raison pour laquelle je les envoie passer des demi-journées dehors.

Il pense que les filles avancent à grands pas dans la formation professionnelle et acquièrent des compétences domestiques comme la cuisine, la couture et le tricot. Les garçons, toutefois, dit-il, ne veulent pas apprendre. Quelques-uns se sont enfuis avec les chevaux. « Nous devons punir les enfants pour une raison ou une autre, les parents prennent leurs enfants sans raison. » Il a prévu un budget de 250 $ par mois au total pour un effectif de 15 religieuses, dont cinq sont des enseignantes. L'une de ces dernières possède un diplôme d'études secondaires et un diplôme de l'Université Laval de Montréal. Trois autres sont en train de finir leur dixième année en suivant des cours par correspondance. Le rapport annuel ne fournit pas d'information sur le niveau de scolarité de la cinquième enseignante, à qui on a confié la « classe des plus jeunes »[186]. Les parents s'opposent à la façon dont Labonté traite les enfants et écrivent à un haut responsable des oblats pour lui demander de le remplacer. « Il ne nous aime pas, nous les Indiens. Il n'est pas aimable avec qui que ce soit d'entre nous et il impose de nombreuses règles de toutes sortes dans cette école qui déplaisent aux parents[187]. »

Au pensionnat d'Hobbema, en décembre 1964, 19 ans après que Phelan a soulevé la question du manque de réussite scolaire à l'école, R. F. Davey, directeur adjoint de l'éducation des Affaires indiennes, demande pourquoi il semble que plus de 60 % des élèves de sixième année du pensionnat ont décroché à la fin de l'année scolaire précédente[188]. Une enquête révèle qu'en réalité, 44 des 86 élèves de sixième année ont avancé à la septième année. Quant aux autres, seulement 13 d'entre eux ont quitté le pensionnat. L'inspecteur souligne : « La promotion de 44 des 82 élèves [il utilise le nombre 82 plutôt que 86, car la situation de quatre élèves est incertaine] est évidemment bien inférieure à ce qui serait considéré comme tolérable dans n'importe quel système scolaire provincial. » Ce piètre résultat est attribué, en partie, à une épidémie de diphtérie qui a sévi à l'école l'année précédente et, d'autre part, à la « pratique de faire des “promotions sociales” de la deuxième à la sixième année, qui sont suivies d'une évaluation sévère de la progression individuelle à la fin de la sixième année, avec le résultat que seuls ceux qui semblent prometteurs sont autorisés et encouragés à essayer la septième année ». On a bon espoir que des améliorations seront apportées par le nouveau directeur et l'enseignant principal, qui sont « bien plus au fait des enjeux et des problèmes fondamentaux de l'éducation (plutôt que religieux) que leurs prédécesseurs »[189].

Une feuille de promotion de juin 1964 du pensionnat de Fraser Lake, en Colombie-Britannique, brosse un sombre tableau des attitudes officielles. L'enseignant estime que sur les 32 élèves de septième et huitième année, cinq sont inaptes, tandis que les autres sont « lents », « très lents », « pas très brillants », « troublés émotionnellement », « trop instables pour réussir beaucoup de choses », ont une « vie instable à la maison », ont « de la difficulté en mathématiques », « ne s'appliquent pas », « ne travaillent pas à leur pleine capacité », « ne veulent pas travailler », « n'ont pas un bon fondement » ou « ont passé deux ans en septième année ». Du côté positif, un élève a « une bonne moyenne », un autre « promet de s'améliorer », d'autres sont « apte », « moyen », « ambitieux », un autre encore est « le plus apte de toute la classe » et on dit d'une élève qu'elle travaille avec tant d'acharnement qu'elle « pourrait réussir », même si elle est « inapte » et « lente »[190].

Richard King, qui a enseigné au pensionnat de Carcross, au Yukon, au début des années 1960, croit que la vie rigoureusement réglée du pensionnat détruit le désir d'apprendre des élèves. Il relève que pendant les premières années qu'ils passent au pensionnat, les élèves « sentent qu'ils apprennent ». Toutefois, « lorsque les élèves en sont à leur troisième année à l'école, ils cèdent tout bonnement à la routine, considérant que c'est la façon la plus simple de composer avec l'existence. Le désir d'apprendre pour apprendre s'est éteint et a été remplacé par une tactique de diversion programmée. » Les élèves savent qu'ils sont contrôlés, ce qui les contrarie, et ils conçoivent des stratégies pour déjouer ceux qui cherchent à les contrôler[191].

Dans ses mémoires, Harold Cardinal écrit :

> Le pensionnat réussissait à arracher au jeune Indien morceaux par morceaux tout l'esprit d'initiative qu'il pouvait avoir au moment de ses débuts scolaires. Le code de discipline prenait toute la place et son application était sévère. Dans un tel entourage l'étudiant ne pouvait faire autrement que de toujours vivre au pas. À la sortie de l'école, il était incapable de fonctionner dans un monde où, pour survivre, l'initiative était indispensable[192].

Du temps qu'il a passé à Fort Providence, dans les Territoires du Nord-Ouest, Albert Canadien retient que la formation religieuse occupait la place d'honneur, à un point tel qu'il conclut : « Je crois que la véritable éducation passait en deuxième[193]. » Il se rend compte, en particulier, qu'on ne l'a jamais encouragé à remettre en question ou à contester quoi que ce soit[194]. Selon Alice Blondin-Perrin, l'une des surveillantes du pensionnat de Fort Resolution (également dans les Territoires du Nord-Ouest) « semblait résolue à détruire mes valeurs et à éradiquer la confiance en moi. Je suis devenue récalcitrante. Toutefois, quand je délaissais son entourage et que je me trouvais en présence d'autres Sœurs ou Prêtres, je redevenais la parfaite petite fille. J'ai appris à me complaire avec celles que je trouvais gentilles. J'ai appris à les manipuler, de même que moi-même[195]. » Theodore Fontaine, qui a subi des sévices sexuels lorsqu'il fréquentait le pensionnat de Fort Alexander, au Manitoba, écrit dans ses mémoires : « En revenant sur mes années sur les bancs de l'école, je garde un bon souvenir de certaines sœurs, de certains prêtres et d'autres personnes qui, je crois, étaient vraiment là parce qu'elles pensaient qu'elles pouvaient nous aider à nous adapter à un mode de vie qui nous était étranger.[196] » Cependant, il décrit également le programme non officiel de l'école comme suit : « Berner l'autorité a fini par être un moyen de tromper l'ennui et défier l'autorité est devenu pour moi une façon de vivre à l'âge adulte… la vie de pensionnat nous a bien montré comment être rusés, fourbes et méfiants[197]. »

Dans son rapport de décembre 1945 sur les pensionnats anglicans et catholiques de la réserve des Pieds-Noirs, G. H. Gooderham constate :

> Il semble toujours manquer quelque chose au travail en salle de classe. Cela est peut-être attribuable au manque d'intérêt des élèves, mais il est tellement facile pour un enseignant de se laisser aller à la routine et de ne pas avoir cette étincelle dont les enfants ont tellement besoin pour conserver leur intérêt et leur enthousiasme. Les enfants indiens adorent chanter et ils sont de bons chanteurs. Nous devons avoir un peu plus recours à la psychologie pour nous rapprocher du résultat souhaité[198].

Il y a également eu de nombreuses évaluations favorables de l'enseignement. Dans un rapport de 1949 sur une enseignante du pensionnat Pine Creek, au Manitoba, un inspecteur des Affaires indiennes a ceci à dire au sujet de sœur Louis-Philip :

> [elle] enseigne de façon très plaisante. Elle est douée du joyeux talent de voir le côté humoristique des situations qui se présentent. On le constate en voyant sa classe heureuse et satisfaite. On y connaît sur le bout des doigts la géographie, surtout celle du Canada. Une période d'une demi-heure par jour est consacrée à l'histoire et la géographie. Les compétences en lecture sont bonnes dans les classes de quatrième, cinquième et sixième année et passables dans la classe de septième année. Les compétences en mathématiques ne sont que passables dans toutes les classes.

L'évaluation révèle également les attentes limitées que les enseignants et le personnel entretiennent à l'égard de leurs élèves autochtones : « Il semble être très difficile d'enseigner beaucoup d'arithmétique aux enfants indiens[199]. »

En 1956, un inspecteur provincial décrit les élèves d'une classe de l'école de Grayson, en Saskatchewan, comme étant éveillés et intéressés et les méthodes d'enseignement comme judicieuses : « Le travail qui se fait ici devrait être très satisfaisant[200]. » Un rapport de 1948 sur une enseignante de l'école de Cluny, en Alberta, affirme : « Sœur Eulalia manifeste un intérêt très sincère et consciencieux pour son travail. Elle a consacré du temps à la planification et à la préparation quotidiennes des leçons ainsi que de travaux que les élèves peuvent faire à leur pupitre [travail en salle de classe][201]. » Dans une inspection effectuée en 1951 du même pensionnat, on fait état que « l'on a obtenu du bon personnel enseignant. Le travail qui se fait dans les différentes classes est bien planifié et organisé. Les activités en classe se déroulent rondement[202]. » Un rapport de 1954 est tout aussi élogieux à l'égard de toute l'école. L'inspecteur des écoles, L. G. P. Waller, écrit qu'il a « toutes les raisons d'espérer qu'aucun enfant normal ne partira de cette école avec moins d'une huitième année et que 75 % des élèves auront une neuvième année ou mieux. Cette progression est le fruit de moins d'absentéisme, du programme de journée complète, d'une politique d'avancement éclairée, d'un personnel enseignant hautement qualifié et d'un programme d'enseignement plus attrayant »[203].

Un rapport de 1954 sur une enseignante du pensionnat de l'île Christie (Gertrude Lagarde), souligne qu'elle possède un brevet d'enseignement de première classe du Québec et la complimente sur « sa créativité et son ingéniosité ». L'inspecteur A. V. Parminter, que la hiérarchie catholique a tendance à considérer avec méfiance, fait remarquer que « les enfants rechignent à partir à la fin du cours et ont hâte de revenir après la récréation »[204].

Les administrateurs des écoles n'acceptent pas toujours la validité du jugement des inspecteurs. En réponse à la recommandation que l'inspecteur G. H. Barry formule en 1940 que les écoles catholiques de la Colombie-Britannique emploient des enseignants plus qualifiés, l'oblat G. Forbes écrit que Barry est « un idiot et un pion ». À son avis, on n'a pas besoin de professeurs plus qualifiés, mais d'un inspecteur plus compétent[205].

Réaction des parents

Les parents réagissent à la mauvaise qualité de l'enseignement de diverses façons : ils essaient de faire congédier des enseignants, ils tentent de sortir leurs enfants de l'école, ils font du lobbying en faveur des externats, et dans au moins un des cas, ils essaient même l'éducation à domicile.

En juillet 1949, les parents de la bande de Kahkewistahaw demandent par une pétition au gouvernement fédéral de retirer une enseignante du pensionnat Round Lake, en Saskatchewan. Ils soutiennent que « les bulletins des enfants sont très peu satisfaisants, les pires qu'on ait jamais reçus, et elle maltraite trop les enfants »[206]. Bien que le responsable des Affaires indiennes, J. P. B. Ostrander, s'oppose au remplacement de l'enseignante, il déclare qu'elle garde une lanière de cuir bien en vue dans sa classe et dit que « si elle ne l'utilise pas pour donner des punitions, elle l'expose tout de même comme menace de punition, ce qui ne favorise pas l'harmonie dans la classe »[207].

À l'occasion d'une réunion du Conseil de l'agence indienne de Stony, les membres de bande demandent un externat pour que leurs enfants n'aient pas à être envoyés au pensionnat de Morley, en Alberta[208].

En mars 1948, George Good Dagger (ou Gooddagger) présente une plainte devant le Conseil indien des Gens-du-Sang selon laquelle il a été frappé par le directeur du pensionnat catholique de Cardston, P. A. Charron, lorsqu'il a essayé de sortir son fils de l'école. La version de l'incident de Charron est qu'il a pris des mesures pour empêcher Good Dagger de sortir son enfant de l'école et que l'homme est devenu violent. Charron a ensuite essayé de l'expulser de l'école par la force et, selon Charron, les deux hommes en sont venus aux mains. L'agent des Indiens informe le conseil de bande qu'il a mis en garde Charron de ne pas permettre qu'un autre conflit de ce genre se reproduise. Good Dagger accepte d'oublier l'affaire et le conseil insiste pour que l'on écrive dans les dossiers que « ce n'est pas la première fois que le père Charron frappe un Indien »[209].

Le mécontentement à l'égard des pensionnats catholiques ainsi qu'anglicans de Cardston à l'automne de 1948 pousse les parents de la réserve des Gens-du-Sang à demander un externat dans la réserve. Chris Bullshield dit : « Je suis fortement en faveur de l'installation d'externats dans notre réserve, car ainsi nos jeunes enfants pourront prendre un bon départ tout en restant à la maison. » Pat Eaglechild dit : « Je suis en faveur d'externats. » Stephen Fox, fils, dit : « Je suis en faveur d'externats, car nos enfants auront de meilleures chances. » Charles Goodrider dit : « Je suis en faveur d'externats dans cette réserve, car le monde entier progresse et il n'est pas juste que nous prenions du retard ou restions à la traîne. De plus, je suis pour l'installation d'une école industrielle dans l'un de nos pensionnats et d'une école secondaire dans l'autre. » Steve Bruisedhead dit :

> Je suis en faveur d'externats dans notre réserve, car pendant les premières années, nos enfants seront élevés à la maison, où ils apprendront à nous obéir à nous, les parents. Ces jeunes qui deviennent des criminels et ceux qui quittent la maison pour errer hors de la réserve sont ceux qui ont été élevés au pensionnat depuis leur plus jeune âge.

Jim Whiteman dit : « Je suis en faveur d'externats, car je veux que mon fils reçoive une bonne éducation. À l'endroit où il est en ce moment [au pensionnat St. Mary], il n'étudie que la religion. » George Gooddagger (c'est ainsi que le nom figure dans le procès-verbal) est présent à la réunion et demande : « Comment un enfant peut-il respecter, honorer et aimer ses parents lorsqu'il est élevé par des étrangers dans un pensionnat loin de la maison? Pourquoi nos enfants doivent-ils être séparés de nous, les parents, pendant environ 280 jours par année? D'autres réserves indiennes ont des externats, pourquoi ne pourrions-nous pas en avoir nous aussi[210]? »

En 1941, les parents de Muriel, Doreen et Kathleen Steinhauer les gardent à la maison au lieu de les renvoyer au pensionnat d'Edmonton, car ils ne sont pas satisfaits de leurs progrès scolaires. Leur mère, Isabel, a été enseignante avant de se marier et décide de leur donner une éducation à domicile en utilisant les cours par correspondance du ministère de l'Éducation de l'Alberta. Leur père, Ralph Steinhauer, est le fils adoptif de James Arthur Steinhauer, descendant du missionnaire ojibway Henry Steinhauer. Ralph Steinhauer deviendra plus tard président de l'Association des indiens de l'Alberta et lieutenant-gouverneur de cette province[211]. Sa fille Kathleen deviendra infirmière à l'hôpital des Affaires indiennes d'Edmonton[212].

En 1949, invoquant les droits qui leur sont conférés par le Traité 4, les parents de la réserve de Cowessess, en Saskatchewan, demandent par pétition au gouvernement un externat non confessionnel. « Nous demandons un meilleur niveau d'éducation, afin que nos enfants grandissent dans un esprit d'autonomie[213]. » Le Ministère ouvre un externat dans la réserve l'année suivante, mais le superviseur régional des Affaires indiennes, J. P. B. Ostrander, recommande que le Ministère prenne des mesures pour trouver un enseignant catholique. Il prend acte que le chef a demandé une école non confessionnelle, mais dit-il, « je ne vois aucune raison pour laquelle ce devrait être ainsi puisque la grande majorité des Indiens de cette réserve sont catholiques[214]. »

Comme ces exemples le donnent à penser, les plaintes des élèves et des parents sont discréditées. En janvier 1956, Albert Fiddler, élève du pensionnat Gordon, écrit à ses parents qu'il veut qu'ils le sortent de l'école. Il dit que le directeur lui a donné un coup de pied et a dit aux garçons qu'« ils n'étaient pas faits pour l'école et il a ajouté qu'il vaudrait mieux qu'ils retournent dans nos anciennes réserves pour y vivre une vie pourrie ». Il dit qu'il a l'impression que le directeur et le superviseur ne l'aiment pas et le font trop travailler[215]. En réponse à une question des Affaires indiennes, le directeur, rév. A. Southard, écrit que Fiddler souffre d'une attitude « mon père siège au conseil » envers le personnel et qu'il est l'un des quatre élèves les plus paresseux du pensionnat[216].

De 1940 à 1970, période durant laquelle les inscriptions dans les pensionnats sont les plus nombreuses, les pensionnats canadiens ne réussissent pas à fournir aux enfants autochtones l'éducation dont ils ont besoin pour progresser dans le système scolaire à un rythme semblable à celui des enfants non autochtones. Un pourcentage important d'enseignants manque de compétences, le programme d'enseignement comporte du matériel inutile pour les Autochtones ou offensant dans sa façon de les décrire, les langues autochtones sont supprimées et dénigrées, tandis que l'on fait fi ou ne tient aucun compte des avis des parents. Après 1970, les élèves autochtones sont de plus en plus nombreux à être transférés dans des écoles publiques qui ne connaissent pas grand-chose au sujet de leurs droits et de leur patrimoine et qui ne sont guère intéressées ou capables de répondre à leurs besoins particuliers.

CHAPITRE 34

Les écoles en tant qu'institutions de protection de l'enfance : 1940-2000

Lors d'une conversation privée, un ancien travailleur social de la Colombie-Britannique a fait référence à la « rafle des années soixante » en parlant de la pratique selon laquelle les enfants des Premières Nations étaient placés sous la garde des agences de protection de l'enfance. Ce terme est devenu la référence pour définir le processus par lequel les agences de protection de l'enfance provinciales ont pris à leur charge un taux effarant d'enfants autochtones au cours des années 1960 et dans les années 1970. En 1980, 4,6 % de l'ensemble des enfants des Premières Nations leur étaient confiés, alors que dans la population générale le taux était de 0,96 %[1].

L'augmentation spectaculaire du nombre d'enfants autochtones placés sous la garde provinciale au cours de cette période semble être attribuable à un certain nombre d'événements politiques, sociaux et économiques, dont un des plus importants serait l'élargissement des pouvoirs légaux des provinces et des agences privées de protection de l'enfance sur le peuple autochtone.

La réalité est que les pensionnats ont été utilisés comme établissements de protection de l'enfance dès le début du système. Dans un écrit daté de 1883, le premier ministre Sir John A. Macdonald prédit que tant que les parents ne surmonteront pas leur opposition aux écoles industrielles, le nombre d'admissions dépendra largement du nombre d'« orphelins et des enfants sans protecteurs naturels »[2]. La réglementation adoptée en vertu des modifications de 1894 à la *Loi sur les Indiens* autorise les agents des Indiens et les juges de paix à placer dans un pensionnat « tout enfant indien âgé de 6 à 16 ans qui n'est pas gardé ou éduqué correctement ». Au Manitoba et dans les Territoires du Nord-Ouest (qui, à l'époque, incluent encore l'Alberta, la Saskatchewan et le Nord), une telle ordonnance peut être émise sans devoir donner un préavis au « parent, tuteur ou autre personne ayant la charge ou le contrôle de cet enfant »[3]. L'épidémie de grippe qui avait suivi la fin de la Première Guerre mondiale avait tué tellement d'adultes autochtones qu'en 1919, le ministère des Affaires indiennes a décrété qu'« aucun enfant dont les parents sont vivants ne doit être admis dans les pensionnats, sauf dans des circonstances très exceptionnelles, tant qu'il y a suffisamment d'orphelins pour combler les places vacantes »[4]. À partir des années 1940, les pensionnats sont largement utilisés comme orphelinats et établissements de protection de l'enfance. En 1960, le gouvernement fédéral estime que 50 % des enfants dans les pensionnats y sont pour des motifs de protection de l'enfance. Dans une certaine mesure, la rafle des années soixante n'a été qu'un passage d'une forme de soins institutionnels, le pensionnat, à une autre, l'agence de protection de l'enfance[5].

Les écoles n'avaient ni les fonds ni le personnel pour fonctionner en tant qu'établissements de protection de l'enfance. Elles n'étaient pas en mesure de fournir à leurs élèves le niveau approprié de soutien individuel et affectif que requièrent les enfants durant leur enfance et leur adolescence. Cet échec s'appliquait à tous les élèves, mais prenait une importance particulière face au nombre croissant de placements dans les écoles pour des motifs d'aide sociale. La routine du pensionnat n'avait aucunement été prévue dans le but de combler les besoins personnels et affectifs des élèves, mais plutôt pour maintenir l'ordre et la discipline. Pour les enfants dont les parents ne pouvaient leur fournir un milieu de vie sécuritaire et chaleureux, l'environnement des pensionnats ne s'est pas avéré un endroit plus sûr et plus aimant. Les enfants qui devaient rester dans les pensionnats durant toute l'année, parce qu'il n'y avait aucun endroit sécuritaire où on pouvait les envoyer, ont passé toute leur enfance dans un établissement où ils ont grandi sans amour. Ce point est récurrent dans d'innombrables déclarations de survivants et dans les mémoires sur les pensionnats. Basil Johnston, qui a fréquenté l'école de Spanish (Ontario) dans les années 1940, a écrit : « La plupart des garçons étaient déjà meurtris; c'était des orphelins, abandonnés, rejetés, exilés loin de leur famille et de leur maison, qui n'avaient pas besoin de main dure, de pied pesant et de mots lourds, mais plutôt d'affection, d'encouragements, de camaraderie, d'éloges, d'orientation, de confiance, de rires, de regards, d'amour, de tendresse[6]. »

Elise Charland, qui a fréquenté les pensionnats de la Saskatchewan et de l'Alberta dans les années 1940 et 1950, se souvient : « Il n'y avait personne pour nous aider, pour nous aimer, pour nous prendre dans ses bras, pour nous soulager et nous consoler. Cette solitude était insupportable. Personne ne se souciait qu'on vive ou qu'on meure[7]. »

Dans une telle atmosphère, les petites gentillesses et des membres du personnel attentionnés restaient imprégnés dans la mémoire[8].

Les politiques d'admission étaient peu rigoureuses et mal appliquées, et les enfants étaient entreposés dans les pensionnats parce qu'il n'y avait aucune autre place pour eux. Dès 1940, l'agent d'éducation du ministère des Affaires indiennes R. A. Hoey conclut que même si « l'efficacité » des pensionnats est limitée en tant qu'établissements d'enseignement, il est probable qu'ils continueront à être nécessaires pour héberger « les enfants indiens orphelins et les enfants négligés par leurs parents, de même que les enfants provenant de foyers où les conditions sont telles que s'ils ne sont pas placés dans un pensionnat, ils ont peu de chance de survivre »[9]. L'enquête de 1944, « *Survey of Indian Education on Reserves in Western Ontario* », menée par un inspecteur des écoles publiques en Ontario, mentionne que malgré le fait que les pensionnats aient été créés en tant qu'établissements professionnels, ils sont maintenant utilisés comme des « orphelinats ou des refuges pour enfants », dans lesquels « les jeunes enfants semblent négligés pour une partie de la journée »[10]. En raison du nombre croissant « d'Indiens orphelins et d'enfants provenant de familles désunies », dès 1947, l'Église anglicane affirme que beaucoup de pensionnats doivent prendre soin d'un « bon nombre de très jeunes enfants »[11]. En résumé, dès le début des années 1940, un des principaux buts du système des pensionnats du Canada était de servir d'établissements de protection de l'enfance.

Le gouvernement a également été avisé que les écoles n'étaient pas à la hauteur de la tâche. Dès 1947, l'inaptitude des pensionnats en tant qu'institutions de protection de l'enfance est portée à l'attention du ministère des Affaires indiennes. Dans leur mémoire présenté au Comité spécial mixte du Sénat et de la Chambre des communes, le Conseil canadien du bien-être social et l'Association canadienne des travailleurs sociaux demandent avec insistance « l'abandon du régime en vertu duquel les enfants négligés ou délinquants sont confiés à des institutions d'enseignement. Ces enfants exigent un traitement tout spécial et nous demandons qu'ils soient confiés à des services reconnus d'aide à l'enfance[12]. »

Plusieurs facteurs interreliés contribuent à l'accroissement du nombre d'enfants autochtones placés dans les pensionnats et, plus tard, dans les agences de protection de l'enfance. Un des plus marquants est le déclin de l'économie autochtone dans les années d'après-guerre. Dans les Prairies canadiennes, par exemple, l'agriculture se fait beaucoup plus exigeante en investissements. Il devient difficile pour n'importe quel agriculteur de réussir sans pouvoir obtenir le crédit nécessaire pour investir dans la machinerie agricole, de plus en plus dispendieuse. Pour la majorité des agriculteurs des Premières Nations, il est pratiquement impossible d'accéder au crédit, puisqu'ils ne sont pas propriétaires de leur terre. Jusqu'en 1960, les programmes des prêts agricoles du ministère des Affaires indiennes sont plafonnés à 500 $. Dans ces conditions, les exploitants agricoles des réserves ne peuvent faire face aux pressions économiques. Beaucoup de travailleurs autochtones engagés comme manœuvre de ferme par les agriculteurs non autochtones perdent leur emploi au profit de la mécanisation. Durant cette période, une des rares activités économiques ouvertes à la population autochtone est celle de travailleur migrant[13].

En 1963, dans une analyse de la réserve de Sandy Bay, au Manitoba, on peut lire les observations suivantes : les gens cherchent du travail en dehors de la réserve, dans les camps de pêche, sur les fermes, dans les récoltes de sénéca et sur la ligne de chemin de fer. De plus, au printemps, de nombreux résidents se rendent aux États-Unis à la recherche de travail et reviennent généralement en octobre. Pour profiter de ces quelques rares emplois, les parents doivent laisser leurs enfants dans un pensionnat — même s'il y a un externat dans leur localité. Un fonctionnaire des Affaires indiennes se plaint de cette pratique, disant que la présence d'un pensionnat sur la réserve de Sandy Bay favorise « le sentiment de dépendance envers le gouvernement pour la prise en charge et l'éducation des enfants »[14]. Dans les régions du nord des provinces des Prairies, la chute du prix des fourrures a un effet similaire sur l'économie autochtone, alors que le racisme et le manque de formation sont des obstacles à l'accès aux nouveaux emplois dans les secteurs minier et forestier[15].

L'Étude sur les Indiens contemporains du Canada de 1966 (connu sous le nom de « rapport Hawthorn ») comprend les statistiques sur l'emploi des membres de trente-cinq Premières Nations. Un seul cas présente un revenu par habitant de plus de 1 000 $ par année. Sur douze réserves, le revenu par tête est de moins de 200 $ par année[16]. Le logement médiocre et l'alimentation limitée jumelés à un tel niveau de pauvreté entraînent le retrait des enfants de leurs parents.

En 1959, J. H. Gordon, le chef de la division de la protection de l'enfance du ministère des Affaires indiennes, souligne que « de nombreux enfants se retrouvent indûment dans un pensionnat pour des motifs de "famille désunie." Dans certains cas, ces familles désunies ou pauvres pourraient simplement bénéficier d'une assistance sociale plus adéquate de manière à ce qu'elles puissent se maintenir dans les normes minimales[17]. » En mai 1969, trois enfants étaient hébergés à la résidence de Sandy Bay (Manitoba) uniquement parce que leur mère n'avait pas un logement adéquat pour eux. Un fonctionnaire du ministère des Affaires indiennes, G. T. Ross, donna l'ordre au personnel local du Ministère de « tenter de trouver un logement satisfaisant pour toute la famille »[18]. Malgré ces instructions, deux des garçons se retrouvèrent l'année suivante au pensionnat de Fort Alexander (Manitoba)[19].

Il y avait des exceptions dans la tendance à l'appauvrissement continu des communautés autochtones. Un certain nombre de membres des Premières Nations ont développé des niches particulières et bien rémunérées sur le marché du travail. Les plus importants ont été les monteurs de hautes charpentes métalliques du Québec et du sud de l'Ontario, et les bûcherons, les débardeurs et les pêcheurs de la côte Ouest[20]. Il est toutefois important de souligner qu'il s'agissait d'exceptions. La politique du gouvernement fédéral qui consistait à confiner la population autochtone dans les réserves les avait relégués au rang des spectateurs durant une période prolongée de croissance économique.

L'élargissement des services d'aide sociale à l'enfance auprès de la population autochtone signifiait nécessairement que des personnes non autochtones portaient des jugements sur les pratiques d'éducation autochtones. Le risque était que les jugements portent uniquement sur le rôle exclusif des parents, en faisant fi du rôle que la famille étendue des Autochtones tenait dans la garde et l'éducation des enfants et des soins complémentaires qu'elle leur apportait. De même, ces jugements pouvaient voir le respect traditionnel de l'autonomie de l'enfant — et une tendance à laisser un enfant apprendre par l'exemple — comme une preuve de laxisme dans leur éducation. Les pratiques d'adoption informelle pouvaient être vues comme incorrectes par ceux qui imposaient un système restreint par des règles. Le langage des lois sur la protection de l'enfance est ouvert à l'interprétation culturelle : les conditions de vie qui peuvent être jugées « inaptes » ou « inadéquates » dans les centres urbains du Canada peuvent très bien être la norme au sein d'une collectivité éloignée[21].

Les pensionnats ont eux-mêmes contribué à accroître le nombre d'enfants autochtones pris en charge. En 1940, ces écoles étaient en activité dans la plus grande partie du pays depuis plus de 60 ans et avaient perturbé la vie familiale traditionnelle des Autochtones et leurs communautés. Bon nombre d'enfants ont été élevés par des parents qui avaient passé au moins une partie de leur enfance dans un pensionnat, où leur culture, leur famille et leur communauté avaient été systématiquement dénigrées. Les parents se plaignaient que les enfants qui revenaient du pensionnat avaient très peu de respect pour les aînés[22]. De même, la plupart du temps, ils n'avaient pas les compétences pour survivre financièrement dans la réserve. Annie Neeposh Iserhoff a grandi au sein de sa famille crie dans la région de la baie James, au Québec, et a fréquenté des pensionnats en Ontario et au Québec. Elle se souvient de la faible estime que les parents avaient pour les élèves qui revenaient du pensionnat.

> On reprochait aux élèves de ne pas savoir travailler. Les garçons ne savaient pas planter une tente, étendre des filets, ni comment chasser. On disait aux filles qu'elles ne savaient pas faire le travail des femmes, comme trouver des branches pour le sol de la tente, faire la lessive aussi vite que les femmes de brousse, couper du bois ou transporter les seaux d'eau. Très vite, on parlait de nous comme les écoliers paresseux[23].

En plus de miner l'économie traditionnelle, les écoles ne donnaient pas à leurs élèves la formation pour rivaliser dans une économie industrialisée. Comme il est mentionné dans le chapitre précédent, dans les années 1950, seulement la moitié des élèves des pensionnats se rendaient jusqu'à la fin des études primaires.

Les agents des Indiens dans le rôle des travailleurs sociaux

Même si un grand nombre d'enfants ont été placés dans les pensionnats pour ce qu'on appelait « des motifs de protection de l'enfance », pendant une bonne partie de cette période, ces décisions n'étaient pas prises par des personnes formées en tant que professionnels de la protection de l'enfance. Dans les années 1940, les agences provinciales de protection de l'enfance n'intervenaient pas dans les réserves et avaient très peu de contacts avec le peuple autochtone[24]. Jusque dans les années 1960, la décision d'envoyer un enfant dans un pensionnat pour des motifs de protection de l'enfance était généralement prise par l'agent des Indiens. De nombreuses années après avoir fréquenté l'école d'Edmonton, Rosa Bell a demandé à sa mère pourquoi elle l'avait envoyée là-bas. La réponse a été la suivante :

> Ton père était très malade et je ne pouvais pas prendre soin de vous tous. Je ne pouvais pas vous soutenir tous. L'agent des Indiens m'a dit d'envoyer certains d'entre vous au pensionnat. Il a choisi lesquels iraient. Je n'ai pas eu le choix ni un mot à dire sur la question[25].

Le même processus s'est propagé partout au pays. En février 1940, l'agent des Indiens Harper Reed décide d'envoyer un garçon de six ans au pensionnat de Fraser Lake, en Colombie-Britannique. Selon Reed, le père du garçon a perdu toute son énergie à la suite de la mort de son épouse. Après l'admission du garçon à l'école, l'agent refuse au père toute assistance financière, lui disant « d'aller à l'extérieur de la ville pour se faire un revenu en trappant »[26]. Lorsque, en 1941, le pensionnat de Fort Providence dans les Territoires du Nord-Ouest ne réussit à recruter que 45 élèves, 15 de moins que le nombre d'admissions autorisé, l'agent d'éducation du ministère des Affaires indiennes R. A. Hoey presse l'agent des Indiens local de demander l'aide de la Gendarmerie pour « garantir des élèves supplémentaires. Il doit bien y avoir plusieurs orphelins et enfants abandonnés pour qui des soins en établissement sont souhaitables[27]. »

En 1943, l'agent des Indiens F. W. Tuffnell cherche à placer deux enfants âgés de 6 et 7 ans à l'école de Muncey (Ontario). Leur mère est « partie avec un autre homme » et a laissé les enfants avec leur père, qui est « maladif et inapte à prendre soin d'eux »[28]. En 1948, J. V. Boys recommande l'admission de deux enfants au pensionnat de Fraser Lake. « Un vit avec différentes familles depuis la mort de sa mère. Le milieu familial s'avère insatisfaisant. » Dans le deuxième cas, le père du garçon « travaille dans des camps de bûcherons loin de la réserve, là où il n'y a pas d'établissement scolaire »[29].

Les agents des Indiens déterminent également si les enfants peuvent être renvoyés et à quel moment ils peuvent l'être. En 1943, le directeur de l'école de McIntosh (Ontario) reçoit l'autorisation du gouvernement fédéral de garder une élève qui a passé la limite d'âge au pensionnat. Le directeur allègue qu'il ne peut la laisser aller dans le monde du travail, la décrivant comme une « pauvre enfant illégitime d'une jeune fille maltraitée qui suivrait assurément les traces de sa mère, à en juger par son attitude et son tempérament ». Le souhait du directeur était qu'elle se choisisse un mari pendant qu'elle était encore au pensionnat[30]. Trois mois plus tard, on a permis au directeur de garder à l'école deux orphelines qui avaient dépassé la limite d'âge, jusqu'à ce qu'elles aient trouvé du travail[31].

En 1949, un père tente de sortir ses deux enfants du pensionnat de Fraser Lake, disant qu'ils iraient à l'externat de Smithers (Colombie-Britannique). Le directeur lui permet de retirer son fils, mais garde sa fille sous prétexte qu'il ne peut la renvoyer sans l'autorisation de l'agent des Indiens[32]. L'agent J. V. Boys rejette la demande, précisant qu'il trouve regrettable la décision de laisser partir le garçon. « La majorité des enfants envoyés par cette agence le sont en raison d'un milieu de vie médiocre », écrit-il, ajoutant que le foyer de ces enfants ne faisait pas exception. Il décrit le père comme un « paresseux et un ivrogne » et conclut que si les enfants avaient une chance de réussir dans la vie, ce serait en étant « éduqués dans les pensionnats »[33].

Comme le démontre l'exemple précédent, un grand volume de correspondance officielle concernant les enfants autochtones révèle à la fois le mépris envers les parents autochtones et la certitude que leur point de vue peut être ignoré. En 1940, à la lecture de la plainte d'un père sur le fait que son fils passait trop de temps à faire des travaux pour l'école, un officier de la Gendarmerie écrit que « les Indiens aiment bien faire des plaintes insignifiantes »[34]. L'opinion générale de l'officier de la Gendarmerie A. H. Langille à l'égard du peuple autochtone est évidente lorsqu'il décrit le père d'un élève comme étant « au-dessus de la moyenne en tant qu'Indien »[35]. En 1950, le directeur de l'école Old Sun (Alberta) E. S. W. Cole écrit :

> Quand la ruée bat son plein, le Pied-Noir est heureux, il est heureux et ne rouspète pas du tout; mais quand vient l'hiver et que le temps s'étire lourdement devant lui, sans fautes de sa part, il ne peut pêcher, trapper ou corder du bois, il est porté à méditer sur ses problèmes, réels ou imaginaires, et finit par se convaincre qu'il a ses raisons de râler[36].

À l'automne de 1960, Mike Legarde et son épouse font une demande d'admission pour leurs deux fils au pensionnat de Fort William (Ontario). Cependant, ils n'envoient pas les enfants à l'école après les vacances de Noël. Ils disent à un fonctionnaire du ministère des Affaires indiennes, venu pour enquêter sur la situation, que leurs enfants « sont revenus de l'école avec les yeux au beurre noir et de vieux vêtements ». Le ministère des Affaires indiennes a fait parvenir une lettre à Legarde, l'informant que ses enfants étaient « maintenant sous la garde du ministre (responsable des Affaires indiennes) et que ceux-ci devaient revenir au pensionnat ». Legarde a répondu qu'il ne les enverrait pas, « même s'ils envoyaient la police »[37]. Le fonctionnaire F. Matters a déclaré qu'il « ne fallait pas prêter attention aux remarques de Legarde décrivant les conditions dans lesquelles ses enfants sont revenus du pensionnat ». Comme les garçons ne fréquentaient pas une école de jour, il recommanda que le dossier soit pris en charge par un agent de probation et l'agence locale de protection de l'enfance[38]. La conclusion de ce cas reste imprécise, même si les noms des enfants Legarde figuraient sur la liste des réadmissions au pensionnat de Fort William à l'été de l'année suivante[39].

On parle d'un système de protection de l'enfance qui voyait les parents d'un œil méfiant, méprisant et hostile.

Les écoles comme établissements de détention

Les écoles n'ont jamais eu le personnel ou les ressources financières pour servir d'établissements de protection de l'enfance. De plus en plus, les pensionnats hébergeaient des enfants qui avaient des besoins auxquels ils ne pouvaient répondre. Dans les années 1940, à Kuper Island (Colombie-Britannique), le directeur J. Camirand s'oppose à la politique du gouvernement qui consiste à envoyer au pensionnat des « élèves à problèmes et des indésirables » dans l'espoir que « la ségrégation sur une île s'avérera une "panacée" ». Au lieu de cela, ces élèves créent un grave problème d'absentéisme, qui fait dire à Camirand qu'il ne voit aucune utilité à imposer aux élèves une discipline trop rigoureuse, puisqu'un tel traitement ne fait que les encourager à s'enfuir. Il ajoute qu'il n'a pas cherché à rassembler le dernier groupe d'absents, parce qu'il n'en avait pas eu le temps et que la police n'était pas « disposée à coopérer ». En outre, il ne souhaite pas se présenter en cour pour porter plainte contre les parents[40].

En 1946, l'agent des Indiens de la Colombie-Britannique R. H. Moore tente de faire admettre au pensionnat de Kuper Island un garçon de 12 ans, dont le père est décédé et la mère emprisonnée aux États-Unis. Le directeur s'y oppose, alléguant que le garçon a déjà fréquenté l'école et qu'il a tenté de s'enfuir à plusieurs reprises. L'agent réplique que si le directeur n'accepte pas le garçon, il devra l'envoyer à l'école industrielle pour garçons (une école pour « jeunes incorrigibles »)[41]. En 1947, le ministère des Affaires indiennes intervient dans le cas de plusieurs garçons de Smithers (Colombie-Britannique), jugés coupables de vol, pour les faire admettre au pensionnat de Fraser Lake, plutôt que de les envoyer à l'école industrielle pour garçons. L'agent des Indiens local avait recommandé cette mesure, disant que les garçons qui étaient envoyés à l'école industrielle en ressortaient « bien pires qu'à leur arrivée »[42].

En juin 1950, après que le père de deux enfants a signalé qu'il n'arrivait pas à les contrôler ni à les obliger à fréquenter l'externat de Whitehorse, un fonctionnaire du ministère des Affaires indiennes, R. J. Meek, demande l'admission des enfants au pensionnat de Carcross, au Yukon[43]. Cette même année, un autre fonctionnaire demande le transfert de deux frères, qu'on décrit comme étant « totalement impossibles à maîtriser, tant à la maison qu'à l'Institut Mohawk », à la résidence Shingwauk de Sault Ste. Marie (Ontario). Les garçons, à la nouvelle du transfert proposé, menacent de s'enfuir de Shingwauk tout comme ils l'avaient fait de l'Institut Mohawk[44]. Malgré cela, les garçons sont transférés à la résidence Shingwauk[45]. En 1958, une fille de la bande de Peguis, au Manitoba, est admise au pensionnat du Portage la Prairie en raison d'un « problème d'absentéisme à l'école, et la mère, une veuve, est incapable de la maîtriser ». On la décrit comme une bonne élève qui pourrait fréquenter l'école secondaire si elle était « soumise à des mesures disciplinaires »[46].

Parfois, le ministère des Affaires indiennes utilisait les écoles comme solution de rechange à la prison. À l'été de 1960, le Ministère recommande qu'une fille du pensionnat de Fraser Lake ne soit pas renvoyée à la maison, parce qu'elle fait face à une poursuite pour introduction par effraction. La garder à l'école, pensait-on, lui donnait une chance d'entente à l'amiable[47]. En 1963, deux filles qu'on avait suspendues de l'école publique de Glen Avon, en Alberta, en raison de leur comportement, devaient être amenées en cour en tant que « délinquantes juvéniles ». Les poursuites ont été abandonnées lorsque les parents ont accepté de les envoyer au pensionnat anglican de Wabasca (Alberta). Dans chacun des cas, un travailleur social a déclaré : « Un nouvel environnement pourrait sauver cette enfant[48]. »

En avril 1960, André Renaud, le directeur général de la *Fathers Indian and Eskimo Welfare Commission*, s'inquiète de voir le ministère des Affaires indiennes « utiliser les pensionnats comme établissements correctionnels. Je pense à l'admission d'élèves qui, dans les écoles où ils étaient initialement, se sont avérés des inadaptés et des délinquants juvéniles en puissance. » Selon lui, lorsque ces cas sont portés à l'attention des fonctionnaires locaux du ministère des Affaires indiennes, généralement par les travailleurs sociaux, les directeurs d'école ou la Cour, les élèves sont envoyés dans les « pensionnats, parfois sans même aviser le directeur de leurs antécédents »[49].

Les problèmes que les enfants amenaient avec eux pouvaient être très sérieux. En 1963, un garçon originaire de Fort Smith dans les Territoires du Nord-Ouest est placé au Centre psychiatrique provincial de l'Alberta en observation après avoir tiré sur son père, le blessant à l'estomac. Au moment où il a tiré, le garçon se faisait battre par son père. À l'hôpital, on l'a jugé « normal », mais on a cru bon de ne pas le renvoyer à la maison[50]. À sa sortie, il a été envoyé au pensionnat de Desmarais, en Alberta[51].

En 1964, une fille âgée de 15 ans, qui s'absente fréquemment de l'externat d'Hobbema (Alberta), est placée dans un centre pour enfants. De là, après une tentative de suicide, elle est amenée devant le tribunal de la jeunesse, où le juge recommande qu'elle soit placée au pensionnat d'Hobbema. Son père était veuf et jugé « inapte à lui procurer un foyer »[52].

Dans certains cas, les directeurs demandaient le renvoi d'élèves qui présentaient des problèmes disciplinaires. Un grand nombre de ces enfants étaient pris en charge par les organismes de protection de la jeunesse. En 1960, le directeur de la résidence Shingwauk demande la permission de renvoyer un garçon de 14 ans pour avoir battu de plus jeunes garçons à maintes reprises[53]. Un membre du personnel de l'école s'oppose à la décision, arguant que le directeur est injuste envers le garçon. Le fonctionnaire du ministère des Affaires indiennes accepte la justification de renvoi soumise par le directeur, mais mentionne toutefois : « Nous avons eu plus de retraits d'enfants de votre école au cours de la dernière ou des deux dernières années pour des motifs d'indocilité que de n'importe quelle autre. J'ajoute que certains de ceux qu'on vous a retirés réussissent passablement bien à North Bay où ils vivent dans des maisons privées et où ils sont soumis à une surveillance comparativement faible[54]. »

Le père G. LeBleu, directeur de l'école catholique de Kenora (Ontario), demande le renvoi de quatre garçons qui avaient pris la fuite en janvier 1968. L'un d'eux avait attaqué un enseignant et le gardien de nuit. Le père LeBleu fait alors appel à la police. Un autre des garçons était devenu un batailleur agressif, le troisième était un « véritable cancer pour le moral des autres garçons » et le quatrième pouvait tirer profit d'avoir à « mendier sa nourriture et un abri pendant deux ou trois semaines pour le ramener à la raison ». Le directeur appuie son point en disant : « il y a tellement d'enfants qui ont de gros problèmes, il est difficile de tenter de les régler et d'aider des enfants qui ne veulent pas être aidés »[55]. Dans une autre lettre, le père LeBleu mentionne que le pensionnat aura besoin d'au moins trois superviseurs de plus s'il doit traiter des « problèmes d'assistance sociale » reliés aux enfants qui y sont admis. Il recommande la création d'une école de formation centrale pour les élèves difficiles[56].

Lorsqu'un élève, décrit par le directeur E. Turenne comme étant « très profondément perturbé », tente de mettre le feu au pensionnat de Kamsack, en Saskatchewan, le directeur souligne que, depuis un bon moment déjà, il essaie de dire à qui veut bien l'entendre que l'école est aux prises avec un grand nombre d'enfants souffrant de troubles affectifs. « Mon point est que le pensionnat n'est pas en mesure de répondre aux besoins de ce type d'enfants[57]. »

Dans d'autres cas, il semble que des directeurs devaient être avertis de ne pas prendre des « cas d'assistance sociale ». Un fonctionnaire du ministère des Affaires indiennes de l'Alberta, J. R. Tully, s'inquiète en 1971 du nombre de « cas d'aide sociale » que le pensionnat catholique de Cardston (Alberta) est prié d'accepter soit par le *Blood Band Welfare Committee* ou par le « Service de probation » provincial. Il rappelle au directeur de l'école que l'établissement « n'est pas installé pour traiter des cas de délinquance ». Il avise le directeur « d'être très prudent quant à l'acceptation de tout autre cas qui lui serait soumis »[58].

Les liens avec les parents

Un des rôles des organismes de protection de la jeunesse est de tenter de renforcer les liens familiaux et d'aider à créer des relations saines entre les enfants et les parents, de sorte que l'enfant puisse être remis à ses parents. Dans leur mémoire de 1947 présenté au Comité spécial mixte du Sénat et de la Chambre des communes, le Conseil canadien du bien-être social et l'Association canadienne des travailleurs sociaux disent que l'utilisation des pensionnats comme établissement de protection de l'enfance

> est contraire aux plus nouvelles conceptions de la vie de société. Nous sommes convaincus que le régime actuel n'est pas dans l'intérêt des enfants indiens et de leurs familles. Le défaut de ce que certaines collectivités canadiennes

> sont arrivées à considérer comme l'association morale du foyer et de l'école dans l'œuvre du bien-être et de la formation de l'enfance, est non seulement, préjudiciable à l'adaptation sociale de l'enfant, mais encore, et d'une façon sérieuse, aux parents eux-mêmes[59].

Les pensionnats, non seulement séparaient les parents et les enfants géographiquement, mais ils empêchaient également les visites. En 1942, à Minnedosa (Manitoba), l'avocat C. L. St. John écrit une lettre au ministère des Affaires indiennes au nom des chefs des bandes Rolling River et Elphinstone concernant les besoins d'hébergement lors des visites des parents au pensionnat de Birtle (Manitoba) durant l'hiver. Le Ministère permettait les visites des parents uniquement les samedis, mais les liaisons entre le train et l'autobus rendaient presque impossible pour les parents de visiter leurs enfants ce jour-là sans un logement pour la nuit[60]. La réponse du fonctionnaire du ministère des Affaires indiennes R. A. Hoey se résume ainsi : « Étant donné les conditions actuelles, tout ce qui est humainement possible doit être fait pour dissuader les parents de visiter leurs enfants dans les pensionnats [du Ministère]. » Il explique « qu'aucun logement ne peut être mis à la disposition des parents indiens » dans les écoles, que la « préparation d'un certain nombre de repas pour les parents indiens » était un fardeau inutile pour les employés de la cuisine déjà épuisés et que les visites des parents avaient « de nombreuses fois [...] été la cause d'une propagation de maladie et d'une flambée épidémique ».

Une inspection spéciale du pensionnat de Birtle en mars de la même année a révélé que les visites des parents perturbaient « toute l'école et rendaient plus difficile l'entretien des lieux », puisque les parents visiteurs « devaient dormir dans les corridors menant à la chapelle ». Le fonctionnaire Hoey a alors demandé à l'avocat St. John « de convaincre les Indiens qu'il était, en période de guerre, au minimum de leur devoir de patriote de ne pas visiter l'école, sauf dans des circonstances très spéciales, et seulement après s'être assurés d'avoir l'autorisation du directeur »[61].

En 1952, E. J. Galibois, l'agent des Indiens pour l'agence de Fort St. John dans le Nord de la Colombie-Britannique, donne un ultimatum aux parents de deux garçons de la communauté de Mile 428. Il enverra leurs fils au pensionnat de Grouard en Alberta plutôt qu'à celui de Lower Post, beaucoup plus près, à moins qu'ils s'engagent à visiter le pensionnat de Lower Post seulement deux fois par année. De toute évidence, l'agent Galibois est d'avis que les visites de la mère à Lower Post avaient été dans le passé une source de problèmes à l'école[62].

Dans au moins un cas, les administrateurs se sont sentis obligés d'espionner les parents et les enfants pendant les visites. Une des écoles de la Saskatchewan avait ce qu'on appelait un « parloir indien » sur le porche, où les parents étaient autorisés à visiter leurs enfants. Selon un rapport du Conseil canadien du bien-être portant sur les écoles et daté de 1967, « le problème de supervision avait, à un certain point dans le passé, atteint un tel niveau qu'un miroir d'observation avait été installé pour surveiller ce qui se passait dans le parloir »[63].

Les visites parentales étaient considérées comme dérangeantes, en partie parce qu'elles permettaient de voir la détérioration des conditions dans les écoles. En 1944, un groupe de parents de la communauté de Le Pas, au Nord du Manitoba, se rendent au pensionnat de Elkhorn à l'ouest de la province, inquiets de ce qu'on leur rapporte sur les conditions à l'école. Selon la pétition qui a suivi leur visite, les conditions « étaient tellement mauvaises qu'il était presque impossible pour quiconque d'y croire à moins de l'avoir réellement vu de ses propres yeux ». Ils ont recommandé de fermer l'école et d'ouvrir des externats à Le Pas[64].

Quatre ans plus tard, le chef Bignell et le conseiller de bande Constant se rendent de Le Pas à Winnipeg pour communiquer leurs plaintes concernant l'école d'Elkhorn aux fonctionnaires locaux du ministère des Affaires indiennes. Ils leur disent que les enfants ne sont pas adéquatement vêtus, nourris et maintenus propres. Une inspection faite par A. G. Hamilton vient largement confirmer leurs dires. Les élèves n'avaient pas de bottes, avaient des poux, manquaient de savon, n'avaient presque pas de lait écrémé pour leur bouillie de gruau (et pas du tout pour le reste de la journée) et ne changeaient de vêtements qu'une fois par semaine. Il a attribué les problèmes à un manque de personnel, disant que sans une amélioration, il ne voyait pas comment l'école pourrait être gardée en activité. Le chef Bignell a menacé de retirer ses enfants si les conditions ne s'amélioraient pas en deux semaines[65]. Les conditions ne se sont pas améliorées; l'école a fermé ses portes l'année suivante[66].

Des établissements à longueur d'année

Pour ces élèves qui faisaient partie des placements pour des motifs d'aide sociale, le pensionnat devenait une expérience à l'année. Dans les années 1940, le pensionnat de Shubenacadie, en Nouvelle-Écosse, n'a pas renvoyé dans leur famille les élèves du Nouveau-Brunswick pour les mois d'été en raison des problèmes que posait leur retour à l'école à l'automne. Cette interdiction de retourner à la maison touchait non seulement les orphelins et les enfants jugés négligés, mais également tous les enfants en provenance du Nouveau-Brunswick[67].

Au cours de l'été de 1945, Alex Simpson, le directeur de Fraser Lake, en Colombie-Britannique, rapportait qu'étant donné le grand nombre d'orphelins et d'enfants démunis ou négligés présents à l'école, 44 élèves n'iraient pas dans leur foyer pour l'été. La subvention proportionnelle au nombre d'élèves n'étant pas payée durant ces mois, cela représentait pour l'école un défi financier permanent[68]. Bien que sa demande de recevoir la subvention durant les mois d'été pour les élèves qui restaient à l'école ait été déclinée, le ministère des Affaires indiennes a accepté de verser une subvention pour le mois de juin pour dix élèves de plus que le nombre d'élèves admis[69].

De 1958 à 1960, de 22 à 37 élèves passent l'été au pensionnat d'Alberni parce que leur milieu familial a été jugé inadéquat. Selon un rapport sur l'école, quatre sœurs au début de l'adolescence étaient toutes allées au pensionnat dès l'âge de 6 ou 7 ans et y étaient demeurées à l'année. Leur père était mort et leur mère vivait aux États-Unis et n'avait pas communiqué avec les enfants au cours des quatre dernières années. Dans un autre cas, un frère et une sœur au milieu de l'adolescence vivaient également à l'école à l'année et « n'avaient aucun contact avec la famille ». Au cours de la même période, environ 10 % des élèves du pensionnat de Mission (Colombie-Britannique) restaient à l'école durant les vacances d'été « parce qu'ils n'avaient pas de famille ou que quelqu'un avait décidé que leur milieu familial était inapproprié même pour une courte visite »[70].

À l'été de 1962, James DeWolf, le directeur de l'école anglicane à Cardston (Alberta) lutte contre ce qu'il considère être une série d'options indésirables dans le cas de deux enfants. S'ils ne peuvent être envoyés chez leurs parents, d'où ils ont été retirés, il croit que les enfants devraient être hébergés à l'extérieur pour l'été. Bien qu'il croie que les enfants puissent être malheureux dans une famille sans enfants, il craint qu'ils exercent une mauvaise influence sur d'autres enfants. S'ils sont hébergés par une famille qui les veut uniquement pour l'argent de la pension, ils seront négligés. S'ils restent à l'école, ils se sentiront seuls et malheureux. Finalement, le directeur DeWolf recommande que les enfants soient envoyés chez leurs parents « en les prévenant que si les enfants étaient à nouveau négligés, toute la famille leur serait retirée pour toujours »[71].

Ainsi, en Nouvelle-Écosse, même les enfants de l'extérieur qui n'étaient pas des cas d'assistance sociale étaient forcés de passer l'été dans les pensionnats. À l'été de 1956, R. F. Battle, le superviseur régional des agences indiennes, procède à l'inspection de l'école d'Edmonton. Il critique à la fois l'état des lieux et le fait que de nombreux enfants soient forcés de vivre à l'année dans un établissement inférieur à la norme. Il ajoute que plusieurs milliers de dollars pourraient être dépensés à rénover le pensionnat et que « pratiquement rien qui y paraîtrait ».

En raison d'un manque de fonds pour les envoyer à la maison, les enfants de la Colombie-Britannique

> doivent rester dans cet environnement tout au long des vacances d'été. Je crois que des mesures sont actuellement prises pour les amener dans un camp pour une période de deux semaines en août, mais je n'arrive pas à me résigner à l'idée que ces jeunes enfants demeureront dans ces salles de jeux inadéquates, apparemment sans rien pour occuper leur temps mort pendant les six semaines restantes.[72]

En 1964, le directeur du pensionnat de Fraser Lake demande au ministère des Affaires indiennes d'aider des parents de Hazelton à payer le retour à la maison de leurs cinq enfants pour les vacances d'été[73]. À l'école de Gordon (Saskatchewan), dans les années 1970, il était de la responsabilité de l'administrateur de l'école de trouver des familles d'accueil pour les élèves[74]. À ce titre, le directeur prenait véritablement le rôle de tuteur légal de l'enfant[75].

Ces politiques contribuaient toutes à miner le bien-être des enfants et leur avenir. On les obligeait à passer leurs étés dans des établissements sous-financés, ne leur offrant que très peu de programmes ou d'aménagements récréatifs. Quand ils sortaient finalement des écoles, il ne leur restait bien souvent aucun lien avec les membres de leur famille ou de leur communauté d'origine.

La rafle des années soixante dans les pensionnats

En 1960, ce qui devait être connu comme « la rafle des années soixante » était déjà bien amorcé. En janvier 1961, une enquête est menée dans les écoles d'Alberni et de Mission, en Colombie-Britannique, sur la « situation des enfants qui ont été placés au pensionnat en raison d'un milieu familial médiocre, d'absence ou de séparation des parents, du décès des parents, etc. »[76]. Comme l'indique le tableau 34.1, des 276 élèves admis au pensionnat d'Alberni, seulement 36 % (la somme des pourcentages des catégories « aucune autre école accessible » et « pour études secondaires ») y étaient pour des raisons éducatives, et plus de 60 % étaient des cas d'aide à l'enfance[77].

Tableau 34.1 Justification pour l'admission des élèves au pensionnat d'Alberni (C.-B.), mars 1960.

Raison de l'admission	Nombre d'élèves	Admissions en pourcentage
Orphelin	18	6,5
Abandonné	13	4,7
Troubles de comportement	5	1,8
Maladie dans la famille	12	4,3
Milieu familial non favorable	124	44,9
Aucune autre école accessible	72	26
Pour études secondaires	27	9,8
Récurrence (aucune raison donnée ou connue)	5	1,8
	276	99,8

Source : CVR, ARN, MAINC AC, dossier 901/29-4, volume 2, 03/61-05/70, « Table 4: Enrolment by Categories, Alberni Residential School », 31 mars 1961. [AEMR-014110E]

Parmi les descriptions de milieu familial qui justifiaient le placement des enfants, on retrouve : « Parents séparés »; « Enfant illégitime. Mère mariée, enfant élevé par les grands-parents depuis la naissance »; « Parents divorcés, mère suit des cours au V.V.I. »; « Parents migrants »; et « Situation de pauvreté, aucune discipline »[78].

La situation au pensionnat de Mission est similaire. Comme l'indique le tableau 34.2, les admissions pour des raisons purement pédagogiques représentent moins de 30 % du nombre d'élèves admis à cette école[79].

Tableau 34.2 Justification pour l'admission des élèves au pensionnat de Mission (C.-B.), mars 1960

Raison de l'admission	Nombre d'élèves	Admissions en pourcentage
Orphelin	8	3,2
Troubles de comportement	7	2,8
Maladie dans la famille	8	3,2
Milieu familial non favorable	141	57,1
Aucune autre école accessible	62	25,1
Pour études secondaires	9	3,6
Récurrence (aucune raison donnée ou connue)	3	1,2
Demande des parents	9	3,6
	247	99,8

Source : CVR, ARN, MAINC AC, dossier 901/29-4, volume 2, 03/1961–05/1970, « Residential School Survey Appendix C, St. Mary's », 31 mars 1961. [AEMR-014110l]

Parmi les justifications utilisées pour décrire un milieu familial non favorable, on retrouve : « Parents séparés. Trop loin des externats »; « Famille vit à Hatzig, n'envoie pas l'enfant à l'école — dit que c'est trop loin »; « Enfant illégitime - élevé par la grand-mère »; « Parents migrants, troubles de comportement chez le garçon » et « Famille désunie — parents séparés (deux couples de parents visitent l'enfant) »[80].

En transposant ces chiffres à l'échelle nationale, le ministère des Affaires indiennes conclut que 10 % des enfants dans les pensionnats (1 050 enfants) étaient orphelins et que 40 % (4 200) étaient là parce que leur milieu familial avait été jugé inadéquat, une représentation totale de 50 % de tous les enfants.

En 1961, un fonctionnaire du ministère des Affaires indiennes, M. S. Payne, souligne que la base pour juger du caractère inadéquat d'une vie de famille est « en général une opinion personnelle, qui est rarement revue par un membre du personnel ayant une compétence professionnelle ». Payne mentionne que certains des milieux familiaux jugés inadéquats, en fait, pourraient « être adéquats ou amenés à l'être ». Il conclut qu'un fort pourcentage des élèves requiert « une attention spécialisée pour laquelle il y a très peu de ressources disponibles aptes à cerner les problèmes ou à fournir des services de remédiation ». Il a été reconnu qu'il était nécessaire d'améliorer les évaluations, le suivi des dossiers et la formation[81].

Shirley Arnold, l'auteure d'un rapport du ministère des Affaires indiennes sur les écoles d'Alberni et de Mission, écrit « à cet égard, le pensionnat devient un centre de détention pour enfants qui ne sont pas prêts pour le marché du travail et qui pourraient, ou non, être admissibles à un certain type de formation professionnelle, à un moment donné »[82].

Dans les années 1960, on assiste à une hausse du pourcentage d'enfants admis dans les pensionnats uniquement pour des motifs de protection de l'enfance. Une étude de 1966 qui porte sur neuf pensionnats en Saskatchewan révèle que 59,1 % des élèves admis étaient là pour ce qu'on appelait des « raisons d'aide sociale » et 40,9 % pour des « raisons d'éducation ». L'information détaillée est fournie dans le tableau 34.3. Si on retire les données de l'école de Prince Albert, le pourcentage représentant l'assistance sociale passe à 73 % et celui relié à l'éducation est de 27 %[83].

Tableau 34.3 Motifs d'admission de 1 612 enfants indiens dans 9 pensionnats de la Saskatchewan en 1966

Pensionnat	Reliés à l'éducation		Reliés à l'aide sociale		
	Besoins d'éducation	Déficience intellectuelle	Protection de l'enfance	Troubles affectifs	Délinquance
Kamsack	18	0	87	0	0
Onion Lake	13	0	113	0	0
Prince Albert	315	0	31	4	0
Punnichy* (Gordon)	40	1	110	1	5
Beauval	80	4	44	6	3
Lebret (Qu'Appelle)	112	2	139	9	6
Lestock (Muscowequan)	0	12	157	6	0
Duck Lake	45	0	158	0	0
Marieval	16	2	73	0	0
Totaux	639	21	912	26	14

Source : CVR, ARN, Conseil canadien du bien-être et Caldwell, 1967, p. 63. [AEMR-019759]

* épelé Punnich dans le document original

En 1968, le ministère des Affaires indiennes estime que 60 % des élèves des pensionnats y ont été placés « pour les retirer d'un milieu familial perturbé »[84]. Selon le rapport annuel du Ministère pour l'exercice 19681969, le nombre d'élèves hébergés dans les pensionnats au cours de l'année était de 8 206[85]. Cela signifie qu'environ 4 900 s'y trouvaient pour des motifs de protection de l'enfance, soit, 7,8 p. cent du nombre d'élèves des Premières Nations dans les écoles publiques et les pensionnats partout au Canada[86].

Le personnel et les soins

Bien que dans les années 1950, le ministère des Affaires indiennes ait accordé une hausse de salaire importante aux enseignants, très peu a été fait pour améliorer les traitements du personnel non enseignant. Les personnes embauchées pour superviser les activités quotidiennes des élèves ont tour à tour eu le titre de « superviseurs », « superviseurs de dortoir », « travailleurs en soins aux enfants », ou — dans les écoles catholiques — « agents chargés de la discipline » (parce qu'on attendait d'eux qu'ils la maintiennent). Le salaire était bas, il n'y avait aucune description de tâches et la charge de travail était lourde.

En 1947, à la suite du décès par noyade de deux filles au pensionnat de Gordon, Harry Morrow, qui jouait à la fois le rôle d'instructeur d'éducation manuelle et de superviseur suppléant des garçons, donne un compte rendu de ses tâches.

> Le superviseur des garçons fait lever les garçons, les prépare pour l'école, supervise les repas, les activités sportives ou le bricolage au cours de la soirée, puis les met au lit.
>
> J'essaie de les garder sur le terrain de jeux, mais c'est difficile de toujours avoir un œil sur eux, à moins de rester présent tout le temps. D'autres tâches parfois nous gardent à l'intérieur. Il y a des moments où ils doivent rester seuls sur le terrain. S'il y en a qui disparaissent, il faut les chercher. Lorsque je prends mes repas, le superviseur des plus jeunes reste aux alentours. J'ai toujours une bonne idée de l'endroit où ils sont parce que l'instructeur agricole me dit ceux qu'il veut[87].

Quand les membres du personnel étaient surchargés et manquaient de formation, la situation à l'école pouvait devenir chaotique. En 1954, l'agent des Indiens, Ralph Ragan, rapporte que les élèves du pensionnat anglican de Cardston (Alberta) étaient devenus impossibles à maîtriser. Selon Ragan, le directeur de l'école, James DeWolf, avait été incapable d'administrer une correction à deux garçons, lesquels, selon lui, la méritaient. De l'avis de l'agent Ragan, « la faute repose entièrement sur les employés subalternes — le superviseur des garçons et les autres employés de l'école. Les salaires de la mission sont tellement disproportionnés qu'il est impossible d'obtenir le type d'employés adéquats. » Il souligne que 70 $ par mois pour le superviseur des garçons signifie que « le seul type de personne qui accepte un tel salaire est une personne qui ne peut trouver du travail ailleurs[88] ».

Dans son rapport présenté en 1956 à la Société missionnaire de l'Église d'Angleterre du Canada, Henry G. Cook, le surintendant de l'administration des écoles indiennes, écrit que le plus grand problème auquel le conseil est confronté est le recrutement de « travailleurs compétents au sein du personnel anglican ». Il y a eu « une pénurie aiguë chez les travailleuses ayant les qualités requises pour le poste de surveillante » et de nombreux employés compétents ont été « attirés ailleurs par les salaires plus élevés offerts dans les autres établissements ». Le problème de recrutement s'est aggravé du fait que le clergé était réticent à inviter les paroissiens à se joindre au personnel des écoles de l'I.S.A. [Anglican Indian School Administration][89].

Le directeur du pensionnat de Gordon (Saskatchewan) John J. T. Johnstone a d'abord cru que la nouvelle formule de financement de 1957 permettrait « d'avoir plus d'argent à dépenser pour le fonctionnement global de l'école et plus de liberté dans l'administration générale »[90]. Quelques mois plus tard, cependant, il constate que les « salaires demeurent plus bas que ceux qui sont offerts localement pour des emplois similaires »[91].

En 1960, R. Phillips, le directeur du pensionnat de Shingwauk à Sault Ste. Marie (Ontario), reconnaît qu'en ce qui concerne les superviseurs d'élèves, « l'affectation réservée aux salaires ne nous permet pas de nous assurer une main-d'œuvre qualifiée. De plus, comparativement à d'autres établissements similaires, on demande aux superviseurs de fournir un trop grand nombre d'heures de travail par semaine, entre 66 et 72 heures, pour qu'ils soient en mesure de donner le meilleur d'eux-mêmes. Notre plus haut salaire pour un superviseur est de 2 400 $ par année. » En comparaison, dit-il, l'école de formation Brookside pour garçons, une maison de correction à Cobourg (Ontario), verse aux superviseurs un salaire initial de 3 200 $[92].

Lors d'une évaluation négative du pensionnat de l'Église Unie à Edmonton, un fonctionnaire du ministère des Affaires indiennes, R. F. Battle, commente le manque de soins affectifs aux enfants de l'école, particulièrement à ceux provenant de familles désunies. Ses observations sur l'école d'Edmonton l'amènent à conclure que les écoles catholiques font un meilleur travail que les protestants sur le plan des besoins affectifs des élèves.

> Je crois qu'un grand nombre de ces enfants ont besoin de l'amour attentionné des parents plus que toute autre chose. J'ai constaté que des établissements de ce genre, administrés sous les auspices de l'Église catholique, sont souvent aptes à offrir un certain substitut acceptable pour les soins et l'attention que les enfants obtiendraient normalement de leurs parents. Je ne peux pas mettre le doigt sur les raisons exactes de cela, si ce n'est le fait bien connu que les établissements catholiques sont généralement administrés par des personnes dévouées. Le même esprit de dévotion semble impossible dans les établissements protestants à moins que ceux-ci aient la chance d'avoir ce type de personnel. Selon mon expérience, une telle réalisation dans les établissements protestants est une exception plutôt que la règle, et même lorsqu'elle est atteinte, elle est rarement maintenue[93].

Même l'Église catholique avait du mal à obtenir le genre de personnel qu'il lui fallait. En 1950, un directeur de Fraser Lake, J. P. Mulvihill, demande en désespoir de cause à l'Ordre des oblats à Ottawa s'il est possible de lui envoyer un frère. « L'agent chargé de la discipline des garçons démissionne et je ne trouve personne pour le remplacer. Nous sommes débordés, un enseignant en moins et aucun candidat en vue. La personne qui devait venir a soudainement changé d'avis et nous sommes dans le pétrin[94]. » Il refuse un des candidats qu'on lui propose, alléguant « nous avons déjà un frère qui souffre d'une déficience mentale ici »[95]. Le principal point favorable dans l'évaluation du candidat qu'il accepte est que, ayant été directeur d'un noviciat [institut de formation catholique], il a « le don pour affirmer son autorité auprès des autres frères et des postulants laïcs de manière assez réussie »[96]. Dans l'attente de l'arrivée du nouvel agent, Mulvihill se plaint du mauvais départ qu'a pris le début de l'année scolaire : « Au cours des deux dernières nuits, j'ai dû pourchasser des élèves en fugue. Les sœurs ont beaucoup de mal à imposer la discipline. Leur sélection de sœurs pour faire le travail ne s'avère pas un très heureux choix[97]. »

En 1955, le directeur du pensionnat de Mission, en Colombie-Britannique, John Ryan, indique que « le problème de discipline projette encore son ombre menaçante ». Il propose d'échanger son agent de discipline, le frère Gerard, avec celui du pensionnat de Christie (Colombie-Britannique). Le frère Gerard, écrit-il, « n'est pas trop inefficace, mais il a un piètre jugement et il a plutôt tendance à la paresse, particulièrement quand les choses se corsent »[98]. L'année suivante, l'agent chargé de la discipline à Christie est envoyé à Mission, et le frère Gerard, au pensionnat de Williams Lake. Le père oblat provincial L. K. Poupore écrit qu'il croit que le pensionnat de Mission a besoin d'un bon agent chargé de la discipline, étant donné que « la discipline n'y était pas très bien appliquée l'an dernier et qu'on aura besoin de quelqu'un avec une main ferme pour ramener les choses à la normale ». Le frère John MacDonald est envoyé à Christie à titre d'agent chargé de la discipline, même si, comme l'écrit le père Poupore, « il n'est pas le meilleur agent de discipline au monde, mais il aura la tâche moins lourde à Tofino. Sa principale difficulté était les garçons du secondaire à Mission[99]. »

Cinq ans plus tard, un différent directeur de Mission, Edward J. Clarke, se plaint à un père supérieur oblat à propos d'un des superviseurs des garçons au pensionnat. Il écrit ce qui suit au sujet du frère Sampson :

> bien qu'il ne soit pas un vieil homme, il n'est pas en mesure de se maintenir au niveau des adolescents indiens. Je crois que le temps est venu pour lui d'être relevé de ses fonctions de superviseur auprès des garçons de tout âge, en particulier du groupe d'âge actuel. Il ne montre aucune intention de les guider et il possède peu des compétences requises pour diriger des garçons de cet âge. Il est très méfiant de leurs motifs et a très peu de formation pour s'occuper des problèmes de ce groupe d'âge.

Il ajoute que le frère Sampson a tendance à tomber endormi « au mauvais moment ». La nuit précédente, 14 garçons sont sortis du pensionnat et, « quant à lui, ils auraient pu rentrer à n'importe quelle heure de la nuit »[100]. Lorsque Clarke lui demande de nommer un remplaçant, le père oblat provincial Poupore l'informe qu'il n'a personne en trop.

En fait, les oblats étaient aux prises avec un problème de recrutement. Selon Clarke, « quatre frères n'avaient pas renouvelé leurs vœux à la fin de l'année. Des cinq qui avaient prononcé leurs premiers vœux en 1959-1960, il n'en restait que deux[101]. » L'année suivante, le frère Sampson a été transféré du pensionnat de Mission à celui de Shubenacadie, en Nouvelle-Écosse[102].

Le pensionnat de Williams Lake avait également sa part de problèmes. Le 22 décembre 1955, la British United Press publie un article sur Lillooet, en Colombie-Britannique, avec en titre « Enfants indiens "affamés" ». Selon l'article, des parents de Creek Side se plaignent que leurs enfants sont « à moitié morts de faim » au pensionnat de Williams Lake. Lorsque les enfants sont revenus à la maison pour les vacances de Noël, « ils avaient tous les mains, les oreilles et le visage gelés, même les pieds. Certains ont dû être amenés à l'hôpital. » En conséquence, les parents songeaient à ne pas renvoyer leurs enfants au pensionnat[103]. William Christie, l'agent des Indiens local, a exigé des excuses de la part du service des nouvelles, disant que bien qu'il soit possible qu'une telle histoire ait pu « être propagée par un Indien irresponsable », elle n'aurait pas dû être publiée avant qu'un journaliste en ait vérifié la véracité auprès de l'école[104]. Le service des nouvelles ne s'est pas excusé, mais il a publié une série d'articles citant les parents et les représentants de l'école qui contestaient les allégations initiales[105].

Malgré la résolution du problème de relations publiques créé par la publication de l'article, l'école de Williams Lake était en crise. Le 29 décembre 1955, un père oblat du pensionnat, Leo Casey, écrit au père oblat provincial Fergus O'Grady pour lui exposer le problème d'alcool du directeur Dennis Shea. Selon le père Casey, les quelques problèmes de santé qu'a connus Shea seraient à l'origine de sa « perte de contrôle », qui l'amène à « inviter régulièrement quelques amis dans sa chambre pour partager une bouteille de Scotch ». Plutôt que de porter attention aux garçons, les agents chargés de la discipline passaient leur temps à former les nouvelles enseignantes laïques qui, selon le père Casey, étaient « des filles catholiques exemplaires ». Quelques jours plus tôt, quatre garçons avaient pris la fuite, alors que la température était à moins dix degrés Fahrenheit, après avoir « reçu une raclée, la nuit précédente, par un des agents de discipline ». Quand les garçons ont été retrouvés le matin suivant, l'un d'eux avait les orteils gravement gelés[106].

L'agent des Indiens William Christie écrit également au père provincial O'Grady, faisant écho aux inquiétudes du père Casey et recommandant que le directeur et quelques autres membres du personnel soient remplacés, compte tenu du « manque de supervision et d'autres activités dont souffrent les enfants »[107]. L'agent Christie aurait également dit au père Poupore, qui venait de remplacer le père O'Grady en tant que père oblat provincial, que le directeur Shea avait « besoin de vacances »[108].

L'Ordre des oblats a envoyé le directeur du pensionnat de Kamloops, J. P. Mulvihill, pour enquêter sur la situation à Williams Lake. Celui-ci a rencontré l'agent Christie, qui lui dit qu'à son avis le directeur de l'école, le père Shea, avait un problème d'alcool, que la cuisine n'était pas bien administrée, que la discipline du côté des garçons était faible — il qualifia un des membres du personnel d'« inutile » et un autre de « gâté » — et que ni le médecin ni l'infirmière locale n'étaient satisfaits de l'état de santé des enfants. L'agent Christie, qui était catholique, s'inquiétait également de la publicité entourant les problèmes de l'école, admettant au directeur Mulvihill qu'un agent des Indiens protestant « aurait depuis longtemps dénoncé le directeur Shea ». Lorsque Mulvihill a rencontré Shea, ce dernier a admis son problème d'alcool, mais il a ajouté « qu'il ne buvait pas autant que l'an dernier ». Le directeur Shea et la mère supérieure ont soutenu que les autres plaintes n'étaient pas fondées — sauf en ce qui concernait les installations sanitaires dans la salle de jeux de garçons, qui ne comptaient que trois toilettes pour 160 garçons. Toutefois, une religieuse l'a arrêté dans le hall pour lui dire « qu'il y avait suffisamment de vérité dans toutes les accusations pour les empêcher de résister à une enquête ». Un autre père oblat lui a dit qu'il croyait que le directeur Shea était en train de « perdre l'esprit »[109].

Lorsque, le 22 janvier 1956, le père Poupore écrit à Shea, disant qu'il veut discuter de la possibilité pour lui de prendre un congé, le directeur, au déplaisir du père Poupore, plie immédiatement bagages et part à Ottawa[110]. En réponse, le père Poupore informe Shea qu'il ne reprendra pas son poste comme directeur du pensionnat et que son cousin, qui travaillait à l'école, avait également été relevé de ses fonctions[111].

L'Ordre des oblats et l'agent des Indiens Christie auraient tous deux dû signaler ces problèmes au ministère des Affaires indiennes. Dans les dossiers qui ont été examinés par la Commission de vérité et de réconciliation du Canada, aucune correspondance n'a été relevée à cet effet. La Commission a, toutefois, trouvé des dossiers indiquant que Christie, peut-être parce qu'il était catholique, *ne* transmettait *pas* l'information qui aurait pu mettre l'Église catholique dans l'embarras.

En 1960, le Ministère en vient à réaliser qu'il y a un roulement élevé chez les superviseurs de dortoirs de pensionnats, principalement en raison des « salaires peu élevés et des longues heures requises pour ce travail ». Un document interne du gouvernement recommande alors une hausse de salaire, passant de 2 600 $ à 2 900 $ par année[112]. C'est en 1963 que le ministère des Affaires indiennes met sur pied son premier service interne de formation pour les superviseurs de dortoirs. Cinquante superviseurs, y compris douze membres des Premières Nations, suivent le cours de deux semaines qui se donne au pensionnat de Portage la Prairie, au Manitoba[113].

Ces mesures limitées n'apportent que des améliorations limitées. En 1965, Ahab Spence, ancien élève de pensionnat et ancien directeur de l'école de Sioux Lookout (Ontario), dit au ministère des Affaires indiennes que, bien qu'il croit que les directeurs et les enseignants possèdent les qualifications requises, il y a lieu d'améliorer la qualité du personnel de supervision. Ces membres du personnel sont avec les enfants du « lever au coucher du soleil », alors que bon nombre d'entre eux sont « inexpérimentés, immatures, et que, possiblement, ils occupent cet emploi parce qu'ils ne peuvent obtenir ou "conserver" un autre travail »[114]. Clara Tizya, une ancienne surveillante de pensionnat au Yukon, fait écho à l'opinion d'Ahab Spence, écrivant que, quand il est question d'embauche, « il semble qu'il y ait une tendance à prendre n'importe quel candidat qui se présente. » Elle recommande : « il serait plus utile de former des Autochtones pour occuper les différents types d'emploi liés à la supervision »[115].

En 1966, une enquête portant sur neuf pensionnats de la Saskatchewan, menée par le Conseil canadien du bien-être, révèle que même si les écoles emploient 86 enseignants, elles ne comptent que 63 travailleurs des services à l'enfance. Au début de l'année, le ratio personnel/élèves autorisé par le gouvernement pour les travailleurs des services à l'enfance était d'un pour trente, quoique ce ratio ait été réduit à un pour vingt-cinq au printemps de 1966. Ces travailleurs effectuaient des quarts de travail fractionnés, ayant la responsabilité de garde le matin, aux repas, après l'école et dans la soirée. La plupart travaillaient entre 60 et 80 heures par semaine. Comme il n'y avait aucun travailleur de relève, lorsqu'un était en congé ou malade, les autres travailleurs devaient simplement assumer leur charge de travail. En conséquence, le ratio personnel/élève pouvait être beaucoup plus élevé qu'un pour trente ou un pour vingt-cinq[116]. Seulement 16 des 53 travailleurs avaient terminé leurs études secondaires. (Pour voir l'information détaillée, consulter le tableau 34.4.)[117]

Tableau 34.4 Études et formation des travailleurs des services à l'enfance de neuf pensionnats de la Saskatchewan, 1966

Plus haut niveau d'études	Nombre de travailleurs des services à l'enfance
Diplôme universitaire	1
Cours universitaire	1
Formation spéciale	8
Diplôme d'études secondaires	6
10e ou 11e année terminée	13
8e ou 9e année terminée	20
Moins que la 8e année	4
Total	53

Source : CVR, ARN, Conseil canadien du bien-être et Caldwell, 1967, 121. [AEMR-019759]

Bien que le ministère des Affaires indiennes « recommande vivement que le niveau d'études des superviseurs soit, au moins, une 12e année », en 1967, le guide scolaire du pensionnat de Prince Albert (Saskatchewan) mentionne que les candidats doivent avoir au minimum une 8e année. Les employés sont embauchés au mois ou à l'année et ne peuvent aspirer à un poste permanent avant d'avoir terminé leur

10e année[118]. L'année suivante, le ministère des Affaires indiennes doit reconnaître que la majorité des 300 travailleurs des services à l'enfance ou superviseurs de dortoir embauchés dans les pensionnats sont « non professionnels ». Cette même année, le gouvernement fédéral approuve un plan quinquennal visant à créer « une base de 100 travailleurs des services à l'enfance qualifiés » en inscrivant 20 travailleurs par année à un programme de formation au Mount Royal Junior College, à Calgary[119]. La formation d'un an comprend la théorie, la pratique et le travail sur le terrain, avec enseignement ciblé de l'anglais, du service communautaire, des activités récréatives, des méthodes de soins aux enfants et du service social. Le programme n'est pas particulièrement conçu pour ceux qui travaillent dans des pensionnats, mais il est destiné « aux personnes désireuses de travailler avec les enfants en milieu résidentiel »[120]. Au printemps de 1969, 13 anciens employés de pensionnat sont inscrits à la formation en service à l'enfance du Mount Royal Junior College. Tous reçoivent une certaine forme de subvention gouvernementale pendant qu'ils suivent le cours[121]. Plus tard, le programme est offert à la fois au Mount Royal et au collège Douglas à New Westminster, en Colombie-Britannique[122].

Le transfert aux autorités provinciales

Un grand nombre de représentants du gouvernement et de professionnels des services sociaux croyaient que le problème de protection de l'enfance serait mieux géré en transférant la responsabilité aux gouvernements provinciaux. Dans leur mémoire présenté au Comité spécial mixte du Sénat et de la Chambre des communes en 1947, le Conseil canadien du bien-être social et l'Association canadienne des travailleurs sociaux suggèrent : « On pourrait conclure des ententes avec les autorités provinciales compétentes afin que celles-ci mettent leurs services à la disposition des Indiens, moyennant payement pour chaque cas en particulier, là où la chose semble s'imposer»[123]. » Un tel transfert vers l'administration provinciale s'inscrivait dans le cadre de la politique fédérale du moment. Il allait nécessiter un changement législatif, une entente avec les provinces et, s'il s'avérait réellement efficace, un meilleur financement. En vertu de l'article 87 de la *Loi sur les Indiens* de 1951, le gouvernement du Canada cherchait à transférer aux autorités provinciales la responsabilité de la prestation de services de protection de l'enfance pour les Autochtones inscrits aux termes de la *Loi sur les Indiens*[124]. Dans les années qui ont suivi, des ententes ont été conclues entre le gouvernement fédéral et un certain nombre d'organismes provinciaux d'aide à l'enfance pour étendre les services de protection de l'enfance aux réserves. Les gouvernements provinciaux maintenaient que le gouvernement fédéral devait payer pour ces services et certains conflits sur le niveau de financement ont limité les types de services offerts[125].

Une fois que des ententes ont été conclues, le nombre d'enfants des Premières Nations saisis par les sociétés d'aide à l'enfance provinciales a commencé à grimper. En 1955, seulement 29 des 3 433 enfants pris en charge en Colombie-Britannique étaient d'ascendance autochtone. En 1962, une entente informelle a été conclue avec le gouvernement de la Colombie-Britannique selon laquelle le gouvernement fédéral paierait la totalité des coûts de protection de l'enfance et des prises en charge. En 1964, le nombre d'enfants des Premières Nations pris en charge par les organismes provinciaux avait bondi à 1 446. En moins d'une décennie, les enfants des Premières Nations étaient devenus le tiers des cas d'aide sociale à l'enfance de la province[126].

L'évaluation globale présentée dans le Rapport Hawthorn de 1966, une enquête sur les conditions de vie des Premières Nations, était que dans la majeure partie du pays, les circonstances de la prestation des services de protection de l'enfance offerts à la population des Premières Nations passaient de « peu satisfaisantes jusqu'à des circonstances absolument renversantes »[127]. Au milieu des années 1960, le Manitoba, la Saskatchewan et l'Alberta — les provinces qui comportaient le plus grand nombre de pensionnats — n'avaient aucune entente avec le gouvernement fédéral en matière de protection de l'enfance. Les organismes financés à l'échelle provinciale intervenaient uniquement lorsque la vie de l'enfant était en danger. Dans ces cas, les enfants étaient saisis, laissant les familles sans services préventifs ou de suivi. Les enfants pouvaient alors être pris dans l'engrenage d'une succession de foyers d'accueil. Retarder l'intervention jusqu'à ce qu'on en vienne à une question de vie ou de mort signifiait inévitablement que certains enfants étaient, non seulement exposés à un risque inutile, mais également, que dans certains cas, ils mourraient[128].

Le rapport Caldwell

En 1965, le ministère des Affaires indiennes demande au Conseil canadien du bien-être de mener une étude pour déterminer « dans quelle mesure les pensionnats et les résidences répondent aux besoins de la population des élèves indiens admis dans ces établissements et s'il existe des solutions de rechange pratiques à ce patronage scolaire ». Un fonctionnaire du ministère des Affaires indiennes, R. F. Davey, suggère : « étant donné que les problèmes en Saskatchewan sont particulièrement graves et qu'il faudra s'y attaquer prochainement, il est souhaitable que l'étude porte sur cette province »[129]. Subséquemment, en 1966, George Caldwell, le secrétaire général adjoint de la Division de la famille et de l'enfance du Conseil, dirige une étude portant sur neuf pensionnats de la Saskatchewan. Un rapport final est soumis l'année suivante. Il conclut que le système des pensionnats est un échec :

> Il ne répond pas à l'ensemble des besoins de l'enfant parce que ses services ne sont pas individualisés; il traite l'enfant en masse dans chacune des

> activités importantes de sa vie quotidienne. Son sommeil, son alimentation, sa récréation, sa formation scolaire et sa discipline sont tous menés d'une manière enrégimentée telle qu'il est forcé de se conformer au modèle institutionnel. Le peu d'importance accordé au développement individuel de l'enfant, en tant que personne unique, est le résultat le plus inquiétant de tout ce système dans son ensemble. Les pensionnats fournissent un service de soins de garde plutôt qu'un service de développement de l'enfant. L'environnement physique des aspects quotidiens de la vie au pensionnat est surpeuplé, mal conçu, hautement régenté et oblige une approche de masse à l'égard des enfants. Le pensionnat reprend un modèle de garde d'enfants qui prévalait dans la première décennie du XXe siècle, un concept qui combine l'hébergement et l'éducation à moindre coût pour les dépenses publiques[130].

George Caldwell passe en revue le processus d'admission en se fondant sur ce qu'il appelle « la pratique normale de protection de l'enfance », qui impliquerait :

1) une évaluation du besoin de l'enfant et de la capacité de l'établissement à combler ce besoin;
2) un service-conseil auprès des parents pour leur faire comprendre la raison du placement et le rôle qu'ils peuvent jouer, et pour examiner les raisons sous-jacentes du placement;
3) une intervention préalable au placement qui aiderait les enfants à se préparer à leur entrée au pensionnat;
4) une planification pour combler les besoins de l'enfant à sa sortie.

La réalité s'avère très différente de la pratique normale. Il n'y a aucune consultation préalable au placement; le ministère des Affaires indiennes ne dispose pas de personnel apte à fournir un tel service. Les travailleurs sociaux ne sont, à aucun moment, impliqués dans le processus décisionnel. On peut lire dans le rapport que « quelqu'un peut chercher longtemps pour trouver une situation similaire où les parents sont moins impliqués dans l'orientation de leurs enfants que lors de la prise en charge par les pensionnats ». Aucune mesure substantielle n'est prise pour fournir un « service d'aide aux parents concernant le problème qui a rendu nécessaire le placement de leurs enfants ». Une fois les enfants placés au pensionnat, il y a « absence totale » de services professionnels auprès des enfants pour leur expliquer les raisons de leur placement. Il n'y a aucune planification d'intervention à la sortie des élèves, autre qu'une rencontre avec l'agent d'éducation du ministère des Affaires indiennes au moment où l'élève termine sa 8e année[131]. Le ministère des Affaires indiennes avait établi des normes et fournissait un service de supervision professionnelle dans des domaines tels que les finances, l'éducation et l'entretien des pensionnats, mais selon le rapport Caldwell, il n'y a « aucune évaluation ni supervision de la composante des soins aux enfants du programme »[132]. Les soins aux enfants ne faisaient pas partie d'une catégorie qui nécessitait une surveillance.

Comme de nombreux aspects du système des pensionnats, le financement était inadéquat. Le rapport Caldwell révèle que les pensionnats de la Saskatchewan dépensent annuellement entre 694 $ et 1 193 $ par élève. Les écoles qui ont le plus grand nombre d'admissions sont celles qui présentent les plus bas coûts par élève. (Voir le tableau 34.5.)[133]

Tableau 34.5 Dépenses par enfant, pensionnats de la Saskatchewan, 1966.

	Admissions	Par enfant par année
Kamsack	100	1 122 $
Onion Lake	125	850 $
Prince Albert	375	702 $
Punnichy (Gordon)	165	852 $
Beauval	140	1 093 $
Lebret (Qu'Appelle)	300	694 $
Lestock (Muscowequan)	175	742 $
Duck Lake	180	880 $
Marieval	90	1 193 $

Source : CVR, ARN, Conseil canadien du bien-être et Caldwell, 1967, p. 89. [AEMR-019759]

Selon le rapport Caldwell, ces chiffres font piètre figure par rapport à d'autres établissements de soins :

> Une étude de 1964 sur les coûts des soins en établissement aux États-Unis montre une échelle globale des coûts par enfant par année allant de 4 500 $ à 14 059 $. Au Canada, on trouve plusieurs modèles de coûts. Les établissements provinciaux pour enfants en Nouvelle-Écosse sont en moyenne de 3 300 $ par année, un centre de soins pour enfants en Ontario, Warrendale, demande 27 $ par jour ou 9 855 $ par année; un établissement de Winnipeg affiche un tarif journalier de 16,50 $ ou 6 052,50 $ par année[134].

Le point que George Caldwell veut établir est simple : de bons soins apportés aux enfants coûtent beaucoup plus cher que ce que le ministère des Affaires indiennes dépense pour ses pensionnats.

Le rapport accorde une grande importance à l'embrigadement imposé par les pensionnats et au manque d'intimité. Dans la plupart des pensionnats de la Saskatchewan, les élèves vivent dans de grands dortoirs, dont certains pouvaient compter jusqu'à cinquante élèves. Ils mangent dans de grandes salles à manger et disposent de très peu d'espace pour les effets personnels. Il n'y a aucun endroit où l'enfant peut être seul. George Caldwell écrit qu'il est « inexcusable que des enfants soient encore élevés dans un environnement du XIXe siècle »[135]. En cela, il fait écho aux inquiétudes d'Ahab Spence sur le fait que les élèves n'avaient aucun temps à consacrer « à leurs propres réflexions ». En tant qu'ancien directeur, Ahab Spence reconnaît que le moyen le plus facile de gérer une école est d'imposer une réglementation « hermétique ». Mais, en tant qu'élève, il sait que ça signifie qu'il n'y a « aucune place pour la responsabilisation ou l'initiative de la part des enfants sans qu'ils sentent que quelqu'un les surveille »[136].

Lorsque le gouvernement a reçu le rapport Caldwell, R. F. Davey a songé à limiter sa diffusion aux « fonctionnaires du Ministère et aux représentants du clergé »[137]. Les directeurs des huit pensionnats de la Colombie-Britannique dirigés par les oblats se sont opposés au fait que le rapport Caldwell était présenté comme un rapport sur tous les pensionnats. Le père oblat, F. G. Kelly, écrit : « Enquêter sur neuf écoles d'une seule province pour ensuite faire des recommandations universelles applicables à toutes les écoles de toutes les provinces est, pour le moins, présomptueux. » Les directeurs ont contesté l'allégation selon laquelle les enfants étaient traités « en masse » et ont affirmé que les écoles servaient de « pont entre la culture des Blancs et celle des Indiens »[138]. Le directeur du pensionnat de Kamloops, le père oblat Allan Noonan, a soutenu que le rapport était subjectif et injuste, faisant fi de « la somme énorme de travail et d'affection que les oblats et les sœurs de Sainte-Anne et des autres congrégations avaient donnés au sein de ces pensionnats au cours des cent dernières années. L'homme blanc a pris la terre de l'Indien; maintenant d'autres hommes blancs veulent lui retirer ses pensionnats[139]. »

En réponse aux oblats, George Caldwell dit que le ministère des Affaires indiennes avait les pensionnats de la Colombie-Britannique dans sa plus haute estime; les pensionnats de la Saskatchewan ont été ciblés « parce qu'on juge de la qualité d'un système selon ses maillons les plus faibles ». En réponse à une allégation selon laquelle les pensionnats de la Colombie-Britannique ne procédaient pas au traitement des enfants « en masse », George Caldwell fait référence à ce dont il avait été témoin au cours de la visite d'un pensionnat de cette province. Là, dit-il, les plus âgés avaient été placés en ligne au milieu de ce qu'ils appelaient la « salle des corrections ». Le superviseur, qui avait sous sa responsabilité beaucoup plus d'enfants qu'il ne pouvait en contrôler, « les appelait par numéro, plutôt que par leur nom. La règle du silence, le défilé, la numérotation, le coup à la tête pour maintenir l'enfant tranquille et en ligne, sont des exemples classiques d'embrigadement et de traitement "en masse"[140]. »

Une politique d'admission améliorée

Les critiques de George Caldwell sur les politiques d'admission inadéquates dans les pensionnats ont attiré l'attention sur un problème de longue date. Les fonctionnaires du gouvernement savaient depuis des décennies que les directeurs ignoraient les directives du ministère des Affaires indiennes concernant les admissions. Par exemple, en 1951, le Ministère retourne la demande d'admission pour un élève qui fréquente l'école de Moose Factory, dans le Nord de l'Ontario, à l'agent des Indiens J. S. Allan, indiquant que les documents ne sont pas signés par les parents[141]. Allan explique que les parents sont dispersés quelque part dans le district de la baie James et qu'il en coûterait trop cher pour tenter de les contacter. Il suggère plutôt de demander au directeur de faire signer les papiers en bonne et due forme au cours de la prochaine année[142]. Les directeurs n'informaient pas toujours le ministère des Affaires indiennes quand des élèves étaient admis. En 1960, le Ministère apprend que trois filles sont admises au pensionnat d'Hobbema (Alberta) en même temps qu'on l'avise qu'elles se sont enfuies[143]. Le fonctionnaire du ministère des Affaires indiennes L. C. Hunter écrit : « le pensionnat d'Hobbema n'est pas le seul à dévier des règles établies et nous sommes pratiquement impuissants devant cette situation. L'attitude qui prévaut est que l'approbation des admissions n'est qu'une simple formalité et qu'après tout, que peut-on y faire quand les élèves sont déjà au pensionnat[144]. »

Piqué par les critiques du rapport Caldwell, le sous-ministre des Affaires indiennes J. A. MacDonald écrit en 1968 : « pour la première fois nous avons établi de manière précise et détaillée les critères qui doivent être dorénavant utilisés pour déterminer si un enfant indien est admissible dans ces établissements ». Cette reconnaissance — que c'était la première fois que le Ministère établissait de tels critères pour l'admission au pensionnat d'une manière « précise et détaillée », alors qu'il finançait ces écoles depuis cent ans — souligne clairement le désordre dans l'histoire du système des pensionnats.

Selon MacDonald, l'admission serait fondée sur les six catégories suivantes :

Catégorie 1 : les élèves dont la maison est isolée et qui n'ont pas accès au service d'externat fédéral ou provincial

Catégorie 2 : les élèves dont les parents ou les tuteurs sont migrants

Catégorie 3 : les élèves provenant de familles où il y a un grave problème de négligence

Catégorie 4 : les élèves qui ont un problème de santé et qui sont originaires d'un endroit où les services médicaux requis sont inexistants, mais qui pourraient être hébergés dans une résidence scolaire et obtenir un suivi médical périodique

Catégorie 5 : les élèves qui requièrent une adaptation graduelle à la vie urbaine avant de pouvoir accéder à une pension privée au sein d'une communauté

Catégorie 6 : les élèves qu'on juge prêts à passer à la pension privée, mais pour qui aucune résidence convenable n'est présente dans la région où le pensionnat qu'il fréquente est situé

La politique visait à exclure ceux « qui ne nécessitaient pas une telle prise en charge ou qui pouvaient être servis d'une autre quelconque façon ». Le sous-ministre MacDonald a avisé le ministre des Affaires indiennes en poste, Jean Chrétien, qu'il devait s'attendre à de l'opposition de la part de « certaines familles indiennes qui insistent sur l'obtention de soins en établissement pour leurs enfants, indépendamment de leur capacité à prendre soin d'eux dans leur propre maison » et de la part de « quelques membres d'organisations religieuses qui ont, dans le passé, exercé une grande influence dans les admissions à ces établissements pour des raisons qui, dans certains cas, ne seraient pas acceptables selon les critères actuels »[145]. L'année suivante, en 1969, R. F. Davey rapporte que « pour la première fois depuis de nombreuses années, les admissions à ces résidences sont évaluées avec un certain degré d'objectivité et des mesures sont prises pour assurer un minimum de formation pour les travailleurs des services à l'enfance qui sont, en fait, le substitut des parents »[146].

En d'autres mots, ce n'est qu'au moment où le gouvernement commence à fermer les résidences qu'il précise ce qui peut être considéré comme une politique objective d'admission et qu'il fournit « une formation minimum » aux personnes qui se sont occupées des milliers d'enfants pris en charge, en grande partie, pour des motifs de protection de l'enfance.

La fermeture des pensionnats, qui s'amorce sérieusement en 1970, découle d'une hausse spectaculaire du nombre d'enfants pris en charge par les agences de protection de l'enfance. L'accroissement de l'activité des sociétés d'aide à l'enfance provinciales entraîne, en 1964, une baisse dans l'admission au pensionnat de Shubenacadie en Nouvelle-Écosse[147]. Trois ans plus tard, l'école fermait[148]. À la fin des années 1960, 75 % des élèves de l'Institut Mohawk dans le Sud de l'Ontario (Brantford) provenaient du Nord de l'Ontario ou du Nord du Québec. Les autres provenaient des communautés locales des Premières Nations et avaient été placés à la résidence pour des motifs de protection de l'enfance. L'ouverture d'écoles dans les réserves au Québec et dans le Nord-Ouest de l'Ontario fait qu'en 1970, le nombre d'élèves pris en charge n'est plus que de 25. En conséquence, le gouvernement fédéral ferme l'Institut Mohawk — le pensionnat ayant été le plus longtemps en activité continue au Canada — et transfère les élèves aux bureaux régionaux de protection de l'enfance[149]. Lorsqu'en 1974, la décision est prise de fermer la résidence d'Onion Lake, en Saskatchewan, la bande d'Onion Lake réclame du gouvernement fédéral une subvention pour établir quatre foyers de groupe[150].

À la fin des années 1970, le transfert des enfants des pensionnats est presque complet dans le Sud du Canada et l'impact de la rafle des années soixante se fait sentir dans tout le pays. En 1977, le pourcentage que représentent les enfants autochtones recueillis est de 44 % en Alberta, de 51 % en Saskatchewan et de 60 % au Manitoba[151].

À la fin des années 1960, certains fonctionnaires du ministère des Affaires indiennes commencent à voir les pensionnats et les résidences comme étant préférables aux placements dans les établissements provinciaux d'aide à l'enfance parce qu'ils sont moins perturbateurs pour les familles. En 1967, un fonctionnaire du Ministère, J. C. Letcher, demande l'admission de deux enfants au pensionnat de Sechelt (Colombie-Britannique); leur père est mort et leur mère a quitté la maison. Les enfants ont cinq frères et sœurs aînés qui vivent au pensionnat. La parenté demande que les enfants soient également admis de manière à « garder la famille ensemble ». L'autre option qui s'offre au gouvernement est de déclarer les enfants "négligés" et de les placer en famille d'accueil, les séparant ainsi de leurs frères et sœurs[152]. Bien que le nombre de résidences continue de baisser, le pourcentage de cas d'aide sociale demeure élevé. En 1981-1982, la résidence de Mission, en Colombie-Britannique, compte 118 élèves, dont 79 y ont été placés pour des motifs d'aide sociale, dont : famille désunie, manque d'habitation communautaire, milieu familial surpeuplé, alcoolisme au sein de la famille[153]. Ici encore, le pensionnat indien est considéré comme étant préférable au système provincial de protection de l'enfance parce qu'il « tient compte des liens entre les frères, les sœurs et la famille. Dans le système de protection de l'enfance provincial, il est souvent difficile de maintenir les liens entre les membres de la famille[154]. »

En 1985, il ne reste que 13 résidences en activité dans le Sud du Canada.

Comme il est mentionné dans les prochains chapitres, les soins donnés aux élèves dans les pensionnats à partir des années 1940 se maintiennent généralement en dessous de la norme. Les antécédents d'indifférence et de sous-financement, jumelés aux nouvelles tendances du gouvernement à investir dans un système d'externats en expansion, donnent lieu à un autre demi-siècle de négligence gouvernementale à l'égard des pensionnats et des élèves qui y vivent. Les bâtiments sont surpeuplés et peu sûrs; la nourriture peu appétissante et souvent inadéquate, et les politiques en matière de discipline et d'absentéisme sont, au début, inexistantes et, plus tard, ignorées ou intentionnellement enfreintes. Les membres du personnel des pensionnats sont très peu formés, limités en nombre et ne sont soumis à aucune évaluation — donnant aux prédateurs sexuels l'occasion d'instaurer des régimes d'agressions à long terme, inaperçus et impunis. Ce sont des soins de garde impersonnels, inappropriés pour les besoins physiques et affectifs de n'importe quel enfant. Pour ceux qui nécessitent des soins spéciaux, comme c'est le cas d'un nombre croissant d'élèves, c'est un peu plus que de la négligence institutionnalisée.

CHAPITRE 35

Des bâtiments délabrés et surpeuplés : 1940–1969

Au printemps de 1940, R. A. Hoey, le surintendant du bien-être et de la formation au ministère des Affaires indiennes, procède à une étude sur les pensionnats pour déterminer comment, dans un contexte de guerre, les coûts d'exploitation pourraient être « maintenus dans des limites raisonnables », sans compromettre l'investissement de 10 millions de dollars du gouvernement dans les résidences. Il constate d'abord que depuis qu'il est en poste au Ministère (soit depuis 1936), il n'y a jamais eu d'allocation de « fonds nécessaires pour entreprendre les réparations requises dans la majorité de nos pensionnats ». Il s'inquiète également quant à la décision de limiter la subvention proportionnelle au nombre d'élèves à un maximum de 92,24 % du nombre maximal d'admissions (nombre maximum d'élèves que le gouvernement accepte de subventionner dans une résidence donnée) et de réduire les fonds disponibles pour les réparations et le remplacement du matériel, qui, selon lui, n'est « peut-être pas la meilleure politique à adopter ». Il recommande plutôt que le gouvernement prenne en considération « la fermeture d'un certain nombre de pensionnats appartenant au gouvernement et à l'Église, qui sont actuellement dans un état passablement délabré et présentent un grand risque d'incendie. De nombreux problèmes reposent sur le fait que, à l'origine, les bâtiments ont été mal construits, sans respecter « les normes minimales de construction d'un édifice gouvernemental, particulièrement dans le cas d'établissements dédiés à l'éducation des enfants. »

Selon Hoey, le mauvais briquetage des pensionnats de Shubenacadie (Nouvelle-Écosse) et d'Alert Bay (Colombie-Britannique) est en cause dans l'infiltration constante de l'eau pluviale et la nécessité de procéder régulièrement au replâtrage des murs intérieurs. La construction de ces deux édifices remontait à moins de dix ans. Les fondations du pensionnat de Birtle (Manitoba), vieux de dix ans, s'affaissent et de larges fissures s'ouvrent dans le plancher de l'école. Il n'y a jamais eu d'argent pour réparer les fondations et les fissures. Des gouttières défectueuses sont à l'origine du gonflement du mur de la façade nord du pensionnat presbytérien de Kenora (Ontario). Le toit du pensionnat de Lytton (Colombie-Britannique), vieux de quinze ans, nécessite un remplacement à coût élevé.

Au cours des trois années précédant l'étude, le ministère des Affaires indiennes avait procédé à l'amélioration de l'alimentation en eau dans neuf pensionnats. Hoey écrit : « Il reste, cependant, un grand nombre d'écoles où l'alimentation en eau est totalement inadéquate », présentant de graves pénuries au pensionnat de Chapleau, en Ontario, et aux pensionnats de Brandon et de Sandy Bay, au Manitoba.

Depuis décembre 1936, les pensionnats d'Alberni, d'Ahousaht, d'Albany, de Carcross, d'Alert Bay et de Kenora ont été totalement ou partiellement détruits dans un incendie. (À Alert Bay, le bâtiment des garçons a été détruit et, à Kenora, la résidence du personnel et les dortoirs ont été détruits.)

Le pensionnat de Portage la Prairie (Manitoba) a besoin d'une nouvelle station d'épuration; celui de Pine Creek (Manitoba) est sur le point de s'effondrer; le pensionnat de Round Lake (Saskatchewan) est « un des bâtiments les plus délabrés et insalubres que nous ayons actuellement »; le pensionnat de Delmas (Saskatchewan) est « mal entretenu », tout comme ceux de Wabasca, Whitefish Lake et Sturgeon Lake, en Alberta; les pensionnats catholique et anglican de Brocket (Alberta) ont été si bizarrement construits qu'ils tanguent et tremblent par grands vents, et le pensionnat « délabré » de Squamish (Colombie-Britannique) présente « un grave danger d'incendie ».

Certains pensionnats étaient simplement mal situés. Après avoir expliqué que le pensionnat d'Elkhorn au Manitoba, avait fermé pendant la Première Guerre mondiale, R. A. Hoey commente : « il est difficile de comprendre aujourd'hui pourquoi on l'a rouvert ». La majorité des élèves du pensionnat du Sud-Ouest du Manitoba proviennent du Nord et « les frais de déplacement sont très élevés ». Le directeur du pensionnat d'Edmonton en Alberta, J. F. Woodsworth, est considéré comme « un de nos meilleurs directeurs », mais bien qu'il soit autorisé à recruter les élèves de la côte de la Colombie-Britannique, il n'a pas réussi au cours des dernières années à remplir une école « dont l'érection a coûté plus que tout autre établissement de notre système ».

Dans son rapport de 1940, R. A. Hoey recommande au gouvernement la fermeture de douze pensionnats. Au Manitoba, ceux-ci comprenaient celui de Portage la Prairie, lequel est resté ouvert jusqu'en 1975, et celui de Pine Creek, qui a fermé ses portes en 1969. En Saskatchewan, les pensionnats dont la fermeture était recommandée dans le rapport comprenaient celui de Round Lake, qui a fermé en 1950, et Thunderchild, à Delmas, qui a été détruit par les flammes en 1948. En Alberta, la liste incluait Wabasca, qui a été transféré au gouvernement de l'Alberta en 1966; Whitefish Lake, qui a été fermé en 1950; Sturgeon Lake, qui a fermé ses portes en 1961; Sacred Heart et St. Cyprian, à Brocket, qui ont également été fermés en 1961. En Colombie-Britannique, la liste incluait Kitamaat, fermé dès 1941; Port Simpson, qui a fermé en 1948 et Squamish, qui a suivi en 1959.

Il recommande également que le gouvernement transfère le financement de la résidence St. Paul, au Yukon, à l'administration territoriale du Yukon, étant donné que des Indiens non inscrits y sont hébergés. Il recommande que 25 salles de classe d'externat soient établies un peu partout au pays pour remplacer les pensionnats qu'il recommande de fermer[1].

R. A. Hoey réussit à faire fermer quelques pensionnats, mais il y en avait encore 56 en activité dans le Sud du Canada en 1969 lorsque le ministère des Affaires indiennes a repris l'entière gestion du système des mains des Églises[2]. Même s'il a apporté quelques améliorations au financement opérationnel des pensionnats, le ministère des Affaires indiennes a refusé de procéder à d'importants investissements dans un système appelé à fermer. Après 1969, le Ministère a amorcé rapidement la fermeture des pensionnats. Mais, dans l'intervalle, des élèves vivaient et étudiaient dans des bâtiments vétustes et inadéquats, généralement surpeuplés.

En 1942, après l'inspection de l'école Mount Elgin à Muncey (Ontario), Hoey écrit que bien que l'extérieur du bâtiment soit « quelque peu imposant », de l'intérieur, le pensionnat est « une des structures les plus délabrées qu'il m'ait été donné d'inspecter »[3]. (Il est peu probable qu'il le savait, mais Hoey faisait écho à une évaluation de 1902 qui faisait dire à Martin Benson : « la résidence Mount Elgin présente une très belle structure, mais les bâtiments extérieurs n'en sont absolument pas le reflet et nécessitent certainement quelques rénovations, comme le révèle une inspection des lieux actuels qui, par une façade imposante, cachent des arrières délabrés »[4].) En 1942, R. A. Hoey poursuit son rapport :

> Au moment de ma visite, la plomberie dans les toilettes des garçons est défectueuse et, conséquemment, le lavabo déborde d'eau souillée et le plancher de la salle est dans un état dégoûtant. Les odeurs qui se répandent dans les toilettes, et dans tout le bâtiment en fait, sont si agressives que je peux à peine les soutenir. Certaines parties du bâtiment sont littéralement grouillantes de coquerelles — particulièrement dans la cuisine.

Sa recommandation est, soit de fermer le pensionnat immédiatement, soit de le reconstruire — au coût de 200 000 $[5]. Dans une lettre au Comité des missions intérieures de l'Église Unie du Canada, R. A. Hoey reconnaît que l'état de l'école Mount Elgin est attribuable au financement restreint du ministère des Affaires indiennes. Il dit également craindre que le pensionnat soit « maintenu ouvert et en activité presque indéfiniment dans son état délabré actuel »[6]. En 1943, les agents des Indiens locaux informent le surintendant Hoey qu'« étant donné l'état du bâtiment, ils ne sont pas prêts à encourager l'admission des élèves indiens dans l'établissement »[7].

L'Église Unie s'oppose au projet du gouvernement de fermer le pensionnat (le seul administré par l'Église Unie en Ontario) et d'envoyer les élèves dans des externats locaux ou dans un pensionnat anglican. Le représentant de l'Église George Dorey allègue que lorsque les élèves de l'Église Unie sont placés dans de telles écoles, ils finissent par se voir comme des anglicans et, qu'à leur retour dans leur communauté d'origine, ils ne fréquentent plus l'Église Unie[8]. Hoey gagne sa cause : l'école Mount Elgin ferme en 1946[9].

Les pénuries de main-d'œuvre en temps de guerre rendent difficile le recrutement de mécaniciens qualifiés pour l'entretien des pensionnats ou pour l'acquisition de l'équipement d'entretien requis[10]. Les problèmes signalés par Hoey en 1940 continuent de hanter les pensionnats, même après la fin de la guerre et le commencement d'une période économique prospère pour le Canada. De 1945 à 1950, le produit national brut du pays, corrigé en fonction de l'inflation, double. Entre 1945 et 1960 — toujours corrigé en fonction de l'inflation — , il quadruple. De 1945 à 1956, le taux de chômage s'établit en moyenne à seulement 2,5 %[11]; en mars 1933, au cœur de la grande dépression, il était de 30 %[12]. De toute évidence, l'économie du pays reprend son élan, mais il n'y a pas suffisamment de nouveaux investissements dans les pensionnats au Canada.

En 1947, H. A. Alderwood, de l'Administration des écoles indiennes anglicanes, décrit le pensionnat de Chapleau, en Ontario, comme un « déshonneur » tant pour le gouvernement que pour l'Église. Il a besoin d'être repeint, replâtré et réparé « d'un bout à l'autre ». Le plancher de la salle à manger est plein de trous, la salle de jeux des garçons est endommagée « au-delà de toute description », et les tables et les bancs de la salle de couture sont « inutilisables »[13]. En 1950, une inspection révèle que le plâtre des murs du pensionnat presbytérien de Kenora est en « piteux état », que l'éclairage y est trop faible et que le réseau d'égouts présente des fuites. Le toit du pensionnat catholique dans la même communauté est dans un état déplorable et l'eau s'infiltre dans les salles de classe[14].

L'entretien est également un problème au pensionnat de Brandon, en activité depuis 1895[15]. À l'automne de 1948, le pensionnat administré par l'Église Unie est, selon le fonctionnaire du ministère des Affaires indiennes R. S. Davis, dans un « état très déplorable ». Les salles de jeux « n'ont aucun équipement pour permettre aux enfants de jouer et on n'y trouve qu'un ou deux bancs pour s'asseoir », les toilettes ont besoin de réparation, le toit coule et les dortoirs doivent être repeints. Selon lui, le directeur Oliver Strapp ne fait rien pour améliorer le bâtiment, sauf quand il s'agit de « son confort et de celui de son personnel ». Sur ce point, il dit que le Ministère en a peut-être un peu trop mis sur la construction d'une nouvelle maison pour le directeur, laquelle contraste nettement avec le pensionnat[16].

En 1948, une inspection du pensionnat de File Hills, en Saskatchewan, révèle que la plomberie est en piteux état, que la fosse septique ne fonctionne pas adéquatement, que la génératrice ne produit pas suffisamment d'électricité pour éclairer le pensionnat convenablement, que les chaudières sont vétustes, que l'alimentation en eau est insuffisante et que seulement deux des sept toilettes sont fonctionnelles. Le rapport conclut que le bâtiment doit être démoli[17].

Alors qu'on procède à la fermeture du pensionnat de Chapleau en 1948 et à celui de File Hills en 1949, d'autres résidences en mauvais état poursuivent leurs activités[18]. L'agent des Indiens G. H. Gooderham relève un certain nombre de problèmes au pensionnat catholique de Cluny, en Alberta, à l'été de 1945. Il souligne qu'une annexe au bâtiment érigé en 1938 n'a jamais été protégée contre les intempéries, que les fenêtres « laissent entrer les rafales hivernales », que les murs commencent à se fissurer, que la fondation n'a aucune semelle de répartition et que la salle de jeux des garçons au sous-sol n'est pas chauffée adéquatement[19]. En 1946, Gooderham procède à une inspection globale des pensionnats en Alberta : très peu d'éléments positifs en ressortent. Le pensionnat d'Hobbema est « déprimant », les pensionnats de la réserve des Péigans sont des « causes perdues » et les normes au pensionnat anglican de Cardston ont été réduites par les « tensions de la dernière guerre ». Les seuls ayant fait l'objet d'une évaluation positive sont : le pensionnat de Morley, les deux pensionnats de Cluny de la réserve indienne des Pieds-Noirs et le pensionnat catholique de Cardston[20]. Cette même année, E. L. Stone, surintendant des Services de santé aux Autochtones pour l'Alberta, écrit :

> Le pensionnat anglican de Wabasca est une honte pour le Ministère et l'Église. L'école principale a brûlé il y a un certain temps et n'a pas été reconstruite. Dix-sept filles sont hébergées au-dessus d'un ancien entrepôt, dans des dortoirs surpeuplés et insalubres, et un nombre similaire de garçons dans un autre bâtiment.

Stone écrit que le directeur est « découragé et aigri et on croit qu'il a démissionné. Il est difficile de concevoir que quiconque pourrait être enclin à reprendre une telle charge sur ses épaules[21]. »

En 1949, le pensionnat d'Hobbema est vieux de 60 ans et surpeuplé. Selon le directeur en poste, il nécessite une nouvelle installation d'escaliers de secours, de nouveaux dortoirs, une nouvelle étable (l'étable actuelle est tellement froide que les vaches ne produisent pas suffisamment de lait en hiver pour combler les besoins des élèves), un nouveau puits, une nouvelle résidence pour le personnel et de nouveaux services de couverts[22].

En octobre 1951, l'inspecteur L. G. P. Waller souligne que le système de chauffage au pensionnat de Desmarais (Alberta) n'est « pas entièrement adéquat »[23]. Il revient sur le sujet dans son rapport de décembre 1952, disant qu'« un meilleur système de chauffage est essentiel pour la santé des élèves et du personnel ». Dans un même temps, il se demande s'il est bien sage d'installer un nouveau système de chauffage, qui pourrait coûter jusqu'à 100 000 $, dans le bâtiment vieillissant[24]. Trois mois plus tard, G. L. Berry, un autre inspecteur, écrit :

> La température de la pièce est très basse, environ 45 degrés F., et on rapporte qu'il est impossible de l'amener à un niveau confortable lorsque le vent souffle

> du côté de certains quartiers. Le froid dans la pièce est probablement la cause du peu d'élèves en classe et de leur agitation. L'éclairage de la salle est insuffisant en raison de ses fenêtres de type familial à l'arrière et sur un côté[25].

Plus loin à l'ouest, des problèmes de même nature sont relevés. En 1946, on juge que le pensionnat de Williams Lake, en Colombie-Britannique, a fait son temps. Selon le compte rendu d'une rencontre entre les représentants du gouvernement et de l'Église catholique, le pensionnat présente à la fois un risque d'incendie et une menace pour la santé des élèves et du personnel. Le gouvernement recommande que les oblats, qui sont propriétaires du bâtiment, le remplacent[26].

En 1949, sœur J. Baptist écrit à l'épouse du premier ministre Louis Saint-Laurent (en l'appelant « Chère Mère ») pour plaider la cause d'un nouveau pensionnat à Williams Lake. Elle dit que les bâtiments ont été condamnés il y a dix ans de cela et qu'il est maintenant « tellement froid et délabré ». Il y a souvent des pannes de courant dues aux défaillances de la génératrice et on craint que le couvent « prenne en feu une de ces nuits »[27]. Un représentant du gouvernement a répondu que les architectes du gouvernement étaient en train de dessiner les plans d'un nouveau bâtiment[28].

En octobre 1947, un fonctionnaire du ministère des Affaires indiennes, J. Coleman, fait une critique cinglante du pensionnat d'Alert Bay, en Colombie-Britannique.

> Le premier jour, on a procédé à une visite complète du bâtiment principal. Partout on pouvait voir des signes évidents d'un très mauvais entretien et de négligence de l'équipement. Dans l'aile des garçons, une seule toilette était fonctionnelle, la plupart des autres étaient dans un état dégoûtant, débordant jusque dans les dortoirs. Tant du côté des garçons que de celui des filles, un seul rouleau de papier hygiénique était accroché au mur[29].

En 1956, le gouvernement fédéral consent à fournir un financement pour la construction d'un nouveau pensionnat à Christie (Colombie-Britannique). Les oblats, bien qu'ils reconnaissent que l'école présente des problèmes, sont d'avis qu'il y a un plus grand besoin d'un nouveau bâtiment à Mission, dans cette province[30].

Comme le mentionnait Hoey en 1940, l'alimentation en eau constituait un problème dans de nombreux pensionnats. En 1941, une défectuosité du système d'alimentation en eau, qui dure depuis un mois au pensionnat catholique de Cardston (Alberta), force les fonctionnaires à fermer l'école et à renvoyer les enfants à la maison[31]. En 1940, une analyse de l'eau au pensionnat de Birtle (Manitoba) révèle un taux élevé de colibacilles, un signe de contamination fécale. On découvre que l'installation de chloration a cessé de fonctionner. Il est non seulement difficile de trouver des réparateurs qualifiés à l'extérieur de l'école, mais l'agent des Indiens craint également qu'il soit difficile de recruter un ingénieur d'école qui connaisse suffisamment la technologie pour en faire la maintenance[32]. En 1950, l'alimentation en eau chaude doit être coupée en raison d'une fuite dans le matériel de chauffage. Pour prendre un bain, les élèves doivent transporter des seaux d'eau bouillante à partir de la chaudière au sous-sol de l'école jusqu'aux baignoires[33]. En 1957, un rapport du gouvernement fédéral classe comme « dangereuse » la qualité de l'eau qui sort du robinet de la cuisine[34].

En 1945, l'approvisionnement en eau au pensionnat de Gordon (Saskatchewan) est désastreux. L'école tire son eau d'un petit lac à proximité. Une période de sécheresse entraîne une baisse du niveau d'eau, affectant à la fois l'alimentation en eau et sa qualité. J. P. B. Ostrander, un fonctionnaire du ministère des Affaires indiennes, rapporte que l'eau est des plus stagnantes et que le personnel refuse de la boire, disant qu'elle va les rendre malades[35]. L'année suivante, un rapport conclut que l'eau du pensionnat est impropre à la consommation humaine[36]. Le problème est si grave que le pensionnat ouvre « de façon intermittente » entre 1946 et 1950[37].

En 1946, les inspecteurs n'ont que des mots durs pour parler des systèmes de traitement de l'eau des deux pensionnats de Kenora, en Ontario. Selon eux, le système du pensionnat catholique est « extrêmement désuet » et doit être remplacé. Celui du pensionnat presbytérien fonctionne de manière instable. Alors qu'auparavant, il ajoutait une quantité excessive de chlore à l'eau, il est maintenant si bouché qu'il n'en ajoute plus du tout[38]. En 1950, le grand jury de l'Ontario, qui procède à l'inspection des édifices gouvernementaux dans le nord-ouest de la province, ressent l'obligation d'écrire en majuscule son commentaire concernant le système d'évacuation des eaux d'égout du pensionnat catholique de Kenora. Le jury conclut qu'il est « DANGEREUX POUR LA SANTÉ DES RÉSIDENTS DU PENSIONNAT. DE PLUS, LA SORTIE DES EAUX USÉES ÉTANT SI PRÈS DE LA PRISE D'EAU DE LA VILLE DE KENORA, IL EST ÉGALEMENT DANGEREUX POUR LA SANTÉ DES CITOYENS DE KENORA[39]. » L'inquiétude à propos des risques de contamination de l'eau potable de la localité est soulevée au début des années 1950[40]. En 1959, le médecin de la localité, le Dr Eaton, croit que le système d'égouts a contribué à la pollution de l'eau locale à un point tel qu'il menace de fermer le pensionnat et de poursuivre en justice le gouvernement fédéral[41]. Bien que le problème se soit amoindri par une réduction du nombre d'admissions, en 1962, la tuyauterie du système de prise d'eau du pensionnat se rompt, entraînant une situation où le pensionnat pompe les eaux usées dans son propre système d'alimentation en eau[42].

Les problèmes d'alimentation en eau et d'égouts sont omniprésents tout au long des années 1950. À l'automne de 1953, G. H. Marcoux, l'inspecteur des pensionnats indiens du Manitoba, rapporte que le système d'égouts au pensionnat de Fort Alexander est défectueux. Il s'est accumulé de 15 à 20 centimètres d'eau d'égout dans la chaufferie, qui s'infiltre dans la salle de jeux des garçons et qui risque de remonter dans les toilettes. Il écrit : « l'odeur est insoutenable et aucun être humain ne devrait être forcé à vivre dans de telles conditions ». Il recommande la fermeture immédiate du pensionnat[43]. En 1954, l'analyse bactériologique de l'eau provenant de cinq différents robinets — la cuisine, trois salles de jeux (celles des jeunes garçons, des filles et des petits garçons) et le dortoir des garçons — mène à la même conclusion sur la qualité de l'eau de chaque robinet : « mauvaise »[44]. Deux mois plus tard, un rapport de suivi décrit l'eau comme étant contaminée, mais pas nécessairement dangereuse[45]. En 1957, une inspection conclut que l'eau n'est pas adéquatement chlorée : les trois échantillons prélevés comportent des bactéries qualifiées de « dangereuses »[46].

Alors qu'il se prépare à la rentrée scolaire de 1958, le directeur du pensionnat de Sandy Bay, le père Roland Chaput, écrit au superviseur local des agences indiennes pour savoir ce qu'il va advenir de leur plomberie, qu'il décrit comme étant dans un « piteux état ». Il écrit :

> De nouvelles fuites semblent apparaître presque chaque jour et j'ai simplement arrêté de les compter. Devoir marcher dans des flaques d'eau rend la vie misérable pour tous, encore plus de devoir essuyer les planchers plusieurs fois par jour. La vue du ruban isolant pour colmater les fissures des tuyaux de vapeur, ou des cannettes et des cruches placées en dessous pour recueillir l'eau qui s'en échappe, est très inesthétique, pour le moins qu'on puisse dire.

Quelque chose doit être fait cet automne « si nous voulons survivre jusqu'à l'an prochain ».[47]

En 1959, le directeur du pensionnat de Pine Creek est en désespoir de cause. À ce moment, il réclame déjà depuis deux ans des réparations urgentes à l'école.

> Des ingénieurs du Ministère et autres auxiliaires sont venus à la douzaine prendre des mesures pour un projet de toilettes et de baignoires-douches, etc. [...] mois après mois, ils ont continué de venir, promettant que les demandes de réparations seraient traitées rapidement [...] mais [...] l'embauchage d'hiver est la bonne occasion pour donner un contrat de ce genre [...] etc. [...] mais [...] rien n'a encore été fait.

Il souligne qu'il n'y a que deux toilettes pour 80 garçons et deux toilettes pour 75 filles (incluant les élèves en internat et en externat). Il y a une douche et une baignoire-douche pour 65 garçons et trois baignoires pour 65 filles. Des soumissions ont été reçues pour la réparation du toit qui coule, mais l'école a été informée qu'étant donné le coût élevé des soumissions, les réparations seraient reportées à l'année prochaine[48].

En 1961, peu après avoir accepté le poste de directeur à Wabasca, en Alberta, Eric Barrington rapporte que l'eau du pensionnat a, « pour le moins qu'on puisse dire, une saveur unique, sa couleur rappelle un café moyennement corsé, elle est aussi très dure et elle décolore tout récipient qu'elle a la malchance de toucher »[49].

En juin 1965, le Conseil de santé de la Cariboo Union déclare que le pensionnat de Williams Lake est une nuisance publique. Le pensionnat, que le ministère des Affaires indiennes a qualifié en 1946 de bâtiment qui a fait son temps, déverse maintenant, quotidiennement, 40 000 gallons (151 416 litres) d'eaux d'égout brutes dans la rivière San Jose. Le Conseil menace de fermer le pensionnat si d'ici deux mois, le ministère des Affaires indiennes n'a pas installé le système de traitement des eaux d'égout qu'il a promis[50]. En novembre 1965, le Conseil du Trésor fédéral approuvait la location d'une terre pour un nouvel étang d'épuration[51]. Le pensionnat lui-même a poursuivi ses activités jusqu'en 1981[52].

La baisse générale dans la qualité des installations dans l'ensemble du système des pensionnats s'est poursuivie tout au long des années 1950 et dans les années 1960. En 1957, après une inspection du pensionnat d'Edmonton, un nouvel inspecteur des pensionnats indiens, W. E. Frame, écrit que depuis qu'il est en poste au ministère des Affaires indiennes, il est

> sidéré par le fait que la qualité des salles de classe fournies aux élèves indiens est, dans l'ensemble, inférieure à celle que l'on retrouve dans les écoles publiques de la province, un milieu que je connais très bien. Dans de nombreux cas, les bâtiments scolaires et leurs annexes destinés à l'éducation des Indiens semblent avoir été construits pour « contenter » et pour répondre à des besoins immédiats.

Il considère le pensionnat d'Edmonton comme étant « dépassé et en très mauvais état. Les rénovations et l'entretien ont été reportés à un tel point que rien de moins qu'une remise en état totale et en profondeur ne pourra ramener ces bâtiments à un niveau acceptable[53]. »

En 1958, une inspection du pensionnat de Fort Frances, en Ontario, conclut que le bâtiment, qui date du XIXe siècle, a dépassé le stade des réparations et qu'il doit être condamné. Le ministère des Affaires indiennes prévoit le remplacer par un bâtiment comportant un dortoir et trois salles de classe[54].

En 1960, un inspecteur conclut que le réseau de câblage du pensionnat de Portage la Prairie — un des pensionnats que Hoey voulait fermer en 1940 — est en « très mauvais état ». L'intensité de lumière est faible partout dans le bâtiment et le manque de prises entraîne « l'utilisation excessive de rallonges électriques, ce qui constitue un risque d'incendie ». L'inspecteur ajoute que le câblage aux pensionnats de Brandon et de Birtle est dans le même état que celui de Portage[55]. L'année suivante, le directeur du pensionnat de Portage la Prairie informe le ministère des Affaires indiennes que la résidence constitue « un danger et qu'elle doit être fermée ». Résumant les principales défaillances, il écrit : « dortoirs trop petits; appareils sanitaires complètement usés; système d'éclairage un danger d'incendie[56] ».

Au début des années 1960, le directeur du pensionnat de McIntosh, en Ontario, avait soulevé le problème du système de chauffage du bâtiment. Un automne, les températures ont fluctué entre 50 et 85 degrés Fahrenheit (10 à 29 degrés Celsius)[57]. En avril 1962, dans une lettre au ministère des Affaires indiennes, il exprime le souhait que le gouvernement procède à la réparation du système avant l'hiver[58].

En 1958, l'Ordre des oblats établit le pensionnat d'Assiniboia dans un bâtiment vieux de 40 ans, une résidence construite par la division scolaire de Winnipeg pour y héberger des enfants abandonnés et maltraités[59]. En 1965, un rapport d'inspection décrit le vestiaire des garçons, situé au sous-sol de l'école, comme étant « complètement inadéquat, extrêmement surpeuplé, déprimant et humide ». La salle de toilettes des garçons n'a pas suffisamment d'urinoirs et la salle de douches est mal aérée et ne donne aucune intimité aux élèves. L'inspecteur décrit la salle de jeux, la salle d'éducation manuelle, la cuisine pour l'économie domestique et la salle de classe d'économie domestique, comme étant, respectivement, « inadéquate », « insatisfaisante », « extrêmement inadéquate » et « complètement inadéquate ». Chacune d'elles est surpeuplée et mal aérée. Les mêmes commentaires critiques sont faits à propos de la salle de jeux des filles et des dortoirs, jugés surpeuplés[60].

Les pensionnats de l'Alberta poursuivent leur déclin. En 1965, il est décidé que le pensionnat catholique de Cluny fermera d'ici cinq ans. À partir de là, seules les réparations urgentes seront effectuées[61]. (L'école ferme en 1968.)[62]

En 1967, le directeur du pensionnat catholique de Cardston, en Alberta, se plaint que les membres du personnel domestique doivent dormir à quatre dans une chambre. Comme il le souligne, « si nos employés n'étaient pas Indiens, cette situation n'aurait pas été tolérée aussi longtemps ». L'école primaire, une ancienne caserne qui avait été cédée à l'administration scolaire 20 ans plus tôt, a été « condamnée par le commissaire aux incendies il y a déjà plusieurs années ». Lorsqu'il fait très chaud, au printemps et en automne, « les salles de classe empestent réellement ». L'école maternelle se fait au sous-sol de l'église depuis trois ans — ce qui irrite particulièrement le directeur du pensionnat, du fait que le ministère des Affaires indiennes a fourni un financement pour la construction « d'une école maternelle confortable à Cardston pour les enfants hébergés ». Bien qu'une résidence pour les enseignants, une annexe à la caserne et une salle de classe maternelle figurent au budget du pensionnat depuis trois ans, « à ce jour, nous n'avons reçu rien de cela, je répète, rien de cela »[63]. Le pensionnat de Cardston ne ferme pas avant 1988[64].

On assiste toutefois à un certain investissement dans les pensionnats. En 1965, le ministère des Affaires indiennes rapporte :

> Un programme important visant à moderniser les pensionnats a été exécuté, surtout pour ce qui concerne l'outillage mécanique. On a prévu des fonds supplémentaires afin de permettre aux principaux des écoles de s'en tenir le plus possible aux normes provinciales concernant le personnel nécessaire pour assurer le fonctionnement et l'entretien de l'outillage mécanique[65].

La mention « le plus possible » n'est pas sans importance dans cette phrase : il est évident que le Ministère ne fournissait pas suffisamment de fonds pour permettre aux pensionnats de respecter les normes provinciales pour la formation d'employés spécialisés tels que des mécaniciens d'exploitation.

De 1959 à 1968, plus de 150 000 $ sont investis dans les réparations du pensionnat de Sept-Îles, au Québec. L'école n'était ouverte que depuis 1955. En 1968, 50 000 $ ont dû être investis dans un système de gicleurs. De 1959-1960 à 1965-1966, le ministère des Affaires indiennes finance les réparations du pensionnat catholique de Cardston dans la réserve des Gens-du-Sang, au coût de 380 000 $. Selon les rapports, il s'agit du plus gros montant investi dans n'importe quel pensionnat du Canada durant cette période[66].

Malgré ces dépenses, du point de vue des directeurs de pensionnat, les bâtiments continuent à se détériorer. En 1967, un mémoire de l'Association nationale des directeurs et administrateurs des résidences indiennes — qui comprend les directeurs de pensionnats catholiques et protestants — présente une liste exhaustive des négligences du gouvernement sur le plan de l'entretien des pensionnats. Le directeur du pensionnat de La Tuque (Québec), J. E. DeWolf, écrit : « en raison de compressions budgétaires d'un quart de million de dollars mises en vigueur durant la construction de l'école, il y a énormément d'anomalies qui ont été portées à l'attention du Ministère. Le matériel fixe et l'ameublement sont de mauvaise qualité et difficiles à maintenir en bon état. » À ce moment, le pensionnat de La Tuque a moins de dix ans. Le directeur de Pointe Bleue (Québec), C. Couture, se plaint des « retards déraisonnables, prorogations, refus, etc., dans l'exécution d'améliorations, de changements ou d'ajouts nécessaires pour ce pensionnat ». Le directeur de Birtle, N. M. Rusaw, écrit qu'en quatre ans, il n'a jamais pu obtenir l'autorisation de faire réparer les marches de l'entrée du bâtiment principal, même si elles présentent un « danger pour les piétons ». Au pensionnat de Muscowequan (Saskatchewan), les classes de maternelle et de première année se donnent dans un grenier (un ancien entrepôt à céréales), une situation que le directeur I. Joyal qualifie de « totalement inappropriée et de déshonneur pour le ministère des Affaires indiennes ». David Lawson, du pensionnat de Prince Albert, en Saskatchewan, écrit : « les vieux bâtiments de la caserne, qui hébergent la majorité des élèves, ont un [...] extrême besoin de remplacement [...] c'est également un fait que le câblage électrique, la plomberie, les fenêtres, les planchers, les douches, le chauffage dans le bâtiment principal, sont tous dans un très mauvais état ». Le pensionnat de Beauval (Saskatchewan) est en attente d'un nouveau gymnase depuis 1959. À Kamsack (Saskatchewan), le directeur Edmond Turenne rapporte : « notre système de chauffage n'a pratiquement pas été touché depuis la construction de l'école [...] en 1927. Les tuyaux de vapeur sont si bouchés que dans certaines parties du bâtiment, presque aucune vapeur n'arrive à y circuler. » À Blue Quills (Alberta), certains élèves reçoivent leurs cours dans un poulailler réaménagé, et la classe de maternelle du pensionnat catholique de Cardston se tient dans un sous-sol d'église sujet aux inondations.

La conclusion générale du rapport de l'Association nationale des directeurs et administrateurs est : « Au cours des années pendant lesquelles les paroisses ont participé à l'administration des pensionnats, nous avons constaté une détérioration continue des services essentiels. D'année en année, les plaintes et les demandes d'amélioration sont restées lettre morte. » Les directeurs également affirment que les pensionnats sont privés de fonds, parce que d'autres investissements sont consacrés aux ententes conjointes avec les gouvernements provinciaux, essentielles à l'application du programme du ministère des Affaires indiennes visant l'intégration des élèves dans les écoles publiques[67].

Lorsque le sous-ministre responsable des Affaires indiennes E. A. Côté rencontre les représentants des paroisses et des pensionnats pour discuter du mémoire, il leur explique que « les dépenses en immobilisation vont être considérablement réduites dans les externats fédéraux en prévision du programme d'intégration qui entraînera la fermeture de ces écoles et celle des pensionnats, que le Ministère compte étaler sur une période de cinq ans ». Le Ministère s'occupera uniquement des réparations urgentes dans les pensionnats dont il a prévu la fermeture[68].

Une note de service interne du ministère des Affaires indiennes dénonce certains points soulevés dans le mémoire des directeurs, mais ne conteste pas le fait que les réparations ont été retardées et que les établissements sont surpeuplés. Comme il est souligné dans la note de service : « Nos agents locaux font face à des problèmes de répartition de fonds insuffisants pour financer un très grand nombre d'établissements. » (Ce qui incluait les externats et les pensionnats.) Si la requête n'était pas urgente, il est probable qu'elle restait sans réponse. Dans certains cas, comme dans celui du pensionnat St. Phillip, à Kamsack (Saskatchewan), les fonctionnaires débattaient le fait que la solution n'était pas de réparer, mais de fermer[69]. C'est exactement ce qui s'est produit : en 1968, les dortoirs du pensionnat de Kamsack ont été jugés irréparables et, l'année suivante, la résidence était fermée[70].

La fermeture du pensionnat catholique de Kenora est un autre exemple de la façon dont on laissait les écoles se détériorer. En 1971, G. LeBleu, l'administrateur de la résidence catholique de Kenora, signale au ministère des Affaires indiennes qu'aucune réparation majeure n'a été effectuée à la résidence au cours des six dernières années et que, sans modifications majeures, les enfants ne pourront plus y vivre en sécurité. Les améliorations requises pour la qualité de l'eau et la sécurité des lieux, écrit-il, coûteront plus de 100 000 $[71]. La résidence a été fermée l'année suivante[72].

De nombreux facteurs sont à l'origine de la fermeture massive des pensionnats durant les années 1970, mais parmi les plus importants figurent les décennies de sous-financement délibéré de la part du gouvernement. Une grande partie des problèmes (décrits dans un chapitre précédent) qu'ont connus subséquemment les agences autochtones qui avaient la responsabilité de diriger les pensionnats dans les années 1980 et 1990 émanaient des séquelles laissées par cette négligence antérieure prolongée.

Surpeuplement

Les bâtiments n'étaient pas seulement délabrés, ils étaient également surpeuplés. Entre l'augmentation toujours croissante de la population des Autochtones d'âge scolaire et les démarches du gouvernement pour faire entrer dans les écoles tous les enfants autochtones d'âge scolaire, à partir des années 1940, le surpeuplement était déjà chronique. Il était d'usage courant dans les pensionnats d'admettre beaucoup plus d'élèves que le nombre auquel ils étaient autorisés. En 1943, 51 des 73 pensionnats accusaient un taux d'admissions au-delà de leur nombre d'admissions autorisé[73]. En 1955, 41 des 66 pensionnats comptaient plus d'élèves que le nombre d'admissions autorisé[74]. Le nombre d'élèves admis dans le système des pensionnats a commencé à diminuer dans les années 1960, mais en grande partie, en raison des fermetures. Les pensionnats encore en activité étaient souvent surpeuplés. Le problème de surpeuplement a pris fin avec la fermeture des pensionnats.

En 1944, le directeur du pensionnat de Mission, en Colombie-Britannique, A. H. Fleury, rapporte qu'il n'y a aucun espace libre dans l'école. « Chaque pouce carré du dortoir, du réfectoire et des salles de classe est littéralement bourré d'enfants. » Le pensionnat abrite alors 30 enfants de plus qu'il en est autorisé et aucun répit n'est prévu[75]. En 1945, le pensionnat catholique de Cluny héberge 30 élèves de plus que le nombre d'admissions auquel il est autorisé[76].

De même, en 1945, le nombre d'admissions au pensionnat Grayson (Saskatchewan) est, en moyenne, environ 113, bien que le nombre d'admissions autorisé soit de 90[77]. Voulant expliquer pourquoi il y a tant d'élèves, le directeur écrit : « c'est pratiquement impossible de refuser l'admission à des jeunes d'âge scolaire, spécialement lorsqu'ils le demandent, eux-mêmes ou leurs parents. » Il demande s'il est possible d'augmenter le nombre d'admissions autorisé[78]. Sa demande est refusée et, quatre ans plus tard, un représentant du gouvernement demande pourquoi une école qui a un nombre d'admissions autorisé de 90, a une moyenne d'admissions de 122[79]. Dans sa réponse, le surintendant des agences indiennes recommande que le nombre d'admissions autorisé soit augmenté à 110, une recommandation qui est acceptée[80]. Le fait d'excéder le nombre d'admissions autorisé a créé un grave problème de financement pour les administrateurs des pensionnats, étant donné que la politique du ministère des Affaires indiennes consistait à fournir une subvention proportionnelle au nombre d'élèves uniquement pour le nombre d'admissions autorisé. Un pensionnat ayant un nombre d'admissions autorisé de 90 et un nombre d'élèves admis de 122 n'était admissible qu'à une subvention proportionnelle pour 90 élèves. L'argent devait alors être réparti de manière à couvrir les besoins de l'ensemble des élèves admis. Toutefois, le système de subvention proportionnelle constituait pour les pensionnats un incitatif à prendre trop d'élèves, dans l'espoir de recevoir un financement supplémentaire. En 1956, on pouvait lire dans un guide à l'intention des directeurs et enseignants des écoles catholiques : « Il est de la plus haute importance que l'école maintienne un nombre d'élèves équivalent ou supérieur à son nombre d'admissions autorisé; même au taux actuel de subvention proportionnelle, une réduction en deçà du nombre autorisé se traduirait par une perte de revenus[81]. »

Après que le feu ait détruit le pensionnat anglican d'Onion Lake, en Saskatchewan, les élèves ont été transférés au pensionnat St. Alban à Prince Albert. Selon le fonctionnaire du ministère des Affaires indiennes J. P. B. Ostrander, il en a résulté un grave surpeuplement. Dans un rapport daté de 1946, il dénonce les plafonds bas et les dortoirs exigus. Dans un dortoir, 16 des 39 garçons doivent dormir à deux dans un lit. Ostrander écrit : « Il semble qu'on ne pense pas du tout à la santé des enfants quand on permet qu'ils soient en si grand nombre à dormir dans une même salle[82]. » Un an et demi plus tard, le pensionnat était toujours aussi surpeuplé[83].

Le pensionnat presbytérien de Kenora (Ontario), construit pour accueillir 135 élèves, hébergeait, en 1950, 146 élèves[84].

En 1950, G. H. Gooderham, le superviseur régional des agences indiennes, écrit au fonctionnaire du ministère des Affaires indiennes B. H. Neary, exprimant sa déception concernant la réduction de 72 000 $ dans l'estimation déjà modérée des dépenses pour les pensionnats de l'Alberta. Il mentionne qu'actuellement, un grand nombre d'enfants ne fréquentent pas l'école parce qu'il n'y a aucun établissement pour les accueillir. Étant donné que la population des Premières Nations de la province augmente de 3 % par année, dit-il, le problème ne peut que s'aggraver à l'avenir[85]. Trois ans plus tard, Francis P. Carroll, l'évêque de Calgary, soulignait que le pensionnat catholique de Cardston hébergeait 256 élèves et que 101 enfants de la réserve, âgés de 7 à 10 ans, ne disposaient d'aucun établissement pouvant les accueillir. L'omission de fournir suffisamment d'hébergement signifiait que des enfants n'entraient pas à l'école avant l'âge de 9, 10, 11, parfois 12 ans[86].

En 1952, le pensionnat de Beauval, en Saskatchewan, avait un nombre d'admissions autorisé de 120 et un nombre d'élèves admis de 140[87]. Quatre ans plus tard, l'école de Beauval était encore surpeuplée. Le fonctionnaire du ministère des Affaires indiennes J. R. Bell écrit : « cette situation n'est peut-être pas approuvée, cependant, je crois que les enfants sont incommensurablement mieux à l'école qu'ils le seraient à la maison sur le plan de la nourriture, des vêtements, de la santé, de la propreté et de l'éducation »[88]. En 1953, les bâtiments scolaires de Fort Vermilion (Alberta) sont décrits par un inspecteur comme étant « vieux et démodés » et « totalement inadéquats pour accueillir le nombre d'élèves qui y sont admis. Tous les locaux — salles de classe, dortoirs, salles à manger — sont petits, mal éclairés et terriblement surpeuplés[89]. »

En 1956, un mémorandum envoyé à tous les directeurs de pensionnat mentionne que de nombreux établissements accueillent un plus grand nombre d'élèves que leur nombre d'admissions autorisé. Il y est noté que les directeurs ne sont pas toujours à blâmer puisque le gouvernement autorise, à l'occasion, l'hébergement de plus d'élèves qu'il leur est initialement permis en vertu de leur nombre d'admissions autorisé[90]. » En 1959, par exemple, le surintendant des Indiens à l'agence de Stuart Lake de la Colombie-Britannique demande d'augmenter de 20 le nombre d'admissions autorisé au pensionnat de Fraser Lake, alléguant que « la population d'âge scolaire dans les réserves, où aucune école de jour n'est accessible, augmente très rapidement »[91].

Le problème se perpétue jusqu'à la fin des années 1950 et dans les années 1960. En 1958, le nombre d'élèves admis au pensionnat catholique de Kenora est de 157 alors que le nombre d'admissions autorisé est de 110. Le fonctionnaire du ministère des Affaires indiennes R. F. Davey veut réduire le nombre d'admissions en envoyant des élèves dans les externats existants et en en établissant de nouveaux[92]. Malgré les instructions de réduire les admissions, en 1959, le directeur annonce son intention d'admettre 188 élèves, ce qui aboutit à une confrontation avec le ministère des Affaires indiennes[93]. Le problème est évité par une décision de dernière minute de ne pas offrir une classe de 12e année à l'école, ce qui permet de transférer un certain nombre d'élèves au pensionnat des Jésuites à Spanish (Ontario)[94]. En 1960, le nombre d'élèves à la résidence a été abaissé à 110[95].

En 1961, une inspection du pensionnat d'Assumption (Alberta) permet de constater que les dortoirs sont surpeuplés et que le nombre de sorties est insuffisant. L'inspecteur recommande que le nombre d'admissions soit réduit de manière à ce qu'il y ait 50 pieds carrés par personne (4,65 mètres carrés) dans tous les dortoirs. Il recommande également l'installation d'escaliers de secours supplémentaires[96].

En 1964, le pensionnat catholique de Cardston, en Alberta, héberge le double d'élèves de ce qui était prévu à l'origine. Alors qu'il a été construit en vue d'accueillir 100 élèves, il héberge 200 élèves et en reçoit 200 en externat. Dans un rapport du ministère des Affaires indiennes, on peut lire : « Du fait de cette formidable augmentation, le bâtiment original a, au fil des ans, connu différentes formes d'ajouts et d'annexes, mais très peu d'importance a été accordée aux concepts de la planification et de la réglementation architecturale. » Il est proposé de réduire à 150 le nombre d'admissions autorisé et d'entreprendre une remise en état complète du bâtiment. On estimait que cette réfection serait suffisante pour permettre de garder la résidence en activité jusqu'en 1975[97].

En 1959, le nombre d'admissions au pensionnat catholique de Kenora avait été réduit, mais en 1965, tout comme les autres résidences du Nord-Ouest de l'Ontario, il s'était remis en mode « surcapacité ». Pour alléger le fardeau, le Ministère parcourait les « districts Kenora-Fort Frances » à la recherche de familles prêtes à héberger des élèves. Comme on peut lire dans un mémorandum du Ministère : « Bon nombre de ces foyers seront "à la limite", mais nous espérons pouvoir nous en accommoder[98]. »

En mai 1967, au moins trois pensionnats de la Colombie-Britannique accueillent plus d'élèves que leur nombre d'admissions autorisé. Le pensionnat de Sechelt, qui a une « capacité pondérée » de 88 élèves, en compte 126; celui de Fraser Lake, avec une capacité pondérée de 110, héberge 181 élèves; le pensionnat de Williams Lake a une capacité pondérée de 257 élèves et en compte 307 admis. (Le pensionnat de Mission, par contre, a une capacité de 448 élèves et n'en a que 273[99].) Le directeur du pensionnat de Williams Lake refuse de réduire le nombre d'admissions, disant que le gouvernement devrait fournir plus d'hébergement. Le directeur du pensionnat de Fraser Lake affirme que grâce aux plafonds élevés dans les dortoirs et à l'utilisation de lits superposés, le problème de surpeuplement ne se pose pas[100]. En août 1967, le pensionnat de Mission dépasse lui-même son quota[101]. En 1967, le directeur du pensionnat de Kamsack, Edmond Turenne, écrit qu'avec l'ajout de la classe de maternelle prévue pour l'automne prochain, il « dirigera une école de 12 classes dans un espace prévu pour en contenir 6 [...] Quel exploit[102]! »

En 1968, le grand jury de l'Ontario, dans son rapport sur les édifices gouvernementaux de Kenora, décrit le pensionnat presbytérien comme étant propre, mais surpeuplé et en sous-effectif. Il juge l'allocation alimentaire « entièrement inadéquate » et l'allocation pour vêtements « nettement insuffisante » et recommande le remplacement de l'escalier de secours[103].

La mention de la nécessité d'améliorer les escaliers de secours met en évidence le fait que la négligence dans l'entretien des bâtiments et leur surpeuplement faisaient d'eux, presque par définition, des dangers d'incendies. Comme le démontre le chapitre suivant, la politique du ministère des Affaires indiennes durant cette période continue de mettre en péril la santé et la sécurité des enfants.

CHAPITRE 36

Santé : 1940-2000

La tuberculose et le taux de mortalité excessivement élevé qu'elle entraîne est un problème de santé majeur dans les pensionnats indiens au cours de leurs 70 premières années d'existence. Ce taux commence à diminuer vers 1940 et chute rapidement après 1945, car des antibiotiques antituberculeux efficaces sont désormais offerts.

Dans le cadre de son travail, la Commission de vérité et réconciliation (CVR) a créé un registre des décès confirmés d'élèves dont le nom est connu (le « registre des élèves connus ») et un registre des décès confirmés d'élèves dont le nom est inconnu (le « registre des élèves inconnus »). Le premier registre contient les rapports de décès des élèves dont les noms ont pu être identifiés par la CVR. La Commission a entrepris une analyse statistique des registres en janvier 2015. Selon cette analyse, de 1940 à 2000, il y a eu 647 décès rapportés dans le registre des élèves connus et 44 décès dans le registre des élèves inconnus, pour un total de 691 décès confirmés au cours de cette période. Il faut souligner que ces chiffres représentent probablement un sous-dénombrement des élèves décédés durant cette période. Le graphique 36.1 montre le taux annuel de mortalité pour 1 000 élèves selon les registres combinés des élèves connus et inconnus, pour la période allant de 1940 à 1965. (En raison de changements dans la façon dont le ministère des Affaires indiennes rapporte le nombre d'inscriptions, il n'est pas possible de calculer le taux de mortalité par élèves inscrits après 1965.)

Graphique 36.1.
Taux de mortalité dans les pensionnats pour 1 000 élèves – registres des élèves connus et inconnus combinés – de 1940 à 1965

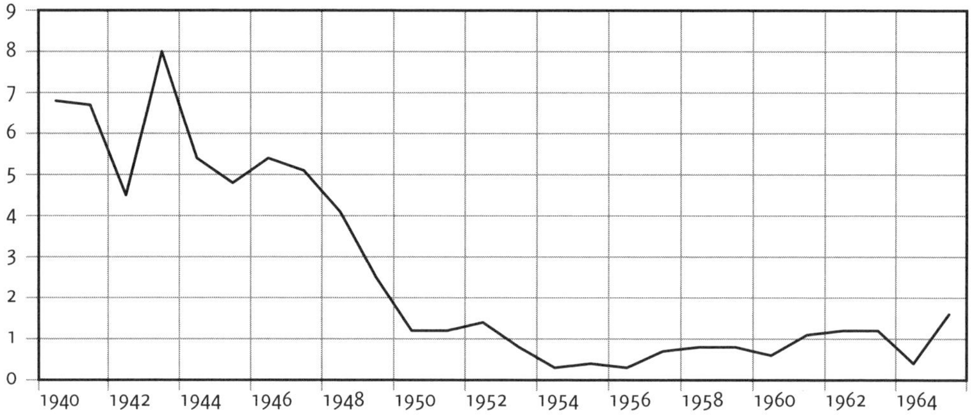

Source : Rosenthal, « Statistical Analysis of Deaths ».

On constate que le taux de mortalité a considérablement diminué vers la fin des années 1940.

Pour environ 45 % des décès identifiés par la CVR durant cette période (registres des élèves connus et inconnus combinés), aucune cause de décès n'est inscrite. En ce qui concerne les cas dont la cause de décès est inscrite, la tuberculose est de loin la plus importante et représente 39,7 % des décès identifiés par l'analyse statistique pour la période allant de 1940 à 2000 (graphique 36.2).

Ces diagnostics de causes de décès peuvent être inexacts. Par exemple, certains cas de méningite peuvent être d'origine tuberculeuse. L'hémorragie n'est pas une maladie, mais la conséquence d'une maladie ou d'une blessure. Les hémorragies sévères ne sont pas inhabituelles dans les cas de tuberculose. Ces maladies sont également liées autrement : la tuberculose, par exemple, peut mener à la pneumonie. Le graphique 36.3 montre la baisse massive du taux de mortalité lié à la tuberculose entre 1940 et 1965.

La baisse généralisée du taux de mortalité, en particulier de celui lié à la tuberculose, constitue une évolution importante et positive. Cependant, comme d'autres chapitres l'indiquent clairement, même après 1940, le système des pensionnats indiens est incapable de remédier aux facteurs sous-jacents en matière de santé. Les bâtiments sont mal entretenus, les installations sanitaires sont limitées et souvent inefficaces, les mesures de sécurité contre les incendies sont ignorées et les régimes alimentaires sont inappropriés. Il faut attendre 1957 avant que le gouvernement fédéral adopte un système de financement qui permet aux pensionnats d'offrir un régime alimentaire adéquat, ainsi qu'une quantité suffisante de vêtements aux élèves.

Graphique 36.2.

Causes des décès liés à la maladie rapportées dans les pensionnats – causes uniques et contributrices combinées; registres des élèves connus et inconnus combinés – de 1940 à 2000

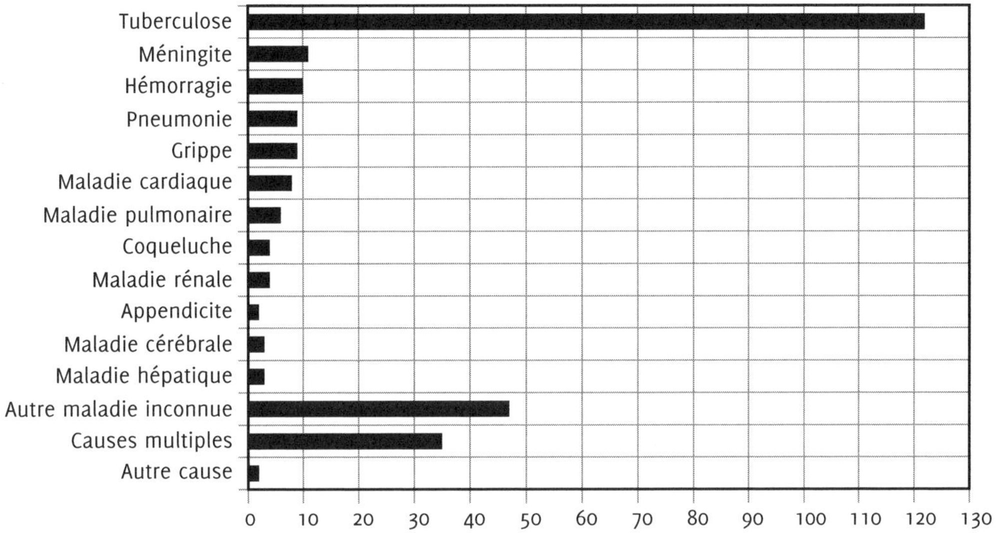

Source : Rosenthal, « Statistical Analysis of Deaths ».

Graphique 36.3.

Taux de mortalité liés à la tuberculose dans les pensionnats, par tranche de 1 000 élèves (registres des élèves connus et inconnus combinés), 1940-1965

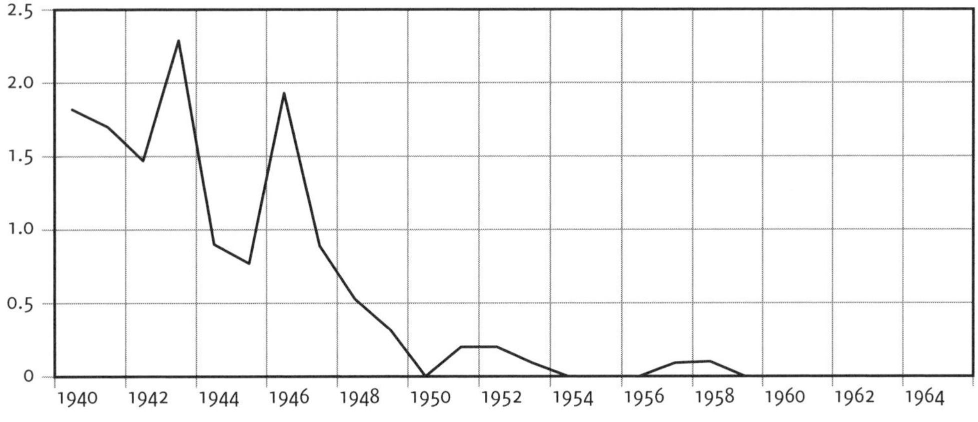

Source : Rosenthal, « Statistical Analysis of Deaths ».

Suivant l'examen du traitement de la tuberculose dans les pensionnats lors de cette période, le présent chapitre traite de la présence d'autres maladies dans les pensionnats ainsi que leur niveau de contribution aux problèmes de santé. Il soulève également quelques questions concernant la qualité des soins. En ce qui a trait aux soins dentaires, durant les années 1960, le service se concentre presque uniquement sur les obturations et les extractions, au lieu d'offrir des soins préventifs. Les problèmes de santé mentale ne sont pas traités, car les pensionnats indiens sont de plus en plus contraints de prendre soin d'enfants à besoins élevés, malgré leur manque de personnel et de ressources.

Dans le présent chapitre, il est également question de deux autres problèmes connexes : la reconnaissance croissante du fait que les directeurs des pensionnats ne sont pas les tuteurs légaux des élèves, et le fait que les médecins et les scientifiques ne font pas que prodiguer des soins aux élèves, mais qu'ils s'en servent également comme sujets de recherche. Dans bien des cas, les pensionnats n'arrivent pas à obtenir le consentement des parents avant que leurs enfants ne reçoivent des traitements ou qu'ils soient utilisés pour des recherches en cours. Ce manquement est attribuable à plusieurs facteurs, l'un des plus importants étant la vision paternaliste et colonialiste selon laquelle les parents autochtones sont tout simplement incapables de prendre des décisions intelligentes et éclairées en ce qui concerne l'avenir de leurs enfants. Le présent chapitre se termine par l'examen d'incidents qui ont blessé des élèves, et parfois causé la mort. Dans l'ensemble, ces incidents font ressortir un manque continuel de surveillance et de financement dans les pensionnats après 1940.

Tuberculose

La tuberculose et les peuples autochtones : après 1940

En 1940, la tuberculose est la première cause de mortalité chez les Premières Nations au Canada, tout comme pendant les 40 années précédentes. Il s'agit aussi de la première cause de mortalité chez les élèves des pensionnats indiens. Le Canada est alors sur le point de connaître une épidémie de tuberculose à grande échelle chez les Inuits, qui commencent tout juste à quitter leurs terres pour s'établir dans des villages permanents. Le taux de mortalité des Inuits est de 314 décès pour 100 000 personnes en 1945[1]. Il grimpe à 569 décès en 1952[2].

Dans les années qui suivent, ces taux chutent radicalement. En 1943, le taux de mortalité lié à la tuberculose chez les Premières Nations est de 662,6 décès pour 100 000 personnes; en 1957, il est de 42,0 décès pour 100 000 personnes[3]. En 1960, la tuberculose est délogée de sa position de première cause de mortalité parmi les Premières Nations, et descend à la huitième position[4]. Le taux chez les Inuits suit une baisse similaire. De 569 décès pour 100 000 personnes en 1952, il passe à 84 décès pour 100 000 personnes en 1960[5]. Les tableaux 36.1 et 36.2 offrent un aperçu des changements dans les taux de mortalité des Premières Nations et des Inuits durant cette période. Le tableau 36.3 fait la comparaison avec le taux national de mortalité lié à la tuberculose.

Tableau 36.1. Taux de mortalité lié à la tuberculose chez les Premières Nations, pour 100 000 personnes, de 1943 à 1953.

Année	Taux de mortalité lié à la tuberculose chez les Premières Nations (pour 100 000 personnes)
1943	662,6
1944	605,0
1945	565,7
1946	579,1
1947	549,8
1948	488,5
1949	399,6
1950	298,8
1951	268,2
1952	167,5
1953	100,0

Source : Canada, CVR, ARN, Aucun emplacement de document, aucun dossier source de document, Rapport annuel du ministère de la Santé nationale et du Bien-être social pour l'année fiscale prenant fin le 31 mars 1955, p. 83. [AEMR-251213]

Tableau 36.2. Taux de mortalité lié à la tuberculose chez les Inuits, pour 100 000 personnes, de 1950 à 1960

Année	Taux de mortalité lié à la tuberculose chez les Inuits (pour 100 000 personnes)
1950	411
1951	327
1952	569
1953	369
1954	211
1955	169
1956	232
1957	179
1958	126
1959	53
1960	84

Source : Statistique Canada, reproduit dans Grygier, *Long Way from Home*, p. 84.

Tableau 36.3. Taux général de mortalité lié à la tuberculose (pour 100 000 personnes) 1953-1957.

Population	1953	1954	1955	1956	1957
Ensemble du Canada	12,3	10,3	8,9	7,8	7,1
Inuits	369	211	169	232	179
Indiens inscrits	100,3	60,2	53,1	39,6	42,0

(Le Yukon et les Territoires du Nord-Ouest sont exclus avant 1957. Les taux de la Nouvelle-Écosse sont basés sur les « personnes d'origine indienne ».)
Source : CVR, ARN, Bibliothèque et Archives Canada,. RG29, volume 3132, dossier 861-2-1, partie 1, section B, Statistiques spéciales sur la tuberculose; [NPC-625218i] Statistique Canada, reproduit dans Grygier, *Long Way from Home*, p. 84.

Cette diminution ne peut être expliquée par une seule mesure. Dans le cas des Premières Nations, cette réduction débute vers la fin des années 1940[6]. Elle ne peut pas être attribuée à la politique fédérale de santé : en 1937, le directeur du ministère des Affaires indiennes, le Dr Harold McGill, annonce qu'afin de réduire les coûts, il n'y aura plus de financement pour dépister la tuberculose, ni pour traiter les personnes des Premières Nations qui souffrent de tuberculose chronique dans les sanatoriums ou les hôpitaux[7].

En raison des pressions exercées par les associations de lutte antituberculeuse partout au pays, le gouvernement abandonne cette position extrême et investit de façon limitée afin de lutter contre la tuberculose chez les Premières Nations[8]. En 1940, le gouvernement achète et convertit un hôpital de Dynevor, au Manitoba, en sanatorium pour les Premières Nations. Par conséquent, il peut rapporter que « 582 patients indiens ont reçu des traitements [pour la tuberculose] dans les établissements »[9]. L'année suivante, des salles d'isolement sont ouvertes sur l'île Manitoulin, en Ontario, les hôpitaux de Norway House et de Fisher River, au Manitoba, sont agrandis, et l'ancien pensionnat de l'Église Unie près de Chilliwack, en Colombie-Britannique, est converti en sanatorium. Cette année-là, 1 488 membres des Premières Nations reçoivent des traitements en milieu hospitalier pour la tuberculose[10]. En 1943, malgré ces améliorations, le ministère des Affaires indiennes rapporte :

> La tuberculose demeure la principale cause de mortalité chez les Indiens. Le taux de mortalité lié à cette maladie est de dix à trente fois plus élevé que chez les Blancs. Au cours de l'année, plus de 1 500 Indiens sont traités pour cette maladie dans les hôpitaux et les sanatoriums. La moyenne des personnes en traitement dépasse tout juste les 800.

Bien que le ministère des Affaires indiennes dirige 14 hôpitaux indiens à ce moment, les sanatoriums connaissent une grande pénurie de lits destinés aux patients des Premières Nations[11]. En 1944, le ministère des Affaires indiennes estime à 1 500 la pénurie de lits pour les patients des Premières Nations[12].

Le Dr E. L. Stone, qui est le surintendant des Services de santé du ministère des Affaires indiennes depuis 1927, rejoint l'armée canadienne au début de la Seconde Guerre mondiale en 1939[13]. Son successeur est le Dr P. E. Moore, qui avait été le surintendant adjoint des Services de santé du ministère des Affaires indiennes[14]. À la fin de la guerre, les Services de santé du ministère des Affaires indiennes sont transférés au ministère de la Santé nationale et du Bien-être social[15]. Le nouveau Service de santé des Indiens et des Populations du Nord (parfois appelé « Services de santé des Indiens ») est chargé de la santé des Premières Nations et des Inuits[16].

Ce transfert est perçu comme un blâme pour le ministère des Affaires indiennes et constitue une source de tension entre ce ministère et celui de la Santé[17]. Sous la direction du Dr Moore, l'administration doute de l'efficacité des hôpitaux confessionnels, en particulier dans le Nord. Ces soupçons conduisent Moore à s'opposer à la création d'un sanatorium dans le Nord, une position qui obligera des centaines de patients inuits et des Premières Nations à recevoir des traitements contre la tuberculose dans le Sud durant les années suivantes[18]. Lors de sa création, le Service de santé des Indiens et des Populations du Nord dirige 16 hôpitaux. En tout, 27 médecins travaillent à plein temps, ainsi que 24 infirmières ambulantes et plus de 700 médecins à temps partiel[19]. La lutte antituberculeuse est le principal défi du Service.

La tuberculine, un extrait du bacille tuberculeux, est utilisée pour effectuer ce qu'on appelle communément le « test de scarification » afin de vérifier la présence du bacille tuberculeux[20]. Le vaccin bacille Calmette-Guérin (BCG) est de plus en plus utilisé pour vacciner les enfants dans les populations à risque élevé de contracter la tuberculose[21]. Le vaccin BCG ne procure pas une protection absolue (de récentes études suggèrent que son efficacité est de 75 à 80 %). Il ne prévient pas non plus le développement de la tuberculose chez les personnes déjà infectées par le bacille[22].

Des efforts supplémentaires sont déployés afin de dépister les cas de tuberculose active dans les collectivités des Premières Nations. En 1949, un plan fédéral pour lutter contre la tuberculose au Manitoba exige que tous les membres des Premières Nations soient radiographiés en 1949 et 1950. Des radiographies de suivi doivent être prises tous les deux ans. Les membres des Premières Nations admis dans les hôpitaux doivent être radiographiés et tous les écoliers des Premières Nations doivent passer cet examen annuellement. Toutes les personnes travaillant avec les Premières Nations doivent également subir des radiographies une fois par an.

Selon le plan fédéral, les examens sont élargis de sorte que tous les enfants de moins de 16 ans passent le test de scarification et que tous ceux dont le résultat est négatif reçoivent le vaccin BCG[23]. La tuberculine et le BCG sont efficaces pour prévenir la maladie, mais pas pour la traiter.

La streptomycine, le premier antibiotique antituberculeux efficace, est conçue dans les années 1940. Son efficacité initiale est limitée puisque le bacille tuberculeux développe une résistance à ce médicament. À la fin des années 1940, ce problème est réglé en grande partie par l'introduction des sels para-amino-salicyliques (P.A.S.) et de l'isoniazide (INH) dans les traitements. Des patients qui ont été déclarés sur le point de mourir commencent à se rétablir. La streptomycine doit être injectée, mais les autres médicaments peuvent être pris par voie orale. Ils nécessitent une période de traitement allant de 18 mois à deux ans[24]. Le taux national de mortalité lié à la tuberculose (pour les Autochtones et les non-Autochtones) passe de 51,4 décès pour 100 000 personnes en 1940 à 26,8 décès pour 100 000 personnes en 1950, puis à 4,6 décès pour 100 000 personnes en 1960[25].

En 1955, le taux de mortalité des Premières Nations du Manitoba est le dixième de ce qu'il était 10 ans auparavant. Le nombre d'infections ne baisse pas aussi vite que le taux de mortalité. Le taux de nouveaux cas baisse de seulement 50 % pendant cette période[26]. Cela s'inscrit dans une tendance générale. En 1957, le Dr G. J. Wherrett, secrétaire général de la Société canadienne antituberculeuse, remarque que même si le taux de mortalité lié à la tuberculose se situe au niveau le plus bas jamais enregistré, le taux d'incidence de la tuberculose demeure élevé[27].

Même si le taux de mortalité des Premières Nations a considérablement diminué, il demeure toujours plus élevé que le taux national de mortalité lié à la tuberculose. Dans la région de Foothills, le taux d'infection à la tuberculose chez les Premières Nations demeure de 20 à 40 fois supérieur à celui de la population non autochtone. (La région de Foothills comprend l'Alberta, le Yukon et la vallée du Mackenzie.) En 1962, un programme révisé de lutte antituberculeuse concernant cette région est mis sur pied. Des radiographies de la poitrine sont exigées chaque année pour les Premières Nations de l'Alberta, du Yukon et des Territoires du Nord-Ouest. Les nouveau-nés doivent recevoir le vaccin BCG avant de quitter l'hôpital ou très peu de temps après. Dans les trois mois suivant la vaccination, ils doivent passer un test tuberculinique. Tous les enfants de moins de six ans doivent aussi passer ce test et tous les écoliers sont testés chaque année[28].

L'intervention du gouvernement à l'égard de l'épidémie de tuberculose chez les Inuits est à double volet : 1) radiographier tous les Inuits afin d'identifier les cas actifs et 2) vacciner le reste de la population[29]. Les personnes qui présentent des cas actifs sont emmenées en bateau ou par avion pour être traitées, souvent à Québec ou à Edmonton, même si elles sont placées dans les sanatoriums un peu partout au pays[30]. Les efforts du gouvernement pour suivre les patients et pour tenir les familles informées de la santé de leurs proches envoyés au Sud pour des traitements sont très inefficaces. Les examens médicaux ont souvent lieu à bord d'un navire de patrouille médicale du gouvernement. Dans certains cas, les personnes souffrant de tuberculose n'ont pas la permission de retourner sur la rive pour dire au revoir ou pour organiser les soins donnés aux membres de la famille. Ils sont plutôt gardés à bord puis emmenés au Sud pour y recevoir des traitements[31]. Le taux de mortalité chez les Inuits a diminué. Toutefois, comme Pat Grygier, historien de la lutte antituberculeuse chez les 1 578 Inuits atteints, l'observe, de nombreux Inuits

> sont incapables de reprendre leur ancien mode vie correctement, soit en raison des répercussions physiques de leur maladie ou des traitements, soit à cause des difficultés à se réajuster après avoir passé tant de temps dans le Sud. Les jeunes enfants partis pendant trois ou quatre ans sont confrontés à des difficultés particulières, car ils sont pratiquement devenus des jeunes du Sud. Dans bien des cas, ils ne parlent pas la langue de leurs parents et ne connaissent pas la façon dont il faut se comporter dans l'environnement rigoureux d'une collectivité nordique composée de chasseurs[32].

Dans les années 1960, le nombre de membres des Premières Nations traités dans les sanatoriums diminue. En avril 1965, il y a 19 adultes et 12 enfants traités pour la tuberculose à l'hôpital indien de Fort Qu'Appelle. On s'attend alors à ce que le nombre de patients descende à 20 avant la fin de l'été. Étant donné que le sanatorium provincial de la Saskatchewan peut accepter 100 nouvelles admissions des Premières Nations par an, des plans sont élaborés afin d'y transférer tous les patients[33].

Toutefois, dans les années 1960, il y a de graves foyers de tuberculose dans les collectivités autochtones. En 1963, 33 des 84 élèves de l'externat (qui a un petit pensionnat) d'Arviat (alors appelé « Eskimo Point ») dans les Territoires du Nord-Ouest se trouvent au sanatorium de Clearwater, au Manitoba[34]. Entre septembre 1966 et mars 1967, 25 personnes doivent être évacuées de cette collectivité pour recevoir des traitements contre la tuberculose[35].

Malgré les améliorations, à la fin du XXe siècle, au moment où le dernier pensionnat indien ferme ses portes, la tuberculose demeure plus importante chez les Autochtones que chez les non-Autochtones[36]. Selon une étude, menée en 2004, le taux d'incidence de la tuberculose chez les Autochtones du Canada est de 23,8 cas pour 100 000 personnes, alors que celui pour l'ensemble de la population canadienne est de 5,0 cas pour 100 000[37].

Lutte contre la tuberculose dans les pensionnats

Tel qu'il est décrit dans un volume précédent du présent rapport, vers la fin des années 1930, le gouvernement fédéral implante finalement un programme sérieux afin de réduire le taux de tuberculose dans les pensionnats indiens. Les éléments clés de ce programme sont d'examiner adéquatement les nouveaux élèves pour identifier ceux qui sont atteints d'une tuberculose active, d'examiner régulièrement les élèves pour dépister les cas de tuberculose active et d'injecter le vaccin BCG aux élèves non infectés pour les protéger. Malgré le travail intensif qui débute à la fin des années 1930, la tuberculose demeure une menace au début des années 1940.

En 1940, une épidémie de fièvre typhoïde éclate au pensionnat indien de Norway House, au Manitoba, suivie par de nombreux cas de tuberculose pulmonaire[38]. En 1943, Ed Rheaume, directeur du pensionnat indien d'Hobbema, en Alberta, rapporte que 6 des 18 élèves renvoyés en 1938 sont maintenant décédés. Même si la cause des décès n'est pas donnée, 3 des 12 anciens élèves toujours en vie souffrent toujours de tuberculose[39]. La même année, un recensement au pensionnat indien de Morley, en Alberta, révèle ce que le Dr A. H. Baker décrit comme « un nombre alarmant de cas graves de tuberculose active ». Baker recommande qu'un certain nombre d'élèves soient hospitalisés ou encore isolés des autres élèves, que les élèves non tuberculeux soient réexaminés dans quelques mois et que le personnel soit examiné[40]. Un recensement de suivi, qui comprend un examen de plusieurs résidants de la collectivité, permet de conclure que « la source de l'épidémie de tuberculose chez les enfants du pensionnat provient de leur contact avec le pensionnat puisque tant de familles ne montrent aucun signe »[41].

Tout au long des années 1940, des cliniques annuelles contre la tuberculose ont lieu dans plusieurs pensionnats afin de détecter les élèves atteints de tuberculose active et de les retirer du pensionnat[42]. En Ontario, la direction générale de la lutte contre la tuberculose du ministère de la Santé de l'Ontario mène ces cliniques[43]. Dans les autres cas, les ministères provinciaux de la Santé s'en occupent[44]. En janvier 1940, un recensement des cas de tuberculose au pensionnat de Fort Frances, en Ontario, conduit à la recommandation d'envoyer cinq enfants dans un sanatorium pour les soigner[45]. Le mois suivant, une recommandation est formulée afin d'envoyer quatre enfants du pensionnat presbytérien de Kenora, en Ontario, ainsi qu'un enfant du pensionnat catholique de la même collectivité dans un sanatorium[46]. En mars, deux cas de tuberculose nécessitant des soins dans un sanatorium sont détectés dans le pensionnat de Chapleau, en Ontario[47]. En juin, l'un des enfants qui devait être envoyé au sanatorium en janvier se trouve toujours au pensionnat de Fort Frances[48]. En 1941, un recensement au pensionnat de Fort William, en Ontario, permet d'identifier trois élèves ayant besoin de soins dans un sanatorium[49]. La même année, un recensement mène à la recommandation qu'un autre élève du pensionnat de Chapleau soit envoyé dans un sanatorium[50]. Un recensement en 1941 permet de cerner trois enfants du pensionnat de Sioux Lookout, en Ontario, qui semblent nécessiter des traitements dans un sanatorium[51]. Après une inspection au pensionnat de McIntosh, en Ontario, à l'automne 1941, un élève est identifié comme ayant besoin de soins dans un sanatorium[52]. En 1941, un élève du pensionnat Pine Creek, au Manitoba, est identifié comme ayant besoin de traitements dans un sanatorium[53]. Toujours en 1941, après une clinique de radiographies au pensionnat de Fraser Lake, en Colombie-Britannique, huit élèves sont envoyés à l'hôpital indien de Sardis, en Colombie-Britannique[54]. Des recensements similaires présentent des résultats comparables en 1942 et en 1943[55].

Un recensement effectué en 1944 au pensionnat indien d'Hobbema, en Alberta, révèle 38 cas de tuberculose active ou inactive parmi les 128 élèves du pensionnat, soit presque le tiers d'entre eux[56]. On recommande d'hospitaliser 6 de ces élèves ou les envoyer dans un sanatorium[57]. Vers le milieu des années 1940, au pensionnat de Chapleau, les élèves sont radiographiés lors de leur admission. De plus, des examens de la poitrine ont lieu deux fois l'an. Lors de ces examens, les élèves qui ont une réaction positive au test cutané tuberculinique doivent subir des radiographies[58]. Dans certains pensionnats, les effets de diverses mesures préventives commencent à se faire sentir. À partir de 1942, tous les élèves du pensionnat d'Edmonton sont radiographiés une fois l'an et les nouveaux élèves doivent passer le test tuberculinique. En janvier 1943, des soins en sanatoriums sont recommandés pour un élève[59]. L'inspection réalisée en 1945 au pensionnat d'Edmonton permet de rapporter que « pour la deuxième année de suite, il n'y a pas de cas nécessitant des soins en sanatorium »[60].

Toutefois, les radiographies, qui sont importantes pour dépister les cas actifs, ne sont pas toujours disponibles. En mars 1946, le directeur du pensionnat de Fraser Lake, en Colombie-Britannique, A. R. Simpson, rapporte qu'il est impossible d'examiner les élèves à l'aide de radiographies cette année-là. Il est certain qu'il y a « quelques cas très actifs de tuberculose parmi les enfants qui devraient être décelés et isolés »[61]. En novembre 1946, le test tuberculinique d'environ 100 élèves du pensionnat presbytérien de Kenora est positif[62]. La division de la lutte antituberculeuse du gouvernement de l'Ontario est incapable de fournir les services de radiographies au pensionnat en raison d'un manque de personnel[63]. En juin 1947, on rapporte que six élèves du pensionnat de McIntosh nécessitent des soins en sanatorium. Deux des cas décrits semblent « de longue date ». En soulevant le problème auprès de la division de la lutte antituberculeuse de l'Ontario, le Dr D. C. Marlatt du sanatorium de Fort William indique qu'il est nécessaire de radiographier les élèves dans les pensionnats de Sioux Lookout et de McIntosh[64]. L'un des problèmes de la lutte contre la tuberculose est l'admission continue d'élèves infectés.

Dépistage lors de l'admission

Une politique exigeant que les élèves des pensionnats indiens subissent un examen médical avant leur admission existe depuis les années 1890[65]. Malgré cela, durant les années 1950, dans certains cas, les examens sont superficiels, inefficaces ou inexistants. La responsabilité de cet échec semble partagée entre le ministère des Affaires indiennes et les Églises. En 1946, le décès d'un élève au pensionnat anglican de Fort George, au Québec, causé par une méningite tuberculeuse, incite le directeur à se plaindre que le garçon a été admis par l'agent des Indiens même s'il avait déjà reçu un diagnostic de tuberculose active. Le directeur demande :

> Y a-t-il un moyen de faire pression sur les autorités pour que l'agent des Indiens examine les écoliers lors de sa visite au poste? Depuis que je dirige le pensionnat, cela n'a jamais été fait. Comme les élèves seront plus ou moins les mêmes durant quelques années, un examen à tout moment nous serait d'une grande aide. Ce décès est un événement tragique, puisque le garçon est [l'un] des habitants de l'intérieur et qu'ils recommencent tout juste à mettre leurs enfants dans les pensionnats.

Le responsable anglican H. A. Alderwood transmet les inquiétudes du directeur au ministère Affaires indiennes, disant qu'il espère qu'à l'avenir « les élèves entrants dans les pensionnats de la Baie James seront examinés aussi attentivement que cela semble être maintenant le cas à Aklavik »[66].

Durant l'année scolaire de 1947–1948, l'hospitalisation de 13 des 100 élèves du pensionnat de Kuper Island, en Colombie-Britannique, atteints de tuberculose, amène le responsable local du ministère des Affaires indiennes, R. H. Moore, à conclure que la méthode d'examen médical est « inefficace pour le dépistage de toute pathologie latente »[67]. En 1951, causant une grande frustration au superviseur des agences des Indiens, le directeur du pensionnat Sandy Bay, au Manitoba, admet 13 élèves sans demander l'approbation du Ministère et sans les faire examiner par un médecin. Le superviseur écrit : « nous pourrions tout aussi bien laisser ces pensionnats entre les mains des directeurs et n'avoir rien à faire avec eux[68]. »

Le système d'examen défaillant signifie que les élèves souffrant d'autres maladies infectieuses et de graves problèmes de santé sont également admis dans les pensionnats. En 1949, P. E. Moore, surintendant intérimaire des Services de santé pour le ministère des Affaires indiennes à l'époque, écrit que la maladie transmissible dont souffre un élève n'a pas été dépistée lors de son examen médical préalable à l'admission au pensionnat de Fraser Lake[69]. Même lorsque la maladie n'est pas une menace pour la santé des autres élèves, le manque de renseignements peut compromettre les soins et l'attention que les élèves reçoivent au pensionnat. Dans les années 1950, le directeur du pensionnat Alberni, en Colombie-Britannique, réalise qu'un élève est épileptique seulement lorsque celui-ci a une crise[70].

En 1953, la prise en charge des examens médicaux est transférée aux Services de santé des Indiens. Ils doivent mener des examens médicaux « le plus tôt possible après la rentrée scolaire en septembre »[71].

Traitement dans les pensionnats

Une fois les cas actifs identifiés, il n'est pas toujours possible pour les responsables de trouver des places pour les élèves dans les sanatoriums locaux. En avril 1943, le Dr G. L. Bell s'inquiète au sujet de trois enfants placés à l'hôpital de Sioux Lookout, en Ontario, qui attendent d'être admis au sanatorium de Fort William. Bell informe le ministère des Affaires indiennes qu'il doute qu'ils soient admis à Fort William et suggère de tenter de les placer, ainsi qu'un autre nouveau patient, au sanatorium de Saint-Boniface, au Manitoba[72]. À l'automne 1943, un recensement des élèves du pensionnat d'Hobbema, en Alberta, révèle que le tiers d'entre eux sont atteints de tuberculose active ou inactive. Le surintendant adjoint par intérim des Services de santé, W. L. Falconer, qualifie le résultat de « déplorable » et remarque : « Envoyer les enfants de la maison au pensionnat sans effort supplémentaire pour prendre soin d'eux n'est pas suffisant. » Il recommande que les enfants soient hospitalisés à l'hôpital Blood Indian et à l'hôpital de Sarcee, même s'il n'est « pas particulièrement impressionné par la situation à Sarcee »[73]. Six élèves sont plutôt renvoyés chez eux et 32 sont placés en observation[74]. En novembre 1943, un recensement du pensionnat Saint-Albert, en Alberta, permet d'identifier quatre élèves nécessitant des soins dans un sanatorium[75]. Étant donné qu'il n'y a pas de lits disponibles pour les élèves dans le pavillon des tuberculeux de l'hôpital général d'Edmonton, ils sont gardés au pensionnat[76]. À la fin décembre, la responsable du pensionnat Rose Vincent écrit au ministère des Affaires indiennes : « Un manque d'espace ne nous permet pas de les héberger dans des appartements séparés; ces enfants sont toujours en contact avec les autres. » Elle estime que le risque de contagion est « très grand »[77]. À la mi-janvier 1944, ils sont toujours au pensionnat, bien que des plans soient élaborés afin de les placer dans un hôpital à Saint-Paul, en Alberta[78].

Dans certains cas, un budget supplémentaire est alloué aux pensionnats qui prennent soin des élèves tuberculeux. En 1940, en raison de l'état tuberculeux de 30 élèves au pensionnat presbytérien de Kenora, en Ontario, le ministère des Affaires indiennes accorde une subvention supplémentaire de 15 sous par jour par élève. Ces élèves bénéficient de rations supplémentaires et de plus de temps de repos; ils sont aussi séparés des autres la nuit[79]. La même année, le Dr A. H. Baker, directeur de la lutte contre la tuberculose du gouvernement de l'Alberta, recommande que les élèves atteints d'une tuberculose latente dans les pensionnats de la province bénéficient d'une heure de repos après le dîner et d'une portion supplémentaire de lait. Leur poids et leur température sont surveillés et ils sont réexaminés si leur état ne s'améliore pas[80].

En 1942, une directive sur les soins donnés aux élèves tuberculeux en observation dans les pensionnats indiens recommande qu'ils ne soient pas obligés de participer aux travaux manuels ou aux activités sportives. Ils doivent plutôt bénéficier d'une meilleure alimentation et de repos supplémentaire. Même s'ils sont gardés dans le même dortoir que les autres élèves, ils en sont tout de même séparés « par une sorte d'écran ou de toile ». Leur nourriture est servie dans des plats différents. Leur poids et leur température sont surveillés et les changements sont rapportés aux autorités médicales[81].

En janvier 1943, deux élèves du pensionnat de Sioux Lookout sont hospitalisés en raison de la tuberculose. Dans un rapport sur d'autres cas, le Dr Gordon L. Bell écrit qu'il croit qu'en théorie les « cas moins graves » peuvent être traités dans le pensionnat s'ils bénéficient « de repos, de portions supplémentaires et d'une surveillance raisonnable ». Cela semble toutefois improbable puisque le pensionnat « manque grandement de personnel et que l'infirmière autorisée qui fait partie du personnel a beaucoup plus de travail que ce qu'une femme pourrait faire de façon efficace ». Bell accepte de permettre aux élèves de rester au pensionnat temporairement, mais souhaite surveiller leurs progrès, puisqu'il sent que la surveillance dont ils bénéficient « laisse beaucoup à désirer »[82].

Le surpeuplement demeure un problème continuel dans plusieurs pensionnats indiens au cours des années 1940 et contribue à la propagation de la tuberculose dans les pensionnats. Au printemps 1943, le responsable de la santé du ministère des Affaires indiennes, P. E. Moore, estime qu'un nombre « préoccupant » de cas de tuberculose ont été dépistés au pensionnat de Cross Lake, au Manitoba. Le surpeuplement du pensionnat contribue à propager la maladie, mais Moore affirme qu'il « y a peu à faire à ce sujet pour le moment ». Il conseille au médecin local, B. S. C. Corrigan, de vérifier si les élèves tuberculeux peuvent être « isolés des autres enfants du pensionnat et complètement alités ». Corrigan est également autorisé à offrir de « petites indemnités journalières » au pensionnat pour s'assurer que les élèves reçoivent les soins d'alitement nécessaires. Cependant, il se fait dire de ne pas les offrir « sauf si le pensionnat le demande »[83]. En juillet, la situation n'est toujours pas corrigée. Corrigan écrit que lors de sa plus récente visite au pensionnat, une fillette de sept ans est décédée d'une méningite tuberculeuse. Il s'agit du troisième décès de ce genre en quatre mois. En mars, Corrigan avait recommandé que cette fillette reste alitée, tout comme plusieurs autres élèves tuberculeux. Il conclut : « Mes directives concernant cette enfant et les autres afin qu'ils restent alités n'ont pas été appliquées. » Corrigan croit que les élèves sont infectés par la tuberculose après leur arrivée au pensionnat, qu'il trouve dangereusement surpeuplé. Il recommande qu'aucun enfant d'Island Lake, au Manitoba, ne soit envoyé au pensionnat, car les gens de cette collectivité résistent peu à la tuberculose. S'exprimant franchement, il écrit : « Je ne crois pas qu'ils devraient être mêlés à des personnes qui sont pratiquement infectées à 100 %[84]. »

Le directeur, G. E. Trudeau, conteste les critiques de Corrigan, suggérant que le médecin voit « de la tuberculose partout ». Trudeau estime que les enfants ne sont pas infectés par la tuberculose au pensionnat, mais dans leurs collectivités d'origine. Il écrit que Corrigan « devrait commencer par nettoyer les réserves et qu'ensuite cet important problème serait facilement résolu dans les pensionnats ». En ce qui concerne les accusations selon lesquelles les enfants malades ne sont pas restés alités, il dit que la fillette décédée est demeurée alitée jusqu'à sa mort. Les autres ont été alités « jusqu'à ce que nous pensions qu'ils allaient assez bien pour se lever ». Il souligne que, lorsqu'ils ont été diagnostiqués, il a recommandé qu'ils soient envoyés à l'hôpital de Norway House, au Manitoba, pour y être traités. Cela n'a pas été fait, car il n'y avait pas de place pour eux là-bas. Trudeau conteste aussi l'allégation de surpopulation dans le pensionnat, ajoutant que si les inscriptions passent de 100 à 80, comme le recommande Corrigan, le pensionnat accusera un manque de 3 000 $[85]. En somme, la méthode de financement par élève encourage les directeurs à encombrer leurs pensionnats, compromettant ainsi la santé des élèves.

La tuberculose peut également toucher les membres du personnel : à moins de prendre des mesures appropriées, cela constitue une menace pour la santé des élèves. En juillet 1950, un employé du pensionnat d'Hobbema, en Alberta, reçoit un diagnostic de tuberculose. Le Dr W. L. Falconer, un responsable des Services de santé des Indiens de l'Alberta, décrit sa condition comme une « menace pour les écoliers » et il recommande qu'il soit retiré du pensionnat[86]. Quatre mois et demi plus tard, Falconer réitère sa demande[87]. Finalement, à la fin décembre, le responsable du ministère des Affaires indiennes, Bernard Neary, se sent obligé d'écrire au pensionnat pour exiger que l'employé soit retiré du pensionnat[88]. Cinq ans plus tard, le Dr Falconer se plaint à nouveau.

> Il me semble que les enseignants ne se rendent pas compte de la gravité de la situation actuelle. Au cours des dernières années, nous avons probablement admis 50 enfants atteints de tuberculose dont l'infection peut être retracée jusqu'à l'apparition des cas au sein du personnel dans la région [de Foothills]. Il y en a environ 30 au pensionnat d'Hobbema, plusieurs autres à Fort Providence et un certain nombre au pensionnat de Gleichen, et maintenant nous en avons quelques-uns au pensionnat Blue Quills.

Il dit qu'en plus des deux employés qui ont été renvoyés du pensionnat Blue Quills en raison de leur tuberculose, deux autres n'ont pas été radiographiés. « Le père Angine est d'un âge avancé et il s'est plus ou moins vanté d'avoir échappé aux radiographies[89]. »

Certains pensionnats sont perçus comme des lieux de traitement possible pour les enfants tuberculeux. Par exemple, c'est le cas d'une fillette qui reçoit le diagnostic de la tuberculose dans le Nord-Ouest de l'Ontario en 1943. Son cas ne semble pas grave au point de nécessiter des soins dans un sanatorium. Un médecin recommande plutôt de la placer dans un pensionnat indien, puisque d'autres membres de sa famille ont souffert de tuberculose active[90].

Vaccination et améliorations

En 1947, le gouvernement fédéral commence à injecter le BCG aux « enfants indiens de la Colombie-Britannique ». Au départ, le programme se concentre sur les enfants dans les pensionnats indiens, puis il est élargi pour inclure les nouveau-nés et les élèves des externats[91]. Les autres provinces mettent sur pied des programmes similaires. Les élèves du pensionnat de Sturgeon Landing, en Saskatchewan, reçoivent le vaccin BCG en 1948, de sorte que peu d'élèves sont positifs lorsqu'ils sont testés pour la tuberculose en 1949[92]. Vers le milieu des années 1950, le Service de santé des Indiens adopte une politique de vaccination au BCG afin de lutter contre la tuberculose chez les Premières Nations de la Saskatchewan. L'objectif est de vacciner tous les nouveau-nés des Premières Nations. À partir de l'année scolaire 1955-1956, tous les élèves passent un test tuberculinique au pensionnat pour déceler la présence de la bactérie. Ceux dont le résultat est négatif sont vaccinés[93]. Les campagnes de ce genre ont un effet considérable. En 1957, un recensement du pensionnat romain catholique de Cardson, en Alberta, révèle que sur 229 élèves, 195 ne montrent aucun signe de tuberculose et aucun cas de tuberculose active n'est rapporté[94].

La présence de la tuberculose dans les pensionnats diminue encore. En 1964, 93 % des tests des élèves de la classe de maternelle du pensionnat d'Onion Lake, en Saskatchewan, sont négatifs pour la tuberculose[95]. Toutefois, la maladie n'est pas inexistante. En 1964, un « cas actif minime » de tuberculose est rapporté au pensionnat de Birtle, au Manitoba. Il y a également un cas de tuberculose réactivée au pensionnat Assiniboia de Winnipeg. Dans ce cas, l'élève a été admis au pensionnat sans avoir subi l'examen médical initial. Les deux élèves sont placés au sanatorium de Ninette, au Manitoba[96].

En 1970, les élèves des pensionnats indiens reçoivent toujours des diagnostics de tuberculose et sont traités pour cette maladie[97]. Les méthodes de traitement changent considérablement : les sanatoriums ferment et les patients tuberculeux sont soignés dans les centres hospitaliers et dans leurs propres collectivités avec un suivi sur une base volontaire. Le nombre de jeunes personnes soignées à l'hôpital indien Charles Camsell d'Edmonton diminue assez pour que la nécessité du programme d'éducation en milieu hospitalier soit réévaluée en 1970[98]. En 1972, un programme annuel de test tuberculinique, de vaccination au BCG et de prise de radiographies est toujours en vigueur dans des pensionnats de la Saskatchewan[99]. En 1973, 4 934 Inuits ou membres des Premières Nations reçoivent le vaccin BCG et 2 072 autres personnes sont revaccinées. La même année, 345 nouveaux cas de tuberculose sont dépistés chez ces peuples. Parmi eux, 134 sont âgés de 19 ans ou moins[100].

Avant de traiter des autres maladies qui ont pris racine dans les pensionnats indiens durant cette période, il est important de remarquer que même si le taux de mortalité lié à la tuberculose est réduit grâce aux interventions médicales, peu de mesures sont entreprises afin de résoudre les problèmes socio-économiques qui rendent les Autochtones si vulnérables à la maladie. L'eau potable est peu accessible, le chômage est généralisé et les logements, en plus d'être mal construits, ne sont pas assez nombreux[101]. En 1970, la journaliste Heather Robertson écrit un livre volumineux et détaillé sur les conditions de vie dans les réserves partout au Canada. Sa description des logements dans la réserve de Roseau River, au Manitoba, illustre bien les conditions qu'elle a observées.

> Roseau ne compte que 55 foyers : ce sont des maisons et des cabanes; et 40 familles sont entièrement sans abris. Les gens sont forcés de cohabiter avec leur famille et leurs amis, à deux et parfois à trois familles. Une maison qui ne convient pas à une famille de cinq personnes en abrite quinze à Roseau. Les cabanes sont inhabitables – sans isolation, sans plancher, sans meubles, souvent sans fenêtres –, mais les gens y vivent parce qu'il n'y a rien d'autre à leur disposition[102].

De telles conditions cultivent la mauvaise santé. Robertson écrit : « Les pneumonies, bronchites, rhumes, sinusites et infections intestinales sont chroniques et généralisés dans la réserve de Roseau, résultat inévitable de la vie dans des maisons de mauvaise qualité, mal chauffées, surpeuplées, et des mauvaises conditions sanitaires[103]. »

Les pensionnats indiens recrutent leurs élèves dans ces collectivités et avec ces maladies. Et, pendant les années 1960, les pensionnats sont souvent mal construits, mal chauffés, surpeuplés et équipés d'installations sanitaires défectueuses.

Autres maladies

Le mauvais état de santé au sein des communautés des Premières Nations, allié à un dépistage limité, fait en sorte que des enfants malades continuent de propager d'autres maladies transmissibles au sein des pensionnats, même si le taux de mortalité attribuable à la tuberculose diminue. Le surpeuplement et les mesures d'hygiène inadéquates entraînent une propagation rapide de ces maladies. Ces conditions ne se limitent pas aux pensionnats situés à des endroits éloignés ni à la période d'économie en temps de guerre. Comme le démontre l'exemple suivant, elles continuent de sévir dans les écoles des centres urbains au cours des périodes de croissance économique soutenue.

En mai 1959, une jeune fille du pensionnat de Fort William, en Ontario, est hospitalisée pour une otite. Un test démontre qu'elle est porteuse de microorganismes de la diphtérie, c'est-à-dire qu'elle ne souffre pas de diphtérie, mais est porteuse de la maladie. Son cas est signalé au Dr M. R. Warren, le directeur du bureau local de l'assurance-maladie provinciale. Il fait passer des tests aux élèves du pensionnat, qui compte 115 pensionnaires, et découvre que 22 d'entre eux doivent être traités pour la diphtérie. À la fin de l'été, l'épidémie est contenue, mais à l'automne, il procède à une nouvelle série de tests et constate que dix autres élèves sont porteurs de la maladie.

Il procède également à un examen rapide des conditions du pensionnat et rédige un rapport extrêmement critique à l'intention du directeur des services de protection de l'enfance de l'Ontario. On peut y lire que les pensionnats sont surpeuplés à près de 100 % du point de vue de la surface utile et à plus de 50 % du point de vue du nombre de pieds cubes disponibles. De nombreux pensionnaires dorment dans des dortoirs aux troisième et quatrième étages de l'édifice, ce qui, selon lui, n'est pas conforme à un règlement de la *Loi sur les établissements de bienfaisance* interdisant que les chambres se trouvent au-delà du deuxième étage.

Aucune mesure n'est prise pour isoler les jeunes atteints de maladies transmissibles. D'après ses observations, on ne procède à « aucun examen médical de routine visant à éliminer la possibilité d'une maladie transmissible ». Il explique que les installations pour laver la vaisselle du pensionnat « n'auraient été autorisées dans aucun autre établissement de restauration de cette région. La vaisselle était lavée à chaque table de quatre personnes dans un bac à eau. » Dans sa lettre, le Dr Warren souligne que six des pensionnaires fréquentent une école secondaire locale, ce qui signifiait que « l'école Lakehead risque d'être affectée par cette voie de transmission ». Une fois leur congé obtenu, les élèves sont susceptibles de propager l'infection « dans chacune de leurs communautés éloignées ». Il conclut en notant qu'il lui semble que la sœur supérieure du pensionnat a besoin d'encadrement pour les procédures d'admission et le traitement des enfants atteints de maladies transmissibles[104].

La plupart des élèves arrivent généralement au pensionnat sans avoir subi d'examen médical, et après leur admission, ils sont rarement examinés. Le ministère des Affaires indiennes admet qu'il n'est pas possible d'examiner les élèves provenant de communautés éloignées avant de les envoyer au pensionnat, mais il prend l'engagement de voir à ce qu'ils passent un tel examen à leur arrivée. Le Dr Warren souligne qu'il y a tellement d'agences impliquées dans la gestion du pensionnat « qu'une agence ne sait pas ce que l'autre fait, et qu'aucune pratique uniformisée n'est adoptée ». Des représentants des autres agences responsables du placement des enfants au pensionnat prennent des engagements similaires (la moitié des enfants du pensionnat sont inscrits en vertu de la *Loi sur les Indiens*, et les autres sont des Indiens non inscrits, la plupart des orphelins des sociétés d'aide à l'enfance de Fort William et Port Arthur)[105]. L'un des avantages apparents de l'attention portée par le Dr Warren au pensionnat est la décision du ministère des Affaires indiennes d'augmenter la subvention par personne de 375 $ à 575 $ par année[106].

Un modèle vieux de plusieurs décennies se répète : l'absence de dépistage donne lieu à l'admission d'enfants malades. Le surpeuplement et le manque d'hygiène contribuent à la propagation des infections. Les membres du personnel ne sont pas formés pour faire face à la maladie, les agences ne sont pas au courant des problèmes et les fonds fédéraux sont inadéquats.

D'autres maladies sévissent au sein des pensionnats, taxant leurs ressources. A. R. Simpson, directeur du pensionnat de Fraser Lake, en Colombie-Britannique, signale en mars 1946 que l'hiver qui venait de se terminer a été

> de toutes mes années d'expérience ici, la pire période jamais vue du point de vue de la santé des enfants. Au début février, nous avons eu une épidémie de grippe qui a gardé au lit environ 65 enfants en même temps. Cette épidémie était presque terminée lorsqu'une autre éclosion s'est produite au début du mois de mars, durant laquelle 145 enfants ont été alités, de même que quatre sœurs et plusieurs autres membres du personnel.

Il affirme que le ministère des Affaires indiennes ignore ses demandes de vitamines pour les enfants[107].

Vingt-deux ans plus tard, un bref message transmis par télex aux autorités sanitaires fédérales est ainsi rédigé : « ÉPIDÉMIE D'INFLUENZA AU PENSIONNAT DE LA TUQUE. RÉV J. E. DE WOLF, DIRECTEUR, SE PLAINT DU MANQUE DE FOURNITURES MÉDICALES ET DE L'IGNORANCE QUANT À LA DISPONIBILITÉ DES INFIRMIÈRES ET DES SOINS MÉDICAUX ». Les autorités sanitaires fédérales répondent que des fournitures vont être envoyées le jour même[108].

Lorsque le pensionnat de Qu'Appelle, en Saskatchewan, est frappé par la rougeole en juin 1940, les élèves ne sont pas autorisés à retourner à la maison à la fin de l'année scolaire[109]. En janvier 1941, on signale des épidémies de rougeole au pensionnat d'Hobbema, en Alberta, et aux pensionnats de Gordon et de Lestock en Saskatchewan[110]. En avril 1950, le pensionnat presbytérien de Kenora fait état d'une épidémie de rubéole, les cas variant d'une « légère difficulté respiratoire avec une légère éruption cutanée à une grave poussée d'herpès, des amygdalites, des adénites cervicales et des bronchites ». Un élève doit être hospitalisé pour une bronchopneumonie[111].

Des épidémies d'hépatite sévissent dans les pensionnats suivants : Inuvik, Territoires du Nord-Ouest (1961); Shubenacadie, Nouvelle-Écosse (1962); Lytton, Colombie-Britannique (1962); Fraser Lake, Colombie-Britannique (1962); Mission, Colombie-Britannique (1962); Hobbema, Alberta (1962); Portage la Prairie, Manitoba (1964); Prince Albert, Saskatchewan (1964 et 1967); Brandon, Manitoba (1964); Dauphin, Manitoba (1964); Duck Lake, Saskatchewan (1966 et 1967) et La Tuque, Québec (1970)[112]. Dans de nombreux cas, les élèves reçoivent un vaccin de gammaglobuline (un mélange de protéines de plasma sanguin comprenant des anticorps, administré pour améliorer l'immunité). Parfois, les visites aux pensionnats sont limitées ou les pensionnats sont mis en quarantaine; les élèves sont tenus de tremper leurs mains dans un désinfectant après avoir utilisé les toilettes, et les brosses à dents sont trempées dans du rince-bouche[113].

En 1956, une épidémie de méningite fait en sorte que les deux pensionnats de Cardston, en Alberta, sont mis en quarantaine[114]. Deux années plus tard, on mentionne un cas de méningite cérébro-spinale au pensionnat McIntosh, en Ontario[115]. Cinquante-cinq élèves souffrent de bronchite au pensionnat catholique romain de Kenora en 1950. Bien qu'aucun ne soit gravement atteint, une quarantaine est imposée pour mettre fin à la propagation de l'infection[116]. En 1969, une épidémie de méningite dans la communauté de Mistassini entraîne la mise en quarantaine du pensionnat de La Tuque, au Québec. Le personnel et les élèves, 364 personnes au total, sont confinés au pensionnat et reçoivent des médicaments à titre préventif[117].

Le trachome (une maladie des yeux contagieuse) refait son apparition dans certains pensionnats. L'infirmière Kathleen Stewart explique que comme les mesures préventives sont mises de côté durant la guerre, une grave épidémie de trachome sévit au pensionnat Birtle, au Manitoba, au début des années 1940. Elle écrit ce qui suit : « Des milliers de tablettes de sulfanilamides sont obtenues de Services de santé aux Autochtones, et une campagne sur les réserves permet d'identifier et de traiter les sources d'infection. Les résultats s'améliorent de façon marquée au pensionnat et les cas de trachome sont éliminés[118]. »

La poliomyélite, communément appelée « polio », atteint des proportions d'épidémie à l'échelle du Canada à plusieurs occasions entre 1940 et 1960. Un vaccin efficace pour traiter le virus n'est développé qu'au milieu des années 1950[119]. Durant l'épidémie de 1941, des représentants du gouvernement songent à fermer les pensionnats, mais décident finalement de ne pas prendre de telles mesures. On exige que les médecins surveillent les pensionnats de près afin de déceler toute apparence de nouveaux cas, et interdisent aux enfants de quitter les pensionnats puis d'y retourner. Des restrictions sont également imposées aux visites des pensionnats. Le représentant principal de la santé au ministère des Affaires indiennes, P. E. Moore, soutient qu'« il est préférable que les enfants se trouvent dans les pensionnats, où ils peuvent être supervisés, que d'aller et venir autour des réserves ou des villes à proximité »[120]. Malgré cette politique, les pensionnats des provinces des Prairies n'ont pas rouvert leurs portes immédiatement au début de l'année scolaire 1941-1942[121]. Après avoir consulté des représentants des provinces, le représentant du ministère des Affaires indiennes, M. Christianson, conclut que les pensionnats « peuvent rester ouverts, mais qu'il faut interdire les visites et les contacts avec les enfants des pensionnats »[122]. Les pensionnats d'Aklavik dans les Territoires du Nord-Ouest sont fermés pendant deux semaines au début de l'année scolaire 1951-1952, parce que l'on soupçonne la présence d'un cas de polio dans la communauté[123]. En 1953, les deux écoles de Kenora, en Ontario, sont mises en quarantaine en raison d'une épidémie de polio dans la région[124]. L'épidémie était si grave à Sioux Lookout qu'une partie du pensionnat sert d'hôpital pour traiter les élèves ayant contracté le virus[125]. Finalement, 21 élèves du pensionnat de Sioux Lookout sont admis à l'hôpital indien de Sioux Lookout et reçoivent un diagnostic de poliomyélite[126]. En 1955, la Division des affaires du Nord lance une campagne visant à ce que tous les enfants âgés d'un an à quinze ans soient vaccinés contre la polio[127].

Au cours des années qui suivent, la fréquence des épidémies de maladies graves diminue, mais les maladies ne disparaissent pas pour autant. On recense, par exemple,

50 cas d'oreillons au pensionnat de Prince Albert, en Saskatchewan, en 1967[128]. À la fin des années 1990, une épidémie de grippe à Cambridge Bay, dans les Territoires du Nord-Ouest, entraîne la fermeture d'un pensionnat pendant quelques jours[129].

Les pensionnats, sources de maladie

Dans certains cas, les conditions au sein même des pensionnats sont à l'origine des maladies. À l'automne 1941, G. J. Buck, inspecteur du ministère des Affaires indiennes, indique qu'au pensionnat de Qu'Appelle, en Saskatchewan,

> La température des sept salles de classe est beaucoup trop basse pour assurer la santé des élèves et leur permettre de bien travailler. La moyenne observée au cours des quatre jours d'inspection se situe entre 54 et 56 degrés [12 et 13 degrés Celsius, respectivement]. Il y fait vraiment froid. Selon le décompte, plus de 75 % des 264 enfants souffrent d'une forme ou une autre de rhume et, selon le directeur, cette situation dure depuis plusieurs semaines.

Buck déclare que des problèmes similaires ont été signalés l'année précédente, mais que rien n'a été fait pour les corriger[130]. Le directeur du pensionnat, M. Bretagne, affirme que la température a été plutôt clémente au moment de la visite de Buck et que pour cette raison, il n'est pas nécessaire de surchauffer les édifices. Il affirme que les élèves n'ont pas contracté de rhume au pensionnat, mais qu'ils étaient déjà malades lorsqu'ils y sont revenus à l'automne[131].

Le Dr A. B. Simes, surintendant médical de l'hôpital indien de Qu'Appelle, en Saskatchewan, procède à une enquête concernant les plaintes des parents formulées au sujet des conditions du pensionnat d'Elkhorn, au Manitoba, en 1944. Il constate que leurs préoccupations sont entièrement justifiées :

> Je regrette de devoir rapporter que je n'ai jamais pensé trouver des conditions telles que celles observées au pensionnat d'Elkhorn. La déclaration de M. Cornelius Bigwell, adressée à M. D. J. Allan, résume parfaitement la situation lorsqu'il dit :
>
> « Même si l'on convient que les conditions de vie dans un village indien ne respectent pas des normes particulièrement élevées, ces conditions sont beaucoup moins rudimentaires, beaucoup moins insalubres et beaucoup plus convenables que celles dans lesquelles vivent leurs enfants au pensionnat d'Elkhorn. »
>
> Les Indiens sont tout à fait en droit de se plaindre. Ils doivent être félicités pour la bonne grâce avec laquelle ils ont pris des mesures pour corriger la situation. Ce manque de supervision et d'intérêt à l'égard des pensionnats et des élèves,

> tout comme la mauvaise gestion, ne date pas d'hier. La situation sévit depuis une période indéfinie[132].

Ce n'est qu'en 1949 que ce pensionnat, qui présente des problèmes depuis bien longtemps, est enfin fermé[133].

Le réseau d'égouts désuet de Moose Factory, en Ontario, donne lieu à une « grave épidémie de fièvre typhoïde au sein du personnel et des élèves » en 1947[134]. Trois ans plus tard, le Dr B. H. Harper, de l'hôpital indien de Moose Factory, souligne que le système d'égouts est toujours inadéquat. Il écrit qu'au printemps et à l'automne 1949, des fluides du réservoir septique « s'infiltrent dans le sol à proximité immédiate de la porte arrière du pensionnat et que l'odeur ainsi causée, tant à l'intérieur qu'à l'extérieur de l'édifice, est des plus nauséabondes ». En 1950, il faut hospitaliser de nombreux élèves qui ont développé « des éruptions cutanées causées par la malpropreté »[135].

Un représentant fédéral de la santé, dont le nom n'est pas mentionné, écrit en 1962 qu'il y a eu un flux constant de maladie au pensionnat anglican de Fort George, au Québec, au cours des cinq années précédentes. Il attribue le problème à une mauvaise gestion.

> On observe une malpropreté générale, et des cas d'impétigo, de pédiculose, de gale, et tout ce qui s'ensuit. La situation a brisé le cœur de chacune des infirmières sincères que nous avons envoyées là-bas. J'ai rencontré la direction et souligné les lacunes; on m'a promis d'améliorer la situation, mais pour une raison ou une autre, je ne dois pas faire preuve de trop d'enthousiasme et croire que les choses vont changer[136].

Un représentant fédéral du ministère de la Santé a écrit en 1966 que les égouts de Stuart Lake constituent une menace pour la santé des élèves du pensionnat de Fraser Lake, en Colombie-Britannique. Il recommande qu'une proposition de 1964, visant à chlorer l'approvisionnement en eau, soit mise en place dès que possible[137]. En 1966, on craint que les eaux d'égout brutes du pensionnat d'Assumption, en Alberta, ne polluent la rivière Gun, ce qui présente des risques pour les familles qui habitent en aval.[138] En 1966, un médecin-conseil en santé publique remet un avis déclarant que le pensionnat catholique romain situé à Le Pas, au Manitoba, doit fermer ses portes, à moins que le problème d'égouts soit corrigé immédiatement[139]. En 1968, une épidémie de maladie des intestins sévit au pensionnat McIntosh, en Ontario, parce que le système de traitement des égouts est inadéquat et fonctionne de façon intermittente[140].

En 1979, une inspection du pensionnat de Grayson, en Saskatchewan, détermine que certains des réfrigérateurs ne sont pas dotés de thermostats et que d'autres sont réglés à une température trop élevée[141]. Une épidémie de salmonelle (intoxication alimentaire causée par une bactérie) en 1989 affecte quarante-quatre personnes au pensionnat de Duck Lake, en Saskatchewan. Vingt-quatre d'entre elles doivent être hospitalisées. Une enquête sur le pensionnat révèle que l'épidémie est vraisemblablement le résultat d'une combinaison de mauvaise manipulation des aliments, de manque d'équipement fiable (les réfrigérateurs ne gardent pas les aliments suffisamment froids) et de manque de personnel (le personnel est souvent relégué au service dans la cuisine sans formation)[142].

Qualité des soins

Comme nous l'avons indiqué précédemment, les représentants médicaux du ministère des Affaires indiennes ont une mauvaise opinion des services médicaux prodigués dans les installations dirigées par les Églises. En 1942, P. E. Moore, un représentant du ministère des Affaires indiennes, exprime son insatisfaction à l'égard de l'exploitation continue d'un petit édifice désigné comme « hôpital », qui est annexé au pensionnat de Fort Albany, en Ontario. Moore déclare qu'il « ignorait si les sœurs [de la Charité, qui font partie du personnel de l'installation] étaient des infirmières diplômées ». Il est perturbé de constater que des élèves reçoivent un diagnostic de personnes qui ne sont pas des médecins et que le ministère des Affaires indiennes accorde des tarifs d'hôpitaux pour les élèves dont on prend soin dans cette installation. Il se dit particulièrement alarmé par le fait que des chirurgies, y compris des chirurgies sur des élèves, sont pratiquées à cet endroit[143].

Deux décennies plus tard, un surintendant régional de la Direction fédérale des services de santé des Indiens et des populations du Nord de la Colombie-Britannique, dont le nom n'est pas mentionné, exprime des préoccupations similaires quant à la qualité des soins prodigués dans les infirmeries scolaires. Il écrit en 1960 : « Les infirmeries des pensionnats ne sont pas du tout adaptées aux nombreuses activités relatives aux soins de santé que nous sommes censés accomplir[144]. »

Les directeurs critiquent eux aussi les services de santé fédéraux. L'ordre des oblats décrit en long et en large les délais requis pour obtenir une autorisation des Services de santé des Indiens et des populations du Nord, concernant des dépenses nécessaires. Au pensionnat Assiniboia, à Winnipeg, en 1959, il faut six mois pour obtenir une approbation afin d'acheter des lunettes pour des élèves. André Renaud, de la Oblate Indian and Eskimo Welfare Commission, estime qu'en raison des délais, de nombreux élèves « n'ont pas pu progresser de façon satisfaisante pendant la majeure partie de l'année »[145].

En mai 1961, le directeur du pensionnat catholique romain situé à Le Pas, au Manitoba, avise le ministère des Affaires indiennes qu'aucun « examen médical de routine » n'a été effectué au pensionnat depuis 1958[146]. Au milieu des années 1960, J. E. DeWolf, directeur du pensionnat de La Tuque, au Québec, se plaint de ne pas pouvoir obtenir de traitement médical approprié pour les élèves du pensionnat[147]. En janvier 1965, son rapport se lit ainsi :

- le pensionnat est à court de vitamines;
- seulement la moitié des nouveaux élèves ont subi une évaluation médicale appropriée;
- des rappels sont nécessaires et des vaccins n'ont pas été donnés;
- des élèves qui doivent subir une amygdalectomie n'ont pas été opérés[148].

En février 1965, il écrit : « Nous n'avons plus de vitamines depuis près d'un mois. Comme vous le savez, le fait de ne pas prendre de vitamines équivaut à un lent empoisonnement pour ces enfants, et le fait de les priver ainsi constitue une économie de bout de chandelle, car nous allons en payer le prix avec un plus grand nombre de maladies[149]. »

Deux ans plus tard, en novembre 1967, J. E. Y. Levaque, directeur du pensionnat catholique de Cardston, en Alberta, se plaint au ministère des Affaires indiennes que depuis le début de l'année scolaire, les élèves n'ont pas :

- passé d'examen de la vue (des lunettes sont normalement remises à ceux qui en ont besoin);
- reçu de vaccins;
- subi d'examen médical;
- reçu la visite d'une infirmière pour vérifier des douleurs particulières;
- subi de radiographies pour déceler les cas de tuberculose;
- de vitamines pour les élèves de l'externat;
- de sirop pour la toux, d'aspirine ni d'autres médicaments pour les élèves.

En dernier lieu, Levaque dit qu'il a été avisé qu'un médecin local a donné comme instruction à des infirmières de ne pas fournir de médicaments aux pensionnats. Malgré ses demandes visant à discuter du problème, les représentants locaux du ministère de la Santé fédéral refusent de le rencontrer. Frustré, il écrit : « Je n'accepterai pas la responsabilité des préjudices qui sont causés aux enfants sous ma garde en raison de la négligence des médecins et infirmières du ministère de la Santé nationale et du Bien-être social[150]. »

De tels exemples démontrent clairement que même à la fin des années 1960, l'éventail des services de santé offerts aux pensionnats demeure insuffisant. Les dossiers suggèrent que la qualité des services s'est tout de même améliorée au cours des années qui ont suivi, tandis que le nombre d'élèves dans les pensionnats diminue de façon radicale. Dans les années 1980, des élèves du pensionnat de Gordon, en Saskatchewan, sont vus par des orthophonistes et des dentistes, sont vaccinés (avec le consentement des parents) et passent un examen de la vue[151]. En 1992, on estime que 50 % du temps d'un employé d'Akaitcho Hall, à Yellowknife, est consacré à prendre des rendez-vous chez le médecin au nom des élèves[152].

Affections chroniques de l'oreille à Kenora

On observe également des cas d'employés des pensionnats qui travaillent avec détermination pour éliminer les problèmes chroniques de santé. C'est le cas des affections chroniques de l'oreille à Kenora. Les affections chroniques de l'oreille chez les enfants constituent un problème médical grave, tant au Canada qu'au Royaume-Uni, au cours de la première moitié du XXe siècle. Elles sont fréquentes, difficiles à traiter et entraînent souvent la surdité. La maladie se développe souvent à la suite d'otites graves. On croit également que la maladie présente une dimension sociale, qu'elle est plus présente chez les enfants des familles à faible revenu[153]. Dans les années 1990 au Canada, certaines otites semblent être plus communes chez les enfants autochtones que chez les enfants non-autochtones[154].

Dans les années 1950, une méthode de traitement recommandée pour les otites au Canada est la « thérapie de remplacement », qui suppose que l'on remplace le liquide infecté dans l'oreille par des médicaments antiseptiques[155]. Le consensus médical canadien en 1957 est que le traitement doit comprendre des antibiotiques, une analyse en laboratoire d'un échantillon du pus ou de l'écoulement provenant de l'oreille du patient pour identifier les types de bactéries présentes. Des mesures chirurgicales sont prises dans les cas les plus graves[156].

Les otites chroniques et aiguës semblent être particulièrement graves au pensionnat presbytérien de Kenora. À compter de l'automne 1953, Kathleen Stewart, l'infirmière du pensionnat, travaille avec le D^r^ Al Torrie de la clinique Lake of the Woods et le Dr Chiu Whan-Ling (généralement appelé « Dr Ling » dans les documents) pour examiner une série de problèmes de l'oreille continus que connaissent les élèves du pensionnat[157]. Stewart étudie les soins des affections de l'oreille en 1952 et conserve des registres très détaillés des travaux menés sur des enfants souffrant de telles affections[158].

Selon Stewart, les problèmes sont les suivants : « mauvaise haleine de l'enfant, écoulement des oreilles, difficulté d'attention soutenue, mauvaise prononciation et voix forte ». Ces signes sont tous des indices d'une affection chronique de l'oreille. Sous sa direction, les enfants apprennent à irriguer leurs oreilles à l'aide d'eau tiède. Grâce à ce traitement, elle indique : « La plupart des problèmes ont disparu en quelques jours et ne sont pas réapparus[159]. »

Des échantillons de pus des élèves qui continuent de présenter des écoulements sont envoyés au laboratoire provincial de l'Ontario[160]. Ce dernier mène des tests pour déterminer quels antibiotiques sont les plus efficaces pour chacun des cas[161]. Dans certains cas, on pratique une chirurgie (ablation des amygdales et des amygdales pharyngiennes)[162]. Chacun des éléments de ce traitement va dans le sens de la pratique recommandée à ce moment.

Une gamme de médicaments est utilisée. Le liquide antiseptique utilisé pour traiter les cas non chroniques est le merthiolate, qui contient du mercure[163]. Le merthiolate est à ce moment utilisé principalement comme traitement antiseptique topique et comme agent de conservation dans les vaccins. La recherche a depuis conclu qu'il est inefficace, et ce, en raison de la présence du mercure, toxique[164]. Pour cette raison, il n'est plus utilisé comme antiseptique et on limite son usage dans les vaccins en Amérique du Nord.

Selon les rapports, les élèves qui présentent une perforation de la moitié supérieure de la membrane du tympan réagissent bien à un traitement à l'éphédrine (un décongestionnant). On sait maintenant que le traitement aux décongestionnants n'est pas efficace, bien qu'il puisse réduire la congestion nasale. Des gouttes d'huile sont utilisées pour traiter les élèves qui présentent une perforation centrale de la membrane du tympan. On indique qu'après avoir irrigué l'oreille pendant quelques jours, ces perforations guérissent. La pénicilline et des médicaments antibactériens sont utilisés pour traiter les élèves qui se plaignent de douleur à l'arrière de l'oreille. Une fois l'année scolaire terminée, Stewart indique que la plupart des « tympans semblent presque normaux »[165].

Stewart et le directeur du pensionnat, Ivan Robson, font pression sans relâche sur les représentants des Services de santé aux Autochtones pour qu'ils leur fournissent le soutien recommandé par les médecins locaux[166]. Il faut beaucoup de temps pour qu'un tel soutien leur soit offert, et ce, avec beaucoup de résistance[167]. Pour administrer ce traitement, Stewart travaille sous la supervision des docteurs Torrie et Ling[168].

En juin 1954, Stewart rédige un rapport sur « l'expérimentation et le traitement des affections de l'oreille chez 165 élèves ». Entre septembre 1953 et juin 1954, 80 élèves présentent des troubles de l'oreille, allant d'une « légère surdité attribuable à la cire durcie qui recouvrait le tympan, à une destruction complète des deux tympans, accompagnée d'un écoulement important ». Elle dit qu'ils ont identifié une maladie active dans 40 cas. « Après avoir pris les médicaments recommandés par le laboratoire provincial, la plupart semblent avoir récupéré complètement et sont en bien meilleure santé de façon générale. » À la fin de l'année scolaire, les oreilles de tous les élèves sont vérifiées. Ainsi, les tympans de « 126 élèves sont en bon état et peuvent être observés sans nettoyage; trois tympans présentent de petites perforations centrales qui guérissent bien; 10 présentent un écoulement, dont 3 élèves étant presque sourds et sans tympan, 6 ayant seulement un tympan et un étant drainé grâce à une perforation »[169]. En janvier 1955, elle indique avoir observé « un changement et une amélioration constante de la santé des enfants »[170].

L'utilisation du terme *expérimentation* dans le rapport de juin 1954 de Stewart ne doit pas être considérée comme signifiant que le traitement à ce pensionnat fait partie d'un projet de recherche. Rien dans le dossier ne suggère qu'il s'agit d'une expérience de recherche ou d'un essai clinique. Ce travail a assurément reçu très peu d'appui du ministère des Affaires indiennes ou des Services de santé aux Autochtones. Il n'y a aucun groupe de contrôle, aucun usage de médicaments expérimentaux, et, selon ce que la Commission de vérité et réconciliation du Canada peut déterminer, aucun travail ou rapport de recherche n'est publié sur ces travaux. « Expérimentation », dans ce contexte, décrit le processus selon lequel les médecins et l'infirmière tentent d'établir une correspondance entre le traitement et la maladie en faisant analyser les échantillons d'écoulement liquide des oreilles des élèves par un laboratoire. En 2004 seulement, un rapport de l'Organisation mondiale de la santé mentionne que la plupart des approches pour le traitement des infections chroniques de l'oreille « se révèlent insatisfaisantes ou très coûteuses et difficiles »[171]. Dans ce cas, il semble que le personnel du pensionnat, en collaboration avec les médecins locaux et le personnel du laboratoire, s'efforce de fournir aux élèves qui souffrent d'une maladie douloureuse et potentiellement débilitante, un traitement qui se veut conforme aux normes en vigueur à l'époque.

Soins dentaires

Au début des années 1940, la plupart des Canadiens ont un accès limité aux soins dentaires[172]. En 1946, le Dr L. V. Janes, chef de la Division dentaire de Santé Canada, propose qu'un service dentaire soit mis sur pied au sein du ministère de la Santé nationale et du Bien-être social afin d'aider à réduire la dilapidation des fonds et le chevauchement des services. La nécessité d'une telle mesure est mise en évidence par la « difficulté qu'éprouvent les citoyens de l'ensemble du Canada à obtenir des rendez-vous pour un traitement dentaire », attribuable, du moins en partie, à « une grave pénurie de dentistes »[173]. Ce n'est que dans les années 1950 que l'on a mis fin à cette pénurie grâce à une augmentation du nombre d'écoles dentaires canadiennes[174].

Pour les pensionnats, la pénurie de dentistes est aggravée par le manque d'argent pour les payer. Même si, à l'occasion, le ministère des Affaires indiennes offre des services dentaires pendant les années de guerre, les pensionnats doivent parfois payer pour ces services à même leurs propres fonds. C'est ce qui se produit à Shubenacadie, en Nouvelle-Écosse, en 1945[175]. De nombreux pensionnats fonctionnent tout simplement sans services dentaires. Lorsque le père C. E. Cameron devient directeur du pensionnat catholique romain de Kenora en 1943, il découvre que « [nos] enfants n'ont pas reçu de soins dentaires depuis longtemps », ce qui donne lieu, dans la plupart des cas, à « des bouches remplies de dents cariées ». Le dentiste local refuse de réparer les dents à moins que les parents puissent payer. Cameron explique que dans d'autres pensionnats où il a travaillé, le Ministère a couvert les frais dentaires[176]. Grâce à ses efforts, l'agent des Indiens local est autorisé à embaucher un dentiste pour offrir des services au pensionnat[177].

En janvier 1947, W. L. Falconer, surintendant adjoint par intérim de Services de santé aux Autochtones, indique que le gouvernement tente d'obtenir des services dentaires pour l'agence indienne de Kenora, y compris les pensionnats de cette agence, mais sans succès. La question refait surface parce que le directeur du pensionnat catholique romain de Kenora signale que 33 enfants « ayant des dents cariées » nécessitent « l'attention d'un dentiste »[178]. L'agent des Indiens, Norman Paterson, peut prendre une entente avec un dentiste local, mais il n'est pas optimiste quant à la qualité des soins qui seront fournis :

> Les dentistes de la localité sont surchargés de travail et je suis également conscient qu'ils ne sont pas enclins à l'idée d'offrir leurs services à des Indiens. J'aimerais également mentionner que si le Dr Chernen ou n'importe quel autre dentiste tient à respecter le guide des tarifs du Ministère, nos Indiens, je le crains, n'obtiendront que très peu de considération[179].

En 1946, un agent des Indiens local reçoit l'autorisation préalable d'embaucher un dentiste pour qu'il tienne une clinique de 10 jours au pensionnat de Squamish, en Colombie-Britannique, bien que les représentants des Services de santé se soient interrogés sur le fait que l'on demande autant de temps pour traiter 80 élèves[180]. Le tarif habituel est un tarif à forfait de 30 $ par jour, ce qui devait couvrir à la fois le temps du dentiste et ses fournitures. De plus, les Services de santé aux Autochtones paient les frais de déplacement[181]. Au cours de cette année, des dentistes de Kenora refusent de fournir des services au pensionnat de McIntosh, en Ontario, à moins que des frais soient amassés pour tenir compte du temps qu'ils prennent pour se rendre à la communauté et en revenir[182].

Il semble que le traitement dentaire se limite en général à des obturations et des extractions[183]. À Spanish, en Ontario, le directeur J. R. Oliver signale en mai 1946 que, selon un sondage mené par l'infirmier (l'employé affecté aux soins de l'infirmerie, souvent une personne sans formation médicale) et l'infirmière du pensionnat, 250 élèves doivent se faire arracher des dents et 185 ont besoin d'obturations[184]. Les charges de travail peuvent être lourdes : en planifiant une visite, on estime que 300 obturations et 530 extractions peuvent être faites en 10 jours[185]. Le pensionnat McIntosh n'est pas le seul à être incapable de trouver un dentiste prêt à offrir ses services. L'administration du pensionnat Sandy Bay, au Manitoba, a également de la difficulté à trouver un dentiste prêt à tenir une clinique au pensionnat au début de la période de l'après-guerre[186]. Un dentiste de la Saskatchewan se dit prêt à se rendre au pensionnat Onion Lake, en Saskatchewan, mais seulement à la fin du printemps, « lorsque les routes sont praticables »[187]. Lorsqu'une dentiste examine les élèves des pensionnats anglicans et catholiques romains d'Aklavik, dans les Territoires du Nord-Ouest, à l'été 1946, elle constate que sur 57 filles, 52 (91 %) ont besoin d'un traitement.

Sur les 59 garçons examinés, 46 (78 %) ont besoin d'un traitement. Elle effectue 50 extractions et 355 obturations, pour un total de 397 opérations[188].

Sur les 126 procédures effectuées par le Dr H. M. McCaffery en 1947 au pensionnat anglican de Brocket, en Alberta, 74 sont des extractions et 35 des obturations[189]. Les 41 procédures qu'il effectue au pensionnat de Cluny, en Alberta, cette même année, sont des extractions[190]. Après avoir extrait 116 dents et traité 46 caries au pensionnat anglican de Cardston, en Alberta, McCaffery écrit : « Il y a eu très peu de travail de fait au cours des dernières années et les enfants avaient sérieusement besoin de soins[191] ». Selon le rapport de dentiste O. G. Shepherd rédigé en janvier 1949 au sujet des traitements effectués au pensionnat de Duck Lake, en Saskatchewan, seulement 32 des 212 élèves examinés n'ont pas besoin de traitement. Il indique avoir effectué 765 opérations, dont 129 extractions, 631 obturations, une prophylaxie et quatre traitements non précisés. Cela représente « 31 journées de travail »[192].

À la fin des années 1940, les Services de santé aux Autochtones financent les cliniques dentaires tenues dans les pensionnats, lorsqu'il est possible de trouver un dentiste[193]. Ces cliniques font ressortir qu'il est nécessaire d'apporter des améliorations continues aux soins dentaires dans les pensionnats. En 1948, après une visite au pensionnat d'Alberni, en Colombie-Britannique, le Dr W. Ewart indique avoir extrait 419 dents, effectué 188 obturations et deux prophylaxies. Selon lui :

> Environ 60 % des enfants de ce pensionnat prennent bien soin de leurs dents. Probablement mieux que ce que j'ai pu observer jusqu'à maintenant. Sur l'autre 40 %, un nombre considérable d'enfants sont incapables de brosser leurs dents en raison de la douleur causée par des abcès et des dents cariées. Nous travaillons à corriger la situation et nous enseignons à ces enfants à commencer immédiatement à se brosser les dents. Les autres ont soit perdu leur brosse à dents, soit négligent de toute évidence leurs dents[194].

En juin 1949, P. S. Tennant, chef des Services de santé aux Autochtones de la Colombie-Britannique, avise le directeur du pensionnat d'Alberni que selon un rapport récent du dentiste au sujet de ce pensionnat, « 25 % des élèves [brossent] leurs dents tandis que 75 % [n'accordent] pas une attention suffisante au brossage des dents deux fois par jour. Le manque de propreté de ce dernier groupe [est] la cause de gingivites et de caries dentaires. » Ces chiffres représentent une diminution par rapport aux pourcentages d'élèves jugés comme prenant soin de leurs dents l'année précédente[195]. Au pensionnat Christie, en Colombie-Britannique, l'état des dents des filles est excellent, grâce au fait qu'elles les brossent régulièrement. Toutefois, selon Tennant, « les dents des garçons n'ont pas reçu les mêmes soins et les résultats en témoignent »[196].

Malgré l'expansion des services, de nombreux pensionnats continuent de quémander littéralement des traitements dentaires. En février 1949, Fred Mayo, directeur du pensionnat Prince Albert, en Saskatchewan, se plaint au ministère des

Affaires indiennes, expliquant : « Soixante-quatre enfants ici ont sérieusement besoin de soins dentaires. Des enfants pleurent toutes les nuits en raison de maux de dents, etc[197]. »

Le représentant du ministère de la Santé nationale et du Bien-être social, W. Barr Murray, écrit à E. L. Stone, superviseur de Services de santé aux Autochtones de l'Alberta, en janvier 1950, pour souligner qu'au pensionnat de Morley, « les dents des élèves [sont] en mauvais état ». En plus de planifier le traitement immédiat des élèves les plus en mauvais état, il renouvelle sa « demande visant à ce qu'un dentiste effectue trois visites d'une journée au pensionnat pendant l'année scolaire »[198]. Dans son rapport annuel de 1949–1950, le directeur du pensionnat de Wabasca, en Alberta, indique que les élèves n'ont reçu aucun soin dentaire au cours de l'année précédente[199]. En 1950, le directeur du pensionnat d'Hobbema indique : « Pendant deux ans, aucun dentiste n'a visité notre pensionnat pour examiner les dents des élèves. » Les élèves qui souffrent de maux de dents sont envoyés à un dentiste local, mais ce dernier « n'aime pas recevoir cinq ou six enfants en même temps »[200]. À Spanish, en Ontario, le directeur J. R. Oliver indique qu'il a « sérieusement besoin d'une clinique dentaire » à l'automne de 1949. « Plusieurs » des 60 nouveaux élèves du pensionnat pour garçons et de celui pour filles « ont besoin de soins ». Il est autorisé à organiser une clinique et à payer le dentiste 35 $ par jour[201].

Les efforts visant à améliorer les soins dentaires sont souvent entravés par des conflits interministériels. En 1950, le Dr O. Leroux de Services de santé aux Autochtones indique que les soins dentaires fournis à deux pensionnats de la Saskatchewan se sont améliorés après qu'il leur ait remis des brosses à dents et de la poudre dentifrice l'année précédente. Il recommande que le ministère des Affaires indiennes continue de leur en fournir[202]. B. H. Neary, représentant du ministère des Affaires indiennes, répond que le Ministère était prêt à fournir des brosses à dents, mais que « dans le passé, Services de santé aux Autochtones a toujours fourni de la poudre dentifrice »[203]. Un rapport de 1952 de la réserve indienne des Gens-du-Sang (où se trouvaient les deux pensionnats de Cardston) mentionne que « les soins dentaires [constituent] un autre problème, en particulier chez les nouveaux élèves des pensionnats ». Un dentiste local visite les pensionnats chaque année, mais « il lui [est] impossible d'accomplir beaucoup avec le peu de temps mis à sa disposition »[204]. En 1949, un dentiste qui visite les pensionnats anglicans et catholiques d'Aklavik procède à 55 extractions et 294 obturations sur 98 élèves[205].

Il y a également des conflits au sujet des frais. Services de santé aux Autochtones prévoit que tous les élèves du pensionnat de Carcross, au Yukon, soient traités en « une seule et longue journée », à un coût total de 50 $[206]. Une facture finale de 198 $ donne lieu à une lettre de plainte des Services de santé aux Autochtones, qui demandent plus de détails au sujet des services fournis[207]. Dans certains cas, W. L. Falconer, représentant de Services de santé aux Autochtones, estime que les dentistes « profitent de la situation » créée par la pénurie de dentistes pour demander ce qu'il considère comme des « honoraires exorbitants »[208].

Les signalements de problèmes se poursuivent au cours des décennies suivantes. En 1952, J. P. Harvey, représentant de Services de santé aux Autochtones, écrit à ses supérieurs d'Ottawa que 106 des 280 élèves du pensionnat de Qu'Appelle, en Saskatchewan, ont besoin de traitements dentaires. Ce n'est, dit-il, qu'un exemple des nombreux problèmes qu'il observe à l'échelle de la province. Il demande l'autorisation de prendre des dispositions avec les dentistes locaux jusqu'à ce qu'un nouveau dentiste soit désigné[209].

Les services sont élargis dans les années 1960. Ainsi, en 1965, un programme de fluoration topique (l'application de fluorure à la surface des dents) pour les enfants des pensionnats est « en cours depuis quelques années »[210]. Toutefois, en raison du financement limité, les services continuent d'être rationnés. Un dentiste récemment arrivé à Portage la Prairie, W. G. Hetherington, ne peut s'empêcher d'écrire une lettre au gouvernement fédéral en 1966 pour se plaindre de la difficulté qu'il a à traiter les patients des Premières Nations. Pourquoi, veut-il savoir, doit-il attendre un mois et demi après avoir posé un diagnostic pour obtenir l'autorisation de procéder au traitement? Il ne voit pas pourquoi on limite les travaux dentaires à 25 $, puisque 90 % des services rendus valent plus de 25 $. Il dit qu'au cours d'une période de quatre mois, il aurait pu traiter tous les élèves du pensionnat de Portage la Prairie, mais qu'en raison des retards occasionnés par le gouvernement, il n'a pu traiter entièrement que trois élèves[211]. Au cours de la même année, un dentiste du ministère des Affaires indiennes déclare qu'il n'a jamais vu des dents d'enfant en si mauvais état qu'au pensionnat de Cluny, en Alberta. Le Dr Vern Kennedy s'attendait à passer quatre ou cinq semaines à Cluny, mais sa visite de services dentaires dure depuis plus de deux mois[212]. L'accès aux soins dans les pensionnats va s'améliorer au cours des années suivantes, mais, une fois encore, les améliorations les plus importantes vont être observées au cours de la période de déclin des inscriptions dans les pensionnats[213].

Soins affectifs

Le recours croissant aux pensionnats comme établissements d'aide sociale à l'enfance (décrit dans un chapitre précédent) entraîne de nouveaux problèmes, tant pour les établissements que pour les enfants. Les pensionnats n'ont pas été mis sur pied, financés ou dotés de manière à faire face aux besoins émotionnels et psychologiques complexes des enfants qui y sont inscrits. Cette inadéquation est claire pour de nombreux directeurs, qui commencent à aiguiller certains élèves vers des professionnels en psychiatrie pour qu'ils soient évalués et conseillés. Même si les psychiatres peuvent établir des diagnostics et recommander des plans d'action précis, dans de nombreux cas, aucun établissement de traitement n'est disponible. Le système, surchargé et sous-financé, contribue au stress des élèves et n'aide pas à l'atténuer. Dans les cas les plus graves et les plus tragiques, des élèves se tournent vers les drogues, l'alcool et le suicide.

Dans les années 1960, Ford Bond, directeur du pensionnat de Brandon, au Manitoba, s'adresse à un fonctionnaire fédéral de la santé dont le nom n'est pas mentionné, pour lui parler de ses préoccupations concernant l'impact du manque de soins affectifs pour les élèves. Le fonctionnaire fournit par la suite le résumé suivant des inquiétudes de Bond (qui lui sont adressées de vive voix).

> Vous vous préoccupez de ces jeunes enfants parce que votre petite équipe mal formée n'est pas en mesure d'offrir le maternage et l'encadrement requis pour que la résidence respecte son horaire. Vous estimez, si je ne m'abuse, que si vous disposiez de personnel mieux préparé, les enfants se sentiraient moins seuls, recevraient davantage de soins avec amour et tendresse et s'amuseraient plus et, par conséquent, seraient plus heureux et réussiraient mieux à l'école.

Le représentant suggère que Bond sollicite les services d'un psychiatre pour procéder à une évaluation « à titre d'exercice de prévention de la maladie mentale chez des enfants démunis sur le plan affectif »[214].

À Shubenacadie, en Nouvelle-Écosse, le directeur P. J. Collins note en 1963 que par le passé, le plus grand problème du pensionnat est le surpeuplement ou le fait d'avoir à composer avec des enfants âgés de 15 ans « qui ne peuvent pas être maîtrisés à la maison ». Mais, estime-t-il, le pensionnat se heurte désormais à un nouveau défi : un nombre croissant d'enfants « perturbés sur le plan affectif ». Il dit qu'il passe la majeure partie de son temps à emmener des enfants à des rendez-vous à Truro et à Halifax. La solution consiste à assurer les services d'un « psychiatre (catholique) compétent qui visiterait le pensionnat à l'occasion et nous conseillerait sur la façon d'aider ces nombreux enfants »[215].

Les options de traitements disponibles sont limitées. Certains élèves sont considérés comme ayant une intelligence limite sans aucun avenir scolaire. Dans le cas d'un jeune garçon de 15 ans, on recommande que le directeur attende simplement la fin de l'année scolaire puis qu'il le retourne chez lui[216]. Concernant une jeune fille décrite comme ayant besoin d'un traitement psychiatrique intensif en établissement, on estime préférable qu'elle ne retourne ni à la maison ni au pensionnat de Prince Albert, en Saskatchewan, où elle vit. Selon le médecin qui l'examine, il n'existe aucune installation gouvernementale où elle peut être envoyée. Sa meilleure recommandation est de tenter de la placer dans un établissement privé à Moose Jaw[217].

Un garçon du pensionnat de Kamloops, en Colombie-Britannique, est décrit comme « dépressif à un degré modérément grave ». Sa mère est décédée récemment et son père est décrit comme ayant un problème d'alcoolisme. On propose qu'il soit transféré dans un établissement de traitement particulier ou dans une famille d'accueil[218]. Dans un autre cas, on recommande qu'un garçon qui est sur le point d'avoir 19 ans, et qui présente maintenant un problème de discipline au pensionnat de Lytton, en Colombie-Britannique, soit placé dans un foyer de groupe au sein d'une communauté qui a accès à un centre de santé mentale. Par le passé, le garçon a souffert de dépression et présenté des tendances suicidaires. Trouver un tel établissement se révélera difficile, même si, comme l'écrit le directeur de Lytton, Anthony Harding, « être rejeté [est] la dernière chose dont il a besoin »[219].

En 1959, un rapport psychiatrique laisse entendre qu'un élève du pensionnat de Cross Lake, au Manitoba, doit être retourné dans sa collectivité d'origine[220]. Toutefois, on estime qu'en raison de son handicap physique causé par la polio, il est préférable que l'élève demeure dans un pensionnat[221]. En 1962, l'évaluation d'un garçon qui souffre de la tuberculose, et qui a à de nombreuses reprises tenté d'incendier l'Institut Mohawk à Brantford, en Ontario, suggère qu'il soit placé dans une famille d'accueil[222]. Dans les années 1970, deux frères, âgés de 11 et 14 ans, du pensionnat de Fraser Lake, en Colombie-Britannique, sont recommandés au Dr W. P. Kyne en raison de leur comportement perturbateur. Les commentaires du médecin démontrent une grande empathie à l'égard de ces garçons. À son avis, ils « auraient préféré être à la maison dans la réserve et les deux sont attirés par une vie de chasse et de pêche ». Plutôt, on leur demandait

> de se conformer à une vie qu'ils ne comprennent pas et qu'ils ne désirent pas. Sans trop m'étendre sur le sujet, je recommande fortement que ces enfants soient retournés à leurs parents dans la réserve où, malgré les difficultés que cela suppose, j'estime qu'ils seraient à tout le moins heureux. Bien qu'ils aient sans aucun doute été amenés à cet endroit avec les meilleures intentions, je ne crois pas qu'ils s'assimileront un jour à la culture de l'homme blanc[223].

À la fin de l'année suivante, les garçons sont placés dans un centre d'hébergement[224].

Dans certains cas, des psychiatres recommandent que des enfants troublés soient retirés des communautés autochtones et placés dans des pensionnats. En 1959, un psychiatre suggère qu'un garçon âgé de 11 ans souffrant d'épilepsie soit envoyé dans un pensionnat parce qu'il ne prend pas ses anticonvulsivants lorsqu'il vit avec ses parents. Le médecin écrit : « Ce garçon a passé une partie de sa vie dans un établissement de santé mentale et un sanatorium, et il est par conséquent bien institutionnalisé[225]. »

En 1969, J. A. Dolan, surintendant de l'éducation du district pour le ministère des Affaires indiennes en Saskatchewan, signale qu'au pensionnat de Qu'Appelle,

> il y a une épidémie d'inhalation de colle et de consommation de fixatif, de même que d'ingestion générale de pilules. L'administrateur du pensionnat, le révérend F. Charron, estime que ni lui ni le reste de son personnel ne sont en mesure de faire face à la situation. À son avis, 60 élèves sont émotionnellement

> perturbés à un degré plus ou moins grave et ont besoin d'une aide psychiatrique immédiate.

Dolan estime que l'aide devait être fournie « rapidement, avant qu'un décès ne survienne »[226].

Cette préoccupation est légitime : il y a eu un grand nombre de suicides et de tentatives de suicide tout au long de cette période. En février 1955, une fille âgée de 15 ans du pensionnat de Shubenacadie boit un désinfectant dans le but de se suicider. Elle passe à l'acte après que son frère a reçu une lettre de ses parents disant que le garçon allait aller les rejoindre à l'été, sans faire mention de sa sœur. En faisant rapport sur cette tentative de suicide au ministère des Affaires indiennes, le directeur, J. P. Mackey, écrit : « Qu'allons-nous faire avec une fille de ce genre? Ses parents vivent actuellement à West Brattleboro, dans le Vermont, mais cette fille et son frère sont venus ici de l'Île-du-Prince-Édouard. C'est une grande fille qui n'est qu'en cinquième année. Elle ne réussira jamais de grandes études, quelle que soit l'école[227]. » La réponse des représentants du ministère des Affaires indiennes est de recommander que la fille soit retournée à ses parents dès que possible[228].

À l'hiver 1958–1959, une Inuite de 14 ans, élevée dans un pensionnat catholique romain à Aklavik depuis qu'elle est bébé parce qu'elle est orpheline, développe ce qui est décrit comme un « grave problème de comportement ». Après avoir été retirée du pensionnat, elle fait une tentative de suicide. Le printemps venu, des représentants du ministère des Affaires du Nord tentent de trouver un établissement où elle pourra subir une évaluation psychiatrique[229].

En juin 1966, un garçon se pend au pensionnat de Kuper Island, en Colombie-Britannique[230].

Une enquête du coroner et une audience sont menées au sujet du décès d'un garçon âgé de neuf ans au pensionnat d'Alberni, en Colombie-Britannique. En mai 1969, un des amis du garçon l'a trouvé pendu à un essuie-mains à rouleau dans la toilette des garçons. À ce moment, il est toujours en vie, mais a de la difficulté à respirer. Un superviseur le descend et commence à pratiquer la respiration artificielle. Peu après, un médecin arrive et constate son décès. Le garçon avait obtenu la permission de se rendre à la toilette par son superviseur. Aucun élève ne l'a vu à l'essuie-mains à rouleau. Le directeur J. A. Andrews écrit qu'à son avis, la possibilité que le garçon se soit délibérément enlevé la vie peut être « totalement rejetée ». Il fait immédiatement retirer les essuie-mains à rouleau[231]. Au moment de l'enquête du coroner, un élève dit que, pour jouer, d'autres élèves s'enroulent parfois l'essuie-mains autour du cou. Le coroner déclare que le décès est une pendaison accidentelle[232].

En 1968, une élève qui vit dans la réserve Sandy Bay au Manitoba est hospitalisée en raison d'une surdose de pilules non identifiées. Elle a avalé les pilules avec deux autres filles. Un rapport de suivi déclare qu'elle « se porte bien et qu'elle affiche un comportement acceptable »[233].

En 1977, un élève de Cambridge Bay fait une tentative de suicide alors qu'il vit à Akaitcho Hall à Yellowknife[234].

Un jeune de 15 ans se suicide à la résidence de Lestock, en Saskatchewan, au printemps 1981. Quelques mois plus tard, à la même résidence, un groupe de fillettes âgées de 8 à 10 ans tente de se pendre avec des nœuds coulants fabriqués à partir de serviettes et de bas noués. Selon un agent de police, « une des fillettes a confirmé qu'elle avait clairement l'intention de se suicider ». Un membre du personnel qui a mis les services sociaux provinciaux au courant du problème se plaint qu'il manque de personnel de supervision en poste à la résidence. Cet employé se plaint également que « de nombreux employés quittent fréquemment le travail, sous prétexte qu'ils sont malades, laissant les enfants sans surveillance »[235].

Un élève du pensionnat de Gordon, en Saskatchewan, perd connaissance en décembre 1981 après avoir tenté de se pendre à l'aide d'une ceinture. À l'origine, on pense que le garçon n'est pas suicidaire, puisqu'il a fait la tentative en présence de deux autres garçons. Toutefois, on note qu'il présente un surpoids et que les autres garçons l'importunent souvent à ce sujet[236]. Un médecin qui examine le garçon déclare que cela pouvait très bien s'agir d'une véritable tentative de suicide liée à la façon dont les autres élèves le traitent. On décide de ne pas le renvoyer au pensionnat. Toutefois, le seul endroit où il peut être envoyé est chez sa grand-mère. À ce moment, cette dernière s'occupe de quatre enfants, tous âgés de moins de cinq ans, et quatre autres enfants doivent être retournés sous sa garde pour les vacances de Noël[237].

En 1991, un garçon qui est inscrit à Grollier Hall à Inuvik, dans les Territoires du Nord-Ouest, est retourné dans sa collectivité d'origine de Fort Franklin après avoir passé sept semaines à l'hôpital en raison de ce que l'on appelle « ses propos fréquents au sujet du suicide ». Le personnel de l'hôpital conclut « qu'une grande part de son comportement est attribuable à son passé et à sa situation familiale ». Des dispositions sont également prises pour qu'il fréquente un programme de traitement de l'alcoolisme d'une durée d'un mois en Alberta[238].

Les problèmes persistent même alors que des autorités autochtones exploitent les pensionnats. Les problèmes sont particulièrement persistants au pensionnat de Qu'Appelle[239]. En janvier 1993, un élève du pensionnat de Qu'Appelle se suicide alors qu'il est chez lui. Au cours de l'année scolaire 1992-1993, 13 filles du pensionnat tentent de s'enlever la vie. En réponse, le pensionnat met en place une politique selon laquelle tout élève qui tente de se suicider sera suspendu. À ce moment, le pensionnat de Qu'Appelle est exploité par la Première Nation Star Blanket. Le directeur exécutif du pensionnat, Vern Bellegarde, déclare ceci aux médias locaux : « Ce que nous vous disons, c'est qu'en tant que parents, vous devez mettre de l'ordre chez vous et faire ce qu'il faut pour régler le problème. » Bellegarde déclare qu'à son avis, le pensionnat n'est pas responsable des suicides. « Je crois que dans de nombreux cas, les parents envoient leurs enfants dans l'espoir de les changer du tout au tout, ce que nous ne pouvons pas faire. Nous devons avoir le soutien des parents. » Le pensionnat fait en sorte qu'une équipe d'Anciens et de conseillers rencontre les élèves afin de traiter les problèmes sous-jacents. Un parent estime toutefois que les membres du personnel « sont trop bien installés dans le confort de leur travail » et qu'ils ne sont pas prêts à adopter des approches différentes avec les enfants[240].

Consentement pour soins médicaux

Les comportements et les règlements entourant le consentement de la prestation de soins médicaux et la participation aux projets de recherche font l'objet de changements importants au cours de la deuxième moitié du XXe siècle[241]. Il n'est pas étonnant qu'il s'agisse d'un sujet particulièrement épineux pour le ministère des Affaires indiennes qui a traditionnellement fait montre d'un respect limité envers les parents autochtones et leurs opinions. La position du Ministère a longtemps été que les parents renoncent à leurs droits de tutelle lorsqu'ils inscrivent leurs enfants au pensionnat[242]. Le formulaire de demande d'admission utilisé dans les années 1940 contraint les parents à reconnaître que leur enfant demeure « sous la tutelle du directeur du pensionnat aussi longtemps que le ministre des Mines et des Ressources le juge nécessaire »[243]. Cette formulation est toujours en usage au début de 1963 (bien qu'en 1951, la référence au ministre des Mines et des Ressources soit remplacée par le ministre de la Citoyenneté et de l'Immigration)[244].

Même si cette formulation sous-entend de vastes pouvoirs, elle n'a pas de fondement légal dans la *Loi sur les Indiens* ou dans toute autre loi. Elle ne peut pas être considérée comme une cession de la tutelle légale. Tout au plus, cela pourrait équivaloir à une délégation révocable des pouvoirs parentaux au directeur pour qu'il ait l'autorité légale de prendre des décisions médicales ou d'autres décisions d'ordre parental pour l'enfant lorsqu'il est au pensionnat. Le dossier établit clairement qu'à partir de 1940, les responsables du ministère des Affaires indiennes commencent à rechercher la délégation des pouvoirs parentaux dans de nombreux cas pour des questions de soins médicaux[245]. Par exemple, la coutume est de ne pas transférer les élèves dans les sanatoriums sans le consentement parental[246]. En 1940, la mère d'un enfant du pensionnat de Fort Frances, en Ontario, refuse de donner son consentement pour le traitement de sa fille dans un sanatorium[247]. La décision d'une infirmière en 1946 d'envoyer des enfants du pensionnat de Grouard, en Alberta, dans un hôpital d'Edmonton sans avoir d'abord consulté les parents suscite des critiques des responsables des oblats[248]. À sa défense, l'infirmière dit qu'elle croit respecter la politique du ministère de la Santé de retirer rapidement les enfants atteints de tuberculose des pensionnats. Les autorités de la Santé indiquent à l'agent des Indiens de la région que la politique du Ministère est « de ne pas utiliser la compulsion pour retirer un Indien atteint de tuberculose de l'hôpital ou pour amener un enfant indien à l'hôpital sans le consentement du parent »[249].

Dans certains cas, la demande de consentement souligne le manque général de contrôle des parents sur le sort de leurs enfants. En donnant la permission pour qu'un de ses fils soit amené du pensionnat de Chapleau, en Ontario, jusqu'à Toronto, pour des traitements contre la tuberculose en 1942, Steve Smoke écrit « Il y a un an, j'ai visité ce pensionnat et j'ai découvert que dans la salle [de jeux] des garçons, les toilettes sont ouvertes sans rien pour les couvrir. L'odeur dans la pièce est terrible; aucun humain ne pourrait vivre dans un tel endroit sans contracter la tuberculose. » Il demande au conseil provincial de la santé d'enquêter sur les conditions au pensionnat et demande également que ses trois autres enfants qui fréquentent le pensionnat soient renvoyés à la maison[250]. Le fils en question recevra plus tard un diagnostic d'infection pulmonaire plutôt que de tuberculose et conséquemment, il sera envoyé au Hospital for Sick Children de Toronto. Les autorités donnent une réponse évasive à la demande de Smoke pour que ses enfants soient renvoyés à la maison, soulignant qu'ils n'ont pas reçu de résultat positif au test pour la tuberculose et l'assurant « qu'aucun enfant atteint de tuberculose n'est autorisé à rester » au pensionnat[251]. Le consentement de Smoke, en d'autres mots, est nécessaire pour envoyer son fils dans un sanatorium, mais pas pour garder ses enfants au pensionnat. Le gouvernement maintient que la décision de libérer un élève du pensionnat peut être prise uniquement par le ministère des Mines et des Ressources.

Il semble que l'obligation d'obtenir le consentement pour les chirurgies non urgentes soit reconnue. En 1943, l'administration du pensionnat de Blue Quills, en Alberta, assure au ministère des Affaires indiennes qu'elle a obtenu le consentement parental pour cinq filles qui ont besoin d'une chirurgie[252]. Deux ans plus tard, l'agent des Indiens est informé qu'il peut organiser une amygdalectomie pour les élèves du pensionnat d'Edmonton, en Alberta, si les parents ont donné leur consentement[253]. Dans une recommandation pour que l'agent régional des Indiens organise des amygdalectomies pour quatre élèves du pensionnat de Shingwauk, à Sault Ste. Marie, le responsable des Services de santé aux Autochtones, W. L. Falconer, recommande, en 1946, que « dans la mesure du possible », l'agent obtienne la permission des parents[254].

Il semble y avoir eu un moins grand soin pour l'obtention du consentement avant les immunisations. En 1945, une infirmière demande s'il est nécessaire d'obtenir le consentement parental avant d'immuniser les enfants contre la variole, la scarlatine, la typhoïde, la diphtérie et la coqueluche. Elle dit que bien que la vaccination contre la variole soit obligatoire pour les enfants autochtones, elle ne peut trouver aucune directive concernant les autres immunisations. Elle remarque que la pratique « dans les écoles de Blancs est d'obtenir le consentement par écrit, mais que cela rendrait la vaccination des enfants indiens très inégale et difficile »[255]. En se basant sur ce qu'il identifie comme les directives du représentant des Services de santé des Indiens et des Populations du Nord, P. E. Moore, le superintendant médical, Dr W. S. Barclay, n'obtient pas le consentement des parents avant l'administration du vaccin BCG contre la tuberculose dans les pensionnats de la Colombie-Britannique du milieu à la fin des années 1940. Il indique avoir toujours obtenu « l'accord préliminaire du directeur »[256]. En 1955, un fonctionnaire des Affaires du Nord qui organise un programme d'immunisation contre la polio dans les Territoires du Nord-Ouest convient que le consentement parental devrait être obtenu avant l'immunisation des enfants et il prépare un formulaire que les parents doivent signer. Au même moment, il écrit : « Toutefois, lorsque les parents ne sont pas disponibles pour signer le consentement, je ne pense aucunement que l'enfant ne devrait pas être vacciné. Le responsable médical devra utiliser son propre jugement dans les cas de ce genre[257]. »

Une décision du tribunal canadien rendue au début des années 1960 soutient que seul un parent ou un tuteur légal peut signer ou déléguer la responsabilité pour une procédure médiale[258]. En vertu de ce règlement, un tuteur légal est soit un parent « soit un individu aux soins duquel l'enfant est placé par une action en justice »[259]. Puisque la demande d'admission n'est pas un transfert légal de la tutelle, un conseiller juridique fédéral recommande en 1961 que la demande d'admission soit modifiée pour inclure le paragraphe suivant :

> Par la présente, je fais une demande pour l'admission de l'enfant mentionné ci-dessus au pensionnat indiqué, pour demeurer sous la tutelle du directeur pendant le terme que le ministre de la Citoyenneté et de l'Immigration jugera nécessaire et par la présente je donne au directeur la permission expresse d'autoriser les traitements médicaux ou dentaires qu'il juge nécessaires, à sa discrétion[260].

Un paragraphe distinct est éventuellement ajouté au formulaire de demande d'admission, conformément à la recommandation du conseiller juridique. Une remarque fait partie du formulaire pour expliquer :

> La signature du parent responsable ou du tuteur sur la demande donne au directeur la permission d'autoriser des traitements médicaux ou dentaires qu'il juge nécessaires, à sa discrétion, ce qui couvre à la fois les traitements préventifs et urgents, mais lorsqu'il est question d'une opération, une mesure sera prise pour obtenir le consentement du parent[261].

Puisque les parents d'élèves ayant été admis dans les années précédentes ne signent pas un nouveau formulaire d'admission chaque année, un formulaire supplémentaire, concernant uniquement l'autorisation de traitement, est préparé pour les parents dont les enfants retournent au pensionnat. Le ministère des Affaires indiennes donne aux directeurs pour consigne d'accepter les élèves qui reviennent même si les parents ont refusé de signer le formulaire[262], ce qui inquiète Henry Cook, le chef de l'Administration des pensionnats indiens anglicans. Il souligne que le directeur n'est pas le tuteur légal et donc ne peut pas autoriser légalement de traitement médical ou dentaire. Il croit qu'aucun directeur ne devrait être contraint d'accepter un élève si les parents n'ont pas signé pour que le directeur ait l'autorité pour approuver les traitements médicaux pour leur enfant[263].

En commentant les changements, un responsable du ministère des Affaires indiennes remarque que dans le cas des orphelins, « certains de ces enfants ont passé presque toute leur enfance dans les pensionnats, ils n'ont pas de tuteur officiel et il est extrêmement difficile de retracer tous membres de la famille au niveau des oncles et des tantes »[264]. Dans le cas de trois enfants du pensionnat de Shingwauk qui n'ont pas de tuteur légal, le ministère des Affaires indiennes recommande que le formulaire de consentement soit signé par un « ami ou un proche » qui prend soin d'eux lorsqu'ils ne sont pas au pensionnat. S'il n'y a personne de ce genre, les responsables du ministère des Affaires indiennes reçoivent la consigne « d'autoriser les traitements ordinaires ou médicaux. Dans le cas d'un traitement d'urgence comprenant une opération, les autorités médicales accepteraient probablement la responsabilité de procéder à une telle opération[265]. »

Cook prédit que la politique de permettre aux enfants d'être admis en l'absence du formulaire de consentement aux traitements médicaux signé causera des problèmes et il a raison. En novembre 1962, le pensionnat de Kuper Island accepte 29 élèves pour lesquels il n'y a pas de formulaire de consentement aux traitements médicaux[266]. Plus de la moitié des élèves au pensionnat de Mission n'ont pas de formulaires de consentement aux traitements médicaux dans leur dossier en 1963. Par conséquent, les responsables de ces pensionnats jugent qu'ils ne peuvent pas donner à ces élèves le vaccin contre la polio dans le cadre de la campagne de vaccination contre la polio[267].

En 1967, le ministère des Affaires indiennes ajoute un second formulaire à remplir par les parents (ou les tuteurs légaux) des enfants qui font des demandes d'admission pour les pensionnats. Celui-ci s'appelle la « Demande d'admission des résidences d'élèves ». Le parent doit :

> confier à la Couronne l'autorité et la tutelle de cet élève à compter de la date à laquelle l'élève quitte officiellement sa maison pour se rendre au pensionnat et jusqu'à ce que l'élève ci-mentionné retourne sous ma garde ou dans un autre lieu tel qu'autorisé par moi. La tutelle de cet élève peut être déléguée par la Couronne pour subvenir au bien-être, à l'éducation, aux soins médicaux et aux engagements sociaux de l'élève. Par la présente, je délègue à la Couronne l'autorité d'agir si cela est nécessaire pour le bien-être et le comportement de l'élève et j'accepte de retirer l'élève en question du pensionnat à la demande de l'administrateur du contrat pour la résidence d'élèves ou du surintendant régional des écoles responsables des pensionnats administrés par le gouvernement.

Le formulaire exige également que les parents accordent « leur plein consentement pour que le médecin en poste et le personnel hospitalier puissent pratiquer toute forme d'examen, de test, de traitement ou d'opération » sur leur enfant « qu'ils jugent nécessaire et ne les tiennent pas responsables des conséquences subséquentes »[268]. Ce formulaire concède la tutelle au gouvernement et le droit de déléguer cette tutelle, alors que les formulaires antérieurs concédaient la tutelle au directeur. Pour la première fois, les formulaires ne tiennent pas les personnes soignantes responsables des conséquences des traitements médicaux offerts.

Le nouveau formulaire ne remplace pas l'ancien, mais il semble être utilisé en complément à celui-ci. Les deux formulaires sont utilisés par la même institution au même moment et le sont jusqu'en 1976[269]. En 1977, les deux formulaires sont, d'une manière qui prête à confusion, renommés « Demande d'admission pour les élèves des pensionnats et des foyers ». Le formulaire est légèrement modifié, uniquement pour ajouter la mention entre parenthèses « foyer » à la suite de « élèves des pensionnats »[270].

L'autre formulaire présente un changement plus important : une limite de temps est imposée à la période pendant laquelle l'enfant est placé sous la tutelle de l'administrateur. Le formulaire énonce que le parent est d'accord pour placer l'enfant « sous la tutelle de l'administrateur pour une période de 12 (douze) mois ou pour une période jugée appropriée par le ministre des Affaires indiennes et du Nord canadien ». Le parent donne également à l'administrateur la permission « d'autoriser (en son nom) les traitements médicaux et dentaires nécessaires occasionnellement »[271].

Selon ces documents, les administrateurs des pensionnats détiennent l'autorité pour donner leur consentement pour un test tuberculinique et pour la vaccination des élèves qui résident dans les pensionnats[272].

Malgré l'utilisation d'un langage de plus en plus détaillé dans les formulaires d'admission, et du dégagement des responsabilités de la part des médecins et du personnel de l'hôpital pour les conséquences des traitements, au début des années 1980, les hôpitaux sont de plus en plus réticents à se fier au consentement de l'administrateur d'un pensionnat. En 1981, un avis juridique du procureur de l'hôpital général de Regina, R. B. Laschuk, conclut que « ni la *Loi sur les Indiens* ni toute autre loi ou loi fédérale dont nous avons connaissance offre un cadre légal pour la délégation des droits et responsabilités parentales d'un enfant autochtone à la Couronne ou à tout autre organisme ». L'avis souligne que bien que les formulaires d'admission

> semblent déléguer à la Couronne (et la Couronne ayant à son tour un pouvoir de délégation) l'autorité sur l'enfant et la tutelle de celui-ci, y compris pour la prestation de soins de santé, nous ne croyons pas que quelque individu en particulier détenant le pouvoir de délégation joue le rôle de parent auprès de l'enfant. Tandis que l'administrateur du pensionnat peut avoir la garde temporaire et le contrôle d'un tel enfant, nous ne croyons pas qu'il soit nommé parent ou tuteur et donc, nous ne croyons pas qu'un consentement signé par

> l'administrateur puisse être admis comme le consentement requis en vertu de l'article 55 du Règlement sur les normes hospitalières, ni en vertu des exigences d'un consentement éclairé en général[273].

Le règlement mentionné du *Hospital Standards Act* de la Saskatchewan requiert que les médecins obtiennent le consentement par écrit du parent ou du tuteur légal de l'enfant à moins d'un état d'urgence. L'autorisation signée par le parent à l'admission n'est pas jugée comme suffisante en vertu de cette réglementation[274].

Le ministère des Affaires indiennes reconnait que « la *Loi sur les Indiens* ou toute autre loi fédérale, à notre connaissance, ne permet pas la délégation des droits et responsabilités parentales à la Couronne ou à son représentant »[275]. (L'article 52 de la *Loi sur les Indiens* autorise le ministre à administrer tous biens auxquels « les enfants mineurs d'Indiens ont droit », ou en assurer l'administration, et il peut nommer des tuteurs à cette fin. Mais il ne s'agit pas d'un tuteur qui prendrait la place des parents dans tous les aspects de la vie de l'enfant[276].)

Le gouvernement fédéral a demandé aux administrateurs de pensionnats de la Saskatchewan que

> même si l'administrateur a reçu la garde temporaire d'un enfant, il doit faire tout ce qu'il peut pour obtenir le consentement des parents pour les interventions chirurgicales non urgentes. Si le consentement par écrit est physiquement impossible à obtenir, le consentement verbal (par téléphone, daté et en présence d'un témoin) doit être obtenu afin que l'administrateur et le personnel de l'hôpital puissent être dégagés d'une éventuelle responsabilité légale dans les cas où il y a un consentement éclairé[277].

L'administrateur du pensionnat de Duck Lake, D. Seesequasis, souligne que les hôpitaux exigent que le consentement soit signé le jour de l'intervention chirurgicale non urgente. Non seulement la plupart des parents d'enfants dans les pensionnats ne sont-ils pas capables d'être à l'hôpital le jour de la chirurgie, écrit-il, mais en plus « la plupart des parents n'ont pas le téléphone même si nous allions les chercher pour qu'ils puissent signer les documents liés à l'hospitalisation de leurs enfants, le temps et le kilométrage requis pour y arriver sont énormes ». Au cours des neuf années précédentes, il a signé tous les formulaires de consentement pour les interventions chirurgicales non urgentes. Il ajoute : « Maintenant, je ne sais vraiment plus quoi faire[278]. »

Au début des années 1980, de nombreux pensionnats sont administrés par les responsables de l'éducation des Premières Nations, en particulier dans les provinces canadiennes du Sud. Certains de ces responsables ont élaboré leurs propres formulaires d'admission. Le pensionnat de Duck Lake a un formulaire particulier pour les pensionnaires à compter de 1983. Il déclare que l'enfant doit

> demeurer sous la tutelle de l'administrateur et ses délégués qui sont par la présente autorisés à fournir l'éducation et le bien-être à l'enfant, y compris l'organisation des déplacements et la discipline au besoin à l'entière discrétion de l'administrateur et de ses délégués, pendant le terme que l'administrateur juge nécessaire.

Le formulaire donne également à « l'administrateur, l'assistant de l'administrateur, l'infirmière ou le surveillant » la permission de signer en tant que « gardien et tuteur légal de mon fils/ma fille, pendant qu'il/elle est admis comme élève » au pensionnat, « tout formulaire médical, autorisation ou congé » qui sont « requis pour permettre le traitement médical complet et approprié de mon fils/ma fille, y compris sans limite ou renonciation ». Le parent se réserve le droit de révoquer cette autorisation par écrit[279]. Il semble que les parents qui font des demandes d'admission pour leur enfant au pensionnat de Duck Lake doivent également remplir un formulaire d'admission du ministère des Affaires indiennes qui transfère la garde de l'enfant à la Couronne[280]. Le pensionnat de Gordon en Saskatchewan, qui n'est pas administré par les Premières Nations, utilise un formulaire au libellé similaire dans les années 1990, sans la section concernant les médecins et le personnel hospitalier[281]. Les preuves indiquent qu'au cours des deux décennies précédentes, la pratique, du moins pour ce pensionnat, est d'obtenir la permission parentale pour la plupart des services médicaux et dentaires[282]. Afin que les élèves puissent participer à un programme de rince-bouche au fluorure administré par le gouvernement de la Saskatchewan dans les années 1980, leurs parents doivent donner leur consentement signé[283]. Le pensionnat demande également aux parents de fournir leur consentement pour les visites à des spécialistes dans les années 1980 et pour les amygdalectomies dans les années 1990[284].

En 1986, l'administrateur du pensionnat Gordon continue néanmoins de déclarer que, en tant que tuteur légal des enfants, il est autorisé à donner son consentement pour les traitements médicaux aux élèves, y compris l'immunisation[285].

Les formulaires pour les pensionnats des Territoires du Nord-Ouest sont différents de ceux qui sont utilisés dans le reste du Canada. Avant la fin des années 1950, les élèves qui jouissent du statut prévu par la *Loi sur les Indiens* sont admis à l'aide de formulaires qui utilisent le même langage que les formulaires dans le reste du pays[286]. Les formulaires d'admission pour les élèves qui n'ont pas de statut prévu par la *Loi sur les Indiens* dans les Territoires du Nord-Ouest dans les années 1920 et 1930, habituellement des orphelins ou des enfants dans le besoin, les admettent au pensionnat pendant aussi longtemps que le ministère de l'Intérieur le juge nécessaire. Le formulaire ne fait aucune mention de tutelle ou des traitements médicaux[287]. La mise en place d'un réseau de vastes pensionnats à la fin des années 1950 mène à l'adoption d'un nouveau formulaire pour tous les élèves. Le formulaire utilisé dans les années 1960, par exemple, ne fait aucune mention de tutelle ou des traitements médicaux[288]. Dans le formulaire utilisé en 1971, le parent accepte que « la tutelle de l'enfant soit déléguée par le gouvernement des Territoires du Nord-Ouest dans le cadre de la prestation des services pour le bien-être, l'éducation, les besoins médicaux et sociaux et les engagements sportifs, y compris les déplacements approuvés qui y sont liés ». Le parent doit également accorder « son plein consentement pour que le médecin en poste et le personnel hospitalier puissent pratiquer toute forme d'examen, de test, de traitement ou d'opération en cas d'urgence sur leur enfant qu'ils jugent nécessaire pour le bien-être de mon enfant et qu'il ne les tient pas responsables des conséquences subséquentes. Les parents doivent être contactés aussitôt que possible[289]. » Le formulaire est toujours utilisé en 1993, avec une légère modification[290].

Projets de recherche sur les élèves

La question du consentement s'applique également lorsque les élèves font l'objet de recherches scientifiques. La Commission de vérité et de réconciliation du Canada a trouvé des preuves selon lesquelles un certain nombre d'études ont été menées sur les élèves des pensionnats pendant cette période. De 1948 à 1953, une étude sur la nutrition est décrite dans le chapitre sur la nourriture et la nutrition dans la période suivant 1940. Sept autres études sont décrites ci-dessous. Toutes, à l'exception du premier exemple, ont eu lieu à l'époque où le ministère des Affaires indiennes et les Églises étaient au courant que les directeurs n'étaient pas les tuteurs légaux des enfants qui leur étaient confiés. Le formulaire d'admission de 1963 octroie seulement aux directeurs l'autorité « d'autoriser les traitements médicaux et dentaires qu'il juge nécessaires à sa discrétion »[291]. Un certain nombre d'études décrites ci-dessous vont plus loin que toute notion raisonnable du terme « nécessaire » et une d'entre elles peut être décrite comme « le refus de donner des soins ».

Étude sur la PES

À l'hiver 1940-1941, 50 élèves du pensionnat de Brandon au Manitoba participent à un projet de recherche visant à tester leurs capacités de perception extrasensorielle (PES). Les tests sont menés par l'infirmière en chef du pensionnat sous la direction d'A. A. Foster, qui est décrit comme un ancien membre du personnel du laboratoire de parapsychologie de l'Université Duke qui travaille également pour la « guerre industrielle » au Canada. Les tests sont non invasifs et se font à l'aide d'un jeu de cartes et de questions auxquelles il faut répondre par oui ou non. Selon l'auteur, l'étude est le premier test connu de PES à cibler les Autochtones de l'Amérique du Nord en particulier. Foster soutient que l'étude a donné des résultats qui ne peuvent être attribués qu'à la perception extrasensorielle. Selon son rapport, les élèves participent à l'étude sur une base volontaire : il n'y a aucune preuve montrant que leurs parents donnent leur permission pour leur participation à ce projet de recherche[292].

Étude sur la vitamine D

Dans les années 1960, les services médicaux du ministère fédéral de la Santé s'opposent généralement à la provision de suppléments vitaminiques dans les pensionnats, car ils soutiennent que les élèves devraient recevoir quantité suffisante de vitamines provenant du régime alimentaire au pensionnat. La seule exception est la vitamine D, qui est largement absente de la plupart des aliments. Celle-ci est fournie sous forme de pilules. Au milieu des années 1960, un certain nombre de fabricants de lait en conserve et en poudre commencent à vendre des produits enrichis à la vitamine D. En 1966, les services médicaux proposent qu'un pensionnat abandonne le supplément vitaminique et commence à servir du lait enrichi. Cette expérience devait être accompagnée par un programme pour encourager la consommation de lait[293]. La décision qui est prise est de tester le lait en poudre enrichi au pensionnat catholique Breynat Hall de Fort Smith, dans les Territoires du Nord-Ouest[294]. Le lait enrichi est introduit en février 1967 dans le cadre de ce qui est décrit comme le « Projet-Lait à la vitamine D ». Toutefois, l'étude ne comprend pas l'arrêt des suppléments vitaminiques. Elle vise plutôt à déterminer si le lait en poudre enrichi sera accepté des élèves. La consommation de lait non enrichi est mesurée pendant un mois (le lait bu par les élèves à ce moment-là), suivi par la mesure de la consommation du lait enrichi. On juge important que les élèves ne soient pas informés du changement fait à leur alimentation[295]. Les résultats ont indiqué une légère augmentation de la consommation du lait pendant la période où le lait enrichi est servi, ce qui amène le nutritionniste à commenter « il semble que les enfants préfèrent en fait » le lait enrichi[296]. Ainsi, on recommande que les pensionnat des Territoires du Nord-Ouest commencent à utiliser du lait en poudre enrichi[297]. Dans ce cas, il n'y a clairement pas eu de tentative de demander l'avis des élèves ou de leurs parents. L'étude est relativement non invasive : la consommation de deux produits, tous deux jugés sécuritaires, est surveillée afin de s'assurer que l'utilisation d'un produit enrichi ne mène pas à une réduction de la consommation et à une détérioration, plutôt qu'une amélioration de la santé des élèves.

Étude sur l'amoebicide

Une épidémie de *dysenterie (amibienne) Entamoeba histolytica* dans le district de Loon Lake en Saskatchewan en 1964 mène les services de santé aux Autochtones à lancer un programme de traitement collectif, comprenant le traitement des élèves de deux pensionnats. La maladie est propagée par le *parasite Entamoeba histolytica* et est associée à une mauvaise hygiène[298]. Dans le cadre de la campagne de traitement, le Dr R. D. F. Eaton, de l'hôpital indien de Fort Qu'Appelle, conduit ce qui est décrit comme une « enquête avec essai » de l'efficacité du médicament Furamide afin de réduire les parasites gastro-intestinaux au pensionnat d'Onion Lake[299]. Furamide est le nom de marque du furoate de diloxamide, un amoebicide (un médicament qui tue les amibes) utilisé en 1956[300].

Vingt-huit élèves du pensionnat sont identifiés comme étant infectés par le parasite. Les élèves infectés qui sont en maternelle, en deuxième, en quatrième, en sixième et en huitième année sont traités avec du Furamide pendant dix jours, tandis que les élèves infectés des autres années reçoivent le même médicament, mais pendant seulement cinq jours. Puisqu'un des élèves s'enfuit au cours de l'étude, les résultats sont rendus pour 27 élèves. Eaton rapporte deux échecs parmi les traitements de cinq jours et aucun pour les traitements de dix jours. Malgré cela, il trouve que l'échantillon n'est pas assez important pour pouvoir accorder du poids à ces résultats[301]. Il n'y a rien dans les dossiers examinés par la Commission de vérité et de réconciliation du Canada qui puisse indiquer que les élèves ou les parents ont été consultés relativement à l'utilisation de deux traitements différents. La conclusion est que l'étude n'a pas eu la participation d'un nombre suffisant d'élèves pour pouvoir tirer des conclusions et soulève des questions quant à la pertinence de mener la recherche au départ.

Étude sur l'isoniazide

En octobre 1960, les Services de santé des Indiens et des Populations du Nord commencent ce qui est décrit comme un programme « prophylactique » (préventif) à l'aide de l'isoniazide (INH) avec des élèves des pensionnats des Territoires du Nord-Ouest le long du fleuve Mackenzie[302]. (Des études similaires sur l'efficacité de l'INH dans la prévention du développement de la tuberculose chez les personnes ayant été exposées dans leur ménage ont été menées à Porto Rico, au Mexique, au Kenya, aux Philippines et en Alaska[303].) Les Services de santé des Indiens et des Populations du Nord relèvent de Cameron Corrigan, l'agent de contrôle de la tuberculose pour la région de Foothills. Dans le cadre du programme, les enfants des vastes pensionnats de Fort McPherson, Inuvik, Fort Simpson et Fort Smith ont tous subi un test tuberculinique. Ceux qui ont reçu un résultat positif (ce qui signifie qu'ils ont probablement la tuberculose non évolutive) à Inuvik commencent un traitement d'INH. Tous les élèves de Fort McPherson commencent un traitement d'INH, qu'ils aient obtenu un résultat positif ou non. Ceux qui ont une réaction négative au test (ce qui signifie qu'ils ne sont probablement pas infectés par la tuberculose) à Fort Smith et à Fort Simpson reçoivent le vaccin BCG. La documentation, qui semble incomplète, ne précise pas quel traitement, ou si un quelconque traitement est offert aux élèves ayant obtenu un résultat positif à Fort Smith et Fort Simpson[304]. Les formulaires de consentement parental sont, semble-t-il, préparés et distribués avant le test de Fort Smith. Ils n'indiquent toutefois pas que les élèves participent à un projet de recherche[305]. Au cours de la première année, 208 élèves reçoivent le BCG et 403 élèves commencent à prendre l'INH (dont 278 sont traités en raison d'une réaction au test tuberculinique et 125 reçoivent l'INH, qu'ils aient obtenu un résultat positif ou négatif au test). En 1961, les tests tuberculiniques sont donnés de nouveau. Cette fois, tous les élèves de la vaste résidence d'Inuvik reçoivent de l'INH, comme les élèves de la résidence de Fort McPherson. Aucun élève ne reçoit le vaccin BCG. Il n'est pas entièrement clair si la décision de ne pas utiliser de BCG s'applique uniquement à Fort McPherson et Inuvik ou aux quatre pensionnats.

Les Services de santé des Indiens et des Populations du Nord ont de la difficulté à obtenir du personnel sur le terrain pour mettre en œuvre l'étude comme prévu. Selon Corrigan, au cours de 1960 et 1961, les médecins et les infirmières régionaux ont interrompu le traitement à l'INH de certains enfants sans consulter son bureau. Corrigan dit n'avoir jamais reçu d'explication quant à la raison pour laquelle le traitement est interrompu. Il s'agit d'un point important puisque Corrigan écrit que « l'INH confère une protection uniquement pendant qu'il est administré ». L'étude est de nouveau perturbée lorsque les élèves des communautés qui longent la côte Arctique sont renvoyés à la maison en avril en raison de « l'état des glaces », mettant ainsi fin à leur traitement à l'INH. Ces élèves n'ont « absolument aucune protection », selon Corrigan. S'ils avaient reçu le BCG, ajoute-t-il, ils auraient une « protection et continueraient de se constituer une immunité ». Corrigan recommande l'interruption du programme de l'INH. Il indique qu'il est préférable de faire un « effort concerté pour donner le vaccin BCG à chaque enfant du pensionnat et à tous les nouveau-nés de région du fleuve Mackenzie ». À la fin de ce qui est décrit par Corrigan comme un « essai de deux ans », aucun cas de tuberculose active n'est rapporté dans les résidences[306].

Étude de l'hémoglobine

Au milieu des années 1960, F. Vella du département de la biochimie de l'Université de la Saskatchewan entreprend des recherches portant sur l'hémoglobine des Autochtones de la Saskatchewan. Dans le cadre d'une étude, le sang provient des élèves du pensionnat de Qu'Appelle. Selon Vella, cette étude « a révélé un type d'hémoglobine jusque-là inconnu ». Vella veut étendre la recherche au pensionnat de Gordon en 1967 parce que ce pensionnat accueille des élèves de toute la province. Vella offre au directeur de lui fournir des formulaires de consentement qui devront être remplis par les parents des enfants desquels il souhaite recueillir des échantillons de sang[307]. Le directeur, Noel Goater, reconnaît que pour une recherche de cette nature « le consentement parental devrait être obtenu », mais il trouve que l'obtention de ce consentement « serait un casse-tête administratif ». En soulignant que le pensionnat n'a pas de dossier sur le groupe sanguin de chacun de ses élèves, Goater propose, en sa qualité de tuteur des élèves, de donner son consentement à leur participation à l'étude, si Vella lui fournit une liste du groupe sanguin de chaque élève testé[308]. L'année suivante, Vella accepte cette condition et les échantillons sont recueillis[309]. L'année suivante, Vella coécrit un article qui s'intitule « Les variations de l'hémoglobine et la thalassémie chez les Indiens de la Saskatchewan »[310]. Dans ce cas, il semble que Goater croit qu'il n'y a aucun risque à l'étude et qu'il peut obtenir des renseignements qui pourraient être utiles pour aider les élèves en cas d'urgence. Pour ce faire, toutefois, il croit pouvoir ignorer ce qu'il reconnaît comme une obligation d'obtenir le consentement des parents.

Énurésie nocturne

À la fin des années 1960, les élèves d'un pensionnat de la Saskatchewan participent à une vaste étude sur l'énurésie nocturne. L'étude inclut également des enfants non autochtones de camps d'été et de crèches d'enfants. Les résultats de l'étude ne sont pas répartis selon l'origine autochtone ou non autochtone des enfants. L'étude compare plutôt la capacité de la vessie des enfants qui souffrent d'énurésie et de ceux qui n'en souffrent pas. Il n'y a pas d'indication dans l'article publié sur les résultats de l'étude sur l'obtention ou non du consentement des parents des enfants qui ont participé à l'étude[311].

Enquête dermatoglyphique

En 1968, un professeur adjoint du département de la médecine génétique de l'Université de la Colombie-Britannique, R. B. Lowry, souhaite mener une « enquête dermatoglyphique des enfants normaux des pensionnats indiens » dans les pensionnats de la Colombie-Britannique[312]. La « dermatoglyphie » est l'étude des empreintes digitales. Les chercheurs médicaux qui tentent de découvrir la racine génétique d'une grande variété de maladies, y compris le syndrome de Down, ont mené de nombreuses études pour examiner les différences entre les personnes atteintes de ces maladies et les sujets « normaux »[313]. Lowry est accueilli favorablement par les directeurs des pensionnats d'Alert Bay, de Kamloops, de Fraser Lake et de

Williams Lake[314]. Le directeur du pensionnat de Kuper Island établit clairement qu'il ne veut pas participer sans le consentement des parents. Il ne souhaite pas non plus aider Lowry à obtenir ce consentement parce qu'il craint que l'étude nuise à la relation entre le pensionnat et les parents[315]. Il semble que la recherche soit allée de l'avant, même si la documentation n'indique pas clairement combien de pensionnats ou d'enfants y participent. Dans une lettre au directeur du pensionnat de Williams Lake, Lowry explique qu'il souhaite prendre les empreintes digitales d'un enfant de chaque famille au pensionnat[316]. Encore une fois, bien que le risque soit limité dans cette étude, il n'y a pas d'avantages visibles pour les élèves. Le fait qu'un directeur a reconnu la nécessité d'obtenir le consentement parental suggère que les autres auraient également dû être conscients de cette obligation.

Décès accidentels et blessures

La maladie n'est pas la seule menace au bien-être des élèves. Pendant cette période, les élèves risquent également la mort en raison de blessures causées par un accident de voiture, la participation aux activités sportives ou récréatives, les incidents en milieu de travail (dont il est question dans les chapitres portant sur l'éducation) et la violence (dont il est question dans les chapitres portant sur les abus). Parmi les décès décrits ci-dessous, plusieurs illustrent l'incapacité du pensionnat à offrir aux élèves une supervision et une protection adéquates.

De nombreux pensionnats sont situés près de cours d'eau. Même lorsqu'ils sont situés loin de l'eau, la nage et le nautisme sont des activités récréatives. À l'exception du décès de ceux qui se sont noyés en essayant de fuir, on compte au moins neuf morts par noyade dans les pensionnats de 1940 jusqu'à leur fermeture, dans les années 1990.

Trois garçons s'éloignent des surveillants lors d'une excursion pour un pique-nique et une baignade pour les élèves du pensionnat indien de Shingwauk à Sault Ste. Marie, en août 1940. Un des garçons tente de nager jusqu'à une île peu éloignée et se fait prendre dans un fort courant. Deux autres élèves tentent de le sauver, mais échouent. Le coroner conclut qu'une enquête n'est pas nécessaire. Dans son rapport concernant ce décès, le directeur Charles Hives, qui n'est pas présent lors de l'expédition, écrit :

> Le blâme ne peut être jeté sur les personnes responsables. Les garçons savaient ce qu'on attendait d'eux. Ils savaient et s'étaient fait dire de ne pas aller dans l'eau dans l'heure suivant le dîner, alors qu'ils auraient atteint la rive sablonneuse qui était leur destination et où ils étaient déjà allés. Il s'agit simplement d'un accident malheureux comme il ne nous en était pas arrivé, et j'en suis reconnaissant, depuis onze ans[317].

En 1943, une sortie pour aller cueillir des petits fruits par des élèves du pensionnat de Shubenacadie, en Nouvelle-Écosse, se termine de façon tragique. Dix-huit filles partent après le souper le 12 août. Elles se séparent en petits groupes. Quand une des filles revient au pensionnat en passant près d'un lac voisin, elle remarque deux seaux de petits fruits sur la rive. Elle court jusqu'au pensionnat pour alerter le personnel. Deux membres du personnel conduisent jusqu'au lac où ils aperçoivent une petite embarcation renversée sur l'eau. Les corps de Doris Atquin et Mary Ginnish sont repêchés dans le lac. Le coroner local détermine qu'une enquête n'est pas nécessaire[318].

En juin 1947, trois filles embarquent à bord d'un radeau sur un lac à l'est du pensionnat de Gordon, en Saskatchewan. Le lac se trouve à l'extérieur des limites permises pour les élèves, mais les filles et quelques garçons s'y sont rendus pour une marche d'après-midi. Le radeau chavire. Une des filles s'agrippe au radeau et se rend jusqu'à la plage, mais les deux autres filles, Myrtle Jane Moostos et Margaret Bruce se noient[319].

Dolores George, une élève du pensionnat Christie Island en Colombie-Britannique, se noie en 1955 lorsque la yole sur laquelle elle prend place avec une autre fille chavire. Le dossier n'indique pas que les deux filles tentent de s'échapper, mais une lettre décrivant l'incident suggère qu'elles tentent de récolter du varech[320].

Le 11 juin 1972, deux garçons qui vivent au pensionnat Stringer Hall, à Inuvik dans les Territoires du Nord-Ouest, quittent le pensionnat pour faire une marche. Robert Toasi et David Kaosoni trouvent un canot à Boot Lake, qui se situe à la limite de la communauté. En utilisant des planches en guise de pagaie, ils embarquent à bord du canot et voyagent par un canal vers un autre lac. Alors qu'ils s'engagent sur le chemin du retour, ils font accidentellement chavirer le canot. David Kaosoni réussit à nager jusqu'à la rive, mais Robert Toasi, qui est âgé de 15 ans, se noie malgré les tentatives déployées par son ami pour le sauver. Son corps est retrouvé le lendemain en soirée. À la suite d'une enquête, un verdict de noyade accidentelle est rendu[321].

Anthony Moses qui est âgé de 15 ans et son ami qui a 16 ans, des élèves du pensionnat de Desmarais, en Alberta, reçoivent la permission d'aller chasser le canard, en 1973. Un des canards qu'ils atteignent tombe dans la rivière Wabasca. Lorsque Moses entre dans la rivière pour tenter de récupérer le canard, il est emporté par le courant et se noie[322].

En octobre 1974, Charles Hunter va patiner avec un groupe d'élèves sur un lac glacé près du pensionnat de Fort Albany, en Ontario. La glace cède et l'un des garçons, Joseph Koostachin, tombe à l'eau. En s'efforçant de sauver Joseph, Charles tombe lui-même à l'eau. D'autres élèves parviennent à hisser Joseph hors de l'eau, mais Charles se noie. Une autopsie est pratiquée à Timmins et, sans que ses parents ne soient consultés, Charles est enterré à Moosonee. Les parents nolisent un avion, au coût de 650 $, pour se déplacer de leur communauté de Peawanuck, près de la Baie d'Hudson, pour assister aux funérailles. En 2011, ce n'est qu'à force d'efforts considérables de sensibilisation de la population que Joyce, qui n'a pas connu son frère aîné, Charles Hunter, réussit finalement à faire exhumer et rapatrier son corps à Peawanuck pour qu'il soit inhumé au sein de sa communauté. Les coûts de l'opération sont payés grâce à l'argent que le *Toronto Star* amasse pour cette cause auprès de ses lecteurs. [323]

Il survient de nombreux autres accidents sportifs et récréatifs, dont la plupart ne sont pas fatals[324]. Certains toutefois, ont des conséquences tragiques et soulèvent de nouveau des questions concernant le niveau de supervision dans les pensionnats. Un garçon du pensionnat d'Edmonton en Alberta meurt en 1942 lorsqu'il glisse sur une pente escarpée jusque sur une route devant une voiture en marche[325]. Le responsable du ministère des Affaires indiennes, R. A. Hoey, formule une consigne au directeur pour qu'à l'avenir les élèves n'aient pas le droit de « glisser des pentes menant à des voies publiques »[326].

Un élève du pensionnat de Beauval, en Saskatchewan décède en 1942 après avoir été frappé par un camion conduit par le directeur, F. X. Gagnon. Dans le rapport d'accident, Gagnon explique qu'il croit que le garçon a été frappé en essayant de sauter sur la passerelle du camion[327]. En 1960, un des employés du pensionnat de Carcross au Yukon conduit une voiture pleine de membres du personnel et d'élèves en ville pour assister à un film, un vendredi soir. Une plaque de glace fait perdre le contrôle du véhicule au conducteur. L'un des élèves de 13 ans, Douglas Burns, et un enseignant Ewen Heustis perdent la vie lors de l'accident[328]. Le 10 février 1965, Michael Gerald Rabbit Carrier est renversé par un autobus scolaire au pensionnat Crowfoot en Alberta. L'enquête révèle que le conducteur n'est pas responsable, mais on recommande « la présence d'une personne compétente lors de l'embarquement d'autant de jeunes enfants dans l'autobus et que les enseignants donnent aux enfants des consignes sur la façon de se comporter quand l'autobus arrive »[329].

Un accident de voiture souligne la façon précaire et dangereuse dont les élèves sont transportés. En 1960, le personnel de Breynat Hall, le pensionnat indien catholique de Fort Smith dans les Territoires du Nord-Ouest, transporte deux camions pleins d'enfants pour un pique-nique. Les camions sont deux véhicules de cinq tonnes dont l'un transporte entre 70 et 80 enfants. Alors que le camion tourne un coin de rue, « la pression de la quantité d'enfants appuyés sur les côtés combinée au cahot causé par la surface inégale de la route dans le tournant plutôt incliné permet au loquet attachant le côté au hayon de se détacher ». Cinq enfants tombent; une fillette, Emma Elton, succombe à ses blessures[330]. Les membres du jury du coroner concluent que le décès est accidentel, mais recommandent que le « transport de passagers debout à l'arrière d'un véhicule ouvert » soit interdit. L'évêque catholique Paul Piché assure au responsable des Affaires du Nord R. G. Robertson que « l'administration du pensionnat se conformera immédiatement à cette recommandation ». Il suggère également que le Ministère offre un financement suffisant au pensionnat pour payer pour « le transport occasionnel des pensionnaires par autobus »[331].

D'autres décès révèlent les dangers particuliers liés à l'emplacement des pensionnats. Pauloosie Meeko, un garçon de 19 ans du Churchill Vocational Centre dans le Nord du Manitoba, perd la vie après avoir été attaqué par un ours polaire en 1968, à proximité du pensionnat[332]. Trois ans plus tard, Grant Ross, un garçon de 15 ans qui fréquente le pensionnat Assiniboia à Winnipeg, décède après avoir été frappé par une voiture alors qu'il tentait de traverser l'avenue Portage[333].

De nombreux rapports sur les morts accidentelles soulignent que les enfants ont été avertis des risques liés aux activités auxquelles ils prennent part, ce qui suggère qu'ils sont, du moins en partie, responsables de leur propre mort. En réalité, il y a souvent des mesures de sécurité qui auraient pu être prises plus tôt afin de réduire les risques. Mary Antoinette Pascal, une élève de 7 ans du pensionnat de Cranbrook en Colombie-Britannique, décède en 1950 lorsqu'un morceau de glace se détache du toit du pensionnat et fait une chute de neuf mètres pour la frapper sur la tête après avoir rebondi du toit de métal qui protège le sous-sol inférieur. La fillette jouait à un jeu de poursuite avec ses amies. Un rapport sur l'accident indique qu'elle devait avoir « momentanément oublié le danger »[334]. Le coroner local conclut qu'il n'est pas nécessaire de mener une enquête « puisque les enfants sont bien avertis du danger et qu'il ne semble pas y avoir eu de négligence en ce qui concerne le personnel du pensionnat ». Il semble que des mesures auraient pu être prises pour prévenir un tel accident, puisque le directeur accepte de faire des changements pour s'assurer « qu'il n'y aura plus de danger relativement à la glace pouvant tomber sur les enfants »[335].

Conclusion

La réduction du taux de mortalité chez les élèves est remarquable après 1940. Celle-ci est attribuable à divers facteurs : la sélection des élèves admis, la vaccination des élèves en santé et l'isolation et le retrait des élèves avec des cas de maladie évolutive. La mise au point d'antibiotiques signifie que ceux qui ne sont pas infectés ne font plus face à une sentence de mort. Toutefois, un certain nombre de facteurs contribuent au maintien des conditions de santé et de sécurité difficiles pour les élèves des pensionnats indiens, dont l'échec du ministère des Affaires indiennes à améliorer les conditions socio-économiques des peuples autochtones en général. Par conséquent, les élèves arrivent de collectivités en souffrant déjà de divers problèmes de santé.

Lorsqu'un élève infecté est admis au pensionnat, les bâtiments surpeuplés et mal ventilés favorisent une propagation rapide de l'infection. Les soins de santé sur place demeurent minimes et les autres services comme les soins dentaires et mentaux sont généralement réservés aux urgences. Lorsque des problèmes sont cernés, les services ne sont pas toujours mis en place. L'attitude colonialiste prédominante mène le gouvernement et les administrateurs des pensionnats à présumer qu'ils savent mieux que les parents autochtones ce qui est acceptable pour les enfants des pensionnats indiens en matière de soins de santé et de la participation des enfants à la recherche médicale. Ces attitudes ne changent pas de manière importante avant les années 1960, alors que le système des pensionnats indiens est en cours de dissolution.

CHAPITRE 37

Régime alimentaire et nutrition : 1940-2000

Déjà au XIXe siècle, les parents, les enfants, le personnel des écoles et les inspecteurs gouvernementaux dénonçaient la médiocrité du régime alimentaire dans les pensionnats. Les denrées de base telles que le lait et le pain se font souvent rares, et les repas sont répétitifs, mal préparés et pauvres sur le plan nutritionnel[1]. On s'attendrait à ce que ces problèmes soient réglés après les années 1940. Après tout, l'avancement des connaissances sur les bienfaits d'une saine alimentation devrait concourir à l'amélioration du régime alimentaire, d'autant plus que, en cette nouvelle ère de prospérité qui suit la fin de la guerre, le Canada dispose des ressources financières voulues pour la financer.

Au cours des années 1940, le Canada élabore par ailleurs des normes applicables au régime alimentaire en milieu scolaire. En 1942, le gouvernement publie en effet les Règles alimentaires officielles au Canada. Fruit des travaux de la nouvelle Division de l'hygiène alimentaire du ministère fédéral des Pensions et de la Santé nationale (qui deviendra le ministère de la Santé nationale et du Bien-être social), le document reçoit aussi l'aval du Conseil canadien de la nutrition[2]. Deux raisons expliquent que les Règles alimentaires au Canada occupent une grande place dans l'histoire des pensionnats. Primo, elles correspondent à la norme de diligence attendue dans l'évaluation des régimes alimentaires des écoles. Secundo, conjuguées aux débats visant les effets éventuels des suppléments en vitamines et en minéraux, elles contribuent à orienter les projets de recherche sur la nutrition menés dans six pensionnats à la fin des années 1940 et au début des années 1950.

Malgré ces progrès, ce n'est qu'à la fin des années 1950 que le Canada adopte un régime de financement permettant aux écoles d'appliquer les recommandations des Règles alimentaires au Canada. Au cours des années subséquentes, on continue toutefois à signaler des régimes inadéquats, car les subventions gouvernementales n'évoluent pas au même rythme que le coût de la vie. Le présent chapitre montre que l'on savait pertinemment, à la Division des affaires indiennes (qui, au sein de l'administration fédérale, encadrait les pensionnats durant cette période), que les élèves n'étaient pas nourris adéquatement. Parents, élèves, administrateurs, missionnaires et fonctionnaires fédéraux du milieu de la santé, tous dénonçaient régulièrement à l'État l'incapacité des écoles à alimenter les enfants conformément à ses propres directives nutritionnelles. Selon toute vraisemblance, pratiquement aucune école ne jouissait d'un financement lui permettant de satisfaire pleinement aux besoins nutritionnels ou énergétiques de ses élèves.

La Division de l'hygiène alimentaire et les Règles alimentaires

En 1941, le gouvernement canadien crée la Division de l'hygiène alimentaire au sein du ministère de la Santé, car il est de plus en plus admis, officiellement, que l'adoption de directives alimentaires constitue une responsabilité nationale[3]. Cette démarche s'inscrit par ailleurs dans une tendance internationale, dans divers pays industrialisés, à la constitution d'équipes spécialisées chargées de conseiller l'État et la population sur les questions de nutrition. Les premières tentatives d'élaborer des normes alimentaires fondées sur des données factuelles remontent notamment à la Première Guerre mondiale. En 1932, Hazel Stiebeling, du département de l'Agriculture des États-Unis, formule ainsi des recommandations aux fins des toutes premières allocations alimentaires, notamment en ce qui concerne l'apport en vitamines et en minéraux. Les budgets pour l'alimentation que propose Stiebeling (sauf pour les régimes d'urgence) visent à satisfaire « non seulement les exigences minimales de l'organisme », mais également à procurer « aussi une large marge de sécurité »[4].

En 1938, le gouvernement fédéral fonde le Conseil canadien de la nutrition (CCN) en réponse à l'appel d'organismes internationaux à l'instauration d'une norme alimentaire[5] qui doit refléter « les quantités d'éléments nutritifs essentiels dont avaient besoin la grande majorité des personnes en santé »[6]. Les études que le CCN mène dans quatre villes canadiennes à la fin des années 1930 et au début des années 1940 concluent que l'alimentation d'un pourcentage considérable de la population canadienne n'est pas assez nutritive[7]. Malgré l'absence de données relatives aux Canadiens des régions rurales, E. W. McHenry, du CCN, écrit : « En ce qui a trait aux régimes en milieu urbain, nous pouvons supposer avec une relative certitude que, en moyenne, les familles les plus démunies sont sous-alimentées[8]. » Cependant, lorsque le CCN crée la première norme alimentaire nationale, il doit composer avec les pressions de l'État, qui tient à ce que l'on ne puisse l'invoquer pour réclamer une augmentation marquée des allocations d'assistance[9]. Le déclenchement de la Seconde Guerre mondiale relance l'intérêt porté à l'amélioration du régime alimentaire dans le but de garder les recrues et les travailleurs de guerre en santé, ce qui mène à l'adoption d'une norme nutritionnelle qui ne vise plus seulement à contrer la malnutrition, mais bien à définir la quantité optimale de nutriments nécessaire à l'organisme[10].

Les Règles alimentaires officielles au Canada voient le jour en 1942. Elles retiennent six groupes alimentaires qui protégeraient la santé et dont les Canadiens sont avisés de consommer chaque jour le nombre minimal de portions prescrites, à savoir le lait (une demi-chopine [0,24 litre] pour un adulte et plus d'une pinte pour un enfant, et « du fromage »); les fruits (une portion de tomates ou d'agrumes, ou de jus de tomates ou d'agrumes, par jour, et une portion d'autres fruits); les légumes (une portion de pommes de terre et deux portions d'autres légumes); les céréales et le pain (une portion d'une céréale à grains entiers et de quatre à six tranches de pain Approuvé-Canada); la viande, le poisson et leurs substituts (une portion quotidienne, plus une portion de foie, de cœur ou de rognons par semaine); et les œufs (au moins trois ou quatre fois par semaine), sans oublier la mention suivante : « Certaines sources de vitamine D, comme les huiles de foie de poisson, sont essentielles pour les enfants et pourraient être recommandées pour les adultes. » Les Règles alimentaires ne sont toutefois pas adéquates étant donné le rationnement de certaines denrées comme le lait en période de guerre : selon les estimations, un régime qui s'en inspire correspond à 70 % de la norme alimentaire prescrite en 1938.

En 1944, on révise les Règles alimentaires afin de les arrimer à la norme alimentaire de 1938. Les nouvelles règles augmentent les portions de lait, qui passent d'une demi-chopine à une chopine pour un adulte et d'une chopine et demie à une pinte (0,94 litre) pour un enfant. Elles recommandent par ailleurs de manger le pain avec du beurre. Le cœur et les rognons (qui se font rares) en sont retirés, mais on y recommande maintenant de consommer du sel iodé. En raison de leur teneur en protéines, le fromage et les œufs sont intégrés à la catégorie de la viande et du poisson. La version de 1949 ajoute l'expression « au moins » à la catégorie du lait, présente la margarine fortifiée en tant que substitut du beurre, supprime la mention relative au pain Approuvé-Canada et recommande une dose précise de vitamine D. Les Règles alimentaires demeurent les mêmes jusqu'en 1961, où elles sont légèrement modifiées (et rebaptisées Guide alimentaire canadien)[11].

La situation dans les écoles au début des années 1940

En période de guerre, la réduction des subventions par élève versées aux écoles nuit à l'approvisionnement des pensionnats en denrées. Les parents dénoncent régulièrement la nourriture servie, tant sur le plan de la qualité que de la quantité. En septembre 1941, les parents de cinq enfants refusent de les renvoyer à l'école Mount Elgin, en Ontario, à la rentrée, estimant que la nourriture y est médiocre[12]. Après avoir inspecté l'école d'Elkhorn, au Manitoba, en 1944, le Dr A. B. Simes, surintendant médical de l'hôpital indien de Qu'Appelle, constate une insuffisance pondérale chez 28 % des filles et 70 % des garçons. R. A. Hoey, fonctionnaire à la Division des affaires indiennes, écrit que les résultats sont conformes aux affirmations de nombreux parents, selon qui « les enfants de l'établissement sont vêtus inadéquatement et mal nourris »[13]. L'année suivante, ayant visité ses petites-filles à l'école d'Elkhorn, W. Sinclair rentre très insatisfaite « de la manière dont les enfants sont traitées et nourries. À l'école, j'ai mangé la même nourriture qu'elles, et c'est innourrissant [*sic*] pour un enfant. » Elle souligne qu'elles n'ont pas mangé de beurre et qu'on leur a servi du lait seulement le matin. « Ce sont deux choses qu'il ne manque jamais à la maison. » Elle annonce à un responsable de l'Église anglicane qu'elle réclamera le retour des enfants à la maison[14]. Les deux filles semblent être restées à l'école durant encore quatre ans, ne la quittant qu'en 1949[15].

En 1941, Le Dr Cameron Corrigan, qui exerce la médecine dans le Nord du Manitoba, écrit à la Division des affaires indiennes : « Dans tous les pensionnats que je connais, on sert aux enfants du lard plutôt que du beurre. » Il recommande au gouvernement d'ordonner que cesse cette pratique. Il rapporte que, à sa demande, l'école de Norway House a remplacé le lard par du beurre d'arachides[16]. Après une inspection d'une semaine, en 1944, un diététicien qualifie le régime alimentaire servi à l'école de Port Crosby, en Colombie-Britannique, de médiocre, signalant en particulier des portions insuffisantes de légumes, de céréales et de viande[17].

Les inspections de la Croix-Rouge : de 1944 à 1946

À l'automne 1944, dans la foulée de rapports aussi négatifs, R. A. Hoey, alors directeur de la Division des affaires indiennes, demande à la Croix-Rouge canadienne de mener une enquête nutritionnelle à l'école de Chapleau, en Ontario[18]. Avant même que la Croix-Rouge produise son rapport, G. E. Young, un médecin de la région, avise les fonctionnaires de la Division des affaires indiennes que « les conditions sont devenues inévitables [*sic*] pires » depuis l'enquête. La ration de lait n'est plus que d'une demi-tasse par jour par élève, et la production mensuelle d'œufs a chuté pour atteindre « le zéro absolu ». Selon lui, les enfants manifestent les symptômes des troubles suivants :

> [...] avitaminose [toute maladie attribuable à une carence vitaminique chronique] et malnutrition ainsi que d'autres symptômes généraux comme la fatigue, l'épuisement, l'irritabilité, la mauvaise santé et la perte de poids. On a jugé nécessaire d'imposer chaque jour une période de repos aux enfants, peu importe leur âge, afin qu'ils aient l'énergie requise pour vaquer à leurs activités quotidiennes. Depuis un an, j'ai diagnostiqué au moins six cas de tuberculose exigeant un traitement en sanatorium. Malgré les bilans de santé intensifs qui ont été réalisés à intervalles réguliers et les examens aux rayons X menés

> deux fois par année, ces cas sont survenus et se sont propagés dans toute l'école[19].

À l'issue d'une enquête de suivi, F. Matters, agent des Indiens, conclut à une pénurie de lait et d'œufs ainsi qu'à la nécessité d'entreposer davantage de légumes pour l'hiver et de diversifier les menus servis à l'école[20].

La Croix-Rouge mène d'autres enquêtes. Son étude sur la nourriture servie à l'école pour filles de Spanish, en Ontario, en mars 1945, conclut que l'apport en calcium correspond à 46 % des besoins des filles de 10 à 12 ans. Elle signale également des carences marquées en acide ascorbique (vitamine C) et en riboflavine (vitamine B2) ainsi qu'un niveau très faible de vitamine A, ajoutant : « Remarquons le faible niveau de thiamine par rapport aux recommandations à l'adolescence. » On estime qu'il en coûterait 10,54 $ par jour pour amener le régime servi à satisfaire aux Règles alimentaires au Canada (soit 8 ¢ de plus par jour par élève, ce qui correspond à environ 1,09 $ en dollars actuels). L'enquête sur le régime alimentaire servi dans l'école pour garçons de la même localité fait état d'un apport en vitamine A équivalant à 25,5 % des recommandations à l'égard des garçons de 10 à 12 ans et d'un apport en acide ascorbique inférieur de 80 % aux recommandations pour les garçons de ce groupe d'âge. De plus, bien que l'apport calorique y soit suffisant pour des garçons plus jeunes, il ne satisfait pas aux besoins de ceux qui sont plus âgés. En outre, le régime alimentaire des plus âgés ne leur procure pas l'apport recommandé en riboflavine. Il en coûterait 14,08 $ par jour pour que la diète des garçons respecte les Règles alimentaires au Canada. Le rapport conclut que « les conditions actuelles sont surtout attribuables a) au manque d'argent, b) aux installations insuffisantes, c) à l'impossibilité d'obtenir certaines denrées et d) à une connaissance inadéquate des besoins nutritionnels des enfants »[21]. Comme le montreront d'autres inspections, ces problèmes sont courants.

À la fin de 1945 et au début de 1946, la Croix-Rouge mène une enquête sur le menu servi aux écoles de Sault Ste. Marie (Shingwauk), de Muncey (Mount Elgin), et de Kamloops. Le régime alimentaire à l'école Shingwauk ne satisfait pas aux recommandations à l'égard de l'acide ascorbique, de la thiamine (vitamine B1), de la vitamine A, de la riboflavine et du calcium. Les enfants de plus de 12 ans ont par ailleurs besoin d'un apport calorique supérieur à celui dont ils bénéficient. On propose de servir davantage de légumes verts ou jaunes, de pain de blé entier et de jus de tomate tout en recommandant de servir des crudités avec le repas du midi et davantage de légumes en conserve. À l'école Mount Elgin, l'apport en vitamine A, en calcium et en riboflavine est jugé suffisant, mais le menu est pauvre en calories, en thiamine, en acide ascorbique et en fer. À l'école de Kamloops, les portions généreuses laissent supposer que les enfants « jouissent d'un apport supérieur aux recommandations, sauf pour l'acide ascorbique ». Selon toutes les apparences, les enfants y « jouissent d'une santé optimale, sont heureux et grandissent bien »[22].

En 1945, l'agent des Indiens R. S. Davis mène l'enquête à la suite de plaintes de parents concernant la nourriture servie à l'école de Gordon, en Saskatchewan. À sa première visite, il constate que le dîner se compose d'une tranche de saucisson de Bologne, de pommes de terre, de pain et de lait. Au cours d'une visite subséquente, c'est une louche chacune de haricots, de maïs et de pommes de terre, et « très peu de viande ». Beaucoup d'enfants demandent une deuxième assiettée, mais il n'y a pas assez de nourriture pour tous les resservir. Le pain est rassis et n'est pas accompagné de beurre, le lait est peu consistant et il n'y a pas de dessert. Le directeur est incapable de dire si le lait est écrémé et renvoie Davis à l'instructeur agricole, qui lui apprend que tout le lait est écrémé et que « la crème qui ne sert pas pour les repas du personnel est transformée en beurre »[23].

La qualité nutritionnelle et la teneur énergétique des repas servis dans une école découlent directement du succès de sa ferme. En 1945, A. R. Simpson, directeur de l'école de Fraser Lake, en Colombie-Britannique, avise la Division des affaires indiennes que « la mauvaise récolte de l'an dernier a entraîné beaucoup de dépenses imprévues, et celle de cette année ne s'annonce guère meilleure »[24]. En novembre 1948, dans une lettre à Bernard F. Neary, surintendant du bien-être et de la formation aux Affaires indiennes, J. P. Mackey, directeur de l'école de Shubenacadie, soulève des préoccupations relativement à la situation financière de l'établissement : « Sur le plan agricole, nous avons eu notre pire année à ce jour. Nous sommes obligés d'acheter des pommes de terre, des carottes et d'autres légumes, sauf des navets et des betteraves[25]. »

Même s'il estime que les élèves de l'école de Sioux Lookout, en Ontario, jouissent d'un « approvisionnement raisonnable en légumes, en confitures, en sirop, en miel et en fruits séchés », A. G. Hamilton, inspecteur à la Division des affaires indiennes, signale en 1945 qu'il doute qu'ils mangent « assez de viande »[26]. L'hiver 1946 se caractérise par une « épidémie constante de maux de gorge et de fièvre, avec la perte de poids que cela implique, parmi plusieurs élèves ». En avril 1946, 18 garçons et 20 filles ont perdu du poids par rapport au début de l'année scolaire, à raison de moins d'un kilogramme pour certains, mais de pas moins de quatre ou cinq kilogrammes pour d'autres. En 1946, l'école est autorisée à accueillir 135 élèves. Le directeur, A. B. Cheales, est convaincu que les maladies et les pertes de poids sont en partie attribuables au régime alimentaire inadéquat[27]. H. A. Alderwood, responsable à l'Église anglicane, lui enjoint de « faire le nécessaire pour servir davantage de viande et d'œufs »[28].

L'enquête menée en 1946 à l'école de Portage la Prairie, au Manitoba, conclut que les « portions de lait, de fromage, d'œufs, d'agrumes et de tomates sont nettement insuffisantes » et précise que « le menu n'est pas le même pour les enfants et le personnel, et les employés ont accès à toutes sortes d'extras »[29]. Une inspection subséquente, à la fin de 1947, révèle une amélioration de l'approvisionnement en lait, mais constate que l'on sert des agrumes et des tomates seulement deux fois par semaine[30].

Reconnaissant que le régime alimentaire servi dans les écoles laisse à désirer, les Églises réclament davantage de subventions à l'État. Lorsque la Division des affaires indiennes mandate la Croix-Rouge d'analyser les régimes offerts en milieu scolaire, L. A. Dixon, de la Société missionnaire anglicane, rappelle à l'État que « toute recommandation impliquant des dépenses additionnelles doit être assortie d'une garantie d'aide gouvernementale additionnelle »[31]. En 1945, Philip Phelan, fonctionnaire aux Affaires indiennes, à Ottawa, rejette la demande d'augmentation du financement destiné à la nourriture qu'a soumise le directeur de l'école de Fraser Lake, en Colombie-Britannique, qu'appuie pourtant un fonctionnaire régional des Affaires indiennes en Colombie-Britannique. La Division des affaires indiennes accepte de verser un mois de financement à l'école pour 10 élèves de plus étant donné que le directeur en a accueilli plus qu'il n'était autorisé à le faire[32].

Le rapport de 1946 de la Commission d'enquête sur le travail des Indiens de l'Église anglicane portant sur la situation dans les pensionnats signale qu'un « médecin rattaché à la Division des affaires indiennes » a affirmé qu'il « juge que le régime alimentaire servi aux enfants n'est pas assez varié ni équilibré. Étant donné les nombreux cas de tuberculose, il recommande d'augmenter la ration de lait. » Les anglicans recommandent d'augmenter cette ration sur-le-champ et même de la doubler ou la tripler dans certains cas. Le rapport indique que, dans une école anglicane, la nourriture est « insufisante [*sic*] et de très mauvaise qualité »[33]. À l'audience du comité mixte fédéral chargé d'étudier la *Loi sur les Indiens*, en 1947, les Églises protestantes font clairement savoir que le financement qu'elles touchent ne suffit pas à nourrir les enfants conformément aux normes fédérales[34], un point que soulèvent également les organismes autochtones qui comparaissent devant le comité[35].

Les Affaires indiennes font appel à la Division de l'hygiène alimentaire : de 1945 à 1947

Au début de 1945, P. E. Moore, surintendant par intérim des services de santé à la Division des affaires indiennes, décide de concevoir un « régime alimentaire recommandé » à l'intention des pensionnats[36]. Pour l'assister dans sa démarche, il demande à L. B. Pett, directeur de la Division de l'hygiène alimentaire de ce qui a depuis peu été rebaptisé le ministère de la Santé nationale et du Bien-être social, de lui fournir de la documentation à propos des régimes servis en établissement[37]. Pett propose d'élaborer les « menus santé de base fondés sur les Règles alimentaires au Canada », de superviser ou d'inspecter l'« organisation des services alimentaires [et les] méthodes de partage, de préparation et de service de la nourriture », de formuler

« de temps à autre » des recommandations concernant l'achat et la préparation d'aliments, et d'examiner les achats mensuels de provisions[38]. L'année suivante, dans une lettre à Moore, Pett propose d'affecter un fonctionnaire de la Division de l'hygiène alimentaire pour qu'il offre une aide en vue de résoudre le « problème » consistant à fournir « une aide constante [aux pensionnats] pour servir des repas nutritifs et économiques dans les diverses régions du Canada »[39]. Moore se montre ouvert, mais il lui rappelle que, bien que la nouvelle Division des services de santé aux Indiens soit chargée de la « santé dans les écoles, l'administration des écoles relève de la Division des affaires indiennes et des Églises »[40]. En juillet 1946, les Affaires indiennes ont déjà accepté la proposition de Pett consistant à mettre sur pied un service nutritionnel destiné aux pensionnats. Il se composera de deux diététistes qui, en plus de visiter les établissements pour y repérer les problèmes, comme l'a fait l'équipe de la Croix-Rouge, aidera le personnel de cuisine et les directeurs en proposant des menus, en dressant des listes d'approvisionnement adaptées à « ce qu'on peut trouver dans la localité », en consignant des recettes, en donnant des cours de cuisine, en offrant une aide pour tenir un budget et en « coordonnant l'enseignement sur la santé avec les menus en tant que tels ». La nutritionniste Alice McCready inaugurera le service en Ontario[41].

Les premiers rapports du service confirment encore ce que les parents et les enfants dénoncent depuis des décennies. Un rapport de 1946 sur la qualité de la nourriture dans des écoles du Nord-Ouest de l'Ontario, du Manitoba et de la Saskatchewan conclut que, en ce qui concerne les établissements protestants, « un personnel non qualifié (et souvent âgé) touche un salaire dérisoire pour s'acquitter de tâches avec négligence et indifférence. En conséquence, la nourriture est de mauvaise qualité, la propreté des lieux laisse à désirer, les Indiennes ne reçoivent pas de formation appropriée et les efforts ne sont pas coordonnés. » Dans les établissements catholiques, les sœurs sont bien formées et, puisque « leur salaire n'a aucune importance », elles « s'intéressent sincèrement à leur travail ». Résultat : la nourriture est de meilleure qualité, les cuisines sont propres, la formation est plus poussée et les efforts sont coordonnés.

L'étude déplore la médiocrité des installations de plonge (qui contribuent à la propagation de la tuberculose), le piteux état et la mauvaise ventilation des cuisines, l'utilisation d'ustensiles irrécupérables et la réfrigération insuffisante. Elle réclame l'installation de systèmes de pasteurisation dans toutes les écoles. Dans l'ensemble, elle conclut que le régime alimentaire des élèves est inadéquat. On estime que, même en additionnant la valeur des aliments cultivés dans les fermes, les écoles dépensent de 20 à 30 ¢ par jour à nourrir un élève alors qu'il leur en coûterait au moins 36 ¢ pour l'alimenter de manière le moindrement convenable. L'étude dénonce par ailleurs la qualité des denrées achetées : les écoles servent trop de céréales soufflées, de sel non iodé et de farine non fortifiée, sans compter que les techniques de cuisson employées font souvent diminuer considérablement la valeur nutritive des aliments.

Le rapport dresse une liste de huit recommandations en vue d'améliorer le régime alimentaire dans les écoles.

- Une ration d'entre une chopine et demie et une pinte de lait par jour (par rapport à une chopine au plus)
- Une portion quotidienne d'agrumes ou de tomates (par rapport à un maximum de deux portions par semaine, parfois aucune) — la nutritionniste précise : « Le budget actuel ne peut tout simplement pas suffire à servir les portions recommandées. »
- Une portion quotidienne d'autres fruits, frais, en conserve ou séchés — même si la plupart des écoles le font déjà, « la taille de la portion correspond rarement à la moyenne, conséquence encore une fois des contraintes budgétaires »
- Achat de pommes de terre additionnelles pour l'école de Sioux Lookout, en Ontario — la plupart des établissements servent des portions adéquates de pommes de terre, mais l'école de Sioux Lookout n'en sert que trois fois par semaine étant donné la faible étendue de ses terres cultivables
- Deux portions quotidiennes d'autres légumes, préférablement des légumes-feuilles ou des légumes verts ou jaunes — les nutritionnistes reconnaissent que l'« on en sert rarement deux portions par jour aux enfants, car ils n'aiment pas la plupart des légumes et refusent de les manger »
- Une portion quotidienne de céréales de grains entiers pour petit déjeuner et au moins quatre tranches de « pain enrichi de vitamine B Approuvé-Canada » avec du beurre — certaines écoles servent des céréales raffinées (grains non entiers) une ou deux fois par semaine ou n'utilisent pas de pain fait de farine à vitamine B Approuvée-Canada : « Au mieux, on sert du beurre aux enfants une fois par jour, à raison de deux ou trois fois par semaine. Parfois, pour des raisons budgétaires, on ne leur en sert pas du tout. Or, le beurre est une bonne source quotidienne de vitamine A. »
- Des portions additionnelles de substituts de la viande — « Il faudrait servir chaque jour une portion de viande, de poisson, de volaille ou d'un substitut comme des fèves, des pois, des noix, des œufs ou du fromage. Les œufs et le fromage devraient figurer au menu au moins trois fois par semaine et le foie, fréquemment. Les enfants reçoivent une portion de viande par jour, mais, dans le cas des ragoûts, cette portion est souvent très petite. »
- Des portions additionnelles d'œufs : « On sert des œufs au plus deux fois par semaine, mais parfois jamais. Le fromage (lorsqu'il y en a) est proposé au maximum une fois par semaine. Il devrait être possible d'élever assez de poules pour assurer un approvisionnement suffisant en œufs[42]. »

Essentiellement, il est recommandé aux écoles de servir des repas conformes aux Règles alimentaires au Canada.

L'école presbytérienne Cecilia Jeffrey, de Kenora, figure parmi celles visées par l'étude. Voici ce que l'on apprend à son sujet :

> Personne n'assure la supervision complète des cuisines. La responsable de la lessive, anciennement cuisinière, remplace les membres du personnel de cuisine actuels qui sont en congé. La cuisinière en chef a 70 ans et occupe ce poste à titre temporaire parce qu'on a du mal à trouver une cuisinière cette année. Les deux cuisinières manquent de formation et d'expérience en cuisine à grande échelle.

Il n'y a aucune planification des repas à long terme. Au quotidien, les menus « manquent de variété, et le dîner des enfants n'est pas toujours assez copieux ». On lit également que le personnel jouit d'un menu distinct qui comprend des « extras »[43].

À la suite des études, la Division de l'hygiène alimentaire formule des recommandations :

> [...] à la Division des affaires indiennes et aux Services de santé aux Indiens à propos des améliorations nécessaires du point de vue i) de la santé (p. ex., portions supplémentaires de certains aliments, recours à des cuisinières mieux formées, remplacement des ustensiles usés ou craqués, tenue appropriée pour les personnes qui manipulent des aliments, pasteurisation du lait) et ii) des installations et de la formation (p. ex., équipement, comme un éplucheur de pommes de terre, dispositifs d'éclairage et de ventilation, déplacement ou agrandissement de certains appareils)[44].

Dans l'ensemble, McCready conclut que les « lacunes nutritionnelles » des régimes alimentaires dans les écoles sont potentiellement « attribuables aux contraintes budgétaires, aux types et à la quantité de fruits et de légumes cultivés, aux denrées achetées (p. ex., céréales raffinées) et aux pertes nutritionnelles en cours de cuisson »[45]. Il s'agit essentiellement des mêmes problèmes qu'ont recensés peu avant les inspecteurs de la Croix-Rouge.

Alors que l'évaluation de la nutrition dans les écoles reposait sur l'application des Règles alimentaires au Canada, Pett croit qu'il serait « préférable de se fonder sur les aliments accessibles dans les réserves environnantes et de n'ajouter que les denrées qui peuvent être obtenues à bon prix », ce qui permettrait éventuellement de proposer aux élèves un régime alimentaire qu'ils pourraient respecter lorsqu'ils quitteront l'école. Il conclut : « Une telle proposition suppose cependant une question incontournable, à laquelle il ne me revient pas de répondre : quel est votre objectif relativement aux Indiens[46]? »

Les enquêtes de 1947

Une nouvelle ronde d'inspections est menée en 1947. Un rapport en date de janvier 1947 sur l'Institut Mohawk de Brantford, en Ontario, recense le chapelet habituel de problèmes. Les cuisinières manquent d'expérience, elles sont débordées et elles ont du mal à communiquer avec les enfants. Le hachoir à viande est « vétuste et irréparable », et le tranche-légumes a été fabriqué dans l'atelier de l'école. Il n'y a pas assez de bouilloires, qui sont d'ailleurs vieilles et usées. La vaisselle est ébréchée, et les couverts sont vieux et rouillés. Il n'y a pas de couteaux de table.

La réserve principale est loin des cuisines en plus d'être « sombre et en piteux état ». Les tablettes, non peintes, sont « trop étroites et inadéquates ». L'« autre réserve » se trouve plus près, mais elle est encombrée d'ustensiles de cuisine et de produits nettoyants « car il n'y a nulle part où les ranger dans la cuisine ». La réserve temporaire n'a ni armoires, ni tablettes, ni fenêtre. Le pain est conservé « de manière inadéquate » dans des boîtes de carton. Le réfrigérateur ne convient pas à la conservation de la viande, des produits laitiers, des restes et des autres produits périssables. Les tables et les bancs du réfectoire sont vieux, très usés et bruts, et les tables sont recouvertes d'une « toile cirée blanche, tachée et usée ». Le sol de béton de la cuisine et de la plonge doit être remplacé par un couvre-sol plus facile à tenir propre. Le rapport propose par ailleurs d'aménager des fenêtres dans les réserves et la plonge ainsi que d'ouvrir les fenêtres du réfectoire pour composer avec la ventilation insuffisante. La réserve principale est mal éclairée. Même si on fait « un bel effort » pour garder les pièces propres et en ordre, le manque de lieux d'entreposage, l'usure du sol, la vétusté de l'équipement et des ustensiles ainsi que la main-d'œuvre inadéquate constituent autant de « handicaps », et les bons résultats ne sautent pas aux yeux.

L'inspectrice n'a pas « tout à fait l'assurance que les personnes qui manipulent les aliments n'ont pas la tuberculose ». On procède régulièrement à des tests de dépistage de la tuberculose sur le bétail, mais le lait n'est pas pasteurisé, et les installations de nettoyage et d'entreposage des outils de traite ne sont pas adéquates. En outre, le recours à de mauvaises pratiques de disposition des déchets a attiré des rats, sans compter que l'école est infestée de blattes.

En l'absence d'équipement de réfrigération adéquat, le bœuf doit être conservé en ville au coût de 3 ¢ la livre. Le reste des provisions est acheté, pour une facture d'environ 20 ¢ par personne, par jour. Même si la responsable dresse un menu qui se répète toutes les deux semaines, il « ne représente pas un régime adéquat et n'est pas systématiquement respecté ». Un menu distinct est servi aux enfants et au personnel, qui jouit d'« extras » alors que les portions de viande et de fruits servies aux enfants sont habituellement insuffisantes. Les portions d'agrumes, de légumes et de céréales de grains entiers pour petit déjeuner sont inadéquates par rapport aux recommandations des Règles alimentaires, ce qui limite l'apport en vitamines A,

C et B. Selon le rapport, les portions de ragoût, en particulier, sont « trop petites pour des enfants en croissance ». Parce que les méthodes de préparation et de cuisson standard ne sont pas appliquées, les repas sont de mauvaise qualité et manquent de variété[47].

Lorsqu'il passe en revue un barème de rations fondé sur les Règles alimentaires au Canada que propose la Division des affaires indiennes, Henry Cook, directeur de l'école de Moose Factory, en Ontario, note en 1947 que de nombreux élèves « n'aiment pas certains légumes », mais qu'ils boivent du thé depuis qu'ils sont tout petits. Il veut savoir s'il pourrait « demander moins de légumes et employer les sommes ainsi dégagées pour acheter davantage de thé »[48], ce à quoi Pett répond : « Si certains légumes déplaisent aux enfants, il faut acheter davantage de ceux qui leur plaisent au lieu d'utiliser les sommes dégagées pour acheter du thé. » Il souligne par ailleurs qu'« [a]ucune liste centralisée de provisions ne saurait répondre aux besoins locaux d'un quelconque établissement. Il faut plutôt s'en inspirer[49]. »

À l'école de Delmas, en Saskatchewan, l'inspectrice signale que, au lieu de consommer quotidiennement entre une chopine et demie et une pinte de lait, les élèves en reçoivent entre une et trois tasses; au lieu d'une portion d'agrumes par jour, on ne leur en sert qu'au cours des fêtes catholiques; au lieu de portions quotidiennes d'autres fruits, ils n'en reçoivent que lorsqu'il y en a; au lieu d'une portion par jour de céréales de grains entiers, on leur sert des céréales de grains non entiers à raison de trois fois par semaine. Bien qu'ils mangent au moins six tranches de pain, celui-ci n'est pas enrichi de vitamines. Ils ne consomment pas de fromage et ne reçoivent de l'huile de foie de morue que pendant l'hiver[50].

Au début de 1947, McCready inspecte six écoles en Alberta. Dans l'ensemble, elle conclut qu'« aucune école ne propose un régime assez varié pour répondre aux exigences relatives à la teneur vitaminique et [qu']aucun directeur d'école n'a accès au budget voulu pour offrir un régime tout à fait satisfaisant, surtout en ce qui concerne les fruits frais et le jus de fruits »[51]. Son inspection des cuisines de l'école de Morley, en Alberta, fait ressortir les problèmes avec lesquels les cuisinières de l'établissement doivent composer. Parce que les cuisines sont étroites, elles sont encombrées et le personnel s'y marche sur les pieds. Il n'y a nulle part pour y entreposer les denrées, le réfrigérateur est inadéquat et est installé dans une dépense attenante aux cuisines, et, outre les fenêtres, il n'y a aucune ventilation. Le hachoir à viande et le tranchoir manuel sont usés, et il n'y a pas assez d'eau chaude pour laver toute la vaisselle dans l'unique évier. Des mois durant, l'école n'a pas pu acheter de lard, de fromage ou de fruits séchés, sauf des pruneaux, et l'approvisionnement en lait frais est jugé « nettement insuffisant »[52]. À l'école d'Hobbema, en Alberta, la situation n'est pas plus encourageante. Selon l'inspectrice : « Les repas manquent de variété, car on prépare des plats en grande quantité pour le repas du midi pour ensuite servir les restes (tels quels) le soir. » L'évaluation des portions en fonction des recommandations issues des Règles alimentaires révèle qu'elles sont « nettement insuffisantes pour le lait, les agrumes ou les tomates, les autres légumes, le recours au blé entier ou au pain blanc ou brun Approuvé-Canada, le beurre, les œufs, le fromage (impossible à se procurer) et le sel iodé ». Les élèves sont « blêmes, apathiques et maigres »[53].

En 1947, une enquête révèle que la Société missionnaire de l'Église d'Angleterre du Canada n'emploie pas intégralement les subventions que lui verse le gouvernement fédéral pour l'école d'Alert Bay, en Colombie-Britannique, strictement à des fins scolaires. L'agent des Indiens M. S. Todd écrit : « Les salaires sont si faibles qu'il est impossible de trouver des employés compétents » et « la préparation, le service et la qualité des aliments proposés aux enfants et au personnel constituent une page sombre de l'histoire de l'école »[54]. Trois jours plus tard, un autre fonctionnaire de la Division des affaires indiennes, J. Coleman, soumet un rapport tout aussi réprobateur à propos de l'école. Le repas du midi s'y compose de saumon bouilli, de pommes de terre, de navet cru, d'une galette de maïs et d'eau. Selon Coleman :

> Parfois, le poisson avait encore des nageoires ou il était quasi cru. Il était aussi très froid parce qu'il était resté presque une demi-heure dans des bols de métal avant d'être servi. Les galettes de maïs semblaient mouillées et mal cuites. Le repas du soir se composait de têtes et d'œufs de poisson au four, en quantité insuffisante, avec une minuscule cuillerée de compote de pommes et une tranche de pain.
>
> Le lendemain midi, c'était du foie, des pommes de terre et des carottes crues avec du pain, mais comme les enfants n'avaient droit qu'à une cuiller, ils avaient du mal à diviser la viande en bouchées. Pour dessert, on leur a servi un pudding bouilli pâteux, impropre à la consommation, accompagné d'eau. Le repas du soir s'est composé de pudding au riz bouilli à l'eau avec environ deux pruneaux par enfant et du pain avec une traînée de beurre d'arachides et du cacao. J'ai remarqué que certains élèves qui assuraient le service aux tables se sont retrouvés sans portion suffisante, sans qu'il y ait de réserves pour compenser. Je doute que les enfants boivent au total plus d'un tiers d'une chopine de lait par jour, et ils ne mangent pas de beurre. Rien n'indique qu'on leur sert des agrumes ou du jus de tomate autrement qu'à de très rares occasions.

Coleman doute que le régime alimentaire puisse satisfaire même « la moitié des besoins nutritionnels des enfants ». Étant donné que beaucoup d'entre eux viennent de « foyers dotés de tout le nécessaire où ils jouissent d'une excellente qualité de vie, on comprend facilement que ces conditions les révoltent »[55].

D'autres écoles rapportent que le seul moyen de proposer des repas satisfaisants consisterait à excéder leur budget de nourriture. En décembre 1947, le directeur de l'Institut Mohawk, W. J. Zimmerman, informe les Affaires indiennes de ce qui suit :

> Le dossier de la nourriture est tout un casse-tête. Je ne peux pas continuer d'offrir les repas actuels tout en respectant le budget. Mme Davies tente d'assurer

> une alimentation équilibrée aux enfants. L'autre jour, un garçon a affirmé que s'il reste à l'école, c'est entre autres parce qu'il y mange bien. Il a clairement dit que si l'on revenait à ce qui était servi il y a quelques années, il partirait.

Il écrit que réduire le budget alimentaire ne ferait qu'accroître le nombre de fugues[56].

À l'été 1947, la Division de l'hygiène alimentaire propose un cours destiné aux cuisinières des pensionnats[57]. À cet effet, Pett fait venir à la fois des cuisinières et des écolières à l'école de Qu'Appelle, en Saskatchewan. Pendant le cours, il explique que « la variété des aliments et la taille de la plupart des portions étaient supérieures à ce qui est servi dans les écoles. Il n'a pas été difficile de convaincre les filles [c'est-à-dire les écolières] de manger les aliments nécessaires pour être en santé. » Cette observation vise à contredire les personnes affirmant que les élèves refuseraient de manger des aliments sains. De l'avis de Pett, les élèves accepteront de manger des plats sains à condition qu'ils soient bien préparés. Le budget quotidien de nourriture pendant le cours s'élève à 46 ¢ par personne. Bien que cela corresponde au double du budget des pensionnats que les membres de son équipe ont visités au cours des deux années précédentes, il précise que « 46 ¢, ce n'est pas très cher compte tenu du prix actuel de la nourriture et en comparaison avec ce qu'il en coûte à d'autres établissements »[58].

À l'automne 1947, McCready se rend dans 17 écoles du Manitoba, de la Saskatchewan, de l'Alberta et du Nord de l'Ontario. Son rapport d'inspection brosse un tableau désolant. Elle constate que les « recettes de base pour 100 portions et les menus hebdomadaires » qui ont été fournis ne sont pas utilisés, au contraire : « Très peu des cuisinières mettent en application la majorité de la matière enseignée dans le cours. » Dans la plupart des écoles, on se sert des recettes à l'occasion, pour préparer des desserts, mais on ne « voit pas la nécessité » d'appliquer une recette pour préparer des soupes, de la viande et des légumes. Une seule école utilise couramment les recettes fournies. Une cuisinière a déclaré qu'« elle ne prépare pas de menu, car elle serait obligée de le modifier ». Dans un cas, McCready aide une cuisinière à planifier un menu hebdomadaire, mais, étant donné les ressources insuffisantes, il ne comporte toujours pas d'agrumes, de légumes, d'œufs, de foie ou de beurre.

Au cours de ses rencontres avec les cuisinières, McCready constate la nécessité de les former sur l'importance :

- de servir des légumes;
- de faire cuire les pommes de terre sans les peler afin de gagner du temps, d'éviter du travail inutile et de préserver la vitamine C;
- de couper les aliments en portions semblables afin que tous les enfants en reçoivent la même quantité (elle rapporte que « la cuisinière voit rarement les plats une fois qu'ils ont quitté la cuisine et elle a à peine conscience que la portion servie à un enfant peut varier du simple au double »);
- de faire cuire les légumes aussi rapidement que possible;

- de se rendre compte que la confiture ne constitue pas une portion de fruits;
- de surmonter les aversions alimentaires des enfants par « l'introduction graduelle et des explications ».

Elle constate des améliorations dans « la plupart des écoles » par rapport à la première inspection. En particulier, on sert davantage de bœuf, on achète plus de fruits frais, on complète l'approvisionnement en lait frais avec du lait en poudre et on sert davantage de pain de blé entier.

Toutefois, écrit McCready, les directeurs ont du mal à ne pas buter sur deux sujets de discussion :

1) Les contraintes budgétaires et l'obligation pour la Division des affaires indiennes, si elle resserre les normes, de leur donner les moyens de les appliquer;

2) Le fait que les enfants jouissent à l'école d'une alimentation nettement supérieure à celle qu'ils avaient avant d'y arriver et qu'ils auront lorsqu'ils la quitteront.

Les directeurs font l'observation suivante à McCready :

> [...] ils accueilleraient favorablement une politique publique qui définirait les attentes à leur égard tout en fournissant les moyens de respecter la norme. En l'occurrence, on peut difficilement convaincre les directeurs que nous pouvons les aider ou qu'ils peuvent améliorer considérablement la situation alors qu'ils ont pleinement conscience des contraintes avec lesquelles ils doivent composer (budget, denrées, équipement essentiel, personnel)[59].

Les évaluations négatives auxquelles McCready procède pour Pett sont transmises aux fonctionnaires du ministère fédéral de la Santé chargés des Premières Nations. En mars 1947, E. L. Stone, surintendant régional de la Division des services de santé aux Indiens (ministère de la Santé nationale et du Bien-être social) en Alberta, adresse à son directeur (Percy Moore) une lettre où il synthétise les conclusions de l'enquête de McCready auprès de six écoles de l'Alberta, au début de l'année. Il retient les conclusions suivantes.

1) Que, dans les meilleures écoles, les élèves sont raisonnablement nourris adéquatement, du moins sur le plan de la quantité.

2) Qu'aucune école ne propose un régime assez varié pour satisfaire aux exigences relatives à l'apport vitaminique et qu'aucun directeur d'école ne jouit d'un budget suffisant pour offrir un régime tout à fait satisfaisant, surtout en ce qui concerne les fruits frais et les jus de fruits.

3) Que certaines écoles pourraient en faire davantage avec leurs ressources actuelles.

4) Que la qualité de l'alimentation se mesure à l'aune de la qualité de la gestion des écoles dans d'autres domaines.

Stone conclut sa lettre sur ce constat :

> La seule façon que je peux concevoir de rendre l'alimentation vraiment satisfaisante dans les pensionnats consisterait pour le Ministère à faire le bilan des problèmes de nourriture, à fournir des menus aux écoles, à procéder à des inspections en bonne et due forme ainsi qu'à payer le coût des aliments. Selon moi, tous les directeurs y seraient tout à fait favorables[60].

À titre de directeur de l'hygiène alimentaire, Pett communique aussi directement avec les Affaires indiennes. Dans une lettre de juillet 1947 à B. F. Neary, surintendant du bien-être et de la formation aux Affaires indiennes, il écrit :

> Je ne crois pas que les rapports aient démontré que les enfants indiens tirent le moindre bienfait concret de tout cela. Or, c'est là notre objectif. Nous ne pouvons donc pas continuer d'offrir indéfiniment un tel service sans en démontrer l'efficacité. Hélas, les résultats dépendent des actions de nombreuses personnes au sein de divers organismes. Avant que nos conseils s'avèrent efficaces, il faut améliorer certaines installations. Il faut également revoir les budgets pour permettre un approvisionnement adéquat. Enfin, l'ensemble du personnel d'une école doit manifester l'intérêt et l'intelligence voulus pour mettre à profit de plus amples conseils dans ce dossier[61].

La Division de l'hygiène alimentaire a clairement avisé les hauts fonctionnaires des graves problèmes nutritionnels qui sévissent dans les pensionnats et que seule une hausse du financement permettrait de régler.

En plus de procéder à des inspections, la Division de l'hygiène alimentaire dresse une liste de publications sur la nutrition, qu'elle fait parvenir aux responsables des pensionnats en leur indiquant de réclamer celles qu'ils désirent auprès du ministère de la Santé de leur province[62]. Des séquences de menus, des recettes pour 100 portions et des affiches éducatives sont aussi préparées[63]. Pour en apprendre davantage concernant l'attitude des enfants à l'égard de la nourriture, la Division lance par ailleurs un concours de création d'affiches sur l'alimentation et la nutrition auprès des élèves des pensionnats.[64].

En décembre 1947, Pett résume le travail accompli par la Division de l'hygiène alimentaire au cours des deux années précédentes et parvient à la conclusion suivante : « Il n'y a pratiquement pas eu d'amélioration. » L'issue des inspections l'amène à faire les constats suivants.

a) aucune école n'alimente bien ses élèves;

b) en l'absence de l'équipement mécanique nécessaire, il faut consacrer une bonne partie du temps des élèves à d'autres tâches qu'à leur éducation;

c) l'absence de plans coordonnés d'alimentation des élèves grâce aux produits de la ferme entraîne l'achat de denrées qui auraient pu être cultivées, ce qui accroît les coûts d'un régime adéquat et fait en sorte que nos recommandations entraînent une demande de hausse du budget alors qu'il faudrait plutôt une politique par laquelle la ferme jouerait un rôle aussi bien sur le plan de la formation que de l'approvisionnement;

d) il n'est pas rare que la cuisinière manque de formation et qu'elle soit donc incapable de profiter de notre aide, et notre tentative de rectifier la situation en offrant un cours de cuisine s'est soldée par un échec;

e) les méthodes employées dans les pensionnats indiens à l'égard des services alimentaires ne semblent pas adaptées aux Indiens à leur retour dans la réserve (p. ex., on ne tient pas compte des habitudes alimentaires et des aliments locaux) et ne les aident pas à comprendre les façons de faire des Blancs.

Il ne voit aucun avantage à poursuivre les visites, car « rien ne sert de savoir qu'une autre école n'atteint pas la norme nutritionnelle, et les visites permettent difficilement de dégager des avantages mesurables ». Selon lui, c'est une erreur de cibler les cuisinières; il faudrait plutôt organiser des colloques avec les directeurs et les gérants de ferme pour discuter d'aliments et de divers problèmes. « Ces discussions serviraient entre autres à concevoir de concert des ensembles de menus ainsi qu'à mettre à l'essai des plats dont les ingrédients pourraient être obtenus localement au moyen d'une subvention suffisante rattachée à l'exploitation de la ferme. » Sa dernière recommandation consiste à « [m]ettre le projet à l'essai dans au moins deux écoles, à condition de pouvoir compter sur la collaboration de la Division des affaires indiennes et des autres parties intéressées ».

> Le projet s'étalerait sur plusieurs années et comprendrait une enquête nutritionnelle complète visant tous les enfants. Il faudrait réaliser l'ensemble des travaux de rénovation essentiels et garantir le dégagement d'une enveloppe budgétaire destinée à offrir une alimentation de première qualité. D'autres essais cliniques et études statistiques seraient réalisés à intervalles de six mois ou d'un an.

Pett estime qu'il sera possible d'étudier dans une des écoles « les effets des aliments enrichis de vitamines ou de minéraux » et note que les États-Unis et d'autres pays commencent à fortifier des aliments « sans avoir procédé à une telle étude »[65].

Les études sur la nutrition : de 1948 à 1953

Les recommandations finales qui figurent dans la lettre de décembre 1947 de Pett sont le fondement d'une série d'expériences nutritionnelles réalisées dans six écoles à la fin des années 1940 et au début des années 1950. En avril 1948, Pett distribue un aperçu d'une étude quinquennale sur la nutrition concernant les effets « d'un programme alimentaire en milieu scolaire d'une durée minimale de cinq ans sur la santé physique, buccodentaire et mentale des enfants de 7 à 16 ans ». Celui-ci, entre autres, comparera « diverses mesures curatives et préventives, comme la distribution d'aliments ou de capsules renfermant des minéraux, des vitamines, etc. dont des observations auront montré la nécessité ». Les écoles serviront à montrer « ce qui peut être accompli dans divers domaines au moyen de l'aide financière nécessaire et avec la coopération pleine et entière des ministères fédéraux, des Églises et des écoles en cause ». Il s'attend à ce que l'étude serve de « repère pour cerner les améliorations requises dans les autres écoles ». Tel quel, le projet constitue une version nettement moins ambitieuse de ce que Pett a proposé en 1947.

À l'origine, Pett recommande de mener le projet dans les écoles d'Alberni, d'Edmonton, de Prince Albert, de Kenora et de Shubenacadie. En ce qui concerne Kenora, il propose de le faire à la fois à l'école catholique romaine et à l'école presbytérienne. Il veut également étendre si possible la démarche aux pensionnats de Kamloops, de Spanish et de Brantford[66].

L'objectif des études

Selon un document d'avril 1948 qui semble avoir été destiné aux directeurs des écoles visées par le projet, celui-ci s'intéressera « surtout aux retombées potentielles de programmes alimentaires particuliers, en tenant dûment compte de critères tels que les coûts, la commodité ou la disponibilité ». Pett leur assure que « [l]es ministères concernés s'occuperont des coûts supplémentaires et des aménagements requis ». Avant tout, « l'étude à long terme sur la nutrition vise à examiner divers régimes alimentaires potentiels pouvant être proposés, au meilleur coût possible, dans le but de préserver ou d'améliorer la santé des Indiens ». Les pensionnats constituent l'endroit idéal où mener un tel projet, car l'idée veut que les troubles alimentaires à l'âge adulte « commencent en fait pendant l'enfance ». Il est plus commode de mener les études auprès d'élèves plutôt que de la population en général étant donné que les écoles sont prêtes à coopérer et que les élèves représentent un échantillon stable qui peut être étudié durant plusieurs années[67].

Pett écrit que le projet est conçu pour répondre aux questions suivantes.

1) Les conditions observées dans le Nord du Manitoba se retrouvent-elles ailleurs au Canada? [L'étude sur le Nord du Manitoba sera traitée ultérieurement dans le présent chapitre.]
2) Quel type de service alimentaire en pensionnat permettra le mieux et au meilleur prix de préserver la santé des élèves et de leur inculquer des habitudes alimentaires désirables qu'ils conserveront à leur retour dans la réserve?
3) Les aliments fortifiés de vitamines et de minéraux apportent-ils des bienfaits mesurables sur une période de cinq ans?
4) Les écoles peuvent-elles adopter efficacement des méthodes pédagogiques axées sur la santé[68]?

Même si Pett retient quatre questions, la plupart des travaux de recherche concernent les points soulevés dans la troisième, qui s'inspire des débats en cours dans le contexte des enjeux nutritionnels au Canada.

Le débat sur la farine enrichie de vitamines au Canada

L'intérêt de Pett pour la question 3, à savoir si les aliments fortifiés de vitamines et de minéraux peuvent procurer des « bienfaits mesurables », découle du débat alors en cours dans le milieu des nutritionnistes. En 1948, les chercheurs canadiens en nutrition et les organismes gouvernementaux de réglementation étrangers ont déjà conclu que l'ajout de vitamines à la farine améliorerait la santé publique en général et celle des populations sous-alimentées en particulier. L'idée d'enrichir ou de fortifier la farine (et le pain qu'elle sert à fabriquer) est relativement nouvelle. Ce n'est en effet qu'au milieu des années 1930 qu'il devient possible de synthétiser les vitamines et de les commercialiser. L'acide ascorbique (vitamine C) devient la première vitamine ainsi produite, en 1934[69], suivi de la thiamine (un type de vitamine B), synthétisée en 1936[70]. On voit dans la farine un produit auquel il est logique d'ajouter des vitamines, et ce, pour deux raisons. Primo, les méthodes conventionnelles alors employées pour moudre la farine, par lesquelles le germe et l'enveloppe extérieure du grain de blé sont retirés, font perdre à la farine les huit vitamines interreliées collectivement appelées « vitamines du complexe B » ainsi que des minéraux comme le fer et le calcium. On considère que l'enrichissement consiste essentiellement à rajouter à la farine des versions de synthèse de ces vitamines et minéraux. Secundo, étant donné que le pain et les céréales sont au cœur du régime alimentaire des Canadiens, de même que de celui des Européens et des Américains, la fortification devrait accroître facilement l'apport en vitamines et en minéraux dans l'ensemble de la population[71].

Avant les années 1940, les spécialistes canadiens de la nutrition doutent des bienfaits de l'ajout de vitamines précises au régime alimentaire typique au Canada[72], estimant que si les Canadiens pouvaient toucher un revenu suffisant, ils seraient en mesure de satisfaire leurs besoins nutritionnels en achetant et en consommant des aliments variés et bien préparés[73]. Les préoccupations entourant l'apport nutritif de l'alimentation des Canadiens s'intensifient toutefois après la publication d'études menées par le Conseil canadien de la nutrition, qui ont permis de constater des carences importantes en vitamines A et B, en fer et en calcium[74]. Des préoccupations sont aussi soulevées en 1943 concernant la teneur en acide ascorbique du régime alimentaire des Canadiens[75].

Des conclusions analogues amènent la Grande-Bretagne et les États-Unis à appliquer des politiques d'enrichissement de la farine. Les États-Unis adoptent en mai 1941 des normes à ce chapitre et, vers le milieu de l'année 1942, les trois quarts du pain blanc et de la farine pour usage domestique vendus au pays sont enrichis de thiamine, de lait en poudre, de niacine (vitamine B3) et de fer. La riboflavine (une autre vitamine B) est ajoutée à compter de 1943; la même année, l'enrichissement du pain devient obligatoire aux États-Unis[76]. En 1940, le gouvernement britannique prescrit l'addition de thiamine au pain, mais la guerre retarde l'application de cette mesure. En 1943, l'ajout de carbonate de calcium à la farine devient aussi obligatoire[77].

Au lieu de prescrire l'ajout de vitamines à la farine, le gouvernement canadien préfère encourager le recours, dans les minoteries, à des procédés permettant de conserver la teneur naturelle du blé en vitamines, ce qui, croit-on, sera plus bénéfique que les techniques étatsunienne ou britannique, qui n'ajoutent que certaines vitamines du complexe B perdues en cours de transformation. De nouveaux procédés « à taux élevé d'extraction » permettront de conserver de deux à trois fois plus de thiamine (une vitamine du complexe B) que le procédé habituel. La farine ainsi moulue peut être étiquetée « farine blanche à vitamine B Approuvée-Canada » ou « farine à vitamine B Approuvée-Canada ». Ce procédé demeure cependant optionnel, quoique la version initiale des Règles alimentaires officielles au Canada recommande l'usage de farines Approuvées-Canada. En conséquence, la Division de l'hygiène alimentaire recommande régulièrement aux pensionnats de servir aux élèves du pain fait de cette farine, bien que, la plupart du temps, ils ne le fassent pas.

Le décret de 1941 conférant la mention Approuvée-Canada aux farines en question criminalise par ailleurs l'ajout de vitamines de synthèse à la farine ou au pain, une mesure destinée à éviter que les fabricants ajoutent des vitamines sans que l'on en connaisse les répercussions éventuelles. Les farines Approuvées-Canada ne remportent pas de succès : deux ans et demi après leur mise en marché, elles ne représentent que 7 % de toute la farine vendue au pays[78], ce qui laisse supposer que, en ce qui concerne le pain, le régime de plus de 90 % de la population canadienne ne respecte pas les Règles alimentaires officielles au Canada.

À la suite d'une série d'études réalisées dans les années 1940, l'État subit de plus en plus de pressions pour prescrire l'enrichissement de la farine en général ou, au minimum, pour faire en sorte que l'on fournisse de la farine enrichie aux populations sous-alimentées, en particulier les communautés autochtones.

Les quatre premières études sont menées à Terre-Neuve, qui, jusqu'en 1949, n'est encore qu'une colonie britannique. Une étude de la santé de la population terre-neuvienne réalisée en 1944 constate « couramment » des « carences nutritionnelles en vitamine A, en riboflavine et en acide ascorbique », mais aussi en thiamine et en niacine[79]. Réagissant à l'information dégagée dans le cadre de cet exercice (le rapport n'est publié qu'en 1945), le gouvernement de Terre-Neuve exige en 1944 que toute farine importée sur le territoire soit enrichie de thiamine, de riboflavine, de niacine, de fer et de calcium (farine d'os)[80]. Selon une étude publiée en 1948, bon nombre des symptômes de malnutrition ont diminué au cours des quatre années précédentes (autrement dit, après l'avènement de la farine enrichie) parmi la population terre-neuvienne. On rapporte que :

> [...] les symptômes de malnutrition, dont le taux de prévalence devait décroître grâce à la fortification de la margarine à la vitamine A ainsi qu'à l'enrichissement de la farine à la riboflavine, à la niacine et à la thiamine, sont moins fréquents et moins sévères en 1948 qu'ils ne l'étaient en 1944 alors que le taux de prévalence des lésions n'ayant rien à voir avec ces mesures est demeuré stable ou a augmenté.

On croit que l'augmentation générale du degré de « vivacité » des gens peut être attribuable à un apport supérieur en thiamine. Les auteurs recommandent de continuer à enrichir la farine et la margarine et de veiller à ce que la formation en santé publique insiste sur l'importance de faire boire du lait aux enfants et de consommer du jus d'agrumes ou des fruits ainsi que la nécessité de manger davantage de légumes crus[81]. Deux études réalisées dans la localité terre-neuvienne de Norris Point, l'une en 1944 et l'autre en 1948, concluent à une amélioration marquée, en quatre ans (c'est-à-dire, encore une fois, depuis l'avènement de la farine enrichie), des « symptômes couramment associés à une carence en vitamines du complexe B », laquelle est jugée « conforme à l'augmentation de l'apport en nutriments attribuable à la farine enrichie »[82].

Des travaux de recherche sont également entrepris à propos de la nutrition parmi les peuples autochtones du Canada. En 1941, le Dr Cameron Corrigan, qui fournit des services de santé au nom de la Division des affaires indiennes dans le Nord du Manitoba, recommande de mandater le Dr Frederick Tisdall de mener une étude sur la nutrition à Norway House pour détecter « toute carence dont pourraient souffrir les Indiens ». En parallèle, Corrigan recommande d'ajouter des vitamines à la farine fournie aux Premières Nations de Norway House[83]. Réalisée en 1942, l'étude conclut que le « régime alimentaire ne permet pas d'obtenir l'apport quotidien recommandé de la plupart des nutriments ». Dans certains cas, le « régime est nettement pauvre ». Le fort taux de mortalité, tant parmi les nourrissons que la population en général ou les patients tuberculeux, est rattaché au « degré élevé de malnutrition attribuable à une alimentation inadéquate ». Le rapport souligne par ailleurs que la farine occupe une place importante dans le régime alimentaire des Premières Nations[84]. Les résultats de l'étude correspondent aux « conditions observées dans le Nord du Manitoba » auxquelles Pett fait allusion dans la première de ses quatre questions, mentionnées précédemment.

Au même moment, une étude est lancée sur les avantages éventuels de la vitaminothérapie. Sur 300 membres des Premières Nations, 125 reçoivent des vitamines. Corrigan examine les participants, et une infirmière s'assure que les sujets respectent le traitement. En 1944, une étude de suivi conclut qu'il est « encore trop tôt pour espérer constater des signes précis d'amélioration ». Des 300 sujets de l'étude, 102 sont des élèves d'entre 7 et 16 ans. Les rapports officiels en disent seulement que leurs « conditions optiques étaient excellentes et qu'il n'y avait presque pas de troubles sérieux »[85]. Selon toute vraisemblance, bon nombre de ces élèves, sinon tous, fréquentent le pensionnat de Norway House, où le directeur de l'école d'Alberni, A. E. Caldwell, travaillait au début des années 1940. En 1948, il décrit comment, lorsqu'il dirigeait l'école de Norway House :

> [...] il a entrepris, à la demande du médecin, de créer à l'école un groupe nourri selon un régime alimentaire modifié et un groupe témoin, chacun composé de 20 élèves. L'apport vitaminique du régime alimentaire a été réduit pour le groupe témoin et augmenté pour l'autre. Cependant, ce projet n'a duré que trois mois environ, et les résultats n'ont pas dû être très concluants[86].

Cette lettre est l'unique document à mentionner l'expérience en indiquant que l'apport en vitamines du groupe témoin a été réduit. Or, contrairement aux autres documents, elle a été écrite des années après la réalisation de l'étude. Elle laisse par ailleurs entendre que l'étude a duré moins longtemps que ce qu'affirment les rapports officiels. Cependant, si elle est exacte, il s'agirait d'une grave atteinte à la santé des enfants concernés. Étant donné l'observation de Pett, en 1947, selon laquelle « aucune école n'alimente bien ses élèves », toute réduction de l'apport vitaminique du régime alimentaire servi aux élèves ne peut qu'être considérée comme un acte de négligence injustifiable[87]. Si la description de l'étude qu'en fait Caldwell est véridique, il a manifestement abusé de son statut de tuteur en permettant qu'on réduise l'apport en vitamines. Il aurait mieux fait d'obtenir au préalable le consentement des parents à ce que leurs enfants participent au projet de recherche. Soulignons que les études que Pett dirige à la fin des années 1940 et au début des années 1950 n'impliquent aucune réduction semblable de l'apport vitaminique du régime alimentaire des élèves.

Malgré l'absence de résultats évidents, le Comité expéditionnaire sur la nutrition, qui a mené l'étude dans le Nord du Manitoba, formule la recommandation suivante en 1944 :

> [...] les articles d'alimentation de base habituellement consommés par les Indiens devraient servir de véhicule pour les substances alimentaires dont leur régime fait défaut. Par exemple, la farine devrait être la farine « Canada approuvée » [sic], riche en vitamines et à laquelle on pourrait ajouter de la thiamine (vitamine B1), de la riboflavine (vitamine B2), de la niacine, du calcium et des sels de fer[88].

Le Comité recommande essentiellement l'utilisation d'un produit très semblable à la farine enrichie pour Terre-Neuve.

Un document de 1948 sur l'état de santé des Premières Nations de la Jamésie conclut que, en plus d'accroître le recours aux aliments disponibles localement, il serait « souhaitable d'améliorer la teneur en vitamines et en minéraux des denrées de base que les Indiens doivent acheter, un objectif tout à fait atteignable par l'ajout de thiamine, de riboflavine, de niacine, de vitamine D, de calcium et de fer à la farine »[89].

Pett a des réserves quant à l'efficacité de la farine enrichie aux vitamines de synthèse. Après la publication de l'étude sur la Jamésie, il écrit à l'auteur principal du rapport, R. P. Vivian, du Département de santé et de médecine sociale de l'Université McGill en précisant : « durant les longues années marquées par la controverse sur la fortification de la farine et d'autres aliments aux vitamines, je m'en suis tenu à une certaine neutralité. Je veux des preuves de la valeur concrète d'une telle démarche ainsi que de son innocuité avant de préconiser son application à de vastes groupes de personnes. » À son avis, aucune étude n'a démontré les avantages qu'il y a à « ajouter des vitamines à la farine », pas plus qu'« il n'a été montré hors de tout doute que le fer ou le calcium qui sont parfois ajoutés sont même absorbés par l'organisme ». Il demande à Vivian s'il a « trouvé des preuves directes montrant que ces ajouts sont bel et bien des "améliorations" ou s'il s'agit strictement d'une inférence »[90]. Vivian répond que « la plus récente enquête sur les conditions à Terre-Neuve a permis de recueillir des données intéressantes »[91].

L'enquête nutritionnelle du printemps 1948

Avant d'arrêter le choix des écoles qui participeront à l'étude sur la nutrition dans les pensionnats, Pett enjoint à son équipe de nutritionnistes d'inspecter les pensionnats susceptibles d'être retenus. Ces inspections, que l'on qualifiera subséquemment d'« enquête nutritionnelle », ont lieu au printemps 1948[92] et visent, selon Pett, à « consigner les menus servis et certains renseignements sur les habitudes alimentaires individuelles des enfants »[93]. Selon les rapports existants, il semble que, dans chaque école visitée, les nutritionnistes procèdent au même genre d'inspection que celles qui ont été réalisées en 1946 et en 1947, avant de recommander des améliorations en fonction des Règles alimentaires au Canada. À propos de l'inspection qu'elle effectue à l'école de Shubenacadie, Alice McCready écrit :

> La suffisance nutritionnelle du régime alimentaire des enfants est estimée en fonction du nombre de portions quotidiennes et hebdomadaires de chaque groupe alimentaire important recommandé par les Règles alimentaires au Canada. Les portions sont faibles en ce qui concerne les agrumes ou les tomates, les légumes autres que les pommes de terre, le pain brun ou le pain blanc à vitamine B Approuvé-Canada, le beurre ou d'autres gras, le fromage, le foie et le sel iodé, ce qui réduit l'apport en vitamines A, B et C, en fer et en iode.

Même si le rapport de McCready sur l'école de Shubenacadie ne formule aucune recommandation officielle, il expose très précisément ce qui distingue le menu qui y est servi des normes recommandées et ce qu'il faut faire pour le rendre conforme aux Règles alimentaires au Canada[94]. Selon le rapport d'inspection sur l'école d'Alberni, le régime qui y est servi est faible « en ce qui concerne le lait, les agrumes ou les tomates, les légumes autres que les pommes de terre, le pain de blé entier ou le pain blanc à vitamine B Approuvé-Canada, les œufs, le fromage et le sel iodé, ce qui réduit l'apport en vitamines A, B et C et en iode »[95].

Le régime alimentaire est donc faible par rapport à cinq des six catégories des Règles alimentaires. Le rapport se conclut sur une page de recommandations visant à améliorer la santé et les conditions sanitaires, celles d'ordre alimentaire préconisant ce qui suit :

- lait — environ une chopine (0,47 litre) de plus par jour;
- agrumes ou tomates — six portions de plus par semaine;
- légumes autres que des pommes de terre — une portion de plus par jour;
- pain composé de farine de blé entier ou de farine à vitamine B Approuvée-Canada;
- utilisation accrue des œufs et du fromage;
- utilisation de sel iodé[96].

Les rapports relatifs aux écoles presbytérienne et catholique romaine de Kenora, en Ontario, renvoient à des rapports antérieurs en soulignant que « toute autre recommandation ou toute autre conclusion sont traitées dans le présent rapport ». Les rapports expliquent en quoi le régime alimentaire servi dans les deux écoles ne respecte pas les Règles alimentaires au Canada[97].

Le rapport relatif à l'école de Prince Albert, en Saskatchewan, dénonce vivement à peu près tout ce qui concerne les services alimentaires et conclut que « les quantités de lait, d'agrumes ou de tomates, de légumes autres que des pommes de terre, d'œufs et de fromage servies demeurent faibles par rapport aux Règles alimentaires au Canada ». L'introduction du rapport recommande clairement que l'école comble ces lacunes[98].

Les rapports visant les écoles de Shubenacadie et d'Edmonton (qui, au final, ne feront pas partie de l'enquête nutritionnelle) sont largement positifs[99]. Ainsi, l'évaluation de l'école d'Edmonton souligne des améliorations apportées au cours des années précédentes et en recommande d'autres[100]. Plusieurs rapports mentionnent que les établissements ont généralement du mal à embaucher du personnel de cuisine et à le fidéliser, et que leurs cuisines en tant que telles laissent parfois à désirer[101]. On souligne également que, à l'école presbytérienne de Kenora, les « menus du soir manquent de variété et, souvent, ne proposent pas assez de nourriture, une situation largement attribuable aux contraintes budgétaires »[102]. Il s'agit bien sûr du problème sous-jacent.

À l'automne 1948, les Affaires indiennes envoient une copie de ces rapports aux responsables des Églises, aux directeurs d'école et aux agents des Indiens locaux en leur demandant de les passer en revue et d'en commenter les recommandations[103]. Il semble donc que les enquêtes nutritionnelles réalisées dans le cadre de l'étude sur la nutrition ont débouché sur des documents recommandant des améliorations au régime alimentaire dans les écoles et que ces recommandations aient été acheminées à l'automne 1948 aux organismes responsables des écoles. La Commission de vérité et réconciliation du Canada n'a trouvé dans la documentation aucune directive de la part de Pett ou de son équipe indiquant, dans le cadre de l'enquête, de ne pas combler les carences alimentaires en 1948 ou de conserver les régimes alimentaires d'avant 1947 afin qu'ils servent de base de référence pour les travaux. (Comme nous le verrons, ce sont les cliniques de nutrition de l'automne 1948 et du printemps 1949 qui serviront de base de référence par rapport aux élèves.)

Bien sûr, sans augmentation du financement de la part des Affaires indiennes, il est quasi impossible d'améliorer les choses. En octobre 1948, J. O. Plourde, des bureaux des oblats à Ottawa, répond aux critiques visant l'école catholique de Kenora en soulignant que l'école a besoin d'une augmentation de sa subvention par élève pour pouvoir « fournir l'alimentation variée réclamée par la diététiste »[104]. Les enquêtes nutritionnelles de 1948 produisent le genre de résultats que Pett avait prévus dans son rapport de décembre 1947; il n'y a que peu d'amélioration. Les recommandations visant à nourrir les enfants conformément aux Règles alimentaires se heurtent aux protestations des écoles relativement à leur sous-financement, les Affaires indiennes n'ayant pas haussé notablement leur subvention par élève.

Ayant examiné les rapports des nutritionnistes, Pett exclut certaines écoles initialement retenues pour l'étude. Les conditions en vigueur à l'école de Prince Albert sont « trop instables » pendant l'établissement d'une nouvelle école pour l'inclure dans l'étude[105]. Pour sa part, l'école d'Edmonton a été retenue en raison de ses similitudes avec celle de Prince Albert; lorsque cette dernière est exclue du projet, on décide donc de faire de même pour l'école d'Edmonton[106]. La décision définitive concernant les écoles qui participeront à l'étude n'est prise qu'en juillet 1948, lorsqu'il est résolu d'exclure ces deux établissements en les remplaçant par les écoles anglicane et catholique romaine des environs de Cardston, en Alberta[107]. L'évaluation de janvier 1948 de cette école anglicane a conclu que « les conditions sanitaires et hygiéniques [sic] sont très bonnes, tout comme la nourriture. Le rapport montre que les aliments sont préparés et cuisinés adéquatement et qu'ils sont servis sur-le-champ[108]. »

Le début des travaux : les cliniques nutritionnelles de 1948

Après avoir sélectionné les écoles, Pett supervise deux cliniques de nutrition où des médecins et des dentistes procèdent à des examens médicaux et dentaires de tous les élèves en prélevant des échantillons de sang dans le but d'en mesurer la teneur en protéines, en hémoglobine (une protéine sanguine qui renferme du fer) et en certaines vitamines. Ces examens lui permettront de définir une base de référence relativement à la santé des élèves[109]. À l'école de Shubenacadie, dans le cadre de la clinique de nutrition, les élèves reçoivent un traitement prophylactique (la *prophylaxie* désigne un traitement médical ou un médicament destiné à prévenir un résultat indésirable; dans le contexte buccodentaire de l'époque, elle consiste à éliminer l'accumulation de minéraux sur les dents, communément appelée *tartre*, et à polir les dents). L'enquête n'indique pas clairement si le même traitement est offert dans les autres écoles participantes. On demande toutefois qu'aucun dentiste se rendant dans l'une ou l'autre des écoles hors du contexte de l'enquête n'y fournisse de traitement prophylactique[110]. Les cliniques comprennent également la présentation de films, de bandes de film et de diapositives[111]. Bien que rien ne permette de savoir lesquels ont été montrés, dans sa correspondance de l'époque, Pett recommande que les bandes de film *Why We Eat* soient employées dans le cadre de la sensibilisation des Autochtones[112]. L'étude sur la nutrition comporte d'importants volets de communication destinés à informer tant le personnel que les élèves des bienfaits des vitamines et des minéraux que renferment certains aliments. Cela dit, rien ne permet de supposer que l'on ait réclamé, à quelque moment que ce soit, le consentement des parents à la participation des enfants au projet.

Les premières cliniques de nutrition se concluent au plus tard en octobre 1948. Pett écrit avoir examiné 824 élèves. Il précise : « Ce groupe n'est pas un échantillon "aléatoire" sur le plan statistique, mais il s'apparente à une "moyenne" acceptable, car il regroupe à la fois de bonnes et de mauvaises influences. Au moins la moitié des enfants examinés proviennent de familles brisées, que ce soit par la mort, la destitution, la maladie, la désertion ou autre chose[113]. »

La deuxième série d'enquêtes nutritionnelles a lieu au début de 1949 et les deuxièmes cliniques de nutrition, en avril et en mai 1949[114]. Ces activités ont donné lieu à des rapports sur « les conditions de base observées à chaque école », en fonction desquels Pett dresse un plan d'action relatif à chaque établissement pour les quatre prochaines années[115].

Les résultats des cliniques de nutrition

Pett prépare des tableaux statistiques où il fait la synthèse des résultats des cliniques nutritionnelles de l'automne 1948 et du printemps 1949. Il résume également les menus et les portions servis pendant deux mois à l'automne 1948 et en février 1949. Ces renseignements orientent grandement ses décisions concernant les changements à apporter à chaque école à l'automne 1949. Par ce processus, Pett tente de cerner les carences alimentaires qui affectent les élèves d'une école ainsi que les problèmes de santé susceptibles d'être réglés par l'ajout de vitamines et de minéraux au régime alimentaire, les interventions nutritionnelles faisant ensuite figure de traitement. Les régimes sont analysés en fonction de leur degré de conformité à huit catégories des Règles alimentaires au Canada. Ceux qui sont à la limite ou sous le seuil d'acceptabilité dans un maximum de trois catégories sont qualifiés d'« à peine adéquats »; autrement dit, un régime à peine adéquat serait au-dessus du minimum requis dans cinq des huit catégories.

À l'école anglicane de Cardston, le pourcentage d'élèves manifestant une carence en hémoglobine, en acide ascorbique ou en niacine augmente entre la clinique de nutrition de l'automne 1948 et celle du printemps 1949, alors qu'il diminue en ce qui concerne la vitamine A. La proportion d'élèves ayant une mauvaise posture ou des amygdales hypertrophiées augmente, mais celle d'élèves maigres ou en insuffisance pondérale diminue. Selon la description de Pett, ces résultats comptent « parmi les plus positifs du projet ». Lorsqu'il passe en revue les rapports relatifs aux repas servis dans l'établissement en octobre, en novembre et en février de cette année scolaire, il note qu'« aucun régime inadéquat » n'a été signalé. Pendant deux mois, 100 % des repas sont qualifiés d'à peine adéquats, contre 99 % au cours du troisième mois. En octobre, en novembre et en février, plus de 75 % des repas sont à la limite ou sous le seuil d'acceptabilité dans au moins deux catégories des Règles alimentaires[116].

Durant l'hiver, le pourcentage d'élèves manifestant un faible taux d'hémoglobine et des carences en riboflavine, en vitamine A, en acide ascorbique ou en niacine augmente à l'école catholique de Cardston. De plus, le pourcentage d'élèves ayant des anomalies sensorielles (mauvais réflexes) passe de 1,8 % à 6 % au cours de cette période (une situation associée à une éventuelle carence en thiamine). Les cas de caries dentaires, de gingivite et de mauvaise posture se multiplient également. La proportion d'élèves ayant une carence en protéines, une insuffisance pondérale ou des problèmes de tension artérielle diminue. Pour les trois mois dont les menus ont été évalués, 94 %, 95 % et 97 % des repas respectivement sont jugés à peine adéquats (les autres étant jugés inadéquats). Au cours de chaque période, 50 % des repas sont à la limite ou sous le seuil d'acceptabilité dans trois catégories alimentaires[117].

À l'école catholique de Kenora, le pourcentage d'élèves manifestant des carences dans les domaines suivants diminue au cours de l'hiver : niveau d'hémoglobine, riboflavine, vitamine A, acide ascorbique, gingivite et posture. Durant la même période, la proportion d'élèves ayant une carence en protéines chute. L'examen du résumé des repas révèle que 100 % des repas analysés en octobre et en novembre 1948 sont à peine adéquats. Cependant, en février 1949, 44 % sont jugés inadéquats. Pour chaque période, plus de 90 % des repas sont à la limite ou sous le seuil d'acceptabilité dans au moins deux catégories des Règles alimentaires[118].

Pendant l'hiver, le pourcentage d'élèves de l'école presbytérienne de Kenora ayant un taux d'hémoglobine faible passe de 21,2 % à 63,3 %. La proportion d'élèves manifestant des carences en riboflavine et en acide ascorbique ainsi que celle d'élèves ayant potentiellement une carence en niacine augmente également, de même que la proportion de cas de gingivite. Onze pour cent des repas visés par le rapport en octobre et en novembre sont jugés adéquats, contre 20 % en février 1949, les autres étant à peine adéquats. Dans le cas des deux évaluations en automne, plus de 50 % des repas sont à la limite ou sous le seuil d'acceptabilité dans deux catégories des Règles alimentaires. En février 1949, 20 % des repas sont à la limite dans tous les groupes, et 76 % sont à la limite ou au-dessus du seuil dans toutes les catégories des Règles alimentaires, sauf une[119]. Il s'agit du meilleur résultat parmi les six écoles. Aucun autre établissement ne propose de repas mieux qu'à peine adéquats.

À l'école de Shubenacadie, de l'automne au printemps, la proportion d'élèves souffrant d'une carence en acide ascorbique augmente alors qu'elle diminue à l'égard des carences en hémoglobine et en niacine. La proportion d'élèves chez qui l'on constate une « possible » carence en protéines est ramenée de 9,8 % à zéro. La proportion d'élèves atteints de gingivite passe de 50 à 68 %. On constate des améliorations au chapitre de la proportion d'élèves dits en insuffisance pondérale ou minces ou encore qui auraient des problèmes de tension artérielle. Tous les repas sont catégorisés comme à peine adéquats. En septembre, 62 % des repas sont à la limite ou sous le seuil d'acceptabilité dans deux catégories des Règles alimentaires. En novembre et en février, la situation s'améliore : 95 % des repas sont à la limite ou au-dessus du seuil dans toutes les catégories, sauf une[120].

À l'école d'Alberni, la proportion d'élèves souffrant de carences en riboflavine ou en acide ascorbique augmente durant l'hiver, de même que le pourcentage d'élèves atteints de gingivite. On constate une amélioration au chapitre du taux d'hémoglobine et des carences en niacine et en protéines, ainsi qu'une réduction de la proportion d'élèves jugés minces ou en insuffisance pondérale, ou encore manifestant une mauvaise posture ou une hypertrophie des amygdales. On dit de ces résultats qu'ils sont « peut-être les meilleurs de toutes les écoles visées par le projet ». La proportion de repas à peine adéquats passe de 97 % en septembre à 96 % en novembre, puis à 93 % en février 1949. En septembre et en novembre, 3 % des repas sont de piètre qualité, contre 7 % en février 1949. En septembre, en novembre et en janvier, plus de 70 % des repas sont à la limite ou sous le seuil d'acceptabilité dans au moins deux catégories des Règles alimentaires[121].

Il ressort clairement de ce qui précède que, avant que Pett y apporte des changements, le régime alimentaire dans les écoles fluctuait. Le fait qu'une seule école ait été en mesure de servir mieux que le strict minimum (c.-à-d. un régime alimentaire qui est à la limite ou au-dessus du seuil d'acceptabilité dans cinq des huit catégories) à ses élèves montre hors de tout doute qu'aucun des établissements n'assurait à ses élèves un régime alimentaire conforme aux Règles alimentaires au Canada.

Les interventions

En définissant des points de référence pour chaque école, Pett entend transformer « un des éléments de l'alimentation des élèves dans chaque école » et en étudier les retombées. Il commence à définir en juin 1949[122] les changements qu'il propose, en fondant ses décisions sur les enquêtes présentées ci-dessus et sur des considérations logistiques.

Voici les interventions que Pett retient[123].

1. Augmentation de la consommation de lait à l'école d'Alberni

L'objectif de l'intervention à l'école d'Alberni consiste à « [d]oubler la consommation de lait pour qu'elle soit, en moyenne, nettement supérieure à une pinte de lait écrémé ou entier en poudre par jour ». Des six écoles visées par l'étude, celle d'Alberni a « la plus forte fréquence de signes de carence en riboflavine ». (Le lait est une source importante de riboflavine[124].) Pett souligne que « les nutritionnistes recommandent très fréquemment d'augmenter la consommation de lait », mais qu'il existe « très peu de preuves de ses effets bénéfiques précis sur la santé »[125]. (Au final, les portions de lait seront triplées.)

2. Mise à l'essai de comprimés d'acide ascorbique (vitamine C) à l'école de Shubenacadie

La moitié des élèves de l'école de Shubenacadie, en Nouvelle-Écosse, recevra une dose de 100 milligrammes d'acide ascorbique par jour[126] étant donné la « hausse considérable pendant l'hiver du nombre d'enfants qui manifestent un faible taux sanguin d'acide ascorbique ou qui souffrent de gingivite ». (Des études menées auprès d'aviateurs canadiens ont révélé qu'un régime apportant 75 milligrammes d'acide ascorbique par jour retarde l'apparition des symptômes de la gingivite plus efficacement qu'un régime en comprenant moins[127].)

3. Recours à la farine enrichie pour Terre-Neuve à l'école catholique romaine de Kenora

L'école catholique romaine (St. Mary's) de Kenora commencera à utiliser la farine enrichie pour Terre-Neuve, une décision découlant de « la fréquence élevée de carence en riboflavine » parmi les élèves. (La farine enrichie pour Terre-Neuve contient de la riboflavine.) Le fait qu'une minoterie des environs de Kenora moud déjà de la farine pour le marché terre-neuvien concourt à cette décision[128].

4. Conscientisation des élèves et du personnel de l'école presbytérienne de Kenora

Les élèves et le personnel de l'école presbytérienne de Kenora (école Cecilia Jeffrey) suivront des cours sur les apports bénéfiques de certains aliments, une décision attribuable à ce que l'administration de l'établissement semble ouverte à la coopération et qu'il soit relativement facile de se rendre dans cette école depuis Ottawa. Les cours seront axés sur les apports bénéfiques des aliments qui présentent une teneur en fer ou en acide ascorbique. (Les cliniques de nutrition ont permis de détecter un taux faible d'hémoglobine et d'acide ascorbique parmi les élèves de l'école.)

5. Recours à une farine à teneur naturelle élevée en vitamine B à l'école catholique romaine de Cardston

L'école catholique romaine de Cardston commencera à utiliser de la farine à vitamine B Approuvée-Canada. Même si les élèves de l'établissement ne présentent pas de taux élevé de carence en thiamine, on constate parmi eux « autant de changements sensoriels, sinon plus, que dans les autres écoles ». (Autrement dit, le nombre d'élèves ayant de mauvais réflexes a augmenté entre la clinique de nutrition de l'automne et celle du printemps.)

6. Sélection de l'école anglicane de Cardston comme groupe témoin par rapport à l'école catholique romaine de Cardston

Étant donné que la santé de ses élèves « a été relativement stable ou s'est améliorée durant l'hiver », l'école anglicane de Cardston est retenue comme groupe témoin. Pett demande au directeur de « ne rien changer aux habitudes, ni au régime alimentaire, ni au menu, ni au mode de préparation des aliments »[129].

Malgré tout, l'école anglicane de Cardston sert de groupe témoin strictement par rapport à l'école catholique romaine de la même localité. Pett fait en effet appel à divers groupes témoins. Dans chaque cas, la santé des élèves (déterminée au moyen d'une série de tests) au cours d'une période de cinq ans est comparée aux résultats des cliniques de santé tenues avant le début des interventions alimentaires. Ainsi, les élèves forment leur propre groupe témoin. Aucun autre groupe témoin n'a été employé à l'école d'Alberni. La correspondance de Pett concernant celle-ci révèle qu'il n'en a jamais comparé les résultats à ceux d'un autre établissement[130]. À l'école de Shubenacadie, les élèves ayant reçu un placebo servent de groupe témoin secondaire. Dans l'article qu'il publie à propos de cet établissement, Pett ne compare jamais les résultats qu'il y a constatés à ceux d'une autre école. Les écoles de Kenora se servent mutuellement de groupe témoin. Dans son article sur les résultats de l'utilisation de la farine enrichie pour Terre-Neuve, Pett compare entre eux les résultats constatés aux écoles catholique et presbytérienne de Kenora (sans toutefois nommer ces écoles)[131]. Pett ne publiera jamais les résultats de l'étude menée aux écoles de Cardston. Toutefois, il ressort clairement des autres articles qu'il n'a jamais comparé les résultats obtenus à l'école anglicane de Cardston avec ceux des écoles d'autres provinces. Pett ne l'indique pas clairement, mais ses autres écrits font comprendre qu'il a conscience que le régime alimentaire des élèves varie énormément d'une région à l'autre du pays. Par conséquent, utiliser une seule école comme groupe témoin par rapport à tous les établissements au pays n'aurait aucun sens[132].

Pett réclame du financement additionnel pour les écoles qui participent au programme[133], parfois avec succès[134]. Ainsi, l'école d'Alberni peut acheter pour 4 137 $ de lait la première année du programme, contre 2 000 $ l'année précédente[135]. Pett reçoit également, à sa demande, l'assurance particulière que l'utilisation de la farine enrichie pour Terre-Neuve ne violera pas la réglementation canadienne à l'égard des aliments et des drogues, qui interdit l'enrichissement aux vitamines de synthèse de farine ou de pain qui ne sont pas destinés au marché terre-neuvien[136].

En résumé, les changements instaurés par Pett à l'école d'Alberni et à l'école catholique romaine en Alberta (augmentation des portions de lait et utilisation de farine à vitamine B Approuvée-Canada) sont strictement conformes à la norme alimentaire nationale, c'est-à-dire les Règles alimentaires au Canada. À l'école catholique romaine de Kenora, il introduit une farine enrichie ayant été mise à l'essai durant les cinq années précédentes parmi toute la population terre-neuvienne. Tant à Terre-Neuve qu'au Canada, les chercheurs ont recommandé précédemment de fournir cette farine aux membres des communautés aux prises avec la malnutrition. Étant donné qu'il n'est pas rare pour les trois écoles d'être à la limite ou sous le seuil d'acceptabilité dans au moins deux catégories des Règles alimentaires, les interventions en soi n'auront aucun effet sur les régimes alimentaires que les écoles continueront à proposer : ils demeureront à peine adéquats et non conformes à la norme alimentaire nationale. À Shubenacadie, la moitié des élèves reçoivent une dose supérieure d'acide ascorbique afin de déterminer si cela leur permettra de mieux résister à la gingivite, une démarche qui s'arrime aux recommandations issues d'études canadiennes récentes selon lesquelles l'acide ascorbique retarderait l'apparition de la gingivite. Fournir des suppléments vitaminiques à la moitié des élèves ne suffira pas à hausser l'école hors de la catégorie de l'alimentation à peine adéquate. Les types d'intervention que Pett met à l'essai ne permettront pas à eux seuls de régler les problèmes sous-jacents de malnutrition dans les écoles, attribuables à l'approvisionnement insuffisant en aliments, à un personnel mal formé et à un équipement inefficace, des problèmes que seule une augmentation substantielle du financement permettrait de surmonter.

Moins de carences alimentaires ayant été détectées à l'école anglicane de Cardston et à l'école presbytérienne de Kenora, ces dernières sont retenues comme groupes témoins pour les écoles catholiques environnantes, quoique l'école presbytérienne fasse l'objet d'une campagne de sensibilisation. En conséquence, le régime alimentaire y restera à peine adéquat. L'école presbytérienne a toutefois le potentiel de se hausser hors de cette catégorie si le programme de sensibilisation amenait son administration à apporter des changements au menu, quoiqu'aucune enveloppe additionnelle ne soit offerte à cet effet. Les changements sont instaurés au début de l'année scolaire 1949–1950, soit moins de deux ans après que le programme ait été proposé. Trois des écoles sont seulement sélectionnées au printemps et à l'été 1949, un an avant que les changements soient apportés. Jusqu'à l'automne 1949, les recommandations de la Division de l'hygiène alimentaire concernant le régime alimentaire dans les écoles exigent des menus conformes aux Règles alimentaires au Canada. Comme il en sera question un peu plus loin dans ce chapitre, Pett demande aux écoles de le prévenir avant de modifier le régime alimentaire de leurs élèves une fois que les changements seront en vigueur.

Les attentes à l'égard des écoles

Outre le changement de farine, l'augmentation des portions de lait ou le fait de servir des suppléments vitaminiques (ou des placebos) aux élèves, les attentes à l'égard des écoles consistent principalement à tenir des journaux sur l'alimentation des élèves et à les faire parvenir à Ottawa. Selon le document qui présente le programme :

Aux fins de l'étude, il importe de documenter aussi fidèlement que possible les éléments suivants.

> a) Les types et la quantité d'aliments offerts (c.-à-d. le menu servi aux enfants) durant sept jours consécutifs, chaque mois, tout au long de l'année scolaire. Une

fois respectivement en automne et en hiver, l'information sera recueillie avec l'aide d'un nutritionniste. Le reste du temps, l'école acheminera les menus par la poste à la Division de l'hygiène alimentaire.

b) Pour chaque élève, les collations qu'il a mangées entre les repas (bonbons, boissons gazeuses, oranges, etc.) et les aliments dont il s'est resservi au cours d'une période de sept jours, à raison de cinq fois au cours de l'année scolaire. Un nutritionniste recueillera l'information.

c) Les aliments achetés ou cultivés.

Des formulaires particuliers ont été conçus pour simplifier la tenue des journaux. Un nutritionniste sera disponible en tout temps, mais le personnel des écoles devra se charger de l'essentiel du travail à ce chapitre. Pour l'année scolaire 1948-1949, aucun changement ne sera proposé au menu [il est ici question des changements qui seront instaurés au cours de l'année scolaire 1949-1950, comme l'augmentation des portions de lait ou l'utilisation de farine enrichie], mais on tentera dans une certaine mesure de normaliser les portions. En fonction des données qui seront recueillies et des examens cliniques, il pourrait s'avérer nécessaire que les écoles se procurent de l'équipement spécialisé, des aliments particuliers, etc. Toutefois, l'État prendra à sa charge l'achat et l'installation de l'équipement voulu.

Par conséquent, la seule forme d'aide directe demandée au personnel des écoles vise la tenue des journaux[137].

Pett entend par ailleurs procéder à des tests d'intelligence et d'aptitude au moins une fois au cours de l'étude[138], mais ne semble pas être allé de l'avant, car il n'en est question nulle pas dans la correspondance disponible[139].

Le personnel de l'école presbytérienne de Kenora assume des responsabilités additionnelles, car c'est dans cet établissement que Pett choisit de « mettre à l'essai des méthodes pédagogiques, aussi bien dans les cuisines qu'en classe »[140]. Les élèves les plus jeunes s'adonneront à des activités telles que le dessin, le coloriage et le bricolage d'images de fruits et de légumes[141]. Les enfants apprendront par ailleurs grâce à des comptines[142]. Les élèves des classes intermédiaires discuteront des effets des fruits et des légumes sur l'organisme, et les plus âgés, des résultats des tests médicaux, en apprenant à connaître les apports bénéfiques de la vitamine C et du fer[143]. Au début de novembre 1949, une employée de l'école conclut que le matériel pédagogique fourni par la Division de l'hygiène alimentaire a des retombées positives. Elle écrit que les élèves du primaire ont appris par cœur les messages qui figurent sur les affiches et qu'elle constate une amélioration notable dans le soin que les élèves les plus vieux prennent à se brosser les dents. De nombreux élèves décident d'eux-mêmes d'acheter leur propre dentifrice[144], une démarche qui montre que le programme porte ses fruits, mais qui prouve également à quel point les écoles sont mal approvisionnées.

En septembre 1951, Pett résume la manière dont le programme éducatif est structuré à l'école.

> Nous avons tenté d'étudier l'efficacité de la méthode pédagogique. Chaque année, au moins un nutritionniste de la Division de l'hygiène alimentaire s'est rendu sur les lieux, habituellement pendant une semaine, pour expliquer dans le détail au directeur et à l'ensemble du personnel la nature de l'étude et ses résultats à ce jour. Ainsi outillés, les enseignants ont examiné avec les nutritionnistes les moyens de fournir un enseignement en classe sur les deux problèmes de santé les plus criants. Selon les résultats de l'enquête préliminaire, à l'école Cecilia Jeffrey, ces deux problèmes concernaient le nombre d'enfants ayant un faible taux d'hémoglobine, ce que l'on pourrait régler en leur servant davantage d'aliments riches en fer, et le nombre d'enfants ayant besoin de plus de vitamine C, ou acide ascorbique. Chaque année, les enseignants ont trouvé de nouvelles façons de transmettre l'information relative à ces deux catégories d'aliments, et la direction a collaboré avec un agriculteur pour offrir autant que possible les aliments nécessaires[145].

L'amélioration des installations scolaires

Pett exerce des pressions pour faire apporter diverses améliorations aux installations scolaires. Dans le cadre de l'étude, on installe ainsi un lave-vaisselle à l'école de Shubenacadie[146]. En ce qui concerne l'école catholique romaine de Kenora, Pett fournit à l'État des données techniques relatives à un évier de cuisine perfectionné qui satisferait à la réglementation ontarienne en santé publique à l'égard des services de restauration[147]. En 1948, l'école anglicane de Cardston a besoin d'un nouveau four, d'un pétrin, d'un éplucheur de pommes de terre, d'une trancheuse à pain, d'un mélangeur électrique et d'un réfrigérateur-chambre. La Division de l'hygiène alimentaire avait déjà constaté un certain nombre de ces besoins au cours d'inspections antérieures[148]. En juin 1949, les Affaires indiennes octroient le financement nécessaire à l'achat d'un éplucheur de pommes de terre industriel[149]. En octobre suivant, le surintendant R. D. Ragan rappelle aux Affaires indiennes que « l'inspecteur-hygiéniste provincial nous exhorte à faire immédiatement le nécessaire pour doter l'école d'un réfrigérateur adéquat »[150]. Le même mois, les Affaires indiennes soumettent une demande d'achat pour le réfrigérateur en question[151]. Les fonctionnaires des Affaires indiennes interviennent par ailleurs pour que l'on dote l'école catholique romaine de Cardston d'un éplucheur de pommes de terre[152]. Un four neuf est installé dans l'école en 1950[153].

Pett réclame également, pour l'école d'Alberni, l'embauche d'une seconde cuisinière, le remplacement de l'antique trancheuse à pain et l'achat d'un mélangeur électrique. Il soutient que l'absence d'une deuxième cuisinière mettra l'étude en péril, car la cuisinière actuelle n'aura pas le temps à la fois de préparer tous les repas et de tenir des journaux en bonne et due forme. Il faut une trancheuse à pain adéquate afin que tous les enfants reçoivent des portions de pain uniformes. Le mélangeur allégera pour sa part la charge du personnel et des élèves. « Il est impossible, écrit-il, pour des femmes et des enfants de mélanger ou de battre la quantité de nourriture requise pour alimenter 240 enfants[154]. »

Les problèmes survenus au cours de l'étude

Les projets de recherche connaissent des ratés. Même si les administrateurs des écoles expriment souvent leur intérêt pour les travaux, dans les écoles qui doivent composer avec le sous-financement, des installations vétustes, des relations tendues avec la communauté autochtone et des fugueurs, ils n'en font jamais une priorité.

Un fort taux de roulement du personnel engendre également des problèmes constants relativement à l'étude sur la nutrition. À l'école presbytérienne de Kenora, l'objectif consiste à conscientiser le personnel et les élèves à l'égard de la nutrition. Or, il semble que, pendant toute la durée de l'étude, l'école ne dispose pas d'une cuisinière compétente. L'enquête nutritionnelle de 1948 signalait en effet que la cuisinière, âgée, devait quitter son poste sous peu[155]. En janvier 1950, le directeur de l'école, T. C. Ross, écrit que, bien que l'école s'efforce de respecter les consignes de Pett :

> [...] nous sommes pleinement conscients du handicap que représente l'absence de personnel qualifié dans les cuisines. Pendant le plus clair de l'année dernière, nous avons laissé Mme Carey faire de son mieux comme responsable de cuisine en l'absence de quelqu'un de plus compétent. En novembre, cependant, nous avons été dans l'obligation de la renvoyer. Il y a maintenant près de deux mois que nous n'avons pas de responsable de cuisine, ce qui nous oblige à faire appel aux services d'autres membres du personnel, dont aucun n'est vraiment apte à la tâche[156].

En mai 1950, même si Ross est acquis au programme de nutrition, une fonctionnaire de la Division de l'hygiène alimentaire doit lui réclamer par écrit les journaux sur l'alimentation et les menus qu'il avait promis d'envoyer en mars[157].

Il n'est pas difficile de découvrir pourquoi les journaux n'ont pas été acheminés. Dans une lettre adressée en mars 1950 à la Société féminine missionnaire de l'Église presbytérienne (qui gère alors l'école au nom de l'Église presbytérienne et amasse des fonds destinés à son fonctionnement), Ross écrit qu'il ne saurait « dire à quel point nous sommes déchirés entre la volonté de proposer un menu de grande qualité et la nécessité de respecter le budget. Il m'arrive très souvent de vouloir dire que C'EST IMPOSSIBLE ».

Bien qu'il soit manifestement découragé, Ross commence à croire que la situation s'améliore[158]. Cependant, au début de mai, l'école se retrouve une fois de plus à court de personnel de cuisine[159]. Un mois plus tard, Ross annonce qu'il vient de congédier la dernière cuisinière embauchée, écrivant qu'elle « est une bonne cuisinière (lorsqu'elle se décide à cuisiner), vaillante à l'ouvrage (quoique le résultat ne soit pas à la hauteur du temps qu'elle investit), mais elle n'a pas la moindre notion de planification et ne sait pas du tout comment faire appel aux filles. En plus, rien ne sert de lui en parler, car elle ne veut rien comprendre ». Le service au personnel d'un repas composé exclusivement de soupe et de gâteau est la goutte qui fait déborder le vase[160]. Ross demande à la Société féminine missionnaire de l'Église presbytérienne de l'autoriser à porter le salaire de la cuisinière de 80 $ à 150 $ par mois[161], mais sa demande est rejetée. En décembre 1950, Ross conclut une fois de plus qu'il « vaudrait mieux confier les cuisines à quelqu'un d'autre ». Il informe la Société : « En 27 mois, nous n'avons jamais eu de personnel de cuisine tout à fait adéquat. Pendant presque tout ce temps, il y a eu des frictions et beaucoup de gaspillage, sans compter que la nourriture laisse franchement à désirer. Des mois durant, personne n'a été en mesure de faire le travail[162]. » Il ne renvoie pas alors la cuisinière, mais, en mai 1951, celle-ci a déjà annoncé sa démission[163]. Ross démissionne lui-même en juin[164]. Son successeur, R. S. MacCallum, signale en octobre 1951 que « nous n'avons pas de cuisinière attitrée, donc les repas ne sont pas systématiquement planifiés ». Il espère embaucher une cuisinière permanente d'ici à décembre[165]. Un rapport en date de janvier 1952 indique qu'une certaine Mlle Scott est revenue à l'école en tant que « cuisinière en chef » après deux années d'absence[166].

Comme le laisse supposer la démission de Ross, l'école presbytérienne de Kenora a aussi des problèmes de rétention à la direction. Au moment des enquêtes nutritionnelles initiales, au printemps 1948, D. S. Pitts occupe cette fonction[167]. T. C. Ross lui succède en septembre 1948[168], puis démissionne en juin 1951, en exprimant son exaspération à la Société féminine missionnaire de l'Église presbytérienne[169]. En septembre 1951, son successeur, R. S. MacCallum, est contraint d'écrire à Pett pour obtenir de l'information à propos de l'étude sur la nutrition : « Je ne trouve rien dans nos dossiers à propos du déroulement de l'étude. Je vous saurais gré de m'aider afin que je consigne à compter de maintenant l'information requise. » Il ajoute que « personne ne m'a fait suivre la moindre consigne à l'égard de ce projet »[170]. De toute évidence, Ross n'a pas renseigné MacCallum à propos du programme de nutrition. Il semble par ailleurs que les membres du personnel ne sont pas en mesure de lui fournir le moindre renseignement sur le programme ou qu'ils n'y sont pas disposés, ce qui serait un moindre mal si le programme ne consistait qu'à substituer un type de farine pour un autre. Or, à l'école presbytérienne de Kenora, pour que le programme fonctionne, le personnel doit connaître les retombées d'une saine alimentation et transmettre ces connaissances aux élèves. Pourtant, trois ans après le lancement du programme, il semble que tant le personnel que le nouveau directeur sont dans l'ignorance totale à propos du programme. Les mouvements de personnel se poursuivent. MacCallum quitte l'école à la fin de l'année scolaire 1951-1952[171]. Son successeur, J. E. Andrews, entre en fonction à l'automne 1952, mais il est déjà reparti en octobre 1953[172].

Initialement, Pett croit que les remous qui agitent l'école ne nuiront pas à l'étude. En décembre 1951, il écrit que, dans l'ensemble, les résultats de l'école laissent supposer que « le fait d'offrir au personnel et aux élèves de l'école des activités strictement informatives peut les aider à mieux saisir l'importance d'intégrer certains aliments à leur régime alimentaire et améliore manifestement leur santé en quelques années à peine »[173]. En 1952, Pett doit reconnaître que des facteurs indépendants de sa volonté ont entravé l'application de nombreux « enseignements » à l'école presbytérienne[174].

Des problèmes semblables font surface à l'école anglicane de Cardston. En janvier 1949, Pett demande au directeur, S. H. Middleton, pourquoi l'école n'a pas fait suivre l'information attendue à propos des menus[175]. Il s'avère que Middleton compose alors avec des problèmes plus pressants. En novembre 1948, Ralph Ragan, fonctionnaire aux Affaires indiennes, estime qu'il règne à l'école des conditions si déplorables qu'il pourrait falloir carrément la fermer. Ainsi, le corps enseignant ne compte qu'une seule personne qualifiée. La discipline laisse à désirer; beaucoup d'élèves fuguent, et leurs parents sont réticents à les renvoyer dans une école sans enseignants. La cuisinière et la buandière ayant démissionné, la sténographe s'est vu confier les cuisines et la surveillante, la buanderie. En novembre, Ragan signale qu'elles sont toutes les deux « complètement débordées » et qu'elles sont « sur le point de craquer »[176]. Au début de janvier 1949, la sténographe est encore à la tête des cuisines[177].

En 1949, Middleton démissionne. D. S. Pitts, anciennement directeur de l'école presbytérienne de Kenora, lui succède[178]. Beaucoup d'élèves continuent à fuguer[179]. Pitts n'est pas un directeur populaire. Les parents estiment qu'il est trop rude avec les élèves et qu'il les sous-alimente[180]. En novembre 1950, Ragan signale que des parents d'élèves se plaignent que « les enfants n'ont pas assez à manger et qu'une des punitions consiste à les priver de nourriture et à leur faire faire toute la vaisselle »[181]. Face aux critiques incessantes, Pitts démissionne en 1952[182].

À cette école comme dans beaucoup d'autres, chaque mouvement de personnel a pour conséquence que la formation et l'orientation de la Division de l'hygiène alimentaire, avec les avantages qui en découlent, ont été offertes en vain. Les changements de cuisinière entraînent de plus une discontinuité dans la préparation de la nourriture à l'école. Le grand nombre de fugues entraîne de l'incertitude à propos du nombre d'élèves inscrits qui fréquentent bel et bien l'école, sans parler de ceux qui mangent les repas qui y sont préparés.

En plus d'être soumis en retard, les journaux sur les menus sont incomplets. Le rapport du printemps 1949 de l'école d'Alberni porte la mention « aucune donnée inscrite relativement à l'école, au nombre d'enfants, au nombre d'employés, au mois ou à l'année, ni aux dates et aux jours précis où le menu a été respecté », mais aussi : « Pour le dîner comme pour le souper, la taille approximative des portions n'est pas précisée[183]. »

L'étude sur l'utilisation de farine enrichie pour Terre-Neuve subit un grave recul lorsque, à l'automne 1951, le directeur de l'école catholique romaine de Kenora n'achète pas ce produit, ce dont Pett n'est apparemment avisé qu'en février 1952. Pett lui conseille alors de continuer à utiliser de la farine ordinaire jusqu'à la fin de l'année scolaire et au cours de la suivante[184]. Le fait pour le directeur d'avoir décidé de cesser d'utiliser la farine enrichie sans le consulter au préalable et en mettant des mois à l'en informer laisse fortement soupçonner que l'étude ne constitue pas une priorité dans cet établissement.

Pett parvient à approvisionner l'école en farine enrichie pour Terre-Neuve pour l'année scolaire 1954–1955. Son personnel continue d'assurer jusqu'au printemps 1954 le suivi des élèves qui mangent du pain qui en contient[185]. La dernière visite concernant la nutrition à cette école a lieu le 1er juin 1955[186].

Après avoir découvert que l'école catholique de Kenora n'utilise plus de farine enrichie pour Terre-Neuve, Pett tente sans succès de convaincre deux autres écoles de prendre le relais. À la fin de l'année scolaire 1951–1952, lorsqu'il fait cesser la distribution de comprimés d'acide ascorbique à l'école de Shubenacadie[187], il tente d'y introduire la farine enrichie[188], ce qui nécessite une autorisation fédérale particulière, car la loi fédérale interdit d'enrichir la farine. Il semble que Pett n'obtient pas cette autorisation et que la farine n'est pas fournie[189]. En janvier 1953, Pett demande au directeur de l'école presbytérienne de Kenora de tenter d'obtenir du « nouveau pain fait de farine enrichie de vitamines, de fer <u>et</u> de farine d'os (comme celle qu'une minoterie du Nord-Ouest de l'Ontario fabrique pour Terre-Neuve). Il serait très utile, dans le cadre du projet sur la nutrition, de mettre ce pain à l'essai[190]. » Le directeur ne lui répond qu'en avril en indiquant qu'il demandera à l'infirmière de l'école de s'informer du type de farine employé pour confectionner le pain de l'école la prochaine fois qu'elle s'y rendra, en juin 1953[191]; le projet est alors pratiquement terminé.

Le respect des régimes alimentaires

Comme il a été mentionné précédemment, les rapports issus des enquêtes nutritionnelles de 1948 recommandent de conformer le régime alimentaire dans les écoles aux Règles alimentaires au Canada. Le ministère fédéral de la Santé fait suivre ces recommandations aux Affaires indiennes, dont les fonctionnaires les communiquent aux écoles à l'automne 1948. Les responsables des écoles répondent toutefois que, financièrement, ils ne peuvent pas se permettre de les appliquer. Avant que ne soient apportés les changements précis qu'il entend étudier, Pett adresse une note aux écoles indiquant que, au cours de l'étude sur la nutrition, « il importe en particulier de ne pas modifier la procédure d'alimentation ni les menus sans en informer mon bureau, sauf à la suite d'une directive de la Division de l'hygiène alimentaire ». Bien que cette note ne soit pas datée, elle remonte probablement à la période allant de juin à septembre 1949[192]. Pett tient à être informé des éventuels changements aux régimes alimentaires, car ils pourraient avoir des conséquences sur les résultats de ses travaux.

Cela ne veut pas dire pour autant qu'aucune amélioration ni aucun changement ne sont apportés aux régimes alimentaires après septembre 1949. Pett est conscient que « dans tous ces établissements, la nourriture servie varie quelque peu d'une année à l'autre »[193]. En 1951, le directeur de l'école catholique romaine de Cardston signale qu'un certain nombre d'améliorations ont été apportées au régime alimentaire servi dans l'établissement[194]. De même, Pett constate que, avant d'attribuer l'amélioration de la santé des élèves de l'école d'Alberni à l'augmentation de portions de lait servies, il faut « s'assurer que le régime alimentaire n'a pas aussi trop changé sur d'autres plans »[195].

Bien que l'étude ne requière aucun changement de régime alimentaire à l'école presbytérienne de Kenora, Pett entend, grâce au processus de sensibilisation, inciter le personnel à proposer davantage d'aliments à teneur élevée en fer ou en acide ascorbique, parfois par des moyens plutôt directs. Ainsi, en janvier 1951, Pett rappelle au directeur, Ross, que « le plan alimentaire vise à améliorer les repas de manière générale, mais surtout à favoriser l'apport en fer et en vitamine C, conformément aux recommandations »[196]. Malgré les problèmes qui sévissent à l'école, il semble que l'on y suit les conseils de Pett. Un rapport de 1953 à propos de l'école presbytérienne précise que :

> Les dépenses en nourriture, en particulier, ont augmenté en absolu ainsi qu'en pourcentage des dépenses totales, peut-être grâce entre autres aux recommandations de la Division de l'hygiène alimentaire du ministère de la Santé nationale et du Bien-être social selon lesquelles il faut accroître la consommation de fruits frais, de jus d'agrumes, etc.

Les dépenses en fruits et en jus contribuent au déficit croissant de l'école, qui atteint alors 2 843 $[197].

En mai 1952, H. G. Cook, de l'Administration des écoles indiennes de l'Église anglicane, écrit à Pett pour lui proposer de modifier le menu à l'école de Cardston : augmenter les portions de lait, remplacer, deux fois par semaine, le gruau de blé par du blé soufflé et des flocons d'avoine au petit déjeuner, utiliser davantage d'œufs

« pendant qu'ils sont bon marché » et cesser de servir du Welsh rarebit (une rôtie avec une sauce au fromage), un plat difficile à préparer qui, de surcroît, ne remporte aucun succès. Selon lui, dans l'ensemble, « le menu ressemble beaucoup à ce que nous servions aux enfants, en fonction des suggestions de l'équipe de la clinique de santé. La plupart des changements que je propose relèveraient de la gestion locale et n'auraient aucune incidence négative sur l'objectif général consistant à offrir un régime équilibré[198]. » Dans sa réponse, Pett n'oppose aucune objection à ces changements[199].

De toute évidence, étant donné le roulement constant de personnel, plusieurs écoles ne planifient pas les menus à long terme et n'ont aucune mémoire institutionnelle de ce qui a été servi au cours de l'année précédente. L'unique constante : le budget réservé à l'achat de nourriture, que les directeurs, à l'unanimité, jugent insuffisant. La plus grande menace pour l'étude de Pett ne réside pas dans une éventuelle amélioration des régimes alimentaires qui l'empêcherait d'établir une relation de cause à effet, mais bien dans leur détérioration. L'augmentation des coûts met en péril à la fois la santé des élèves et ses travaux.

Au cours de la phase initiale de l'étude, D. S. Pitts, directeur de l'école presbytérienne de Kenora, rappelle par écrit à Pett qu'il devrait « tenir compte des questions financières (et aussi de l'augmentation des coûts). D'excellentes idées ne peuvent être appliquées à cause des coûts qu'entraînerait leur mise en œuvre (p. ex., servir du jus de fruits à tous les enfants chaque matin)[200]. » A. E. Caldwell, directeur de l'école d'Alberni, écrit également à Pett au printemps 1951 pour exprimer ses réserves relativement à l'augmentation du coût de la nourriture : « Nous offrons un régime alimentaire de même qualité malgré l'augmentation des coûts [...] aucune augmentation des revenus. Je crains que nous ne puissions pas faire abstraction des considérations budgétaires si nous voulons maintenir le régime alimentaire actuel. » Depuis 1949, le prix du lait entier a augmenté de 12 % et celui du lait écrémé, de 42 %. Caldwell veut l'assurance de la part de Pett que l'État fédéral maintiendra la subvention spéciale destinée à financer l'achat de lait supplémentaire. Il ajoute : « De 1945 à la fin de 1950, le coût d'un repas a doublé, passant de 7,5 ¢ à 14 ¢ par personne, et l'augmentation du coût de la vie s'est accentuée depuis[201]. »

L'augmentation des coûts finit par obliger Caldwell à accroître la proportion de lait écrémé que l'on sert aux élèves. Alors que, à l'origine, l'école s'approvisionne à raison de deux tiers de lait entier et un tiers de lait écrémé, en novembre 1952, les proportions ont été inversées : un tiers de lait entier et deux tiers de lait écrémé[202].

Pett assure un suivi des journaux sur l'alimentation et des résultats des cliniques de nutrition, et signale aux responsables des écoles les problèmes qu'il relève. En août 1951, il constate que « le taux de protéines est en baisse dans toutes les écoles. Au moment de remplir les journaux sur l'alimentation, cet hiver, il faudra porter une attention particulière aux portions de protéines[203]. » Pett fait part au directeur de l'école presbytérienne de Kenora de ses préoccupations à l'égard d'une « chute de la consommation d'agrumes et de tomates » en 1952[204]. Il est aussi troublé de constater, la même année, une diminution de la consommation de lait à l'école catholique romaine de Kenora et prévient le directeur de l'établissement : « Le lait a une trop grande valeur nutritive pour que nous laissions cette tendance à la baisse se poursuivre[205]. »

Les écoles participant à l'étude ne sont pas les seules aux prises avec de telles difficultés. Le tableau 37.1 montre que le Canada a bel et bien augmenté le financement des pensionnats au cours de la période visée, à hauteur de 76 % sur cinq ans, par élève, ce qui, après correction pour l'inflation, correspond à une hausse de 51 %[206].

Tableau 37.1. Financement des pensionnats par les Affaires indiennes, de 1948-1949 à 1953-1954

Année scolaire	Nombre d'élèves dans les pensionnats	Enveloppe fédérale consacrée aux pensionnats	Dépenses par élève
1948–1949	9 368	2 917 743,80 $	311,46 $
1949–1950	9 316	3 354 920,20 $	360,12 $
1950–1951	9 357	3 928 238,38 $	419,82 $
1951–1952	9 844	3 771 509,01 $	383,12 $
1952–1953	10 112	4 563 472,19 $	451,29 $
1953–1954	11 090	6 080 359,07 $	548,27 $

Source : Canada, Rapport annuel du ministère des Affaires indiennes, 1949, p. 224, 241; Canada, Rapport annuel du ministère des Affaires indiennes, 1950, p. 71, 87; Canada, Rapport annuel du ministère des Affaires indiennes, 1951, p. 74, 91; Canada, Rapport annuel du ministère des Affaires indiennes, 1952, p. 59, 77; Canada, Rapport annuel du ministère des Affaires indiennes, 1953, p. 87–89; Canada, Rapport annuel du ministère des Affaires indiennes, 1954, p. 89–91.

Comme en fait foi la correspondance des administrateurs des écoles qui ne participent pas à l'étude sur la nutrition, cette hausse ne suffit pas à permettre aux établissements de respecter les Règles alimentaires au Canada. En réponse aux recommandations d'un diététiste qui, en 1949, recommande que l'école de Morley, en Alberta, agrandisse et rénove ses cuisines et installe un réfrigérateur-chambre, George Dorey, du Comité des missions intérieures de l'Église Unie du Canada, soutient qu'il incombe aux Affaires indiennes de financer ces améliorations. Il écrit :

> Nous prenons également acte de la proposition d'acheter certains aliments et nous constatons que le directeur fait de son mieux pour se les procurer. Cependant, nous devons rappeler une fois de plus au Ministère que les oranges ne poussent pas en Colombie-Britannique ni en Alberta. Il faut les importer au prix fort des États-Unis. J'oserais dire que la question des finances est manifestement en cause lorsqu'il est question d'embaucher une cuisinière : tant que le ministère de la Santé nationale continuera d'offrir les salaires qu'il verse actuellement aux cuisiniers de ses hôpitaux et que les Affaires indiennes n'augmenteront pas les subventions de manière à permettre aux écoles d'au

> moins lui faire concurrence pour cette main-d'œuvre, je doute qu'il soit possible d'améliorer la situation le moindrement[207].

L'étude que l'équipe de Pett mène en 1951 à l'école de Sioux Lookout, en Ontario, éveille des préoccupations relativement à la consommation de lard à cet endroit, car cet aliment ne contient pas de vitamine A. L'inspecteur constate également que les élèves consomment peu de légumes et de lait. On recommande à l'école d'employer de la margarine enrichie de vitamine A. L'équipe de Pett formule aussi d'autres recommandations : augmentation de la consommation de fruits ou de jus de fruit, de chou et de navet ainsi que de pommes de terres avec la pelure; remplacement du lard par de la margarine enrichie; et hausse de la consommation de lait par l'incorporation de lait écrémé en poudre à divers aliments[208]. H. G. Cook, surintendant de l'Administration des écoles indiennes de l'Église anglicane, souligne : « Le grand problème, ce sont évidemment les finances. Il faudra en discuter avec la Division des affaires indiennes[209]. »

En 1951, un examen du régime alimentaire servi à l'école de Prince Albert, en Saskatchewan, permet de conclure que le menu semble inadéquat sur le plan nutritionnel, en particulier au chapitre de l'apport en protéines, en calcium, en thiamine et en riboflavine, et qu'il manque de variété[210]. La Division de l'hygiène alimentaire se fonde alors sur les Règles alimentaires au Canada pour recommander un menu. Une fois de plus, Cook, de l'Église anglicane, souligne que les finances des écoles ne permettent pas de servir un tel menu.

> Je dois vous avouer franchement que, compte tenu du prix élevé de la viande actuellement, il nous est absolument impossible d'en servir aux petits autant qu'en recommandent les menus proposés. Pour en servir deux fois au cours de la même journée, conformément aux recommandations, certains directeurs ont été obligés d'instituer des journées sans viande pour respecter le budget de leur école. Toutefois, si les Affaires indiennes augmentaient les subventions par élève de manière à ce que les régimes recommandés puissent être appliqués, nous serions absolument ravis de les respecter.

En remerciant les fonctionnaires de la Division de l'hygiène alimentaire de leurs conseils, Cook écrit : « Les personnes comme Mlle Macbeth et vous devez être troublés de formuler des recommandations de bonne foi pour ensuite vous faire dire qu'il nous est impossible de les appliquer. J'espère néanmoins que vous prenez la mesure de notre situation financière[211].

En dépit des mises en garde des responsables de la santé publique, les Affaires indiennes refusent de débourser les ressources financières nécessaires pour assurer un approvisionnement en aliments sains dans certaines écoles. En 1948, la teneur en bactéries du lait que l'on sert à l'Institut Mohawk est si élevée que les inspecteurs en santé locaux envisagent d'ordonner que l'on mette fin au « service de distribution du lait jusqu'à ce que l'on sache mieux le traiter ». On signale aussi aux fonctionnaires des Affaires indiennes qu'à l'Institut Mohawk, « on donne le lait écrémé aux enfants » alors qu'on vend le gras de beurre. Le pensionnat s'approvisionne en glace à partir du canal « dont l'eau a été jugée impropre à la consommation »[212]. Trois ans plus tard, on sert toujours du lait non pasteurisé aux élèves de cette institution. Le médecin de l'école, Harold Palmer, écrit qu'il a soulevé la question à maintes reprises auprès des Affaires indiennes, mais que le Ministère refuse de verser les 2 400 $ annuels nécessaires pour pasteuriser le lait que l'on sert à l'école[213].

Il est impossible d'affirmer avec certitude dans quelle mesure les régimes alimentaires sont constants dans les six pensionnats visés par l'étude compte tenu des lacunes dans les dossiers et du manque de planification des menus dans un certain nombre d'établissements. Cependant, la capacité des écoles de rehausser la qualité, la variété ou la quantité des aliments aurait dépendu du financement. Tout porte à croire que le manque de financement a causé une détérioration du régime à certains moments pendant les études et que Pett a observé cette détérioration — du moins dans certains cas — et qu'il en a informé les directeurs.

Les résultats

Les travaux de Pett souffrent de nombreuses façons des connaissances limitées de l'époque en matière de nutrition. À titre d'exemple, il ne tient pas compte de la façon dont un régime alimentaire inadéquat influe sur le métabolisme humain ou les stades de développement des élèves. Il ne semble pas avoir rédigé un seul rapport global concernant l'étude sur la nutrition. Il corédige un article universitaire sur l'étude menée au pensionnat de Shubenacadie. Il présente, en outre, les résultats des travaux menés au pensionnat catholique romain de Kenora, en Ontario, et au pensionnat de l'Église Unie d'Alberni, en Colombie-Britannique, dans le cadre de conférences[214].

Le pensionnat d'Alberni

Un résumé de la présentation de Pett sur le pensionnat d'Alberni fait état des conséquences du triplement de l'approvisionnement en lait dans cette institution.

> On a réduit de façon dramatique les carences en riboflavine, en vitamine A et en niacine - au bas niveau de 1/8 de cette base. On a réduit de moitié d'autres carences précises. Les enfants ont pris du poids. Les taux d'hémoglobine et la teneur en acide ascorbique et en protéines sont restés les mêmes, alors qu'ils étaient moyens au départ. Le nombre d'infections respiratoires, d'amygdales gonflées (ou infectées) et de maladies mineures en tous genres a baissé[215].

Le pensionnat de Shubenacadie

Dans l'article qu'ils publient sur les résultats de l'étude menée au pensionnat de Shubenacadie, Pett et son coauteur, G. H. Ogilvie, estiment que le régime alimentaire de tous les élèves leur fournit une cinquantaine de milligrammes d'acide ascorbique par jour. De plus, la moitié des élèves reçoivent 100 milligrammes supplémentaires d'acide ascorbique comme supplément, tandis que l'autre moitié des élèves reçoit un placebo. Quatre-vingt-neuf élèves font l'objet d'un suivi sur une période de quatre ans. Durant l'étude, le niveau moyen d'acide ascorbique des élèves ayant reçu des suppléments passe de 0,45 milligramme par 100 millilitres de sérum (sang) à 1,76 milligramme par 100 millilitres de sérum. Le groupe ayant reçu le placebo enregistre également une hausse passant de 0,45 milligramme à 0,88 milligramme. Pett attribue la hausse du niveau d'acide ascorbique du groupe témoin à « l'amélioration des installations où l'on prépare la nourriture et à une meilleure préparation des menus ». Cependant, l'étude ne permet pas de déceler aucune différence entre les taux d'hémoglobine ou le développement de la gingivite des élèves qui ont reçu des comprimés d'acide ascorbique et ceux qui ont reçu le placebo[216].

L'étude menée au pensionnat de Shubenacadie vise notamment à déterminer si l'acide ascorbique peut retarder l'apparition de gingivite. Dans une note de 1954, Pett fait remarquer que « certains nutritionnistes et dentistes ont toujours une tendance à attribuer une vertu considérable à l'acide ascorbique dans le traitement ou la prévention de la gingivite ». Il est d'avis que l'étude menée au pensionnat de Shubenacadie soulève des questions quant aux bienfaits de pareil traitement[217].

Pett a également examiné les données découlant de l'étude sur le pensionnat de Shubenacadie pour voir s'il est possible d'établir un lien entre l'acide ascorbique (aux doses fournies) et une diminution des infections respiratoires. Il signale que, bien qu'on ait relevé des différences entre le groupe ayant reçu un supplément vitaminique et celui n'en ayant pas reçu, il a été impossible de dégager une tendance marquée.

Le pensionnat catholique romain de Kenora

Les résultats de l'étude menée au pensionnat catholique romain de Kenora sont particulièrement déconcertants. C'est dans cette institution que l'on a remplacé la farine non enrichie par de la farine enrichie pour Terre-Neuve. Avant que l'on opte pour la farine enrichie, on estime que 16 % des enfants affiche un faible taux d'hémoglobine. Au cours de la première année d'utilisation de la farine enrichie (1949–1950), le pourcentage d'élèves ayant un faible taux d'hémoglobine augmente à 52 %. Pendant la seconde année d'utilisation (1950–1951), le pourcentage d'enfants ayant un faible taux d'hémoglobine baisse pour atteindre un taux, toujours élevé, de 39 %. Pett écrit : « Si la farine enrichie a causé la hausse du nombre de cas d'anémie qu'on a recensés, cela est peut-être attribuable au fait que le calcium ou le phosphate contenu dans la farine d'os ajoutée a affecté l'absorption du fer[218]. » Lorsque le pensionnat recommence à utiliser de la farine blanche, le taux d'anémie baisse davantage[219].

Même si la farine enrichie n'est pas à l'origine de la hausse du taux d'anémie, il a été impossible d'y associer des effets positifs. Pett conclut que les résultats mettent l'accent sur « le danger d'ajouter des produits chimiques aux aliments sur des bases théoriques sans en étudier l'effet physiologique sur les humains, même si cela prend beaucoup de temps »[220]. Dans un article qu'il présente sur cette étude à l'American Institute of Nutrition à New York en 1952, il est plus explicite et conclut : « Vu l'état des connaissances actuelles, il est impossible de juger les bienfaits ou dangers d'ajouter des produits chimiques aux aliments sur des bases théoriques ou en fonction d'expériences limitées sur les animaux; il faut en vérifier les effets physiologiques sur les humains[221]. »

Ces déclarations illustrent clairement qu'au moins certains éléments de l'enquête nutritionnelle revenaient à « des essais physiologiques sur des humains ». Il est aussi évident que Pett en était venu à percevoir les résultats au pensionnat catholique romain de Kenora comme étant négatifs. À titre d'exemple, le rapport annuel de 1954 du ministère de la Santé nationale et du Bien-être social fait brièvement allusion aux études, les décrivant comme des enquêtes sur « les effets nocifs et possibles que peut avoir la farine d'os mélangée à la farine ordinaire sur la formation de l'hémoglobine »[222]. Il s'agit d'un écart considérable par rapport à l'objectif initialement énoncé des études, qui était de « servir de base aux améliorations nécessaires dans les autres pensionnats, quelles qu'elles soient »[223].

Un certain nombre de docteurs qui avaient participé à l'évaluation des bienfaits de la farine enrichie à Terre-Neuve assistent à la conférence dans le cadre de laquelle Pett fait sa présentation. Ils font valoir que leurs études n'avaient décelé aucun effet néfaste de la farine et suggèrent que c'est une autre composante de la farine qui est à l'origine des résultats. À la fin de la conférence, Pett estime toujours que c'est la farine d'os contenue dans la farine qui affecte l'absorption du fer[224].

En 1952, Pett correspond avec Grace Goldsmith, professeure à l'Université Tulane en Louisiane, qui a mené des études avant/après sur l'incidence de l'enrichissement de la farine à Terre-Neuve. Goldsmith remet en question l'hypothèse voulant que la hausse du taux d'anémie puisse avoir un lien avec la farine. Selon elle : « Il est pratiquement impossible de trouver deux écoles qui soient entièrement comparables. » Elle se demande aussi si les écarts entre les résultats sont significatifs au plan statistique. De même, elle fait remarquer que la détermination de « l'effet des changements de régime alimentaire sur ces cas d'anémie [juvénile] est une tâche extrêmement ardue » et que de nombreuses variables peuvent fausser les résultats[225].

Pett défend son étude, affirmant que son projet est « contrôlé aussi adéquatement que tout projet sur des êtres humains puisse l'être ». Il observe que le « taux d'hémoglobine des enfants dans les pensionnats a été étudié pendant une année complète avant la période expérimentale »[226].

Les implications potentielles des travaux de Pett aux pensionnats de Kenora sont sérieuses. Cependant, elles ont une incidence limitée sur la politique gouvernementale. En 1953, le *Règlement sur les aliments et drogues* du Canada est modifié pour autoriser « l'utilisation d'une quantité de carbonate de calcium ou de farine d'os comestible qui ne fournira pas moins de 500 milligrammes et pas plus de 650 milligrammes de calcium dans une livre de farine »[227]. (Il s'agit de la même exigence minimale que pour la farine enrichie pour Terre-Neuve[228].) Au moins une étude est menée dans le but précis de vérifier la conclusion de Pett. L'étude, dans laquelle des sujets non humains sont utilisés, conclut qu'un régime alimentaire contenant du pain enrichi permet une meilleure régénération de l'hémoglobine (des taux de fer plus élevés) que les régimes contenant du pain non enrichi. L'ajout de farine d'os au pain enrichi n'a eu aucun effet néfaste important sur la régénération de l'hémoglobine[229].

Après la modification apportée au *Règlement* en 1953, nombre de minoteries cessent de transformer de la farine à vitamine B Approuvée-Canada et offrent à la place des farines enrichies de vitamines[230]. La mesure dans laquelle la farine d'os ou d'autres sources de calcium nuisent à l'absorption de fer continue de faire l'objet de recherches et de débats jusqu'à la fin du XXe siècle et au début du XXIe siècle[231].

Le pensionnat presbytérien de Kenora

Comme il a été mentionné précédemment, Pett conclut en 1952 que des facteurs indépendants de sa volonté — probablement le roulement constant du personnel — avaient entravé nombre de ses efforts au pensionnat presbytérien de Kenora[232]. Malgré cela, il semble que les conditions sanitaires s'y soient améliorées. Au printemps 1949, 63,3 % des élèves présentent un faible taux d'hémoglobine. L'année suivante, ce pourcentage chute à 19,9 % et, au printemps 1951, il se situe à 14,2 %[233]. En 1953, Pett signale au directeur que le taux d'hémoglobine moyen chez les élèves est de 11,9 grammes au cours de la dernière visite[234]. Cependant, le fait que 21,2 % des élèves affichent de faibles taux d'hémoglobine en octobre 1948, avant que toute mesure éducative soit instaurée au pensionnat, témoigne de la variabilité de ces statistiques[235]. Autrement dit, les taux d'hémoglobine ont peut-être fluctué indépendamment de la recherche de Pett. Il ne semble pas exister de rapport complet concernant l'incidence du programme d'éducation sur la nutrition offert exclusivement dans ce pensionnat.

Les pensionnats de Cardston

Il ne semble pas non plus exister de rapports définitifs sur les résultats des études menées dans les deux pensionnats en Alberta. La décision d'utiliser de la farine à vitamine B Approuvée-Canada au pensionnat catholique romain de Cardston est prise en fonction des carences potentielles en thiamine chez les élèves. Dans une lettre datée d'août 1950, Pett annonce au directeur Maurice LaFrance que « nos dossiers pour 1950 montrent une amélioration manifeste de la santé de vos élèves de certaines façons précises comparativement à nos dossiers pour 1949 »[236]. Les dossiers de la clinique de nutrition pour mai 1950 ne font pas état des taux de thiamine, mais ils montrent des carences élevées en riboflavine et en vitamine A chez les élèves du pensionnat[237]. Les résultats de la même clinique révèlent qu'il y avait peu de problèmes de santé liés à la nutrition au pensionnat anglican de Cardston[238]. Dans les documents qu'elle a examinés, la Commission de vérité et réconciliation du Canada n'a recensé aucun autre rapport provenant de ces pensionnats, même si l'on avait prévu d'évaluer les pensionnats albertains au printemps 1953, dernière année du projet de recherche[239].

Dans la foulée des études sur les régimes alimentaires, Pett demeure favorable à la farine Approuvée-Canada. Lorsqu'on lui demande quel est, selon lui, le type de farine que l'on devrait servir dans les pensionnats en 1955, il la recommande plutôt que tout autre type de farine enrichie et ajoute que « dans les cas où l'on s'efforce vraiment d'équilibrer le régime alimentaire en y incluant des aliments de tous les groupes, on ne peut pas s'attendre à ce que le type exact de farine que l'on utilise fasse une grande différence ». Il continue en déclarant que dans les « pensionnats indiens où l'on s'attend à ce qu'une quantité importante de pain soit consommée et utilisée et où il est possible que certains aliments ne soient pas consommés pleinement par tous les enfants visés, il est important que la farine contribue le plus possible à la nutrition »[240]. Pett continue de se montrer sceptique quant aux bienfaits globaux des suppléments vitaminiques. En 1959, il écrit ce qui suit :

> Bien qu'il soit facile de distribuer de petits ou de gros flacons de liquides, des comprimés ou des cachets et apaiser sa conscience en se disant qu'une partie de leur contenu doit sûrement faire du bien à certaines des personnes qui l'ingurgitent, rien me m'a porté à croire que ces suppléments devraient être considérés comme plus adéquats que des services sociaux et économiques en bonne et due forme. La pensée magique d'il y a 10 ou 20 ans que quelques dollars de comprimés de vitamines serviraient de tonique, garderaient les gens au travail, leur donneraient l'esprit d'initiative et les empêcheraient d'être hospitalisés est en train de disparaître[241].

Le refus d'offrir des soins dentaires

L'étude sur la nutrition est assortie d'une demande du gouvernement fédéral voulant que certains traitements dentaires au fluorure de sodium ne soient pas offerts aux élèves des pensionnats visés par l'étude. Cette stipulation ne figure pas dans la description que Pett fait initialement de l'étude. En avril 1948, H. K. Brown, chef de la Division de l'hygiène dentaire au ministère de la Santé nationale et du Bien-être social, demande à la Division des services de santé aux Indiens à Edmonton « de ne pas utiliser de fluorure de sodium dans des applications topiques sur les dents des enfants » au pensionnat d'Edmonton, puisque l'on croit à l'époque que celui-ci devait faire partie de l'étude sur la nutrition. Brown estime que l'étude « pourrait englober des facteurs nutritionnels contenant du fluorure ». Rien dans cette lettre ne laisse entendre que l'on prévoie d'offrir un service dentaire supposant l'application topique de fluorure au pensionnat d'Edmonton[242]. Ce dernier finit par être exclu de l'étude.

Pett a l'impression qu'il n'y aurait aucun programme de traitement au fluorure de sodium dans l'une des écoles sélectionnées pour l'étude. Il est surpris d'apprendre que ce type de traitement devait être offert aux élèves de l'école catholique romaine de Kenora à l'automne 1949. Pett s'y oppose, car il estime que pareil traitement ferait en sorte qu'il soit difficile d'évaluer les conséquences de l'utilisation de farine enrichie pour Terre-Neuve au pensionnat[243]. Brown demande que le programme de soins dentaires soit suspendu jusqu'à ce qu'il soit possible de déterminer si on utilise du fluorure de sodium[244]. Brown explique que les traitements au fluorure de sodium et de prophylaxie dentaire prévus « auraient pour effet de créer de la confusion quant à la gingivite et aux caries dentaires ». Il affirme que « pendant les années que dure l'étude sur la nutrition, il est important que les pensionnats participants ne reçoivent que leur juste part des services d'extraction et d'obturation offerts au pensionnat moyen dans cette région »[245]. Comme il a été mentionné précédemment, dans le cadre de la clinique de nutrition annuelle, les élèves — du moins ceux du pensionnat de Shubenacadie — reçoivent un traitement prophylactique. Au cours des années subséquentes, un dentiste — parfois Brown lui-même — participe à la clinique de nutrition annuelle aux pensionnats visés par l'étude[246].

En octobre 1949, Brown donne aussi pour directive à P. S. Tennant, surintendant régional des services de santé aux Indiens en Colombie-Britannique, qu'« aucun service dentaire global spécialisé ne soit offert, comme l'utilisation de fluorure de sodium, de prophylaxie dentaire ou même de composés d'urée » au pensionnat d'Alberni. Puisque les caries et la gingivite sont des facteurs dans l'évaluation nutritionnelle, toute mesure influant sur elles influerait aussi sur la capacité de mesurer l'incidence de l'augmentation de la consommation de lait. Selon Brown : « Il est probable que le Dr Ewart soit pleinement conscient de ce fait, et je ne vous écris à ce sujet qu'à titre de précaution supplémentaire pour éviter qu'une omission ne survienne. » Il affirme que les « services d'obturation et d'extraction réguliers » n'auraient aucun effet sur l'étude sur la nutrition. Sa lettre à Tennant semble avoir été préventive puisqu'il n'est nulle part question dans leur échange d'un traitement prévu au fluorure de sodium au pensionnat d'Alberni[247]. En janvier 1950, Brown écrit également au Dr O. Leroux, directeur adjoint des Services de santé aux Indiens : « Si votre direction emploie un dentiste pour offrir des services au pensionnat de Shubenacadie ou à tout autre établissement visé par la présente étude, les services en question doivent se limiter aux obturations et aux extractions; l'utilisation du fluorure de sodium et de la prophylaxie dentaire doit être expressément exclue[248]. » Il n'est nullement mentionné dans la lettre que l'on avait l'intention d'offrir pareil traitement aux élèves.

Avant d'offrir des suppléments d'acide ascorbique à la moitié des élèves du pensionnat de Shubenacadie, Pett prend des dispositions pour qu'un dentiste examine tous les élèves[249]. En outre, « on a donné un traitement de prophylaxie dentaire à chaque enfant pour enlever des calculs [tartre], afin que les causes physiques de la gingivite soient aussi semblables que possible dans les deux groupes »[250]. En mars 1949, Brown demande à la Division des services de santé aux Indiens de lui fournir un nombre suffisant de brosses à dents et de tubes de dentifrice pour pouvoir en offrir à chaque élève visé par l'étude sur la nutrition[251].

Comme il a été démontré dans le chapitre précédent, peu de soins dentaires sont offerts dans les pensionnats après 1940. En 1947, les Services de santé aux Indiens sont incapables d'obtenir des services dentaires pour l'Agence indienne de Kenora, y compris les pensionnats qui en relèvent[252]. Les services offerts se limitent habituellement aux obturations et aux extractions, mais ils englobent parfois des traitements prophylactiques. À titre d'exemple, en 1947, un dentiste qui traite les élèves du pensionnat anglican de Brocket, en Alberta, facture 74 extractions, 35 obturations et neuf traitements prophylactiques[253]. Un dentiste qui visite le pensionnat d'Alberni au printemps 1948, avant que celui-ci soit visé par l'enquête nutritionnelle, fait 419 extractions et 188 obturations, et offre deux traitements prophylactiques[254]. Le registre porte à croire que le traitement prophylactique n'est pas généralement offert aux élèves des pensionnats pendant cette période.

Au moment où les études sur la nutrition sont menées, le traitement au fluorure de sodium est un nouveau concept. Le premier article important dans lequel il est question d'une technique efficace pour offrir ce traitement est publié en 1948, année avant que l'étude sur la nutrition soit mise en œuvre au Canada. Dans cet article, le Dr John W. Knutson, dentiste américain et responsable de la santé publique, écrit ce qui suit :

> Les rapports initiaux concernant les solutions de fluorure de sodium appliquées de façon topique aux dents en tant que mesure prophylactique contre les caries ont été confirmés par une expérience clinique exhaustive. En outre, les résultats des études cliniques conçues spécialement pour élaborer et perfectionner une

technique d'application topique du fluorure ont montré que quatre applications d'une solution contenant 2 % de fluorure de sodium aux dents des enfants réduisent de 40 % l'incidence des caries dentaires.

Il s'agit d'un processus complexe qui prend beaucoup de temps. La première application de fluorure de sodium doit être précédée d'un traitement dentaire — les dents sont nettoyées, de préférence avec une pâte à poncer fine et une cupule de caoutchouc actionnée par moteur. Les dents à traiter sont isolées avec des boules de coton et asséchées à l'air comprimé. On y applique ensuite une solution contenant 2 % de fluorure de sodium. Le traitement complet nécessite quatre applications à une semaine d'intervalle. On recommande d'offrir cette série de traitements aux enfants de trois ans (pour le traitement des dents de lait), de sept ans (pour le traitement des incisives et des premières molaires), de dix ans (pour le traitement des prémolaires et des canines) et de treize ans (pour le traitement des secondes molaires)[255].

Ce type de traitement n'est pas adopté à grande échelle. Pendant cette période, les soins dentaires de la plupart des Canadiens sont offerts en fonction de la capacité de payer du patient et se situent entre les soins de « luxe » et ceux de « bienfaisance »[256]. Les grilles tarifaires d'Anciens Combattants pour les soins dentaires pendant cette période prévoient des taux pour les traitements de routine comme les obturations, les extractions et les dentiers, mais pas pour les thérapies au fluorure de sodium[257]. C'est une période pendant laquelle on s'interroge toujours sur les causes et les traitements des caries et des maladies des gencives. À titre d'exemple, dans les années 1940, on débat toujours de la question de savoir si le brossage des dents prévient réellement les caries[258].

Il semble que le traitement au fluorure de sodium ait été utilisé dans les établissements de santé publique aux États-Unis, mais pas de manière répandue en pratique privée[259]. Au Canada, on ne semble pas l'avoir utilisé dans le cadre des programmes de santé publique, probablement parce que les politiques en matière de santé publique ont été axées sur la fluoration de l'eau dans les communautés[260]. Les études comparatives sur la fluoration de l'eau sont entamées en 1945, lorsque le fluorure de sodium est ajouté à l'alimentation en eau de Brantford, en Ontario. Les fiches dentaires des enfants de cette collectivité sont comparées à celles des enfants de Sarnia, où aucun fluorure de sodium n'a été ajouté à l'approvisionnement en eau. Le résultat de ces études pousse les dentistes du Canada à demander la fluoration de l'alimentation en eau en 1952, méthode qui a été adoptée lentement : en 1969, seulement un tiers de la population canadienne a accès à de l'eau fluorée[261]. Une revue de la littérature professionnelle de l'époque porte à croire que le fluorure de sodium ne fait pas non plus partie des soins dentaires de routine dans les pratiques privées au Canada[262].

Tel qu'il a été mentionné, H. K. Brown, chef de la Division de l'hygiène dentaire au ministère de la Santé nationale et du Bien-être social, demande que ce traitement ne soit pas offert aux pensionnats visés par les expériences sur la nutrition. Cependant, il est aussi évident qu'au début des années 1950, il s'est demandé si ces traitements seraient efficaces dans les pensionnats canadiens.

Lorsqu'un dentiste de Colombie-Britannique demande la permission d'offrir des traitements au fluorure de sodium aux élèves des pensionnats sur l'île de Vancouver en 1951, Brown fait remarquer qu'à moins que cette substance soit appliquée par un technicien dentaire qualifié au moyen d'équipement approprié, « elle ne donnait aucun avantage appréciable ». Il affirme que l'utilisation de ce traitement doit se « faire dans le cadre d'un bon programme de santé dentaire global »[263]. Il semble que le traitement n'ait pas été offert. (Il faut attendre 1951 pour que des cours de formation soient dispensés aux hygiénistes dentaires au Canada[264].)

On a à nouveau proposé d'offrir des traitements au fluorure de sodium dans les pensionnats de Colombie-Britannique en 1954 lorsque W. S. Barclay, surintendant général des Affaires indiennes dans cette province, demande conseil au ministère fédéral de la Santé quant au bien-fondé d'instaurer pareil programme dans les pensionnats. Dans le cadre de cette proposition, les traitements devaient être appliqués par un dentiste et une infirmière[265]. Brown continue d'exprimer des doutes quant à la valeur de ces traitements. Il soulève les arguments que voici :

> 1) Bien que, dans des conditions de recherche, on ait observé que les médicaments « topiques » contenant 2 % de fluorure de sodium donnent lieu à une diminution de 40 % de l'incidence de caries, on doute beaucoup de leur efficacité dans les mains de personnes n'ayant pas été spécialement formées à les appliquer.
>
> 2) Les médicaments topiques ne sont pas utilisés à grande échelle en dentisterie. Le dentiste moyen croit qu'il peut offrir un service plus durable, efficace et économique en faisant des obturations lorsque les caries sont petites. Il a probablement raison à cet égard.
>
> 3) Les seuls programmes dans lesquels on utilise des médicaments topiques au Canada (à l'Île-du-Prince-Édouard et en Saskatchewan) sont offerts par des hygiénistes dentaires. Ces filles suivent une formation de deux ans en hygiène dentaire et en éducation sanitaire. À l'Île-du-Prince-Édouard, on ne donne des médicaments topiques qu'aux enfants qui ont déjà une bonne hygiène dentaire, car on estime perdre son temps avec ceux pour qui ce n'est pas le cas. Les dentistes qui les utilisent dans leur pratique suivent ce principe, qui est bien vu ici.

Encore une fois, il insiste pour dire que « si la technique n'est pas appliquée méticuleusement, le travail est complètement inutile ». Il croit que, dans quelques années, il existera un traitement plus simple et efficace. Selon lui, pour toutes ces raisons, Barclay « aurait intérêt à ne pas entreprendre de programme d'application topique à l'heure actuelle »[266]. Brown a eu raison en ce sens que la méthode mise au point par Knutson dans les années 1940 est supplantée par ce qu'on appelait la « méthode du fluorure d'étain », qui nécessitait un nombre moins élevé de traitements[267]. Brown est également réfractaire aux propositions faites en 1949 de traiter les dents des élèves des pensionnats avec des dentifrices (une pâte ou une poudre pour nettoyer les dents) contenant des mélanges d'urée. Il affirme que les bienfaits du produit en étaient toujours au stade expérimental à l'époque[268].

En bref : à la fin des années 1940 et au début des années 1950, les traitements au fluorure de sodium sont de nouveaux types de traitements auxquels la plupart des Canadiens ont accès. En raison principalement du manque de financement, les soins dentaires dispensés dans les pensionnats au Canada pendant cette période sont limités et inadéquats. Dans les documents qu'elle a examinés, la Commission de vérité et réconciliation du Canada n'a relevé aucun exemple d'élèves des pensionnats ayant bénéficié d'un traitement dentaire au fluorure de sodium pendant cette période. Dans les pensionnats, il arrivait souvent qu'aucun traitement dentaire ne soit offert pendant des années[269]. Il semble aussi que les élèves des pensionnats aient rarement bénéficié de traitements prophylactiques à la même époque[270].

Les renseignements qui précèdent donnent un contexte pour comprendre la nature des traitements prophylactiques et la mesure dans laquelle ils étaient offerts en général. Toutefois, il semble qu'en 1949, un dentiste de Kenora ait été disposé à appliquer aux élèves des pensionnats des traitements au fluorure de sodium et que les responsables du gouvernement du Canada s'y soient opposés. Ils ont non seulement interdit ce type de traitement, mais aussi les traitements prophylactiques en général. S'ils l'ont interdit, ce n'est pas qu'ils estimaient que, compte tenu de la santé dentaire des élèves, il convenait de privilégier les obturations ou les extractions, ou qu'ils croyaient que les traitements seraient inefficaces en raison du manque de soins dentaires continus (les raisons qu'ils devaient évoquer dans les années 1950 pour refuser que ce traitement soit offert), mais plutôt que pareils traitements feraient en sorte qu'il soit impossible d'évaluer l'incidence de l'intervention au plan nutritionnel prévue dans l'étude. Voilà pourquoi on a refusé que soient dispensés les traitements préventifs à Kenora et recommandé qu'ils ne soient pas offerts dans d'autres écoles visées par l'étude. Grosso modo, pour le bien de l'étude, on a privé les élèves de traitements qui leur auraient été profitables. On a refusé de prodiguer des soins prophylactiques dans tous les autres pensionnats en grande partie pour des raisons économiques.

Le refus d'offrir des suppléments de vitamines et de fer

Il y a un autre exemple de cas dans lequel l'étude sur la nutrition a fait en sorte que l'on refuse d'offrir des traitements médicaux. En janvier 1953, J. E. Andrews, directeur du pensionnat presbytérien de Kenora, informe Pett que « les Services de santé aux Indiens voudraient que tous les enfants prennent des toniques de fer ou des comprimés de vitamines, et j'aimerais recevoir votre aval ou connaître votre avis sur ce point avant d'aller plus loin »[271]. Pett s'oppose à l'idée sous prétexte qu'il préférait qu'Andrews « ne donne pas pareils médicaments aux enfants (sauf de l'huile de foie de morue) jusqu'à la fin de ce projet — qui prendra encore une autre année ou deux. Pendant la dernière visite, le taux d'hémoglobine moyen dans votre pensionnat était de 11,9 grammes % comparativement à 11,9 grammes l'an dernier, ce qui montre qu'il n'y a eu aucune détérioration[272]. » Il semble que Pett ait fait valoir qu'on contrôlait efficacement l'anémie grâce au régime alimentaire. Dans ce cas, le gouvernement n'a pas refusé que l'on donne des suppléments de vitamines et de fer, mais a simplement recommandé qu'on ne le fasse pas. Le dossier n'indique pas clairement les mesures qu'a prises le directeur. L'opposition de Pett était conforme à son scepticisme quant à l'efficacité des suppléments vitaminiques.

Ces deux points soulèvent la question du type de consentement qu'on aurait dû demander et recevoir avant que les élèves participent à l'étude.

Le consentement parental

Les questions pour lesquelles Pett cherchait des réponses se rapportaient également à la santé des enfants dans les pensionnats. Comme il a été mentionné, diverses études avaient recommandé que l'on donne aux Autochtones une farine du type utilisé pour Terre-Neuve. Des études ont aussi avancé que l'acide ascorbique retarderait le développement de la gingivite. Il y aurait peu de motifs de critiquer Pett s'il avait recommandé que les pensionnats utilisent de la farine enrichie pour Terre-Neuve. Les mesures prises au pensionnat d'Alberni et au pensionnat catholique de Cardston sont conformes aux Règles alimentaires au Canada de l'époque et ne constituent pas une innovation. Les mesures instaurées au pensionnat presbytérien de Kenora ne soulèvent pas vraiment la controverse : sensibiliser le personnel et les élèves aux bienfaits de certains fruits et légumes. Aucun changement n'est apporté au pensionnat de Cardston, et il en a été de même dans la soixantaine d'autres pensionnats au sein du système[273].

Cependant, au lieu de simplement instaurer ces mesures, dans un pensionnat ou à la grandeur du système, Pett organise un projet de recherche au nom du gouvernement du Canada. S'il le fait, c'est en partie parce qu'il a des réserves quant aux recommandations que formulaient les spécialistes en faveur de la farine enrichie pour Terre-Neuve. Comme il a été mentionné, il écrit en 1949 qu'il voulait « voir des preuves concrètes de la valeur réelle de pareille procédure et s'assurer qu'elle ne pouvait causer aucun tort avant d'encourager son application à de grands groupes de personnes ». Selon lui, aucune étude n'avait démontré le bien-fondé de « l'ajout de certaines vitamines à la farine ». Pas plus, a-t-il ajouté, « qu'il a été clairement démontré que le fer ou le calcium parfois ajouté est même absorbé »[274]. Une bonne partie de l'enquête nutritionnelle vise à répondre à des questions concernant les avantages et les risques de certains types de farine. Dans deux écoles, il fait en sorte que l'on utilise des farines enrichies : dans l'une, il s'agit de la farine enrichie naturellement qu'il privilégie tandis que dans l'autre, il s'agit de la farine enrichie artificiellement à l'égard de laquelle il est sceptique. Deux autres pensionnats ont essentiellement servi de contrôles pour ces écoles.

Cette étude transforme les élèves en sujets de recherche. Elle n'a pas pour simple objectif d'améliorer la santé de chaque élève, mais aussi de faire avancer les connaissances médicales, bien qu'elle ait visé à déterminer quels changements au régime alimentaire amélioreraient la santé en général. Dans pareils cas, les mesures nécessaires pour assurer l'intégrité des données de recherche peuvent entrer en conflit avec la responsabilité d'un médecin d'offrir les meilleurs soins possibles à ses patients. Elles peuvent aussi comporter des risques. L'histoire de la médecine regorge d'exemples de recherches douteuses ayant été menées sans le consentement des patients[275]. Au plan historique, les exemples les mieux connus sont les expériences menées par les médecins allemands sur les détenus des camps de concentration et des camps de la mort pendant la Seconde Guerre mondiale[276]. Le procès de ces médecins après la guerre a donné lieu à l'élaboration de ce qu'on a fini par appeler le « Code de Nuremberg » en 1948. La première disposition du code est la suivante :

> 1. Le consentement volontaire du sujet humain est absolument essentiel.
>
> Cela veut dire que la personne intéressée doit jouir de capacité légale totale pour consentir : qu'elle doit être laissée libre de décider, sans intervention de quelque élément de force, de fraude, de contrainte, de supercherie, de duperie ou d'autres formes de contraintes ou de coercition. Il faut aussi qu'elle soit suffisamment renseignée, et connaisse toute la portée de l'expérience pratiquée sur elle, afin d'être capable de mesurer l'effet de sa décision. Avant que le sujet expérimental accepte, il faut donc le renseigner exactement sur la nature, la durée, et le but de l'expérience, ainsi que sur les méthodes et moyens employés, les dangers et les risques encourus; et les conséquences pour sa santé ou sa personne, qui peuvent résulter de sa participation à cette expérience.
>
> L'obligation et la responsabilité d'apprécier les conditions dans lesquelles le sujet donne son consentement incombent à la personne qui prend l'initiative et la direction de ces expériences ou qui y travaille. Cette obligation et cette

> responsabilité s'attachent à cette personne, qui ne peut les transmettre à nulle autre sans être poursuivie[277].

Les études menées par Pett comportent deux risques. Premièrement, les organisateurs ont l'intention de priver les élèves de traitements médicaux bénéfiques si ceux-ci compliquent l'interprétation des résultats de l'étude. En conséquence, on leur refuse les traitements au fluorure de sodium. La lettre que Pett rédige en 1949, et dont il a été question, énonce clairement qu'il croyait qu'aucune étude n'avait démontré que la consommation de farine enrichie pour Terre-Neuve n'avait pas d'effets néfastes. Pour cette raison, il affirme qu'il ne recommanderait pas qu'elle soit consommée par de grands groupes de personnes. Dans ce cas précis, Pett fait allusion à des groupes importants d'Autochtones. Il est clair, dans le contexte, que Pett estimait que la recherche ne validait pas la décision du gouvernement de Terre-Neuve d'insister pour que toutes les farines importées dans sa province soient enrichies de vitamines et de minéraux précis. Pour vérifier cette hypothèse, Pett fournissait de la farine enrichie pour Terre-Neuve (et d'autres types de farines) à des petits groupes de personnes.

Deuxièmement, Pett ne demande pas le consentement des parents des élèves visés par son étude. Il semble plutôt s'en remettre au consentement des directeurs. Pareille pratique était conforme à l'approche d'autres chercheurs à l'égard des pensionnats dans les années 1960[278]. Pour leur part, les directeurs choisissent de donner leur consentement plutôt que de demander celui des parents, malgré la période de deux mois entre le moment où les interventions précises ont été cernées pour chaque école et celui où elles ont été effectuées. Il semble aussi que les directeurs n'aient pas été informés à l'avance du fait que l'étude sur la nutrition n'était pas compatible avec certains traitements dentaires et qu'elle comportait des risques potentiels ainsi que des avantages pour la santé des élèves. Sans pareille information, ils n'ont pas pu donner de consentement éclairé.

Les directeurs ont peut-être pensé qu'ils étaient autorisés à approuver l'étude. Comme il en a été question dans le chapitre précédent, dans les années 1940 et 1950, époque où les parents ont inscrit leurs enfants dans les pensionnats, ils doivent signer un formulaire d'admission dans lequel ils reconnaissent que leur enfant doit rester à l'école « sous la tutelle du directeur du pensionnat aussi longtemps que le ministre des Mines et des Ressources le juge nécessaire »[279]. Le règlement de 1953 sur les pensionnats indiens stipule que le directeur doit « assumer les responsabilités de parent ou de tuteur à l'égard du bien-être et de la discipline des élèves dont il a la charge »[280]. La plupart des traitements médicaux offerts aux élèves pendant cette période ne le sont que sur consentement du directeur. Les Affaires indiennes n'utilisent pas, cependant, cette disposition comme un plein pouvoir. À titre d'exemple, en 1940, les enfants ne sont pas transférés dans des sanatoriums sans la permission des parents[281]. De façon similaire, en 1943, le personnel du pensionnat de Blue Quills, en Alberta, obtient le consentement des parents de cinq filles qui avaient besoin de chirurgie[282]. En 1957, lorsqu'il consent à ce que les élèves participent à l'étude sans avoir obtenu le consentement préalable de leurs parents, le directeur du pensionnat de Gordon, en Saskatchewan, reconnaît qu'il « fallait obtenir la permission des parents » avant que les élèves puissent participer à pareil projet de recherche[283].

L'incidence

Les enquêtes nutritionnelles semblent avoir eu des répercussions limitées sur la santé. La recherche de Pett permet de déterminer que l'augmentation des rations de lait profitait à ceux qui en bénéficiaient. Il ne peut déceler aucun bienfait (ni aucun méfait) découlant de l'augmentation de l'apport en vitamine C au pensionnat de Shubenacadie. Aucun résultat n'est rapporté pour le pensionnat de Cardston, tandis que les résultats du pensionnat catholique romain de Kenora permettent à Pett d'avancer l'hypothèse que la farine d'os contenue dans la farine contribue à la hausse des cas d'anémie. En 1953, cette hausse est renversée. D'autres chercheurs qui ont examiné le matériel à l'époque se sont interrogés à savoir si l'augmentation que Pett avait relevée était signifiante au plan statistique ou attribuable aux changements qu'il avait instaurés. Au pensionnat presbytérien de Kenora, Pett ne fait état d'aucun résultat négatif sur la santé et signale une réduction du nombre de cas d'anémie[284]. Les résultats recensés dans ces pensionnats auraient aussi pu découler des schémas de croissance des enfants et des changements non signalés dans le régime alimentaire à ces endroits. Le directeur du pensionnat catholique romain a arrêté d'utiliser de la farine enrichie pour Terre-Neuve sans informer Pett de sa décision, et il est bien possible qu'il y ait eu d'autres modifications au régime alimentaire dans cette institution qui n'ont pas été répertoriées. De façon similaire, le changement constant de cuisiniers au pensionnat presbytérien de Kenora n'a sûrement pas contribué à l'uniformité du régime alimentaire dans cette institution.

Les études n'ont pas non plus eu d'incidence sur la politique gouvernementale. Avant que celles-ci soient entreprises, les responsables de la Division de l'hygiène alimentaire sont d'avis que les pensionnats devraient nourrir les élèves en suivant les Règles alimentaires au Canada; cela n'a pas changé après les études. L'étude menée au pensionnat d'Alberni montre qu'il existe un distinct avantage à offrir les quantités de lait recommandées dans les Règles alimentaires. Cependant, aucun programme spécial n'est instauré pour veiller à ce que les pensionnats soient approvisionnés en lait de façon adéquate. L'utilisation de farine Approuvée-Canada au pensionnat catholique de Cardston ne semble avoir eu aucun résultat. Cependant, en 1949, les Règles alimentaires cessent de recommander l'utilisation de cette farine en particulier[285]. Aucun programme n'est mis en place pour l'instaurer dans d'autres pensionnats. Les résultats de l'étude sur la farine enrichie pour Terre-Neuve au pensionnat catholique romain de Kenora donnent lieu à de plus amples études sur le rôle potentiel de la farine d'os dans l'absorption du fer[286]. En 1953, le gouvernement canadien adopte de nouvelles mesures réglementaires qui ont permis l'enrichissement volontaire de la farine avec du fer, de la thiamine, de la riboflavine et de la niacine. L'enrichissement de la farine est demeuré obligatoire à Terre-Neuve[287]. Conformément à ces dispositions, la vente de farine moulue selon les normes de Terre-Neuve est légalisée dans le reste du Canada, mais n'est pas obligatoire dans le cas des pensionnats[288]. Autrement dit, les études menées par Pett dans les pensionnats n'ont influé en rien sur la politique canadienne en matière d'enrichissement de la farine.

L'étude menée au pensionnat de Shubenacadie ne permet de déceler aucun autre avantage de l'utilisation de suppléments d'acide ascorbique; on pourrait donc faire valoir que l'absence d'un programme national pour offrir pareils suppléments est attribuable à cette étude. L'étude menée au pensionnat presbytérien de Kenora illustre les limites associées à l'instauration de cours de formation en matière de nutrition dans un système sous-financé, caractérisé par un approvisionnement inadéquat en nourriture et un roulement élevé du personnel.

En terminant cette discussion concernant l'étude sur la nutrition, il convient de soulever un certain nombre de points. Le premier est que la majeure partie des travaux de Pett sur les pensionnats pendant cette période visait à améliorer la santé des élèves. Il a recommandé que les institutions nourrissent les élèves en fonction des mêmes normes qu'il avait recommandées pour l'ensemble des Canadiens. Il a souligné le défaut du gouvernement de respecter cette norme. Les Églises se sont servies des évaluations des besoins en nutrition menées par son personnel comme base pour demander du financement supplémentaire. En 1947, Pett propose que le gouvernement entreprenne une série de projets de démonstration visant à améliorer la nutrition dans un certain nombre de pensionnats. Ce projet aurait compris une série de tests concernant l'efficacité des aliments enrichis de vitamines et de minéraux précis. Il les a englobés en partie parce qu'il se montrait sceptique à l'égard des propositions qui tentaient de se pencher sur les carences alimentaires au moyen d'aliments enrichis artificiellement. Il était d'avis qu'il était préférable pour les élèves (et l'ensemble des Canadiens) de pouvoir suivre des régimes alimentaires qui leur fournissaient les vitamines et minéraux qui se trouvent naturellement dans les aliments. L'étude sur les vitamines et les minéraux a été la seule partie de sa proposition qui a été approuvée et financée. Les changements que Pett a instaurés dans ce projet étaient tous conformes aux Règles alimentaires ou aux recommandations des experts. Pendant cette période où on a élaboré des données de référence sur la santé des élèves, le personnel de Pett a recommandé que l'on améliore le régime alimentaire de ces derniers. Au cours de l'étude, Pett a prié les pensionnats de l'informer de tout changement proposé au régime alimentaire des élèves. Rien n'indique qu'il se soit opposé à des changements — et il existe des exemples de directeurs qui ont modifié les régimes alimentaires sans consulter Pett.

Il faut mettre ce bilan en balance avec le fait que l'étude sur la nutrition était une expérience menée sur des sujets humains sans consentement approprié. Il est bien possible que si les parents avaient reçu toute l'information voulue pour faire un choix éclairé, ils auraient donné leur consentement. Dans bien des cas, les risques étaient faibles et, dans certains autres, comme au pensionnat d'Alberni, les avantages étaient considérables. Les parents auraient peut-être souhaité que leurs enfants se passent de traitements au fluorure de sodium, traitements très récents dont l'efficacité requérait le recours à du personnel formé à cette fin. Cependant, on n'a pas donné aux parents l'occasion d'évaluer les avantages et les inconvénients de la participation à l'étude. La décision de ne pas demander leur consentement reflète une des faiblesses sous-jacentes du concept du pensionnat : l'opinion selon laquelle les vues des parents autochtones étaient, au mieux, sans importance et, au pire, des entraves au progrès. Cette attitude paternaliste reflète aussi l'origine coloniale des pensionnats et s'est manifestée de douzaines de façons, les deux plus évidentes étant le manque de choix parental pour ce qui est de décider si leurs enfants iraient au pensionnat et le manque de contribution parentale quant au curriculum. Cependant, dans le cas du régime alimentaire et de la nutrition, le principal scandale de cette période n'a pas été l'étude que Pett a supervisée dans six pensionnats entre 1948 et 1953, mais bien le défaut du gouvernement de donner suite à la recommandation de Pett de fournir aux écoles la nourriture, les installations et le personnel nécessaires pour nourrir les élèves selon les normes des Règles alimentaires au Canada.

Le début des années 1950

Les problèmes globaux que la Division de l'hygiène alimentaire avait relevés à la fin des années 1940 continuent de se faire sentir jusqu'au début des années 1950. Pendant les dernières années de l'étude sur la nutrition, Pett travaille aussi avec les pensionnats anglicans de Prince Albert, en Saskatchewan, et d'Alert Bay, en Colombie-Britannique, afin d'améliorer les régimes alimentaires dans les écoles. On se préoccupe constamment de trouver une façon d'offrir des repas nutritifs et nourrissants à faible coût. Au pensionnat de Prince Albert, un menu de la Division de l'hygiène alimentaire est aussi instauré au printemps 1952. Le directeur A. J. Scrase fait savoir que pendant la première semaine, « les enfants se sont plaints de ne pas avoir suffisamment à manger et qu'ils mourraient de faim avant la fin de la semaine »! Selon lui, « les enfants sont habitués à manger des aliments plus bourratifs comme du pain et des pommes de terre ». On pense aussi que les rations de viande sont trop petites pour les enfants plus âgés[289]. Pendant la deuxième semaine, on ajoute des pommes de terre et du pain aux repas jugés « trop légers »[290]. En juin 1952, Pett estime que les menus aux pensionnats d'Alert Bay et de Prince Albert sont enfin conformes à la norme alimentaire canadienne pour les garçons de douze ans[291]. Ces travaux contribuent à l'élaboration de nouvelles listes de rations pour les pensionnats, qui ont été diffusées en juillet 1952. Les listes donnent des conseils concernant l'achat de quantités nécessaires par trimestre de denrées alimentaires par personne[292].

Bien que Pett ait clairement trouvé les travaux frustrants, H. M. Jones, directeur des Affaires indiennes, conclut que l'« inspection et l'étude intensives des pensionnats » que la Division de l'hygiène alimentaire avait menées il y a quelques années avaient « donné lieu à une nette amélioration de l'équipement et de la gestion de ces institutions ». En décembre 1953, il demande à Pett d'« élargir la portée de l'attention » accordée aux pensionnats en faisant inspecter un certain nombre de pensionnats récemment ouverts ou rénovés[293]. Dans sa réponse, Pett fait remarquer que la Division de l'hygiène alimentaire avait généralement perdu contact avec les pensionnats dans les années précédentes. Il écrit que lui et son personnel ont fait le constat suivant :

> Nous n'avons jamais estimé être autorisés à arranger systématiquement des visites des pensionnats. Bien que le personnel des pensionnats n'ait jamais été impoli, à certaines occasions, la réception a clairement indiqué que notre position par rapport à la Division des affaires indiennes et même des Services de santé aux Indiens n'était pas suffisante à ses yeux pour justifier notre intrusion. En revanche, quand des problèmes précis ont été portés à notre attention, habituellement par votre direction, nous les avons réglés aussi rapidement que possible.

Pett fait aussi remarquer que la baisse du nombre d'inspections régulières des pensionnats était aussi attribuable à la « réduction du budget et au roulement du personnel. Il a été difficile de faire en sorte qu'une fille parcoure le pays en entier. » Il recommande que l'on embauche des agents régionaux qui seraient pleinement habilités à inspecter tant les pensionnats que les hôpitaux gérés par les Affaires indiennes[294].

À la demande de Jones, la Division de l'hygiène alimentaire procède à l'inspection du pensionnat nouvellement construit de Sept-Îles, au Québec, et détermine qu'il est nécessaire d'offrir de la formation aux cuisiniers, d'acheter de l'équipement de cuisine supplémentaire, ainsi que d'améliorer la planification des menus et la valeur nutritive de la nourriture qu'on sert aux élèves[295].

Pett travaille aussi avec P. E. Moore des Services de santé aux Indiens à élaborer la recette d'un biscuit qui fournirait « tous les minéraux et les vitamines dont un enfant a besoin ainsi que la teneur minimale en protéines et des calories »[296]. La formule s'inspire d'une ration militaire et contient « du calcium, du fer, de la vitamine A, de la thiamine et de la riboflavine, ainsi que des protéines et calories utiles »[297]. Ces biscuits, qui visent à servir de suppléments alimentaires, sont distribués dans les pensionnats[298]. Même si Pett croit que pareils « aliments "trafiqués" sont, de bien des façons, de simples béquilles dont l'on se sert jusqu'à ce qu'on ait adopté de meilleures habitudes alimentaires », les biscuits vitaminés sont toujours offerts dans les années 1960[299].

Jusqu'au milieu des années 1950, les pensionnats ne nourrissent toujours pas les élèves selon les Règles alimentaires au Canada. Une évaluation de 1956 du menu du pensionnat de Norway House, au Manitoba, révèle que les quantités d'agrumes, de légumes (autres que les pommes de terre) et d'œufs sont « considérablement moins élevées » que les quantités recommandées par les Règles alimentaires au Canada. Le rapport d'évaluation mentionne que les enfants plus âgés ne reçoivent pas suffisamment de lait[300].

Selon un rapport de 1954 sur le pensionnat de Shingwauk de Sault Ste. Marie :

> Le service des repas est terrible, surtout les plats chauds. Ils sont tous placés sur la table une quinzaine de minutes avant que les jeunes s'assoient, si bien que — avant que les enfants soient servis — , ces soi-disant repas chauds ont eu le temps de refroidir ou de tiédir et une peau, de se former sur la soupe, etc. J'ai insisté auprès de Phillips sur l'importance d'instaurer un système dans lequel il y aurait un serveur ou une serveuse à chaque extrémité de la table pour servir les enfants UNE FOIS QU'ILS SONT ASSIS[301].

La quantité et la qualité de la nourriture au pensionnat de Brandon, au Manitoba, font régulièrement l'objet de plaintes à l'époque où Oliver Strapp est directeur au début des années 1950[302]. Après une visite au pensionnat de Brandon en novembre 1956, le surintendant de l'éducation aux Affaires indiennes, R. F. Davey, est « convaincu que les enfants ne sont pas bien nourris et que plusieurs membres du personnel sont incompétents ». Il fait remarquer que le directeur qui a succédé à Strapp, G. R. Inglis, n'a pas honoré les engagements qu'il avait pris pendant la visite précédente de Davey, et observe que les élèves n'ont « pas la permission de se servir une deuxième fois »[303]. Lorsque Ralph Ragan, agent des Indiens, fait une visite de suivi, Inglis lui dit qu'il n'avait pas autorisé qu'une deuxième portion soit servie, car « il estimait ne pas pouvoir le faire. Il a déclaré que l'on servait de la viande supplémentaire et d'autres denrées, mais rien n'indiquait que ce soit le cas[304]. »

En 1956, Davey suggère à Strapp qui, à cette époque, était devenu directeur du pensionnat d'Edmonton, de ne pas être « trop réticent à l'idée de dépenser de l'argent pour de la nourriture et des vêtements ». Strapp demande qu'il donne les directives par écrit, car il ne souhaitait pas être tenu responsable de toute lacune. Des commentaires de ce genre ont fait en sorte que Davey et R. F. Battle, représentant des Affaires indiennes, en viennent à conclure que bien que Strapp soit « un comptable et gestionnaire compétent », il n'était pas « le directeur idéal pour gérer un pensionnat comme celui-là »[305]. Lorsqu'il est, par la suite, critiqué pour la qualité des aliments servis au pensionnat, Strapp évoque la subvention inadéquate par élève. Il admet que le pensionnat « nourrissait et habillait les enfants pour un certain prix, mais pas selon les normes raisonnables prévues dans les dépliants qui nous sont envoyés par les Services de santé aux Indiens, et les producteurs d'agrumes, de jus de tomates, de fromage, de miel, etc. »[306]. À une autre occasion, il rappelle aux Affaires indiennes que même si le pensionnat enseignait les Règles alimentaires au Canada dans son cours d'économie familiale, il ne pouvait pas se permettre de fournir aux élèves un régime alimentaire qui soit conforme à ces règles[307]. La vérification fédérale du pensionnat en 1959 révèle que celui-ci avait dépassé son allocation alimentaire de 874,84 $, montant qui serait déduit de l'allocation autorisée[308]. Strapp est incrédule : « Je trouve plutôt difficile à croire que vous visiez vraiment à ce que nous suivions les Règles alimentaires au Canada telles qu'elles sont fixées par le nutritionniste des Services de santé aux Indiens qui nous a rendu visite l'an dernier alors que vous réduisez de façon aussi dramatique le montant que nous pouvons consacrer à la nourriture. Dans nos marchés, il est impossible d'acheter sans argent[309]. »

Les élèves et leurs familles manifestent aussi leur mécontentement. En 1957, Betty-Marie Barber, employée de la Division du bien-être social, signale qu'une élève de pensionnat de Lytton, en Colombie-Britannique (aussi connu sous le nom de pensionnat St. George) lui a dit qu'elle aimerait retourner au pensionnat de Kamloops. Selon elle, les élèves de là-bas « mettent du beurre sur leur pain » et « mangent du ragoût à la viande au lieu de macaronis et de pain sec, comme il semble y avoir en abondance au pensionnat St. George ». Selon Barber, l'infirmière des Services de santé aux Indiens estime que les enfants sont « sous-alimentés et ne consomment pas suffisamment des types d'aliments qu'ils devraient ». Elle observe que leur poids a baissé régulièrement entre Noël et juin[310].

L'instauration d'une allocation alimentaire

Jusqu'à 1957, les pensionnats doivent nourrir leurs élèves avec leur allocation par élève. Au cours de cette année, le gouvernement adopte un nouveau système; les dépenses réelles des écoles doivent être remboursées. Cependant, pour contrôler les coûts, on fixe une allocation alimentaire par élève[311]. Les pensionnats reçoivent une allocation qui ne doit pas dépasser 34 ¢ par jour par élève de sixième année et moins, et 38 ¢ par jour par élève de septième année et plus[312].

En 1958, en réponse à une demande des Affaires indiennes, Pett propose que l'on consacre 38 ¢ par jour à la nourriture des élèves plus jeunes (12 ans) et 53 ¢ par jour pour les élèves plus âgés (16 ans). Les coûts sont fondés sur les prix de gros et sont jugés être suffisants pour offrir des repas qui sont « tout à fait adéquats au plan nutritionnel ». Ils ne tiennent pas compte, comme Pett l'a clairement illustré, du coût du transport des aliments vers les pensionnats, qui variait de façon dramatique en fonction de l'emplacement de ces derniers. Il propose que les taux soient haussés « d'un montant arbitraire pour tenir compte du manque de personnel qualifié et de conseils d'experts au pensionnat ». En outre, à propos des prix proposés, Pett fait remarquer que « ceux-ci dépendent de tellement de variables qu'il nous est difficile de les voir appliqués de façon équitable à tous les pensionnats au Canada ». En conséquence, il insiste pour dire qu'ils sont « présentés à titre provisoire »[313].

Plus de dix ans auparavant, en 1946, la Division de l'hygiène alimentaire avait estimé qu'avec l'inclusion de la valeur des aliments produits dans les fermes, les pensionnats dépensaient entre 20 et 30 ¢ par jour pour chaque enfant, à une époque où ils auraient dû dépenser au moins 36 ¢ par jour pour leur offrir un régime alimentaire minimalement adéquat[314]. La recommandation que Pett formule en 1958 concernant les élèves plus âgés n'est pas loin du montant estimé en 1946 pour assurer un régime alimentaire équilibré : en 1957, 56 ¢ équivalaient à 36 ¢ en 1946[315].

Pett recommande aussi que les taux soient ajustés annuellement en fonction des changements de coûts, de l'expédition et de la disponibilité d'approvisionnements d'aliments en gros[316]. On adopte une allocation alimentaire en fonction de la proposition de Pett : elle s'élèverait à 38 ¢ par jour pour les élèves de douze ans et moins et à 53 ¢ par jour pour les élèves de treize ans et plus[317]. À l'origine, l'allocation alimentaire ne s'applique pas aux foyers dans le Nord du Canada, qui sont financés sur une base contractuelle par les Affaires du Nord. En 1961, le Ministère tente toujours de déterminer un taux de financement pour ces établissements[318].

Malgré la recommandation de Pett, l'allocation alimentaire n'est pas augmentée une fois l'an. Le taux quotidien pour les élèves de douze ans et moins est augmenté pour passer à 42 ¢ par jour en 1960[319]. La Division de l'hygiène alimentaire recommande en 1962 que l'allocation alimentaire des pensionnats soit de 49 ¢ par jour pour les élèves de moins de douze ans et de 66 ¢ par jour pour les élèves de douze ans et plus. Cependant, en raison d'une baisse des crédits parlementaires destinés à l'éducation des Indiens cette année-là, le taux n'est pas augmenté[320]. En 1963, les Affaires indiennes reçoivent l'approbation du Conseil du Trésor pour offrir un financement maximal de « 49 ¢ par jour par enfant de moins de 13 ans et de 66 ¢ par jour par enfant de plus de 13 ans » si l'école ou le foyer éprouve de « sérieuses difficultés à fournir un régime alimentaire adéquat »[321]. Il faut attendre l'exercice 1964-1965 pour que les taux soient haussés à 49 ¢ par jour pour les élèves de moins de douze ans et à 66 ¢ par jour pour ceux de douze ans et plus[322].

En 1966, le taux pour les élèves de douze ans et moins passe de 49 ¢ à 66 ¢ par jour. Cependant, le taux pour les élèves de treize ans et plus est aussi resté à 66 ¢[323]. Une enquête auprès des directeurs et des administrateurs de résidence anglicans révèle que, entre le 1er janvier 1965 et le 1er septembre 1966, on a enregistré une hausse moyenne de 44 % du coût de « neuf articles de viande, de poisson et d'œufs ». Dans le cas de cinq articles, dont le pain, les légumes en conserve, les fruits en conserve et les haricots blancs, la hausse a été de 12 %[324].

L'allocation alimentaire pour les élèves de treize ans et plus est haussée à 72 ¢ par jour à compter du 1er avril 1968[325]. En 1969, l'allocation alimentaire s'élève à 80 ¢ par jour par élève et à 50 $ par mois pour les repas de chaque membre du personnel vivant au pensionnat[326].

La vie dans les années 1960 avec l'allocation alimentaire

La nouvelle allocation alimentaire permet de rehausser tant la quantité que la qualité de la nourriture servie dans les pensionnats. Depuis le pensionnat d'Edmonton, un diététicien écrit en 1959 : « Le régime alimentaire semble offrir suffisamment de protéines et de glucides. Les enfants reçoivent des portions généreuses d'aliments protéinés et sont autorisés à boire autant de lait frais qu'ils le souhaitent. » Les agrumes, les tomates, les légumes ou les céréales à grains entiers ne sont pas offerts en quantités suffisantes. Il fait cependant remarquer que, lorsqu'on leur sert ces aliments, les enfants « ne les aiment pas »[327]. Un rapport de 1960 sur la nourriture au pensionnat d'Hobbema, en Alberta, qui avait fait l'objet de critiques virulentes en 1947, est plus positif. La cuisine et la cafétéria, qui devaient servir le repas du midi à 560 élèves externes et pensionnaires, sont décrites comme étant bien organisées, tandis que le régime alimentaire offert est jugé « assez adéquat »[328]. Dans un rapport de 1961 sur le pensionnat catholique romain de Kenora, le diététicien souligne la « propreté, la bonne nourriture et l'atmosphère plaisante dans ce pensionnat »[329]. En 1963, l'inspection du pensionnat Crowfoot à Cluny, en Alberta, met en lumière le besoin d'accroître l'apport en lait des élèves plus âgés, mais conclut qu'« en règle générale, les menus sont assez bons »[330].

Malgré les hausses, de nombreux problèmes persistent. Bien que, dans nombre de cas, la nouvelle allocation représente une hausse du financement, les directeurs trouvent difficile de suivre les Règles alimentaires au Canada tout en respectant leur budget. En 1959, le supérieur provincial des oblats L. K. Poupore fait des remontrances au directeur Alex Morris de Williams Lake, en Colombie-Britannique, concernant le montant qu'il dépense en nourriture. Il fait remarquer que le directeur du pensionnat de Kootenay dépense moins que le montant prévu dans le budget pour la nourriture « et que malgré cela, il affirme qu'il nourrit bien les enfants. Je remarque qu'il achète, par exemple, plus de viande hachée, de saucisson de Bologne que vous le faites. Le diététicien ministériel recommandera probablement que vous optiez pour des coupes de viande meilleur marché[331]. »

En 1960, une inspection menée au pensionnat de Norway House, au Manitoba, relève que bien que « les élèves d'ici sont assez bien nourris », il faudrait accroître les portions d'œufs et de fruits. Selon le diététicien, la différence entre l'allocation alimentaire pour les enfants de moins de douze ans et celle des élèves de douze ans et plus est « irréaliste »[332]. Un rapport de 1960 sur le pensionnat anglican de Fort George, au Québec, conclut que le régime alimentaire accuse des carences en vitamines C et qu'il ne respecte pas les portions d'œufs, de fromage, de foie et de fruits recommandées par les Règles alimentaires au Canada. Les Affaires indiennes répondent que « l'on ne peut obtenir les aliments frais que par transport aérien, dont le coût serait prohibitif »[333]. Le directeur des Services de santé des Indiens et des populations du Nord conclut que, « bien qu'il y ait peu de gaspillage de nourriture ou d'achats extravagants, l'allocation alimentaire actuelle ne suffit pas à offrir un régime alimentaire conforme à tous les égards aux Règles alimentaires au Canada »[334]. L'inspection menée en 1961 au pensionnat anglican de Cardston, en Alberta, permet de relever que, « en règle générale, les menus ne sont pas très variés et les portions semblent petites — surtout les aliments protéinés. Certaines exigences étaient respectées, mais d'autres pas[335]. » Selon un rapport d'inspection de 1961 pour le pensionnat de Morley, en Alberta : « Dans l'ensemble, les menus sont assez équilibrés sauf pour le manque d'œufs et de fromage et une certaine carence en lait dans le régime alimentaire des élèves du secondaire[336]. » Au pensionnat de Fort Chipewyan dans le Nord de l'Alberta, un diététicien signale en 1961 que « les fruits et légumes frais sont un véritable problème. Le service aérien n'est pas du tout fiable et très coûteux[337]. » Une étude menée en 1961 sur la nourriture au pensionnat de Cluny, en Alberta, permet de noter que les élèves ne boivent pas autant de lait qu'ils auraient dû, que des aliments contenant de la vitamine C ne sont pas servis tous les jours, qu'il n'y a qu'une seule portion de légumes quotidienne et que l'on sert rarement des céréales à grains entiers. On consomme tellement de pain que l'inspecteur s'est inquiété que certains enfants « doivent en manger presque une miche par jour »[338]. Un rapport de 1962 sur le pensionnat recommande que l'on hausse les portions de lait, que l'on diminue les portions de pain et que l'on serve plus d'aliments riches en fer[339]. On redemande que l'on hausse la consommation de lait à ce pensionnat en 1965, 1967 et 1968[340].

Au début des années 1960, certains pensionnats servent toujours du lait non pasteurisé aux élèves. En 1962, les Affaires indiennes formulent une consigne selon laquelle le lait non pasteurisé est inadmissible. Compte tenu du prix du lait pasteurisé, on recommande plutôt que les pensionnats servent du lait en poudre[341]. À l'issue d'une inspection menée en 1966 au pensionnat d'Hobbema, en Alberta, on remarque que le lait qui y est servi n'est toujours pas pasteurisé[342].

Il ne semble pas que l'allocation alimentaire ait été prise en compte dans les différences régionales que Pett relève. En outre, bien qu'elle ait peut-être répondu aux besoins nutritionnels des élèves, elle ne garantit pas qu'ils quittent la table rassasiés. En 1962, le directeur du pensionnat de l'île Kuper, en Colombie-Britannique, H. Dunlop, rapporte qu'il sert aux élèves des portions qui sont « plus généreuses que ce que recommande la Division de l'hygiène alimentaire. Cependant, j'espère que, contrairement à ce qui se passe dans Oliver Twist, il ne sera jamais criminel de demander de la nourriture deux ou même trois fois; je refuse d'envoyer un enfant au lit affamé. Il est très difficile d'offrir trois repas et deux collations avec 42 ¢. » Il indique que ses coûts sont beaucoup plus élevés que ceux d'un autre pensionnat administré par les oblats en Colombie-Britannique, qui n'a jamais payé la tonne de pommes de terre plus de 40 $; au pensionnat de l'île Kuper, il n'a jamais payé moins de 60 $ la tonne[343].

Le problème élémentaire de la quantité n'est pas réglé dans bien des écoles. À une réunion des directeurs des pensionnats de l'Église Unie et de l'Église presbytérienne avec les représentants des Affaires indiennes à Winnipeg en 1964, le directeur du pensionnat de Birtle, au Manitoba, M. Rusaw, dit que « les enfants plus âgés, surtout les garçons qui sont vraiment des jeunes hommes, ont besoin de beaucoup plus de nourriture que ce que nous pouvons leur donner. Ils ont constamment faim[344]. » Roland Chaput, directeur du pensionnat Assiniboia de Winnipeg, se plaint en 1966 lorsque l'allocation alimentaire pour les élèves de 13 ans et plus n'est pas haussée. Puisque tous les élèves de son pensionnat ont plus de 13 ans, l'allocation alimentaire pour son établissement reste la même. « Le rapport du vérificateur pour 1965 montre clairement que l'allocation alimentaire pour cette année n'est pas suffisamment élevée. Sans augmentation cette année, je ne vois pas comment elle pourrait suffire à nous permettre de continuer et même d'absorber le déficit de l'an dernier[345]. »

En 1959, au pensionnat catholique romain d'Onion Lake, en Saskatchewan, le déjeuner et le repas du midi sont « planifiés immédiatement avant d'être préparés. La cuisinière semble penser qu'elle n'a pas le temps de faire l'inventaire des aliments dont elle dispose pour planifier ses menus à l'avance[346]. » À l'automne 1966, le cuisinier du pensionnat d'Assumption en Alberta n'utilise pas de menu écrit pour préparer les repas[347]. En 1966, M. Matas des Services médicaux du ministère de la Santé de l'Alberta conclut que « la plupart des cuisiniers dans les pensionnats indiens en Alberta n'ont pas beaucoup de formation, voire aucune, et on estime qu'il serait utile de leur faire suivre un cours de courte durée »[348]. Jusqu'en 1968, on rapporte que des pensionnats n'utilisent pas de menus écrits[349].

Dans les années 1960, les inspecteurs se montrent aussi critiques à l'égard des repas et des salles à manger séparées pour le personnel. Dans un rapport de 1961 sur le pensionnat de Cluny, l'inspecteur mentionne le fait que les membres du personnel ne mangent pas les mêmes repas que les élèves. Bien qu'il pense que cela est peut-être nécessaire pour maintenir le moral des troupes, « le personnel autochtone et les enfants remarqueront de grandes différences. De cette façon, certains membres du personnel ne sauront jamais ce que les enfants mangent[350]. » Un an plus tard, l'inspecteur fait remarquer que « le personnel prend habituellement des repas semblables à ceux des enfants avec quelques choix de plus »[351]. Dans un rapport de 1961 sur le pensionnat de Portage la Prairie, au Manitoba, il est écrit qu'« il est bon de voir que les repas des membres du personnel ressemblent beaucoup à ceux des élèves »[352].

Après des retards initiaux, l'allocation alimentaire générale est aussi appliquée aux foyers dans le Nord canadien. Étant donné qu'elle ne tient pas entièrement compte des différences de prix, les établissements trouvent difficile de servir des repas adéquats aux élèves tout en respectant leur budget. Dans un rapport de 1966 sur Yukon Hall, à Whitehorse, un diététicien observe que, même si les exigences du Guide alimentaire canadien (nouveau nom donné dès cette époque aux Règles alimentaires au Canada[353]) étaient respectées, en raison de « l'appétit des enfants dans ce groupe d'âge, le personnel trouve le montant de 66 ¢ par jour par élève limitatif »[354]. En 1969, un responsable de Coudert Hall, à Whitehorse, écrit :

> Les 80 ¢ accordés par élève pour acheter de la nourriture ne suffisent pas. Dans le Nord, les prix sont exorbitants. Chaque année, le prix de la nourriture augmente, surtout celui de la viande. En outre, les enfants sont dans l'adolescence et ont besoin de manger de grandes quantités de nourriture [...] surtout pour avoir un régime alimentaire équilibré. Nous constatons que certains garçons en pleine croissance mangent deux ou trois fois plus que des adultes.

Pour venir à bout du problème, la résidence doit parfois « réduire la quantité de nourriture qu'elle donne aux élèves [...] ce qui les laisse sur leur faim. Nous avons dû couper les collations entre les repas. Nous avons acheté moins de viande et servi des maccaronis [*sic*][355]. »

Les années 1970 et la période subséquente

Nombre des problèmes que les inspecteurs relèvent dans les années 1940 sont toujours signalés dans les années 1970. Bien des administrateurs trouvent que le budget alimentaire est simplement trop modeste. Le gestionnaire des services alimentaires du pensionnat d'Alert Bay, en Colombie-Britannique, affirme en 1970 que l'établissement « pourrait bien s'en tirer avec l'allocation alimentaire de 80 ¢ par jour si ce n'était du coût du transport de la nourriture »[356]. L'administrateur du pensionnat Christie, en Colombie-Britannique, soulève le même argument et fait allusion au « coût élevé du transport de la nourriture au pensionnat en raison de sa situation géographique isolée »[357]. Au pensionnat d'Alberni, en Colombie-Britannique, on estime que l'allocation alimentaire de 80 ¢ par jour par élève est de dix cents trop basse[358].

Des pensionnats mentionnent aussi leur difficulté à acheter des quantités adéquates de nourriture. L'inspection menée en novembre 1970 au pensionnat de Dauphin, au Manitoba, permet de noter que le « menu semble ne pas offrir les deux portions quotidiennes de fruits recommandées »[359]. Deux ans plus tard, John Parker, commissaire adjoint des Territoires du Nord-Ouest, écrit au directeur du ministère de l'Éducation qu'il avait entendu de nombreux récits « qui portent à croire que la qualité de la nourriture et sa quantité » au pensionnat de Frobisher Bay [maintenant connu sous le nom d'Iqaluit] « laissent beaucoup à désirer »[360].

Le sous-financement finit par encourager les gens à demander que les aliments soient fortifiés. Compte tenu du manque de vitamine D dans le régime alimentaire des élèves, un diététicien demande en 1970 que l'on utilise du lait et des céréales fortifiés aux pensionnats catholique et anglican de Cardston[361].

Dans certains pensionnats, il n'y a toujours pas beaucoup ou pas du tout de planification des menus. À titre d'exemple, en 1970, le pensionnat catholique romain de Cardston n'en suit pas[362]. La même année, le cuisinier du pensionnat de Sechelt, en Colombie-Britannique, ne planifie les repas qu'une seule journée à l'avance[363]. En outre, cette même année, on estime que les repas servis au pensionnat de Dauphin, au Manitoba, sont répétitifs. On suggère qu'il y ait au moins deux menus hebdomadaires en alternance pour que les élèves ne finissent pas par manger « la même chose la même journée de chaque semaine »[364]. En 1973, un inspecteur fédéral de la santé recommande que le pensionnat de Prince Albert, en Saskatchewan, instaure un « menu cyclique », l'un des buts étant d'offrir « des repas principaux et des desserts plus variés[365] ».

Le recrutement et le maintien en poste de cuisiniers qualifiés posent également problème. En 1970, on informe le cuisinier du pensionnat de Dauphin de la perte de nutriments que cause le trempage prolongé des pommes de terre[366]. Un an plus tard, on pèle toujours les pommes de terre une journée avant de les faire cuire dans cet établissement[367]. En 1973, un inspecteur recommande que le personnel du pensionnat de Qu'Appelle, en Saskatchewan, fasse cuire les légumes « dans aussi peu d'eau que possible et aussi rapidement que possible » pour ne pas réduire leur valeur nutritive et gâcher leur « couleur et leur saveur »[368]. En 1970, un inspecteur signale que même si les élèves et le personnel du pensionnat de Sechelt semblent être « très satisfaits de leurs repas », il est troublé que de nombreux élèves boivent du cacao deux fois par jour, boisson qui ne contient pas les mêmes nutriments que le lait[369].

Lorsque Gary Black, surintendant adjoint de l'éducation pour les Territoires du Nord-Ouest, visite Fort Simpson au début de 1973, il apprend que les trois cuisiniers au foyer de LaPointe Hall « menacent de partir par le prochain avion ». Il affirme que les nombreuses « règles mesquines » de l'administrateur sont à l'origine de la plupart des plaintes. Il persuade les cuisiniers de rester en poste et de promettre de donner un préavis de deux semaines s'ils décidaient de démissionner. Cependant, avant qu'il quitte la collectivité, le problème se manifeste à nouveau. Un des cuisiniers se présente au travail en état d'ébriété, continue de boire pendant le reste de la matinée et passe une bonne partie de son temps à « harceler certaines des filles plus âgées ».

Black pense qu'il serait nécessaire d'embaucher deux nouveaux cuisiniers, mais il doute qu'il y ait quelqu'un dans la collectivité « qui puisse occuper le poste »[370].

Les cuisiniers continuent à se démener pour travailler dans des cuisines mal conçues et mal entretenues. Une évaluation menée en 1971 au pensionnat de Prince Albert, en Saskatchewan, dresse le constat suivant : « Il est assez surprenant que le pensionnat ait été en mesure d'offrir la variété d'aliments que l'on voit sur le menu avec les équipements dont il dispose — certains sont en mauvais état alors que d'autres sont inadéquats en nombre et en diversité. » On estime qu'il est « remarquable qu'aucun problème grave n'ait résulté des nombreuses conditions insalubres qui règnent »[371].

On abolit lentement les salles à manger et les repas spéciaux du personnel, car ils alourdissaient la tâche des cuisiniers. Il est aussi évident que si l'on sert les mêmes repas aux membres du personnel et aux élèves, ces premiers exerceront des pressions supplémentaires sur l'administration pour qu'elle en améliore la qualité générale. Une inspection menée en 1970 au pensionnat catholique de Cardston permet de conclure qu'il serait possible d'alléger la charge de travail des cuisiniers si on servait au personnel « un menu plus semblable à celui qu'on sert aux enfants »[372]. Dans son rapport sur le centre de formation professionnelle de Churchill en 1970, l'inspectrice M. Thomson constate que les superviseurs ne mangent pas la même chose que les élèves, que leur nourriture est servie dans des assiettes de porcelaine et qu'ils ont le droit de passer devant les autres à la cafétéria. Elle laisse entendre que « s'ils mangeaient la même chose que les élèves, la nourriture de ces derniers aurait tendance à être meilleure, car les superviseurs se plaindraient si le service alimentaire se dégradait. Le moral des élèves s'améliorerait s'ils voyaient que la nourriture qu'ils consomment est assez bonne pour les superviseurs[373]. »

La résidence Akaitcho Hall à Yellowknife a aboli les repas spéciaux pour les membres du personnel. Selon Thomson, à cet endroit, le personnel mange la même chose que les élèves et peu de gens s'en plaignent. Elle estime que le cuisinier en chef « essaie toujours d'offrir des menus variés en fonction des aliments dont il dispose et des goûts des élèves »[374]. En 1971, la salle du personnel au pensionnat de Dauphin est abolie et tout le monde « mange la même chose »[375]. En 1972, le pensionnat de Qu'Appelle instaure un seul menu pour le personnel et les élèves. Un inspecteur relève que « l'on estime que les élèves ont droit à des repas équivalents à ceux qui sont servis au personnel »[376].

En 1973, un inspecteur de Santé et Bien-être Canada donne une évaluation généralement positive de la nourriture servie dans les pensionnats en Saskatchewan. Au pensionnat de Gordon, « on offre généralement de la nourriture de très bonne qualité et un menu suffisamment varié. Les pratiques de manipulation de la nourriture sont assez bonnes[377]. » Au pensionnat de Beauval, « on continue d'offrir un menu bien planifié »[378]. Au pensionnat de Grayson, on rapporte que les repas sont adéquats sur le plan nutritionnel et qu'on offre une bonne variété d'aliments[379]. Un inspecteur écrit qu'au pensionnat d'Onion Lake, le menu « répond généralement aux normes du Guide alimentaire canadien »[380]. On signale qu'à Fleming Hall à Fort McPherson, dans les Territoires du Nord-Ouest, les élèves reçoivent « des quantités satisfaisantes de lait, d'œufs, de fromage, de glucides, de pains et de céréales » par rapport au Guide alimentaire canadien. L'inspecteur constate avec satisfaction que « l'on sert souvent des aliments traditionnels autochtones comme du poisson et du caribou, ce qui offre deux avantages aux élèves : ils consomment des aliments qu'ils connaissent bien et qu'ils aiment, et ces aliments traditionnels sont promus comme de "bons" aliments parce qu'ils sont servis par l'institut »[381]. Après de nombreuses années à déprécier les cultures et traditions autochtones, les pensionnats reconnaissent tardivement le tort que pareil message a causé.

Le défaut d'offrir des repas adéquats, qui marque les premières années des pensionnats, reste présent pendant la période d'après-guerre. En 1942, le gouvernement fédéral fixe une série de lignes directrices concernant la nutrition. Il est tout à fait raisonnable de s'attendre à ce que le gouvernement du Canada fasse en sorte que les pensionnats reçoivent suffisamment de financement pour que les élèves puissent être nourris en conformité avec les normes nationales. Le Canada ne l'a pas fait. Pourtant, en 1971, lorsqu'il est question de transférer la responsabilité des pensionnats aux organismes des Premières Nations, le Canada déclare que ceux qui en prennent la responsabilité doivent gérer les écoles conformément aux normes canadiennes. Lorsqu'il est question de services alimentaires, on affirme que ces normes sont énoncées dans le Guide alimentaire canadien[382] (nom donné en 1961 aux Règles alimentaires au Canada)[383]. Il s'agit des mêmes normes que le gouvernement et les Églises n'avaient pas réussi à respecter de façon constante pendant les trente années précédentes.

Il est très clair que, dans bien des cas, les élèves ont souffert de la faim et ont mangé des repas qui ont occasionné des carences graves en vitamines et en minéraux. Pendant les années 1940, la majorité des Canadiens n'avait pas un régime alimentaire conforme aux normes des Règles alimentaires au Canada, en grande partie pour des raisons financières attribuables à la guerre. Cependant, ils n'étaient pas forcés de vivre dans des pensionnats financés par le gouvernement et administrés par l'Église. Le gouvernement fédéral a délibérément choisi de ne pas verser suffisamment de fonds aux pensionnats pour veiller à ce que les cuisines et les salles à manger soient adéquatement équipées, à ce que les cuisiniers aient la formation adéquate et, plus important encore, que de la nourriture de qualité suffisante soit achetée en bonne quantité pour répondre aux besoins d'enfants en pleine croissance. Pour économiser de l'argent, le gouvernement a pris cette décision qui a engendré de nombreux problèmes de santé ou y a contribué. Elle a aussi empêché des milliers d'enfants autochtones de commencer leurs vies avec la nutrition optimale dont ils avaient besoin pour assurer leur développement physique et leur réussite scolaire. Ce faisant, le Canada n'a absolument pas répondu à leurs besoins essentiels sur le plan de la santé et a profondément manqué à ses devoirs en tant que premier fournisseur de soins lorsque ces enfants se trouvaient dans les institutions qu'on leur avait assignées.

Une enquête menée en 1945 en raison de plaintes déposées par des parents, au pensionnat de Gordon (Saskatchewan), rapporte qu'un dîner comprend une tranche de bologne, des pommes de terre, du pain et du lait. Le pain est rassis, servi sans beure, le lait est clarifié et il n'y a pas de dessert.
Archives du Synode général, Église anglicane du Canada, M2008-10-P78.

Une inspection effectuée au pensionnat d'Elkhorn (Manitoba), en 1944, a permis de conclure que 28 % des filles et 70 % des garçons avaient un poids insuffisant.
Archives du Synode général de l'Église anglicane du Canada, P7538-901.

La salle à manger du pensionnat d'Edmonton, en Alberta. Le chef de la Division de l'hygiène alimentaire du gouvernement fédéral conclut en 1947, sur la foi des inspections réalisées par son personnel, qu'« aucun pensionnat n'a de félicitations à recevoir concernant l'alimentation des élèves ».
Archives de l'Église Unie du Canada, 93-049P871N.

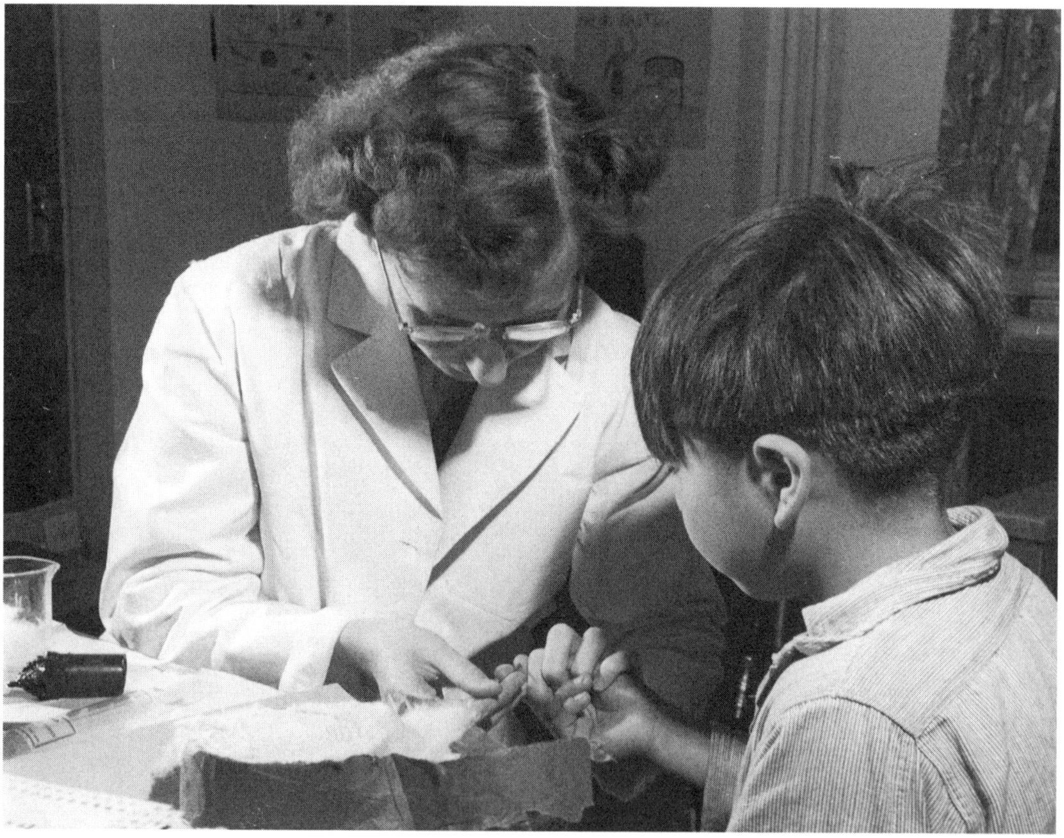

Un élève du pensionnat d'Alberni (Colombie-Britannique) examiné dans le cadre d'une étude sur l'alimentation, en 1948.
F. Royal, Office national du film du Canada, Bibliothèque et Archives Canada, e002504649.

Des étincelles d'une lampe utilisée par le personnel d'entretien lors de travaux de réparation mettent feu à la salle des machines du pensionnat de Sturgeon Landing (Saskatchewan) en 1952. L'incendie se propage rapidement et rase l'école.
Archives de la Société historique de Saint-Boniface, Fonds de l'archidiocèse de Keewatin – Le Pas, N3637.

Le pensionnat de Lac La Ronge (Saskatchewan) est l'un des dix pensionnats à succomber aux flammes entre 1940 et 1949.
R. D. Davidson, Canada, ministère des Mines et des Relevés techniques, Bibliothèque et Archives Canada, PA-020295.

En 1946, l'agent des Indiens J. P. B. Ostrander écrit que si un incendie survenait au pensionnat St. Alban, à Prince Albert (Saskatchewan), « il y a de fortes possibilités de lourdes pertes de vie en raison du matériel inflammable sec qui longe les corridors étroits, et de la difficulté d'accéder aux sorties de secours et aux escaliers ».
Archives du Synode général, Église anglicane du Canada, P75-103-S7-286.

L'inspection d'un pensionnat de North Vancouver (Colombie-Britannique), en 1958, permet de conclure que l'école est surpeuplée et pose un risque d'incendie. Le chef du service des incendies de North Vancouver, A. H. Abbott, estime que si l'école devait prendre feu la nuit, au moins la moitié des élèves perdraient la vie.
Archives de North Vancouver, 4838.

De 1941 à 1946, la Gendarmerie royale du Canada a préparé au moins seize rapports distincts sur les enquêtes au sujet d'élèves s'étant enfuis du pensionnat de Shubenacadie (Nouvelle-Écosse).

Archives de la congrégation d'Halifax des Sœurs de la Charité, 1695A.

L'un des trois garçons qui s'enfuient du pensionnat de Kamsack (Saskatchewan), en 1965, perd la vie en tentant de traverser la rivière Assiniboine.

Conseil des archives de la Saskatchewan, R-A25317.

Lorsque trois garçons s'évadent du pensionnat de Pine Creek (Manitoba) en 1951, le directeur attend le lendemain pour communiquer avec la police ou les parents des garçons. Deux garçons rentrent chez eux sains et saufs, mais le troisième meurt, gelé. C'est le père de ce dernier qui découvre le corps.

Archives de la Société historique de Saint-Boniface, Missionnaires Oblats de Marie Immaculée, Fonds de la province du Manitoba, délégation, SHSB 30035.

Une enquête menée en 1949 sur la discipline à Portage la Prairie (Manitoba) conclut que l'établissement ressemble davantage à une « maison de détention qu'un pensionnat ».

Canada, ministère de l'Intérieur, Bibliothèque et Archives Canada, PA-047850.

En 1948, C. H. Birdsall, le président du comité de l'Église Unie responsable du pensionnat d'Edmonton (Alberta), se plaint qu'il est « impossible pour les pensionnats d'être compétitifs », avec les tarifs offerts par le ministère des Affaires indiennes. En raison de la piètre qualité des logements, de l'équipement et du personnel des pensionnats, il croit qu'il est « peu probable que le travail actuel avec les enfants indiens puisse être qualifié d'éducation ».

Archives de l'Église Unie du Canada, 93.049P873N.

Le personnel et les élèves du pensionnat de Sturgeon Landing (Saskatchewan) en 1946. Jusque dans les années 1960, les membres d'ordres religieux représentaient une très grande partie de l'effectif des pensionnats.

Archives de la Société historique de Saint-Boniface, Fonds des Oblats de Marie Immaculée du Manitoba, N4096.

Enseignant et élèves du pensionnat anglican d'Aklavik (Territoires du Nord-Ouest). De nombreux membres du personnel des pensionnats sont attirés par ces postes parce qu'ils souhaitent enseigner et changer le monde.
Archives du Synode général, Église anglicane du Canada, P75-103-S7-90.

James DeWolf, directeur du pensionnat de Cardston (Alberta), dans les années 1950. En tant que ministre anglican, en Nouvelle-Écosse, DeWolf participe ardemment aux campagnes de promotion de l'égalité sociale.
Musée Glenbow, NC-7-1046.

De janvier 1958 à mars 1960, cinquante-huit membres du personnel quittent le pensionnat d'Alert Bay (Colombie-Britannique).
Canada, ministère de la Citoyenneté et de l'Immigration, Bibliothèque et Archives Canada, PA-185533.

Pendant l'année scolaire 1966–1967, le pensionnat de Kamloops (Colombie-Britannique), compte au moins soixante employés à temps plein et à temps partiel.
Canada, ministère de la Citoyenneté et de l'Immigration, Bibliothèque et Archives Canada, PA-185532.

Le personnel du pensionnat de Gleichen (Alberta) en 1955. Au bout, à droite, le directeur, R. J. Crocker. Avant d'être nommé, cette année-là, Crocker n'a jamais travaillé dans un pensionnat. Il occupe le poste pendant un an et demi.
Musée Glenbow, NA-4817-48.

En 1964, un an après avoir été nommé directeur du pensionnat de Sioux Lookout (Ontario), Ahab Spence reçoit un doctorat honorifique de droit de l'Université de la Saskatchewan.
Archives de l'Université de la Saskatchewan, A-4401.

CHAPITRE 38

Risque d'incendie : 1940–2000

En 1940, R. A. Hoey, le surintendant du bien-être et de la formation des Affaires indiennes, critique vertement l'état des pensionnats canadiens. Il dénonce le fait que les pensionnats ont été mal construits, souvent au mépris « des normes minimales de construction des bâtiments de l'État, notamment dans le cas d'établissements d'enseignement scolaires ». Il ne faut donc pas s'étonner que bon nombre d'entre eux présentent de « graves risques d'incendie. » Il veut les voir remplacer, pour la plupart, de préférence par des externats. Il recommande que tout nouveau pensionnat soit une « construction entièrement résistante au feu »[1].

Les deux objectifs de Hoey — le passage du système des pensionnats au système des externats et l'amélioration de la protection contre l'incendie dans les pensionnats — entrent en conflit l'un par rapport à l'autre. Au cours des années suivantes, les incendies dans les pensionnats constituent un facteur important dans la fermeture d'un bon nombre de pensionnats. Bien que certains de ces établissements aient été remplacés, les nouveaux bâtiments ne sont pas toujours des constructions résistantes au feu. Par exemple, le pensionnat de Prince Albert, en Saskatchewan, qui a remplacé les pensionnats détruits par le feu d'Onion Lake et de Lac la Ronge est « provisoirement » installé pendant des décennies dans un camp militaire abandonné. Cet établissement compte l'un des plus grands effectifs de tous les pensionnats (550 élèves en 1953, notamment), mais on a pourtant estimé qu'il présentait un risque d'incendie pendant la majeure partie de son histoire[2].

Étant donné que le ministère des Affaires indiennes voit l'avenir dans le transfert des pensionnaires dans les externats, il se montre réticent à rendre les pensionnats existants conformes aux normes du Code du bâtiment. Convaincu que les bâtiments fermeront dans quelques années, le ministère des Affaires indiennes demande et obtient régulièrement des exemptions aux demandes d'amélioration. L'absence d'investissement est soulignée dans un rapport de 1960 du bureau du commissaire aux incendies de la Colombie-Britannique. Ce dernier conclut que le pensionnat de Mission est surpeuplé, que les sorties de secours sont insuffisantes et que le matériel de lutte contre l'incendie est très limité. Les bâtiments scolaires, dont certains remontent à 1885, sont jugés présenter des risques d'incendie[3].

La Commission de vérité et réconciliation du Canada a établi qu'au moins 17 écoles ou résidences ont été détruites par le feu entre 1940 et 1997 (voir le tableau 38.1). En outre, au moins 19 dépendances ont été détruites par divers incendies au cours de cette période (voir le tableau 38.2). Il y a eu au moins 32 autres incendies consignés (voir le tableau 38.3). Il a été présumé ou prouvé qu'au moins 11 de ces 68 incendies avaient été allumés de manière délibérée (voir le tableau 38.4).

On recense un seul incendie mortel au cours de cette période. En 1968, un incendie, vraisemblablement causé par une cigarette, se déclare à la fin d'une soirée dans la salle de jeux du pensionnat de Gordon, en Saskatchewan. David Thomas Anderson, Kenneth Lloyd Anderson, Peter Michael Anderson et Bucky Arnold perdent la vie dans le brasier. Les quatre garçons semblent être les seuls élèves à avoir péri dans des incendies survenus dans des pensionnats entre 1940 et 1997[4].

Tableau 38.1. Bâtiments de pensionnat ou de résidence détruits par un incendie.

1.	Carcross, Yukon (1940)[1]
2.	Ahousaht, Colombie-Britannique (1940)[2]
3.	Alberni, Colombie-Britannique (1941)[3]
4.	File Hills, Saskatchewan (1942)[4]
5.	Fort George, Québec (école anglicane) (1943)[5]
6.	Onion Lake, Saskatchewan (école anglicane) (1943)[6]
7.	Wabasca, Alberta (1945)[7]
8.	Norway House, Manitoba (1946)[8]
9.	Lac la Ronge, Saskatchewan (1947)[9]
10.	Delmas, Saskatchewan (Thunderchild) (1948)[10]
11.	Fort Simpson, Territoires du Nord-Ouest (1950)[11]
12.	Sturgeon Landing, Saskatchewan (1952)[12]
13.	McIntosh, Ontario (1965)[13]
14.	Cambridge Bay, Territoires du Nord-Ouest (1973)[14]
15.	Cambridge Bay, Territoires du Nord-Ouest (1974)[15]
16.	Fort George, Québec (résidence fédérale des enseignants) (1975)[16]
17.	Fort Smith, Territoires du Nord-Ouest (1980)[17]

Tableau 38.2. Dépendances détruites par un incendie, 1940–1997.

1. Fraser Lake, Colombie-Britannique, poulailler (1940)[1]
2. Fraser Lake, Colombie-Britannique, poulailler (deuxième incendie en un an) (1940)[2]
3. Cranbrook, Colombie-Britannique, plusieurs dépendances (1941)[3]
4. Fraser Lake, Colombie-Britannique, poulailler (1942)[4]
5. Alert Bay, Colombie-Britannique, poste de pompe (1945)[5]
6. Brocket (St. Cyprian), Alberta, écurie et étable (1946)[6]
7. Sandy Bay, Manitoba, garage en partie détruit (1948)[7]
8. Lestock, Saskatchewan, abattoir (1948)[8]
9. Round Lake, Saskatchewan, grange, forge et trois greniers (1949)[9]
10. Round Lake, Saskatchewan, grange (1950)[10]
11. Kenora, Ontario, pensionnat presbytérien, grange (1951)[11]
12. Brantford, Ontario (Institut Mohawk), deux granges (1955)[12]
13. Amos, Québec, étable (1956)[13]
14. Sioux Lookout, Ontario, aréna (1957)[14]
15. Fraser Lake, Colombie-Britannique, poste de pompe (1959)[15]
16. Fort Simpson, Territoires du Nord-Ouest, mission catholique, grange (1959)[16]
17. Blue Quills, Alberta, grange (1963)[17]
18. Prince Albert, Saskatchewan, vestiaire de la patinoire (1967)[18]
19. Williams Lake, Colombie-Britannique, hangar du mécanicien (1967)[19]

Tableau 38.3. Autres incendies déclarés qui n'ont détruit aucun bâtiment, 1940–1997.

1. Fort Alexander, Manitoba, buanderie (1941)[1]
2. File Hills, Saskatchewan, deux salles de classe détruites (1942)[2]
3. Chapleau, Ontario, cheminée (1944)[3]
4. Hobbema, Alberta, chaufferie (1945)[4]
5. Chapleau, Ontario, chaufferie (1947)[5]
6. Edmonton, Alberta, buanderie (1948)[6]
7. Chapleau, Ontario, cheminée (1948)[7]
8. Pine Creek, Manitoba, dortoir des filles (1951)[8]
9. Portage la Prairie, Manitoba, placard du dortoir des garçons (1951)[9]
10. Williams Lake, Colombie-Britannique, salle de classe détruite (1954)[10]
11. Beauval, Saskatchewan, réserve de bois (1956)[11]
12. Cardston, Alberta, incendie survenu au-dessus de la chaufferie (1958)[12]
13. Coppermine, Territoires du Nord-Ouest, bâtiment du pensionnat (1959)[13]
14. Fort Chipewyan, Alberta, gymnase et ateliers (1960)[14]
15. Gordon, Saskatchewan, salle de jeux au sous-sol (1963)[15]
16. Fort Smith, Territoires du Nord-Ouest (1964)[16]
17. Carcross, Yukon, chaufferie (1966)[17]

18. Beauval, Saskatchewan (1966)[18]
19. Churchill, Manitoba, résidence (1967)[19]
20. Churchill, Manitoba, toilettes (1967)[20]
21. Carcross, Yukon, chaufferie (1968)[21]
22. Kamsack, Saskatchewan, dortoir des filles et buanderie (incendies deux jours de suite) (1969)[22]
23. Portage la Prairie, Manitoba, dortoir (1974)[23]
24. Fort Smith, Territoires du Nord-Ouest, dortoir (1974)[24]
25. Cardston, Alberta, incendie dans le bureau du directeur et dans deux dortoirs (1976)[25]
26. Qu'Appelle, Saskatchewan (plusieurs petits incendies dans les dortoirs et le gymnase en 1977 et 1978)[26]
27. Yellowknife, Territoires du Nord-Ouest, dortoir des garçons (1977)[27]
28. Duck Lake, Saskatchewan, dortoir des garçons (1979)[28]
29. Mission, Colombie-Britannique, résidence (1980)[29]
30. Gordon, Saskatchewan, chambre de la résidence (1986)[30]
31. Lestock, Saskatchewan, dortoir des filles (1993)[31]
32. Lestock, Saskatchewan, dortoir (1993)[32]

Tableau 38.4. Incendies de pensionnat dont on soupçonne ou pour lesquels on a la preuve qu'ils ont été allumés délibérément.

1. File Hills, Saskatchewan (1942)[1]
2. Lac la Ronge, Saskatchewan (1947)[2]
3. Delmas, Saskatchewan (1948)[3]
4. Round Lake, Saskatchewan (1949)[4]
5. Pine Creek, Manitoba (1951)[5]
6. Beauval, Saskatchewan (1956)[6]
7. Kamsack, Saskatchewan (1968)[7]
8. Beauval, Saskatchewan (1966)[8]
9. Pensionnat catholique de Cardston (Alberta) et résidence (St. Mary) (1976)[9]
10. Qu'Appelle, Saskatchewan, plusieurs tentatives d'incendie criminel (du printemps 1977 au printemps 1978)[10]
11. Lestock, Saskatchewan (1993)[11]

Une décennie de destruction : 1940–1950

En 1944, R. A. Hoey constate que depuis qu'il s'est joint aux Affaires indiennes en 1936, neuf pensionnats et quatre externats ont été détruits par des incendies. La reconstruction ne soutient pas la cadence de la destruction. Pendant cette période, seulement deux pensionnats sont construits et la majorité des externats construits visent à remplacer ceux qui ont été détruits. La population des Premières Nations en âge d'être scolarisée ne cesse cependant d'augmenter, à raison de 300 élèves par an. Pour ne pas se laisser distancer par cette croissance, il aurait fallu construire « au moins cinq externats et un pensionnat » par année[5]. Durant la Seconde Guerre mondiale, toutefois, le gouvernement fédéral ne construit aucun nouveau pensionnat[6]. La reconstruction limitée réalisée durant cette période est assumée en grande partie par les Églises. En 1945, notamment, l'Église anglicane reconstruit les pensionnats de Carcross, au Yukon, et de Fort George, au Québec[7].

Le nombre de pensionnats détruits par des incendies continue de croître. Mal construits et mal entretenus, les établissements présentent un grave risque d'incendie. Entre 1940 à 1949, des bâtiments scolaires aux endroits suivants sont détruits par le feu.

1940 : Carcross, Territoire du Yukon[8]
1940 : Ahousaht, Colombie-Britannique[9]
1941 : Alberni, Colombie-Britannique[10]
1942 : File Hills, Saskatchewan[11]
1943 : Fort George, Québec (pensionnat anglican)[12]
1943 : Onion Lake, Saskatchewan (pensionnat anglican)[13]
1945 : Wabasca, Alberta[14]
1946 : Norway House, Manitoba[15]
1947 : Lac la Ronge, Saskatchewan[16]
1948 : Delmas, Saskatchewan (Thunderchild)[17]

C'est en grande partie grâce au travail du personnel et à la discipline des pensionnaires qu'aucun de ces incendies n'a entraîné de perte en vies humaines. À Norway House au Manitoba, en 1946, deux garçons, Donald Beardy et Oliver Sinclair, sauvent la vie de leurs camarades de classe lors d'un incendie qui détruit leur pensionnat, selon le récit transmis par la communauté :

> Tous les garçons dormaient à poings fermés. Donald savait que les portes étaient toujours verrouillées, mais il ignorait pourquoi il ne parvenait pas à se détendre. Il était allongé au chaud sous la couverture et l'air dans le dortoir lui donnait envie d'éternuer. Une irritation des narines le démangeait beaucoup. Finalement, Donald s'est assis pour dégager ses voies respiratoires et se racler la gorge et il a aperçu une fumée noire grisâtre qui envahissait la salle. Se frottant ses yeux, il a pris conscience tout de suite du grave danger qui menaçait tout le monde. Il a secoué son ami Oliver qui était en train de dormir dans le lit d'à côté. Il n'a pas eu besoin de lui montrer la fumée, car Oliver une fois réveillé a saisi la gravité de la situation. Donald a demandé à Oliver de réveiller tous les autres pendant qu'il se chargeait de réveiller les filles dans l'autre dortoir.
>
> Donald a tenté d'ouvrir la porte que les superviseurs verrouillaient tout le temps. Il ne cessait de frapper violemment sur la porte et de la pousser, pour finalement

> abandonner. Il a couru vers le dortoir des filles et leur a demandé de sortir au plus vite. Entre-temps, les garçons s'échappaient déjà par les sorties de secours. Bientôt, les filles dévalaient une par une vers les sorties de secours.
>
> Tout en bas, au sol, Donald et Oliver s'activaient pour arriver à réceptionner chacune d'elles qui descendaient en glissant[18].

Bon nombre des bâtiments qui ont brûlé étaient des nids à feu reconnus. Après avoir inspecté les décombres du pensionnat d'Ahousaht, en Colombie-Britannique, le représentant des Affaires indiennes P. B. Ashbridge écrit : « Les bâtiments détruits étaient construits en bois, et leur toit, en bardeaux. Leur construction remontait à il y a longtemps. La charpente, partiellement construite en cèdre, était sèche et l'on estimait qu'elle présentait un risque d'incendie. » Selon lui, la cause de l'incendie est une défaillance dans l'installation électrique[19]. Dans son rapport aux Affaires indiennes sur l'incendie de Wabasca, en Alberta, le représentant de l'Église anglicane H. A. Alderwood mentionne que lors de son inspection du pensionnat l'année précédente, il a pensé que cet établissement était « de loin le moins bien loti parmi tous ceux qu'il avait vus et il a estimé alors que le risque d'incendie y était considérable et que seule la vigilance du personnel avait pu le sauver jusque-là de la destruction »[20].

Une inspection effectuée en 1941 au pensionnat de Lac la Ronge, en Saskatchewan, conclut qu'il s'agit « ni plus ni moins que d'un nid à feu »[21]. Quand le bâtiment est détruit par un incendie en 1947, le directeur Douglas Wickenden écrit : « Ce nid à feu n'existe plus et fort heureusement sa disparition n'a pas entraîné de pertes en vies humaines »[22].

Les incendies jouent un rôle dans le démantèlement définitif du système des pensionnats. Les représentants du gouvernement admettent que les incendies ont favorisé l'expansion des externats. Quatre des pensionnats (Ahousaht, Onion Lake, Lac la Ronge et Delmas) n'ont jamais été reconstruits. Lorsque brûle le pensionnat de Thunderchild à Delmas, en Saskatchewan, le fonctionnaire des Affaires indiennes, J. P. B. Ostrander, note que « Les Indiens des réserves de Poundmaker, de Meadow Lake et de Sweetgrass réclament tous des externats » et il ne voit pas pourquoi ce type d'institution devrait encore leur être refusé[23]. Malgré les demandes répétées des oblats pour obtenir une nouvelle école, au printemps de 1949, le gouvernement décide de ne pas reconstruire à Delmas[24].

Des installations provisoires destinées aux élèves d'Onion Lake sont fournies au collège de St. Alban, Prince Albert, en Saskatchewan, en 1944[25]. Après l'incendie survenu à l'école de Lac la Ronge en 1947, les élèves sont transférés à Prince Albert[26]. Les anglicans tentent en vain de faire reconstruire les écoles d'Onion Lake et de Lac la Ronge[27]. Des dispositions sont plutôt prises pour accueillir les élèves dans un ancien complexe militaire canadien d'entraînement de base aux abords de Prince Albert[28]. Au printemps 1948, les garçons du collège de St. Alban sont cantonnés dans un camp militaire et transportés par camion à leurs classes[29]. En 1951, il est décidé de déménager tous les élèves résidant au pensionnat de St. Alban dans le camp militaire[30].

Le pensionnat de File Hills, en Saskatchewan, ne s'est jamais remis de la perte des salles de classe détruites dans l'incendie de 1942. Deux ans plus tard, les cours se donnent encore dans les salles de jeux. Selon le surintendant des agences indiennes : « En dessous de l'une des salles de jeux, un moteur tourne en permanence et il est aisé de comprendre que cette situation vient gêner les élèves quelle que soit la matière enseignée ». Avec la situation qui prévaut actuellement au pensionnat, « les enfants ne sont absolument pas en mesure de recevoir l'éducation qu'ils devraient recevoir »[31]. En 1948, en réponse aux demandes formulées par le directeur en vue d'apporter des améliorations au pensionnat, le fonctionnaire des Affaires indiennes, J. P. B. Ostrander, écrit qu'il hésite « à recommander de consacrer d'autres sommes d'argent pour ce pensionnat »[32]. Le pensionnat ferme ses portes à la fin de l'année scolaire de 1948-1849[33]. La plupart des élèves fréquenteront des externats. Entre six et huit élèves sont envoyés soit à Brandon ou à Portage la Prairie, au Manitoba. Les deux établissements sont administrés par l'Église Unie[34].

D'autres pensionnats sont fermés avant d'être réduits en cendres. En 1944, Hoey mentionne l'école Mount Elgin à Muncey, en Ontario, comme étant « l'un des pires sur le plan des risques d'incendie »[35]. Il ne croit pas qu'elle puisse être « rénovée et donner raisonnablement satisfaction du point de vue de la salubrité »[36]. L'école Mount Elgin ferme ses portes en 1946[37]. En mai 1950, le Commissariat des incendies de la Saskatchewan condamne le pensionnat de Round Lake, en Saskatchewan. Le commissaire aux incendies, R. E. Tiffin, conclut qu'aucun changement ne peut être apporté qui « ferait du bâtiment un lieu raisonnablement sécuritaire pour loger ces enfants ». [38] L'état pitoyable du pensionnat conduit le gouvernement à le fermer à la fin de l'année scolaire. La décision déclenche des protestations de la part de la Women's Missionary Society de l'Église Unie du Canada, basée à Toronto. Cette dernière réclame depuis 15 ans la construction d'un nouveau pensionnat. Elle se plaint également auprès des Affaires indiennes du fait que « si les bâtiments du pensionnat étaient dans un tel état, nous aurions dû en être informées par ceux qui ont assuré la supervision des lieux »[39]. La plainte donne à penser que la Société en savait peu sur l'état d'un pensionnat pour lequel elle était en partie responsable.

Une série d'incendies contribue à la fermeture du pensionnat de Chapleau, en Ontario, au cours de cette période. Un feu de cheminée fait des dommages considérables au bâtiment en février 1944[40]. Un feu sans gravité prend naissance dans les installations électriques du pensionnat au printemps de 1947[41]. Le pensionnat est une fois encore la proie d'un incendie en mars 1948[42]. Après l'incendie, le directeur lance un avertissement selon lequel « si un incendie se déclarait bien avant que l'on s'en rende compte pendant la nuit, la moitié des occupants du bâtiment, tant des membres du personnel et que des enfants, serait piégée à quelque 30 pieds du sol et dans l'incapacité totale de s'échapper »[43]. Les Affaires indiennes refusent d'investir dans un nouvel escalier de secours. Elles autorisent plutôt l'agent des Indiens à installer d'autres portes intérieures qui permettraient aux pensionnaires des dortoirs des grands d'accéder aux sorties de secours du dortoir des petits[44]. Le pensionnat ferme ses portes à la fin de l'année scolaire de 1947-1948[45].

Les années 1940 constituent la décennie la plus dangereuse en ce qui concerne les incendies dans les pensionnats. Cependant, au cours des 50 années suivantes, le Canada continue de sous-investir en matière de sécurité, mettant sciemment en danger la vie des élèves et du personnel.

Protection insuffisante contre l'incendie : 1940-1960

Les faits montrent clairement que tout au long de cette période, bon nombre, si ce n'est la plupart, des pensionnats du Canada présentent des risques d'incendie. En 1941, R. A. Hoey informe le directeur des Affaires indiennes que les pensionnats anglicans de Whitefish Lake et de Wabasca « sont demeurés pendant des années dans un état de délabrement et d'insalubrité ». Ils doivent être remplacés soit par de nouveaux pensionnats, soit par des externats[46]. La solution présentant le plus de sécurité, comme Hoey le constate, serait de construire plus d'externats, permettant ainsi aux enfants de rentrer chez leur parent ou encore de remplacer les pensionnats incendiés par de nouvelles constructions résistantes au feu. Au lieu de cela, pendant les années 1940, le gouvernement fait peu de nouveaux investissements dans les pensionnats des Premières Nations. En l'absence de nouveaux établissements, le gouvernement aurait dû s'assurer que les pensionnats en activité disposaient de niveaux de protection contre l'incendie appropriés, notamment des alarmes pour avertir et évacuer rapidement les résidents des pensionnats, de l'équipement efficace de lutte conte l'incendie et des sorties de secours fonctionnels et sécuritaires. Cependant, les inspections effectuées depuis les années 1940 mentionnent régulièrement des pensionnats qui négligent cette protection élémentaire contre l'incendie.

Une inspection effectuée en 1940 au pensionnat presbytérien de Kenora, en Ontario, fait état de la présence de dévidoirs mobiles à l'étage supérieur sans leurs tuyaux flexibles. Le chef de service d'incendie de Kenora recommande l'installation de portes coupe-feu dans la chaufferie[47]. Les Affaires indiennes sont disposées à fournir 30 $ pour l'achat de ces portes, mais les fonds manquent pour procéder à l'amélioration des sorties de secours et du système d'alarme incendie. On conseille à l'agent des Indiens de porter ce problème à l'attention de la Division des affaires indiennes au début du nouvel exercice financier. Entre-temps, le directeur ne doit « ménager aucun effort pour enlever autant que possible la neige et de la glace des sorties de secours en place »[48]. Même lorsque les fonds ont pu être réunis pour acheter les portes, il a été difficile de se les procurer. Les efforts déployés par les oblats pour améliorer l'ignifugation du pensionnat catholique de Kenora en 1942 sont entravés par le rationnement de l'acier qui sévit en temps de guerre[49].

En 1940, on constate qu'il n'y a aucune sonnerie d'incendie dans les dortoirs du pensionnat de Sioux Lookout, en Ontario. Il n'y en a pas non plus dans la buanderie, la chaufferie, la salle des machines, la salle à manger ou dans plusieurs couloirs du sous-sol. D'autres tuyaux flexibles sont également nécessaires. Sur une note plus positive, l'inspecteur trouve que l'exercice-surprise d'évacuation se déroule bien, l'évacuation des lieux du pensionnat étant exécutée en deux minutes[50]. Dans son rapport sur un incendie qui a détruit un bâtiment abritant les salles de classe dans le pensionnat d'Alberni, en Colombie-Britannique, l'inspecteur des Affaires indiennes, G. H. Barry, écrit qu'il aurait été possible de sauver le bâtiment si ses précédentes recommandations concernant les améliorations de l'équipement au pensionnat avaient été mises en œuvre[51]. Un incendie survenu en avril 1941 au pensionnat de Cranbrook, en Colombie-Britannique, révèle que l'établissement ne dispose pas d'assez d'équipement de lutte contre l'incendie et que l'approvisionnement en eau est insuffisant[52].

L'approvisionnement en eau constitue un problème récurrent. Quand un incendie se déclare dans la buanderie du pensionnat de Fort Alexander, au Manitoba, à l'automne de 1941, le pensionnat est sauvé parce que le directeur « avait à ses côtés les enfants, les sœurs et tout le personnel pour transporter l'eau et l'aider à éteindre le feu »[53]. Même quand il y a de l'eau, il arrive que les tuyaux ne fonctionnent pas. Une inspection de 1946 menée par le directeur du pensionnat d'Edmonton, en Alberta, conclut que le tuyau d'incendie du bâtiment date de 22 ans et qu'il ne devrait plus être utilisé[54].

Le directeur du pensionnat de Birtle, au Manitoba, déclare en mars 1943 que l'alarme d'incendie ne peut être entendue de la chambre des jeunes garçons. L'absence d'un éclairage intérieur suffisant rend l'exercice d'évacuation dangereux pendant la nuit. « Souvent, une petite fille ou un petit garçon est tellement effrayé qu'il a peur de faire un pas et il est à craindre que ceux qui sont derrière s'empilent les uns sur les autres, entraînant alors une situation dangereuse[55]. » Une inspection du pensionnat d'Hobbema, en Alberta, en 1944 conclut que la situation en matière de protection contre l'incendie au pensionnat est « très mauvaise ». Les alarmes ne peuvent s'entendre dans tout le pensionnat et les moyens d'évacuation sont insuffisants et inefficaces[56].

Un mauvais entretien et le surpeuplement accroissent également les risques d'incendie. Une inspection faite en 1945 au pensionnat de Cranbrook, en Colombie-Britannique, recommande que le ministère des Affaires indiennes « installe sans tarder la protection complémentaire s'il souhaite pouvoir prévenir un grave incendie ». La salle des machines est décrite comme étant dans « un état de saleté déplorable, le sol saturé d'huile ». L'alimentation en eau et en électricité est jugée insatisfaisante pour la sécurité-incendie[57]. Une inspection effectuée en 1945 sur la sécurité-incendie au pensionnat de Portage la Prairie, au Manitoba, révèle que les dortoirs sont tellement surpeuplés que quelques pouces séparent à peine chaque lit et qu'il y a même « un lit bloquant la porte de sortie »[58]. Dans les années 1940, certains pensionnats ne sont dotés d'aucun réseau électrique. En 1946, E. L. Stone, surintendant des Services de santé aux Autochtones pour l'Alberta, écrit que le pensionnat anglican de Whitefish Lake, Alberta, n'est desservi par « aucun réseau d'aqueduc et que des lampes à pétrole lui servent d'éclairage. Le risque d'incendie est extrême »[59]. Le rapport d'une inspection effectuée par les Affaires indiennes en 1948 décrit le pensionnat comme étant « nettement très insatisfaisant du point de vue de l'hygiène et de la prévention des incendies »[60].

La fin de la guerre n'entraîne aucune amélioration spectaculaire dans les mesures de sécurité-incendie. Dans une réponse datant de 1949 à une demande de financement en vue d'apporter des améliorations au pensionnat de Fraser Lake, en Colombie-Britannique, comme l'a recommandé un commissaire aux incendies, Bernard Neary, le surintendant de l'éducation des Indiens aux Affaires indiennes, note que « les fonds sont limités pour le moment et il sera difficile, voire impossible, de financer substantiellement des améliorations »[61]. Le directeur du pensionnat catholique de Kamsack, en Saskatchewan, R. Beauregard, envoie un message télégraphique en urgence à Ottawa en juillet 1955, avertissant qu'à cause d'un problème « crucial » que présentent les conduites d'eau du pensionnat, un « danger d'incendie existe »[62]. Un inspecteur du gouvernement de la Saskatchewan signale en novembre 1955 à propos du pensionnat de Kamsack que le « système d'alarme est complètement hors d'usage et que les sorties de secours ne sont absolument pas balisées. Les tuyaux en place fuient sérieusement et le robinet, une fois ouvert, ne se referme pas ensuite »[63]. En avril 1956, le représentant des Affaires indiennes W. J. Harvey décrit que la seule protection contre l'incendie dont est doté le pensionnat anglican de Fort George, au Québec, se résume à « quelques extincteurs remplis d'eau. » Il ajoute que si la charpente venait à prendre feu, le bâtiment serait « encerclé par les flammes en l'espace de quelques minutes seulement »[64].

Dans un rapport de 1956 rendant compte de la nécessité d'améliorer l'approvisionnement en eau pour lutter contre les incendies pouvant survenir au pensionnat de Lower Post, en Colombie-Britannique, un représentant fédéral fait remarquer que « le manque de protection contre l'incendie est criant dans ce pensionnat. » Il poursuit en reconnaissant que « cette situation prévaut à des degrés plus ou moins importants dans tous nos pensionnats »[65]. Le pensionnat de Lower Post n'est pas un établissement en déclin : il a ouvert ses portes en 1951[66].

Le directeur de Lytton, en Colombie-Britannique, C. F. Hives, essaie pendant des années d'attirer l'attention des Affaires indiennes sur le système de chauffage de deux salles de classe qu'il juge « insatisfaisant, peu efficace et dangereux ». Le ministère des Affaires indiennes ne règle pas le problème, puisqu'il planifie de remplacer le bâtiment par un ensemble de nouvelles salles de classe. En 1957, l'une des classes prend feu. Bien que les membres du personnel aient été capables de maîtriser l'incendie et d'empêcher toute perte en vies humaines, le feu met en évidence la négligence constante dont font l'objet les bâtiments en place[67]. Au cours de la même année, une inspection du pensionnat anglican de Cardston, en Alberta, fait ressortir le besoin d'améliorations concernant l'escalier de secours, la pression de l'eau, le système électrique et l'équipement de lutte contre l'incendie[68]. Le pensionnat catholique voisin reçoit l'ordre d'améliorer les sorties de secours, de remplacer les canalisations d'incendie pourries et de modifier les portes de sortie pour qu'elles puissent s'ouvrir vers l'extérieur[69].

Des rapports d'inspection datant de 1958 révèlent que la sécurité-incendie est insuffisante dans les pensionnats en Colombie-Britannique, en Alberta, au Manitoba et en Ontario. Le représentant des Affaires indiennes, J. V. Boys, estime que l'équipement de lutte contre l'incendie au pensionnat de l'île Kuper en Colombie-Britannique, s'avère « absolument inadéquat ». Il précise qu'« avec l'approvisionnement en eau actuel, il est impossible de lancer un jet d'eau sur le toit du bâtiment principal »[70]. Un inspecteur réclame de procéder au remplacement des sorties de secours au pensionnat de Joussard, en Alberta, ainsi qu'à l'installation d'un dispositif de détection automatique d'incendie et de portes coupe-feu[71]. D'importantes rénovations sont réclamées pour le bâtiment principal du pensionnat de Fort Alexander, au Manitoba. Les Affaires indiennes reconnaissent que le bâtiment est « en mauvais état et qu'il serait impossible de le restaurer selon des normes acceptables sans dépenser une somme d'argent considérable ». À l'époque, le gouvernement prévoit construire un nouveau bâtiment pour les salles de classe et de transférer celui des Anciens Combattants au pensionnat. Pour ces motifs, le gouvernement est déterminé « à ne pas dépenser plus d'argent qu'il est absolument nécessaire pour réduire les risques en cas d'incendie »[72]. La sécurité-incendie au pensionnat de McIntosh, en Ontario, est estimée être « tout à fait insuffisante et les sorties de secours actuelles sont inadéquates et dangereuses »[73].

Une inspection effectuée en 1959 au pensionnat de Sturgeon Lake à Calais, en Alberta, permet de conclure que le bâtiment principal « ne convient pas, selon l'avis de l'inspecteur, pour abriter un pensionnat et un dortoir ». Celui-ci recommande de remplacer les sorties de secours, d'ajouter d'autres sorties de secours, d'installer un nouveau système d'alarme d'incendie, de réduire les effectifs, de regarnir tous les couloirs d'un matériau incombustible et de remplacer la toiture[74].

Une inspection dont les résultats sont défavorables ne donne pas toujours lieu à des améliorations en matière de sécurité. Les exemples tant du plus ancien pensionnat du Canada — l'Institut Mohawk de Brandford, en Ontario — que de l'un de ses plus récents — l'établissement de Prince Albert, en Saskatchewan — révèlent à quel point le Canada est lent à réagir aux recommandations visant l'amélioration de la sécurité-incendie dans les années 1940 et 1950.

L'Institut Mohawk

En 1946, l'Institut Mohawk fait l'objet d'un examen approfondi et très critique effectué par l'inspecteur des incendies, N. C. Rathburn. Ce dernier fait remarquer que s'il est généralement admis que toutes les portes de secours des bâtiments publics doivent s'ouvrir vers l'extérieur, à l'Institut Mohawk, « la porte d'entrée principale, les portes des salles de classe, les portes de la salle à manger, les portes de sortie de l'atelier de couture, en fait pratiquement toutes les portes, à l'exception de celles de l'escalier de secours, [s'ouvrent] vers l'intérieur ».

Il fait aussi remarquer que les recommandations précédentes préconisant « d'organiser un exercice d'évacuation approprié dans ce pensionnat » sont négligées. Les tuyaux d'incendie sont percés de nombreux trous, les extincteurs ne sont pas rechargés, les conduites de chauffage sont enveloppées dans du papier, la sonnerie d'alarme incendie n'est pas audible des dortoirs et le robinet de gaz de la cuisinière « fuit très sérieusement »[75]. Douze ans plus tard, en 1958, à la suite d'une autre inspection, Rathburn écrit que malgré certaines améliorations apportées dans le pensionnat, « on ne peut échapper au fait que ce bâtiment, dont toute la structure est en bois, favoriserait très rapidement la propagation du feu et compte tenu du nombre d'enfants et de superviseurs, en particulier au deuxième et au troisième étage, tout porte à croire que si un feu se déclarait à l'insu de tous, des pertes en vies humaines seraient très probablement à déplorer ».

Il déclare que la sécurité du bâtiment actuel dépend seulement de l'installation d'un système de gicleurs[76]. Au printemps de l'année suivante, les Affaires indiennes octroient un contrat pour l'installation d'un système de ce type[77]. À l'automne de 1959, un inspecteur des incendies informe le pensionnat qu'un exercice d'évacuation en cas d'incendie effectué récemment à l'école n'est « pas efficace ». L'inspecteur n'est pas convaincu qu'il « pourrait assurer en toute sécurité une évacuation » sans l'ajout d'un escalier fermé qui permettrait au deuxième et au troisième étage du pensionnat d'être évacués en même temps[78]. Malgré la dégradation continue du bâtiment, l'Institut Mohawk demeure en activité jusqu'en juin 1970[79].

Prince Albert

Après la destruction par un incendie du pensionnat anglican à Onion Lake, en Saskatchewan, les élèves sont transférés dans un ancien établissement privé pour garçons à Prince Albert appelé St. Alban[80]. Comme nous l'avons mentionné ci-dessus, un grand nombre d'élèves sont transférés, en 1950, dans un camp militaire abandonné en périphérie de la ville. Lorsqu'il était exploité à des fins militaires, le camp jouissait d'une protection contre l'incendie de la part de sa propre caserne entièrement équipée, laquelle disposait d'une équipe de pompiers à plein temps[81]. Cependant, dès lors qu'il a été converti en pensionnat, il ne bénéficiait désormais plus de ce niveau de protection.

L'agent des Indiens, J. P. B. Ostrander, écrit à propos de St. Alban en 1946 : « si un incendie se déclarait dans le bâtiment, il y aurait de fortes chances que de nombreuses personnes perdraient la vie en raison de l'étroitesse des couloirs constitués de matières solides inflammables et de l'accès peu facile qu'offrent les sorties de secours ou l'escalier »[82]. En 1949, le directeur des Affaires indiennes, D. M. MacKay, recommande que le gouvernement, en partenariat avec l'Église anglicane, finance les réparations importantes dont a besoin le pensionnat, lequel a fait l'objet d'une inspection de prévention des incendies approfondie dont les résultats sont très défavorables[83].

En 1950, le chef du service d'incendie de Prince Albert dénonce le danger que représente le système de chauffage des installations scolaires situées dans l'ancien camp d'entraînement militaire[84]. Au cours de l'été 1951, celui-ci exprime de nouveau son « mécontentement à l'égard de l'équipement de lutte contre l'incendie et les moyens d'évacuation du pensionnat »[85]. Le commissaire aux incendies de la Saskatchewan se dit préoccupé par le complexe en 1953, alors qu'il loge 550 enfants. Il écrit que les bâtiments à ossature en bois sont particulièrement vulnérables aux incendies, estimant que chacun d'eux serait entièrement consumé en moins de cinq minutes par les flammes. Il recommande d'installer dès que possible un système d'alarme incendie amélioré dans le pensionnat[86]. Une inspection de prévention des incendies effectuée en 1954 au pensionnat permet d'arriver à la conclusion suivante :

> On ne saurait trop insister sur le fait que le taux d'occupation de ces bâtiments en tant que pensionnat contrevient à toutes les normes reconnues en matière de sécurité des personnes et des biens contre le danger d'incendie. Cette situation est aggravée par l'insuffisance de l'approvisionnement en eau qui permettrait d'éviter toute progression de feu majeur vers l'un ou l'autre des bâtiments. La distance séparant ceux-ci est telle que l'on ne peut ignorer la possibilité que le feu se propage, en cas de vent favorable, depuis son point de départ jusqu'aux bâtiments adjacents, et se transforme en un incendie aux proportions alarmantes[87].

Les travaux sont entrepris plus tard cette année-là, mais en 1960, Henry Cook, le directeur de l'administration des pensionnats anglicans, se plaint auprès d'Ottawa du fait que « l'intérieur des bâtiments se délabre progressivement ». Il affirme : « On peut se demander combien de temps encore les prétendus "bâtiments provisoires" vont-ils être considérés comme “permanents” ». Il recommande que les Affaires indiennes construisent un nouveau bâtiment à Prince Albert[88].

Sorties de secours

Le caractère inadéquat des sorties de secours des pensionnats pendant les années 1940 et 1950 mérite particulièrement d'être souligné, car cela révèle que des problèmes qui avaient été clairement relevés lors de décennies précédentes ne sont toujours pas réglés. Les restrictions budgétaires soutenues font en sorte que les pensionnats sont toujours dotés de sorties de secours inadéquates et dangereuses. Il ne s'agit pas seulement d'une question d'économie en temps de guerre : en 1954, les Affaires indiennes reconnaissent qu'« une insuffisance de fonds et un manque de personnel technique, au moment de démarrer les travaux, ont retardé la mise en œuvre d'un grand nombre de mesures de protection et de prévention des incendies dans nos pensionnats »[89]. Ce problème est aggravé par la pratique persistante des administrateurs scolaires qui consiste à enfermer les élèves dans leur dortoir le soir. Comme par le passé, cette mesure est prise pour empêcher les pensionnaires de fuguer ou de se rendre dans le dortoir des pensionnaires de l'autre sexe.

Les principaux problèmes concernant bon nombre de sorties de secours dans les pensionnats sont relevés dans une note de service de 1949 rédigée par le chef de la Division du génie et de la construction, du ministère des Mines et des Ressources. On y précise que dans de nombreux pensionnats, on ne peut atteindre les sorties de secours que par les fenêtres, dont l'appui se trouve souvent à quatre pieds du sol. Pour les jeunes enfants, le simple fait de franchir le seuil peut poser un problème. Lorsqu'ils sortent par la fenêtre, les enfants doivent normalement se laisser glisser le long d'un poteau de fer. Cette étape est « irréalisable pour les plus jeunes ». La note de service précise que les escaliers en acier ne sont pas en soi une solution lorsque « de jeunes enfants doivent descendre plusieurs étages en hiver »[90]. Ces sorties de secours découvertes peuvent être bloquées par de la neige ou couvertes de glace[91]. Il recommande que les pensionnats installent soit des tours de secours complètement fermées et accessibles qui abritent des escaliers ou des glissoires en acier fermés[92].

Leona Agawa n'a jamais oublié son premier exercice d'incendie au pensionnat des filles de Spanish, en Ontario. Elle affirme qu'un membre du personnel l'a obligée à descendre par le poteau.

> « Allez, dépêche-toi, allez, descends, » disait-elle. Et j'avais peur. Je regarde vers le bas. Il y a, il y a trois volées d'escaliers. Je regarde vers le bas, comment j'arriverai à descendre en bas accrochée à ce poteau? « Alors, grouille-toi, » disait-elle. Elle me, elle me gifle encore une fois. Comment je suis arrivée là, oh, il fallait juste que je me tienne comme ça, là-dessus je me sentais pleine de

> colère, et je m'accrochais, et finalement je me suis laissée aller, et je suis tombée brutalement, sur mon derrière, et je pleurais, et elle m'a dit, « Et surtout, ne pleure pas[93]. »

Il n'y a rien de vraiment nouveau au sujet des problèmes que présentaient les sorties de secours. Les inspecteurs des Affaires indiennes cernent ces problèmes depuis au moins les années 1930. Ils continuent de le faire tout au long des années 1940. Un rapport d'inspection de 1941 préconise d'améliorer les sorties de secours au pensionnat de Lac la Ronge, en Saskatchewan[94]. L'inspecteur A. G. Hamilton est préoccupé par le fait qu'en 1945, les plus jeunes enfants du pensionnat de McIntosh, en Ontario, ne sont pas habitués à utiliser l'escalier de secours de type poteau. Il pense qu'il faudrait des exercices d'évacuation plus fréquents pour que les enfants n'aient pas peur de l'utiliser[95]. De son côté, l'agent des Indiens, G. Swartman, fait part de ses inquiétudes au sujet de l'utilisation de cet escalier aussi peu que ce soit, lequel peut selon lui, dans certaines conditions météorologiques, devenir trop glissant et dangereux[96].

Un inspecteur des incendies en 1945 recommande vivement l'adoption de dix mesures pour améliorer la sécurité du pensionnat de Sandy Bay, au Manitoba, notamment l'acquisition de sorties de secours extérieures pour le pensionnat et les dortoirs[97]. Il est décidé de reporter jusqu'au prochain exercice l'installation des sorties de secours, qui coûterait 4 000 $[98].

Année après année, les inspecteurs dressent des rapports similaires. Le rapport de 1946 de la Commission sur les Affaires indiennes fait observer que le pensionnat de Shubenacadie, en Nouvelle-Écosse, n'est pas résistant au feu ou « ne dispose pas d'un nombre suffisant de sorties de secours »[99]. Une inspection effectuée en 1946 au pensionnat de Christie Island, en Colombie-Britannique, révèle le besoin de diversifier les dispositifs d'évacuation à partir de chaque salle de classe et d'installer des portes de sortie s'ouvrant vers l'extérieur[100]. Une inspection du pensionnat catholique de Kenora, en Ontario, en 1947 recommande que toutes les sorties en direction des sorties de secours soient modifiées de manière à permettre de sortir plus rapidement et en toute sécurité du pensionnat[101]. En avril 1948, un inspecteur provincial conclut que le pensionnat de Duck Lake, en Saskatchewan, ne dispose pas de sorties de secours en nombre suffisant[102]. Aucuns fonds ne sont dégagés pour installer de nouvelles sorties de secours avant juin 1949[103]. Une autre inspection met en évidence le besoin impératif d'installer une sortie de secours pour le dortoir des filles du pensionnat de Whitefish Lake, en Alberta, en 1948[104]. La destruction partielle par le feu du pensionnat de Fort Frances, en Ontario, incite l'agent des Indiens de la région à inspecter les sorties de secours dans ce pensionnat en 1950. Il découvre que bon nombre de marches en bois de l'escalier de secours des filles sont pourries et que la rampe en bois n'est « pas sécuritaire ». Les portes des escaliers de secours des filles et des garçons s'ouvrent aussi vers l'intérieur[105].

En 1950, une inspection provinciale effectuée au pensionnat presbytérien de Kenora réclame « le remplacement des escaliers de secours en place par un "escalier de secours en colimaçon" à chaque extrémité du bâtiment »[106]. En juin 1951, rien n'a encore été fait. Le directeur T. C. Ross écrit alors aux Affaires indiennes pour demander conseil sur le type de sortie qui devrait être mis en place. Il ajoute s'estimer « incapable de continuer à endosser la responsabilité en ce qui concerne la sécurité des enfants qui sont logés dans les conditions actuelles »[107]. En mars 1952, l'agent des Indiens, Norman Paterson, rappelle à Ottawa que le besoin impératif de remplacer les escaliers de secours du pensionnat a été porté à l'attention d'Ottawa quatre ans plus tôt. Selon lui, les Affaires indiennes doivent mettre au rebut les « escaliers de secours vétustes » et aller de l'avant avec « l'installation d'un dispositif d'évacuation moderne et sécuritaire »[108].

Après une visite à Fort Providence, Territoires du Nord-Ouest, John Parker, un avocat de cette même région déclare en 1957 qu'il n'y a aucun escalier de secours dans le pensionnat de Fort Providence. Il écrit : « Il y a deux escaliers dans le bâtiment, mais si un feu devait se propager aux étages inférieurs, ces escaliers serviraient plus de cheminées que de voies d'évacuation ». De son point de vue, seules deux possibilités s'offrent : installer des escaliers de secours adéquats ou abandonner le bâtiment[109]. En réponse à Parker, le fonctionnaire des Affaires du Nord, Ben Sivertz, déclare : « Nous savons déjà depuis plusieurs années que le pensionnat de Fort Providence est en piètre état et n'est qu'un nid à feu ». Sivertz souligne que le gouvernement remplace le pensionnat par le réseau de foyers scolaires et d'externats. De plus, il mentionne que la responsabilité en ce qui a trait aux sorties de secours incombe au propriétaire du pensionnat, en l'occurrence l'Église catholique[110]. La plainte de Parker donne lieu à une inspection qui conclut que le surpeuplement dans le pensionnat constitue un risque d'incendie. L'évêque J. Trocellier reçoit pour consigne de cesser de prendre d'autres élèves dans le pensionnat[111].

Il n'est pas rare que les années passent avant que des améliorations soient apportées aux sorties de secours. Les exemples suivants de Moose Factory et de Sioux Lookout, en Ontario, de Fort Alexander et de Cross Lake, au Manitoba, et d'Edmonton, en Alberta, montrent tous parfaitement comment de graves problèmes de sécurité non résolus sont restés dans l'oubli pendant des années.

Moose Factory

Henry Cook, le surintendant de l'Administration des pensionnats anglicans, demande aux Affaires indiennes d'installer un escalier de secours métallique au pensionnat de Moose Factory en janvier 1950[112]. Sa demande est soutenue par un rapport du Bureau du commissaire aux incendies de l'Ontario sur les sorties de secours du pensionnat dont l'état est « remarquablement insatisfaisant — si un incendie se déclarait dans la nuit dans le bâtiment, je ne pourrais que pressentir une horrible hécatombe »[113]. À la mi-août 1950, D. Hester, le directeur du pensionnat de Moose Factory, propose de ne pas rouvrir le pensionnat la prochaine année parce qu'aucune mesure n'a été prise pour y éliminer les risques d'incendie et de problèmes de santé[114]. Après que les Affaires indiennes se sont engagées à faire les réparations nécessaires, le pensionnat rouvre ses portes à l'automne de 1950. Cependant, en raison des retards imputables au gouvernement, en octobre, les travaux ne sont toujours pas commencés et le risque d'incendie demeure élevé[115]. En février 1953, le pensionnat est toujours jugé être « dans un état lamentable ». La neige risque de s'accumuler dans les escaliers de secours en bois, lesquels sont « désaxés à cause des mouvements du bâtiment principal »[116]. En septembre 1953, Cook demande au gouvernement d'installer un escalier de secours de style à glissière d'évacuation de toile[117]. En juin 1954, un inspecteur des Affaires indiennes décrit le pensionnat comme étant un « vrai nid à feu »[118]. Il est décidé, toutefois, de ne pas installer les escaliers de secours, puisque, selon F. Matters, le superviseur régional des agences indiennes, « on ne prévoit pas utiliser encore longtemps le bâtiment et les enfants dormiront dans le nouveau »[119]. Toutefois, Henry Cook, le représentant anglican, n'est aucunement impressionné par le nouveau bâtiment. En septembre 1954, il décrit les dortoirs comme étant des « nids à feu ». Il écrit : « Une porte donne sur la sortie de secours et les fenêtres ne s'ouvrent pas pour permettre de s'échapper par ce moyen si l'on veut sauter jusqu'au sol[120] ».

Sioux Lookout

Selon une inspection du pensionnat de Sioux Lookout effectuée en 1952 :

> Les principaux escaliers de secours sont en bois et d'en haut, ils mènent à une grande terrasse fermée. Si cette partie du bâtiment brûlait, l'évacuation des élèves serait compliquée. Il existe un autre escalier de secours métallique à l'extérieur, mais il ne mène pas au sol mais plutôt sur le toit d'une remise à côté de la chaufferie (d'où un incendie risquerait très probablement de prendre naissance)[121].

Trois ans plus tard, le sous-directeur du bureau de prévention des incendies de l'Ontario, J. E. Ritchie, demande aux Affaires indiennes d'améliorer l'état des escaliers de secours « tout à fait inadéquats » du pensionnat. Il déclare que le toit couvrant les escaliers en acier fermés fuit et que les escaliers se recouvrent de glace en hiver. Il y a deux ailes du pensionnat où les enfants « ne disposent pas d'une sortie de secours directe vers l'extérieur depuis le dortoir » et, dans certains cas, « ils doivent se laisser glisser le long d'un poteau en bas jusqu'au sol »[122]. L'année suivante, Henry Cook, de l'Administration des pensionnats anglicans, informe les Affaires indiennes que son organisme refuse « d'être tenu responsable en cas d'accident ou pour d'autres désastres dont pourraient être victimes les élèves ou les membres du personnel si un incendie survenait, dans le cadre d'un exercice d'évacuation ou pour toute autre raison où il faut nécessairement utiliser les sorties de secours »[123]. En avril 1957, le gouvernement fédéral confie à un entrepreneur par appel d'offres la construction et l'installation de nouveaux escaliers de secours dans le pensionnat[124]. Cinq ans se sont écoulés depuis que le problème a été soulevé pour la première fois.

Fort Alexander

L'inspecteur des Affaires indiennes, A. G. Hamilton, estime en 1945 que les sorties de secours du pensionnat de Fort Alexander, au Manitoba, sont dangereuses. Il déclare : « Un poteau doit mesurer 18 pieds de long et pour les jeunes enfants qui doivent l'attraper et plonger dans le vide, ça ne convient pas. Certains enfants ont peur; et puis d'autres aussi se laissent tomber trop rapidement et pourraient facilement se faire mal en arrivant en bas. » Il pense aussi que les poteaux ne sont pas solidement fixés au bâtiment. Alors que les Affaires indiennes ne sont pas prêtes à installer de nouvelles sorties de secours, le surintendant de l'éducation des Indiens, Philip Phelan, recommande que les poteaux soient bien arrimés et que l'on procède à plus d'exercices d'évacuation puisque, selon lui, « les élèves finissent généralement par s'habituer au type de poteau de l'escalier de secours »[125]. L'été suivant, le directeur J. Brachet demande aux Affaires indiennes de financer l'achat d'un escalier de type à glissière pour « remplacer le long tuyau qui effraie les enfants »[126]. Le représentant des Affaires indiennes, B. E. Olson, écrit à l'automne de 1948 que « le besoin de se doter de sorties de secours comme il convient » au pensionnat de Fort Alexander devient « de plus en plus urgent »[127]. On lui répond qu'il n'y a « pas de fonds disponibles pour la construction de sorties de secours »[128]. Rien n'est encore fait en novembre 1949. En examinant le problème, B. F. Neary, le nouveau surintendant de l'éducation des Indiens note que de nombreux pensionnats sont équipés de sorties de secours à poteau. Si le gouvernement envisage de les remplacer tous, cela « entraînerait une dépense considérable ». Neary écrit, vraisemblablement après une discussion avec Phelan, qu'on lui fait savoir « que si les enfants s'entraînent à utiliser cet escalier, ils s'y habitueront ». Il propose, avant que le gouvernement autorise le remplacement des poteaux, que l'agent des Indiens de la région en discute avec le directeur afin de savoir « quel avis précis il a sur l'escalier de secours à poteau »[129]. Le problème dure depuis si longtemps maintenant qu'entre-temps, un nouveau directeur prend la relève à Fort Alexander. A l'instar de son prédécesseur, le père Ruest est « farouchement opposé aux sorties de secours munies d'un mât de descente, même si elles sont peut-être satisfaisantes pour les enfants plus grands, les plus jeunes ne les utiliseront pas à cause de la chute, celle-ci est si brutale qu'ils pourraient se casser les jambes »[130]. Pour sa défense, il faut au moins reconnaître que Neary a demandé conseil auprès de tiers. L'attaché de direction de la Dominion Fire Prevention Association, E. Scholfield, lui fait savoir que la sortie de secours de type poteau ne « convient pas aux buts visés avec le genre d'établissement que vous avez et je vous conseille vivement d'installer à l'avenir des escaliers d'évacuation homologués au besoin »[131].

Lorsqu'un inspecteur provincial visite le pensionnat au cours de l'été 1950, les mâts de descente sont toujours en place. L'inspecteur estime qu'ils ne sont pas « un moyen de sortie sûr »[132]. En novembre 1950, l'agent des Indiens, R. S. Davis, signale que le pensionnat « n'est toujours pas doté de sorties de secours appropriées ». Selon lui, tenter d'évacuer en hiver les dortoirs à l'étage supérieur par les poteaux aurait pour effet de coller les vêtements des enfants sur les poteaux gelés; « les pertes en vies humaines seraient considérables »[133]. En septembre 1952, Davis note que le problème n'est toujours pas réglé et ajoute : « Cette situation est très préoccupante et nous serions sévèrement critiqués si un incendie venait à se déclarer au pensionnat et que plusieurs enfants étaient blessés[134]. »

L'inertie qui prévaut à Fort Alexander conduit le commissaire aux incendies du gouvernement du Manitoba à faire savoir aux Affaires indiennes qu'il n'inspectera plus les bâtiments du gouvernement fédéral, « en raison du fait que nous ne pouvons compter sur aucune collaboration pour assurer la sécurité des personnes d'après les recommandations mises en œuvre en matière d'incendies »[135]. En juillet 1953, le gouvernement fédéral approuve un contrat visant l'installation de nouvelles sorties de secours dans l'établissement[136]. Ce n'est qu'en mai 1954 — soit neuf ans après qu'un inspecteur des Affaires indiennes réclame pour la première fois le remplacement des sorties de secours avec poteau — que Davis est en mesure de souligner que les mâts de descente ont été démontés et remplacés par des marches en acier et une rampe[137].

Cross Lake

Dans un rapport d'inspection publié en octobre 1949 concernant le pensionnat de Cross Lake, l'inspecteur déclare qu'« aucun des ordres prescrits n'a été exécuté ». Il précise que « les mâts de descente utilisés comme un autre moyen d'évacuation sont très peu satisfaisants et il serait fort étonnant que ces poteaux soient d'une quelconque utilité en cas d'urgence »[138]. L'agent des Indiens, R. S. Davis, effectue une inspection de suivi en décembre de cette année-là. Il conclut qu'il n'est pas nécessaire de remplacer les poteaux, tout en recommandant, cependant, l'installation d'un système d'alarme incendie[139]. En 1956, après avoir été avisé par le directeur de Cross Lake, G. E. Trudeau, que ce dernier ne saurait être tenu responsable d'une tragédie résultant du refus du gouvernement de régler les problèmes de la protection contre les incendies au pensionnat, les Affaires indiennes accordent finalement des contrats pour faire rénover le circuit électrique du pensionnat et installer de nouvelles sorties de secours[140]. Cette décision survient au moins sept ans après que des inspecteurs ont évoqué la nécessité d'y apporter des améliorations.

Edmonton

En 1946, un représentant des Affaires indiennes, J. H. Leyland, critique avec virulence les issues de secours de type poteau du pensionnat d'Edmonton. « Il est difficile d'imaginer des personnes et, de surcroît, de jeunes enfants, capables en cas d'incendie de s'échapper du bâtiment sains et saufs au moyen de ce type de sortie de secours. Cent trente enfants en tenue de nuit ne seront jamais en mesure, selon moi, d'évacuer les lieux par des moyens tels que ceux qui sont mis à leur disposition[141]. »

Non seulement les Affaires indiennes ne remplacent pas la sortie de secours mais la Division envisage aussi de supprimer le salaire du gardien de nuit, dont la tâche principale consiste à détecter les incendies. Scandalisé, le directeur E. J. Staley souligne que c'est uniquement la vigilance du gardien de nuit qui a empêché la propagation d'un incendie dans la buanderie l'année dernière. Rien n'est fait pour remédier aux défaillances détectées par l'inspecteur des incendies en 1946 : l'approvisionnement en eau est « inutile » tandis que les sorties de secours sont « vétustes et inefficaces ». Staley soutient que le gouvernement doit « moderniser ces lieux et permettre au personnel de dormir la nuit sans craindre que les enfants, placés sous leur responsabilité, puissent être retrouvés grillés au matin »[142]. Staley réussit à obtenir des Affaires indiennes qu'elles continuent de payer les services d'un gardien de nuit[143].

Les sorties de secours de type poteau, néanmoins, demeurent en place. En 1953, un nouveau directeur, Findlay Barnes, les qualifie « de tubes métalliques supportés par une dalle de béton et par lesquels les enfants doivent descendre en glissant. Avec les années, le sol s'étant creusé, il ne leur reste plus à présent que du ciment ébréché pour toucher le sol. C'est pourquoi nous n'avons pas été en mesure de pratiquer un exercice d'évacuation depuis les dortoirs comme nous aurions aimé le faire »[144]. Plutôt que de remplacer les sorties de secours, le gouvernement choisit de niveler le sol à leur base[145]. En novembre 1953, le commissaire aux incendies de l'Alberta, A. E. Bridges, menace de promulguer un décret visant la protection contre l'incendie à moins que l'établissement remédie aux anomalies constatées au niveau de l'alarme et des sorties de secours du bâtiment, et qu'il élimine un certain nombre de risques d'incendie. Il semble que le directeur Barnes ait demandé l'inspection provinciale en vue d'exercer plus de pression sur le gouvernement fédéral pour qu'il règle la question de la sortie de secours[146]. Les nouvelles sorties de secours sont en cours d'installation en septembre 1954 — soit six ans après qu'un inspecteur a qualifié les sorties de secours précédentes comme étant « vétustes et inefficaces »[147].

La sortie de secours de type poteau connaît une longévité extraordinaire. En 1966, un inspecteur des incendies recommande le remplacement de la sortie de secours du côté ouest du pensionnat catholique de Kenora[148]. Une inspection datant de 1968 conclut qu'elle est inadéquate, compte tenu du nombre élevé de pensionnaires dans les dortoirs. Son remplacement est décrit comme une question à traiter d'urgence[149]. Le registre n'indique pas clairement si le poteau a été remplacé. Cependant, le fait que le Commissariat fédéral des incendies recommande des « changements dans le dispositif de sorties de secours » est mentionné par le représentant des Affaires indiennes, W. McKim, comme l'une des raisons qui a décidé le Ministère de fermer le pensionnat en 1972[150].

Issues de secours verrouillées : 1940–1997

Pendant que le gouvernement fédéral met des vies en danger à cause de sa réticence à financer des sorties de secours adéquates, de nombreux directeurs mettent les élèves encore plus en péril en les enfermant dans leur dortoir. Cette pratique est interdite dès 1932, lorsqu'un représentant des Affaires indiennes, Russell T. Ferrier, ordonne aux directeurs que les sorties de secours soient « praticables, maintenues en bon état, dégagées de la neige ou de la glace et que soient déverrouillées les issues de secours pour permettre aux élèves de les ouvrir »[151]. Les mêmes instructions sont données en février 1938 et en février 1942[152].

Les registres du système des pensionnats mentionnent de nombreux rapports rendant compte de sorties de secours verrouillées. À la suite d'une inspection effectuée en septembre 1940 du pensionnat presbytérien au Nord-Ouest de l'Ontario, le chef de service d'incendie de Kenora recommande que « l'ancien système consistant à verrouiller les portes soit abandonné »[153].

Dans le rapport d'une inspection effectuée en 1945 au pensionnat de Birtle, au Manitoba, on signale, dans un cas, que la sortie de secours est accessible par une chambre privée dont la porte est fermée à clé. En outre, la porte de la chambre donnant sur la sortie de secours proprement dite est elle aussi fermée à clé[154]. Le directeur de Morley, en Alberta, E. J. Staley confie à l'agent des Indiens J. N. R. Iredale en 1946 que même s'il est au courant de la politique des Affaires indiennes, il continue de verrouiller les portes des sorties de secours pour « protéger la moralité des enfants ». Il ajoute que s'il était obligé de laisser les portes déverrouillées, il lui faudrait installer une alarme qui retentirait à l'ouverture des portes. Ireland lui demande de lui fournir des précisions sur le type d'alarme dont il a besoin[155]. Une inspection effectuée en 1947 permet de constater que les portes de la sortie de secours sont fermées à clé au pensionnat d'Alert Bay, en Colombie-Britannique (bien que la clé soit accrochée près des portes). Un représentant des Affaires indiennes recommande que le pensionnat installe un avertisseur qui alertera le personnel si quelqu'un ouvre la sortie de secours et laisse les portes ouvertes[156]. Une inspection effectuée en mars 1948 au pensionnat de Chapleau, en Ontario, révèle que

> du côté des garçons la porte de la sortie de secours est verrouillée, cette issue fait suite au dortoir des jeunes garçons, les plus vieux dorment du côté de la façade du bâtiment et doivent passer par le haut de l'escalier qui est l'endroit même où réside le danger en cas d'incendie, mais la porte de leur dortoir est verrouillée aussi la nuit, ce qui signifie qu'il leur faudrait ouvrir les deux portes avant même d'atteindre la sortie de secours.

L'inspecteur souligne que même si d'autres sorties de secours venaient renforcer la sécurité, « elles ne serviraient à rien sauf si l'idée de fermer les portes à clé la nuit est abandonnée, mais le personnel semble réticent à agir en ce sens »[157].

Des problèmes de conformité surviennent à répétition tout au long des années 1950. En 1952, notamment, des problèmes sont relevés dans trois établissements. Au pensionnat de Fort Frances, en Ontario, un inspecteur signale que la porte d'une sortie de secours est fermée et n'est pas munie de ce que l'on appelle une « serrure antipanique » de façon à ce que la porte puisse s'ouvrir en situation d'urgence. Bien que le directeur ait assuré à l'inspecteur que la porte était restée déverrouillée la nuit, le représentant des Affaires indiennes, Philip Phelan, informe le directeur que « le Ministère ne souhaite pas que la porte de la sortie de secours soit fermée à clé »[158]. Une inspection de prévention des incendies au pensionnat de Grayson, en Saskatchewan, révèle que la porte de secours du dortoir des filles est verrouillée. Le rapport poursuit : « La situation est la même dans le dortoir des garçons, sauf qu'il est impossible d'ouvrir la porte de la sortie de secours — une partie du loquet est manquante[159]. » Le directeur, J. Lemire, promet de garder les portes déverrouillées. Toutefois, il ajoute : « Pour la sécurité des enfants, ces sorties de secours ne me convainquent pas beaucoup, surtout pendant l'hiver, comme vous le savez elles sont condamnées et devaient être remplacées depuis longtemps[160]. » Une inspection effectuée en 1952 au pensionnat de Beauval, en Saskatchewan, conclut que « le système d'alarme incendie et les moyens d'évacuation des enfants en cas d'incendie ont été malheureusement trop négligés. Il y a trop peu d'extincteurs et, au pensionnat, personne ne sait à quand remonte la dernière vérification ». Lorsque l'inspecteur demande d'organiser un exercice d'évacuation, le personnel découvre, pour la première fois, qu'il n'y a pas de commutateur central pour l'alarme. Les portes de la sortie de secours s'ouvrent de l'intérieur et sont bloquées[161]. La pratique consistant à fermer les portes de la sortie de secours à clé au pensionnat de Beauval s'est poursuivie apparemment. En janvier 1956, le représentant des Affaires indiennes, J. R. Bell déclare qu'il « ne savait pas que la porte coupe-feu était condamnée ». Il ajoute que le problème a été résolu[162].

Au pensionnat de Portage la Prairie, au Manitoba, les élèves se plaignent en 1949 que les portes du dortoir demeurent toujours verrouillées[163]. Six ans plus tard, un rapport d'inspection sur l'établissement signale : « Les portes de sortie des balcons ne doivent pas être fermées à clé », ce qui révèle que la sécurité n'a pas été améliorée, et ce, malgré les inquiétudes des élèves[164]. Une inspection effectuée en 1960 au pensionnat d'Alberni, en Colombie-Britannique, révèle que « le nombre insuffisant de sorties de secours et la division du bâtiment, qui s'effectue par le verrouillage des portes séparant les sections des filles et des garçons, laissent seulement un moyen de sortie à chaque extrémité du bâtiment »[165].

À partir des années 1960, les rapports sur le verrouillage des portes de secours sont moins fréquents, mais la pratique perdure. Un rapport d'inspection de 1961 révèle que l'une des portes de sortie du pensionnat d'Alert Bay, en Colombie-Britannique, est cadenassée[166]. En octobre 1962, le Commissariat fédéral des incendies effectue une inspection au pensionnat d'Assiniboia, à Winnipeg. Celle-ci est réalisée à la demande du service d'incendie de Winnipeg, lequel estime que ses rapports défavorables à l'endroit de l'établissement ne reçoivent pas toute l'attention qu'ils méritent[167]. L'inspection fédérale conclut que l'encoffrement d'un escalier n'a pas été effectuée de manière satisfaisante, que le type de sortie de secours recommandé pour le dortoir du deuxième étage et la chapelle du premier étage n'est pas installé, et que les dortoirs sont surpeuplés. Bien que les cadenas aient été enlevés des portes de sortie, les loquets utilisés pour fermer les dortoirs la nuit sont toujours en place. En fait, des loquets ont été posés sur d'autres portes de sortie[168].

Une inspection effectuée en 1964 au pensionnat de Fraser Lake, en Colombie-Britannique, conclut que la protection contre l'incendie « laisse à désirer dans l'ensemble, faute de corps de sapeurs-pompiers privé ou municipal à une distance raisonnable ». Les dortoirs surpeuplés sont « dangereux en cas d'incendie ». Il est aussi recommandé que la pratique consistant à verrouiller les portes entre les dortoirs soit abandonnée, puisqu'elles « sont un moyen de sortie »[169]. L'année suivante, on constate que les portes de sortie du pensionnat de Kamloops, en Colombie-Britannique, sont « bloquées, voire cadenassées dans certains cas »[170]. En 1966, la sortie de secours du pensionnat catholique de Kenora est munie d'un verrou d'alarme complexe qui peut être seulement ouvert une fois que les instructions spécifiques attachées au verrou sont lues[171].

Une inspection effectuée au pensionnat de Birtle en 1968 fait le rappel suivant : « Les portes de secours ne doivent jamais être verrouillées[172]. » La même année, E. R. Daniels des Affaires indiennes signale qu'il est « stupéfait et effrayé » de ce qu'il a vu lors des tournées d'inspection. Il tire les conclusions suivantes :

1) Le matériel de lutte contre l'incendie ne fonctionne pas.

2) Les sorties de secours des dortoirs sont verrouillées.

3) Les portes étanches à la fumée comportent des crochets et des œillets.

4) Aucun plan n'est affiché pour les exercices d'évacuation en cas d'incendie[173].

En 1970, le chef de la Division du génie des Affaires indiennes des Prairies envoie le télex suivant à la direction générale.

> UNE INSPECTION EFFECTUÉE PAR MEMBRE DE CE BUREAU LE 25 NOV A RÉVÉLÉ QUE LES SORTIES DE SECOURS AU NIVEAU DU SOL DE CHAQUE EXTRÉMITÉ DES ESCALIERS DE LA RÉSIDENCE DES ÉLÈVES DE BRANDON SONT VERROUILLÉES EN POSITION FERMÉE PAR DE LOURDES CHAÎNES ET DES CADENAS.
>
> MÉCANICIEN DE MACHINES FIXES PRÉVENU MAIS AUCUNE PROCÉDURE
>
> SUGGÈRE DE PRENDRE MESURES IMMÉDIATES POUR S'ASSURER QUE CES SORTIES DE SECOURS MUNIES DE SERRURES ANTIPANIQUE SONT DÉVERROUILLÉES
>
> SÉCURITÉ DES ENFANTS CERTAINEMENT COMPROMISE DANS LES CIRCONSTANCES ACTUELLES DU FAIT DU VERROUILLAGE[174].

Une inspection effectuée en 1973 au pensionnat de Qu'Appelle, en Saskatchewan, révèle que, comme dans les années précédentes, des problèmes sont signalés à propos des « sorties de secours, butoirs de porte, verrous, etc. » L'inspecteur écrit :

> Il semble que pour arriver à exercer la surveillance jugée nécessaire auprès des élèves, les consignes d'incendie du CFI [Commissaire fédéral des incendies] soient contournées d'une manière ou d'une autre. Pour renforcer cette notion de surveillance, ce bâtiment dispose d'un panneau de commande de passe-partout et de plusieurs panneaux secondaires qui sont tous eux-mêmes sous clé. Pour se déplacer dans ce bâtiment, un nombre incalculable de clés doit être utilisé[175].

Les recommandations suivantes sont prescrites après une inspection effectuée en décembre 1975 au pensionnat d'Hobbema, en Alberta :

1) Enlever les verrous encastrés de toutes les portes des escaliers et des portes étanches à la fumée.

2) Enlever le verrou de la porte de sortie de l'extrémité nord-est vers l'extérieur.

3) Enlever tous les butoirs muraux sur les portes étanches à la fumée.

4) Changer les ampoules grillées de l'éclairage des portes de secours au besoin[176].

Toutes les améliorations qui auraient pu être faites n'ont pas duré longtemps. Six ans plus tard, en mars 1981, les Affaires indiennes informent le directeur du pensionnat d'Hobbema que la pratique visant à verrouiller les portes de sortie au moyen « de chaînes, de cadenas, de cordes, etc. » est « tout à fait contraire aux règlements » et qu'elle doit « cesser immédiatement »[177]. Le directeur L. Johnson assure aux Affaires indiennes qu'il ne « cautionnerait aucune pratique qui irait à l'encontre de pratiques reconnues en matière de sécurité »[178].

Le problème se pose également dans les résidences du Nord canadien. En 1976, Harry Mayne, le superviseur des services aux élèves du ministère de l'Éducation des Territoires du Nord-Ouest envoie un télex soulignant que la pratique visant à verrouiller et à enchaîner les portes coupe-feu à la résidence de Fleming Hall à Fort McPherson doit cesser immédiatement[179].

La violation continuelle d'une politique gouvernementale claire et souvent répétée traduit le refus du gouvernement fédéral d'appliquer ses propres règlements. Les Églises se sentent obligées d'enfermer les élèves dans les dortoirs, ce qui témoigne de la mesure à laquelle le système repose sur la contrainte pour fonctionner. Les fugues, comme nous l'avons souligné ailleurs dans ce rapport, demeurent un problème persistant. Les Affaires indiennes peuvent aussi bien critiquer un directeur confronté à de trop nombreuses fugues que critiquer un directeur qui enferme ses élèves.

Les directeurs ne sont également pas à l'abri de la critique si une élève tombe enceinte. Par conséquent, les directeurs mettent la vie de leurs élèves en danger dans un souci de contrôler des interactions sociales indésirables. Dans son autobiographie retraçant l'époque où elle était infirmière au pensionnat presbytérien de Kenora dans les années 1950, Kay Blake (autrefois Kathleen Stewart) raconte comment deux garçons d'un autre pensionnat utilisaient un escalier de secours de type à glissière, nouvellement installé, pour accéder au dortoir des filles. Le directeur — dont elle tait le nom — avait adopté face à ce problème une solution dangereuse et plutôt inhabituelle. « Notre directeur a sorti son 303 et a attendu. Il y avait un massif triangulaire de thuyas près de la sortie de secours où les garçons se cachaient. Quelques coups de feu bien sentis à ras du crâne et ils ont déguerpi sans demander leur reste. On a interdit au directeur de recommencer, mais jamais plus nous n'avons eu ce genre de visite[180]. »

Incendies allumés par des élèves : 1940-1997

La nature punitive du système contribue à nourrir chez les élèves le sentiment qui induit chez eux l'une des réactions les plus dangereuses à l'égard des pensionnats : les tentatives délibérées d'incendier les établissements. À propos du risque d'incendie auquel s'expose le vieillissant pensionnat délabré de St. Alban à Prince Albert, en Saskatchewan, en 1946, l'agent des Indiens J. P. B. Ostrander commente : « Plus d'un incendie désastreux ciblant les pensionnats est causé par les élèves eux-mêmes pour tenter de partir du pensionnat qu'ils n'aiment pas et de retrouver leur liberté. Le nombre de fugues dans cet établissement exprime sans contredit beaucoup d'insatisfaction[181]. »

Ce pensionnat suscite un très grand mécontentement parmi les élèves. Il y a plusieurs cas présumés et prouvés, surtout dans les années 1940, où des élèves mettent le feu à leur école.

L'inspecteur G. H. Barry écrit en 1941 que, selon lui, l'incendie qui a détruit un bâtiment comprenant des salles de classe au pensionnat d'Alberni, en Colombie-Britannique, n'est pas un accident et que d'autres bâtiments pourraient bien subir le même sort « jusqu'à ce que les Autochtones de la région perçoivent les choses autrement ». Barry signale aussi qu'il aurait été possible de sauvegarder le bâtiment si les recommandations préconisées plus tôt au sujet d'améliorations à apporter au matériel de lutte contre l'incendie du pensionnat avaient été mises en œuvre[182]. Le directeur d'Alberni mentionne que, même si rien n'indique qu'un « Autochtone a mis le feu, » des personnes parmi les Premières Nations de la région « manifestaient vraiment leur désaccord vis-à-vis du pensionnat »[183].

À la suite d'une enquête policière sur l'incendie de 1942 qui a détruit deux salles de classe au pensionnat de File Hills, en Saskatchewan, trois jeunes garçons sont arrêtés[184]. L'agent des Indiens de la région, M. Christianson, pense qu'ils ont agi à la demande de garçons plus âgés. Selon lui, ces élèves doivent être libérés avant qu'ils « commettent une faute ». Il croit aussi que les membres masculins du personnel du pensionnat sont tous « des poules mouillées, » ne sachant pas s'y prendre avec les garçons plus grands[185]. Cinq élèves sont reconnus coupables pour leur rôle dans l'incendie. Un garçon de 12 ans est condamné à purger une peine de trois mois à l'école industrielle de Regina (une maison de correction du gouvernement provincial). Deux garçons âgés de 15 ans sont condamnés à passer trois ans et demi dans cette même école. À la fin de leur peine, ils sont transférés au pensionnat de Brandon, au Manitoba. Deux garçons âgés de 16 ans sont condamnés à un an de prison à Moosomin, en Saskatchewan. Les parents des deux jeunes de 15 ans engagent un avocat pour représenter leurs fils respectifs; aucun avocat n'assure la défense des autres garçons. Selon l'agent des Indiens Christianson :

> Lors de l'enquête et du procès, il est révélé que les cinq accusés ne sont pas moins bons que les autres garçons du pensionnat, car tout le monde savait la nuit précédente qu'un incendie se préparait, apparemment, à l'exception du personnel. Je dois dire que les garçons qui sont réprimandés semblent très gentils et ceci est confirmé par le directeur de l'école industrielle de Regina[186].

Une enquête effectuée en 1947 par la Gendarmerie royale au sujet de l'incendie survenu au pensionnat de Lac la Ronge, en Saskatchewan, conclut que deux garçons de 12 ans ont mis le feu. L'agent des Indiens J. P. B. Ostrander recommande de ne pas engager de poursuites, précisant que si les garçons sont condamnés à purger une peine à l'école industrielle de Regina, ils se retrouveront parmi des « garçons blancs incorrigibles ». Selon lui, les poursuites feraient également d'eux des héros. De même, les représentants du ministère de la Justice de la Saskatchewan s'opposent aux poursuites. Les responsables de l'Église, cependant, demandent que des poursuites soient engagées, tout comme R. A. Hoey, alors directeur des Affaires indiennes[187]. Un garçon est poursuivi et condamné à une peine d'emprisonnement d'une durée indéterminée le 29 octobre 1947. Il est d'abord envoyé à l'école industrielle de Regina. Là-bas, on découvre qu'il est atteint de tuberculose et est admis à l'hôpital indien de Qu'Appelle. Il est renvoyé dans sa communauté d'origine le 23 février 1948[188]. Au cours de l'automne 1948, les Affaires indiennes envisagent d'envoyer le même garçon au pensionnat de Gordon, en Saskatchewan. Ostrander s'oppose à la recommandation, précisant qu'il serait préférable de le confier à la garde de son père[189]. Les accusations portées contre l'autre garçon sont abandonnées le 19 juillet 1948[190].

Deux garçons sont soupçonnés d'avoir causé l'incendie qui a détruit le pensionnat de Delmas, en Saskatchewan, en 1948; toutefois l'enquête policière ne peut arriver à une conclusion définitive[191]. Selon les déclarations d'un élève, publiées en 1993, le feu a été allumé par quatre garçons qui ont averti tous les autres garçons. Les filles n'ont pas été avisées, car le « dortoir des filles est de l'autre côté et elles avaient donc amplement le temps de sortir »[192].

Une fille de 12 ans reconnaît avoir mis le feu dans un dortoir du pensionnat de Pine Creek, au Manitoba, en 1951, dans l'espoir que si l'école brûlait, elle serait renvoyée à la maison[193]. L'incendie est rapidement circonscrit[194]. Après une comparution devant un tribunal de la jeunesse, elle est mise en détention provisoire pour une durée indéterminée, puis transférée au pensionnat de Qu'Appelle, en Saskatchewan[195].

Le représentant des Affaires indiennes, J. R. Bell, pense que l'incendie de 1956 survenu dans la réserve de bois du pensionnat de Beauval, en Saskatchewan, a été allumé délibérément. Certains des garçons plus âgés révèlent à Bell que « quelqu'un a mis le feu au pensionnat, mais qu'ils ne donneront ni ne peuvent donner aucun nom »[196]. Dix ans plus tard dans le même établissement, deux garçons de 13 ans sont pris en flagrant délit alors qu'ils tentent de mettre le feu au bâtiment. Ils sont aperçus avant que l'incendie devienne incontrôlable et que des dommages importants soient causés. Le directeur J. Bourbonnais décrit les garçons comme étant « loin d'être brillants ». Il note que si le feu avait brûlé encore pendant cinq minutes, l'établissement aurait pu être détruit, puisque « le réseau d'alimentation en eau, qui était censé être changé et amélioré deux ans auparavant, n'était toujours pas réparé »[197]. Le représentant des Affaires indiennes, W. Karashowsky, écrit que puisque manifestement les garçons ne sont « pas heureux dans un pensionnat », ils pourraient être admis dans un externat près de leur communauté d'origine[198].

Le directeur du pensionnat catholique de Kamsack, en Saskatchewan, E. Turenne, déclare que des élèves essaient de mettre le feu à l'établissement deux jours de suite au printemps de l'année 1968. Un jour, trois filles mettent le feu à une boîte de carton dans leur dortoir. Deux d'entre elles vont ensuite se coucher, pendant que la troisième appelle la surveillante. Le directeur précise que l'une des enfants qui a mis le feu est « très profondément perturbée ». L'incendie est rapidement circonscrit et ne cause pas de dommages. Le lendemain, une fille met le feu à un drap dans la buanderie. Lorsqu'elle est interrogée par le directeur, elle est « assez confuse, » confiant qu'elle ne « sait pas pourquoi elle a mis le feu ». Dans ce cas également, l'incendie est rapidement maîtrisé[199].

En 1977, le pensionnat de Qu'Appelle est la cible d'une série d'incendies. Un feu se déclare dans le dortoir des jeunes garçons en mars 1977[200]. Un mois plus tard, un incendie prend naissance dans la salle de jeux des filles plus âgées[201]. La poubelle prend feu dans le pensionnat en mai de cette même année et un incendie se déclare dans le vestiaire des filles plus jeunes en juin[202]. En septembre, un membre du personnel signale avoir entendu la conversation de quelques garçons qui disaient « qu'ils souhaitaient que le pensionnat brûle pour qu'ils puissent aller dans une école différente ». Plus tard ce jour-là, elle trouve des indices prouvant qu'on a bien essayé de mettre le feu dans le vestiaire des garçons[203]. En avril 1978, un groupe de filles met le feu aux rideaux dans le dortoir des filles plus âgées du pensionnat. Selon un rapport d'incident, le personnel a parlé avec « toutes les filles impliquées »[204]. Il ne semble pas que les élèves aient été poursuivies pour ces actes.

Il y a également des cas où des élèves ou des membres du personnel mettent le feu accidentellement. Les étincelles d'une torche dont se sert le personnel d'entretien lors d'une réparation provoquent un incendie dans la salle des machines du pensionnat de Sturgeon Landing, en Saskatchewan, en 1952. Le feu se propage rapidement et anéantit l'établissement[205]. En janvier 1967, un feu se déclare une nuit dans la chambre d'un membre du personnel au Churchill Vocational Centre. Le feu est maîtrisé sans qu'il ne cause de perte en vies humaines ni de blessures[206]. Trois garçons fumant dans leur chambre à la résidence de Gordon, en Saskatchewan, enflamment un papier dans une poubelle en 1986. Pour cet acte, ils sont confinés « à leur lit sauf pour prendre les repas et pour exécuter d'autres tâches »[207].

L'application de la réglementation en matière d'incendies accélère la fermeture des pensionnats : du milieu des années 1950 aux années 1970

Durant la plus grande partie de leur histoire, les pensionnats canadiens échappent à la réglementation en matière d'incendies en vigueur. En vertu de la Constitution, les gouvernements provinciaux ont la responsabilité d'établir et d'appliquer les codes du bâtiment; toutefois, avant les années 1970, ils délèguent cette responsabilité aux municipalités. Il s'ensuit une multiplicité de codes contradictoires — ou, dans certains cas, une absence totale de réglementation. Bon nombre de pensionnats sont situés dans des régions éloignées, rurales et nordiques et n'ont pas d'administration municipale, de code du bâtiment ou d'inspecteurs des incendies. En 1941, le Conseil national de recherches (CNR) publie un Code national du bâtiment. Il faut attendre 1963 pour que le CNR élabore un Code national de prévention des incendies complémentaire. Aucun de ces codes n'a de statut juridique. Ils sont plutôt destinés à servir de modèle pour les codes du bâtiment des municipalités. Ce n'est que par un processus lent et irrégulier que les municipalités adoptent ces codes. En 1973, huit provinces prennent la responsabilité de se dissocier des municipalités, en mettant en place des règlements à l'échelle de la province basés sur le Code national du bâtiment[208].

Bien qu'ils n'aient pas force de loi, les codes fédéraux servent de fondement pour évaluer les conditions de vie dans les pensionnats et faire des recommandations en vue d'apporter des améliorations. À la fin des années 1950, le Commissariat fédéral des incendies, un organe du gouvernement fédéral, examine tous les plans préliminaires des bâtiments conçus par le ministère des Travaux publics et approuve les dessins d'exécution définitifs[209]. En 1957, les Affaires indiennes recommandent que les plans d'un bâtiment regroupant des salles de classe au pensionnat de Mission, en Colombie-Britannique, ne s'appuient pas sur les plans du dortoir construit pour le pensionnat d'Hobbema, en Alberta. Puisque le pensionnat de Mission sera situé en périphérie du Grand Vancouver, il est apparu qu'« une construction résistante au feu serait plus adaptée »[210]. Cela donne à penser que le dortoir d'Hobbema n'est pas construit à partir de techniques ignifuges.

Durant les années 1950 et 1960, les commissaires aux incendies fédéraux et provinciaux commencent à accorder davantage d'attention aux pensionnats. Non sans surprise, ils les qualifient de nids à feu surpeuplés. La recommandation habituelle concerne l'installation coûteuse de réseaux d'extincteurs automatiques. En 1950, notamment, le commissaire aux incendies de la Nouvelle-Écosse recommande qu'un système de gicleurs soit installé dans le pensionnat de Shubenacadie[211]. Le représentant des Affaires indiennes, Philip Phelan, rejette la recommandation du commissaire aux incendies, déclarant au directeur du pensionnat que les Affaires indiennes n'ont installé de gicleurs dans aucun de leurs pensionnats[212]. À ce moment-là, le gouvernement fédéral est résolu à fermer le réseau et cherche habituellement à gagner du temps. Dans bien des cas, les pensionnats sont autorisés à poursuivre leurs activités s'ils installent des détecteurs de fumée et de chaleur et réduisent leur effectif. Ces compromis reposent aussi sur une entente selon laquelle l'établissement fermerait dans quelques années.

Une inspection du pensionnat de North Vancouver, en Colombie-Britannique, (parfois appelé le « pensionnat de Squamish »), effectuée en 1958, conclut que l'établissement est « surpeuplé » et présente un « risque d'incendie ». Le chef d'évacuation de North Vancouver, A. H. Abbott, estime que si le pensionnat est la proie des flammes la nuit, au moins la moitié des élèves périra[213]. Le commissaire aux incendies de la Colombie-Britannique condamne le bâtiment et ordonne sa fermeture avant le début de l'année scolaire 1958–1959. Les Affaires indiennes obtiennent un sursis d'un an pour le pensionnat en convenant de réduire l'effectif et d'embaucher un veilleur de nuit. À la fin de l'année, les élèves sont transférés dans de nouveaux externats ou dans un nouveau bâtiment en construction à Mission[214]. La bande de Squamish n'appuie pas la fermeture du pensionnat ni la réduction de l'effectif à 50 pensionnaires. En réponse, les Affaires indiennes revoient à la baisse la réduction du nombre d'élèves proposée[215].

Les risques que court le gouvernement sont mis en évidence lorsqu'un incendie détruit un hôpital de la mission catholique à Alexis Creek, en Colombie-Britannique, situé sur la réserve d'Anahim. Douze enfants des Premières Nations, dont onze sont âgés de moins de cinq ans, meurent dans le brasier, lequel dévaste rapidement le bâtiment à deux étages à ossature de bois. Un seul enfant est sauvé. Le douzième enfant à mourir est un garçon de neuf ans, Marvin Char, un élève du pensionnat de Williams Lake. Marvin et deux de ses frères et sœurs se trouvaient à l'hôpital pour y recevoir des soins à la suite d'un accident de la route[216].

Pendant qu'un nouvel établissement est en cours de construction à Mission, les Oblats craignent que le commissaire aux incendies n'autorise pas l'utilisation des anciens bâtiments jusqu'à la mise en service des nouveaux[217]. Le pensionnat de Christie, en Colombie-Britannique, doit faire l'objet d'importantes rénovations pour donner suite aux recommandations du commissaire aux incendies de la Colombie-Britannique lors d'une inspection effectuée en 1960. Les améliorations comprennent notamment le câblage, l'approvisionnement en eau d'extinction et les sorties de secours[218]. Malgré les améliorations apportées en 1963, un inspecteur fédéral des incendies juge, l'année suivante, que la protection contre l'incendie du pensionnat est « mauvaise ». Il fait une mise en garde : « Le feu se propagerait si rapidement dans le bâtiment principal que toute forme de protection exigeant l'intervention humaine serait de peu d'utilité. » Bien qu'il y ait un nombre suffisant de sorties de secours et d'escaliers, tous sont construits en bois et « pourraient bien devenir impraticables en cas d'incendie »[219].

Lorsque le commissaire aux incendies recommande l'installation d'un système de gicleurs au pensionnat de Christie en 1965, les Affaires indiennes veulent installer un appareil de détection d'incendie comme solution de rechange, affirmant encore que le bâtiment sera fermé « dans un délai raisonnable ». Le Commissariat fédéral des incendies rejette cette proposition, laissant alors le pensionnat devant la perspective d'avoir à réduire considérablement le nombre de ses inscriptions[220]. La résidence de Christie ferme ses portes en 1971[221]. Le gouvernement invoque les mêmes arguments au pensionnat de Sechelt, en Colombie-Britannique, où un inspecteur des incendies ordonne de nouveau l'installation d'un système de gicleurs en 1965. Comme le gouvernement affirme que l'établissement fermera dans les cinq ans, le commissaire fédéral des incendies renonce à exiger l'installation du système d'extincteurs à condition qu'un appareil de détection soit installé[222]. L'établissement est toujours en activité en 1973, soit trois ans après la fermeture promise. Un rapport d'inspection à partir de cette année-là note que l'établissement ne s'est « pas vu accorder la protection de gicleurs et qu'un incendie d'envergure se propagerait rapidement »[223].

Selon une inspection effectuée en 1964, le pensionnat de Fraser Lake, en Colombie-Britannique, est surpeuplé, disposant de certains dortoirs dont la superficie est seulement de 2,78 mètres carrés (30 pieds carrés) par élève contre les 4,64 mètres carrés (50 pieds carrés) recommandés[224]. La même année, un rapport d'inspection sur le pensionnat de Kamloops, en Colombie-Britannique, signale que bien que la plupart des dortoirs du pensionnat satisfassent aux exigences minimales relatives à l'espace, les dortoirs du bâtiment principal sont « vraiment surpeuplés ». Le matériel de protection contre l'incendie est jugé insuffisant, du fait d'une « construction de mauvaise qualité réalisée à partir de matériaux extrêmement combustibles dans le bâtiment principal ». Il est recommandé d'installer un système de gicleurs et de diminuer ce surpeuplement[225]. Une inspection du pensionnat de Lytton, en Colombie-Britannique, tire pratiquement les mêmes conclusions[226]. Une inspection effectuée au pensionnat de Williams Lake en 1965 qualifie le matériel de protection contre l'incendie comme étant « tout à fait insuffisant ». Le bâtiment est « construit à partir de matériaux combustibles » et ne dispose pas de système de gicleurs. Le matériel de protection contre l'incendie en place est jugé être « mal entretenu »[227]. Une inspection de suivi menée au pensionnat de Kamloops en 1965 note peu d'amélioration. Le matériel de protection est décrit comme étant « peu satisfaisant ». Le système d'alarme est en « mauvais état, » et les extincteurs sont « vieux et cabossés »[228].

Des conditions similaires prévalent en Alberta. En 1959, le sous-commissaire des incendies de l'Alberta, W. D. MacKay, informe les Affaires indiennes que bien que le pensionnat de Fort Vermilion, en Alberta, ait de la place pour loger 103 élèves dans ses dortoirs, il recommande, en raison des « matériaux intérieurs extrêmement combustibles, des escaliers ouverts et de l'état général de ce bâtiment jugé dangereux, » que l'effectif soit limité à 50 pensionnaires. Cette initiative n'élimine pas les risques d'incendie, mais elle rend l'évacuation du bâtiment moins dangereuse[229]. Les responsables de l'Église catholique s'opposent à cette mesure; ils soutiennent que les pensionnats font cruellement défaut dans la région et que les exercices d'évacuation en cas d'incendie font la démonstration que l'établissement peut être rapidement évacué[230]. Après avoir étudié la demande des responsables catholiques visant à obtenir un plus grand nombre d'inscriptions, les Affaires indiennes, sur l'avis du commissaire aux incendies, restent convaincues que l'effectif doit être réduit à 50 élèves[231].

La même année, un inspecteur des incendies de l'Alberta publie un rapport accablant sur les pensionnats anglican et catholique de Brocket, en Alberta. Un représentant des Affaires indiennes, R. F. Battle, commente que « l'inspecteur n'a pas recommandé d'autres sorties de secours ou des réparations aux sorties en place. D'après ce rapport, il semble que peu importent les précautions qui sont prises, les bâtiments demeureront toujours des nids à feu »[232]. Pour cette raison, il est décidé de réduire l'effectif du pensionnat, une mesure à laquelle s'opposent les membres des Péigans du Conseil Père-Lacombe des Chevaliers de Colomb. Les Chevaliers soutiennent que le gouvernement tente de fermer subrepticement le pensionnat catholique, et ce, malgré les protestations des membres des Premières Nations de la région[233]. En janvier 1960, les Affaires indiennes décident de réduire l'effectif du pensionnat catholique en le faisant passer de 78 à 52. En outre, le ministre responsable des Affaires indiennes convient aussi de fermer les établissements tant catholiques qu'anglicans dès que d'autres établissements scolaires pourront être mis en service[234].

Le coût des améliorations recommandées pour la protection contre l'incendie accélère la fermeture d'un certain nombre de pensionnats. En 1963, le Commissariat fédéral des incendies recommande l'installation d'un système de gicleurs au pensionnat de Cluny, en Alberta. Les Affaires indiennes demandent une exemption au décret au motif que l'établissement fermera dans les cinq ans; la résidence ferme en effet ses portes en 1968[235]. Le directeur Adrian Charron s'oppose à la fermeture. En réponse à l'affirmation des Affaires indiennes, à savoir que le pensionnat ferme en raison des plaintes concernant les risques d'incendie, Charron rétorque, « Le risque est le même depuis 1911[236]. »

Lorsque le commissaire fédéral des incendies réclame 25 000 $ pour apporter des améliorations aux sorties de secours du pensionnat de Blue Quills, en Alberta, les Affaires indiennes demandent un sursis qui permettrait d'utiliser les sorties de secours en place deux ou trois années de plus[237]. Le Commissariat fédéral des incendies convient de reporter la fermeture, tout en exigeant que le vitrage des fenêtres de l'escalier soit rénové afin de limiter la propagation d'un éventuel incendie[238].

Une inspection effectuée en 1967 au pensionnat de Fort Vermilion, en Alberta, fait état d'un certain nombre de recommandations sur les améliorations à apporter. Toutefois, l'inspecteur conclut que « en raison de son âge et de la nature combustible des matériaux de construction, même un incendie mineur peut s'avérer dévastateur. La structure du bâtiment est également en mauvais état et l'inspecteur estime donc qu'il faudrait envisager sérieusement de mettre fin à ses activités »[239]. La résidence ferme ses portes à la fin de l'année scolaire 1967-1968[240]. En décembre 1968, le pensionnat de Joussard, en Alberta, nécessite des réparations évaluées à 125 000 $ pour le rendre conforme au Code de prévention des incendies. Plutôt, R. F. Davey, le directeur de l'éducation des Indiens, recommande que le pensionnat soit fermé à la fin du mois de juin 1969[241]. La résidence ferme ses portes à la fin de l'année scolaire 1968-1969[242]. Dans le cas du pensionnat d'Assumption, en Alberta, les Affaires indiennes estiment, en 1969, qu'elles peuvent éviter de dépenser 45 000 $ dans les réparations si elles ferment l'établissement à la fin de la prochaine année scolaire[243]. En 1970, le coût des réparations à prévoir au pensionnat grimpe à 120 000 $[244]. Sans qu'aucune réparation n'ait été effectuée, la résidence ferme ses portes seulement trois ans plus tard, en 1973[245]. En mars 1969, les Affaires indiennes font face à la perspective de dépenser 80 000 $ en travaux de réparation au pensionnat de Morley, en Alberta, afin de résoudre les problèmes qui ont été recensés par le commissaire fédéral des incendies[246]. Au lieu de cela, le bâtiment de la résidence ferme à la fin de juin de la même année[247].

Une inspection effectuée en 1965 au pensionnat catholique d'Onion Lake, en Saskatchewan, révèle que le Code national du bâtiment exige l'installation de gicleurs dans les bâtiments à ossature de bois. Cependant, comme le directeur prévoit la fermeture du bâtiment principal dans les cinq ans, l'installation d'un système d'alarme-incendie automatique est jugée acceptable[248]. En 1969, le commissaire fédéral des incendies réclame 55 000 $ pour réaliser des travaux au pensionnat d'Onion Lake[249]. Les Affaires indiennes proposent d'embaucher un autre veilleur de nuit au pensionnat plutôt que d'effectuer les travaux[250]. Le pensionnat d'Onion Lake ne ferme pas ses portes avant 1974, soit presque dix ans après avoir demandé l'installation de gicleurs. Au moment de sa fermeture, l'établissement est décrit comme représentant « un risque d'incendie »[251]. En février 1968, l'évaluation effectuée par le gouvernement fédéral au pensionnat catholique de Kamsack, en Saskatchewan, révèle, et ce, malgré l'investissement du gouvernement dans l'entretien du bâtiment, qu'il représente un « risque d'incendie et une menace potentielle pour la vie des enfants qui y demeurent encore »[252]. La résidence de Kamsack ferme l'année suivante[253].

En 1968, le Commissariat fédéral des incendies recommande une fois de plus que le pensionnat de Prince Albert, en Saskatchewan — lequel se trouve encore dans l'ancien camp militaire — entreprenne des travaux majeurs de rénovation ou installe un système de gicleurs. L'ingénieur des Affaires indiennes, W. G. Robinson, est d'avis que de « grosses sommes d'argent ne doivent pas être consacrées aux structures actuelles à cet endroit du fait de leur âge et de leur état »[254]. Le problème perdure jusque dans les années 1970. Les chefs de dix Premières Nations de la Saskatchewan signent une pétition en mai 1973 pour demander au gouvernement fédéral de terminer les travaux de rénovation au pensionnat de Prince Albert. En réponse à leur pétition, le commissaire fédéral des incendies condamne huit cabanes, logeant 192 enfants, parce qu'elles sont inhabitables[255]. Les Affaires indiennes espèrent que l'inspecteur des incendies permettra que les bâtiments demeurent en service lors de certains travaux de rénovation. Sinon, elles ont l'intention de loger des élèves dans « d'autres résidences et familles d'accueil, ou de les renvoyer chez eux »[256]. L'inspecteur des incendies convient que si des travaux sont effectués, les bâtiments peuvent être utilisés pour la prochaine année, étant attendu que « d'autres installations plus adaptées doivent être fournies pour loger les élèves l'année suivante »[257].

Dans les années 1960, des recommandations sont proposées en vue de doter de gicleurs les pensionnats de Sandy Bay, de Pine Creek et de Fort Alexander au Manitoba. En 1967, le commissaire fédéral des incendies, R. A. W. Switzer, après avoir reçu l'assurance que le pensionnat de Sandy Bay demeurerait en activité pendant seulement quatre autres années, convient qu'un système d'alarme incendie soit installé plutôt qu'un système de gicleurs[258]. L'année suivante, une recommandation visant à installer un système de gicleurs dans le pensionnat de Pine Creek est annulée, car la fermeture du pensionnat est prévue trois ans plus tard[259]. En 1967, l'installation d'un système de gicleurs est approuvée pour le pensionnat de Fort Alexander. Une inspection avant installation fait état de dortoirs qui montrent des signes de « surpeuplement dangereux »; les escaliers, la chaufferie et la chaudière sont en piètre état et la plomberie, rudimentaire. Il est recommandé de régler ces problèmes avant l'installation du système[260]. Le pensionnat de Pine Creek ferme en 1969 et les pensionnats de Sandy Bay et de Fort Alexander, en 1970[261].

En 1961, le directeur du pensionnat de McIntosh, en Ontario, exerce des pressions en faveur de l'installation d'escaliers résistants au feu. Il affirme que « les enfants ne disposent d'aucun moyen approprié pour sortir en cas d'incendie et tant de désastres tragiques causés par l'incendie se déroulent sous nos yeux ». L'établissement est toujours doté de sorties de secours de type poteau. Selon le directeur, J. Lemire, celles-ci sont « bien trop dangereuses pour que de jeunes bambins s'en servent »[262]. Quatre ans plus tard, un dortoir de l'établissement est la proie des flammes. Le bâtiment est évacué rapidement et en toute sécurité sans entraîner de pertes en vies humaines[263]. Lawrence Wanakamik est un élève du pensionnat.

> Des gens marchaient et couraient partout à l'intérieur, dans le dortoir. Et l'instant d'après, nous avons entendu les sœurs s'exclamer, « Au feu, il y a un feu! » Alors, tout le monde s'est levé et a commencé à se précipiter vers l'extérieur. Et il y avait un feu juste derrière nous là, où, où je suppose qu'il a commencé à prendre quelque part de notre côté, car il y avait juste un bâtiment en construction attenante au pensionnat à cet endroit à l'époque. Je suppose qu'il a dû prendre feu quelque part dans le ... Et nous sommes tous allés dans l'autre bâtiment, voir le feu, me sentant plutôt content, vous savez, à l'idée de penser qu'on allait me renvoyer à la maison. Mais, vous savez, deux jours après, on nous envoyait encore une fois à Fort Frances[264].

Après l'incendie, il est recommandé de ne pas reconstruire le dortoir. Les représentants des Affaires indiennes disent que l'emplacement est déjà petit et plein à craquer, qu'il manque d'espace pour des terrains de jeux et qu'il est difficile d'accès. Ils recommandent que le pensionnat demeure en activité simplement comme externat[265]. La résidence de McIntosh ferme en 1969[266].

En avril 1966, le pensionnat catholique de Kenora a un effectif de 110 élèves. Cependant, le commissaire aux incendies de la région conclut que l'effectif maximal du pensionnat doit s'élever à 88 élèves[267]. Une inspection effectuée par le gouvernement fédéral en novembre de la même année révèle que les dortoirs sont « surpeuplés selon les normes du Code national du bâtiment »[268]. Une inspection réalisée en 1971 recommande de doter le pensionnat d'un système de gicleurs[269]. Le coût prévu des réparations s'élève à un quart de million de dollars. Le directeur général du bureau régional de l'Ontario des Affaires indiennes, W. McKim, écrit qu'il ne serait pas justifié que les Affaires indiennes investissent « cette somme dans ce vieux bâtiment ». Puisque les tendances à la baisse de l'effectif ne justifient pas la construction d'un nouveau bâtiment, la fermeture du pensionnat est prévue en juin 1971[270].

En janvier 1968, les représentants de la Division de l'ingénierie et de la construction des Affaires indiennes s'opposent au projet visant à encloisonner les sorties de secours au pensionnat de Shingwauk à Sault Ste. Marie, en Ontario. Ils proposent plutôt un ensemble de travaux de rénovation, dont la construction d'une nouvelle sortie de secours. Le coût de cette proposition s'élève à 25 000 $[271]. Toutefois, le représentant des Affaires indiennes de la région affirme que le budget de l'organisme est trop limité pour financer de telles améliorations[272]. En janvier 1970, le coût prévu du remplacement des sorties de secours passe à 50 000 $[273]. La résidence de Shingwauk ferme ses portes six mois plus tard, à la fin de l'année scolaire 1969-1970[274]. Le registre ne précise pas si la question des sorties de secours a été réglée avant la fermeture de l'établissement.

Les dernières décennies : À partir de 1970

À partir des années 1970, lorsque le système des pensionnats se démantèle progressivement, le financement accordé pour la protection contre les incendies ne suit pas le même rythme que la dégradation continuelle à laquelle sont soumis les pensionnats. Le gouvernement et les Églises continuent de mettre du temps à mettre en œuvre les changements recommandés. Les établissements poursuivent leurs activités en infraction aux codes du bâtiment et de la prévention des incendies. Le matériel de prévention des incendies est souvent mal entretenu. Les pensionnats connaissant de longue date des problèmes de protection contre l'incendie, comme ceux de Prince Albert et de Beauval, en Saskatchewan, et de Fraser Lake et de Mission, en Colombie-Britannique, font toujours l'objet de rapports d'inspection accablants. La tragédie est évitée, mais le gouvernement continue de prendre de très grands risques.

Une inspection effectuée en décembre 1970 au pensionnat de Fort Chipewyan, en Alberta, cerne de nombreuses améliorations à apporter. La responsabilité de ces améliorations incombe à l'Église, propriétaire de l'établissement. Selon un rapport de mai 1974, aucune des améliorations importantes réclamées dans le rapport d'inspection de 1970 n'a été effectuée[275]. Une inspection effectuée en mai 1972 au pensionnat de Kamloops, en Colombie-Britannique, s'ouvre sur cette observation : « Aucune des principales exigences figurant dans l'inspection précédente, datée du 11 mars 1971, n'a été mise en œuvre ». Parmi les 16 points pour lesquels des mesures devaient être prises figure la nécessité de se doter d'un nouveau système d'alarme incendie dans la résidence principale et d'installer un système d'éclairage de secours dans la résidence annexe[276].

Une crise touchant la qualité de la construction sévit à l'externat fédéral de Fort George, au Québec, qui se trouve dans une partie de l'ancien pensionnat anglican. En mars 1975, C. A. Edwards, le président de l'Alliance de la fonction publique du Canada, à savoir le syndicat qui représente les employés du pensionnat, demande instamment au gouvernement fédéral de prendre des mesures pour améliorer l'état du pensionnat[277]. En mai 1975, une des résidences des enseignants de l'établissement est détruite par un incendie. Cet incident révèle, une fois de plus, l'insuffisance du matériel de prévention des incendies au pensionnat. Selon Michael Shiner, le président de la section locale de l'Alliance de la fonction publique du Canada, de l'établissement, « à cause d'une pression d'eau insuffisante, il a fallu près d'une demi-heure pour arriver à brancher un tuyau et intervenir sur le brasier »[278].

En 1975, une série de salles de classe préfabriquées et mobiles est installée au pensionnat de Prince Albert, en Saskatchewan. Elles sont montées sans permis de construire et ne respectent pas les normes de construction de Prince Albert. En outre, les salles de classe ne sont pas en conformité avec le Code national du bâtiment. Lorsqu'il est établi qu'avec certaines réparations, le bâtiment peut être rendu conforme, le chef des pompiers de Prince Albert convient que la « sécurité des personnes vivant sur les lieux est suffisante »[279]. En mars 1980, Sol Sanderson, le chef de la Federation of Saskatchewan Indian Nations, prévient que le bâtiment abritant les salles de classe du pensionnat de Prince Albert sera probablement fermé par le commissaire fédéral des incendies, à moins que soient entreprises d'importantes réparations. Selon Sanderson, il est probable qu'il faille envisager le remplacement du bâtiment[280].

En octobre 1977, l'agent de prévention des incendies, Peter McKenzie, signale que la résidence de Lestock, en Saskatchewan, est « considérablement surpeuplée ». Les lits sont si près les uns des autres qu'en cas d'incendie, « il ne fait aucun doute qu'une panique générale s'installerait, ce qui pourrait entraîner une perte en vies humaines ». Il ordonne que l'effectif soit réduit jusqu'à obtenir un espace de 4,64 mètres carrés (50 pieds carrés) par pensionnaire[281].

Le pensionnat de Fraser Lake, en Colombie-Britannique, fait l'objet d'une critique virulente en 1975[282]. La sécurité des sorties de secours du pensionnat, lesquelles sont recouvertes par le verglas l'hiver depuis au moins 1932, demeure un sujet de grande préoccupation[283]. L'inspecteur précise que « les structures de contreplaqué érigées au-dessus des escaliers de secours ont un vice de conception et se sont révélées inefficaces avec le temps ». Le pensionnat est sale, la « viabilité du système de gicleurs » est « suspecte, » et le matériel de lutte contre l'incendie est « dans un chaos total »[284].

À la suite d'une inspection effectuée en 1979 au bloc H de la résidence de l'ancien pensionnat catholique de Cardston, en Alberta, un inspecteur recommande que l'Administration de la Tribu des Gens-du-Sang cesse d'utiliser le bâtiment comme lieu d'enseignement. Parmi les problèmes recensés figurent le « nombre insuffisant de sorties de secours », l'« absence de protection des bâtiments contre l'incendie », un « système d'alarme incendie déficient » et la « distance du service d'incendie le plus proche »[285]. La résidence de Cardston ne ferme pas avant 1988[286].

Une inspection effectuée en avril 1980 au dortoir des garçons plus âgés du pensionnat de Qu'Appelle conclut que le bâtiment est « très vieux et que son état est inacceptable pour faire office de dortoir dans la situation actuelle, en grande partie parce qu'il n'est pas en conformité avec les exigences du Code national du bâtiment, du Code de prévention des incendies et du Code de sécurité des personnes ». Pour des raisons similaires, l'inspecteur conclut que le dortoir des filles plus âgées « ne devrait surtout pas être utilisé comme dortoir »[287]. Après l'inspection, il est décidé de remplacer la résidence des garçons (qui, d'après les estimations, a entre 75 et 80 ans)[288]. Les registres ne précisent pas ce qu'il est advenu du dortoir des filles.

Lorsqu'un dortoir du pensionnat du Portage la Prairie, au Manitoba, prend feu en 1974, on constate que l'alarme n'a pas retenti à la caserne de pompiers de Portage, où elle aurait dû sonner[289]. Les Affaires indiennes ont déboursé des fonds pour faire installer un nouveau système de protection contre l'incendie dans quatre pensionnats de la Colombie-Britannique en 1974. À sa grande consternation, un inspecteur constate qu'aucun des systèmes n'est convenablement installé, ce qui ne lui laisse « pas d'autre choix que celui de dénoncer ces travaux défectueux »[290]. Un incendie d'origine électrique survenu au pensionnat de Mission en 1980 n'est décelé qu'au moment où la fumée s'échappe du toit du bâtiment. Heureusement, le feu se déclare dans la journée lorsque les 122 enfants vivant au pensionnat sont en classe[291]. Une inspection du foyer scolaire de Christie situé à Tofino, en Colombie-Britannique, effectuée en 1981, révèle que tous les dortoirs ne sont pas munis de détecteurs de fumée, et que beaucoup de ceux-ci ne fonctionnent pas[292].

Des résidences du Nord canadien sont aussi frappées par de nombreux incendies graves à peu près durant la même période. Des incendies se déclarent dans la chaufferie du pensionnat de Carcross, au Yukon en 1966 et en 1968. Les deux incendies sont circonscrits sans causer de blessures ou de pertes en vies humaines[293]. Cambridge Bay, dans les Territoires du Nord-Ouest, est le lieu de trois incendies destructeurs. Le premier anéantit, en novembre 1957, un externat de la communauté fréquenté par des élèves vivant dans un foyer de la région[294]. En 1973, un incendie détruit plusieurs salles de classe dans le pensionnat[295]. En 1974, le foyer de la région est ravagé par les flammes[296]. Un grave incendie se déclare à la résidence catholique de Breynat Hall à

Fort Smith, dans les Territoires du Nord-Ouest, en octobre 1974[297]. Après l'incendie, on cesse alors d'utiliser le bâtiment comme foyer scolaire. Il devient plutôt un dortoir pour les élèves qui suivent un programme de formation des adultes[298]. En octobre 1977, un matelas prend feu dans un dortoir à la résidence d'Akaitcho Hall, à Yellowknife. Le feu est maîtrisé sans causer de dommages ou de pertes en vies humaines[299].

En novembre 1982, le Commissariat fédéral des incendies ordonne l'installation d'un système de gicleurs dans le pensionnat de Beauval, en Saskatchewan. Les Affaires indiennes contestent la nécessité d'un tel système, mais le Commissariat insiste sur le fait que le risque de pertes de vies humaines justifie l'acquisition de ce type de système[300]. Ce n'est qu'en juin 1984 que le gouvernement fédéral reçoit des soumissions relativement à l'installation du système. Le coût s'élève de 33 666 $[301]. Le registre ne précise pas si le système a été installé ou non, mais la résidence de Beauval poursuit ses activités jusqu'en 1995[302].

À la lumière des nombreuses failles recensées précédemment, il importe de reconnaître qu'à partir de 1940, notamment dans le Nord canadien, de nombreuses autres résidences scolaires ont été construites. Les bâtiments disposent d'un niveau de protection contre l'incendie plus élevé que dans les anciens. La Commission de vérité et réconciliation du Canada a été en mesure de déterminer le décès de quatre élèves seulement à la suite d'un incendie dans les pensionnats au cours de cette période, comparativement à 35 élèves au moins et à deux membres du personnel avant les années 1940. La diminution du nombre de décès peut s'expliquer en partie par ces améliorations. Toutefois, les problèmes cernés par R. A. Hoey en 1940 persistent au cours des 57 années suivantes. Quelques-uns des anciens pensionnats sont rénovés pour répondre « aux normes minimales de construction des édifices publics, notamment dans le cas des établissements à vocation éducative »[303]. Bon nombre de pensionnats sont décrits à maintes reprises comme représentant des risques d'incendie, des recommandations sur les améliorations à apporter sont ignorées et des pratiques dangereuses et interdites, comme le verrouillage des sorties de secours, se sont généralisées et implantées. C'est ainsi que, pour des raisons économiques, le gouvernement canadien a mis la vie des élèves et du personnel en danger pendant près de 60 ans.

CHAPITRE 39

Les fugueurs et les élèves absents sans autorisation : 1940–2000

Lorsque Sam Ross, originaire du Nord du Manitoba, est envoyé dans une école du sud de la province, l'école Birtle, à la fin des années 1950, on lui confie d'abord des travaux à l'étable. En novembre de sa première année, il déclare au directeur :

> « Je ne suis pas venu ici pour travailler avec des animaux » je lui ai dit, vous savez, « nous ne sommes pas habitués aux animaux ». Dans le Nord, les gens vivent du piégeage, de la pêche et de la forêt. Ils coupent le bois, le bois de chauffage, et le vendent. Ils ne s'occupent absolument pas des animaux de la ferme. Ça n'existe pas dans le Nord.

Ross a donc été transféré à la chaudière.

> Pendant trois semaines, un type m'a appris comment m'occuper de la chaudière. Et vous savez, je m'y suis habitué et j'ai vite appris comment faire. Mais c'était beaucoup de travail. Tous les vendredis ou samedis, j'allais chercher en tracteur à près d'un mile du charbon que je chargeais sur la remorque.

Il est devenu efficace dans son travail qu'il trouvait toutefois épuisant et a demandé à rentrer chez lui. Le directeur ayant refusé de le laisser partir, Ross, qui avait alors 18 ans, a décidé de s'enfuir. Il a repéré les trajets de train sur une carte du Manitoba et a commencé à mettre de côté de la nourriture et de l'argent. Sachant que le courrier était lu, il écrit à sa mère pour lui demander ce qui suit :

> [...] une bonne paire de gants et un foulard; deux paires de gants d'hiver épais et un foulard, ainsi que 10 dollars que je lui demande de placer dans le pouce du gant. Et puis, j'ai dû aller poster la lettre en ville parce que quand on donne la lettre, quand on met la lettre dans leur boîte pour la poster, ils lisent la lettre. Et si les gens de l'école n'aimaient pas ce qu'on écrivait aux parents, ils jetaient tout simplement la lettre.

Alors qu'il faisait ses préparatifs, on l'accuse de s'introduire dans le dortoir des filles. Il nie et s'en tire avec un avertissement. L'affrontement qu'il a avec le directeur l'incite à devancer son départ. Il s'enfuit la nuit même, en hiver. Il avait d'abord songé à sauter sur un train, lorsqu'il passerait par la ville la plus proche, pour se rendre compte ensuite qu'il passait dans la ville même. Il monte dans le train jusqu'à Minnedosa, au Manitoba, à environ 100 kilomètres. Il passe la nuit dans un coin de la gare, mais se réveille trop tard et manque le bus à destination de Le Pas, situé à 500 kilomètres en direction du nord. Il vend son portefeuille et son couteau, ce qui lui donne juste assez d'argent pour voyager jusqu'à la rivière Overflowing, à 100 kilomètres au sud de Le Pas.

En sortant du bus, il reconnaît des gens de sa collectivité, dont un certain Edward Lathlin. « Je ne l'ai pas oublié et je lui ai demandé, il m'a reconnu. "D'où viens-tu?" il me dit. Et je lui réponds : "Je me suis enfui, je me suis enfui de l'école et je n'ai plus assez d'argent pour aller jusque chez moi". »

Lathlin et ses amis lui donnent à manger et de l'argent pour rentrer chez lui. Après une nuit de repos, sa famille l'amène à l'agent des Indiens qui se met en colère en apprenant que le directeur ne l'avait pas avisé de sa fugue, ni les gens de sa famille d'ailleurs. Au lieu de le renvoyer à Birtle, l'agent l'envoie au pensionnat de Brandon. Beaucoup d'enfants parlaient en mal de cette école mais pour Ross « c'était bien mieux que là où j'étais. On nous a même enseigné à nous occuper de notre argent. Ils écrivaient les dépenses que l'on faisait sur une feuille de papier et nous montraient comment vivre[1]. »

Sam Ross a été l'un parmi plusieurs centaines d'élèves des pensionnats indiens ayant fui pendant cette période, qui va de 1940 à 1998. Son histoire ressemble à celle de bien d'autres. Il s'est enfui parce qu'il était surchargé de travail. Son voyage a été long et ardu, et il s'en est sorti grâce à l'appui de ses amis et de sa famille. D'autres n'ont pas eu cette chance. Dix-sept fugueurs sont morts et bien d'autres ont été gravement blessés. Affaires indiennes est bien au courant que les conditions de vie dans les écoles incitaient les élèves à s'enfuir. Le sous-financement des pensionnats aggrave la situation pendant cette période. De leur côté, les autorités savent bien les risques auxquels sont exposés les fugueurs, dont certains sont décédés en 1935, 1937 et 1939. En 1940, le gouvernement fédéral n'avait toujours pas mis en place de politiques nationales précises pour le signalement des fugueurs et des mesures pour assurer leur retour en toute sécurité. Étonnamment, il faudra attendre 1971 pour que des politiques nationales soient mises en place.

Les raisons pour lesquelles les enfants fuguent

En mai 1943, l'agent de police W. E. Needham explique dans un bref rapport les raisons pour lesquelles les enfants ne cessent de s'enfuir de Mount Elgin, près de London, en Ontario. En ramenant les enfants à l'école, il leur en demande les raisons. Les réponses qu'il reçoit sont laconiques : ils n'aiment pas l'école ou bien ils se sentent victimes d'injustice. À la suite de ses observations, Needham écrit : « La discipline est trop stricte, les enfants n'ont pratiquement pas de récréations. Il est tellement difficile de trouver de l'aide pour les travaux agricoles, que ce sont les enfants qui s'en chargent et ils s'épuisent à la tâche. » Chaque hiver, précise-t-il, les enfants doivent décharger plusieurs wagons de charbon. À son avis, il s'agit d'un travail « beaucoup trop dur pour eux ». Il ajoute que des enfants de plus de seize ans sont toujours à l'école alors qu'ils devraient avoir le droit de la quitter. « Le fait de les garder pour exécuter des travaux à la ferme les amène à se rebeller[2]. »

En 1953, J. E. Andrews, le directeur de l'école presbytérienne de Kenora, en Ontario, fait part à Affaires indiennes de ses propres théories pseudo-scientifiques sur les causes de ces fugues :

> Les causes de ces fugues semblent être essentiellement de nature primitive et doivent faire l'objet d'une étude minutieuse et scientifique sous un angle anthropologique. Le problème découle de ce que l'on pourrait appeler l'"appel des saisons", les bois, etc. Les phases de la lune pourraient aussi être en cause de même qu'un air vif et froid. Des raisons puériles du genre "les garçons nous taquinaient" sont à leurs yeux d'excellentes raisons d'entreprendre à pied un voyage de cinquante à cent milles alors qu'il gèle dehors, qu'ils ne sont pas vêtus convenablement et qu'ils ne pourront probablement pas se nourrir et s'abriter.

Passant à des considérations plus terre à terre, Andrews cite comme principaux facteurs « le manque de cours de récréation bien équipées et d'espaces de jeu ». Les salles de jeu étaient si exiguës que chaque enfant ne disposait que « d'un tout petit espace de jeux d'une superficie de quatre pieds sur quatre pieds trois pouces »[3]. La même année, A. Lacelle, le directeur de l'école catholique de Kenora, attribue le problème des fugues à « notre incapacité d'organiser des activités sportives en raison du manque d'espace »[4].

Même s'il est douteux que des terrains de jeux auraient réglé la question des fugues, peu de choses sont faites pendant toute cette période pour rendre les écoles plus attrayantes. Comme on verra à la lecture des autres chapitres de cet ouvrage, bien des choses pouvaient inciter les enfants à fuir. Et c'est ce qu'ils ont fait.

La vague de fugues des années 1940

Dans la correspondance officielle, on parle souvent de *vague* pour décrire la fréquence et le nombre des fugues des pensionnats dans les années 1940. Le problème ne se limite pas aux écoles petites ou éloignées et sévit dans toutes les écoles du pays. Les enfants fuguent également des écoles importantes et bien établies, des écoles catholiques et protestantes. Ils fuguent des écoles situées en périphérie urbaine et ils fuguent des écoles éloignées.

Pendant l'année scolaire de 1942–1943, une soixantaine d'élèves fuguent de l'école Mount Elgin[5]. La mère de l'un des garçons qui fugue en 1943 demande que son fils soit retiré de l'école. Elle dit : « Après chaque fugue, le directeur de l'école lui flanque une bonne raclée, mais il dit que cela ne l'empêchera pas de fuguer à nouveau. » À sa dernière rencontre, son fils lui dit qu'il « aimerait mieux quitter l'école et travailler dans une ferme »[6]. C'était d'ailleurs tout à fait faisable puisque la guerre avait créé une pénurie de main-d'œuvre que pouvaient combler ces jeunes. Le directeur Oliver Strapp pense que le gouvernement devrait poursuivre les agriculteurs qui engagent des fugueurs qui n'ont pas l'âge de travailler[7]. R. A. Hoey, fonctionnaire à Affaires indiennes, rejette l'idée[8]. Le garçon est finalement retrouvé et retiré de l'école. Mais Strapp refuse de rendre les vêtements que le garçon portait à son arrivée à l'école si on ne lui rend pas ceux qu'il portait au moment de la fugue ou si, à défaut, on ne fait pas un versement de cinq dollars. Le père se plaint à Affaires indiennes et Strapp reçoit l'ordre de rendre les vêtements du garçon[9].

L'Institut Mohawk à Brantford, en Ontario, connaît aussi une vague de fugues au début de l'année 1949. Le 23 janvier, 25 filles fuguent et sont toutes rapidement retrouvées, sauf deux. Dans les deux semaines qui suivent, dix d'entre elles fuguent à nouveau[10]. La Gendarmerie pense que nombre d'entre elles ont trouvé plusieurs jours refuge chez un résident de la réserve des Six Nations avant de parvenir à leur propre réserve. Le résident est poursuivi en vertu de la *Loi sur les jeunes délinquants* pour avoir abrité des fugueuses de l'Institut[11]. Dans les documents qu'elle a étudiés, la Commission de vérité et réconciliation du Canada n'a pas pu retrouver de dossiers relatant l'affaire. Affaires indiennes avait toutefois envisagé de placer en maison de correction les filles soupçonnées d'être les meneuses[12].

Pendant toutes les années 1940, des enfants fuguent au pensionnat de Shubenacadie, en Nouvelle-Écosse. De 1941 à 1946, la Gendarmerie royale du Canada (GRC) rédige au moins 16 rapports distincts sur des enquêtes mettant en cause des élèves qui se sont enfuis de ce pensionnat[13].

Cinq garçons s'enfuient du pensionnat de Pine Creek le matin du 22 avril 1940. L'après-midi du jour suivant, on signale leur disparition à la GRC. Deux garçons sont rapidement retrouvés et un troisième est ramené à l'école le 30 avril[14]. Mais ce n'est que le 25 mai que l'on retrouve deux frères dans la réserve indienne de Manitoba Lake[15].

Six garçons âgés de 11 à 14 ans se sauvent du pensionnat de Brandon, au Manitoba, le 29 septembre 1942. On en retrouve quatre, mais deux d'entre eux, les frères Reginald et Lawrence Doota, manquaient toujours à l'appel le 1er octobre[16]. Deux autres garçons s'enfuient le 9 janvier 1943[17]. Le 29 janvier, la police retrouve l'un d'entre eux dans la réserve de Peguis[18]. Le 11 janvier 1943, quatre garçons, dont une fois encore Lawrence Doota, qui était apparemment rentré à l'école, prennent un train de marchandises en direction de l'Ouest. Avec l'aide de la Gendarmerie, on les retrouve le même jour près d'Oak Lake, au Manitoba, et on les ramène à l'école[19].

L'agent des Indiens local déclare en 1942 que « l'absentéisme est monnaie courante » au pensionnat de Birtle. Il pense que les nombreux changements de personnel et le fait que les garçons savent qu'ils pourront « bien gagner leur vie à l'extérieur » les ont amenés à s'enfuir[20]. En avril 1942, un jeune de 17 ans et deux jeunes de 14 ans s'enfuient du pensionnat de Birtle, pour revenir à la réserve de Cote, en Saskatchewan. Un agent de police retrouve les deux plus jeunes et les ramène par train au Manitoba. À propos du plus âgé, l'agent de police écrit : « Il n'y a pas grand-chose que l'on puisse faire, si celui-ci ne souhaite pas revenir à l'école[21]. » N. M. Rusaw, directeur du pensionnat de Birtle, rapporte le 1er août 1948 qu'un certain élève appelé Solomon manque à l'appel[22]. On ne le retrouve qu'à la mi-septembre. Entre-temps, il avait travaillé pour des agriculteurs de la région de Portage la Prairie. Selon Rusaw, le garçon est « très content » d'être revenu à l'école[23].

À la fin d'octobre 1941, deux jeunes de 15 ans s'enfuient de l'école de Portage la Prairie. Leurs camarades rapportent à la police que les garçons, qui provenaient de la réserve de Roseau River, dans le Sud du Manitoba, avaient l'intention de monter dans un train de marchandises et de chercher du travail[24]. Les policiers les retrouvent tous les deux dans leur réserve le 5 novembre[25]. Le 30 novembre 1941, un autre garçon de la réserve de Roseau River s'enfuit de l'école de Portage. La Gendarmerie le retrouve lui aussi dans sa réserve et le ramène à l'école[26]. Le même mois, l'un des deux premiers garçons s'enfuit à nouveau. La Gendarmerie le retrouve encore dans la réserve de Roseau River et le ramène à l'école de Portage[27].

En octobre 1940, la Gendarmerie retrouve un garçon qui s'est enfui du pensionnat de Grayson, en Saskatchewan, et l'y ramène[28]. Elle ramène également en janvier 1940 deux garçons qui se sont enfuis du pensionnat de Gordon, en Saskatchewan[29]. Le 17 mai 1941, deux garçons s'enfuient du pensionnat anglican d'Onion Lake, en Saskatchewan. Ils trouvent du travail auprès d'un agriculteur local mais sont retrouvés le 20 mai par la Gendarmerie et ramenés à l'école[30]. Cinq garçons s'enfuient du pensionnat de Lestock, en Saskatchewan, le 1er octobre 1944. Leur fugue est signalée le 4 octobre à la Gendarmerie. Après une semaine, deux des garçons sont ramenés à l'école par leurs parents. Deux autres garçons sont retrouvés chez leurs parents et ils sont ramenés à l'école sans objection. Le cinquième garçon est retrouvé alors qu'ils voyagent avec ses parents. Selon la police, la mère « ne voulait pas qu'il revienne à l'école, mais il finit par monter dans la voiture »[31]. En avril 1945, l'un des garçons s'enfuit de la même école avec un camarade[32]. Ils sont retrouvés dans la ville de Punnichy et ramenés à l'école après avoir passé la nuit au poste de police de Punnichy[33]. Deux jeunes filles de 13 ans qui s'étaient enfuies sont ramenées au pensionnat de Grayson, en Saskatchewan, par l'agent des Indiens local. Lorsqu'elles s'enfuient une deuxième fois en octobre 1944, le directeur fait intervenir la GRC. La police les retrouve au domicile du père de l'une des filles et les ramène à l'école. L'agent affirme : « Elles ont eu un avertissement et ont promis de ne pas recommencer[34]. » Deux garçons qui s'étaient enfuis du pensionnat Qu'Appelle, en Saskatchewan, sont retrouvés au domicile de leurs parents dans la réserve de Pasqua et ramenés au pensionnat à l'hiver de 1949. Encore une fois, les agents de police avertissent les parents « de ne pas permettre à leurs enfants de quitter le pensionnat »[35].

Au printemps de 1945, 17 garçons sont absents sans permission du pensionnat d'Hobbema, en Alberta[36]. Le problème débute à l'automne alors que nombre de garçons plus âgés se font engager dans des fermes où ils gagnent entre cinq et six dollars par jour, au lieu de retourner à l'école. Comme ils ont plus de 15 ans, l'agent des Indiens ne peut pas les forcer à revenir au pensionnat. Selon le directeur, lorsque les autres garçons plus âgés apprennent qu'on n'a pas pu les obliger à rentrer, ils s'enfuient eux aussi pour trouver du travail dans des fermes[37]. Trois ans après, cinq enfants s'enfuient du pensionnat d'Hobbema. Mais comme le pensionnat est surpeuplé et qu'ils ont plus de 15 ans, l'agent des Indiens décide de ne pas les faire ramener[38].

En Colombie-Britannique, Affaires indiennes rappelle aux directeurs d'école qu'ils sont responsables des enfants, non seulement lorsque ces derniers sont dans l'école, mais aussi lorsqu'ils s'enfuient. Ainsi, lorsque le directeur du pensionnat de l'île Kuper, en Colombie-Britannique, demande à Affaires indiennes de l'aider à retrouver trois jeunes filles qui se seraient enfuies vers Victoria, le Ministère ne lui vient en aide qu'à reculons. En 1946, l'agent des Indiens R. H. Moore écrit que, selon lui : « Il y a bien trop de fugues à cause d'un manque de supervision dans l'école. » Il n'est donc pas d'accord avec le directeur qui est d'avis qu'« il incombe à ce ministère de retrouver ces enfants et de les ramener sans que les autorités scolaires doivent y consacrer un quelconque effort, ou en déployant à la rigueur un effort minime »[39]. Le pensionnat d'Alert Bay, en Colombie-Britannique, est frappé par ce que le directeur qualifie « d'épidémie de fugues » à l'automne de 1947[40].

Les dossiers des pensionnats indiens sur les fugues sont fragmentaires, mais même s'ils étaient complets, on ne pourrait pas se faire une idée exacte de l'ampleur du phénomène, étant donné que de nombreux cas de fugues n'ont pas été rapportés.

Le signalement des fugueurs

De nombreux fonctionnaires d'Affaires indiennes pensent que beaucoup de directeurs d'école n'ont pas convenablement signalé les fugues. Oliver Strapp, directeur de l'école Mount Elgin à Muncey, en Ontario, n'avise pas Affaires indiennes du problème constant des fugues. George Down, l'agent des Indiens local apprend de la Gendarmerie en juin 1943 qu'il y a eu l'année précédente une soixantaine de fugues à Mount Elgin[41].

En 1940, l'inspecteur de l'école G. H. Barry soupçonne que le directeur du pensionnat de Lytton, en Colombie-Britannique, déclare les fugueurs comme étant renvoyés plutôt qu'absents. L'agent des Indiens local, qui ne s'entend pas avec le directeur de Lytton, déclare à Barry qu'« au moins neuf élèves se sont enfuis cette année, mais il y en a probablement d'autres qui n'ont pas été signalés »[42]. Quelquefois, Affaires indiennes doit insister auprès des écoles pour obtenir de l'information sur les fugues. En 1942, Philip Phelan, fonctionnaire du ministère des Affaires indiennes écrit au directeur de l'école de Shubenacadie, en Nouvelle-Écosse, pour lui demander si un fugueur a été retrouvé. Il suppose, écrit-il, que le garçon « est tout à fait capable de prendre soin de lui, mais nous avons connu des expériences regrettables dans d'autres écoles où les enfants s'étaient enfuis »[43]. Le Ministère n'avait pas été informé du fait que le garçon en question avait déjà été retrouvé et ramené à l'école[44].

La règle 10.4 du règlement de 1953 sur les pensionnats indiens énonce qu'un directeur doit « intervenir rapidement afin de ramener au pensionnat tout élève absent sans autorisation et doit signaler dans les plus brefs délais au surintendant [de l'éducation] de l'agence indienne tout cas d'absentéisme »[45]. Malgré le caractère explicite de cette règle, les fugueurs continuent de ne pas être signalés. Après un changement d'administration au pensionnat de Sioux Lookout, en 1961, l'Église anglicane découvre que le directeur précédent a minimisé le problème de l'absentéisme, qui a été attribué au mauvais travail du surveillant des élèves du pensionnat, et que l'école a perçu des subventions pour des élèves qui n'étaient plus présents[46].

La Gendarmerie et la recherche de fugueurs

Tard dans la soirée du 18 avril 1941, John Kioki, âgé de 14 ans, Michael Sutherland, âgé de 13 ans, et Michel Matinas, âgé de 11 ans, s'éclipsent du dortoir du pensionnat de Fort Albany, en Ontario. Fort Albany est situé dans le Nord de l'Ontario, non loin de la Baie-James. Les garçons ramassent du pain pendant plusieurs jours et espèrent pouvoir se nourrir pendant leur fugue grâce à l'arc et aux flèches que possédait John. En découvrant leur fugue, le directeur Paul Langlois s'inquiète : ils ont peut-être essayé de traverser une rivière, crevé la glace et été emportés vers la baie James[47]. On ne les a jamais retrouvés, mais on suppose qu'ils sont morts. À la commission d'enquête qui s'en est suivie, le père de Michel Matinas pense que tout a été fait pour retrouver les garçons[48]. Mais le père de John Kioki déclare qu'il n'est « pas sûr que des recherches suffisantes ont été faites pour retrouver mon fils et les autres garçons »[49].

Philip Phelan, chef de la Division de la formation pour Affaires indiennes, n'est pas satisfait de la façon dont l'affaire a été traitée. Le 17 juillet 1941, il écrit au révérend H. Belleau, vicaire apostolique de la Baie-James, que la Gendarmerie et Affaires indiennes auraient dû être avisés plus tôt de la fugue des garçons, et que « tout événement inhabituel dans un pensionnat, particulièrement lorsque l'issue est fatale, devrait être signalé immédiatement au Ministère ». La GRC reconnaît que, même si elle en avait été avisée plus tôt, elle n'aurait probablement pas pu faire « grand-chose », en raison des conditions météorologiques. Malgré cela, Phelan fustige Belleau, en disant que « le directeur et le personnel auraient dû déployer des efforts plus soutenus pour retrouver les garçons » d'autant que l'incident « perturberait probablement les Indiens [qui s'en prendraient] à l'école ». Il ordonne donc à Belleau d'envoyer aux directeurs des écoles de son diocèse des instructions leur demandant de « prendre immédiatement des mesures pour retrouver les écoliers qui se sont enfuis »[50]. Dans les années 1930, Affaires indiennes ne publie pas d'instruction générale à cet effet et le message n'est transmis qu'aux seules écoles catholiques d'un diocèse.

Un mois après la fugue de trois garçons de l'école de Fort Albany, T. R. L. MacInnes, secrétaire de la Division des affaires indiennes publiait une instruction qui allait rendre plus difficile la recherche et le retour des enfants en fugue. Dans la circulaire de mai 1941 destinée à tous les inspecteurs, agents des Indiens et directeurs de pensionnat, MacInnes annonce un « changement radical » de la politique du Ministère à l'égard des « services de la GRC pour trouver des élèves des pensionnats qui sont absents sans permission ou qui font l'école buissonnière ». Il écrit qu'il était pratique courante, par le passé, que les agents des Indiens et les directeurs demandent à la GRC de les aider à trouver et à ramener au pensionnat des élèves qui s'étaient enfuis. Toutefois, la Gendarmerie facturait à Affaires indiennes les dépenses engagées à cet effet. Par conséquent, écrit MacInnes, « nous devons verser tous les ans des sommes considérables sur lesquelles nous n'exerçons aucun contrôle ». En vertu de la nouvelle politique, il ne faut pas communiquer avec la GRC « à moins que le directeur et le personnel des agences indiennes aient épuisé tous les moyens à leur disposition ». Et d'ajouter MacInnes :

> Nous devons compter en grande partie sur les agents des Indiens, les instructeurs agricoles et d'autres responsables pour collaborer avec la direction des pensionnats indiens afin de retrouver et de ramener des élèves qui sont absents sans permission ou qui font l'école buissonnière. Il est entendu que l'on s'attend à ce que les directeurs des pensionnats indiens fassent tous les efforts nécessaires pour ramener les élèves absents sans engager de coûts que devra assumer le Ministère avant de demander l'aide des agents des Indiens et d'autres responsables[51].

En comparant le message non équivoque qu'envoie MacInnes à toutes les parties concernées à celui beaucoup plus nuancé de Phelan, il en ressort clairement que les politiques d'Affaires indiennes concernaient beaucoup plus le contrôle des coûts que la sécurité des enfants.

En dépit de cet ordre, les directeurs continuent de faire appel aux services de la Gendarmerie. Le 30 mai 1941, Phelan reproche au directeur d'avoir appelé la Gendarmerie lorsque quatre filles s'enfuient de Mount Elgin. Phelan écrit : « Nous recevrons donc une facture de la GRC pour les distances parcourues et les dépenses[52]. »

Strapp rétorque qu'avant d'appeler la police, un employé et lui ont recherché les filles de une heure trente à cinq heures du matin. Il fait également remarquer qu'à une autre occasion, lors d'une recherche d'élèves dans la réserve d'Oneida, un résident lui avait dit qu'il n'avait pas le droit de pénétrer dans la réserve. Il demande donc à Phelan qu'on établisse s'il a le droit de rechercher et d'appréhender des élèves en fugue dans les réserves et sur les routes publiques[53].

Comme on l'a déjà noté, de 1941 à 1946, la GRC rédige au moins 16 rapports distincts sur des enquêtes mettant en cause des élèves qui se sont enfuis du pensionnat de Shubenacadie, en Nouvelle-Écosse. Les demandes d'aide adressées à la Gendarmerie sont si fréquentes qu'en 1943, le directeur de la Division des affaires indiennes Harold McGill expédie une circulaire pour rappeler aux directeurs et aux agents des Indiens la politique de 1941. Il souligne que malgré cette directive, on a constaté à la fois une augmentation plus forte de l'absentéisme et une « tendance sans cesse croissante de la part des directeurs de pensionnat de compter de plus en plus sur les membres de la GRC pour ramener les élèves aux pensionnats ». À l'avenir, la GRC ne doit être appelée à la rescousse que « dans des cas rares et exceptionnels »[54].

Toutefois, les agences indiennes et les pensionnats ont si peu de personnel qu'ils ne peuvent pas s'occuper des fugues sans l'aide de la police. En 1945, l'agent des Indiens de l'Ontario G. E. Hurl fait valoir que la police n'est pas disposée à ramener dans les écoles les enfants en fuite. Deux garçons placés sous l'autorité de son agence devaient rentrer à l'école Mount Elgin. Il craint « qu'ils s'enfuient à nouveau » s'il se contente de les mettre dans le train sans escorte policière. Et c'est ce qui arrive. Avant que le directeur ne puisse les récupérer à la gare, ils avaient fui une deuxième fois. On les retrouve, mais ils s'enfuient à nouveau. Philip Phelan recommande alors de les envoyer au pensionnat de Chapleau, en Ontario, où, dit-il, il « ne pense pas qu'ils s'enfuiront de cette école ». On décide finalement d'en envoyer un à Chapleau, et l'autre à Mount Elgin[55].

Dans d'autres cas, la Gendarmerie propose ses services. À Yarmouth, en Nouvelle-Écosse, elle propose de surveiller la présence à l'école des enfants d'une femme des Premières Nations. Lorsqu'elle constate, en 1944, qu'ils sont souvent absents, elle avertit d'abord la femme et « après avoir obtenu les autorisations nécessaires de Mme Bartlett, escorte les enfants à l'école de Shubenacadie »[56].

Lorsque deux garçons qui se sont enfuis du pensionnat de Birtle en 1945 doivent être hospitalisés pour des engelures aux pieds après qu'ils ont passé la nuit à la belle étoile par une froide nuit de mars, le fonctionnaire local des Affaires indiennes A. G. Hamilton demande à ses supérieurs de faire modifier la politique ministérielle sur les demandes d'aide adressées à la GRC. Hamilton déclare que les directeurs et les agents des Indiens devraient avoir toute la latitude nécessaire pour demander l'aide de la police et que « la police devrait participer dès le départ, non pas seulement après l'échec des autres »[57].

Il est clair qu'en dépit de la consigne de 1941, de nombreux directeurs font appel à la Gendarmerie pour retrouver des enfants en fugue. Mais il est également clair, selon ce qu'affirme Hamilton que d'autres ne le font pas. Dans les documents qu'elle a examinés, la Commission de vérité et réconciliation du Canada n'a pas été en mesure de trouver de dossier d'une ordonnance quelconque abrogeant la directive de 1941 à la fin de la Seconde Guerre mondiale. Encore en 1950, Oliver Strapp, qui est alors le directeur du pensionnat de Brandon, au Manitoba, signale qu'il n'a pas fait appel à la GRC pour l'aider à chercher deux garçons qui se sont enfuis « parce que l'on m'a avisé que je ne suis pas autorisé à les considérer comme agents de surveillance ». L'un des garçons se retrouve à l'hôpital avec des orteils gelés[58].

Comme en témoignent deux exemples survenus à Fort Smith, dans les Territoires du Nord-Ouest, dans certains cas à tout le moins, la Gendarmerie continue à ne pas coopérer jusque dans les années 1960. En 1957, J. S. Craig, l'agent de la GRC responsable de la sous-division de Fort Smith, refuse la demande d'aide que lui adresse le surintendant adjoint des écoles afin de contrôler les « absences non autorisées »[59]. Lors de la fugue d'un garçon de Breynat Hall à Fort Smith en 1966, l'administrateur demande l'aide du détachement local de la GRC et se fait dire que « retrouver ces enfants ne fait pas partie des fonctions habituelles de la GRC »[60]. Durant cette même période toutefois, la police semble être disposée à offrir ses services aux écoles du Yukon. En 1960, la Gendarmerie retrouve deux garçons, l'un âgé de 15 ans, l'autre de 16 ans, qui s'étaient enfuis de l'école de Carcross, au Yukon. Ils vivaient chez la mère de l'un des garçons. Le directeur en est informé et la police ferme le dossier[61].

Les recherches

Bien que des directeurs d'école soient quelquefois sévèrement critiqués pour la façon dont ils réagissent aux fugues, de nombreux membres du personnel fournissent un effort considérable pour rechercher des fugueurs. Le directeur de Moose Factory, en Ontario, Gilbert Thompson, décrit de cette façon des recherches qu'il a entreprises lorsque deux garçons se sont enfuis de son pensionnat dans la soirée du 20 novembre 1943.

> J'ai entrepris des recherches pour ceux-ci peu après. À 22 h, je n'ai pu trouver ces garçons et, sachant qu'ils pourraient avoir traversé la rivière, qu'il est dangereux de traverser dans l'obscurité parce que des parties ne sont pas encore gelées, j'ai avisé le caporal W. Kerr de la GRC. Ensemble, nous avons fait des recherches supplémentaires cette nuit-là. Le lendemain matin, je me suis rendu à Moosonee et j'ai découvert qu'il était possible que les garçons aient dormi dans une remise abandonnée de la famille d'un des garçons. Personne n'a vu les garçons à Moosonee. Cette même nuit, le policier et moi-même avons traversé

> pour nous rendre à la remise, dans l'espoir que les garçons y soient retournés, mais ils ne s'y trouvaient pas. Le lendemain, le policier a emmené ses chiens et s'est rendu sur la voie ferrée pour suivre une piste selon laquelle quelqu'un avait vu deux personnes marcher sur les rails, qui avaient plus tard disparu dans la forêt lorsqu'elles avaient vu l'homme qui approchait. Les garçons étaient bien habillés, mais n'étaient pas équipés pour du mauvais temps. Avant que le policier les rattrape, ils avaient marché quelque 24 miles et avaient atteint le camp des parents de l'un des garçons. Tous sont rentrés le mercredi soir suivant en train, y compris les parents d'un des garçons.

Les garçons ont dit qu'ils s'étaient enfuis parce qu'on les taquinait. Les parents de l'un des deux, craignant qu'il ne s'enfuie à nouveau, ont demandé qu'il soit retiré de l'école. En dépit de la frustration du directeur, l'agent des Indiens a accepté, exigeant seulement que le père punisse le garçon devant tous ses camarades[62].

Neuf ans plus tard, J. Eldon Andrews, le directeur du pensionnat presbytérien de Kenora, fournit au chef de la réserve Whitedog la description suivante des recherches qu'il a menées en janvier pour retrouver trois garçons qui se sont enfuis :

> M. Barrington a passé toute la journée de jeudi, de 8 h 45 à 23 h 30 dans la forêt, sans nourriture et dans des conditions très difficiles sur la piste de ces enfants. J'ai passé toute la journée de jeudi à essayer de les retrouver en voiture, et de 17 h 30 jusqu'à 22 h 30 dans les bois à leur recherche. Nous sommes rentrés à l'école à une heure et deux employés sont partis de nouveau à leur recherche de 5 h 30 à 10 h 30, le vendredi[63].

Il s'avère toutefois que les recherches sont souvent mal coordonnées et inutilement retardées. Le 9 novembre 1954, un garçon de 12 ans et deux garçons de 10 ans s'enfuient en canot du pensionnat catholique de Kenora. Ils empruntent le lac des Bois pour retourner dans leur réserve. La police provinciale de l'Ontario est immédiatement avisée de leur disparition — surtout parce que les garçons avaient volé le canot — mais personne ne communique avec la GRC jusqu'à ce qu'ils aient disparu depuis près de deux semaines[64]. Selon le rapport de la Police provinciale de l'Ontario :

> Il arrive fréquemment que des enfants indiens s'enfuient des pensionnats sans raison apparente pour se réfugier chez des parents et amis qui vivent à proximité et qui nieront leur présence chez eux. C'est pourquoi la recherche n'a pas été menée avant que l'on ne reçoive de M. Fred Boucha, de French Portage, un rapport déclarant qu'il avait aperçu le 29 novembre dans un canot trois jeunes garçons indiens se dirigeant vers le chenal Sturgeon, dans le lac des Bois[65].

La Gendarmerie mène une recherche, tout d'abord par bateau, puis par avion, d'où le canot est repéré sur l'île Big, dans le lac des Bois. Les sauveteurs remarquent en outre de la fumée s'échappant d'une maisonnette, où les garçons sont retrouvés inconscients en raison de la fumée provenant d'un matelas en feu. Ils sont ramenés par avion à l'hôpital, où ils récupèrent[66]. Lorsque l'agent des Indiens F. Matters demande aux garçons les raisons de leur fugue, leurs réponses sont vagues mais l'un d'entre eux répond sans ambages « qu'il n'avait pas l'intention de rester à l'école et qu'il avait déjà fait trois fugues ». Matters fait remarquer que toute cette situation fait ressortir « le danger de garder un enfant dans un pensionnat contre son gré. Sans aucun sens des responsabilités, celui-ci peut poser des gestes pouvant gravement embarrasser la Division[67]. »

Les décès et les dangers

John Kioki, Michael Sutherland et Michel Matinas, les trois garçons qui sont morts après s'être enfuis de l'école de Fort Albany, en Ontario, en 1941, ne sont pas les seuls à avoir connu une fin tragique ou à avoir été blessés pendant cette période. En janvier 1949, quatre filles s'enfuient du pensionnat de Portage la Prairie, au Manitoba. En traversant une rivière, elles se mouillent les pieds qui sont gelés, au moment où elles trouvent un refuge[68]. Les engelures sont tellement graves qu'elles sont hospitalisées plusieurs semaines à l'hôpital général de Portage la Prairie et l'on craint que certaines d'entre elles aient à être amputées d'orteils[69].

Dans les années 1940, Guy Hunter est envoyé par ses parents au pensionnat presbytérien de Kenora. Ses parents cèdent à la demande de l'agent des Indiens qui menace le père de prison. La violence des châtiments corporels qu'il subit au pensionnat est telle qu'il s'enfuit à plusieurs reprises. À son retour, sa punition est tellement violente qu'il n'est plus capable de tenir un stylo. Lorsqu'on lui dit que pour le punir de revenir constamment dans sa famille dans la réserve Whitedog, on pourrait l'envoyer dans une école de l'Est du Canada, il s'enfuit à nouveau. Il finit par rentrer chez lui, mais avec de graves engelures. « J'étais déjà gelé, je ne pouvais plus avancer à cause de mes chaussures et de mes chaussettes. J'ai marché dans la boue, dans l'eau et je n'avais pas d'allumettes pour faire un feu. J'ai dormi n'importe où dans la forêt. J'ai dormi dans les arbres, comme si j'étais chez moi. » Il est hospitalisé, mais ses blessures sont tellement graves qu'il faut l'amputer d'un pied[70].

Leonard Major, Ambrose Alexander et Alec Francis s'enfuient de l'école de Kamloops, en Colombie-Britannique, en montant dans un train de marchandises en septembre 1947. Ils décèdent tous les trois lorsque le train frappe un rocher et déraille le 17 septembre[71]. Dans ses mémoires, Kay Blake (qui s'appelait autrefois Kathleen Stewart), employée à l'école presbytérienne de Kenora dans les années 1950, raconte qu'un garçon a fait une chute en essayant de monter dans un train de marchandises. Il a la jambe coupée. Un employé des chemins de fer arrête le train et lui fournit les premiers soins. Le garçon est ensuite équipé d'une jambe artificielle[72].

Le 7 avril 1951, Albert Nepinak et deux autres garçons s'enfuient du pensionnat Pine Creek, au Manitoba. Le père d'Albert avait travaillé au pensionnat et le directeur Guy de Bretagne pense que le garçon a suivi son père à la fin de la journée de travail. Le directeur envoie finalement d'autres garçons, dont le frère d'Albert, pour les ramener au pensionnat, mais ils reviennent sans eux. Dans la matinée, le directeur croise le père d'Albert à la messe et apprend que le garçon n'était pas rentré chez lui la nuit précédente. Pensant que son fils pouvait se trouver au domicile de son grand-père, le père va l'y chercher. C'est alors qu'il découvre le corps gelé de son fils sur la voie ferrée. Ne pouvant traverser la rivière avec les autres garçons, Albert les avait laissés et était tombé d'épuisement sur la voie ferrée. Dans son rapport sur le décès, la GRC note « le père de Bretagne explique que d'habitude, lorsqu'un des garçons manque à l'appel, des membres de sa famille vont à sa recherche. Dans ce cas, le frère du garçon décédé, George, et deux autres garçons sont partis à la recherche des trois garçons qui avaient quitté l'école[73]. » Autrement dit, il laisse habituellement aux membres de la famille le soin de retrouver et de ramener les fugueurs. Philip Phelan se demande si le directeur a traité le dossier convenablement, mais R. S. Davis, superviseur régional des agences indiennes rapporte qu'« on a pris des mesures raisonnables pour retrouver le garçon », puisqu'on a procédé à des recherches lorsqu'on s'est aperçu qu'Albert n'était pas rentré chez lui[74]. Il n'est pas clair, d'après le dossier, que Phelan a donné suite à cette affaire, mais à la fin de juillet 1951, un nouveau directeur est nommé[75].

En novembre 1956, quatre garçons s'enfuient de l'école de Sioux Lookout, en Ontario. Un agent de police de la province de l'Ontario participe aux recherches. On lui dit que deux autres garçons Tom et Charles Ombash, âgés respectivement de 12 et 11 ans se sont enfuis de l'école un mois plus tôt, le 5 octobre 1956. Les quatre garçons que la police recherchait sont finalement retrouvés, mais les frères Ombash manquent toujours à l'appel le 19 décembre[76]. Non seulement le directeur de l'école de Sioux Lookout, Eric Barrington, attend plus d'un mois avant d'informer la police de la disparition des garçons, mais il n'en informe pas non plus les Affaires indiennes. Dans une lettre adressée à l'agent des Indiens de la région, R. F. Davey, le surintendant de l'éducation des Affaires indiennes, écrit : « Il est inconcevable que M. Barrington attende un mois pour vous aviser que les enfants ne sont plus à l'école[77]. » Les garçons ne sont jamais retrouvés, ce qui ne semble pas avoir eu de conséquences pour Barrington[78]. Il reste à son poste de directeur du pensionnat pendant cinq années supplémentaires, jusqu'à ce qu'il soit nommé directeur du pensionnat de Wabasca, en Alberta, en 1961[79].

Le 16 janvier 1959, deux sœurs, Beverly et Patricia Marilyn Joseph, âgées de 12 et 14 ans respectivement, quittent le pensionnat de l'île Kuper, en Colombie-Britannique, dans une petite embarcation. Leur disparition est découverte le lendemain matin, mais la police n'est contactée que l'après-midi, après que les responsables du pensionnat ont effectué des recherches sur l'île. Le corps de Patricia Marilyn est retrouvé sur les rivages à 10 kilomètres de l'île Kuper[80]. En octobre de la même année, sa sœur n'est toujours pas retrouvée et elle est présumée décédée[81].

Trois filles, Mabel Crane Bear, Geraldine Black Rider et Belinda Raw Eater, âgées respectivement de 13, 11 et 10 ans, s'enfuient du pensionnat anglican de Gleichen, en Alberta, dans l'après-midi du 8 mars 1962. La sœur de l'une des filles avise le personnel qu'elles avaient l'intention de se rendre à la maison de Mabel Crane Bear (soit le domicile de M. et Mme Mayfield). Comme les cours étaient annulés le jour suivant, tous les écoliers avaient été autorisés à partir à 15 h 30 dans l'après-midi. Pour cette raison, le directeur écrit : « Je ne m'inquiète pas trop de l'absence des trois filles. » Il fait remarquer que le temps est doux et que d'ici à ce qu'on les ramène à l'école, il serait encore temps de les laisser partir. En conséquence, il ne fait rien pour les ramener. Or, après une dispute avec les Mayfield, les filles quittent le domicile dans la soirée. Peu après, un blizzard survient dans la région. Geraldine survit, mais les deux autres filles meurent de froid[82].

Le 4 juin 1965, trois garçons s'enfuient de l'école catholique romaine de Kamsack, en Saskatchewan. L'un d'eux, Alfred Whitehawk, meurt en essayant de traverser la rivière Assiniboine. Le directeur déclare qu'il aurait « besoin de l'aide de la GRC pour ramener à l'école les autres garçons encore en fugue. Je trouve que les gens ne coopèrent pas pour retrouver ces garçons. Je ne peux pas faire faire des recherches dans les réserves, qui sont trop grandes, surtout lorsque les gens cachent les enfants et prétendent ne pas savoir où ils sont[83]. »

Dans les années 1950 et 1960, les écoles du Nord-Ouest de l'Ontario sont confrontées à un grave problème de fugues. Les cas de Guy Hunter, le garçon qui, selon Kay Blake, perd une jambe en essayant de monter dans un train, et des frères Ombash, qui disparaissent, ne sont que trois exemples parmi d'autres. En janvier 1962, un enfant s'étant enfui du pensionnat presbytérien de Kenora (que l'on appelle également l'école Cecilia Jeffrey) doit être hospitalisé pour des engelures. Il récupère, mais plusieurs de ses orteils doivent être amputés. Au mois de janvier suivant, un enfant qui s'enfuit du pensionnat de Macintosh doit être hospitalisé pour des engelures aux pieds[84].

Ces événements précèdent la tragédie qui survient à l'école Cecilia Jeffrey et qui suscite l'attention du pays. Le 16 octobre 1966, 12 élèves s'enfuient de l'école. Trois garçons marchent 31 kilomètres et arrivent au domicile d'un certain M. Benson, qui leur donne à manger et les laisse dormir sur le plancher. Le lendemain matin, ils partent chez l'oncle de deux des garçons, Charles Kelly. Pendant le trajet, ils sont rejoints par un autre fugueur, lui aussi neveu de Kelly. Le 19 octobre, Kelly emmène ses trois neveux faire du piégeage. Le dernier garçon, Charlie Wenjack, poursuit sa route en direction du domicile de ses parents à Ogoki, dans la réserve de la Première Nation de Marten Falls en Ontario[85].

Wenjack ne s'est jamais enfui de l'école, qu'il fréquente depuis 1963. Une semaine avant sa fugue, il manque un cours, ce qui lui vaut une fessée[86]. L'enfant a 12 ans.

Il suit les rails des Chemins de fers nationaux du Canada en direction de sa maison qui se trouve à plus de 600 kilomètres de là. La pluie verglaçante qui tombe se change en neige. Le 23 octobre, un mécanicien de train trouve le corps de Wenjack le long de la voie ferrée. Un pathologiste fait remonter sa mort à 24 heures. Son estomac est vide et l'on retrouve dans ses poches un bocal en verre contenant des allumettes. Il est légèrement vêtu et a des contusions sur le front, l'arcade sourcilière gauche et une jambe[87].

Le directeur de l'école Cecilia Jeffrey est Colin Wasacase. (Il a fréquenté les écoles de Round Lake, Portage la Prairie et Birtle; et il a travaillé dans les pensionnats de Norway House et de Birtle au Manitoba[88].) Pour essayer de retrouver Wenjack et ses camarades, il demande aux autres enfants où ils auraient pu aller. Ses recherches le mènent à Pine Point et à Rabbit Lake dans la région de Kenora. De son côté, le fonctionnaire des Affaires indiennes P. C. Clarkin mène des recherches à Rat Portage et à Keewatin[89].

Affaires indiennes fait ramener chez lui par avion le corps de Wenjack, en compagnie de sa mère et de plusieurs de ses sœurs, dont trois étaient également scolarisées à l'école Cecilia Jeffrey, ainsi que du directeur de l'école. Le père de Charlie, qui accuse le directeur de la mort de l'enfant, refuse que ses filles rentrent à l'école[90]. C'est le journaliste Ian Adams qui attire l'attention de tout le pays sur la mort tragique de Wenjack dans l'article intitulé *The Lonely Death of Charlie Wenjack* qu'il publie dans le magazine *Maclean's* en février 1967[91].

À l'enquête entourant la mort de Wenjack, l'un des garçons de 10 ans, Edward Cameron, qui s'était enfui avec Charlie, affirme que ce dernier se sentait sale. Par ailleurs, plusieurs garçons disent avoir été fouettés. L'un des enseignants de Wenjack, Ron Magnusson, témoigne que Charlie était un enfant tranquille qui lui avait dit un jour souhaiter rejoindre sa famille[92]. À l'enquête, le directeur Wasacase témoigne que s'il y avait tant de fugues à l'école, c'est que les enfants s'ennuyaient de chez eux. Selon le compte rendu journalistique de l'enquête, Wasacase affirme ce qui suit :

> [...] le fouet est la punition choisie pour sanctionner les fugues. À un moment donné, 16 filles s'enfuient ensemble. À leur retour, il essaie plutôt de les sermonner pour voir si cette méthode est plus efficace. Le groupe, rapporte le directeur, se moque de lui et l'accuse de manquer d'autorité[93].

Le jury du coroner fait les observations et recommandations suivantes :

1) M. Charles Kelly aurait dû aviser les autorités de la présence des garçons.

2) M. Benson aurait dû aviser les autorités de la présence des garçons.

3) L'école Cecilia Jeffrey a besoin de personnel supplémentaire pour contrôler adéquatement le nombre des élèves.

4) Le système d'éducation des Indiens présente pour les enfants d'énormes problèmes émotifs et d'ajustement. Il nous incombe en tant que responsables de cette organisation de faire notre possible pour atténuer leurs problèmes. Nous faisons donc les recommandations suivantes :

a. Que l'on procède à une étude de l'éducation et de la philosophie actuelles concernant les Indiens. Conviennent-elles?

b. La fréquentation des pensionnats perturbe la cellule sociale de base qu'est la famille. Les inscriptions devraient se faire dans un rayon géographique plus restreint pour permettre la liaison avec les familles.

c. On ne devrait pas séparer des frères et sœurs pour faciliter les choses.

d. Il devrait y avoir des externats si le nombre d'élèves est suffisant.

e. On pourrait à notre avis améliorer la situation en plaçant les enfants dans des familles.

f. Si les pensionnats sont là pour rester, en réduire le nombre pour permettre une relation personnelle entre les enfants et l'administration[94].

En réponse aux recommandations, R. F. Battle des Affaires indiennes affirme qu'« il est d'usage au Ministère de ne pas séparer les membres d'une même famille, même si cela arrive pour des raisons indépendantes de notre volonté »[95]. En janvier 1967, R. F. Davey, directeur de la Direction des services d'éducation des Affaires indiennes expédie une note de service dans laquelle il demande à tous les surintendants régionaux de communiquer avec tous les pensionnats de leur région afin qu'ils fassent rapport des blessures subies par des pensionnaires « entre le moment où ils s'enfuient du pensionnat et le moment où ils sont retrouvés » au cours des cinq années précédentes[96].

Les Affaires indiennes préparent un document après le décès de Wenjack dans lequel elles soulignent la procédure devant être suivie lorsqu'un élève s'enfuit d'un pensionnat de l'Ontario. La première étape consiste à aviser la police; l'étape 2, à interroger des amis de l'élève; l'étape 3 à organiser des recherches; et l'étape 4 à communiquer avec le surintendant des écoles du district des Affaires indiennes. Lorsque l'élève est absent depuis six heures, il faut aviser les parents. Il faut expliquer clairement à la police que l'élève n'est pas un fugitif recherché par la justice, mais qu'on le recherche pour empêcher qu'il se blesse ou qu'il souffre. La nécessité de préparer et de diffuser un tel document en 1966 témoigne de l'échec continu des Affaires indiennes d'émettre une politique sur cette question pendant près de 100 ans. Le fait que le document ne s'applique qu'aux foyers ou aux pensionnats « liés par contrat à la Division des affaires indiennes et administrés par une organisation religieuse en Ontario » apporte cependant également la preuve du manque persistant d'une politique nationale clairement formulée sur la question[97].

Affaires indiennes procède en outre à un examen de la situation à l'école Cecilia Jeffrey. Selon le rapport, en septembre et en octobre de 1966, 55 enfants sont absents sans permission du pensionnat à 146 reprises. Sur 55 élèves, 35 sont absents 37 fois. L'école compte 143 élèves inscrits. La durée des absences s'échelonne d'une demi-journée à une semaine. Un fonctionnaire d'Affaires indiennes recense six causes du problème : la vie familiale perturbée et souvent chaotique des enfants, le caractère forcé des inscriptions, le manque de temps libre dans les pensionnats, un leadership lacunaire de la part du personnel, le manque de privilèges accordés aux adolescents et le manque de surveillants. Sur ce dernier point, on fait remarquer que les six surveillants actuels viennent tout juste d'être engagés. Si beaucoup manifestent du potentiel, on dresse le constat suivant :

> [...] aucun ne connaît bien le rôle des foyers, les caractéristiques des enfants indiens, le contexte de formation et les façons de s'occuper des enfants. Les superviseurs font preuve de très peu d'initiative et d'imagination. Ils ont en outre de graves lacunes au plan du leadership. Combien de fois ai-je entendu : « Je leur ai dit d'aller jouer au volley-ball. » Même dans leurs temps libres, les enfants se font dire quoi faire et, en conséquence, refusent de participer.

Selon la première recommandation du rapport, « il faut passer un marché avec le Conseil du bien-être de l'Ontario afin qu'il fasse une étude des familles représentées par les enfants logés dans les foyers afin de déterminer s'il convient de prendre d'autres arrangements pour les enfants ». Dans la même veine que la première, la seconde recommandation propose que les agences de services d'aide à l'enfance offrent davantage d'appui aux familles, qui pourront ainsi garder les enfants. Le rapport recommande en outre d'offrir davantage de possibilités de loisirs dans les écoles, de renforcer la formation du personnel, d'engager plus d'employés et de construire un gymnase[98].

Le directeur de l'éducation R. F. Davey donne son aval aux recommandations et demande au personnel de mettre sur pied une formation supplémentaire pour les surveillants. Il propose également d'engager du personnel expérimenté d'autres écoles presbytériennes, mais ajoute qu'il doit être compétent, en faisant valoir que le problème vient du fait que le personnel est mal formé. Davey affirme que la construction d'un gymnase est un projet à long terme. N'oublions pas que dès 1953, le directeur de l'école, J. E. Andrews, avait affirmé que les fugues pouvaient s'expliquer en partie par des salles de jeu exiguës et mal entretenues[99].

Dans les écoles de l'Ontario, les fugues continuent d'avoir des conséquences tragiques. En décembre 1967, Joseph et Rockie Commanda sont expulsés d'une école catholique publique d'Eganville, en Ontario, à cause de leurs absences et de leur comportement. En raison de ce que l'on qualifie de « situation difficile » chez eux, on pense qu'ils devraient être placés dans une famille d'accueil. Comme on n'en trouve pas, en février 1968, on les inscrit à l'Institut Mohawk, à Brantford, en Ontario. Avec l'autorisation des parents, ils reprennent leur scolarisation lors de l'année scolaire 1968-1969. Mais ils s'enfuient à la fin de la première journée d'école. Les autorités scolaires en informent les services de police de Hamilton, de Burlington, d'Oakville et de Kitchener. Le 3 septembre, des agents de police d'Oakville les retrouvent. Rockie accepte de monter dans la voiture de la police, mais Joseph s'enfuit. Environ six heures après, Joseph meurt frappé par un train alors qu'il essayait de traverser des voies ferrées[100].

Une nouvelle tragédie se produit dans le Nord-Ouest de l'Ontario en 1970. Deux garçons âgés de 12 ans, Philip Swain et Roderick Keesick (dans certains rapports, on trouve également le nom de famille Tayapaywakejick), ne rentrent pas à la résidence catholique de Kenora à la fin de la journée d'école, le 27 novembre 1970. Les responsables du pensionnat communiquent avec la police de Kenora à 21 h 35. Le policier de Kenora qui reçoit l'appel ne transmet pas l'information à la Police provinciale de l'Ontario parce qu'il pense que le personnel de la résidence l'a fait[101]. Les instructions qu'Affaires indiennes avaient publiées en 1966 sur les mesures à prendre en cas de fugues n'étaient pas claires par rapport aux responsabilités. On indiquait simplement au personnel d'« aviser le bureau local de la Police provinciale de l'Ontario ou la GRC, selon ce qui convient le mieux »[102].

Les deux garçons essaient de rejoindre leur domicile à Grassy Narrows, à 90 kilomètres de Kenora. Ils passent la nuit du 27 novembre au domicile de l'oncle de Keesick et partent le lendemain matin[103]. C'est la dernière fois qu'on les voit vivants. Le corps de Swain est retrouvé le 5 décembre par un chasseur le long d'une route à proximité de Grassy Narrows. Deux jours plus tard, le corps de Keesick est découvert près de Grassy Narrows[104].

Un jury du coroner entend les témoignages sur les décès le 17 décembre. Il recommande qu'à l'avenir la police soit contactée immédiatement si des élèves ne reviennent pas au pensionnat à l'heure du souper, que la police soit contactée si des élèves manquent à l'appel le matin et que, dans de telles situations, la police entreprenne immédiatement des recherches, que les élèves suivent des cours de survie dans la nature et qu'une enquête soit menée sur la raison pour laquelle « les pensionnaires se sont enfuis »[105].

À la suite du verdict de cette enquête, en 1971, le personnel des Affaires indiennes du district de Kenora rencontre le personnel du pensionnat pour discuter des mesures devant être prises en cas de fugues. En outre, tous les membres du personnel des pensionnats de tout le pays reçoivent pour instruction de « prendre immédiatement des mesures d'urgence lorsqu'un élève manque à l'appel », et de contacter les responsables de la police si les enfants ne sont pas immédiatement trouvés. En outre, les membres du personnel ne doivent ménager aucun effort « pour communiquer avec les parents ou les tuteurs ». Les pensionnats doivent envisager de mettre en œuvre « un programme régulier de formation en survie à l'intention des élèves qui doivent habiter loin de leur domicile pour fréquenter l'école »[106]. Les politiques nationales sont finalement énoncées, un siècle trop tard, au même moment où le système des pensionnats est lentement aboli.

D'autres fugues et tragédies se produisent à Stringer Hall, la résidence anglicane d'Inuvik, dans les Territoires du Nord-Ouest. Au printemps de 1972, Ian et George Hurst, deux garçons de moins de dix ans tentent quatre fois de s'enfuir de Stringer Hall. Chaque fois, on les retrouve ou ils rentrent à l'école de leur plein gré[107]. Le 23 juin 1972, trois garçons, Lawrence Jack Elanik, Bernard Andreason et Dennis Dick s'enfuient de Stringer Hall[108]. Andreason est retrouvé vivant, à quelques kilomètres de Tuktoyaktuk. Il a marché environ 150 kilomètres et perdu près de quatorze kilos. Ses pieds sont extrêmement enflés. Le corps d'Elanik est retrouvé, mais on cesse les recherches pour localiser le corps de Dick. Le directeur de Stringer Hall, L. Holman, indique ce qui suit dans son rapport :

> Tout ce qu'il était possible de faire a été fait pour tenter de retrouver ces garçons avant qu'il ne soit trop tard. La GRC, le bureau et le personnel du directeur régional, les propriétaires d'avions privés, les différentes compagnies aériennes, les exploitants d'hélicoptères, les citoyens et les membres des Forces armées à Inuvik ont fait un travail remarquable[109].

Les parents s'inquiètent des dangers auxquels sont exposés les enfants fugueurs. En octobre 1944, Charles Kehler, de l'externat anglican de Massey, en Ontario, écrit une lettre à Affaires indiennes au nom d'une Autochtone, Mme Jack Owl. Son fils et un cousin se sont récemment enfuis du pensionnat Shingwauk de Sault Ste. Marie, en Ontario, parce que « l'instructeur agricole les avait maltraités, les faisait travailler comme des adultes et les poursuivait quelquefois avec une fourche ». Selon Kehler :

> Mme Owl craint que si Wilfred est ramené à l'école, il s'enfuie à nouveau et que, ce faisant, il puisse se faire mal. Il semble que lorsqu'il s'est enfui avec des camarades en septembre, ils sont montés dans un train de marchandises pour rentrer chez eux. Cette fois-ci, il a pris la route. La mère de l'enfant craint que si celui-ci continue à s'enfuir, il puisse lui arriver un grave accident ou, en hiver, être gelé.

Chez sa mère, le garçon dit que s'il ne s'était pas enfui avec son cousin, « il ne se serait pas rapproché de la maison, car il ne veut pas être ramené si la situation ne change pas. Mme Owl ne veut pas que son fils s'enfuie et erre sans abri pendant des mois »[110].

Le traitement des fugueurs

À leur retour les fugueurs font l'objet de diverses mesures disciplinaires : la courroie, la coupe de cheveux et la perte de privilèges. Ils peuvent faire aussi l'objet de sanctions, allant du renvoi, du transfert dans un autre pensionnat à l'institutionnalisation.

Concernant les trois garçons qui faisaient des fugues à répétition du pensionnat Squamish à North Vancouver, l'agent des Indiens, F. J. C. Ball recommande en 1940 que chacun d'entre eux soit envoyé dans d'autres écoles plus éloignées, à savoir celles de l'île Kuper, Christie et de Kamloops. Une telle punition, pensait-on, « ferait réfléchir les autres écoliers »[111]. Lorsque, en novembre 1945, un étudiant s'enfuit de l'école de Gordon en Saskatchewan et rentre chez lui en utilisant un traîneau et des chevaux de l'école, l'agent des Indiens recommande son transfert à l'école catholique d'Onion Lake[112]. En 1953, deux enfants de la bande du lac Swan au Manitoba, qui s'étaient enfuis à plusieurs reprises de l'école de Brandon sont transférés à l'école de Portage la Prairie[113].

Après la disparition des frères Ombash, en 1957, le directeur du pensionnat de Sioux Lookout et Affaires indiennes conviennent d'un plan pour envoyer les enfants de la région au pensionnant éloigné de Kenora. On espère ainsi décourager les élèves de s'enfuir. Mais les parents s'y opposent. Le directeur Eric Barrington fait valoir que l'automne précédent, le personnel de l'école de Sioux Lookout « n'a pas eu un moment de répit avec les fugueurs ». Il écrit toutefois que « les parents semblent penser que les enfants se sentent maintenant à l'aise à l'école et qu'ils ne causeront pas de problème. Aussi rassurant que cela puisse être, je ne suis pas sûr que la situation ne se reproduira pas à nouveau[114]. » Mais face à l'opposition des parents, le plan est abandonné et l'agent des Indiens local reçoit la consigne de renvoyer tous les fugueurs[115]. Quelques années plus tard, en 1964, Affaires indiennes recommande le transfert des fugueurs récidivistes du pensionnat presbytérien de Kenora (Cecilia Jeffrey) à l'école anglicane de Sioux Lookout[116].

Le fonctionnaire des Affaires indiennes H. B. Rodine n'approuve pas l'intention, manifestée par le directeur de Fort Frances, en Ontario, de transférer trois fugueurs récidivistes dans une école éloignée. Il recommande plutôt des séances de counseling visant à offrir aux enfants une formation adaptée[117].

Les fugueurs plus âgés sont souvent simplement renvoyés. Quatre garçons s'enfuient de l'école de Brandon au printemps de 1940. L'un d'eux âgé de 17 ans est retrouvé à Sweetgrass, au Montana. Comme il va bientôt avoir dix-huit ans, on décide de ne pas le ramener à l'école. Étant donné que la plupart des autres garçons sont proches de l'âge où on peut les renvoyer de l'école, le directeur demande l'annulation des circulaires distribuées aux postes de police afin qu'on les appréhende[118]. Quand, en 1951, deux garçons s'enfuient deux fois en un mois, le directeur de l'école de garçons de Spanish écrit : « S'ils peuvent rester chez eux, nous serons très heureux de nous en débarrasser[119]. »

Les directeurs cherchent souvent à renvoyer les élèves qui, à leur avis, « ont une mauvaise influence sur les autres ». Ce sont habituellement en priorité les fugueurs. L'agent des Indiens W. P. B. Pugh déclare que cette approche a permis de régler le problème des fugues à l'école de Blue Quills, en Alberta, et recommande qu'on l'adopte à l'école d'Hobbema, où, le 7 novembre 1945, 10 élèves ne sont pas encore revenus à l'école après les vacances d'été[120]. En décembre 1946, le directeur F. X. Gagnon du pensionnat de Beauval, en Saskatchewan, demande la permission de renvoyer un garçon qui a cherché à s'enfuir en invitant ses camarades à faire de même[121]. L'année suivante, le père d'un garçon qui s'était enfui de l'école de Sioux Lookout est informé « qu'il vaut mieux que son fils ne revienne pas étant donné qu'il exerce une mauvaise influence sur les autres garçons ». On propose plutôt au père de le punir et de l'envoyer dans un externat[122]. Cette même année, D. C. Wickenden, directeur de l'école de Sioux Lookout, demande le renvoi de trois élèves s'étant enfuis la première semaine de leur arrivée. Il écrit : « Nous ne voulons pas les ravoir, car ce sont des indésirables[123]. » En 1956, Leo Burns, directeur de l'école de Spanish, demande à Affaires indiennes l'autorisation de renvoyer deux filles qui ne cessent de faire des fugues. Les filles, qui sont sœurs « remettent en question le bien-fondé de rester à l'école contre le souhait de leurs parents ». Burns écrit qu'elles seraient probablement plus à leur place dans une maison de correction. Lors de leurs fugues, elles emportent des pierres « pour lancer au visage de ceux qui voudraient s'en prendre à elles »[124].

À l'occasion, le personnel scolaire reconnaît que certains enfants seraient davantage à leur place chez eux. En 1954, Affaires indiennes autorise le pensionnat de Shingwauk à Sault Ste. Marie, en Ontario, à renvoyer Ronald Owl, âgé de 13 ans, et à le confier à sa grand-mère. On juge que Ronald est « constamment impoli envers le personnel et a la réputation d'intimider les enfants plus jeunes. Il est accusé de fumer dans le dortoir, ce qui est absolument interdit en raison des risques d'incendie. » Ces dernières semaines, il s'est enfui deux fois, et se trouve en difficulté « pour avoir frappé un garçon plus jeune que lui et lui avoir craché au visage »[125]. Dans un autre cas, Affaires indiennes conclut au printemps de 1958 qu'il serait préférable de trouver une famille d'accueil pour un garçon de l'île du Prince-Édouard plutôt que de le réinscrire l'année suivante à l'école de Shubenacadie, en Nouvelle-Écosse[126].

Après le décès de son frère, une fille s'enfuit trois fois de l'école de Gordon. Chaque fois, elle amène avec elle une camarade. Selon le directeur, la fille fait savoir clairement qu'elle souhaite rentrer dans sa famille et fréquenter l'externat. En février 1958, le directeur J. J. Johnstone craint que l'une de ces fugues se termine mal. En conséquence, il recommande à Affaires indiennes de ramener la fille chez elle et de l'inscrire dans un externat[127]. La fille serait restée à Gordon pour le reste de l'année scolaire, mais l'école refuse de la reprendre l'année suivante[128].

En 1959, le directeur de l'école de Prince Albert, en Saskatchewan, cherche à expulser deux élèves qui fuguent sans cesse. On les avertit et frappe avec une courroie — « en respectant les consignes des agents du Ministère » — mais il n'y a pas d'amélioration. Les garder à l'école, affirme le directeur, exigerait des restrictions si dures « qu'elles iraient à l'encontre du règlement du Ministère, ainsi que du règlement concernant la protection contre les incendies, ainsi qu'à l'encontre du bon sens. L'école n'est pas une prison[129]. » Les commentaires du directeur font ressortir un enjeu de taille. De par sa nature essentiellement coercitive, le système engendre le problème des fugues.

Les renvois se pratiquent jusque dans les années 1960. En octobre 1960, cinq enfants sont renvoyés du foyer protestant à Whitehorse, au Yukon, pour avoir fugué. Dans la plupart des lettres envoyées aux parents, on prétend que les élèves ne sont pas les bienvenus à l'école puisqu'ils ne « veulent pas apprendre ». Dans un cas, la lettre est envoyée à un élève de 16 ans renvoyé auquel on dit : « Puisque tu as décidé de ne pas faire d'études, tu devras maintenant prendre soin de toi. N'imagine pas que nous allons t'aider chez toi alors que tu pourrais être bien nourri et vêtu, et vivre dans de bonnes conditions au foyer protestant[130]. » Le foyer catholique du Yukon a lui aussi pour politique de renvoyer tous les fugueurs de 16 ans et plus[131].

En 1960, Allan Noonan, directeur de l'école Christie, en Colombie-Britannique, recommande le renvoi de deux garçons de 15 ans, qui s'étaient enfuis de l'école et avaient volé un canot pour rentrer chez eux à Ahousaht. Les parents de l'un des garçons refusent d'obliger leur fils à rentrer à l'école. Noonan le considère comme un « fauteur de trouble » et « une mauvaise influence sur les jeunes ». Les parents de l'autre jeune veulent que ce dernier retourne à l'école, mais le directeur estime qu'il présente un problème pour la classe car il refuse de faire « quelque travail que ce soit »[132].

Lorsqu'ils sont renvoyés de l'école, les élèves peuvent se retrouver dans des orphelinats, des maisons de correction ou des institutions pour jeunes délinquants. En 1941, J. P. Mackey, directeur de l'école de Shubenacadie, indique à Affaires indiennes qu'il va placer un élève à la St. Patrick's Home pour garçons, à Halifax. Originaire de l'Île-du-Prince-Édouard, le garçon s'enfuit deux fois en dix jours et cause beaucoup « de problèmes et de dépenses », selon Mackey[133]. Comme le coût d'entretien du garçon à la St. Patrick's Home est beaucoup plus élevé qu'à l'école de Shubenacadie — on voit là encore que le système des pensionnats est sous-financé — , Affaires indiennes ordonne plutôt le renvoi du garçon chez lui[134]. Deux ans après, Mackey essaie de faire admettre un autre garçon à la St. Patrick's Home. Le garçon avait organisé deux fugues. Pour l'une d'entre elles, il « fabrique une clé passe-partout qui lui permet d'entrer une nuit dans les salles de rangement. Il fabrique une deuxième clé, qui lui permet de s'introduire dans les dortoirs d'où il emmène deux jeunes garçons ainsi que de la nourriture et des couvertures. » Les garçons sont rapidement retrouvés et ramenés à l'école. Le jour précédent son transfert à St. Patrick, on l'enferme dans un dortoir situé à un étage supérieur. Selon Mackey : « Il réussit à s'enfuir par la fenêtre à l'aide d'un tuyau d'incendie. Actuellement, M. Rice, la GRC et tous les intéressés fouillent le quartier pour le retrouver[135]. »

En novembre 1944, quatre garçons s'enfuient de l'école de Shubenacadie. Rapidement, on en retrouve trois, que l'on ramène à l'école, mais le quatrième réussit à rejoindre sa collectivité de Pictou Landing, en Nouvelle-Écosse. De là, il se rend, en compagnie de son frère plus âgé, à Portland, dans le Maine, où son père travaille dans un chantier naval. La police l'y retrouve et le garde dans une école confessionnelle. Le directeur de Shubenacadie, J. W. Brown, veut qu'on le ramène à l'école afin de le punir « pour le principe », en l'envoyant à la St. Patrick's Home. Le fonctionnaire des Affaires indiennes Philip Phelan rejette l'idée, au motif qu'il ne voit pas « d'avantages » à ramener le garçon à l'école[136]. De son côté, sa sœur s'enfuit de l'école quelques mois plus tard, en février 1945, et, pour la punir, on la place dans la maison de correction Good Shepherd de Halifax. Selon l'agent des Indiens « on l'aurait normalement renvoyée de l'école »[137].

Les élèves qui endommagent des biens lors de leur fugue peuvent faire l'objet de poursuites. Ainsi, à l'automne de 1942, M. Laviolette, directeur de l'école Qu'Appelle, en Saskatchewan, remet six fugueurs au détachement de la Gendarmerie. Les garçons lui ont dit qu'après s'être enfuis de l'école, ils se sont introduits par effraction dans un immeuble afin de trouver de la nourriture. Laviolette affirme que les garçons sont prêts à rembourser le propriétaire. Après enquête, la police retrouve l'immeuble en question et le propriétaire, qui refuse de porter des accusations[138]. En décembre 1956, deux élèves de l'école de Birtle sont arrêtés par la GRC pour un vol de voiture. Au lieu de les garder à vue dans la prison de Brandon dans l'attente de leur procès, les garçons sont gardés à l'école de Birtle. Le directeur N. W. Rusaw écrit : « Voilà deux garçons qui ont eu bien peur et que j'espère pouvoir garder, faute de quoi ils seront envoyés dans une maison de correction[139]. »

Conformément aux modifications apportées en 1951 à la *Loi sur les Indiens*, les enfants qui sont expulsés ou suspendus de l'école, ou qui refusent de la fréquenter assidûment, tombent sous le coup de la *Loi sur les jeunes délinquants*[140]. Les juges ont un large choix de sanctions : ils peuvent leur imposer une amende, les placer dans un foyer d'accueil, voire une école industrielle ou maison de correction jusqu'à l'âge de 21 ans[141]. Le renvoi d'un pensionnat n'est donc pas synonyme de liberté, au contraire. En 1953, le directeur du pensionnat presbytérien de Kenora avise le père de deux garçons qui se sont enfuis récemment que « s'ils causent d'autres problèmes, je suis prêt à recommander leur placement dans une institution pour jeunes délinquants »[142].

Après avoir été cataloguée comme « fugueuse à répétition » à l'école de Fort Frances, Joanne Perrault est placée en 1958 à l'école de formation pour les filles de St. Mary's à Toronto (aucun document disponible n'indique le tribunal qui aurait imposé cette sentence)[143]. En 1958, une fille âgée de 14 ans s'enfuit du pensionnat de Shingwauk et va au poste de police déclarer qu'elle a été ramassée par des hommes et violée. Lorsque la police l'emmène à un hôpital pour être examiné par un médecin, elle refuse de coopérer. Elle est ensuite ramenée à l'école. Ces mêmes événements se reproduisent cinq jours plus tard, mais la police la ramène directement à l'école. Dans les documents qu'elle a examinés, la Commission de vérité et réconciliation du Canada n'a pas été en mesure de retrouver une preuve d'enquête sur cette affaire. Le directeur Roy Phillips rapporte qu'il « doute de la véracité des faits étant donné que la jeune fille a fait plusieurs déclarations mensongères ». Phillips est convaincu que la fille souffre d'un trouble mental. Elle est conduite devant un magistrat et est placée pour une période indéterminée dans une école de formation pour les filles à Galt, en Ontario[144].

En 1959, le directeur du pensionnat de Pine Creek, au Manitoba, expulse deux filles qui, d'après lui, ont organisé une fugue avec quatre autres camarades. Il estime que ces deux filles exercent une mauvaise influence sur les autres élèves et recommande qu'elles soient transférées « dans une maison de correction »[145].

En 1954, le haut fonctionnaire des Affaires indiennes R. F. Battle informe un surintendant des Affaires indiennes que, même s'il est « possible de traiter les fugueurs à répétition comme des délinquants juvéniles », le service qui s'occupe de ces délinquants « répugne à prendre de graves sanctions à leur égard »[146]. Cette même année, Affaires indiennes avise le personnel régional qu'il « hésite à autoriser la poursuite d'élèves qui ne vont pas à l'école, lorsque ceux-ci ont plus de 15 ans »[147]. Malgré cet avis, il y a toujours des poursuites.

En 1961, un juge de la cour provinciale du Manitoba sanctionne sept garçons s'étant absentés sans autorisation du pensionnat de Birtle. Six d'entre eux sont envoyés sous escorte policière dans d'autres pensionnats. Le septième est placé pour deux ans dans une résidence pour garçons de Portage la Prairie[148].

Affaires indiennes menace également de poursuivre les personnes qui fournissent un refuge aux élèves qui se sont enfuis. Meridith Astakeesic s'enfuit à plusieurs reprises du pensionnat de Birtle pour se rendre habituellement au domicile de Stella Blackie dans la réserve de Birdtail. En 1965, le fonctionnaire des Affaires indiennes D. A. H. Nield informe Blackie de ce qui suit :

> [...] si les parents ou les grands-parents ne peuvent garder leur enfant à l'école, nous n'avons pas d'autre solution que de porter une accusation contre vous en vertu de l'article 118 de la *Loi sur les Indiens*. Lorsqu'un enfant vient chez vous pour être nourri et logé, nous vous suggérons, plutôt que de l'encourager à s'enfuir de l'école, de le frapper avec une courroie ou de le punir d'une quelconque autre façon.

La lettre n'indique pas clairement le rapport qu'il y a entre Blackie et Astakeesic, mais Nield fait remarquer que « la mère de ce garçon a été incapable de le faire garder dans un externat ou un pensionnat »[149].

Le refus de revenir à l'école à l'automne

Si la persistance des fugues témoigne de l'insatisfaction que suscite chez les élèves la vie en pensionnat, la difficulté de les faire revenir au pensionnat à l'automne témoigne, elle, de la résistance des parents à l'égard des pensionnats.

Deux semaines après le début de l'année scolaire 1940, 54 élèves ne sont toujours pas revenus au pensionnat de Fraser Lake, en Colombie-Britannique. On fait appel à la police et, le 2 octobre, 25 élèves qui manquaient à l'appel sont ramenés à l'école[150]. Trois années plus tard et à la suite d'une demande d'Affaires indiennes, le caporal de la GRC L. F. Fielder se rend dans les réserves de Fort Fraser et Stella pour avertir les parents qu'ils doivent ramener leurs enfants au pensionnat de Fraser Lake[151]. En 1946, les parents de 70 élèves refusent de ramener leurs enfants dans le même pensionnat, s'opposant entre autres au « temps que les écoliers consacrent à des travaux manuels et à l'instruction religieuse ». En outre, il souhaite que des externats soient bâtis dans leur communauté. Certains parents engagent un avocat de Prince George, en Colombie-Britannique, pour plaider leur cause[152]. L'agent des Indiens fait appel au détachement local de la Gendarmerie et, après avoir menacé les parents de poursuite, réussit à réduire à 35 le nombre d'enfants absents sans autorisation pendant la première semaine d'octobre 1946. On se propose « d'entamer, prochainement et en vertu de la *Loi sur les Indiens*, des poursuites contre certains des parents de la bande de Stony Creek qui n'ont pas ramené leurs enfants au pensionnat »[153].

Même s'il est courant de menacer les parents de poursuites, des responsables des Affaires indiennes ne le recommandent pas, surtout après la publication, en 1941, d'une directive demandant aux directeurs d'école de ne faire appel qu'en dernier recours à la Gendarmerie. En 1942, un fonctionnaire des Affaires indiennes, A. G. Hamilton, rapporte que dans la réserve de Sandy Bay au Manitoba, 35 enfants ne fréquentent pas l'école. Même si le directeur de l'école est « tout à fait disposé à prendre ses enfants », Hamilton affirme que « ces Indiens sont difficiles à gérer et, pour l'instant, je crois que ce serait une erreur d'utiliser la force »[154]. En 1942, le pensionnat de Beauval, en Saskatchewan, a du mal à se remplir. Le surintendant du bien-être et de la formation d'Affaires indiennes, R. A. Hoey, écrit : « Je suis tout à fait conscient qu'il y a cette année une grave pénurie de main-d'œuvre dans la province de la Saskatchewan et qu'il est peut-être difficile de faire revenir les écoliers plus âgés. » Mais s'ils ne reviennent pas, il recommande « d'examiner attentivement l'opportunité d'imposer des sanctions prévues dans la loi »[155].

Hoey continue de faire des mises en garde contre le recours à la police. En novembre 1943, le directeur de l'école de Moose Fort, en Ontario, demande que l'on fasse appel à la Gendarmerie pour forcer les élèves à venir à l'école. R. A. Hoey écrit ce qui suit :

> L'expérience nous a appris que chaque fois que l'on utilise la force — et on l'a fait très souvent toutes ces années pour imposer la présence des élèves dans les externats et les pensionnats indiens — les résultats sont toujours décevants. Les mesures que la GRC a imposées pour obliger les élèves à fréquenter les établissements ont donné l'impression à de nombreux parents d'Indiens que nos pensionnats sont des institutions pénales, créées, non pas pour éduquer nos enfants, mais pour les punir. Ce sentiment de la part des Indiens s'est tellement propagé que le commissaire de la GRC nous a récemment demandé de ne pas utiliser ses policiers à titre d'agents de discipline et, si nous le faisions, de le faire avec modération.

Hoey fait valoir qu'il serait possible de réduire l'antagonisme des parents en mettant sur pied des « cours plus intéressants pour les Indiens et mieux adaptés aux besoins de la population indienne »[156].

En 1943, Ed Rheaume, directeur du pensionnat indien d'Hobbema, en Alberta, propose de rendre visite, au début de l'année scolaire, à tous les parents qui n'ont pas envoyé leurs enfants au pensionnat. Si cette mesure n'arrivait pas à les convaincre d'envoyer leurs enfants au pensionnat, l'agent des Indiens et lui-même leur rendraient une seconde visite. Seulement alors envisagerait-on des « mesures plus sévères ». En adoptant cette approche, il espère éviter l'intervention de la Gendarmerie[157].

Il est toutefois clair que l'on continue de faire appel à la police pour faire revenir les élèves à l'automne. En octobre 1945, H. A. R. Gagnon, commissaire adjoint de la GRC, écrit une lettre au directeur de la Division des affaires indiennes, pour se plaindre du fait que l'agent des Indiens de Cardston, en Alberta, confie 51 cas d'absentéisme à la GRC. Gagnon affirme qu'il serait davantage opportun pour Affaires indiennes de nommer un agent de discipline[158].

En août 1945, des parents de la réserve de Little Pine en Saskatchewan refusent d'envoyer leurs enfants à l'école anglicane St. Alban à Prince Albert. Dans leur lettre de protestation, trois des pères écrivent que les enfants de la collectivité sont rentrés chez eux pour les vacances en haillons.

> Certains avaient des chaussures qui n'étaient pas en état d'être portées et, dans de nombreux cas, elles étaient beaucoup trop grandes. L'une des filles avait des ulcères sur toute la jambe et avait du mal à marcher. Nos enfants nous disent que la nourriture est parfois de très mauvaise qualité et qu'on les oblige à la manger. De plus, nos enfants nous disent que le révérend Ellis a eu des paroles inappropriées — ayant dit à une occasion à tous les élèves « ne savez-vous pas que je peux tous vous tuer et vous jeter dans le puits de cendres, sans même me donner la peine de vous enterrer ». Il les a frappés et leur a fait subir de mauvais traitements.

Les parents font en outre remarquer que l'école est surpeuplée et que certains élèves « n'ont qu'une demi-journée d'école pour laisser la place aux autres ». Ils préfèrent donc que leurs enfants fréquentent l'externat de la réserve[159].

Après s'être rendu dans cette école, l'agent des Indiens J. Bryce conclut que les élèves sont bien nourris et bien vêtus et qu'ils ne manifestent aucun signe « de peur ou de ressentiment »[160]. Le fonctionnaire des Affaires indiennes C. S. Bell se rend alors dans la réserve de Little Pine, où il « avertit les parents que les enfants doivent être ramenés à l'école ». Lorsqu'il apprend que les parents ne ramèneront pas les enfants à l'école, il revient avec la Gendarmerie et « prend huit enfants qui étaient absents sans autorisation de l'école ».[161]

Cette démonstration de force ne fait pas grand-chose pour régler le problème des fugues à l'école. Trois ans après, Bernard Neary, surintendant de l'éducation pour Affaires indiennes demande à J. P. B. Ostrander, fonctionnaire régional du Ministère, de faire enquête sur les raisons pour lesquelles tant d'enfants s'enfuient de l'école de Prince Albert[162]. Un rapport préparé à l'automne par un agent local d'Affaires indiennes fait le constat suivant : « Les deux tiers des employés sont âgés et en mauvaise santé. Le manque de jeux et de sports organisés pousse les enfants, garçons et filles, à s'enfuir[163]. » En octobre, le directeur F. W. Fisher écrit : « Depuis le 5 septembre, j'ai parcouru 2 400 milles, dont au moins les deux tiers pour essayer de ramener des enfants à l'école. Je ne sais vraiment plus quoi faire. Pour beaucoup de ces enfants, il s'agit de la quatrième ou cinquième fugues[164]. »

Selon le fonctionnaire des Affaires indiennes C. A. F. Clark, le mode de fonctionnement lui rappelle « l'époque des écoles missionnaires où les parents étaient encouragés plutôt que forcés à envoyer leurs enfants à l'école ». Le directeur passe presque tout l'automne à trouver des élèves. De leur côté, les parents se plaignent du fait que les enfants sont mal nourris, mal habillés et sales, et les retirent de l'école. John Tootoosis et d'autres leaders des Premières Nations se rendent dans les écoles pour faire enquête sur les conditions de vie, ce qui amène Clark à recommander que les « visites des parents se fassent sur rendez-vous et dans des lieux précis et que quiconque autre qu'un agent ministériel désireux de faire enquête obtienne d'abord l'autorisation du surintendant »[165]. La *Loi sur les Indiens* de l'époque stipule d'ailleurs ceci : « Le chef et le conseil de toute bande dont les enfants fréquentent une école ont le droit de faire l'inspection de cette école aux époques raisonnables que l'agent des Indiens et le principal de l'école peuvent fixer[166]. » Toutefois, les modifications adoptées en 1951, trois ans après la recommandation proposée par Clark, ne contiennent plus de telle disposition.

En octobre 1947, 29 élèves sont absents sans autorisation du pensionnat de Morley, en Alberta[167]. Au premier trimestre de l'année scolaire 1948, il y a 50 absences non autorisées à l'école d'Hobbema. À la fin mars, tous les enfants ont réintégré l'école, sauf cinq. Ces derniers ayant plus de 15 ans et l'école étant remplie, le directeur et l'agent des Indiens décident de ne pas les forcer à revenir[168].

En mars 1946, l'agent des Indiens J. E. Pugh prépare un rapport sur les absences non autorisées aux écoles anglicane et catholique de Cardston, en Alberta. Il fait remarquer que les parents des élèves de la réserve des Gens-du-Sang n'envoient pas leurs enfants dans les pensionnats. Le conseiller de bande Joe Bullshields lui dit que la raison pour laquelle il est si difficile de convaincre les parents de renvoyer leurs enfants au pensionnat, c'est que « les Indiens voient le pensionnat comme un pénitencier »[169]. Lorsque le fonctionnaire des Affaires indiennes C. A. F. Clark se rend à l'école anglicane de Cardston en 1949, il constate qu'il y a 92 élèves alors que l'école peut en accueillir 200. Il écrit : « Il y a suffisamment d'enfants dans la réserve pour remplir l'école où trois salles de classe sont vides[170]. » À une réunion du conseil de bande des Gens-du-Sang, les parents disent à Clark qu'ils hésitent à envoyer leurs enfants à l'école parce que le directeur n'est pas membre du clergé et qu'il est « dur » avec les enfants. Par ailleurs, on ne donne pas suffisamment de pain à manger aux enfants et « les enseignants ne sont pas très compétents ». Clark rétorque que Pitts est un pasteur laïc de l'Église anglicane et que c'est un enseignant et directeur expérimenté. Il affirme en outre qu'il a rappelé à Pitts le règlement ministériel concernant la discipline. Il promet une augmentation des rations de pain et avise qu'on a « l'intention d'engager de meilleurs enseignants »[171].

Le fonctionnaire d'Affaires indiennes G. H. Gooderham effectue une visite de suivi. Il dresse le portrait suivant de l'école :

> [Elle] n'est ni propre ni ordonnée et le directeur non plus d'ailleurs. C'est un jeune homme assez agréable, mais qui ne m'a pas beaucoup impressionné. Quant au personnel enseignant, j'ai constaté trois nouveaux visages que l'on a déjà vus dans d'autres établissements, deux d'entre eux au pensionnat d'Edmonton et que M. Staley a laissé partir à cause de leur inefficacité. Le troisième, un homme âgé, a déjà été au pensionnat Old Sun. Peut-être qu'il a déjà été un bon enseignant, mais sa salle de classe est tellement désordonnée que je crains que ses résultats soient très mauvais.

Il fait remarquer que de nombreux parents n'envoient pas leurs enfants à l'école et en conclut que si l'évaluation négative du directeur faite par le conseiller Bullshields reflète « l'opinion de la majorité des membres anglicans de la bande, M. Pitts est un incapable et doit être remplacé »[172]. Ce n'est qu'en 1952, à la suite de nombreuses autres critiques, que Pitts démissionne[173].

Pour se défendre des allégations de Pitts selon lesquelles le personnel local des Affaires indiennes ne prend pas de mesures suffisantes pour forcer les élèves à fréquenter le pensionnat, l'agent des Indiens Ralph Ragan décrit le processus suivi par Affaires indiennes pour retrouver les élèves qui ne se présentent pas à l'école. Fin novembre, Ragan écrit :

> Notre scout indien, Rufus Good Striker, s'affaire depuis septembre à ramener des élèves à St. Paul's [le pensionnat anglican de Cardston]. Seul et avec ses compatriotes, il a fait du bon travail. À cause de la pénurie de personnel et de la récolte la plus grande et la plus difficile qu'ait eue la réserve cette année, avec d'immenses problèmes de comptabilité entraînés par les quotas de blé, M. Pitts a été avisé qu'aucun employé ne pouvait s'occuper des élèves manquant à l'appel jusqu'à ce que tout soit terminé. Le 10 novembre, une solution a été proposée. Dans une lettre adressée à M. Gooderham, on a choisi la semaine du 17 novembre, où tout le personnel équipé de camions pourrait partir à la recherche des élèves absents. La voiture du surintendant et deux camions-citernes légers ont été déployés par cinq membres du personnel à partir du 17[174].

En octobre 1953, les parents de la réserve de Whitedog dans le Nord-Ouest de l'Ontario font valoir les « mauvais traitements subis par nos enfants » à l'école pour proposer un externat qui remplacerait le pensionnat presbytérien de Kenora. « Pour les punir, on les enferme et ils sont tellement révoltés qu'ils fuguent très souvent, ce qui les expose à des dangers avant qu'ils ne puissent se rendre à leur domicile[175]. »

Les fonctionnaires du gouvernement ne comprennent pas toujours pourquoi les parents ne veulent pas envoyer leurs enfants à l'école. En 1954, Norman Paterson, le surintendant de l'agence indienne de Kenora écrit qu'il « demande depuis longtemps de la part du chef et des conseillers une raison valable » pour laquelle les parents de la réserve de Whitedog ne veulent pas inscrire leurs enfants au pensionnat. Selon lui, il se pourrait que des enfants de Kenora « aient eu de la difficulté à revenir dans la réserve ». On pense notamment au cas du fugueur, dont on a fait déjà état, qui avait subi de telles engelures qu'il avait fallu l'amputer d'une jambe. Paterson ne semble pas avoir considéré ces « difficultés » comme raison valable pour les parents de retirer leurs enfants de l'école[176].

Il n'est donc pas surprenant que l'école du Nord-Ouest de l'Ontario ait eu des difficultés par rapport au recrutement et aux fugueurs. À l'automne de 1953, 63 élèves manquaient à l'appel à l'école presbytérienne de Kenora. Certains d'entre eux n'étaient pas revenus à l'école depuis deux ou trois ans[177]. En novembre, il y avait toujours 14 élèves qui manquaient à l'appel[178].

Le pouvoir légal de garder les élèves à l'école

Depuis les années 1890, Affaires indiennes refuse aux parents l'autorisation de retirer leurs enfants de l'école au motif qu'ils ont volontairement accepté de les inscrire. Dans les années 1950, le formulaire stipule que les enfants demeurent sous la tutelle du pensionnat « aussi longtemps que le ministre des Mines et des Ressources le juge nécessaire »[179]. Toutefois, le Ministère apprend en 1952 que le formulaire n'a pas de fondement juridique. Il l'apprend lorsqu'une fillette de huit ans quitte le pensionnat Squamish, en Colombie-Britannique, pour retourner chez son père. Elle continue de fréquenter l'école comme externe. Affaires indiennes en arrive à la conclusion qu'elle « se promène dans la réserve toute la nuit par manque de supervision chez elle ». Le Ministère demande à la Gendarmerie de poursuivre le père en vertu de l'article 118 de la *Loi sur les Indiens*, selon lequel il est interdit d'ignorer l'ordre pour un enfant de « fréquenter l'école ». Le plaidoyer d'Affaires indiennes est rendu difficile par le fait que la fillette fréquentait en fait l'école. D'après l'argument du Ministère, la fillette doit réintégrer le pensionnat parce que, lors de son inscription, son père a convenu qu'elle reste dans l'école jusqu'à ce que le ministre juge opportun de l'en dispenser[180].

Toutefois, un conseiller juridique d'Affaires indiennes fait valoir un avis du ministère de la Justice de 1892 selon lequel les dispositions du formulaire d'admission n'ont pas de fondement juridique. Le père ne peut être poursuivi en vertu de la *Loi sur les Indiens* à moins que le ministre responsable des Affaires indiennes n'ordonne, en vertu de l'article 117 de la *Loi sur les Indiens*, qu'elle fréquente un pensionnat[181]. Le problème est réglé par le retour de la fillette au pensionnat[182]. Toutefois, les fonctionnaires d'Affaires indiennes ont la désagréable surprise d'apprendre que le formulaire d'admission, qui sert depuis longtemps de fondement à la politique sur les absences non autorisées, n'a pas de fondement juridique. Comme l'écrit W. S. Arneil, commissaire des Indiens de la Colombie-Britannique : « Il semble donc qu'il n'est pas possible de renvoyer un enfant dans un pensionnat à moins que le ministre ne stipule que l'enfant doit le fréquenter[183]. » Malgré cela, aucune modification n'est apportée à la *Loi sur les Indiens*.

Combinée à la fermeture des pensionnats, la multiplication des externats semble réduire le problème de recrutement sans toutefois l'éliminer. À la mi-septembre 1960, dix enfants du Yukon ne se sont toujours pas présentés au pensionnat de Lower Post, en Colombie-Britannique[184]. En 1972, 13 élèves ne reviennent pas à la résidence de Fraser Lake, en Colombie-Britannique, après les vacances de Pâques. Certains travaillent, d'autres fréquentent l'externat et d'autres encore ne reviennent tout simplement pas[185].

« Les efforts déployés pour la retrouver n'ont pas donné de résultats » : ceux qui ont disparu et ceux qui manquent à l'appel

Dans bien des cas, les fugueurs ne sont pas retrouvés et ne reviennent pas à l'école. Souvent, l'absence de dossier ne permet pas de déterminer le sort d'un enfant. Quelquefois, on n'a pas de dossier sur le retour d'un enfant ou sur son décès. Certains décès font l'objet d'enquête mais d'autres ne sont pratiquement pas rapportés. Peut-être que certains de ces enfants sont rentrés chez eux, que d'autres se sont rendus dans des communautés urbaines et que d'autres encore sont décédés en essayant de rentrer chez eux. Les enfants les plus à risque sont ceux qui n'ont plus de domicile où revenir. Si l'on n'a pas de données statistiques sur le phénomène, on a toutefois des rapports alarmants sur des cas survenus à la fin des années 1950 et dans les années 1960.

En 1957, le fonctionnaire des Affaires indiennes N. Ogrady rapporte qu'une fille manque à l'appel depuis « environ deux semaines » à l'école de Lestock, en Saskatchewan. Ogrady affirme avoir reçu récemment des renseignements selon lesquels elle pourrait être chez sa mère, qui travaille à Lipton, en Saskatchewan[186]. Le dossier ne précise pas si la fille est chez elle, mais sa mère reçoit l'ordre de la renvoyer à l'école ou, si elle sait où elle se trouve, d'en aviser l'école[187]. En novembre 1957, deux filles s'enfuient du pensionnat anglican de Cardston, en Alberta[188]. Le mois de février suivant, on ne les a toujours pas retrouvées. Le directeur adjoint de l'école avise la Gendarmerie qu'il ne souhaite pas leur retour[189]. En mars, la police finit par les retrouver : l'une vit chez sa mère, l'autre, dans le district de Picture Butte, en Alberta. La police ne semble pas avoir ramené l'une ou l'autre fille à l'école[190].

Le 26 mai 1960, une élève est absente depuis quatre jours de l'école Qu'Appelle. Ce n'est qu'à ce moment-là que le directeur de l'école écrit à l'agent des Indiens responsable de sa réserve. Au lieu de lui dire qu'il faut faire des recherches pour retrouver la fille, il lui indique de ne pas la faire ramener à l'école si on la retrouve[191]. (Elle est apparemment retrouvée et admise à l'école à l'automne de 1961[192].)

Le 31 octobre 1967, trois filles s'enfuient de l'école de Duck Lake, en Saskatchewan. Deux d'entre elles sont rapidement retrouvées tandis que la troisième manque toujours à l'appel une semaine plus tard[193]. Son dossier indique qu'elle a été suspendue de l'école pour avoir fugué, alors que l'on ne sait pas où elle se trouve[194].

Dans bien des cas, les élèves défient l'ordre de revenir à l'école. En novembre 1967, le directeur de la résidence catholique romaine à Whitehorse, au Yukon, rapporte qu'une jeune fille qui avait de la difficulté à s'ajuster à la vie en résidence s'était enfuie. Lorsque les responsables de l'école l'ont vue dans la collectivité, elle a refusé de retourner à la résidence[195]. Le 25 novembre 1967, une fille s'enfuit de la même résidence. Elle manque toujours à l'appel le 28 novembre[196]. Leur fugue est consignée dans le rapport trimestriel publié à la fin de décembre 1967[197]. À la fin de 1971, l'un des surveillants d'Akaitcho Hall à Yellowknife, dans les Territoires du Nord-Ouest, croise un élève dans la rue pendant les heures d'école. « Lorsque je lui demande s'il ne devrait pas être à l'école à cette heure-ci, il me répond qu'effectivement il devrait être à l'atelier, mais qu'il n'avait pas envie d'assister au cours. » Le surintendant de la résidence, A. J. Boxer, affirme qu'aux yeux du personnel de la résidence « cette attitude semble courante »[198].

En février 1968, cinq filles s'enfuient du pensionnat de Fort Alexander, au Manitoba. La GRC participe à leur recherche, mais elles ne sont pas ramenées à l'école cette année-là[199]. Deux de ces filles sont des sœurs adolescentes qui ont été placées au pensionnat après le meurtre de leur mère par leur père. À l'automne de 1968, l'aînée des deux est placée au pensionnat Assiniboia de Winnipeg. Elle s'enfuit après deux semaines. Le surintendant des écoles d'Affaires indiennes pour le district, G. T. Ross, fait l'affirmation suivante : « Les efforts déployés pour la retrouver n'ont pas donné de résultats. Nous savons qu'elle se trouve actuellement à Winnipeg, mais qu'elle ne reste pas longtemps à la même adresse. » Sa sœur cadette et ramenée au pensionnat de Fort Alexander. Cependant, elle n'y reste pas et on rapporte « erre dans la réserve ». Sur la recommandation du conseil de bande, l'administrateur de la résidence la transfère à Winnipeg. Selon Ross, en décembre 1968 « elle se trouve quelque part à Winnipeg ». On pense qu'elle est en compagnie d'une troisième adolescente qui s'est elle aussi enfuie de Fort Alexander. Ross pense que les trois filles sont « en danger, en errant dans les rues »[200]. Lors de son examen des documents, la Commission de vérité et réconciliation du Canada n'a pas été en mesure d'établir qu'elles ont été retrouvées. En novembre 1969, une autre élève ne revient pas à la même résidence. La police la retrouve et la ramène par avion dans sa communauté[201].

Le directeur de l'école Assiniboia, Roland Chaput, attend huit jours avant d'écrire à des parents qui résident à South Indian Lake pour les aviser que leur fils de 18 ans a quitté la résidence en mars 1968. Chaput écrit : « Il est parti ce jour-là de la résidence sans rien dire, comme s'il s'apprêtait à se rendre à l'école, et on ne l'a pas revu depuis. » Il indique qu'Affaires indiennes a été informé de sa disparition[202].

Le 29 novembre 1968, un garçon s'enfuit de l'école de Duck Lake, en Saskatchewan. Le 4 décembre, il n'est toujours pas rentré[203]. On ne sait pas ce qui est advenu de lui. Si son nom est consigné dans le relevé trimestriel de décembre 1968, il ne figure pas dans celui de mars 1969[204].

Après avoir subi une opération à l'oreille à l'hôpital de Prince George, en Colombie-Britannique, une élève quitte l'hôpital le 26 novembre 1971. La police et sa famille en sont avisées, mais ce n'est que le 16 décembre qu'elle revient à l'école[205].

Le 24 janvier 1975, deux adolescentes de 14 ans manquent depuis deux semaines à l'appel au pensionnat presbytérien de Kenora[206]. L'une d'entre elles est orpheline, sa mère étant décédée d'une intoxication par l'alcool en 1970, deux ans après le suicide de son père[207]. Dans les documents qu'elle a examinés, la Commission de vérité et réconciliation du Canada n'a trouvé aucun rapport de présence des filles après qu'elles aient quitté la résidence. La dernière fois que le nom de l'autre fille est mentionné, c'est dans un registre des inscriptions pour le premier trimestre de 1976, mais sans aucune indication du nombre de jours de présence[208].

Un système aussi mal financé et surveillé que celui des pensionnats pour les enfants autochtones devait forcément mener à une tragédie. Il devait inévitablement pousser bien des élèves à s'enfuir. Et il devait également amener bien des parents à cesser d'y inscrire leurs enfants. Mal formé, mal rémunéré et en nombre insuffisant, le personnel ne pouvait certainement pas retrouver et ramener les enfants à l'école avant qu'un incident tragique ne survienne. Voilà les leçons que l'on peut tirer des 50 premières années du système des pensionnats. Elles étaient déjà claires en 1939. Ce qui est scandaleux toutefois, c'est qu'au cours des 50 années suivantes, les enfants ont trop souvent continué d'être inutilement victimes des erreurs du passé.

CHAPITRE 40

Discipline : 1940-2000

Au cours des années 1960, le ministère des Affaires indiennes demande à un certain nombre d'anciens élèves de formuler des commentaires sur leur séjour au pensionnat. Les réponses de deux hommes soulignent la nature abusive de la discipline dans les pensionnats. Un ancien élève des pensionnats de Birtle et de Brandon, au Manitoba, relate que parmi les mesures disciplinaires lui ayant été imposées dans ces pensionnats, il se souvient « d'avoir été attaché au mât d'un drapeau, d'avoir été envoyé au lit sans nourriture, d'avoir été littéralement battu et giflé par le personnel ». Les élèves « étaient enfermés comme du bétail, le soir ». C'était, indique-t-il, « une injure à la dignité humaine »[1].

Un autre élève, du nom de Russell Moses, écrit ce qui suit au sujet de la discipline régnant à l'Institut Mohawk en Ontario pendant les années 1940 : « J'ai vu des enfants indiens se faire frotter le visage avec des excréments humains, par un homme qui est décédé depuis. » Il arrivait ceci aux enfants qui fuguaient :

> [Ils étaient] ramenés pour faire face à la musique. On avait une forme de « passer par les baguettes » dans laquelle le fautif, à quatre pattes, devait passer sous les jambes écartées de tous les garçons et il était frappé par tout ce qui tombait sous la main, sous la supervision du maître des garçons. J'ai vu des garçons passer au travers d'une ligne de cinquante à soixante-dix garçons, qui étaient couchés et pleuraient, dans la misère et la douleur humaine la plus abjecte, sans que personne se soucie de leur dignité[2]!!!

Les souvenirs de ces deux anciens élèves sont conformes aux déclarations que d'anciens élèves ont fournies à la Commission de vérité et réconciliation du Canada depuis le début de ses travaux en 2009. À titre d'exemple, Edmund Metatawabin a déclaré ceci au sujet des minutes ayant suivi son arrivée au pensionnat de Fort Albany (Ontario) : « J'ai été giflé pour la première fois par la religieuse qui était notre surveillante. Je crois que j'avais six ans. J'ai été giflé si fort que j'ai frappé le mur et j'ai rebondi contre le mur, sous les insultes de la surveillante[3] ». Flora Moore a déclaré qu'elle avait été punie pour avoir joué dans les rangs en direction de la salle des repas de l'Institut Mohawk.

> Cet homme m'a attrapée par la peau du cou, m'a donné un coup de pied au derrière, et ensuite il m'a emmenée dans une salle, et je ne sais pas ce qui est arrivé là, tout ce que je sais c'est que j'avais des traces de coups de courroie sur le corps et que mes mains avaient des cloques, vraiment beaucoup de cloques au point où je ne pouvais pas les utiliser, je ne pouvais pas écrire pendant quelques jours. Personne ne se souciait vraiment de voir mes mains, parce que j'avais l'habitude de les cacher. Je ne l'ai jamais dit à personne, j'ai gardé ça pour moi et tout. Je les rinçais dans l'eau froide. Je prenais soin de moi-même.

La punition a suscité en elle de la peur et de l'anxiété pour le reste de l'année.

> C'était la toute première fois que je subissais des abus physiques. Des abus physiques que jamais ma mère, ou mes parents, jamais ils ne me traitaient comme ça, vous savez. C'était la première fois que je subissais des abus physiques. C'était très douloureux. Après ça, je n'arrivais jamais à dormir. J'en avais assez, je n'ai jamais pu bien dormir après ça. Toute cette année-là où je devais retourner, ça me tourmentait sans cesse, ce qui était arrivé[4].

Pour de nombreux élèves, la discipline des pensionnats est brutale et non réglementée; la ligne entre le châtiment corporel et les abus physiques était franchie bien trop facilement. Les archives documentaires démontrent que le gouvernement fédéral n'a pas élaboré ni rendu applicables des normes disciplinaires appropriées. Certains prétendent parfois que la discipline régnant dans les pensionnats ne dépassait pas les « normes de l'époque ». Tel que le démontreront les pages qui suivent, le ministère des Affaires indiennes a établi peu de normes en ce qui concerne la discipline. Celles qui ont été établies l'étaient souvent en réaction à ce qui était perçu comme étant une discipline excessivement punitive. En outre, le Ministère n'a pas communiqué adéquatement l'existence de ces normes, ne s'est pas assuré qu'elles étaient respectées et n'a pas réagi lorsqu'elles ont été bafouées.

L'incapacité d'élaborer et de faire respecter une politique disciplinaire

En 1940, un membre de la bande Islington, en Ontario, emmène son fils à l'agent des Indiens de Kenora, Frank Edwards. L'enfant s'était sauvé de l'école presbytérienne de la communauté après que son surveillant, à l'école, lui ait jeté une pierre qui avait atteint sa tête. Edwards emmène l'enfant et son père à l'école, et rencontre le surveillant. L'homme reconnaît qu'il a frappé l'enfant à la tête avec une pierre. Il dit avoir fait cela, car l'enfant refusait d'obéir à une directive de cesser de lancer des pierres. D'après l'agent, bien que le directeur, E.W. Byers, ait réprimandé l'employé pour son geste, il s'est mis en colère en approchant l'agent et lui a dit que chaque fois qu'il venait à l'école, « il y avait toujours des ennuis, et qu'il n'allait pas se laisser faire, et que je ne devrais pas écouter les Indiens ou les élèves lorsqu'ils viennent me voir avec leurs problèmes ». Le directeur avait été remercié récemment et était en train de terminer son mandat. Il alléguait que l'agent nuisait à la discipline de l'école[5]. Cet incident met en lumière les principaux enjeux de l'époque en matière de discipline. Qui avait le droit de discipliner les élèves? Quelles mesures pouvaient-ils employer? De quelle manière les règles étaient-elles communiquées aux élèves et aux parents? Quel rôle le ministère des Affaires indiennes jouait-il dans la réglementation de la discipline dans les écoles? Tel que le démontre la section qui suit, le ministère des Affaires indiennes n'a pas répondu rapidement aux deux premières questions. Il a par ailleurs été inefficace dans l'application des règles qu'il a élaborées.

La quête d'une politique : 1940-1960

R. A. Hoey, surintendant des Affaires indiennes pour le bien-être et la formation, écrit en 1937 qu'une circulaire sur la discipline avait été envoyée aux directeurs d'école, énonçant que « les châtiments corporels ne doivent être administrés que par un membre du personnel, en présence du directeur »[6]. Rien, dans l'abondante correspondance liée à la discipline du début des années 1940, ne renvoie à cette circulaire ni à d'autres directives concernant la discipline émises par le ministère des Affaires indiennes. Il ne semble pas non plus qu'on ait déployé des efforts pour appliquer cette règle. Les plus anciennes directives liées à la discipline que la Commission de vérité et réconciliation a pu retrouver ont été émises dix ans plus tard, soit en 1947[7]. Or, il était clair, longtemps avant cela, que de telles directives étaient nécessaires.

Cecil Perkins, un ancien employé de l'Institut Coqualeetza à Chilliwack, en Colombie-Britannique, écrit au ministère des Affaires indiennes en juin 1940 pour faire rapport de deux gestes disciplinaires qu'il avait observés au pensionnat. Dans l'un des cas, le fermier de l'école, Ray Carter, était en colère, car les garçons avaient mis trop de temps à se rassembler pour les prières du soir. Il avait donné un coup de poing à un des garçons. D'après Perkins, « le garçon a évité le coup, mais s'il ne l'avait pas fait, ce coup aurait pu le blesser sérieusement ». Le garçon a tenté de se cacher, mais Carter l'a retrouvé et d'après Perkins, « a décidé de lui administrer une sérieuse raclée. Il a utilisé une section ou un morceau de harnais après avoir forcé le garçon à baisser son pantalon. Il s'agit là d'une forme de châtiment corporel communément employée contre les garçons au pensionnat. » Une autre fois, toujours d'après Perkins, un certain nombre de garçons ont été forcés de manger la moitié d'un pain de savon comme punition pour avoir juré. Perkins mentionne qu'on l'aurait averti de ne pas soulever ces questions auprès du Ministère, car « d'autres ont essayé et se sont attiré encore plus d'ennuis »[8]. Le directeur de l'école, R. C. Scott, dit qu'il savait que Carter avait « donné une claque » à l'un des élèves et lui aurait dit que « ça ne devait pas se répéter ». Scott nie que les élèves ont été forcés de manger du savon. Il dit, cependant : « À quelques rares occasions il a été dit aux garçons, après qu'ils aient utilisé de gros mots, qu'ils devraient se "laver la bouche"[9]. » De son côté, Carter a affirmé qu'alors que les garçons étaient appelés pour les prières, l'un d'eux faisait du bruit et l'imitait. « J'ai dit à Joe que s'il ne restait pas silencieux, je prendrais des mesures pour m'assurer qu'il reste silencieux. Il a dit, "Vous pensez que vous pouvez faire ça?" J'ai dit, "Oui", et ensuite je l'ai frappé. » Le garçon a évité le coup et Carter est tombé sur ses mains. Plus tard, il a forcé le garçon à baisser son pantalon et lui a administré « six coups de courroie sur le derrière ». Il a déclaré qu'il avait la permission du directeur en fonction d'administrer le châtiment[10].

Un fonctionnaire du ministère des Affaires indiennes, G. H. Barry, a effectué l'enquête relative aux accusations. Cette enquête se limitait à recueillir des déclarations des membres du personnel de l'école. Barry n'a pas parlé aux élèves ni à Perkins, l'employé qui avait soulevé les inquiétudes. Il conclut ce qui suit : « Il n'y a eu aucun mauvais traitement des garçons, contrairement à ce qui est allégué. » Il croit plutôt que les accusations de Perkins étaient un « récit hautement exagéré de deux ou trois incidents qui se sont de toute évidence produits au moment où il se trouvait à l'école Coqualeetza ». Malgré ses conclusions, ses recommandations indiquent que des problèmes existaient à l'école. Plus précisément, il conseille au directeur de faire ceci :

> Limiter, à l'avenir, l'imposition de châtiments corporels en exigeant qu'une permission définie soit obtenue en premier lieu, soit de lui à titre de directeur ou en son absence, du directeur suppléant du pensionnat.
>
> Je conseille, en plus, que dans l'avenir tout châtiment corporel soit imposé à l'aide d'une courroie réglementaire du pensionnat, faite en caoutchouc. La courroie utilisée à cette école depuis des années a été faite pour cet usage en particulier. Il ne s'agit pas d'un morceau de harnais tel que suggéré, mais elle est selon moi un peu trop épaisse, surtout pour les punitions aux garçons plus jeunes[11].

Barry ne fait référence à aucune politique du ministère des Affaires indiennes. Cela démontre, encore une fois, qu'aucune politique n'existait à l'échelle du système.

Ce ne sont pas tous les cas de discipline excessive qui étaient tolérés. En janvier 1941, G. C. Laight, un agent des Indiens, reçoit un appel téléphonique de Leo Breland, lui annonçant que son fils Fred et deux de ses amis se trouvaient chez lui, car ils s'étaient sauvés du pensionnat St-Albert en Alberta. Lorsque Laight demande à Breland de ramener les garçons, Breland répond que son fils s'était sauvé, car le maître des garçons avait tenté de l'étouffer. Laight demande à Breland de le rencontrer à l'école plus tard ce jour-là, avec les garçons. En présence de la directrice, sœur Sainte-Sabine, et du maître des garçons, Tony Boutet, Fred Breland a affirmé que Boutet l'avait agrippé à la gorge à deux mains puis soulevé dans les airs. L'un des autres garçons a dit qu'il avait vu le maître étouffer Fred Breland ainsi qu'un autre garçon. Les trois garçons ont mentionné que cet incident était la raison pour laquelle ils avaient décidé de se sauver. Deux autres garçons ont été appelés. Ils ont déclaré avoir eux aussi été témoins de l'agression. À l'origine, Boutet avait affirmé qu'il avait agrippé un des garçons par le cou, car il était en train de se sauver. Plus tard, il a admis que ce n'était pas le cas. Laight a dit à Boutet que le Ministère ne s'opposait pas aux punitions « administrées correctement », mais qu'il « ne pouvait pas tolérer » la punition administrée par Boutet[12]. Boutet a été congédié à la suite de l'enquête[13].

Les parents d'au moins trois enfants font des déclarations sous serment en 1943 pour protester contre la dureté du régime du directeur Oliver Strapp à l'école Mount Elgin, en Ontario. Jessie Seneca, mère de Loraine Tooshknig, avait appris de sa fille que « lorsque M. Strapp punissait les filles, il soulevait leurs jupes pour les fouetter ». Loraine affirme qu'à la suite d'une punition de Strapp, elle a conservé une cicatrice sur le poignet[14]. Elle dit également que mademoiselle Prentice, une professeure que les enfants trouvaient sympathique, avait été remerciée, car elle était trop douce[15]. Annie Waddilove, tutrice d'une autre élève appelée Mildred Fisher, soutient que d'après Mildred, « les filles sont sévèrement fouettées ou frappées avec une courroie pour des infractions très mineures, et [le directeur] les avertit qu'elles ne doivent pas parler des conditions existant au pensionnat lorsqu'elles vont à la maison »[16]. La mère de Beulah French, Charlotte, soutient que sa fille n'avait pas reçu les soins requis par ses problèmes médicaux[17]. Il y avait également des plaintes au sujet du pain qui était éventé, des céréales qui contenaient des vers, du lait qui avait suri et des repas qui n'étaient pas adéquatement cuits[18]. À la suite de ces plaintes, les Chippewas de la Thames ont adopté une résolution du conseil de bande, demandant une enquête au sujet de l'école[19].

Le ministère des Affaires indiennes a également reçu des plaintes de membres de la communauté non autochtone au sujet de l'école Mount Elgin. En 1944, R. W. MacDonald, de St. Thomas en Ontario, ramène à l'école un garçon qui s'en était sauvé. Le garçon en question, qui était le petit-fils d'un homme qui travaillait pour MacDonald, lui a dit qu'il avait été menacé par Strapp. MacDonald a adressé une lettre au Ministère dans laquelle il écrit que « si la moitié de ce que ce garçon raconte est vrai », il était « drôlement content de ne pas être un Indien ». Il était temps, dit-il, qu'une enquête soit menée au sujet de l'école[20].

Aucune enquête n'est effectuée. Strapp est plutôt transféré à une école de l'Église Unie à Brandon, au Manitoba, en 1944[21]. Ses problèmes l'ont suivi. À cet endroit, Strapp s'est retrouvé continuellement en conflit avec les élèves, les membres du personnel, les parents autochtones, le ministère des Affaires indiennes et même le gouvernement de la Saskatchewan. L'historique de l'école de Brandon sous la direction de Strapp démontre un lien continu entre le régime de discipline sévère et les fugues.

Le 12 septembre 1950, John Dowan, de la réserve indienne de Clark River, écrit au ministère des Affaires indiennes, car son fils Evan s'était échappé de l'école deux fois au cours de la dernière semaine. Sa lettre fait état de ce qui suit :

> L'un des jeunes garçons s'est gelé les pieds au cours de l'hiver précédent alors qu'il tentait de fuir l'école, et je ne veux pas que quelque chose de semblable arrive à mon fils. Ma plainte, c'est que M. Strapp, le directeur de l'école, ne s'occupe pas bien de ses affaires et que tous les enfants se plaignent. Les enfants sont très méchants envers les plus jeunes et c'est parce que les membres du personnel ne passent pas assez de temps avec eux pour constater cela, et ils ne reçoivent pas assez à manger.

Dowan demande que son fils puisse vivre avec lui et qu'il puisse fréquenter l'externat local[22]. Il semble que cette demande n'ait pas été accordée. En effet, le garçon en question a continué d'être inscrit au registre des élèves pour le reste de l'année[23].

Le conflit avec la Saskatchewan est né du fait qu'en 1945, il n'y a que deux pensionnats de l'Église Unie dans cette province : Round Lake et File Hills. En 1950, il n'y en a plus. Souvent, les enfants des familles de la Saskatchewan affiliées à l'Église Unie sont envoyés au pensionnat de Brandon[24]. De nombreux parents s'opposent à cette politique et refusent d'y envoyer leurs enfants. C'était particulièrement vrai dans le cas des enfants de la région de Carlyle, en Saskatchewan. Strapp est convaincu que de nombreux enfants d'âge scolaire de la réserve de l'endroit devaient être envoyés au pensionnat de Brandon. Il croit également que les fonctionnaires des Affaires indiennes de la Saskatchewan ne soutenaient pas suffisamment ses efforts pour recruter ces enfants[25].

Il semble qu'il ait réussi à obtenir le soutien de la Gendarmerie royale. En septembre 1946, le premier ministre de la Saskatchewan, T. C. Douglas, écrit par télégraphie au ministre fédéral des Mines et des Ressources, J. A. Glen, alors ministre responsable des Affaires indiennes, pour protester contre le retrait de deux enfants de la réserve Moose Mountain de Carlyle vers le pensionnat de Brandon au Manitoba, par la Gendarmerie royale. Douglas déclare que les parents, M. et Mme Shepherd, désiraient avoir leurs enfants à la maison et qu'il y avait de la place pour eux à l'externat local[26]. Affaires indiennes a répondu que les conditions de la maison familiale étaient telles qu'il était préférable pour les enfants d'être au pensionnat.

Au moins l'un des enfants Shepherd était en désaccord. En décembre 1946, Douglas écrit de nouveau au nom de la famille Shepherd. Clifford Shepherd s'était enfui, et était retourné à la maison en faisant de l'auto-stop et en marchant dans un blizzard. À son arrivée, il était mal vêtu et affaibli. Deux autres garçons de la réserve s'étaient également échappés de ce pensionnat, ce qui avait fortement inquiété leurs parents, qui étaient convaincus que « les enfants ne recevaient pas des soins adéquats, ils ne sont pas supervisés suffisamment et ne reçoivent pas une bonne formation, et la nourriture n'est pas adéquate ». Douglas écrit dans sa lettre que bien que la famille vive dans une petite baraque, cette dernière était bien tenue et aussi grande que les autres foyers de la réserve. Il ajoute que les enfants recevaient d'aussi bons soins dans la réserve qu'au pensionnat[27].

Dans des affidavits soumis au ministère des Affaires indiennes, John Shepherd, père de Clifford, et D. Pewean, père d'un autre garçon qui s'était sauvé du pensionnat, se plaignent des mauvais traitements subis par leurs enfants au pensionnat de Brandon. Lorsqu'il envoie les affidavits à Ottawa, J. P. B. Ostrander, l'inspecteur des agences indiennes en Saskatchewan, écrit que bien qu'il estime que les affidavits n'avaient pas de valeur, il croit qu'une enquête devrait être faite au sujet des allégations. Il note ce qui suit : « J'ai reçu d'autres plaintes d'une nature similaire au sujet des gestes du révérend Strapp [le directeur du pensionnat de Brandon]. » Il croit que cela pourrait expliquer les nombreux cas de fugues du pensionnat[28].

Le conflit entre Clifford Shepherd et Strapp se poursuit en 1947. Le 11 janvier 1947, le fonctionnaire des Affaires indiennes A. G. Hamilton signale qu'en décembre, à son retour après sa plus récente tentative de fugue, Clifford Shepherd s'était débattu lorsqu'on lui avait ordonné de se présenter dans le dortoir du pensionnat. En conséquence, il y avait été emmené de force. Une fois rendu, Strapp l'avait maintenu sur le lit pendant qu'un autre élève allait chercher la courroie réglementaire qui a été utilisée pour le punir. Depuis, le garçon était confiné au dortoir. Strapp disait que s'il n'enfermait pas Shepherd, « il prendra certains de ces petits garçons avec lui pour s'enfuir et ils pourraient geler dans une tempête de neige au cours de la nuit ». Strapp demandait qu'un certain nombre d'élèves turbulents soient transférés dans des pensionnats de l'Alberta. En réponse à cette demande, Bernard Neary, fonctionnaire des Affaires indiennes, soutient qu'il ne croit pas que le transfert d'élèves soit souhaitable sauf en cas d'urgence[29]. Encore une fois, le premier ministre Douglas de la Saskatchewan intervient dans le dossier pour exiger que Clifford Shepherd soit renvoyé à la maison et à ses parents[30]. Hamilton exprime son accord et soutient que Shepherd, qui refusait de promettre qu'il cesserait de fuguer, devrait être relâché[31]. Il sera relâché le 28 janvier 1947[32].

Plus tard au cours de cette année-là, Douglas soulève également des inquiétudes au sujet de la sévérité des mesures disciplinaires utilisées dans les pensionnats : « J'ai été franchement surpris de ce que j'ai appris au sujet des châtiments corporels administrés dans les pensionnats indiens. » Il demande si « couper les cheveux courts aux enfants comme punition était une mesure habituelle. Il semble qu'il s'agit aussi d'une méthode communément utilisée pour tenter de discipliner les enfants. Pour ma part, je ne suis pas du tout surpris qu'un garçon fougueux qui est traité de cette manière devienne plus récalcitrant que jamais[33]. »

Le gouvernement et les représentants des Églises écartent rapidement ces critiques. En réponse aux plaintes de Douglas, George Dorey, représentant de l'Église Unie, écrit ce qui suit au ministère des Affaires indiennes : « Si M. Douglas accepte les déclarations des Indiens de Carlyle au pied de la lettre, sans se renseigner davantage, tout ce que je peux dire c'est qu'il consacrera beaucoup d'efforts à s'occuper des Indiens de la Saskatchewan et sera incapable d'avoir du temps pour ses tâches de premier ministre[34]. »

Il arrivait parfois que les fonctionnaires locaux du ministère des Affaires indiennes encouragent les mesures disciplinaires sévères. En 1947, l'agent des Indiens R. S. Davis conclut que la discipline était insuffisante au pensionnat de Gordon en Saskatchewan. Le directeur l'avait approché, car il cherchait à transférer un certain nombre de filles vers un autre pensionnat. Davis « lui a dit de retourner, de préparer sa courroie et de les redresser, et les choses ont changé un peu depuis »[35].

La mère d'un enfant qui fréquentait le pensionnat Round Lake en Saskatchewan rend visite au surintendant général des agences indiennes en 1943 pour se plaindre que son fils avait été frappé avec la courroie deux fois au cours de la dernière année. La dernière fois qu'il avait été frappé, le bras du garçon avait enflé. La fois précédente, la courroie avait coupé le bras du garçon, qui était devenu noir et bleu[36]. Il avait été puni pour avoir négligé ses tâches, soit de remplir le chauffe-eau, d'alimenter la fournaise et de balayer la salle des fournaises. Au cours de l'année précédente, il avait été frappé avec la courroie, tout comme un certain nombre d'autres garçons, pour « avoir été dans le dortoir des filles »[37]. Le Ministère ordonne la tenue d'une enquête au sujet de ces plaintes[38]. La Commission de vérité et réconciliation du Canada n'a pas été en mesure de trouver, dans les documents qu'elle a étudiés, une copie du rapport d'enquête lié à la plainte.

La nécessité d'une réglementation s'est fait sentir à la suite des événements survenus au pensionnat presbytérien de Kenora en 1944. Cette année-là, un employé du pensionnat, G. W. Woods, démissionne en déclarant que les élèves étaient traités brutalement par le directeur, qui perdait fréquemment son sang-froid. Dans sa première lettre, Dodds décrit le directeur, D. S. Pitts, de la manière suivante : « un homme gigantesque avec un tempérament violent qui utilise un langage abominable avec les enfants lorsqu'il fait une de ses crises ». Récemment, un certain nombre de filles avaient été battues pour avoir « volé de la tarte »[39]. Au cours de l'enquête, Dodds reconnaît qu'il n'avait jamais vu le directeur frapper un élève. Le directeur Pitts a expliqué que les filles avaient reçu des coups de courroie, non pas pour avoir volé de la tarte, mais pour avoir menti au sujet de ce vol. Une employée a déclaré qu'elle trouvait que les coups de courroie devraient être administrés avec une courroie réglementaire et seulement sur les mains. Le directeur a reconnu qu'il utilisait une courroie de caoutchouc d'une longueur de trente pouces et d'une largeur de trois quarts de pouce (76,2 par 4,4 cm). Selon ses dires, il raccourcissait la courroie en la pliant dans sa main. Les coups de courroie étaient administrés seulement sur les mains « sauf dans les cas de nature sexuelle ou quand les enfants se sauvaient et sautaient dans les trains ». Dans de tels cas, les enfants recevaient des coups de courroie sur les fesses[40]. Dans une lettre subséquemment adressée au gouvernement fédéral, l'ex-employé, Dodds, déclare que, selon lui, l'enquête était incomplète. Il note également que les élèves étaient enfermés dans les dortoirs le soir et que s'ils voulaient boire de l'eau, ils étaient obligés d'en prendre dans la cuvette de la toilette[41].

En 1945, une élève du pensionnat de Grayson en Saskatchewan tente de se sauver de l'école pour rencontrer des garçons des environs. Comme punition, on lui coupe les cheveux[42]. Ce traitement choque les parents de la jeune fille qui sont venus au pensionnat et l'en ont retirée, de même que ses deux sœurs[43]. Une altercation se produit entre la mère et l'un des surveillants. Des accusations sont portées contre les deux parents. La mère est trouvée coupable de voies de fait simples et condamnée à une amende de 1 $ plus des frais de 4,50 $. Le père est condamné en vertu de dispositions de la *Loi sur les Indiens* concernant l'absentéisme scolaire. Il est condamné à une amende de 1 $ plus des frais judiciaires de 4,75 $. Le fonctionnaire des Affaires indiennes qui a mené l'enquête trouve que les parents s'étaient montrés déraisonnables, puisque les cheveux de la jeune fille n'avaient pas été rasés, mais plutôt « laissés comme ceux d'une élève ordinaire ». Il recommande que « si la jeune fille ne se conduisait pas bien à l'avenir, elle soit envoyée dans un centre d'éducation surveillé »[44].

Plusieurs rapports existent concernant des conflits violents. À l'automne 1944, l'instructeur d'agriculture du pensionnat de Cluny en Alberta est acquitté d'une accusation de voies de fait commises au pensionnat contre un élève. D'après les rapports faits par la police au procès, l'instructeur aurait frappé sa victime au visage, ce qui aurait causé un saignement de nez. « Compte tenu des discussions que cet incident a causées parmi les Indiens, nous avons conclu que les faits devaient être portés à l'attention d'un tribunal et que la question de savoir si l'accusé avait le droit de punir le garçon de cette manière soit tranchée. » L'instructeur d'agriculture plaide non coupable et les accusations sont rejetées[45].

En 1945, le directeur de l'école de Prince Albert en Saskatchewan reconnaît avoir frappé un élève indiscipliné qui tentait d'accéder au dortoir des filles. Le directeur Ellis dit ceci à J. Bryce, le fonctionnaire du ministère des Affaires indiennes : « Quand Leslie a levé les poings pour se battre, je l'ai frappé, et dans les mêmes circonstances, je le referais. Il faut qu'il y ait de la discipline à l'école. Si je n'arrive pas à l'imposer, mon personnel et moi-même sommes aussi bien de démissionner[46]. »

En mars 1946, R. A. Hoey, le fonctionnaire des Affaires indiennes reçoit un rapport de J. M. Morris au sujet des préoccupations d'une infirmière, Helen Marshall, de l'école Whitefish Lake en Alberta. Un professeur avait raconté à Marshall que le « directeur avait déshabillé des filles et les avait attachées ». Peu après, on avait volé 15 $ dans la chambre d'un enseignant, et une fille avait trouvé 5 $ et s'en était servi pour acheter des bonbons et des biscuits à ses amis. Morris exhorte Marshall de rédiger un rapport sur l'incident. La Commission de vérité et réconciliation du Canada n'a pas été en mesure de trouver ce rapport — s'il a été rédigé — dans les documents qu'elle a examinés[47].

En 1947, une élève nommée Loretta Mercer écrit une lettre pour se plaindre de la discipline à l'école d'Alert Bay en Colombie-Britannique. Ce matin-là, dit-elle, le cuisinier « a pris une grande pagaie et a commencé à me battre. Il était vraiment fâché contre nous et il nous narguait. Il a continué à me frapper partout, il m'a frappée sur le bras, et il est devenu tout enflé[48]. » Quelques semaines plus tard, un garçon s'est enfui[49].

L'école est au bord du désastre après que l'année scolaire ait débuté avec cinq enseignants en moins[50]. Au moment où des préoccupations concernant les enfants rejoignaient les collectivités autochtones, le directeur S. J. Wickens envoie un télégraphe à l'agent des Indiens pour lui demander de dire aux parents des élèves de « rester à l'écart de l'école parce que les visites dérangeaient »[51].

Le directeur démissionne à l'automne[52]. Le fonctionnaire des Affaires indiennes J. Coleman visite l'école et rédige un rapport très critique sur ses activités. En ce qui concerne la plainte initiale voulant que le cuisinier ait battu une fille, Coleman conclut que ce dernier a peut-être frappé certains élèves « avec une cuillère en bois en raison de l'exaspération », bien qu'il ne croyait pas que le cuisinier « aurait agi de manière excessive ». La volonté d'excuser ce comportement inapproprié démontre bien tout ce qui clochait avec l'approche du ministère des Affaires indiennes en matière de discipline. Coleman s'est montré plus perturbé par d'autres rapports faisant état de l'utilisation de châtiments corporels par Wickens. Il mentionne que dix garçons ont subi des châtiments corporels parce qu'ils avaient été bruyants pendant le repas du soir. Dans le cas de l'un des garçons, la punition a été si sévère qu'un anthrax (un abcès similaire à un furoncle) sur l'abdomen de celui-ci avait éclaté. Dans l'ensemble, il pensait que l'approche de Wickens en matière de discipline était « soit dure ou faible »[53]. Encore une fois, aucun effort n'est déployé pour déterminer si les politiques disciplinaires avaient été enfreintes.

Politiques fragmentaires

Un conflit à l'école de l'Église Unie de Morley en Alberta dans les années 1940 mène à l'élaboration d'un ensemble de règles ministérielles en matière de discipline. À l'automne de 1946, Moses Wesley tente de retirer sa fille Rosie de l'école. Il était irrité par le traitement qu'elle avait reçu parce qu'elle s'était enfuie. Selon Rosie, elle avait été attachée « de la tête aux pieds ». La surveillante de l'école, Florence Hodgson, a reconnu qu'elle avait attaché Rosie, mais a nié l'avoir attachée à la tête et aux épaules[54].

D'autres parents ont repris les reproches de Wesley. En janvier 1947, G. H. Gooderham, l'inspecteur local des agences indiennes, rencontre les conseillers de bande et les parents intéressés. Ils lui font part de leur insatisfaction quant à la façon dont les enfants étaient punis, à la nourriture de l'école, aux vêtements fournis, au peu de temps passé en salle de classe, et à la santé et à la propreté des élèves. Gooderham inscrit dans son rapport qu'il avait rassuré les parents en leur disant que « le Ministère a toujours désapprouvé » les châtiments corporels. Il mentionne qu'il allait demander au directeur de mettre fin à de tels châtiments jusqu'à ce qu'il aborde la question avec le parent[55]. L'ancien directeur, qui était alors directeur de l'école d'Edmonton, croit que l'approche de la surveillante en matière de discipline avait créé un problème important à l'école, et il recommande qu'elle soit remplacée[56].

Après l'examen de la correspondance, Bernard F. Neary, le surintendant du bien-être et de la formation des Affaires indiennes, conclut que la situation à l'école de Morley « n'a pas été satisfaisante depuis le début de la nouvelle étape ». Il élabore donc des directives concernant les punitions (qu'il a nommées « peine capitale » dans son mémoire), et fait le constat suivant : « Je n'ai trouvé aucune règle similaire dans le dossier[57]. »

Neary élabore les règles suivantes :

1) Les châtiments corporels ne seront utilisés que lorsque toutes les autres méthodes pour discipliner un élève ont échoué.

2) Les châtiments corporels seront administrés uniquement sur les mains avec une courroie adéquate (15 pouces en caoutchouc).

3) Le nombre maximum de coups sur chaque main ne doit pas dépasser quatre pour les élèves de sexe masculin de plus de quatorze ans et doit être proportionnel pour les garçons plus jeunes.

4) Les châtiments corporels doivent être administrés en présence du directeur ou par le directeur lui-même.

5) Un registre des châtiments corporels doit être mis à jour et il doit comporter les rubriques suivantes :

   a. la date;
   b. la raison du châtiment;
   c. le nom de la personne qui l'administre;
   d. le nom du témoin;
   e. la signature de l'élève qui le subit.

6) Le registre doit être mis à la disposition des fonctionnaires de la direction des Affaires indiennes qui visitent l'école pour examen[58].

Il envoie une copie de ces règles à George Dorey, le secrétaire du Comité des missions intérieures de l'Église Unie. À son tour, Dorey fait parvenir les règles au directeur accompagnées d'une lettre qui dit ce qui suit : « En ce qui concerne les suggestions contenues dans la lettre du Ministère à propos des châtiments corporels, j'espère vous voir les adopter entièrement[59]. »

Une fois de plus, les Affaires indiennes répondent de manière fragmentaire. Les règles ne sont pas envoyées directement à tous les directeurs, mais plutôt au chef d'une association missionnaire. Ce dernier n'a pas informé tous ses directeurs de les respecter. Au lieu de cela, il invite simplement un directeur à le faire. De plus, comme d'autres l'ont remarqué, ces règles étaient incomplètes parce qu'elles ne s'appliquaient, par exemple, qu'aux garçons. Elles ne traitent pas d'autres formes de châtiments tels que la privation de repas ou la coupe des cheveux.

Dans sa gestion de la situation à l'école, Neary recommande également que la surveillante soit congédiée afin « d'éliminer une partie des problèmes »[60]. Le directeur G. R. Inglis s'oppose à cette recommandation en disant qu'« une injustice a été commise envers une fidèle employée »[61]. La surveillante n'est pas congédiée. Dorey la défend en disant : « Nous devrions essayer d'embaucher plus d'enseignants certifiés à Morley, parce qu'actuellement le corps enseignant est faible, cela ajoute beaucoup de travail sur les épaules de Mlle Hodgson[62]. »

L'école de Morley a continué de susciter le mécontentement. Lors d'une réunion du conseil de bande de Stoney en novembre 1947, le chef Enos Hunter mentionne que « le système scolaire actuel était plus ou moins une prison et que les enfants ne recevaient qu'un demi-jour de cours »[63]. Un an plus tard, le conseil de bande s'oppose au maintien d'Hodgson au poste de surveillante[64].

Bien qu'on ne sache pas complètement si les règles élaborées par Neary sont appliquées à grande échelle à l'école de Morley, il est clair qu'en 1949, certains fonctionnaires des Affaires indiennes tentent de les faire respecter. En juin 1949, le fonctionnaire des Affaires indiennes C. A. F. Clark informe A. J. W. Scrase, le directeur de l'école de Prince Albert en Saskatchewan, qu'il avait remarqué que l'un des enseignants de son école gardait une courroie de cuir sur son bureau. Il souligne que le règlement prévoit que les courroies devaient être conservées dans le bureau du directeur et qu'elles devaient être utilisées seulement « par ce dernier ou en sa présence »[65]. Plus tard dans la même année, au moment de sa visite de l'école anglicane près de Cardston en Alberta, Clark explique « les règles concernant les châtiments corporels » et confisque les courroies de deux professeurs pour les remettre au bureau du directeur[66].

Les événements survenus en 1949, au pensionnat de Portage la Prairie, au Manitoba, montrent clairement que les mesures disciplinaires n'ont pas été transmises universellement. Et elles ne sont pas non plus respectées. Comme il a été mentionné précédemment dans le chapitre sur les fugues, en janvier 1949, quatre filles s'enfuient du pensionnat de Portage la Prairie. Alors qu'elles suivent la berge, leurs pieds se mouillent. Avant qu'elles ne trouvent refuge dans une maison, leurs pieds gèlent[67]. Les blessures sont si sévères que les filles sont hospitalisées pendant plusieurs semaines et on a eu peur que certaines d'entre elles perdent des orteils[68]. Le responsable des Affaires indiennes, A. G. Hamilton procède à une enquête afin de découvrir ce qui a poussé les fillettes à fuir[69]. Les déclarations qu'il recueille sont parmi les commentaires des élèves les plus détaillés concernant la vie et la discipline dans les pensionnats au cours de cette période. Une des filles, Lillian Daniels, dit ceci à l'enquêteur :

> J'ai 15 ans. On a écrit à Winnipeg pour demander de recevoir des messages de nos parents par radio une semaine avant de fuguer. On voulait les écouter samedi après-midi. On a demandé à Mme Quinn si on pouvait écouter le programme, qu'on avait envoyé des demandes et qu'on voulait les écouter. Elle nous a dit d'aller jouer dehors, elle ne voulait pas qu'on écoute la radio. Elle nous a fait sortir et a verrouillé la porte. On s'est réunies et on a décidé de fuir pour aller voir nos parents.
>
> Elle nous frappe toujours sur la tête avec son poing. Elle nous fait porter des bottes de garçons. Elle n'aime pas qu'on remonte nos cheveux comme nous le voulons. On n'a le droit qu'à cinq minutes pour se coiffer et si on prend plus de temps, elle nous fait asseoir dans le coin. (C'est Mme Ross qui fait ça.) Tous les autres professeurs sont gentils avec nous. Mme Ross nous envoie chez M. Jones chercher la courroie quand on parle à la table au repas. On est enfermés dans les dortoirs la nuit. On n'aime pas être toujours enfermés. Mme Ross ne nous permet pas de voir ou de parler avec nos frères ou nos cousins. On peut seulement leur parler lorsque personne ne regarde.

Je ne veux pas retourner à l'école[70].

Pearl Woods, 12 ans, explique qu'elle a envoyé des messages pour certains membres de sa famille à la station radio locale. Elle espère qu'ils soient transmis le samedi après-midi.

> On a demandé à Mme Quinn si on pouvait les écouter. Mme Quinn a dit qu'on pouvait, mais Mme Ross est entrée et a dit non. Mme Ross nous a dit d'aller jouer. Ensuite, on a planifié s'enfuir et aller le dire à nos parents.
>
> Mme Ross nous frappe sur la tête avec ses poings. Si on est en train de nettoyer, elle est là, avec un bâton ou une courroie dans ses mains. Le soir, quand elle est de garde, elle ne nous donne que cinq minutes pour qu'on se coiffe. Si on n'a pas terminé, elle éteint toutes les lumières et on doit s'asseoir dans la salle de jeux et on y reste deux, trois heures. Si on s'étend sur les bancs lorsqu'on est là, elle vient nous voir et nous dit de nous asseoir. Mme Ross ne nous laisse pas nous asseoir les unes près des autres dans la salle de jeux. Elle nous fait porter des chaussures de course de garçon si nos chaussures sont usées, même si elles sont trop grandes. Si nos robes de nuit sont usées, elle nous fait porter des vêtements de garçon. Elle verrouille les dortoirs lorsqu'on va au lit. Les toilettes en bas sont aussi verrouillées. Quand on veut aller aux toilettes, on n'a pas le droit. Elle nous

> renvoie et verrouille la porte. Pas avant 5 h 45, sauf pour les filles qui sont de service en cuisine à 5 h.
>
> Si on veut aller dans l'atelier de couture, elle ne nous laisse pas traverser le réfectoire. Si on le fait, elle nous frappe sur la tête avec ses poings. Si on ne frise pas nos cheveux le soir, parfois elle essaie de les couper.
>
> Quand on écrit des lettres, M. Jones les lit et si on en reçoit, il les lit aussi. Mme Ross nous donne toujours des bas aux genoux et on doit les porter. Elle ne veut jamais qu'on les change. Parfois, si nos chaussures sont usées, elle nous laisse les coudre. Elle ne nous laisse pas porter de tricot lorsqu'il fait froid. Lorsqu'on le fait, elle nous demande de l'enlever.
>
> Elle nous attrape par les cheveux et nous secoue. Si on sourit à table, elle croit qu'on parle et elle nous frappe avec ce qu'elle a sous la main. Elle nous donne des sacs pour nos vêtements et si elle en voit au sol, elle nous frappe avec la courroie.
>
> Mme Ross se moque des filles et si elles se fâchent, elle les emmène dans le réfectoire et elle les frappe avec la courroie. Mme Ross parle toujours de notre peuple et on n'aime pas ça. Elle en parle avec le personnel.
>
> Elle ne nous laisse pas parler à nos frères dans le bâtiment. On peut seulement leur parler quand on sort faire du patin. Si elle nous voit parler aux garçons dans la patinoire, elle nous renvoie. Si on reste là, elle nous renvoie dans notre propre aire de jeux[71].

Ella Bell, une élève de 14 ans qui ne s'est pas enfuie, écrit : « Mme Ross m'a grondée et frappée avec la courroie environ deux fois. » Elle souligne que la porte du dortoir est verrouillée la nuit et que les « filles qui ont des frères ou des parents dans l'école ne peuvent pas leur parler sans permission »[72].

Selon le directeur, Joseph Jones, les élèves se sont enfuies parce qu'elles ont été contraintes de sortir et de faire de l'exercice, plutôt que « d'écouter une stupide émission de cow-boy »[73]. Mme Ross dit qu'elle « les frappait occasionnellement », qu'elle « frappait parfois les filles sur la tête avec les jointures » et que parfois elle « tirait sur leurs cheveux, mais pas du tout pour leur faire mal »[74]. Le directeur dit qu'elles ont plus que cinq minutes le soir pour se coiffer, bien qu'une limite de temps soit nécessaire. En ce qui a trait aux enfants qu'on envoie jouer dehors, il dit qu'il est nécessaire de prendre un peu d'air frais. Compte tenu du prix des chaussures, il est inévitable, dans certains cas, de donner aux filles les chaussures des garçons[75]. Par ailleurs, il affirme que le ministère des Affaires indiennes avait miné son autorité à l'école au cours des années précédentes en l'empêchant de couper les cheveux d'une fillette à titre de punition pour s'être enfuie. L'inspecteur des Affaires indiennes, A. G. Hamilton, lui dit que « le Ministère s'oppose à cette forme de punition »[76]. Après une enquête préliminaire, le ministère des Affaires indiennes envoie une lettre au directeur détaillant les mêmes mesures disciplinaires que Neary avait envoyée au directeur du pensionnat de Morley, au Manitoba, deux années plus tôt[77].

Jones répond en envoyant au Ministère une critique détaillée des mesures de Neary. Il dit que les mesures limitant le nombre de coups de courroie pouvant être administrés peuvent « être inadéquates à l'offense », donnant comme exemple un cas au pensionnat de Portage où un garçon plus âgé a donné à un plus jeune « un immense coup sur l'arrête du nez ». Il souligne aussi que cette mesure ne vise que les garçons. Il demande si cela implique que le Ministère interdit la punition corporelle dans le cas des élèves du sexe féminin « des filles de n'importe quel âge pour n'importe quelle offense ». Il consent à la mesure qui propose la création d'un dossier disciplinaire et demande si « un tel dossier existe dans les autres écoles ». Il dit aussi qu'il conclut que le Ministère laisse « toutes les autres techniques » à la discrétion du directeur, soulignant que c'était pratique courante dans beaucoup de pensionnats de « couper les cheveux au carré des filles qui s'enfuient du pensionnat »[78].

Jones défend la politique du silence lors des repas, en disant que c'est une pratique courante dans le domaine de la construction, du bois et dans les camps de pêche. Le pensionnat a un horaire strict à respecter, et parler lors des repas pourrait diminuer le temps alloué pour laver la vaisselle et nettoyer la salle à manger. Il dit qu'une politique du silence facilite aussi la tâche des professeurs qui pourraient, autrement, avoir du mal à maintenir l'ordre. Il mentionne aussi que les garçons préfèrent cette politique, car si les filles pouvaient parler, cela prolongerait la période du repas, les empêchant ainsi de pouvoir jouer[79].

Des déclarations de personnel provenant de deux pensionnats confirment que les filles ont raison de dire que les dortoirs sont verrouillés la nuit[80]. Cela aurait pu causer un risque réel en cas d'incendie.

R. S. Davis, superviseur régional des agences indiennes, rapporte « qu'apparemment, tout le monde fouette ces enfants, à l'exception des surveillants des garçons. » Il note qu'aucun registre n'est tenu du moment où les enfants sont punis, et il informe le directeur de la marche à suivre pour créer un tel livre. Dans l'ensemble, il ressent que l'institution ressemble davantage à « un centre de détention qu'à un internat »[81]. Il dit qu'il croit que le directeur « a géré ce pensionnat selon sa convenance pendant un certain nombre d'années, et selon moi, le plus vite on se débarrasse de lui, le mieux ce sera »[82]. En mai, le directeur Jones donne sa démission[83].

Il y a eu plusieurs autres tentatives visant à renforcer les règlements de Neary. En 1950, G. H. Gooderham, fonctionnaire des Affaires indiennes, écrit au directeur du pensionnat de Gleichen au Manitoba, E. S. W. Cole, pour lui exprimer ses inquiétudes quant aux informations statuant que la surveillante des filles au pensionnat administre des punitions corporelles en violation de la réglementation gouvernementale. Il déclare qu'un autre fonctionnaire du Ministère, W. P. B. Pugh l'a informé que ce n'était pas la première plainte du genre contre la surveillante (appelée

Vera De Gerr ou Vera De Geer)[84]. Le directeur Cole défend la surveillante. Il admet qu'« occasionnellement, ses méthodes pour obtenir la discipline sont strictes ». Il dit qu'elle maintient « une discipline excellente. » Malgré ça — ou peut-être à cause de ça :

> [I]l semble qu'un groupe de filles plus vieilles ne l'aime pas et qu'elles se soient liguées contre elle. Une de mes élèves a présumé que, selon elle, les filles ont tellement parlé entre elles des petites corrections infligées qu'elles les ont extrêmement exagérées, et en fait, de nouvelles plaintes ont été imaginées avec tellement de réalisme qu'on les croit[85].

Sous la direction de Gooderham, le surintendant local des Affaires indiennes W. P. B. Pugh a mené une enquête. Le principal plaignant n'a pas été en mesure de lui fournir des « plaintes précises sur les punitions corporelles administrées par Mme De Geer ». Bien que l'enquête n'ait pas exhumé de plaintes spécifiques, Pugh a abouti à la conclusion selon laquelle « il ne fait aucun doute que Mme De Geer sera mutée au moment opportun. Il [le directeur Cole] n'avait pas envie de la renvoyer de manière expéditive[86]. » Comme dans d'autres cas, même quand il y avait une décision d'intervenir à la suite des plaintes des parents, il semblerait que l'intervention était retardée afin de s'assurer que les parents n'aient pas un sentiment de victoire.

En 1952, une ancienne enseignante au pensionnat de Lytton, en Colombie-Britannique, écrit une lettre au ministère des Affaires indiennes, se plaignant du régime disciplinaire de l'école. Elle écrit : « les enfants sont giflés en plein visage, frappés à la tête, sur le nez avec comme conséquence le saignement du nez. C'est la fille et le beau-fils du directeur (M. et Mme Purvis) qui le font. Par conséquent, le directeur ne fait rien pour remédier à la situation[87]. »

Dans les documents qu'elle a examinés, la Commission de vérité et réconciliation du Canada n'a pas été en mesure de retrouver une copie du rapport de l'enquête qui a été ordonnée à la suite de ces allégations. Le fonctionnaire des Affaires indiennes, R. F. Davey, a effectivement écrit à l'époque : « Depuis un ou deux ans, je ne suis pas content du fonctionnement de cette école[88]. »

Lorsque deux membres du personnel du pensionnant de Prince Albert, en Saskatchewan, ont démissionné en 1952, ils se sont plaints de ce qui suit :

> [...] le manque manifeste de discipline chez les élèves et chez le personnel, qui se traduit par un manque de respect pour le personnel, des jeux sexuels entre des personnes des deux sexes et des conditions de vie malsaines. Le personnel n'a aucune notion de discipline préventive. On laisse les enfants courir à tort et à travers jusqu'à ce que le fouet soit le seul moyen de discipline possible. Cette observation s'est illustrée de manière éclatante lorsque trois petits garçons ont essayé de fuir. Ils ont été rattrapés et jetés en prison pendant une semaine. La prison consiste en un petit espace cloisonné dans la hutte qui sert d'hôpital. Les deux premiers pieds des murs sont faits de treillis métallique pour que les détenus soient exposés à toute maladie ayant cours à l'hôpital. À un moment

> donné pendant leur détention, ils ont été correctement permutés pour le bien de toute l'école.

Les deux anciennes employées, Victoria Ketcheson et Patricia Watson, envoient des copies de leur lettre aux hauts responsables de l'Église anglicane[89]. Le directeur rejette leurs critiques, en laissant entendre que ces femmes envisageaient probablement de se convertir au catholicisme. Cinquante membres du personnel signent une pétition exprimant leur confiance envers le directeur[90]. Une lettre anonyme défendant le directeur fait remarquer que la pièce décrite comme étant une prison avait été utilisée dans le passé par des enseignants et même par le directeur comme une résidence. Toutefois, l'auteur reconnaît que les fugueurs de sexe masculin recevaient des « fessées au moyen d'un saule devant tous les enfants »[91].

L'Église anglicane autorise une enquête sur les plaintes, mais le chef de l'administration de l'école indienne anglicane fait remarquer qu'il est d'avis que les femmes étaient « insuffisamment expérimentées pour présenter les accusations qu'elles ont »[92]. Dans les documents qu'elle a examinés, la Commission de vérité et réconciliation du Canada n'a pas été en mesure de retrouver un seul exemplaire d'un rapport d'enquête. Il ne semble pas non plus que les plaintes ou les démissions aient été signalées au ministère des Affaires indiennes.

Enfin une politique

Le 14 avril 1953, Philip Phelan, le surintendant des Affaires indiennes pour l'éducation, envoie une « déclaration de principes relative à la discipline scolaire qui traite particulièrement des châtiments corporels dans les pensionnats indiens ». Les points clés sont libellés comme suit :

> Toute forme de punition tendant à humilier l'élève doit être évitée. La présente politique s'applique de la même façon aux sarcasmes ou aux pratiques visant à produire des changements significatifs en ce qui a trait à l'apparence ou à la tenue vestimentaire.
>
> En général, il est préférable pour les enseignants d'éviter des contacts physiques avec les élèves, qu'ils expriment la colère ou l'affection. Les rapports des enfants à propos de ces contacts ont parfois été tellement exagérés au point de rendre la position de l'enseignant intenable.
>
> En tout état de cause, aucun châtiment corporel ne doit être infligé à un élève qui est soupçonné de souffrir d'une déficience physique ou mentale que la punition pourrait aggraver.
>
> Avant de recourir au châtiment corporel, le directeur ou l'enseignant responsable doit être convaincu qu'aucune autre forme approuvée de punition

n'aura les effets punitifs et éducatifs nécessaires. L'éducateur doit être sûr que l'élève était conscient d'avoir mal agi. La présence des facteurs comme la préméditation, la répétition délibérée ou l'insouciance des conséquences peut parfois justifier une vue plus grave et le recours au châtiment corporel.

Le directeur ou l'enseignant responsable d'un établissement décidera s'il y a lieu de recourir au châtiment corporel et l'administrera lui-même en présence d'un témoin à un moment choisi pour éviter de perturber le programme de l'établissement. Le témoin doit être un membre du personnel de même sexe que l'élève qui doit être puni; dans un pensionnat, la surveillante doit être présente lorsqu'un châtiment corporel est infligé à une fille. Seule la courroie remise au directeur ou à l'enseignant responsable sera utilisée. Le châtiment corporel sera appliqué uniquement sur la paume de la main.

Chaque occasion de recourir au châtiment corporel sera consignée dans un livre spécial tenu à cette fin. Ce registre indiquera la date, le nom de l'élève, une description de l'infraction, le nombre de coups sur chaque main, et sera signé par la personne qui a utilisé la courroie et par le témoin[93].

La règle relative aux changements en ce qui a trait à l'apparence aurait dû interdire la pratique de raser les cheveux. Les autres règles auraient dû veiller à ce que seuls le directeur ou l'enseignant responsable de l'établissement administrent le châtiment corporel. Le châtiment corporel devait consister à appliquer des coups sur la paume de la main, en présence d'un témoin du même sexe que l'élève subissant la punition. Puisque l'humiliation devait être évitée, les élèves ne devaient pas être battus en public. Aucune restriction n'était imposée quant au nombre de coups qui pouvaient être administrés lorsqu'un élève était battu à coups de courroie. Il y avait, au moins, ces règles.

Il s'agit de la première série de règles disciplinaires élaborées par le ministère des Affaires indiennes dont la Commission de vérité et réconciliation du Canada est certaine qu'elles ont été largement distribuées au sein du système des pensionnats. Ils étaient, par exemple, inclus dans le manuel opérationnel de 1958 du ministère des Affaires indiennes[94].

Toutefois, ces règles n'avaient pas force de loi. Les règlements qui avaient force de loi, les *Regulations with Respect to Teaching, Education, Inspection, and Discipline for Indian Residential Schools* élaborés en 1953 en vertu de la *Loi sur les Indiens*, avaient peu à dire à propos de la discipline. Les directeurs devaient assumer les « responsabilités des parents ou du tuteur à l'égard du bien-être et de la discipline des élèves sous sa charge ». Les élèves devaient « se conformer aux règles relatives à la conduite et au comportement des élèves lorsqu'ils se trouvent à proximité ou dans les installations du pensionnat ou toute installation où se déroule une activité du pensionnat »[95].

Il n'y a pas d'enquête globale sur le recours au châtiment corporel dans les écoles canadiennes au cours de cette période. Cependant, il existe des rapports de divers districts scolaires. En 1946, par exemple, sur les quarante élèves qui ont été battus dans une école de Toronto au cours de cette année scolaire, vingt ont reçu six coups, neuf en ont reçu huit et un a reçu dix coups[96]. À Toronto, la courroie était utilisée pour punir l'absentéisme, le mensonge, la bagarre, la désobéissance, le tabagisme et l'inconduite continue[97]. Dans les années 1950 à Toronto, les coups de courroie doivent être administrés uniquement sur les mains, au moyen d'une courroie fournie par le conseil d'école, et en présence d'un deuxième enseignant ou du directeur[98]. Un rapport de décembre 1951 présenté par le conseil scolaire de Calgary indique que dans les trois premiers mois de l'année scolaire 1951–1952, les punitions corporelles ont été infligées 448 fois (376 de ces cas concernaient des élèves d'écoles élémentaires, 68 cas des élèves des premières années du secondaire, et quatre cas concernaient des élèves du secondaire). Le nombre de coups par main était habituellement fixé à un ou deux. Il y a eu un cas où six coups ont été administrés, et cinq cas dans lesquels quatre coups ont été infligés. À l'époque, il y a 18 000 élèves dans le système scolaire de Calgary[99].

L'incapacité à appliquer la politique

En octobre 1953, les règles de Phelan subissent leur premier test d'efficacité. Cet automne-là, un père dépose une plainte devant le juge de paix local sur le traitement infligé à ses fils lorsqu'ils ont essayé de fuir le pensionnat de Birtle au Manitoba. Il soutient que le directeur N. W. Rusaw aurait frappé Ralph et Robert Bearbull sur les fesses[100]. Le directeur affirme que les garçons ont été battus pour avoir tenté de fuir; leur mère dit qu'ils ont été punis pour avoir jeté de l'eau sur un autre élève. Le fonctionnaire du ministère des Affaires indiennes G. H. Marcoux a parlé aux parents, à l'un des garçons, au directeur, à un agent de police et à un médecin nommé Bjoranson. Les parents disent que les coups avaient laissé des traces sur les organes génitaux des garçons, tandis que le médecin et l'agent de police déclarent que les marques étaient limitées à l'arrière de leurs jambes et aux fesses. Marcoux écrit : « M. Rusaw peut avoir quelque peu dépassé les bornes, mais je crois à son histoire selon laquelle les garçons étaient en train de fuir et il a dit qu'il fallait leur infliger une punition exemplaire. » Un comportement abusif était une fois de plus justifié[101]. Le surintendant intérimaire de l'éducation, R. F. Davey, demande une copie du registre de discipline se rapportant à l'événement. On pouvait y lire: « coups de courroie dans la nuit du 20 septembre, infraction, tentative de désertion scolaire à 21 h 30 ». Comme Davey le fait remarquer dans une lettre à un fonctionnaire du ministère des Affaires indiennes du Manitoba, ni la « manière d'infliger la punition ni le rapport sur la circonstance » n'étaient conformes aux règles récemment publiées[102]. En fait, ils n'étaient même pas conformes aux instructions moins exigeantes émises par Neary en 1947. Alors que l'enquête se poursuivait, Davey écrit au juge de paix qui était chargé de l'affaire pour lui dire que cette plainte était la première de ce genre portée contre le directeur[103].

Même si les punitions humiliantes et les coups de courroie sur toute partie du corps autre que les mains étaient officiellement interdits, il est clair que de nombreux directeurs les considéraient comme étant des outils efficaces. Dans un discours portant sur la psychologie de l'élève de pensionnat indien prononcé lors de la conférence des directeurs de pensionnats de 1955, le directeur du pensionnat de Lytton en Colombie-Britannique, C. F. Hives, affirme qu'il utilise la courroie en moyenne deux fois par an. Toutefois, il déclare à l'auditoire que, lors de sa première année comme directeur de Lytton en 1941, il avait battu un groupe de fugueurs, y compris un parmi eux qui s'était vanté que le directeur ne le battrait jamais. Hives dit qu'il a convoqué les garçons devant les élèves de sexe masculin assemblés. « Je leur ai dit de baisser leurs pantalons, ce qu'ils ont fait, et je les ai frappés[104]. »

Il se pourrait que Hives ait fait un plus grand usage de la courroie que son discours ne l'a laissé entrevoir. En 1957, Helen Clafton, anciennement superviseure de dortoir, écrit qu'au pensionnat de Lytton « la courroie est absolument trop en évidence ». Il ne semblait pas y avoir de limitation quant à la personne habilitée à infliger ces punitions. « L'enfant peut être puni, harcelé, frappé ou menacé par n'importe quelle personne, et ceci se fait à vaste échelle[105]. »

Au cours de la même année, Betty-Marie Barbier, une employée de la division du bien-être social, dépose un rapport de deux pages sur des problèmes au pensionnat de Lytton. Trois enfants se plaignent de la discipline au sein de ce pensionnat. Deux affirment que leur enseignant les a frappés au visage et leur a infligé des coups de courroie. Une troisième soutient que même si elle aimait son enseignante, elle pouvait entendre des enfants recevoir des coups de courroie dans une autre classe.

Barber fait également part des préoccupations qui lui avaient été présentées par le personnel de l'école secondaire publique à Lytton, que les élèves les plus âgés de la résidence fréquentaient. Une enseignante du cours d'économie domestique avait demandé à Barber de voir si elle pouvait faire quelque chose « au sujet d'enfants qui étaient battus ». Un garçon était venu à l'école avec son visage et ses yeux si violemment battus qu'il pouvait à peine ouvrir ses yeux. Interrogé par Barber, il a dit qu'il avait été battu par d'autres garçons au sein de l'école. Barber est d'avis que cela était possible, mais peu probable. Six enseignants de l'école secondaire ont dit à Barber qu'ils étaient préoccupés par les conditions à la résidence de Lytton. Les élèves venaient à l'école fatigués, leurs devoirs non faits, et affichant une « mauvaise attitude ». Ils ont déclaré que les élèves leur avaient dit que le directeur de Lytton, C. F. Hives, leur avait dit : « Ils sont des Indiens puants, sales et personne n'a aucun respect pour eux. » Les élèves ont également rapporté que lorsque l'école secondaire émettait des bulletins, le directeur examinait le bulletin de chaque élève devant les élèves rassemblés et prenait des mesures disciplinaires à l'égard de ceux qui avaient obtenu de mauvais résultats. Les enseignants ont dit que les élèves avaient peur au moment de la remise de bulletins, et certains retournaient à l'école avec des yeux au beurre noir plusieurs jours après la publication des bulletins.

Barber rencontre deux garçons de la résidence à l'école secondaire, le 28 novembre 1957. Ils avaient tous les deux « des yeux au beurre noir sévèrement gonflés », mais n'étaient pas prêts à parler de ce qui leur était arrivé. Ce même jour, elle rencontre Mlle Cameron, une enseignante qui avait été hospitalisée à la suite d'une éruption cutanée qu'elle avait développée lorsqu'elle travaillait au pensionnat de Lytton. « Elle a vérifié le fait que les enfants sont constamment appelés sales Indiens et qu'on leur dit qu'ils ne sont pas respectés par le reste du pays et que leurs parents non plus ne sont pas bons. » Elle a également déclaré que le directeur du pensionnat avait annoncé dans la chapelle qu'il punirait toute personne surprise en train de parler à une fille qui est tombée enceinte alors qu'elle était élève à Lytton. « Mlle Cameron affirme également que les garçons et les filles plus âgés qui s'écartent du rang ou font des remarques à leurs enseignants pendant la marche dans les couloirs sont généralement frappés ou giflés au visage sur le champ. » Trois des enseignants s'apprêtaient à quitter le pensionnat avant la fin de l'année[106].

Bernard Neary, un fonctionnaire du ministère des Affaires indiennes, publie ses règles sur la discipline en 1947 en réaction à des problèmes au pensionnat de Morley en Alberta. Dans cette école, les problèmes de discipline continuent cependant dans les années 1950. En février 1951, plusieurs parents disent à un fonctionnaire du ministère des Affaires indiennes que leurs enfants étaient mal habillés, surchargés de travail et assujettis à un régime disciplinaire trop sévère. De nombreuses plaintes sont portées contre la surveillante Florence Hodgson qui avait fait l'objet de plaintes de la part de parents cinq ans auparavant. On estime qu'il s'agit d'une personne « trop grincheuse », « maladroite » et « assez cruelle ». Un parent appelé Joe Kootenay dit qu'il reconnaissait que les enfants avaient besoin d'une éducation pour qu'ils puissent « avoir une vie meilleure », mais à son avis, « le pensionnat est aujourd'hui un lieu d'esclavage ». Un père affirme que, lors de sa visite à l'école, il avait entendu un des enseignants appeler le garçon « une merde »[107]. Le directeur R. Inglis présente sa version des faits devant une assemblée de parents et de conseillers de la bande, le 7 mars 1951. Il dit d'entrée de jeu qu'il avait « beaucoup de difficultés à trouver des enseignants qualifiés en raison de la concurrence avec des écoles provinciales ». L'hiver avait été particulièrement difficile puisque 70 élèves avaient attrapé des oreillons, ce qui a entraîné une mise en quarantaine de l'école. Il dit que « bien que sa manière puisse paraître brutale et un peu maladroite », Hodgson était « des plus intéressée par le bien-être de leurs enfants ». Son argument ne satisfait pas les parents et les conseillers qui ont continué à faire pression pour son licenciement. Le fonctionnaire du ministère des Affaires indiennes R. F. Battle dit aux conseillers de la bande que « l'avis des chefs et des conseillers est recherché et respecté mais ils n'ont pas de contrôle officiel sur l'école »[108].

Le surintendant des agences indiennes de l'Alberta, G. H. Gooderham, aboutit entre-temps à la conclusion suivante :

> Le révérend Inglis et mademoiselle Hodgson ont la mauvaise approche relativement aux positions qu'ils occupent. Il est acquis que ce sont des gens très efficaces et sans aucun doute intègres, mais d'après ce que je peux voir, il leur manque cette touche humaine qui est si nécessaire. Apparemment, ils dirigent avec une main de fer et ne manifestent aucun amour ou considération pour les sentiments tant des élèves que des parents.

Bien qu'il ne soit pas en faveur d'un licenciement immédiat, il pense qu'il devrait y avoir un nouveau directeur et une nouvelle surveillante avant le début de la prochaine année scolaire[109].

George Dorey, au nom du Comité des missions intérieures de l'Église Unie, soutient le personnel de l'école, et déclare ceci : « Peu importe qui va à Morley, ils auront exactement la même difficulté, si la discipline appropriée doit être maintenue dans l'école[110]. » Malgré cela, Inglis est remplacé en 1953, mais pas expulsé du système des pensionnats[111]. Dès 1955, il est nommé directeur du pensionnat de Brandon au Manitoba (où il remplace Oliver Strapp)[112]. L'année suivante, R. F. Davey, le surintendant de l'éducation des Indiens, conclut que la situation au pensionnat de Brandon était une preuve supplémentaire qu'Inglis avait un « manque flagrant de capacité à gérer une école ». Si Inglis est prêt à démissionner, il estime que sa démission devrait être acceptée[113]. Après deux ans à Brandon, Inglis démissionne à la fin de l'année scolaire 1956-1957[114].

Le remplacement d'Inglis au pensionnat de Morley n'a également duré que deux ans. Les parents se plaignent en 1956 que la surveillante adjointe est trop violente dans sa manière d'infliger la punition aux enfants. Elle avait frappé des enfants sur les épaules et le dos (possiblement avec le poing fermé), et dans un cas, elle avait giflé un élève au visage pour « provocation et grossièreté excessive ». Après avoir examiné les éléments de preuve, le fonctionnaire du ministère des Affaires indiennes W. A. Betts rapporte à ses supérieurs à Ottawa qu'il estime qu'il n'y avait « aucune preuve de mauvais traitements d'élèves »[115]. Le superviseur régional des agences indiennes, R. F. Battle, doit signaler à Betts que son rapport contenait des preuves que « des mesures disciplinaires inacceptables avaient été utilisées ». Battle ordonne à Betts d'informer le conseil de bande que si de nouveaux problèmes surgissaient, le ministère des Affaires indiennes demanderait que la surveillante soit remplacée[116].

Les punitions de masse ont également continué d'être infligées. Lorsqu'au printemps de 1955, le directeur de l'école de Sioux Lookout, en Ontario, annule les heures de récréation et envoie toutes les filles plus âgées au lit plus tôt que d'habitude, les filles se révoltent. La peine est infligée après qu'une fouille du dortoir ait révélé que plusieurs des filles avaient volé des fournitures scolaires et les avait cachées dans leurs valises. Les filles étaient irritées, à la fois par la punition de masse et par le fait que dans la réalisation de la fouille, la surveillante avait ouvert toutes leurs valises et brisé le verrou sur l'une des valises. Selon le surintendant local du ministère des Affaires indiennes, les jeunes filles « se sont barricadées dans la salle en utilisant les grands lits doubles pour bloquer la porte et ont refusé de permettre à tout membre du personnel, y compris le directeur, d'y entrer. La porte a dû être forcée et les filles n'ont pu être maîtrisées que lorsque le directeur s'est servi du tuyau d'arrosage. »

Trois jeunes filles sont traduites devant un juge local. Pendant qu'elles sont au centre de détention pour mineurs en attente d'une audience, l'une d'elles vole des objets de valeur appartenant à la femme qui travaille au centre. Elle est envoyée à une école de formation pour les filles, à Galt, en Ontario. Les deux autres sont condamnées avec sursis et expulsées du pensionnat[117].

Un événement qui s'est produit en 1956 au pensionnat presbytérien de Kenora, en Ontario, donne à penser que les règles de 1953 régissant les châtiments corporels étaient non seulement ignorées, mais souvent pas connues. Lorsque le directeur du pensionnat se rend au bureau de l'agent des Indiens pour récupérer quatre garçons fugueurs, il saisit un garçon et lui tord l'oreille en présence du grand-père du garçon et du fonctionnaire du ministère des Affaires indiennes[118]. Le directeur a dit plus tard qu'il regrettait d'avoir commis cet acte, mais a aussi déclaré que « le motif était à la fois de faire voir au grand-père du garçon que le garçon était dans l'erreur et de faire savoir au garçon que je ne crains pas son grand-père ». Il a ajouté que la semaine avant, le garçon avait été traduit devant le juge, accusé d'avoir tenté de perturber la circulation d'un train. Le surintendant de l'éducation des Indiens, R. F. Davey, écrit au directeur pour lui dire : « Je trouve qu'il est nécessaire de vous demander de respecter les règles qui régissent la discipline dans nos pensionnats, dont copie ci-jointe ». Le directeur lui répond : « Je tiens à ajouter que je n'avais jamais vu les règles que vous avez annexées. Je vais les respecter à l'avenir[119]. »

Le rasage des têtes est également maintenu. À l'été 1957, R. F. Davey demande à H. B. Rodine, inspecteur des écoles de la Saskatchewan, d'enquêter sur les préoccupations au sujet du directeur du pensionnat de Gordon, en Saskatchewan. Il aurait rasé les cheveux de deux filles qui s'étaient enfuies et puni si sévèrement une fille qu'elle avait eu besoin d'une hospitalisation, et intimidé des élèves[120]. Rodine découvre que le directeur avait démissionné et réservé son passage vers l'Angleterre. Alors qu'au cours des années précédentes les têtes n'étaient pas rasées, les cheveux des fugueuses étaient coupés très court. Sur recommandation de l'agent des Indiens local W. J. D. Kerley, le directeur abandonne la pratique. Il semble également qu'une jeune fille avait été hospitalisée un an plus tôt, apparemment à la suite d'une punition. Quoique l'inspecteur Rodine ait eu de la difficulté à obtenir des détails, il conclut que « l'impression générale qui s'est dégagée était que l'intimidation est certainement très répandue ». À l'exception d'un seul, tous les membres du personnel de l'année précédente avaient quitté dans la frustration, à cause de ce que Rodine a décrit comme étant « l'attitude autoritaire » du directeur[121].

Les rapports faisant état d'élèves frappés par le personnel se poursuivent. Les parents d'un élève au pensionnat de Blue Quills, en Alberta, informent le pensionnat en 1959 que leur fils leur a dit qu'il allait s'enfuir si l'école ne remplaçait pas le maître des garçons. Leur fils a dit qu'il était « trop dur avec les garçons » et les frappait avec ses poings[122]. Le maître était l'objet d'accusations criminelles à l'époque à la suite de voie de faits commis en dehors du pensionnat et qui n'impliquait ni les élèves ni des employés du pensionnat[123].

Les pensionnats comme solution de rechange aux prisons

Les pensionnats sont utilisés en tant qu'établissement d'incarcération. Les jeunes Autochtones qui sont en conflit avec la loi peuvent être condamnés à fréquenter un pensionnat. En 1940, le pensionnat de Fraser Lake en Colombie-Britannique accepte trois garçons qui allaient être placés dans une école de réforme[124]. En 1947, en Colombie-Britannique, l'agent des Indiens prend l'habitude d'envoyer les garçons condamnés pour vol au tribunal de la jeunesse au pensionnat de Fraser Lake[125]. Les directeurs prennent des dispositions pour que les élèves qui enfreignent la loi retournent au pensionnat plutôt que dans une école de réforme. En 1942, un groupe de garçons du pensionnat de Brandon, au Manitoba, découvre une maison vide près du pensionnat. Ils commencent à y apporter de la nourriture les samedis et, en utilisant le poêle à bois, se préparent des repas. En mars de cette année, ils mettent accidentellement le feu à la maison. Neuf garçons sont mis en état d'arrestation et accusés de délinquance. Comme on estime que les garçons n'ont pas réalisé les conséquences potentielles de l'utilisation du poêle, l'affaire est ajournée[126]. C'est le directeur qui se charge plutôt de leur punition[127]. En venant réclamer une compensation pour sa maison, le propriétaire se fait dire par le directeur des Affaires indiennes, Harold McGill, que les Affaires indiennes ne sont pas responsables des dommages puisque le pensionnat est géré par l'Église Unie. « Ce serait, dit-il, extrêmement dangereux pour nous d'accepter la responsabilité des réclamations qui peuvent être faites de temps à autre contre les institutions par rapport à la gestion et à l'administration, alors que nous n'en sommes pas responsables[128]. »

Sous la supervision du directeur Oliver Strapp, le pensionnat de Brandon prend l'allure d'une prison. En 1948, après une visite du pensionnat, le superviseur de la formation professionnelle des Affaires indiennes, A. J. Doucet note ceci :

> [I]l y a une chose qui me répugne et c'est un directeur qui s'accroche à un trousseau de clés et qui doit déverrouiller chaque porte. Cela donne l'impression

> d'un centre de détention plutôt que d'un centre d'éducation. Au pensionnat de Brandon, il y a même, dans le corridor, une large porte de métal verrouillée à l'aide d'un cadenas. Je peux avoir tort, mais pour moi, ça mène aux ennuis[129].

Le même mois, au cours de l'inspection du pensionnat, le superviseur régional R. S. Davis, commente que Strapp « semble bien gérer son pensionnat », mais note aussi que le pensionnat a « des portes verrouillées et qu'il ressemble plus à une prison qu'à un pensionnat. Si le Ministère insiste pour que cette pratique soit interrompue, je crois que les enfants feraient davantage attention aux biens et aux bâtiments du Ministère[130]. » En 1949, l'inspecteur C. A. F. Clark note avec désapprobation le fait que les dortoirs et la salle à manger soient verrouillés durant la journée[131].

L'incapacité à appliquer la politique, 1960-1990

L'élaboration d'une politique disciplinaire à l'échelle nationale en 1953 ne met pas un terme aux pratiques disciplinaires abusives. Au cours des trente dernières années, les politiques existantes sont mal appliquées et souvent tout bonnement ignorées. Il y a des exemples de fonctionnaires aux Affaires indiennes qui encouragent l'utilisation de punitions sévères. En 1961, un représentant non identifié de l'Église anglicane rencontre le directeur du pensionnat de Sioux Lookout, en Ontario, J. F. Orman, pour discuter du grave problème d'absentéisme du pensionnat. Les notes de la rencontre mentionnent que « Shaw et Swartman [les surintendants de district des Affaires indiennes] recommandent que les coupables soient sévèrement punis par la courroie, mais ça ne donne rien de bon ». Quelques « têtes dirigeantes sont renvoyées », on croit qu'il sera nécessaire de renvoyer aussi « un noyau de fauteur de troubles »[132].

Après avoir fait la découverte d'une rencontre entre neuf garçons et quatre filles dans les dortoirs à l'automne 1963, Rod Mayling, le directeur du pensionnat d'Alert Bay, en Colombie-Britannique, frappe les treize enfants sur les fesses avec une courroie, devant le personnel et les élèves. L'inspecteur de district des pensionnats indiens, John Lawrance, examine l'affaire et conclut que « cet incident peut avoir de sérieuses répercussions et je crois que cet incident aurait pu être géré de manière moins violente. L'usage fréquent ou de masse de la courroie n'est pas une pratique judicieuse. » Il note aussi que bien que les élèves se soient rencontrés, il conclut qu'il n'y a aucune preuve « d'actes indécents ou qu'il y ait eu de telles intentions »[133]. Au moins deux éléments de la politique disciplinaire ne sont pas respectés dans cette affaire : les enfants ont été frappés avec une courroie sur les fesses et la punition faite avait pour but de les humilier. Le directeur n'est soumis à aucune conséquence.

Une année plus tard, J. V. Boys, le commissaire des Indiens de la Colombie-Britannique fait pression pour le renvoi du directeur. Boys écrit que le directeur « n'a ni la maturité ni le jugement adéquat pour le qualifier à un tel poste. Évidemment, les autorités religieuses sont en désaccord avec notre évaluation de l'homme et de son comportement et il reste le directeur de ce pensionnat[134]. » En avril 1964, la position de l'Église concernant Mayling change et on le remplace par le directeur du pensionnat de Carcross, au Yukon[135].

Les parents n'ont pas la certitude que leurs plaintes font l'objet d'enquêtes appropriées. En 1961, un membre du conseil de bande des Innus à Maliotenam au Québec, Wallace Regis, se plaint à l'inspecteur des pensionnats indiens, A. R. Jolicoeur, des traitements sévères au pensionnat de Maliotenam. Il les qualifie de « trop durs ». Parmi d'autres plaintes, il accuse un des membres du personnel du pensionnat (un frère oblat) d'avoir trop souvent blessé les enfants en leur donnant des coups de pied. Il mentionne qu'il est difficile pour la communauté de convaincre les garçons d'aller à l'école en raison de leur peur des membres du personnel. Regis informe Jolicoeur que la communauté porte le problème à l'attention du directeur, en vain, puisque celui-ci les renvoie simplement au membre du personnel en question. Regis conclut en déclarant que si Jolicoeur ne peut rien faire, il portera l'affaire à Ottawa[136]. Afin d'évaluer la validité de ces plaintes, Jolicoeur adopte précisément l'approche dénoncée par Regis, il exige que le directeur du pensionnat, le père Léo Laurin, enquête[137]. Dans les documents révisés par la Commission de vérité et réconciliation du Canada, il n'y a aucune preuve que d'autres mesures ont été prises pour cette affaire.

En juillet 1965, *Weekend Magazine,* une revue distribuée par beaucoup de quotidiens à travers le Canada, publie un article concernant le traitement des Autochtones à Kenora, en Ontario. Le journaliste Ian Adams écrit qu'un groupe d'adolescents et d'adultes autochtones lui a dit que les élèves de l'école presbytérienne de la communauté ont fait ce qui suit :

> [ils] se sont rebellés contre la discipline sévère en s'enfuyant. Attrapés et ramenés, les Autochtones se sont retrouvés dans une pièce verrouillée avec seulement un matelas au sol, avec seulement leurs sous-vêtements et nourri de pain et de lait.
>
> Une femme qui a déjà travaillé au pensionnat m'a dit qu'elle avait déjà vu un enfant de onze ans traité de la sorte. Elle m'a aussi dit qu'elle avait déjà vu deux jeunes adolescentes indiennes humiliées, forcées à aller manger dans la salle à manger seulement vêtues de leurs sous-vêtements.

Au départ, le directeur S. T. Robinson dit à Adams qu'il n'a aucun commentaire à faire sur les allégations. Quand Adams fait pression sur lui sur le sujet, Robinson dit :

> « Bien, j'ai été forcé d'utiliser cette punition par moments. »
>
> « Donc la pièce verrouillée, le matelas, tout ça, c'est vrai? »
>
> « Oui. »
>
> « Et la diète de pain et de lait? »

« Je l'ai utilisée par moments. »

« Pourquoi vous ne leur laissez que leurs sous-vêtements? »

« Quand on les ramène, ils sont difficiles à maîtriser. J'ai la responsabilité envers leurs parents de m'assurer qu'ils ne s'enfuient pas à nouveau[138]. »

Le superviseur régional des Affaires indiennes, G. S. Lapp, parle avec le directeur Robinson une fois l'article publié. Selon le rapport de Lapp, Robinson dit qu'il admet au journaliste avoir « confiné deux enfants indiens à leur chambre, en sous-vêtements avec seulement un matelas sans draps dans la chambre et de leur avoir donné uniquement du pain et du lait, et ce, comme punition pour s'être enfui du pensionnat. Il dit que cela a été fait avec le consentement de leurs parents. »

Robinson dit aussi que l'allégation selon laquelle il aurait forcé deux filles à s'asseoir dans la salle à manger en sous-vêtements est un mensonge. Lapp ajoute qu'Adams est un « apprenti journaliste » qui cherche la bagarre. Ses parents travaillent pour le centre d'accueil des Indiens de Kenora, géré par l'Église presbytérienne. Selon Lapp, « ça ne fonctionne pas vraiment bien » avec la famille Adams et on fait pression pour qu'ils partent. Lapp sent qu'Adams tente de faire scandale et de « se venger auprès des citoyens de Kenora pour l'expérience malheureuse de ses parents au centre d'accueil des Indiens »[139]. H. B. Rodine, fonctionnaire des Affaires indiennes, rencontre aussi le directeur Robinson en lien avec l'article. Dans la lettre à ses supérieurs, Rodine déclare :

> M. Robinson, interrogé précisément sur des questions de discipline, affirme qu'il s'efforce de toujours appliquer les mesures disciplinaires qui répondent aux besoins individuels, selon la situation. Si je me fie à cette conversation, je suis convaincu que la direction n'a pas à craindre que les méthodes disciplinaires avouées dans l'article soient réutilisées[140].

Il convient de noter que dans ce cas, plusieurs politiques des Affaires indiennes ont été enfreintes. Ces violations sont mises en lumière non pas en raison d'une supervision gouvernementale, mais uniquement en raison du travail d'un certain « apprenti journaliste ». Le Ministère semble perdre un temps et une énergie considérables afin d'enquêter sur ce journaliste et de mettre en doute ses motifs. Dans aucun document, le Ministère ne s'interroge sur la raison pour laquelle il n'est pas au courant de ces violations des politiques disciplinaires, si d'autres violations similaires sont commises et qu'est-ce qui peut être fait pour garantir l'application de la politique. Le directeur Robinson démissionne à la fin de l'année scolaire 1965-1966 afin d'accéder au poste de directeur du centre d'accueil des Indiens de Kenora[141].

Même avec cette démission, il y a encore de bonnes raisons de poser de telles questions, que ce soit à propos de Kenora ou d'ailleurs. En mai 1965, le superviseur régional des Affaires indiennes en Saskatchewan, K. Kerr, renvoie R. Jubinville de son poste de surveillant des garçons au pensionnat de Kamsack en Saskatchewan après avoir découvert que Jubinville inflige délibérément comme punition des brûlures sur les bras et le cou de plusieurs garçons[142]. À ce moment-là, la police ne prend aucune autre mesure. Cependant, dans les années 1990, les plaintes d'anciens élèves poussent la police à réexaminer l'affaire. Selon la Gendarmerie royale, Jubinville est reconnu coupable de trois accusations de voies de fait causant des lésions corporelles et reçoit une amende de 500 $[143].

Un mois après le renvoi de Jubinville en mai 1965, le ministère des Affaires indiennes commande une enquête à propos des allégations concernant les élèves du pensionnat de Kamsack à qui on aurait coupé les cheveux comme punition pour s'être enfuis. Les instructions sont données pour faire cesser cette pratique immédiatement[144]. Une partie de l'enquête est sous forme de révision des dossiers de l'école. Kerr et le directeur nouvellement nommé, le révérend Turenne, ne trouvent pas de copie de la réglementation des Affaires indiennes concernant la discipline[145].

Ceux qui font part de leurs inquiétudes en lien avec les problèmes disciplinaires sont à leur tour punis pour leurs actions. Juliette Pomerleau, une surveillante des filles au pensionnat d'Hobbema en Alberta, écrit au surintendant en chef de l'éducation des Affaires indiennes en mai 1966 pour signaler que les élèves de cette école sont frappés avec une courroie sur leurs fesses dénudées, une pratique qu'elle qualifie de « tout à fait inacceptable ». Elle joint aussi deux déclarations d'élèves[146]. Une élève raconte comment elle a été emmenée dans le bureau par le père, forcée ensuite à s'agenouiller. « Il a ensuite remonté ma jupe et descendu mes pantalons pour me frapper avec la courroie[147]. » Une deuxième fille écrit qu'on lui a demandé d'enlever ses jeans. « Il m'a donné treize coups de courroie. Il attend toujours un petit moment chaque fois que je reçois des coups de courroie[148]. »

Dans les documents révisés, la Commission de vérité et réconciliation du Canada ne trouve aucun document décrivant les réponses du gouvernement pour donner suite à ces plaintes. Cependant, il semble que la lettre ait été écrite le même jour où le directeur du pensionnat d'Hobbema, Paul Hudon, a congédié Pomerleau. Sans fournir de détails, Hudon informe ses supérieurs qu'elle « va de mal en pis et qu'elle est un très mauvais exemple pour nos élèves ». Selon Hudon, « le type de punition décrit par les filles est parfaitement inexact et exagéré. Je suis certain que les filles n'ont pas mentionné qu'elles sont retenues à l'école les week-ends ou qu'on leur donne du nettoyage à faire, etc. » Hudon dit qu'il a pris les arrangements pour transférer les filles « à Good Shepherd ou à l'Institut de l'Alberta à Edmonton »[149].

En 1967, un autre membre du personnel du pensionnat d'Hobbema, Jacqueline Bisson demande un transfert parce qu'elle « refuse d'enseigner sous la supervision d'un directeur dont la méthode de discipline » est « le coup de courroie sur les fesses dénudées des filles ». Elle se plaint plus tard que ce refus soit retenu contre elle après une demande de congé[150].

Il y a des exemples d'Églises qui établissent et imposent leurs propres politiques disciplinaires. En 1967, le manuel du personnel du pensionnat de Prince Albert en

Saskatchewan indique que le châtiment corporel doit être utilisé comme dernier recours. Il peut être administré uniquement par le directeur, ou par le directeur adjoint ou un professeur principal en cas d'absence du directeur. « N'importe quel membre du personnel qui frappe un enfant est susceptible d'être renvoyé sur-le-champ et risque une poursuite judiciaire. Les problèmes disciplinaires graves doivent toujours être transmis à un haut dirigeant[151]. » Cette politique est imposée à une autre Église anglicane en Saskatchewan cette année. En avril 1967, L. C. Bishop, un employé de l'école de Gordon en Saskatchewan, est attiré par le son d'une bagarre dans le dortoir des garçons. Là, Bishop voit un technicien de services à l'enfance gifler un élève au visage. L'homme tire ensuite l'élève de son lit pour lui donner un coup de pied dans le côté. Bishop inspecte l'élève qui se plaint d'avoir été battu avec un bâton et il trouve une « horrible marque rouge sur le bas du dos, quatre zébrures et deux autres marques rouges sur la fesse gauche ». Bishop note que la correction a été administrée sous le coup d'« une colère intense », en plus des rapports précédents qui font état d'élèves « frappés à coup de pied, giflés et menottés »[152]. « L'employé de soixante-quatre ans est renvoyé le mois suivant[153].

Changement d'attitude d'attitude vis-à-vis des punitions corporelles

L'usage de la courroie à des fins de discipline dans les écoles publiques fait aussi l'objet d'un examen approfondi dans les années 1960. Le rapport du comité provincial sur les buts et objectifs des écoles de l'Ontario de 1968 condamne le châtiment corporel en disant que la douleur ou la peur ne procurent aucun avantage sur le plan éducatif[154]. Aucune mesure n'est prise pour donner suite au rapport à ce moment-là, mais l'année suivante, un commissaire d'école de Toronto cherche à faire bannir la courroie. Cette tentative échoue, mais le conseil scolaire de Toronto bannit la courroie en 1971. Il est le premier conseil scolaire en Ontario à le faire[155].

En 1973, la Colombie-Britannique bannit les punitions corporelles et, en 2009, la Nouvelle-Écosse, le Nouveau-Brunswick, le Yukon, l'Île-du-Prince-Édouard, les Territoires du Nord-Ouest et le Nunavut, Terre-Neuve, le Québec, la Saskatchewan et l'Ontario ont tous emboîté le pas. Une décision de la Cour Suprême en 2004 tranche que le châtiment corporel dans les écoles canadiennes est inacceptable, mais elle permet aux professeurs d'employer une force raisonnable pour restreindre ou contrôler les élèves dans certaines situations[156].

Certains directeurs de pensionnats semblent avoir accepté et incorporé ces changements dans la politique publique au sein de leurs pensionnats. Au cours d'une conférence sur la discipline faite dans les années 1960, le directeur du pensionnat de Kamloops en Colombie-Britannique dit « le châtiment corporel est maintenant obsolète. Sa disparition est davantage due, selon moi, à son inefficacité qu'à des idéaux humanitaires. Je favorise toujours le châtiment corporel pour certains individus pour des fautes graves, mais en de rares occasions. » Il croit que les jours des réprimandes sévères et des sarcasmes sont aussi terminés. « Un surveillant sarcastique est une malédiction pour les enfants qui n'ont aucune protection. » Il dit aussi que les enfants ne devraient pas être punis en étant envoyés au lit plus tôt ou privés de repas. Il est également certain que Noonan croit que les directeurs ont le droit de développer leurs propres punitions violentes et peu orthodoxes. Il croit que si les garçons plus vieux se bagarrent et refusent de s'excuser, leur superviseur devrait « les mettre dans une arène de boxe avec des gants et surveiller le match jusqu'à ce que les deux garçons soient trop fatigués pour s'en soucier. Pour une brute, c'est aussi un bon remède, laissez cinq petits confrères avec des gants se battre contre lui dans l'arène. La brute se fatiguera, surtout si on le fait boxer sur les genoux[157]. »

Tout cela enfreint manifestement la politique disciplinaire de 1953. Il n'est pas clair si cette politique a jamais été remplacée. En mai 1971, le surintendant régional de l'éducation des Affaires indiennes de l'Alberta, W. C. Thomas, informe tous les directeurs et les surintendants de district de l'Alberta qu'il considère le châtiment corporel comme étant « une pratique archaïque qui devrait cesser immédiatement ». La directive s'applique aux externats indiens incluant les anciens pensionnats de l'Alberta maintenant dirigés par le gouvernement fédéral plutôt que par les Églises[158]. Le fait que cette directive provienne d'un surintendant régional et qu'elle soit appliquée uniquement aux écoles d'une province laisse sous-entendre que les politiques disciplinaires sont, une fois de plus, mises au point de façon fragmentaire.

Frapper avec une courroie est toujours acceptable dans les institutions de la Colombie-Britannique. En 1973, lorsque quatre filles s'enfuient du pensionnat à William Lake en Colombie-Britannique pour la troisième fois « en l'espace de quelques jours », le technicien de services à l'enfance donne à chaque fille deux coups de courroie. Le jour suivant, il informe le gestionnaire du pensionnat de ses actes, après que le gestionnaire lui ait rappelé que les punitions peuvent être administrées uniquement avec son accord et en présence de témoins[159].

Les punitions sous forme de coupe de cheveux continuent dans les années 1970 dans plusieurs écoles. En 1970, les enquêteurs aux Affaires indiennes découvrent que le personnel de l'école anglicane de La Tuque, au Québec, coupe les cheveux des filles et des garçons entre 2,5 et 5 cm de longueur selon la gravité de l'infraction, et ce, comme mesure disciplinaire courante. Les inspecteurs décrivent le cas d'un élève surpris par un membre du personnel en train de fumer pendant la visite de la mère de l'élève. Le membre du personnel trouve les ciseaux et « procéda donc devant la mère à lui raccourcir une partie de ses cheveux »[160].

Les dernières années

Au milieu des années 1970, de nombreux pensionnats du Canada ont maintenant fermé leurs portes et la fréquence des signalements de conflits concernant les châtiments corporels décline. Mais ils ne disparaissent pas. Les conflits entre les élèves, les parents et les gestionnaires contribuent à la fermeture de deux écoles financées par les mennonites dans le Nord-Ouest de l'Ontario. La direction de l'école de Gordon en Saskatchewan est incapable d'éliminer ce qui semble être une culture institutionnelle de discipline sévère et abusive.

Les conflits de Poplar Hill et de Stirland Lake

À la fin des années 1980, des conflits à propos de la discipline font surface dans les pensionnats de Poplar Hill et de Stirland Lake dans le Nord-Ouest de l'Ontario. Ces écoles sont gérées par la Northern Light Gospel Mission, une mission mennonite indépendante pour le peuple autochtone, et une ramification de la mission Northern Youth Programs[161]. Les pensionnats, établis à l'origine avec le soutien des Affaires indiennes, reçoivent leur financement des conseils scolaires contrôlés par les Premières Nations.

En 1989, le Conseil de l'éducation des Nishnawbe du Nord (CENN) décide de cesser le financement pour les élèves de l'école de la Northern Light Gospel Mission à Poplar Hill. La décision, qui force la fermeture du pensionnat, est prise à la suite de l'impossibilité à en arriver à un consensus entre le CENN et la Northern Light Gospel Mission, en ce qui a trait au rôle du châtiment corporel dans les écoles. Selon Rodney Howe du CENN, le châtiment corporel est administré lorsqu'un membre du personnel tient un élève allongé sur la table pendant qu'un second frappe l'élève avec une courroie de cuir. Le CENN souhaite voir l'abolition du châtiment corporel, alors que la direction du pensionnat ne souhaitait qu'en limiter les usages aux enfants de moins de douze ans. Le président du conseil d'administration de l'école dit « plutôt que de renoncer à des principes bibliques, nous avons décidé de garder nos lignes directrices [concernant l'utilisation du châtiment corporel] ».

Howe, qui a fait ses études au pensionnat, y travaille plus tard en tant que conseiller. Ses préoccupations concernant la discipline sont une des raisons pour lesquelles il démissionne. Howe dit qu'il ne croit pas que les enfants soient abusés au pensionnat, mais il est perturbé par les rapports concernant une « salle de consultation » dans laquelle les enfants sont prétendument enfermés pour plusieurs heures[162]. En janvier de la même année, le pensionnat n'est pas rouvert. On rapporte que les parents de plusieurs collectivités exercent des pressions sur le CENN pour infirmer leur décision de financement[163]. La controverse mène la police et les organismes de protection de l'enfance à entreprendre une enquête dans le pensionnat. Les missionnaires mennonites qui travaillent dans le Nord-Ouest de l'Ontario expriment aussi leurs critiques envers le pensionnat. Kate Kroeker dit avoir parlé avec un ancien élève qui affirme que, par le passé, les élèves étaient battus « sauvagement »[164]. Un ancien membre du personnel soutient que les châtiments corporels sont utilisés en dernier recours et il dit que le conflit à propos de la discipline est, en fait, un conflit entre le Conseil de l'éducation des Nishnawbe du Nord et la Northern Light Gospel Mission pour le contrôle de l'établissement scolaire[165]. Un rapport critique est publié dans le *Mennonite Reporter*, une publication du Comité central mennonite à laquelle la Northern Light Gospel Mission n'est pas associée. L'article incite une ancienne élève à venir à la défense du pensionnat. Celle-ci attribue sa réussite dans la vie à ses huit années passées au pensionnat. Elle dit avoir reçu la fessée à l'école, mais uniquement après avoir reçu plusieurs avertissements[166].

Ces plaintes concernant la discipline dans les écoles mennonites ne sont pas les premières. Lorsque deux filles refusent de retourner au pensionnat de Poplar Hill après les vacances de Noël de l'année scolaire 1964-1965, le directeur C. Schnupp attribue leurs décisions en partie au fait qu'après leur fugue, il les a punies « plutôt sévèrement en leur donnant des coups de courroie et les privant de chorale et d'activités pendant un mois »[167]. Richard Morris du CENN enquête sur les plaintes concernant la discipline en 1979. Il relate que, dans la majorité des cas, les punitions consistent à travailler sans salaire ou verser une amende, dont l'argent sert à l'achat de chèques cadeaux « pour les élèves qui réussissent bien à l'école ». Dans le cas de mauvais comportement constant, les élèves sont soit envoyés à la maison ou soumis à des châtiments corporels qui consistent en « un coup de courroie sur les fesses ». Morris n'émet aucun jugement sur cette punition et il oriente son rapport vers un traitement juste et acceptable envers les élèves[168].

Une bagarre physique éclate le 2 mars 1987 entre les élèves et le personnel du pensionnat de Stirland Lake en Ontario. Le personnel trouve des élèves de sexe féminin et masculin, entre treize et quinze ans, ensemble dans les dortoirs. Dans l'affrontement qui s'ensuit, on rapporte que les élèves ont frappé les professeurs avec des bâtons de hockey et des morceaux de bois de chauffage. Un membre du personnel subit une fracture de l'os malaire et six autres sont traités pour des coupures ou des contusions. Les 59 élèves de l'établissement sont envoyés à la maison, plusieurs renvoyés. Seize élèves font d'abord face à plusieurs chefs d'accusations, incluant voies de fait et méfait[169]. En mai 1987, un élève de dix-neuf ans plaide coupable aux chefs d'accusation d'agression causant des lésions corporelles et de voies de fait simples[170]. Le pensionnat de Stirland Lake ferme ses portes en 1991[171].

En février 1991, on annonce qu'aucune accusation ne sera portée pour donner suite à l'enquête du pensionnat de Poplar Hill qui n'a jamais rouvert. L'ancien directeur de l'éducation de la Northern Light Gospel Mission dit « à ce stade, il semble que les pensionnats soient un chapitre clos partout au Canada »[172].

L'école de Gordon

Le pensionnat de Gordon en Saskatchewan ne ferme ses portes qu'à la fin des années 1990. L'école a une longue histoire de mauvaise gestion, d'agressions sexuelles sur ses élèves et de plaintes en lien avec une discipline sévère et abusive. Il semble évident qu'au cours des dernières années, la gestion n'a pas su garder le contrôle sur le personnel. Le résultat semble être des abus répétés sur les élèves. (Les agressions sexuelles des élèves de cette école sont examinées dans le prochain chapitre de ce volume.)

Selon une note disciplinaire de 1970 dans le dossier d'employé, le technicien de services à l'enfance principal de l'école de Gordon entend un garçon demander à une autre élève où se trouve son frère. L'employé lance « au dépotoir » où tous les membres de sa famille « devraient être ». Lorsque la fille dit au superviseur de se taire, il la gifle au visage et la fait saigner du nez. La note indique que lorsqu'il a été réprimandé, l'employé « agit avec agressivité »[173].

En 1975, un membre du personnel de Gordon a reçu l'instruction de cesser d'injurier les élèves, de cesser d'étiqueter les élèves de certaines réserves comme étant paresseux ou stupides et de cesser d'utiliser la force physique pour se faire obéir[174]. L'homme est puni deux ans plus tard lorsqu'il frappe un garçon à la tête et lui donne un coup de pied dans les côtes pour le faire sortir du lit et ensuite le traîner dans le salon. Le garçon avait claqué la porte pour exprimer sa frustration concernant l'annulation d'un voyage en ville pour assister à un match de hockey[175]. Parce que l'employé avait déjà été mis en garde contre ce « traitement » envers les élèves, il est suspendu sans salaire pour trois jours[176]. En 1978, une technicienne de services à l'enfance frappe un élève avec un manche à balai et lui fracture le bras. Il semble que l'élève lui ait « répliqué »[177].

La discipline continue d'être un problème dans les années 1980. Lorsqu'un technicien de services à l'enfance localise cinq fugueurs, il frappe l'un d'eux et dit aux autres que s'ils n'aiment pas la vie en pensionnat, ils n'ont qu'à demander à leurs parents de les renvoyer. Dans un rapport écrit, le technicien de services à l'enfance dit qu'il ne s'inquiète pas vraiment d'un des fugueurs puisqu'il a dix-sept ans et se retrouve généralement chez un ami. Dans son rapport, il note également qu'un autre élève dit à ses grands-parents que deux techniciennes de services à l'enfance l'ont frappé avec un balai, une accusation niée par les deux femmes[178]. Au printemps 1986, les élèves du pensionnat de Gordon se plaignent que la même technicienne de services à l'enfance les agrippe par la gorge et les cheveux et les pousse, frappe leur tête contre les portes et est violente verbalement avec eux[179].

Au milieu de l'année 1985, un autre technicien de services à l'enfance de l'école de Gordon est suspendu pour trois jours après avoir lancé un élève hors du lit[180]. En 1986, l'ordre du jour pour une rencontre des techniciens de services à l'enfance mentionne qu'un des employés bouscule les enfants lorsqu'il souhaite faire avancer les choses. L'auteur note « je crois qu'ils sont un peu jeunes pour ça et je ne crois pas qu'ils réagissent bien »[181].

En 1987, treize élèves de sexe féminin sont interrogées au pensionnat concernant le traitement qu'elles reçoivent d'un des techniciens de services à l'enfance. Une enquête interne conclut que le technicien de services à l'enfance a harcelé sexuellement une ancienne employée et qu'il a démontré « une grossière erreur de jugement dans ses contacts physiques et dans ses intrusions dans la vie privée avec ses élèves de sexe féminin », « une incompétence grossière dans ses conseils aux adolescentes en matière de sexualité » et a ainsi incité plusieurs élèves à partir ou à ne plus revenir au pensionnat. Par conséquent, il est renvoyé[182]. En 2001, deux femmes poursuivent avec succès le technicien de services à l'enfance pour blessures et dommages, conséquences des agressions sexuelles alors qu'elles étaient élèves au pensionnat de Gordon[183].

Les archives démontrent qu'en 1987 :

- un technicien de services à l'enfance gifle une fille qui « est plutôt insolente »[184];
- un membre du personnel agrippe un élève par les cheveux et le conduit au bureau en le tenant par les cheveux, parce qu'il croit que le garçon ment en disant qu'il n'a aucun devoir[185];
- un technicien de services à l'enfance, « M. B », en colère contre un garçon qui importune des élèves plus jeunes, cogne la tête du coupable contre le mur[186].

En 1988 :

- trois garçons reçoivent dix coups de courroies sur chaque main pour avoir fait perdre connaissance à d'autres garçons[187];
- une élève se plaint que sa technicienne de services à l'enfance la frappe sur la tête avec un balai[188]. Après une enquête, la direction du pensionnat conclut que l'incident n'a pas eu lieu[189].

Le personnel qui pose problème demeure à l'emploi du pensionnat. Le 14 mars 1991, une lettre résume quatre incidents, au cours des six mois précédents, concernant un technicien de services à l'enfance ayant fait l'objet de mesures disciplinaires pour avoir employé trop de force. Cela inclut : menotter les fugueurs derrière leur tête, agripper un garçon par le cou et l'écraser dans un canapé, frapper un garçon sur le bord de la tête avec la main fermée et gifler deux garçons et mettre la tête de l'un d'eux dans un casier. La seule mesure disciplinaire, cependant, est de conseiller le technicien de services à l'enfance de demander de l'aide ainsi que de l'avertir que des conséquences « très sévères » pourraient découler d'inconduites subséquentes[190]. En 1993, il est suspendu trois jours pour avoir frappé sur leur casque trois membres de l'équipe de hockey du pensionnat avec un bâton de hockey pour démontrer sa frustration causée par la médiocre performance de l'équipe. Cette fois, il est averti que des « incidents futurs de même nature seront gérés de manière beaucoup plus sévère »[191].

Un des commentaires positifs qui peut être fait concernant cette archive est qu'elle démontre que les gestionnaires tentaient de contrôler la discipline abusive dans le pensionnat. Les infractions répétées suggèrent que les efforts ne sont pas fructueux. Les élèves continuent d'être soumis à des punitions violentes et souvent humiliantes, souvent administrées par des personnes qui n'ont pas l'autorité de le faire et qui choisissent de ne garder aucun registre de ce qu'elles ont fait.

Le gouvernement fédéral échoue à établir et à appliquer une politique disciplinaire détaillée dans les pensionnats et les résidences qu'il finance. Les témoignages d'anciens élèves font état du résultat : une série d'institutions régies par une discipline sévère, punitive et humiliante. Ces mesures minent la mission éducative des pensionnats, puisque beaucoup d'élèves fuguent, et diminuent la valeur perçue de l'éducation aux yeux de beaucoup d'élèves autochtones. De plus, le régime disciplinaire sévère des pensionnats éloigne involontairement de nombreux Autochtones des Églises et des organisations missionnaires qui gèrent les pensionnats et les résidences.

En raison de l'incapacité à développer et à implanter une discipline efficace, et à en assurer le contrôle, le message donné était qu'il n'y avait aucune véritable limite à ce qui pouvait être fait aux enfants autochtones au sein des pensionnats. La porte était ouverte aux niveaux épouvantables de violences physiques et sexuelles envers les élèves qui y ont eu cours et dont il sera question dans le prochain chapitre.

CHAPITRE 41

Mauvais traitements : 1940–2000

Le 30 octobre 1990, *The Journal*, l'émission d'affaires publiques phare du réseau anglophone de la Société Radio-Canada diffuse ce qui sera par la suite perçu comme une entrevue historique avec le Grand Chef de l'Assemblée des chefs du Manitoba, Phil Fontaine. Cette entrevue faisait suite à une visite que Fontaine avait rendue à des représentants de l'Église catholique romaine pour discuter de sa proposition de tenir une enquête sur l'administration des pensionnats indiens au Canada. Fontaine a déclaré à l'animatrice du *Journal*, Barbara Frum, que lors de cette rencontre, on lui avait demandé quelle était la prévalence des agressions sexuelles dans les pensionnats. Fontaine, qui a fréquenté l'établissement de Fort Alexander, au Manitoba, avait répondu : « Pour illustrer mon propos, je suggère de prendre comme exemple ma classe de troisième année. S'il y avait 20 garçons dans cette classe en particulier, chacun de ces 20 garçons a vécu la même chose que moi. Ils ont tous été victimes d'agressions sexuelles sous une forme ou une autre[1]. »

Par sa décision de parler de son expérience personnelle, Fontaine a permis d'attirer l'attention du public comme jamais auparavant sur la portée et la nature des mauvais traitements commis dans les pensionnats indiens. Son courage a également inspiré de nombreux autres anciens élèves à briser le silence et à faire part de leurs propres récits de mauvais traitements.

Il est probable que l'ampleur des mauvais traitements commis durant la période allant de 1940 à la fermeture de ces pensionnats demeure inconnue et impossible à connaître. De nombreuses victimes sont maintenant décédées. Beaucoup d'autres ne sont pas disposées à parler de leur expérience. Il est possible, cependant, de tirer un certain nombre de conclusions probantes au sujet de ces mauvais traitements en procédant à l'examen de trois sources d'information importantes :

1) Les statistiques produites par le Processus d'évaluation indépendant (PEI) et le programme de Paiement d'expérience commune (PEC) établi par la Convention de règlement relative aux pensionnats indiens (CRRPI)

2) Les archives documentaires, en particulier en ce qui concerne les poursuites pour mauvais traitements dans les écoles

3) Les déclarations des anciens élèves, qu'elles aient été faites devant la Commission de vérité et réconciliation du Canada ou d'autres tribunes

Ce chapitre présente de l'information tirée des deux premières sources de données. Les déclarations des élèves sur les mauvais traitements figurent dans une publication de la Commission de vérité et réconciliation du Canada intitulée *Les survivants s'expriment*.

Les mauvais traitements dont il est question dans ce chapitre vont bien au-delà de la discipline rigoureuse : ils sont en grande partie de nature sexuelle. Ces mauvais traitements ont causé de la douleur et de l'humiliation lorsqu'ils se sont produits, et ont laissé des séquelles chez les victimes longtemps après — souvent à vie. Le peu d'enquêtes policières réalisées à leur sujet, ou de poursuites criminelles contre les agresseurs, au cours de la période durant laquelle les pensionnats étaient en activité constitue un autre signe de l'échec du gouvernement fédéral de prendre au sérieux sa responsabilité envers les enfants autochtones. En déclarant qu'ils n'étaient pas au courant de l'ampleur des mauvais traitements infligés, les Églises et le gouvernement admettent qu'ils n'ont pas su gérer correctement les institutions dont ils étaient responsables. Ceux qui étaient au courant de ces mauvais traitements et qui ne sont pas intervenus de manière appropriée s'en sont rendus complices.

Données de la Convention de règlement se rapportant aux mauvais traitements

La Convention de règlement relative aux pensionnats indiens a établi le Processus d'évaluation indépendant comme mécanisme pour indemniser les anciens élèves de 139 pensionnats indiens qui ont subi des violences sexuelles et physiques ou fait l'objet d'autres actes fautifs commis par les employés des écoles (qu'ils soient employés par le gouvernement ou par les Églises), par d'autres adultes autorisés à se trouver sur les lieux ou par d'autres élèves. Les réclamations pouvaient être présentées par d'anciens pensionnaires, par les personnes ayant fréquenté les pensionnats en externat ou par les personnes qui étaient âgées de moins de 21 ans au moment des mauvais traitements et qui avaient reçu l'autorisation d'un employé adulte de participer aux activités de l'école. Dans le cadre du PEI, une indemnisation pouvait être fournie pour les préjudices subis à l'école, pour les coûts de futurs soins et pour la perte d'occasions d'emploi découlant du préjudice subi[2].

Au 31 janvier 2015, le PEI avait reçu 37 951 réclamations se rapportant à des blessures découlant de sévices physiques et sexuels infligés dans les pensionnats indiens. À la fin de 2014, le PEI avait résolu 30 939 de ces demandes et accordé des indemnités de 2 690 000 000 $[3]. Le PEC a admis les réclamations de 78 748 anciens élèves de pensionnat. Les réclamations d'indemnités en vertu du PEI pouvaient être présentées par les élèves non pensionnaires qui ont subi des sévices à l'école, mais la très grande majorité des réclamations en vertu du PEI ont été présentées par d'anciens pensionnaires. Le nombre de réclamations d'indemnisation pour sévices équivaut à environ 48 % du nombre d'anciens élèves qui étaient admissibles à faire ce type de réclamations. Ce nombre ne comprend pas les anciens élèves qui sont décédés avant mai 2005.

Comme le montre le tableau 41.1, les anciens élèves de la Saskatchewan représentent 24 % (19 132) des élèves dont les réclamations ont été admises dans le cadre du PEC et 24 % (7 494) de ceux dont les réclamations ont été admises au titre du PEI. (Une réclamation admise est une demande présentée par quiconque est admissible à une indemnité en vertu de la convention autorisant l'allégation en vertu de la CRRPI.) La province qui arrive au deuxième rang pour le nombre de réclamations est la Colombie-Britannique : 17 % (13 573) des réclamations admises en vertu du PEC et 18 % (5 502), au titre du PEI. Au total, 16 % (12 236) des réclamations admises dans le cadre du PEC et 21 % (6 694) de celles admises au titre du PEI proviennent de l'Alberta. Comme le montre le tableau 41.1, le pourcentage de réclamations d'indemnisation enregistré dans chaque province ou territoire équivaut à peu près au pourcentage global des réclamations présentées en vertu du programme de Paiement d'expérience commune.

Tableau 41.1. Réclamations admissibles au Paiement d'expérience commune au 31 décembre 2012, et réclamations admises au titre du Processus d'évaluation indépendant au 14 septembre 2014.

Provinces et territoires	Réclamations admissibles du PEC	Réclamations du PEC exprimées en pourcentage des réclamations admissibles du PEC	Réclamations admises au titre du PEI	Réclamations du PEI exprimées en pourcentage du total des réclamations admises au titre du PEI
Alberta	12 236	16 %	6 694	21 %
Colombie-Britannique	13 573	17 %	5 502	18 %
Manitoba	8 861	11 %	4 273	14 %
Nouveau-Brunswick	134	0,2 %	67	0,2 %
Terre-Neuve-et-Labrador	23	0,03 %	5	0,02 %
Territoires du Nord-Ouest	5 354	7 %	1 383	4 %
Nouvelle-Écosse	378	0,5 %	193	1 %
Nunavut	2 465	3 %	344	1 %
Ontario	8 243	10 %	2 773	9 %
Île-du-Prince-Édouard	43	0,05 %	18	0,03 %
Québec	5 870	7 %	1 776	6 %
Saskatchewan	19 132	24 %	7 494	24 %
Yukon	1 457	2 %	438	1 %
Inconnu/ Extérieur du Canada	979	1 %	253	1 %
Total	78 748		31 213	100,00 %

Source : Affaires autochtones et Développement du Nord Canada, données du Paiement d'expérience commune (PEC) du 19 septembre 2007 au 31 décembre 2012; Données du PEI tirées du document électronique « Données pour la CVR – 7 octobre 2014 », reçu du Secrétariat d'adjudication des pensionnats indiens joint au courriel de Shelley Trevethan à Kim Murray, 10 octobre 2014.

L'annexe D de la Convention de règlement relative aux pensionnats indiens définit les abus et les conséquences pour lesquels un demandeur peut recevoir une indemnisation. L'annexe dresse la liste des actes pour lesquels une indemnisation est prévue (voir le tableau 41.2) et fournit une description de l'éventuelle gamme de sévices dont ont été victimes les élèves des pensionnats indiens. (Les niveaux P3, P4 et P5 mentionnés dans les deux derniers points se rapportent aux trois niveaux de sévices les plus élevés, qui sont décrits plus loin dans l'annexe.)

Tableau 41.2. Actes ouvrant droit à une indemnisation en vertu de la Convention de règlement relative aux pensionnats indiens

SL5

- Incidents répétés et persistants de rapports sexuels avec pénétration vaginale ou anale.
- Incidents répétés et persistants de pénétration vaginale ou anale à l'aide d'un objet.

SL4

- Un ou plusieurs incidents de rapport sexuel avec pénétration vaginale ou anale.
- Incidents répétés et persistants de rapport sexuel oral.
- Un ou plusieurs incidents de pénétration vaginale ou anale avec un objet.

SL3

- Un ou plusieurs incidents de rapport sexuel oral.
- Un ou plusieurs incidents de pénétration digitale anale ou vaginale.
- Un ou plusieurs incidents de tentative de pénétration vaginale ou anale (excluant la tentative de pénétration digitale).
- Incidents répétés et persistants de masturbation.

PH

- Un ou plusieurs incidents de voies de fait causant une blessure ayant conduit ou qui auraient dû conduire à une hospitalisation ou un traitement médical sérieux par un médecin; des dommages physiques permanents ou prouvés comme étant à long terme, un handicap, le défigurement; une perte de conscience; des fractures; ou une incapacité sérieuse temporaire qui nécessitait que la victime garde le lit ou qu'elle reçoive des soins infirmiers pendant plusieurs jours. À titre d'exemple, ceci inclut les châtiments corporels sévères, les coups de fouet et une ou les brûlures au second degré.

SL2

- Un ou plusieurs incidents de rapport sexuel simulé.
- Un ou plusieurs incidents de masturbation.
- Des attouchements répétés et persistants sous les vêtements.

SL1

- Un ou plusieurs incidents d'attouchements ou de baisers.
- Des photographies prises du demandeur nu.
- Un geste d'exhibitionnisme posé par un employé adulte ou une autre personne autorisée à être présente sur les lieux.
- Tout contact physique avec un élève, avec ou sans objet, par un employé ou un autre adulte autorisé à être présent sur les lieux, qui excède les normes généralement reconnues de contact physique parental et viole l'intégrité sexuelle de l'élève.

AAF

- Avoir été nettement plus abusé physiquement que les autres élèves par un employé adulte ou un autre adulte autorisé à être présent sur les lieux, avoir subi un abus nettement excessif en durée et en fréquence et qui a causé des dommages psychologiques de niveau P3 ou supérieur.
- Tout autre acte fautif commis par un employé adulte ou un autre adulte autorisé à être présent ayant entraîné des dommages psychologiques de niveau P4 ou P5.

Source : Annexe D : Processus d'évaluation indépendant (PEI) pour les demandes continues relatives aux abus subis dans les pensionnats indiens, www.residentialschoolsettlement.ca/French/Annexe_D.pdf.

Le tableau 41.3 présente les facteurs qui ont été reconnus par la Convention de règlement comme aggravant les actes abusifs décrits ci-dessus.

Tableau 41.3. Facteurs aggravants en vertu de la Convention de règlement relative aux pensionnats indiens

• Abus verbal
• Actes racistes
• Menaces
• Intimidation ou impossibilité de se plaindre; oppression
• Humiliation; dégradation
• Sévices sexuels accompagnés de violence
• Âge de la victime ou atteinte envers un enfant particulièrement vulnérable
• Défaut de fournir les soins ou le soutien affectif à la suite d'un abus requérant de tels soins
• Être témoin d'un des actes décrits à la page 3 contre un autre élève [la page où sont énumérés les actes décrits ci-dessus]
• Utilisation de la doctrine, de l'autorité ou du décorum religieux pendant ou pour faciliter l'abus
• Abus par un adulte ayant établi une relation particulière de confiance et de bienveillance à l'égard de la victime (trahison)

Source : Annexe D : Processus d'évaluation indépendant (PEI) pour les demandes continues relatives aux abus subis dans les pensionnats indiens, www.residentialschoolsettlement.ca/French/Annexe_D.pdf.

De tels sévices ont de graves conséquences. Le tableau 41.4 établit les cinq niveaux suivants de préjudices.

Tableau 41.4. Préjudices donnant droit à une indemnisation en vertu de la Convention de règlement relative aux pensionnats indiens.

P5 Préjudice continu causant une dysfonction grave.

- Manifesté par : une désorganisation psychotique, perte des limites de soi, troubles de la personnalité, grossesse résultant d'une agression sexuelle telle que définie par le PEI ou l'interruption forcée de telle grossesse ou l'obligation de donner en adoption l'enfant né à la suite de cette grossesse, l'automutilation, des tendances suicidaires, l'incapacité à établir ou à maintenir des relations interpersonnelles, un état post-traumatique chronique, une dysfonction sexuelle ou des troubles alimentaires.

P4 Préjudice causant une certaine dysfonction.

- Manifesté par : des difficultés fréquentes dans les relations interpersonnelles, le développement d'un trouble obsessionnel compulsif et d'états de panique, de l'anxiété grave, des tendances suicidaires occasionnelles, une blessure physique permanente entraînant une invalidité importante, un sentiment de culpabilité omniprésent, l'auto-condamnation, le manque de confiance envers les autres, un trouble sévère de stress post-traumatique, une dysfonction sexuelle ou des troubles alimentaires.

P3 Impact négatif continu.

- Manifesté par : des difficultés fréquentes dans les relations interpersonnelles, des troubles obsessionnels-compulsifs et des états de panique occasionnels, un certain trouble de stress post-traumatique, une dysfonction sexuelle occasionnelle, une dépendance aux médicaments, à l'alcool ou à d'autres substances, une blessure physique ayant entraîné une incapacité à long terme résultant d'une agression sexuelle telle que définie par le PEI, ou une anxiété importante à long terme, la culpabilité, l'autocondamnation, le manque de confiance envers les autres, les cauchemars, l'énurésie, l'agressivité, l'hypervigilance, la colère, la rage vengeresse et possiblement l'automutilation.

P2 Un certain impact négatif moyen.

- Manifesté par : des difficultés occasionnelles au niveau des relations interpersonnelles, un trouble léger de stress post-traumatique, l'auto-condamnation, le manque de confiance envers les autres, une faible estime de soi; ou plusieurs crises et symptômes reliés à : l'anxiété, la culpabilité, les cauchemars, l'énurésie, l'agressivité, les états de panique, l'hypervigilance, la rage vengeresse, la dépression, l'humiliation, la perte d'estime de soi.

P1 Impact négatif léger.

- Manifesté par : courtes périodes occasionnelles, soit d'anxiété, de cauchemars, d'énurésie, d'agressivité, d'états de panique, d'hypervigilance, de rage vengeresse, de dépression, d'humiliation, ou de perte d'estime de soi.

Source : Annexe D : Processus d'évaluation indépendant (PEI) pour les demandes continues relatives aux abus subis dans les pensionnats indiens, www.residentialschoolsettlement.ca/French/Annexe_D.pdf.

En plus de ce qui suit, le PEI offre une indemnisation pour la perte d'occasion et la nécessité de soins futurs. L'indemnisation est versée selon un système de points tenant compte des actes d'abus et de leurs conséquences. Le tableau 41.5 présente la répartition des montants des règlements du Processus d'évaluation indépendant au 30 septembre 2014.

Tableau 41.5. Répartition des montants des règlements du Processus d'évaluation indépendant au 30 septembre 2014.

Provinces et territoires	Total		1 à 49 999 $	
	Nbre de réclamations	% du total national	Nbre de réclamations	% du total provincial
Alberta	4 098	19,9 %	714	17 %
Colombie-Britannique	4 130	20,1 %	547	13 %
Manitoba	2 792	13,6 %	341	12 %
Nouveau-Brunswick	0	0 %	0	0 %
Terre-Neuve-et-Labrador	0	0 %	0	0 %
Territoires du Nord-Ouest	1 216	5,9 %	143	12 %
Nouvelle-Écosse	200	0,98 %	20	10 %
Nunavut	92	0,45 %	10	11 %
Ontario	1 932	9,4 %	233	13 %
Île-du-Prince-Édouard	0	0 %	0	0 %
Québec	1 111	5,4 %	138	12 %
Saskatchewan	4 620	22,5 %	711	15 %
Yukon	315	1,5 %	81	26 %
Inconnu/ extérieur du Canada	3	0,01 %	1	33 %
Total	20 509		2 939	
Part du total national				14 %

Source : Affaires autochtones et Développement du Nord Canada, Carte des règlements conclus dans le cadre du Processus d'évaluation indépendant (PEI), par montant de l'indemnité, données du 19 septembre 2007 au 30 septembre 2014.

50 000 à 99 999 $		100 000 à 149 999 $		150 000 à 199 999 $		200 000 $ et +	
Nbre de réclamations	% du total provincial	Nbre de réclamations	% du total provincial	Nbre de réclamations	% du total provincial	Nbre de réclamations	% du total provincial
1 282	31 %	1 402	34 %	489	12 %	211	5 %
811	20 %	1 495	36 %	864	21 %	413	10 %
838	30 %	1 007	36 %	455	16 %	151	5 %
0	0 %	0	0 %	0	0 %	0	0 %
0	0 %	0	0 %	0	0 %	0	0 %
368	30 %	434	36 %	202	17 %	69	6 %
61	30,5 %	97	48,5 %	15	7,5 %	7	3,5 %
31	34 %	35	38 %	13	14 %	3	3 %
532	27 %	758	39 %	284	15 %	125	6 %
0	0 %	0	0 %	0	0 %	0	0 %
410	37 %	387	35 %	114	10 %	62	6 %
1 435	31 %	1 743	38 %	554	12 %	177	4 %
54	17 %	106	34 %	55	17 %	19	6 %
0	0 %	2	67 %	0	0 %	0	0 %
5 822		7 466		3 045		1 237	
	28 %		36 %		15 %		6 %

Comme le tableau l'indique, dans 21 % des cas, le montant accordé est supérieur à 150 000 $. Les montants de cette catégorie se rapportent aux actes les plus violents, les plus intrusifs, ayant les facteurs les plus aggravants et comportant les niveaux de préjudices les plus élevés. Non seulement les mauvais traitements ont-ils été fréquents dans les pensionnats partout au pays, mais pour un grand nombre d'anciens élèves, il s'agissait de mauvais traitements extrêmement violents, intrusifs et préjudiciables.

Le tableau 41.6 présente les réclamations au titre du Processus d'évaluation indépendant selon le genre. Les hommes ont présenté 51,5 % des demandes, contre 48,5 % chez les femmes.

Tableau 41.6. Répartition des réclamations du Processus d'évaluation indépendant par genre au 14 septembre 2014.

Provinces et territoires	Femmes		Hommes		Total
	Total	Pourcentage du total provincial	Total	Pourcentage du total provincial	
Alberta	3 403	51 %	3 291	49 %	6 694
Colombie-Britannique	2 720	49 %	2 782	51 %	5 502
Manitoba	2 128	50 %	2 145	50 %	4 273
Nouveau-Brunswick	31	46 %	36	54 %	67
Terre-Neuve-et-Labrador	3	60 %	2	40 %	5
Territoires du Nord-Ouest	621	45 %	762	55 %	1 383
Nouvelle-Écosse	90	47 %	103	53 %	193
Nunavut	172	50 %	172	50 %	344
Ontario	1 317	47 %	1 456	53 %	2 773
Île-du-Prince-Édouard	9	50 %	9	50 %	18
Québec	789	44 %	987	56 %	1 776
Saskatchewan	3 487	47 %	4 007	53 %	7 494
Yukon	222	51 %	216	49 %	438
Inconnu/extérieur du Canada	158	62 %	95	38 %	253
Total	15 150		16 063		31 213
Pourcentage du total national		48,5 %		51,5 %	

Source : Base de données du Secrétariat (SADRE), 14 septembre 2014, document électronique « Données pour la CVR – 7 octobre 2014 », reçu du Secrétariat d'adjudication des pensionnats indiens joint au courriel de Shelley Trevethan à Kim Murray, 10 octobre 2014. [Data for the TRC - October 7, 2014]

Le tableau 41.7 présente l'ensemble des réclamations au titre du PEI ayant donné lieu à une indemnisation (en septembre 2014) selon le sévice le plus grave ayant été prouvé pour chaque réclamation, selon le genre.

Tableau 41.7. Réclamations ayant donné lieu à une indemnisation réparties selon le genre et le sévice le plus grave prouvé.

	Femmes	Hommes	Total
SL5	649	1 393	2 042
SL4	1 820	2 401	4 221
SL3	2 379	1 465	3 844
PH	646	828	1 474
SL2	627	960	1 587
SL1	1 193	606	1 799
AAF	12	21	33
Total	7 326	7 674	15 000

Source : Base de données du Secrétariat (SADRE), 14 septembre 2014, Document électronique « Données pour la CVR – 7 octobre 2014 », reçu du Secrétariat d'adjudication des pensionnats indiens joint au courriel de Shelley Trevethan à Kim Murray, 10 octobre 2014. [Data for the TRC - October 7, 2014]

Les élèves de sexe masculin ont été indemnisés pour la catégorie de sévices la plus grave et la plus préjudiciable selon un taux plus élevé que les élèves de sexe féminin.

Le tableau 41.8 indique la répartition des réclamations ayant été admises au titre du PEI selon la confession religieuse.

Tableau 41.8. Répartition des réclamations admises au titre du PEI par confession religieuse au 30 septembre 2013.

Provinces et territoires	Anglican		Catholique		Baptiste	
	Nombre de réclamations	Part du total provincial	Nombre de réclamations	Part du total provincial	Nombre de réclamations	Part du total provincial
Alberta	588	10 %	4 815	81 %	0	0 %
Colombie-Britannique	627	13 %	3 550	76 %	0	0 %
Manitoba	577	17 %	2 093	63 %	0	0 %
Nouveau-Brunswick	0	0 %	0	0 %	0	0 %
Terre-Neuve-et-Labrador	0	0 %	0	0 %	0	0 %
Territoires du Nord-Ouest	255	20 %	974	76 %	0	0 %
Nouvelle-Écosse	0	0 %	300	100 %	0	0 %
Nunavut	0	0 %	72	33 %	0	0 %
Ontario	977	35 %	1 380	50 %	0	0 %
Île-du-Prince-Édouard	0	0 %	0	0 %	0	0 %
Québec	268	18 %	1 163	79 %	0	0 %
Saskatchewan	2 916	39 %	4 528	61 %	0	0 %
Yukon	64	32 %	28	13 %	40	21 %
Inconnu/ extérieur du Canada	0	0 %	0	0 %	0	0 %
Total	6 242		18 903		40	
Part du total national		22,5 %		68 %		0,14 %

Source : Affaires autochtones et Développement du Nord Canada, Carte des réclamations dans le cadre du Processus d'évaluation indépendant (PEI), par organisme religieux, données du 19 septembre 2007 au 30 septembre 2013.

Non confessionnel		Presbytérien		Mennonite		Église Unie		Total	
Nombre de réclamations	Part du total provincial	Nombre de réclamations	Part du total provincial	Nombre de réclamations	Part du total provincial	Nombre de réclamations	Part du total provincial	Nombre de réclamations	Part du total provincial
0	0 %	0	0 %	0	0 %	556	9 %	5 929	21 %
76	2 %	0	0 %	0	0 %	407	9 %	4 660	17 %
35	1 %	190	6 %	0	0 %	448	13 %	3 343	12 %
0	0 %	0	0 %	0	0 %	0	0 %	0	0 %
0	0 %	0	0 %	0	0 %	0	0 %	0	0 %
51	4 %	0	0 %	0	0 %	0	0 %	1 280	4,6 %
0	0 %	0	0 %	0	0 %	0	0 %	300	1 %
145	67 %	0	0 %	0	0 %	0	0 %	217	0,8 %
1	0,04 %	275	10 %	133	5 %	14	0,5 %	2 780	10 %
0	0 %	0	0 %	0	0 %	0	0 %	0	0 %
36	3 %	0	0 %	0	0 %	0	0 %	1 467	5,3 %
0	0 %	0	0 %	0	0 %	2	0,03 %	7 446	27 %
68	33 %	0	0 %	0	0 %	0	0 %	200	0,7 %
0	0 %	0	0 %	0	0 %	0	0 %	0	0 %
412		465		133		1 427		27 622	
	1,5 %		1,7 %		0,5 %		5%		

Le nombre d'écoles et de pensionnats relevant de l'administration de chaque confession religieuse variait considérablement, de même que le nombre d'inscriptions. Par exemple, même si le gouvernement fédéral exploitait un grand nombre de foyers scolaires non confessionnels dans le Nord canadien dans les années 1960, le nombre d'inscriptions y était souvent de dix élèves ou moins. Le tableau 41.9 compare la part de chaque confession du total national des réclamations admises au titre du PEI avec la part de cette confession par rapport au nombre d'écoles reconnues par la Convention de règlement qui étaient en activité dans les années 1940, 1960 et 1980.

Tableau 41.9. Répartition des réclamations admises au titre du PEI par confession religieuse au 30 septembre 2013.

Église	Part du total national des réclamations admises au titre du PEI	Part du total national des écoles visées par la Convention de règlement		
		1940	1960	1980
Anglicane	22, 5%	25 %	22 %	13 %
Baptiste	0,14 %	0 %	1 %	0 %
Mennonite	0,5 %	0 %	0 %	0,4 %
Non confessionnelle	1,5 %	0 %	7 %	2 %
Presbytérienne	1,7 %	2 %	2 %	0 %
Catholique	68 %	57 %	60 %	65 %
Église Unie	5 %	16 %	7 %	0 %

Source : Affaires autochtones et Développement du Nord Canada, Répartition des réclamations du Processus d'évaluation indépendant (PEI) par organismes religieux, données du 19 septembre 2007 au 30 septembre 2013, et dates d'ouverture et de fermeture des écoles visées par la Convention de règlement.

Comme on peut le constater, le pourcentage de réclamations présentées pour chaque confession correspond à la part de cette confession du nombre d'écoles en activité au cours de la période d'après 1940.

Des réclamations pouvaient également être présentées au titre du PEI pour l'indemnisation de sévices infligés par d'autres élèves. Le tableau 41.10 montre que le tiers (8 470) des réclamations admises au titre du PEI (26 261) se rapporte à des mauvais traitements commis envers des élèves par d'autres élèves en date du 30 septembre 2013. La proportion varie beaucoup d'une administration à l'autre. En Nouvelle-Écosse, ces demandes représentent 63 % des réclamations admises au titre du PEI pour cette province. Il est question des mauvais traitements commis entre les élèves dans le prochain chapitre.

Tableau 41.10. Répartition des réclamations du Processus d'évaluation indépendant (PEI) se rapportant à de mauvais traitements entre élèves au 30 septembre 2013.

Provinces et territoires	Réclamations admises concernant de mauvais traitements entre élèves	Total des réclamations admises	Pourcentage des réclamations concernant de mauvais traitements entre élèves pour chaque administration
Alberta	1 649	6 173	27 %
Colombie-Britannique	1 057	4 960	21 %
Manitoba	1 628	4 072	40 %
Nouveau-Brunswick	0	0	0 %
Terre-Neuve-et-Labrador	0	0	0 %
Territoires du Nord-Ouest	383	1 690	23 %
Nouvelle-Écosse	190	302	63 %
Nunavut	59	244	24 %
Ontario	1 246	3 028	41 %
Île-du-Prince-Édouard	0	0	0 %
Québec	441	1 513	29 %
Saskatchewan	3 836	7 860	49 %
Yukon	86	330	26 %
Inconnu/extérieur du Canada	2	3	67 %
Total	10 577	30 175	
Pourcentage du total national		35 %	

Source : Affaires autochtones et Développement du Nord Canada, Carte de la répartition des réclamations dans le cadre du Processus d'évaluation indépendant (PEI) avec abus commis par un élève contre un autre, données du 19 septembre 2007 au 30 septembre 2013.

Considérées ensemble, les données tirées du Processus d'évaluation indépendant et du Paiement d'expérience commune appuient fortement les postulats suivants :

- les mauvais traitements étaient répandus dans l'ensemble du système des pensionnats;
- un pourcentage important des actes commis était de nature grave pouvant avoir des conséquences à vie;
- les élèves de sexe féminin et de sexe masculin ont été victimes de mauvais traitements dans une proportion égale;
- les élèves de sexe masculin ont été indemnisés pour la catégorie de sévices la plus grave et la plus préjudiciable selon un taux plus élevé que les élèves de sexe féminin;

- les élèves étaient exposés au risque dans toutes les institutions, peu importe la confession de l'organisme religieux responsable de leur institution;
- les mauvais traitements entre élèves constituaient un problème grave et répandu.

Le reste de ce chapitre repose sur des preuves documentaires et sur le nombre limité d'enquêtes et de poursuites criminelles en lien avec les mauvais traitements infligés aux élèves de pensionnat. (Il est question des procès au civil dans un chapitre ultérieur sur l'élaboration de la Convention de règlement.) Il fournit la preuve évidente de l'aspect destructeur et violent des pensionnats au Canada.

Cette section montre clairement que le gouvernement et les Églises étaient bien au courant des possibilités de mauvais traitements dans les écoles. Malgré ce risque, ils n'ont pas, pour des raisons économiques, établi de processus efficace de sélection et de surveillance du personnel. Comme nous l'avons signalé ailleurs dans ce rapport, en raison du faible niveau de financement gouvernemental, les Églises n'étaient pas en mesure d'offrir des salaires concurrentiels. Elles étaient donc souvent réduites à embaucher n'importe qui. Même si le salaire des enseignants a augmenté considérablement au cours de la période qui a suivi les années 1940, les salaires offerts aux surveillants de dortoir demeuraient très bas. Il apparaît également clairement que dans certains cas, lorsque les responsables des écoles et du gouvernement faisaient face à des cas de mauvais traitement, les agresseurs étaient congédiés, mais non poursuivis. Les Églises et les organismes religieux responsables des pensionnats ne signalaient pas toujours les cas de mauvais traitements au gouvernement fédéral ou à la police. Même lorsqu'ils le faisaient, les allégations ne faisaient souvent pas l'objet d'enquêtes approfondies. Pendant la plus grande partie de l'histoire du système, le gouvernement et les Églises ne se sont pas souciés des besoins des élèves victimes de mauvais traitements ou de leur famille. Il existe peu de preuves selon lesquelles les familles étaient mises au courant lorsqu'on apprenait que des élèves étaient victimes de mauvais traitements et, pendant la majeure partie de cette période, il n'existe aucun dossier attestant qu'un soutien était accordé aux victimes ou à leur famille.

Les documents et les poursuites criminelles

En mai 2012, la Commission de vérité et réconciliation du Canada (CVR) a écrit au gouvernement fédéral pour lui demander des copies de tous les dossiers que possédait le Canada ou dont il avait le contrôle concernant toutes les condamnations criminelles se rapportant aux pensionnats. Dans sa lettre, le président de la Commission, le juge Murray Sinclair, demandait également à recevoir tous les documents se rapportant à ces condamnations. Le gouvernement n'a pas donné suite à cette requête. La CVR a également formulé des demandes semblables par l'entremise d'un certain nombre de groupes de travail établis dans le cadre du processus de la cvr. Le Canada a répondu qu'il n'avait pas conservé de liste des condamnations. Au cours des procédures judiciaires menées en 2013 pour examiner les réclamations se rapportant au pensionnat de St. Anne, à Fort Albany, en Ontario, il est apparu en fait que le Canada conservait bel et bien des dossiers se rapportant aux condamnations liées aux pensionnats. Nous avons préparé les résumés suivants sans avoir eu accès à la documentation fédérale demandée[4].

Les dossiers des Affaires indiennes et des Églises, conjugués aux dossiers des poursuites criminelles se rapportant aux mauvais traitements infligés aux élèves de pensionnat, offrent un aperçu de la façon dont le gouvernement et les Églises réagissaient face aux mauvais traitements. En 1940, personne en situation d'autorité ne pouvait prétendre ne pas être au courant que les pensionnats pouvaient attirer les prédateurs sexuels comme employés. Ils connaissaient très bien les risques d'abus qu'ils créaient. Pourtant, il apparaît clair que dans de nombreux cas, le gouvernement et les Églises ont manqué à leurs responsabilités envers les élèves et leurs parents. Ce manquement s'est manifesté des façons suivantes :

- **Omission de reconnaître la légitimité des mauvais traitements signalés par des Autochtones.** En 1944, un responsable des Affaires indiennes remet en question la véracité des plaintes présentées par des Autochtones concernant de mauvais traitements[5]. On signale que dans les années 1950, des plaintes se rapportant aux activités de deux hommes sont soumises au directeur du pensionnat de Lower Post, en Colombie-Britannique. Selon les plaignants, aucune mesure n'est prise à ce moment[6]. L'un des hommes est condamné de nombreuses années plus tard pour des actes commis au pensionnat[7]. L'autre est décédé avant de pouvoir être poursuivi[8].

- **Inaction.** L'ingénieur du pensionnat de Gordon, en Saskatchewan, n'est pas congédié même après avoir été reconnu coupable d'agression contre une élève[9]. À Inuvik, dans les Territoires du Nord-Ouest, malgré les plaintes de ses collègues et les soupçons des employés, il n'y a pas d'enquête sur le comportement d'un employé de Grollier Hall; il continue donc à travailler jusqu'à la fin de l'année. On découvre plus tard qu'il a agressé plusieurs élèves[10].

- **Absence d'examen impartial des plaintes.** En 1956, c'est l'enseignant comptant le plus d'ancienneté qui enquête sur les accusations d'inconduite sexuelle formulées contre le directeur du pensionnat de Gordon[11].

- **Omission de l'Église de signaler les abus aux Affaires indiennes ou à la police.** La Commission de vérité et réconciliation du Canada n'a trouvé aucun document indiquant que les allégations formulées contre le directeur du pensionnat de Gordon en 1956 ont été signalées aux Affaires indiennes ou à la police[12]. En 1960, les responsables des Affaires indiennes estiment que les responsables de l'Église Unie ne leur font pas part de renseignements détaillés sur les mauvais traitements commis à l'école de l'Église Unie, à Edmonton[13]. En même temps, les responsables de l'Église Unie sont mis au courant de gestes posés par un deuxième agresseur à l'école d'Edmonton, mais, à ce moment-là, l'homme a déjà quitté l'école. La CVR n'a pas trouvé de preuves selon lesquelles les responsables de l'Église Unie auraient fait part de préoccupations au sujet des activités de cet homme à la police ou aux Affaires indiennes[14]. Dans le même ordre d'idées, en 1961, des responsables de l'Église anglicane décident de ne pas avertir la police d'un cas de mauvais traitements par un membre du personnel (qui a quitté l'école)[15]. Lorsque le directeur du pensionnat de Lytton, en Colombie-Britannique, apprend en 1973 qu'un employé inflige de mauvais traitements à des élèves, il le congédie, mais ne signale pas les agressions ni sa décision de congédier leur auteur à la police ou aux Affaires indiennes[16].

- **Omission du gouvernement de signaler les mauvais traitements à la police.** Lorsque des fonctionnaires du gouvernement fédéral concluent qu'un employé de l'école Coudert Hall à Whitehorse, au Yukon, agresse des élèves, il est congédié. Ils ne signalent pas le cas à la police[17].
- **Défaut de la part du personnel régional des Affaires indiennes de bien consigner les poursuites contre des employés de pensionnat.** En 1964, les fonctionnaires des Affaires indiennes à Ottawa ne sont pas en mesure d'obtenir des rapports détaillés de leur personnel régional au sujet de la condamnation d'un enseignant du pensionnat de Morley, en Alberta[18].
- **Défaut de procéder à des contrôles efficaces à l'embauche.** En 1966, un homme condamné pour agression sexuelle quelques mois plus tôt est embauché au pensionnat de Fort Qu'Appelle en Saskatchewan[19]. En 1974, le directeur du pensionnat de Lower Post, en Colombie-Britannique, embauche un homme comme surveillant de nuit au pensionnat, même s'il est réputé avoir récemment été accusé pour agression contre des garçons[20]. Le gouvernement du Canada hésite à obliger les Églises à mettre en place des processus de sélection et de contrôle appropriés, afin de respecter leur besoin de « souplesse ». Les fonctionnaires des Affaires indiennes reconnaissent que pour veiller à ce que de tels processus soient en place, il faudrait fournir beaucoup plus de ressources que ce que le gouvernement fédéral fournit actuellement[21].
- **Défaut de protéger les élèves contre les mauvais traitements infligés par d'autres élèves**. Par exemple, les agressions sexuelles et physiques d'élèves par d'autres élèves se poursuivent jusque dans les années 1950 au pensionnat de Gordon avec peu de contrôle[22]. (Cette question est abordée plus en détail dans le chapitre suivant sur la victimisation d'élèves par d'autres élèves.)

- **Défaut d'aider les victimes.** Même si, dans un cas, il apparaît que des victimes ont été évaluées par un psychologue qui se trouvait en fait au sein de la collectivité pour évaluer leur agresseur, la Commission n'a pu trouver de preuves indiquant que le gouvernement ou les Églises avaient fourni du soutien dans un cadre organisé ou encore de l'information aux élèves victimes de mauvais traitements, à leurs parents ou à leurs collectivités[23].

Ces manquements ne se limitent pas simplement au système scolaire. Dans les années 1960, lorsque des sévices physiques sont signalés au pensionnat de Kamsack, en Saskatchewan, la police se satisfait du congédiement de l'employé. Trente ans plus tard, l'homme est poursuivi et reconnu coupable des actes de violence qu'il a commis dans les années 1960[24]. Paul Leroux, surveillant à Grollier Hall, est reconnu coupable en 1979 d'une agression sexuelle à l'endroit d'un élève de l'établissement[25]. La Commission n'a pas trouvé de documentation suggérant qu'une enquête a eu lieu à l'époque pour déterminer si Leroux avait agressé d'autres élèves de Grollier Hall ou Beauval, en Saskatchewan, où il travaillait auparavant. Des décennies plus tard, Leroux est reconnu coupable d'autres agressions commises à Grollier Hall et à Beauval[26].

Les agresseurs et leurs méthodes

Bon nombre des personnes reconnues coupables d'avoir infligé de mauvais traitements à des élèves étaient des surveillants de dortoir. Ils supervisaient les activités des élèves du réveil jusqu'au coucher. Pendant cette période, les enseignants occupaient souvent des logements séparés et (selon l'école et l'emplacement) ne participaient pas étroitement à la vie quotidienne des élèves à l'extérieur de la classe. Toutefois, les surveillants occupaient souvent des chambres dans le même bâtiment que les élèves qu'ils supervisaient. Un groupe d'élèves pouvait être sous l'autorité du même surveillant pendant une période d'un à trois ans. Les surveillants accompagnaient les élèves aux repas, les guidaient dans leurs tâches, étaient responsables de leur hygiène personnelle, surveillaient leur temps de récréation et d'étude, les accompagnaient lors des sorties et les mettaient au lit. De plus, même si c'était souvent contraire à la politique des Affaires indiennes, les surveillants faisaient la discipline[27].

Les surveillants étaient présents partout et leurs pouvoirs étaient généralisés. Ceux qui maltraitaient les élèves pouvaient se servir de leur pouvoir pour manipuler le comportement des élèves, habituellement en ayant recours à un mélange de menaces et de pots-de-vin. Lorsqu'il a pu confronter un surveillant lors de son procès, de nombreuses années après les faits, un ancien élève lui dit : « J'ai été ton esclave, ta marionnette, pendant presque trois ans[28]. »

À Grollier Hall, à Inuvik, dans les Territoires du Nord-Ouest, Martin Houston, qui sera plus tard reconnu coupable de plusieurs chefs d'accusation pour violence en lien avec ses activités à la résidence, donnait des fusils jouets aux garçons, des bonbons, des boissons gazeuses et des crayons à titre de faveurs. Il avertissait également ses victimes de ne pas informer qui que ce soit de ce qui leur avait été fait[29]. Au pensionnat de Kuper Island, en Colombie-Britannique, Martin Saxey, qui travaillait comme homme à tout faire, et non comme surveillant, attirait les garçons dans sa chambre en leur promettant des bonbons[30]. À Coudert Hall, à Whitehorse, au Yukon, Claude Frappier soudoyait les élèves avec des bonbons et les menaçait de leur enlever leurs privilèges et de révéler aux autres qu'ils s'étaient livrés à des activités sexuelles[31]. Au pensionnat d'Alberni, en Colombie-Britannique, Arthur Plint avait recours aux pots-de-vin, aux menaces et à la force physique lors de sa campagne continue de terrorisme sexuel[32]. L'une de ses victimes est Willie Blackwater, âgé de 10 ans. En 1964, Blackwater quitte la réserve Kispiox, dans le nord de la Colombie-Britannique, où vit sa famille. Peu après l'arrivée de Blackwater à l'école, Plint le fait venir dans sa chambre, prétextant que son père veut lui parler au téléphone. Lorsque le garçon entre dans sa chambre, Plint l'agresse sexuellement. Plusieurs jours plus tard, il l'agresse à nouveau. Lorsque Plint découvre que Blackwater a informé son père des agressions qu'il a subies, Blackwater dit que Plint l'a battu si violemment qu'il a dû être soigné à l'infirmerie de l'école[33].

Au pensionnat de Lytton, en Colombie-Britannique, Derek Clarke commence à agresser un élève en le touchant sous les couvertures le matin. L'excuse qu'il donne est celle de vérifier « des choses ». Il donne aux garçons qu'il agresse de petites friandises ou des faveurs comme du chocolat, des boissons gazeuses, de la gomme ou encore l'accès à sa collection de disques. Il les emmène aussi, avec la permission du directeur, en sortie le week-end. Il profite de ce niveau supplémentaire de contrôle et d'intimité pour agresser bon nombre des garçons qui l'accompagnent. Ses victimes deviennent souvent l'objet de moqueries à l'école, où on les appelle « les garçons de Clarke »[34].

Au pensionnat de Williams Lake, en Colombie-Britannique, le surveillant des garçons, Harold McIntee, se glisse dans le dortoir des garçons du troisième étage, la nuit. C'est là qu'il profite du sommeil des enfants pour les toucher. Certains garçons protestent et le forcent à arrêter. Quand ils protestent, il dit qu'il vérifiait seulement s'ils avaient des poux. Les garçons plus âgés sont au courant des activités de McIntee et se moquent de lui[35]. Au pensionnat de Beauval, en Saskatchewan, Paul Leroux emmène des garçons dans sa chambre, leur fait boire de l'alcool et leur montre des films pornographiques avant de les agresser sexuellement[36].

Lorsque les pensionnats commencent à engager du personnel autochtone, certains des employés recrutés ont eux-mêmes été victimes de mauvais traitements en pensionnat. Dès 1947, on trouve des cas d'élèves victimes de mauvais traitements commis par des surveillants ayant eux-mêmes été agressés lorsqu'ils étaient pensionnaires[37]. Qu'ils aient ou non fréquenté un pensionnat, bon nombre des personnes condamnées pour agression ont été victimes de mauvais traitements durant l'enfance et, dans certains cas, en établissement[38].

Les condamnations n'étaient pas toutes liées à des agressions sexuelles. Dans les années 1950, au moins trois élèves qui ne parviennent pas à avaler leur dose quotidienne d'huile de foie de morue au pensionnat de Fort Albany, en Ontario, sont forcés de manger leur propre vomi. S'ils vomissent une seconde fois, un employé les force à le manger à nouveau. Pendant trois jours, on ne donne rien d'autre à manger à un enfant que de la nourriture régurgitée[39]. Une enquête de la police mène à des accusations et à une condamnation en lien avec cette punition[40].

La plupart des poursuites et des condamnations se rapportent cependant à des agressions sexuelles. Selon les rapports des procès, les victimes sont souvent jeunes, âgées de 6 à 13 ans, et très vulnérables. Elles sont soumises à des inspections importunes, caressées et forcées à avoir des relations sexuelles orales, anales et vaginales[41].

La présente section met l'accent sur les mauvais traitements qui se sont produits dans les pensionnats et qui ont été signalés dans des documents et par des poursuites criminelles. Il ne s'agit pas d'un examen des limites de chacune des poursuites. Cependant, il convient de formuler un certain nombre de remarques au sujet des poursuites judiciaires intentées contre les agresseurs. Une grande proportion d'entre elles ont été intentées après la fermeture des pensionnats, et de nombreuses années après que les agressions ont eu lieu. La difficulté d'intenter des poursuites lorsque les pensionnats étaient en activité tient à de nombreux facteurs : l'impuissance des victimes; les menaces que leur faisaient leurs agresseurs; et l'absence de réaction des Églises et du gouvernement, et parfois des parents, à leurs plaintes lorsqu'elles ont été formulées. L'augmentation du nombre de poursuites observée dans les années 1990 est le reflet d'une reconnaissance accrue par la société de la possibilité que les élèves des orphelinats et des pensionnats aient été victimes de mauvais traitements. En 1989, les révélations très médiatisées des mauvais traitements qui ont été infligés pendant des décennies à l'orphelinat Mount Cashel, à Terre-Neuve, représentent un tournant au Canada dans la reconnaissance de la portée et de la gravité des mauvais traitements commis envers les élèves[42].

Même si le problème ne retient l'attention du pays que dans les années 1990, les mauvais traitements n'étaient pas inconnus des organisations qui géraient les pensionnats. Pour veiller à ce que les employés peu recommandables ne soient pas embauchés dans d'autres écoles, en 1960, l'Administration des écoles indiennes anglicanes (ISA) établit un système confidentiel à codes de caractères. Quand des employés prennent leur retraite ou sont congédiés, le directeur doit informer le bureau chef de l'ISA et classer la personne dans l'une des cinq catégories suivantes.

Catégorie A : Inapte en raison d'une instabilité, de difficultés financières, de plaintes constantes, etc.

Catégorie B : Paresseux et indifférent

Catégorie C : Soupçons au sujet de la probité

Catégorie D : Certitudes par rapport à l'inaptitude en raison d'un manque de probité

Catégorie Z : Employés donnant satisfaction

L'ISA envoie par la suite des circulaires indiquant les noms et les catégories appropriées (identifiées seulement par la lettre de l'alphabet appropriée) aux directeurs et aux administrateurs[43]. Par exemple, dans une liste envoyée en avril 1962, deux personnes se trouvent dans la catégorie C[44].

Les Affaires indiennes établissent une liste de mise en garde similaire en 1968. Tous les surintendants d'école des Affaires indiennes sont priés de fournir le nom de tous les anciens enseignants ayant « causé des problèmes » afin qu'ils ne soient plus embauchés par le Ministère[45]. La première liste est envoyée en juin 1968. Personne sur cette liste ne devait être embauché sans l'approbation du bureau des Affaires indiennes à Ottawa[46].

Il n'existe pas de moyens simples de présenter la documentation suivante. Nous avons privilégié l'approche par province ou territoire, puisqu'elle permet de dépeindre les problèmes courants qui se déroulaient dans un certain nombre d'établissements donnés. Cette approche permet également de discuter de certaines enquêtes policières précises qui se limitent à une seule province ou à un seul territoire. Elle comporte cependant des limites, par exemple lorsqu'une personne a travaillé (et agressé des enfants) dans plus d'une province ou d'un territoire.

La Commission n'a pas été en mesure de trouver de condamnations en Nouvelle-Écosse ou au Québec. Elle a cependant la certitude, à la lumière des déclarations qu'elle a reçues et des preuves présentées dans le cadre du processus du PEI, que des élèves ont également été victimes de mauvais traitements dans des écoles situées dans ces deux provinces.

Alberta

La Commission de vérité et réconciliation du Canada a trouvé des dossiers de poursuites concernant des incidents survenus dans les pensionnats de Morley et d'Edmonton, en Alberta.

Pensionnat de Morley, 1944

En 1944, des fonctionnaires des Affaires indiennes consultent la Gendarmerie royale du Canada au sujet d'allégations selon lesquelles le directeur du pensionnat de

Morley se serait « conduit de manière inappropriée » auprès d'élèves de sexe féminin. Les allégations sont formulées par un couple qui dit avoir entendu des histoires au sujet d'événements s'étant produits il y a plusieurs années. On prend la décision de ne pas procéder à une enquête, à moins que le couple ne fournisse les noms des parents ou des élèves qui, selon lui, auraient été des victimes. En évaluant la plainte, l'agent des Indiens C. Pant. Schmidt écrit : « Les parents indiens et les élèves indiens qui développent une aversion à l'encontre d'un directeur de pensionnat sont susceptibles de faire de temps en temps des déclarations qui ne peuvent être corroborées par des faits[47]. »

Les documents examinés par la Commission de vérité et réconciliation n'ont pas révélé qu'une enquête plus approfondie a eu lieu.

Pensionnat d'Edmonton, 1960

Le pensionnat d'Edmonton fait face à une crise en septembre 1960. À la mi-septembre, un missionnaire de l'Église Unie, le révérend Earl Stotesbury, accompagne des élèves de la Saskatchewan au pensionnat d'Edmonton. Stotesbury se met à avoir des doutes au sujet des relations entre l'aumônier de l'école, James Ludford, et certains des élèves de sexe masculin. Stotesbury prend les déclarations sous serment d'un certain nombre d'élèves, dont le contenu confirme ses soupçons selon lesquels Ludford a des relations sexuelles avec certains de ses élèves. Craignant pour la sécurité des élèves qu'il a emmenés à l'école, Stotesbury leur trouve un autre endroit où loger. Il fait part à plusieurs dirigeants de l'Église de ses préoccupations. Comme ils ne réagissent pas aussi rapidement que l'affaire l'exige, selon lui, il appelle la police. Lorsqu'il constate que Ludford a fait ses valises et se prépare à quitter l'école, Stotesbury se sent obligé de le retenir par la force, ce qui mène à une violente confrontation entre les deux hommes[48].

Ludford est arrêté et plaide coupable d'avoir commis des actes de grossière indécence à l'endroit d'une autre personne entre le 1er février et le 30 juin 1960. Il écope d'une peine de prison d'un an avec sursis. Sa sentence prévoit qu'il doit se faire soigner à l'hôpital psychiatrique provincial et ne pas prendre part à des activités avec des personnes âgées de moins de 21 ans[49].

Il apparaît clair que les membres des Premières Nations savaient mieux que le gouvernement ou les administrateurs ce qui se passait au pensionnat. En décembre 1960, trois mois après la dénonciation des mauvais traitements, les membres de la bande Kitwancool annoncent que leurs enfants qui fréquentaient le pensionnat d'Edmonton ne seront pas de retour à l'école après les vacances de Noël. L'un des chefs de bande signale au responsable local des Affaires indiennes, J. E. Inget :

> Depuis déjà un certain nombre d'années, des rumeurs défavorables circulent au sujet du pensionnat d'Edmonton. Nous ne voulions pas y envoyer nos enfants cette année, et nous ne l'avons fait que parce que le surintendant de l'Agence nous avait promis qu'ils seraient de retour à Kitwancool à Noël. Nos enfants nous ont écrit pour nous dire qu'ils étaient victimes de mauvais traitements par certains des autres enfants. On nous a également dit qu'il se passe des choses immorales dans cette école. Une enfant a écrit à sa mère en lui disant « venez nous chercher si vous ne voulez pas que nous retournions à la maison dans un cercueil ». Nous sommes très inquiets du bien-être de nos enfants et nous voulons qu'ils soient de retour à la maison à la fin du semestre scolaire.

Inget écrit qu'il « ne croit pas un seul instant que les choses aillent si mal que cela ». Il propose que les enfants demeurent à l'école jusqu'à ce qu'il fasse enquête. Cependant, il dit : « Ils sont tellement émotifs à ce sujet qu'ils ont l'impression, peu importe ce qu'une telle enquête pourrait révéler, que cela ne leur redonnerait pas confiance envers l'école[50]. »

Dwight Powell, le surintendant des missions intérieures de l'Église Unie en Alberta, signale aux Affaires indiennes que selon lui, seul un petit nombre d'élèves, dont la plupart ont déjà quitté l'école, ont été victimes de mauvais traitements de la part de Ludford. Les noms des élèves ne sont pas fournis au directeur de l'école, Oliver Strapp, qui annonce qu'il démissionnera à la fin de l'année[51]. L'inconduite de Ludford à l'égard des élèves est étouffée par l'Église : le procès-verbal de la réunion du comité d'école d'Edmonton tenue le 27 octobre 1960 rapporte seulement que Ludford est tombé malade et a dû quitter l'école, et que Strapp prendra sa retraite à la fin de l'année scolaire[52].

Le 30 novembre 1960, L. C. Hunter des Affaires indiennes en Alberta informe R. F. Davey, son supérieur à Ottawa, qu'« au moins un autre employé a commis des actes de déviance sexuelle ». Selon Hunter, cet employé a démissionné « en invoquant d'autres raisons ». Le révérend MacMillan, président du consistoire de l'Église Unie à Edmonton, et Dwight Powell connaissent les détails de l'affaire, mais omettent de les divulguer aux Affaires indiennes. Hunter signale tout de même à Davey : « nous avons toutes les raisons de croire que la situation générale au pensionnat d'Edmonton est loin d'être saine ». MacMillan et Powell conviennent avec Hunter du renvoi immédiat de Strapp, puisque « le fait qu'il continue d'agir à titre de directeur pourrait s'avérer exceptionnellement embarrassant pour l'Église Unie, et causer des préjudices irréparables aux élèves »[53].

Les responsables de l'Église continuent à dissimuler l'affaire. Le 25 novembre 1960, Powell écrit à E. E. M. Joblin, le secrétaire associé des missions intérieures de l'Église Unie, au sujet de la situation à Edmonton. Rappelant à Joblin le « pétrin dans lequel le rév. J. C. Ludford s'est mis ». Il poursuit en indiquant que « des choses semblables ont été dites » à propos d'un autre employé ayant quitté son poste récemment. Powell signale que Strapp défendait la réputation de l'individu, mais précise qu'il « nous semble que ces choses qui sont dites cachent certainement plus qu'un simple effort visant à discréditer quelqu'un de façon injuste ».

Powell signale également que des garçons s'introduisent dans le dortoir des filles durant la nuit. Strapp attribue le problème au fait que le responsable des Affaires indiennes Hunter a insisté pour que Strapp cesse de verrouiller les portes des dortoirs. Powell en vient à la conclusion que Strapp « ne démontre pas beaucoup d'amour ou de charité dans son attitude envers les enfants indiens ». Il poursuit en déclarant : « On entend parler de punitions corporelles infligées à l'aide de boucles de ceinture qui sont assez violentes pour causer des blessures sur le corps; M. Strapp dit y avoir mis un terme. Pourtant notre sentiment est qu'il y a trop de gifles et d'actes de force physique dans les punitions ». Même si Strapp avait d'abord indiqué qu'il quitterait son poste à la fin de décembre, il conclut par la suite que le fait de ne pas rester jusqu'en juin équivaudrait à un constat d'échec[54]. Cependant, dans les jours suivant la lettre de Powell, Strapp écrit à Joblin et déclare que l'école constituait une « zone à problèmes depuis des années ». Strapp signale qu'il tombera probablement malade s'il reste plus longtemps. Ainsi, il est prêt à partir dès que possible[55]. Il est remplacé en janvier 1961 par A. E. Caldwell, qui vient de prendre sa retraite après avoir occupé le poste de directeur du pensionnat d'Alberni, en Colombie-Britannique, depuis 1944[56].

À la fin de janvier 1961, Caldwell fait une évaluation sévère et, parfois, injurieuse du personnel, se demandant comment « Strapp a réussi à réunir autant de bons à rien ». Il dit qu'une seule des femmes de l'équipe mérite d'être gardée. L'une a un grave problème cardiaque, une autre souffre d'évanouissements, une autre est une « fanatique sectaire », et il en a déjà renvoyé une autre, qu'il qualifie de « sans cervelle », alors qu'elle travaillait au pensionnat d'Alberni. Il conclut en écrivant : « selon diverses déclarations que j'ai mises au jour, il semble que Strapp avait un autre « homo » parmi son personnel de mars dernier à novembre ». Il s'agit de la même personne à propos de laquelle Powell avait soulevé des préoccupations[57]. L'étude de dossiers réalisée par la Commission de vérité et réconciliation du Canada n'a pas permis de trouver de documents révélant que l'Église Unie avait informé les Affaires indiennes ou la police de ses préoccupations au sujet de cet ancien employé.

L'Église Unie permet également à James Ludford de continuer à travailler auprès des Autochtones. De 1961 à 1964, il travaille à la mission de Fraserdale, en Ontario, et de 1964 à 1970, il travaille à la mission de Parry Sound, en Ontario[58]. Ludford meurt en 1990[59].

L'embauche d'un nouveau directeur ne met pas fin aux mauvais traitements dont font l'objet les élèves au pensionnat d'Edmonton. En 1962, Lonnie George Young écrit à ses parents à Skidegate, en Colombie-Britannique, et les informe que le nouveau surveillant du pensionnat d'Edmonton rend la vie misérable aux élèves.

> Juste parce que c'est un ancien policier, il pense qu'il peut se permettre n'importe quoi, comme boire et nous faire travailler chaque fois qu'il en a envie. Comme ce matin, à 2 heures, il nous a réveillés et a commencé à nous faire un discours sur la stupidité des Indiens. Je me suis mis en colère, et avec un autre garçon de Port Simpson, nous avons été les seuls à montrer que nous étions fâchés. Il s'est avancé vers moi et m'a demandé si je voulais me battre. Puis à 5 heures, il nous a fait lever et nous a envoyés frotter la cave. C'est là que j'ai décidé que je voulais retourner à la maison, parce qu'il m'a giflé parce que je n'avais pas fait couper mes cheveux ce matin-là[60].

Le père du garçon transmet la lettre aux Affaires indiennes. Une enquête conclut : « Le rapport de George Young sur la situation dans cette école est véridique, du moins dans une certaine mesure ». Le responsable des Affaires indiennes, L. C. Hunter, écrit que le surveillant en question a été informé qu'il serait « renvoyé immédiatement s'il s'avisait, à l'avenir, d'avoir recours à des punitions corporelles ou à toute forme de discipline sévère avec les élèves »[61].

Le pensionnat de Morley, 1963

En mai 1963, le directeur du pensionnat de Morley, en Alberta, Ron Campbell, soupçonne l'un des membres du personnel, Robert G. Pooley, de s'adonner à des « activités homosexuelles ». Un rapport des Affaires indiennes sur la question signale qu'il n'y a pas de preuves pour étayer cette allégation, ajoutant que le directeur « surveille M. Pooley de très près »[62]. Trois semaines après la rédaction du rapport par les Affaires indiennes, Pooley démissionne de son poste à l'école[63]. La Gendarmerie royale l'arrête le 3 juin 1963. Selon A. MacKinnon, le directeur surveillant de l'école (le directeur relevait d'un directeur surveillant), Pooley est accusé d'avoir eu « des activités homosexuelles avec de jeunes garçons ». MacKinnon croit que la preuve a été fournie par des « garçons de l'école ». Après avoir plaidé non coupable devant un magistrat, Pooley est envoyé à l'hôpital psychiatrique de Ponoka, en Alberta, pour déterminer s'il est apte à subir son procès[64]. Il est reconnu coupable à l'automne 1963. Même si la correspondance des responsables des Affaires indiennes évoque qu'il a été reconnu coupable d'avoir contribué à la délinquance d'un jeune, les journaux rapportent qu'il a été reconnu coupable d'avoir agressé sexuellement un garçon de 15 ans. Pooley, clamant toujours son innocence, est condamné à purger un an de prison dans un établissement provincial de santé mentale[65].

Le directeur adjoint à l'éducation des Affaires indiennes, R. F. Davey, n'arrivait pas à obtenir des renseignements concluants sur l'affaire de la part du personnel régional de l'Alberta[66]. Un certain nombre de responsables de l'Église et du gouvernement semblent croire que la condamnation de Pooley constitue une erreur judiciaire[67].

Malgré sa condamnation, Pooley est déterminé à poursuivre sa carrière d'enseignant, et cherche du travail au sein des conseils scolaires de l'Ontario et de l'Alberta. Ce faisant, il donne à titre de références des fonctionnaires des Affaires indiennes. Dans sa réponse à une demande de renseignements au sujet de Pooley par un conseil scolaire, M. Brodhead, le surintendant des écoles des Affaires indiennes pour le sud de l'Alberta, ne mentionne ni son arrestation, ni sa condamnation. Dans une lettre, Brodhead écrit : « Je n'hésiterais pas à vous recommander de l'embaucher dans votre district[68]. » Pooley obtient l'emploi; en octobre 1964, il enseigne dans la division scolaire de Spirit River, en Alberta[69]. Lorsque, plus tôt dans l'année, il sollicite un emploi d'enseignant aux Affaires indiennes, R. F. Davey recommande de ne pas l'embaucher[70].

Colombie-Britannique

La Colombie-Britannique est la province où le plus grand nombre de poursuites ont été intentées contre d'anciens employés de pensionnat pour mauvais traitements. Au moins 16 anciens employés provenant de dix écoles ont été accusés d'avoir infligé de mauvais traitements à des élèves. Ces accusations ont mené à la condamnation de huit personnes. Une seule d'entre elles a subi un procès et a été reconnue coupable peu de temps après avoir infligé de mauvais traitements. Dans tous les autres cas, les poursuites ont eu lieu des années plus tard.

Cette situation est attribuable en partie au fait que l'on faisait souvent fi des inquiétudes des parents. Lorsque des communautés portaient des accusations de mauvais traitements, elles étaient souvent accueillies par les autorités avec un certain scepticisme. Au début de 1959, le conseil de bande de Sechelt adresse une requête aux Affaires indiennes pour que le Ministère apporte un certain nombre de changements au pensionnat de Sechelt. Plus particulièrement, il demande à ce que l'un des employés soit transféré dans une autre école[71]. En présentant cette requête, les conseillers de la bande auraient « laissé entendre dans leur conversation avec le commissaire que [cet employé] faisait même des avances inappropriées aux garçons ».

Lorsqu'il signale ces faits à ses supérieurs, le directeur de l'école, Bernardo, écrit :

> J'ai souligné que c'est complètement ridicule, et même diabolique, et que cela ne mérite même pas qu'on s'y attarde. Mais pour rassurer l'inspecteur qui a été chargé de la tâche ingrate de me répéter ces informations, j'ai déclaré que moi-même et tous les anciens directeurs accordons à [l'employé en question] notre pleine confiance, et garantissons son intégrité sans limites.

Bernardo écrit que « pour le bien de sa pression sanguine », il n'a pas parlé des allégations à la personne visée[72]. En réponse, le responsable provincial des oblats L. K. Poupore écrit : « Je préférerais ne pas aborder la question avec les responsables [des Affaires indiennes] ici [à Ottawa] tant que je ne vous aurai pas parlé à ce chapitre. J'ai souvent entendu dire qu'il est difficile de traiter avec les Indiens de Sechelt[73]. » On demande au fonctionnaire des Affaires indiennes J. N. Neville d'examiner les plaintes. Il ne semble pas avoir parlé aux élèves ni aux employés qui font l'objet des allégations. Il écrit que la personne en question est « un homme courtois, qui s'exprime bien et qui a de bonnes manières ». Il conclut donc : « à moins que des plaintes précises ne soient formulées et que des preuves ne soient fournies, il semblerait irresponsable de la part des conseillers de formuler des accusations qui pourraient entacher des états de service de 29 ans pour la cause des Indiens eux-mêmes[74]. » Cet homme se trouve encore à l'école en 1962, et en 1966, il travaille comme surveillant au pensionnat de Mission, en Colombie-Britannique[75]. Les responsables des Affaires indiennes et de l'Église choisissent de croire que dans cette affaire, quelques agitateurs se sont servis du conseil de bande pour porter des allégations irresponsables et inexactes dans le but de parvenir à leurs propres fins[76]. Cela témoigne de la manière dont les préoccupations des Autochtones étaient généralement rejetées et minimisées.

C'est en grande partie en réaction aux pressions des Autochtones qu'est entreprise, dans les années 1990, une enquête policière sur les mauvais traitements commis dans les pensionnats dans l'ensemble de la province. En 1992, le conseil tribal Nuu-Chah-Nulth de la Colombie-Britannique réalise une étude sur l'incidence de la fréquentation des pensionnats sur sa communauté. Dans le cadre de cette étude, plus de 100 personnes disent avoir été agressées physiquement ou sexuellement dans un pensionnat. En novembre 1994, les représentants du conseil tribal présentent leurs conclusions à des membres du détachement de la Gendarmerie royale du Canada (GRC) de Port Alberni.

À l'époque, la GRC menait une enquête sur les activités d'Arthur Plint, un ancien surveillant du pensionnat de Port Alberni. Les tribunaux étaient saisis d'accusations portées contre l'évêque Hubert O'Connor, l'ancien directeur du pensionnat de Williams Lake. Plusieurs autres anciens employés de Williams Lake faisaient l'objet d'une enquête, de même que des employés du pensionnat de Lower Post, à la limite de la Colombie-Britannique et du Yukon. À la fin des années 1980, deux anciens employés du pensionnat de Lytton avaient été jugés concernant des accusations de mauvais traitements. L'un d'eux a été reconnu coupable; l'autre a été acquitté. À la lumière du nombre de cas potentiels que la demande des Nuu-Chah-Nulth risquait de mettre au jour, la GRC a mis sur pied le Groupe de travail sur les pensionnats indiens. Ce groupe de travail a amorcé ses travaux en 1995 et, au cours des huit années qui ont suivi, il a enquêté sur 974 allégations de conduite criminelle.

En tout, 453 personnes ont déclaré avoir fait l'objet de mauvais traitements et 245 autres ont été identifiées comme victimes potentielles du fait que, même s'il existait des preuves crédibles permettant de croire à leur témoignage, elles n'ont pas communiqué avec la police. Il y avait donc près de 700 victimes potentielles au total. Le groupe de travail a identifié 396 suspects. Les plaintes provenaient d'anciens élèves de 15 pensionnats en Colombie-Britannique. Il y a eu 515 agressions sexuelles présumées (ayant fait 374 victimes), 435 agressions physiques présumées (ayant fait 223 victimes) et 24 autres crimes présumés (ayant fait 19 victimes).

Selon le rapport d'enquête, le tiers des suspects sont morts. L'enquête a mené à 148 accusations d'agressions sexuelles et à 11 accusations d'agressions physiques.

Le rapport final de la GRC ne précise pas le nombre de personnes accusées ou reconnues coupables à l'issue de l'enquête. La CVR a étudié la documentation fournie par la GRC et a conclu que le groupe de travail a permis l'accusation et la condamnation de trois hommes qui avaient auparavant été accusés et reconnus coupables de mauvais traitements envers des élèves de pensionnats (Derek Clarke, Glenn Doughty et Arthur Plint). Des accusations à l'égard de deux autres hommes n'ayant pas déjà été reconnus coupables (Gerald Moran et Donald Haddock) ont également été déposées, et ils ont été reconnus coupables de mauvais traitements infligés à des élèves de pensionnat. Dans trois autres cas, les accusations ont été suspendues ou les accusés n'ont pas été traduits en justice pour toutes sortes d'autres raisons[77].

Les cas survenus en Colombie-Britannique (dont certains, comme il est signalé précédemment, précèdent l'enquête menée par la GRC à l'échelle de la province) sont décrits ci-dessous selon la confession religieuse et, s'il y a lieu, selon l'école.

Condamnations en lien avec le pensionnat d'Alberni

Arthur Plint commence à travailler au pensionnat d'Alberni comme surveillant de dortoir en 1948. Il quitte son travail en 1953 pour devenir employé des postes. En 1963, il retourne à l'école comme surveillant et y demeure jusqu'en 1968. Il agresse sexuellement des élèves de l'école pendant ses deux périodes d'emploi. En 1995, Plint plaide coupable à 18 chefs d'accusation d'attentat à la pudeur et est condamné à 11 ans de prison. Dans le prononcé de la peine de Plint, le juge D. A. Hogarth écrit : « jusqu'à maintenant en ce qui concerne les victimes de l'accusé dans cette affaire, le système des pensionnats n'était rien d'autre qu'une forme institutionnalisée de pédophilie. L'accusé, qui, comme ses victimes, était un enfant à l'époque, n'est rien de moins qu'un terroriste sexuel ». En 1997, Plint plaide coupable à 17 autres chefs d'accusation de mauvais traitements infligés durant les années qu'il a passées à l'école. Il est condamné à 11 ans de prison, simultanément à sa sentence originale[78]. Plint obtient une semi-liberté en 2003, alors qu'il est âgé de 85 ans[79].

Des accusations sont portées contre deux autres anciens employés du pensionnat d'Alberni. L'un d'eux est Bruce Donald Haddock. Comme Plint, Haddock commence à travailler au pensionnat d'Alberni en 1948. Pendant qu'il y travaille, il agresse sexuellement des élèves des deux sexes. Il est accusé de ces crimes en 2003, reconnu coupable de quatre chefs d'accusation d'attentat à la pudeur, et condamné à 23 mois de prison en 2004[80]. En plus de travailler au pensionnat d'Alberni, Haddock occupe aussi le poste de surveillant au pensionnat anglican d'Alert Bay, en Colombie-Britannique, poste qu'il quitte en 1952[81].

David Forde travaille comme surveillant des garçons au pensionnat d'Alberni de 1959 à 1960[82]. En 2003, il fait face à quatre chefs d'accusation pour agression sexuelle qui remontent à l'époque où il travaillait à l'école. Au moment de sa mise en accusation, il habite à Puyallup, dans l'État de Washington[83]. Il décède en avril 2005 avant la tenue de son procès[84].

Condamnations d'employés dans les pensionnats anglicans

La Commission de vérité et réconciliation du Canada a répertorié les poursuites se rapportant à deux pensionnats anglicans de la Colombie-Britannique : le pensionnat d'Alert Bay et le pensionnat de Lytton.

Alert Bay, 1970

En février 1970, le mécanicien de chaufferie du pensionnat d'Alert Bay, Harry Joseph, est renvoyé parce qu'il est « entré dans le dortoir des filles plus âgées sans autorisation et a tenté de persuader une élève de 14 ans de quitter le dortoir avec lui. Face au refus de l'adolescente, M. Joseph s'en prend à deux autres filles en enlevant leurs couvertures et en les touchant de façon inappropriée ». L'affaire est renvoyée à la Gendarmerie royale du Canada[85]. Joseph plaide coupable à une accusation d'attentat à la pudeur le 13 mai 1970. Durant le procès, le directeur de l'école témoigne du bon comportement antérieur de Joseph. Ce dernier reçoit une peine suspendue[86].

Lytton

Les poursuites intentées en lien avec le pensionnat de Lytton révèlent un type de comportement insensible en vertu duquel les cas de mauvais traitements sont excusés et cachés dans le but de protéger à la fois le système et les coupables. En février 1966, le directeur Anthony Harding accepte la démission d'un membre du personnel. Il le remercie de ses services et lui écrit qu'il a confiance qu'il « trouvera bientôt un type d'emploi qui lui permettra de mieux faire valoir ses capacités indéniables[87] ». En réalité, Harding a forcé l'homme à démissionner après l'avoir trouvé au lit avec une élève âgée de 13 ans. Plus tôt, Harding l'avait mis en garde ainsi que l'élève sur les dangers de l'attachement émotionnel qui, selon lui, s'installait entre eux. Dans ce cas, la fille a déclaré que l'employé « l'avait forcée (alors qu'il était sous l'influence de l'alcool) à avoir des relations sexuelles avec lui ». Le directeur Harding informe le directeur des résidences d'élèves de la Colombie-Britannique des Affaires indiennes de la façon dont il a traité cette affaire. Aucun dossier n'indique que la police a été contactée. À l'issue de son examen de la documentation, la Commission de vérité et réconciliation n'a rien trouvé qui peut attester que les Affaires indiennes auraient remis en question l'approche de Harding dans cette affaire[88].

Quelques mois avant son congédiement, Derek Clarke commence à travailler à l'école de Lytton. Clarke a terminé sa huitième année et a passé un semestre comme élève à l'école St. Christopher pour enfants perturbés sur le plan affectif à North Vancouver. Avant sa venue à Lytton, il a travaillé aux soins aux enfants dans une autre institution de l'Église anglicane (les documents ne nomment pas cette institution). On lui a demandé de quitter cette institution en raison de son manque de qualifications, mais même s'il congédiait Clarke, son superviseur s'est arrangé pour qu'il obtienne un emploi dans un poste semblable au pensionnat anglican de Lytton. Illustrant peut-être la difficulté que les pensionnats avaient à recruter des employés, l'administration de Lytton embauche Clarke sans lui faire passer d'entrevue ni même vérifier ses références[89]. Nous sommes en 1966, et l'Église anglicane est déjà bien informée des risques qu'elle prend en embauchant des employés sans vérifier leurs antécédents; comme nous l'avons indiqué précédemment, l'Église avait déjà commencé à dresser sa propre liste d'employés indésirables en 1960[90].

À Lytton, Clarke travaille comme surveillant des garçons de la classe de premier cycle/classe intermédiaire. Il utilise son autorité et son contrôle dans le dortoir pour instaurer un règne de terreur sexuelle. En mai 1973, une enseignante de l'école primaire locale fréquentée par les élèves de l'école de Lytton entend des garçons parler d'un surveillant « qui fait des choses aux garçons ». Elle rapporte cette information au directeur, Joseph Chute. Il communique avec Anthony Harding, qui est alors l'administrateur de la résidence de Lytton. Harding et Chute interrogent des élèves, qui révèlent les agressions sexuelles commises par Clarke. Comme les mauvais traitements se sont produits à la résidence, supervisée par Harding, et non dans son école, Chute estime qu'il n'est pas de sa responsabilité de contacter la police.

Harding confronte Clarke et lui fait savoir que s'il ne démissionne pas, l'affaire devra être confiée à la police[91]. Le 20 mai 1973, Derek Clarke démissionne de son poste de travailleur aux soins aux enfants à la résidence de Lytton. Dans sa lettre de démission, il indique que ses motifs sont « d'ordre personnel »[92]. En acceptant la démission, Harding écrit : « Nous vous remercions pour vos services dans le domaine des soins aux enfants et nous espérons que vous réglerez rapidement vos problèmes personnels[93]. » Clarke trouve par la suite un poste de concierge à la Central City Mission de Vancouver[94].

Harding n'informe ni les Affaires indiennes ni la police de cette affaire. Harding n'informe pas non plus les responsables de l'Église anglicane du comportement de Clarke et de la mesure qu'il a prise à cet égard. Les parents des garçons ne sont pas informés de ce qui s'est produit, et aucun soutien ni aide psychologique n'est offert aux victimes[95].

Il faut attendre 15 ans avant que Clarke ait à rendre des comptes pour les agressions qu'il a commises. En avril 1988, il est reconnu coupable de huit chefs d'accusation de sodomie et de six chefs d'accusation d'attentat à la pudeur, pour des gestes commis alors qu'il était surveillant de dortoir à la résidence de Lytton. Il plaide également coupable à trois chefs d'accusation de sodomie pour des gestes commis à la Central City Mission. Il obtient une peine de prison de 12 ans. Le juge du procès conclut que Clarke est responsable d'au moins 140 activités sexuelles illégales. Le nombre total, dit-il, pourrait atteindre 700. Les victimes étaient âgées de 9 à 11 ans. L'une de ses victimes s'est suicidée quelques mois avant le début du procès[96]. D'autres allégations concernant le comportement de Clarke à Lytton sont portées en 1995. L'année suivante, il est inculpé sous quatre autres chefs d'accusation, pour lesquels il écope d'une peine de deux ans[97].

L'année suivant la condamnation de Clarke, en 1988, Anthony Harding, l'ancien administrateur de la résidence de Lytton, qui avait été informé du comportement de Clarke et qui l'avait forcé à démissionner en 1973, est lui-même traduit en justice. Il répond de trois chefs d'accusation de grossière indécence et d'un chef d'accusation de sodomie. Les accusations ont trait à des événements qui se sont produits entre 1969 et 1976[98]. L'une des agressions alléguées met en cause un ancien élève qui dit avoir vécu chez Harding en famille d'accueil en 1975. Entre autres choses, il est allégué que Harding a agressé un élève après que celui-ci l'ait informé des mauvais traitements commis par Clarke à l'encontre des garçons de l'école[99]. Harding est acquitté[100].

En 1998, dans une affaire au civil dans laquelle d'anciens élèves intentent des poursuites en réparation contre le Canada et l'Église anglicane, des témoins déclarent que Harding, qui vivait dans un logement adjacent à la résidence de Lytton, a également donné accès à de l'alcool à des élèves des classes supérieures dans sa chambre avant de les agresser sexuellement. La juge Janice Dillon de la Cour suprême de la Colombie-Britannique signale que même si Harding a été jugé et acquitté à l'égard des accusations d'agression sexuelle, elle accepte la preuve soumise concernant le comportement de ce dernier. Elle suggère en outre que cette preuve explique la décision de Harding de ne pas dénoncer Clarke à la police ou aux Affaires indiennes[101]. (Harding est décédé en 1992)[102].

Pensionnats catholiques en Colombie-Britannique

Des cours pénales et civiles ont confirmé que des élèves ont été agressés sexuellement dans six pensionnats catholiques de la Colombie-Britannique après 1940. Trois personnes ont été reconnues coupables d'avoir agressé des élèves au pensionnat de Williams Lake; deux autres ont été reconnues coupables d'avoir agressé des élèves au pensionnat de Mission. Les tribunaux ont également confirmé que des mauvais traitements avaient été infligés dans les pensionnats de Christie, de Kuper Island, de Kamloops et de Fraser Lake.

Pensionnat de Christie

En mai 1951, Martin Saxey, membre de la bande Cheeleshat de la Colombie-Britannique et ancien élève de pensionnat, est reconnu coupable d'homicide involontaire après avoir tué un homme à la suite d'une querelle à propos de bois de grève. Après son emprisonnement, sa femme et ses enfants sont autorisés à habiter à l'école de Christie sur l'île Meares, au large de l'île de Vancouver. Après la libération de Saxey en 1955, l'administration de l'école l'embauche comme boulanger, conducteur d'embarcation à moteur et préposé à l'entretien et aux réparations. Pendant qu'il travaille au pensionnat, Saxey agresse sexuellement des enfants. Dans le cas d'au moins un des garçons, les sévices sexuels se poursuivent pendant cinq ans, de 1957 à 1962. La victime ne signale ces incidents à la police qu'en 1995. Comme Saxey est décédé depuis près de dix ans, aucune accusation criminelle n'est portée contre lui. Cependant, une cour civile confirme que Saxey a agressé des élèves pendant qu'il travaillait au pensionnat[103].

Même si l'administration du pensionnat de Christie ne réussit pas à protéger ses élèves contre Saxey, elle prend des mesures dans une autre affaire lorsque des responsables de l'établissement estiment qu'un membre du personnel développe une relation inappropriée avec une élève. En juin 1957, le directeur du pensionnat de Kamloops, James Mulvihill, écrit que le directeur du pensionnat de Christie, M. D. Kearney, prévoit éloigner un prêtre de son école avant les vacances d'été. Kearney craint que des relations scandaleuses ne se développent entre le prêtre et une élève. En décembre 1957, Kearney détruit une lettre de l'élève décrivant son attachement envers le prêtre[104]. À l'automne 1957, un journal des oblats annonce que l'homme en question est « parti dans l'Est »[105].

Mission et Kamloops

Gerald Moran, qui travaillait dans les pensionnats de Mission et de Kamloops, est reconnu coupable de 12 chefs d'agression sexuelle et est condamné à une peine de trois ans en 2004. Avant son procès, il habitait dans un monastère en Saskatchewan[106]. La Commission de vérité et réconciliation du Canada n'a pas été en mesure de déterminer la période complète durant laquelle Moran a travaillé dans des pensionnats. Selon une lettre datant de 1961, Moran a travaillé sous la direction de M. D. Kearney, directeur du pensionnat de Mission de 1960 à 1963[107]. Des documents non datés précisent que Moran a travaillé au pensionnat de Mission lorsque H. F. Dunlop en était le directeur[108]. Dunlop a occupé ce poste de 1964 à 1973[109].

En 2002, un mandat est exécuté contre un ancien surveillant de dortoir du pensionnat de Mission. Celui-ci fait face à des accusations d'attentat à la pudeur et de grossière indécence. En 2006, il est arrêté en Thaïlande et est ramené au Canada[110]. Il comparaît pour la première fois en mars 2007[111]. En septembre 2007, une audience préalable est fixée au 18 octobre 2007. Le procès doit se tenir du 21 au 24 janvier 2008, à Abbotsford, en Colombie-Britannique. L'un des hommes qu'il est accusé d'avoir agressé meurt au cours de l'été 2007[112]. Il est acquitté de tous les chefs d'accusation en mars 2009. Le juge Grist conclut que la culpabilité de l'accusé n'a pas été prouvée au-delà de tout doute raisonnable, en raison de divergences dans les preuves[113].

Keavin Amyot est nommé à un poste au ministère fédéral du Secrétariat d'État en février 1966[114]. Plus tard cette année-là, il est reconnu coupable à Ottawa d'avoir commis un acte de grossière indécence à l'égard d'un enfant. Dans ce cas, il a agressé l'enfant d'un voisin qu'il gardait. Il obtient une condamnation avec sursis le 30 août 1966[115]. Un mois et demi plus tard, le 12 octobre 1966, Guy Voisin, le secrétaire exécutif de l'Oblate Indian and Eskimo Welfare Commission, écrit une lettre aux directeurs des pensionnats des oblats, recommandant Amyot pour un emploi de surveillant. Voisin déclare dans sa lettre : « Il m'a semblé avoir de bons principes d'éducation et de vie personnelle. » Voisin signale qu'Amyot travaillait au Secrétariat d'État fédéral, mais qu'il est prêt à accepter une baisse de salaire pour travailler dans le domaine missionnaire[116]. La recommandation de Voisin semble porter fruit : en novembre, Amyot exerce les fonctions de surveillant au pensionnat de Qu'Appelle, en Saskatchewan[117]. Il y travaille huit mois, à compter de novembre 1965. À l'automne 1966, il part travailler au pensionnat de Mission, en Colombie-Britannique[118]. Un document non daté du pensionnat de Mission révèle qu'il y a occupé le poste de surveillant pendant au moins deux ans[119]. Il démissionne de son poste à Mission en juillet 1969[120]. Trois ans plus tard, il est reconnu coupable d'attentats à la pudeur contre un enfant à Edmonton. Il obtient à nouveau une condamnation avec sursis[121].

Près de 20 ans plus tard, en avril 1987, Amyot plaide coupable à des accusations d'agression sexuelle contre quatre garçons inuits à Sanikiluaq, dans les Territoires du Nord-Ouest. Les agressions ont été commises en 1985 et en 1986, alors qu'Amyot était employé comme travailleur social par le gouvernement des Territoires du Nord-Ouest[122]. Il est condamné à une peine de prison de deux ans moins un jour, suivie de trois années de probation[123]. En Colombie-Britannique, d'anciens élèves du pensionnat de Mission informent le groupe de travail de la GRC sur les pensionnats qu'ils ont été agressés par Amyot dans cet établissement dans les années 1960. Amyot décède en 2003 avant que des accusations puissent être portées contre lui par rapport à ces allégations[124].

Williams Lake et Kuper Island

Quatre séries distinctes d'accusations sont éventuellement portées contre d'anciens employés du pensionnat de Williams Lake, en Colombie-Britannique. Harold McIntee, prêtre oblat, est affecté au pensionnat en 1959. Comme d'autres oblats, il loge au quatrième étage du bâtiment. Pendant son séjour au pensionnat, il agresse sexuellement des élèves de sexe masculin. Au bout de quatre ans, McIntee quitte le pensionnat de Williams Lake pour servir comme prêtre de la paroisse de Duncan, en Colombie-Britannique. Lorsqu'un garçon autochtone de 13 ans ayant subi des agressions sexuelles dans une école catholique locale vient le voir pour obtenir de l'aide, McIntee établit une relation sexuelle avec lui qui durera deux ans. Il quitte la prêtrise dans les années 1970, mais y revient dans les années 1980 et travaille à nouveau comme prêtre de paroisse en Colombie-Britannique. Pendant cette période, il commet ou tente de commettre un certain nombre d'agressions sexuelles contre de jeunes hommes qu'il rencontre par l'entremise de son ministère.

Les activités de McIntee ne sont révélées au grand jour qu'en 1988, lorsque la Gendarmerie royale mène une enquête par rapport à des allégations de mauvais traitements commis par un garçon qui a lui-même été victime de mauvais traitements par McIntee à Williams Lake. Comme le note le juge présidant le procès de McIntee, l'agent enquêtant sur cette affaire « s'est rendu compte qu'il avait ouvert une véritable boîte de Pandore : le nom du père McIntee ne cessait d'être prononcé ». McIntee est condamné en 1989 pour des chefs d'agression sexuelle à l'endroit de 17 garçons autochtones et non autochtones sur une période de 25 ans. Treize chefs d'accusation se rapportent à des agressions commises au pensionnat de Williams Lake. Il est condamné à une peine d'emprisonnement de deux ans pour chaque chef d'accusation, à purger simultanément, ainsi qu'à trois années de probation[125].

Glenn Doughty devient membre de l'Ordre des oblats en 1960[126]. En 1964, il fait partie de l'effectif du pensionnat de Williams Lake[127]. Plus tard, il est affecté au pensionnat de Kuper Island au poste de travailleur en soins aux enfants pour les garçons plus âgés, avant de démissionner en décembre 1972, invoquant des raisons personnelles[128]. Il est arrêté en 1990 et fait face à cinq chefs d'accusation d'attentat à la pudeur et à cinq autres de grossière indécence. Au moment de son arrestation, il travaille comme aumônier à l'Université Lakehead, à Thunder Bay, en Ontario[129]. En 1991, il plaide coupable à quatre chefs d'accusation de grossière indécence en lien avec son comportement auprès des élèves alors qu'il travaillait au pensionnat de Williams Lake. Il est condamné à un an de prison. Quatre ans plus tard, il plaide coupable à des accusations d'attentat à la pudeur et de grossière indécence en lien avec les mauvais traitements qu'il a infligés à des élèves de Kuper Island. Il est condamné à une peine d'emprisonnement additionnelle de quatre mois[130]. En 2000, 36 autres accusations sont portées contre lui pour les mauvais traitements infligés à des élèves de Williams Lake et de Kuper Island[131]. Il est condamné à trois autres années d'emprisonnement[132].

Edward Gerald Fitzgerald travaille comme surveillant de dortoir aux pensionnats de Fraser Lake et de Williams Lake, en Colombie-Britannique, entre 1965 et 1973. Vingt et une accusations sont portées contre lui en 2003. Il fait face à dix chefs d'accusation d'attentat à la pudeur, à trois chefs d'accusation de grossière indécence, à deux chefs d'accusation de sodomie et à six chefs d'accusation de voies de fait simples. Au moment de sa mise en accusation, Fitzgerald habite en Irlande[133]. Comme il n'existe pas de traité d'extradition entre le Canada et l'Irlande, en 2006, il n'était toujours pas revenu au pays pour subir son procès[134]. À ce moment-là, le porte-parole de la Gendarmerie royale, Mike Pacholuk, a déclaré que même si un processus d'extradition avait été en place, le rapatriement de l'homme de 82 ans au Canada avant sa mort était peu probable[135]. En 2011, la GRC croyait que Fitzgerald était toujours vivant[136].

Hubert O'Connor occupe le poste de directeur du pensionnat de Williams Lake de 1961 à 1967[137]. En 1969, il devient responsable des relations des oblats avec les fonctionnaires des Affaires indiennes en Colombie-Britannique[138]. En 1971, il est promu au poste d'évêque du diocèse du Yukon[139]. Il devient par la suite évêque de Prince George dans le nord de la Colombie-Britannique[140]. En 1990, O'Connor fait l'objet de deux chefs d'accusation de viol et de deux chefs d'accusation d'attentat à la pudeur. Tous les actes qui lui sont reprochés ont eu lieu alors qu'il était directeur au pensionnat de Williams Lake. Ils mettent tous en cause des femmes qui avaient étudié dans ces établissements. Deux femmes disent avoir été violées par O'Connor alors qu'elles étaient employées par le pensionnat et une troisième déclare avoir été violée à l'âge de 19 ans, alors qu'elle était élève. Dans au moins un cas, une des femmes est tombée enceinte et O'Connor s'est occupé de faire adopter l'enfant. O'Connor ne nie pas avoir eu des relations sexuelles avec au moins une des femmes. Cependant, il prétend que ces relations étaient consensuelles.

La défense présente des motions à maintes reprises pour faire suspendre l'instance. En décembre 1992, le juge président suspend les accusations parce que la poursuite n'a pas divulgué l'ensemble de sa preuve. En 1995, la Cour suprême ordonne la tenue d'un nouveau procès. En même temps, elle exige que les dossiers médicaux des plaignantes soient divulgués à l'accusé. Lors du nouveau procès, O'Connor est reconnu coupable d'un chef d'accusation de viol et d'un chef d'accusation d'attentat à la pudeur, et est condamné à deux ans et demi de prison en 1996[141]. Il y passe six mois et demi avant d'être libéré sous caution, en attente d'un appel de la décision[142].

En 1998, la Cour d'appel de la Colombie-Britannique acquitte O'Connor du chef d'accusation d'attentat à la pudeur et ordonne la tenue d'un nouveau procès par rapport au chef d'accusation de viol[143]. Après cette décision, la plaignante, sa communauté, la Couronne et O'Connor s'entendent pour tenir un cercle de guérison autochtone plutôt qu'un autre procès. Lors du cercle, O'Connor déclare qu'il souhaite « demander pardon pour mon manquement comme prêtre et mon comportement inacceptable, qui était totalement inapproprié[144] ». Par la suite, la victime signale aux médias : « j'ai choisi de participer à ce cercle de guérison pour me donner les moyens d'agir. J'ai été capable de le confronter et de lui faire voir les blessures et la douleur qu'il m'a causées. J'ai dû vivre avec cette douleur pendant plus de 30 ans. » Revenant sur son expérience lors de l'audience préliminaire et des deux premiers procès, elle affirme avoir été « victime des tribunaux. Ils peuvent être froids et calculateurs »[145].

Manitoba

Il n'existe qu'un cas documenté de poursuites liées à de mauvais traitements à l'égard d'élèves de pensionnat au Manitoba. En 2005, Ernest Constant, qui a fréquenté le pensionnat de Dauphin au début des années 1960 et qui y a travaillé à la fin des années 1960 comme surveillant, est reconnu coupable d'avoir attenté à la pudeur de sept élèves. Il est condamné à une peine de deux ans moins un jour[146].

Territoires du Nord-Ouest

Dans les Territoires du Nord-Ouest, des condamnations sont prononcées pour des agressions survenues dans deux pensionnats, soit Grollier Hall, à Inuvik, et Fleming Hall, pensionnat anglican de Fort McPherson. Trois des hommes reconnus coupables de mauvais traitements à Grollier Hall avaient également été reconnus coupables du même chef d'accusation à l'endroit d'élèves dans des écoles d'autres provinces.

Grollier Hall

Grollier Hall ouvre ses portes en septembre 1959[147]. Foyer catholique situé dans la communauté nouvellement établie d'Inuvik, dans les Territoires du Nord-Ouest (T.N.-O.), il peut accueillir au départ 240 élèves[148]. Il est administré par l'Église catholique jusqu'en 1985. Le gouvernement des T.N-.O. l'administre ensuite jusqu'en 1997; le pensionnat cesse alors ses activités à titre de résidence pour les élèves de l'école publique et est transféré au Collège Aurora[149].

Les hommes suivants ont été surveillants des élèves à Grollier Hall :

- Joseph Jean Louis Comeau : 1959 à 1965[150]
- Martin Houston : 1960 à 1962[151]
- George Maczynski : 1966 à 1967[152]
- Paul Leroux : 1967 à 1979[153]

Alors qu'ils travaillaient à Grollier Hall, chacun de ces hommes a agressé sexuellement des élèves qui logeaient à la résidence. Leur relevé d'emploi collectif démontre clairement qu'il y avait au moins un agresseur sexuel parmi les employés de la résidence au cours de chacune de ses 20 premières années d'existence.

Le premier de ces hommes à faire l'objet d'une poursuite est Martin Houston.

Le 15 août 1962, Martin Houston est arrêté à Ottawa en lien avec une accusation de distribution de littérature obscène (des notes manuscrites laissées dans les toilettes publiques pour solliciter des partenaires sexuels). Il dit aux policiers qu'il est enseignant dans un externat fédéral à Inuvik. En fait, il est le surveillant du dortoir à Grollier Hall. Il plaide coupable à l'accusation et est condamné à une peine de 21 jours de prison. Dans le cadre de leur enquête, les policiers découvrent qu'il séjourne dans un hôtel en compagnie d'un garçon de 15 ans des Territoires du Nord-Ouest.

L'enquête policière révèle que le garçon est inscrit à Grollier Hall. Houston agresse sexuellement le garçon depuis décembre 1960. Avant de retourner dans sa communauté pour l'été de 1962, Houston convainc le garçon de le rencontrer à Norman Wells, dans les Territoires du Nord-Ouest. De là, ils voyagent tous les deux jusqu'à Ottawa[154]. Une enquête plus poussée révèle que Houston a agressé sexuellement plusieurs garçons pendant au moins deux ans[155].

Houston plaide coupable aux accusations de sodomie et de grossière indécence à l'endroit de cinq élèves, en 1962. La même année, il est déclaré délinquant sexuel dangereux et écope d'une peine d'une durée indéterminée[156].

Lors de l'examen du cas, Ben Sivertz, responsable de la Direction de régions septentrionales du ministère fédéral des Affaires indiennes et du Nord canadien, écrit :

> Je trouve difficile de croire que ces gestes ont pu être commis à proximité d'un groupe de jeunes garçons adolescents sans soulever de soupçons ou de commentaires qui auraient été portés à l'attention de l'administrateur du foyer, s'il exerçait le genre de supervision auprès des employés du foyer à laquelle nous sommes en droit de nous attendre[157].

Les administrateurs de Grollier Hall ont des soupçons à l'égard de Houston, qui a commencé à travailler à Grollier Hall à l'automne de 1960 comme surveillant de la résidence des garçons plus vieux[158]. Le père oblat Max Ruyant affirme avoir décidé de congédier Houston en juin 1962 après avoir conclu qu'« il n'avait pas une bonne influence sur les garçons ». Au cours de l'enquête de la Gendarmerie royale du Canada, Ruyant dit à la police que Houston a « donné des punitions excessives pour des comportements sans gravité, ces punitions consistaient habituellement à donner des coups de ceinture ». Ruyant soupçonne également Houston de « s'être conduit de manière indécente avec les garçons du cycle supérieur ». À deux occasions, des garçons ont été surpris dans sa chambre après minuit. Les garçons auraient dû être dans leur propre lit à 22 h 15. La sœur de la Charité responsable des garçons plus jeunes s'est plainte auprès de Ruyant à plusieurs reprises parce qu'elle estime que

Houston « a agi de manière indécente avec les garçons plus âgés ». Une fois, elle affirme avoir entendu dire que Houston a pris un bain avec un garçon[159]. On remarque que malgré ces inquiétudes, Houston est autorisé à travailler à la résidence jusqu'à la fin de l'année scolaire 1961-1962. Dans la déclaration qu'il a faite à la police, Houston affirme que, plutôt que d'avoir été congédié, il a remis sa démission à l'école parce que « je crois que j'étais devenu trop amical avec les garçons et je ne voulais pas poursuivre la relation avec eux parce que j'ai réalisé que c'était une erreur et que cela aurait pu causer du tort aux enfants »[160]. L'examen du dossier par la Commission de vérité et réconciliation du Canada n'a pas permis de trouver de documents pour établir si Houston a été congédié ou s'il a démissionné avant son arrestation. La preuve à notre disposition établit clairement que les administrateurs de l'école savaient que Houston s'était livré à des comportements inacceptables, bien qu'ils n'aient peut-être pas eu connaissance de leur gravité. Malgré cette connaissance, ils ne sont pas intervenus de manière opportune et efficace.

À l'été 1962, Sivertz, un agent des Affaires du Nord, demande à un fonctionnaire de rencontrer l'évêque Paul Piché de la mission catholique, à Fort Smith, pour parler de la situation de Grollier Hall. Les directives de Sivertz concernant cette rencontre soulignent la faiblesse fondamentale de la position du gouvernement par rapport aux Églises. Bien que le gouvernement s'attende à ce que du personnel qualifié soit employé et qu'il soit bien supervisé, il n'est pas prêt à fournir les fonds nécessaires pour s'assurer que ses attentes sont respectées. Puisque les Églises sont prêtes à administrer les résidences pour moins que ce qu'il en coûterait au gouvernement de les diriger, le gouvernement est réticent à se montrer trop exigeant envers elles. Sivertz avertit le fonctionnaire chargé d'enquêter sur les conditions à Grollier Hall que :

> Dans le cadre de votre examen du problème, vous devez éviter toute mesure ou suggestion susceptible de modifier le niveau de responsabilité de l'administration (les responsables de l'Église) quant au fonctionnement adéquat des résidences sous contrat, en particulier lors de discussions avec les responsables de l'Église. Tout d'abord, nous n'avons pas les ressources pour superviser en détail les activités quotidiennes. Ensuite, ce qui est peut-être plus important c'est qu'il n'est pas raisonnable de s'attendre à ce que les autorités de l'Église administrent les foyers de manière efficace sans avoir une bonne flexibilité en certaines matières comme le recrutement et l'embauche du personnel. D'un autre côté, les foyers font partie intégrante de notre système scolaire. Ils appartiennent au gouvernement et toutes les dépenses d'activités raisonnables sont payées ce dernier[161].

David Searle, un avocat en cabinet privé qui a poursuivi Houston au nom du gouvernement fédéral recommande de s'assurer que les « hommes homosexuels célibataires » ne sont pas embauchés comme surveillant et que seuls les couples mariés peuvent être embauchés pour occuper ces postes. Si ce n'est pas possible, il recommande que la Gendarmerie royale du Canada vérifie les antécédents « pour chaque homme ou femme célibataire qui accepte une position d'autorité après de jeunes »[162]. Bien que Searle ait raison de souligner la nécessité d'un meilleur contrôle, sa lettre révèle les limites de la ligne de pensée officielle à l'époque. Au moment de la rédaction de cette lettre, tous les gestes homosexuels sont illégaux au Canada et les personnes soupçonnées d'être homosexuelles ont de la difficulté à trouver et à garder un emploi d'enseignant. Mais Searle, tout comme d'autres, ne fait pas la distinction entre homosexualité et pédophilie. Sa préférence pour l'embauche de couples mariés témoigne d'une croyance naïve selon laquelle des personnes mariées n'abuseraient pas d'enfants (ou, plus probablement, une croyance que les hommes mariés n'abuseraient pas de garçons). L'accent mis sur l'homosexualité suggère que l'abus homosexuel des enfants était considéré comme pire que l'abus hétérosexuel. En réalité, la menace envers les enfants provenait du comportement des prédateurs sexuels qui s'en prenaient aux enfants : les pédophiles de toutes les orientations sexuelles.

Selon Ruyant, il y a eu une vérification limitée des antécédents de Houston : il a obtenu une recommandation des pères oblats de Winnipeg et d'un ancien enseignant[163]. Houston est né dans la région de Pine Falls, au Manitoba, en 1937 et a été élevé à Powerview, la communauté qui jouxte la réserve de Fort Alexander, au Manitoba[164]. Selon Houston, pendant sa jeunesse, il a été envoyé dans une école de réforme, où, affirme-t-il à la police, « les plus vieux ont commis des gestes indécents à son égard »[165]. Plus tard, il a fréquenté le séminaire de premier cycle St. John's dans la réserve de Fort Alexander de 1956 à 1958. La publication *Indian Record*, qui porte sur le travail des oblats auprès des Autochtones, révèle en novembre 1957 que Houston, alors âgé de 20 ans, est un élève « hors traité » de neuvième année du séminaire[166].

Le séminaire a ouvert ses portes comme pensionnat en 1954[167]. Malgré son nom, St. John's n'était pas un séminaire, mais plutôt une école secondaire privée pour les élèves autochtones, administrée par les oblats du presbytère de la réserve de Fort Alexander[168]. Les Affaires indiennes n'étaient pas prêtes à financer l'école au départ, mais du milieu des années 1950 jusqu'au début des années 1960, accordent un soutien pour les frais de scolarité aux élèves des Premières Nations[169].

Après avoir quitté St. John's, Houston va travailler au pensionnat administré par les oblats à Kamsack, en Saskatchewan, où il occupe un poste de surveillant auprès des jeunes garçons pendant l'année scolaire 1958–1959[170]. Il se rend ensuite à Grollier Hall.

L'enquête de la Gendarmerie royale du Canada (GRC) menée après l'arrestation de Houston en 1962 conclut que, pendant qu'il étudiait au pensionnat de St. John's, Houston a participé, pour reprendre les mots d'un enquêteur, à des « gestes homosexuels »[171]. Il n'est pas établi clairement dans le rapport si Houston a été agressé par le personnel ou les élèves, s'il a agressé d'autres élèves ou s'il a participé à des relations consensuelles avec des élèves de St. John's. Toutefois, concernant son séjour à Kamsack, la GRC conclut que l'on savait que Houston « avait initié et commis des gestes de grossière indécence et de sodomie avec au moins trois jeunes Autochtones, dont deux étaient âgés de 15 ans et un de 18 ans au moment des faits »[172].

À l'issue de son examen du dossier, la Commission de vérité et réconciliation du Canada n'a pas pu trouver de documents révélant qu'une autre enquête avait été tenue pour vérifier ces allégations ou qu'un soutien psychologique avait été offert aux élèves agressés par Houston au pensionnat de Kamsack.

Searle, l'avocat qui a intenté des poursuites contre Houston, croit que si une enquête adéquate avait été menée avant l'embauche de Houston, ses « activités homosexuelles antérieures auraient été facilement découvertes »[173]. Il est évident qu'il n'y a pas de processus de vérification des antécédents en place.

À l'automne de 1962, des examens psychiatriques sont menés auprès de cinq des garçons de Grollier Hall agressés par Houston[174], mais aucun document trouvé ne montre que les élèves ou leur famille ont reçu un soutien psychologique à la suite de ces évaluations. Toutefois, le fait qu'ils fassent l'objet d'une évaluation démontre qu'en 1962, il est admis que de telles violences peuvent avoir de sérieuses répercussions post-traumatiques chez les victimes.

Après sa condamnation en 1962, Houston passe neuf ans en prison et est remis en liberté conditionnelle en 1971[175]. En 1975, il viole les conditions de sa libération et est condamné à trois chefs d'accusation d'attentat à la pudeur (ces accusations ne sont pas en lien avec un pensionnat)[176]. Il écope de deux années de probation supervisées et est hospitalisé à l'hôpital psychiatrique de Selkirk, au Manitoba, pendant sept mois[177]. Quelques années plus tard, il tente à deux reprises, sans succès, de devenir prêtre catholique. Les deux fois, il doit quitter le séminaire dans lequel il étudie en raison de ce qui est décrit comme des « problèmes comportementaux »[178]. Toutefois, il y parvient à sa troisième tentative. Contre l'avis des ordres catholiques de l'Alberta et des Territoires du Nord-Ouest, il est accepté dans un séminaire du Manitoba[179]. Il est ordonné prêtre en 1990[180]. Quand l'évêque des Territoires du Nord-Ouest, Denis Croteau, apprend que Houston est devenu prêtre, il communique avec l'évêque du Manitoba, Antoine Hacault, pour savoir s'il est au courant du passé de Houston. Selon Croteau, Hacault affirme qu'« il était au courant, mais qu'il ne peut pas garder quelqu'un prisonnier de son passé s'il n'a rien fait de mal depuis 25 ou 30 ans »[181]. Au Manitoba, Houston travaille comme prêtre au Lac du Bonnet et à Carman. Dans les deux collectivités, il fait l'objet de nombreuses plaintes des paroissiens qui le trouvent instable et verbalement agressif. Il démissionne de son poste à la paroisse de Carman quand l'*Edmonton Journal* publie ses antécédents, en 2002[182].

Deux ans plus tard, il est de retour en cour pour faire face à des accusations remontant à son passage à Grollier Hall. En 2004, Houston plaide coupable à un chef de sodomie et à deux chefs d'attentat à la pudeur pour des actes commis à Grollier Hall au début des années 1960. L'écart de 42 ans qui sépare le moment où les gestes d'agression ont été commis et les condamnations soulignent l'échec des Affaires du Nord, de l'Église catholique et de la Gendarmerie royale à mener une enquête approfondie en 1962. Houston est condamné à trois années de probation, l'avocat de la Couronne alléguant que les agressions de 1962 n'auraient pas alourdi sa peine précédente si elles avaient été comprises dans la poursuite initiale[183]. Il est décédé à Winnipeg en août 2010[184].

Joseph Jean Louis Comeau travaille avec Martin Houston. Comeau, qui est directeur de banque le jour, occupe le poste de surveillant à temps partiel à Grollier Hall, de 1959 à 1965[185]. Bien que des inquiétudes soient soulevées après l'arrestation de Houston concernant la nécessité d'assurer une surveillance adéquate à Grollier Hall, les agressions que Comeau fait subir aux élèves ne sont pas détectées ou elles sont tolérées. Ce n'est qu'en 1998, 33 années après son départ de Grollier Hall, qu'il plaide coupable à deux chefs d'accusation pour des attentats à la pudeur qui ont eu lieu entre 1962 et 1963. Les victimes avaient entre 11 et 13 ans à l'époque. Peu avant sa condamnation de 1998 pour les agressions commises à Inuvik, il est reconnu coupable d'agressions similaires en Colombie-Britannique (mais pas dans un pensionnat indien). Pour les actes commis à Inuvik, il écope d'une peine d'emprisonnement d'un an pour chaque chef, à purger de manière simultanée après la fin de sa peine de deux ans pour les crimes commis en Colombie-Britannique[186]. En 2003, Comeau est de nouveau arrêté et accusé de cinq chefs en matière d'agression sexuelle[187]. Comeau meurt cette année-là, avant de subir son procès pour ces chefs d'accusation[188].

L'année suivant le départ de Comeau de Grollier Hall, George Maczynski va travailler à la résidence. Au cours de sa carrière, il travaille à Grollier Hall et au pensionnat de Lower Post, dans le nord de la Colombie-Britannique. Il commence à Lower Post, où la plupart des employés sont recrutés dans le nord de la Colombie-Britannique et au Yukon. Maczynski y travaille en tant qu'enseignant de 1956 à 1958[189], puis devient agent du bien-être social au gouvernement du Yukon. En 1964, il a un accident de voiture et est blessé de façon permanente[190]. Il retourne travailler pour le gouvernement du Yukon, mais son rendement est jugé insatisfaisant. On rapporte qu'il est sujet à « des explosions d'agressivité et qu'il a en général un comportement très peu professionnel ». Il est suspendu de son emploi en octobre 1965[191]. En 1966, il trouve un emploi de surveillant à Grollier Hall[192]. Il semble qu'il n'y soit resté qu'un an. La dernière feuille de paie trouvée par la Commission de vérité et réconciliation du Canada au nom de Maczynski date de 1967[193].

En 1973, Maczynski retourne dans la région de Lower Post, où il a travaillé dans les années 1950. Il y organise un camp de vacances pour jeunes garçons. Plus tard cette année-là, Maczynski est condamné et écope d'une peine d'emprisonnement de deux ans pour avoir « agressé sexuellement » des garçons au camp. Il s'agit du premier document que la Commission de vérité et réconciliation du Canada a trouvé concernant les poursuites intentées contre lui. Après avoir purgé une peine d'emprisonnement de dix mois, Maczynski est libéré sur parole et retourne à Lower

Post en août 1974. Après avoir consulté « plusieurs collègues professionnels », E. Morriset, l'administrateur de la résidence de Lower Post embauche Maczynski en septembre 1974 pour le poste de gardien de nuit à la résidence. Il déclare que Maczynski était sur place uniquement de 22 heures à six heures du matin et que des membres du personnel de la résidence étaient dans les dortoirs durant ces heures[194]. En octobre 1974, Harry Lavallee, le surveillant régional du programme d'assistance parajudiciaire aux Autochtones de la Colombie-Britannique, se plaint et signale l'embauche au ministère des Affaires indiennes[195]. Morriset justifie sa décision et écrit que Maczynski vit désormais seul dans un chalet à environ un mile (1,6 kilomètre) de la résidence. Il est retourné dans la collectivité et a fait « beaucoup de bénévolat et de travail social auprès des Autochtones de la région »[196]. Maczynski démissionne de son poste en novembre 1974[197].

En 1993, il est accusé d'avoir agressé sexuellement des élèves lorsqu'il travaillait au pensionnat de Lower Post dans les années 1950[198]. Deux ans plus tard, il est condamné et reçoit une sentence de 16 ans de prison pour avoir posé, ou tenté de poser, des gestes d'attentat à la pudeur et de sodomie à l'égard d'élèves de Lower Post[199]. En 1996, il écope de sept ans de prison pour avoir agressé sexuellement deux enfants de Dawson City, au Yukon, dans les années 1960. Les agressions auraient été commises alors qu'il était un agent du bien-être social. La peine devait être purgée simultanément avec les peines reçues pour Lower Post[200]. En 1997, il plaide coupable à des accusations additionnelles d'attentat à la pudeur, de grossière indécence et de sodomie datant du milieu des années 1960 alors qu'il travaillait à Grollier Hall. Il écope d'une peine de quatre ans d'emprisonnement. La peine devait être purgée après que la première peine de 16 ans ait été purgée[201]. Maczynski est décédé en prison en 1998[202].

Maczynski n'est pas le seul employé de Lower Post à être accusé d'avoir agressé sexuellement des élèves. Le frère oblat Ben Garand travaille comme surveillant des garçons à l'école dans les années 1950. En juin 1993, il fait face à quatre chefs d'accusation pour agression sexuelle envers des élèves de sexe masculin. Au moment de son arrestation, Garand est déjà en prison. Il a été condamné et emprisonné en 1993 pour diverses accusations d'agressions sexuelles commises ailleurs que dans un pensionnat. Garand est décédé en prison avant de subir son procès pour les accusations en lien avec son séjour à Lower Post[203].

Selon des rapports, on s'était plaint au directeur de l'école dans les années 1950 relativement aux agressions envers les élèves commises par Maczynski et Garand, Yvon Levaque. Selon les plaintifs, aucune action n'a alors été prise[204].

Maczynski quitte Grollier Hall en 1967[205]. La même année, Paul Leroux commence à y travailler en tant que surveillant auprès des garçons les plus vieux. Il demeure au foyer jusqu'en 1979[206]. Auparavant, il a travaillé au pensionnat de Beauval, en Saskatchewan. (Il est question de son passage à cette école ailleurs dans ce chapitre[207].) Pendant qu'il vit à Inuvik, Leroux travaille également comme juge de paix et comme juge au tribunal juvénile de la famille. Il entraîne de nombreuses équipes sportives et travaille bénévolement comme Grand Frère[208]. Il a, en quelque sorte, une certaine autorité au sein de la collectivité.

En 1979, Leroux est reconnu coupable d'avoir entretenu une relation de nature sexuelle pendant deux ans avec un résident de 15 ans de Grollier Hall et est condamné à quatre mois de prison. Il demandera et obtiendra plus tard un pardon pour ce geste[209]. La Commission de vérité et réconciliation n'a pas obtenu de preuve attestant que d'autres enquêtes avaient été menées à la suite de cette condamnation afin de déterminer s'il avait agressé d'autres élèves à Grollier Hall ou au pensionnat de Beauval. Il est raisonnable de penser que de telles enquêtes auraient dû être entreprises. Assurément, il y a eu de telles enquêtes, une décennie plus tôt, après l'arrestation de Martin Houston, en 1962.

En 1980, Leroux trouve du travail à la Direction générale du développement de l'emploi du gouvernement fédéral. Il quitte ce poste en 1981 pour occuper un emploi à la Commission canadienne des droits de la personne[210]. Il travaille pour la Commission jusqu'en 1997. Cette année-là, des plaintes d'anciens résidents de Grollier Hall mènent à l'ouverture d'une enquête policière. Lorsque les policiers fouillent la résidence de Leroux à Vancouver, ils découvrent une importante collection de pornographie infantile[211]. Il est arrêté en juin 1997 et condamné pour 32 chefs d'agression sexuelle contre 15 victimes âgées de 14 ans à 18 ans[212]. Leroux est déclaré coupable de tentative de sodomie, de tentative d'attentat à la pudeur, de trois chefs d'attentat à la pudeur et de quatre chefs de grossière indécence. Il écope d'une peine d'emprisonnement de dix ans[213]. Il est remis en liberté conditionnelle après moins de quatre ans. En 2003, il est arrêté et reconnu coupable de 11 chefs supplémentaires d'attentat à la pudeur et de grossière indécence[214]. La Couronne suspend les accusations en lien avec ces chefs en 2004. Elle justifie cette décision à la Gendarmerie royale par la réticence de certains plaignants à témoigner lors de l'enquête préliminaire et par une « réévaluation de la probabilité d'une condamnation »[215].

Des documents suggèrent que des élèves se sont plaints du comportement de Leroux alors qu'il travaillait toujours à l'école. Dans les années 1990, un ancien résident de Grollier Hall affirme avoir avisé un conseiller pédagogique de l'école secondaire Samuel Hearne que Leroux prenait des photographies de pensionnaires nus, lorsqu'il vivait à la résidence dans les années 1970. Aucun des documents auxquels la Commission de vérité et réconciliation du Canada a eu accès ne révèle que le conseiller a rapporté cette information, s'il l'a reçue, aux autorités. Selon l'élève, le conseiller a plutôt entrepris une relation de nature sexuelle avec lui. Le conseiller a subi deux procès pour ces accusations, mais dans chaque cas, les jurés ont été incapables de s'entendre sur un verdict[216].

À la fin des années 1997, les victimes d'agression sexuelle de Grollier Hall forment un groupe de soutien avec, à sa tête, Harold Cook et Lawrence Norbert. Cook, qui était un athlète vedette de l'école et un membre du programme d'entraînement de ski expérimental du territoire, surnomme l'école « Sing Sing », soulignant qu'il se sert du « ski pour s'éloigner de la résidence ». Il explique que les élèves sont restés silencieux pendant plusieurs années pour deux raisons : la honte et le doute que quiconque les croit[217].

Les conséquences des mauvais traitements perpétrés en 1960 ne se sont jamais effacées. Dans une lettre à la cour, l'une des victimes de Martin Houston écrit : « chaque jour depuis que c'est arrivé, je me souviens de ce qu'il m'a fait. Je bois pour tenter d'oublier ce qui m'est arrivé, mais boire ne fait que me mettre en colère ». Une des anciennes victimes écrit, dans sa déclaration de la victime, qu'il a souvent pensé au suicide. Elle dit que le souvenir de l'agression en a mené d'autres à se tuer[218].

Fleming Hall

Lors de deux événements non liés, deux hommes au service de Fleming Hall, foyer anglican de Fort McPherson, dans les Territoires du Nord-Ouest, sont condamnés pour avoir eu des relations inappropriées avec des jeunes qui fréquentaient l'externat local. La Commission d'énergie du Nord canadien (CENC) exploite les installations électriques et de chauffage à Fleming Hall[219]. L'entreprise avait une entente pour loger le personnel du génie à la résidence[220]. En mai 1963, William Hamilton, employé de la CENC, réside apparemment à la résidence[221]. À un moment donné entre mai 1963 et mars 1964, Hamilton est arrêté, accusé et reconnu coupable d'avoir commis des gestes sexuels avec des élèves de sexe masculin qui fréquentent l'externat. Il est condamné à trois ans de prison[222].

Donald Perdue commence à travailler comme cuisinier à Fleming Hall, à Fort McPherson, en janvier 1963[223]. Le 12 mars 1964, il est reconnu coupable d'avoir contribué à la délinquance juvénile après avoir été surpris en train de nager nu avec certaines jeunes filles[224]. Initialement, des responsables de l'Église anglicane qui administrent la résidence allèguent que des circonstances atténuantes justifient de maintenir Perdue en poste[225]. David Searle, l'avocat qui intente la poursuite contre Martin Houston, écrit une lettre au ministère de la Justice pour demander le renvoi de Perdue. Il dit que, selon les rapports de police et les « déclarations des jeunes filles [sans doute celles avec lesquelles Perdue nageait], M. Perdue présente des tendances à l'exploration sexuelle avec de jeunes filles »[226]. Après avoir examiné la preuve présentée lors du procès, T.E. Jones, le directeur anglican des pensionnats, conclut que Perdue n'aurait jamais dû être engagé[227]. Selon sa demande d'emploi du ministère fédéral des Transports de 1965, il cesse de travailler au foyer en juillet 1964[228].

Nunavut

À l'époque des pensionnats, le Nunavut fait encore partie des Territoires du Nord-Ouest. Dans les années 1990, une vaste enquête policière est menée concernant les mauvais traitements commis au pensionnat catholique Turquetil Hall à Igluligaarjuk (auparavant Chesterfield Inlet), qui ferme ses portes en 1960[229].

Turquetil Hall

À l'été 1993, environ 150 anciens élèves du pensionnat de Turquetil Hall assistent à une réunion à Chesterfield Inlet, dans les Territoires du Nord-Ouest. La rencontre est organisée par trois anciens élèves : Piita (appelé aussi « Peter ») Irniq, Jack Anawak et Marius Tungilik[230]. En 1991, lors d'une audience de la Commission royale sur les peuples autochtones à Rankin Inlet, Tungilik parle de l'agression sexuelle qu'il a vécue à la résidence de Chesterfield Inlet. Il est l'un des premiers anciens élèves à parler publiquement de ce genre d'agression[231]. Plus tard, dans ses mémoires, il écrit :

> Je n'étais pas du tout certain de vouloir en parler ouvertement parce que ça ne se faisait pas. J'étais angoissé parce que je savais que c'était la chose à faire, mais je ne pensais pas avoir le courage ni la force. J'avais l'impression que j'allais mourir si j'en parlais publiquement. Heureusement, j'ai pu prendre un temps de réflexion, dans les terres, mais pas par choix; je me suis perdu dans les terres pendant trois jours, seul. J'étais bien. C'était à la fin de l'automne, en novembre. Ce sont ces trois jours-là qui m'ont permis de me décider. Oui, je vais le faire, malgré tout[232].

Selon Irniq, les trois anciens élèves décident de tenir une réunion parce qu'ils sentent qu'ils doivent « faire quelque chose pour rétablir leur santé, leur histoire et leur fierté »[233].

Sont également présents à la réunion des représentants du gouvernement des Territoires du Nord-Ouest, des membres des oblats et des Sœurs de la Charité, les deux ordres catholiques qui assuraient le fonctionnement de la résidence et de son externat. Plusieurs personnes présentes parlent des sévices physiques, sexuels et émotionnels qu'elles ont vécus à la résidence. Selon les informations, l'évêque Reynald Rouleau rapporte qu'il est « indéniable » que des violences sexuelles ont eu lieu à l'école. La réunion amène 49 anciens élèves à présenter une requête pour que le gouvernement des Territoires du Nord-Ouest effectue une enquête publique sur l'administration de l'établissement[234].

Même si aucune enquête publique n'est menée, l'avocate de Yellowknife Katherine Peterson est nommée pour enquêter. Au même moment, la Gendarmerie royale entreprend une enquête criminelle sur l'école. Deux gendarmes passent plus d'une année à enquêter au sujet de 115 allégations d'agression physique et de 78 allégations d'agression sexuelle. Peterson s'entretient avec 55 anciens élèves à Igloolik, Kangiqliniq (Rankin Inlet), Churchill et Yellowknife ainsi qu'au téléphone. Elle organise également des rencontres communautaires[235].

Elle conclut que « de sérieux incidents d'agression physique se sont produits au pensionnat de Chesterfield Inlet. Ces gestes dépassaient les mesures raisonnables de discipline, même en tenant compte de l'époque à laquelle l'école était en fonction et la différence d'opinions concernant les mesures disciplinaires jugées appropriées à ce moment »[236]. Elle croit également qu'il pourrait être peu probable que les accusations d'agression physique mènent à des condamnations parce que, dans certains cas, les élèves ne peuvent pas identifier leur assaillant avec certitude. Dans d'autres cas, les assaillants sont morts ou « non disponibles pour qu'une poursuite soit intentée »[237].

Les élèves déclarent avoir été agressés sexuellement par des employés masculins comme féminins. Selon Peterson : « Les allégations de mauvais traitements comprennent des attouchements aux seins et aux parties génitales des élèves de sexe féminin, des attouchements aux parties génitales des élèves de sexe masculin et de l'exposition sexuelle inappropriée. Une atmosphère de peur, de confusion et de silence semble entourer les expériences des élèves à cette époque[238]. »

D'après Peterson, plusieurs élèves se sentent « impuissants à prévenir les situations qui se répètent »[239]. Elle conclut : « des agressions sexuelles graves se sont en fait produites au pensionnat de Chesterfield Inlet au cours de ses années de fonctionnement[240]. »

Peterson rapporte avoir compris que « deux poursuites seraient éventuellement intentées ou pourraient être recommandées au ministère fédéral de la Justice pour des agressions physiques »[241]. En raison des obstacles aux poursuites mentionnés ci-dessus, « environ trois chefs d'attentat à la pudeur sur un garçon et deux chefs d'attentat à la pudeur sur une fille pourraient mener à des condamnations »[242].

Peterson formule 10 recommandations générales. Elle recommande tout d'abord que les anciens élèves reçoivent une aide financière pour déterminer la mesure selon laquelle « un redressement pourrait être offert sous forme de poursuite pour préjudice ou négligence ». Elle croit qu'« en raison du fait que les recours collectifs comprennent des directives rigides sur ce qui constitue "l'intérêt commun" », cette solution ne devrait pas être sérieusement envisagée. Elle demande au gouvernement des Territoires du Nord-Ouest de négocier avec le gouvernement fédéral et l'Église catholique afin de déterminer les ressources qui pourraient être « affectées à la guérison, à la thérapie et aux services de counselling pour les anciens élèves et leur famille ». De façon plus directe, elle demande au gouvernement des Territoires du Nord-Ouest de fournir des services de counselling et de soutien aux anciens élèves. Elle croit qu'une enquête publique sur les événements qui se sont déroulés à l'école devrait être tenue si les « négociations avec l'Église et le gouvernement fédéral ne progressent pas de façon satisfaisante »[243].

En juin 1995, la Gendarmerie royale annonce que le ministère de la Justice a décidé que « les preuves et les circonstances n'appuient pas des accusations au criminel »[244].

Ontario

La Commission de vérité et réconciliation du Canada a pu trouver des dossiers sur des condamnations pour deux écoles de l'Ontario : Fort Albany et Sioux Lookout.

Fort Albany

En 1992, d'anciens élèves de l'école de Fort Albany organisent une réunion à laquelle assistent 300 personnes. Trente d'entre elles parlent devant un comité d'examen des sévices physiques et sexuels qu'elles ont subis à l'école[245]. Selon le rapport du comité d'examen :

> Parmi les 19 hommes qui ont témoigné, dix ont subi des agressions sexuelles. La plupart ont subi d'autres types d'agressions physiques; des agressions spirituelles, de l'humiliation, des coups de ceinture et des coups de règle; ils se sont fait tirer les cheveux, se sont fait traîner par les cheveux, se sont fait poignarder avec un crayon, ont été forcés de manger leur propre vomi, etc.
>
> Parmi les onze femmes qui ont témoigné, deux ont subi des agressions sexuelles. La plupart ont subi d'autres types d'agressions physiques, y compris des coups de ceinture, ont été forcées de s'asseoir sur une chaise électrique, de manger leur vomi, de s'agenouiller sur des planchers de béton, elles ont été enfermées dans un sous-sol sombre, ont été injustement punies pour un geste qu'elles n'ont pas posé, etc.[246]

Une des organisatrices de la réunion, Mary Anne Nakogee-Davis a révélé plus tard aux médias, avoir été agressée sexuellement par un prêtre alors qu'elle était une élève de l'école[247].

Le rapport de la réunion mentionne l'utilisation d'une chaise électrique à l'école.

> Plusieurs personnes ont parlé de la chaise électrique qui était utilisée dans la salle de jeu des filles. Il semble étrange qu'une chaise électrique ait pu se trouver dans un pensionnat; toutefois, il semble qu'elle ait été apportée à l'école par plaisanterie. Toutefois, toutes les personnes qui se souviennent de la chaise électrique ne s'en souviennent pas comme d'une blague, mais plutôt avec douleur et horreur[248].

Edmund Metatawabin relate comment d'autres élèves du pensionnat de Fort Albany et lui ont dû, en guise de punition, s'asseoir sur ce que les élèves appelaient la « chaise électrique ». Selon Metatawabin, il s'agissait d'une chaise à ossature métallique dotée d'un siège et d'un dossier en bois. Une fois attaché sur la chaise, l'élève recevait une décharge électrique provenant d'un générateur à manivelle. Cette chaise était l'œuvre du frère Goulet, l'électricien de l'école, et aurait été utilisée au départ comme source de divertissement. Elle sera toutefois également utilisée pour punir les élèves. Metatawabin affirme « s'être assis trois fois sur la chaise électrique »[249]. Mary Anne Nakogee-Davis a expliqué au *Globe and Mail*, « Ils asseyaient les enfants dessus s'ils ne se comportaient pas bien. Les religieuses l'utilisaient comme une arme. Cela m'est arrivé à plus d'une reprise. Ils vous attachaient les bras aux accoudoirs de métal, vous étiez électrocuté et le courant passait dans tout votre corps. Je ne sais pas ce que j'ai fait pour mériter ça. » Andrew Wesley se rappelle que la chaise était d'abord utilisée pour les événements communautaires : « Je me souviens que mon père s'est assis dessus une fois, il était en compétition avec d'autres hommes pour savoir qui resterait dessus le plus longtemps. C'était un jeu. Mais, à un certain moment, quelqu'un a mis la main dessus dans le sous-sol et a commencé à l'utiliser pour faire la discipline, en particulier pour les filles[250]. »

Après la réunion, Metatawabin, alors chef de la Première Nation de Fort Albany, demande à la police provinciale de l'Ontario d'enquêter sur les plaintes concernant les traitements reçus par les élèves de l'école dans les années 1950 et 1960. En 1997, sept anciens membres du personnel sont accusés de divers crimes[251].

L'une des religieuses de l'école, sœur Anna Wesley, est condamnée au printemps 1999 en lien avec trois chefs d'accusation pour avoir administré un produit nocif et cinq chefs d'accusation pour voies de fait. Le juge Robert Boissoneault n'impose pas de peine à la femme de 72 ans, en précisant que dans son cas, la condamnation était en soi une sanction[252]. Jane Kakeychewan, une religieuse, est reconnue coupable de voies de fait en 1998 et écope d'une peine avec sursis[253]. Marcel Blais est condamné pour attentat à la pudeur, mais il ne purge pas de peine[254]. John Rodrique plaide coupable à cinq chefs d'attentat à la pudeur et est condamné à 18 mois de prison[255]. Claude Lambert plaide coupable pour attentat à la pudeur et est condamné à huit mois de prison[256]. Les accusations contre Claude Chenier sont abandonnées parce que le plaignant ne se présente pas en cour. John Cushing est acquitté d'une accusation d'attentat à la pudeur[257]. Aucun des documents mis à la disposition de la Commission de vérité et réconciliation du Canada ne révèle que des accusations ont été portées relativement à l'utilisation de la chaise électrique.

Sioux Lookout

Leonard Hands travaille comme conseiller et enseignant suppléant au pensionnat de La Tuque, au Québec, de 1964 à 1966[258]. Il va travailler au pensionnat de Sioux Lookout, en Ontario, en 1966[259]. Il démissionne de son poste à cette école à l'automne 1971 pour occuper un poste à l'Église anglicane à Red Lake, en Ontario[260]. Pendant qu'il est à Sioux Lookout, Hands travaille comme surveillant du dortoir des garçons, où il agresse sexuellement des élèves de sexe masculin[261]. L'un d'entre eux est Garnet Angeconeb. Hands commence à agresser Angeconeb en 1968, lorsque ce dernier a 11 ans et il continue jusqu'à ce que l'élève quitte l'école, l'année suivante.

La divulgation publique de Phil Fontaine concernant les agressions qu'il a subies au pensionnat de Fort Alexander inspire Angeconeb à parler de sa propre expérience. Il tente de communiquer avec Hands, alors prêtre anglican à Kingston, en Ontario. Au début, Hands refuse de lui parler. Angeconeb porte l'affaire devant les représentants officiels de l'Église anglicane. Par la suite, l'évêque Tom Collins organise une rencontre entre Angeconeb et Hands à l'emplacement de l'école de Sioux Lookout. Angeconeb se remémore plus tard cette rencontre : Hands a non seulement nié avoir agressé Angeconeb, il l'a accusé de tenter de faire du chantage.

Angeconeb porte plainte auprès de la police provinciale de l'Ontario. Le service de police a déjà reçu une plainte d'un autre ancien élève, Brian Brisket, et en recevra encore 18 de plus concernant Hands[262]. En 1996, Hands plaide coupable à 19 chefs d'attentat à la pudeur et est condamné à quatre ans de prison[263].

Québec

La Commission de vérité et réconciliation du Canada n'a pu trouver aucun document révélant que des condamnations ont été prononcées pour les mauvais traitements infligés aux élèves des pensionnats du Québec pendant cette période. Toutefois, les dossiers révèlent un certain nombre de plaintes. En novembre 1969, le Conseil du Trésor du gouvernement fédéral recommande le renvoi d'un cuisinier du pensionnat de La Tuque pour inconduite sexuelle auprès d'une élève. L'employé de sexe masculin a amené une élève de dix ans dans la salle de lavage du personnel et, aux dires de deux collègues de travail, l'y a gardée pendant une demi-heure[264]. Toutefois, outre ce renvoi, aucune autre mesure ne semble avoir été prise contre lui.

Un autre cas allégué d'agression sexuelle est révélé au pensionnat anglican de La Tuque en 1971. En mai de cette année-là, Jean Bonnard, l'administrateur du pensionnat, informe le bureau des Affaires indiennes du Québec qu'il a demandé à la police d'enquêter sur un travailleur en soins aux enfants de la résidence. Roger Michaud, le directeur régional du personnel aux Affaires indiennes à la ville de

Québec, déclare que les administrateurs soupçonnaient depuis quelque temps que l'employé pratiquait « certaines activités de nature sexuelle » avec des élèves de la résidence. La police de La Tuque recueille les témoignages de quatre garçons que Bonnard a désignés comme éventuelles victimes. Selon ces déclarations, « les activités impliquant ces quatre (4) garçons ont eu lieu il y a un (1) ou deux (2) ans, ce qui illustre que le comportement [du membre du personnel] n'est pas récent, mais dure depuis un certain temps. » Le directeur régional de Québec, R. L. Boulanger, demande que la police suspende son enquête avant de parler avec d'autres garçons parce que lui et Michaud croient que « les preuves actuelles sont suffisantes et qu'une enquête plus approfondie pourrait avoir chez les plus jeunes garçons de sérieuses conséquences sur le plan psychologique. » La police se conforme à cette demande, mais Michaud fait remarquer que « si nécessaire, cette enquête pourrait se poursuivre »[265]. Bonnard suspend l'employé sans solde pour une période indéterminée pendant que l'enquête suit son cours[266].

En 1970, Jacques Serre, un travailleur en soins aux enfants du pensionnat de La Tuque, écrit aux Affaires indiennes et déclare, entre autres choses, que « peu de temps avant son départ [une élève] a confié à quelqu'un qu'un employé avait pris des libertés avec elle en présence d'une tierce personne »[267]. Après avoir reçu cette lettre, G. D. Cromb, le directeur de la Direction générale de l'éducation des Affaires indiennes, donne la directive au directeur régional de Québec d'enquêter sur les allégations de Serre[268]. Le rapport révèle que les enquêteurs ont été incapables de déterminer si les agressions sexuelles alléguées ont eu lieu. L'élève qui avait fait la plainte initiale a quitté l'école à la fin de l'année scolaire 1968-1969 et, par conséquent, les enquêteurs n'ont pas pu lui parler[269]. La preuve suggère qu'il s'agit d'un autre cas à l'égard duquel les autorités n'ont pas mené d'enquête approfondie.

Saskatchewan

La Commission de vérité et réconciliation du Canada a pu trouver des dossiers de condamnation en lien avec des incidents qui se sont produits dans quatre écoles de la Saskatchewan : Gordon, Beauval, Kamsack et Prince Albert. Les problèmes ont débuté à l'école de Gordon dans les années 1940 et se sont poursuivis jusque dans les années 1990. En raison de l'étendue de cette période, les propos suivants porteront principalement sur les événements survenus à cette école.

École de Gordon

De 1949 jusqu'à sa fermeture en 1997, l'école de Gordon (plus tard appelée la résidence de Gordon), est administrée par l'Église anglicane à Punnichy, en Saskatchewan. C'est l'une des écoles les plus mal administrées de tout le système des pensionnats. Les élèves y couraient le risque de faire l'objet de mesures disciplinaires sévères ainsi que de sévices physiques et sexuels pendant des périodes prolongées. Cette école n'a jamais connu de direction stable. Par exemple, entre l'automne 1944 et l'automne 1945, l'école de Gordon compte quatre directeurs différents[270]. Il est également clair selon l'historique de l'établissement que l'agression des élèves par des membres du personnel contribue à l'agression d'élèves par d'autres élèves. Les propos suivants concernant l'historique de l'école portent principalement sur l'agression sexuelle d'élèves, mais, par la force des choses, traitent également de la mauvaise administration générale et continue de l'établissement.

En janvier 1945, le révérend J.H. Corkhill, directeur en poste à l'école de Gordon, formule des inquiétudes concernant l'influence qu'a l'ingénieur de l'école, E. Holfeld (identifié dans d'autres documents par « Schofield » ou « Holdfeld »), sur les garçons plus âgés. Corkhill écrit : « Son désir de consommer des substances intoxicantes est tel qu'il est difficile de le garder ici pendant plusieurs jours complets de suite. » Le directeur dit ne pas vouloir renvoyer Holfeld avant d'avoir trouvé de remplaçant. Corkhill est tellement inquiet de se retrouver sans ingénieur qu'il ne menace pas Holfeld de renvoi. L'alcool n'est pas le seul problème. Dans une lettre, Corkhill mentionne indirectement ce qu'il appelle « la pire habitude » de Holfeld, en affirmant : « il y a également de nombreuses autres choses dans sa manière d'être qui sont très mauvaises pour quelqu'un qui côtoie de jeunes enfants comme il le fait »[271]. Au printemps 1945, la situation est encore bien pire. Holfeld est condamné pour voies de fait simples sur une des élèves de sexe féminin. Malgré cela, il n'est toujours pas renvoyé[272]. Et ce n'est que le début. En juillet de la même année, Holfeld est condamné pour deux chefs d'accusation de sodomie et d'un chef de tentative de sodomie et il écope de deux ans de prison. Les dossiers n'indiquent pas qui étaient les victimes, mais le plaignant était le nouveau directeur de l'école de Gordon, D. L. Dance[273].

Les séquelles laissées par Holfeld sont dévastatrices. En 1947, un élève du pensionnat de Gordon reçoit un diagnostic de maladie vénérienne. Lors d'un interrogatoire avec un officier de la Gendarmerie royale, il révèle avoir été sodomisé par le surveillant des garçons, William McNab, un ancien élève de 19 ans. McNab est arrêté, jugé et envoyé en prison pendant six mois. McNab prétend avoir été agressé par Holfeld par le passé. L'agent des Indiens, R. S. Davies, croit que « cette histoire se déroule à l'école pendant plusieurs années ». Il recueille les témoignages de certains des garçons et conclut que « toute l'école est polluée par cette histoire ». Les autorités de l'Église, écrit-il, « ont manqué gravement à l'éducation de ces enfants en embauchant des personnes inadaptées. » Il croit que le problème date peut-être « de l'époque où M. Frayling était le directeur. Il est possible qu'un des directeurs ait été au courant et qu'il ait étouffé l'affaire jusqu'à maintenant »[274]. Frayling a travaillé comme directeur de 1930 à 1944. (Au moment de prendre sa retraite, il a 74 ans.)[275]

En réponse aux critiques, H. A. Alderwood, le directeur de l'Administration des écoles indiennes anglicanes, souligne les difficultés rencontrées dans l'embauche de personnel qualifié. Partout près de l'école de Gordon, écrit-il, « les enseignants du secteur rural gagnent deux fois plus que ce que nous pouvons offrir. J'ai personnellement passé en entrevue un certain nombre de candidats et j'ai fait mon possible pour les convaincre, mais notre échelle salariale inférieure les a, semble-t-il, découragés de se joindre à notre personnel[276]. »

Au milieu des années 1950, l'école de Gordon est en proie à la controverse. Le 30 avril 1955, un nouveau directeur est nommé. Le même jour, deux jeunes filles se sauvent et passent la nuit avec deux jeunes hommes de la réserve de Gordon. Les hommes sont arrêtés et poursuivis pour avoir contribué à la délinquance juvénile, puis ils sont emprisonnés pendant quatre mois. Les filles sont expulsées. Le directeur jette le blâme des problèmes de l'école sur l'administration précédente.

> Puisque les deux filles sont de retour chez elles et qu'elles n'ont subi aucune conséquence, l'opinion générale à l'école est que rien de grave ne peut être fait à quiconque désobéit aux règles de l'école. Cela n'a pas d'effets sérieux sur le moral puisqu'il est difficile d'imaginer une école ayant moins de discipline que ce qui était en place le 1er mai en raison des deux années précédentes où la politique de « libre expression » des enfants était en cours[277].

En novembre 1955, le directeur dresse la liste de certains des problèmes récents de l'école. Un surveillant met une élève enceinte, geste pour lequel il est poursuivi et reçoit une amende. (La lettre du directeur ne précise pas le crime à l'origine de la condamnation.) Une autre employée de l'école est renvoyée pour avoir ramené des hommes de la réserve dans sa chambre à l'école pendant la nuit. L'enseignant d'agriculture de l'école tient non seulement un établissement de contrebande d'alcool à son domicile, mais il est également complice de la relation de son fils avec l'une des enseignantes en aidant celle-ci à entrer et sortir de l'école sans se faire surprendre. Elle tombe enceinte à la suite de cette relation. Un autre surveillant de sexe masculin, nommé Courtney, est envoyé en prison pour avoir « touché certains des garçons indiens dont il avait la charge »[278].

En janvier 1956, trois filles soutiennent que le directeur du pensionnat de Gordon les a touchés de façon inappropriée. Il nie les accusations, les rapporte à l'évêque et demande la tenue d'une enquête[279]. Celle-ci est menée par l'enseignant en chef, qui conclut que les allégations sont sans fondement[280]. L'examen des dossiers par la Commission de vérité et réconciliation n'a pas permis de trouver de documents attestant que les allégations ou que l'enquête et le rapport de l'enseignant ont été portés à l'attention des Affaires indiennes ou de la police. Après avoir été blanchi par les membres de son personnel, le directeur annonce sa démission. Ce faisant, il exprime sa frustration à l'égard du peuple autochtone, disant qu'il a depuis longtemps conclu qu'ils « ne veulent pas qu'on leur vienne en aide et que tous les efforts que j'ai déployés ne mènent à rien dans la réserve. Ils veulent que leurs enfants soient habillés et nourris gratuitement et ils ne s'intéressent pas vraiment à leur éducation. » Il n'y a « aucune bassesse à laquelle les Indiens ne vont pas se plier pour arriver à leurs fins »[281].

Pendant le mois au cours duquel il annonce sa démission, le directeur doit préparer un rapport sur le cas d'un élève qui, dit-il, « s'impose sexuellement aux petits garçons dans l'école ». Il indique avoir remarqué un changement important dans l'attitude du garçon au cours des six mois précédents, affirmant qu'il était devenu « morose et déprimé et que son travail en classe s'était détérioré. Il s'était isolé de tous ses anciens amis parmi les garçons et semblait toujours se tenir à l'écart[282] ».

Il semble également qu'un employé soupçonné d'avoir entretenu des relations inappropriées avec les élèves a eu la permission d'être muté dans une autre école. En 1957, un surveillant de l'école de Gordon demande à être envoyé à l'école de Carcross, au Yukon. Henry Cook, le directeur de l'Administration des écoles indiennes anglicanes aide à faciliter la mutation. À l'époque, il écrit aux membres du personnel pour dire qu'il a parlé au directeur des problèmes que les employés ont récemment connus à l'école de Gordon et qui ont mené à la demande de mutation. De manière plutôt ambiguë, Cook écrit :

> Tout ce que je peux dire, c'est que la situation est désolante, mais compréhensible. Nous sommes parfois trop accommodants avec les jeunes pour leur propre bien. Après avoir établi une routine de laisser-aller avec un groupe de jeunes gens, il est ensuite impossible de changer les choses. Le seul résultat positif d'un échec est l'apprentissage, de sorte à ne pas répéter la même procédure et, lors de votre prochaine nomination, vous saurez qu'il faut être strict dès le départ[283].

Après le départ de l'employé à Carcross, J. J. Johnstone devient le directeur de l'école de Gordon. Il conclut que l'employé a eu des « relations immorales avec certains garçons » de Gordon et transmet cette information à Cook. Par conséquent, l'administration de Carcross reçoit la directive de s'assurer que l'employé « n'ait pas de contact direct avec les garçons et le directeur est averti de surveiller tout signe de reprise de ses activités homosexuelles »[284]. Compte tenu des inquiétudes qui existent à l'époque, cette mesure est inadéquate.

L'employé en question est renvoyé de Carcross en 1961 et son nom est inscrit sur « la liste confidentielle de codes comme étant inapte à un emploi en administration » de l'Église anglicane. Lorsqu'il écrit au sujet de cette affaire en 1961, le directeur Johnstone invoque deux raisons de ne pas entreprendre d'action en justice en lien avec le comportement de l'employé à l'école : les ouï-dire et la nature circonstancielle de la preuve, ainsi que « les effets sur les enfants concernés et la publicité malheureuse qui en résulterait »[285]. L'examen des dossiers par la Commission de vérité et réconciliation n'a pas permis de trouver de documents attestant que le comportement de l'employé a été signalé aux Affaires indiennes ou à la police. Il n'y a également aucun document montrant que des services ont été offerts aux élèves agressés.

Le directeur Johnstone connaît des problèmes permanents à l'école. En 1958, il fait traiter un garçon de 14 ans qui a été pris à trois reprises « à tenter d'avoir des rapports sexuels avec des garçons plus jeunes ». Johnstone croit que le garçon espérait se faire prendre ou se moquait que ses activités soient découvertes[286].

En 1968, William Peniston Starr est nommé directeur de la résidence de Gordon. Il demeure en poste jusqu'en 1984[287]. Starr était auparavant le directeur de l'école anglicane de Fort George, au Québec, et a fait partie de l'effectif à l'école anglicane de Cardston, en Alberta[288]. En 1956, il travaille comme enseignant d'éducation physique à l'école de Gleichen, dans le sud-ouest de l'Alberta. Il quitte l'école après un conflit non détaillé impliquant des garçons plus vieux. Selon une lettre de l'agent des Affaires indiennes, W. P. E. Pugh, le conflit porte sur les activités de « l'équipe de culbute acrobatique qu'il a entraînée ». On règle le conflit en mutant Starr dans une autre école[289]. Au cours de sa carrière dans les pensionnats, Starr reçoit de nombreuses évaluations positives. Selon une évaluation effectuée par l'Église anglicane au sujet de son travail au début de 1954 : « Il n'y a que des rapports positifs pour cet employé de M. Pugh, de l'évêque et des responsables des cadets. Sous sa responsabilité, les cadets ont très bien réussi lors de l'inspection annuelle à Strathmore et son équipe de culbute acrobatique voyage partout au pays pour faire des démonstrations[290]. » Plus tard cette année-là, on croit qu'« il sera approprié de le nommer directeur adjoint ou assistant du directeur lorsqu'un nouvel employé aura été embauché »[291]. Sous l'administration de Starr à la résidence Gordon, celle-ci devient bien connue pour ses équipes culturelles et sportives. Par exemple, les Danseurs de Gordon parcourent l'Europe. L'école compte également une équipe de boxe tenue en haute estime. Starr démissionne en décembre 1984. À la réunion finale du conseil consultatif de la résidence de Gordon, le président le remercie pour ses « nombreuses années de dur labeur ». Il remercie ensuite à son tour le conseil pour son « soutien moral »[292].

Lors de son séjour à l'école, Starr utilise sa situation pour exploiter les élèves sexuellement. Il instaure un système de corruption et d'intimidation pour mettre en place un régime dans lequel il peut agresser les élèves sexuellement. Ceux qui refusent de participer sont punis par le retrait de privilèges[293]. Il est arrêté le 5 mars 1992 en lien avec 12 chefs d'agression sexuelle et d'exploitation d'enfants, qui remontent tous à l'époque où il travaillait à la résidence de Gordon. Selon un document gouvernemental interne, à l'époque « le Ministère n'a reçu aucune plainte en matière de sévices sexuels ou autres » pour la période où Starr est au service de la résidence[294].

Le 2 février 1993, Starr plaide coupable à dix chefs d'agression sexuelle sur dix garçons de sept à quatorze ans pendant qu'il est l'administrateur de la résidence Gordon[295]. Il est condamné à quatre ans et demi de prison[296].

En outre, sous l'administration de Starr, il y a des problèmes en permanence concernant le personnel et les élèves. En 1972, un garçon de 13 ans condamné pour attentat à la pudeur est confié aux soins du ministre des Services sociaux de la Saskatchewan pour une période d'un an, en tenant pour acquis qu'il serait « envoyé à la résidence de Gordon pour être avec son frère et ses sœurs »[297]. En 1975, Starr réprimande un employé de la résidence et lui donne la directive de ne pas faire sortir les élèves de la résidence « que ce soit pour des visites de fin de semaine, des congés ou des activités diverses », sans avoir obtenu son autorisation. L'employé se fait également interdire d'avoir des élèves dans son bureau d'employé personnel. Starr donne ses ordres en raison des « rumeurs défavorables » concernant « les activités homosexuelles et la consommation d'alcool » des employés avec les élèves de la région d'Yorkton[298].

Les problèmes engendrés par Starr à la résidence de Gordon se poursuivent après sa démission. En octobre 1988, une jeune fille se plaint que le veilleur de nuit lui fait des avances sexuelles inappropriées pendant qu'elle est suspendue de l'école[299]. Il est suspendu de son travail et reconnu coupable d'avoir touché une personne de moins de 14 ans dans un but sexuel et d'avoir mis en place des pièges pour causer des blessures. Il reçoit une contravention de 300 $[300].

Les employés qui perdent leurs moyens et s'emportent contre les élèves de la résidence constituent un problème permanent. Entre novembre 1990 et mars 1991, un employé frappe deux garçons derrière la tête pour s'être enfuis; il attrape un garçon par le cou et le pousse sur un divan pour avoir volontairement manqué l'autobus scolaire; il frappe un garçon à la tempe à poing fermé et il frappe deux garçons à la tête et en pousse un dans un casier. Il reçoit une lettre disciplinaire et doit demander de l'aide au programme d'aide des employés[301]. En avril 1991, un père se plaint de la manière dont l'un des travailleurs en soins aux enfants traite les enfants. Il affirme que l'employé demande aux plus grands garçons de discipliner les plus petits; qu'il fait des remarques sur les parents des garçons, en particulier sur les mères, pour les dénigrer; qu'il s'est présenté au travail en état d'ébriété, a tenté de faire boire certains des élèves et a refusé de laisser les élèves jouer au billard à moins qu'ils n'acceptent de jouer pour de l'argent[302]. Dans un autre incident, un employé frappe un élève avec sa béquille[303].

Beauval

L'histoire de l'école de Gordon illustre bien l'échec du gouvernement et de l'Église à embaucher du personnel qualifié et à assurer la protection des enfants. C'est toutefois loin d'être le seul exemple des mauvais traitements infligés de façon généralisée à des élèves de la Saskatchewan.

En 1993, une thèse sur les écoles anglicanes et catholiques d'Onion Lake, en Saskatchewan, comprend des déclarations d'anciens élèves sur deux incidents d'agression sexuelle. Selon l'un des anciens élèves, un surveillant des garçons est renvoyé de l'école anglicane vers 1943 pour avoir agressé sexuellement un garçon. Un ancien élève de l'école catholique d'Onion Lake affirme qu'un père oblat a rendu une élève enceinte, laquelle a été renvoyée à la maison pour accoucher[304]. L'examen des dossiers par la Commission de vérité et réconciliation n'a pas permis de trouver de documents supplémentaires relativement à ces deux incidents.

En 2004, Norbert Dufault, l'ancien directeur de l'école de Beauval est condamné à deux ans de prison pour avoir agressé sexuellement huit jeunes filles pendant les années 1950 et 1960. Les agressions ont eu lieu lorsque le prêtre oblat était le curé de la collectivité éloignée des Dénés à Dillon, en Saskatchewan[305].

Dufault devient le directeur de l'école de Beauval en 1963. Plusieurs des filles qu'il a agressées à Dillon sont envoyées à Beauval. Quand une de ces filles découvre que Dufault veut rencontrer sa jeune sœur après les cours, elle le confronte. Elle lui dit que s'il agresse sa sœur, elle rendra les agressions qui se sont produites à Dillon publiques. La prise de position de la jeune fille sauve sa sœur d'une agression, mais conduit à son renvoi de l'école, ce qui met fin à son éducation[306].

Lorsqu'il quitte Beauval en 1965, Dufault continue de travailler dans le nord de la Saskatchewan puis au Manitoba. Durant les dernières années de sa carrière, il travaille dans le sud du Manitoba et à Winnipeg[307]. En 1990, un supérieur des oblats le met en présence des allégations concernant ses activités à Dillon dans les années 1950. Selon l'avocat de Dufault, le prêtre reconnaît que les allégations sont vraies. À ce moment, toujours selon l'avocat de Dufault, les oblats le mettent à la retraite et l'installent dans une résidence de Lorette, au Manitoba. Il y vit jusqu'à son procès en 2004[308]. En 2011, la publication oblate *Info Lacombe* publie un profil de deux pages sur Dufault qui mentionne les années qu'il a passées à Dillon et Beauval, mettant l'emphase sur les sacrifices personnels qu'il a dû faire au cours de sa carrière. Ses condamnations n'y sont pas mentionnées[309].

Dufault n'est pas le seul agresseur à avoir travaillé à l'école de Beauval dans les années 1960. De 1959 à 1967, Paul Leroux y travaille comme superviseur. Là, il dirige une chorale de garçons; il joue un rôle clé dans la mise en place d'équipes de hockey intérieur, de balle rapide et de balle molle et il entraîne les Warriors de Beauval pour le championnat régional de hockey[310]. La chorale, appelée « Beauval Indian Boys », enregistre un album sous la direction de Leroux[311]. (Après avoir quitté Beauval, Leroux travaille à la résidence de Grollier Hall, à Inuvik, dans les Territoires du Nord-Ouest. Il est question de son séjour à cette résidence ailleurs dans ce chapitre.)

En septembre 2011, Leroux est accusé d'avoir agressé des garçons lors de son séjour à Beauval[312]. En novembre 2013, il est condamné pour l'agression de 14 garçons à l'école en lien avec des chefs d'attentat à la pudeur et de grossière indécence[313]. Il est condamné à trois ans de prison en décembre 2013[314]. Il est libéré sous condition en février 2015[315].

Kamsack

Les sévices commis ne sont pas tous de nature sexuelle. En mai 1965, l'infirmière du pensionnat de Kamsack, en Saskatchewan, rapporte qu'au moins sept élèves ont été brûlés par le surveillant des garçons, R. Jubinville. Les brûlures sur les bras et sur les mains ont été infligées par un briquet. Le directeur de l'école, E. Turenne, conclut que « ces incidents révèlent un signe de sadisme chez cet homme » et recommande son renvoi[316]. Jubinville est renvoyé le lendemain du jour où l'incident est signalé au directeur. Le représentant des Affaires indiennes, K. Kerr, discute des gestes de Turenne avec un membre du détachement régional de la Gendarmerie royale qui « est d'accord avec les mesures prises »[317]. À ce moment, la police ne prend pas d'autres mesures. Toutefois, dans les années 1990, des plaintes d'anciens élèves mènent la police à rouvrir l'affaire. Selon la Gendarmerie royale, Jubinville a été condamné pour trois chefs de voies de fait avec lésion et a été condamné à verser 500 $[318].

(Martin Houston, condamné pour agression sexuelle contre des garçons à Grollier Hall en 1962, travaille au pensionnat de Kamsack à la fin des années 1950. Il est question de ses activités à l'école de Grollier Hall ailleurs dans ce chapitre.)

Prince Albert

Entre 1976 et 1983, George Zimmerman, le mari d'une surveillante de dortoir au Prince Albert Indian Student Education Centre, agresse sexuellement neuf filles qui vivent à la résidence. En 1995, Zimmerman est reconnu coupable de neuf chefs d'attentat à la pudeur, d'un chef de tentative d'avoir des rapports sexuels et de deux chefs d'avoir eu des rapports sexuels. Il est condamné à une peine de cinq ans[319].

Yukon

Dans les années 1960, Claude Frappier travaille comme superviseur des soins aux enfants à l'école Assumption, à Assumption, en Alberta. Selon un document des Affaires indiennes, il y travaille en 1967 et a quatre ans d'expérience[320]. Il va travailler à Coudert Hall, la résidence catholique de Whitehorse, au Yukon, en 1970. Seulement un an plus tard, le gouvernement fédéral renvoie Frappier après avoir mené une enquête sur des allégations d'agression sexuelle sur des résidents du foyer. Les agents du gouvernement n'informent ni la police, ni les parents des résultats de leur enquête. C'est seulement en 1990 qu'il est accusé et reconnu coupable de 13 chefs d'attentat à la pudeur à l'endroit de garçons de huit à onze ans[321]. Il est condamné à une peine de cinq ans[322]. Après sa condamnation, un examen interne des Affaires indiennes de ses dossiers ne révèle aucun « rapport écrit » des événements entourant son renvoi, pas plus que des renseignements à savoir si « la GRC a été informée à l'époque »[323].

Conclusion

Les témoignages mentionnés aux présentes, qui traitent principalement des cas portés devant les tribunaux et des condamnations, mettent en évidence qu'un grand nombre d'élèves de pensionnat ont été victimes de mauvais traitements. Le nombre de réclamations d'indemnisation pour sévices équivaut à environ 48 % du nombre d'anciens élèves qui étaient admissibles à faire ce type de réclamations. Le gouvernement fédéral et les Églises ont failli à leurs responsabilités envers les enfants. Cet échec est à la fois énorme et scandaleux. La colonisation et la marginalisation des peuples autochtones ont rendu les enfants vulnérables aux agressions et les autorités civiles se sont montrées distantes, hostiles et sceptiques relativement aux déclarations des Autochtones concernant les agressions. Par conséquent, il y a eu peu de poursuites pour sévices tandis que les pensionnats étaient en activité. La mauvaise rémunération, la sélection inadéquate, la supervision limitée, la réaffectation des agresseurs et la « normalisation » des comportements abusifs sont autant d'éléments qui ont contribué à la vulnérabilité des élèves face aux prédateurs adultes et aux autres élèves. Il est également évident que les agressions étaient souvent étouffées : on renvoyait les personnes plutôt que de les poursuivre, on n'informait pas les parents et on ne fournissait pas de soutien ni de thérapie aux enfants. Les enquêtes de police réalisées dans les années 1990 résultaient presque toujours d'efforts concertés de la part des anciens élèves. L'enquête provinciale tenue en Colombie-Britannique aurait dû être reproduite dans le reste du pays. Les milliers de victimes d'agression dans les pensionnats de chaque région du pays, comme l'illustre ce chapitre, ont vécu des traumatismes infantiles qui ont eu des conséquences tout au long de leur vie. La conclusion sans équivoque de la Commission de vérité et réconciliation du Canada est qu'il est essentiel de veiller à long terme que de la thérapie, des traitements et du soutien à la guérison soient offerts aux anciens élèves, à leur famille et aux collectivités, et qu'il incombe moralement au Canada de le faire.

CHAPITRE 42

Victimisation des élèves par les élèves : 1940-2000

Les administrateurs des pensionnats donnaient le ton à la vie scolaire. Les mesures disciplinaires étaient sévères et, bien souvent, elles n'étaient pas soumises à des restrictions. Du point de vue des élèves, les règles étaient strictes et arbitraires. Les nouveaux élèves étaient seuls et traumatisés. En date du 14 septembre 2014, 31 213 personnes avaient présenté une demande d'indemnisation dans le cadre du processus d'évaluation indépendante de la Convention de règlement relative aux pensionnats indiens. La menace d'agressions physiques et sexuelles était donc très présente au sein du système. De nombreux élèves ont mentionné que la peur et l'anxiété dominaient leur vie[1].

Les membres du personnel scolaire n'étaient pas les seuls responsables des mauvais traitements : en date du 14 décembre 2012, plus de 8 470 demandes d'indemnisation avaient été soumises par des personnes disant avoir été maltraitées par d'autres élèves[2]. Il s'agit là d'un indicateur révélateur de la mesure dans laquelle la violence et les agressions constituaient une réalité taboue — mais bien concrète — des pensionnats. Chaque système scolaire doit composer avec des intimidateurs, des cliques d'élèves et des conflits entre élèves. Cela fait partie du processus de socialisation. Idéalement, l'école prend des mesures correctives et enseigne aux élèves comment il faut traiter les autres en donnant l'exemple. Le personnel des pensionnats avait la responsabilité d'adopter ces comportements et de protéger les élèves des agressions des autres élèves. Dans de nombreux cas, les pensionnats n'ont pas offert cette protection. Bien que les conflits entre élèves ne soient pas exclusifs aux pensionnats, ils prennent une plus grande dimension dans ces établissements où les enfants ne peuvent pas se tourner vers les adultes de leur famille pour obtenir du réconfort et du soutien. Les élèves étaient en outre coupés des influences morales de leur communauté d'origine. Les pensionnats ne se sont pas acquittés de leur responsabilité de protéger les élèves contre les autres élèves.

Les élèves plus grands ou plus âgés utilisaient la force — ou la menace de la force — pour dominer les plus jeunes. Dans certains cas, ils utilisaient cette domination pour contraindre des élèves plus jeunes ou plus petits à prendre part à des activités sexuelles. Dans d'autres cas, les intimidateurs forçaient les élèves vulnérables à leur donner leurs gâteries, leur nourriture ou leur argent ou à commettre des vols pour eux. Les intimidateurs pouvaient également assouvir leurs instincts sadiques en battant les plus faibles. Ils procédaient seuls ou en groupes. Ces groupes naissaient souvent lorsque des élèves faisaient front commun pour se défendre contre la violence qui régnait à l'école, mais au fil du temps, les groupes eux-mêmes prenaient des caractéristiques d'intimidateur. Parfois, ces groupes, en plus de faire passer leur colère et leur frustration sur les autres élèves, cherchaient à nuire au fonctionnement général de l'école. Puisque pendant toute cette période, les chefs des Églises catholique et protestante se sont employés à dénigrer l'autre religion, les conflits entre élèves pouvaient également prendre une couleur religieuse, en particulier dans les communautés qui comptaient plus d'un pensionnat.

Intimidation

Par crainte de représailles, de nombreux élèves ne voulaient pas dénoncer les actes d'intimidation. En dépit de cette réticence à signaler les incidents, certains éléments attestent que des agressions sur des élèves ont été commises par des élèves durant cette période. En 1940, une fille de 17 ans de Mount Elgin, près de London, en Ontario, force de plus jeunes élèves à commettre des vols pour elle. Lorsque certaines filles plus âgées prennent connaissance de ses agissements, elles commencent à l'humilier. La fille prend alors la fuite. Ce n'est qu'à son retour que la direction apprend qu'elle a intimidé de jeunes élèves et envisage son renvoi. Toutefois, cette mesure n'est pas prise de peur que d'autres élèves imitent son comportement en espérant être renvoyés[3].

Même si l'intimidation était souvent un problème persistant et continu, la victimisation des élèves par d'autres élèves pouvait aussi prendre la forme d'une seule confrontation violente. En 1945, un garçon de 16 ans poignarde un autre élève du pensionnat de Gordon, en Saskatchewan. L'assaillant déclare qu'il a poignardé le garçon, car ce dernier lui avait lancé des injures, mais la victime affirme que l'attaque n'a pas été provoquée. Selon le rapport de police de l'incident, l'assaillant a été amené à « l'unité de psychiatrie » aux fins d'observation[4].

En raison de l'intimidation continue et systémique des élèves, le directeur du pensionnat de Sioux Lookout, en Ontario, demande aux Affaires indiennes d'expulser quatre élèves en 1962. Les victimes des jeunes hommes sont « trop effrayées pour divulguer le nom des personnes qui les ont frappées, blessées, coupées aux poignets, etc. » Ce n'est que pendant le congé de Noël, alors que les assaillants sont à l'extérieur de l'école, que les victimes se confient. Le directeur déclare :

> Le type de violence utilisé était notamment — infliger un œil au beurre noir aux autres garçons, les retenir au sol pour leur infliger un œil au beurre noir, leur

> frapper la poitrine ou les fouetter avec un gros câble électrique. Certains gestes étaient commis pendant la nuit dans les dortoirs, après le départ du personnel. Le garçon était bâillonné pour qu'il ne puisse pas crier et deux jeunes hommes le retenaient pendant que les autres l'attaquaient. Les mêmes événements se produisaient aussi à l'externat pendant l'heure du midi[5].

À l'automne 1962, S. T. Robinson, directeur de l'école presbytérienne Cecilia Jeffrey dans le nord de l'Ontario, rapporte aux Affaires indiennes qu'un certain nombre de jeunes hommes « commettent des gestes brutaux envers des élèves plus jeunes »[6]. Il déclare que certains garçons vivent dans « la peur constante » d'un agresseur. « Plusieurs se sont enfuis pour cette raison[7]. » Malgré ses efforts pour mettre fin à ces pratiques, il conclut que la meilleure façon de régler le problème est de renvoyer l'un des élèves[8]. Quelques mois plus tard, Robinson renvoie un deuxième élève qui avait frappé un autre garçon. Lorsque le directeur avait voulu mettre fin à la bagarre, le garçon l'avait attaqué[9].

En 1966, un garçon demande à être transféré de l'école de l'île Kuper, en Colombie-Britannique, car « il y a trop de problèmes là-bas; les enfants sont grossiers et cruels avec moi ». Il déclare qu'il a été harcelé parce que son frère aîné a agressé sexuellement une « fille de l'île Kuper ». Dans une lettre destinée à un agent, il écrit : « Je n'aime vraiment pas me faire harceler. Kuper est un endroit terrible. S'il vous plaît, aidez-moi à me sortir de cette situation[10]. »

En 1967, un élève de Grollier Hall, à Inuvik, qui avait un bon dossier jusqu'alors, commence à se bagarrer, généralement avec des élèves beaucoup plus jeunes. Le superviseur du pensionnat, M. Ruyant, déclare : « Les autres garçons ont peur de lui, mais il continue à s'acharner contre eux sans aucune bonne raison. » Ruyant s'est alors demandé si le garçon posait ces gestes uniquement dans le but d'être renvoyé à la maison[11]. (L'un des superviseurs du garçon était George Maczynski, qui a été plus tard inculpé d'agression sexuelle sur des élèves du pensionnat pendant cette période[12].)

En 1968, une mère d'Inukjuak (Port Harrison), dans le Nord du Québec, s'inquiète de l'intimidation au pensionnat où ses enfants demeurent.

> On leur envoie un peu d'argent de poche quand on peut.
>
> Ils se plaignent que leurs camarades volent leur argent. Un de mes enfants a été si mal traité qu'il ne veut plus retourner à l'école[13].

Les écoles devaient aussi faire face aux problèmes qui surgissaient lorsque des élèves formaient des cliques. En 1955, un groupe d'élèves de l'externat de la réserve de Cote qui fréquentent le pensionnat de Gordon, en Saskatchewan, font passer des notes « grossières et vulgaires » à propos des autres élèves. Ils envoient également des notes au directeur, réclamant le licenciement des superviseurs. Dans certains cas, ils signent les notes « Les filles de Kamsack »[14].

En 1968, certaines jeunes filles du pensionnat catholique romain de Cardston, en Alberta, forment un groupe qui se fait appeler « Les impossibles ». Elles organisent ce qui a été décrit comme une « révolte » contre un enseignant de neuvième année, inspirée d'une scène du film *Les Anges aux poings serrés* (*To Sir, With Love*), très populaire à l'époque. L'enseignant en chef, E. O. Drouin, recommande que la fille à la tête du groupe soit « envoyée dans une institution ». Selon Drouin, les jeunes filles se querellent constamment et montent les élèves les unes contre les autres. Il déclare que le groupe menace certaines filles d'enlever leurs sous-vêtements, de les frapper ou de les piquer avec une aiguille afin de les forcer à participer à la révolte[15].

L'intimidation pouvait rendre la vie scolaire insupportable. En 1966, un élève de Yukon Hall, à Yellowknife, se plaint d'avoir été « injustement traité un certain nombre de fois par plusieurs autres garçons du pensionnat qui vivent dans les mêmes locaux que lui ». Après une discussion avec eux, K. W. Johnson, l'administrateur, croit la situation réglée. Cependant, quelques semaines plus tard, l'élève, risquant de se faire renvoyer pour son langage blasphématoire, se présente dans le bureau de Johnson et éclate en sanglots. « Il a dit que certains garçons lui faisaient la vie si dure qu'il comptait quitter le pensionnat le soir même. » Johnson l'assigne à un dortoir où il aura plus d'intimité. Toutefois, dix jours plus tard, après s'être fait refuser la permission d'aller passer le week-end à Dawson, le garçon fait une fugue[16].

Trois filles, qui s'étaient enfuies de l'école de Duck Lake (Saskatchewan) en octobre 1967, ont dit avoir agi ainsi parce qu'elles se faisaient maltraiter par d'autres élèves[17]. En 1973, David Seesequasis, l'administrateur du pensionnat de Duck Lake, informe le père d'une élève que sa fille a encore fugué. Seesequasis dit qu'il croit que celle-ci avait « de la difficulté à se faire accepter par les autres filles »[18]. Elle est ensuite repérée et ramenée au pensionnat, mais on recommande qu'elle soit autorisée à retourner dans sa communauté en raison de sa solitude persistante[19]. Bien que ce dernier exemple ne constitue peut-être pas un cas d'intimidation directe, il montre qu'il est possible de se faire rejeter par un groupe et que cette exclusion peut causer de la souffrance.

La violence dans les pensionnats a persisté jusque dans les années 1980 et 1990. En 1984, le directeur de l'école primaire Ermineskin, à Hobbema (Alberta), indique que de nombreux enfants refusent d'aller à l'école à cause des mauvais traitements que leur infligent les élèves plus âgés dans les autobus du pensionnat. Selon les plaintes reçues, certains auraient volé le dîner d'autres élèves, auraient déchiré leurs vêtements avec des couteaux et des coupe-ongles, leur auraient brûlé les cheveux, leur auraient sorti la tête de force par une fenêtre ouverte et auraient poussé des patrouilleurs scolaires hors de l'autobus[20]. À l'automne 1990, trois filles du pensionnat de Gordon ligotent une autre fille avec des cintres en fil métallique. Elles la fouettent ensuite avec un cintre et la jettent dans la douche. Selon la travailleuse des services à l'enfance qui signale la situation, la fille a été ciblée parce qu'elle « s'applique toujours dans ce qu'elle fait ». La travailleuse dit avoir « sévèrement réprimandé » les trois filles avant de les punir[21].

Violence sexuelle

Certains documents font état d'agressions sexuelles entre élèves, et ce, depuis le début des années 1940. En janvier 1940, un père retire son garçon du pensionnat anglican de Cardston, en Alberta, parce que « les garçons plus vieux le traitent maladivement et se servent de lui comme une femme ». L'élève déclare à la police que les autres garçons l'ont emmené aux toilettes, ont baissé son pantalon, ont aspergé son visage d'eau et lui ont lancé des pierres. Les garçons nient les accusations. Selon le rapport de police, le père de l'élève « a adopté une attitude très hostile, affirmant que son fils, lorsqu'il a été questionné, avait peur des autres garçons qui étaient présents au moment du dépôt des accusations contre eux ». L'agent mentionne que le père, « bien qu'il parle anglais, est un homme très ignorant qui n'a aucun respect des convenances, comme le prouvent très clairement ses actes ». Selon les conclusions de l'agent, « il ne s'est rien produit de grave », et la plainte est grandement exagérée[22]. En mars de la même année, le directeur du pensionnat, S. H. Middleton, écrit que le père lui a dit être maintenant d'avis que l'affaire est un « coup monté » et qu'il regrette d'avoir porté plainte[23].

En 1947, le préposé à l'entretien de l'Institut Mohawk, pensionnat anglican à Brantford, en Ontario, est témoin d'une scène troublante dans un dortoir à l'étage : il voit un garçon se faire agresser sexuellement par un autre pendant qu'un troisième l'empêche de bouger et que, pour reprendre les mots du directeur W. J. Zimmerman, les autres garçons du dortoir « observent ces actes disgracieux ». Zimmerman dit ne pas savoir comment réagir au comportement des garçons. À son avis, puisque ses « diverses approches » et appels à la raison n'ont rien donné, les Affaires indiennes ont imposé trop de restrictions quant à l'usage de châtiments corporels. Dans une lettre adressée aux Affaires indiennes, il se décrit lui-même comme étant « vieux jeu » et déclare ceci : « si nous étions autorisés, dans de tels cas extrêmes, à leur donner une fessée, cela pourrait être bénéfique. Si on leur donne des coups de lanière de cuir sur les mains, ils retournent dans la salle de jeux en disant qu'on ne les a pas frappés fort[24]. » Les Affaires indiennes répondent à sa lettre en lui fournissant une copie des règles limitant les châtiments corporels aux coups de lanière de cuir sur les mains[25].

Le directeur G. R. Inglis est blâmé par des parents parce qu'il n'aurait pas exercé une supervision adéquate au pensionnat de l'Église Unie de Morley (Alberta) lorsque, en mars 1950, quatre garçons ont forcé une fille à aller avec eux sous un escalier menant au sous-sol. J. E. Pugh, représentant des Affaires indiennes, écrit ceci : « La fille n'affirme pas avec certitude avoir subi une agression morale, mais elle prétend que les garçons ont commis des actes immoraux[26] ». La fille est examinée par un médecin, qui conclut qu'elle n'a pas été violée[27].

En 1955, deux élèves de sexe masculin s'introduisent dans le dortoir des filles au pensionnat catholique de Shubenacadie, en Nouvelle-Écosse. Dans son message informant les Affaires indiennes de l'expulsion des deux frères, le directeur adjoint R. E. Lauder écrit que « des soupçons pesaient sur eux et qu'ils risquaient l'expulsion depuis qu'ils avaient commis des actes indécents envers des filles au cours de l'été »[28]. En 1962, deux garçons sont renvoyés du pensionnat anglican de Cardston pour avoir « agressé sexuellement des filles à l'école »[29].

Les élèves ne sont pas toujours expulsés après avoir commis des agressions sexuelles. En 1956, Lauder relate qu'un garçon de 16 ans a agressé sexuellement des élèves plus jeunes du pensionnat de Shubenacadie à au moins six ou sept occasions. Apparemment, il se livrait à de tels actes depuis au moins quatre ans. Jusqu'en 1956, le garçon reçoit des réprimandes et des châtiments corporels. Après quatre années de tels comportements, le pensionnat finit par communiquer avec un centre de guidance infantile de la région afin de voir si le garçon pourrait être « placé en observation ». Dans les documents qu'elle a examinés, la Commission de vérité et réconciliation du Canada n'a trouvé aucune trace du fait que le pensionnat aurait dispensé un soutien ou un traitement aux garçons victimes d'agression[30].

À l'automne 1958, un ancien élève du pensionnat de Carcross, au Yukon, est arrêté et inculpé d'attentat à la pudeur d'une fille en juin de la même année. Au moment des faits, tous les deux étudient au pensionnat. Selon la fille, le garçon l'a emmenée de force dans les buissons, où il l'a agressée. Selon une recommandation d'une enquête de police initiale, aucune accusation ne doit être portée « puisque tous les témoins, y compris la plaignante et l'accusé, sont des Indiens et ils sont très jeunes ». Dans les documents qu'elle a examinés, la Commission de vérité et réconciliation du Canada n'a trouvé aucune trace du règlement définitif du cas[31].

En décembre 1962, un représentant des Affaires indiennes, E. Jampolsky, recommande à ses supérieurs que le cas d'un élève de 13 ans du pensionnat de Christie, en Colombie-Britannique, soit confié à la Gendarmerie royale du Canada. Jampolsky n'entre pas dans les détails des accusations portées contre le garçon, mais il écrit que le « viol est une accusation grave »[32]. Dans les documents qu'elle a examinés, la Commission de vérité et réconciliation du Canada n'a trouvé aucune trace du règlement définitif du cas.

Dans au moins un cas, les élèves ont cherché à être transférés pour éviter la violence entre élèves. En 1961, trois sœurs écrivent dans une lettre qu'elles souhaitent aller au pensionnat anglican de Sioux Lookout plutôt qu'à l'école presbytérienne de Kenora, en Ontario. Elles ont peur parce que les « garçons de dernière année se battent et lorsque les filles sortent, ils les emmènent de force dans les buissons et baissent les pantalons des filles. Les garçons agressent sexuellement les filles[33]. »

Selon le représentant des Affaires indiennes, J. Lockhart, les filles reçoivent l'ordre de retourner à l'école presbytérienne et sont informées qu'elles « seront protégées contre toute agression sexuelle »[34]. On peut se demander s'il y avait suffisamment d'employés à l'école pour assurer le type de protection que Lockhart prétend garantir. Cinq années plus tard, le jury du coroner se penchant sur le décès d'un élève qui s'est enfui de l'école conclut que l'école « a besoin de plus d'employés pour surveiller de façon adéquate les élèves impliqués »[35].

On compte un certain nombre de cas de victimisation des élèves par d'autres élèves au pensionnat catholique romain de Cardston, en Alberta, dans les années 1960. À l'automne 1966, trois garçons en agressent sexuellement un quatrième dans la salle de bain. Le garçon repousse ses assaillants, mais pendant la bagarre, il se heurte la tête contre la cuvette de toilette. Les assaillants s'accusent mutuellement d'être l'instigateur de l'agression. Le directeur de l'école estime que la meilleure façon de s'occuper d'un garçon est d'informer ses parents des faits pour qu'ils puissent « gérer la situation »[36]. Les assaillants sont renvoyés de l'école, mais pas longtemps; les noms des trois garçons sont inscrits dans le registre scolaire de février 1967[37]. Deux années plus tard, quatre garçons emmènent une fille à l'arrière d'un bâtiment scolaire, la projettent au sol et se mettent sur elle. Deux des garçons ont reçu comme punition pour l'agression de rester dans l'école pendant la récréation[38]. Plus tard la même année, deux garçons sont pris en train d'obliger un troisième garçon à simuler un acte sexuel[39]. L'un des garçons impliqués dans cette attaque est suspendu, mais est réadmis l'année scolaire suivante[40].

En 1989, le pensionnat de Lestock, en Saskatchewan, suspend deux garçons en raison de leur implication dans « une agression à connotation sexuelle » à l'endroit d'une élève. Les garçons sont réintégrés au pensionnat après une enquête policière et une réunion avec les parents des élèves impliqués[41].

Au printemps 1990, des garçons d'âge intermédiaire (âgés de neuf et dix ans) du pensionnat de Gordon, en Saskatchewan, auraient pris part à diverses activités sexuelles. Les surveillants identifient l'un des garçons comme étant l'instigateur; selon lui, un garçon plus âgé lui aurait appris quoi faire. Bien qu'une partie de cette activité puisse être qualifiée « d'exploration sexuelle », l'enquête révèle que les garçons qui ne souhaitaient pas participer recevaient des menaces de violence physique. Selon un rapport, on a essayé de forcer un garçon à manger des excréments[42].

L'une des questions soulevées est l'absence de politiques ou de procédures liées au règlement de problèmes de cette nature. L'extrait suivant, tiré du procès-verbal d'une réunion de travailleurs des services à l'enfance du pensionnat de Gordon, explique comment le personnel se sent dépassé par la situation. Trois enfants devaient faire l'objet d'une évaluation psychologique, et on estimait que la surveillance des activités d'un certain nombre d'enfants, y compris ceux qui avaient été forcés à avoir des relations sexuelles, était de rigueur.

> Il serait également bien de réunir ces garçons pour discuter des questions et des préoccupations, mais la tenue d'une séance de formation officielle pourrait être considérée afin de déterminer s'ils ont besoin d'une intervention particulière (Child & Youth), par exemple. Ce serait peut-être une très bonne chose si l'on nous donnait la permission et les ressources nécessaires pour approfondir cette question (détails). En fait, offrir un programme de perfectionnement des compétences de vie et de développement sexuel pour ce groupe d'âge????? Les parents pourraient perdre la tête[43]!

La victimisation des élèves par d'autres élèves découlait du climat de violence et de coercition du système des pensionnats. Les parents ne pouvaient pas soustraire légalement leurs enfants de ce système. Mal nourris, mal logés et privés d'affection, les élèves formaient souvent des groupes en fonction de leur âge, de leur communauté d'origine ou de leur Première Nation. Ces groupes protégeaient leurs membres et dominaient les élèves plus vulnérables. En raison de l'absence de supervision adéquate, cette loi du plus fort pouvait donner lieu à des sévices physiques et sexuels. Les plaintes étaient rares puisque les élèves avaient de bonnes raisons de ne pas se plaindre des violences qu'ils subissaient. Certains craignaient que les intimidateurs se vengent s'ils étaient dénoncés. D'autres avaient honte du mal qu'il leur était fait. Certains ne comprenaient pas vraiment ce qu'il leur arrivait. Nombreux sont ceux qui craignaient qu'on ne les croie pas — ou qu'on leur reproche d'avoir mérité d'avoir été agressés. D'autres encore recevaient d'autres punitions quand ils parlaient de ce qui leur était arrivé. Donc, au lieu de signaler les abus, de nombreux élèves choisissaient de riposter, de se faire admettre dans un groupe qui les accepterait ou encore de souffrir en silence. Ces actes donnaient à beaucoup d'élèves le sentiment d'avoir été trahis et les laissaient dans la peur, l'isolement, privés des enseignements et de la protection dont ils bénéficiaient à la maison. Ce sentiment d'avoir été trahi par les autres élèves contribuera grandement à une séquelle durable des pensionnats : celle d'alimenter la division et la méfiance au sein des communautés autochtones. L'impuissance scandaleuse du système des pensionnats à protéger les élèves contre une telle victimisation, même contre celle qui était commise par les élèves entre eux, est l'un des échecs les plus importants et les moins bien compris de ce système.

CHAPITRE 43

Sports et arts : 1940-2000

Au début des années 1940, lorsqu'Ian (on rencontre aussi parfois la graphie « Jan ») Eisenhardt, directeur du programme Young People's Work pour le gouvernement de la Colombie-Britannique, donne son avis sur l'équipe de gymnastique du pensionnat de Christie en Colombie-Britannique, il écrit dans son commentaire au directeur du pensionnat : « Personnellement, je n'ai jamais vu une équipe, appartenant au groupe d'âge dont vous vous occupez, réussir aussi bien des pyramides, et l'une des photos que vous m'avez envoyées, celle du groupe avec les filles, est une des meilleures qu'il m'a été donné de voir sur le plan de l'expression. » R. A. Hoey, représentant des Affaires indiennes, félicite aussi le directeur du pensionnat de Christie pour les succès de son équipe de gymnastique et ajoute qu'il regrette que le Ministère « n'ait pu concourir davantage à l'organisation de cours de culture physique dans nos pensionnats »[1].

En 1945, Eisenhardt, devenu le directeur de la condition physique pour le gouvernement fédéral, assiste à une démonstration de culbutes, d'acrobaties sur tremplin et de figures avec partenaires de l'équipe de gymnastique du pensionnat de Mission, en Colombie-Britannique, lors d'une rencontre de l'Association canadienne pour l'éducation physique à Vancouver. Il est tellement impressionné par la « grande qualité de l'entraînement physique » au pensionnat de Mission qui, selon ses termes, est en grande partie » pratiqué par de jeunes Indiens », qu'il tente de convaincre l'Office national du film de tourner un court métrage sur l'entraînement physique dans ce pensionnat. Un tel film, affirme-t-il « vaudrait la peine d'être tourné, car il ne se contenterait pas d'attribuer le mérite de cet entraînement aux Indiens et d'attirer l'attention sur le chemin que peuvent parcourir les Indiens s'ils sont bien dirigés, mais il motiverait aussi les Canadiens de race blanche et les mettrait au défi en leur montrant sous forme de documentaire ce que les jeunes Indiens et Indiennes sont capables d'accomplir »[2]. Eisenhardt a aussi demandé aux Affaires indiennes de financer une tournée pancanadienne de l'équipe de gymnastique du pensionnat[3].

Les spectateurs sont impressionnés par les qualités sportives des élèves des pensionnats. Après avoir assisté à une démonstration de gymnastique donnée par des élèves du pensionnat de Kamloops, en Colombie-Britannique, pendant l'été 1950, George Beete écrit : « Si tous nos jeunes gens étaient entraînés selon la même méthode qui allie l'apprentissage à la bienséance et à la bonne conduite et qui instille les préceptes chrétiens, on n'entendrait plus parler de truands et de gangs[4] ».

Cette même année, A. E. Caldwell, directeur du pensionnat d'Alberni, en Colombie-Britannique, écrit que le processus d'intégration des élèves des pensionnats aux écoles publiques

> a été fortement favorisé dans notre école, en général par ce qu'elle participe à des sports organisés, joue au soft-ball [sic], au football, etc., avec toutes les écoles du dimanche de la collectivité et avec les équipes des usines et d'autres organisations. Bien que nos équipes aient, en moyenne, été supérieures à leurs adversaires, qui souvent étaient plus âgés, la bonne humeur qui s'en dégageait et les amitiés réelles qui se sont formées étaient on ne peut plus encourageantes[5].

Ces quatre récits font ressortir bon nombre des thèmes importants qu'a mis à jour l'étude des sports, des loisirs et des arts dans les pensionnats. Soulignons en premier lieu que, quand ils avaient accès à des ressources, même si elles étaient très limitées, les élèves autochtones atteignaient des niveaux d'adresse et accomplissaient des exploits impressionnants. Deuxièmement, les représentants du gouvernement et des Églises voyaient dans le sport et les activités culturelles, y compris les arts, une possibilité de dissuader les jeunes Autochtones de s'adonner à des activités criminelles et de les assimiler dans la société canadienne. Ils estimaient aussi que, lorsque les Autochtones faisaient publiquement étalage de leurs prouesses sportives, ils présentaient sous un jour favorable le travail réalisé par les Affaires indiennes auprès de la population.

Puisque la pratique des sports et l'expression culturelle sont souvent justifiées comme des mesures destinées à « civiliser » et à assimiler les élèves des pensionnats indiens, il convient de se souvenir de deux autres points. Premièrement, le gouvernement fédéral n'a jamais investi massivement dans les sports, les loisirs et les arts dans les pensionnats. Si ces activités sont effectivement des outils d'assimilation, le gouvernement fédéral et les Églises les ont sous-utilisées. Deuxièmement, les élèves appréciaient ces activités, car elles leur servaient de refuge dans un monde qui, pour bon nombre d'entre eux, était rude et aliénant. Pour quelques élèves, c'était une occasion de se rendre dans des endroits lointains dans le cadre de sorties scolaires à vocation sportive et artistique; c'était parfois aussi une possibilité de manger plus ou mieux et d'être exempté des corvées habituelles. Quelques élèves puisaient confiance dans leur participation à des activités artistiques et sportives et en retiraient la sensation d'avoir accompli une chose valable. Dans certains cas, les élèves pouvaient bâtir leur carrière à vie sur les compétences acquises dans ces domaines durant leurs années au pensionnat. D'autres affirment simplement que sans l'exutoire que représentaient les sports et les arts, ils n'auraient jamais survécu au pensionnat.

Christina Kimball, qui a fréquenté l'école catholique près de Le Pas, au Manitoba, a été victime de violence physique, sexuelle et émotionnelle. Elle estime que c'est la pratique du sport qui l'a sauvée et lui a permis de surmonter l'épreuve qu'était le pensionnat : « Je pratiquais plusieurs sports. Je jouais au baseball. On jouait au baseball, et même au hockey. On avait une équipe de hockey. C'est ce qui m'a profité, profité d'une certaine façon, parce que j'aimais pratiquer des sports[6]. » Noel Starblanket affirme que ce n'est rien qu'à cause des sports qu'il retournait au pensionnat de Qu'Appelle, en Saskatchewan : « Je ne voulais pas retourner au pensionnat pour l'enseignement, pour les professeurs, pour le... l'endoctrinement chrétien, ou... ou pour les coups de lanière ou pour les autres abus. Je voulais y retourner pour faire du sport[7]. » Geraldine Shingoose se réfugiait dans des activités parascolaires au pensionnat de Lestock, en Saskatchewan : « Je me suis jointe à l'équipe d'athlétisme et j'ai essayé de bien performer. J'étais très sportive pendant mes années de pensionnat. Je me suis aussi jointe à l'orchestre, et je jouais du trombone. Et c'était quelque chose qui me permettait de m'évader de la réalité de l'école, et rien que ça, c'était un soulagement[8]. » Lors d'un dialogue public de la Commission de vérité et réconciliation du Canada dans le gymnase d'une école d'Inuvik, dans les Territoires du Nord-Ouest, Paul Andrew s'est rappelé qu'il « courait souvent dans ce gymnase; ce gymnase était une bouée de sauvetage à bien des égards, car on était bons en activité physique, on était de bons athlètes, on était bons dans les sports »[9]. John Kistabish est un autre des élèves qui a trouvé refuge dans les sports : « Mais j'aimais beaucoup jouer au hockey. J'aimais beaucoup parce que là on s'entraidait, t'étais pas tout seul, parce que je voulais gagner. Puis on avait du plaisir parce qu'on s'entraidait beaucoup »[10]. Cependant, les entraîneurs gâchaient parfois le plaisir des sports. Pierre Papatie était gardien de but pour l'équipe de hockey de l'école d'Amos. Il dit : « Quand qu'on perdait, c'était un coup de règle. Il fallait toujours qu'on gagne. On sa... On savait pas comment perdre. C'était toujours gagner, gagner[11]. »

Sports : « Je pouvais atteindre un objectif »

Soutien du gouvernement fédéral dans l'après-guerre

Après la Grande crise des années 1930, l'équipement sportif et les activités récréatives sont réduits à leur plus simple expression dans les pensionnats du Canada. En réponse à l'agent des Indiens local qui s'inquiète de l'absence d'activités récréatives au pensionnat de Lac la Ronge, en Saskatchewan, le représentant de l'Église anglicane, T. B. R. Westgate, signale qu'il suffit de voir « le terrain rocailleux sur lequel l'école est bâtie et qui l'entoure pour comprendre à quel point il est difficile d'y aménager des terrains de jeux convenables »[12]. Bien qu'il admette le manque d'installations et de ressources, le ministère des Affaires indiennes n'est pas disposé à avancer des fonds pour améliorer la situation. En 1940, R. A. Hoey, représentant des Affaires indiennes, informe Florence Lang de la Presbyterian Women's Missionary Society qu'il est convaincu que « selon son expérience, il possible d'obtenir de très bons résultats en matière d'éducation physique et de promotion de la formation manuelle, sans qu'il faille dépenser beaucoup d'argent pour de l'équipement coûteux »[13]. Trois ans plus tard, en réponse à une demande d'équipement sportif présentée par le pensionnat de Mission, en Colombie-Britannique, Hoey fait observer que pratiquement tout le matériel sportif fabriqué au Canada est destiné à l'armée[14]. (Durant la guerre, l'équipement sportif était un bien « non essentiel »; aucun homme physiquement apte, âgé de 17 à 45 ans ne pouvait légalement être employé pour en fabriquer. Par conséquent, les articles de sport étaient rares[15].)

En 1945, l'agent des Indiens G. A. Swartman note l'« absence flagrante d'activités récréatives et sportives »[16] dans les pensionnats de Sioux Lookout et de McIntosh, dans le Nord-Ouest de l'Ontario. La situation ne s'améliore pas dans l'après-guerre. Dans le rapport de 1946 de l'Indian Work Investigation Commission de l'Église anglicane, « un observateur » remarque que « personne n'organise de jeux. L'école est entourée de vastes terrains; pourtant, on ne les utilise pas pour des activités récréatives. J'ai demandé des explications, et on m'a informé que l'école possède une balle et un bâton de baseball, "mais que les filles les ont pris" ». Le rapport fait aussi état de « salles de jeux presque souterraines et d'un petit terrain de jeux extérieur avec au milieu une clôture en grillage pour séparer les garçons des filles »[17].

En 1946, le commissaire des Indiens de la Colombie-Britannique, W. S. Arneil, transmet une liste d'articles de sport que demande le directeur du pensionnat de Mission, en précisant qu'elle contient de l'équipement de badminton, « lequel n'est généralement pas fourni par le Ministère ». Il en recommande néanmoins la fourniture, car l'équipe de badminton de l'école participe à une ligue composée d'équipes non autochtones. « Compte tenu des avantages indéniables que tirent les élèves indiens de cette association, il est recommandé d'encourager ce genre d'activité en fournissant l'équipement demandé[18]. » La demande est malgré tout rejetée[19].

En 1949, Philip Phelan, le responsable de l'éducation aux Affaires indiennes, reçoit une demande de patins et de bâtons de hockey du pensionnat de Sandy Bay, au Manitoba, à laquelle il répond que les Affaires indiennes ne fournissent pas de patins aux écoles; il consent toutefois à l'achat des bâtons[20]. Ce refus n'est pas systématique. Huit jours plus tard, Phelan autorise lui-même l'achat d'équipement de hockey d'une valeur de 75 $ pour le pensionnat de McIntosh et de matériel sportif d'une valeur de 100 $ pour le pensionnat de Sioux Lookout[21].

Comme le financement est limité, les pensionnats ont du mal à retenir des entraîneurs qualifiés. À la fin de l'année scolaire 1949–1950, Edward Doll, le coordonnateur sportif du pensionnat de Qu'Appelle, quitte son emploi. Selon le directeur, P. Piché, Doll « a accepté un poste stable et mieux rémunéré », mais on pourrait sans doute le convaincre de revenir si on lui offrait un « salaire décent »[22]. En 1950, les Affaires indiennes prévoient la construction d'un nouveau gymnase au pensionnat de Spanish, en Ontario, mais, selon B. F. Neary, fonctionnaire du Ministère, le plan « a été victime des coupures » imposées par le gouvernement[23]. Cette année-là, on reporte aussi l'engagement de construire un nouveau gymnase au pensionnat d'Alert Bay, en Colombie-Britannique[24]. La même année, les installations sportives des pensionnats de l'île Kuper, en Colombie-Britannique, et de Lac la Ronge, en Saskatchewan, ont aussi besoin de réparations[25].

Un bref regain d'intérêt : 1948–1951

En 1948, les Affaires indiennes ont, semble-t-il, l'intention de faire effectivement des investissements importants dans les sports et loisirs pratiqués par les Autochtones. Cette année-là, le sous-ministre responsable des Affaires indiennes, Hugh Keenleyside, affirme dans un document : « une des meilleures mesures que nous puissions prendre à ce chapitre consiste à former un ou plusieurs athlètes indiens qui pourraient remporter des championnats au Canada ou représenter le pays dans des jeux à l'étranger ». Il recommande que les Affaires indiennes encouragent leur personnel à « être à l'affût de jeunes garçons et filles qui montrent des dispositions pour les compétitions sportives. S'il est possible de former quelques candidats prometteurs, je pense que nous dégagerons des fonds pour concourir à leur entraînement[26]. » C'est dans cet ordre d'idée qu'en 1950, les Affaires indiennes créent un poste de superviseur de l'éducation physique et des loisirs pour les Autochtones.

Ian Eisenhardt est nommé au poste. Né et élevé au Danemark, Eisenhardt a été champion junior de cross-country dans son pays; il a joué pour les équipes nationales de soccer de France et du Danemark et il a remporté des championnats de boxe, de tennis, d'athlétisme et d'escrime. En 1932, après avoir travaillé comme instructeur de terrain de jeux pendant trois ans à Vancouver, il est nommé surintendant municipal des activités récréatives[27]. À ce poste, Eisenhardt contribue à établir un programme d'activités récréatives et de conditionnement physique qui jouit d'une grande réputation. Il se penche particulièrement sur les besoins du grand nombre de jeunes chômeurs canadiens qui affluent vers Vancouver pendant la Grande dépression. Tirant parti de son expérience, il dirige ensuite la Direction des loisirs et des sports de la Colombie-Britannique. La Direction ne se contente pas, et de loin, d'organiser des équipes sportives pour des compétitions; elle met l'accent sur l'exercice physique et la santé et organise toute une gamme d'activités sociales et artistiques dans le cadre de ses programmes. Fait notable pour un programme public d'activités récréatives de l'époque, plus de la moitié des participants sont des femmes[28]. Eisenhardt sert dans l'armée canadienne pendant la Seconde Guerre mondiale en tant qu'officier des sports[29].

En 1943, le gouvernement fédéral adopte la *Loi sur l'aptitude physique nationale*; un comité national d'aptitude physique établit comme objectif la création d'un programme de mise en forme à participation de masse. On embauche Eisenhardt pour administrer le programme. Le budget limité du programme doit toutefois être géré en grande partie par les gouvernements provinciaux et territoriaux. Le gouvernement fédéral ne tarde pas à se montrer réticent à donner suite aux recommandations du conseil ou à accroître le financement du programme. Frustré, Eisenhardt démissionne en 1946. La *Loi* est quant à elle abrogée en 1954[30]. Avant de démissionner, Eisenhardt recommande au gouvernement fédéral de traiter les « Indiens et Inuits comme s'ils formaient la dixième province dans le cadre de la *Loi d'aptitude physique nationale* »[31]. (Il est fort possible qu'Eisenhardt ait été le premier cadre supérieur du gouvernement canadien de l'après-guerre à défendre une telle approche de gouvernement à gouvernement pour traiter les questions autochtones.) En 1946, Eisenhardt accepte un poste aux Nations Unies. En 1949, il est le secrétaire d'une commission internationale de reconstruction de l'éducation en Europe[32]. L'année suivante, il entre aux services des Affaires indiennes.

Peu après sa nomination aux Affaires indiennes, Eisenhardt entreprend une tournée pancanadienne au cours de laquelle il visite 20 réserves, 21 externats et 32 pensionnats. Non content d'observer la situation en matière de sport et de loisirs, il prend des notes sur la santé, l'hygiène, l'habillement et l'assainissement[33]. À son grand mécontentement, on interdit à Eisenhardt de consulter des dirigeants autochtones pendant cette visite[34].

En 1950, Eisenhardt dresse l'inventaire des installations de sport et de loisirs de chaque école, ainsi que des éléments constitutifs des programmes de sport et de loisirs. Lorsque des programmes d'artisanat traditionnel, de musique, de chant et de théâtre sont offerts, il le consigne. Il recense aussi les groupes de scouts et les unités jeunesse de la Croix-Rouge. Dans la liste des sports dont Eisenhardt cherche à vérifier la pratique figurent deux activités autochtones traditionnelles : la crosse et le serpent à neige. (Le serpent à neige est un sport de compétition qui consiste à lancer un bâton, le « serpent », dans un couloir de neige.) Il note aussi si les filles pratiquent des sports. Au pensionnat de Blue Quills, en Alberta, par exemple, il fait état de programmes d'artisanat traditionnel, de musique, de chant et de théâtre et signale la nécessité de fournir davantage d'articles de sport : les deux seuls sports offerts de façon structurée sont le patinage (réservé aux garçons) et le volleyball[35].

Après la visite du pensionnat de Blue Quills, Eisenhardt exhorte le fonctionnaire des Affaires indiennes, B. F. Neary, à financer les travaux pour achever la construction du gymnase au pensionnat. Commencés huit ans auparavant, les travaux n'ont jamais été terminés[36]. Il organise aussi l'envoi d'instruments de musique au pensionnat[37].

Après la visite d'Eisenhardt dans la réserve d'Hobbema, en Alberta, on réorganise un club sportif et on forme une équipe de hockey. Dans un rapport qu'il prépare pour Eisenhardt, le directeur du pensionnat, G. M. Latour, écrit :

> Notre équipe midget est forte cette année, mais elle ne sera pas de la ligue provinciale. L'équipe de ballon-balai est aussi très populaire auprès des filles et des hommes plus âgés. On y joue presque tous les soirs. Nous avons reçu, grâce à vous, deux « ballons de boxe » et 200 pieds de corde à châssis tressée. Vous devriez voir les garçons cogner sur les sacs quand il fait trop mauvais pour jouer dehors. Un grand merci pour ces articles de sport[38].

Eisenhardt exhorte manifestement les directeurs à apporter immédiatement de petits changements. Après sa visite au pensionnat presbytérien de Kenora, en Ontario, le directeur fait baliser un terrain de soccer devant l'école. Selon lui, « c'est un sport qui est devenu très populaire chez tous ceux qui y ont joué »[39]. Eisenhardt fournit au directeur un livret sur la crosse et lui suggère d'encourager les élèves à y jouer également sur le terrain de soccer[40]. Il essaie de résoudre les problèmes de budget de nombreuses façons, par exemple, en tentant de convaincre d'autres pensionnats de faire don de l'équipement inutilisé à ceux qui en ont besoin[41].

En 1951, Eisenhardt publie un article sur l'initiative que les Affaires indiennes ont lancée en matière de santé et de loisirs des Autochtones dans *le Journal of the American Association for Health, Physical Education, and Recreation*. Il y affirme que, malgré le succès considérable que remportent certaines écoles, « le phénomène n'est pas généralisé ». Par conséquent, les Affaires indiennes élaborent « un programme de santé et de loisirs pour tous les Indiens dans les pensionnats, les réserves et les hôpitaux ». Grâce à ce programme, chaque membre des Premières Nations deviendra un « agent actif de son propre mieux-être social. » Eisenhardt écrit que les conditions suivantes, qu'il a observées dans un pensionnat qu'il ne nomme pas, décrivent la situation typique des installations récréatives de la plupart des écoles :

> Nous comptons 200 enfants indiens. De petits vestiaires séparés sont prévus pour les jeunes et les plus âgés, garçons et filles. En été, les garçons et les filles jouent à la balle molle sur un terrain assez bien nivelé; les garçons jouent aussi au soccer. On ne joue pas au hockey, car les températures hivernales sont habituellement trop douces pour que la glace prenne. Les enfants sont obligés de rester à l'intérieur parce que le temps est très humide. L'auditorium de l'école sert aux jeux en groupe, aux réunions de scouts et de guides, à des projections de films, etc. L'école possède une grange en bon état, qu'elle n'utilise pas, ainsi qu'un bloc de salles de classe qui sera utilisé sous peu, qui pourraient l'un comme l'autre être convertis en gymnases.

Dans son article, il déclare aussi que lorsqu'il a demandé au surintendant des Affaires indiennes de Sioux Lookout, en Ontario, ce que l'on pourrait faire pour former plus de sportifs autochtones, celui-ci a répondu : « il faut de l'équipement. À l'heure actuelle, nous n'avons rien qui éveille l'intérêt des élèves après les cours. Nous aimerions faire des tournois avec d'autres écoles. Quand nous organisons des jeux, de temps à autre, l'absentéisme baisse et les élèves travaillent mieux[42]. »

Eisenhardt publie cet article sans autorisation, ce qui lui vaudra une réprimande du fonctionnaire des Affaires indiennes, B. F. Neary. Ce dernier craint que l'article puisse offusquer les autorités religieuses[43].

En 1951, la Division des affaires indiennes se concentre sur les modifications de la *Loi sur les Indiens*. Du coup, Eisenhardt est incapable d'obtenir de l'appui pour le financement de ses propositions. À la fin de l'année, il démissionne et accepte un emploi de directeur des loisirs chez Canadair[44]. Quelques mois plus tard, on le congédie. Il est apparemment victime des préoccupations envahissantes que l'on nourrissait au sujet de la sécurité nationale pendant la guerre froide[45].

Le legs impérissable d'Eisenhardt est le prix Tom Longboat. En 1950, il propose à l'Amateur Athletic Union of Canada (AAUC) d'établir un prix pour récompenser un sportif des Premières Nations. Le prix porte le nom d'un célèbre athlète mohawk, Tom Longboat. L'AAUC accepte la proposition, pourvu qu'elle puisse s'attribuer tout le mérite de ce prix[46]. À l'origine, le prix est financé par la Dominion Bridge Company. Chaque année, on choisit le « Meilleur sportif autochtone du Canada » parmi un certain nombre de gagnants régionaux[47]. Au départ, les sportifs étaient nommés par les agents des Indiens; la plupart des candidats provenaient des pensionnats ou des externats[48]. La Fraternité des Indiens du Canada (qui est devenue l'Assemblée des Premières Nations) assume la responsabilité du prix Tom Longboat depuis 1973[49].

1951 et par la suite : Persistance du sous-financement

Après la démission d'Eisenhardt, son poste demeure vacant. Faute d'un défenseur aux Affaires indiennes, le sous-financement des sports et des loisirs persiste. Dans son rapport de 1951, G. R. Turner, de la Société missionnaire de l'Église d'Angleterre du Canada, écrit : « à ce jour, pour l'année en cours, les Affaires indiennes n'ont pas fourni la moindre pièce d'équipement de sport pour la saison estivale. Elles devraient fournir l'équipement de soccer et de balle molle[50]. » En novembre 1953, Eric Barrington, le directeur du pensionnat presbytérien de Kenora, fait état d'un « besoin urgent de patins et d'équipement de hockey de tout type pour les enfants »[51]. L'année suivante, A. Lacelle déclare qu'il est impossible de proposer des jeux organisés aux élèves du pensionnat catholique de Kenora parce qu'il n'y a pas de terrain de jeux[52].

Une enquête nationale réalisée auprès des écoles des Affaires indiennes (externats et pensionnats) en 1956 parvient aux conclusions suivantes :

> Il semble que dans la plupart des écoles, le programme d'éducation physique soit réduit à la portion congrue ou inexistant. Nombre d'établissements n'ont pas les installations nécessaires à la tenue de telles activités. Des sous-sols ont manifestement été conçus pour servir d'aire de jeu, mais ils n'y sont pas adaptés et on les utilise comme aires d'entreposage ou pour tenir des assemblées. Un grand nombre de terrains d'école n'ont pas été défrichés, nivelés et préparés pour le jeu. Certains sont toujours à l'état sauvage; d'autres sont envahis par des arbustes, des chardons, des herbes et des mauvaises herbes, et ont l'air mal entretenus et négligés[53].

L. Poupore, père oblat provincial, écrit aux Affaires indiennes pour leur signaler la situation dans laquelle se trouve le pensionnat de Williams Lake, en Colombie-Britannique en 1957. Il souligne qu'un an et demi auparavant, il a informé les Affaires indiennes de la nécessité d'aménager un gymnase à l'école. À ce moment-là, il a dit : « pendant les récréations, les garçons chahutent comme des fous dans leur salle de jeu, qui fait environ 35 sur 60. Environ 150 garçons essaient d'y jouer; la boue collée à leurs chaussures qu'ils y ont amenée a séché, et il y a tellement de poussière dans la pièce qu'il est impossible de distinguer un garçon qui se tient de l'autre côté de la pièce ». Le Ministère lui a certes assuré que la construction d'un gymnase était une priorité; toutefois, rien n'a été fait, et « le problème d'espace pour le jeu est pire que jamais »[54].

En 1963, le directeur du pensionnat de Blue Quills, en Alberta, P. H. Lyonnais, décrit le « piteux état »[55] du gymnase de l'école. Deux ans auparavant, il s'est plaint au sous-ministre adjoint des Affaires indiennes :

> Voilà deux ans que je tente d'obtenir, par la voie hiérarchique, que l'on prenne des mesures concernant le gymnase et les dortoirs pour nos garçons du secondaire, en l'occurrence que l'on remplace le vieux bâtiment délabré, qui a été condamné il y a deux ans par un ingénieur du Ministère, mais que nous avons été forcés d'utiliser au cours des deux dernières années. À ma connaissance, nous devrons l'utiliser encore en septembre prochain, bien que je ne puisse m'imaginer que 40 garçons peuvent vivre dans un tel endroit. Le Ministère devrait avoir honte de nous obliger à utiliser un bâtiment dans cet état; tous ceux qui le voient conviennent qu'il n'y a d'autre solution que de le démolir et de construire un nouveau gymnase[56].

En 1965, un article de journal sur l'état du pensionnat de Blue Quills rapporte que le bâtiment servant de salle de loisirs et de concerts pour les garçons « s'écroule littéralement. Des étais, qui suffisent plus ou moins à la tâche, le soutiennent temporairement, mais il menace de s'effondrer à tout instant »[57]. En août 1967, la seule déclaration valable que le ministre des Affaires indiennes en poste, Arthur Laing, puisse faire à propos de ce gymnase promis depuis des lustres est que le financement pour la construction a été prévu dans le budget des dépenses de cet exercice[58]. Le nouveau gymnase est inauguré le 23 mai 1969[59], soit 19 ans après qu'Eisenhardt a pressé pour la première fois le gouvernement d'en construire un nouveau.

En 1963, trois équipes de hockey du pensionnat de Portage la Prairie, au Manitoba, font partie de ligues locales ou provinciales. Pour satisfaire au besoin de temps de glace, l'école demande en vain aux Affaires indiennes de financer la construction d'une deuxième patinoire[60].

En 1967, le directeur du pensionnat catholique de Cardston, en Alberta, se plaint que les installations de loisirs sont en grande partie des locaux de fortune : les filles plus âgées sont confinées à une « toute petite salle de classe du bloc condamné de l'école primaire » et les garçons plus âgés jouent dans une « hutte quonset délabrée »[61].

À la suite d'une réduction budgétaire de 3,4 millions de dollars, les Affaires indiennes abandonnent les projets suivants prévus dans leur budget 1968-1969 :

- le gymnase de l'école de Pointe-Bleue (Québec);
- le gymnase de Sept-Îles (Québec);
- le gymnase, les deux salles de classe, les deux salles de jeux et l'entrepôt de Pointe-Bleue;
- le gymnase, la bibliothèque, la salle du personnel et les salles de classe supplémentaires de Fort George (Québec);
- la construction d'un gymnase, de six salles de classe, d'une salle de maternelle et d'une bibliothèque à Lestock (Saskatchewan) est reportée en raison de la compression du budget d'immobilisations;
- la construction d'un gymnase et de locaux du personnel à Beauval (Saskatchewan) est reportée[62].

Dans le cadre d'une analyse de la situation, le gouvernement fédéral admet la situation dans une note d'information interne : « Il est indubitable que nous nous sommes toujours montrés optimistes à propos des fonds qui seraient mis à disposition dans le programme d'immobilisations et à de nombreuses occasions, nous avons donné aux directeurs des raisons d'espérer que les travaux seraient exécutés dans un certain délai. Nous n'avons pas été en mesure de satisfaire à ces attentes[63]. »

À l'automne 1970, W. I. Turnbull, instructeur d'éducation physique du pensionnat d'Hobbema, en Alberta, présente sa cause en faveur de la construction d'un second gymnase directement au ministre des Affaires autochtones, Jean Chrétien. Il souligne que l'école accueille 800 élèves. Les élèves de la quatrième à la neuvième année ont deux séances d'éducation physique par semaine dans le gymnase. Les élèves de la première à la troisième année ne passent pas de temps au gymnase, « ce qui les prive d'un volet crucial à leur développement ». Après les heures de cours, les élèves de la résidence et le corps de tambours et clairons utilisent le gymnase, et il accueille des activités communautaires deux soirs par semaine. Les équipes de l'école ne peuvent donc pas s'entraîner, ce qui les empêche de réussir à battre les équipes des écoles non autochtones de la région[64]. À la demande du Cabinet de Chrétien, les Affaires indiennes se renseignent pour savoir s'il y a une quelconque possibilité de modifier les horaires pour permettre à un plus grand nombre d'enfants d'utiliser le gymnase existant[65].

Les demandes ne sont pas toutes rejetées, et des améliorations sont apportées dans de nombreux pensionnats, bien qu'avec un certain retard. Dans son bulletin de 1962–1963, l'Administration des écoles indiennes anglicanes peut annoncer que le nouveau gymnase à Sioux Lookout, en Ontario, vient d'ouvrir et que la construction du nouveau gymnase du pensionnat de Cardston, en Alberta, quoiqu'en retard, est en cours. Cependant, même ce bulletin doit avouer que la construction d'une annexe dont le gymnase du pensionnat de Gordon, en Saskatchewan, a grand besoin a été reportée en raison du « programme d'austérité » du gouvernement fédéral[66]. En 1968, les Affaires indiennes approuvent une demande d'éclairage extérieur à la patinoire de la résidence catholique Coudert Hall, à Whitehorse, au Yukon[67].

Les responsables des écoles se plaignent aussi de la qualité de l'équipement fourni par les Affaires indiennes. En 1964, le directeur de Fraser Lake, en Colombie-Britannique, J. F. Ryan, demande aux Affaires indiennes de déléguer la responsabilité de l'achat d'équipement sportif aux écoles. Il s'indigne :

> Cet hiver, nous avons reçu des bâtons de hockey que le Ministère a payés 0,37 $ pièce. Ils étaient tellement secs et fragiles qu'il faisait honte de les offrir, même à un enfant de six ans. Il n'y avait rien à faire : ils se brisaient à la première utilisation. C'est un gaspillage d'argent. Il semble que certaines entreprises profitent du ministère des Affaires indiennes pour débarrasser leurs entrepôts de marchandises qui ne seraient pas tolérées dans un magasin de vente au détail[68].

En 1970, on fournit au pensionnat de Prince Albert, en Saskatchewan, des bâtons « secs comme de l'étoupe »; selon l'administrateur, le nombre de bâtons cassés est « incroyable »[69]. La résidence de Duck Lake, en Saskatchewan, continue de se plaindre de la qualité des bâtons à l'école fournis jusqu'au début des années 1970[70].

Succès remportés au hockey dans les années 1940 et 1950

Malgré le manque de soutien financier, les équipes de hockey d'un bon nombre d'écoles remportent un succès considérable dans les années 1940 et 1950. En Saskatchewan, les équipes de Duck Lake et de Qu'Appelle établissent notamment des records enviables. L'équipe du pensionnat de Duck Lake, les « St. Michael's Indians », remporte le championnat d'une ligue constituée de huit équipes dans la région de Rosthern en 1946[71]. En 1948, la même équipe, avec le père G.-M. Latour comme entraîneur, remporte le championnat de hockey midget du Nord de la Saskatchewan. L'année suivante, elle remporte le championnat provincial[72]. Selon le *Daily Herald* de Prince Albert : « Pendant les séries, les joueurs de l'équipe midget de Duck Lake ont compensé leur petite taille par leur savoir-faire, leurs techniques de patinage et la précision de leurs tirs. Provenant de tous les angles possibles, leurs attaques ont à la fois effrayé et laissés pantois les joueurs de l'équipe de Regina[73]. » L'édition de l'équipe de Duck Lake de 1949 compte parmi ses joueurs un dénommé Fred Sasakamoose, qui sera par ailleurs le premier Indien inscrit à jouer dans la Ligue nationale de hockey[74].

Le directeur des sports de Duck Lake, George Roussel, pousse les élèves à réussir. Alec Greyeyes, qui a été président du Collège culturel des Indiens à Saskatoon, se souvient : « Le père Roussel nous faisait faire du patin à roulettes l'été à Duck Lake! Ce dont je me souviens de lui, c'est qu'aucun de nous n'était un joueur exceptionnel. Il nous a convaincus qu'on était tous les 15 exceptionnels. » L'équipe est connue sous le nom des « Ducks ». Les garçons portent des chandails ornés d'un écusson de canard colvert cousu par les filles et le personnel de l'école[75].

Le directeur de Qu'Appelle, Paul Piché, croit qu'un programme de sports de grande qualité l'aidera à recruter des étudiants et à les retenir dans le programme qu'il a planifié pour l'école secondaire. Comme un certain nombre de missionnaires de la région sont d'excellents sportifs qui ont en fait refusé des offres de jouer au hockey professionnel, la qualité de l'entraînement s'en trouve améliorée. Tous les garçons de la classe de niveau secondaire de 1948 jouent dans l'équipe de hockey de l'école, qui s'appelle les « Lebret Indians »[76]. Le chandail de l'équipe de Qu'Appelle s'inspire de celui des Canadiens de Montréal, mais avec une « tête d'Indien » au lieu du traditionnel logo CH que les Canadiens arborent sur le devant de leurs chandails[77]. Les équipes de hockey et de baseball de Qu'Appelle remportent des prix en 1948. L'un des joueurs vedettes de l'école est Arthur Obey[78]. Celui-ci jouera ensuite un rôle important dans les sports autochtones en Saskatchewan, en gagnant la médaille Tom Longboat du meilleur sportif indien de la Saskatchewan en 1951 et la médaille Tom Longboat du meilleur sportif indien du Canada en 1960[79].

Avec Obey comme meneur, les équipes de Qu'Appelle remportent de nombreux championnats. En 1952, son équipe de hockey se classe première de la ligue de hockey intermédiaire de la vallée de la Qu'Appelle[80]. En 1955-1956, Obey entraîne l'équipe junior B de Qu'Appelle et la mène au championnat de l'Association provinciale de hockey amateur de la Saskatchewan; elle y bat une équipe du Collège St. Thomas, à North Battleford. Parmi les joueurs vedettes de l'équipe de Qu'Appelle, on compte Alvin Cyr, Romeo Courchene, Leonard Kitchemonia, Henry Bellegarde et Guy Yuzicap[81]. L'équipe répète son exploit les trois prochaines années consécutives. En 1957-1958, les équipes juvéniles C et midget C du pensionnat remportent également des championnats provinciaux. L'année suivante, l'équipe de Qu'Appelle est championne provinciale de basketball. Avec Obey comme entraîneur, l'équipe d'athlétisme domine bon nombre de rencontres locales de 1955 à 1960[82]. La politique d'intégration du gouvernement fédéral met un terme au programme de hockey, qui a attiré des garçons de tout le Canada au pensionnat Qu'Appelle. La décision d'intégrer les élèves plus âgés des pensionnats dans les écoles publiques sonne le glas de l'équipe junior B des Lebret Indians[83].

Obey continue de participer aux activités sportives du pensionnat de Qu'Appelle dans les années 1970, en tant que directeur des loisirs à la résidence de Qu'Appelle[84].

En 1947, l'équipe de Shingwauk remporte le championnat de hockey des écoles publiques pour Sault Ste. Marie[85]. N. M. Rusaw, directeur de l'école de Birtle, au Manitoba, écrit en 1949 que l'équipe de hockey de son école est si forte qu'elle est à court d'adversaires. L'équipe locale de la ville « en a assez de nous; elle s'est fait étriller si souvent qu'elle a perdu tout espoir de battre nos gars et elle ne veut plus jouer contre nous. L'équipe de Russell voudra peut-être faire une partie contre nous plus tard. L'équipe de Binscarth a vu nos gars jouer contre l'équipe de Russell et ne veut pas se mesurer à eux. Notre seul espoir est donc l'équipe de Shoal Lake »[86].

En 1950, les Black Hawks de Sioux Lookout, équipe d'un pensionnat, remportent le championnat canadien de catégorie bantam de l'Association de hockey amateur. Le championnat de catégorie bantam pour la région de Fort Frances-Kenora est remporté par l'équipe du pensionnat de Fort Frances, avec Louis Perrault, un ancien élève, comme entraîneur. Les membres de l'équipe du pensionnat de Sturgeon Landing, en Saskatchewan, jouent avec des bâtons qu'ils ont fabriqués eux-mêmes.

L'équipe du pensionnat de Prince Albert, en Saskatchewan, joue une saison complète sans essuyer un seul revers. Elle remporte un trophée pour son esprit sportif et l'un des garçons de l'équipe reçoit le prix du meilleur joueur et du joueur ayant le meilleur esprit sportif[87].

Les tournois organisés par les écoles donnent aux élèves des occasions de voyager et d'apprendre. En 1950, l'équipe de l'école de McIntosh, en Ontario, se rend à Sioux Lookout, où les membres de l'équipe participent au festival de la glace, font un voyage en train et visitent l'aéroport — mais elle est battue par l'équipe de Sioux Lookout[88].

En 1950, Paul Martin père, alors ministre fédéral de la Santé, est à Sioux Lookout pour l'inauguration d'un hôpital des Affaires indiennes. Il assiste à un match de hockey local, et les prouesses victorieuses des Black Hawks de Sioux Lookout l'impressionnent tellement qu'il invite l'équipe à venir à Ottawa l'année suivante[89]. Douze élèves du pensionnat de Sioux Lookout, tous membres de l'équipe championne des Blacks Hawks, font le déplacement à Ottawa pour participer à un tournoi de niveau bantam contre deux équipes d'Ottawa. Pendant leur séjour, les membres de l'équipe reçoivent du maire les clés de la ville, font une visite guidée de la ville et d'un musée et sont invités au restaurant par le député de leur région. Deux députés, Wilfred McDonald et Lionel Conacher, anciens joueurs de hockey, arbitrent leurs parties[90]. Les Black Hawks l'emportent 5 à 3 contre les East Browns, la meilleure équipe de niveau bantam d'Ottawa[91]. Ils perdent la deuxième partie 8 à 7 contre une sélection appelée les Combines d'Ottawa. Les deux parties sont jouées à l'Auditorium d'Ottawa. Après avoir joué à Ottawa, l'équipe se rend à Toronto et joue au Maple Leaf Gardens[92]. Elle y est battue 5 à 1 par les Shopsy de Toronto[93].

Chose étrange, les dirigeants de l'Église anglicane sont incapables de se réjouir du succès de l'équipe de hockey du pensionnat de Sioux Lookout, bien que l'école soit administrée sous les auspices de l'Église anglicane. En 1950, un rapport de G. R. Turner, de la Société missionnaire de l'Église d'Angleterre du Canada, conclut qu'au pensionnat de Sioux Lookout, « la méthode choisie pour organiser et administrer l'équipe de hockey du pensionnat l'hiver dernier était des plus insatisfaisantes, du point de vue du directeur ». Turner est particulièrement irrité par les agissements de l'agent des Indiens, G. A. Swartman. Il a, semble-t-il, organisé l'équipe et s'est attribué tout le mérite de son succès, malgré la « coopération et l'aide du directeur et du personnel pour amener les garçons et les spectateurs aux parties, prendre des dispositions spéciales pour les repas, etc. » Lorsque le directeur essaie d'aller voir les garçons entre deux périodes d'une partie, le président de la ligue lui ferme la porte au nez. À un autre moment, Swartman refuse que le directeur accompagne l'équipe en tournée. La photo d'équipe n'est prise qu'après que le directeur a quitté la ville. Turner fait savoir au directeur que l'école devrait refuser d'inscrire une équipe dans la ligue locale, à moins qu'on ne laisse subsister aucun doute que l'équipe représente le pensionnat et que le directeur ou la personne qu'il nomme à cet effet soit accepté comme administrateur de la ligue. Turner se plaint également que le nom des directeurs des pensionnats anglicans ayant des équipes de hockey gagnantes n'a pas été cité dans un article sur le hockey de l'*Indian School Bulletin* des Affaires indiennes, mais que le nom des directeurs des écoles catholiques y a été mentionné. Voilà, dit-il, un cas de « discrimination flagrante »[94]. Pour Turner et les autres, le hockey est bien plus qu'un sport; c'est un moyen de faire la promotion du succès de l'Église.

Les journaux des pensionnats de l'Alberta sont souvent truffés de comptes rendus des parties et des tournois écrits par les élèves. Un journal du pensionnat d'Hobbema du début des années 1940 donne un compte rendu de la première partie de l'équipe de hockey de l'école contre une « équipe de l'extérieur », les Juniors d'Hobbema. La partie se termine par un match nul. Selon l'article, « les Ermines semblent assez fiers d'eux après avoir quitté la patinoire sur un score nul de 4 à 4 ». L'école a également une ligue interne de trois équipes[95]. En 1942, les Ermines d'Hobbema remportent neuf de leurs dix parties. Selon le journal de l'école, l'équipe a été handicapée lorsque son capitaine s'est fracturé la cheville. Cette année-là, six membres de l'équipe vont jouer avec les Eskimos de Wetaskiwin au championnat de hockey midget de l'Alberta[96]. En 1952, Alex Janvier est pris d'une inspiration poétique lorsqu'il écrit que pour l'équipe de Blue Quills, « une victoire ne semble pas satisfaire l'appétit vorace de notre équipe ». Après une victoire contre l'équipe de St. Paul, il écrit : « Chauffés à bloc par notre victoire, nous sommes rentrés à l'école où un repas appétissant et des couvertures chaudes nous attendaient. Le reste de la nuit, la lune et les étoiles, frappées de surprise, nous dévoraient des yeux pendant notre sommeil[97]. »

Parfois, dans les pensionnats de l'Alberta, il n'y a pas de patinoire avant le mois de janvier. Au pensionnat anglican de Cardston, les élèves patinent sur la surface gelée de l'eau qui a débordé du barrage de l'école. Selon un article écrit par Oliver Soop pour le journal de l'école en 1955 : « Après un certain temps, nous avons inondé notre patinoire. Nous y avons travaillé d'arrache-pied. Quelques garçons sont restés debout jusqu'à une heure du matin pour arroser la patinoire. Mais nous avons finalement réussi à obtenir une bonne couche de glace pour patiner[98]. »

L'équipe de hockey de Blue Quills remporte cinq de ses huit parties en 1959. Selon un article dans le journal du pensionnat : « Bien que brève, notre saison de hockey fut très plaisante et nous en avons profité au maximum. Chaque jour, nous nous sommes entraînés ou nous avons vraiment joué. Nous avons vu beaucoup de travail d'équipe et un bel esprit sportif. Nous remercions notre entraîneur, monsieur T. Cardinal, pour ses bons conseils et ses encouragements[99]. » Sous la supervision de l'entraîneur Nick Kohlman, le pensionnat d'Hobbema dispose de ce que l'on estime être l'une des meilleures équipes de hockey de la province de la fin des années 1950[100].

En 1958, les Affaires indiennes organisent un tournoi de deux jours pour les équipes de cinq pensionnats dans le Nord-Ouest de l'Ontario. Les équipes de Fort Frances et du pensionnat catholique de Kenora s'affrontent en finale, et l'équipe de Kenora est victorieuse. Fred Nesacapo du pensionnat presbytérien de Kenora est nommé le meilleur joueur du tournoi[101].

En 1958, J. M. Black, directeur de l'école Sir John Franklin à Yellowknife, dans les Territoires du Nord-Ouest, fait remarquer que les élèves du pensionnat Akaitcho Hall jouent dans la ligue senior masculine locale. Il y a également une ligue de curling et deux ligues scolaires internes de volleyball[102]. Les élèves des pensionnats de Pointe Bleue et d'Amos, au Québec, font partie d'équipes qui jouent dans un tournoi de hockey à Québec devant un nombre record de spectateurs en 1961[103].

Quelques rares élèves seulement réussiront à jouer au hockey professionnellement, mais pour de nombreux autres, le jeu est un élément positif qui continue de faire partie de leur vie. D'anciens élèves des pensionnats jouent un rôle dans l'organisation de l'association Indian Sports Olympics (INSPOL) au début des années 1970. Les Thunderbirds de l'INSPOL sont la première équipe canadienne d'étoiles autochtones du hockey junior. Dans les années qui suivent, des équipes et des ligues de hockey autochtones, comme l'Alberta Native Hockey League, sont mises sur pied dans tout le pays. Certains élèves continuent de jouer dans des équipes de hockey d'anciens joueurs. D'anciens élèves, par exemple, sont des joueurs phares de l'équipe des Old Chiefs d'Hobbema qui remporte la médaille d'or lors d'une compétition internationale[104].

La boxe sur la côte Ouest

Le hockey est le sport le plus populaire auprès des garçons dans la plupart des pensionnats; c'est toutefois la boxe qui prévaut à ce chapitre dans ceux de la Colombie-Britannique. En 1947, l'école catholique de Sechelt, située à North Vancouver, fait de la publicité afin de recruter un bénévole pour diriger un programme de sports. C'est Alex Strain, un ancien combattant de la Marine royale canadienne, qui est retenu. À cette époque, l'école ne compte pas de programme récréatif ni d'installations. Dirigés par Strain, les élèves nettoient un entrepôt et s'en servent comme gymnase. Strain travaille en tant que bénévole quatre jours par semaine, et crée, selon Gerry Pratt, un reporter du *Vancouver Sun*, « l'équipe d'acrobates la plus souple de la province ». Il met ensuite un programme de boxe en place au pensionnat. Le premier ring est délimité par quatre rangées de chaises. Le premier sac d'entraînement est un sac de marin rempli de tapis de gymnastique. Après deux ans, Strain achète un camion d'occasion et court les galas de boxe de l'île de Vancouver avec les élèves. Après quatre ans d'existence, l'équipe a remporté plus de 100 trophées. Le frère John Lawrence fabrique des peignoirs et des culottes de boxe pour tous les membres de l'équipe et sert aussi d'entraîneur[105]. Frederick Baker, le premier récipiendaire du prix Tom Longboat, est un membre de l'équipe de boxeurs de Sechelt. Baker remporte trois championnats en 1948; deux en 1949; un en 1950, et un autre en 1951[106].

À l'époque où il est encore aux Affaires indiennes, Ian Eisenhardt est impressionné par le travail que Strain effectue à l'école de Sechelt et veille à ce qu'il reçoive un salaire à temps partiel à partir de 1951[107]. Au cours des années suivantes, Strain travaillera comme instructeur sportif dans les pensionnats de Sechelt et de Mission, en Colombie-Britannique[108].

En 1952, Strain et Andrew Paull, président de la Fraternité des Indiens d'Amérique du Nord, organisent un match de boxe amateur dans la catégorie « Buckskin Gloves » à Vancouver. Il s'agit d'un événement de deux jours pour les boxeurs autochtones de la région du nord-ouest du Pacifique. Lorsque Strain et Paull ont du mal à réunir les 50 $ nécessaires pour le dépôt de location de l'aréna, les sœurs de l'Enfant-Jésus acceptent de commanditer l'événement. La nouvelle que des sœurs commanditent un match de boxe fait les manchettes dans la presse internationale. L'invité d'honneur de l'événement est le célèbre athlète amérindien Jim Thorpe[109].

Parmi les boxeurs qui suivent le programme de Strain à North Vancouver, on compte le futur chef de la Première Nation Musqueam, Ernie Campbell. Son frère Eddie et lui remportent de nombreux tournois de boxe pour l'école dans les années 1950. En tant que chef, Ernie supervisera bon nombre de contestations juridiques importantes et fructueuses au nom de sa Première Nation, en plus de raviver le programme de sports et de loisirs de cette dernière[110]. En 1956, le pensionnat de Mission envoie 14 élèves à un tournoi de boxe des Golden Gloves à Trail, en Colombie-Britannique. C'est le plus

La salle des loisirs du pensionnat de Carcross, dans le Yukon. Un rapport de l'Église anglicane datant de 1946 aborde la nature « presque souterraine » des salles de jeu des écoles.

Archives du Synode général de l'Église anglicane du Canada, P7561-110.

Garçons qui jouent au hockey au pensionnat de Sturgeon Landing (Saskatchewan). On peut voir les bâtons de hockey de fortune.

Archives de la Société historique de Saint-Boniface, Fonds de l'archidiocèse de Keewatin – Le Pas, N3631.

Le terrain de jeu du pensionnat presbytérien, à Kenora (Ontario).
Archives de l'Église presbytérienne du Canada, G-5476-FC-59.

L'équipe gagnante de hockey du pensionnat de Prince Albert (Saskatchewan).
Archives du Synode général de l'Église anglicane du Canada, P2004-09-293.

L'équipe de hockey du pensionnat d'Amos (Québec).
Archives Deschâtelets.

La patinoire du pensionnat de McIntosh (Ontario).
Archives de la Société historique de Saint-Boniface, Missionnaires Oblats de Marie Immaculée, Fonds de la province du Manitoba, délégation, SHSB29362.

L'équipe de boxe du pensionnat Squamish (Colombie-Britannique).
Archives de North Vancouver, 4791.

L'équipe de soccer des filles du pensionnat d'Alberni (Colombie-Britannique).
Archives de l'Église Unie du Canada, 86.158P16.

L'équipe de baseball des filles du pensionnat Old Sun (Alberta).
Archives du Synode général de l'Église anglicane du Canada, P75-103-S7-202.

Équipe de ballon-balai des filles de Pointe Bleue (Québec).
Société d'histoire et d'archéologie de Mashteuiatsh.

Course à pieds liés au pensionnat anglican de Fort George (Québec).
Archives du Synode général de l'Église anglicane du Canada, P7518-212.

Les sœurs Firth, en ski, près d'Inuvik (Territoires du Nord-Ouest). Elles ont représenté le Canada à quatre différents Jeux olympiques et remporté 48 championnats canadiens.
Tessa Macintosh, Archives des Territoires du Nord-Ouest, Fonds du ministère des Travaux publics et des Services, no d'acquisition G-1995-001, no d'article 5959.

Spectacle de Noël à Portage la Prairie (Manitoba).
Archives de l'Église Unie du Canada, 86.158P/32.

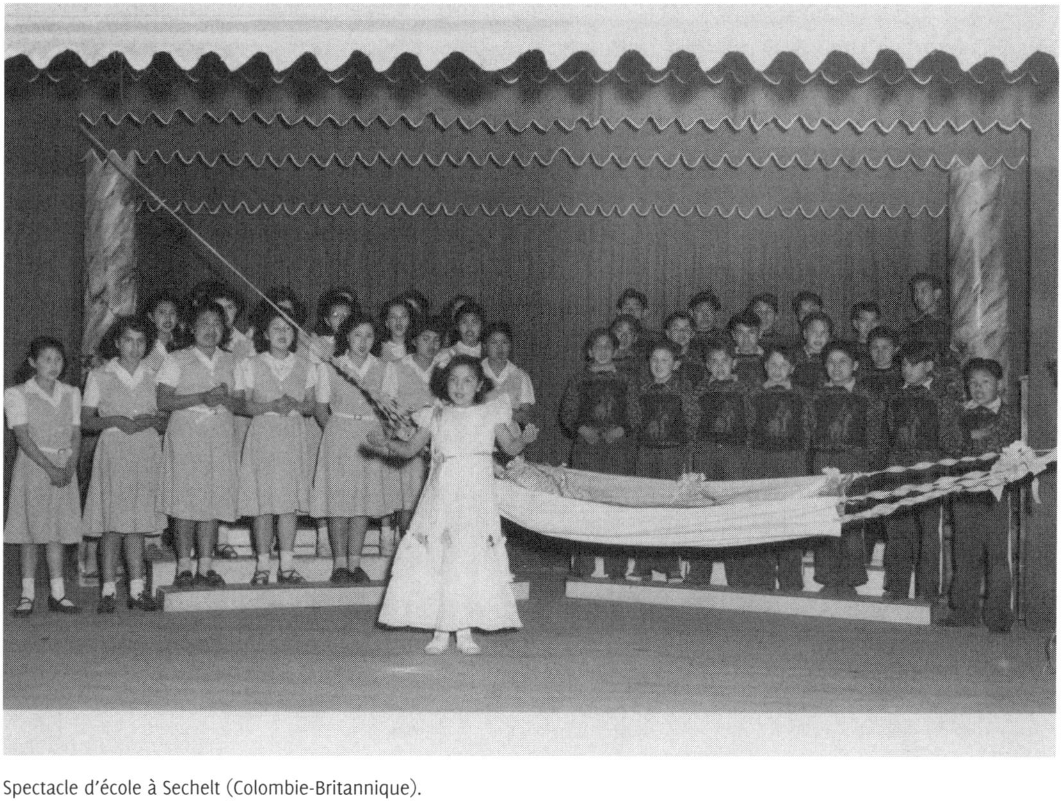

Spectacle d'école à Sechelt (Colombie-Britannique).
Archives Deschâtelets.

Groupe de danse du pensionnat d'Hobbema (Alberta).
Archives provinciales de l'Alberta, A21066.

Un cours de danse à Norway House (Manitoba).
Archives de l'Église Unie du Canada, 1993.049P1238.

Club de chant du Collège Grandin, Fort Smith (Territoires du Nord-Ouest).
Archives Deschâtelets.

Élèves s'exerçant à la guitare, Turquetil Hall : Louis Tapardjuk, Lazrei, Richard Kotierk Immaroitok et Louis Couvillan, vers 1964.
Diocèse de Churchill-Baie d'Hudson, CHB 07 03085.

Portrait d'un élève, par Alex Janvier, pour le bulletin du pensionnat Blue Quills (Alberta).

La peintre Judith Morgan a été pensionnaire à Alberni (Colombie-Britannique), dans les années 1940.
Musée royal de la Colombie-Britannique, G-02437.

La salle des loisirs des filles au pensionnat de Mission (Colombie-Britannique).
Archives communautaires de Mission, MCA-248-12.

Cours de poterie au pensionnat de Shubenacadie (Nouvelle-Écosse).
Archives de la congrégation d'Halifax des Sœurs de la Charité, 1708.

Les cadets du pensionnat anglican de Cardston (Alberta).
Archives du Synode général de l'Église anglicane du Canada, P75-103-S7-44.

Cadets de l'Aviation royale du pensionnat de Williams Lake (Colombie-Britannique).
Canada, Affaires indiennes et du Nord canadien, Bibliothèque et Archives Canada, PA-210715.

À Chesterfield Inlet, une guide, Bernadette Nattierk et un scout, Richard Kotierk Immaroitok.
Diocèse de Churchill-Baie d'Hudson, CHB 07 03290.

Le groupe de guides du pensionnat de Prince Albert (Saskatchewan).
Archives du Synode général de l'Église anglicane du Canada, P75-103-S7-289.

Des scouts du pensionnat de Gordon (Saskatchewan).
Archives du Synode général de l'Église anglicane du Canada, M2008-10-P93.

Le corps de cadets du pensionnat anglican de Cardston (Alberta) pose avec son prix.
Archives du Synode général de l'Église anglicane du Canada. P2004-09-147.

important groupe de participants inscrit au tournoi, qui attire des équipes de boxe de 14 collectivités[111]. Roger Adolph commence à boxer au pensionnat de Williams Lake après s'être battu avec un autre élève sur un terrain de basketball. Il devient ensuite boxeur professionnel en Angleterre, puis retourne en Colombie-Britannique où, en tant que chef de la bande Fountain, il joue un rôle important dans la lutte pour les droits de pêche des Autochtones[112].

Le hockey et la boxe ne sont, bien entendu, pas les seuls sports pratiqués dans les pensionnats. Dans les années 1970, le pensionnat catholique de Cardston, en Alberta, propose un cours de rodéo aux élèves[113]. L'école possède également un solide programme de basketball dont sortent deux équipes de championnat provincial[114]. Bon nombre d'écoles ont des équipes de baseball[115]. Dans les mémoires de Basil Johnston sur son séjour au pensionnat pour garçons de Spanish, en Ontario, la majorité d'un chapitre est consacrée aux sports, en particulier à une saison de football des années 1940 où l'école a remporté le championnat. Un donateur privé fournit l'équipement : « de vieux casques cabossés, des épaulières assorties, mais aucun pantalon ». La couturière de l'école confectionne 13 paires de pantalons de football en denim raide, qui sont ensuite peints à la main en vert. Ils sont raides, rêches et ont tendance à se fendre[116]. Johnston écrit : « À peine avions-nous rangé nos uniformes de football et nous étions-nous remis de nos courbatures, que nous entamions la saison de basketball. Tel était le système à Spanish, le système jésuite, toujours en train de jouer, toujours occupé à faire une chose ou une autre et n'avoir pratiquement jamais le droit de se prélasser ou de se détendre[117]. »

Dans ses mémoires concernant son séjour en pensionnat dans les Territoires du Nord-Ouest dans les années 1950 et 1960, Albert Canadien écrit que pendant la deuxième année de son séjour au pensionnat Akaitcho Hall de Yellowknife, il commence à s'adonner à des sports qu'il n'a jamais pratiqués auparavant. « J'ai commencé à jouer au badminton, au basketball et au volleyball dans le gymnase de l'école le soir. Il y avait même une soirée de patinage libre à l'aréna Gerry Murphy pour les élèves du pensionnat Akaitcho Hall. Je me suis inscrit dans une équipe de hockey, les Seals. Notre entraîneur était membre du détachement local de la GRC[118]. »

Participation féminine aux sports

Comme c'était le cas dans la société en général, les filles des pensionnats avaient moins de possibilités de pratiquer des sports organisés. Par exemple, 19 des 20 premiers lauréats du prix national Tom Longboat sont des hommes. Pendant la même période (1951 à 1971), 13 femmes seulement gagnent la version régionale de ce prix. Plus de 99 % des gagnants sont des hommes[119]. L'une des courses de filles à la compétition d'athlétisme disputée en 1950 au pensionnat presbytérien de Kenora est un exemple flagrant de la dévalorisation de la participation féminine aux sports : les filles doivent courir jusqu'à une station de maquillage, où elles se maquillent et se coiffent avec des pinces à cheveux sans miroir, puis revenir en courant à la ligne de départ[120].

Toutefois, certaines filles des pensionnats participent à des sports organisés. De nombreuses photos montrent des équipes sportives de filles. Lorsqu'on leur permet de jouer, les filles jouent souvent très bien. Le directeur du pensionnat de Birtle, au Manitoba, N. M. Rusaw, prépare ce rapport sur les journées sportives et le carnaval d'hiver de février 1959 :

> Nous avons obtenu l'usage de la patinoire de la ville pour l'après-midi et nous avons donc organisé deux parties de hockey. Nos filles ont de nouveau joué contre les filles de la ville et ont remporté la partie. Je leur ai obtenu de nouveaux chandails rouge et blanc, dans lesquels elles sont très mignonnes. Elles ont choisi elles-mêmes les couleurs. Leurs parties sont très agréables à regarder. Les gens les préfèrent de loin aux parties des garçons. Je suis étonné de voir à quel point nos filles prennent confiance. Elles n'hésitent absolument pas et ça leur donne un sentiment d'importance, au moins autant que les garçons[121].

En mars 1959, les équipes de hockey des garçons et des filles se rendent de Birtle jusqu'au pensionnat de Portage la Prairie pour participer au carnaval d'hiver de cette école, où les équipes remportent leurs deux parties[122]. L'équipe de volleyball féminin de Lower Post, en Colombie-Britannique, se rend à Whitehorse, au Yukon, pendant le congé de Pâques de 1969. Bien qu'elles ne remportent qu'une seule partie, il s'agit de leur participation à une compétition extérieure[123].

Programme territorial expérimental de formation au ski

L'une des initiatives sportives les plus réussies dans les pensionnats, accessible tant aux garçons qu'aux filles, est le programme territorial expérimental de formation au ski (TEST). Après une série de cours de ski en 1965 et 1966, le programme TEST est mis sur pied grâce au financement du gouvernement fédéral. Le programme est le fruit du travail du père J. M. Mouchet, un oblat de France venu au Canada dans les années 1940, qui a entrepris des œuvres missionnaires dans le Territoire du Yukon. Bien qu'il n'ait guère réussi à convertir les gens au catholicisme, il a fortement contribué à faire connaître le ski de fond dans le Nord du Canada[124]. Au départ, les cours se donnent au foyer catholique Grollier Hall, à Inuvik. Pendant le premier hiver au cours duquel le programme est offert, les membres parcourent plus de 32 190 kilomètres à ski et participent à 45 courses[125]. L'armée de l'air des États-Unis fournit des skis usagés à Mouchet. Les élèves qui participent à son programme, outre de prendre du plaisir à skier, peuvent souvent manquer la messe et passer la plus grande partie de leur dimanche à skier[126].

Sharon et Shirley Firth sont parmi les premières à être recrutées dans le programme de ski de Mouchet en 1965[127]. Les jumelles sont nées dans une famille Gwich'in à Aklavik en 1953, mais leur famille s'est installée à Inuvik[128]. Après le déménagement, leur mère, atteinte de tuberculose, est hospitalisée, à la suite de quoi les filles vivent brièvement à la résidence anglicane Stringer Hall, à Inuvik. Elles sont contentes de rentrer chez elles : elles se plaignent de la nourriture et de ce qu'elles n'avaient pas le droit de parler à leurs frères[129]. Rapidement, elles commencent, avec d'autres jeunes d'Inuvik, en particulier ceux de Grollier Hall, à participer à des compétitions de ski locales et internationales. Les victoires remportées par Shirley et Sharon Firth et Harold Cook en 1968 dans diverses compétitions de ski sont mentionnées et célébrées dans le journal scolaire de Grollier[130]. Sharon Firth se souvient que leur entraîneur, Bjorger Petterson, leur a dit que si elles obtenaient de bons résultats, elles pourraient voyager dans le monde entier. Elle dit : « C'était l'un de mes rêves quand j'étais enfant[131]. »

Les sœurs Firth représenteront par la suite le Canada lors de quatre Jeux olympiques différents. À elles deux, elles remportent au total 48 championnats canadiens. Inuvik devient un centre du ski de fond au Canada : pendant les Jeux olympiques d'hiver de 1972, sept des neuf skieurs de l'équipe canadienne de combiné nordique sont originaires des régions de la vallée et du delta du fleuve Mackenzie, dans les Territoires du Nord-Ouest[132].

D'autres skieurs de Grollier Hall atteignent un niveau élevé; il s'agit d'Angus et Rex Cockney; Roseanne, Roger et Anita Allen; Ernie Lennie (champion junior du Canada de 1970) et Fred Kelly (champion junior du Canada de 1968)[133].

Sharon Firth dit qu'en se concentrant sur ses objectifs de ski, elle a réussi à échapper aux habitudes destructrices dans lesquelles se sont enlisés bon nombre des jeunes avec lesquels elle a grandi[134]. Harold Cook, de Fort Good Hope, est également membre de l'équipe du programme TEST dans les années 1960. À cette époque, il vit à Grollier Hall, où il est victime de sévices sexuels de la part d'un membre du personnel. En 1997, il raconte aux *Northern News Services* : « Je skiais pour m'éloigner de la résidence ». À ce moment-là, il contribue à l'organisation d'un groupe de soutien pour d'autres anciens élèves qui ont été victimes d'agressions à Grollier Hall. Il confie à l'auteur d'un livre sur l'équipe de ski : « Je crois que le ski m'a donné la force de me remettre des sévices… c'est en skiant que j'ai appris que je pouvais atteindre un but s'il est réaliste et si je travaillais très dur pour l'atteindre[135]. »

Les arts : « On n'en fait que très peu dans la majorité des salles de classe »

Lorsqu'il parle des éléments positifs de sa vie au pensionnat de Fort Alexander, au Manitoba, Phil Fontaine dit : « Je garde de bons souvenirs des concerts qui étaient organisés à l'occasion d'un jour de fête, en l'honneur du directeur, du père, de la mère supérieure ou à Noël. Quand on avait de la chance, on pouvait se faire demander de jouer dans une pièce de théâtre; on me l'a demandé à quelques occasions. On a passé des soirées à se préparer pour la pièce et c'était vraiment bien, car on échappait aux activités réglementées[136]. »

Comme pour les sports, les arts — le théâtre, la musique, l'écriture, la danse et la peinture — donnent aux élèves un répit de la vie restrictive des pensionnats. D'anciens élèves évoquent souvent ces activités comme des moments de bonheur de leur vie scolaire[137].

Théâtre

Presque toutes les écoles organisent un concert de Noël et bon nombre montent des productions théâtrales ambitieuses. Dans certains cas, les pièces jouées dans les pensionnats comprennent des comédies écrites localement. À Spanish, en Ontario, le club de théâtre senior des garçons présente la pièce *Birdslaughter*, écrite et réalisée par J. Sammon en 1947. Dans cette comédie dramatique se déroulant dans un tribunal, Adam Commanda joue le juge, Henry Deere et Maxie Simon sont des gendarmes et Basil Johnston joue le rôle du procureur[138].

Le pensionnat de Christie, en Colombie-Britannique, remporte la coupe du défi Oskenonton décernée par le ministère de l'Éducation de la Colombie-Britannique pour la meilleure pièce de théâtre présentée par un groupe « indien »; la pièce *The Hidden Gem* est une œuvre complexe en vers datant du XIXe siècle[139].

En 1967, les élèves du pensionnat Shingwauk, en Ontario, présentent une pièce de théâtre en quatre actes intitulée *Arrow to the Moon*. Dans l'un des actes, on présente un dialogue entre un aîné et un jeune homme pour mettre en contraste ce que l'on perçoit comme les anciennes façons de faire et les nouveaux horizons qui s'ouvrent aux Autochtones. Billy Diamond incarne le jeune homme, qui dit à la fin de la scène : « Les nouvelles méthodes nous montrent comment travailler et vivre, tandis que les anciennes nous ont appris à mourir. » La représentation est filmée et présentée aux Cris de la baie James, qui s'abstiennent de tout commentaire public, mais sont choqués de découvrir à quel point leurs enfants sont manipulés (quelques années plus tard, alors qu'il est encore un jeune homme, Billy Diamond réussit à négocier le premier accord important et exhaustif sur les droits autochtones au Canada pour son peuple des Cris de la baie James)[140].

Musique et danse

Dans les années 1960, le pensionnat de Portage la Prairie, au Manitoba, possède une chorale accomplie, connue sous le nom de « Signing Indians ». En 1967, elle se rend à Montréal pour l'Expo 67. Avec l'aide des Affaires indiennes, la chorale fait également un déplacement à Disneyland en 1969. La chorale de 36 membres, qui chante en anglais et en cri, enregistre un disque intitulé *A Hundred Years of Progress*[141]. À la fin des années 1950, le pensionnat de Beauval possède également une chorale de garçons, les « Beauval Indian Boys », qui enregistre un disque de chants spirituels chrétiens[142].

Le pensionnat de Kamloops, en Colombie-Britannique, attire beaucoup d'attention grâce à sa troupe de danse folklorique féminine : les « Kamloops Indian Residential School Dancers ». Dans les années 1940, sœur Ann Mary, une religieuse d'Irlande, commence à donner des cours de danse à l'école. Lorsque sa sœur, connue sous le nom de « sœur Mary Leonita » la rejoint à l'école, la troupe de danse connaît un véritable succès. Sous leur direction, la troupe se concentre d'abord sur la danse irlandaise, mais finit par se diversifier dans d'autres genres de danse folklorique[143]. En mai 1960, elle exécute une danse du foulard ukrainienne, une danse suisse et deux danses irlandaises, et remporte la coupe Melva Dwyer à la compétition de danse folklorique du festival de musique Yale-Cariboo[144]. La troupe de danse donne des représentations dans la région et part même en tournée à l'étranger et se rend au Mexique en 1964[145].

En 1963, les élèves du pensionnat de Carcross assistent à « une représentation de danse indienne par les enfants du foyer du Yukon et du pensionnat catholique de Lower Post ». Selon le directeur, David Lawson, cette représentation est jugée « particulièrement intéressante par 16 de nos jeannettes qui apprennent la danse avec une certaine Mme Sydney de Carcross »[146]. (Il s'agit peut-être d'Angela Sidney, l'une des premières élèves à fréquenter le pensionnat de Carcross dès son ouverture au début du XXe siècle[147].)

Le pensionnat de Gordon, en Saskatchewan, met sur pied une troupe de scouts et un groupe de danse pow-wow à la fin des années 1950[148]. Au départ, il s'agit d'« un petit groupe de garçons indiens qui apprennent leurs danses autochtones traditionnelles et donnent des spectacles de danse comme programme d'activités supplémentaire ». Dans les années 1980, la troupe de danse compte plus de cinquante membres, âgés de 6 à 18 ans. La majorité des danseurs sont des garçons, mais quelques filles se sont jointes à la troupe entre-temps. La troupe a également ses propres chanteurs, qui profitent « du plus d'occasions possible de s'exercer et d'apprendre auprès de chanteurs adultes expérimentés ». Les vêtements des danseurs sont confectionnés à la main par les femmes de la bande de Gordon. La troupe voyage beaucoup et accompagne souvent les équipes sportives de l'école. Elle se rend à Kamloops en 1972; en Finlande, en Angleterre et en Hollande en 1974; à Frazer, au Montana, en 1978; en Nouvelle-Écosse en 1979 et en Suisse et en Italie en 1982[149].

D'autres élèves sont ravis d'avoir la possibilité de jouer d'un instrument de musique. Dans les mémoires de son temps passé à Akaitcho Hall, Albert Canadien se souvient :

> Certains garçons avaient une guitare, et il y avait d'autres instruments dans la salle commune. Parfois, on se regroupait et on jouait ensemble pour passer le temps. John, le superviseur des garçons, s'en est rendu compte; il s'y est intéressé et nous a encouragés à jouer et à chanter.
>
> On a commencé à jouer ensemble juste pour le plaisir. Puis, nous avons finalement formé un groupe. Nous étions cinq ou six, et nous nous appelions les Arctic Ramblers. Notre groupe comptait deux guitaristes, un violoniste, un bassiste, un batteur, et nous avons même eu un pianiste pendant un bout de temps.

Ils jouent à l'occasion des danses à la résidence et à Hay River[150]. Plus tard, Canadien fait partie des Chieftones, un groupe de rock and roll qui fait de nombreuses tournées dans toute l'Amérique du Nord[151].

Arts

En 1962, Esther Tervo, la secrétaire correspondante de la British Columbia Indian Arts and Welfare Society, demande à l'Église Unie d'embaucher George Clutesi pour qu'il enseigne « l'art et le folklore indiens » au pensionnat d'Alberni, en Colombie-Britannique. Tervo décrit Clutesi comme étant un « protégé de la regrettée Emily Carr » (une célèbre peintre de Colombie-Britannique). Elle explique qu'il enseigne l'art et le folklore autochtones depuis plusieurs années et qu'il est considéré comme un « conférencier inspirant »[152]. Clutesi est né en 1905 dans la Première Nation Tseshaht et a fréquenté le pensionnat d'Alberni lorsqu'il était enfant. Il a travaillé comme pêcheur et ouvrier jusqu'à ce qu'un accident sur un chantier de construction lui brise les reins. Pendant sa convalescence, il écrit une comédie musicale sur la vie autochtone intitulée *They Were a Happy Singing People*, qui le fait connaître du public. C'est également pendant cette période qu'il commence à peindre et, comme le souligne Tervo, qu'il se lie d'amitié avec Emily Carr[153].

Le président du Comité des missions intérieures de l'Église Unie du Canada, E. E. M. Joblin, appuie en principe l'idée d'embaucher Clutesi, mais se montre prudent, car Clutesi a déjà critiqué la façon dont le pensionnat était administré lorsqu'il y était élève. Dans des entrevues avec les médias, par exemple, il a parlé de la suppression des langues autochtones à l'école. Joblin conseille au directeur du pensionnat d'Alberni, John Andrews, d'étudier l'idée, mais de « vous assurer qu'il adopte une attitude positive à l'égard de l'école et des élèves pour qu'il ne devienne pas une influence subversive »[154]. Andrews répond qu'il est au courant pour Clutesi et qu'il « a essayé d'en faire un allié du pensionnat en lui commandant de petits projets d'art et en l'employant à temps partiel comme peintre dans notre personnel d'entretien ». Il prévoit lui offrir un poste permanent au sein de l'équipe d'entretien de l'école au début de l'année 1965. Dans le cadre de ce poste, on lui permettrait « d'utiliser son talent dans la formation de nos jeunes Indiens. Ainsi, écrit Andrew, j'estime que je peux maîtriser la situation, sans lui donner carte blanche »[155]. En février 1965, on mentionne que Clutesi « contribue à la préservation de sa culture en enseignant à un groupe d'élèves du pensionnat les chants et les danses d'antan »[156]. En juin, des danseurs présentent sous sa direction des spectacles aux événements du pensionnat[157]. Le poste de Clutesi devient permanent en juin 1966[158].

En 1967, Clutesi publie *Son of Raven, Son of Deer*, le premier de trois livres à succès sur la culture autochtone de la côte Ouest écrits et illustrés par lui. Dans son introduction, Clutesi écrit : « Le parent indien s'abstenait d'utiliser l'adage non indien "Ne fais pas ceci. Ne fait pas cela." Il enseignait plutôt à ses enfants en utilisant des paraboles et des contes dans lesquels tous les animaux de son propre monde jouaient un rôle important. L'enfant se rendait vite compte que toute la vie animale était une partie intégrante de l'ensemble de la création[159]. »

Clutesi est embauché pour peindre une murale au pavillon indien de l'Expo 67 à Montréal. Il utilise les pinceaux qu'Emily Carr lui a laissés à sa mort[160].

Le travail culturel que Clutesi effectue au pensionnat d'Alberni est l'exception et non la règle dans la majorité des pensionnats. En 1967, les comités de parents mis sur pied par les Affaires indiennes sont « invités [...] à inclure dans le programme scolaire des aspects de leur culture. Les comités scolaires ont été autorisés à élaborer un programme culturel qui englobe une période d'enseignement de trente minutes chaque semaine[161]. »

Clutesi n'est pas le seul artiste autochtone éminent à sortir des pensionnats. Un article de journal paru sur le pensionnat de Blue Quills en 1951 attire l'attention du public sur les peintures qui « ornent la chapelle », qui sont l'œuvre d'un jeune homme de 15 ans, Alex Janvier[162]. Lorsqu'il effectue son inspection pancanadienne des programmes de loisirs dans les pensionnats, Ian Eisenhardt est particulièrement impressionné par les œuvres de Janvier. Il prend des photos des décorations de l'autel et demande qu'on envoie certains de ses dessins ou peintures à Ottawa pour qu'il puisse les montrer à d'autres responsables des Affaires indiennes[163]. Le directeur du pensionnat reconnaît les talents artistiques de Janvier et il prend des dispositions pour que Karl Altenberg, un professeur des beaux-arts de l'Université de l'Alberta, visite le pensionnat de Blue Quills et donne des leçons à Janvier. Janvier poursuit ses études à l'Alberta College of Art et décroche son diplôme en 1960, après quoi il entame une importante carrière de peintre et d'éducateur qui est reconnue au pays et à l'étranger.

Adulte, Janvier critique avec virulence la vie à Blue Quills, déclarant que tout ce que le pensionnat a fait a été de préparer la majorité des élèves à la prison ou à une vie d'assisté social. « Lorsque vous quittiez l'école, vous étiez fin prêt à monter au paradis, mais vous ne valiez pas une chique de tabac dans notre bas monde. Vous étiez incapable de gagner votre vie. Toutes les aptitudes à la vie quotidienne vous avaient été siphonnées et remplacées par une foule de valeurs insignifiantes... On vous avait extirpé ce qui fait de vous un Indien. » La majorité de ses frères et sœurs sont morts jeunes; il croit que « l'école les a tués de l'intérieur »[164].

Jackson Beardy est né en 1944 dans le Nord du Manitoba. De sa grand-mère paternelle, il apprend les traditions et les enseignements spirituels de la culture crie[165]. À l'âge de sept ans, il est envoyé au pensionnat de l'Église Unie de Portage la Prairie, au Manitoba. À son arrivée, il est immédiatement séparé de sa sœur. Son processus de séparation de la langue crie — la seule langue qu'il parle — commence au même moment. Dans la salle de classe, au fur et à mesure qu'il apprend l'anglais, on lui enseigne que les Autochtones sont des sauvages. Toutefois, l'école le met en contact avec une professeure de beaux-arts bienveillante, Mary Morris, qui, en plus de développer son jeune talent, garde le contact avec lui toute sa vie. Contrairement à bon nombre d'autres élèves, Beardy choisit de ne pas quitter l'école lorsqu'il atteint l'âge de 16 ans et de rester pour finir ses études secondaires[166].

Beardy croit que le directeur du pensionnat lui a promis de le soutenir dans la poursuite de ses études en tant qu'artiste lorsqu'il aura terminé l'école secondaire. Toutefois, le directeur lui dit qu'il a été éduqué pour être un citoyen productif, non un artiste. Il lui propose effectivement de l'aider s'il suit un cours d'art commercial. Farouchement indépendant et déçu, Beardy refuse son offre[167]. Le père de Beardy travaille dur pour que son fils puisse retourner dans le Nord chaque été. Malgré les efforts déployés par son père pour que le garçon ne perde pas le contact avec sa collectivité d'origine, lorsqu'il termine l'école, Beardy a l'impression qu'il ne fait pas que parler en anglais, mais qu'il pense aussi en anglais[168]. Afin de renouer avec sa culture, il fait une proposition unique à un pilote de brousse du Nord. En échange de transport gratuit dans tout le Nord, Beardy offre de charger et de décharger gratuitement l'avion. Beardy profite de ses voyages pour parler à autant d'aînés qu'il peut, ce qui lui permet effectivement de se rééduquer[169].

Judith Morgan, membre de la Première Nation Tshimshian, a fréquenté le pensionnat Alberni dans les années 1940. En décembre 1946, George Sinclair, un peintre de Victoria, commence à donner des cours de beaux-arts à l'école. Il est vite impressionné par le talent de Morgan. En juillet 1947, elle reçoit une bourse de 150 $ de la Société indienne d'art et d'artisanat de la Colombie-Britannique après que ses œuvres ont été présentées dans le cadre d'une exposition d'œuvres d'art réalisées par des élèves des Premières Nations de la province[170]. Cette bourse lui permet d'étudier les œuvres d'art autochtones au Musée provincial de la Colombie-Britannique et aux archives provinciales de Victoria. En 1949, 20 de ses toiles sont exposées à Ottawa. Elle étudie l'art au Missouri et au Kansas, puis continue de peindre, en intégrant souvent des aspects de la culture des Premières Nations dans ses œuvres[171].

Un autre éminent artiste autochtone, Norval Morrisseau, était élève au pensionnat de Fort William, en Ontario. Il affirme que ses efforts artistiques y ont été très peu encouragés. « Au lieu de suivre le cours, je faisais quelques dessins et les sœurs m'administraient une correction avec une lanière de cuir pour me punir. Elles disaient : «Tu n'es pas venu ici pour faire de l'art. Il y a un temps réservé à l'art. Tu dois apprendre l'orthographe, l'arithmétique, donc, non. » Quand il n'apprend pas bien ses leçons, on le frappe avec la lanière de cuir. « Sœur Lorenza disait : "Fais tes études. Nous voulons que tu sois un homme développé, qui comprend." Mais l'art était toujours présent. Je dessinais quand même[172]. » Il retient de l'école qu'il a toujours été puni pour avoir parlé sa langue et que la formation religieuse était intransigeante. Il quitte l'école à l'âge de dix ans[173].

Artisanat

Le surintendant régional adjoint de l'éducation pour les Affaires indiennes en Colombie-Britannique et au Yukon, A. H. Friesen, conclut en 1968 que, pour ce qui est de l'enseignement de la culture des Premières Nations : « on ne fait que très peu dans la plupart des salles de classe » de sa région. Il donne les exemples suivants des pensionnats de sa région :

> Résidence d'élèves de St. Mary, Mission — Le frère McDonald enseigne différents types d'artisanat, en particulier la sculpture, aux élèves intéressés, au foyer, à l'extérieur des heures de cours.
>
> Résidence d'élèves d'Alberni — George Clutesi enseigne les danses et les légendes indiennes, entre autres, aux élèves, le soir, au foyer.
>
> Résidence d'élèves de Carcross — Le personnel indien enseigne les danses indiennes et raconte des histoires et des légendes indiennes pendant environ une demi-heure par semaine[174].

Comme les exemples le laissent entendre, en plus des danses, certaines écoles font de la place à l'artisanat autochtone. Par exemple, les Chevaliers de Colomb, une association philanthropique catholique, organisent une exposition d'artisanat des pensionnats de la Colombie-Britannique au grand magasin de la Baie d'Hudson de Vancouver. Selon un article de journal portant sur les œuvres de l'école de Kamloops :

> On pourrait passer des heures à les examiner dans le moindre détail. Il y a des articles tricotés, des robes, des chandails, etc., confectionnés par des filles âgées de 16 ans et moins. Il y a des coussins en laine et un jeté auquel on doit avoir consacré beaucoup de temps, de talent et de laine. Il y a des exemples remarquables de broderie perlée, en particulier une paire de gants en daim portant l'inscription « Kamloops » et plusieurs papillons réalistes brodés en perles.
>
> Parmi les œuvres des garçons, il y a des articles habilement sculptés, notamment une paire de personnages indiens de plus de deux pieds, sculptés de façon nette et systématique avec des dessins accentués par brûlage. Un autre article exceptionnel est un « coffre au trésor » magnifiquement sculpté[175].

En 1958, le directeur de l'école Sir John Franklin de Yellowknife, J. M. Black, mentionne que Mme Fairful, la surveillante des filles à Akaitcho Hall, « encourage activement et aide les jeunes filles inuites et indiennes à confectionner leur artisanat autochtone. Les résultats sont très beaux et témoignent d'une grande habileté et de beaucoup d'authenticité. » Certaines élèves fabriquent des articles sur commande pendant leurs loisirs[176].

Bien que les activités culturelles soient une bouée de sauvetage pour bon nombre d'élèves des pensionnats, pour d'autres, la participation à ces activités n'est pas toujours volontaire ni agréable. Par exemple, la chorale du pensionnat de Portage la Prairie est dirigée par l'administrateur de la résidence, ce qui peut parfois causer des tensions. L'une des élèves affirme qu'on lui a signifié qu'elle devrait quitter la résidence si elle quittait la chorale. Selon un rapport des Affaires indiennes, un deuxième conflit avec l'administrateur survient lorsqu'une jeune fille annonce qu'elle quitte la chorale. L'élève explique que d'autres hésitent à quitter la chorale parce qu'ils craignent le mauvais caractère de l'administrateur, dont l'enquêteur des Affaires indiennes dit avoir été témoin « de ses propres yeux ». Le fonctionnaire des Affaires indiennes, R. A. Hoey, écrit que la chorale « a une bonne réputation et se rend ici et là pour donner des spectacles. Toutefois, il ne s'agit pas vraiment d'une activité parascolaire relaxante pour les élèves, mais plutôt d'un moyen d'apporter la gloire à la résidence et à son administrateur[177]. »

À l'école de Kamloops, les avantages d'être danseur ont un prix : les répétitions sont rigoureuses et la discipline est sévère. Les élèves se souviennent que lorsqu'ils faisaient des erreurs, ils écopaient de coups de « shillelagh » (une canne ou un bâton irlandais) et de remarques humiliantes[178].

Organismes militaires et organismes de services

En août 1942, 33 hommes des Premières Nations arrivent à Winnipeg en provenance du Nord du Manitoba. Ils sont venus s'enrôler dans l'Armée canadienne dans le cadre de ce que *l'Evening Tribune* de Winnipeg qualifie de « premier enrôlement de masse en son genre durant cette guerre ». Le groupe est mené par David Nanawin, directeur par intérim du pensionnat de Norway House. Parmi ces jeunes hommes, on compte Rose Beardy (son nom de famille est donné comme étant « Bardy »), le frère de Rose dénommé Sandy, Andrew Crate, Murdo Scribe (son prénom est donné comme étant « Murdock ») et John Muswaggon (son nom de famille est donné dans l'article comme étant « Musswagon »). Ils sont tous d'anciens élèves du pensionnat de Norway House, au Manitoba[179]. Un certain nombre de femmes autochtones qui ont fréquenté les pensionnats s'enrôlent également dans les Forces canadiennes. Parmi ces jeunes filles, on compte Edith Gordon, de la Première Nation de Pasqua, en Saskatchewan; Margaret Bruyere de Fort Frances, en Ontario; Mary Greyeyes, de la Première Nation de Muskeg Lake, et Margaret Stonechild, de la Première Nation crie de Peepeekisis[180]. Pendant la Seconde Guerre mondiale, 37 anciens élèves sont inscrits au « tableau d'honneur » du pensionnat de Gordon, en Saskatchewan. Elizabeth Atwater, membre du personnel, affirme que « certains des anciens élèves qui se trouvent outre-mer écrivent de si belles lettres qu'il m'est impossible de penser que notre travail a été en vain. Ils savent très bien pour quoi ils combattent[181]. »

L'enrôlement volontaire de milliers d'Autochtones dans l'Armée canadienne durant la Seconde Guerre mondiale est la manifestation d'un certain nombre de facteurs, dont la présence du corps de cadets dans les pensionnats[182]. Le soldat autochtone le plus connu de la Seconde Guerre mondiale est un ancien élève de pensionnat. Thomas Prince est né en 1915. Il est l'arrière-arrière-petit-fils du chef Peguis. Il a grandi dans la réserve de Brokenhead, au Manitoba, et a fréquenté le pensionnat d'Elkhorn, où il a terminé sa huitième année. Au pensionnat, il était un fier membre du corps de cadets et il a même essayé une fois de porter son uniforme de cadet en classe. Il s'enrôle en 1940 et il est accepté comme parachutiste en 1942. Il combat pendant la Seconde Guerre mondiale et la guerre de Corée. Pour son courage sous le feu ennemi pendant la Seconde Guerre mondiale, il reçoit la Médaille militaire pour bravoure sur le champ de bataille et la décoration américaine Silver Star. Il est libéré honorablement après avoir accompli son service pendant la guerre de Corée. Pour ce service, il reçoit la médaille de service pour la Corée, la médaille canadienne de service volontaire et la médaille de service des Nations Unies. On l'appelle souvent « le soldat indien le plus décoré du Canada »[183].

À la fin des années 1930, le mouvement des cadets est pratiquement non existant au Canada. Il est victime des compressions budgétaires imposées par le gouvernement fédéral à la suite de la Grande Dépression et du sentiment pacifiste d'un certain nombre d'Églises. Le déclenchement de la guerre en 1939 entraîne la renaissance du mouvement en général et, plus particulièrement, le rétablissement des unités de cadets dans les pensionnats. Pour les pensionnats, le corps de cadets est un moyen d'accéder à des ressources supplémentaires et à des fonds supplémentaires pour le personnel prêt à assumer le rôle de direction des unités de cadets. Par exemple, les Affaires indiennes essaient de convaincre la Corporation des biens de guerre fédérale de fournir au corps de cadets de l'école de Fort Frances, en Ontario, un ensemble complet d'instruments d'orchestre. Au pensionnat de Sioux Lookout, en Ontario, les garçons sont formés par une ancienne membre de la division féminine de l'Aviation royale canadienne. Selon l'agent des Indiens local, ils ont tous l'air « très élégants dans leur uniforme »[184].

Les écoles ne sont pas toutes aussi bien approvisionnées. En 1944, S. H. Middleton, le directeur du pensionnat anglican de Cardston, en Alberta, écrit aux Affaires indiennes pour se plaindre que le corps de cadets de son école n'a pas reçu de nouveaux uniformes depuis 1920. « Par conséquent, les uniformes que nous avons maintenant sont irréparables. » Il demande au gouvernement de lui fournir des « tenues militaires usagées dans les plus petites tailles[185]. »

En 1942, le mouvement des cadets de l'Armée est renommé les « Cadets royaux de l'Armée canadienne ». Pendant la guerre, il recrute 115 000 garçons canadiens[186]. Dans au moins un cas, les dirigeants autochtones sont hostiles à l'augmentation de l'entraînement militaire. Le chef de la bande de Poorman visite le bureau des Affaires indiennes en 1945 pour se plaindre qu'à l'école de Lestock, en Saskatchewan, « les élèves sont soumis à trop d'exercices militaires et ils sont donc absents des cours »[187]. Le directeur répond que, mis à part les trois jours de cours consacrés à l'inspection au cours de l'année, l'entraînement des cadets s'est déroulée les soirs, habituellement durant une heure et demie, une fois par semaine[188].

Le gouvernement fédéral réduit radicalement son engagement envers les unités de cadets en 1947. Toute unité de cadets qui ne dispose pas d'un instructeur qualifié et d'au moins 20 cadets âgés de 14 ans ou plus doit être dissoute[189]. Les Affaires indiennes cherchent à obtenir, en vain, une exemption pour les unités des écoles qu'elles administrent[190]. On donne à tous les organismes parrains la directive de renvoyer tout l'équipement au gouvernement fédéral. Le directeur du pensionnat presbytérien de Kenora, D. S. Pitts, demande si l'école peut acheter l'équipement[191]. Bien que le ministère fédéral de la Défense accepte de déclarer le matériel excédentaire et de le vendre au pensionnat de Kenora, les Affaires indiennes ne sont pas prêtes à financer l'achat[192].

Au cours des années à venir, plusieurs unités de cadets scolaires sont mises sur pied pendant quelques années, puis dissoutes. Le corps de cadets du pensionnat d'Alert Bay, en Colombie-Britannique, est dissout en 1958[193]. Le corps de cadets du pensionnat de Gordon, en Saskatchewan, est rétabli en 1959, puis dissout trois ans plus tard[194]. En 1967, deux pensionnats seulement ont un corps de cadets de l'Armée, en Saskatchewan : Duck Lake et Qu'Appelle[195]. En 1968, la Ligue navale exerce ses activités à Fort George[196]. La Ligue des cadets de l'Air de Prince Albert est dissoute en 1970, puis rétablie en 1975[197]. Deux ans plus tard, elle est dissoute une deuxième fois[198]. En 1962, on examine la possibilité d'établir un corps de cadets de la Marine dans les collectivités inuites. Le responsable des Affaires du Nord, Ben Sivertz, invite à la prudence, car la réussite de cette initiative dépend de la possibilité de trouver « un homme fiable pour diriger le corps et d'une garantie raisonnable de continuité »[199]. On craint également que la ligue soit en concurrence avec les scouts et les louveteaux[200].

Les responsables des écoles sont généralement en faveur de la création d'unités de cadets, mais ce n'est pas toujours le cas. Everett Anderson, le responsable des cadets de Fort Simpson, dans les Territoires du Nord-Ouest, est d'avis qu'il ne reçoit pas suffisamment d'appui de la part des superviseurs du foyer local en 1973[201].

Les activités des cadets peuvent avoir bonne presse. Un banquet organisé en 1955 pour célébrer le premier anniversaire du corps de cadets du pensionnat de Kootenay, en Colombie-Britannique, fait la une du journal local[202]. En 1958, le directeur du pensionnat de Lytton, en Colombie-Britannique, C. F. Hives, dit que par le passé, les garçons « étaient naturellement portés à se tenir courbés et être dépourvus de comportements et de réactions convenables ». On doit le changement de cette image au corps de cadets, qui a donné « un formidable coup de pouce à l'école, dans le sens où elle a commandé le respect de tierces personnes »[203]. Une fanfare de cadets, formée au pensionnat de Blue Quills en 1954, se produit au pensionnat ainsi que dans la collectivité avoisinante de St. Paul. Le journal local mentionne que la fanfare est « très recherchée pour les défilés et les célébrations »[204].

Dans certains cas, les conseils de bande sont prêts à soutenir financièrement les unités de cadets. En 1958, un corps de tambours et clairons de 20 cadets est formé au pensionnat anglican de Cardston, en Alberta. Le Conseil des Gens-du-Sang accepte de financer le salaire d'un professeur de musique pour la fanfare[205]. Les unités de cadets des pensionnats voyagent également pour participer à des compétitions régionales et nationales, où elles donnent souvent une très bonne performance. En 1958, l'escadron des cadets de l'Air du pensionnat de Prince Albert, en Saskatchewan, exclusivement formé d'Indiens se mesure à 36 autres escadrons de cadets de l'Air de la Saskatchewan et remporte deux prix pour les exercices militaires et la discipline et un prix pour l'efficacité militaire[206]. En 1955, on juge que le corps des cadets de la Marine du pensionnat d'Alberni, en Colombie-Britannique, est le plus compétent des corps comptant 100 membres ou moins (environ 90 % des unités appartiennent à cette catégorie)[207]. Il y a également une unité de cadets de la Marine au pensionnat de Blue Quills, en Alberta, en 1957[208]. En 1975, le corps de cadets du pensionnat de Gordon remporte la Coupe du défi de compétence générale), contre 27 autres corps de cadets de la Saskatchewan. C'est la première fois qu'un corps d'Autochtones remporte la coupe[209].

En 1960, les cadets du pensionnat de Gordon ont l'occasion de se rendre à Vernon, en Colombie-Britannique, pour suivre un camp de cadets de sept semaines, en juillet et août. Une participation de ce genre allonge considérablement la période pendant laquelle les élèves sont séparés de leurs parents. Les parents des élèves qui participent à ce programme sont informés que leur enfant « ne pourra revenir à la maison que vers la fin du mois d'août, s'il reste du temps, avant le début de la nouvelle année scolaire »[210]. Les pensionnats se tournent également vers les organisations militaires pour des emplois d'été. En 1961, celui d'Hobbema, en Alberta, place sept élèves dans l'Armée canadienne et huit élèves, chez les cadets[211].

La participation aux corps de cadets est également vue comme le premier pas vers une carrière militaire. Dans les années 1960, le ministère des Affaires indiennes et du Nord parvient à une entente avec le ministère de la Défense nationale aux termes de laquelle l'Armée cherchera à recruter des cadets dans les corps des pensionnats. Grâce à cette nouvelle politique, les Affaires du Nord réussissent à rétablir un corps de cadet récemment dissout à la résidence de Churchill, au Manitoba[212].

Le gouvernement fédéral revendique souvent son statut de tuteur des élèves des pensionnats. Toutefois, un accident survenu en 1956 qui implique un camion rempli de cadets autochtones montre avec quelle vitesse le gouvernement est prêt à renier ses responsabilités de tuteur si elles entrent en conflit avec ses intérêts financiers. En novembre de cette année, un camion de l'Armée transportant 40 cadets du pensionnat de Cranbrook, en Colombie-Britannique, capote. Le conducteur du camion est tué dans l'accident. Il était, de l'avis du fonctionnaire des Affaires indiennes, J. S. Dunn, « assurément sous l'influence de l'alcool et il conduisait à une vitesse excessive lorsqu'il a perdu la maîtrise du camion ». Tous les élèves souffrent de choc et de contusions et d'éraflures au visage et à la tête. Ils sont transportés dans un hôpital de la région, où 28 élèves reçoivent leur congé après avoir été examinés et 12 sont hospitalisés. Un autre garçon est hospitalisé le lendemain. Trois mois plus tard, l'un des élèves, John Terbasket, est encore à l'hôpital, tandis qu'un deuxième élève, Judy George, se plaint de maux de tête persistants. L'Armée canadienne accepte de payer toutes les factures d'hôpital et de remplacer les lunettes brisées[213]. Terbasket, qui souffre de côtes fêlées, doit finalement être opéré et reçoit son congé de l'hôpital en février 1957[214].

Andrew Paull, chef de la Fraternité des Indiens d'Amérique du Nord, demande si les Affaires indiennes devraient intenter une poursuite au nom des élèves blessés[215]. Dunn croit que l'Armée pourrait être reconnue coupable de négligence dans la garde des élèves. Il est d'ailleurs étonné qu'aucun élève n'ait été tué[216]. Le conseiller juridique des Affaires indiennes déconseille de poursuivre le ministère de la Défense nationale, puisque cela reviendrait à ce qu'un ministère en poursuive un autre.

Toutefois, il affirme que rien n'empêche l'agent des Indiens de conseiller aux parents de consulter un avocat de leur région s'ils souhaitent « réclamer une indemnisation de la Couronne ». Il ajoute que les Affaires indiennes pourraient « par principe, penser qu'une contribution » aux frais juridiques des parents est appropriée[217]. Cependant, allant à l'encontre des aspects financiers de cet avis juridique, le directeur des Affaires indiennes, H. M. Jones, donne l'ordre que les Affaires indiennes « ne donnent pas de conseils ou d'aide pour des revendications de ce genre. Tout parent ou tuteur peut cependant être informé que s'il souhaite faire une réclamation, il devra consulter un avocat en pratique privée. Le Ministère ne contribuera pas au paiement des honoraires d'avocat[218]. »

Les cadets sont tenus d'adhérer à la discipline militaire — et d'avoir une coupe de cheveux militaire. Dans les années 1970, lorsque de nombreux garçons portent les cheveux longs, les résidences permettent aux garçons d'avoir les cheveux longs, dans l'esprit de la politique générale d'intégration culturelle. Un responsable de résidence qui est également actif dans les cadets exhorte le ministère de la Défense nationale à assouplir ses politiques concernant la longueur des cheveux. Il écrit : « Dans la culture indienne, ils ont toujours porté les cheveux longs et, puisque nous essayons de promouvoir l'intégration, nous trouvons qu'il est impossible d'intégrer les garçons lorsque nous les stigmatisons avec des coupes de cheveux de type militaire ou institutionnel. Nous faisons de chacun de nos cadets un marginal au sein de son groupe, que ce soit à l'école secondaire ou dans la réserve[219]. » Il soulève le même point l'année suivante[220]. Un rapport de 1976 signale que l'on a effectivement fait des concessions pour ce qui est de la longueur des cheveux afin de tenir compte des membres du corps des cadets du pensionnat de Gordon. Cependant, un inspecteur prévient qu'il « ne faut pas abuser de ces concessions »[221].

Les cadets ne sont que l'un des nombreux organismes de services et de formation des jeunes que l'on trouve dans les pensionnats. Trois autres institutions importantes — la Croix-Rouge Junior, les Guides du Canada et les Scouts — sont également très présentes dans les pensionnats. Chacun de ces organismes insiste sur la santé, le service et la citoyenneté. La Croix-Rouge Junior, par exemple, met l'accent sur le « service aux autres, à notre pays, à notre collectivité et à nos écoles » et sur la « santé du corps et de l'esprit pour nous préparer à mieux servir »[222]. Les scouts et les guides ont pour objectif de forger le caractère des jeunes et de développer chez eux un fort sens de la citoyenneté et du service, tout en leur inculquant des compétences manuelles et en leur procurant santé et force. Ces organismes reposent sur une hiérarchie et comportent une série d'étapes qui permettent aux membres de gravir les échelons et, en raison de leurs uniformes et de leurs codes de l'honneur et du devoir, ils ont un caractère quasi militaire. Dès le début du mouvement, on pense que les scouts pourront faire de futurs soldats et que les guides seront de futures mères de la nation[223].

On trouve des échos de ces valeurs dans certains articles que les élèves rédigent sur les activités des clubs pour les bulletins de l'école. Au pensionnat d'Hobbema, en Alberta, les guides se réunissent chaque semaine en 1956. La présidente de la troupe, Amy Dion, écrit que l'aspect des guides qu'elle préfère est la « Cour d'honneur », car elle les aide à « comprendre l'élément le plus important de la formation des guides. Nous aimons le sens et la pratique de la discipline de soi et de la responsabilité »[224]. En 1953, au pensionnat de Gleichen, en Alberta, les membres de la Croix-Rouge Junior passent, ironie de la situation, leur temps à « tricoter des vêtements pour des enfants d'autres pays ». Ils recueillent également de l'argent en vendant des pommes et des bonbons. Les fonds recueillis sont utilisés pour acheter des « trousses sanitaires » qui étaient également envoyées à l'étranger[225]. Dans les années 1950, le Comité de santé de la Croix-Rouge Junior du pensionnat Blue Quills assume la responsabilité de « promouvoir l'adoption d'une bonne posture dans le pensionnat »[226].

En 1947, les guides déclarent qu'il y a au moins 21 compagnies de guides dans les pensionnats et les externats des Affaires indiennes de tout le pays[227]. L'une d'elles a été organisée au pensionnat anglican d'Aklavik, dans les Territoires du Nord-Ouest. En 1948, 31 filles appartiennent à deux groupes distincts de jeannettes (l'organisation des guides pour les petites filles) à l'école[228]. En 1963, le Conseil de bande des Pieds-Noirs vote de payer les uniformes et l'équipement de camping des guides de Cluny et des scouts marins de Gleichen[229]. En 1965, il y a à Broughton Island, dans les Territoires du Nord-Ouest, une section de la Croix-Rouge Junior qui, selon le directeur, s'appelle « Ikamukti Innuit », ce qui se traduit par les « aidants esquimaux » (« Esquimaux » est le nom couramment utilisé à l'époque pour désigner les Inuits). Il s'y trouve aussi une unité de guides qui se réunit chaque semaine[230].

Même si les responsables des écoles sont généralement favorables à ces mouvements, les relations ne sont pas toujours harmonieuses. En 1967, Mme D. Ouchterlony, la commissaire des guides pour le Yukon et les Territoires du Nord-Ouest, se plaint que l'on a refusé à un certain nombre de filles du foyer de Churchill la permission de participer aux réunions régionales des Rangers parrainées par les guides, sous prétexte que ces réunions affectent leurs études[231]. Après avoir entendu la plainte, le directeur de l'école accepte que des dispositions soient prises au cours de la prochaine année scolaire pour que les filles de la résidence puissent participer aux réunions parrainées par les guides[232].

En 1950, les Scouts du Canada présentent un rapport sur l'état de leur organisation chez les enfants autochtones. Ils ont « huit troupes de scouts indiens et deux meutes de louveteaux indiens ». Six des huit troupes de scouts sont associées aux pensionnats, de même que les deux meutes de louveteaux. La majorité des pensionnats se trouvent dans le Nord du Canada[233]. Les personnes qui participent au mouvement scout croient qu'elles contribuent à transformer les jeunes autochtones. Le commissaire des scouts de la Colombie-Britannique, T. W. S. Parsons, en remerciant l'évêque catholique J.

L. Coudert pour le soutien qu'il a apporté aux scouts, écrit : « Il ne devrait pas tarder que chaque jeune indien devienne un scout et à cet égard, je dois mentionner les prêtres de Lejac. Ils font un travail remarquable, et lorsque ces garçons rentreront chez eux — pour y rester, nous verrons les villages s'améliorer et, finalement, des hommes plus heureux[234]. »

Ces organismes sont tributaires des efforts bénévoles des missionnaires et des enseignants ou des épouses des enseignants et des missionnaires. Par ailleurs, comme le taux de roulement du personnel dans les écoles est élevé, les unités ont souvent la vie brève. En 1956, il n'y a des troupes de scouts que dans deux pensionnats dans la région de la Colombie-Britannique et du Yukon : Fraser Lake, en Colombie-Britannique, et Carcross, au Yukon[235]. Les guides ont du mal à recruter des femmes autochtones comme cheftaines jusque dans les années 1960, lorsque le leadership local voit le jour dans bon nombre d'endroits, surtout dans les Territoires du Nord-Ouest[236].

Les Affaires indiennes n'offrent qu'un maigre soutien financier aux activités des scouts. En 1967, par exemple, elles paient pour envoyer les scouts de différents pensionnats au Jamboree scout mondial qui se tient en Idaho cette année-là[237]. Cette aide est parfois accordée à contrecœur : un fonctionnaire a l'impression que les Affaires indiennes ont été forcées à verser des fonds aux scouts et fait remarquer, avec regret : « Je ne vois pas comment, dans l'intérêt des relations publiques, nous pourrions éviter de faire une contribution[238]. »

Pour les élèves, l'un des avantages qu'ils retirent de leur appartenance à ces organismes est qu'ils se rendent à des endroits comme Toronto ou Banff pour participer à des événements nationaux[239]. Deux anciens élèves se rappellent que ces unités offraient une quantité bienvenue de loisirs organisés dans leur pensionnat. Vera Styres fréquente l'Institut Mohawk, en Ontario, dans les années 1940. Elle se rappelle : « Je faisais partie des jeannettes et des guides, ce que je n'aurais pas pu faire si j'étais restée à la maison[240]. » Lee Snake, qui est allé au même pensionnat dans les années 1960, se souvient que les louveteaux et les jeannettes étaient l'une des rares activités récréatives dans son pensionnat : « La plupart du temps, on se contentait de nous envoyer sur le terrain de jeux »[241].

Bien que les nombreuses activités parascolaires offertes aux élèves dans les pensionnats visent à renforcer le processus d'assimilation, il est également évident que ces activités, du point de vue de nombreux élèves, sont les éléments les plus agréables de leur éducation. Comme bon nombre d'élèves l'ont dit, les sports et les arts les ont aidés à survivre. Que ce soit sur les patinoires, sur les pistes d'athlétisme, sur les terrains d'exercice ou sur la scène ou encore dans les salles d'arts et d'artisanat, de nombreux élèves y ont trouvé une façon de s'exprimer, et ont ainsi eu la chance d'explorer leurs propres talents, et parfois d'autres régions du pays et du monde. En outre, et c'est là le plus important, ils ont pu accroître leur confiance en leur capacité de réaliser des projets.

Ces avantages n'effacent toutefois pas l'aspect le plus important et souvent abusif, en l'occurrence l'oppression et l'exploitation, de l'éducation dans les pensionnats. Il est également évident que certains auteurs de sévices utilisent les programmes de sports et de loisirs pour recruter des élèves dont ils feront à l'avenir des victimes permanentes. L'exemple le plus flagrant est celui de William Starr, dont la carrière est plus amplement abordée dans le chapitre sur les sévices après 1940. Starr a travaillé dans de nombreux pensionnats anglicans et a participé aux programmes de loisirs de presque tous ces établissements[242]. Au pensionnat de Gordon, en Saskatchewan, il joue un rôle de premier plan dans la supervision de la troupe de danse, de l'équipe de boxe et du corps des cadets. Il accompagne souvent des membres de ces organisations lors de voyages, ce qui lui permet d'exercer un grand contrôle non supervisé sur les élèves[243]. En recommandant l'approbation de l'un de ces voyages, le fonctionnaire des Affaires indiennes, J. B. Freeman, écrit en avril 1978, « M. Starr est très fiable et fournit une supervision adéquate[244]. » En 1993, Starr est reconnu coupable de dix chefs d'accusation d'agression sexuelle envers les élèves du pensionnat de Gordon[245]. Melvin McNab, qui a abondamment participé à la supervision de la troupe de danse et des cadets du pensionnat de Gordon, a été condamné à verser des dommages et intérêts à d'anciens élèves qui disent avoir été agressés sexuellement par McNab lorsqu'ils vivaient à la résidence[246].

De même, Paul Leroux, qui a dirigé la chorale du pensionnat de Beauval, en Saskatchewan, et a été l'entraîneur de nombreuses équipes sportives à cette école et à Inuvik, dans les Territoires du Nord-Ouest, a été reconnu coupable d'agressions sexuelles répétées dans les deux établissements[247].

De telles trahisons ne doivent pas éclipser les contributions que de nombreux autres entraîneurs, leaders et instructeurs qui ont pris part à bon nombre d'activités parascolaires ont apportées et dont les élèves gardent de bons souvenirs, ni les réalisations des élèves dans ces activités. Elles servent toutefois à nous rappeler clairement que dans les pensionnats, les enfants étaient dans une situation extrêmement vulnérable et que ni le gouvernement fédéral ni les Églises n'ont réussi à les protéger adéquatement.

Qui plus est, on aurait tort d'attribuer aux pensionnats tout le mérite de la réussite des élèves qui ont poursuivi une carrière sportive ou artistique. Le pionnier du hockey Fred Sasakamoose attribue en grande partie à son grand-père sa réussite en tant que joueur. Lorsque Sasakamoose avait six ans, son grand-père lui a sculpté un bâton de hockey dans une branche de saule. Il déneigeait ensuite un marais de l'endroit pour que les jeunes garçons puissent s'exercer à patiner. En se remémorant les années qu'il a passées au pensionnat, il déclare à la Commission de vérité et réconciliation du Canada : « Je veux revivre l'enfance que je n'ai jamais eue au pensionnat[248]. » Alex Janvier a parlé des dessins d'enfance qu'il a faits avant d'aller au pensionnat et de l'importante influence artistique que le travail de perlage et de vannerie en écorce de bouleau de sa mère et d'autres membres de sa famille a exercée[249].

Un ancien élève du pensionnat d'Hobbema se souvient que les élèves comptaient sur leur créativité pour compenser le manque de programmes et d'équipement de loisirs : « Si vous n'aviez qu'une balançoire à bascule, vous pouviez créer un programme sportif. On jouait à ce qu'on appelait du "football indien", qui était du football, mais sans aucun équipement. » Les pensionnats du Sud-Ouest de l'Alberta se trouvaient sur le territoire du rodéo. Pour autant que l'école avait des vaches et des chevaux, et la plupart en ont eu jusqu'à tard dans les années 1950, les élèves avaient tout ce dont ils avaient besoin pour improviser leurs propres jeux de rodéo. Les élèves plus jeunes étaient encore plus inventifs. Avec une grande imagination et deux balançoires, ils étaient capables de sortir du néant une compétition de terrassement de bouvillon. Les garçons étaient chronométrés lorsqu'ils sautaient de leur monture (l'une des balançoires), attrapaient le bouvillon par les cornes (la balançoire vide revenant vers eux) et attachaient une corde (un morceau de ruban) autour du bouvillon (la balançoire). Si un garçon acceptait de se mettre à quatre pattes avec une ceinture autour de la taille, les élèves étaient prêts pour un tour de domptage de cheval sauvage. Les plus jeunes s'agrippaient de toutes leurs forces, tandis que les plus âgés essayaient de les désarçonner. Quelques années plus tard, certains anciens élèves, dont Fred Gladstone et Rufus Goodstriker, ont fait une belle carrière en rodéo et ont contribué à la création de la première association autochtone de rodéo professionnelle[250].

Les compétences et les réussites culturelles et sportives existaient dans les collectivités autochtones bien avant l'arrivée des pensionnats. Ces écoles ont, dans certains cas, formé et orienté les élèves pour qu'ils développent ces talents. Il aurait toutefois été possible de développer ces talents sans séparer les enfants de leurs parents et sans leur faire subir de mauvais traitements. Par ailleurs, ni le gouvernement fédéral ni les Églises n'ont déployé d'efforts considérables et concertés pour développer ces talents.

CHAPITRE 44

Le personnel : 1940-2000

Le système des pensionnats a subi des changements radicaux à partir des années 1940. Au point de vue de la dotation, le changement le plus important a été la transformation graduelle du rôle central que jouaient les Églises dans le fonctionnement des écoles. Une étape déterminante a été la décision des Affaires indiennes, en 1954, de se charger de « la responsabilité d'engager le personnel enseignant de tous les internats que possède le gouvernement »[1]. Le processus ainsi amorcé s'est achevé avec la décision du Conseil canadien des relations de travail, qui statue, en 1966, que la plupart des membres du personnel non enseignant des écoles sont en fait des employés du gouvernement[2]. Ce transfert de la responsabilité de 1 400 employés des Églises au gouvernement ouvre la voie à la prise en charge des écoles par le gouvernement en 1969. Le gouvernement prévoit utiliser ce nouveau pouvoir pour mettre un terme au système des pensionnats. L'intention du gouvernement est contrecarrée par diverses autorités autochtones qui revendiquent le droit d'administrer ces écoles. L'avènement d'écoles exploitées par les Autochtones prolonge la durée du système et modifie considérablement la nature des effectifs[3].

À l'époque où les écoles sont administrées par les Églises, l'appartenance religieuse est le premier critère d'embauche[4]. À partir de 1970, en particulier dans les établissements administrés par les Premières Nations, il est bien moins probable que l'appartenance religieuse constitue le premier critère d'embauche, ces écoles visant plutôt à embaucher et à favoriser les employés autochtones[5].

Étant donné que jusqu'en 1969, la plupart des écoles sont sous l'égide de l'Église catholique, une partie très importante du personnel est composée de femmes et d'hommes membres d'ordres religieux catholiques, qui ont fait vœu de pauvreté, de chasteté et d'obéissance. Les protestants ne disposent pas d'une source semblable de main-d'œuvre à bon marché, mais nomment généralement des membres du clergé à la direction d'écoles — les épouses des directeurs servent souvent de surveillantes — et cherchent à embaucher du personnel complémentaire parmi des membres de leurs propres congrégations.

Étant donné leurs coûts de main-d'œuvre moindres, les écoles catholiques ont un nombre d'élèves par enseignant inférieur aux écoles protestantes[6]. La stabilité des effectifs de leurs ordres religieux réduit le roulement de personnel.

Après la guerre, les membres du personnel étaient mal payés, mal logés, débordés de travail et mal préparés aux tâches à accomplir. Malgré les améliorations qui ont suivi, la rémunération et les conditions demeuraient en deçà des tendances nationales[7]. Le roulement de personnel était élevé, les conflits entre employés étaient chose courante et la pression était forte, en particulier pour les directeurs. Bon nombre travaillaient dans des pensionnats parce qu'ils en avaient reçu la consigne, à titre de membres d'un ordre religieux. D'autres étaient recrutés par leur église locale. Dans les deux cas, bon nombre des membres du personnel étaient poussés vers ce travail par le sens du devoir et une volonté d'engagement religieux. D'autres ont pu y adhérer pour acquérir une expérience personnelle ou professionnelle ou par goût de l'aventure. D'autres encore souhaitaient un nouveau départ dans la vie.

Selon les valeurs sociales dominantes de l'époque, le personnel devait considérer qu'il venait aider les Autochtones. Bien que certains en soient venus à s'interroger sur l'impact global de leur travail, la plupart estimaient qu'au quotidien, ils offraient aux enfants l'occasion d'acquérir des compétences nécessaires. Ils étaient conscients que les écoles manquaient de fonds et qu'ils étaient surchargés de travail. Certains ont dénoncé les ressources limitées, la discipline sévère, le programme d'études peu pertinent et, quand ils en ont eu connaissance, les mauvais traitements infligés aux enfants. La plupart d'entre eux étaient jeunes et inexpérimentés. Confrontés aux déficiences et aux frustrations du système, ils ont simplement choisi de partir ou ont été congédiés pour avoir dénoncé ce qu'ils avaient vu.

Emplois : les tâches accomplies

Le nombre d'élèves et la taille de l'effectif variaient considérablement d'un pensionnat à l'autre. À partir du début des années 1950, le personnel enseignant constitue une portion de plus en plus réduite de l'effectif employé directement par les écoles. Cette situation résultait de la décision de faire de la plupart des enseignants des employés du gouvernement et de la politique d'intégrer les élèves dans les systèmes d'éducation publique provinciaux (transformant ainsi bon nombre d'écoles en résidences). Les écoles conservent du personnel enseignant jusque dans les années 1960 mais, progressivement, la plupart des employés s'occupent d'activités en dehors de la classe.

Comme le montrent les exemples suivants, les écoles employaient une grande diversité d'employés et la taille de l'effectif pouvait varier grandement d'une école à l'autre.

L'école de Sioux Lookout, en Ontario, compte 15 employés en 1955 : un directeur, une surveillante, une surveillante de cuisine, une aide-surveillante de cuisine, une superviseure des jeunes garçons et infirmière, une superviseure des jeunes filles, une surveillante pour la couture, une surveillante de buanderie, un ingénieur, un adjoint général, un superviseur des garçons et quatre enseignants. Trois postes de personnel non enseignant sont vacants[8].

Selon une étude réalisée par l'Église Unie en 1956, 130 personnes sont employées aux six pensionnats de l'Église (1 060 élèves inscrits au total). L'école de Morley, en Alberta, possède l'effectif le plus réduit : 15 employés (chargés de 155 élèves), alors que celle d'Alberni, en Colombie-Britannique, compte 33 employés (pour 300 élèves)[9].

Le pensionnat de Prince Albert, en Saskatchewan, compte au moins 50 employés au cours de l'année scolaire 1966-1967, dont quatre membres du personnel administratif, sept enseignants, seize superviseurs des soins aux enfants, trois infirmières, six employés de cuisine, trois employés de buanderie, six préposés à l'entretien (dont des chauffeurs d'autobus), un ingénieur, deux auxiliaires généraux, un concierge et un veilleur de nuit de relève[10]. À l'époque, le pensionnat accueille 335 enfants qui fréquentent des écoles locales[11]. Les tâches du personnel sont résumées dans le manuel du pensionnat. Le directeur était le « représentant de l'Église anglicane du Canada », agissant comme « agent de l'Église dans les interactions avec le gouvernement fédéral ». Le manuel indique aussi qu'il assumait une responsabilité à l'endroit du gouvernement fédéral. Le directeur adjoint était le cadre masculin responsable de la direction de l'école en l'absence du directeur. Il était aussi chargé de l'administration financière et de la discipline des élèves. La surveillante était le cadre féminin supérieur, responsable du personnel féminin, de la distribution « de la nourriture, des vêtements et d'autres fournitures », du programme des soins aux enfants, des dortoirs et des superviseurs de dortoirs. L'enseignant principal était responsable de l'application et de l'élaboration du programme d'enseignement. Les enseignants devaient suivre le programme pédagogique provincial, préparer les bulletins scolaires, tenir les dossiers, demeurer au fait des pratiques pédagogiques et maintenir leur niveau d'instruction. Ils devaient aussi effectuer de la supervision une demi-heure par jour, « après les heures normales d'école ». Le conseiller en orientation veillait à ce que « les enfants autochtones aient des possibilités égales de se développer sur le plan culturel dans une société nouvelle et totalement inconnue ». Les superviseurs des soins aux enfants devaient « remplacer les parents au pensionnat », chaque enfant étant « une personne présentant des besoins et des aspirations propres ». Cette catégorie de personnel était responsable de la vie des élèves en dehors de la classe, ce qui incluait « la santé personnelle, le vêtement, etc. ». Chaque superviseur devait administrer « un programme d'activités adapté aux besoins du groupe d'âge concerné ». L'ingénieur était responsable « de la plomberie, du chauffage, de l'approvisionnement en eau et des appareils électriques ». Il était aussi le responsable en cas d'incendies de l'école et celui qui se chargeait des exercices d'incendie. Le superviseur de l'entretien avait la responsabilité du bâtiment scolaire, des appareils et des véhicules. Le chauffeur de chaudière (dans ce cas-ci, une personne engagée pour maintenir le feu dans la chaudière) veillait à entretenir les chaudières tous les jours tout en effectuant d'autres tâches d'entretien. Les cuisiniers préparaient les repas prévus au menu élaboré par la surveillante et supervisaient le travail des aides de cuisine et de salle à manger. Les aides de cuisine lavaient la vaisselle et nettoyaient la cuisine. La couturière faisait le raccommodage qui ne pouvait pas « être effectué au dortoir ou par les enfants eux-mêmes ». Les infirmières prodiguaient « les services médicaux sous la direction de la surveillante et l'étroite supervision du médecin de l'école ». Le personnel de la buanderie lavait et nettoyait tous les vêtements et le linge de l'école. La surveillante pouvait confier des « tâches diverses » aux auxiliaires généraux[12].

Au cours de l'année scolaire 1966-1967, l'école de Kamloops, en Colombie-Britannique, compte un directeur, un directeur adjoint, deux employés d'entretien, cinq cuisiniers, une infirmière, une couturière, une secrétaire, un peintre, deux gardiens de nuit, huit superviseurs des garçons, huit superviseurs des filles, quatre superviseurs des filles à temps partiel, deux plongeurs, treize aides de cuisine à plein temps et huit à temps partiel, une personne à la blanchisserie (un jour semaine), un ingénieur, un chauffeur de chaudière et un préposé à l'entretien additionnel. Le personnel comptait au moins 60 travailleurs à plein temps et à temps partiel pour une école de 379 élèves[13].

Les écoles de Prince Albert et de Kamloops étaient deux des plus grandes écoles du réseau. Les autres écoles avaient des effectifs nettement moindres. En 1966, l'école de Sechelt, en Colombie-Britannique, compte 168 élèves et emploie un directeur et 16 autres personnes à plein temps, alors que l'école anglicane de Cardston, en Alberta, avec 84 élèves, emploie 30 personnes à plein temps et à temps partiel[14].

Crise du recrutement

Recruter des gens pour pourvoir ces postes n'était pas chose facile. La Seconde Guerre mondiale a abruptement mis fin à la Grande Dépression des années 1930. Le chômage avait disparu, faisant place à une pénurie de main-d'œuvre dans presque tous les domaines d'activité au Canada. Les pensionnats, qui ont toujours éprouvé de la difficulté à recruter du personnel, ont été particulièrement touchés par la crise de l'emploi durant la guerre. Le problème était si grave qu'en 1942, l'école de Fraser Lake, en Colombie-Britannique, commence à employer des Canadiens d'origine japonaise. Une section de la Légion canadienne s'est opposée à cette pratique; de son côté, l'agent des Indiens local s'est inquiété de ce que les parents puissent utiliser la présence de Canadiens d'origine japonaise comme justification pour ne pas renvoyer leurs enfants à l'école au début de l'année scolaire 1942-1943[15].

La pénurie de main-d'œuvre ne se faisait pas sentir qu'à l'école de Fraser Lake en ce temps de guerre. Une étude de 1946 réalisée par la Commission anglicane sur les pensionnats indiens et esquimaux conclut que les écoles étaient « gravement perturbées par la perte de travailleurs expérimentés »[16]. La pénurie se poursuit après la guerre. Tous les systèmes scolaires du Canada subissent une pénurie d'enseignants au cours des années 1950. Selon une estimation, il aurait fallu 10 000 enseignants de plus au Canada en 1952[17].

Les pensionnats n'étaient pas en concurrence seulement avec le système scolaire public, mais aussi avec les externats exploités par les Affaires indiennes. Au cours des années 1940, ces écoles offrent de meilleurs salaires que les pensionnats. Après 1947, les enseignants des externats des Affaires indiennes ont droit aux avantages des employés de l'État. Ces avantages ne sont pas offerts aux enseignants des pensionnats, qui travaillent pour les Églises et non pour les Affaires indiennes[18]. L'amélioration des avantages offerts aux enseignants des externats n'a fait qu'accentuer les problèmes des pensionnats. En 1948, C. H. Birdsall, président du comité de l'Église Unie responsable de l'école d'Edmonton, se plaint qu'il est « impossible pour le pensionnat d'offrir des salaires concurrentiels à ceux des Affaires indiennes ». Étant donné la piètre qualité des logements, de l'équipement et du personnel de l'école, il estimait « difficile de croire que le travail accompli présentement auprès des enfants autochtones constitue vraiment une œuvre d'éducation »[19]. Treize ans plus tard, le même comité conclut que « les salaires insuffisants sont la cause du roulement de personnel et font que l'école est incapable de recruter et de conserver du personnel compétent. De plus, personne ne voudra accepter le poste de directeur tant que le salaire ne sera pas suffisant pour qu'un directeur adjoint accepte le poste[20]. »

Le problème s'est intensifié lorsque les Affaires indiennes ont commencé à exiger que le personnel enseignant des pensionnats détienne des titres de compétence. En 1954, trois des enseignants que veut embaucher le directeur de l'école de Prince Albert, en Saskatchewan, ne sont pas admissibles pour les Affaires indiennes[21]. Selon un sondage mené vers la fin des années 1950, le problème le plus pressant à cinq des six écoles administrées par l'Église Unie est la pénurie de personnel causée par l'insuffisance de la subvention fédérale[22].

Les salaires du personnel non enseignant étaient aussi tellement bas que lorsque le salaire minimum en Colombie-Britannique augmente en 1949, l'école d'Alert Bay doit prévoir une hausse importante des salaires dans son budget. À l'époque, le salaire accru permet à l'école de pourvoir des postes vacants[23].

Le problème de la faible rémunération a perduré. Lorsque les Affaires indiennes demandent l'autorisation de hausser les salaires des enseignants en 1965, le Ministère reconnaît que ses taux de rémunération ne sont pas concurrentiels par rapport à ceux des écoles provinciales, sauf dans les provinces maritimes. L'écart s'observait tant dans les taux minimums que maximums, pour toutes les catégories d'emploi. En raison des difficultés de recrutement, 52 postes demeurent vacants durant des périodes allant d'une quinzaine de jours à huit mois au cours de l'année scolaire 1964-1965[24].

Les documents historiques regorgent de cas d'écoles peinant à recruter suffisamment de personnel pour rester ouvertes. Selon un rapport interne de l'Église anglicane, en 1956, le directeur Eric Barrington énumère les problèmes avec lesquels il est aux prises à l'école de Sioux Lookout, en Ontario. Une employée est décrite comme « une femme malade », qui doit partir bientôt en congé de maladie. Un avis recommande qu'elle soit transférée à Alert Bay après son rétablissement. Une autre employée a été appelée auprès de sa fille malade à Winnipeg, au Manitoba, et il est peu probable qu'elle revienne. Une autre est décrite comme « une personne travaillante, mais incapable de s'occuper des filles à titre de superviseure ». Un quatrième employé, chauffeur de chaudière, n'a pas « la capacité requise, mais beaucoup de bonne volonté ». Le cuisinier a quitté l'école et un autre employé est « serviable mais très bavard »[25]. En démissionnant de son poste de directeur de l'école anglicane de Wabasca, en Alberta, en 1956, A. E. W. Godwin laisse derrière lui un établissement « sans agriculteur, ingénieur, superviseur des garçons ni cuisinier »[26].

En décembre 1959, Oliver Strapp, directeur de l'école d'Edmonton, en Alberta, indique que les trois enseignants de l'école sont « bien payés mais peu qualifiés ». L'avis de recrutement d'un superviseur des garçons n'a suscité aucune demande et la nouvelle surveillante ne s'est pas avérée « à la hauteur des attentes »[27]. En mars 1960, l'école embauche un superviseur des garçons, qu'elle renvoie ensuite en raison de son « rendement insatisfaisant ». L'école a aussi besoin d'une superviseure adjointe des filles pour « diriger la salle de couture »[28]. Deux mois plus tard, un document de l'Église Unie évalue en termes peu flatteurs les deux superviseurs des garçons : « L'un d'eux est âgé, et ni l'un ni l'autre ne donnent vraiment satisfaction[29]. »

Motivation

Bon nombre des membres du personnel étaient recrutés par leur Église et allaient aux pensionnats pour faire œuvre de mission[30]. D'autres souhaitaient simplement « rendre le monde meilleur ». Lorraine Arbez, qui travaille à l'école de Qu'Appelle, en Saskatchewan, au cours des années 1950, disait vouloir se rendre utile : « J'ai choisi cette carrière pour travailler auprès des enfants et je voulais faire quelque chose de bien avec eux. J'espère y avoir contribué[31]. » Une autre employée voulait enseigner : « J'étais là pour enseigner et je considérais que je devais faire de mon mieux avec les différentes langues et les classes surpeuplées. Je voulais être utile et apprendre. C'était ma mission[32]. » Pour Noreen Fischbuch, qui travaille dans des écoles de l'Ontario et de l'Alberta au cours des années 1950 et 1960, les pensionnats offraient une expérience grandement nécessaire : « En ce qui me concerne, c'était un travail d'enseignement auprès des enfants, et je les aimais. [...] Les enfants recevaient de l'instruction et moi, j'avais un travail[33]. » Certains recherchaient un changement dans leur vie. Un ancien superviseur explique : « C'était pour moi une sorte de mission, mais je ne savais pas exactement en quoi consistait cette mission...[34]. » D'autres voulaient explorer de nouveaux horizons : « J'étais jeune et je voulais découvrir le monde », déclare un enseignant de Colombie-Britannique[35]. Eleanor Jackson, ancienne employée à Alberni, en Colombie-Britannique, et à Norway House, au Manitoba au cours des années 1960, se souvient : « J'étais jeune. C'était pour moi une sorte d'aventure[36]. » George Takashima, qui a enseigné à Sioux Lookout, explique : « J'étais aventureux, si je peux dire[37]. » Enfin, pour au moins une ancienne enseignante, certaines étaient simplement « à la recherche d'un mari »[38].

Un ancien élève devenu membre du personnel affirme : « De nouveaux employés arrivaient du collège. Ils venaient pour l'expérience, pour l'aventure. Ils arrivaient... sans savoir ce qu'ils voulaient faire. Ils ont vu une annonce, je ne sais pas, et ils sont venus. Puis il y avait ceux qui persistaient dans ce travail et considéraient qu'ils faisaient quelque chose de bien[39]. »

Les employés ne choisissaient pas tous de travailler dans les pensionnats avec le sentiment de poursuivre une mission personnelle ou sociale. Certains cherchaient à oublier un passé trouble; d'autres voulaient se réinventer. Un ministre anglican à la retraite qui avait travaillé dans le Nord du Québec formule une observation similaire. « Des gens fuyaient différents problèmes et le Nord est un endroit où il faut avoir la tête sur les épaules pour s'en sortir[40]. »

Bien des gens sont venus travailler dans les écoles en raison de liens familiaux. Bernice et Noreen Mason (qui a pris ensuite le nom de Noreen Fischbuch) ont grandi dans un petit village de Nouvelle-Écosse et ont été recrutées par l'Église anglicane. Elles ont occupé différents postes dans les écoles de Prince Albert, en Saskatchewan, de Sault Ste. Marie, en Ontario, d'Edmonton et de Brocket, en Alberta. Pendant un temps, le mari de Noreen a enseigné à l'école catholique de Williams Lake, en Colombie-Britannique. À la fin de sa carrière dans les pensionnats, Noreen s'est convertie au catholicisme[41]. Gladys et George McMillan, sœur et frère, ont travaillé à l'école presbytérienne de Kenora, en Ontario[42]. En 1966, l'école de Prince Albert compte dans son personnel deux personnes portant les noms Bramwell, Bucsise, Gamble, Williams, Impey, Tutthill et Weflen, trois portant le nom Robinson et quatre celui de Rennie[43].

Orientation et qualification

Souvent, des membres du personnel se voyaient confier des tâches pour lesquelles ils ne possédaient pas la formation ni les titres de compétence. James Fiori a travaillé dans des écoles catholiques dans le Nord de la Saskatchewan et du Manitoba.

> Ils recrutaient des gens capables, mais pas nécessairement compétents pour ce type de travail. Et vous savez, si vous devez superviser des garçons ou des filles, vous devez… Il y a certainement des choses qu'il faut apprendre. À mon avis, cela faisait totalement défaut. Certains pouvaient être très bons dans leur travail ou autre chose, mais je pense que c'était évident, même chez les enseignants ou les autres, que le personnel n'était pas nécessairement de premier niveau, justement parce que, comment voulez-vous intéresser des gens à aller travailler dans ces régions isolées[44]?

Certains se demandent si les ordres religieux n'utilisaient pas les écoles comme « voie d'évitement ». Lawrence Brennan, prêtre jésuite, se demande si les jésuites n'envoyaient leurs membres « dont ils ne savaient pas quoi faire » à l'école de Spanish, en Ontario[45].

Tout au long des années 1940 et 1950, les jésuites de Spanish forment une communauté chaotique minée par les conflits avec des employés qui refusent d'enseigner et sont rebelles à la discipline. Certains cherchent à faire expulser des collègues de l'école, mais la pénurie de remplaçants rend ce projet impossible[46]. Le directeur William Maurice se plaint : « Mon personnel enseignant ne sait pas ou ne veut pas enseigner. Nous n'aurions besoin que d'un seul bon enseignant intéressé par le travail de l'école. Je veux dire : un bon enseignant jésuite et un enseignant laïc au niveau secondaire[47]. » Dans une lettre datée de 1946, le directeur Raymond Oliver indique que « trois vieux pères » demeurent à l'école et constituent parfois « une très dure épreuve pour nous. Il faut s'y attendre de la part d'hommes d'un âge avancé et qui sont dans un état d'impotence. » Compte tenu des fardeaux que doit supporter l'école, il écrit : « Nous aimerions beaucoup pouvoir disposer d'un autre véritable travailleur[48]. »

Plusieurs anciens membres du personnel ont dit combien ils étaient mal préparés et peu qualifiés pour les tâches à accomplir. Bernard Lee possédait un brevet d'enseignement et une expérience de quatre ans dans une école d'une seule classe avant d'être nommé directeur à Norway House, dans le nord du Manitoba. Malgré les antécédents d'enseignant de son mari, sa femme se rappelle : « On n'avait pas la moindre idée de ce qui nous attendait. [Nous étions] complètement néophytes dans tous les aspects[49]. » Une nutritionniste chargée d'inspecter l'école de Norway House en 1960 décrit Bernard Lee comme un homme « jeune, intéressé et désireux d'apprendre le plus possible pour les élèves et le personnel ». Elle déclare que « les choses auraient été plus faciles pour lui s'il avait acquis un peu d'expérience dans ce domaine ». Elle estime qu'il se butait à de nombreux problèmes : l'homme chargé de l'entretien était mort subitement et le tracteur de l'école s'était enfoncé dans la glace. La surveillante était arrivée du Sud du Manitoba après la mort de son mari, avec qui elle tenait un magasin général. La cuisinière avait travaillé auparavant à l'école de Gordon, à Punnichy, en Saskatchewan, et il a été dit d'elle qu'elle « faisait de son mieux dans les conditions difficiles de la cuisine »[50].

James DeWolf prend le poste de directeur à l'école anglicane de Cardston, en Alberta, en 1953. Né en Angleterre et instruit au Collège Trinity de Toronto, DeWolf avait œuvré comme vicaire et recteur de diverses communautés de la Nouvelle-Écosse depuis 1939. Dans sa description des compétences de DeWolf, Henry Cook, de l'Administration des écoles indiennes de l'Église anglicane, écrit : « M. DeWolf a connu beaucoup de succès dans son travail auprès des Nègres de la Nouvelle-Écosse. Il est vrai que la psychologie des Nègres diffère de celle des Indiens d'Amérique du Nord, mais cela démontre la capacité de M. DeWolf à travailler avec des gens de race étrangère[51]. » DeWolf compte parmi un groupe de gens d'Église activistes qui ont tenté d'éliminer des inégalités sociales. En raison de leurs activités, ils ont acquis auprès d'autres membres du clergé le surnom, quelque peu ironique, de *Briefcase Boys* [Hommes à la mallette]. Lorsque DeWolf veut aider à mettre sur pied une coopérative dans le village de pêcheurs de Musquodoboit Harbour, le commerçant local, qui était aussi trésorier de l'Église, a retenu son salaire durant des mois. C'est en partie en raison d'une telle opposition en Nouvelle-Écosse que DeWolf décide d'accepter le poste à l'école de Cardston[52].

Bernice Logan a 17 ans lorsqu'elle commence à enseigner à l'école de Prince Albert en 1949. Elle avait pour qualification une 11e année, une participation active au groupe jeunesse de l'Église et de nombreuses années à s'occuper de ses 15 frères et sœurs[53]. Ailleurs, une femme de 18 ans est embauchée comme superviseure des filles, même si elle n'a pas fini son cours secondaire. Elle n'a que quelques années de plus que les enfants qu'elle supervisait, mais elle avait acquis une grande expérience auprès de ses jeunes frères et sœurs à la suite du décès prématuré de sa mère[54].

Un jeune homme de l'Ontario embauché comme directeur à Norway House se souvient avoir pensé : « Moi? Directeur! Je pense que mon égo a fait tout un bond. Je n'avais aucune idée de ce que cela signifiait et j'étais probablement trop fier pour le demander[55]. » À la même école, un homme de 19 ans du Sud de l'Ontario est embauché comme aide-cuisinier sans avoir été vu ni reçu en entrevue. Une année plus tard, il est responsable de toute la cuisine[56]. Un prêtre jésuite de l'Ontario, qui avait aussi été superviseur des garçons au milieu des années 1950, déclare : « À cette époque, si une tâche vous était assignée en tant que jésuite, vous étiez censé pouvoir l'accomplir, même si vous n'aviez aucune idée de quoi il s'agissait[57]. »

Cependant, malgré ces exemples de compétences douteuses, les enseignants qualifiés sont aussi nombreux. Par exemple, Theresa Reid possédait un brevet et une expérience de quatre ans en enseignement lorsqu'elle a déposé une demande pour travailler à Norway House[58], George Takashima détenait un brevet d'enseignement[59] et Olive Saunders possédait un diplôme universitaire et une expérience d'enseignement de plusieurs années[60]. Le mari d'Olive, Danny, embauché comme professeur de menuiserie, avait été apprenti dans une menuiserie et avait une expérience de près de 20 ans comme instructeur et surintendant d'entreprise dans le secteur privé avant de travailler au pensionnat[61].

Le travail accompli a aussi reçu des évaluations positives. En 1954, une évaluation de l'Administration des écoles indiennes de l'Église anglicane conclut que le directeur Eric Barrington, de Moose Factory, en Ontario, « cadre bien dans ses fonctions » et entretient « de bons rapports avec le personnel et les enfants ». La surveillante s'entend bien avec le directeur, les élèves et le personnel. Cependant, même dans une évaluation aussi positive, H. G. Cook, responsable de l'Administration des écoles indiennes, estime qu'un membre du personnel est « grossier » et « peu fiable » et qu'un autre « n'est pas un bon superviseur », ajoutant qu'une employée « ne fait pas un mauvais travail », mais qu'elle reste « assez bizarre »[62].

À partir de 1955, les écoles appartenant aux Affaires indiennes doivent « employer uniquement des ingénieurs qualifiés selon la réglementation provinciale »[63]. Bon nombre d'écoles éprouvent de la difficulté à recruter des employés satisfaisant à cette norme, les travailleurs possédant les habiletés pratiques étant déjà rares. Par exemple, à l'école anglicane de Cardston, James Ellcome est jugé apte à agir comme ingénieur, puisqu'il est « le seul membre du personnel à savoir quoi faire » si la chaufferie était inondée en raison d'un robinet défectueux[64]. Le travail de l'ingénieur de l'école anglicane de Fort George, au Québec, s'est avéré décevant, celui-ci étant décrit comme « désordonné, prétentieux et peu compétent en machinerie. Il est cependant bien intentionné et travaillant. » Les responsables de l'école lui font savoir « qu'il est à l'essai. Il n'est plus considéré comme "ingénieur", mais "préposé à l'entretien" »[65].

L'Administration des écoles indiennes de l'Église anglicane apprécie les services de Dawson Beaver à l'école de Carcross, au Yukon, en 1954. Puisque Beaver ne détenait que des titres de compétence de quatrième classe, les Affaires indiennes se demandent s'il possède les compétences requises pour faire fonctionner le système d'ingénierie. Selon le responsable de l'Administration des écoles indiennes, Beaver « connaît les équipements de l'école, il a un sens pratique et sait par expérience ce qu'il a à faire. J'estime que nous avons un bien meilleur rendement avec Beaver qu'avec les autres ingénieurs de troisième classe que nous avons eus. Il fait des études pour obtenir ses titres de troisième classe[66]. » Beaver avait travaillé auparavant à l'école de Sioux Lookout, en Ontario[67].

D'anciens employés ont dit n'avoir reçu que peu de directives à leur embauche dans un pensionnat. En 1953, le directeur de l'école anglicane de Fort George demande que les nouveaux employés soient avisés de « se procurer des sous-vêtements d'hiver, des bottes de caoutchouc, un parka, un imperméable et des vêtements chauds »[68]. « Dans n'importe quelle autre circonstance, les employés auraient reçu une orientation, etc., mais pas nous », explique une femme qui a travaillé à l'école de Gordon, en Saskatchewan. Au lieu d'une orientation, elle a reçu une brochure contenant quelques phrases décrivant chacun des postes de l'école[69]. Larry McMahon observe qu'avant d'avoir enseigné à l'école de Qu'Appelle, en Saskatchewan, au début des années 1960, il n'avait « jamais rencontré d'Indiens ». En rétrospective, il déclare : « Je vais travailler dans une école où tous les enfants sont Indiens. Ça semble étrange, vous savez. Il faudrait être mieux préparé que ça[70]. » En 1974, le père oblat John Tritschler est le dernier prêtre en résidence à l'école de Mission, en Colombie-Britannique. Il déclare : « Je n'avais jamais eu..., je veux dire..., je n'avais pas beaucoup d'expérience des Autochtones auparavant, sauf ce que j'avais lu dans des illustrés et, peut-être, un vieil Indien aperçu dans les environs de Vancouver. Alors, cette année a été très, très mémorable pour moi[71]. »

Un oblat qui avait travaillé dans un pensionnat se remémore sa préparation :

> J'étais un amateur, sans expérience avec les Autochtones quand j'ai été affecté à Williams Lake. J'avais quitté l'armée depuis six ans et suivi une formation religieuse durant un an et demi, mais je n'avais aucune expérience des Autochtones ni des pensionnats. Je n'avais jamais mis les pieds dans un pensionnat et je n'en avais jamais vu. Et en un an, je suis devenu le grand patron — ce que je n'avais jamais demandé. Et j'ai l'impression que d'autres avaient encore moins de formation que moi. Non, je ne crois pas que les oblats comprenaient ce qu'ils demandaient de leurs propres gens. C'est sûr. Au cours de notre année et demie passée à Ottawa, nous n'avons jamais reçu de préparation aux pensionnats[72].

À 20 ans, Merle Nisly s'est porté volontaire pour travailler à l'école de Poplar Hill, en Ontario. Il se souvient n'avoir guère reçu de préparation : « Je suppose qu'on considérait que mon rôle de bûcheron et de préposé à l'entretien ne nécessitait pas beaucoup de préparation. Alors, pourvu que je me souvienne, le personnel de la Northern Light Gospel Mission à Red Lake ne m'a pas dit grand-chose à ce sujet[73]. »

Charge de travail

La charge de travail était lourde. Les journées étaient longues, les ressources, limitées, et l'administration était stricte. De plus, le travail pouvait être stressant et, parfois, dangereux.

À l'école presbytérienne de Kenora, durant les années 1940, les employés — y compris le personnel enseignant — doivent superviser et appuyer les tâches ménagères des élèves de 7 h 55 à 8 h 50 chaque jour d'école. En même temps, l'enseignant intermédiaire et huit garçons nettoient la salle de classe du niveau intermédiaire ainsi que la chapelle, pendant que deux filles, sous la direction de la surveillante des travaux de couture, nettoient le salon et le bureau, et que deux autres filles nettoient les chambres des hommes[74]. Les « membres du personnel féminin » doivent nettoyer elles-mêmes leurs chambres[75].

En 1953, l'inspecteur J. T. Warden recommande qu'une augmentation salariale soit versée à une enseignante de l'école de Gordon, en Saskatchewan. La femme, qui menace de partir, avait une classe de 38 élèves, de 4e, 5e, 6e et 7e année. Ses trois collègues n'enseignaient qu'à des élèves de la même année, deux fois moins nombreux, soit entre 19 et 24 élèves par classe[76].

Dans un rapport présenté aux Affaires indiennes en 1954, un responsable anglican, Henry Cook, indique que la situation à l'école de Sioux Lookout est précaire. Il écrit :

> [Les employés] sont épuisés après la rude saison marquée par des flambées de maladies répétées chez les élèves. Vers la fin de septembre, nous avons eu une épidémie de polio, la grippe en novembre et décembre et, après janvier, tant les employés que les élèves ont subi des attaques répétées de grippe intestinale et de dysenterie. Le personnel malade a alourdi le fardeau des bien-portants. Les temps libres ont été sacrifiés pour le bien-être des élèves, avec comme résultat que tout le monde est à bout, épuisé physiquement, et que la plupart prévoient abandonner le travail au pensionnat à la fin du semestre.
>
> La situation sur le plan pédagogique est mauvaise, comme je vous l'avais indiqué plus tôt. Depuis les six dernières semaines, Mademoiselle Barry s'est acquittée de la tâche d'enseigner à tous les élèves, avec l'aide d'un jeune homme — plein de bonne volonté, mais sans formation. Elle estime ne pas pouvoir continuer après le mois de mai et je ne peux pas l'en blâmer. Si elle demeure plus longtemps, elle risque la dépression nerveuse. Je n'arrive pas à obtenir d'aide pédagogique à Toronto et je n'ai aucun candidat en vue pour le moment.

Cook juge qu'il sera nécessaire de changer complètement l'effectif à la fin du semestre[77].

De son côté aussi, le personnel non enseignant doit s'acquitter d'une charge de travail souvent très lourde. La surveillante des travaux de couture à l'école anglicane de Cardston, en Alberta, refuse le poste de surveillante de l'école en 1954 parce qu'elle ne veut pas « travailler plus de neuf heures par jour »[78]. La superviseure des filles à l'école de Norway House, au Manitoba, démissionne en 1959 en raison du « peu de temps libre en soirée et durant la fin de semaine »[79]. À la même école, le personnel de la cuisine et de la salle à manger travaille six jours par semaine en 1960. La journée de travail débute à 5 h 45 et se termine à 18 h 30, avec une période libre de 13 h 15 à 15 h 30, pour une durée totale de 10 heures et demie[80].

Un ancien employé se souvient qu'à l'école de Kamloops, dans les années 1950, « le nombre d'enfants de chaque groupe d'âge pour un seul préposé aux soins faisait qu'il était impossible de leur donner les soins individuels dont ils avaient besoin »[81]. Les superviseurs étaient en service presque 24 heures par jour. Il y avait toujours un enfant qui nécessitait une quelconque forme d'attention. À l'école d'Alert Bay, en Colombie-Britannique, une employée indique qu'elle ne pouvait prendre du temps libre que si elle trouvait quelqu'un pour la remplacer. Elle déclare : « On n'avait nulle part où aller. Durant la demi-journée libre, on pouvait descendre au village, aller au cinéma ou aller dîner. D'habitude, on allait dîner, au restaurant chinois[82]. »

Un puériculteur de l'école de Williams Lake, en Colombie-Britannique, entreprend sa première année de travail auprès de 60 jeunes garçons. Après une suite de changements de personnel, il se voit confier la responsabilité de 150 enfants[83]. L'infirmière de l'école d'Alert Bay quitte l'établissement en 1960 parce qu'elle trouve que le travail est trop ardu. Une épidémie de rougeole avait rendu sa charge de travail très difficile[84].

Une lourde charge de travail pour le personnel pouvait comporter différents risques pour les enfants. Une sœur qui travaillait dans une école catholique déclare qu'elle passait beaucoup de temps à « protéger les petits, parce qu'ils étaient vraiment rudes avec les plus jeunes. Quand ils jouaient dans la cour, les plus grands donnaient souvent des coups de pied aux plus petits... mais avec 40 enfants, on ne peut pas avoir des yeux partout[85]. »

Les préposés aux soins des enfants continuent d'être surchargés de travail jusque dans les années 1970. L'un d'eux, qui avait démissionné du pensionnat d'Ukkivik, dans les Territoires du Nord-Ouest, en 1973, affirme : « Au pensionnat d'Ukkivik, la tâche exigée d'un superviseur ou d'un préposé aux soins des enfants prend des proportions astronomiques. »

La vie dans un pensionnat fait que les travailleurs ont de la difficulté à se réserver du temps pour eux-mêmes.

> Qu'il soit « en service » ou non, dès qu'il sort de sa chambre, il est confronté aux élèves, à leurs besoins et à leurs demandes. On entend rarement un superviseur d'Ukkivik dire : « Mais c'est ma journée de congé! » La chambre n'est pas non plus une garantie d'intimité. Il n'est pas rare que des élèves viennent frapper à la porte à toute heure du jour ou de la nuit pour discuter d'un problème ou d'une inquiétude[86].

L'isolement et la charge de travail sont clairement une source de stress pour bien des employés. Lors de son inspection de l'école de Brandon, au Manitoba, en mars 1949, R. S. Davis indique qu'une enseignante semblait « présenter des désordres mentaux, car il paraît qu'elle n'est pas toujours dans un état normal. Elle ne l'était certainement pas lors de mon passage : tout ce qu'elle faisait faire aux enfants était de chanter des hymnes et d'étudier les Saintes Écritures. » Davis mentionne que le directeur avait « essayé de la raisonner, mais en vain »[87].

En 1956, N. Rusaw, directeur de l'école de Birtle, au Manitoba, mentionne avec un grand soulagement le départ de la superviseure de la salle à manger.

> Lundi dernier, après 9 h, je l'ai rencontrée dans le hall principal. Elle faisait une colère terrible [...]. J'ai appris qu'elle avait eu plusieurs de ces attaques subites, mais je n'en avais jamais été témoin, et elle s'était calmée rapidement. Cette fois-ci, elle a fait tout un esclandre durant quatre jours, traversant les salles à toute vitesse et marmonnant sans cesse. Je ne peux pas dire qu'elle fredonnait, car ça ne semblait pas être une chanson.

Rusaw ne peut que conclure qu'elle présentait « des signes de folie et cet établissement n'est pas la place pour une femme comme elle »[88].

Les signalements de maladies et de blessures sont nombreux. En 1943, le directeur de l'école de Birtle doit être hospitalisé après un grave accident[89]. Une demoiselle Robertson fait une chute dans l'escalier du sous-sol à l'école Coté, au Québec, en septembre 1944, et s'inflige des blessures à la tête, à la jambe et à la main, assez sérieuses pour qu'elle ne puisse plus travailler durant des jours[90]. En 1946, Victor Henry Ireland se blesse en réparant une pompe à l'école de Gordon. À la suite de cette blessure, il a été nécessaire de lui amputer l'auriculaire de la main droite[91]. En 1954, le directeur de l'école de Sioux Lookout, Edgar Salmon, s'inflige une entorse lombaire — peut-être en peignant l'école — et doit être hospitalisé deux fois durant la dernière année. Il est en attente d'une chirurgie et, entre-temps, ne peut que parcourir l'école en boitillant. Bien que sa femme ait pu améliorer le fonctionnement de l'école, elle est perçue comme une « personne soucieuse ». Un superviseur des garçons a une faiblesse aux poumons et n'arrive pas à contrôler les plus grands, un autre est « devenu fainéant » et un des cuisiniers « ne collabore avec personne »[92].

En 1950, T. C. Ross, directeur de l'école presbytérienne de Kenora, écrit qu'il s'est inquiété de la santé de sa femme durant un moment. « Durant des semaines, elle a perdu du poids en raison du surmenage ainsi que de la pression constante exercée par la surcharge de travail et l'inquiétude que cause le manque de personnel à plein temps. » Mais avec l'embauche d'une infirmière scolaire, il estime que sa femme commence à se rétablir[93]. Selon un rapport d'un surintendant d'écoles, en août 1956, le directeur de l'école anglicane de Wabasca, en Alberta, A. E. W. Godwin, est « physiquement épuisé — il a eu 19 furoncles de suite. Il n'est pas surprenant qu'il soit exténué, après avoir agi comme agriculteur et ingénieur. Il a accompli un travail formidable dans des conditions difficiles et le fait qu'il ait persisté est tout à son honneur. » Au cours des six années précédentes, il n'a eu que 14 jours de congé, dont 9 ont été passés à l'hôpital. Il a promis de consacrer une année de plus à l'école[94]. En 1954, la cuisinière de l'école anglicane de Cardston se retrouve « encore une fois à l'hôpital ». Malgré sa réputation de bonne cuisinière, la décision est prise de la remplacer « le plus tôt possible ». On dit qu'elle avait de la difficulté à bien s'entendre avec les autres membres du personnel[95].

La tâche d'imposer des mesures disciplinaires et de congédier des employés peut s'avérer dangereuse. En 1941, Herman Hesse est congédié de son poste de formateur aux travaux manuels à l'école de Fraser Lake, en Colombie-Britannique, où il travaillait depuis six ans. Il refuse de quitter l'école et demande d'être payé jusqu'à la fin du mois. Le directeur, Alex Simpson, refuse sa demande, alléguant avoir récemment découvert « quel "sale pourceau" » il était. En entendant cela, Hesse assaille le directeur. Un travailleur agricole veut s'interposer; Hesse lui donne un coup de couteau. Deux autres employés de l'école séparent les belligérants et Hesse est arrêté. Le blessé doit se remettre de sa blessure en quatre ou cinq semaines[96]. Dans une lettre à Simpson, Philip Phelan, qui était responsable de la division de la formation aux Affaires indiennes, a comme commentaire, plutôt stérile, que cet événement souligne l'importance de bien sélectionner le personnel et de ne pas embaucher des « sujets d'un pays ennemi »[97]. Hesse était né en Bohême, avait émigré au Canada après la Première Guerre mondiale et avait acquis la citoyenneté canadienne en 1927. Comme l'indique R. A. Hoey en réponse à une lettre de plainte envoyée par la Légion canadienne en 1942, Hesse n'était pas un sujet d'un pays ennemi[98]. Son attaque ne concerne aucunement les affaires internationales et est plutôt le résultat de l'hostilité entre les deux hommes.

Des observations puisées dans des documents historiques indiquent que des employés doivent composer avec des incapacités physiques dans des conditions difficiles et font parfois l'objet de discrimination pour cette raison. Une employée de l'école de Moose Factory, en Ontario, est « une bonne enseignante » mais, souffrant de « déformations physiques, il est improbable qu'elle puisse poursuivre son travail en hiver, surtout si elle doit se déplacer entre les bâtiments anciens et les nouveaux »[99]. La cuisinière de cette même école est décrite comme « une excellente cuisinière, qui ne coûte pas cher. Elle aimerait obtenir le poste de surveillante mais, malheureusement, elle présente des infirmités, ayant eu la polio en bas âge. Bien qu'elle possède probablement les qualités requises pour être surveillante, je doute qu'elle ait la capacité de se mouvoir assez rapidement pour effectuer ce travail[100]. »

Le fonctionnement continu de bon nombre d'écoles et de pensionnats dépendait du travail mal rétribué de membres féminins d'ordres religieux catholiques. Comme l'indique un responsable catholique dans une lettre au ministère du Nord canadien, datée de 1945 : « Ces sœurs, qui ont fait vœu de pauvreté, n'ont pas de propriété et ne peuvent rien posséder en propre. Elles ont volontairement cédé à leur société, les Sœurs Grises de Montréal, tout ce qu'elles possédaient ou pourraient posséder[101]. »

Malgré ce vœu de pauvreté, les dirigeantes des ordres religieux féminins ont eu des différends avec les oblats au sujet des taux de rémunération. En 1940, les oblats sont censés verser aux Sœurs de Sainte-Anne 25 $ par mois, en plus des dépenses d'entretien général, pour l'enseignement au niveau primaire, et 30 $ par mois pour l'enseignement au niveau secondaire dans leurs écoles de la Colombie-Britannique.

Elles ont aussi accepté une réduction de salaire non précisée à l'école de Mission, en Colombie-Britannique. Cependant, comme l'a fait remarquer la Sœur Supérieure provinciale, selon les lois régissant le salaire minimum à l'époque, les Sœurs de Sainte-Anne devaient verser 14 $ par semaine aux préposés à l'entretien qui travaillaient pour elles — plus que ce qu'elles recevaient elles-mêmes. En novembre 1940, dans une lettre aux oblats, les Sœurs de Sainte-Anne disent croire que les oblats ont simplement cessé de payer les sœurs, et demandent à la Sœur Supérieure provinciale, sœur Mary Mark, de « réclamer les salaires prévus »[102].

Une lettre de G. Tetrault, directeur de l'école d'Assumption, en Alberta, adressée à son évêque, Henri Routhier, en 1956, jette un éclairage sur les rapports hiérarchiques entre les oblats et les ordres religieux féminins. La lettre de Tetrault fait suite à un incident dans lequel 15 garçons s'étaient enfuis.

> Ce n'est pas tant sœur Eustache que je blâme que les autorités qui la laissent auprès des enfants, alors qu'au cours des 15 ou 20 dernières années, elle n'a jamais démontré d'autorité même avec les filles… et encore moins avec les garçons. De plus, elle est maintenant tellement handicapée et âgée qu'elle peine à se mouvoir elle-même, ce qui n'améliore pas la situation, et lorsqu'une personne n'a aucune autorité avec un groupe d'enfants, ou l'a perdue…, ni elle ni personne ne peut la recouvrer. Pour sa part, sœur Albertine (l'officière) n'est certainement pas la personne idéale pour s'occuper des garçons, mais elle aurait pu mieux réussir si elle avait tenté de s'y intéresser et avait cessé de s'apitoyer sur son passé! Les enfants sont à l'école depuis plus d'un mois et ni l'une ni l'autre ne peut appeler la moitié des enfants par leur nom, ni même les reconnaître! … Ce n'est pas le signe d'un grand intérêt! Sœur Albertine n'a fait que se plaindre d'avoir été envoyée à l'école d'Assumption et s'apitoyer sur son sort, et jusqu'à ce que cette série de désertions ne commence, franchement, elle n'a jamais montré la moindre marque d'intérêt ou d'affection pour les garçons. On ne peut pas tromper les enfants… et les Indiens encore bien moins… et vous aurez beau hurler, si vous ne démontrez pas d'intérêt et si les enfants ne se sentent pas aimés, ils ne voudront pas collaborer ou ils feront tout pour créer le chaos et faire enrager les sœurs. [Les ellipses sont telles que dans le texte original.]

Tetrault craint que les plaintes formulées par les garçons au sujet du traitement qu'ils reçoivent à l'école ne viennent alimenter la demande déjà existante en faveur de l'établissement d'un externat. Il indique que bien qu'il n'en ait jamais soufflé mot aux parents, il ne peut pas blâmer les garçons de s'être enfuis. À son soulagement évident, les parents ne se sont pas rangés du côté de leurs enfants. Plutôt, « la plupart des parents ont blâmé les enfants et certains les ont même battus! Alors, pour le moment, la tempête semble s'être apaisée. »

Quoi qu'il en soit, il ne voit pas d'avenir pour les deux sœurs. Bien que sœur Albertine semble prête à se mettre au travail, il la considère comme « une femme très particulière... plus homme que femme... froide... dépitée d'avoir été transférée à Assumption (comme si nous l'avions réclamée!) ». Quant à sœur Eustache, « elle est une petite femme chancelante (ou un bébé), qui serait davantage à sa place dans une salle de couture, à l'hôpital ou dans un établissement pour personnes âgées..., certainement pas responsable d'un groupe d'enfants »[103].

En 1958, les sœurs bénédictines annoncent que leur ordre n'allait plus envoyer au pensionnat Christie, en Colombie-Britannique, des employés de son monastère de Mount Angel, en Oregon. Selon la prieure du monastère, mère Mary Gemma, l'ordre arrive à peine à maintenir le collège, l'académie et le centre de soins infirmiers en Oregon. Elle déclare : « L'une de mes plus jeunes enseignantes a dû subir des traitements de choc cette année et deux autres pourraient devoir subir le même traitement. » Pour continuer de déléguer du personnel au pensionnat Christie, il faudrait quatre nouvelles candidates, à un moment où elle « n'en avait pas même une de plus ». Elle soutient qu'elle retirera les membres de son personnel à la fin de l'année scolaire. Elle écrit :

> Je ne peux pas m'imaginer mes sœurs, l'une après l'autre, paraître de plus en plus découragées, se demandant en silence quand cette situation d'urgence va se terminer [...]. Depuis les deux ans et demi que j'assume mes fonctions, nous avons perdu <u>14</u> enseignantes, six ayant renoncé à leurs vœux perpétuels et trois à leurs vœux temporaires, deux en raison de la maladie et trois qui ont dû être relevées et orientées vers de nouvelles fonctions[104].

Les oblats commencent à rechercher d'autres ordres religieux féminins qui auraient pu fournir du personnel enseignant, conscients toutefois que ces personnes « ne vont pas travailler aux salaires que vous avez pu verser aux bénédictines »[105]. Finalement, les bénédictines acceptent de maintenir leurs services jusqu'à la fin de l'année scolaire 1959-1960[106]. Elles sont remplacées en 1960 par des sœurs du Cœur immaculé de Marie, de Hollywood, en Californie[107].

Le frère Tom Cavanaugh garde un bon souvenir des sœurs qui travaillaient au pensionnat Christie lors de son passage.

> Les participants, le personnel, environ..., les participants et le personnel, je dirais qu'il y avait environ 120 enfants à mon arrivée, tous des enfants des Premières Nations, garçons et filles à parts à peu près égales, de la 1re à la 8e année. Il y avait cinq sœurs du Cœur immaculé de Marie, qui venaient de Los Angeles. Elles étaient enseignantes, gardiennes d'enfants, infirmières, couturières, cuisinières. C'est étonnant, le cas des sœurs en particulier. Elles étaient des enseignantes hautement qualifiées, elles enseignaient dans des universités et ce genre d'endroits aux États-Unis, et elles sont venues à Kakawis; et elles ne faisaient pas qu'enseigner, elles s'occupaient aussi des enfants. Elles cumulaient donc deux fonctions, ce qui était très lourd pour elles, du moins c'est

ce que je pensais. Bref, elles faisaient du bon travail, elles étaient excellentes, tant comme gardiennes d'enfants que comme enseignantes[108].

Conditions de vie

Le surpeuplement et le délabrement de bien des écoles ont contribué au problème de recrutement du personnel. Pour attirer des enseignants qualifiés, le directeur M. Lafrance construit une résidence pour le personnel enseignant à l'école catholique de Cardston, vers la fin des années 1950. Le ministère des Affaires indiennes est peu disposé à payer cette installation, car elle avait été construite sans autorisation préalable[109]. Selon le responsable des Affaires indiennes, R. F. Battle, la décision de Lafrance est « contraire à la procédure du Ministère et ne peut être excusée — d'autant plus que ce n'est pas la première fois que des bâtiments sont construits à l'école des Gens-du-Sang [Cardston] sans autorisation ». Du même souffle, Battle doit admettre que le Ministère était « incapable de fournir un logement aux enseignants qualifiés dans des délais suffisants pour répondre aux besoins »[110].

La question du logement continue de poser problème en Alberta. La pénurie de logements est telle à l'école anglicane de Brocket en 1955 que certains membres du personnel sont logés à l'infirmerie. Un fonctionnaire des Affaires indiennes, L. G. P. Waller, suggère de déménager quelques membres du personnel à la résidence du directeur et que l'école embauche simplement un directeur ayant une plus petite famille. Un responsable anglican écrit : « Cette suggestion est ridicule, mais typique de la part de Waller. L'agent [H. N.] Woodsworth suggère de séparer une partie du salon du personnel. Le personnel n'est pas contre cette idée, car il estime qu'une pièce plus petite serait plus confortable[111]. » Dans une autre lettre concernant le logement du personnel scolaire, Woodsworth écrit que « la plupart des bâtiments de l'Agence sont délabrés et certains sont en voie de devenir inhabitables. Au cours des dernières années, le nombre de logements n'a pas augmenté avec l'accroissement de l'effectif, en particulier celui du personnel enseignant[112]. »

En 1959, en Alberta, deux enseignants et leurs familles n'ont pas d'endroit où habiter à l'école de Morley et l'école catholique de Cluny ne peut loger que six de ses onze employés[113]. À l'été de 1959, huit roulottes sont réquisitionnées pour loger les enseignants aux pensionnats d'Hobbema, de Gleichen, de Cluny, de Morley et de Cardston[114]. En 1960, un membre du personnel, J. A. Coady, écrit à R. F. Davey, surintendant directeur de l'éducation, pour lui dire qu'il avait été enseignant pour le Ministère depuis dix ans, dont les cinq dernières à l'école d'Hobbema. Durant son séjour à Hobbema, il a vécu avec sa famille « dans une baraque, au-dessus d'un garage ». Les seuls autres logements pour le personnel étaient « deux remorques très petites et inadéquates ». Il en avait « plus qu'assez de devoir vivre dans des bicoques qui ont toutes les apparences d'un terrier »[115].

Un autre problème découle du fait que bien des écoles étaient éloignées de la vie urbaine. En 1956, à la recherche d'une superviseure et d'une assistante superviseure des filles, A. E. W. Godwin, directeur de l'école de Wabasca, en Alberta, demande de « ne pas envoyer de jeunes filles à cette école, car l'endroit est trop isolé »[116].

Les problèmes ne sont pas confinés à l'Alberta, loin de là. En 1955, il appert que tout le personnel de l'école de Sioux Lookout, en Ontario, « en a assez de l'état de l'immeuble. Il semble que la principale source de mécontentement soit la suie et la poussière des chaudières, constamment présentes dans l'école[117]. » En 1957, il n'y a pas de résidence pour les enseignants mariés à l'école de Gordon, en Saskatchewan, mais le directeur a été en mesure d'offrir à un postulant le « bungalow de l'ingénieur ». Tout en reconnaissant que la maison était « petite », le directeur déclare qu'elle a « toutes les commodités modernes, deux chambres, un bain, une cuisine et une grande pièce servant de salle à manger et de salon, l'eau chaude et l'eau froide et des installations sanitaires modernes ». Les enseignants seuls habitent à la résidence des instituteurs, située au-dessus des salles de classe[118]. En 1959, un des superviseurs des garçons de l'école de Norway House, au Manitoba, donne sa démission parce qu'il « ne pouvait avoir une chambre uniquement pour lui seul »[119].

Plusieurs pensionnats sont détruits par le feu durant cette période. Les employés perdant souvent à la fois leur logement et leurs effets personnels. Lorsque l'école anglicane d'Onion Lake, en Saskatchewan, brûle en 1943, les employés perdent tous leurs biens, qui n'étaient pas assurés[120]. Les maisons de deux employés de l'école de Qu'Appelle, en Saskatchewan, sont détruites par le feu en décembre 1948[121]. En janvier 1949, la résidence destinée au directeur de l'école de Prince Albert, en Saskatchewan, est incendiée la veille du jour où le directeur devait y emménager. Les pertes sont estimées à 6 000 $[122]. De même, la résidence du directeur du foyer Shingwauk, à Sault Ste. Marie, en Ontario, est endommagée par le feu au début des années 1950[123].

Au cours des années 1960, une échelle de tarification mobile est appliquée aux tarifs d'hébergement pour le personnel de l'école de Prince Albert. Les superviseurs des dortoirs, dont les chambres sont situées à côté des dortoirs des élèves et qui sont en service à toute heure de la journée, ne paient pas de loyer. Pour tous les autres employés, le loyer pour une chambre seule est de 20 $ par mois. Un salon privé additionnel peut coûter 5 $ par mois de plus, tout comme une salle de bains ou une cuisine privée. Pour les employés avec pension complète, une somme additionnelle de 35 $ par mois est prélevée de leur paie. Les repas occasionnels pris à l'école par les membres du personnel leur sont facturés à la pièce[124].

La nourriture est souvent fade. Elizabeth Pearson se souvient qu'à l'école d'Alert Bay, en Colombie-Britannique, la nourriture est « très, très rudimentaire. Elle était saine, je suppose, mais très, très blanche... Tout ce que je me rappelle, ce sont les pommes de terre blanches, du poisson blanc dans une sauce blanche et ce blanc-manger que je détestais »[125]. Cependant, dans bien des écoles, la nourriture du personnel est meilleure que celle des élèves. Une enseignante a découvert que le personnel mangeait mieux que les élèves seulement lorsqu'elle a été appelée en remplacement comme superviseure des élèves à l'heure du repas. « Cela a été très révélateur[126]. »

Roulement de personnel

La faible rémunération, la charge de travail et les conditions de vie pénibles ont occasionné un roulement permanent. Il y avait constamment des changements parmi le personnel. En décembre 1956, le directeur de l'école de Birtle, au Manitoba, N. Rusaw, indique que quatre membres du personnel féminin vont bientôt partir. L'une a été remerciée sans que le motif ne soit précisé, une autre « n'a pas donné satisfaction », car elle « ne savait pas travailler », une autre avait donné son préavis et personne ne se plaindrait de son départ, tellement « elle était grincheuse » et « n'avait pas à cœur les intérêts des enfants », et la quatrième était « à la recherche de l'âme sœur » et ne devait rester que jusqu'à la fin de l'année scolaire[127]. Entre 1947 et 1956, Eva Lilley travaille aux pensionnats de Sioux Lookout, d'Alert Bay, de Lytton et de Gordon, généralement comme cuisinière ou surveillante de la cuisine[128]. Entre 1955 et 1968, Berit Klaveness Rasmussen travaille comme superviseure et surveillante aux écoles de Cardston, de Sioux Lookout, de Dauphin et au pensionnat de Gordon[129]. Entre 1956 et 1960, Lilian Page est cuisinière au pensionnat de Gordon et aux écoles de Norway House et de Carcross[130]. Helen Smith enseigne à l'école anglicane de Gleichen, en Alberta, en 1953 et en 1957, à l'école de Birtle, au Manitoba, en 1956 et à l'école de Gordon, en Saskatchewan, en 1954[131]. Edna Jubb est superviseure à l'établissement d'Alert Bay en 1950 et à celui de Sault Ste. Marie en 1952, et surveillante à l'école anglicane de Cardston de 1953 à 1960 et à l'école de Dauphin en 1960[132]. Elle prend sa retraite en 1967[133].

Une plainte déposée en 1960 par un ancien membre du personnel de l'école d'Alert Bay, en Colombie-Britannique, révèle la gravité du problème du roulement de personnel. Phyllis Ursel allègue avoir été renvoyée de son poste d'infirmière de l'école par « manque de loyauté envers l'école », en raison d'une lettre de plainte qu'elle a envoyée à Ellen Fairclough, alors ministre fédérale responsable des Affaires indiennes. Dans sa lettre, Ursel déclare que 57 employés ont quitté l'école au cours d'une période d'un peu plus de deux ans. Elle écrit que, le soir, les garçons plus âgés vont chercher des aspirines au dispensaire pour soulager leurs maux de tête causés par la faim, et qu'en raison du manque de fontaines à boire dans l'immeuble, les élèves boivent l'eau dans les toilettes. Quant aux soins d'hygiène, il n'y a que « (3) vieilles baignoires dans le sous-sol pour (110) filles, c'est tout : pas de douches ». Elle estime avoir été congédiée pour avoir tenté de régler les problèmes causés par « l'absence d'effort concerté ou de considération pour le bien-être de l'école en général »[134].

Le responsable anglican Henry Cook défend le directeur et l'école, déclarant qu'Ursel avait fait de fausses déclarations quant à ses titres de compétence et qu'elle exerçait une action perturbatrice. Il doit reconnaître, cependant, que le taux de roulement est élevé. En mars 1960, il présente la liste de raisons suivantes pour expliquer pourquoi 58 employés ont quitté l'école depuis le début de 1958 :

19 – remerciés parce qu'ils étaient manifestement incompétents

6 – embauchés à titre de personnel temporaire

9 – partis occuper un emploi plus lucratif

1 – décédé

9 – partis parce qu'ils ne pouvaient pas « supporter » les enfants ou des membres du personnel

4 – rappelés à la maison

2 – mariés

8 – fâchés contre le directeur

De ce nombre, deux employés seulement travaillent à l'école depuis plus de trois ans[135]. Pour placer la situation en perspective, en juin 1959, l'école d'Alert Bay compte 24 employés réguliers[136]. Qu'un établissement n'ayant que 24 employés puisse, au cours d'une période de deux ans, en compter 19 qui soient « manifestement incompétents » témoigne de l'ampleur du problème de recrutement de l'école.

En réponse aux allégations d'Ursel selon lesquelles les conditions étaient mauvaises à l'école, Cook souligne que le budget alimentaire était fixé par le gouvernement fédéral. Il ajoute, à la défense du directeur, qu'il avait dépassé le budget au cours des deux dernières années. Il était prévu d'installer des lavabos et des douches dans le cadre de travaux de modernisation des installations. Comme l'a dénoncé Ursel, le matériel de terrain de jeux est inexistant et les radios sont interdites au dortoir. Cook déclare que le matériel de l'école avait été vandalisé et que l'interdiction des radios était une « mesure de contrôle du comportement »[137].

Comme le montre le tableau 44.1, les problèmes de roulement de personnel à toutes les écoles des Affaires indiennes (pensionnats et externats) s'aggravent au cours des années 1960.

Tableau 44.1. Roulement du personnel enseignant dans les écoles des Affaires indiennes, années scolaires 1956-1957 à 1963-1964

Année	Pourcentage de roulement du personnel enseignant
1956-1957	24,8
1957-1958	21,2
1958-1959	25,2
1959-1960	24,5
1960-1961	25,3
1961-1962	24,1
1962-1963	27,5
1963-1964	29,3
Roulement moyen annuel	25,23

Source : CVR, ARN, Bibliothèque et Archives Canada, RG55, no d'inst. de recherche 55-22, no d'acquisition 1980-81/069, boîte 118, dossier 1105, partie 2, Taux de rémunération et conditions d'emploi du personnel enseignant, 1964-1965, R. F. Davey à Peter Fillipoff, 25 mai 1965. [AEMR-150636]

Les responsables des Églises ont aussi exprimé leur insatisfaction à l'égard du personnel qu'ils sont parvenus à recruter. Un rapport de 1960 indique qu'après le départ d'un enseignant décrit comme « fouineur et fauteur de troubles », « la bisbille avait considérablement diminué » à l'école d'Alert Bay[138]. D'ailleurs, le terme *fauteur de troubles* figure dans de nombreuses évaluations du personnel scolaire. Ce terme a été utilisé pour décrire la surveillante adjointe des travaux de couture à l'école de Prince Albert en 1948[139]. Ce sont aussi les mots employés par l'un des anciens directeurs de Phyllis Ursel pour la décrire. Selon le directeur de l'école d'Alberni, Ursel avait démissionné de son poste après qu'il lui eut reproché sa « conduite personnelle » et son « laxisme dans l'exercice de ses fonctions ». Il a appris par la suite qu'elle avait participé à des « organisations gauchistes » et à des « mouvements pacifistes ». Bref, elle était une « fauteuse de troubles parmi le personnel... et vous savez sûrement combien ces personnes peuvent devenir désagréables »[140].

Un responsable de l'Église anglicane, G. R. Turner, est souvent tranchant dans ses évaluations du personnel scolaire. Après avoir décrit combien la tenue des registres s'était détériorée à l'école de Prince Albert, au point que le personnel ne pouvait pas indiquer avec certitude qui était inscrit à l'école en 1948, Turner explique le problème de la façon suivante :

> [...] un manque de supervision adéquate et un personnel parfaitement incapable et incompétent. Le manque de supervision, en toute équité pour le révérend Fisher [le directeur], peut être attribué à sa santé chancelante et à une surcharge de travail, ainsi qu'à son hésitation apparente à congédier du personnel inapte. Nous, à l'Administration des écoles indiennes, devons prendre une part importante du blâme en ce qui concerne le personnel, car c'est nous qui avons envoyé à M. Fisher les Harris et Calrow, qui avaient travaillé dans d'autres écoles.

> M. Mayo a indiqué il y a quelque temps que Calrow n'était d'aucune utilité au pensionnat de Gordon. Je ne sais rien des antécédents de Harris à Sioux Lookout ou ailleurs, mais il s'agit de lui parler pour découvrir que c'est un incapable, dépourvu de bon sens[141].

Selon Turner, une femme employée à l'école Shingwauk, à Sault Ste. Marie, était « incompétente ». En fait, il semble que son harcèlement constant et injustifié des enfants faisait d'elle « une menace réelle ». Un autre membre du personnel était « de peu d'utilité », car il n'avait « aucun contrôle sur les garçons, qui le traitaient de nazi, entre autres noms ». Les superviseurs des garçons plus âgés n'avaient été qu'une « lignée de parfaits ratés ». D'autres membres du personnel avaient une santé défaillante : l'un devait prendre du repos pour « éviter un effondrement complet », une autre estimait pouvoir continuer jusqu'à la fin du semestre, mais ne prévoyait pas revenir l'année suivante et, au mieux, un troisième semblait être en meilleur état de santé qu'auparavant[142]. Quelques mois plus tard, Turner juge nécessaire de remplacer la cuisinière :

> [...] elle refuse carrément de suivre les consignes pour le service des repas ou l'alimentation des élèves du secondaire; elle maugrée à tout propos, soit parce qu'elle est revêche ou parce qu'elle se croit indispensable, et elle a apparemment profité de la présence d'un nouveau directeur inexpérimenté pour bien ancrer cette attitude.

En définitive, il suggère de « secouer le personnel actuel et que [le directeur Roy] Phillips soit envoyé à Ottawa (ou qu'il reçoive la visite du surintendant) et qu'on lui dise sans détour qu'il doit être plus incisif, vigoureux et déterminé, afin de montrer qui est "le patron" »[143].

La vie d'un directeur

L'insatisfaction manifestée par Turner au sujet de l'école Shingwauk met en lumière un problème important : les directeurs efficaces étaient particulièrement difficiles à recruter; or, c'est eux qui pavaient la voie et donnaient le ton à tout ce qui pouvait s'ensuivre dans les pensionnats.

Les directeurs des pensionnats avaient la tâche de faire fonctionner des établissements avec du personnel sans formation, et sans fonds suffisants, tout en répondant aux attentes contradictoires des Églises et des gouvernements. Leur tâche était complexe et exigeante. Nombreux sont ceux qui ont échoué; le roulement de personnel parmi les directeurs était une source de problèmes. L'école anglicane de Wabasca voit au moins 12 directeurs se succéder de 1948 à 1966, l'établissement étant loué par la suite à la division scolaire de Northland, du gouvernement de l'Alberta[144]. Les Églises insistaient généralement pour nommer des membres du clergé à la direction des écoles. Cette pratique a créé des problèmes particuliers pour les écoles protestantes, puisque peu de membres du personnel de l'école, outre le directeur, étaient membres du clergé. C'est pourquoi peu de leurs candidats au poste de directeur avaient beaucoup d'expérience de travail dans un pensionnat. Par exemple, James DeWolf est nommé directeur de l'école de Cardston, en Alberta, en 1952. Il avait étudié dans un séminaire et travaillé comme vicaire anglican, mais il n'avait jamais travaillé dans un pensionnat[145]. Le directeur nommé à l'école de Gleichen, en Alberta, en 1955, R. J. Crocker, avait aussi étudié la théologie, avait fait la guerre et été ordonné prêtre anglican. Il n'avait jamais travaillé dans un pensionnat avant d'accepter le poste de directeur[146]. Le directeur de l'école anglicane de Wabasca nommé en 1950, A. E. W. Godwin, était un membre du clergé qui avait servi dans l'armée et était curé dans la région d'Ottawa[147]. En 1956, les trois hommes nommés directeurs des écoles de Brocket, de Gleichen et de Carcross sont des ministres du culte[148]. Aucune des quatre personnes dont l'Église Unie étudie la candidature à la direction de l'école d'Edmonton en 1961 ne travaillait dans un pensionnat au moment de présenter sa demande. Le fait qu'aucun de ces candidats n'était membre du clergé signifiait que les choses étaient en train de changer[149].

Les directeurs pouvaient conserver leur poste tant qu'ils demeuraient en bonne santé ou jusqu'à ce que l'âge les pousse vers la retraite. Dans certains cas, la nomination de directeurs qui avaient fait un bon travail en est venue à être considérée comme un échec parce qu'ils sont restés en poste trop longtemps. D'autres ont pu se maintenir malgré la discorde et la controverse, en partie parce que les écoles et le gouvernement n'avaient guère d'autres options. En février 1947, Philip Phelan, agent de l'éducation aux Affaires indiennes, informe l'archevêque catholique J. T. McNally de la nécessité de désigner, pour l'école de Shubenacadie, en Nouvelle-Écosse, un « directeur plus jeune et plus énergique » que celui qui était en poste, J. F. Brown. Selon Phelan, « si ce n'était des excellents services fournis par les sœurs, l'école serait dans un très mauvais état ». Brown est contraint à démissionner par l'Église à la fin de l'année scolaire 1947-1948[150]. Son remplaçant, J. P. Mackey, dirige l'école de 1929 à 1943 jusqu'à ce qu'il démissionne en raison de sa santé vacillante. Dans sa lettre de démission, en 1943, rédigée à l'infirmerie de Halifax, Mackey écrit : « Je ne me sentais pas bien et je n'avais pas les ressources nécessaires pour continuer[151]. » Après avoir repris son ancien poste de directeur en 1948, Mackey reste en fonction jusqu'en 1955, et est remplacé après l'apparition d'une maladie soudaine[152].

Oliver Strapp a mené une longue carrière comme directeur de pensionnat, marquée par les controverses. (Les détails relatifs à plusieurs de ces controverses sont présentés dans des chapitres antérieurs du rapport.) Né au Royaume-Uni en 1892, il arrive au Canada en 1911. Il sert outre-mer dans l'armée canadienne de 1916 à 1919 et est ordonné ministre méthodiste en 1924[153]. Ses premières affectations, décidées par l'Église Unie du Canada nouvellement créée, sont auprès de collectivités des

Premières Nations de Cape Croker (de 1924 à 1927) et d'Oneida (de 1927 à 1929), en Ontario. Il est directeur adjoint de l'école Mount Elgin, en Ontario, de 1929 à 1934, directeur du même établissement de 1934 à 1944, puis directeur de l'école de Brandon, au Manitoba, de 1944 à 1955, et de l'école d'Edmonton, en Alberta, de 1955 jusqu'à la fin de 1960[154]. En septembre 1960, à l'école d'Edmonton, James Ludford est arrêté, accusé et trouvé coupable d'actes de grossière indécence sur la personne d'un élève[155]. À la suite du scandale, Strapp démissionne de son poste de directeur à la fin de décembre 1960[156]. À ce moment, il était âgé de 68 ans[157].

Après son départ à la retraite, Strapp est remplacé par A. E. Caldwell, qui s'était récemment retiré du poste de directeur de l'école d'Alberni, en Colombie-Britannique. En 1961, Caldwell veut rependre sa retraite, mais a été convaincu de rester, puisqu'il était impossible de trouver un remplaçant[158]. Roy Inglis, ministre de l'Église Unie, est nommé directeur de l'école de Morley, en Alberta, en 1946, après avoir servi dans la marine et comme ministre en Saskatchewan[159]. Après une décennie trouble à Morley (décrite plus tôt dans le rapport), il est nommé directeur de l'école de Brandon en 1955[160]. En mars 1957, le superviseur régional des agences indiennes, Ralph Ragan, conclut qu'Inglis « a eu toutes les occasions possibles d'améliorer les conditions ici, mais aucune amélioration n'a été constatée ». On recommande de le remplacer au début de l'année scolaire 1957-1958[161]. Deux mois après que Ragan a écrit sa lettre, Inglis est parti, remplacé par un directeur intérimaire[162].

En 1908, C F. Hives commence sa carrière dans les pensionnats en travaillant comme instructeur agricole à l'école de Red Deer, en Alberta. En 1916, il est directeur de l'école anglicane de Lac La Ronge, en Saskatchewan[163], puis du pensionnat Shingwauk, à Sault Ste. Marie, en 1929. Son prédécesseur à Shingwauk avait été renvoyé parce qu'il avait refusé d'observer « des principes courants de la conduite des affaires »[164]. Hives devient directeur de l'école de Lytton, en Colombie-Britannique, en 1941, après que l'ancien directeur, A. R. Lett, eut été forcé de démissionner. À l'époque, R. A. Hoey, responsable des Affaires indiennes, avait déclaré que son ministère était « très chanceux d'obtenir les services d'une personne d'expérience comme M. Hives »[165].

Hives est encore en poste 17 ans plus tard, à l'âge de 72 ans. En 1958, Ellen Fairclough, ministre responsable des Affaires indiennes, reçoit des rapports du personnel des Affaires indiennes, du gouvernement provincial, de l'école ainsi que des enfants, qui indiquent que Hives « est incapable de gérer le personnel de l'école, affiche une attitude malsaine envers les Indiens, traite mal les enfants et ne collabore pas avec les autorités scolaires provinciales ». Elle craint que Hives souhaite conserver son poste durant une année ou deux de plus, jusqu'à ce que son fils soit ordonné ministre anglican[166]. Malgré son âge avancé, Hives propose de rester durant encore deux ans et que soient remplacés entre-temps les autres membres du personnel qui prenaient leur retraite, « afin qu'ils s'habituent au travail à accomplir » d'ici à son départ[167]. Mais, en octobre 1958, il apprend plutôt qu'il sera mis à pied à la fin de l'année scolaire[168].

Les directeurs ne se sentaient pas toujours appuyés par les sociétés missionnaires qui parrainaient leur travail. En 1950, exaspéré, T. C. Ross, directeur de l'école presbytérienne de Kenora, en Ontario, écrit à Frieda Matthews, directrice de la Société féminine missionnaire de l'Église presbytérienne pour justifier la somme versée à un homme à tout faire employé à l'école. Ross estime que l'école a reçu en valeur un dollar et demi pour chaque dollar versé à cet homme. Il ajoute que, parfois, il a l'impression suivante des Affaires indiennes :

> [Les Affaires indiennes sont] bien plus soucieux de notre bien-être que la Société féminine missionnaire. Ce n'est vraiment pas cette impression que nous voulons. Nous savons que la Société n'a pas les ressources humaines et financières pour envoyer ses dirigeants nous visiter fréquemment. Pour sa part, le Ministère est en mesure d'organiser des visites assez fréquentes de spécialistes de différents domaines.

Après avoir indiqué que de recevoir les dignitaires occupait une fraction surprenante de son temps, Ross ajoute qu'il y a une différence marquée entre l'attitude des visiteurs des Affaires indiennes et celle des visiteurs de l'Église. Ceux des Affaires indiennes sont généralement des experts dans leur domaine et n'offrent que « rarement des suggestions fondées sur les observations faites lors d'une seule visite à l'école. La plupart des visiteurs de l'Église (ici, je ne fais pas référence seulement aux dames) peuvent suggérer des améliorations dès qu'ils franchissent le pas de la porte[169]. » Lorsque Ross informe Matthews qu'une des tâches du veilleur de nuit était de s'assurer que les garçons et les filles ne passent pas d'un dortoir à l'autre la nuit, elle répond qu'elle estimait que l'actuel veilleur de nuit était trop âgé pour ce travail et qu'il devait être remplacé[170]. Ross n'apprécie pas cette directive, signalant que l'actuel veilleur de nuit était aussi le jardinier de l'école et que c'était en grande partie grâce à lui que l'école bénéficiait d'un « excellent jardin potager ». Le salaire offert par l'école « ne tenterait personne qui ne soit pas à l'âge de la retraite ». Les candidats précédents avaient été « des hommes sexagénaires, septuagénaires ou octogénaires »[171].

Au cours des années 1950, les anglicans s'attendent à ce que bon nombre de leurs directeurs effectuent aussi un travail missionnaire dans les réserves locales. Un rapport sur l'école anglicane de Cardston, en Alberta, indique que le nouveau directeur, James DeWolf, « a beaucoup trop de travail, car il passe plus de temps à travailler dans la réserve que ses deux prédécesseurs »[172]. L'année suivante, le directeur de l'école de Brocket, en Alberta, est aussi censé faire œuvre de missionnaire[173]. En 1955, le directeur de l'établissement de Gleichen, en Alberta, R. J. Crocker, dit trouver « difficile d'accomplir beaucoup de travail missionnaire dans la réserve »[174].

Certains trouvaient le travail très stressant. En juillet 1949, l'agent des Indiens J. P. B. Ostrander prévient le bureau des Affaires indiennes qu'il considérait le directeur de l'école de Round Lake, en Saskatchewan, J. A. Card, comme « tout à fait inapte physiquement et mentalement à conserver le poste de directeur ». Il affirme qu'il devait se présenter de nouveau à Card chaque fois qu'il se rendait visiter l'école. Le directeur n'arrivait pas à se rappeler si l'école avait été inspectée durant le semestre. Ostrander soutient qu'il était « pratiquement impossible de faire affaire avec M. Card ». En raison de son état, Card éprouve « de la difficulté avec le contrôle des enfants et les relations avec les parents ». Ostrander dit qu'il n'avait pas soulevé cette question auparavant parce qu'il croyait que l'école allait fermer. Mais, puisqu'il semblait maintenant que l'école resterait ouverte, Card devait être remplacé[175]. Quelques semaines plus tard, un groupe de parents dépose une pétition demandant qu'une des enseignantes soit retirée de l'école parce que « les bulletins des enfants sont très insatisfaisants, pires que jamais, et elle maltraite trop les enfants »[176]. Malgré que l'enseignante, Mme Linton, eut déclaré qu'elle laissait l'administration des punitions corporelles au directeur, Ostrander indique qu'une lanière de cuir était placée à la vue dans sa classe. « Si elle ne s'en sert pas comme punition, elle la place à tout le moins en évidence comme menace de punition, ce qui ne favorise pas l'harmonie dans la classe. » Ostrander poursuit en alléguant que le directeur était à la source du problème à l'école et recommande que l'enseignante ne soit pas retirée[177]. L'école de Round Lake poursuit ses activités durant une autre année et ferme à la fin de l'année scolaire 1949-1950[178]. Le directeur Card est encore en poste au moment de la fermeture de l'école[179].

Albert Brown Christie n'était au Canada que depuis un an lorsqu'il est nommé directeur de l'école de Wabasca, en Alberta[180]. Auparavant, il avait été « maître » d'une école de garçons en Angleterre. Selon un fonctionnaire des Affaires indiennes, G. H. Gooderham :

> [Christie] n'avait acquis aucune expérience de ce type de travail, pas plus que dans le soin du bétail et l'agriculture, avant sa venue au Canada. Il était très clair qu'il ne s'entendait pas bien avec son personnel et il était prompt à dénoncer pratiquement tous ceux qui faisaient un travail semblable au sien, surtout ceux qui n'étaient pas de confession anglicane[181].

Après moins de un an en poste, il est contraint à démissionner[182].

En 1948, Robert Cathcart, directeur de l'école anglicane de Whitefish Lake, en Alberta, est transféré dans une école située plus au sud parce que les hivers de Whitefish Lake aggravaient ses « troubles asthmatiques et bronchiques ». L'Administration des écoles indiennes n'était pas certaine de pouvoir remplacer Cathcart. Le surintendant H. G. Cook écrit : « De nos jours, les jeunes hommes ne souhaitent tout simplement pas aller dans le Nord. » La même année, le directeur de l'école Shingwauk, à Sault Ste. Marie, « ayant dépassé l'âge de la retraite », donne sa démission, et le directeur de l'école de Chapleau, en Ontario, démissionne « sur recommandation de son médecin »[183]. Le directeur de l'école d'Alert Bay, en Colombie-Britannique, remet aussi sa démission cette année-là pour cause de santé[184]. L'année suivante, G. W. Fisher, directeur de l'école St. Alban, à Prince Albert, et de l'école de Lac La Ronge (qui avait été déménagée à Prince Albert après sa destruction par un incendie), décède. Selon son médecin, l'homme est mort en raison d'« une défaillance cardiaque causée par une surcharge de travail ». Il avait été directeur de l'école de Lac La Ronge durant 20 ans[185]. En 1956, A. E. W. Godwin démissionne de son poste de directeur de l'école de Wabasca pour cause de santé[186].

Des parents de la réserve des Gens-du-Sang menacent de ne pas laisser leurs enfants aller à l'école anglicane de Cardston si le directeur D. S. Pitts n'est pas remplacé au cours de l'été de 1952. Ils déclarent que Pitts aurait dit aux élèves : « Votre père est un bon à rien, tout comme vos frères, vos oncles, vous aussi et tous les autres. » Dans leur pétition adressée aux Affaires indiennes, les parents réclament « un homme qui connaît les Indiens, qui aime les fréquenter et apprécie le travail de missionnaire et avec qui nous pourrions collaborer »[187]. À la fin d'octobre, les anglicans ont pris des mesures pour transférer James DeWolf à l'école en janvier 1953[188]. Contrairement à d'autres directeurs mentionnés dans ces pages, DeWolf connaît une carrière relativement fructueuse. En 1968, il est toutefois remplacé comme directeur de l'école de La Tuque, au Québec, car il était jugé préférable que le directeur de cette école soit francophone[189].

En 1946, E. S. W. Cole est nommé directeur de l'école de Brocket, en Alberta, dans la réserve des Péigans[190]. En 1948, il est transféré à l'école de Gleichen, en Alberta[191]. En 1951, des responsables de l'Église disent craindre qu'il ne « néglige son propre foyer et sa vie personnelle pour l'école ». Ils craignent qu'il soit « à bout de nerfs s'il demeure à l'école trop longtemps sans prendre de pause »[192]. Il semble que la rupture de son mariage ait précipité son départ de l'école en 1955[193].

Or, en 1955, avec l'éventualité que C. F. Hives, directeur de l'école de Lytton, en Colombie-Britannique, puisse prendre sa retraite, la nomination de Cole à ce poste est envisagée[194]. En recommandant Cole, un responsable de l'Administration des écoles indiennes écrit que les problèmes familiaux de Cole ont été « réglés » et le décrit comme « le meilleur administrateur scolaire que nous ayons eu depuis longtemps. Il a parfois des idées farfelues mais, globalement, il sait diriger une école[195]. » Mais Hives ne prend pas sa retraite[196]. En 1956, les anglicans trouvent pour Cole un poste de directeur à l'école Carcross[197]. Deux ans plus tard, ils concluent que Cole ne « coopère ni avec l'Église ni avec les agents du gouvernement et n'observe pas la réglementation de l'Administration des écoles indiennes relative au personnel ». Il est donc contraint à démissionner[198].

Selon Ellen Fairclough, ministre responsable des Affaires indiennes, l'administration de Cole à Carcross a été « marquée par une suite de difficultés, en particulier avec le personnel de l'école, qui ont atteint des proportions telles que les autorités de l'Église estimaient ne pas pouvoir recruter et conserver du personnel compétent pour cette école tant que M. Cole en serait le directeur »[199].

Les successeurs de Cole tant à Gleichen qu'à Carcross ont aussi été contraints à démissionner. En septembre 1955, l'Administration des écoles indiennes ne rapporte pas de problèmes graves à l'école de Gleichen. Cependant, il avait été nécessaire de prévenir le directeur R. J. Crocker qu'il allait devoir « communiquer à temps ses rapports et ses comptes au bureau central ou nous allons le remplacer par quelqu'un qui le fera »[200]. À la fin de l'année scolaire 1955-1956, Cook demande la démission de Crocker, informant les Affaires indiennes qu'il ne peut pas « fermer les yeux sur le laxisme administratif démontré par M. Crocker »[201]. Crocker n'occupe ce poste que durant un an et demi[202]. En 1962, les anglicans démettent aussi de ses fonctions le successeur de Cole à Carcross, G. Bullen, parce qu'il était responsable du « manque d'harmonie généralement observé parmi le personnel »[203].

Le successeur de Crocker à l'école de Gleichen, H. B. Miller, doit aussi démissionner. En mars 1959, sept enseignants de l'école transmettent aux Affaires indiennes une pétition demandant son renvoi, déclarant que, sous son administration, l'atmosphère de l'école était marquée par « la mauvaise foi, la suspicion et les complots mesquins ». Ils attribuent le roulement constant du personnel des superviseurs au « programme de malveillance calculée » que leur impose le directeur, qui « les rabaisse publiquement et sape leur discipline »[204]. L'année précédente, le directeur avait fait signer un serment de loyauté à tout le personnel[205]. Henry Cook, surintendant de l'Administration des écoles indiennes de l'Église anglicane, visite l'école au début de 1958 et conclut que bien que Miller soit « passionné par l'école et le bien des enfants », il était plutôt enclin à « observer la lettre plutôt que l'esprit de la loi; il applique une discipline stricte et peut être vindicatif ». Cook conclut que ce directeur « ne fera aucune concession », s'en prenant aux « enseignants de type fauteurs de troubles » et aux « enseignants bien-pensants et inexpérimentés »[206]. Miller est contraint à démissionner en 1959.

Cependant, pour que le personnel enseignant n'ait pas le sentiment de l'avoir emporté sur le directeur, l'Église anglicane recommande aussi que l'enseignant jugé le plus critique à l'endroit de Miller soit transféré à une autre école[207]. Lyman Jampolsky, fonctionnaire des Affaires indiennes, s'objecte à ce que Cook décrive cet enseignant comme « responsable en large partie de la discorde ». Jampolsky déclare « ne pas avoir eu connaissance directe d'une conduite non professionnelle » de la part de l'enseignant et que rien ne venait « justifier un transfert forcé »[208]. Malgré cela, les Affaires indiennes approuvent la demande de transfert ainsi que le départ du directeur[209]. L'enseignant est transféré à l'école de Morley, en Alberta[210]. Cependant, en 1965, il accepte un poste d'enseignant-conseiller à l'Agence des Pieds-Noirs[211].

Durant cette même période, le surintendant Cook soutient qu'en raison des difficultés à l'école de Fort George, au Québec, le directeur Stanley McTaggart « pourrait devoir être démis »[212]. Lors de sa visite à l'école, Cook découvre « dans l'école et la collectivité des conditions et des relations telles que j'estime judicieux de demander la démission de M. McTaggart »[213]. Le rapport ne précise pas les motifs de la décision de demander la démission de McTaggart. Cependant, en apprenant que l'Église Unie envisage d'embaucher McTaggart dans un autre pensionnat, Cook avise R. F. Davey, responsable des Affaires indiennes, qu'« en aucun cas » il ne recommanderait McTaggart à un tel poste[214]. Davey ayant transmis les préoccupations de Cook à l'Église Unie du Canada, McTaggart ne s'est pas vu offrir un poste dans une école de l'Église Unie[215].

Conflits parmi le personnel

Le guide à l'intention du personnel de l'école presbytérienne de Kenora énonçait des règles destinées à éviter les conflits entre les employés. Ceux-ci étaient avisés de « prendre l'habitude d'être ponctuels à l'heure des repas » et de ne pas « demeurer assis à la table pour se relaxer et discuter par la suite ». Les plaintes relatives à la nourriture devaient être transmises à la surveillante, non à la cuisinière[216]. Il était aussi recommandé de « s'efforcer véritablement de garder l'atmosphère au salon aussi détendue et agréable que possible », même s'il est « presque impossible d'éviter complètement de "parler métier" ». Étant donné le stress associé au travail, « il est utile que nous soyons (ou du moins semblions être) d'humeur agréable et gaie »[217].

Il n'était pas toujours facile de conserver sa bonne humeur. Les différends entre employés et entre le personnel et les directeurs constituaient l'ordinaire dans bien des pensionnats. Il a été démontré que des différends opposaient régulièrement les enseignants et les autres employés des pensionnats. En 1952, G. R. Turner, de l'Administration des écoles indiennes, déclare que bien des problèmes à l'école de Moose Factory, en Ontario, pourraient être réglés « si les enseignants vivaient hors de l'immeuble. Ils sont tellement mieux payés que le reste du personnel et, pour une raison ou une autre, se sentent supérieurs et ne manquent pas de dire publiquement leur opinion sur les travailleurs et le travail des autres employés[218]. » L'une des raisons pour lesquelles l'école de Gordon, en Saskatchewan, avait pour politique de demander aux enseignants de ne pas jouer de rôle dans le fonctionnement du pensionnat était d'éliminer « toute cause de friction entre le personnel payé par l'Église et les enseignants ». Le directeur de l'établissement de Gordon, Albert Southard, estimait que dans certaines écoles, « des problèmes ont été dus à des frictions entre les deux groupes d'employés »[219].

Des conflits pouvaient aussi éclater entre les administrateurs. À l'école de Prince Albert, en Saskatchewan, au début des années 1950, un différend oppose le directeur adjoint et la surveillante. Le représentant de l'Administration des écoles indiennes, H. G. Cook, estime que le directeur adjoint, Stanley McTaggart, « était déterminé à ce que les choses soient faites à sa manière et ne reconnaissait aucunement l'expérience et les responsabilités d'une surveillante ». Dans ces conditions, la surveillante s'est de plus en plus obstinée. Bien que chacun ait promis de coopérer à l'avenir, Cook craint que l'animosité « soit trop profonde »[220]. Malgré que Cook ait conclu que le directeur adjoint est « maître de la "dissimulation" et tente d'opposer les gens entre eux », comme cela a été expliqué plus tôt dans le présent chapitre, McTaggart est nommé directeur dans une autre école[221].

La vie privée des enseignants était surveillée de près, comme le montrent clairement les situations suivantes survenues dans des établissements du Sud de l'Alberta en 1954. En juin, un représentant de l'Administration des écoles indiennes écrit qu'après avoir entendu qu'une employée de l'école de Gleichen était « en train de se ridiculiser avec ses propos sur Gleichen », il a « demandé au directeur de faire une vérification approfondie et de la renvoyer si ses conclusions le justifient »[222]. Plus tard durant l'année, un enseignant de la même école est renvoyé pour ivresse[223]. À l'école de Cardston, un employé est jugé comme « un homme qui buvait parfois trop de bière et qui devait être sorti du lit périodiquement ». Lui et une collègue s'étaient fiancés, mais des rumeurs voulaient que sa première femme soit encore vivante, alors qu'il avait déclaré qu'elle avait été tuée durant la Seconde Guerre mondiale. Compte tenu de toutes les questions qui planaient à son sujet, il est décidé que l'employé serait tout bonnement renvoyé[224]. Vers la fin des années 1950, un rapport sur l'école anglicane de Brocket indique qu'un membre du personnel féminin « devenait de plus en plus proche d'un Autochtone habitant près de l'école ». Le directeur est avisé de « s'efforcer de l'éloigner de cette relation de la façon la plus diplomate possible »[225].

En novembre 1957, deux enseignants et une infirmière démissionnent de leur poste à l'école de Lytton, en Colombie-Britannique. Ils s'étaient opposés à des déclarations du directeur, C. F. Hives, au sujet du caractère de deux enseignants qui avaient démissionné l'année précédente. Dans sa réponse aux démissions, Hives indique que les plaignants ne pouvaient pas échapper au fait qu'« il y avait du mécontentement à la résidence des enseignants », qui avait été exacerbé parce que quelqu'un « avait propagé des ragots et fait un "mauvais nom" à l'autre »[226].

En 1947, le directeur du pensionnat Christie, en Colombie-Britannique, écrit à son supérieur, lui demandant, au sujet d'un des oblats présents à l'école, s'il doit « lui interdire de boire ou lui permettre de le faire dans des circonstances que je peux contrôler »[227]. Il reçoit comme réponse de veiller à ce que le prêtre en question ne boive jamais plus d'un verre en toute circonstance et de ne pas « multiplier les occasions »[228].

Les vêtements et les coiffures étaient aussi contrôlés. À l'école de Prince Albert, en Saskatchewan, le manuel de 1967 indique : « Les membres du personnel féminin ne portent habituellement pas de pantalons, sauf pour le jeu ou les ballades avec les enfants. Elles ne portent pas de bigoudis ni de rouleaux de mise en plis au travail[229]. » À son arrivée à l'école de Poplar Hill, dans le Nord-Ouest de l'Ontario, pour y travailler comme bénévole, dans les années 1970, Merle Nisly reçoit la consigne de se faire couper les cheveux et de ne plus porter de pantalons à pattes d'éléphant[230].

Dans le souvenir d'anciens employés, certains directeurs se comportaient en « dictateurs » et certaines surveillantes étaient des « pestes ». Des problèmes pouvaient survenir lorsque la femme du directeur était la surveillante ou, comme cela est arrivé dans certaines écoles, lorsque des enfants du directeur assumaient des postes de responsabilité dans les écoles[231]. Il n'était pas rare que les écoles embauchent des couples mariés. James et Evelyn Ellcome travaillaient tous deux à l'école de Cardston. Dawson Beaver et sa femme travaillaient à l'école de Carcross. Dans les deux cas, les hommes s'occupaient des travaux d'ingénierie et les femmes travaillaient à l'école, à titre d'enseignante dans le premier cas, et comme infirmière, dans l'autre[232]. Certains directeurs hésitaient à embaucher des couples mariés. En réponse à la suggestion d'embaucher un mari et sa femme à l'école d'Edmonton, le directeur Oliver Strapp « a fait état de certains inconvénients associés à ces employés »[233].

En 1958, H. G. Cook, représentant de l'Administration des écoles indiennes, envisage d'adopter comme politique de ne pas embaucher « des enseignants mariés à une femme qui ne travaille pas », parce qu'il avait conclu qu'un « fauteur de troubles » à une école était encouragé par son épouse qui y avait déjà travaillé et qui n'avait « rien d'autre à faire dans la journée que de penser à créer des problèmes »[234]. Durant les années 1960, dans certaines écoles, la femme du directeur agit comme surveillante, situation qui a souvent causé des divisions au sein du personnel. À une école, Cook conclut que parce que le directeur n'arrivait pas à « contenir les activités de sa femme », celle-ci « dirigeait l'école comme une surveillante »[235]. En 1960, des disputes quant au rôle de sa femme dans le fonctionnement de l'école de Dauphin, Manitoba, forcent le directeur, A. J. Scrase, à démissionner[236]. Finalement, Scrase demeure en poste, mais sa femme cesse d'agir comme surveillante[237].

D'autres conservaient des souvenirs plus positifs. Olive Saunders, qui a travaillé à Norway House, se souvient : « Les enseignants de Norway House étaient le meilleur groupe d'enseignants qu'on aurait pu souhaiter. Des jeunes gens tout à fait charmants. On formait un groupe harmonieux et on se mêlait facilement à la collectivité. » Elle garde un très bon souvenir en particulier du directeur Bernard Lee et de sa femme Isobel. Cela dit, parfois, des employés souffrant de névrose de solitude passaient leurs frustrations sur Lee, mais celui-ci « ne faisait jamais de représailles ». Elle estime aussi qu'Isobel savait « calmer les esprits »[238].

Le fils d'Isobel, Jack Lee, se souvient que sa mère travaillait gratuitement pour l'école de Norway House.

> Le budget était tellement minime que ma mère a dû travailler pour lui sans être payée. Elle a travaillé pour lui gratuitement durant cinq ou six jours, parce qu'il n'y avait pas d'argent dans le budget pour embaucher du personnel, pour le travail de bureau. Lorsque ma mère nous a mis au monde, elle a dû travailler le

> lendemain pour préparer la paye. Mon père a raconté qu'une fois, il n'y avait pas d'argent pour acheter une scie à chaîne pour couper le bois de chauffage pour l'école. Il a alors créé un employé fictif, il l'a inscrit dans les registres et utilisé le salaire pour acheter la scie. Le nom de l'employé fictif était Charlie, et c'était devenu le surnom de la scie à chaîne[239].

Mark DeWolf estime aussi que le séjour à l'école a été difficile pour sa mère, qui a élevé sept enfants dans un endroit qu'elle trouvait isolé[240].

La femme du directeur W. J. J. Woods de l'école anglicane de Brocket, en Alberta, enseignait au cycle intermédiaire. En 1952, Mme Woods avait travaillé dans des écoles des Affaires indiennes durant 23 ans et était considérée par un inspecteur d'école comme « une enseignante d'exception, pleine d'enthousiasme et très consciencieuse. Elle souffre d'arthrite et ne peut se déplacer qu'avec beaucoup de difficulté. Malgré cela, elle travaille avec beaucoup d'énergie en classe et obtient une très bonne réponse des enfants. » Elle a été décrite comme incarnant « l'esprit en mouvement de l'école »[241].

Oliver Strapp a eu des différends avec bien des enseignants au cours de sa longue carrière comme directeur de l'école Mount Elgin et des pensionnats de Brandon et d'Edmonton. En au moins deux occasions, il a eu maille à partir avec des employés qui critiquaient le traitement des élèves à l'école. En 1949, Strapp conclut que le professeur principal de l'école de Brandon, John A. McNeill, n'était « jamais aussi heureux qu'au cœur de l'agitation ou de la controverse ». Puisque la femme de McNeill était considérée comme une bonne enseignante en maternelle et en première année, Strapp hésite à le remplacer tant qu'il ne pourrait pas aussi remplacer sa femme[242]. En février 1950, McNeill démissionne, alléguant que l'école n'était pas convenablement chauffée, les enfants n'étaient pas adéquatement vêtus ou chaussés, il n'y avait pas assez d'activités récréatives, trop d'argent était dépensé pour la ferme et rien n'était fait pour mettre un terme à des « pratiques immorales chez les garçons »[243]. McNeill avait miné sa crédibilité auprès des Affaires indiennes en rédigeant et en publiant une brochure intitulée *The Noble Redman*. À la lecture d'une section du livret intitulée « Utilisation de la bombe atomique », un fonctionnaire des Affaires indiennes conclut que « ce type est cinglé »[244].

À l'école d'Edmonton, Strapp a aussi eu une divergence de vues avec un enseignant jugé trop sympathique aux perspectives autochtones, malgré que les divergences initiales aient porté sur des questions de sécurité au travail. Une des classes était située directement au-dessus du garage où étaient conservés les tracteurs. L'enseignant, C. McIlwraith, travaillait dans cette classe. Il signale qu'en 1956, deux élèves avaient été incommodés par les émanations des tracteurs. Strapp a rejeté la plainte, faisant valoir que si les émanations avaient été si intenses dans la classe, le conducteur de tracteur, dans la pièce en dessous, aurait été asphyxié. Il a reconnu que d'aménager le garage en dessous d'une classe et d'une résidence n'était pas une bonne idée, soulignant que c'était une décision des Affaires indiennes. Dans une lettre à R. F. Davey, surintendant de l'éducation, Strapp écrit que McIlwraith ne s'entendait pas bien avec les autres membres du personnel et que celui-ci lui avait dit que « les enfants souffrent des actions d'employés injustes et j'entends les défendre ». Strapp soutient que les actions et les attitudes de McIlwraith créaient de la turbulence à l'école[245].

À une réunion du Comité du Consistoire d'Edmonton consacrée à l'école, Strapp reconnaît que McIlwraith était un excellent enseignant et qu'il obtenait de très bons résultats, mais qu'il était aussi « membre de l'organisation Friends of the Indians et semble exercer une influence néfaste pour le fonctionnement harmonieux de l'école ». Strapp indique que si McIlwraith n'était pas remercié, il démissionnerait[246]. Le poste qu'occupait McIlwraith à l'école a été éliminé lorsque, dans le cadre de la politique d'intégration du gouvernement, ses élèves ont été transférés aux écoles publiques locales. Cependant, il a continué de travailler pour les Affaires indiennes comme enseignant itinérant, ce qui l'amenait parfois à l'école d'Edmonton. Strapp tente de bannir McIlwraith de l'école, mais les Affaires indiennes lui répondent qu'il devait laisser l'enseignant entrer dans l'immeuble[247].

En 1952, deux enseignantes, Victoria Ketcheson et Patricia Watson, démissionnent de l'école anglicane de Prince Albert, en Saskatchewan, alléguant ce qui suit au sujet de la majorité de leurs collègues :

> [ils] semblent être des mésadaptés sociaux, incapables de trouver un emploi ailleurs. Ils sont querelleurs, soupçonneux et bavards. Ils traitent les enfants avec encore moins de considération qu'ils en ont entre eux-mêmes. Bon nombre les considèrent ouvertement comme « de sales races » et des sous-humains. Ils appliquent une norme aux « Blancs » et une autre très différente aux Indiens. Comme en témoigne la phrase souvent entendue — « ce ne sont que des Indiens » — , tout est permis. Rien n'est fait pour encourager les employés à faire leur travail, que ce soit en tant que chrétiens ou membres du personnel de cet établissement. Les enfants sont maltraités, ils se font crier après, font les frais d'instincts sexuels séniles, sont exposés aux formes de comportement les plus brutales et rien n'est fait pour que cessent ces agissements[248].

Les autres employés ont répondu par une lettre, dans laquelle ils affirment que ces allégations sont « complètement fausses et totalement injustifiées ». Dans une lettre distincte adressée à ses supérieurs, le directeur A. J. Scrase dit croire que les deux femmes ont agi pour des motifs religieux puisque, récemment, elles avaient « parlé en termes élogieux de l'Église catholique — pas seulement en lien avec les écoles, mais aussi dans leur enseignement »[249].

Au printemps de 1968, les employés de l'école catholique de Cardston se retrouvent au cœur d'un conflit. Selon le directeur, E. O. Drouin, une enseignante, Marjorie Crews, montait les élèves contre les autres enseignants, ne contrôlait pas ses élèves en classe et se mêlait des politiques de la réserve. De plus, elle s'était jointe à quelques autres enseignants pour forcer le directeur à revenir sur la décision d'expulser un élève. Crews accuse le directeur de frapper les élèves avec une lanière de cuir si fort que leurs poignets sont enflés et portent des ecchymoses, de faire preuve de préjugés antiprotestants à son égard et à l'endroit d'autres enseignants et d'être trop prompt à expulser des élèves. La correspondance sur cette question est de plus en plus hostile. À la fin de l'année scolaire, Drouin démissionne, déclarant que si Crews et un autre enseignant sont « autorisés à continuer d'enseigner dans cette école, ils auront tôt fait de la "chambarder complètement" »[250].

Des désaccords parmi le personnel voient le jour à l'école de Morley au début des années 1960. En 1963, l'ancien superviseur des garçons à l'école, Dave Gilholm, écrit aux Affaires indiennes au sujet des conflits constants à l'école. Il indique qu'à ses débuts à Morley, à l'automne de 1962, des membres du personnel lui avaient fait un « lavage de cerveau » pour l'amener à détester l'un des enseignants et le ministre local de l'Église Unie. Par la suite, il a estimé que ces attitudes étaient injustifiées et ne visaient qu'à « écarter des travailleurs bien intentionnés et motivés »[251]. Pour sa part, le cadre scolaire Ron Campbell estime que Gilholm était « un personnage plus grand que nature, guitariste et un garçon de commerce agréable, mais qui n'arrive pas à organiser ni à mener à bien sa tâche. Il oublie ses problèmes en se plongeant dans l'étude ou en grattant la guitare[252]. » Un rapport des Affaires indiennes indique que des « frictions et des tensions » divisent le personnel de l'école depuis des années et qu'actuellement, les employés et les gens de la réserve sont divisés en trois camps : ceux qui sont favorables au directeur, contre le directeur et les neutres[253].

Les surveillantes pouvaient aussi se trouver isolées du reste du personnel. Après une visite à l'école de Prince Albert, en 1948, le surintendant G. R. Turner indique que le personnel était irrité par le fait que la surveillante, E. Jackson, était plus jeune que la plupart des gens qu'elle supervisait[254]. Bien que les surveillantes aient pu solliciter le poste de directrice, elles étaient rarement promues à ce poste à plein temps. Jackson, par exemple, est directrice par intérim de l'école de Prince Albert en 1948[255]. Turner souligne que lorsqu'un nouveau directeur était nommé, la surveillante trouvait difficile de s'adapter à la perte d'autorité[256].

La surveillante de l'école de Gleichen démissionne en 1954 après avoir eu des divergences de vues avec « la plupart des membres du personnel ». Elle avait aussi réclamé la démission du directeur en faisant circuler une pétition, que personne n'a signée[257].

Les tensions étaient particulièrement stressantes dans les collectivités éloignées. Un travailleur de l'école anglicane d'Aklavik, dans les Territoires du Nord-Ouest, a été décrit comme une personne qui « ne s'entend pas du tout avec le personnel, les élèves et les gens de la collectivité »[258]. Dans un autre cas, à la même école, une superviseure des filles, que le directeur n'était « pas particulièrement enchanté » de garder en poste pour un autre semestre, était toujours à l'école l'année suivante. Le surintendant

Henry Cook estime qu'elle s'était « considérablement améliorée par rapport à l'année précédente, mais reste impétueuse »[259].

En 1970, une réunion spéciale est tenue dans le but d'atténuer les divisions entre les employés de la cuisine d'Akaitcho Hall, à Yellowknife. Des travailleurs se faisaient reprocher d'être source « de tension et de morosité » dans le milieu de travail en raison de leur attitude pessimiste et de leur refus de parler à leurs collègues. Il y avait aussi des discussions quant à savoir qui était responsable de la cuisine en l'absence du superviseur. Une employée de la cuisine affirme que la principale cause de tension était que les hommes « n'aiment pas recevoir des ordres d'une femme ». Un autre travailleur, ancien élève, dit avoir eu l'impression d'être « rejeté et repoussé » dans ses efforts pour aider les autres. Peu après la réunion, un des superviseurs adjoints demande d'être relevé de ses responsabilités[260].

Vingt ans plus tard, à une réunion du personnel d'Akaitcho Hall, il est mentionné que plusieurs employés envisageaient de chercher du travail ailleurs. Il semble que le cœur du problème ait été le manque apparent de directives sur le traitement des pensionnaires soupçonnés d'abuser de drogues et d'alcool[261]. En 1992, le personnel de cuisine d'Akaitcho Hall s'est dit tellement frustré par les mauvaises communications qu'il réclame « une personne neutre à qui parler »[262].

Personnel autochtone

À l'issue d'une réunion tenue en 1946, des surintendants scolaires de l'Alberta concluent que « l'enseignant indien idéal serait un Autochtone ayant suivi la formation requise pour lui permettre d'enseigner dans les écoles de son propre peuple ». Le système ne produisait pas encore de ces enseignants en nombres importants, mais il est dit que « l'un des surintendants avait connu de ces enseignants et les recommandait chaleureusement »[263]. Malgré cela, jusque dans les années 1960, très peu d'Autochtones enseignent dans les pensionnats[264]. En 1942, l'école de Fraser Lake, en Colombie-Britannique, embauche un ancien élève comme instructeur des travaux manuels. Il avait travaillé à l'école durant les sept années précédentes comme adjoint au charpentier et à l'instructeur des travaux manuels précédent[265]. C'était exceptionnel : la plupart des Autochtones qui travaillent dans les pensionnats au cours des années 1940 et 1950 étaient cuisiniers, préposés au nettoyage et gens à tout faire.

La documentation montre clairement que, dans les années 1940 et 1950, les directeurs des écoles anglicanes et les représentants des Églises hésitent à embaucher des candidats autochtones. Un rapport sur l'école anglicane de Brocket, en Alberta, vers la fin des années 1950, indique que le directeur n'était « pas satisfait du veilleur de nuit autochtone — et souhaite embaucher un Blanc si possible »[266]. En 1954, le directeur de l'école anglicane de Cardston, en Alberta, veut renvoyer certains « travailleurs de la bande des Gens-du-Sang », mais cela dépendrait « du nouveau personnel blanc qu'il obtiendrait »[267]. La même année, un rapport des autorités anglicanes sur l'école de Moose Factory, en Ontario, recommande qu'un employé soit remplacé par « une surveillante de cuisine adjointe blanche »[268]. En 1956, le problème anticipé après la démission d'A. E. W. Godwin, directeur de l'école anglicane de Wabasca, en Alberta, est qu'il n'y aurait « qu'une seule employée blanche et quatre assistants recrutés chez les Indiens locaux »[269]. La même année, après une visite à l'école de Sioux Lookout, en Ontario, un administrateur anglican conclut que « l'école compte trop d'Indiens dans son personnel pour pouvoir fonctionner efficacement. Ils font de leur mieux, mais ils ne sont pas très fiables, en général[270]. » Dans la même veine, selon un rapport des autorités anglicanes de l'école de Moose Factory, en 1959 : « M. Wheatley a trop de personnel autochtone. Les choses se passent bien du côté des garçons, mais les superviseures des filles laissent à désirer. S'il pouvait trouver une superviseure expérimentée pour les filles, il pourrait utiliser deux filles de classe terminale qui ont déjà démontré des talents de leader[271]. »

Au début des années 1960, le directeur de l'école anglicane de Fort George, au Québec, aurait dit vouloir embaucher « une superviseure blanche pour les filles »[272].

D'autres évaluations, plus positives, ont été faites du personnel autochtone. En 1954, Mme Clair, une Crie, ancienne élève de l'école de Lac La Ronge, en Saskatchewan, travaille à l'école de Carcross, au Yukon. Elle est décrite en ces termes : « une très bonne personne, pleine de bonne volonté, que tout le monde aime. Elle peut certainement tirer le meilleur des enfants[273]. » À l'école de Wabasca, Alphonse Alook est décrit comme étant « d'un grand secours pour le directeur, surtout récemment. Il fait du bon boulot en menuiserie et il est loyal envers l'école. Le directeur recommande que son salaire soit augmenté[274]. » Quatre jeunes femmes autochtones, dont trois sœurs, sont embauchées à l'école de Fort George, en 1953[275]. Dans un rapport de 1956, il est dit d'elles : « Les filles Herodier font du bon travail. » Cependant, elles n'étaient pas logées de la même manière que le personnel non autochtone. Le rapport indique qu'il est heureux que « les filles autochtones ne s'opposent pas à partager des chambres exiguës car, autrement, le logement du personnel ne suffirait pas »[276]. Souvent, lorsque des employés autochtones faisaient l'objet d'une évaluation positive dans un rapport, ce n'était pas sans un élément de surprise. Un rapport des autorités anglicanes observe, au sujet d'une nouvelle employée au pensionnat de Fort McPherson, dans les Territoires du Nord-Ouest, qu'elle était « propre et soigneuse et M. Hyett indique qu'elle est fiable. C'est une Autochtone[277]. »

À l'école de Carcross, la plupart des membres du personnel domestique étaient autochtones. Richard King, enseignant à l'école à cette période, fait le constat suivant au sujet de ces travailleurs :

> [ils] maintenaient au minimum leurs contacts avec le personnel non indien. Ils se montraient intéressés par les enfants (et suscitaient aussi un intérêt chez eux).

> Ils avaient tous fréquenté l'école à un moment ou l'autre et connaissaient assez bien la plupart des familles des enfants. Mais il n'y avait jamais d'occasion pour eux d'être en contact avec les enfants, à l'exception de courtes conversations de temps à autre[278].

Après 1940, bon nombre des Autochtones venus travailler dans les écoles sont d'anciens élèves. Pris entre deux mondes, ils risquaient fort de se retrouver dans une position sociale inconfortable. Anna Beaver est une ancienne élève de l'école de Morley, en Alberta. Après avoir fini ses études, elle ne peut plus retourner chez elle : son père avait déménagé dans un district éloigné et sa mère s'était remariée. Elle est embauchée à l'école comme blanchisseuse et superviseure des petites filles à l'heure du jeu[279]. Un inspecteur d'école indique qu'elle était « plutôt active dans son travail de surveillante adjointe, pour surveiller les jeux et les activités récréatives des filles ». Il estime que « les enfants voient en Anna Beaver une meneuse et ils sont heureux dans leurs rapports avec elle »[280]. Cependant, en 1944, des parents d'élèves retiennent les services d'un avocat dans le but de la faire renvoyer[281]. Une enquête des Affaires indiennes conclut que les allégations selon lesquelles Beaver avait « maltraité les plus jeunes filles, par punition corporelle ou autrement », étaient exagérées. Cependant, C. Pant. Schmidt, administrateur des Affaires indiennes, indique que lorsqu'elle ne travaillait pas, Beaver passait la majeure partie de son temps avec les filles plus âgées. Parmi elles, elle « affichait une attitude autoritaire ce qui, dans une certaine mesure (plus ou moins), a été approuvé — sinon encouragé — par la surveillante, au su du directeur, ceux-ci y voyant un avantage pour la discipline des filles »[282]. Schmidt estime qu'en favorisant Beaver, la surveillante et le directeur ont nourri un ressentiment à son égard chez les filles plus âgées, ce qui, selon lui, a encouragé les appels à son congédiement. Malgré que le directeur n'ait pas accordé foi aux allégations, il choisit de la laisser partir[283].

Ces anciens élèves avaient des tâches souvent difficiles et leur journée de travail était longue. Ida Ralph-Quisess fréquente trois pensionnats en Ontario, avant de travailler à la cuisine de l'école de McIntosh, en Ontario.

> La plupart du temps, je travaillais comme aide à la cuisine. Levés à sept heures, on était encore au travail à sept heures le soir. Les cuisiniers principaux étaient partis lorsque mon assistante et moi, ou elle et moi comme assistante, je ne sais plus — on était deux en tout cas —, on était encore en train de nettoyer. On cessait de travailler à sept heures, puis c'était à recommencer. Le lendemain, on devait être à l'école à sept heures, pour faire le déjeuner pour tous ces enfants. En après-midi, on prenait une pause de une heure, peut-être deux, puis on entreprenait un autre repas. C'est après le dîner qu'on prenait une pause de deux heures, puis on revenait préparer le souper pour 200 personnes. Je calcule qu'avec les sœurs et le, le prêtre qui était là, puis les enseignants, ça faisait environ 200 personnes à nourrir chaque jour, trois fois par jour. Sans congé. Il

> fallait travailler sept jours sur sept. On était quatre, pour toutes ces bouches à nourrir[284].

D'anciens membres du personnel autochtones estiment avoir eu une influence importante dans la vie des élèves. Jeanne Rioux fréquente l'école d'Edmonton, en Alberta, puis travaille comme superviseure à l'école d'Hobbema, en Alberta.

> Je faisais ma tournée, parce que je devais faire des rondes et tout ça et, en tournant le coin, j'ai vu ces deux petits garçons qui se tenaient là et une sœur, qui les enguirlandait parce qu'ils avaient fait pipi dans l'herbe, un peu plus loin. Elle les a pris par les cheveux et leur a frappé la tête ensemble, en disant : « On ne fait pas ça ici. Il y a des toilettes. » Et je me suis dit qu'elle n'avait pas à les disputer aussi fort pour qu'ils comprennent, vous savez. Ils ne sont pas stupides. En tout, cas, c'est une des premières choses que j'ai vues et je me suis dit — je vous jure, si je vois encore quelque chose comme ça, je ne vais pas me taire. Et je pense que si j'ai éprouvé de la sympathie, c'est à cause de ma propre expérience, non? J'étais venue à cet endroit à un moment de ma vie où j'avais pris une décision, que je n'allais pas tolérer ça pour moi-même. Et je vois ça et je me dis que je ne vais pas le tolérer pour eux non plus. Vous savez, ce qui n'est pas bon pour moi ne l'est pas pour eux. Alors, bien des fois, j'ai parlé soit au prêtre ou aux sœurs — c'est surtout le prêtre qui parlait comme ça — et, vous savez, ils n'avaient pas du tout de sympathie pour les enfants. Ils n'éprouvaient pas de sympathie, alors ils me disaient : « Ne vous inquiétez pas de ça. Vous savez, ce ne sont que des sauvages[285]. »

Mary Chapman est une ancienne pensionnaire qui a travaillé à la cuisine de l'école de l'île Kuper, en Colombie-Britannique, au début des années 1960. À sa demande, l'école commence à servir les mêmes mets aux élèves et aux employés. Sa règle était la suivante : « Si nous sommes à court de rôti, si les enfants n'ont pas de rôti, je ne leur sers pas du saucisson de Bologne; je leur donne à manger le rôti des employés. » Chaque semaine, elle prépare aussi des suppléments de nourriture pour les élèves qui, d'après elle, en avaient besoin[286].

Après avoir fréquenté l'école de Marieval, en Saskatchewan, de 1965 à 1971, Ronalee Lavallee y travaille durant 22 ans. Lavallee garde de bons souvenirs de son travail à l'école.

> Les vendredis soir, je devais être au travail à trois heures. Alors je passais en ville acheter des boissons gazeuses ou du jus, avec du maïs soufflé ou des chips parce que, le vendredi, c'était la soirée de cinéma. Dans le dortoir, il y avait une chambre pour le préposé aux soins des enfants. Il y avait un lit simple et deux grands sofas. Je vous dis, c'était tellement mignon. Je ne suis pas adepte des films de peur, mais [rires]. Je m'assoyais sur le bord de mon lit et tous ces petits gars — il y en avait parfois jusqu'à 30 — , je me souviens que lorsqu'il y avait des passages épeurants, ils couraient tous se cacher derrière moi sur le lit.

> Alors, vous savez, d'avoir travaillé avec eux, ça rappelle beaucoup de bons souvenirs. Chaque lundi, c'était le soir du shampooing contre les parasites. Il y avait huit lavabos. Je traitais les garçons un à la fois, un par lavabo, jusqu'à ce qu'il y ait une petite tête dans chacun des huit lavabos. J'envoyais le premier à la douche, puis le deuxième...
>
> J'ai plein de bons souvenirs. Je jouais au hockey avec les enfants, et ils essayaient tous de me faire tomber; ou au badminton, dans le gymnase. Ils me faisaient courir d'un bout à l'autre du gymnase. [rires] Ils me torturaient, mais c'était une bonne torture. C'était plaisant. On allait marcher dans les collines. Vous savez, leur donner cette liberté que je n'ai jamais eue quand j'étais au pensionnat[287].

Vitaline Elsie Jenner, qui avait été une élève malheureuse au pensionnat de Fort Chipewyan, en Alberta, travaille comme superviseure des filles au pensionnat catholique Breynat Hall, à Fort Smith, dans les Territoires du Nord-Ouest. À sa surprise, cette expérience lui a généralement plu.

> C'était tellement plaisant. Comme si les rôles étaient inversés. Je travaillais avec une des sœurs, qui était vraiment super. Sœur Tremblay était superbe. Elle avait tellement bon cœur. Elle me demandait tout le temps : « Vitaline, tu as déjà connu ça. Tu sais comment ça se passe. De quoi ces filles ont-elles besoin? » Ça me donnait tellement confiance, parce que, maintenant, on me demandait mon avis, parce qu'elle savait que j'avais été pensionnaire, et elle le savait parce que je lui avais raconté.

Un des membres du personnel du pensionnat avait déjà été sa superviseure à l'école de Fort Chipewyan.

> Tout d'abord, je lui ai dit : « Vous savez, ma sœur, on va travailler ensemble, vous et moi, et je veux vous dire quelque chose avant de commencer. Je veux vous dire combien vous avez été méchante avec moi au pensionnat. Vous m'entendez? Vous comprenez? Combien vous avez été méchante. Mais vous savez quoi? Je vais vous dire une bonne chose : vous n'allez pas faire pareil avec les enfants qu'on va superviser ici, parce que je sais ce qui en est, j'ai l'expérience, et vous, nous, vous et moi, nous n'allons pas être méchantes avec eux. Oui, on va faire de la discipline quand c'est nécessaire, mais on va le faire avec amour. Ma Sœur, vous êtes la représentante de Dieu, mais pour moi, vous ne représentez rien, rien, parce que Dieu n'existe pas, le Dieu dont ils m'ont parlé n'a plus sa place dans ma vie maintenant. »
>
> Et je suis partie. Elle a repris contact avec moi par l'entremise d'une autre sœur. « Qu'est-ce que vous aimeriez qu'on fasse? Quelle sorte de jeux voulez-vous jouer avec les jeunes, les jeunes filles? Quels jeux organiser pour qu'elles se sentent chez elles? » J'ai répondu : « Ma sœur, vous savez quoi? Prenons-les dans nos bras, prenons-les. Je vous parie qu'elles veulent toutes qu'on les serre dans

> nos bras, comme quand j'étais au pensionnat. Parce que, vous savez, elles sont loin de leurs parents[288]. »

Elle travaille ensuite à Lapointe Hall, à Fort Simpson. Là, raconte-t-elle, un prêtre tente de l'agresser sexuellement. « Je lisais dans mon lit, je tenais mon livre, le dos appuyé sur des oreillers. Soudainement, il est entré dans ma chambre. Il m'a donné un coup et a essayé de m'embrasser[289]. » À partir de ce moment, elle évite le prêtre le plus possible.

Jusque dans les années 1960, seulement 23 enseignants des Premières Nations travaillent dans les pensionnats au pays. Dix-neuf d'entre eux enseignent des matières théoriques et les quatre autres, l'économie domestique et des cours de métiers[290]. Stanley McKay, un ancien élève du pensionnat de Birtle, enseigne à l'école de Norway House dans les années 1960. Malgré que bien des aspects de son travail lui plaisent, il part après deux ans.

> Je ne pouvais plus travailler pour les Affaires indiennes sur le plan de l'enseignement. Je ne pouvais pas fonctionner dans leur système. J'aimais faire la classe. Je pense que j'avais réussi à établir une très, très bonne relation avec les élèves, et la salle de classe était un bon endroit, mais les Affaires indiennes s'ingéraient beaucoup dans le système d'éducation et je sentais qu'il y avait des problèmes systémiques dont je ne voulais pas faire partie.

Selon lui, l'enseignement qu'il était forcé de donner n'était pas pertinent dans la vie des enfants. L'anglais prenait une grande importance, sans reconnaissance du rôle de la langue crie dans les collectivités d'origine des enfants. « Ils étaient voués à l'échec dans le système en place. Et c'est ce qui arrivait certainement à la majorité d'entre eux[291]. »

McKay poursuit sa carrière au Ministère et devient modérateur de l'Église Unie du Canada[292].

Verna Kirkness, qui a grandi dans la Première Nation de Fisher River, au Manitoba, enseigne aux écoles de Birtle et de Norway House. Elle n'avait pas été envoyée au pensionnat parce qu'elle n'avait pas le statut d'Indienne inscrite en vertu de la *Loi sur les Indiens*[293]. Elle n'aimait pas l'ambiance du pensionnat de Birtle où, selon elle, les administrateurs cherchaient à décourager les élèves de passer plus de temps avec elle. Dans son mémoire, elle se demande « s'ils craignaient que les enfants me parlent de leur vie en dehors de la classe »[294]. À la suite d'une plainte qu'elle a adressée à la Société féminine missionnaire de l'Église presbytérienne au sujet du traitement accordé aux élèves, un inspecteur est envoyé à l'école pour une semaine. Durant cette période, les conditions s'améliorent, mais elle estime qu'il n'y a pas eu de changement à long terme[295].

Son expérience à Norway House est nettement plus positive. Selon elle, le directeur, Bernard Lee, et sa femme sont de braves gens. Elle est encouragée par un responsable des Affaires indiennes à accepter le poste d'enseignante principale à l'école. Elle dirige aussi les réunions parents-enseignants tenues en langue crie. Les élèves ne sont pas dissuadés de parler cri et la séparation entre garçons et filles n'était pas aussi stricte qu'à Birtle. Kirkness et bon nombre de ses collègues ont forgé des amitiés de toute une vie au cours de leurs années d'enseignement à Norway House[296].

Clive Linklater est un autre enseignant autochtone, en poste à l'école Blue Quills, en Alberta, dans les années 1960. En 1961, Frank Fane, député conservateur de l'Alberta, recommande que Linklater soit transféré parce qu'il est « un fauteur de troubles ». La ministre des Affaires indiennes, Ellen Fairclough, s'est dite réticente à agir sans « justification complète », puisque Linklater était « Indien et catholique »[297]. Linklater, qui avait fait ses études à l'école de Qu'Appelle, en Saskatchewan, conserve son emploi en Alberta et en est venu à jouer un rôle dans le transfert de l'école Blue Quills à une administration autochtone[298]. Il est ensuite vice-président de la Fraternité des Indiens du Canada (devenue aujourd'hui l'Assemblée des Premières Nations)[299].

Au cours des années 1960, des écoles commencent à embaucher des Autochtones pour l'enseignement des langues et des pratiques culturelles. George Clutesi enseigne les chants et les danses traditionnels à l'école d'Alberni en 1965[300]. Redfern Louttit, ancien pensionnaire, y enseigne le cri un jour par semaine en 1967[301]. En 1970, l'école d'Hobbema embauche des aides-enseignants autochtones, qui avaient notamment pour tâche de fournir une aide pour « l'enseignement et l'interprétation des langues autochtones » et « l'enseignement de la culture autochtone »[302].

C'est aussi au cours des années 1960 que des Autochtones sont promus à la direction d'écoles. Ahab Spence, ancien pensionnaire, est nommé directeur de l'école de Sioux Lookout, en Ontario, en 1963[303].

Il était un fervent partisan de la politique d'intégration fédérale. Étant donné qu'en vertu de la politique d'intégration, les élèves fréquentaient les écoles publiques locales, les classes des pensionnats n'étaient plus utilisées. Spence veut que des cours de formation complémentaire soient offerts dans ces classes désertées[304]. Dans un rapport sur le travail effectué par l'école, il écrit :

> Le rôle que doit jouer notre école dans l'éducation des Indiens a changé. Nous devons encore enseigner l'anglais aux élèves indiens, pour les préparer à aller aux écoles de la ville. (C'est possible sans donner au jeune Indien l'impression que SA langue est inférieure!) Notre école pourrait aussi exercer une fonction différente mais plus utile dans le domaine de l'éducation des Indiens en alimentant les pensionnats ou les résidences d'écoliers (quel que soit le nom qu'on leur donne) situés dans les grands centres urbains.

Dans ce que Spence envisage comme le troisième stade de l'intégration, un élève serait logé dans « de bons foyers chrétiens » et « pleinement intégré dans la société blanche, dans laquelle il va peut-être passer le reste de sa vie »[305].

Sous l'administration de Spence, l'école de Sioux Lookout compte un effectif de 23 employés, dont la moitié est composée d'Autochtones[306]. Spence continue de travailler pour les Affaires indiennes, préside la Fraternité des Indiens du Manitoba et termine sa carrière comme enseignant à l'Université de Brandon et au Saskatchewan Indian Federated College, à l'Université de Regina. La fin de sa carrière a été largement consacrée à la promotion de la langue crie[307].

Colin Wasacase devient directeur de l'école presbytérienne de Kenora en 1966[308]. Conformément à la pratique établie, sa femme est nommée surveillante de l'école[309]. À partir des années 1970, des Autochtones sont nommés à des postes administratifs dans de nombreux pensionnats, notamment, Mission et Kamloops, en Colombie-Britannique, Blue Quills, en Alberta, Prince Albert, Duck Lake et Qu'Appelle, en Saskatchewan, et Fort George, au Québec[310]. Malgré que le nombre total d'écoles diminue rapidement à compter de 1969, ces établissements deviennent une source appréciable d'emplois pour les Autochtones, particulièrement en Saskatchewan, où six écoles sont administrées par les autorités scolaires des Premières Nations. En 1994, 220 des 360 personnes travaillant dans les écoles de la Saskatchewan sont de descendance autochtone — soit près des deux tiers de l'effectif[311].

Enfants des employés

Parfois, des employés mariés quittaient le pensionnat lorsque leurs enfants atteignaient l'âge scolaire. Le directeur de l'école anglicane d'Aklavik et son épouse annoncent, en 1954, qu'ils quittent l'école « en raison de la nécessité d'offrir de meilleures possibilités d'instruction à leurs enfants »[312]. En 1955, le directeur de l'école anglicane de Wabasca, A. E. W. Godwin, commence à s'inquiéter de l'avenir de sa fille de 14 ans. Selon un responsable de l'Église : « Jusqu'à présent, sa mère l'a instruite au moyen de cours par correspondance, et elle a obtenu de bons résultats. Cependant, la famille estime qu'elle devrait fréquenter des filles blanches de son âge[313]. » Certains parents, comme J. DeWolf, directeur de l'école anglicane de Cardston, en Alberta, et J. F. Woodsworth, directeur de l'école d'Edmonton, ont inscrit quelques-uns de leurs enfants au pensionnat. Dans d'autres cas, les membres du personnel envoyaient leurs enfants à un externat local[314]. Le père de Mavis Gould est instructeur agricole à l'école d'Edmonton. Elle et sa sœur fréquentent l'école. À une époque, elle suit des cours de cinquième année le matin et de sixième année l'après-midi. Elle se souvient qu'il y avait très peu d'activités organisées pour les filles : « C'était comme à l'ancienne, vous voyez. Comme si les filles ne comptaient pas[315]. »

Le père de Jack Lee, Bernard, est directeur de l'école de Norway House dans les années 1960. Lee raconte :

> J'avais un ou deux ans quand ma famille a déménagé à Norway House, et j'ai commencé l'école avec le système des pensionnats indiens, au tout début, en fait, comme externe. Mais, vous savez, j'avais tellement de bons amis là-bas que je disais à mon père que je voulais être pensionnaire. Alors, c'est ce que j'ai fait. Et comme garçon blanc, j'ai vécu avec eux durant un court moment et j'ai pu voir et ressentir ce dont tout le monde parlait, mais avec les yeux d'un garçon blanc, issu d'une famille blanche européenne.

Lee se rappelle l'absence de supervision des adultes.

> C'était une mer d'enfants, avec très peu d'adultes. Et il fallait que chacun règle ses ennuis, ses problèmes avec les autres enfants, si quelqu'un vous agaçait ou si vous ne pouviez pas participer aux jeux. Il n'y avait pas de parents pour nous réconforter, nous guider. On devait tout régler soi-même[316].

Mark DeWolf est le fils du directeur de l'école anglicane de Cardston. Il raconte que, seul élève non autochtone de la classe, il se sentait isolé. Pour diverses raisons, les autres élèves ont choisi d'éviter le fils du directeur. Les enfants de DeWolf se lient d'amitié avec les enfants de Mme First Rider, employée autochtone responsable de la buanderie de l'école. Sa sœur Christine fréquente aussi le pensionnat. Son frère et elle se chargent de tâches aux écoles où travaille leur père. Mark travaille à la petite confiserie de l'école de Cardston, et Christine aide à la préparation des dortoirs à l'école de La Tuque, au Québec. Mark DeWolf sait que son père est persécuté parce qu'il appuie des causes de justice sociale dans les Maritimes, et se souvient des efforts déployés par son père pour améliorer la santé des élèves et consigner des témoignages de culture autochtone. « Je suis très fier de mon père… il demeure l'homme que j'admire le plus[317]. »

Chrétiens pratiquants

Chacune des Églises s'est efforcée de n'embaucher que des membres de sa propre confession pour constituer l'effectif de ses écoles confessionnelles. Le manuel du personnel de l'école anglicane de Prince Albert indiquait que chaque employé devait être un « chrétien pratiquant ». Les employés étaient censés fréquenter la chapelle régulièrement. Les non-anglicans devaient « faire preuve de sympathie et de coopération à l'égard de l'enseignement et de la pratique de l'Église anglicane »[318]. Il était souvent nécessaire pour les écoles d'embaucher des enseignants d'autres confessions; ces personnes étaient toutefois considérées avec suspicion. À l'école de Sioux Lookout, en décembre 1954, le responsable de l'Administration des écoles indiennes, H. G. Cook, estime que « globalement, tous les enseignants donnent un bon rendement en classe mais, n'étant pas anglicans, ils ne font pas grand-chose pour l'école ». Il s'oppose aussi au fait que, parfois, ils passent outre l'autorité du directeur et adressent leurs préoccupations à l'agent des Indiens local[319].

L'un des enseignants auxquels Cook fait référence est George Takashima. Il se souvient que le directeur a dit aux employés qu'il ne voulait pas qu'ils jouent un rôle quelconque dans la vie des enfants.

> Avant même que les classes commencent, on était assis avec le directeur de cette école, un ecclésiastique anglican de la vieille garde, venu d'Angleterre, et qui nous a dit que notre travail se limitait à enseigner, un point c'est tout. En dehors des heures d'école et les fins de semaine, on ne devait pas avoir de contacts avec les enfants. Je trouvais ça étrange, parce qu'on était préparés à faire toutes sortes d'activités en dehors des heures de classe, mais c'est ce qu'on nous a dit de faire[320].

Dans son rapport de 1958 sur l'enseignement aux enfants autochtones, l'Église Unie indique le nombre de ses membres qui travaillent dans les pensionnats qu'elle administre. Les chiffres varient de six employés sur 24, à l'école d'Edmonton, à 26 sur 33, à l'école d'Alberni[321]. Lorsqu'une nouvelle superviseure des filles est embauchée à l'école d'Edmonton, à l'automne de 1960, on dit d'elle qu'il s'agit d'« une femme anglicane » qui ne sait « rien du travail du groupe de l'Église Unie », comme Canadian Girls in Training (CGIT, alternative confessionnelle au mouvement des guides)[322]. En mai 1961, le directeur de l'école d'Edmonton, A. E. Caldwell, se dit satisfait de la plupart des membres de son personnel, qui sont « presque tous de l'Église Unie »[323].

Même après que le gouvernement fédéral ait pris en charge les pensionnats, en 1969, la vie dans les établissements a conservé sa nature religieuse. Dans la plupart des cas, les anciens directeurs nommés par les Églises ont continué d'agir comme administrateurs des pensionnats, et la présence des élèves aux services religieux était souvent obligatoire. En 1972, Joseph Fardella, préposé aux soins des enfants à l'école de La Tuque, au Québec, est congédié parce qu'il refuse de forcer les élèves sous sa supervision à assister au service célébré à la chapelle anglicane, le dimanche matin. Plutôt, après les avoir réveillés, il leur disait qu'il y avait un service religieux et les laissait décider par eux-mêmes. Fardella, qui était catholique, estimait qu'il ne faut pas obliger les élèves à y assister. L'administrateur du pensionnat, le révérend Jean-Maurice Bonnard, lui ordonne de conduire les élèves aux services religieux. Fardella refuse et est congédié pour insubordination[324]. Les Affaires indiennes approuvent sa mise à pied, considérant que puisque l'école respecte les souhaits des parents lorsque ceux-ci demandent par écrit que leur enfant ne soit pas tenu d'assister aux services religieux, la question de la liberté de religion ne se pose pas dans le cas présent[325]. Lors d'une audition d'appel devant la Commission des relations de travail dans la fonction publique, on apprend qu'un manuel de l'école de La Tuque demande aux employés de se comporter « comme des représentants de l'Église [...] représentants de la religion de l'homme blanc »[326]. En fin de compte, le congédiement de Fardella est maintenu[327].

Le personnel et les élèves

Bon nombre des employés estimaient que, globalement, l'expérience des écoles était bénéfique pour les enfants. Ils croyaient que les enfants étaient au pensionnat soit parce leurs parents avaient choisi de les envoyer étudier à l'extérieur ou parce que des problèmes à la maison justifiaient qu'ils soient retirés de leur foyer.

James Fiori, superviseur oblat en poste à l'école catholique située près de Le Pas, au Manitoba, affirme que « les gens arrivaient très difficilement à nourrir leurs enfants ». C'est pourquoi, selon lui, « s'ils venaient à la mission, vous savez, c'était en désespoir de cause »[328]. Vincent LaPlante, directeur oblat ayant travaillé à Cranbrook et à Fraser Lake, en Colombie-Britannique, partage le sentiment de Fiori. « Certains enfants arrivaient de régions très, très éloignées, explique-t-il. Dans ces régions, les familles n'avaient pas l'eau courante et, dans certains cas, pas d'électricité, je suppose. Elles n'avaient pas la possibilité de s'occuper des enfants aussi bien qu'elles l'auraient voulu[329]. » Tom Cavanaugh, oblat en poste au pensionnat Christie, en Colombie-Britannique, dans les années 1960 et 1970, dit croire que les parents veulent que leurs enfants soient envoyés à l'école.

> Habituellement, au pensionnat, la plupart des enfants, je dirais, arrivaient en avion. Et, selon ce que j'ai compris, les parents étaient présents et c'est eux qui les mettaient dans l'avion. Je sais pertinemment — parce que j'y étais — que des enfants arrivaient en bateau; les parents les emmenaient à l'école en bateau de pêche. Selon moi, les parents voulaient que leurs enfants aillent à l'école, vous savez. C'est ce qu'ils souhaitaient, pour une raison ou une autre. Pour certains, c'était certainement en raison de l'instruction; ils savaient que les enfants recevraient une bonne éducation à l'école[330].

Pour les parents qui passaient une partie de leur temps à l'extérieur, un pensionnat était le seul moyen d'assurer une instruction à leurs enfants. Un ministre anglican qui travaillait dans le Nord-Ouest du Québec se souvient de ce qui suit :

> [L]es parents appréciaient vraiment l'école parce qu'en hiver, un grand nombre partaient trapper les animaux à fourrure et, vous comprenez, ils savaient qu'avec l'école, ils pouvaient espérer que leurs enfants soient bien nourris, habillés et éduqués. Je ne pense pas que des parents aient vraiment eu de réticences à envoyer leurs enfants à l'école. C'était ce qu'ils voulaient[331].

Selon bien des anciens membres du personnel, outre la nourriture, le vêtement et le logement, les parents voyaient dans le pensionnat des possibilités pour leurs enfants. « Qui venait aux pensionnats ? », demande Olive Saunders, ancienne enseignante, « l'élite. Les enfants du conseiller, les enfants de sa famille, les enfants du chef… Tous des enfants merveilleux. Et intelligents. C'était donc l'élite… parce que leurs parents savaient qu'un jour ou l'autre, leurs enfants allaient devoir être instruits[332]. » James Fiori estime que les pensionnats représentaient la seule possibilité d'instruction offerte aux élèves : « Je sais que pour certains avec qui j'ai discuté de toute cette question, s'ils n'ont pas d'instruction, ils n'auront aucune chance. Et vous savez comme moi que, dans le Nord, il n'y avait tout simplement pas de possibilités[333]. »

A. I. Avery, ministre de l'Église Unie en poste à Norway House, au Manitoba, se souvient que « les directeurs avaient toujours une pile de demandes de parents voulant envoyer leurs enfants au pensionnat »[334]. Une ancienne élève du Nord du Québec, qui a ensuite travaillé comme superviseure, souligne que son père, chef local, soutenait fermement l'idée d'envoyer les enfants au pensionnat : « Il savait que le mode de vie centré sur la chasse allait cesser. Il disait "Vous devez vous instruire, aller à l'école et apprendre à utiliser les outils des Blancs. Parce qu'un jour, ils vont s'emparer de notre terre et vous devrez avoir les outils pour leur faire concurrence"[335]. »

Elle dit ignorer que des enfants étaient envoyés dans les écoles par la force. Elle reconnaît cependant que les pensionnats étaient de plus en plus utilisés comme des établissements de protection de l'enfance.

> Je pense qu'à un moment donné, ils se sont aussi servis des pensionnats comme d'une sorte de service social, parce qu'il n'y avait pas de services d'aide à l'enfance. Alors, si un enfant n'avait pas de foyer — il y avait un petit nombre d'orphelins — , il allait au pensionnat... L'aide sociale n'existait pas... mais je peux le dire honnêtement... je ne connais personne qui a été forcé d'aller à l'école[336].

D'anciens pensionnaires qui sont allés travailler dans les écoles connaissaient bien les difficultés familiales qui avaient forcé des enfants à fréquenter ces établissements. « Par exemple, quand une mère mourait, ils plaçaient les enfants dans les écoles, parce qu'il n'y avait plus personne à la maison pour s'occuper d'eux », explique une femme des Premières Nations, cuisinière à la même école catholique qu'elle avait fréquentée étant enfant[337]. Joe Aleck, devenu administrateur de l'école de Mission, en Colombie-Britannique, se souvient que « ce qui était triste..., c'est que des enfants étaient maltraités et que c'était à l'époque du syndrome d'alcoolisme... bien des enfants étaient maltraités à la maison et ils étaient retirés de leur foyer ou envoyés au pensionnat... Il y en avait beaucoup à l'école qui étaient négligés par leurs parents[338]. »

Une autre ancienne élève, qui s'était jointe par la suite au personnel de soutien de l'école, explique qu'elle avait été envoyée au pensionnat parce que sa mère était décédée et que son père n'arrivait pas à s'en occuper. Des membres de sa parenté vivaient tout près, mais elle préférait rester au pensionnat parce qu'elle était ainsi protégée de la violence physique et sexuelle et de la toxicomanie auxquelles elle était exposée chez les membres de sa parenté[339].

Vincent LaPlante a travaillé dans des pensionnats en Colombie-Britannique. Il explique ce qui suit au sujet des élèves qui fréquentaient les écoles :

> [bon nombre] provenaient de familles dysfonctionnelles. La raison pour laquelle l'enfant était envoyé au pensionnat indien était indiquée sur le formulaire d'admission. Il était signé par l'agent des Indiens et par le parent ou le tuteur légal. Dans bien des cas, le tuteur signait, parce que la famille même n'arrivait pas à s'occuper de l'enfant. Alors, l'enfant avait des difficultés avant son entrée à l'école. De nombreux enfants arrivaient d'une famille dysfonctionnelle et se débrouillaient quand même assez bien[340].

John Fitzgerald affirme que les orphelins étaient si nombreux au pensionnat de Fraser Lake, en Colombie-Britannique, qu'il se sentait comme leur parent substitut[341]. Terrance McNamara indique que pour certains des élèves avec lesquels il travaillait à l'école de l'île Kuper, en Colombie-Britannique, l'école était un refuge dans leur existence difficile.

> C'est vraiment l'impression qu'il me reste, le fait qu'ils étaient heureux à l'école et ne voulaient pas s'en aller, à cause de la situation à la maison. Et je pense qu'il faut le dire, que certaines situations à la maison étaient très difficiles pour eux et qu'ils ne voulaient pas y retourner; ils voulaient rester au pensionnat[342].

Pourtant, tout en estimant que les élèves étaient à l'école surtout parce que leurs parents voulaient qu'ils y soient, ou parce que leur famille s'était désintégrée, des employés reconnaissent le tourment émotionnel que devaient vivre ces enfants séparés de leur collectivité. Tom Cavanaugh raconte :

> J'étais désolé pour les jeunes enfants qui arrivaient, en première et en deuxième année. C'étaient de petits bouts de choux, vous savez. En arrivant, ils pleuraient; certains ne pleuraient pas, mais d'autres oui, et leur mère ou leur père essayait de les consoler. Mais ils devaient partir, parce qu'ils devaient rentrer à la maison. C'était assez triste pour eux, les petits, de les voir partir. Et je me demandais comment faire pour qu'un enfant se sente chez lui. Comment faire pour le réconforter? Parce que moi, je me serais senti mal. Si je repense à ma propre famille, et que j'avais dû, à cinq ans, être séparé de ma mère et de mon père durant trois ou quatre mois à la fois, et peut-être toute une année sans les voir, j'aurais été anéanti, juste par cette séparation, vous comprenez. Je trouvais ça vraiment dur[343].

Lynn Bishop, qui allait devenir plus tard gestionnaire de l'Aéroport international de Winnipeg, est un jeune pilote de l'aviation commerciale qui travaille au Manitoba et dans le Nord-Ouest de l'Ontario durant les années 1970[344]. Au cours de son travail, il découvre à quel point le voyage au pensionnat pouvait être stressant pour les enfants. C'est une expérience qu'il n'a jamais oubliée.

> En fin de journée, au mois d'août, j'ai eu la directive de me rendre à un lac où je n'étais jamais allé avant. À un endroit donné le long de la rive, il y aurait deux jeunes enfants, que je devrais ramener à la base et, de là, ils iraient au

pensionnat, tout près. Un des parents ou les deux devaient être présents pour voir les enfants partir. Arrivé sur place, j'ai aperçu deux enfants et deux autres personnes. Ce qui m'a paru bizarre, c'est qu'il n'y avait pas d'habitation, pas de structure ni de tente. Et, autant que j'aie pu voir, pas d'embarcation non plus. J'ai amerri. Il n'y avait pas de quai. J'ai dû m'avancer sur la rive près de l'endroit où ils se tenaient.

Quand je suis descendu, j'ai aussitôt ressenti une forte impression de malaise et de stress parmi le groupe. Le père avait une mine très sombre et sinistre. Le petit garçon, qui devait avoir environ huit ans, n'affichait aucune expression, mais je le devinais tendu. De toute évidence, la mère avait pleuré et elle semblait très anxieuse. La petite fille, qui devait avoir au plus six ans, tremblait, pleurait et agrippait les vêtements de sa mère comme si sa vie en dépendait. J'ai supposé, ce que le père a confirmé, que la petite était séparée de sa mère pour la première fois de sa vie. On était sur le point de partir quand j'ai dit au père, par mégarde : « Eh bien, vous les verrez à Noël. » Il a répondu : « Non, en juin de l'année prochaine. »

L'avion a décollé et je me souviens d'avoir pensé voler en cercle, repasser à basse altitude et pencher l'avion légèrement pour que les enfants puissent voir leurs parents et leur faire signe. Cela a été une erreur, parce que ça n'a fait qu'empirer le sentiment de séparation et la tension, et je me retrouvais avec deux enfants bouleversés — à ce point-là, en termes cliniques, on aurait pu les qualifier de traumatisés. Les deux ont gémi et pleuré durant tout le trajet de retour à Kenora. Le vol a été long. Mais ce voyage cruel ne s'est pas terminé là pour les enfants. À Kenora, un taxi attendait sur le quai. Je me souviens très bien d'avoir transporté les deux petites valises de carton dans la voiture. Les enfants se sont assis à l'arrière, le taxi a gravi la côte — la colline plutôt — , et a disparu dans le tournant. Pas de chaperon, personne pour les accueillir, pas d'adulte, aucun mot de bienvenue. Je me souviens d'avoir pensé qu'il était difficile d'imaginer un accueil plus froid et insensible. Ma rencontre avec ces enfants ce jour-là m'a fortement perturbé, mais j'ai fini par oublier. Ces dernières années, je n'y avais pensé qu'une ou deux fois, aux enfants, en particulier, jusqu'à ce que je commence à lire sur ce qui avait été découvert, la situation dans les pensionnats. Les souvenirs sont revenus. Et plus j'en apprenais, plus cette journée devenait lourde de sens, et plus je m'inquiétais de ce qui avait pu arriver à ces enfants[345].

Des membres du personnel ont raconté à quel point les élèves se sentaient seuls, surtout au début de l'année scolaire. Dorothy McKay, qui a travaillé à l'école de Norway House au début des années 1960, se souvient :

Durant la première semaine, environ, on entendait les enfants pleurer avant de s'endormir. Mais, à l'opposé, je me souviens qu'on allait les reconduire à l'avion, vers la fin de juin, quand ils devaient retourner à la maison, et ils pleuraient. Je pense que ça en dit un peu sur ce qu'on faisait pour eux. Ils ne

> voulaient pas retourner à la maison. Ils ne savaient pas ce qui allait arriver, mais ils s'attendaient à une situation difficile, parce qu'ils ne savaient pas, ils avaient perdu contact avec leur foyer, ils étaient partis depuis dix mois, pour la plupart. Il y avait des pleurs au moment de monter dans l'avion pour retourner à la maison, et je me souviens que je trouvais ça terrible[346].

Elizabeth Pearson se souvient qu'elle entendait les enfants pleurer au lit au début de l'année scolaire, à l'école d'Alert Bay, en Colombie-Britannique : « Leur mère et leur père leur manquaient et, bien sûr, les frères et les sœurs étaient séparés dans des parties opposées de l'immeuble. Alors, ils ne pouvaient pas communiquer, sauf à l'heure du repas ou du jeu... et lorsqu'ils jouaient à l'extérieur[347]. » Un ancien employé dit que chaque automne, les enfants arrivaient « dans un gros camion ouvert... Combien de fois je les ai vus, surtout les petits de six ans, avoir de la difficulté à sauter du camion, les yeux pleins de larmes parce qu'ils se sentaient seuls et confus[348]. »

Mary Hamilton était enseignante à l'école anglicane d'Aklavik, dans les Territoires du Nord-Ouest. Durant son séjour à l'école, elle estime que les enfants étaient bien traités.

> La seule chose qui me peinait, c'était qu'ils étaient loin de leurs parents. Je trouvais ça tellement triste. Parfois, des parents en visite dans la collectivité passaient les voir, mais la plupart ne voyaient pas leurs parents avant l'été suivant. C'était dommage[349].

Marion Adams, qui a enseigné à l'école de Norway House, se remémore l'effet que la réception de colis avait sur les enfants. Elle se souvient que si une grand-mère envoyait « des nouveaux mocassins à quelqu'un et que le colis arrivait, cela créait toute une commotion. La difficulté était de ne pas rendre les autres nostalgiques en montrant trop d'enthousiasme... C'était merveilleux, mais difficile pour ceux qui n'avaient rien reçu[350]. »

Des élèves ont gardé de bons souvenirs de certains employés, surtout ceux qui les avaient aidés dans des moments difficiles. Richard Nerysoo a été premier ministre des Territoires du Nord-Ouest. Il a été le premier membre des Premières Nations au Canada à être élu à la tête d'un gouvernement public. Il a fréquenté Fleming Hall, à Fort McPherson, Stringer Hall, à Inuvik, et Yukon Hall, à Whitehorse. Il estime que l'administrateur L. P. Holman l'a aidé pendant son séjour à Stringer Hall. Cependant, il décide de rejeter le milieu scolaire : « Je ne veux pas être associé à tout ce qui pourrait m'inciter à consommer de l'alcool et toutes ces choses. » Déterminé à poursuivre ses études, il demande son admission à Yukon Hall, à Whitehorse. « C'était une décision difficile. J'étais loin de la maison, de ma mère, de mes parents et de tout ce qui aurait pu m'aider. Mais je me souviens toujours de L. P. Holman, qui a été d'un grand secours pour plusieurs. Presque tous les mois, il m'envoyait 20 $. Je n'en revenais pas, parce que je ne lui avais jamais demandé cet argent[351]. »

Nellie Ningewance se souvient de la gentillesse d'une superviseure de l'école de Sioux Lookout, en Ontario.

> Elle s'appelait Mademoiselle Tailfeathers, une belle jeune femme. Elle était notre amie; elle prenait constamment des photos de nous. J'ai quelques photos de groupe, dont elle avait fait des copies pour quelques-unes d'entre nous, je suppose. Une fois, on jouait au baseball. Elle a pris une photo du groupe, puis une photo dans nos habits du dimanche. J'en ai une. Elle était gentille[352].

Daniel Andre parle avec chaleur de ses souvenirs d'une sœur, à Grollier Hall, pensionnat catholique à Inuvik, dans les Territoires du Nord-Ouest.

> Sœur Tremblay, elle était superviseure principale à l'étage supérieur, pour les jeunes garçons. C'était la meilleure sœur de l'école, tout le monde le savait. Elle était la superviseure la plus gentille, la plus généreuse et la plus aimante. Elle, elle, elle avait même des disputes avec les autres superviseurs, et tout ça. Elle nous appelait « ses garçons » et, elle était prête à se battre bec et ongles pour nous. Elle est décédée il n'y a pas si longtemps... Je ne sais plus combien d'années. Mais, avant qu'elle meure, j'ai repris contact avec elle. Je lui ai écrit. Elle a dit qu'elle priait encore pour nous, et tout ça. Oui, c'était une bonne personne. Je remercie Dieu de l'avoir connue, d'autant plus que tous les autres superviseurs étaient plutôt mauvais, selon ce que les élèves nous ont dit. Et c'était celle qui, qui nous emmenait camper et, oui, qui nous emmenait dans le bois. Je pense qu'elle avait un attachement particulier pour mon frère Donald, et Robert et moi, parce qu'elle savait qu'on vivait dans le bois, pas en ville, et qu'on était là depuis qu'on était si petits, puis c'est là qu'on a grandi. Elle essayait de nous protéger du mieux qu'elle pouvait mais, pour certaines choses, elle ne pouvait rien faire[353].

Curriculum : « C'est le mode de vie des Blancs qui est acceptable et louable »

Après 1940, il était devenu évident pour certains enseignants que de tenter d'éliminer la culture autochtone était vain et empêchait les écoles d'enseigner efficacement les compétences de base aux enfants autochtones. Ils étaient frustrés par l'exigence d'enseigner ce qui était pour eux un programme d'études inadapté sur le plan culturel. Cameron Reid, superviseur et enseignant à Norway House, au Manitoba, dans les années 1950, relate que ce qu'il a retenu « de cette expérience et de l'enseignement, c'est qu'ils ne tenaient absolument pas compte de leurs antécédents ni de leur culture. C'était le système canadien, les écoles canadiennes... Alors, il a été décidé que *Fun with Dick and Jane* serait le livre de première année[354]. » Mary Hamilton, qui a enseigné aux classes de troisième et de quatrième année au début des années 1950, est découragée par les livres remplis d'histoires sur « des visites au cirque ou à d'autres endroits que les enfants n'avaient jamais vus ». Elle décide de travailler avec les élèves à créer des histoires basées sur leurs propres expériences avec la terre et les animaux. Les livres élaborés par Hamilton et ses élèves impressionnent tellement l'inspecteur de l'école que des exemplaires sont envoyés à Ottawa pour que le contenu soit pris en compte dans l'élaboration de nouveau matériel[355].

Malgré qu'il constitue un exemple important d'une approche plus efficace, cet effort semble avoir été l'exception. En général, les cultures autochtones n'étaient guère utilisées comme sources d'histoires et de traditions qui auraient pu renforcer le sentiment d'identité autochtone chez les enfants et contrer l'objectif historique de l'assimilation. Durant la période qui a suivi les années 1940, certains enseignants sont parmi les personnes les plus frustrées par l'imposition d'un système aussi étranger.

George Takashima choisit d'abandonner le programme d'études provincial pour ses élèves et retourne à la base. « Après deux ou trois jours, je me suis dit que je devais oublier ce que j'avais appris dans ma formation d'enseignant, de faire table rase, parce ça ne marcherait pas. Il faut utiliser ce que les élèves comprennent, leur réalité[356]. »

Takashima est aussi perturbé par la mauvaise tenue des dossiers à l'école de Sioux Lookout.

> Dans une nouvelle classe, on n'avait pas de dossiers sur ces élèves. Bon nombre d'entre eux avaient fréquenté l'école l'année précédente mais, sans dossiers, on ne savait pas où ils étaient rendus dans la matière. C'était pénible de devoir reprendre du tout début pour savoir où en étaient ces élèves, mais c'est pourtant ce qu'on devait faire, passer une semaine à tenter de déterminer où en étaient leurs connaissances avant de pouvoir commencer à enseigner[357].

Donald Hepburn, qui avait été directeur à Inuvik, dans les Territoires du Nord-Ouest, va plus loin : « C'est complètement injuste d'évaluer l'aptitude intellectuelle de ces enfants en les soumettant à un test papier-crayon conçu pour des parents blancs, anglophones et protestants[358]. » Hepburn fait connaître sa frustration à l'égard du programme d'enseignement de l'école et de l'ensemble du système dans un article publié en 1961, peu de temps après avoir déposé sa lettre de démission. Dans l'article, intitulé « Northern Education – Façade for Failure », il écrit :

> À l'occasion, l'école peut, pour la forme, vanter l'apport des Esquimaux et des Indiens à la vie canadienne mais, au quotidien, elle dit à l'enfant que c'est le mode de vie des Blancs qui est acceptable et louable. Celui de ses parents et de ses grands-parents est négligeable. Le mode de vie des Blancs mérite d'être étudié cinq jours par semaine, alors celui de son peuple ne vaut qu'un survol sommaire.

Hepburn ne critique pas que le programme d'études : il juge nécessaire que le gouvernement fédéral « abandonne ses pensionnats monstrueux ». Un pensionnat pour les élèves à l'âge des études secondaires pouvait s'avérer nécessaire, mais il n'y avait « pas de place pour les énormes pensionnats du palier primaire exploités actuellement »[359].

D'autres ont mis en question les répercussions de leur travail ainsi que le programme d'études. Mary Hamilton, qui travaillait à l'externat de Fort Chimo (aujourd'hui Kuujjuaq), au Nouveau-Québec, se souvient qu'au cours d'une séance d'orientation professionnelle, « un représentant du gouvernement est venu nous dire "on n'a pas fait un bon travail avec les Indiens, on a fait ci et on a fait ça — ce qu'il ne fallait pas — , et on va faire mieux avec les Esquimaux", mais les choses sont restées les mêmes »[360].

Terri Welsh enseigne à l'école publique de Prince Albert, en Saskatchewan, dans les années 1960. De nombreux élèves de ses classes du primaire proviennent du pensionnat de Prince Albert.

> Le premier jour d'école, cinq autobus sont arrivés avec des enfants de six à neuf ans. Ils étaient timides, tranquilles, abasourdis, confus, mais encore prêts à me faire confiance. L'école s'appelait Central, un petit immeuble en briques, vieux et sale, situé au centre-ville. Malheureusement, notre chambre était au sous-sol. La pièce était humide, sale, avec des toiles d'araignée, éclairée par des ampoules électriques. Il y avait une fournaise dans le coin.

Lorsqu'elle s'est plainte des lieux à l'administration, elle a eu pour réponse qu'il n'y a « pas d'endroit adéquat, leurs parents ne sont pas des contribuables, ni résidants de PA [Prince Albert], et cetera, et cetera, et cetera ». Welsh continue de faire pression pour obtenir de meilleures installations. « La bonne nouvelle est que, trois semaines plus tard, une roulotte toute propre est arrivée et a été placée au bout du terrain de jeu. La mauvaise nouvelle c'est qu'on n'a jamais été rattachés à l'immeuble et qu'il fallait courir pour se rendre aux toilettes[361]. »

Certains enseignants en formation professionnelle ont tenté de faire participer les élèves à des projets qui leur seraient utiles et agréables. À l'école presbytérienne de Kenora, George McMillan aide des garçons plus âgés à construire des kayaks, qu'ils emporteront à la maison à la fin de l'année scolaire[362]. Une année, Danny Saunders, enseignant en menuiserie à Norway House, et ses élèves créent des tiroirs de bois spécialement conçus pour être placés sous le lit des garçons, pour qu'ils puissent conserver en sûreté leurs lettres, leurs pièces de monnaie et les souvenirs de la maison. L'année suivante, Saunders et sa classe construisent un « scoot » (embarcation à fond plat munie, à l'arrière, d'une hélice placée au-dessus de l'eau, lui permettant de se déplacer sur l'eau, la neige et la glace). Avec le scoot, les membres de la collectivité de Norway House ont pu traverser le lac rapidement et en toute sécurité en période de gel et de débâcle[363].

D'après les déclarations d'anciens employés, il semble que les attitudes et les politiques quant à l'usage des langues autochtones dans les pensionnats étaient variées. Certains enseignants, comme George Takashima, jugeaient étranges les politiques linguistiques restrictives : « Je trouvais que ça n'avait pas de bon sens. S'ils ne parlent pas anglais, comment va-t-on les empêcher de parler leur propre langue jusqu'à ce qu'ils soient en mesure de s'exprimer? » Plutôt que d'appliquer l'interdiction, il parle en japonais lorsque les élèves parlaient dans leur langue. « Ils me regardaient et me disaient "Oh, c'est quoi cette langue?" et je répondais "Eh bien, je viens du Sud-Ouest de l'Ontario"[364]. » Bien qu'elle ne se soit pas objectée à ce que les enfants parlent leur langue entre eux, Elizabeth Pearson se souvient que le directeur de l'école d'Alert Bay, en Colombie-Britannique (J. Edwin Allsopp), était, selon ses propres mots, « gentil mais strict » dans l'application des règles limitant l'usage des langues autochtones[365].

Un employé d'une école de la Colombie-Britannique soutient que les élèves ne devaient pas parler leur langue autochtone durant les périodes de repos. « L'idée était qu'ils en viennent à parler couramment l'anglais, parce que c'était la langue de la société dominante, et je pense que c'était une bonne idée[366]. »

James Fiori se souvient qu'à une des écoles catholiques dans lesquelles il a travaillé durant les années 1970, le directeur « parlait bien mieux le cri que l'anglais. D'ailleurs, il a toujours insisté, par exemple, à la chapelle ou ailleurs, pour prêcher en cri, et non en anglais. » Il disait que le français était la langue première des oblats et des membres des ordres religieux féminins qui travaillaient à l'école[367]. Lawrence Brennan, jésuite, travaillait comme enseignant et superviseur à l'école de Spanish, en Ontario. Il affirme que les enfants étaient autorisés à parler leur langue entre eux, mais qu'ils devaient parler anglais en présence du personnel[368].

Merle Nisly se souvient que les élèves pouvaient parler leur langue entre eux à l'école de Poplar Hill. « Mais, mais mon souvenir de l'application de cette règle est que, lorsque les élèves étaient en présence de quelqu'un, d'un membre du personnel qui ne pouvait pas les comprendre, ils ne devaient pas parler entre eux dans leur langue. » Nisly a décidé d'apprendre la langue des élèves. « Il y avait un membre des Premières Nations parmi le personnel, et je me souviens d'être allé souvent le voir pour apprendre de nouveaux mots, de nouvelles connaissances. J'ai commencé comme ça, et j'ai fini par parler la langue couramment[369]. »

Lorsqu'elle a enseigné à l'école de Kamloops, Beverley Mitchell encourage trois filles, déprimées parce qu'elles avaient perdu la possibilité de parler leur langue, à enregistrer les histoires que leur racontaient leurs grands-parents dans leur propre langue. Leurs parents ont traduit leurs entrevues et les filles ont rédigé un texte basé sur ces traductions. Plus tard, elles sont allées faire une présentation sur ce texte à l'Université de Victoria[370].

Certains employés reconnaissent que les élèves ont pu être victimes de ce qui équivalait à de la maltraitance culturelle. Betty Ann Caldwell estime que certains des propos du directeur de l'école de Portage la Prairie, au Manitoba, ont dû laisser chez les élèves un sentiment de « honte à l'égard de leurs parents ». Elle soutient que le directeur « leur parlait de cette superbe occasion qu'ils avaient de recevoir une éducation et d'avoir une vie meilleure que leurs parents »[371]. George Takashima se souvient qu'à l'école de Sioux Lookout, en Ontario, le directeur disait que « nous étions ici pour christianiser les sauvages, et cela m'a renversé »[372].

Lorsqu'elle a enseigné à l'école de Birtle, au Manitoba, à compter de 1959, Verna Kirkness constate à quel point les Autochtones étaient absents du programme d'études de l'école. Lorsqu'elle a abordé cette question avec ses élèves, une discussion animée s'en est suivie, ce qui l'a incitée à choisir comme sujet de rédaction pour ses élèves « Le Canada, en 1959, sans les Blancs ».

> Eh bien! La réaction à ce devoir a été très forte! Ils ont écrit des pages et des pages sur ce que serait la vie au Canada sans l'influence de gens venus d'ailleurs. J'aurais aimé avoir gardé quelques-unes de ces rédactions, car elles en disaient tellement long sur les sentiments des élèves, qui étaient probablement renforcés par leur confinement dans un établissement[373].

Loisirs : « Ils ont remporté des coupes. »

Les programmes récréatifs offerts dans les pensionnats étaient limités. Les installations de loisirs étaient souvent improvisées et l'équipement faisait défaut. Selon Betty Pearson, il n'y avait guère de matériel récréatif à l'école d'Alert Bay, en Colombie-Britannique. Les programmes existants dépendaient largement d'initiatives individuelles des membres du personnel. À l'école Shingwauk de Sault Ste. Marie, en Ontario, des employés se sont chargés des scouts, des louveteaux, des guides, des Brownies et de divers organismes religieux, comme les Little Helpers et la Church Boys' League[374]. À l'école de Cardston, en Alberta, en 1954, H. W. Buckle est non seulement un « enseignant de premier ordre », mais il organise aussi une gamme d'activités sportives, il enseigne le patin, donne vingt minutes d'entraînement physique par jour et organise un groupe de cadets[375]. En Colombie-Britannique, un membre du personnel parvient à entraîner des équipes, malgré ses maigres qualités athlétiques : « Je ne savais pas patiner, je n'avais jamais joué au hockey, mais j'ai entraîné les élèves, et ils ont gagné, ils ont remporté des coupes[376]. » Dans une école catholique des Territoires du Nord-Ouest, le directeur, atterré par le manque d'activités récréatives offertes aux enfants, ferme la chapelle de l'école et l'aménage en gymnase. « La messe pouvait être récitée ailleurs. On en a fait un gymnase, pour jouer au basketball, au volley-ball ou faire d'autres sports[377]. »

Terrance McNamara indique que l'école de l'île Kuper, en Colombie-Britannique, avait un programme de loisirs actif au cours des années 1960.

> Et sur la côte est de l'île de Vancouver, plusieurs courses de canots se tenaient dans ces années-là, et les élèves y participaient. On faisait beaucoup d'athlétisme. Le soccer était très important. Durant ces années, les Autochtones jouaient beaucoup au soccer, y compris les classes du primaire. Et à cette époque, les fins de semaine, on allait soit assister aux tournois de soccer ou y participer. De mai à juin, on avait un corps de fifres et de tambours, et c'était une magnifique occasion pour l'école de sortir et participer aux parades des non-Autochtones de Victoria à Nanaimo, et même à cette époque, on se rendait aussi sur la partie continentale[378].

Selon Tom Cavanaugh, au moins un soir était consacré aux loisirs au pensionnat Christie, en Colombie-Britannique : « On jouait surtout au volley-ball. Les enfants plus âgés et des membres du personnel se réunissaient et formaient des équipes, enfants et adultes mélangés, pour jouer au volley-ball, vous savez, organiser des petits tournois, ce genre d'activités. » L'administration allait chercher un film une fois par semaine. « C'était généralement le vendredi soir. Parfois, on repassait le film si les enfants l'avaient vraiment aimé, même le samedi ou le dimanche soir, avant qu'ils aillent au lit[379]. »

John Fitzgerald se souvient que lorsqu'il était directeur de l'école de Sechelt, en Colombie-Britannique, il avait pris des dispositions pour que la fanfare de l'école aille à Disneyland. « On s'est bien amusés. Ils ont recueilli des fonds, mais on a eu toutes sortes d'occasions pour amasser l'argent. Ils étaient très bons. Nous avons eu des photos de Disneyland. J'ai été autorisé à en faire des copies et chaque enfant de la fanfare a reçu une photo[380]. »

Discipline

Comme il est mentionné dans les chapitres précédents, les Affaires indiennes ont mis du temps à élaborer une politique disciplinaire pour tout le système et se sont montrées peu efficaces dans son application. La politique que les Affaires indiennes s'efforçaient d'imposer visait à restreindre le nombre de personnes autorisées à administrer des châtiments corporels et à limiter ces punitions à des coups sur les mains à l'aide d'une lanière de cuir réglementaire[381]. À l'école de Gordon, en Saskatchewan, un manuel à l'intention du personnel indiquait : « Seul le directeur peut administrer un châtiment corporel. Tout membre du personnel qui frappe un enfant s'expose au renvoi et à des poursuites. Les cas disciplinaires difficiles doivent toujours être soumis au directeur[382]. »

En réalité, chacun des directeurs établissait la marche à suivre pour son école. Un rapport de l'Administration des écoles indiennes de 1955 fait état d'une « discussion particulièrement pénible » avec le directeur de l'école de Brocket, en Alberta,

W. J. J. Woods sur la méthode qu'il emploie pour imposer des mesures disciplinaires aux enfants — les filles en particulier :

> Il soutenait que de frapper les mains avec une lanière de cuir ne valait rien et citait la Bible pour justifier sa méthode de châtiment. Je n'arrivais pas à suivre ses arguments. Il a admis agir à l'encontre de la réglementation de la DAI [Division des affaires indiennes] et de mes directives, données trois ans auparavant, et alléguait qu'il avait plus d'expérience que la DAI ou l'Administration des écoles indiennes dans la gestion des élèves. Mademoiselle Bray a été appelée comme témoin apparemment et a déclaré qu'elle était présente la dernière fois que M. Woods a puni les filles qui s'étaient enfuies. Après un long discours durant lequel il a affirmé ne pas avoir reçu d'aide de la DAI, de l'Administration des écoles indiennes ni de l'évêque pour administrer l'école ou la Mission, j'en ai conclu qu'il a laissé des problèmes bénins devenir des montagnes. Il n'a que faire de M. Waller, de M. Battle ou du nouvel agent, M. Woodsworth[383].

Woods démissionne de son poste à l'école à la fin de l'année scolaire 1954-1955[384].

Dans une lettre à un enseignant candidat, en 1957, le directeur de Gordon, Albert Southard, explique :

> L'école administre une discipline très stricte, que j'entends maintenir. Nous n'observons pas la politique de la « libre expression » ici, et les enfants indiens font ce qu'on leur dit de faire. L'école est située dans la réserve indienne de Gordon et, pour cette raison, les contacts avec la réserve sont limités au strict minimum et ne sont pas encouragés[385].

Deux mois après avoir écrit cette lettre, Southard fait l'objet d'une enquête au sujet d'allégations relatives à des mesures disciplinaires excessives à l'école. En septembre, il est remplacé à son poste de directeur et retourne en Angleterre[386]. Woods avait dirigé des écoles anglicanes depuis 1948, alors que la carrière de directeur de Southard ne remonte qu'à 1955[387]. Dans les deux cas, il appert que leur approche de la discipline a été non seulement stricte, mais excessive, débordant les normes acceptées par l'Église et le gouvernement.

D'anciens membres du personnel ont relaté des événements qui contrevenaient nettement aux politiques que les Affaires indiennes s'efforçaient d'imposer. Delores Pflanz raconte avoir vu une sœur de l'école de l'île Kuper battre cinq ou six élèves en même temps dans ce qu'elle décrit comme un « accès de rage totale ». Elle a aussi vu des élèves se faire laver la bouche avec du savon pour avoir parlé une langue autochtone. Elle dit avoir parlé à l'administrateur du pensionnat d'une de ses préoccupations au sujet de Glenn Doughty, employé qui a par la suite été reconnu coupable de mauvais traitements à l'endroit des élèves. Elle affirme que plutôt que de répondre à ses préoccupations, l'administrateur s'est emporté et l'a congédiée. Elle a finalement conservé son emploi, mais aucune suite n'a été donnée à sa plainte[388].

D'anciens membres du personnel ont dit à la Commission n'avoir jamais frappé un élève, mais d'autres ont déclaré avec regret l'avoir fait dans un accès de colère. Une ancienne employée affirme avoir perdu son sang-froid et frappé des élèves au visage[389]. Certains estimaient que les châtiments corporels étaient justifiés et n'étaient pas excessifs. Au sujet de la discipline au pensionnat Christie, en Colombie-Britannique, Tom Cavanaugh dit :

> Je n'ai jamais rien vu qui m'a incité à croire que les mesures disciplinaires étaient excessives. On utilisait toutes sortes de mesures disciplinaires. Jamais de bâton ou quoi que ce soit. On se servait de la lanière de cuir. C'était une forme de châtiment acceptable à l'époque. Mais je dirais que même la lanière, en ce qui me concerne, je ne l'ai utilisée que quelques fois. La première fois, j'ai presque pleuré moi-même, parce que je ne voulais pas faire de mal à personne[390].

Selon Cavanaugh :

> Il y a peut-être une fois — une fois où il y aurait pu avoir des raisons de croire que les mesures disciplinaires étaient excessives, mais le cas a été réglé par la suite, vous savez. La question a été réglée plus tard avec la personne qui a administré les coups. Et c'est la seule fois que j'ai connue où la lanière a été mal administrée. Je dirais qu'elle était sur le point d'être mal administrée[391].

Des membres du personnel en sont venus à mettre en question et à modifier leur approche quant aux châtiments corporels. Donald Hepburn déclare qu'il a cessé ces châtiments après qu'un garçon qu'il s'apprêtait à punir a fondu en larmes avant même qu'il ne le frappe : « Pourquoi faire pleurer ce grand garçon de 14 ans — un bon petit gars[392]? » Une autre ancienne employée raconte qu'elle a interpellé un superviseur qu'elle a vu frapper un garçon sur les oreilles et lui a dit de ne jamais recommencer[393].

D'autres croyaient fermement que les enfants devaient être menés « d'une main de fer ». Une sœur qui travaillait dans une école catholique affirme qu'en une occasion, elle a interpellé une autre sœur qui était impatiente avec les élèves, lui disant « "ils n'apprendront rien si vous criez et vous leur dites de se réveiller ou d'aller s'asseoir, si vous ne pouvez pas... Ça ne sert à rien de crier après." Elle a dit : "C'est comme ça que j'ai été élevée." J'ai répondu : "Et vous aimiez ça?" Elle m'a dit : "En tout cas, c'était comme ça."[394] »

Les Affaires indiennes cherchent à bannir les châtiments humiliants en 1953[395]. Malgré cela, Marianne Kingma, qui supervisait les filles à l'Institut Mohawk de Brantford, en Ontario, dans les années 1960, se souvient que les châtiments étaient souvent humiliants. Une fois, un élève a dû nettoyer une partie du plancher avec une brosse à dents. Une autre fois, une fille a dû se tenir debout dans les toilettes durant une heure[396]. Eleanor Jackson se souvient du traitement humiliant « si affreux » réservé aux élèves qui mouillaient leur lit. D'un autre côté, personne parmi le personnel ne savait comment traiter ce problème[397]. Un autre ancien employé se rappelle que la peur et l'humiliation étaient des mesures disciplinaires efficaces[398].

Plusieurs anciens employés soutiennent que la privation de privilèges était plus courante que les châtiments corporels. Selon Tom Cavanagh :

> Dans bien des cas, les mesures disciplinaires consistaient à priver les enfants, au besoin. Priver les enfants de choses comme, disons, des bonbons; vous savez, lorsque les enfants s'attendent à avoir des bonbons durant la représentation, peut-être qu'ils n'en auront pas; si un s'est mal conduit, on pouvait dire, d'accord, tu n'iras pas à la représentation cette semaine si tu ne sais pas te conduire, ou tu iras au lit de bonne heure, ou tu n'iras pas à la danse, quand il y en avait, ou tu ne peux pas jouer à ces jeux-là. Et les enfants acceptaient ça. C'est étonnant, certains de ces enfants sont vraiment merveilleux, de jeunes êtres merveilleux, vous savez[399].

Mauvais traitements

Plusieurs anciens employés qui ont fait des déclarations à la Commission de vérité et réconciliation du Canada ont affirmé ne jamais avoir envisagé la possibilité que des élèves aient pu être victimes de violence sexuelle. D'autres ont dit combien ils étaient stupéfaits d'apprendre, des années après, que des gens étaient accusés d'avoir exploité des élèves dans les collectivités et les écoles où ils avaient travaillé[400]. Tom Cavanaugh dit ne pas se souvenir d'allégations de violence sexuelle lorsqu'il travaillait comme oblat au pensionnat Christie, dans les années 1960[401]. D'autres ont dit n'avoir eu connaissance qu'un événement suspect — mais inconnu — s'était produit que lorsqu'un membre du personnel était renvoyé rapidement et mystérieusement, parfois du jour au lendemain[402].

Dans certains cas, des membres du personnel sont intervenus au nom d'élèves qui étaient exploités sexuellement. À une école, une employée a confronté le directeur après que des élèves lui ont dit que celui-ci était entré dans les toilettes des filles pendant qu'elles se déshabillaient. L'employée a dit au directeur qu'il n'allait plus jamais entrer dans les toilettes des filles[403]. Un ancien membre du personnel, Edward Lynch, a dit avoir déjà aperçu un superviseur, Harold McIntee, dans un dortoir, le soir. Celui-ci a été reconnu plus tard coupable de violence sexuelle à l'égard d'élèves. « Je lui ai dit de ne plus jamais retourner dans le dortoir à l'avenir. Essentiellement, c'est ce qu'il a fait. Il est resté loin du dortoir[404]. »

En 1995, une table ronde d'une heure réunissant plusieurs membres de l'ordre des oblats qui avaient travaillé dans des pensionnats est diffusée à l'émission *Ideas*, à la radio anglaise de la Société Radio-Canada (SRC). La dernière partie de l'émission portait sur la question des mauvais traitements. Thomas Lascelles, membre de l'ordre des oblats, auteur d'un récit historique sur les pensionnats catholiques en Colombie-Britannique, y déclare : « Les premiers cas [de mauvais traitements allégués] n'ont été signalés que ces dernières années. J'ai discuté avec des oblats qui y ont travaillé durant 30 ou 40 ans et ils ont dit qu'ils n'en avaient jamais entendu parler. »

Lascelles est aussitôt contredit par Lorne (Larry) Mackey, qui avait dirigé le pensionnat Christie, en Colombie-Britannique. Mackey soutient que, lorsqu'il a pris la direction de l'école, « j'ai eu connaissance d'un incident avec un membre laïc du personnel. Je ne connaissais pas la portée des sévices — on ne connaissait même pas ce mot à l'époque. Mais j'ai eu connaissance de l'incident. Eh bien, le lendemain, je l'ai renvoyé. » Mackey poursuit en disant qu'il avait eu des démêlés avec les Affaires indiennes pour « n'avoir pas suivi les règles et les règlements », et avec quelques parents de la collectivité, puisque la personne en question avait distribué avec largesse des cadeaux à certains élèves. Mackey affirme que l'événement a eu lieu soit en 1963 ou en 1964. Selon les dossiers de l'Église, il a été nommé directeur du pensionnat Christie en juin 1964[405].

Mackey n'a pas divulgué le nom de l'employé qui a été renvoyé. Cependant, Martin Saxey est employé au pensionnat Christie à la boulange et à de petits travaux vers la fin des années 1950. Il exploite sexuellement au moins un élève de l'école de 1957 à 1962[406]. La Commission de vérité et réconciliation du Canada n'a pas trouvé de preuve que Saxey soit resté au service de l'école après septembre 1964. Il semble avoir quitté l'école peu de temps après la nomination de Mackey comme directeur[407].

Lorsque la victime de Saxey poursuit l'ordre des oblats pour dommages, les oblats ont adopté comme position que « la supervision constante des enfants, ainsi que leur horaire quotidien, laissait à Saxey peu de possibilités d'agresser sexuellement » l'élève. Mackey était l'un des employés qui fournit des éléments de preuve à l'appui de la position des oblats lorsque la cause est portée devant les tribunaux, en 2001[408].

Au cours de la même émission de la SRC mentionnée plus haut, Bert Dunlop, qui avait dirigé l'école de Mission, en Colombie-Britannique, de 1963 à 1968, déclare : « J'étais à Mission et, devant Dieu, je peux dire que je n'avais aucune idée que ces choses se passaient. J'ai peut-être été stupide, mais je n'avais aucune connaissance de ces agissements. Un cas a été porté à mon attention et je l'ai réglé. Un employé a dit : "Je pense qu'un des superviseurs batifole avec quelques enfants." »

Dunlop dit avoir confronté l'employé et lui avoir dit de quitter l'école le soir même. « On n'avait pas d'autre recours! Il n'y avait personne à qui le dénoncer, comme maintenant. Il n'y avait pas de règles juridiques. C'est comme ça que j'ai réglé le problème; de la seule manière possible[409]. »

Bien sûr, l'affaire aurait pu — et dû — être signalée à la police et aux représentants du gouvernement et de l'Église. Il existait aussi des « règles juridiques ». La violence sexuelle envers les enfants était illégale au Canada, et depuis longtemps. À peine deux ans plus tôt, un employé d'un pensionnat administré par les oblats dans les

Territoires du Nord-Ouest avait été reconnu coupable de violer ces lois en agressant sexuellement des enfants qui vivaient au pensionnat[410]. Durant cette période, il existait une organisation nationale des oblats : la Commission oblate des œuvres indiennes et esquimaudes[411]. L'organisation a publié un bulletin régulier et organisé des ateliers réunissant des directeurs d'écoles administrées par les oblats. Bref, l'Église disposait de mécanismes pour faire connaître ces condamnations au personnel des écoles et pour l'informer des mesures à prendre[412]. Il semble, dans les deux cas, que de s'adresser aux autorités judiciaires n'ait pas été considéré comme une action appropriée. Plutôt, les agresseurs ont été renvoyés, ce qui leur a permis d'éviter des poursuites. Le but, semble-t-il, n'était pas de protéger les enfants, les agresseurs renvoyés ayant le loisir d'agresser d'autres enfants ailleurs, mais plutôt d'éviter de ternir la réputation de l'Église.

De telles décisions ont eu des conséquences pour les enfants dans les pensionnats et ailleurs. Keavin Amyot est superviseur de dortoir à l'école de Mission dans les années 1960 et démissionne en 1969[413]. Trois ans plus tard, il est reconnu coupable d'attentat à la pudeur à l'endroit d'un enfant à Edmonton[414]. En avril 1987, il plaide coupable à une accusation d'avoir agressé sexuellement quatre garçons inuits à Sanikiluaq, dans les Territoires du Nord-Ouest[415]. Au cours des années 1990, d'anciens élèves de l'école de Mission informent le Groupe de travail sur les pensionnats indiens de la Gendarmerie royale du Canada qu'ils avaient été agressés par Amyot à cette école durant les années 1960. Amyot meurt en 2003 avant que des accusations relatives à ces allégations aient pu être portées contre lui[416]. Puisque Amyot a quitté l'école de Mission un an après Dunlop, il semble qu'il ne soit pas la personne que Dunlop a congédiée. Cependant, la réaction qu'ont eue Mackey et Dunlop lorsque des preuves d'agression ont été portées à leur attention — congédier le suspect plutôt que de le signaler à la police — laisse à penser que les représentants de l'école ont pu découvrir qu'Amyot avait agressé des élèves à l'école de Mission et l'ont congédié plutôt que de s'adresser à la police.

Dans certains cas, la découverte d'un incident d'agression à l'école a mené à un changement complet de personnel. En 1947, il est établi qu'un garçon de l'école de Gordon, en Saskatchewan, avait contracté une maladie vénérienne après avoir été agressé sexuellement par le superviseur des garçons à l'école. Le superviseur était un ancien élève qui avait été agressé auparavant par l'ingénieur de l'école. (Tant le superviseur que l'ingénieur ont été jugés et reconnus coupables pour ces agressions.) D'après, R. S. Davis, représentant des Affaires indiennes, « cette situation a duré des années à l'école ». Il écrit : « L'affaire a pu être découverte par un des directeurs et étouffée jusqu'à aujourd'hui, c'est très courant. » Davis pensait que le directeur, Fred Mayo, était « très bon, mais c'est un vieil homme qui, en plus de sa tâche de directeur, doit aussi faire le travail du plombier et de tous les autres ». Il recommande que soit engagé « du personnel qualifié car, actuellement, ils en ont à peine pour leur argent, et encore »[417]. Les recommandations de Davis sont appliquées : le directeur a été remplacé et le personnel de l'école de Lac La Ronge, qui avait été détruite par le feu, a été transféré à l'école de Gordon[418].

En 1955, une nouvelle série de scandales impliquant des élèves et des membres du personnel, hommes et femmes, mène à une autre relève du personnel à l'établissement de Gordon. Le représentant de l'Administration des écoles indiennes, G. R. Turner, écrit que l'école avait tellement mauvaise réputation « qu'en ville, à Punnichy, le camion de l'école est souvent accueilli par des moqueries "voilà le camion du ----" (expression commune pour désigner une maison close) et que plusieurs parents des réserves périphériques ont écrit qu'ils ne voulaient pas que leurs filles y retournent de crainte qu'elles ne deviennent enceintes ». Il insiste sur l'importance que « seul du personnel de premier ordre soit embauché, afin de rétablir le prestige et la réputation de cette école, ainsi que la confiance des parents indiens »[419].

Vincent LaPlante travaille dans deux pensionnats dirigés par des oblats au cours des années 1960 et 1970. Il dit croire qu'un certain nombre d'allégations d'agression de la part du personnel membre de l'ordre des oblats étaient fausses, estimant que la perspective d'une compensation avait incité des gens à lancer de fausses accusations[420]. John Tritschler, qui a travaillé comme oblat à l'école de Mission, soutient que bien des anciens employés estimaient qu'avec l'attention portée aux agressions sexuelles à l'endroit des élèves, tant les agresseurs que les innocents étaient « entachés par la même brosse à goudron ». Pour lui, une réconciliation véritable nécessiterait de rendre hommage à l'Église catholique « pour le bien qu'elle a tenté de faire, compte tenu de la perspective historique et de l'absence de prospective qu'elle avait à cette époque »[421].

Conclusion

D'anciens employés et des enfants d'anciens employés ont dit croire qu'une grande partie du débat sur l'histoire des pensionnats passait sous silence les bonnes intentions des employés ainsi que les nombreuses réussites du système des pensionnats. Bien sûr, ils considèrent que le système était mal financé, mais ils estiment aussi que leurs parents et eux-mêmes ont consacré une grande partie de leur vie à l'éducation et aux soins des enfants autochtones.

Certains employés des pensionnats ont délibérément cherché à se faire embaucher dans les écoles pour exploiter des jeunes élèves. D'autres gens ont usé de leur autorité et profité du manque de supervision externe pour imposer aux élèves une discipline sévère et excessive. Les femmes et les hommes qui ont répondu à un appel missionnaire étaient clairement déterminés à convertir les enfants autochtones et leurs parents à leur foi chrétienne et, en ce sens, ils se sont employés à saper les croyances culturelles et spirituelles autochtones.

La plupart des employés n'ont pas fait carrière dans les pensionnats, et y sont restés un an ou deux, tout au plus. D'autres y ont travaillé de nombreuses années, dans des conditions souvent bien différentes de celles dans lesquelles ils avaient grandi, recevant un maigre salaire et vivant dans des espaces restreints et confinés, en compagnie de collègues pas toujours aimables. Ils ont consacré leur temps à l'enseignement, à la cuisine, au nettoyage, aux activités agricoles et à la supervision des enfants. En elles-mêmes, ces activités peuvent être vues comme positives, et non négatives. Les membres du personnel, pour la plupart, n'étaient pas responsables des politiques qui séparaient les enfants de leurs parents et les logeaient dans des installations inadéquates et mal financées. Bien des employés ont consacré beaucoup de leur temps et de leur énergie à tenter de rendre plus humain un système sévère et souvent destructeur. Si des retombées positives ont résulté des pensionnats, nous le devons à la résilience des enfants eux-mêmes et aux efforts de ces employés.

La responsabilité des limites de ce système revient à l'État canadien, aux Églises et aux Canadiens qui ont bénéficié de la colonisation des Autochtones et de leurs terres.

CHAPITRE 45

Vers la conclusion de la Convention de règlement

La conclusion de la Convention de règlement relative aux pensionnats indiens (CRRPI), en 2006, représente un tournant décisif majeur dans la relation entre les Canadiens autochtones et les Canadiens non autochtones. La Convention de règlement a indemnisé les survivants des pensionnats pour les actes de violence individuels ainsi que pour les répercussions que ces établissements ont eues collectivement sur les peuples et les collectivités autochtones[1]. La Convention de règlement, qui a donné lieu à la Commission de vérité et réconciliation du Canada, a versé des fonds pour des initiatives de commémoration et pour la Fondation autochtone de guérison.

La Convention de règlement et la série d'excuses formulées par les institutions qui ont pris part au système des pensionnats sont nées d'un processus complexe. Les Autochtones et leurs organisations travaillent depuis des décennies pour faire un enjeu public des séquelles laissées par les pensionnats. Les organisations politiques autochtones ont joué un rôle clé afin d'obtenir justice pour les survivants des pensionnats ainsi que de s'assurer que les questions autochtones demeurent au programme politique national. Par l'intermédiaire de mémoires et d'anthologies publiées, ainsi que de la défense inlassable des droits des survivants, le public canadien est devenu de plus en plus conscient des torts causés par le système des pensionnats et du besoin de demander réparation pour les survivants. Au fil du temps, les Églises qui dirigeaient les écoles ont évolué de façon importante quant à leurs attitudes à l'égard des droits des Autochtones. Les Églises qui s'étaient précédemment vantées de leur mission de christianisation et de « civilisation » des enfants autochtones en sont venues à s'excuser pour leur rôle dans l'exploitation des pensionnats au Canada.

La divulgation des mauvais traitements et des actes de cruauté omniprésents dans le système des pensionnats a entraîné des enquêtes policières et la condamnation d'un certain nombre de personnes qui avaient abusé des élèves. À la lumière de ces décisions du tribunal criminel, des survivants ont déposé des actions civiles afin d'obtenir une indemnisation pour les mauvais traitements qu'ils ont subis dans les écoles. Des milliers de poursuites civiles ont été intentées.

Les audiences de la Commission royale sur les peuples autochtones ont servi de tribunes dans le cadre desquelles des survivants ont partagé leurs expériences des pensionnats. Son rapport, publié en 1996, a attiré davantage l'attention du public sur l'histoire et les séquelles du système des pensionnats.

Les changements apportés au droit canadien dans les années 1990 ont permis aux survivants d'intenter des recours collectifs en lien avec leurs expériences des pensionnats. Parallèlement, le programme de règlement des différends que le gouvernement fédéral a établi comme solution de rechange aux tribunaux a fait l'objet de critiques de la part d'organisations autochtones, du système juridique canadien et, ultérieurement, d'un comité parlementaire. En raison de ces pressions croissantes, le gouvernement fédéral a décidé, en 2005, d'entamer un processus visant à négocier une entente relativement au nombre croissant d'affaires judiciaires, menant ainsi à la négociation de la CRRPI en 2006 et à son approbation par les tribunaux l'année suivante. En juin 2008, le premier ministre Stephen Harper a présenté des excuses, au nom du Canada, aux peuples autochtones pour le rôle du Canada dans les pensionnats, devant des députés, des survivants, des aînés et des dirigeants politiques autochtones[2]. Au cours de ce même mois est officiellement née la Commission de vérité et réconciliation du Canada, dont le mandat était de faire connaître aux Canadiens l'histoire des pensionnats et l'impact de ces établissements sur les Autochtones[3].

Croissance des organisations politiques nationales autochtones

Les efforts déployés pour mettre sur pied une organisation autochtone nationale remontent au moins à la League of Indians of Canada de F. O. Loft, en 1919[4]. Bien que la ligue n'ait pas existé longtemps, diverses organisations provinciales et régionales ont été créées, et des efforts ont été déployés pour créer des organisations nationales dans les années 1940[5]. En 1961, des dirigeants autochtones canadiens ont créé le Conseil national des Indiens (CNI), la première organisation nationale de ce type à obtenir un groupe stable de membres et une base de financement[6]. En 1968, en raison de divisions internes, le CNI s'est séparé en deux groupes distincts : la Fraternité nationale des Indiens (FNI), qui représentait les intérêts des Indiens inscrits et visés par un traité, et la Société des Métis du Canada (SMC), qui représentait les Métis et les Indiens non inscrits. La SMC s'est par la suite réorganisée sous le nom de Conseil national des autochtones du Canada (CNAC)[7]. En 1982, la FNI est devenue l'Assemblée des Premières Nations (APN), une organisation visant à servir d'assemblée pancanadienne de chefs[8]. L'année suivante, le Ralliement national des Métis a vu le jour[9]. Le CNAC est devenu le Congrès des Peuples autochtones en 1993[10].

Le premier défi politique de la FNI a été le livre blanc de 1969 du gouvernement fédéral, qui invitait à mettre fin aux traités, à abroger la *Loi sur les Indiens* et à établir un programme accéléré d'intégration. La FNI, de concert avec diverses organisations provinciales, a contraint le gouvernement fédéral à abandonner cette politique. Au cours des années suivantes, la FNI a joué un rôle de plus en plus prépondérant dans la vie politique canadienne. Au début des années 1970, par exemple, le gouvernement fédéral a adopté, du moins en principe, la politique de la FNI de « la maîtrise indienne de l'éducation indienne »[11].

En 1971, l'Inuit Tapirisat du Canada (ITC) a été formé afin de créer une voix unie concernant les questions touchant les Inuits[12]. Bon nombre de ses premiers dirigeants ont fréquenté les pensionnats dans les Territoires du Nord-Ouest et à Churchill, au Manitoba[13]. L'ITC agissait également comme organisme coordonnateur auprès des organisations régionales de revendications territoriales inuites ainsi que d'autres organisations inuites[14]. Après des années de négociations, l'ITC a atteint l'un de ses principaux objectifs en 1993 lors de la conclusion de l'Accord sur les revendications territoriales du Nunavut par le gouvernement fédéral, le gouvernement des Territoires du Nord-Ouest et la Fédération Tungavik du Nunavut (l'association régionale représentant les Inuits dans ce qui est maintenant le Nunavut)[15]. Au moment de sa mise en œuvre, le 1er avril 1999, cet accord a servi de fondement à la création d'un nouveau territoire dans le Nord, le « Nunavut »[16]. L'ITC est devenu l'Inuit Tapiriit Kanatami en 2001[17].

Des organisations autochtones ont également commencé à connaître du succès en faisant valoir leurs droits devant les tribunaux. Dans sa conclusion sur la revendication Nisga'a dans l'affaire Calder de 1973, la Cour suprême du Canada a reconnu la validité du titre ancestral, mais ne s'entendait pas pour affirmer s'il existait toujours en Colombie-Britannique. Cette décision a été suivie de la Convention de la Baie James et du Nord québécois, entre les Cris et les Inuits du Nord du Québec, le gouvernement fédéral, le gouvernement du Québec et les services hydroélectriques du Québec. Cette convention, souvent qualifiée de « traité moderne », prévoyait la protection des droits de chasse et de piégeage, la garantie de redevances sur la vente de l'électricité et des paiements forfaitaires au comptant. La décision relative aux Nisga'a a également amené le gouvernement fédéral à établir un Bureau des revendications des autochtones[18].

La version initiale de la Constitution du Canada rapatriée ne reconnaissant pas les droits des Autochtones, les organisations autochtones du Canada ont lancé une campagne de lobbying de grande ampleur, à l'issue de laquelle les droits des Autochtones et issus de traités ont été intégrés à l'article 35 de la Constitution[19]. Le Comité spécial de la Chambre des communes sur l'autonomie gouvernementale des Indiens a déterminé en 1983 que les Premières Nations formaient « un palier distinct de gouvernement au Canada »; c'est là un autre signe de l'impact des organisations politiques nationales autochtones pendant cette période[20].

Ces événements s'inscrivaient dans un mouvement mondial revendiquant les droits des peuples indigènes. Les dirigeants du Canada ont joué un rôle clé dans ce mouvement. Ainsi, ils ont fait partie intégrante de la création du Conseil mondial des peuples indigènes en 1975[21].

Ces organisations nationales et internationales ont joué, au cours des années suivantes, un rôle prépondérant en intégrant la question des pensionnats au programme national et en négociant la Convention de règlement. Par exemple, en 1990, l'APN adopte une résolution demandant des excuses et une indemnisation du gouvernement fédéral pour les dommages causés aux langues et à la culture autochtones par la politique sur les pensionnats, une indemnisation pour les mauvais traitements et des fonds pour les initiatives de guérison[22].

Changements des attitudes des Églises concernant les droits autochtones

Dans les années 1960, de nombreuses personnes travaillant au sein des Églises qui s'occupaient des pensionnats ont commencé à réexaminer leur relation avec les Autochtones. Des pressions s'exerçaient de toutes parts pour que des changements surviennent. L'un des plus importants facteurs a été le mouvement mondial pour la libération nationale dans les territoires qui ont été colonisés par les nations européennes. Un autre facteur a été le mouvement américain des droits civils des années 1960. Un troisième facteur a été le développement d'un mouvement catholique de justice sociale mieux connu sous le nom de « théologie de libération ». Toutes ces pressions ont amené les Églises à réexaminer leurs attitudes à l'égard de ceux qui ont été la cible d'activités missionnaires, que ce soit au pays ou à l'étranger[23].

En 1967, l'Église anglicane a publié un rapport sur les conditions sociales des Autochtones dans lequel elle a conclu que l'Église devait porter une part de responsabilité pour ce qu'on appelait les « injustices » connues par les Autochtones[24]. Cette même année, l'Église a demandé au sociologue Charles E. Hendry, de l'Université de Toronto, d'entreprendre une étude complète des questions entourant la relation de l'Église avec les Autochtones. Publié en 1969, le rapport qui en est résulté, *Beyond Traplines: Does the Church Really Care?*, a attiré l'attention sur ce que Hendry a décrit comme le « rôle à la Jekyll et Hyde » que les missionnaires ont joué à l'égard des Autochtones. « D'une part, ils ont écrasé la culture autochtone et l'organisation sociale. D'autre part, ils ont réparé les dégâts d'un mode de vie indigène qui avait été écrasé par d'autres Européens[25]. » Lors de la préparation du rapport, il s'est entretenu avec d'anciens élèves. « Ils ont dit que les garçons et les filles étaient fouettés ou giflés lorsqu'ils parlaient leur langue maternelle. Le but était que les enfants parlent anglais. Ils ont dit qu'on leur a appris à mépriser le mode de vie de leurs parents comme étant païens et désagréables, et qu'ils étaient absents de la maison pendant dix mois au cours de l'année, et ce, pendant plusieurs années[26]. »

Hendry a recommandé que l'Église non seulement élabore de nouvelles approches pour traiter avec les Autochtones en matière de questions spirituelles, mais qu'elle favorise « l'acceptation de nouvelles formes plus actives de coopération et d'intervention sociale et politique »[27].

La transition vers la coopération inter-Églises et un plus grand engagement à l'égard des questions sociales touchant les Autochtones s'est concrétisée en 1975 lorsque les représentants des Églises anglicane, luthérienne, mennonite, presbytérienne, catholique romaine et unie se sont réunis pour créer le « projet inter-Églises sur le développement du Nord », plus tard connu sous le nom de « projet du Nord »[28]. La question immédiate autour de laquelle les partisans du projet du Nord s'unissaient était l'opposition des Autochtones à la construction proposée d'un pipeline de gaz naturel dans la vallée du Mackenzie, dans les Territoires du Nord-Ouest, avant le règlement des revendications territoriales autochtones. Les membres du projet du Nord ont lancé des campagnes d'éducation publique à l'appui des demandes des Autochtones pour faire imposer un moratoire sur la construction du pipeline et ont témoigné également devant une commission d'enquête nommée par le gouvernement fédéral sur le pipeline pour demander un tel moratoire[29]. Le projet a été renommé la « Coalition pour les droits des Autochtones » en 1988 et a été fusionné avec d'autres organisations œcuméniques. Il a adopté en 2001 le nom de KAIROS : Initiatives canadiennes œcuméniques pour la justice. Les enjeux comme les droits fonciers des Autochtones et l'autonomie gouvernementale sont demeurés au cœur de ses travaux[30].

Dans le cadre du projet du Nord, on a également tenté de persuader le gouvernement fédéral de renforcer son intervention concernant l'impact des pensionnats. En 1992, les membres du projet du Nord ont écrit à Tom Siddon, ministre des Affaires indiennes et du Nord canadien, pour demander des excuses au gouvernement fédéral, de même que des fonds pour les initiatives communautaires afin de rétablir les traditions culturelles et spirituelles, et, dans l'ensemble, une réponse gouvernementale plus vigoureuse relativement aux séquelles laissées par les pensionnats[31]. Dans sa réponse, Siddon a déclaré que, même s'il était perturbé par la récente divulgation de sévices physiques et sexuels, « une enquête publique n'était pas la meilleure approche à ce moment-ci » et a refusé de prendre des engagements fermes à l'égard de la réponse du gouvernement fédéral face aux séquelles des pensionnats[32].

Individuellement, un certain nombre d'Églises et d'organisations religieuses ont soulevé les questions autochtones pendant cette période. Par exemple, le message de la fête du Travail des évêques catholiques canadiens avait pour titre « Le développement du Nord : À quel prix? »[33]. En 1979, la Saskatchewan Conference of the United Church a lancé une « année de repentir » pour les injustices faites aux Autochtones au Canada[34].

Ces mesures ont été suivies d'une série d'excuses que les Églises ont formulées concernant l'impact de leur travail missionnaire parmi les Autochtones. En août 1986, Robert Smith, modérateur de l'Église Unie du Canada, a demandé pardon aux membres des Premières Nations de l'Église Unie, et a reconnu que « nous avons tenté de vous rendre comme nous et pour ce faire, nous avons participé à détruire la vision qui a fait de vous ce que vous êtes. Par conséquent, nous sommes tous plus pauvres et l'image du Créateur en nous est tordue, embrouillée, et nous ne sommes pas ce que Dieu veut que nous soyons[35]. » En 1991, les Missionnaires oblats de Marie Immaculée de l'Église catholique romaine ont offert des excuses pour leur rôle « dans l'établissement et le maintien de ces établissements » et « l'existence des pensionnats à proprement parler »[36]. L'archevêque Michael Peers, primat de l'Église anglicane du Canada, s'est excusé en août 1993 pour le fait que dans de nombreux pensionnats exploités par l'Église, « un grand nombre [d'enfants] ont été abusés physiquement, sexuellement, culturellement et émotivement »[37]. Lors de son assemblée générale, l'Église presbytérienne au Canada a adopté une confession en juin 1994 demandant d'être pardonnée pour les vies de nombreux survivants qui ont été « profondément marquées par les effets de la mission et le ministère de l'Église presbytérienne au Canada »[38]. En octobre 1998, le révérend Bill Phipps, modérateur de l'Église Unie du Canada, a offert des excuses pour « les souffrances et les douleurs » causées par sa participation au système « cruel et mal conçu »[39] des pensionnats.

Les approches en évolution des Églises à l'égard des Autochtones ne tarderaient pas à être mises à l'essai. Dans les années 1990, les Autochtones, tant individuellement que collectivement, ont commencé à parler de leur expérience dans les pensionnats. Tardivement, les organismes d'application de la loi ont commencé à poursuivre en justice d'anciens membres du personnel des Églises. D'anciens élèves ont également intenté des poursuites civiles contre le gouvernement et les Églises, alors que l'on exerçait de plus en plus de pressions politiques pour que soit menée une enquête nationale sur l'exploitation des pensionnats.

Les survivants s'organisent

Alors que les derniers pensionnats fermaient leurs portes, les Autochtones et leurs organisations ont commencé à prendre des mesures pour s'assurer que les séquelles du système des pensionnats soient à l'ordre du jour du programme national. Dans les années 1970, un nombre croissant d'Autochtones ont commencé à publier des mémoires partageant leurs expériences des pensionnats, les premiers mémoires étant les suivants : *Geniesh: An Indian Girlhood* de Jane Willis, publié en 1973, *Thrasher:*

Skid Row Eskimo d'Anthony Apakark Thrasher, publié en 1976, et *My Name Is Masak* d'Alice French, également publié en 1976. L'ouvrage *Indian School Days* de Basil Johnston, publié en 1988, a été une autre importante contribution à cette littérature. Dans les années 1990, d'autres mémoires et comptes rendus ont été publiés, en plus des historiques sur le système des pensionnats, notamment *Resistance and Renewal: Surviving the Indian Residential School* de Celia Haig-Brown, publié en 1988, *Shingwauk's Vision: A History of the Native Residential Schools* de J. R. Miller, publié en 1996, et *A National Crime: The Canadian Government and the Residential School System 1879 to 1986* de John Milloy, publié en 1999. Ces ouvrages, qui représentent des exemples de nombreux ouvrages publiés, soulignaient la dure discipline et l'aliénation culturelle qui caractérisaient la vie dans les pensionnats, tout en mettant en lumière les victoires de la guérison.

Les organisations politiques autochtones ont élargi ces initiatives des survivants et ont continué de documenter les récits oraux concernant le système des pensionnats. Comme il a été souligné dans un chapitre précédent, l'attention nationale s'est tournée vers la question lorsqu'en octobre 1990, le grand chef de l'Assemblée des chefs du Manitoba Phil Fontaine a participé à l'émission *The Journal* de la chaîne anglaise de la Société Radio-Canada pour parler des mauvais traitements que ses camarades et lui avaient connus au pensionnat de Fort Alexander, au Manitoba[40]. L'année suivante, Fontaine a été élu chef national de l'APN.

En 1994, l'APN a publié l'ouvrage *Breaking the Silence: An Interpretive Study of Residential School Impact and Healing as Illustrated by the Stories of First Nations Individuals*. À partir d'entrevues réalisées auprès de 13 anciens élèves, l'étude illustrait comment les survivants ont décrit le traumatisme de l'expérience des pensionnats, et discuté de ce traumatisme dans un cadre autochtone de guérison[41]. L'ouvrage concluait que « les effets traumatisants de la vie dans les écoles, l'organisation quasi militaire, la séparation et la violence [...] ont eu des répercussions d'une grande portée, des dizaines de personnes se sentant perdues et isolées et se tournant vers l'alcool [...] pour composer [avec la situation] ou oublier »[42]. Afin de traiter de ces répercussions, le rapport soulignait que « la guérison doit commencer [...] les atrocités vécues par un grand nombre d'élèves du système des pensionnats doivent être traitées »[43].

En 1992, le Conseil tribal de Nuu-chah-nulth (CTN), organisme coordonnant l'action politique des 14 Premières Nations de Nuu-chah-nulth sur la côte Ouest de l'île de Vancouver, a entrepris une grande étude sur l'impact des pensionnats auprès de ses membres. En 1996, le CTN a publié le rapport intitulé *Indian Residential Schools: The Nuu-chah-nulth Experience*, contenant des extraits de 110 entrevues réalisées auprès d'anciens élèves ainsi que de plusieurs anciens enseignants. Le recueil s'intéressait aux thèmes de l'expérience des pensionnats, comme l'impact de la séparation de la famille et de la maison, de la perte de la langue maternelle et de la culture, et des mauvais traitements subis. Il mettait également en lumière les expériences de guérison des survivants ainsi que leurs attitudes à l'égard des litiges, de l'indemnisation financière et des excuses personnelles et institutionnelles.

Pendant cette période, des groupes de survivants se sont formés pour s'offrir du soutien et créer des associations en vue de favoriser une guérison spirituelle, de sensibiliser les gens aux sévices subis par les anciens élèves et de promouvoir la juste résolution en lien avec les séquelles des pensionnats. En 1981, d'anciens élèves du pensionnat Shingwauk de Sault Ste. Marie, en Ontario, ont organisé une rencontre, laquelle a eu lieu sur le site de l'ancienne école, qui fait désormais partie de l'Université Algoma[44]. La réunion a inspiré Michael Cachagee et d'autres survivants à former la Children of Shingwauk Alumni Association. La mission de l'Association consistait à assurer le bien-être des anciens élèves, de leur famille et de leurs collectivités par l'encouragement mutuel et le soutien[45]. En 1987, Nora Bernard, ancienne élève du pensionnat de Shubenacadie, en Nouvelle-Écosse, a commencé à interroger des survivants dans la cuisine de sa maison à Truro, en Nouvelle-Écosse. Ses travaux ont mené à la création de la Shubenacadie Indian Residential School Survivors Association[46]. La Manitoba Indian Residential School Survivors Society (plus tard connue sous le nom de « Spirit Wind ») a été fondée en 1988 par Ray Mason, de la Première Nation de Peguis[47]. Le Cariboo Tribal Council, dirigé par Bev Sellers, a organisé la première conférence nationale sur les pensionnats à Vancouver, en Colombie-Britannique, en juin 1991[48]. En 1992, d'anciens élèves du pensionnat de Fort Albany, en Ontario, ont organisé la conférence Keykaywin[49]. Lors de cette dernière, les participants ont parlé des agressions sexuelles et physiques qu'ils ont subies. La conférence a permis la publication de témoignages écrits[50]. Cet événement a mené à la formation de la St. Anne's Residential School Survivors Association (Peetabeck Keway Keykaywin)[51]. L'Indian Residential School Survivors Society (IRSSS) de la Colombie-Britannique a vu le jour en 1994. Elle apportait de l'aide aux survivants ayant entrepris des revendications par l'intermédiaire du processus de litige[52]. L'Indian Residential School Survivor Society a été officiellement établie en 2002[53]. Les associations de survivants ont fait inlassablement campagne en vue de la reconnaissance publique de l'histoire et des répercussions du système des pensionnats. Bon nombre des associations et leurs dirigeants ont joué des rôles déterminants dans diverses affaires judiciaires qui ont mené à la Convention de règlement relative aux pensionnats indiens.

Commission royale sur les peuples autochtones

À l'été 1990, afin de persuader Elijah Harper (Autochtone membre du corps législatif du Manitoba) de cesser de s'opposer à l'Accord du lac Meech (un ensemble proposé de modifications constitutionnelles), le premier ministre Brian Mulroney a offert d'établir une commission royale sur les questions autochtones. Comme de nombreux dirigeants autochtones, Elijah Harper était contrarié par le fait que l'Accord, qui reconnaissait le Québec comme une « société distincte » au sein du Canada, avait été conclu après une brève négociation alors que les conférences fédérales-provinciales sur les droits autochtones tenues après la canadianisation de la Constitution n'avaient pas mené à un accord. Comme Harper le faisait remarquer, les peuples autochtones constituaient également une société distincte. L'influence politique d'Harper découlait du fait que le gouvernement du Manitoba cherchait à éliminer une exigence visant à tenir des audiences publiques sur le projet de loi; on souhaitait approuver l'Accord avant que ne s'écoule la période de trois ans pendant laquelle le Parlement et les dix corps législatifs provinciaux doivent donner leur approbation. Une motion abolissant les audiences nécessitait un consentement unanime. Puisque Harper refusait de donner son consentement, l'échéance a été dépassée et l'Accord n'était plus en vigueur.

En juillet 1990, le maire d'Oka, au Québec, a présenté une demande pour que la police provinciale du Québec fasse partir des protestataires mohawks d'un cimetière local, ce qui a déclenché une crise nationale. Les protestataires, dont la plupart étaient issus de la Première Nation de Kanesatake, protestaient contre une décision de transformer en terrain de golf le cimetière et la forêt de pins revendiqués par les Mohawks. Un policier a été tué par balle lorsque la police a tenté de chasser les protestataires. Le gouvernement fédéral a envoyé 2 500 militaires sur les lieux. D'autres Premières Nations ont entrepris des protestations au Québec et dans l'ensemble du pays pour manifester leur soutien en faveur des Mohawks de Kanesatake. L'affrontement a duré 11 semaines sans qu'aucun autre décès ne survienne. Le projet de terrain de golf n'a pas été mis à exécution.

Ces deux événements ont contribué à l'établissement de la Commission royale sur les peuples autochtones (CRPA), en août 1991[54]. Le mandat exhaustif de la Commission royale était d'étudier l'évolution de la relation entre les peuples autochtones, le gouvernement du Canada et la société canadienne dans son ensemble[55].

Au fil des quatre années qu'ont duré les rencontres communautaires, la CRPA a entendu de nombreux survivants des pensionnats, qui ont partagé leurs expériences de la suppression de la culture et de la langue, de la violence physique, des agressions sexuelles, et des conditions de vie inférieures[56]. La CRPA a consacré un chapitre de son rapport final de 1996 au système des pensionnats[57]. Dans son rapport, elle a conclu qu'« une enquête complète sur le réseau canadien des pensionnats, conformément aux termes de la partie I de la *Loi sur les enquêtes*, est nécessaire pour éclaircir et commencer à redresser les graves torts subis par de nombreux enfants, familles et collectivités autochtones à cause des pensionnats »[58]. La CRPA a recommandé que dans le cadre de cette enquête, l'on fasse des recherches et crée un dépôt national de dossiers sur le système des pensionnats[59]. De plus, il fallait que l'enquête permette de recommander des mesures correctives, y compris « les excuses des responsables, une forme de dédommagement collectif qui permettrait aux collectivités autochtones de concevoir et d'exécuter des programmes propices à la guérison et à une vie communautaire plus saine, et l'octroi des fonds nécessaires pour que les personnes touchées ainsi que leur famille puissent suivre un traitement approprié »[60].

En réponse au rapport de la CRPA, le gouvernement fédéral a diffusé le document *Rassembler nos forces : Le plan d'action du Canada pour les questions autochtones*[61]. En ce qui concerne les pensionnats, *Rassembler nos forces* comprenait deux composantes importantes : la « déclaration de réconciliation » et la mise de côté de 350 millions de dollars de financement pour une stratégie de guérison visant les pensionnats communautaires[62]. La ministre des Affaires indiennes et du Nord canadien, Jane Stewart, a publié la « déclaration de réconciliation » le 7 janvier 1998. Elle a déclaré ce qui suit :

> Particulièrement pour les personnes qui ont subi la tragédie des sévices physiques et sexuels dans des pensionnats, et pour celles qui ont porté ce fardeau en pensant, en quelque sorte, en être responsables, nous devons insister sur le fait que ce qui s'est passé n'était pas de leur faute et que cette situation n'aurait jamais dû se produire. À tous ceux d'entre vous qui ont subi cette tragédie dans les pensionnats, nous exprimons nos regrets les plus sincères[63].

C'était la première fois qu'un ministre du gouvernement exprimait officiellement des regrets pour les effets négatifs causés par le système des pensionnats.

La Fondation autochtone de guérison (FADG) a été établie et chargée d'encourager et d'appuyer les initiatives de guérison communautaires. Elle était dirigée par les Autochtones qui traitaient des séquelles des sévices physiques et sexuels subis en raison du système des pensionnats, y compris les impacts intergénérationnels[64]. Elle a obtenu un engagement de 350 millions de dollars de financement. La FADG a financé de nombreux projets d'éducation et de guérison de même que des projets de nature spirituelle dans l'ensemble du Canada.

Si le document *Rassembler nos forces* constituait la première reconnaissance officielle par le gouvernement fédéral de sa responsabilité pour le rôle qu'il a joué dans le système des pensionnats et a entraîné la création de la FADG, le gouvernement fédéral a cependant ignoré en grande partie les autres recommandations de la CRPA, comme sa demande d'enquête publique, d'une indemnisation et d'un dépôt national de dossiers.

Les survivants se tournent vers les tribunaux civils

Un chapitre précédent du présent rapport a traité des poursuites intentées contre le personnel des écoles ayant abusé physiquement et sexuellement d'élèves. On y a décrit comment les fonctionnaires ont été sceptiques quant aux déclarations de la part des élèves et des parents concernant les mauvais traitements subis. Lorsque les plaintes ont été prises au sérieux, les représentants des pensionnats ont préféré écarter les agresseurs plutôt que de les signaler à la police. Il fallait souvent recourir à des mesures communautaires concertées pour inciter la police à enquêter sur les plaintes de mauvais traitements. En raison de ces facteurs, peu de poursuites ont été intentées, surtout pendant que les pensionnats étaient en exploitation. À partir des années 1980, les poursuites et les condamnations se sont multipliées. Ces condamnations ont souvent servi de fondement à partir duquel les anciens élèves ont entrepris des actions civiles en vue d'une indemnisation pour les sévices qu'ils ont subis dans les établissements.

À la fin des années 1980, les survivants ont cherché à obtenir une indemnisation auprès des tribunaux civils pour les dommages qui leur ont été causés dans les pensionnats[65]. En octobre 2001, plus de 8 500 survivants des pensionnats ont déposé des actions en justice contre le gouvernement fédéral, les Églises, les organisations connexes et, le cas échéant, la personne ayant commis les abus[66]. En 2005, on estimait que plus de 18 000 poursuites avaient été intentées[67].

Les affaires au civil ont démontré que le gouvernement et les Églises pouvaient être tenus financièrement responsables des sévices infligés dans les écoles. Elles ont également permis aux tribunaux de déterminer le véritable responsable des torts causés par le système des pensionnats. Cependant, les demandes d'indemnisation déposées auprès des tribunaux civils n'ont pas pu être accueillies pour la plupart des survivants. Les lois de prescription, qui limitent le délai durant lequel une réclamation doit être déposée, représentaient un important obstacle. Les poursuites civiles en matière d'agressions sexuelles étant généralement exemptes des lois de limitation provinciales, les réclamations accueillies se limitaient habituellement à celles visant des violences sexuelles[68]. Les tribunaux ont également refusé d'entendre les réclamations concernant la perte de la culture, des proches ou de la langue. Dans une affaire connexe, le juge souligne ce fait.

> Je ne suis pas ici pour évaluer les dommages de la destruction culturelle dont ont souffert les Autochtones en raison du système des pensionnats, aussi juste ou méritoire qu'une indemnisation puisse être. Je dois me limiter, comme tout tribunal devrait l'être, à évaluer les dommages pour les actes répréhensibles que la *Limitation Act* reconnaît comme causes d'action permises à ce moment-ci[69].

En raison de la nature contradictoire du processus des affaires civiles, les survivants faisaient l'objet de contre-interrogatoires musclés lors des examens préliminaires et des procès. Ils ont été contraints de revivre et de raconter les moindres détails d'événements profondément traumatisants qui s'étaient produits il y a des décennies, alors qu'ils étaient enfants. On s'en est également pris à leur crédibilité lorsqu'il y avait de prétendues contradictions dans leur souvenir des événements[70]. Un tel processus dissuadait les survivants de déposer une réclamation et a entraîné une seconde victimisation des survivants.

Les poursuites civiles concluantes étaient généralement celles pour lesquelles l'auteur avait déjà été condamné au criminel. Bruce Feldthusen, de la faculté de droit de l'Université d'Ottawa, a fait remarquer qu'« il ne semble pas y avoir une seule décision publiée pour laquelle le tribunal devait croire le demandeur d'un pensionnat plutôt que le témoignage de l'auteur présumé lorsque ce dernier n'était pas un prédateur sexuel connu »[71]. Le système de tribunal civil s'est également avéré une tribune extrêmement lente pour les survivants qui désiraient obtenir réparation. L'affaire Blackwater (dont il est question ci-après), du pensionnat d'Alberni, en Colombie-Britannique, a duré neuf ans, depuis le dépôt de la réclamation à la décision définitive de la Cour suprême en matière de responsabilité[72].

Malgré ces limites, le nombre d'affaires civiles a continué d'augmenter[73]. Leur nombre posait un défi en soi. Selon une estimation de l'APN de 2004, il aurait fallu 53 ans pour conclure les 18 000 poursuites civiles en instance à un coût de 2,3 milliards de dollars, un montant n'incluant pas la valeur de toute indemnisation accordée aux survivants[74].

Les affaires se prolongeaient en raison des différends juridiques en cours pour déterminer qui était légalement, et donc financièrement, responsable des sévices commis. Dans les cas où des survivants poursuivaient le gouvernement fédéral, mais pas l'Église associée au pensionnat, le gouvernement fédéral cherchait à faire ajouter l'Église comme défenderesse dans l'affaire[75]. Cela a entraîné des arguments juridiques complexes pour déterminer quelles institutions religieuses (comme les ordres missionnaires, les diocèses individuels ou les entités administratives) étaient responsables de la gestion des écoles, et si le gouvernement fédéral ou les Églises étaient légalement responsables de leur exploitation. Ces différends venaient ajouter à la complexité, aux coûts juridiques et aux retards des poursuites civiles.

Les limites des tribunaux civils à offrir réparation aux survivants sont devenues manifestes à l'examen d'un certain nombre de cas. Après la condamnation de 1988 de Derek Clarke pour les sévices commis lorsqu'il était superviseur de dortoir au pensionnat de Lytton, en Colombie-Britannique, de 1964 à 1975, l'ancien élève Floyd Mowatt a intenté une action civile pour réclamer des dommages-intérêts[76]. En 1999, la juge Janice Dillon de la Cour suprême de la Colombie-Britannique a conclu que le gouvernement et l'Église anglicane étaient tous les deux indirectement responsables des gestes de Clarke[77]. (La « responsabilité du fait d'autrui » est une doctrine juridique selon laquelle une ou des personnes peuvent être tenues légalement responsables des gestes d'une autre personne sous leur direction ou contrôle.) Les représentants de l'Église avaient été mis au courant des abus alors que Clarke travaillait à l'école. Plutôt que de le dénoncer à la police et aux Affaires indiennes, ils l'ont tout simplement congédié. Pour cette raison, la juge Dillon a conclu que l'Église anglicane avait enfreint son devoir fiduciaire (l'obligation juridique d'agir dans le meilleur intérêt d'une autre partie) à l'égard de Mowatt[78]. Elle a attribué 60 % de la responsabilité des torts à l'Église anglicane et 40 %, au gouvernement fédéral[79]. Dans une affaire distincte (T.W.N.A contre Clarke), plusieurs demandeurs ont réclamé des dommages-intérêts pour mauvais traitements. Le Canada et l'Église anglicane ont admis que des sévices avaient été commis et qu'ils en étaient responsables, mais soutenaient que la somme allouée aux demandeurs devait être réduite parce que leur jeunesse avait été caractérisée par « des familles dysfonctionnelles, une mauvaise santé, l'alcoolisme, la violence, la pauvreté et l'abandon ». Pour cette raison, le Canada soutenait, selon le juge Paul Williamson, que les élèves « auraient été aux prises avec des difficultés importantes sans égard à ce qui s'est passé » à l'école[80]. Dans sa décision, le juge Williamson a rejeté cet argument. Cependant, la Cour d'appel de la Colombie-Britannique a accepté l'argument voulant que les dommages devaient être diminués compte tenu « des vulnérabilités et des incapacités préexistantes » et des événements traumatisants qui s'étaient produits dans la vie des demandeurs avant les sévices commis dans les écoles[81].

La condamnation infligée en 1993 à William Starr pour les agressions qu'il a commises lorsqu'il était administrateur de la résidence de Gordon, en Saskatchewan, de 1968 à 1984, a entraîné un certain nombre d'affaires au civil. En 1998, le juge Ronald Barclay a remarqué que plus de 400 poursuites avaient été intentées relativement aux sévices commis au pensionnat de Gordon, dont bon nombre impliquaient Starr[82]. Dans l'affaire V. P. c. Canada, le gouvernement fédéral a remis en question la crédibilité du témoignage du demandeur. La juge Darla Hunter, de la Cour du Banc de la Reine de la Saskatchewan, a conclu que les agressions sexuelles avaient été commises et que le gouvernement fédéral était indirectement responsable de ces agressions, et a accordé 80 000 $ en dommages-intérêts[83]. Dans l'affaire D. B. c. Canada, le gouvernement fédéral a remis en question la crédibilité du demandeur en se concentrant sur les différences entre les preuves présentées lors du procès et les examens extrajudiciaires menés deux ans plus tôt[84]. La juge Ellen Gunn a conclu que le demandeur n'avait pas établi qu'il était plus probable qu'improbable que les agressions avaient eu lieu et a rejeté l'action en justice[85]. Dans l'affaire H. L. c. Canada, le gouvernement fédéral a soutenu que si des agressions sexuelles avaient eu lieu, elles étaient hors de la portée de l'emploi de Starr au pensionnat de Gordon[86]. Cependant, le juge John Klebuc, de la Cour du Banc de la Reine de la Saskatchewan, a conclu que puisque le gouvernement avait donné à Starr accès à l'élève, qu'il exerçait une autorité sur lui et qu'il avait établi une structure de gestion et de supervision non conforme aux normes de l'école, il était indirectement responsable des sévices[87]. Le tribunal a accordé 495 000 $ à la victime[88]. En appel, la Cour d'appel de la Saskatchewan a infirmé la décision de Klebuc visant l'octroi à la victime d'une indemnisation financière pour la perte de revenus passés et futurs[89]. Si la Cour suprême du Canada a rétabli la somme allouée pour la perte de revenus passés (et non de revenus futurs), elle a réduit la somme accordée afin de prendre en considération le temps que la victime a passé en prison (selon le principe qu'une personne ne peut pas subir de perte de revenus si elle est incarcérée) et la période pendant laquelle il a reçu des prestations d'aide sociale[90].

En 1995, Arthur Plint, ancien superviseur de dortoir, a été condamné à 11 ans de prison pour les sévices qu'il a commis au pensionnat d'Alberni, en Colombie-Britannique, entre 1947 et 1968. En 1996, 27 anciens élèves de l'école, dirigés par Willie Blackwater, ont déposé une action en justice, réclamant des dommages-intérêts pour les mauvais traitements dont ils ont souffert à l'école. Ils cherchaient à obtenir réparation auprès de plusieurs personnes, du gouvernement fédéral et de l'Église Unie du Canada. Sans nier que des agressions ont eu lieu, le gouvernement fédéral et l'Église ont nié être indirectement responsables des gestes de Plint[91]. En 1998, le juge Donald I. Brenner de la Cour suprême de la Colombie-Britannique a conclu que le gouvernement fédéral et l'Église Unie étaient indirectement responsables des gestes de Plint[92]. Brenner a établi, en 2001, que la responsabilité du gouvernement fédéral s'élevait à 75 % des dommages-intérêts, et celle de l'Église Unie, à 25 %[93]. Une décision de la Cour d'appel de la Colombie-Britannique voulant que le Canada soit responsable à 100 % a été infirmée par la Cour suprême du Canada en 2005, laquelle a rétabli la conclusion antérieure de 75 et de 25 %[94].

Malgré le fait que de nombreuses Églises se soient excusées pour le rôle qu'elles ont joué dans le système des pensionnats, ces mêmes Églises se défendaient en même temps dans le cadre des actions au civil et employaient souvent des tactiques légales musclées.

La structure des Églises, particulièrement l'Église catholique romaine, compliquait les choses. Mondialement, l'Église catholique romaine est organisée en diocèses, chacun comptant un évêque (ou un archevêque pour les plus grands diocèses) nommé par le pape[95]. Les tribunaux ont statué qu'il n'existait aucune entité catholique romaine nationale pouvant faire l'objet d'une action en réparation[96]. Seulement d'autres entités catholiques concernées dans l'exploitation directe des pensionnats, comme les Missionnaires oblats de Marie Immaculée, ou des diocèses catholiques romains précis pouvaient être poursuivis. Dans une autre affaire entendue en Alberta, la cour a rejeté des réclamations déposées contre le Synode général de l'Église anglicane du Canada selon l'idée voulant qu'il n'agissait que comme organisme de coordination et n'était pas directement concerné par les activités quotidiennes des écoles[97].

Les différends concernant ces questions prolongeaient le processus juridique et faisaient augmenter les coûts. Ils soulevaient également des préoccupations quant à la question de savoir si les entités poursuivies avaient les ressources financières pour assumer leurs responsabilités. En raison des frais juridiques, ainsi que des sommes payées dans les règlements à l'amiable et des dommages-intérêts versés aux plaideurs victorieux dans les affaires civiles Clarke, le diocèse anglican de Cariboo a dû déclarer faillite[98]. On signale également pendant cette période que quatre organisations catholiques visées dans l'exploitation de pensionnats pouvaient également être forcées de déclarer faillite[99]. Pour traiter ces préoccupations, en 2000, des représentants des Églises unies, anglicanes, presbytériennes et catholiques romaines ont demandé à rencontrer le premier ministre Jean Chrétien pour discuter des « répercussions présentes et futures pour les Églises des poursuites paralysantes entraînant la réduction d'importants travaux communautaires »[100].

En juin 2000, le gouvernement fédéral a transféré la responsabilité politique des affaires civiles des pensionnats à un bureau récemment créé, le Bureau du Canada sur le règlement des questions des pensionnats autochtones, sous la direction du vice-premier ministre[101]. À l'été 2001, ce bureau a entamé des négociations auprès des représentants d'organisations religieuses sur la façon de répartir les coûts pour le paiement de règlements à l'amiable[102]. Ces négociations n'ont pas abouti à une entente. Par conséquent, en octobre 2001, le vice-premier ministre a annoncé que le gouvernement fédéral financerait 70 % des dommages-intérêts dans le cadre des règlements à l'amiable ou des règlements établis par des mécanismes extrajudiciaires. Cependant, cela se limitait à des « cas de sévices physiques ou sexuels validés ». Les Églises seraient responsables de 30 % des dommages-intérêts[103]. Au cours de l'année suivante, le gouvernement fédéral a négocié des ententes individuelles avec l'Église anglicane et l'Église presbytérienne quant à la façon de financer les règlements à l'amiable. L'entente conclue avec l'Église anglicane, fondée sur le principe voulant que l'Église soit responsable de 30 % des dommages-intérêts à verser, engageait l'Église à verser une somme de 25,7 millions de dollars en indemnisation pour les anciens élèves des pensionnats. En retour, le gouvernement convenait d'arrêter de nommer des institutions de l'Église anglicane comme tierces parties dans les poursuites civiles[104]. Dans une entente similaire, l'Église presbytérienne a convenu de verser 2,1 millions de dollars à l'égard des ententes à l'amiable[105].

L'Église Unie du Canada a protesté contre le fait que le gouvernement fédéral limitait l'indemnisation aux cas de sévices physiques et sexuels et n'était pas prêt à indemniser les survivants pour « la perte de la langue, de la culture et de la spiritualité » qui, selon elle, « fait partie des séquelles des pensionnats »[106]. Ainsi, elle n'a pas conclu d'entente bilatérale officielle avec le gouvernement fédéral sur la question de l'indemnisation. L'Église Unie et le gouvernement fédéral ont plutôt conclu une entente officieuse selon laquelle l'Église Unie était responsable de 25 à 30 % des dommages-intérêts en fonction de chaque cas[107].

En mai 2002, les négociations entre le gouvernement fédéral et les entités catholiques (qui exploitent la majorité des pensionnats) ont pris fin sans qu'aucune entente ne soit conclue[108].

Mécanisme extrajudiciaire de règlement des différends

En novembre 2003, le Bureau du Canada sur le règlement des questions des pensionnats autochtones a établi un cadre de règlement des réclamations. Un programme volontaire de résolution des différends plus tard appelé le « mécanisme extrajudiciaire de règlement des différends » était un élément central du cadre. Il s'agissait d'un mécanisme volontaire de résolution de certaines réclamations en matière d'agressions sexuelles, de sévices physiques et de séquestration, qui permettait d'éviter de passer par le processus du contentieux des affaires civiles[109].

Le mécanisme extrajudiciaire de règlement des différends a été précédé d'un certain nombre de projets pilotes. Il s'agissait de groupes d'environ 40 à 60 plaignants d'une seule collectivité qui étaient prêts à procéder selon les termes contenus dans un accord-cadre établi par le gouvernement fédéral et des survivants[110]. Ces accords-cadres créaient un processus pour « valider les réclamations » des survivants, et la validation était assurée par des « enquêteurs » (des avocats choisis par les survivants et le gouvernement), qui posaient aux survivants et aux autres témoins une série de questions et tiraient des conclusions de fait[111]. Les projets pilotes prévoyaient une compensation pécuniaire ainsi que d'autres recours, comme la thérapie et l'éducation[112].

Le mécanisme extrajudiciaire de règlement des différends établissait deux catégories d'indemnisation. La catégorie A s'appliquait aux personnes qui déclaraient des sévices physiques et des blessures ayant duré plus de six semaines et qui nécessitaient un traitement médical ou une hospitalisation, ou des agressions sexuelles, ou les deux. Jusqu'à 60 points étaient accordés pour les agressions sexuelles, selon la gravité des blessures et des conséquences, ou jusqu'à 25 points pour les sévices physiques. Si les mauvais traitements avaient eu lieu en Colombie-Britannique, en Ontario ou au Yukon, l'indemnisation se limitait à 245 000 $. S'ils avaient eu lieu ailleurs, elle se limitait à 195 000 $. La catégorie B s'appliquait aux réclamations pour sévices physiques n'ayant pas entraîné de blessures pendant six semaines ou plus ou nécessitant une hospitalisation ou un traitement médical important, et aux réclamations d'isolement injustifié. L'indemnisation se limitait à 1 500 $, sauf en cas de facteurs aggravants, auquel cas elle s'élevait à 3 500 $[113]. Ted Hughes, ancien juge de la Cour du Banc de la Reine de la Saskatchewan et ancien sous-procureur général de la Colombie-Britannique, a été nommé adjudicateur en chef du programme extrajudiciaire de règlement des différends[114]. Au début de 2004, le gouvernement fédéral a commencé à recevoir des demandes de participation au mécanisme extrajudiciaire de règlement des différends. En juillet 2006, environ 4 900 demandes avaient été présentées dans le cadre de ce mécanisme[115].

Le rapport de l'APN

En novembre 2004, l'Assemblée des Premières Nations a publié une évaluation très critique du mécanisme extrajudiciaire de règlement des différends. L'une des plus importantes critiques concernait le fait que les demandeurs ne touchaient pas toujours automatiquement la pleine somme de l'indemnisation à laquelle ils avaient droit. En fonction de l'interprétation du gouvernement fédéral et de ses ententes bilatérales, les personnes qui avaient présenté une réclamation contre les pensionnats exploités par les Églises anglicane et presbytérienne recevaient une indemnisation pouvant aller jusqu'à 100 % de leurs règlements[116]. (Les survivants des établissements exploités par l'Église Unie touchaient une indemnisation intégrale en raison de l'entente officieuse conclue avec le gouvernement dont il a été question précédemment[117].) Le Canada payait 70 % des dommages-intérêts attribués aux survivants des pensionnats exploités par l'Église catholique[118]. Pour récupérer les 30 % qui restaient, les survivants devaient intenter des poursuites en justice distinctes contre les entités catholiques romaines compétentes.

Le modèle d'indemnisation du mécanisme extrajudiciaire de règlement des différends était également critiqué, car il ne prévoyait pas d'indemnisation pour les conséquences des mauvais traitements subis dans les pensionnats et les répercussions qu'ils pouvaient avoir sur la vie des survivants. Ce modèle d'indemnisation ne permettait pas non plus de traiter des abus émotionnels, de la perte de vie de famille ou de la perte de la langue et de la culture. Dans son rapport, l'APN formulait également des préoccupations quant au fait que l'indemnisation était limitée par l'application du principe voulant que les mauvais traitements soient mesurés en regard des « normes de l'époque »[119]. De plus, le mécanisme était critiqué pour sa lenteur et son inefficacité. Dans la première année suivant le lancement du programme, seulement 19 demandes avaient été réglées, 700 autres demandes ayant été présentées et étaient en attente d'une audience[120].

Au lieu du modèle, l'APN recommandait l'adoption d'une approche traitant à la fois de l'indemnisation et du besoin de guérison et d'éducation publique sur l'histoire et les séquelles des pensionnats[121]. L'APN proposait un cadre d'indemnisation à deux volets. Le premier volet prévoyait l'octroi d'une somme forfaitaire à toute personne ayant fréquenté un établissement (en plus de montants supplémentaires pour chaque année de fréquentation), ce qui assurait une indemnisation générale pour les questions non couvertes par le mécanisme extrajudiciaire de règlement des différends, comme les abus émotionnels, la perte de la vie de famille ou la perte de la langue et de la culture. Un deuxième volet, soit un programme d'indemnisation individuelle, était recommandé pour les personnes ayant été abusées physiquement ou sexuellement. D'autres recommandations portaient sur la réconciliation et l'éducation publique et comprenaient la création d'une tribune pour permettre aux survivants de raconter et de consigner leurs expériences[122]. De nombreux éléments de cette proposition ont été par la suite intégrés à la Convention de règlement relative aux pensionnats indiens.

Les conclusions du rapport de l'APN ont été appuyées par un rapport de l'Association du Barreau canadien (ABC) publié en février 2005. Ce rapport cernait également le besoin d'offrir une aide juridique aux demandeurs et de s'assurer que l'indemnisation payée reflète les montants attribués dans des affaires comparables[123]. L'ABC a souligné l'apparent parti pris d'un système dans lequel le gouvernement agissait à la fois comme défendeur et administrateur[124].

Le Comité permanent des affaires autochtones et du développement du Grand Nord de la Chambre des communes a entrepris sa propre étude de l'efficacité du programme extrajudiciaire de règlement des différends. Des représentants de nombreuses associations de survivants ont témoigné devant le Comité, y compris Spirit Wind, la National Residential School Survivor Society, la Children of the Shingwauk Alumni Association, l'Indian Residential School Survivor Society et la Shubenacadie Indian Residential School Survivors Association[125]. L'APN et l'ABC y ont également participé.

Ruth Roulette, survivante du pensionnat de Portage la Prairie, au Manitoba, a parlé des niveaux de disciplines stricts et effrayants dont elle a fait l'objet à l'école. Elle a été notamment punie pour avoir parlé en ojibwa. Ses expériences l'ont laissée marquée émotionnellement pour la vie. En vertu du mécanisme extrajudiciaire de règlement des différends, elle était admissible seulement à une indemnisation de catégorie B. « On m'a offert seulement 3 000 $, ce que j'ai rejeté comme une gifle en plein visage. » Parce qu'elle n'a pas subi d'agression sexuelle, son appel a été rejeté. Elle a dit au comité qu'elle se sentait « victimisée à nouveau par un processus gouvernemental insensible et peu sympathique qui ne faisait que refuser justice peu importait le coût »[126].

Selon le rapport d'avril 2005 du Comité, « le mécanisme extrajudiciaire de règlement des différends constitue un échec excessivement coûteux et mal appliqué que la ministre et ses représentants officiels sont incapables de défendre de façon convaincante »[127]. Le mécanisme était critiqué pour avoir été établi sans la consultation ou la rétroaction des survivants, pour ne pas être impartial et équitable, pour limiter l'indemnisation à une catégorie très étroite de survivants, et pour la lenteur avec laquelle il offre une indemnisation. On mentionnait également que le mécanisme « était manifestement déconnecté des prétendus projets pilotes qui l'ont précédé »[128].

Le mois suivant, la Cour suprême du Canada rendait une décision qui permettait aux survivants d'intenter des recours collectifs en réparation. La répudiation du programme extrajudiciaire de règlement des différends, en plus de la possibilité de recours collectifs à grande échelle, a forcé le gouvernement et les Églises à revenir à la table des négociations.

Recours collectifs

Les changements apportés au droit canadien dans les années 1990 ont permis aux survivants d'intenter des recours collectifs pour faire des réclamations d'indemnisation. Dans un recours collectif, une partie poursuit un représentant au nom d'un plus grand « groupe » de personnes. On estime que ces poursuites servent l'intérêt public, car elles réduisent les coûts globaux en éliminant le besoin d'audiences répétées, permettent un meilleur accès aux tribunaux et peuvent modifier le comportement des transgresseurs réels et éventuels[129].

Pour aller de l'avant, un recours collectif doit être certifié par un juge lors de procédures préliminaires. La réclamation doit démontrer :

- qu'il y a « cause d'action » ou une réclamation recevable;
- qu'elle représente un « groupe identifiable » de deux personnes ou plus;
- que des questions communes existent parmi le groupe;
- qu'il s'agit de la procédure privilégiée pour la réclamation;
- qu'elle dispose d'un demandeur qui représentera le groupe de façon juste.

En 1991, ce type de poursuites n'est permis qu'au Québec seulement[130]. L'Ontario a adopté une loi permettant les recours collectifs en 1992[131]. La loi sur les recours collectifs de la Colombie-Britannique est entrée en vigueur en 1995[132]. L'Alberta a adopté sa loi en 2003. Au cours des années suivantes, la plupart des provinces ont adopté des lois similaires[133]. Les Règles de la Cour fédérale ont été modifiées afin d'assurer une procédure élargie à la Cour fédérale en 2002[134]. Les tribunaux du Nunavut, des Territoires du Nord-Ouest et du Yukon en viennent à s'en tenir à la décision rendue en 2001 par la Cour suprême du Canada selon laquelle, en l'absence de lois précises, les tribunaux sont tenus d'établir des règles en matière de recours collectifs à partir des règles de procédure civile applicables[135].

En 1995, Nora Bernard, au nom de la Shubenacadie Indian Residential School Survivors Association, a retenu les services de John McKiggan du cabinet d'avocats Arnold Pizzo McKiggan[136]. En l'absence d'une loi sur les recours collectifs en Nouvelle-Écosse à l'époque, l'Association a déposé une action collective demandant une indemnisation pour tous les survivants du pensionnat de Shubenacadie pour une variété de motifs, y compris la perte de la culture et de la langue[137]. (Une « action collective » est une procédure civile en vertu de laquelle les personnes autorisées, dans un intérêt commun, peuvent intenter une poursuite au nom ou dans l'intérêt de toutes les personnes similaires. Toute décision est à caractère persuasif, mais non exécutoire, pour les réclamations des autres personnes.) La Shubenacadie Indian Residential School Survivors Association a renoncé à sa poursuite en Nouvelle-Écosse et a participé à un recours collectif national (décrit ci-après) en 2002[138].

En 1999 en Alberta, le volume d'affaires civiles était si important que la Cour du Banc de la Reine a établi un protocole spécial pour traiter les affaires des pensionnats[139]. Les parties ont sélectionné 50 causes qui seraient traitées comme échantillons de façon accélérée et qui serviraient de causes types. Les décisions prises dans ces affaires serviraient de guide pour les autres poursuites relatives aux pensionnats[140]. Après avoir passé cinq années à traiter des affaires préalables aux procès, le procès de la première cause type a débuté en janvier 2006. L'affaire a été reportée pour permettre aux parties de se concentrer sur la négociation de ce qui est devenu la CRRPI[141].

En octobre 1998, un groupe de survivants du pensionnat Mohawk de Brantford, en Ontario, a déposé une déclaration auprès de la Cour supérieure de l'Ontario au nom de tous les élèves ayant fréquenté l'école entre 1922 et 1969, ainsi que leur famille[142]. Les demandeurs, dirigés par Marlene Cloud, réclamaient 2,3 milliards de dollars en réparation au gouvernement fédéral, au Synode général de l'Église anglicane du Canada, à la New England Company (la société missionnaire qui exploitait le pensionnat) et au diocèse anglican local pour le régime soutenu et systématique de sévices physiques, émotionnels, spirituels et culturels dont ils ont souffert[143]. Cloud et les autres survivants réclamaient des dommages-intérêts pour violation du devoir fiduciaire et de la *Loi sur le droit de la famille*, la perte de la culture et de la langue, ainsi que la violation des droits issus de traités et les droits des Autochtones[144].

En 1998, un groupe d'avocats a formé une association pour coordonner leurs travaux au nom des survivants des pensionnats. En mai 2002, cette association a officialisé sa relation, créant ce qu'on a appelé le « consortium national ». Le consortium national rassemblait des avocats de 19 cabinets d'avocats dans huit provinces et deux territoires, ce qui leur permettait de lancer conjointement un recours collectif national et de s'appuyer les uns les autres dans le cadre de réclamations individuelles et de recours collectifs. Au fil du temps, il en est venu à représenter environ 8 000 survivants[145]. En plus du consortium national, en 1997, le Merchant Law Group, une société d'avocats de l'Ouest du Canada, a commencé à représenter de nombreux survivants dans les actions civiles relatives aux pensionnats. Le Merchant Law Group a également entrepris des recours collectifs relatifs aux pensionnats à la Cour fédérale, ainsi que dans les provinces du Québec, du Manitoba, de la Saskatchewan, de l'Alberta et de la Colombie-Britannique[146].

En juin 2000, Charles Baxter père, Elijah Baxter et d'autres personnes ont lancé un recours collectif contre le gouvernement fédéral à la Cour supérieure de l'Ontario. Selon la déclaration, ils cherchaient à obtenir des dommages-intérêts pour négligence, violation de leurs obligations légales en vertu de la *Loi sur les Indiens* ou violation des obligations issues de traités[147]. La réclamation, modifiée à de nombreuses occasions, comprenait trois groupes : un « groupe de survivants » (tout élève ayant fréquenté les pensionnats entre le 1er janvier 1920 et le 31 décembre 1996 et qui étaient vivants en date du 30 mai 2005), un « groupe de familles » (conjoints, enfants, petits-enfants, parents, frères et sœurs des survivants) et un « groupe de personnes décédées » (élèves ayant fréquenté les pensionnats entre le 1er janvier 1920 et 1997 et qui sont décédés avant le 30 mai 2005). Puisque l'action comprenait des réclamations faites au nom d'élèves fréquentant des pensionnats dans l'ensemble du Canada, on l'a souvent qualifié de « recours collectif national »[148].

Au fil du temps, des associations de survivants et des plaideurs de partout au pays se sont joints au recours collectif Baxter. La Shubenacadie Indian Residential School Survivors Association a laissé tomber son action collective en Nouvelle-Écosse et a pris part au recours collectif Baxter en 2002[149]. Spirit Wind, la plus grande association de survivants du Manitoba, a conclu un protocole d'entente avec le consortium national pour appuyer le recours collectif Baxter en 2005[150].

En 2003, les plaignants du recours collectif Baxter ont abandonné leurs réclamations contre les Églises et ont cherché à obtenir une indemnisation seulement auprès du gouvernement fédéral. En réponse, le 24 avril 2003, le Canada a déposé une réclamation contre les Églises, soutenant qu'elles étaient responsables de l'exploitation quotidienne des pensionnats, et a nommé 85 institutions religieuses distinctes[151].

En plus des recours collectifs Cloud et Baxter, 17 autres recours collectifs ont été déposés dans neuf provinces et territoires durant cette période.

Par exemple, dans l'affaire Dieter, les plaignants, dirigés par Keith Dieter, ont cherché à faire certifier un groupe composé de tous les résidents autochtones du Canada ayant été transportés à destination de pensionnats ou confinés dans une ou plusieurs provinces de l'Ouest entre le 1er janvier 1920 et le 31 décembre 1996. Les plaignants réclamaient des dommages-intérêts pour sévices physiques, sexuels et psychologiques et pour perte de la langue et de la culture, invoquant la négligence et la violation des devoirs fiduciaires, statutaires et de common law, ainsi que des obligations issues de traités[152].

Dans l'affaire Pauchay, les plaignants, dirigés par Norman Pauchay, ont cherché à faire certifier un groupe composé de tous les Autochtones ayant fréquenté divers pensionnats du Canada de 1940 à 1989. Les plaignants réclamaient des dommages-intérêts pour sévices physiques, sexuels et psychologiques et pour perte de la langue et de la culture, invoquant la violation prétendue du devoir de fournir une éducation adéquate aux plaignants et de les protéger des préjudices en relation avec l'établissement, l'exploitation et l'entretien des pensionnats[153].

Dans l'affaire Straightnose, les plaignants, dirigés par Alvin Straightnose, ont cherché à faire certifier un groupe composé de tous les résidents de la Saskatchewan ayant fréquenté une école dans cette province entre 1920 et 1996 et subi des mauvais traitements (y compris des sévices émotionnels, culturels et psychologiques), ou qui n'ont pas reçu « une bonne éducation ». Les plaignants réclamaient des dommages-intérêts pour « mauvais traitements, négligence et maltraitance systémique d'enfants ». Les causes d'action invoquées étaient la négligence, la responsabilité du fait d'autrui, la violation de devoirs légaux transmissibles, la violation fiduciaire et la violation du devoir de fournir une éducation adéquate[154].

Vers la certification

En octobre 2001, le juge Roland J. Haines de la Cour supérieure de l'Ontario a refusé de certifier l'affaire Cloud. Il soutenait que les expériences des élèves étaient trop diversifiées pour constituer un groupe représentatif, que bon nombre des réclamations étaient exclues par les dispositions sur la loi de prescription, et que les plaignants n'avaient pas réussi à établir qu'un recours collectif était la procédure privilégiée pour leurs réclamations[155]. En juin 2003, la décision de Haines a été confirmée par la Cour divisionnaire de l'Ontario[156].

En décembre 2004, la Cour d'appel de l'Ontario a infirmé les décisions antérieures et a certifié l'affaire Cloud[157]. La Cour d'appel a jugé que les groupes étaient clairement définis, que tous les membres du groupe avaient souffert au minimum de certains des torts cernés en fréquentant les pensionnats et que la réclamation n'était pas trop générale[158]. Sa décision a également permis de souligner que la procédure cherchait à représenter « de nombreuses personnes vieillissantes, très pauvres et, dans certains cas, encore très émotionnellement perturbées par leurs expériences dans le pensionnat »[159]. La décision était également grandement critique du mécanisme extrajudiciaire de règlement des différends, le catégorisant comme étant :

> [...] un système unilatéralement créé par l'un des défendeurs dans son action et qui pourrait unilatéralement être démantelé sans le consentement des appelants (les membres du groupe). Il traite seulement des sévices physiques et sexuels. Il limite le montant du recours possible, et surtout dans ces circonstances, comparativement au recours collectif, il partage l'accès aux lacunes de la justice des actions individuelles[160].

Le 12 mai 2005, la Cour suprême du Canada a refusé d'entendre l'appel du gouvernement fédéral et des Églises de la décision de la Cour d'appel de l'Ontario[161].

Après la diffusion de la décision de la Cour d'appel de l'Ontario dans l'affaire Cloud en décembre 2004, les parties de l'affaire Baxter ont tenu une conférence préparatoire avec le juge Warren Winkler de la Cour supérieure de l'Ontario pour établir un calendrier en vue de la requête en autorisation. Pendant la conférence préparatoire, il est devenu clair que, en raison des réclamations déposées par de tierces parties contre les Églises, d'importantes questions de preuve se posaient, lesquelles menaçaient de retarder considérablement les procédures. Le 30 mai 2005, le juge Winkler a refusé d'entendre les arguments préliminaires concernant les réclamations de tierces parties et a ordonné que la requête en autorisation soit entendue en premier[162]. La requête n'a jamais été entendue puisque, dans les mois qui ont suivi, des organisations autochtones, des organisations religieuses et le gouvernement fédéral ont entrepris des pourparlers qui ont mené à la Convention de règlement relative aux pensionnats indiens.

Un accord politique mène à des négociations

La répudiation du mécanisme extrajudiciaire de règlement des différends par le Comité permanent des affaires autochtones et du développement du Grand Nord de la Chambre des communes en avril 2005, suivie de la certification du recours collectif Cloud le mois suivant, a ouvert la voie à la négociation de la Convention de règlement relative aux pensionnats indiens. Le 30 mai 2005, le gouvernement fédéral et l'Assemblée des Premières Nations, dirigée par Phil Fontaine, ont signé un accord convenant des dispositions suivantes :

1) le Canada reconnaît le besoin de continuer de faire intervenir l'Assemblée des Premières Nations d'une façon clé et centrale afin d'arriver à une résolution durable relativement aux séquelles des pensionnats indiens, et il s'engage à le faire. Le gouvernement du Canada et l'Assemblée des Premières Nations croient fermement que la réconciliation n'est possible que s'ils continuent de travailler ensemble;
2) ils sont engagés à établir une résolution juste et équitable relativement aux séquelles des pensionnats indiens;
3) le principal élément d'une vaste réconciliation sera un paiement aux anciens élèves s'inspirant du rapport de l'APN [le rapport de l'APN sur le mécanisme extrajudiciaire de règlement des différends];
4) la partie de tout règlement alloué pour les honoraires d'avocat sera limitée;
5) le représentant fédéral aura la flexibilité voulue pour explorer les éléments collectifs et les éléments de programmes d'une vaste réconciliation comme le recommande l'APN;
6) le représentant fédéral s'assurera que les malades et les personnes âgées reçoivent leurs paiements le plus tôt possible;
7) le représentant fédéral travaillera avec l'APN et la consultera pour s'assurer de l'acceptabilité du règlement complet, établir des processus de vérité et de réconciliation, des éléments de commémoration et de guérison, et examiner les améliorations apportées au mécanisme extrajudiciaire de règlement des différends[163].

Le 31 mai 2005, le lendemain de la conclusion de l'accord entre l'APN et le gouvernement fédéral, le gouvernement fédéral a nommé l'ancien juge de la Cour suprême Frank Iacobucci à titre de négociateur. Celui-ci avait pour mandat de conclure une entente sur les pensionnats d'ici le 31 mars 2006[164].

Même si les négociations étaient en cours, les causes types de l'Alberta et les recours collectifs ont été temporairement suspendus pour permettre aux parties de se concentrer sur la négociation d'un règlement.

Jusqu'à présent, les organisations inuites n'avaient pas été visées par le processus de recours collectif. Le 10 août 2005, Nellie Cournoyea, présidente de la Société régionale inuvialuite (organisation représentant les Inuvialuits, le peuple inuit de l'Ouest de l'Arctique), a écrit à Iacobucci, se disant inquiète du fait que les organisations inuites et inuvialuites avaient été écartées de l'accord politique et des négociations subséquentes. Elle craignait qu'un accord excluant les survivants inuits soit conclu[165]. Pour remédier à cette situation, elle a demandé dans sa lettre que le mandat d'Iacobucci soit élargi pour inclure des négociations avec des organisations politiques inuites[166]. Le 1er septembre 2005, une téléconférence a eu lieu entre des représentants de l'Inuit Tapiriit Kanatami, de la Société régionale inuvialuit, de la Société Makivik (laquelle représente les intérêts des Inuits du Nunavik dans le Nord du Québec), de l'organisme Nunavut Tunngavik Inc. (qui représente les intérêts des Inuits du Nunavut), de l'Association des Inuits du Labrador et de l'Association des femmes inuites du Canada. Au cours de la téléconférence, Iacobucci a déclaré que son mandat se limitait aux avocats représentant les survivants des pensionnats ayant intenté des poursuites contre le Canada[167]. Après la réunion, deux autres recours collectifs ont été déposés. Dans les Territoires du Nord-Ouest, Rosemarie Kuptana a été nommée plaignante représentante dans l'affaire Kuptana c. Canada (procureur général). Au Nunavut, Michelline Ammaq a été nommée plaignante représentante dans l'affaire Ammaq c. Canada (procureur général)[168].

Les négociations menées par Iacobucci traitaient d'une vaste gamme de sujets, y compris la confidentialité du processus, les écoles et les institutions admissibles, la procédure de mise en œuvre d'un règlement, les honoraires d'avocat et les buts de la guérison et de la réconciliation[169]. Iacobucci a aussi rencontré d'autres intervenants, y compris des représentants de la société des survivants de la Colombie-Britannique, de la Fondation autochtone de guérison, de l'Association des femmes autochtones du Canada et du Grand conseil des Cris[170].

En 2006, les parties ont convenu de fusionner les recours collectifs existants en une seule action collective dans chacun des neuf territoires de compétence dans lesquels ils avaient d'abord été déposés (Colombie-Britannique, Alberta, Saskatchewan, Manitoba, Ontario, Québec, Yukon, Nunavut et les Territoires du Nord-Ouest). Cette action porte le nom de Fontaine c. Canada (procureur général). Dans cette affaire,

Phil Fontaine agissait comme plaignant représentant au nom de tous les anciens élèves des pensionnats et l'APN[171].

L'entente de principe et la Convention de règlement

Le 20 novembre 2005, le Canada, les plaignants de nombreux recours collectifs, l'APN, la Société régionale inuvialuit, la Société Makivik, l'organisme Nunavut Tunngavik Inc. et des représentants de diverses entités religieuses ont conclu une entente de principe. Cette entente formait la base d'un règlement d'ensemble qu'Iacobucci a recommandé au gouvernement fédéral[172]. L'entente de principe comprenait bon nombre des recommandations contenues dans les rapports sur le mécanisme extrajudiciaire de règlement des différends de l'APN et de l'ABC. Après d'autres négociations, les parties ont conclu la Convention de règlement relative aux pensionnats indiens le 23 mai 2006[173].

La CRRPI comprenait cinq composantes significatives : le paiement d'expérience commune (PEC), le processus d'évaluation indépendant (PEI), la Commission de vérité et de réconciliation, le financement de projets de commémoration et le soutien de la Fondation autochtone de guérison.

Toutes les personnes qui ont résidé dans un pensionnat étaient admissibles à un PEC, après vérification de la résidence et de la fréquentation d'un des établissements énumérés dans la Convention de règlement. Les plaignants recevaient un paiement de base de 10 000 $ pour avoir fréquenté un pensionnat de même que 3 000 $ pour chaque année supplémentaire ou année partielle de fréquentation. En outre, une somme de 1,9 milliard de dollars devait être affectée à un fonds en fiducie en vertu de la Convention de règlement aux fins de ces paiements. Si ce montant était insuffisant pour payer toutes les réclamations vérifiées des membres du groupe de survivants, le gouvernement du Canada acceptait de compléter ce fonds en versant le financement nécessaire pour s'assurer que des paiements complets sont effectués en lien avec toutes ces réclamations. S'il restait 40 millions de dollars des fonds alloués une fois toutes les réclamations payées, tous les bénéficiaires seraient admissibles à un montant supplémentaire pouvant aller jusqu'à 3 000 $. Ce montant serait versé sous forme de crédits personnels à des fins d'éducation pour eux-mêmes ou des membres admissibles de leur famille. Le reste des fonds serait remis au National Indian Brotherhood Trust Fund et à l'Inuvialuit Education Foundation.

En plus du PEC fondé sur la résidence dans un pensionnat, un PEI était également disponible pour ceux qui avaient été agressés sexuellement ou qui avaient souffert de blessures en raison d'agressions physiques graves ou de négligence dans les écoles. Ce processus prévoyait une indemnisation pour les mauvais traitements commis par d'autres élèves à la lumière du fait que l'Église ou le gouvernement exploitant avait une obligation légale de fournir une supervision raisonnable. Pour être admissible à une audience et à une attribution dans le cadre du PEI, il n'était pas nécessaire qu'un élève ait résidé au pensionnat. Par exemple, les élèves ayant fréquenté un externat ou les enfants du personnel de l'école qui vivaient sur place avec leurs parents et allaient en classe au pensionnat pouvaient déposer une réclamation dans le cadre du PEI.

Le PEI était supervisé par un comité de surveillance composé de représentants des parties à la Convention de règlement. Les adjudicateurs approuvés par le comité de surveillance entendaient les réclamations et étaient supervisés par un adjudicateur en chef également nommé par le comité de surveillance. Le PEI devait être indépendant des parties aux travaux d'adjudication.

La CRRPI exigeait que les adjudicateurs du PEI utilisent un système de points, en vertu duquel des points étaient attribués à chaque réclamation, selon le type et la fréquence des agressions. En plus des recommandations du rapport de l'APN et en réponse à celles-ci, des points étaient accordés selon les conséquences des mauvais traitements pour chaque survivant. Les catégories utilisées étaient les suivantes : « dysfonction grave », « certaine dysfonction », « impact négatif continu », « certain impact négatif moyen » et « impact négatif léger ». Des points supplémentaires pouvaient être accordés pour des difficultés à obtenir et à conserver un emploi, et pour l'incapacité d'entreprendre ou de compléter une éducation, entraînant un problème de sous-emploi ou de chômage. Les abus verbaux, les actes racistes, l'humiliation et le fait d'être témoin de violence envers les autres étaient également reconnus comme des facteurs aggravants donnant droit à des points supplémentaires. Le nombre total de points accordés à un demandeur déterminait le montant de l'attribution du demandeur.

Le paiement maximal à verser dans le cadre du PEI en vertu du système de points s'élevait à 275 000 $, mais une somme pouvant aller jusqu'à 250 000 $ supplémentaires pouvait être accordée dans les affaires complexes, selon la perte de revenus réels « déterminée à l'aide d'analyses légales et de montants accordés dans le cadre de décisions des tribunaux pour des affaires semblables »[174].

Le PEI devait avoir le pouvoir d'établir les honoraires d'avocat à payer au conseiller juridique du demandeur. La Convention de règlement prévoyait que 15 % de chaque montant attribué seraient payés par le gouvernement du Canada directement à l'avocat d'un demandeur pour les honoraires, et le conseiller juridique avait droit à un montant supplémentaire en honoraires pouvant aller jusqu'à 15 % de plus, sous réserve de l'approbation de l'adjudicateur. Le gouvernement du Canada devait fournir les fonds pour les honoraires jusqu'aux premiers 15 %, mais les honoraires supplémentaires devaient être payés par les survivants à partir des dommages-intérêts reçus[175].

La CRRPI prévoyait un engagement de 60 millions de dollars pour établir la Commission de vérité et réconciliation du Canada[176].

La CRRPI prévoyait un engagement de 125 millions de dollars à la Fondation autochtone de guérison « dans le but de répondre aux besoins de guérison des Autochtones affectés par les séquelles des pensionnats indiens, y compris les répercussions intergénérationnelles, en appuyant la guérison holistique et communautaire afin de répondre aux besoins des particuliers, des familles et des collectivités »[177].

La CRRPI prévoyait également la mise de côté de 20 millions de dollars en vue de financer des initiatives de commémoration. Les buts de ces initiatives étaient vastes et comprenaient la promotion de la guérison et de la réconciliation pour les survivants, la contribution à un sentiment d'identité, d'unité et d'appartenance, la promotion des langues, des cultures et des valeurs autochtones, et la commémoration de l'expérience des pensionnats d'une façon tangible et permanente[178].

Quant à la contribution financière des Églises, la CRRPI a confirmé que les ententes bilatérales que les Églises anglicanes et presbytériennes avaient conclues avec le gouvernement fédéral seraient intégrées à la Convention de règlement, le montant de la contribution total étant toutefois réduit. L'Église Unie convenait de verser entre 6,4 et 6,9 millions de dollars, et les entités de l'Église catholique, 54 et 79 millions de dollars[179].

Les ordonnances d'approbation

Avant de pouvoir entrer en vigueur, la CRRPI devait être approuvée par les juges de la Cour supérieure des neuf territoires de compétence dans lesquels les recours collectifs avaient été déposés. Dans sa décision, le juge Winkler s'est penché sur l'historique du système des pensionnats.

> Les défauts et les ratés de la politique et de sa mise en œuvre sont au cœur des allégations de torts subis par les membres du groupe. Après examen par la Commission royale sur les peuples autochtones, on a déterminé que les enfants avaient été retirés de leur famille et de leurs collectivités pour servir dans une « campagne concertée pour détruire » les « habitudes et associations » des « langues, des traditions et des croyances autochtones » en vue d'accomplir « une resocialisation radicale » visant plutôt à inculquer aux enfants les valeurs de la civilisation centrée sur l'Europe. Le règlement proposé représente un effort pour fournir une mesure de résolution et par conséquent, à intégrer des éléments qui offrent une indemnisation aux personnes et un vaste soulagement visant à traiter des préjudices dont a souffert la collectivité autochtone dans son ensemble[180].

Le juge Brenner de la Cour suprême de la Colombie-Britannique, ayant entendu des témoignages de plus de 80 opposants pendant cinq jours d'audiences, a soulevé la décision difficile qu'on demandait aux survivants de prendre.

> Ce règlement représente un compromis des réclamations contestées. Pour cette raison, les demandeurs ne seront sans aucun doute pas ravis de toutes les dispositions du règlement. Certains pourraient même choisir de le rejeter. Cependant, les membres du groupe qui décident que les désavantages de la Convention de règlement l'emportent sur ses avantages sont libres de refuser les dispositions [...] et de déposer leurs réclamations individuelles[181].

Le juge Brenner a fait remarquer qu'à au moins un égard, le PEC, en indemnisant tous les anciens élèves des pensionnats, représentait une amélioration par rapport à ce qui pouvait être accordé par les tribunaux.

> Un thème récurrent dans ces affaires est l'impact de la fréquentation des pensionnats indiens sur la langue et la culture des enfants indiens. Elles ont été en grande partie détruites. Cependant, aucun tribunal n'a encore reconnu la perte de la langue et de la culture comme étant un tort recouvrable. Même si une telle perte était juridiquement réparable, la plupart des réclamations seraient maintenant prescrites[182].

Sous réserve que les parties traitaient d'un certain nombre de questions, sept tribunaux ont approuvé la Convention de règlement le 15 décembre 2006[183]. Les tribunaux du Nunavut et des Territoires du Nord-Ouest l'ont approuvée le 19 décembre 2006 et le 15 janvier 2007, respectivement[184]. Le 22 mars 2007, les tribunaux des neuf territoires de compétence ont signé des ordonnances identiques qui intégraient les préoccupations cernées dans les décisions d'approbation et fusionnaient chacune des procédures en un seul recours collectif, ont certifié l'action et ont donné leur approbation finale à la Convention de règlement. Une fois que les tribunaux ont approuvé la Convention de règlement, un délai d'exclusion de cinq mois a été mis en œuvre, le 22 mars 2007. Les survivants pouvaient se retirer de la Convention de règlement, retenant leurs droits de lancer des recours devant les tribunaux civils. Si plus de 5 000 personnes se retiraient, la Convention ne serait pas mise en œuvre[185]. Lorsque la période de cinq mois a pris fin le 20 août 2007, 1 074 personnes s'étaient retirées. La Convention de règlement est entrée en vigueur le 19 septembre 2007.

La Convention représentait un règlement négocié entre des parties précises à une série de poursuites. Par conséquent, elle ne visait pas tous les Autochtones qui avaient fréquenté les pensionnats au Canada. La liste des écoles visées par la CRRPI se limitait à celles qui offraient la résidence (y compris, dans certains cas, des foyers) pour lesquelles le gouvernement fédéral était prêt à convenir qu'il était responsable de la gestion et de l'exploitation. En outre, la Convention ne traitait pas des réclamations des élèves métis qui avaient fréquenté des pensionnats exploités ou ayant un mandat provincial. Les élèves autochtones ayant fréquenté des établissements exploités par les Églises qui ne visaient pas principalement les enfants autochtones n'étaient pas inclus. Les enfants autochtones ayant fréquenté des écoles exploitées par les missions à Terre-Neuve-et-Labrador ne l'étaient pas non plus. Il en était de même pour les élèves autochtones qui avaient fréquenté des externats ou des couvents tout en résidant dans des foyers privés ou qui avaient passé la majeure partie de leur enfance dans des sanatoriums.

La CRRPI, malgré toutes ses restrictions, était une réalisation monumentale. Elle était le produit de décennies d'efforts de la part des survivants, de leur famille et de leurs partisans, et représentait un moment historique dans la lutte pour la justice et la reconnaissance des personnes colonisées et exploitées.

Elle est aussi devenue le catalyseur d'un autre événement remarquable.

Le Canada présente ses excuses

En mai 1883, en justifiant la décision du gouvernement canadien de construire ses trois premières écoles industrielles des Prairies, le premier ministre Sir John A. Macdonald dit au Parlement que des pensionnats sont nécessaires si les enfants autochtones doivent être assimilés efficacement. Les externats, dit-il, se sont avérés un échec.

> Lorsque l'école est sur la réserve, l'enfant vit avec ses parents, qui sont sauvages; il est entouré de sauvages, et bien qu'il puisse apprendre à lire et à écrire, ses habitudes, son éducation domestique, et ses façons de penser, restent celles des sauvages. En un mot, c'est un sauvage capable de lire et d'écrire. On a fortement insisté auprès de moi, comme chef du département de l'Intérieur, pour soustraire autant que possible les enfants sauvages à l'influence de leurs parents. Or, le seul moyen d'y réussir serait de placer ces enfants dans des écoles industrielles centrales, où ils adopteraient les habitudes et les façons de penser des blancs[186].

Un peu plus de 123 ans plus tard, le 11 juin 2008, le premier ministre Stephen Harper s'adressait au Parlement devant des survivants invités, des aînés, des dirigeants d'organisations politiques autochtones et de députés, pour faire une annonce très différente :

> Je me lève aujourd'hui pour présenter nos excuses aux anciens élèves des pensionnats indiens. Le traitement des enfants dans ces pensionnats est un triste chapitre de notre histoire [...]
>
> Le système des pensionnats indiens visait deux objectifs principaux : isoler les enfants et les soustraire à l'influence de leurs foyers, de leur famille, de leurs traditions et de leur culture, et les intégrer par l'assimilation dans la culture dominante [...]
>
> Aujourd'hui, nous reconnaissons que cette politique d'assimilation était erronée, qu'elle a fait beaucoup de mal et qu'elle n'a aucune place dans notre pays.

> Devant les quelque 80 000 anciens élèves toujours en vie, devant les membres de leur famille et de leurs communautés, le gouvernement du Canada admet aujourd'hui qu'il a eu tort d'arracher les enfants à leur foyer et s'excuse d'avoir agi ainsi [...]
>
> Le gouvernement du Canada présente ses excuses les plus sincères aux peuples autochtones du Canada pour avoir si profondément manqué à son devoir envers eux, et leur demande pardon. Nous le regrettons [...][187].

Après la déclaration de Harper, les chefs des partis de l'opposition du Parlement ont offert leurs propres excuses. Stéphane Dion, chef du Parti libéral s'est dit désolé que :

> le Canada ait essayé d'effacer votre identité et votre culture en vous arrachant à vos familles lorsque vous étiez enfants, et en créant un système pour vous punir d'être ce que vous étiez.
>
> À vous, mères et pères inuits, métis et des Premières nations, je dis que je suis désolé qu'on vous ait volé vos enfants; désolé qu'on n'ait pas reconnu votre valeur comme parents; désolé qu'on vous ait manqué de respect et de confiance[188].

Jack Layton, chef du Nouveau Parti démocratique, a commencé son discours en reconnaissant les aînés et en rendant hommage aux Premières Nations, aux Métis et aux chefs inuits qui étaient présents[189]. En établissant les pensionnats, le Canada « s'était donné pour mission de tuer l'Indien dans l'enfant. Cette décision tout à fait répréhensible a causé des souffrances incroyables, privant les Premières Nations, les Métis et les Inuits de la liberté fondamentale de choisir leur mode de vie. Nous sommes vraiment navrés de tous ces torts qui leur ont été causés[190]. »

Gilles Duceppe, chef du Bloc Québécois, a déclaré : « Pensez à un petit village, une petite communauté, duquel on retire les enfants, tous les enfants. Dès lors, il n'y a plus d'enfants de 7 à 16 ans qui jouent dans les rues ou dans les forêts, inondant de leurs rires et de leurs joies le cœur des plus vieux. De plus, il y a cette crainte toujours présente de voir les enfants disparaître dès qu'ils atteignent l'âge scolaire[191]. »

Après les discours des politiciens, des chefs autochtones présents ont eu l'occasion de répondre. Selon le chef national Fontaine :

> Cette journée est importante en raison non seulement du passé, mais également de l'avenir. Plus jamais la Chambre ne verra un problème indien dans la simple affirmation de notre identité [...] En racontant leurs histoires douloureuses, les courageux survivants ont dépouillé la suprématie de la race blanche de son autorité et de sa légitimité. Il faut tôt ou tard dire la vérité aux puissants [...] Cette journée [...] signifie [...] la promesse d'une relation respectueuse et libératrice entre nous et le reste du Canada[192].

Mary Simon, présidente de l'organisme Inuit Tapiriit Kanatami, a dit espérer que ces excuses marqueraient le début d'une nouvelle relation entre le gouvernement fédéral et les Inuits.

> Je suis également remplie d'optimisme en me disant que cette initiative du gouvernement du Canada et la manière généreuse de formuler ces excuses nous aideront tous à mettre un terme à cette période sombre de notre histoire collective comme pays [...]
>
> Unissons maintenant nos forces autour d'un objectif commun, celui de collaborer pour faire en sorte que ces excuses soient l'occasion de tourner la page sur un nouveau chapitre de nos vies comme peuples autochtones et de notre appartenance au Canada [...]
>
> Je tiens à exprimer ici aujourd'hui ma volonté de collaborer avec vous, comme l'ont toujours fait les Inuits, pour élaborer de nouvelles solutions et de nouveaux arrangements fondés sur le respect et la responsabilité réciproques[193].

Patrick Brazeau, chef national du Congrès des Peuples autochtones, a ajouté : « Ce jour honore les survivants, dont certains sont parmi nous à la tribune. Je suis fier d'être ici et de représenter certains d'entre vous[194]. »

Clement Chartier, président du Ralliement national des Métis, a exprimé des réserves quant à l'exclusion de la Convention de règlement des pensionnats exploités par le gouvernement provincial que fréquentaient les Métis.

> J'éprouve vraiment des sentiments partagés, car je suis un survivant d'un pensionnat métis, en tous points semblable aux pensionnats indiens, sauf en ce qui concerne ceux qui en ont fait les frais. Ceux qui en ont fait les frais, ce sont ces jeunes gens qui y ont été envoyés, des gens comme Don, des gens comme moi. Nous en avons fait les frais.
>
> Je crois sincèrement aux paroles du ministre et j'espère que nous allons régler cette question. J'avais dit que la nation métisse serait ici pour partager cette journée avec ces peuples qui ont attendu si longtemps. Nous voulons célébrer et nous célébrons avec eux, avec vous, avec tous les Canadiens, car ce jour est un jour pour tous les Canadiens. C'est un jour tourné vers l'avenir[195].

Beverly Jacobs, présidente de l'Association des femmes autochtones du Canada, a parlé de l'impact dévastateur des pensionnats sur les cultures et les traditions autochtones et le besoin de revitalisation.

> Les pensionnats indiens ont vraiment eu des répercussions négatives sur le respect des femmes. Il y avait des cérémonies pour les jeunes hommes et femmes. Les pensionnats indiens les ont fait disparaître pendant des générations. Nous avons encore notre langue, nos cérémonies et nos aînés. Nous devons revitaliser ces cérémonies et regagner le respect de la population

> canadienne, ainsi que celui de notre propre peuple [...] Nous voyons à assurer un avenir fort à nos nations[196].

Willie Blackwater, survivant, activiste et plaignant dans une poursuite en justice fructueuse, a fait remarquer : « Les excuses font une grande différence pour moi puisqu'elles aideront à [alléger] la douleur et la souffrance que j'ai fait endurer non seulement à ma femme et à ma fille, mais également à mon fils, et à sa mère puisqu'ils ont ressenti le mal et les atrocités[197]. »

Selon Stan Beardy, grand chef de la nation Nishnawbe-Aski, bien que la Convention de règlement n'efface pas le mal enduré par les survivants, il s'agit d'« une première étape importante à l'égard de la réconciliation entre le gouvernement du Canada et les Premières Nations »[198].

Une autre étape du parcours dont parlait Beardy a été franchie lorsque, comme l'exigeait la Convention de règlement, la Commission de vérité et réconciliation du Canada a vu le jour[199]. Le mandat de la Commission consistait à raconter aux Canadiens l'histoire des pensionnats, à parler de l'impact de ces écoles sur les Autochtones et le Canada et à guider un processus de réconciliation.

La Convention de règlement et les excuses officielles présentées par le premier ministre Stephen Harper sont le point culminant des années de lutte politique, des changements dans les attitudes sociétales, des décisions de justice rendues et des négociations menées. Grâce à tous les efforts déployés en ce sens par les survivants, la question est demeurée d'actualité. Leur victoire mérite d'être célébrée.

Ces événements ne marquent pas la fin de l'histoire des pensionnats indiens. Les séquelles laissées par ces derniers sont toujours présentes. Le nombre élevé d'enfants autochtones, qui se voient retirer de leur famille par les services d'aide sociale à l'enfance, témoigne des séquelles qu'a laissées un système qui déchirait les familles. Il est clair que ce système d'éducation, qui rabaissait la culture autochtone et qui imposait aux élèves une discipline humiliante, est en partie responsable de l'écart observé actuellement entre la réussite scolaire des Canadiens autochtones et celle des Canadiens non autochtones. Les régimes alimentaires déficients, le manque d'hygiène, le surpeuplement et le défaut de combattre l'épidémie de tuberculose qui faisait rage dans les collectivités autochtones du pays ont miné la santé de générations d'enfants autochtones. Il n'y a donc rien d'étonnant à ce que l'état de santé des Autochtones soit beaucoup plus précaire que celui de la population en général. La survictimisation des Autochtones et leur surreprésentation dans les pénitenciers résultent également d'un système où les enfants autochtones étaient astreints à une discipline punitive et se voyaient infliger des sévices physiques et sexuels.

L'histoire des pensionnats indiens présentée dans ce rapport commence en situant ces écoles dans le contexte historique plus général de la colonisation mondiale des peuples indigènes et de leurs terres par les Européens. La scolarisation dans les pensionnats n'est qu'une des mesures prises pour coloniser les peuples autochtones.

La politique de colonisation réprime la culture et les langues autochtones, perturbe le gouvernement autochtone, détruit des économies autochtones, et confine des Autochtones à des terres marginales et souvent peu productives. Lorsque les Autochtones commencent à souffrir de la faim, de la pauvreté et de diverses maladies des suites de cette politique, le gouvernement faillit à ses obligations à leur endroit. Cette politique, dont le but était d'éliminer les peuples autochtones en tant qu'entités politiques et culturelles distinctes, doit être décrite pour ce qu'elle est : une politique de génocide culturel.

Bien qu'ils aient été soumis à des politiques d'assimilation agressives pendant près de 200 ans, les peuples autochtones ont conservé leur identité et ont préservé leurs collectivités. Ils continuent de défendre leurs droits à l'autonomie gouvernementale. Ils ne sont pas seuls dans cette bataille. Comme la Convention de règlement au Canada, la Déclaration des Nations Unies sur les droits des peuples autochtones marque un jalon important dans la campagne menée mondialement pour que soient reconnus et respectés les droits des peuples indigènes. Il est temps de laisser tomber les politiques coloniales qui appartiennent au passé, de libérer les peuples des séquelles laissées par les pensionnats et d'entreprendre un processus de réconciliation avec les Autochtones du Canada.

Notes

Introduction

1. CVR, ARN, MAINC, dossier du bureau des pensionnats 6-37-1, volume 1, R. A. Hoey à M. McGill, 13 février 1937. [AEMR-010744] Pour des données biographiques sur Hoey, voir « Memorable Manitobans, Robert Alexander Hoey » (consulté le 18 avril 2013) http://www.mhs.mb.ca/docs/people/hoey_ra.shtml.
2. CVR, ARN, Archives de l'Église Unie, acquisition 83.050C, boîte 144-21, « Statement of Policy re Indian Residential Schools », juin 1936. [USS-050004]
3. CVR, ARN, Bibliothèque et Archives Canada, RG10, volume 6730, dossier 160-2, partie 2, T. B. R. Westgate à T. A. Crerar, 21 novembre 1938. [AEMR-010788]
4. CVR, ARN, Archives Deschâtelets, Ottawa, HR 8004.C73R 4, procès-verbal de l'assemblée du comité des missions indiennes des pères oblats, 12 octobre 1939. [OMI-033064]

Administration et démantèlement du système : 1940-2000

1. Bibliothèque et Archives Canada, RG10, volume 8585, dossier 1/1-2-17, Chambre des Communes, Comité spécial de la restauration et du rétablissement, *Procès-verbaux et témoignages*, 24 mai 1944, p. 306.
2. CVR, ARN, Bibliothèque et Archives Canada, RG10, volume 6205, dossier 468-1, partie 3, R. A. Hoey à George Dorey, 16 octobre 1944.
3. Canada, *Rapport annuel du ministère des Affaires indiennes, 1945*, p. 181, 204.
4. Canada, *Rapport annuel du ministère des Affaires indiennes, 1969-1970*, p. 140.
5. Canada, *Rapport annuel du ministère des Affaires indiennes, 1945*, p. 181, 204.
6. Canada, *Rapport annuel du ministère des Affaires indiennes, 1968-1969*, p. 154, 160-162.
7. CVR, ARN, MAINC, dossier 1/25-1, volume 22, R. F. Davey à Bergevin, 15 septembre 1969. [AEMR-019616]
8. Canada, *Rapport annuel du ministère des Affaires indiennes, 1966-1967*, p. 51.
9. Bibliothèque et Archives Canada, RG10, volume 6810, dossier 470-2-3, volume 7, témoignage de D. C. Scott devant le Comité spécial de la Chambre des communes chargé d'examiner les modifications de 1920 de la *Loi des Indiens*, p. 55 (L-3) et 63 (N-3), p. 114, 32. Pour la modification, voir : *Loi concernant les sauvages*, Statuts du Canada 1919-1920, chapitre 50, article 1, créant un nouveau S.R.C. 1906, chapitre 81, article 10, reproduit dans Venne, *Indian Acts*, p. 178-179.

10. Bibliothèque et Archives Canada, RG10, volume 6810, dossier 470-2-3, volume 7, témoignage de D. C. Scott devant le Comité spécial de la Chambre des communes chargé d'examiner les modifications de 1920 de la *Loi sur les Indiens*, p. 32 (H-1).
11. Bibliothèque et Archives Canada, RG10, volume 8585, dossier 1/1-2-17, Chambre des communes, Comité spécial de la restauration et du rétablissement, Procès-verbaux et témoignages, 24 mai 1944, p. 337. Pour la date de la première élection de MacNicol, voir : MacNicol, « Our Campaigns », http://www.ourcampaigns.com/CandidateDetail.html?CandidateID=122403 (consulté le 13 avril 2014).
12. Pour la nomination de Crerar, voir : Rea, *T. A. Crerar*, p. 172-173; pour l'abandon par Crerar des opérations de la Division des affaires indiennes au directeur, voir : Rea, *T. A. Crerar*, p. 178. Pour la carrière de McGill, voir : fonds Harold Wigmore McGill et Emma Griffis McGill, résultats de recherche du catalogue principal des archives, musée Glenbow, http://ww2.glenbow.org/search/archivesMainResults.aspx?XC=/search/archivesMainResults.aspx&TN=MAINCAT&AC=QBE_QUERY&RF=WebResults&DL=0&RL=0&NP=255&MF=WPEngMsg.ini&MR=5&QB0=AND&QF0=Main%20entry%2B|%2BTitle&QI0=Harold%20Wigmore%20McGill (consulté le 11 avril 2014).
13. Bibliothèque et Archives Canada, RG10, volume 8585, dossier 1/1-2-17, Chambre des communes, Comité spécial de la restauration et du rétablissement, Procès-verbaux et témoignages, 24 mai 1944, p. 313-314.
14. Bibliothèque et Archives Canada, RG10, volume 8585, dossier 1/1-2-17 Chambre des communes, Comité spécial de la restauration et du rétablissement, Procès-verbaux et témoignages, 24 mai 1944, p. 320-321.
15. Bibliothèque et Archives Canada, RG10, volume 8585, dossier 1/1-2-17, Chambre des communes, Comité spécial de la restauration et du rétablissement, Procès-verbaux et témoignages, 24 mai 1944, p. 335-337.
16. Leslie, *Assimilation, Integration or Termination?*, p. 101-102.
17. Rea, *T. A. Crerar*, p. 235-236; fonds Harold Wigmore McGill et Emma Griffis McGill, résultats de recherche du catalogue principal des archives, musée Glenbow, http://ww2.glenbow.org/search/archivesMainResults.aspx?XC=/search/archivesMainResults.aspx&TN=MAINCAT&AC=QBE_QUERY&RF=WebResults&DL=0&RL=0&NP=255&MF=WPEngMsg.ini&MR=5&QB0=AND&QF0=Main%20entry%2B|%2BTitle&QI0=Harold%20Wigmore%20McGill (consulté le 11 avril 2014).
18. Sheffield, *Red Man's on the War Path*, p. 109.
19. Sheffield, *Red Man's on the War Path*, p. 111.
20. Kulchyski, « A Considerable Unrest », p. 106-107, 111.
21. Goodwill et Sluman, *John Tootoosis*, p. 160-162; Leslie, *Assimilation, Integration or Termination?*, p. 83.
22. Leslie, *Assimilation, Integration or Termination?*, p. 88-90.
23. Leslie, *Assimilation, Integration or Termination?*, p. 90-93.
24. Leslie, *Assimilation, Integration or Termination?*, p. 102-106.
25. Canada, Débats de la Chambre des communes (13 mai 1946), p. 1463.
26. Canada, Comité spécial mixte, 1946, p. 28.
27. Canada, Comité spécial mixte, 1946, p. 29.

28. Canada, Comité spécial mixte, *Procès-verbaux et témoignages*, 1946, p. 19–23, cité dans Leslie, *Assimilation, Integration or Termination?*, p. 122.
29. Canada, Comité spécial mixte, 1946, p. 6.
30. Canada, Comité spécial mixte, 1946, p. 14–15.
31. Canada, Comité spécial mixte, 1948, p. 23.
32. Leslie, *Assimilation, Integration or Termination?*, p. 112.
33. Canada, Comité spécial mixte, 1948, p. 23–27
34. Leslie, *Assimilation, Integration or Termination?*, p. 185–186; « Another $100,000 Raised by UNICEF in Canada », *Ottawa Journal*, 2 mars 1950, p. 16.
35. Leslie, *Assimilation, Integration or Termination?*, p. 189–194.
36. Leslie, *Assimilation, Integration or Termination?*, p. 196–200.
37. CVR, ARN, aucun emplacement de document, aucun dossier source de document, W. M. Duke à J. O. Plourde, 5 juin 1948; [ABV-001349] W. M. Duke à J. C. McGuigan, 5 juin 1948; [ABV-001350] CVR, ARN, dossier 6-15-1, volume 2, J. A. MacKinnon à L. S. St. Laurent, 15 novembre 1948; [AEMR-014845] CVR, ARN, MAINC, dossier 6-15-1, volume 2, Hugh L. Keenleyside, 15 octobre 1948; [AEMR-014844] CVR, BAC, Bureau du Conseil privé; fonds, doc. du cab. 824 [824-48], volume perm. 642, dossier volume 2, dossier C-20-2, A. D. P. Heeney à J. A. MacKinnon, 17 décembre 1948. [46a-c012266-d0001-001]
38. Personnes responsables des Affaires indiennes et du Nord canadien, de 1755 à 2006, https://www.aadnc-aandc.gc.ca/fra/1100100016471/1100100016472 (consulté le 13 avril 2014); http://encyclopediecanadienne.ca/fr/article/affaires-autochtones-et-developpement-du-nord-canada/ (consulté le 31 décembre 2014).
39. Leslie, *Assimilation, Integration or Termination?*, p. 205, 207, 208, 211–212, 216.
40. Leslie, *Assimilation, Integration or Termination?*, p. 231–236.
41. Leslie, *Assimilation, Integration or Termination?*, p. 261–262.
42. Comité spécial de la Chambre des communes institué pour étudier le bill n° 79 « *Loi concernant les Indiens* », Procès-verbaux et témoignages (n° 8, 30 avril 1950), p. 25, cité dans Leslie, *Assimilation, Integration or Termination?*, p. 236.
43. Leslie, *Assimilation, Integration or Termination?*, p. 183.
44. Leslie, *Assimilation, Integration or Termination?*, p. 179–181.
45. Leslie, *Assimilation, Integration or Termination?*, p. 365–366.
46. CVR, CNR, Archives de l'Église presbytérienne au Canada, Toronto (Ontario), n° d'acquisition 1988-7004, boîte 46, dossier 1, « Cecilia Jeffrey Indian Residential School », J. C. E. Andrews, 1953, p. 36. [NCA-009046]
47. CVR, ARN, AINC, Secteur de la résolution, Collection de dossiers historiques sur les pensionnats indiens, Ottawa, Fichiers GRS, boîte 1A, fichier 43, Albert Southard, le 8 mars 1957. [IRC-040039]
48. Renaud, « Indian Education Today », p. 30.
49. CVR, ARN, Bibliothèque et Archives Canada, RG10, volume 8257, dossier 485/6-1-001, partie 3, H. M. Jones au sous-ministre, 2 janvier 1957. [AEMR-011022]
50. CVR, ARN, Bibliothèque et Archives Canada, RG55, n° d'inst. de recherche 55-22, n° d'acquisition 1980-81/069, boîte 66, dossier 701-42, partie 1, Administration des pensionnats indiens, 1957–1958, Laval Fortier au secrétaire du Conseil du Trésor, 16 août 1957. [AEMR-152098]
51. Leslie, *Assimilation, Integration or Termination?*, p. 305, 312–316.

52. Voir par exemple : *Loi modifiant la Loi sur les Indiens*, Statuts du Canada 1960, chapitre 8, article 1, reproduit dans Venne, *Indian Acts*, p. 390.
53. Leslie, *Assimilation, Integration or Termination?*, p. 327-339.
54. Leslie, *Assimilation, Integration or Termination?*, p. 393-397.
55. Leslie, *Assimilation, Integration or Termination?*, p. 398-406.
56. Personnes responsables des Affaires indiennes et du Nord canadien, de 1755 à 2006, https://www.aadnc-aandc.gc.ca/fra/1100100016471/1100100016472 (consulté le 13 avril 2014)
57. Canada, *Rapport annuel du ministère des Affaires indiennes, 1965*, p. 25; CVR, ARN, Bibliothèque et Archives Canada, volume 11316, dossier 779/25-2, 02/1967-06/1969, « Admission Policy for Indian Student Residences » sans date. [AEMR-200769A]
58. Hawthorn, *Étude sur les Indiens contemporains du Canada* [Rapport Hawthorn], ii, v. Pour les antécédents universitaires de Hawthorn, voir : « The title and degree of doctor of laws (honoris causa) conferred at congregation », 26 mai 1976, http://www.library.ubc.ca/archives/hdcites/hdcites7.html.
59. Hawthorn, *Étude sur les Indiens contemporains du Canada,* p. 2. Pour l'utilisation interchangeable des termes *intégration* et *assimilation*, voir : Hawthorn, *Étude sur les Indiens contemporains du Canada,* p. 11.
60. Hawthorn, *Étude sur les Indiens contemporains du Canada,* p. 11.
61. Hawthorn, *Étude sur les Indiens contemporains du Canada,* p. 164. Pour les recommandations, voir : Hawthorn, *Étude sur les Indiens contemporains du Canada,* p. 15-17.
62. Hawthorn, *Étude sur les Indiens contemporains du Canada,* p. 13-14, 15-16.
63. Weaver, *Making Canadian Indian Policy,* p. 60-64.
64. Weaver, *Making Canadian Indian Policy,* p. 166, 169.
65. Parlement du Canada, « Livres blancs », http://www.parl.gc.ca/parlinfo/pages/WhitePapers.aspx?Language=F (consulté le 15 avril 2014).
66. Canada, *La politique indienne du gouvernement du Canada,* page 1 d'un fichier en format PDF de 26 pages.
67. Canada, *La politique indienne du gouvernement du Canada,* page 8 d'un fichier en format PDF de 26 pages
68. Canada, *La politique indienne du gouvernement du Canada,* pages 8, 8-9, et 23-24 d'un fichier en format PDF de 26 pages.
69. Canada, *La politique indienne du gouvernement du Canada,* page 9 d'un fichier en format PDF de 26 pages.
70. Canada, *La politique indienne du gouvernement du Canada,* page 16 d'un fichier en format PDF de 26 pages.
71. Canada, *La politique indienne du gouvernement du Canada,* page 9 d'un fichier en format PDF de 26 pages.
72. Canada, *La politique indienne du gouvernement du Canada,* page 9 d'un fichier en format PDF de 26 pages.
73. Canada, *La politique indienne du gouvernement du Canada,* page 12 d'un fichier en format PDF de 26 pages.
74. Weaver, *Making Canadian Indian Policy,* p. 173.
75. Fraternité des Indiens du Canada, « Statement on the Proposed New Indian Policy », Ottawa, 26 juin 1969, cité dans Weaver, *Making Canadian Indian Policy,* p. 174.
76. Dave Courchene, Communiqué, Fraternité des Indiens du Manitoba, Winnipeg, 26 juin 1969, cité dans Weaver, *Making Canadian Indian Policy,* p. 174.

77. Transcription des remarques du premier ministre au dîner de l'Association vancouvéroise du Parti libéral, Manège militaire de Seaforth, Vancouver (Colombie-Britannique), 8 août 1969, cité dans Weaver, *Making Canadian Indian Policy*, p. 179.
78. Cardinal, *La tragédie des Indiens du Canada*, 9. Pour la position de Cardinal, voir : Getty, « Harold Cardinal », http://encyclopediecanadienne.ca/fr/article/harold-cardinal/ (consulté le 15 avril 2015).
79. Indian Chiefs of Alberta, *Citizens Plus*, pages 12–13 d'un document en format PDF de 95 pages; Meijer Drees, « Livre blanc Red Paper », p. 287.
80. Indian Chiefs of Alberta, *Citizens Plus*, pages 21–22 d'un document en format PDF de 95 pages.
81. Indian Chiefs of Alberta, *Citizens Plus*, pages 14–15 d'un document en format PDF de 95 pages.
82. Indian Chiefs of Alberta, *Citizens Plus*, page 20 d'un document en format PDF de 95 pages.
83. Indian Chiefs of Alberta, *Citizens Plus*, page 12 d'un document en format PDF de 95 pages.
84. Indian Chiefs of Alberta, *Citizens Plus*, page 16 d'un document en format PDF de 95 pages.
85. Weaver, *Making Canadian Indian Policy*, p. 187.
86. Miller, *Skyscrapers Hide the Heavens*, p. 340–344.
87. Miller, *Skyscrapers Hide the Heavens*, p. 348–352.
88. Weaver, « Indian Policy », p. 6, 14–15.
89. Canada, Comité spécial mixte, 1947, p. 50–51, 61.
90. Canada, Comité spécial mixte, 1946, p. 6.
91. Canada, Comité spécial mixte, 1946, p. 6.
92. Canada, Comité spécial mixte, 1946, p. 32.
93. Canada, Comité spécial mixte, 1946, p. 6.
94. Canada, Comité spécial mixte, 1946, p. 7–8.
95. Canada, Comité spécial mixte, 1946, p. 25.
96. Canada, Comité spécial mixte, 1947, p. 62.
97. Canada, Comité spécial mixte, 1947, p. 61.
98. Canada, Comité spécial mixte, 1946, p. 42.
99. Canada, Comité spécial mixte, 1947, p. 47.
100. Canada, Comité spécial mixte, 1947, p. 49.
101. Canada, Comité spécial mixte, 1947, p. 43.
102. Canada, Comité spécial mixte, 1946, p. 32.
103. Canada, Comité spécial mixte, 1947, p. 53.
104. Canada, Comité spécial mixte, 1947, p. 66.
105. Canada, Comité spécial mixte, 1946, p. 18–19. Pour le poste de Lickers, voir : Leslie, *Assimilation, Integration or Termination*?, p. 116.
106. Canada, Comité spécial mixte, 1947, p. 64.
107. Canada, Comité spécial mixte, 1947,p. 65.
108. Canada, Comité spécial mixte, 1946, p. 2, 5–7.
109. Canada, Comité spécial mixte, 1947, p. 35.
110. Canada, Comité spécial mixte, 1947, p. 78.
111. Canada, Comité spécial mixte, 1947, p. 36–37.
112. Canada, Comité spécial mixte, 1946, p. 35–36.
113. Canada, Comité spécial mixte, 1947, p. 67.
114. Canada, Comité spécial mixte, 1947,p. 30.
115. Canada, Comité spécial mixte, 1947, p. 32.
116. Canada, Comité spécial mixte, 1947, p. 35–36.

117. Canada, Comité spécial mixte, 1947, p. 82–83.
118. Canada, Comité spécial mixte, 1947, p. 23.
119. Canada, Comité spécial mixte, 1947, p. 17.
120. Canada, Comité spécial mixte, 1947, p. 41–42
121. Canada, Comité spécial mixte, 1947, p. 7.
122. Canada, Comité spécial mixte, 1947, p. 8.
123. Canada, Comité spécial mixte, 1947, p. 10.
124. CVR, ARN, Église anglicane du Canada, Archives du Synode général, GS 75-103, série 3-3, boîte 70, mémoire soumis par l'Église d'Angleterre du Canada au Comité mixte spécial du Sénat et de la Chambre des communes chargé d'examiner la *Loi sur les Indiens*, 25 mars 1947, p. 1. [CRS-002139-0000]
125. CVR, ARN, Église anglicane du Canada, Archives du Synode général, GS 75-103, série 3-3, boîte 70, mémoire soumis par l'Église d'Angleterre du Canada au Comité mixte spécial du Sénat et de la Chambre des communes chargé d'examiner la *Loi sur les Indiens*, 25 mars 1947, p. 4. [CRS-002139-0000]
126. CVR, ARN, Église anglicane du Canada, Archives du Synode général, GS 75-103, série 3-3, boîte 70, mémoire soumis par l'Église d'Angleterre du Canada au Comité mixte spécial du Sénat et de la Chambre des communes chargé d'examiner la *Loi sur les Indiens*, 25 mars 1947, p. 6. [CRS-002139-0000]
127. CVR, ARN, Église anglicane du Canada, Archives du Synode général, GS 75-103, série 3-3, boîte 70, mémoire soumis par l'Église d'Angleterre du Canada au Comité mixte spécial du Sénat et de la Chambre des communes chargé d'examiner la *Loi sur les Indiens*, 25 mars 1947, p. 8. [CRS-002139-0000]
128. Canada, Comité spécial mixte, 1947, p. 1.
129. Canada, Comité spécial mixte, 1947, p. 2.
130. Canada, Comité spécial mixte, 1947, p. 5.
131. Canada, Comité spécial mixte, 1947, p. 6.
132. Canada, Comité spécial mixte, 1947, p. 35.
133. CVR, ARN, Église anglicane du Canada, Archives du Synode général, GS 75-103, série 3-3, boîte 70, mémoire soumis par l'Église d'Angleterre du Canada au Comité mixte spécial du Sénat et de la Chambre des communes chargé d'examiner la *Loi sur les Indiens*, 25 mars 1947, p. 9. [CRS-002139-0000]
134. CVR, ARN, Église anglicane du Canada, Archives du Synode général, GS 75-103, série 3-3, boîte 70, mémoire soumis par l'Église d'Angleterre du Canada au Comité mixte spécial du Sénat et de la Chambre des communes chargé d'examiner la *Loi sur les Indiens*, 25 mars 1947, p. 10. [CRS-002139-0000]
135. Canada, Comité spécial mixte, 1947, p. 3. Pour l'identification de l'école décrite dans le rapport comme externat, voir : Canada, Comité spécial mixte, 1947, p. 16–17.
136. Canada, Comité spécial mixte, 1947, p. 5.
137. Canada, Comité spécial mixte, 1947, p. 6.
138. Canada, Comité spécial mixte, 1947, p. 7.
139. Canada, Comité spécial mixte, 1947, p. 16.
140. CVR, ARN, Église anglicane du Canada, Archives du Synode général, GS 75-103, série 3-3, boîte 70, mémoire soumis par l'Église d'Angleterre du Canada au Comité mixte spécial du Sénat et de la Chambre des communes chargé d'examiner la *Loi sur les Indiens*, 25 mars 1947, p. 8. [CRS-002139-0000]

141. CVR, ARN, Église anglicane du Canada, Archives du Synode général, GS 75-103, série 3-3, boîte 70, un mémoire soumis par l'Église d'Angleterre du Canada au Comité mixte spécial du Sénat et de la Chambre des communes chargé d'examiner la *Loi sur les Indiens*, 25 mars 1947, p. 8. [CRS-002139-0000]
142. Canada, Comité spécial mixte, 1947, p. 3-4.
143. Canada, Comité spécial mixte, 1947, p. 36.
144. Canada, Comité spécial mixte, 1947, p. 14-15.
145. Canada, Comité spécial mixte, 1947, p. 4-5.
146. Canada, Comité spécial mixte, 1946, p. 3, 15.
147. Canada, Comité spécial mixte, 1946, p. 28.
148. Canada, Comité spécial mixte, 1947, p. 12-13.
149. Canada, Comité spécial mixte, 1946, p. 28-29.
150. Canada, Comité spécial mixte, 1947, p. 12-13.
151. Canada, Comité spécial mixte, 1947, p. 24-25.
152. Canada, Comité spécial mixte, 1946, p. 16-18.
153. Canada, Comité spécial mixte, 1947, p. 13.
154. Canada, Comité spécial mixte, 1946, p. 11.
155. Canada, Comité spécial mixte, 1946, p. 10.
156. Canada, Comité spécial mixte, 1946, p. 14.
157. Canada, Comité spécial mixte, 1947, p. 17-19.
158. Canada, Comité spécial mixte, 1947, p. 35-36.
159. CVR, ARN, Archives provinciales de l'Alberta, 71.220 B161 2435, « Trends in Indian Education: An Address Given by Mr. R. F. Battle,regional supervisor of Indian Agencies, Alberta and the Northwest Territories to Friends of Indians Society », janvier 1957. [OGP-023472]
160. Canada, Comité spécial mixte, 1946, p. 13-14.
161. CVR, ARN, Bibliothèque et Archives Canada, RG10, volume 7187, dossier 371/25-1-021, Note de service du directeur par intérim, MAINC au sous-ministre, 22 octobre 1948. [NCA-005266]
162. Fortin, « La ruée vers le Nord », p. 426-427; Frenette, « Une société en voie d'urbanisation », p. 495-496.
163. Affaires autochtones et Développement du Nord Canada, Carte les Nations du Québec, Innu Takuaikan Uashat mak Mani-Utenam, http://www.aadnc-aandc.gc.ca/Mobile/Nations/profile_uashatmaliotenam-fra.html (consulté le 12 novembre 2014).
164. Frenette, « Une société en voie d'urbanisation », p. 509-510.
165. CVR, ARN, Bibliothèque et Archives Canada, RG22, volume 1202, dossier 379/2, partie 1, note de service de D. M. Mackay [MacKay], directeur par intérim, MAINC au sous-ministre, 22 novembre 1948. [SIR-000413]
166. CVR, ARN, AINC, Secteur de la résolution, Collection des dossiers historiques des pensionnats indiens, Ottawa, dossier 321/25-1-352 (numéro de contrôle 407-Q-195), Philip Phelan à J. D'Astous et M. Doucet, 31 juillet 1952. [NPC-400715]
167. CVR, ARN, Bibliothèque et Archives Canada, RG29, volume 2899, dossier 851-1-A379, partie 2A, J. M. Pauze à la Division des affaires indiennes, ministère des Mines et des Ressources, 30 novembre 1948. [120.14786]
168. CVR, ARN, Bibliothèque et Archives Canada, RG22, volume 1202, dossier 379/2, partie 1, D. M. Mackay [MacKay] au sous-ministre, 22 novembre 1948. [SIR-000413]

169. CVR, ARN, Centre de services de la région de la capitale nationale, BAC, Ottawa, dossier 379/36-4-009, volume 1 (balise H62-107), J. O. Plourde à B. F. Neary, 2 juillet 1949. [NCA-016687-0009]
170. CVR, ARN, Centre de services de la région de la capitale nationale, BAC, Ottawa, dossier 379/36-4-009, volume 1 (balise H62-107), J. M. Pauze à Bernard F. Neary, 8 août 1949. [NCA-016687-0007] Voir également : CVR, ARN, Centre de services de la région de la capitale nationale, BAC, Ottawa, dossier 379/36-4-009, volume 1 (balise H62-107), Bernard F. Neary à C. Buck, 2 septembre 1949. [NCA-016687-0005]
171. CVR, ARN, AINC, Secteur de la résolution, Collection des dossiers historiques des pensionnats indiens, Ottawa, dossier 321/25-1-352 (nº de contrôle 407-Q-195), « Re : Seven Islands Residential School ». A. J. Doucet, 29 septembre 1952. [NPC-400712]
172. CVR, ARN, AINC, Secteur de la résolution, Collection des dossiers historiques des pensionnats indiens, Ottawa, dossier 68/25-2, volume 1 (numéro de contrôle 407-Q-134), Philip Phelan à J. D'Astous, 16 janvier 1953. [NCA-004283]
173. CVR, ARN, AINC, Secteur de la résolution, Collection des dossiers historiques des pensionnats indiens, Ottawa, dossier 321/25-1-352 (numéro de contrôle 407-Q-195), Philip Phelan à A. J. Doucet, 10 juillet 1953; [NCA-015545] AINC, Secteur de la résolution, Collection des dossiers historiques des pensionnats indiens, Ottawa, dossier 21/25-1-325 (numéro de contrôle 407-Q-155), J. D'Astous à P. Phelan, 18 août 1953. [NCA-015588]
174. Mercier et Marquis, « La population et son territoire », p. 483-484.
175. CVR, ARN, Bibliothèque et Archives Canada, RG10, volume 7187, dossier 371/25-1-021, Bernard F. Neary au directeur, 26 décembre 1950. [AIR-000114-0000] Pour l'emplacement d'Amos en Abitibi, voir : Amos, Commission de toponymie Québec, http://www.toponymie.gouv.qc.ca/ct/ToposWeb/fiche.aspx?no_seq=1229 (consulté le 26 avril 2014).
176. Mercier et Marquis, « La population et son territoire », p. 505; CVR, ARN, Bibliothèque et Archives Canada, RG10, volume 8240, dossier 371/6-1-021, partie 14, H. M. Jones au sous-ministre, 25 mai 1956. [AIR-000178]
177. CVR, ARN, AINC, Secteur de la résolution, Collection des dossiers historiques des pensionnats indiens, Ottawa, dossier 74/6-1-353, volume 1, Laval Fortier au Major Mackay [MacKay], 21 mai 1951; [AIR-000652] Bibliothèque et Archives Canada, RG10, volume 7187, dossier 371/25-1-021, J. A. Desmarais à Philip Phelan, Ottawa, 15 février 1952. [AIR-000117]
178. CVR, ARN, Archives Deschâtelets, Oblats de Marie Immaculée, Ottawa, RH 6607.C73R 3, Commission oblate des œuvres indiennes et esquimaudes, « Rapport annuel des principaux des pensionnats indiens : Pensionnat indien d'Amos », 31 décembre 1955. [AIR-001113]
179. CVR, ARN, Bibliothèque et Archives Canada, RG10, volume 8795, dossier 1/25-13, partie 2, M. F. Track à M. Davey, 11 octobre 1956; [100.00729] CVR, ARN, Bibliothèque et Archives Canada, RG10, volume 7187, dossier 371/25-1-021, H. M. Jones au sous-ministre, MAINC, 29 octobre 1956. [NCA-005278]
180. CVR, ARN, Bibliothèque et Archives Canada, RG10, volume 6113, dossier 351-10, partie 1, Edgar Arsenault au MAINC, Ottawa, 26 novembre 1949. [FTG-000571]
181. CVR, ARN, Bibliothèque et Archives Canada, RG10, volume 6113, dossier 351-10, partie 1, Edgar Arsenault au MAINC, 16 septembre 1950; [FTG-000617] AINC, Secteur de la résolution, Collection des dossiers historiques des pensionnats indiens, Ottawa, dossier 21/25-1-325, Philip Phelan à E. Arsenault, 14 mai 1953. [FTG-000775]
182. CVR, ARN, AINC, Secteur de la résolution, Collection des dossiers historiques des pensionnats indiens, Ottawa, dossier 44/23-5-351 (numéro de contrôle 407-Q-169), « Fort George Roman

Catholic Residential School », H. A. Mingay, 5 mars 1953; [NPC-400479] CVR, ARN, AINC, Secteur de la résolution, Collection des dossiers historiques des pensionnats indiens, Ottawa, dossier 21/25-1-325 (numéro de contrôle 407-Q-155), Philip Phelan à J. D'Astous, 14 mai 1953. [NCA-015589-0000]

183. CVR, ARN, AINC, Secteur de la résolution, Collection des dossiers historiques des pensionnats indiens, Ottawa, dossier 377/25-1-005 (numéro de contrôle 407-Q-107), Edgar Arsenault au superviseur régional, Québec, 19 janvier 1954; [NCA-001450-0009] AINC, Secteur de la résolution, Collection des dossiers historiques des pensionnats indiens, Ottawa, dossier 21/25-2, L. J. J. Bourassa, 9 septembre 1957; [FTG-001029] Bibliothèque et Archives Canada, RG10, volume 11287, dossier 371/25-2-020, partie 2, R. F. Davey à L. J. J. Bourassa, 17 septembre 1957; [FTG-000630-0000] Bibliothèque et Archives Canada, RG10, volume 7187, dossier 301/25-1, note de service d'A. R. Jolicœur au surintendant, Pointe-Bleue, 17 juin 1959. [FTG-000737]
184. CVR, ARN, AINC, Bibliothèque du ministère, Ottawa, *Indian Missionary Record*, vol. 15, numéro 10, décembre 1952, « Indian Education in Central Quebec », p. 2. [IMR-000128]
185. CVR, ARN, AINC, Secteur de la résolution, Collection des dossiers historiques des pensionnats indiens, Ottawa, dossier 21/25-1-325 (numéro de contrôle 407-Q-155), J. D'Astous à P. Phelan, Ottawa, 18 août 1953. [NCA-015588]
186. CVR. ARM, Archives Deschâtelets Ottawa, HR 6556.C73R 12, [?], Liste de demandes de financement pour les écoles, 5 septembre 1956. [OMI-033014]
187. CVR, ARN, AINC, Secteur de la résolution, Collection des dossiers historiques des pensionnats indiens, Ottawa, dossier 21/6-1-354, volume 1, R. F. Davey à R. L. Boulanger, 2 novembre 1956. [PTB-000078]
188. CVR, ARN, AINC, Secteur de la résolution, Collection des dossiers historiques des pensionnats indiens, Ottawa, dossier 21/25-1-325 (numéro de contrôle 407-Q-155), Circonscription scolaire de la ville de Roberval, bureau du secrétaire-trésorier, Roberval (QC), « Résolution No 1 », 17 janvier 1957. [NCA-015587-0001]
189. CVR, ARN, AINC, Secteur de la résolution, Collection des dossiers historiques des pensionnats indiens, Ottawa, dossier 21/25-1-354, Agence indienne de Pointe-Bleue, « Confirmation de l'appel téléphonique à Monsieur Jolicoeur du 7 octobre 1960 date de l'ouverture des classes », 12 octobre 1960. [PTB-000301]
190. CVR, ARN, AINC, Secteur de la résolution, Collection des dossiers historiques des pensionnats indiens, Ottawa, dossier 377/23-16-005, volume 1, 1931-1962, « Principal's Monthly Report: Pointe-Bleue Residential School, December 1960 », C. Couture, 27 décembre 1960. [PTB-000509]
191. Lanthier, « L'émergence des nouvelles villes », p. 616.
192. Lanthier, « L'émergence des nouvelles villes », p. 610, 614, 624, 628.
193. CVR, ARN, Église anglicane du Canada, Archives du synode général, ACC-MSCC-GS 75-103, série 2.15, boîte 22, dossier 3, « Report of the Superintendent, Indian School Administration to the M.S.C.C. Executive », Henry G. Cook, 12 février 1957. [AAC-090809]
194. CVR, ARN, Église anglicane du Canada, Archives du synode général, ACC-MSCC-GS 75-103, série 2.15, boîte 22, dossier 3 « Report of the Superintendent, Indian School Administration to the M.S.C.C. Executive », Henry G. Cook, 14 mai 1957. [AAC-090802]
195. CVR, ARN, AINC, Secteur de la résolution, Collection des dossiers historiques des pensionnats indiens, Ottawa, dossier 21/6-1-355, volume 1, R. F. Davey au superviseur régional, Québec et A. J. Doucet, 23 juin 1958. [LTR-000834] Pour de l'information sur les écoles dans lesquelles les élèves ont été envoyés, voir : CVR, ARN, AINC, Secteur de la résolution, Collection des dossiers

historiques des pensionnats indiens, Ottawa, dossier 371/25-2, volume 4, « Memorandum For File », R. L. Boulanger, 14 février 1968. [LTR-000726-0002]

196. CVR, ARN, Bibliothèque et Archives Canada, RG10, volume 6859, dossier 493/25-2-001, partie 2, H. Larivière à C. E. S. Bown, 2 novembre 1959. [NCA-002034]
197. CVR, ARN, AINC, Secteur de la résolution, Collection des dossiers historiques des pensionnats indiens, Ottawa, dossier 377/36-4-006, volume 1, A. J. Doucet au MAINC, Ottawa, 30 juillet 1957. [LTR-000450]
198. CVR, ARN, AINC, Secteur de la résolution, Collection des dossiers historiques des pensionnats indiens, Ottawa, dossier 21/6-1-355, volume 1, H. Larivière à R. L. Boulanger, 23 janvier 1958. [LTR-000838-0001]
199. CVR, ARN, AINC, Secteur de la résolution, Collection des dossiers historiques des pensionnats indiens, Ottawa, dossier 21/6-1-355, volume 1, A. J. Doucet au MAINC, Ottawa, 6 février 1958. [LTR-000838-0000]
200. CVR, ARN, AINC, Secteur de la résolution, Collection des dossiers historiques des pensionnats indiens, Ottawa, dossier 377/25-1-006, volume 1 (numéro de contrôle 58-7), R. F. Davey au superviseur régional, Québec et A. J. Doucet, 4 mars 1958. [NCA-015444]
201. Pour l'original des plans, voir : CVR, ARN, Église anglicane du Canada, Archives du Synode général, GS 75-103, série 2-15, boîte 22, « Report of the Indian School Administration Superintendent to the M.S.C.C. Board of Management », Henry G. Cook, 21 mai 1958. [GDC-007196] Pour la pression continue, voir : CVR, ARN, AINC, Secteur de la résolution, Collection des dossiers historiques des pensionnats indiens, Ottawa, dossier 21/6-1-355, volume 1, A. J. Doucet au MAINC, Ottawa, 30 mai 1958; [LTR-000834] R. F. Davey au superviseur régional, Québec et A. J. Doucet, 23 juin 1958. [LTR-000836] Pour la capacité des pensionnats, voir : CVR, ARN, AINC, Secteur de la résolution, Collection des dossiers historiques des pensionnats indiens, Ottawa, dossier 21/6-1-355, volume 1, note de service de R. F. Davey, au superviseur régional, Québec et A. J. Doucet, 18 juin 1959. [LTR-000826]
202. CVR, ARN, AINC, Secteur de la résolution, Collection des dossiers historiques des pensionnats indiens, Ottawa, dossier 21/6-1-355, volume 1, H. Larivière à A. J. Doucet, 18 juin 1959. [LTR-000828]
203. CVR, ARN, AINC, Secteur de la résolution, Collection des dossiers historiques des pensionnats indiens, Ottawa, dossier 21/6-1-355, volume 1, H. Larivière au superviseur régional, A. I., Québec, MAINC, 12 août 1958; [LTR-000833] AINC, Secteur de la résolution, Collection des dossiers historiques des pensionnats indiens, Ottawa, dossier 377/25-11-158, volume 1 (numéro de contrôle 407-Q-198), R. F. Davey au superviseur régional, Québec et A. R. Jolicoeur, 9 mars 1962; [NCA-000889] AINC, Secteur de la résolution, Collection des dossiers historiques des pensionnats indiens, Ottawa, dossier 316/25-1-355, « Minutes of Meeting Held at Ottawa December 11, 1962 to Plan the Redistribution of Pupils of the Mistassini and Waswanipi Bands for the Opening of the LaTuque Residential School September, 1963 », R. F. Davey, 11 décembre 1962. [NPC-400691-0001]
204. Ordonnance du juge en chef François Rolland de la Cour supérieure du Québec, 27 mars 2013, p. 3.
205. CVR, ARN, AINC, Secteur de la résolution, Collection des dossiers historiques des pensionnats indiens, Ottawa, dossier 21/6-1-355, volume 1, A. J. Doucet au MAINC, Ottawa, 15 juin 1959. [LTR-000827]
206. CVR, ARN, AINC, Secteur de la résolution, Collection des dossiers historiques des pensionnats indiens, Ottawa, dossier 377/23-26-006, volume 1, « Quarterly Return - Government-Owned

Residential Schools: La Tuque Indian Residential School, Quarter Ending Sept. 30/63 », J. E. DeWolf, 30 septembre 1963. [LTR-000001]

207. Pour Maliotenam (Sept-Îles) et Amos, voir : CVR, ARN, Bibliothèque et Archives Canada, RG55, n° d'acquisition 1989-90/143, boîte 74, dossier 7878-01, partie 1, Situation des résidences d'élèves fermées en juin 1977. [HFG-000024-0002] Pour La Tuque, voir : CVR, ARN, AINC, Secteur de la résolution, Collection des dossiers historiques des pensionnats indiens, Ottawa, dossier 372/25-1-024, volume 1, G. Lemay à Jean-M. Bonnard, 12 juin 1978. [LTR-000260]
208. CVR, ARN, AINC, Secteur de la résolution, Collection des dossiers historiques des pensionnats indiens, Ottawa, dossier E-4974/076, volume NC 3, Rene Carriere à Rejean Perron, 22 avril 1991. [BAX-000905-0001]
209. Driedger et Epp, révisé par Millette, « Mennonites », http://encyclopediecanadienne.ca/fr/article/mennonites/ (consulté le 30 avril 2014).
210. Gingerich, « Northern Light Gospel Mission Conference », http://gameo.org/index.php?title=Northern_Light_Gospel_Mission_Conference_%28NLGMC%29, (consulté le 25 avril 2014). Pour le travail missionnaire des mennonites canadiens auprès des peuples autochtones, voir, par exemple : Neufeld et Neufeld, *By God's Grace*.
211. *Hostetler*, « Northern Light Gospel Mission Conference », http://gameo.org/index.php?title=Northern_Light_Gospel_Mission_Conference_%28NLGMC%29 (consulté le 25 avril 2014).
212. CVR, ARN, Bibliothèque et Archives Canada, RG10, BAN numéro 1999-01431-6, boîte 216, dossier 494/1-13, partie 1, F. J. Foss à la Division des affaires indiennes, North Bay, 28 mars 1960. [PHD-004302]
213. CVR, ARN, Bibliothèque et Archives Canada, RG10, BAN numéro 1999-01431-6, boîte 216, dossier 494/1-13, partie 1, R. F. Davey à J. H. Gordon, 29 avril 1960. [PHD-004309]
214. CVR, ARN, Bibliothèque et Archives Canada, RG10, BAN numéro 1999-01431-6, boîte 216, dossier 494/1-13, partie 1, R. F. Davey à F. M. Shaw, 26 avril 1969. [PHD-004307]
215. CVR, ARN, AINC, Secteur de la résolution, Collection des dossiers historiques des pensionnats indiens, Ottawa, dossier 144/23-4, volume 2, G. Swartman au superviseur régional, North Bay, Ontario, 1er février 1962. [MCI-004187-0001]
216. CVR, ARN, Bibliothèque et Archives Canada, RG10, volume 11445, dossier 494/25-1, F. M. Shaw à Irwin Schantz, 27 août 1962. [PHD-000007]
217. CVR, ARN, Bibliothèque et Archives Canada, RG10, volume 11447, dossier 494/25-2, partie 1, G. S. Lapp au surintendant de l'agence de Sioux Lookout, 30 août 1962. [PHD-000452]
218. CVR, ARN, Bibliothèque et Archives Canada, RG10, n° d'acquisition 1999-01431-6, dossier 401/25-8-12, partie 2, « A Northern Ontario Educational Experiment, Prepared for The Canadian Adult Education Association, C. R. Scharf ». [NCA-006746-0001] Pour la date du document, voir : CVR, ARN, Bibliothèque et Archives Canada, RG10, n° d'acquisition. 1984-85/112, boîte 27, dossier 401/25-1, partie 1, C. R. Scharf au surintendant en chef, Formation professionnelle et Service spécial, 26 avril 1966. [PHD-000196]
219. CVR, ARN, Bibliothèque et Archives Canada, RG10, n° d'acquisition 1999-01431-6, dossier 401/25-8-12, partie 2, H. B. Rodine au surintendant de la formation professionnelle, Fort William, 27 juillet 1966. [NCA-006743]
220. CVR, ARN, Bibliothèque et Archives Canada, RG10, n° d'acquisition 1984-85/112, boîte 101, dossier 494/25-1, partie 3, B. A. Shad au directeur régional, 26 octobre 1971. [PHD-000221-0000]

221. CVR, ARN, Bibliothèque et Archives Canada, RG10, nº d'acquisition 1984-85/112, boîte 101, dossier 494/25-1, partie 3, B. A. Shad au directeur régional, 19 novembre 1971. [PHD-000222]
222. CVR, ARN, Bibliothèque et Archives Canada, RG10, nº d'acquisition 1984-85/112, boîte 101, dossier 494/25-1, partie 3, H. B. Rodine au superviseur de district, 1er mai 1972. [PHD-000212-0000] Pour Stirland Lake comme école de garçons, voir : Auger, *Indian Residential Schools*, p. 193.
223. CVR, DASAG, Affaires autochtones et Développement du Nord Canada, lettre reçue le 27 juillet 1976. [AANDC-01471] Pour la demande des chefs locaux, voir : Auger, *Indian Residential Schools*, p. 194.
224. CVR, ARN, AINC, Secteur de la résolution, Collection de dossiers historiques sur les pensionnats indiens, Ottawa, dossier 81/25-1 (numéro de contrôle 240-12), Résolution du conseil de la bande d'Onion Lake, 31 janvier 1979. [NCA-001732-0001]
225. CVR, ARN, AINC, Secteur de la résolution, Collection de dossiers historiques sur les pensionnats indiens, Ottawa, dossier 81/25-1 (numéro de contrôle 240-13), Richard Morris aux chefs, région de Petahbun [Pehtabun], 9 février 1979. [NCA-001721]
226. *Fontaine c. Canada (Procureur général)*, 2011 CanLII 4938 (ON SC), 7.
227. Auger, *Indian Residential Schools*, p. 193.
228. CVR, ARN, Bibliothèque et Archives Canada, Margaret Reimer, « Native Mission School Shut Down over Discipline Controversy », *Mennonite Reporter*, volume 19, numéro 22, 13 novembre 1989. [PHD-000143]
229. *Fontaine c. Canada (Procureur général)*, 2011 CanLII 4938 (ON SC), p. 6.
230. CVR, ARN, aucun emplacement de document, aucun dossier source de document, F. O'Grady au père Provincial, 20 juin 1940; [OKM-000292] CVR, ARN, Bibliothèque et Archives Canada, dossier 205/25-1, volume 2, 06/1948-12/1955, « Memorandum » 12 janvier 1943. [AEMR-200919]
231. Pour les objections des protestants, voir : Bibliothèque et Archives Canada, RG10, volume 6316, dossier 656-5, partie 7, T. B. R. Westgate au secrétaire, ministère des Affaires indiennes, 18 août 1941. [PAR-008548] Pour les objections des catholiques, voir : CVR, ARN, aucun emplacement de document, aucun dossier source de document, J. O. Plourde à T. A. Crerar, 12 juin 1940; [GMA-002340] CVR, ARN, aucun emplacement de document, aucun dossier source de document, F. O'Grady au père Provincial, 20 juin 1940; CVR, ARN, Bibliothèque et Archives Canada, dossier 205/25-1, volume 2, 06/1948-12/1955, « Memorandum », 12 janvier 1943. [OKM-000292]
232. CVR, ARN, Archives Deschâtelets, Oblats de Marie Immaculée, Ottawa, volume 1, section C-D, classeur 4, « Memo : re Authorized Pupilage - Actual Attendance - and Loss to the Churches, in connection with Indian Residential Schools », sans date. [BVL-001174] Pensionnats catholiques qui n'atteignent pas le nombre maximal d'inscriptions autorisées : Fort George, Albany, Beauval, Fort Resolution, Providence, Grouard, Joussard, Sturgeon Lake, Youville, Christie, et Kuper Island. Pensionnats anglicans qui n'atteignent pas le nombre maximal d'admissions : Chapleau, Institut Mohawk, Moose Fort, Shingwauk, Gordon, Lac La Rouge, Aklavik, Old Sun's, St. Cyprian, Wabasca, et St. George (Lytton). Pensionnats de l'Église Unie qui n'atteignent pas le nombre maximal d'admissions : Mount Elgin, Brandon, Edmonton, Morley, et Port Simpson.
233. CVR, ARN, Bibliothèque et Archives Canada, RG10, volume 6316, dossier 656-5, 7, T. B. R. Westgate au secrétaire, ministère des Affaires indiennes, 18 août 1941. [PAR-008548]

234. CVR, ARN, Bibliothèque et Archives Canada, RG10, volume 6207, dossier 468-5, partie 9, « Extract from Principal's Report regarding The Mount Elgin School. Original on Annual Report of Principals of Indian Residential Schools - 1944 ». [MER-000973]
235. Canada, Comité spécial mixte, 1946, p. 12.
236. Canada, *Rapport annuel du ministère des Affaires indiennes, 1940*, p. 194; Canada, *Rapport annuel du ministère des Affaires indiennes, 1941*, p. 177-178.
237. CVR, ARN, Bibliothèque et Archives Canada, RG10, volume 7185, dossier 1/25-1-7-3, partie 1, de George Dorey à T. A. Crerar, 9 décembre 1943. [AEMR-120443]
238. CVR, ARN, Bibliothèque et Archives Canada, dossier 205/25-1, volume 2, 06/1948-12/1955, « Memorandum Presented by a Committee of the Churches Co-Operating with the Government in Indian Education to the Minister of Mines and Resources, the Honourable L. A. [T. A.] Crerar, January 12, 1943 ». [AEMR-200919]
239. CVR, ARN, Bibliothèque et Archives Canada, RG10, volume 6041, dossier 160-5, partie 2, J. Plourde à T. A. Crerar, 11 août 1944. [SBR-000796-0001]
240. CVR, ARN, AINC, Secteur de la résolution, Collection des dossiers historiques des pensionnats indiens, Ottawa, dossier 501/25-1-067, volume 1, George Dorey à B. F. Neary, 25 février 1947. [PLP-000020]
241. CVR, ARN, Archives de St. Paul, J. O. Plourde au révérend et cher père, 26 février 1948. [OMI-033292]
242. Selon le calcul de l'inflation de la Banque du Canada, en 1950, 419 $ équivalaient à 313 $, en 1946. Feuille de calcul de l'inflation, Banque du Canada, http://www.banqueducanada.ca/taux/renseignements-complementaires/feuille-de-calcul-de-linflation/ (consulté le 29 avril 2014).
243. CVR, ARN, Archives provinciales de l'Alberta, PAA 71.220 B92 3896, H. N. Woodsworth au directeur, division des affaires indiennes, 27 octobre 1949. [OGP-030600]
244. CVR, ARN, Bibliothèque et Archives Canada, RG10, volume 6426, dossier 875-1, partie 4, J. Coleman au commissaire des Indiens de la Colombie-Britannique, 14 octobre 1947. [MIK-002279-0002]
245. CVR, ARN, Bibliothèque et Archives Canada, Burnaby, 988/23-16-879, volume 2, Rapports d'assiduité scolaire - pensionnat Christie, 1953-1956, n° d'inst. de recherche 10-136, n° d'acquisition V1984-85/316, boîte 15 [500313], N. W. Garrard à D. Kearney, 4 novembre 1953. [CST-003883]
246. CVR, ARN, Bibliothèque et Archives Canada, RG10, volume 7185, dossier 1/25-1-7-1, partie 1, R. A. Hoey aux directeurs et dirigeants d'Église, 13 décembre 1946. [AEMR-120450]
247. CVR, ARN, aucun emplacement de document, aucun dossier source de document, H. F. Dunlop à Philip Phelan, 4 novembre 1948. [SEC-000063]
248. CVR, ARN, AINC, Secteur de la résolution, Collection des dossiers historiques des pensionnats indiens, Ottawa, dossier 1/25-1-5-2, volume 1, « Regulations With Respect to Teaching, Education, Inspection, and Discipline for Indian Residential Schools, Made and Established for the Superintendent General of Indian Affairs Pursuant to Paragraph (a) of Section 114 of the Indian Act », 20 janvier 1953. [PAR-001203-0001] Pour un exemple du formulaire de demande de 1953, voir : CVR, ARN, Bibliothèque et Archives Canada, RG10, volume 8954, dossier 55/25-2, partie 1, « Application for Admission to Residential School », 14 octobre 1953. [SRS-006315-0002]
249. Canada, *Rapport annuel du ministère des Affaires indiennes, 1955*, p. 53; Canada, *Rapport annuel du ministère des Affaires indiennes, 1957*, p. 59. En 1949, dans le cadre d'un projet pilote,

les Affaires indiennes prennent en charge l'embauche du personnel enseignant du pensionnat de Shubenacadie, de l'Institut Mohawk, et du pensionnat de Port Alberni. CVR, ARN, AC AINC, dossier 1/25-1-5-2, volume 1, 1952-1969, Laval Fortier à J. P. Mulvihill, 26 octobre 1953. [AEMR-120563]

250. CVR, ARN, Bibliothèque et Archives Canada, RG10, volume 7185, dossier 1/25-1-7-5, Henry G. Cook, 5 avril 1954. [AEMR-016463]
251. Canada, *Rapport annuel du ministère des Affaires indiennes, 1955*, p. 54.
252. CVR, ARN, Bibliothèque et Archives Canada, RG10, volume 8795, dossier 1/25-13, partie 1, H. M. Jones au sous-ministre, 4 juin 1954. [AEMR-120584]
253. Canada, Comité spécial mixte, 1947, p. 36.
254. CVR, ARN, Bibliothèque et Archives Canada, RG10, volume 8753, dossier 601/25-1, partie 2, Paul Piché à F. O'Grady, 27 février 1958. [MRS-000214-0000]
255. CVR, ARN, Bibliothèque et Archives Canada, RG55, n° d'inst. de recherche 55-22, n° d'acquisition 1980-81/069, boîte 66, dossier 701-42, partie 1, Administration des pensionnats indiens, 1957-1958, Laval Fortier au secrétaire du Conseil du Trésor, 16 août 1957. [AEMR-152098]
256. CVR, ARN, Bibliothèque et Archives Canada, RG10, volume 8795, dossier 1/25-13, partie 2, H. M. Jones au sous-ministre, 2 janvier 1957. [AEMR-011022]
257. CVR, ARN, Bibliothèque et Archives Canada, RG10, volume 8795, dossier 1/25-13, partie 2, H. M. Jones au sous-ministre, 2 janvier 1957. [AEMR-011022]
258. CVR, ARN, AC MAINC, dossier 1/25-13, partie 4, 1957-1958, H. M. Jones à Henry S. Cook, 17 décembre 1957. [AEMR-120841]
259. CVR, ARN, Bibliothèque et Archives Canada, RG10, volume 8796, dossier 1/25-13, partie 4, D. M. Watters à Laval Fortier, 25 octobre 1957. [NCA-013420]
260. CVR, ARN, Bibliothèque et Archives Canada, RG10, volume 8795, dossier 1/25-13, partie 3, « Meeting with church representatives, February 26, 1957. 2:00 p.m., Copeland Building, in connection with new proposals for the financing of the operation of residential schools ». [AEMR-120778A]
261. CVR, ARN, Bibliothèque et Archives Canada, RG10, volume 8796, dossier 1/25-13, partie 4, D. M. Watters à Laval Fortier, 25 octobre 1957. [NCA-013420]
262. CVR, ARN, AC MAINC, dossier 1/25-13-2, volume 2, J. H. Gordon à M. MacDonald, 27 juin 1968. [AEMR-022008]
263. CVR, ARN, Bibliothèque et Archives Canada, RG2, volume 4926, dossier 10/19/61, P.C. 1/1457 (1961), George F. Davidson au secrétaire du Conseil du Trésor, 24 août 1961. [PRIVY-501051]
264. CVR, ARN, Archives Deschâtelets, Ottawa, HR 6507.C73R, Doc. 6, « Report of administration committee », 21 janvier 1960. [AEMR-011286]
265. Canada, *Rapport annuel du ministère des Affaires indiennes, 1958*, p. 99; Canada, *Rapport annuel du ministère des Affaires indiennes, 1959*, p. 102.
266. CVR, ARN, AINC, Secteur de la résolution, Collection des dossiers historiques des pensionnats indiens, Ottawa, 951/25-13, 1957-1975, volume 1, RCAP, R. F. Davey à R. F. Battle, 16 juin 1967. [CST-000361-0003]
267. Canada, *Rapport annuel du ministère des Affaires indiennes, 1941*, p. 202; Canada, *Rapport annuel du ministère des Affaires indiennes, 1960*, p. 102.
268. Canada, *Rapport annuel du ministère des Affaires indiennes, 1941*, p. 177.
269. Canada, *Rapport annuel du ministère des Affaires indiennes, 1960*, p. 57.
270. Canada, *Rapport annuel du ministère des Affaires indiennes, 1960*, p. 102.

271. Canada, *Rapport annuel du ministère des Affaires indiennes, 1949*, p. 225.
272. Pour l'utilisation du concept d'« intégration » voir : Canada, *Rapport annuel du ministère des Affaires indiennes, 1956-1957*, p. 52 : « Ce programme d'intégration se poursuit en conformité d'ententes conclues aves les autorités scolaires locales et le ministère paye une partie du coût de construction de nouvelles écoles suivant le nombre des élèves indiens que les autorités scolaires locales acceptent d'accueillir ».
273. *Loi concernant les Indiens*, Statuts du Canada 1951, chapitre 29, article 113, reproduit dans Venne, *Indian Acts*, p. 350.
274. CVR, ARN, aucun emplacement de document, aucun dossier source de document, W. M. Duke à J. O. Plourde, 5 juin 1948; [ABV-001349] W. M. Duke à J. C. McGuigan, 5 juin 1948; [ABV-001350] CVR, ARN, MAINC, dossier 6-15-1, volume 2, J. A. MacKinnon à L. S. St. Laurent, 15 novembre 1948; [AEMR-014845] CVR, ARN, MAINC, dossier 6-15-1, volume 2, Hugh L. Keenleyside, 15 octobre 1948; [AEMR-014844] CVR, BAC, Bureau du Conseil privé; fonds, doc. du Cab. 824 [824-48], volume perm. 642, dossier volume 2, dossier numéro C-20-2, A. D. P. Heeney à J. A. MacKinnon, 17 décembre 1948. [46a-c012266-d0001-001]
275. *Loi concernant les Indiens*, Statuts du Canada 1951, chapitre 29, article 113, reproduit dans Venne, *Indian Acts*, p. 350.
276. Canada, *Rapport annuel du ministère des Affaires indiennes, 1959*, p. 59.
277. Canada, *Rapport annuel du ministère des Affaires indiennes, 1958*, p. 67.
278. Daniels, « The Legal Context of Indian Education », p. 113-114. Pour la première contribution à une école provinciale, voir : CVR, ARN, MAINC, dossier 1/25-1, volume 22, R. F. Davey à Bergevin, 15 septembre 1969. [AEMR-019616]
279. Canada, *Rapport annuel du ministère des Affaires indiennes, 1958*, p. 67.
280. Canada, *Rapport annuel du ministère des Affaires indiennes, 1959*, p. 59.
281. Canada, *Rapport annuel du ministère des Affaires indiennes, 1950*, p. 88; Canada, *Rapport annuel du ministère des Affaires indiennes, 1960*, p. 102.
282. Canada, *Rapport annuel du ministère des Affaires indiennes, 1955*, p. 80-81; Canada, *Rapport annuel du ministère des Affaires indiennes, 1956-1957*, p. 94; Canada, *Rapport annuel du ministère des Affaires indiennes, 1958*, p. 100-101; Canada, *Rapport annuel du ministère des Affaires indiennes, 1959*, p. 106, 108; Canada, *Rapport annuel du ministère des Affaires indiennes, 1960*, p. 104, 106; Canada, *Rapport annuel du ministère des Affaires indiennes, 1961*, p. 117; Canada, *Rapport annuel du ministère des Affaires indiennes, 1962*, p. 82; Canada, *Rapport annuel du ministère des Affaires indiennes, 1963*, p. 69; Canada, *Rapport annuel du ministère des Affaires indiennes, 1965*, p. 75.
283. Canada, *Rapport annuel du ministère des Affaires indiennes, 1961*, p. 61.
284. Canada, *Rapport annuel du ministère des Affaires indiennes, 1961*, p. 47.
285. Canada, *Rapport annuel du ministère des Affaires indiennes, 1961*, p. 68.
286. Canada, *Rapport annuel du ministère des Affaires indiennes, 1963*, p. 23-25.
287. Canada, *Rapport annuel du ministère des Affaires indiennes, 1965-1966*, p. 65.
288. Canada, *Rapport annuel du ministère des Affaires indiennes, 1965-1966*, p. 65.
289. Canada, *Rapport annuel du ministère des Affaires indiennes, 1966-1967*, p. 51, 53-54.
290. CVR, ARN, MAINC, dossier 1/25-1, volume 22, R. F. Davey à Bergevin, 15 septembre 1969. [AEMR-019616]
291. Canada, *Rapport annuel du ministère des Affaires indiennes, 1966-1967,* p. 51.
292. Ladner et McCrossan, *La participation des Autochtones aux élections*, p. 12-13.
293. Canada, *Rapport annuel du ministère des Affaires indiennes, 1967-1968*, p. 80.

294. CVR, ARN, MAINC, Bureau des pensionnats, dossier 6-37-1, volume 1, surintendant du bien-être et de la formation au D[r] McGill, 13 février 1937. [AEMR-010744]
295. Canada, Comité spécial mixte, 1947, p. 35-36.
296. *Loi concernant les Indiens*, Statuts du Canada 1951, chapitre 29, article 113, reproduit dans Venne, *Indian Acts*, p. 350.
297. En 1956-57, 10 599 élèves sont hébergés dans les pensionnats. En 1965-66, les pensionnats hébergent 9 875 élèves (l'année précédente, il se trouvait à 10 294 élèves). Voir : Canada, *Rapport annuel du ministère des Affaires indiennes, 1956-1957*, p. 94, 96; Canada, *Rapport annuel du ministère des Affaires indiennes, 1963-1964*, p. 69, 70; Canada, *Rapport annuel du ministère des Affaires indiennes, 1965*, p. 75; Canada, *Rapport annuel du ministère des Affaires indiennes, 1965-1966*, p. 104.
298. Canada, *Rapport annuel du ministère des Affaires indiennes, 1971*, p. 19.
299. CVR, ARN, Église anglicane du Canada, Archives du Synode général, GS 75-103, série 3-3, boîte 70, dossier 3, « Memorandum Re: Possible closing or combining of schools or withdrawing from co-operation with the Government », 7 octobre 1947. [MFI-000981-0001] Pour l'ouverture du pensionnat de Dauphin (Manitoba), voir : CVR, ARN, AINC, Secteur de la résolution, Collection des dossiers historiques des pensionnats indiens, Ottawa, dossier 128/25-2-581, volume 1, 1957-1961, J. R. Bell à J. B. Dennys, 22 mai 1957. [NHR-002750]
300. CVR, ARN, Église anglicane du Canada, Archives du synode général, ACC-MSCC-GS 75-103, série 2-15, boîte 29, dossier 1, « Indian Problems of concern to the Indian school administration », Canon H. G. Cook, 30 octobre 1958. [AAC-084186]
301. CVR, ARN, Bibliothèque et Archives Canada, dossier (205) 701/25-1, volume 6, 08/1960-03/1962, Earl F. Stotesbury aux responsables de la Division des affaires indiennes, 17 octobre 1960. [AEMR-200070]
302. CVR, ARN, MAINC, dossier 6-21-7, volume 1, H. M. Jones au sous-ministre, 5 juillet 1961. [AEMR-019709]
303. CVR, ARN, Bibliothèque et Archives Canada, RG10, volume 6205, dossier 468-1, partie 3, H. W. McGill au sous-ministre, 1943. [IRC-041083]
304. CVR, ARN, aucun emplacement de document, aucun dossier source de document, J. O. Plourde à Louis St-Laurent, 22 février 1946. [GMA-002471-0001]
305. CVR, ARN, Bibliothèque et Archives Canada, RG10, volume 6376, dossier 766-5, partie 2, L. Beuglet à Philip Phelan, 25 février 1946; [FTV-001048] RG10, volume 6196, dossier 464-10, partie 2, P. Phelan à J. G. Burk, 24 février 1950; [SJS-001327] Archives de St. Paul, série 4, boîte 17, dossier 3, Fergus O'Grady à Philip Phelan, 6 novembre 1953. [OMI-033501]
306. CVR, ARN, Église anglicane du Canada, Archives du synode général, ACC-MSCC-GS 75-103, série 2.15, boîte 21, dossier 7, « Memorandum Re: Problem of admittance to Residential Schools of Indian children of uncertain Religious Affiliation », Henry Cook, 17 avril 1952. [AAC-087587]
307. CVR, ARN, Église anglicane du Canada, Archives du synode général, ACC-MSCC-GS 75-103, série 2-15, boîte 29, dossier 1, « Indian Problems of concern to the Indian school administration », H. G. Cook, 30 octobre 1958. [AAC-084186]
308. CVR, ARN, MAINC, dossier 6-21-1, volume 1, Laval Fortier au ministre, 28 octobre 1954. [AEMR-019666]

309. *Loi concernant les sauvages*, Statuts du Canada 1919-1920, chapitre 50, article 1, modification des Statuts révisés du Canada, 1906, chapitre 81, article 10, reproduit dans Venne, *Indian Acts*, p. 178.
310. CVR. ARN, Bibliothèque et Archives Canada, RG10, volume 6374, dossier 764-10, partie 1, S. H. Middleton à J. E. Pugh, 26 avril 1940. [PUL-071183]
311. CVR, ARN, Bibliothèque et Archives Canada, RG10, volume 6374, dossier 764-10, partie 1, R. A. Hoey à J. E. Pugh, 16 mai 1940. [PUL-071185]
312. CVR, ARN, Bibliothèque et Archives Canada, RG10, volume 6254, dossier 575-10, partie 2, A. G. Hamilton au secrétaire, Affaires indiennes, 8 janvier 1940. [BIR-001754]
313. CVR, ARN, Bibliothèque et Archives Canada, RG10, volume 6279, dossier 584-10, partie 3, Philip Phelan à J. O. Plourde, 3 décembre 1943. [SBR-110753]
314. CVR, ARN, Bibliothèque et Archives Canada, RG10, volume 6190, dossier 461-10, partie 2, D. S. Pitts à N. Paterson, 5 novembre 1945. [NCA-005189-0001]
315. CVR, ARN, Bibliothèque et Archives Canada, RG10, volume 6190, dossier 461-10, partie 2, Norman Paterson aux Affaires indiennes, 16 avril 1946. [NCA-005192-0000]
316. CVR, ARN, Bibliothèque et Archives Canada, RG10, volume 6254, dossier 575-10, partie 3, Jean Lambert à J. Waite, 27 septembre 1946; [BIR-006305-0001] ARN, Bibliothèque et Archives Canada, RG10, volume 6254, dossier 575-10, partie 3, Philip Phelan à A. G. Smith, 1er octobre 1946; [BIR-006289] ARN, Bibliothèque et Archives Canada, RG10, volume 6254, dossier 575-10, partie 3, A. G. Smith à la Division des affaires indiennes, 28 novembre 1946; [BIR-006317] Bibliothèque et Archives Canada, RG10, volume 6279, dossier 584-10, partie 3, A. G. Smith aux Affaires indiennes, 10 février 1947. [SBR-110830]
317. CVR, ARN, Bibliothèque et Archives Canada, RG10, volume 6352, dossier 753-10, partie 2, Bernard F. Neary à Harold Moore, 11 mars 1947. [120.06816]
318. CVR, ARN, Bibliothèque et Archives Canada, RG10, volume 6272, dossier 582-10, partie 3, M. Bretagne à J. O. Plourde, 1er octobre 1949. [PCR-000788]
319. CVR, ARN, Bibliothèque et Archives Canada, RG10, volume 6272, dossier 582-10, partie 3, Philip Phelan à A. G. Hamilton, 14 octobre 1949. [PCR-101515]
320. Canada, Comité spécial mixte, 1946, 16.
321. *Loi concernant les Indiens*, Statuts révisés du Canada 1951, chapitre 29, article 113, reproduit dans Venne, *Indian Acts*, p. 350.
322. CVR, ARN, Église anglicane du Canada, Archives du synode général, ACC-MSCC-GS 75-103, série 2.15, boîte 21, dossier 7, « Memorandum Re: Problem of admittance to Residential Schools of Indian children of uncertain Religious Affiliation », Canon Henry Cook, 17 avril 1952. [AAC-087587]
323. CVR, ARN, Bibliothèque et Archives Canada, RG10, volume 6272, dossier 582-10, partie 4, J. D. Minnis à R. S. Davis, 25 septembre 1951. [PCR-070479-0001]
324. CVR, ARN, Bibliothèque et Archives Canada, RG10, volume 6272, dossier 582-10, partie 4, Philip Phelan à Paul Dumouchel, 6 octobre 1951. [PCR-070480]
325. CVR, ARN, Bibliothèque et Archives Canada, RG10, volume 6272, dossier 582-10, partie 4, le révérend Paul Dumouchel à Philip Phelan, 25 octobre 1951; [PCR-070486] Philip Phelan à R. S. Davis, 29 octobre 1951. [PCR-101606]
326. CVR, ARN, Bibliothèque et Archives Canada, RG10, volume 6481, dossier 940-10, partie 6, Philip Phelan à H. G. Cook, 8 janvier 1952. [NCA-010967]
327. CVR, ARN, Bibliothèque et Archives Canada, RG22, volume 852, dossier 6-21-4, partie 1, D. M. MacKay au sous-ministre, 16 février 1953, « Disputed Religious Cases »; [NCA-014380-

0000] CVR, ARN, Bibliothèque et Archives Canada, RG22, volume 852, dossier 6-21-4, partie 1, 16 février 1953, « Disputed Religious Cases - Roman Catholic»; [NCA-014380-0001] CVR, ARN, Bibliothèque et Archives Canada, RG22, volume 852, dossier 6-21-4, partie 1, « Disputed Religious Cases - Protestant ». [NCA-014380-0002]

328. CVR, ARN, Archives Deschâtelets, Oblats de Marie Immaculée, Ottawa, HRH 9, C73R 19, E. Benoit à G. Swartman, 27 novembre 1953. [MCI-008011-0003]
329. CVR, ARN, Archives Deschâtelets, Ottawa, le révérend John Cody à Walter E. Harris, 15 février 1954. [OBG-001193]
330. CVR, ARN, aucun emplacement de document, aucun dossier source de document, William Bernardo à L. K. Poupore, 11 mars 1959. [SEC-001406]
331. CVR, ARN, Bibliothèque et Archives Canada, RG10, volume 6870, dossier 673/25-2-037, partie 2, J. A. Davis aux Affaires indiennes, 30 août 1955. [SPR-000039-0000]
332. CVR, ARN, Bibliothèque et Archives Canada, RG10, volume 6870, dossier 673/25-2-037, partie 2, J. A. Davis à Jean Lambert, 30 août 1955. [SPR-000038]
333. CVR, ARN, Bibliothèque et Archives Canada, RG10, volume 6870, dossier 673/25-2-037, partie 2, J. Lambert à J. A. Davis, 1er septembre 1955. [SPR-000226]
334. CVR, ARN, aucun emplacement de document, aucun dossier source de document, Allan Noonan à James Hill, 7 octobre 1960. [BVT-001832]
335. CVR, ARN, Bibliothèque et Archives Canada, RG10, 8757, dossier 709/25-1-001, partie 2, E. E. Joblin à R. F. Davey, 12 décembre 1958. [EDM-000163]
336. CVR, ARN, Bibliothèque et Archives Canada, RG10, 8757, dossier 709/25-1-001, partie 2, Henry G. Cook à E. E. Joblin, 16 décembre 1958. [EDM-000170]
337. CVR, ARN, AINC, Secteur de la résolution, Collection de dossiers historiques sur les pensionnats indiens, Ottawa, dossier 81/25-1, volume 2, F. M. Shaw à H. E. Hives, 17 juillet 1963; [PHD-000131] G. S. Lapp au superviseur régional, North Bay, 26 août 1963. [PHD-000132]
338. CVR, ARN, Bibliothèque et Archives Canada, RG29, volume 3420, dossier 851-4-530, partie 1, Services médicaux : Maladies dentaires 1931-1978, C. Corrigan à P. E. Moore, 19 septembre 1944. [AEMR-174407A]
339. CVR, ARN, Bibliothèque et Archives Canada, RG29, volume 3420, dossier 851-4-530, partie 1, Services médicaux : Maladies dentaires 1931-1978, H. McGill à P. G. Lazenby, 7 septembre 1944. [AEMR-174407H]
340. CVR, ARN, Bibliothèque et Archives Canada, RG29, volume 3420, dossier 851-4-530, partie 1, Services médicaux : Maladies dentaires 1931-1978, Joseph Jones à P. G. Lazenby, 9 septembre 1944; [AEMR-174407F] CVR, ARN, Bibliothèque et Archives Canada, RG29, volume 3420, dossier 851-4-530, partie 1, Services médicaux : Maladies dentaires 1931-1978, P. G. Lazenby à H. McGill, 11 septembre 1944. [AEMR-174407E]
341. CVR, ARN, Bibliothèque et Archives Canada, RG29, volume 3420, dossier 851-4-530, partie 1, Services médicaux : Maladies dentaires 1931-1978, G. Dorey à P. E. Moore, 2 octobre 1944. [AEMR-174406]
342. CVR, ARN, Bibliothèque et Archives Canada, RG10, volume 7185, dossier 1/25-1-7-1, partie 1, R. A. Hoey aux directeurs et dirigeants d'Église, 13 décembre 1946. [AEMR-120450]
343. CVR, ARN, Bibliothèque et Archives Canada, RG10, volume 8278, dossier 494/6-1-015, partie 4, Charles Buck au surintendant de l'Éducation, Affaires indiennes, 15 janvier 1958. [MCI-001914-0001]

344. CVR, ARN, Bibliothèque et Archives Canada, dossier 777/16-2-010, volume 1, 1949-1964, ANC, H. Oldring à E. J. Blake, 25 mars 1959. [MAR-001168]
345. CVR, ARN, Bibliothèque et Archives Canada, dossier 777/16-2-010, volume 1, 1949-1964, ANC, R. F. Davey à E. Filion, 15 mai 1959. [MAR-001187]
346. CVR, ARN, aucun emplacement de document, aucun dossier source de document, illisible [probablement Tetrault] à H. Routhier, 2 juin 1959. [GMA-000108]
347. CVR, ARN, Bibliothèque et Archives Canada, RG10, n° d'acquisition. 1999-01431-6, boîte 180, dossier 485/16-2-001, partie 2, rapport de la Police provinciale de l'Ontario, « Alleged Conspiracy to Defraud — Between December 1962 and June 1963 », K. E. Wilson, 22 décembre 1965. [FFR-000647-0006]
348. CVR, ARN, Archives Deschâtelets, Ottawa, HR 6[].C73R 63, A. Lizee à R. F. Davey, 27 novembre 1964. [OMI-030660]
349. CVR, ARN, Bibliothèque et Archives Canada, RG10, n° d'acquisition. 1999-01431-6, boîte 180, dossier 485/16-2-001, partie 2, Police provinciale de l'Ontario, « Alleged Conspiracy to Defraud - Between December 1962 and June 1963 », 24 août 1966. [FFR-000647-0005]
350. CVR, ARN, Bibliothèque et Archives Canada, RG10, n° d'acquisition. 1999-01431-6, boîte 180, dossier 485/16-2-001, partie 2, E. A. Côté à Henri Légaré, 28 février 1967. [FFR-000650] Pour la décision de ne pas intenter de poursuites, voir : CVR, ARN, Bibliothèque et Archives Canada, RG10, n° d'acquisition 1999-01431-6, boîte 180, dossier 485/16-2-001, partie 2, R. F. Davey à M. Churchman, 21 février 1967. [FFR-000660]
351. CVR, ARN, Bibliothèque et Archives Canada, RG10, n° d'acquisition. 1999-01431-6, boîte 180, dossier 485/16-2-001, partie 2, Henri Légaré à E. A. Côté, 6 mars 1967. [FFR-000655-0001]
352. CVR, ARN, AINC, Secteur de la résolution, Collection des dossiers historiques des pensionnats indiens, Ottawa, dossier 673/25-1, volume 1, R. F. Davey à H. Legare, 11 juillet 1966. [PLD-008514] Pour la date de la mutation de Carrière, voir : CVR, ARN, Bibliothèque et Archives Canada, RG10, n° d'acquisition 1999-01431-6, boîte 180, dossier 485/16-2-001, partie 2, M. J. Y. Dube au sous-ministre adjoint, 27 septembre 1965. [FFR-000633-0001]
353. CVR, ARN, Bibliothèque et Archives Canada, RG10, volume 7194, dossier 511/25-1-015, G. H. Marcoux à D. M. MacKay, 9 août 1951. [BRS-000940-0001]
354. CVR, ARN, Bibliothèque et Archives Canada, RG10, volume 7194, dossier 511/25-1-015, G. H. Marcoux à R. S. Davis, 12 octobre 1951. [BRS-000882]
355. CVR, ARN, Bibliothèque et Archives Canada, RG10, volume 6259, dossier 576-10, partie 17, O. B. Strapp à Philip Phelan, 16 octobre 1951. [BRS-000890]
356. CVR, ARN, Bibliothèque et Archives Canada, RG10, volume 7194, dossier 511/25-1-015, P. Phelan à George Dorey, 26 juin 1953. [BRS-000958]
357. CVR, ARN, Bibliothèque et Archives Canada, RG10, volume 7194, dossier 511/25-1-015, G. H. Marcoux à Davis, 5 novembre 1953. [BRS-000966]
358. CVR, ARN, Bibliothèque et Archives Canada, 772/25-1-010, volume 8758, 1949-1961, ANC, M. C. Macdonald à R. F. Davey, 2 août 1955. [MOR-002263]
359. CVR, ARN, Bibliothèque et Archives Canada, 772/25-1-010, volume 8758, 1949-1961, ANC, R. F. Davey à M. C. Macdonald, 5 août 1955; [MOR-002262] Bibliothèque et Archives Canada - Ottawa, RG10, volume 8757, dossier 709/25-1-001, partie 2, ANC, M. C. Macdonald à R. F. Davey, 30 août 1955. [MOR-000740]
360. CVR, ARN, Bibliothèque et Archives Canada, 772/6-1-010, partie 3, volume 8672, 1953-1957, ANC, R. F. Davey à M. C. Macdonald, 9 août 1956. [MOR-005774]

361. CVR, ARN, Bibliothèque et Archives Canada, RG10, volume 8757, dossier 709/25-1-001, partie 2, M. C. Macdonald à R. F. Davey, 29 août 1956. [BRS-005021]
362. Pour un exemple de ces plaintes, voir : CVR, ARN, aucun emplacement de document, aucun dossier source de document, Conférence catholique canadienne, « A Brief to the Parliamentary Committee on Indian Affairs », mai 1960, p. 8. [GMA-001642-0000]
363. CVR, ARN, Bibliothèque et Archives Canada, RG10, volume 6470, dossier 890-5, partie 6, R. A. Hoey à W. M. Duke, 27 mars 1942. [MIS-000111]
364. CVR, ARN, aucun emplacement de document, aucun dossier source de document, Forbes au très révérend et père Provincial, 16 décembre 1940. [CIS-000175] Pour le poste et l'initiale de Forbes, voir : CVR, ARN, aucun emplacement de document, aucun dossier source de document, G. Forbes à John C. Cody, 26 novembre 1940. [BVT-000506]
365. CVR, ARN, Bibliothèque et Archives Canada, RG10, volume 6352, dossier 753-10, partie 1, de R. A. Hoey à J. F. Woodsworth, 5 mars 1940. [AEMR-010796]
366. CVR, ARN, Les Archives des jésuites du Haut-Canada, Regis College, Toronto (ON), Archives des pères jésuites du Haut-Canada, Raymond Oliver, la première page de la lettre manque, non daté. [AGA-000355]
367. Shanahan, *Jesuit Residential School*, p. 183-188.
368. Archives des jésuites, Toronto, MacKenzie au père provincial, 9 mai 1955, cité dans Shanahan, *Jesuit Residential School*, p. 198.
369. Shanahan, *Jesuit Residential School*, p. 199.
370. CVR, ARN, AINC, Secteur de la résolution, Collection des dossiers historiques des pensionnats indiens, Ottawa, dossier 487/25-1-015, volume 1, H. G. Mingay à A. Lacelle, 11 mai 1953. [KNR-001006]
371. CVR, ARN, AINC, Secteur de la résolution, Collection des dossiers historiques des pensionnats indiens, Ottawa, dossier 129/25-1-016, volume 1, H. G. Mingay à la division de l'Éducation, Division des affaires indiennes, 20 avril 1954. [KNR-000273]
372. CVR, ARN, AINC, Secteur de la résolution, Collection des dossiers historiques des pensionnats indiens, Ottawa, dossier 487/25-1-015, volume 1, « Extract from Regional School Inspector Mingay's Report dated 17 November, concerning his inspection of the Kenora Indian Residential School », 1956. [KNR-001520]
373. CVR, ARN, MAINC, fichier 6-21-1, volume 2, H. M. Jones au sous-ministre, 18 juillet 1958. [120.00856]
374. CVR, ARN, Bibliothèque et Archives Canada, RG10, volume 8756, dossier 673/25-1, partie 2, E. S. Jones à R. F. Davey, 20 décembre 1956. [SPR-000375]
375. CVR, ARN, Archives Deschâtelets, Ottawa, HR 6137.C73R 8, « Memorandum of the Episcopal Committee on Indian Affairs of the C.C.C. to the Honourable J. W. Pickersgill, Minister of Citizenship and Immigration, concerning the Education of Indians ». [OMI-034605] Bien que ce document ne soit pas daté, il est adressé à J. W. Pickersgill, qui, en tant que ministre de la Citoyenneté et de l'Immigration de 1954 à 1957, était le ministre responsable des Affaires indiennes. Pickersgill, « Au sujet du Parlement » http://www.parl.gc.ca/parlinfo/Files/Parliamentarian.aspx?Item=5996b081-97f6-4bde-8dec-52df3dca3f76&Section=ALL&Language=F (consulté le 31 mars 2014).
376. CVR, ARN, aucun emplacement de document, aucun dossier source de document, l'évêque Routhier à H. M. Jones, 18 mai 1961. [GMA-001649-0000]

377. CVR, ARN, Archives de St. Paul, série 4, boîte 18, dossier 2, « The Sociology of Native Canadians », Walter Hlady, dans Studies & Documents (Études), Indianescom' Inc., 6-12, 9. [OMI-034256] [Dans le fichier en format PDF, les pages 5 et 6 sont imprimées en ordre inverse.]
378. CVR, ARN, aucun emplacement de document, aucun dossier source de document, évêque Routhier à G. W. Baldwin, 11 janvier 1963. [GMA-000859-0001]
379. CVR, ARN, AINC, Secteur de la résolution, Collection des dossiers historiques des pensionnats indiens, Ottawa, dossier 494/25-1-014, volume 2, Eric Barrington à R. F. Davey, 22 mai 1961. [PLK-000922]
380. CVR, ARN, Bibliothèque et Archives Canada, RG10, volume 11450, dossier 494/25-2-470, H. E. Hives à R. F. Davey, 12 décembre 1961. [PLK-003575]
381. CVR, ARN, MAINC, fichier 6-21-1, volume 2, H. M. Jones au sous-ministre, 18 juillet 1958. [120.00856]
382. CVR, ARN, AINC, Secteur de la résolution, Collection des dossiers historiques des pensionnats indiens, Ottawa, dossier 494/25-1-015, volume 1, A. C. Reid au révérend J. Lemire, 28 juin 1957. [MCI-004099]
383. CVR, ARN, AINC, Secteur de la résolution, Collection des dossiers historiques des pensionnats indiens, Ottawa, dossier 494/25-1-015, volume 1, R. F. Davey à F. Matters, 29 novembre 1957. [MCI-004102]
384. CVR, ARN, MAINC, fichier 6-21-1, volume 2, « High School Education for Indians in Alberta », G. Michaud, 23 mai 1959. [120.06927]
385. CVR, ARN, AINC, Secteur de la résolution, Collection de dossiers historiques sur les pensionnats indiens, Ottawa, fichier 6-21-1, volume 2 (numéro de contrôle 27-6), non daté, (des éléments probants internes donnent à penser qu'il s'agit du milieu des années 1960). [NCA-008291]
386. CVR, ARN, AC MAINC, dossier 1/25-1-7-6, volume 1, 1953-1970, « Minutes of conference re Indian high school education in the prairie provinces, January 26th and January 27, 1960 ». [120.00934]
387. CVR, ARN, Bibliothèque et Archives Canada, RG10, volume 8621, dossier 506/6-1-018, partie 1, I. Tourigny au Colonel Laval Fortier, 6 février 1958. [ARS-000052-0001]
388. CVR, ARN, AC MAINC, dossier 1/25-1-7-6, volume 1, 1953-1970, « Minutes of conference re Indian high school education in the prairie provinces, January 26th and January 27, 1960 ». [120.00934]
389. CVR, ARN, AINC - Bibliothèque du ministère, « Indian League Urges Vocational Schools », *The Indian Record*, XXII (9), novembre 1959. [IMR-000180]
390. CVR, ARN, Bibliothèque et Archives Canada, ANC, Edmonton, dossier 772/25-1, volume 1, 04/60-06/70, « Comments from the Roman Catholic Indian people of the Blackfoot Reserve about the School and Integration », document non daté, reçu par les Affaires indiennes le 30 août 1961. [CFT-004380-0001]
391. CVR, ARN, MAINC, fichier 6-21-1, volume 2, K. R. Brown à R. F. Battle, 5 janvier 1960. [AEMR-019698]
392. CVR, ARN, Clive Linklater, « Integration or Inter-Sociation », *Indian Record,* mai-juin 1963, p. 8. [IMR-000205] Pour le poste de Linklater à Blue Quills, voir : CVR, ARN, Bibliothèque et Archives Canada - Edmonton, [118] 779/6-1-751, volume V, 09/61-03/65, ANC, Edmonton, P. H. Lyonnais à T. R. Kelly, 19 septembre 1963. [BQL-003453-0002]
393. Barron, *Walking in Indian Moccasins*, p. 113.

394. CVR, ARN, aucun emplacement de document, aucun dossier source, l'évêque Routhier à G. Kent Gooderham, 21 février 1965. [GMA-001688]
395. CVR, ARN, Bibliothèque et Archives Canada, RG22, volume 1207, dossier 675/2, partie 2, « A Preliminary Study of the Lebret Indian Residential School High School Population », 9 septembre 1965. [PLD-017411-0001]
396. CVR, ARN, AINC, Secteur de la résolution, Collection des dossiers historiques des pensionnats indiens, Ottawa, 675/25-1-019, volume 2, L. Charron, 31 juillet 1965. [PLD-007592]
397. CVR, ARN, AINC, Secteur de la résolution, Collection des dossiers historiques des pensionnats indiens, Ottawa, dossier 675/25-1, volume 1, J. G. McGilp au superviseur régional, Saskatchewan, 13 août 1965. [PLD-007594-0000]
398. CVR, ARN, Bibliothèque et Archives Canada, RG10, volume 8754, dossier 655/25-1, partie 1, R. F. Davey à L. Charron, 3 juin 1965. [PLD-007590-0001]
399. CVR, ARN, AINC, Secteur de la résolution, Collection des dossiers historiques des pensionnats indiens, Ottawa, dossier 675/25-13-019, volume 2, Leonard Charron à H. A. Matthews, 7 décembre 1965. [PLD-016701]
400. CVR, ARN, « Catholic Indian Groups Adds to Protest », *Calgary Herald*, 10 juin 1966. [CFT-800196]
401. CVR, ARN, AINC, Bureau principal des documents, Ottawa, DCD-AC, dossier 772/6-1-001, volume 10, 04/66-02/72, E. J. Dosdall à A. Charron, 18 septembre 1968. [CFT-002042]
402. CVR, ARN, AINC, Secteur de la résolution, Collection des dossiers historiques des pensionnats indiens, Ottawa, 772/25-2-001, 01/64-01/69, volume 3, RCAP, [illisible] pour R. D. Ragan à R. F. Davey, 25 septembre 1968. [MRY-011382-0000]
403. CVR, ARN, AINC, Bureau principal des documents, Ottawa, DCD-AC, dossier 772/6-1-001, volume 10, 04/66-02/72, « Proceedings of Meeting of Blackfoot Parents held in Crowfoot School Gymnasium, 1:30 P.M., December 1st, 1968 ». [CFT-002183-0002]
404. CVR, ARN, Bibliothèque et Archives Canada, [205] 701/6-1, volume III, 01/1968-02/1971, ANC, R. D. Ragan à P. Deziel, 31 décembre 1968. [MOR-005193]
405. CVR, ARN, aucun emplacement de document, aucun dossier source de document, John. W. Hennessey aux pères et frères, 18 septembre 1968. [OBG-004345-0000]
406. CVR, ARN, aucun emplacement de document, aucun dossier source de document, J. W. Hennessey à R. M. Hall, 14 septembre 1968. [BKM-000021-0001]
407. CVR, ARN, aucun emplacement de document, aucun dossier source de document, Procès-verbal de la réunion des chefs au pensionnat indien de Kamloops, 22 septembre 1968. [OKM-000776]
408. CVR, ARN, aucun emplacement de document, aucun dossier source de document, A. Noonan à Kay [Cronin], 23 septembre 1968. [OKM-000777]
409. CVR, ARN, AINC, Secteur de la résolution, Collection des dossiers historiques des pensionnats indiens, Ottawa, dossier 600-1-6, volume 7, gestion des foyers T.-N.-O. [Généralités et politique], février 1965-juin 1965, T. E. Jones à Arthur Laing, 27 mai 1965. [RCN-002657]
410. CVR, ARN, Bibliothèque et Archives Canada, RG55, v-890, dossier 8955-4, le sous-ministre, Citoyenneté et Immigration au secrétaire du Conseil du Trésor, 3 août 1965. [AEMR-023099]
411. CVR, ARN, AC MAINC, dossier 1/25-13-2, volume 1, R. F. Battle au sous-ministre, 22 juin 1966. [AEMR-023058]
412. CVR, ARN, AINC, Secteur de la résolution, Collection des dossiers historiques des pensionnats indiens, Ottawa, dossier 1/25-13-2, volume 1, H. Fischer à Paul Deziel, 2 août 1966; [MRS-

001461] CVR, ARN, AC MAINC, dossier 1/25-13-2, volume 2, J. H. Gordon à M. MacDonald, 27 juin 1968. [AEMR-022008]

413. Canada, Débats de la Chambre des communes (16 février 1966), 1303–1304; CVR, ARN, AINC, Secteur de la résolution, Collection des dossiers historiques des pensionnats indiens, Ottawa, dossier 1/25-13-2, volume 1, R. F. Battle au ministre des Affaires indiennes, 30 décembre 1966. [MRS-001464]
414. CVR, ARN, Bibliothèque et Archives Canada, RG145, volume 221, dossier 766-1817-66, J. Lorne MacDougall à R. Dion, 7 septembre 1966; [AEMR-121552] CVR, ARN, AC MAINC, dossier 1/25-13-2, volume 1, 1965-1968, C. A. Edwards à J. D. Love, 15 mars 1968. [AEMR-121597]
415. CVR, ARN, AINC, Secteur de la résolution, Collection des dossiers historiques des pensionnats indiens, Ottawa, dossier 1/25-13-2, volume 1, R. F. Battle au ministre des Affaires indiennes, 30 décembre 1966. [MRS-001464]
416. CVR, ARN, AC MAINC, dossier 1/25-13-2, volume 1, 1965-1968, C. A. Edwards à J. D. Love, 15 mars 1968. [AEMR-121597] Pour la date de la *Loi sur les relations de travail dans la fonction publique*, voir : Heron, *Canadian Labour Movement*, p. 96.
417. CVR, ARN, AC MAINC, dossier 1/25-13-2, volume 2, Sylvain Cloutier à John A. MacDonald, 17 janvier 1969. [AEMR-022074]
418. CVR, ARN, MAINC, Bureau des dossiers des pensionnats, dossier 1/25-1-7-5 (118-2), 04/1965-11/1974, volume 2, T. E. Jones à R. F. Davey, 13 août 1968; [AEMR-250907] AC MAINC, dossier 1/25-13-2, volume 2, 06/1968-03/1969, Giolla Kelly à R. F. Davey, 12 août 1968. [AEMR-121618B]
419. CVR, ARN, aucun emplacement de document, aucun dossier source de document, «Government-Owned Indian Residential Schools Operated by the Churches Under Agreements Between the Churches and Indian Affairs », 1967. [UCB-005855]
420. CVR, ARN, Église anglicane du Canada, Archives du Synode général, GS 75-103, série 3-4, boîte 95, dossier 1 (1966-1967),» Draft Meeting of Teachers Representatives November 9, 1966 ». [NCA-008351]
421. CVR, ARN, AINC, Secteur de la résolution, Collection des dossiers historiques des pensionnats indiens, Ottawa, dossier 1/25-13-2, volume 1 (numéro de contrôle 122-3), R. F. Davey à Churchman, 2 juillet 1968. [NCA-016572]
422. CVR, ARN, AINC, Secteur de la résolution, Collection des dossiers historiques des pensionnats indiens, Ottawa, dossier 1/25-13-2, volume 1 (numéro de contrôle 122-3), R. F. Davey à Churchman, 2 juillet 1968. [NCA-016572]
423. CVR, ARN, AINC, Secteur de la résolution, Collection des dossiers historiques des pensionnats indiens, Ottawa, dossier 1/25-13-2, volume 1, R. F. Battle au sous-ministre, 31 octobre 1966. [MRS-001463]
424. CVR, ARN, AC MAINC, dossier 1/25-13-2, volume 2, 06/1968-03/1969, J. A. MacDonald à J. J. Carson, 8 novembre 1968; [AEMR-121640] AC MAINC, dossier 1/25-13, volume 13, R. F. Battle au sous-ministre, MAINC, 2 février 1968. [AEMR-014646]
425. CVR, ARN, dossier 1/25-13-2, volume 2, J. C. Carson à J. A. MacDonald, 22 novembre 1968. [AEMR-022060]
426. CVR, ARN, MAINC, Bureau des dossiers des pensionnats, dossier 1/25-13-2, volume 2, J. A. MacDonald au ministre, 22 novembre 1968, [AEMR-014663]

427. CVR, ARN, MAINC, Bureau des dossiers des pensionnats, classeur de circulaires, 1960-1969 (numéro de contrôle 300-6), R. F. Davey aux administrateurs des résidences d'élèves, 6 janvier 1969. [AEMR-014189]
428. CVR, ARN, Bibliothèque et Archives Canada - Burnaby, volume 13464, dossier 901/25-1, partie 5, Education - General, 01/1969-06/1969, n° d'inst. de recherche 10-138, R. F. Davey à F. P. Dennis, 10 février 1969. [AEMR-254682]
429. CVR, ARN, MAINC, Bureau des dossiers des pensionnats, dossier 1/25-13-2, volume 2, J. A. MacDonald au ministre, 22 novembre 1968. [AEMR-014663]
430. CVR, ARN, MAINC, dossier 1/25-13, volume 13, R. F. Battle au sous-ministre, 2 février 1968; [AEMR-014646] CVR, ARN, AINC, Secteur de la résolution, Collection des dossiers historiques des pensionnats indiens, Ottawa, 1/25-13, 01/68-07/68, volume 13, R. F. Davey au surintendant régional des pensionnats, 13 juin 1968. [LOW-016591]
431. CVR, ARN, emplacement du document inconnu, dossier 1/25-13, R. F. Davey à Guy Voisin, 14 juin 1968. [AEMR-014590]
432. CVR, ARN, MAINC, Bureau des dossiers des pensionnats, dossier 773/25-2, volume 1, 09/1965-07/1976, R. F. Davey aux directeurs et administrateurs de pensionnats et de foyers, 12 juin 1968. [AEMR-010107]
433. Canada, *Rapport annuel du ministère des Affaires indiennes, 1969-1970*, p. 140.
434. CVR, ARN, AC MAINC, dossier 1/25-13-2, volume 2, R. F. Davey à R. Steward, 24 janvier 1969. [AEMR-022086]
435. Canada, *Rapport annuel du ministère des Affaires indiennes, 1968-1969*, p. 161; Canada, *Rapport annuel du ministère des Affaires indiennes, 1970-1971*, p. 19.
436. CVR, ARN, Bibliothèque et Archives - Edmonton, dossier 701/25-20-1, volume 1, 11/69-05/71, « Report of In-Service Training Workshop pour les travailleurs en soins aux enfants », Hilary White et Tony Lund, 17 novembre 1970. [IRC-047141]
437. Newman, *Indians of the Saddle Lake Reserve*, p. 82, 83, 87.
438. CVR, ARN, Bibliothèque et Archives Canada, [205] 701/6-1 volume II, 03/64-12/67, ANC, E. R. Daniels au directeur, pensionnat indien Blue Quills, 9 août 1966. [BQL-005045]
439. CVR, ARN, AINC, Secteur de la résolution, Collection des dossiers historiques des pensionnats indiens, Ottawa, dossier 779/25-2-009, volume 1 (numéro de contrôle 55-4), « To whom it may concern », Julian Moses et coll., 5 septembre 1966; [NCA-007327-0000] AINC, Secteur de la résolution, Collection des dossiers historiques des pensionnats indiens, Ottawa, 777[131]6-1-767, volume 4, 12/08/58-12/28/62, Secteur de la résolution, Collection des dossiers historiques des pensionnats indiens 779/25-1-009, 05/63-11/70, volume 1, RCAP, Jules Van Brabant et le chef Moses à Arthur Laing, 7 septembre 1966. [BQL-000180]
440. CVR, ARN, AINC, Secteur de la résolution, Collection des dossiers historiques des pensionnats indiens, Ottawa, dossier 779/25-2-009, volume 1 (numéro de contrôle 55-4), R. F. Battle au ministre, 26 septembre 1966. [NCA-007328]
441. CVR, ARN, Bibliothèque et Archives Canada, Edmonton, 779/6-1-009, volume 04/65-12/66, ANC, Edmonton, Roy L. Piepenburg à E. R. Daniels, 19 décembre 1966. [BQL-005008]
442. CVR, ARN, AINC, Secteur de la résolution, Collection des dossiers historiques des pensionnats indiens, Ottawa, dossier 779/25-11-485, volume 1 (balise R-194-290), E. R. Daniels à P. Meunier, 30 mai 1967. [NCA-018026-0006]
443. Newman, *Indians of the Saddle Lake Reserve*, p. 86.
444. CVR, ARN, aucun emplacement de document, aucun dossier source de document, Jos Houle à G.-M. Latour, 24 juillet 1966. [OGP-417032]

445. CVR, ARN, AINC, Secteur de la résolution, Collection des dossiers historiques des pensionnats indiens, Ottawa, dossier 701/25-13, volume 1 (balise 104-7), R. F. Davey à J. M. [sans doute G.-M.] Latour, 10 août 1966. [NCA-012574-0001]
446. CVR, ARN, AC MAINC, dossier 1/25-13, volume 12, 03/1966-12/1967, R. F. Davey à G.-M. Latour, 17 août 1966. [AEMR-013462] Pour le deuxième prénom de S. R. Gagnon, voir : CVR, ARN, Bibliothèque et Archives Canada, Dossier du personnel d'ANC, Jean, Raymond, cote 12-10057, Demande d'emploi, 10 juillet 1970. [BQL-005825]
447. Canada, *Rapport annuel du ministère des Affaires indiennes, 1956-1957*, p. 65.
448. CVR, ARN, AINC, Bureau principal des documents, Ottawa, 779/25-18, volume 2, 05/66-11/72, CR-HQ, « Minutes of the Official Regular Saddle Lake School Committee Meeting », 28 juin 1967. [BQL-008288]
449. CVR, ARN, Bibliothèque et Archives Canada, RG10, volume 11318, dossier 779/25-18-003, partie 1, 03/1967, « School Committee Meeting at Saddle Lake Day School », 25 février 1969. [SLA-000438]
450. CVR, ARN, Bibliothèque et Archives Canada, RG10, volume 11318, dossier 779/25-18-003, partie 2, 07/69-12/73, ANC, document sans titre, procès-verbal du comité scolaire de Saddle Lake, 9 septembre 1969. [BQL-008150]
451. CVR, ARN, Bibliothèque et Archives Canada, RG10, volume 11318, dossier 779/25-18-003, partie 2, 07/69-12/73, ANC, document sans titre, procès-verbal d'une réunion extraordinaire du comité scolaire de Saddle Lake, 29 septembre 1969. [BQL-008153] Pour l'emploi d'Autochtones au pensionnat, voir : CVR, ARN, Bibliothèque et Archives Canada, 779/25-2-009, 10/70-08/71, volume 6, ANC, « The Blue Quills School Controversy »,13 juillet 1970. [BQL-008103]
452. CVR, ARN, Bibliothèque et Archives Canada, RG10, volume 11318, 779/25-18, partie 3, 06/69-06/70, ANC, document sans titre, procès-verbal d'une Conférence des comités scolaires dans le district de Saddle Lake/Athabaska, 29-31 octobre 1969. [BQL-006981]
453. CVR, ARN, Bibliothèque et Archives Canada, RG10, volume 11318, 779/25-18, partie 3, 06/69-06/70, ANC, document sans titre, procès-verbal d'une Conférence des comités scolaires dans le district de Saddle Lake/Athabaska, 29-31 octobre 1969. [BQL-006981]
454. CVR, ARN, Bibliothèque et Archives Canada, 779/25-2-009, 10/70-08/71, volume 6, ANC, « The Blue Quills School Controversy », 13 juillet 1970. [BQL-008103]
455. CVR, ARN, Centre de services de la région de la capitale nationale, BAC, Ottawa, dossier 779/6-1, volume 1 (balise N-336-352), document sans titre, procès-verbal d'une réunion de bande, salle municipale de la bande de Saddle Lake, 7 décembre 1969. [NCA-018486-0002]
456. Cardinal, *La tragédie des Indiens du Canada*, p. 117.
457. CVR, ARN, Bibliothèque et Archives Canada, 779/25-1-1, volume 1, 04/70-02/72, V. G. Boultbee à M. G. Jutras, 12 mars 1970. [IRC-041325]
458. CVR, ARN, Bibliothèque et Archives Canada, RG10, volume 11318, 779/25-18, partie 3, 06/69-06/70, ANC, « Saddle Lake/Athabaska District Conference of School Committees », 8-9 avril 1970. [BQL-006980]
459. CVR, ARN, AINC, Secteur de la résolution, Collection des dossiers historiques des pensionnats indiens, Ottawa, dossier 779/25-2-009, volume 1 (numéro de contrôle 55-4), Stanley Redcrow à Jean Chrétien, 10 avril 1970; [NCA-007324-0001] CVR, ARN, AINC, Secteur de la résolution, Collection des dossiers historiques des pensionnats indiens, Ottawa, dossier 779/25-1-009, 05/63-11/70, volume 1, RCAP, 22 avril 1970. [BQL-000161]

460. CVR, ARN, Bibliothèque et Archives Canada, 779/25-2-009, 10/70-08/71, volume 6, ANC, « The Blue Quills School Controversy », 13 juillet 1970. [BQL-008103] Pour le nom de l'organisation, voir : CVR, ARN, aucun emplacement de document, aucun dossier source de document, Georges-Marie Latour à Stanley Redcrow, 9 juillet 1970. [OGP-130086]
461. CVR, ARN, Bibliothèque et Archives Canada, 779/25-2-009, 10/70-08/71, volume 6, ANC, « The Blue Quills School Controversy », 13 juillet 1970. [BQL-008103]
462. CVR, ARN, AINC, Bureau principal des documents, Ottawa, 779/6-1-009, volume 11, 01/70-11/74, CR-HQ, E. R. Daniels à J. B. Bergevin, 7 juillet 1970. [BQL-001094]
463. CVR, ARN, aucun emplacement de document, aucun dossier source de document, Georges-Marie Latour à Stanley Redcrow, 9 juillet 1970. [OGP-130086]
464. CVR, ARN, AINC, Bureau principal des documents, Ottawa, 779/6-1-009, volume 11, 01/70-11/74, CR-HQ, Stanley Redcrow à H. B. Robinson, 9 juillet 1970. [BQL-001079]
465. CVR, ARN, AINC. Secteur de la résolution, Collection des dossiers historiques des pensionnats indiens, Ottawa, 779/25-1-009, 05/63-11/70, volume 1, RCAP, Alice Makokis à J. B. Bergevin, 13 juillet 1970. [BQL-000102]
466. CVR, ARN, Bibliothèque et Archives Canada, 779/25-2-009, 10/70-08/71, volume 6, ANC, document sans titre, 17 juillet 1970. [BQL-007951]
467. CVR, ARN, Bibliothèque et Archives Canada, 779/25-2-009, 10/70-08/71, volume 6, ANC, document sans titre, 17 juillet 1970. [BQL-007951]
468. « Indians Stage Sit-in over School Transfer Proposal », *Edmonton Journal*, 15 juillet 1970; « Come to Us Indians Tell Chretien », *Edmonton Journal*, 16 juillet 1970.
469. CVR, ARN, AINC, Secteur de la résolution, Collection des dossiers historiques des pensionnats indiens, Ottawa, dossier 779/25-2-009, volume 1 (numéro de contrôle 55-4), Dennis Bell, « Indian School », PC [Presse canadienne], 15 septembre 1970. [NCA-007310-0001]
470. CVR, ARN, aucun emplacement de document, aucun dossier source de document, «Blue Quills School, Saint-Paul, Alberta, Chroniques, Volume III, janvier 1952 à décembre 1970 », Sœurs Grises de Montréal, Prov. S. Albert Archives, 203, page 387 d'un fichier en format PDF de 410 pages. [GNA-000406]
471. « Indian Students Picket CN Tower », *Edmonton Journal*, 20 juillet 1970; » Indian Sit-in », *Edmonton Journal*, 22 juillet 1970.
472. « Indian Educational Seminar at Blue Quills School », *The Journal* (St. Paul, Alberta), 29 juillet 1970.
473. CVR, ARN, AINC, Bureau principal des documents, Ottawa, 779/6-1-009, volume 11, 01/70-11/74, DCD-AC, le chef Deiter à Jean Chrétien, 20 juillet 1970; [BQL-001071] AINC, Secteur de la résolution, Collection des dossiers historiques des pensionnats indiens, Ottawa, 777[131]6-1-767, volume 4, 12/08/58-12/28/62, Secteur de la résolution - Collection des dossiers historiques des pensionnats indiens 779/2, 03/60-12/70, volume 2, D., Jim Shot Both Sides à Jean Chrétien, 22 juillet 1970; [BQL-002205] Bibliothèque et Archives Canada, 779/25-1-1, volume 1, 04/70-02/71, Paul Yewchuk à Jean Chrétien, 20 juillet 1970; [BQL-007114-0001] AINC, Secteur de la résolution, Collection des dossiers historiques des pensionnats indiens, Ottawa, dossier 779/2, volume 2 (numéro de contrôle 3-7), D. C. Rowland à Jean Chrétien, 21 juillet 1970; [NCA-009574-0002] AINC, Secteur de la résolution, Collection des dossiers historiques des pensionnats indiens, Ottawa, 777[131]6-1-767, volume 4, 12/08/58-12/28/62, Secteur de la résolution, Collection des dossiers historiques des pensionnats indiens 779/2, 03/60-12/70, volume 2, D., M. et Mme Doug Leighton à Jean Chrétien, 23 juillet 1970. [BQL-002202]

474. « Indians Will Operate Blue Quills School », *Edmonton Journal*, 1er août 1970.
475. CVR, ARN, AINC, Secteur de la résolution, Collection des dossiers historiques des pensionnats indiens, Ottawa, dossier 779/2, volume 2 (numéro de contrôle 3-7), Jean Chrétien à Stanley Redcrow, 31 juillet 1970. [NCA-009555-0000]
476. CVR, ARN, AINC, Secteur de la résolution, Collection des dossiers historiques des pensionnats indiens, Ottawa, dossier 779/25-2-009, volume 1 (no de contrôle 55-4) « Confidential : Notes : Re Blue Quills », non daté. [NCA-007302] Pour Harpe en tant qu'enseignant remplaçant, voir : CVR, ARN, Bibliothèque et Archives Canada, RG10, volume 8596, dossier 1/1-13, partie 4, « List of Substitute Teachers, 1-1-62 à 31-30-62 », p. 6. [PAR-017405] Pour Harpe en tant qu'instructeur d'éducation physique, voir : CVR, ARN, AINC, Secteur de la résolution, Collection des dossiers historiques des pensionnats indiens, Ottawa, 779/1-13-009, 04/64-03/71, volume 1, RCAP, T. R. Kelly à la Division des affaires indiennes, 6 mars 1964. [BQL-002009]
477. « Blue Quills School : Signing of Historic Agreement », *Native People*, février 1971. Pour la délégation qui se rend à Ottawa, voir : « Blue Quills - Another First for Indians Across the Nation», *The Journal* (St. Paul, Alberta), 7 octobre 1970.
478. « Blue Quills - Another First for Indians Across the Nation», *The Journal* (St. Paul, Alberta), 7 octobre 1970.
479. Fraternité des Indiens du Canada, *Maîtrise indienne de l'éducation indienne*, p. 3.
480. CVR, ARN, Centre de services de la région de la capitale nationale, BAC, Ottawa, dossier 301/25-1, volume 9, Jean Chrétien à George Manuel, 2 février 1973. [NCA-017031-0002]
481. CVR, ARN, Bibliothèque et Archives Canada, R776-0-5 (RG55), volume 21328, C.T. no 715958, présentation à l'honorable Conseil du Trésor, 30 octobre 1972. [NPC-523476b]
482. CVR, ARN, Centre de services de la région de la capitale nationale, BAC, Ottawa, dossier 301/25-1, volume 9, « Authorization by the Treasury Board to the Extension of the Transfer of the Administration of Certain Educational Programmes », page 3 d'un fichier en format PDF de 4 pages. [NCA-017031-0004]
483. Canada, *Rapport annuel du ministère des Affaires indiennes, 1973-1974*, p. 44.
484. Canada, *Rapport annuel du ministère des Affaires indiennes, 1970-1971*, p. 20.
485. CVR, ARN, Bibliothèque et Archives Canada, RG10, no d'acquisition 1984-85/112, boîte 47, dossier 451/25-1, article de journal, « Mohawk Institute may close after 139 years », sans date; [TAY-001133]
486. CVR, ARN, Archives du Diocèse de Huron, Église anglicane du Canada, Huron University College, London (ON), Luxton Papers, boîte 27, Réserves indiennes, Richard Isaac, à qui de droit, 13 mars 1970; [TAY-001432]
487. CVR, ARN, AINC, Secteur de la résolution, Collection des dossiers historiques des pensionnats indiens, Ottawa, dossier 479/25-13-001, volume 3, G. D. Cromb au sous-ministre, 20 mars 1970. [TAY-003053-0001]
488. CVR, ARN, AINC, Secteur de la résolution, Collection des dossiers historiques des pensionnats indiens, Ottawa, dossier 479/25-1-001, volume 2, J. B. Bergevin pour W. J. Mussell à Olga Maxwell, 26 août 1970. [TAY-001163]
489. CVR, ARN, Centre de services de la région de la capitale nationale, BAC, Ottawa, dossier 601/25-1, volume 6, balise H69-268, David Ahenakew à J. McGilp, 16 février 1970. [NCA-016043-0000]

490. CVR, ARN, AINC, Secteur de la résolution, Collection des dossiers historiques des pensionnats indiens, Ottawa, dossier 673/25-13, volume 2, D. K. F. Wattie au dossier, 15 mai 1970. [MRS-000613]
491. CVR, ARN, AINC, Secteur de la résolution, Collection des dossiers historiques des pensionnats indiens, Ottawa, dossier 601/25-13, volume 2, R. Martin à E. Belt, 30 juin 1975. [MRS-001557-0000]
492. CVR, ARN, AINC, Secteur de la résolution, Collection des dossiers historiques des pensionnats indiens, Ottawa, dossier 673/25-13, volume 4, Sol Sanderson à Emile Korchinski, 4 avril 1978. [MCF-000180-0000]
493. CVR, ARN, MAINC AC, dossier 901/1, volume 16, 01/71-02/71, direction de l'Éducation, MAINC, « A Proposal to Transfer the Control and Management of Student Residences to Indian People », novembre 1970. [AEMR-018785]
494. CVR, ARN, Archives Deschâtelets, Ottawa, aucun dossier source de document, G. D. Cromb au directeur régional, Affaires indiennes et esquimaudes, région de la Saskatchewan, 8 janvier 1971. [OMI-030806]
495. CVR, ARN, AINC, Secteur de la résolution, Collection des dossiers historiques des pensionnats indiens, Ottawa, dossier 601/25-13-1, volume 1 (numéro de contrôle 77-S-25), J. Wright à K. Gooderham, 7 juillet 1973. [NCA-004556-0000]
496. CVR, ARN, AINC, Secteur de la résolution, Collection des dossiers historiques des pensionnats indiens, Ottawa, dossier 675/25-13, volume 2 (numéro de contrôle 77-S-1), Constitution et règlement intérieur du conseil scolaire du pensionnat indien Qu'Appelle, document non daté, étampé le 23 août 1972. [NCA-001197-0002]
497. CVR, ARN, Centre de services de la région de la capitale nationale, BAC, Ottawa, dossier 601/25-11 (Temp), volume 3 (balise #N332-305), H. B. Robinson au ministre, 24 novembre 1972. [NCA-017350-0000]
498. CVR, ARN, AINC, Secteur de la résolution, Collection des dossiers historiques des pensionnats indiens, Ottawa, dossier 675/25-13, volume 1, contrat non signé entre Sa Majesté la Reine et le conseil du pensionnat indien Qu'Appelle, p. 7-8, 1973. [PLD-000219-0001]
499. CVR, ARN, AINC, Secteur de la résolution, Collection des dossiers historiques des pensionnats indiens, Ottawa, dossier 675/25-13, volume 1, contrat non signé entre Sa Majesté la Reine et le conseil du pensionnat indien Qu'Appelle, p. 8-9, 1973. [PLD-000219-0001]
500. CVR, ARN, AINC, Secteur de la résolution, Collection des dossiers historiques des pensionnats indiens, Ottawa, dossier 675/25-13, volume 1, contrat non signé entre Sa Majesté la Reine et le conseil du pensionnat indien Qu'Appelle, p. 9, 1973. [PLD-000219-0001]
501. CVR, ARN, AINC, Secteur de la résolution, Collection des dossiers historiques des pensionnats indiens, Ottawa, dossier 672/25-13-1, sans titre, résolution, 8 novembre 1972. [PAR-019357-0001]
502. CVR, ARN, AINC, Secteur de la résolution, Collection des dossiers historiques des pensionnats indiens, Ottawa, dossier 672/25-13-1, volume 1, G. K. Gooderham au directeur régional Saskatchewan, 12 décembre 1972. [PAR-006634]
503. CVR, ARN, AINC, Secteur de la résolution, Collection des dossiers historiques des pensionnats indiens, Ottawa, dossier 672/25-131-1, « Indian School Dispute Erupts : Chiefs to Take Control; Anglican Church Objects», *Prince Albert Daily Herald*, 15 décembre 1972. [PAR-019356-0002]
504. CVR, ARN, AINC, Secteur de la résolution, Collection des dossiers historiques des pensionnats indiens, Ottawa, dossier 672/25-1-016, volume 1, « Brief provided to the Meeting of the Chiefs

of the Federation of Saskatchewan Indians», diocèse de la Saskatchewan de l'Église anglicane du Canada, 12 décembre 1972. [PAR-000172-0001]

505. CVR, ARN, AINC, Secteur de la résolution, Collection des dossiers historiques des pensionnats indiens, Ottawa, dossier 651/25-13, partie 2, « Gradual Takeover Seen for Student Residence », *Saskatchewan Indian,* 25 janvier 1973. [PAR-019365-0001]

506. CVR, ARN, AINC, Secteur de la résolution, Collection des dossiers historiques des pensionnats indiens, Ottawa, boîte 1 de Prince Albert, 1973-1974, Conférence des chefs du district de Prince Albert, Résolution, chefs de Prince Albert, 23 mai 1973. [PAR-000303-0005]

507. CVR, ARN, AINC, Secteur de la résolution, Collection des dossiers historiques des pensionnats indiens, Ottawa, dossier 672/25-13-1, volume 1 (numéro de contrôle 80-S-4), « Board of Directors, Prince Albert Indian Student Residence », 5 avril 1974, 3; [NCA-004562-0002] Centre de services de la région de la capitale nationale, BAC, Ottawa, dossier 601/25-1, volume 10, balise N334-305, « Briefing Notes - Saskatchewan Education Problems », 28 avril 1974. [NCA-016052]

508. CVR, ARN, AINC, Secteur de la résolution, Collection des dossiers historiques des pensionnats indiens, Ottawa, dossier 672/6-1-016, volume 18, G. K. Gooderham au sous-ministre adjoint des Affaires indiennes et esquimaudes, 17 juillet 1973. [PAR-019403-0001]

509. CVR, ARN, Bibliothèque et Archives Canada - Edmonton, RG10, no d'acquisition 1996-97/499, dossier E4214-02285, volume 8, V. UnRuh à Larry Goldade, 14 mai 1985. [PAR-001441]

510. CVR, ARN, AINC, Secteur de la résolution, Collection des dossiers historiques des pensionnats indiens, Ottawa, dossier E4974-2014, volume 2, P. E. Bisson à Milton Burns, 15 novembre 1985. [PAR-001654]

511. CVR, ARN, AINC, Secteur de la résolution, Collection des dossiers historiques des pensionnats indiens, Ottawa, dossier E4974-1355, volume 5, « Prince Albert Indian Student Education Centre Operations Report », 30 août 1988, révisée en septembre 1989, p. 7. [PAR-022067]

512. CVR, ARN, AINC, Secteur de la résolution, Collection des dossiers historiques des pensionnats indiens, Ottawa, Dossiers GRS, boîte C1, dossier 32, Serd Consultants Limited, « Indian Student Residence Resourcing Mechanism Study, Final Report, Draft, April 1990 », p. 6-7. [GDC-068540]

513. CVR, ARN, AINC, Secteur de la résolution, Collection des dossiers historiques des pensionnats indiens, Ottawa, dossier 601/25-13-1, volume 1, résolution du conseil de la bande indienne d'Onion Lake, 29 janvier 1974. [ORC-000367-0001]

514. CVR, ARN, AINC, Secteur de la résolution, Collection des dossiers historiques des pensionnats indiens, Ottawa, Dossiers GRS, boîte G22, dossier 15, La résidence d'élèves Qu'Appelle, 1973. [PLD-016338]

515. CVR, ARN, AINC, Secteur de la résolution, Collection des dossiers historiques des pensionnats indiens, Ottawa, dossier E4965-1, volume 1, « Prince Albert Indian Student Education Centre Mission Statement ». [PAR-000043-0001]

516. « Blue Quills First Nations College », *Pimohteskanaw*, p. 8.

517. « Blue Quills First Nations College », *Pimohteskanaw*, p. 9-10.

518. CVR, ARN, AINC, Secteur de la résolution, Collection des dossiers historiques des pensionnats indiens, Ottawa, dossier 371/25-1-019, volume 2, le très révérend James A. Watton, B.A., D.D., évêque de Moosonee, Schumacher (Ontario) à A. Gill, MAINC, Québec, 7 septembre 1971. [FGA-000225-0001] Pour une preuve de la nomination, voir : CVR, ARN, AINC, Secteur de la résolution, Collection des dossiers historiques des pensionnats indiens, Ottawa, dossier 1/25-

13, volume 20 (nº de contrôle 119-HQ-2), James Neacappo à Colin Wasacase, 2 octobre 1973. [NCA-011206-0000]

519. CVR, ARN, Archives Deschâtelets, Ottawa, HR 9012.C73R 53, Yvon Levaque aux évêques et provinciaux oblats, 21 juillet 1973. [OMI-030126]

520. CVR, ARN, « Historic Transfer of Authority », *Fraser Valley Record*, 5 septembre 1973. [OMS-000307]

521. CVR, ARN, Bibliothèque et Archives Canada - Burnaby, RG10, nº d'inst. de recherche 10-138, nº d'acquisition v85-86/353, dossier 963/1-13, volume perm. 6 [502372], partie 1, Établissement de résidence d'élèves, 1969-1978, ANC - Burnaby, A. H. Friesen à A. Noonan, 18 avril 1973. [KAM-008144] Pour les antécédents scolaires de Matthew, voir : CVR, ARN, Affaires autochtones et Développement du Nord Canada, la Commission de la fonction publique du Canada, Demande d'emploi, Matthew Nathan, 1er janvier 1970. [AANDC-286031]

522. CVR, ARN, AINC, Secteur de la résolution, Collection des dossiers historiques des pensionnats indiens, Ottawa, dossier 601/25-13-1, J. B. Freeman à James A. Roberts, 2 avril 1973. [PAR-019374]

523. CVR, ARN, AINC, Secteur de la résolution, Collection des dossiers historiques des pensionnats indiens, Ottawa, dossier E4974-2, volume 2, « Prince Albert District Chiefs Meeting on the Prince Albert Student Residence », 26 avril 1973. [PAR-123592-0000]

524. CVR, ARN, AINC, Secteur de la résolution, Collection des dossiers historiques des pensionnats indiens, Ottawa, Boîte 1 de Prince Albert, 1973-74, Conférence des chefs du district de Prince Albert, procès-verbal de la réunion, Conférence des chefs de Prince Albert, 9 novembre 1973. [PAR-004260]

525. CVR, ARN, Bibliothèque et Archives Canada, RG10, nº d'acquisition 1993-94/456, boîte 16, dossier 672/25-13-016, volume 3, Barbara Sluchinski à Colin Wasacase [le prénom est mal orthographié dans la lettre], 1er octobre 1973. [PAR-019428]

526. CVR, ARN, Bibliothèque et Archives Canada, ANC, RG22, volume 1209, dossier 982/2, partie 1, Procès-verbal d'une réunion extraordinaire du conseil consultatif des résidences indiennes de toute la Colombie-Britannique, 15 janvier 1971. [MIS-003460-0001]

527. CVR, ARN, Bibliothèque et Archives Canada - Burnaby, dossier 951/6-1-030, volume 9, nouvelle résidence d'élèves Christie, 1974-1977, nº d'inst. de recherche 10-138, nº d'acquisition V1985-86/397, boîte d'archives 2, R. C. Telford à L. E. Wight, 6 mai 1974; [CST-001710-0000] AINC, Bureau principal des documents, Ottawa 901/16-2, volume 5, rapports de vérification, bureau régional de la Colombie-Britannique, 07/1974-06/1978, balise nº L362, MAINC - Registre central d'Ottawa, [illisible] pour R. C. Pankhurst au directeur, Finances et gestion, 29 janvier 1975. [CST-009455]

528. CVR, DASAG, Affaires autochtones et Développement du Nord Canada, G. H. Aitchison à Patrick W. Little, 1er août 1975. [AANDC-762139]

529. CVR, ARN, Bibliothèque et Archives Canada - Burnaby, RG10, nº d'inst. de recherche 10-138, nº d'acquisition v85-86/491, dossier 981/25-13-1, volume perm.1 [500541], cession-prise de contrôle-fermeture Kamloops, 1977-1978, ANC - Burnaby, J. McCallum à F. J. Walchli, 23 juin 1978; [KAM-006989] Bibliothèque et Archives Canada, RG10, volume 85-86/491, dossier 981/25-13-1, V+boîte 1, décembre 1977-septembre 1978, A. H. Friesen à W. Van Iterson, 27 juillet 1978; [KAM-001354] Archives de l'Église anglicane du Canada, Kamloops (C.-B.), A. W. Harding à J. M. Neely, 18 septembre 1978. [GDC-070607]

530. CVR, ARN, AINC, Bureau régional des dossiers de la C.-B., Vancouver (C.-B.), BC-CR, V87-395, boîte 87-09-D40/42-009, E4974-2031, volume 3, 04/83-07/84, C. E. Van Alstyne à J. Aleck,

25 juin 1984. [MIS-000494] Pour la date d'ouverture, voir : McNally, *Lord's Distant Vineyard*, 66–67. Pour la date de fermeture, voir : CVR, ARN, AINC – Bureau régional des dossiers de la C.-B. – Vancouver BC-CR, V87-395, boîte 87-09-D40/42-009, E4974-2031, volume 3, 04/83-07/84, C. E. Van Alstyne à Joe Aleck, 25 juin 1984. [MIS-000494]

531. Voir par exemple : CVR, ARN, Bibliothèque et Archives Canada – Ottawa, RG10, volume perm. 12018, dossier 1/25-13-2, partie 4, Situation juridique du personnel domestique – pensionnat appartenant à la Couronne – AC janvier 1974–mai 1976, n° d'inst. de recherche 10-103, « Tender and Contract for Service or Work not Exceeding $5,000 », Objet : Église anglicane du Canada, 15 mars 1976. [RCN-007098-0001]
532. CVR, ARN, aucun emplacement de document, aucun dossier source de document, «St. Mary's Closing Ends Era in Native Education : Last C.-B. Indian Residence », *Home Mission*, John Tritschler, septembre 1985, p. 10–15. [OMS-000326]
533. CVR, ARN, Archives de St. Paul, série 3, boîte 17, dossier 5, Province – Histoire 1958–1988, « St. Paul's Province », Thomas A. Lascelles, 17 février 1987, p. 3. [OMI-035053]
534. CVR, ARN, AINC, Secteur de la résolution, Collection des dossiers historiques des pensionnats indiens, Ottawa, Dossiers GRS, boîte C8, dossier 20, George Axon à Herman Blind, 25 juin 1991. [GDC-012763-0000]
535. CVR, ARN, AINC, Secteur de la résolution, Collection des dossiers historiques des pensionnats indiens, Ottawa, dossier E4974-1, volume 2, « CBC Afternoon Edition, Interview with Gerry Stonechild on Residential Schools », 6 avril 1990. [PAR-000041-0000]
536. Jules, « Eddy Jules », 65. Pour la formation de Matthew pour qu'il devienne administrateur, voir : CVR, ARN, Bibliothèque et Archives Canada – Burnaby n° d'inst. de recherche 10-138, n° d'acquisition V85-86/361, volume 1 [502365], 901/1-2-2-9-3, Divers séminaires et conférences sur l'éducation, partie 2, 1973–78, « Ministère des Affaires indiennes et du Nord canadien, 11e atelier annuel sur les soins aux enfants, 22–28 août 1973 ». [125.03681] Pour Matthew en tant qu'administrateur, voir : CVR, ARN, Bibliothèque et Archives Canada – Burnaby RG10, n° d'inst. de recherche 10-189, n° d'acquisition 96-97/816, dossier 25-1, boîte 30, partie 5, Éducation des Indiens-Généralités, 1973, ANC – Burnaby, N. Matthew à un membre du comité, 7 janvier 1974. [KAM-006673]
537. CVR, ARN, AINC, Secteur de la résolution, Collection des dossiers historiques des pensionnats indiens, Ottawa, dossier E4974-1355, volume 5, Rapport de fonctionnement du Centre d'éducation des élèves indiens de Prince Albert, 30 août 1988, révisé en septembre 1989, p. 12. [PAR-022067]
538. CVR, ARN, Bibliothèque et Archives Canada, ANC, RG22, volume 1209, dossier 982/2, partie 1, « Procès-verbal » d'une réunion extraordinaire du conseil consultatif des résidences indiennes de toute la Colombie-Britannique, 16 janvier 1971. [MIS-003460-0001]
539. CVR, ARN, AINC, Secteur de la résolution, Collection des dossiers historiques des pensionnats indiens, Ottawa, Dossiers GRS, boîte C1, dossier 32, « Indian Student Residence Resourcing Mechanism Study, Final Report, Draft, April 1990 », Serd Consultants Limited, p. 46–47. [GDC-068540]
540. CVR, ARN, AINC, Secteur de la résolution, Collection des dossiers historiques des pensionnats indiens, Ottawa, dossier E4974-1355, volume 5, Rapport de fonctionnement du Centre d'éducation des élèves indiens de Prince Albert, 30 août 1988, révisé en septembre 1989, 12. [PAR-022067]
541. CVR, ARN, AINC, Secteur de la résolution, Collection des dossiers historiques des pensionnats indiens, Ottawa, dossier E4974-2015, volume 1, « Brief Presented to the Honourable

B. McKnight Minister of Indian and Northern Affairs », Conseil d'administration du centre d'éducation communautaire Marieval, 23 septembre 1986. [MRS-000636]
542. CVR, ARN, AINC, Secteur de la résolution, Collection des dossiers historiques des pensionnats indiens, Ottawa, dossier E4974-1355, volume 5, Rapport de fonctionnement du Centre d'éducation des élèves indiens de Prince Albert, 30 août 1988, révisé en septembre 1989, 14-15. [PAR-022067]
543. CVR, ARN, Bibliothèque et Archives Canada - Edmonton, n° d'acquisition E1996-97/270, boîte 8, dossier 675/25-13, volume 1, Andy Michel à Jim Freeman, 11 juillet 1979. [SMD-012142]
544. CVR, ARN, AINC, Secteur de la résolution, Collection des dossiers historiques des pensionnats indiens, Ottawa, dossiers GRS, boîte C1, dossier 32, « Indian Student Residence Resourcing Mechanism Study, Final Report, Draft », Serd Consultants Limited, avril 1990, p. 12. [GDC-068540]
545. CVR, ARN, AINC, Secteur de la résolution, Collection des dossiers historiques des pensionnats indiens, Ottawa, dossier E4974-2, volume 2, « Special meeting of the Board of Directors of the Prince Albert Indian Student Residence », 6 septembre 1974. [PAR-123588-0000]
546. CVR, ARN, AINC, Secteur de la résolution, Collection des dossiers historiques des pensionnats indiens, Ottawa, dossier 673/25-13, volume 2, R. Martin à J. B. Freeman, 7 janvier 1976. [MRS-000033-0000]
547. CVR, ARN, AINC, Secteur de la résolution, Collection des dossiers historiques des pensionnats indiens, Ottawa, dossier E4965-1, volume 1, « Reasons for Admission to P.A.I.S.E.C. : After Discharge - Summary - September 15, 1987 ». [PAR-000059-0001]
548. CVR, ARN, AINC, Secteur de la résolution, Collection des dossiers historiques des pensionnats indiens, Ottawa, dossier E4965-1, volume 1, « Prince Albert Indian Education Centre », document non daté. [PAR-000059-0002]
549. CVR, ARN, AINC, Secteur de la résolution, Collection des dossiers historiques des pensionnats indiens, Ottawa, dossier E4974-1355, volume 5, Rapport de fonctionnement du Centre d'éducation des élèves indiens de Prince Albert, 30 août 1988, révisé en septembre 1989, 3-9. [PAR-022067]
550. Canada, *Rapport annuel du ministère des Affaires indiennes, 1969-1970*, p. 140.
551. CVR, ARN, AINC, Secteur de la résolution, Collection des dossiers historiques des pensionnats indiens, Ottawa, dossier E4974-2020, volume 3 (n° de contrôle 7-7), D. Wattie à G. P. Kerr, 17 mars 1988. [NCA-007261-0000]
552. « Blue Quills First Nations College », *Pimohteskanaw,* p. 14.
553. CVR, ARN, AINC, Secteur de la résolution, Collection des dossiers historiques des pensionnats indiens, Ottawa, dossier E4974-2012, volume 3, Jack Bass à Brian White, 12 mars 1987. [DRS-000168-0004]
554. CVR, ARN, AINC, Secteur de la résolution, Collection des dossiers historiques des pensionnats indiens, Ottawa, dossier 377/25-13-005, volume 1, note de service de Réjean Perron à Aurelien Gill, 26 septembre 1978. [BAX-000806]
555. CVR, ARN, AINC, Secteur de la résolution, Collection des dossiers historiques des pensionnats indiens, Ottawa, dossier 377/25-13-005, volume 1 (numéro de contrôle 83-Q-10), Procès-verbal d'une réunion du Conseil des Montagnais du Lac Saint-Jean, Geatane Courtois, 5 mars 1979. [NCA-015459-0001] Pour le rapport, voir : CVR, ARN, AINC, Secteur de la résolution, Collection des dossiers historiques des pensionnats indiens, Ottawa,

dossier 377/25-13-005, volume 2, « Utilisation de la résidence de Pointe-Bleue », Daniel Cloutier, 3 mars 1979. [PTB-001258-0000]

556. CVR, ARN, AINC, Secteur de la résolution, Collection des dossiers historiques des pensionnats indiens, Ottawa, dossier 301/25-13, volume 4, Rapport sur les foyers et les résidences d'élèves, Marcel Martel, 8 décembre 1972, p. 7. [FGA-000137-0001]

557. CVR, ARN, AINC, Secteur de la résolution, Collection des dossiers historiques des pensionnats indiens, Ottawa, dossier E4974-076, volume 3, André Côté à Germain Paul, 20 juin 1991. [PTB-001189]

558. CVR, ARN, Bibliothèque et Archives Canada, ANC, RG22, volume 1209, dossier 982/2, partie 1, Procès-verbal d'une réunion extraordinaire du conseil consultatif des résidences indiennes de toute la Colombie-Britannique, 16 janvier 1971, p. 6. [MIS-003460-0001]

559. CVR, ARN, AINC, Secteur de la résolution, Collection des dossiers historiques des pensionnats indiens, Ottawa, NCR-E4974-1 (pièce jointe 1), volume 3 (numéro de contrôle 446-19), « Saskatchewan Region, Student Residences : An Issue Management Discussion Paper », 8 février 1994. [NCA-016023-0002]

560. CVR, ARN, « Starr Admits to Sexual Assaults », Trevor Sutter, *Regina Leader-Post*, 3 février 1993. [GDC-026641]

561. CVR, ARN, AINC, Secteur de la résolution, Collection des dossiers historiques des pensionnats indiens, Ottawa, NCR-E4974-1 (pièce jointe 1), volume 3 (numéro de contrôle 446-19), « Saskatchewan Region, Student Residences : An Issue Management Discussion Paper », 8 février 1994. [NCA-016023-0002]

562. Pour la date de la démission de Starr, voir : CVR, ARN, AINC, Secteur de la résolution, Collection des dossiers historiques des pensionnats indiens, Ottawa, Dossiers GRS, rapports de conseils consultatifs, 1984, procès-verbal d'une réunion du conseil consultatif de la résidence d'élève de Gordon, 11 décembre 1984. [GDC-000025]

563. CVR, ARN, AINC, Secteur de la résolution, Collection des dossiers historiques des pensionnats indiens, Ottawa, dossier E4965-2013, volume 3, Pensionnat de Beauval, boîte 1, dossier 1-5, Protocole d'entente et accord concernant le centre éducatif indien de Beauval, 6 juin 1995. [BVL-001306]

564. CVR, ARN, AINC, Secteur de la résolution, Collection des dossiers historiques des pensionnats indiens, Ottawa, dossier E4974-10474, volume 2, Ray Gamracy à Dana Commercial Credit Canada, 6 juin 1996; [SMD-000651-0000] pensionnat de Gordon, pensionnats indiens et inuits de l'Église anglicane, Église anglicane du Canada, www.anglican.ca/relationships/histories/gordons-school-punnichy (consulté le 5 mai 2014).

565. Pour Lestock, voir : CVR, ARN, AINC, Secteur de la résolution, Collection des dossiers historiques des pensionnats indiens, Ottawa, pensionnat de Muskowekwan, boîte 67, dossier 1, conseil de gestion du Muskowekwan Education Centre, procès-verbal du 16 juillet 1997. [MDD-007310-0001] Pour Grayson, voir : CVR, ARN, AINC, Secteur de la résolution, Collection des dossiers historiques des pensionnats indiens, Ottawa, dossier E4971-361, volume 3, Myler Savill à Lionel Sparvier, 21 juillet 1997. [MRS-000002-0001] Pour Prince Albert, voir : CVR, ARN, AINC, Secteur de la résolution, Collection des dossiers historiques des pensionnats indiens, Ottawa, dossier E4974-1355, volume 8, « Education Centre Set to Re-open », *Prince Albert Herald*, Carrie Hunter, 15 octobre 1997. [PAR-003103-0001]

566. CVR, ARN, AINC, Secteur de la résolution, Collection des dossiers historiques des pensionnats indiens, Ottawa, dossier E4974-1355, volume 7, Julia Johnston à Henry Naytowhow, 3 novembre 1996. [PAR-003369]

567. CVR, ARN, AINC, Secteur de la résolution, Collection des dossiers historiques des pensionnats indiens, Ottawa, dossier E4974-1355, volume 8, Résolution du conseil de la bande de Lac la Ronge, 28 février 1997. [PAR-003110-0001]
568. CVR, ARN, AINC, Secteur de la résolution, Collection des dossiers historiques des pensionnats indiens, Ottawa, dossier E4974-1355, volume 9, Merv Buckle à Jerry McLeod, 19 mars 1997. [PAR-017790]
569. CVR, ARN, AINC, Secteur de la résolution, Collection des dossiers historiques des pensionnats indiens, Ottawa, dossier E4974-1355, volume 8, « Education Centre Set to Reopen », Carrie Hunter, *Prince Albert Herald*, 15 octobre 1997; [PAR-003103-0001] Pat Cook à Cathy Young, 16 décembre 1997. [PAR-003102-0000]
570. CVR, ARN, AINC, Secteur de la résolution, Collection des dossiers historiques des pensionnats indiens, Ottawa, dossier E4974-6-02017, Irvin Starblanket à Roy Bird, 1er octobre 1997; [PLD-009978-0002]
571. LaRose, « Wrecker's ball Claims White Calf Collegiate » http://www.ammsa.com/publications/saskatchewan-sage/wreckers-ball-claims-white-calf-collegiate-0.

Éducation : 1940-2000

1. CVR, ARN, aucun emplacement de document, aucun dossier source de document, Allocution prononcée par Mlle Kay Cronin aux directeurs oblats, à un atelier qui s'est tenu à Ottawa, août 1964, p. 1-5. [UCB-005650] Pour des renseignements biographiques sur Kay Cronin, voir : ABC Bookworld, « Kay Cronin », http://www.abcbookworld.com/view_author.php?id=5600 (consulté le 14 mai 2014); « Oblate Cemetery », Fraser River Heritage Park, http://www.heritagepark-mission.ca/omicemetery.html (consulté le 14 mai 2014).
2. Canada, *Rapport annuel du ministère des Affaires indiennes, 1959*, p. 106.
3. Canada, *Rapport annuel du ministère des Affaires indiennes, 1960*, p. 57; Canada, *Rapport annuel du ministère des Affaires indiennes, 1965*, p. 75; Canada, *Rapport annuel du ministère des Affaires indiennes, 1965-1966*, p. 130 (6 717, chiffre obtenu en soustrayant 3 158 pensionnaires fréquentant des pensionnats non fédéraux du total de 9 875).
4. Canada, *Rapport annuel du ministère des Affaires indiennes, 1968-1969*, p. 154-155.
5. CVR, ARN, Bibliothèque et Archives Canada, RG10, volume 7194, dossier 511/25-1-015, O. B. Strapp à P. Phelan, 27 septembre 1952. [BRS-000909]
6. Canada, *Rapport annuel du ministère des Affaires indiennes, 1965-1966*, p. 65.
7. CVR, ARN, Bibliothèque et Archives Canada — Burnaby, no d'instr. de recherche 10-138, 07/1956, volume perm. 13528, C. G. Brown, G. J. Buck, B. O. Filoteau, à J. W. Pickersgill, « Report of the Educational Survey Commission on the Educational Facilities and Requirements of the Indians of Canada », juillet 1956, p. 8-9. [AEMR-254362]
8. CVR, ARN, Archives provinciales — Alberta, no d'acquisition 71.220/9187/245, Manuel destiné aux enseignants des pensionnats indiens de l'Alberta, Rapport du ministère de la Citoyenneté et de l'Immigration, 1954, p. 12. [OMI-030957]
9. Canada, *Statistical Report and Analysis of the Distribution*, p. 76.
10. Canada, *Rapport annuel du ministère des Affaires indiennes, 1965-1966*, p. 64-65.
11. Canada, *Rapport annuel du ministère des Affaires indiennes, 1969-1970*, p. 142.
12. CVR, ARN, Archives de St. Paul's, série 4, boîte 10, dossier 6, G. F. Kelly à G. Voisin, 9 juin 1967, p. 2. [OMI-033794]

13. CVR, ARN, AINC — Secteur de la résolution — Collection des dossiers historiques des pensionnats indiens — Ottawa, dossier 1/25-13-2, volume 1, G. Caldwell à G. F. Kelly, 18 juillet 1967. [SRS-001146]
14. Canada, *Rapport annuel du ministère des Affaires indiennes, 1924*, 15. Pour des exemples (presque textuels) d'engagements pris pendant cette période, voir : Canada, *Rapport annuel du ministère des Affaires indiennes, 1915*, xxviii; Canada, *Rapport annuel du ministère des Affaires indiennes, 1916*, xxxvii; Canada, *Rapport annuel du ministère des Affaires indiennes, 1917*, 15; Canada, *Rapport annuel du ministère des Affaires indiennes, 1918*, p. 24–25; Canada, *Rapport annuel du ministère des Affaires indiennes, 1919*, p. 33; Canada, *Rapport annuel du ministère des Affaires indiennes, 1920*, p. 14–15; Canada, *Rapport annuel du ministère des Affaires indiennes, 1921*, p. 28–29; Canada, *Rapport annuel du ministère des Affaires indiennes, 1922*, p. 19–20.
15. CVR, ARN, Archives Deschâtelets, Ottawa, HR 8004.C73R 4, Procès-verbal du comité des missions indiennes des pères oblats, 12 octobre 1939, page 5 de la version traduite. [OMI-033064]
16. Canada, *Rapport annuel du ministère des Affaires indiennes, 1942*, p. 142–143; Canada, *Rapport annuel du ministère des Affaires indiennes, 1944*, p. 173.
17. Canada, *Rapport annuel du ministère des Affaires indiennes, 1947*, p. 237.
18. Canada, *Rapport annuel du ministère des Affaires indiennes, 1948*, p. 260.
19. CVR, ARN, Église presbytérienne du Canada, Index des noms des pensionnats, 2009, dossier 1988-7004-12-1, N. M. Rusaw à F. Matthews, 1er août 1948. [BIR-002711]
20. CVR, ARN, Bibliothèque et Archives Canada, RG10, volume 6426, dossier 875-1, partie 4, J. Coleman au commissaire des Indiens pour la Colombie-Britannique, 14 octobre 1947, p. 8. [MIK-002279-0002]
21. CVR, ARN, aucun emplacement de document, aucun dossier source de document, H. F. Dunlop à P. Phelan, 4 novembre 1948. [SEC-000063]
22. CVR, ARN, aucun emplacement de document, aucun dossier source de document, A. Noonan à L. K. Poupore, 27 novembre 1960. [CIS-000553]
23. CVR, ARN, Archives Deschâtelets, Oblats de Marie-Immaculée, Ottawa, HR 6741.C73R 14a, Inspecteur des écoles séparées, Province d'Ontario, au directeur, pensionnat indien de Kenora, Kenora (Ontario), avril 1949. [KNR-002581-0001]
24. CVR, ARN, Archives Deschâtelets, Oblats de Marie-Immaculée, Ottawa, HR 6741.C73R 14a, B. F. Neary à J. C. Plourde, 14 avril 1949. [KNR-002581-0000]
25. Canada, *Rapport annuel du ministère des Affaires indiennes, 1955*, p. 53.
26. Canada, *Rapport annuel du ministère des Affaires indiennes, 1955*, p. 53.
27. Canada, *Rapport annuel du ministère des Affaires indiennes, 1961*, p. 63.
28. Canada, *Rapport annuel du ministère des Affaires indiennes, 1942*, p. 143.
29. Canada, *Rapport annuel du ministère des Affaires indiennes, 1953*, p. 62.
30. Canada, *Rapport annuel du ministère des Affaires indiennes, 1958*, p. 62.
31. Canada, *Rapport annuel du ministère des Affaires indiennes, 1961*, p. 63.
32. Canada, *Rapport annuel du ministère des Affaires indiennes, 1965*, p. 37.
33. CVR, ARN, MAINC, dossier 1/25-1, volume 22, R. F. Davey à Bergevin, 15 septembre 1959, p. 3. [AEMR-019616]
34. CVR, ARN, Bibliothèque et Archives Canada, RG10, volume 6205, dossier 468-1, partie 3, R. A. Hoey au Dr McGill, 9 novembre 1942. [MER-000498]
35. CVR, ARN, Bibliothèque et Archives Canada, RG10, volume 6255, dossier 576-1, partie 4, A. G. Hamilton au MAINC, 8 novembre 1944. [BRS-000507]

36. CVR, ARN, Bibliothèque et Archives Canada, 772/6-1-010 partie 3, volume 8672, 1953-1957, ANC, R. F. Davey à M. C. Macdonald, 9 août 1956. [MOR-005774]
37. Canada, *Rapport annuel du ministère des Affaires indiennes, 1956-1957*, p. 59.
38. Canada, *Rapport annuel du ministère des Affaires indiennes, 1958*, p. 62.
39. Canada, Comité spécial mixte, *Procès-verbaux et témoignages*, sous la présidence de D. F. Brown, 27 mai 1974.
40. CVR, ARN, Bibliothèque et Archives Canada, RG10, volume 8598, dossier 1/1-13-2, partie 1, R. F. Davey à G. Laviolette, 10 septembre 1953. [AEMR-120553]
41. CVR, ARN, aucun emplacement de document, aucun dossier source de document, A. H. Fleury au père, 10 juillet 1946. [OMS-000639]
42. CVR, ARN, Bibliothèque et Archives Canada, RG10, volume 8452, dossier 774/23-5-016, partie 1, inspecteur des écoles [illisible] à la Division des affaires indiennes, 17 décembre 1945. [ERM-006169]
43. CVR, ARN, Bibliothèque et Archives Canada, RG10, volume 8452, dossier 774/23-5-016, partie 1, inspecteur des écoles [illisible] à la Division des affaires indiennes, 18 décembre 1945. [ERM-006168]
44. CVR, ARN, Bibliothèque et Archives Canada, RG10, volume 8452, dossier 774/23-5-016, partie 1, inspecteur des écoles [illisible] à la Division des affaires indiennes, 19 décembre 1945. [ERM-006167]
45. CVR, ARN, Archives provinciales de l'Alberta, PAA 71.220 B94 3972, directeur, pensionnat indien Ermineskin à la Division des affaires indiennes, « Principal's Report for the Year ending 31 March 1948, School: Ermineskin Residential School », mars 1948. [OGP-032546]
46. CVR, ARN, Archives provinciales de l'Alberta, PAA 71.220 B92 3895, H. N. Woodsworth au directeur, Division des affaires indiennes, 30 décembre 1948. [OGP-030575]
47. CVR, ARN, Archives provinciales — Alberta, PAA 71.220 B92 3896, H. N. Woodsworth au directeur, Division des affaires indiennes, 22 décembre 1949. [OGP-030613]
48. CVR, ARN, Archives provinciales — Alberta, PAA 71.220 B92 3898, H. N. Woodsworth à G. K. Gooderham, 5 octobre 1950. [OGP-030675]
49. CVR, ARN, AINC — Secteur de la résolution — Collection des dossiers historiques des pensionnats indiens — Ottawa, 774/23-5-016, 1951-1966, volume 2, CRPA, O. Massing, inspecteur des écoles secondaires, 30 octobre 1959. [ERM-000008]
50. CVR, ARN, aucun emplacement de document, aucun numéro de dossier source de document, L. C. Hunter à E. Routhier, 30 mars 1960. [GMA-001639]
51. CVR, ARN, Bibliothèque et Archives Canada, RG10, volume 8599, dossier 1/1-13-2, partie 3, R. F. Davey à G. K. Gooderham, 15 février 1962, p. 3; [FAR-005389] Titley, « Industrious, but Formal and Mechanical. »
52. CVR, ARN, Archives provinciales de l'Alberta, PAA 71.220 B161 2357, E. O. Drouin au chef Shot Both Sides et au Conseil des Gens-du-Sang, agence indienne de Cardston, 27 décembre 1966. [OGP-022362]
53. CVR, ARN, Bibliothèque et Archives Canada, Edmonton file 773(103)/6-2, volume 1, 07/1956-04/1969, R. F. Battle à R. F. Davey, 29 novembre 1957. [AEMR-200985]
54. CVR, ARN, Bibliothèque et Archives Canada, [205]701/1-13, volume III, 01/65-12/66, G. K. Gooderham à M. Brodhead, 22 avril 1965. [RCA-001770]
55. CVR, ARN, AINC — Secteur de la résolution — Collection des dossiers historiques des pensionnats indiens — Ottawa, CRPA, dossier 772/25-1-001, volume 1, 05/37-12/72, M. McMahon à R. F. Davey, 3 novembre 1965. [CFT-000244-0000]

56. CVR, ARN, Bibliothèque et Archives Canada, RG10, boîte 306, dossier 701/1-13, partie 2, 02/1966-11/1967, G. K. Gooderham à L. G. P. Waller, 7 avril 1966. [RCA-010614-0000]
57. Newman, *Indians of the Saddle Lake Reserve*, p. 84.
58. CVR, ARN, aucun emplacement de document, aucun dossier source de document, J. P. Mulvihill à L. K. Poupore, 6 juin 1956. [OKM-000554-0000]
59. CVR, ARN, aucun emplacement de document, aucun dossier source de document, L. K. Poupore à H. M. Jones, 31 octobre 1956. [OKM-000560]
60. CVR, ARN, Archives de St. Paul's, série 2, dossier 5, G. F. Kelly à M. Whitehead, 15 février 1989. [OMI-034528] Pour le début de la carrière de Kelly, voir : CVR, ARN, Bibliothèque et Archives Canada — Ottawa, RG10, volume 6452, dossier 884-1, partie 3, 1935-1960, agence de Kootenay — école industrielle de Kootenay — Administration générale, n° d'instr. de recherche 10-17, bobine de microfilm C-8774, NAC Ottawa, J. Scannell à P. Phelan, 17 août 1945. [EGN-008389]
61. Cardinal, *La tragédie des Indiens du Canada*, p. 75. Pour l'école qu'a fréquentée Cardinal, voir : Titley, « Industrious, but Formal and Mechanical », p. 59.
62. CVR, ARN, Bibliothèque et Archives Canada — Ottawa RG10, volume 6015, dossier 1-1-6-Alta, partie 1, « Indian Education in Alberta », compte rendu non daté d'une réunion tenue le 22 août 1946. [RCA-000036]
63. CVR, ARN, Bibliothèque et Archives Canada, RG10, volume 6309, dossier 654-1, partie 3, R. A. Hoey à H. McGill, 9 décembre 1941. [GDC-017558] Pour des détails sur Andrew Gordon, voir : CVR, ARN, Bibliothèque et Archives Canada, RG10, volume 6309, dossier 654-1, partie 2, R. W. Frayling au MAINC, « Memorandum into the cause and circumstances of the death of Andrew Gordon », 11 mars 1939. [GDC-028479]
64. CVR, ARN, Église anglicane du Canada, Pas de dossier source de document, G. M. Bushell, « Visit of Indian Committee to the Gordon's Reserve, to confer with members of Gordon's Indian Band », 12 juillet 1944. [GDC-008720]
65. CVR, ARN, Bibliothèque et Archives Canada, RG10, volume 6309, dossier 654-1, partie 3, F. E. R. Badham à H. McGill, 2 septembre 1944. [GDC-017576]
66. CVR, ARN, Bibliothèque et Archives Canada, RG10, volume 6309, dossier 654-1, partie 3, E. H. Knowles à T. H. Crerar, 21 octobre 1944. [GDC-011640-0001]
67. CVR, ARN, Bibliothèque et Archives Canada RG10, volume 6309, dossier 654-1, partie 3, R. S. Davis au MAINC, ministère des Mines et des Ressources, 23 octobre 1944. [GDC-017580]
68. CVR, ARN, Bibliothèque et Archives Canada RG10, volume 6309, dossier 654-1, partie 3, M. Christianson à R. A. Hoey, 8 décembre 1944. [GDC-017334]
69. Canada, *Rapport annuel du ministère des Affaires indiennes, 1921*, p. 28-29.
70. CVR, ARN, Bibliothèque et Archives Canada, RG10, volume 6014, dossier 1-1-6 MAN, partie 1, D. C. Scott à Meighen, 1er juin 1920. [NCA-002403]
71. Canada, Comité spécial mixte, *Procès-verbaux et témoignages*, sous la présidence de D. F. Brown, 15 avril 1947, p. 17-18.
72. Canada, Comité spécial mixte, *Procès-verbaux et témoignages*, sous la présidence de D. F. Brown, 17 avril 1947, p. 13.
73. Canada, Comité spécial mixte, *Procès-verbaux et témoignages*, sous la présidence de D. F. Brown, 15 avril 1947, p. 17.
74. Canada, Comité spécial mixte, *Procès-verbaux et témoignages*, sous la présidence de D. F. Brown, 17 avril 1947, p. 13.
75. Canada, *Rapport annuel du ministère des Affaires indiennes, 1953*, p. 62-63.

76. CVR, ARN, MAINC, dossier 81/25-1, volume 1, R. F. Davey au superviseur régional, North Bay, 21 décembre 1959. [AEMR-019696]
77. CVR, ARN, Bibliothèque et Archives Canada, RG10, boîte 362, n° d'acquisition 1999-01431-6, dossier 901/23-16, partie 1, W. S. Arneil à R. F. Davey, 28 janvier 1960. [NCA-006402]
78. CVR, ARN, Bibliothèque et Archives Canada, RG10, volume 6469, dossier 890-4, partie 1, bobine de microfilm C-8787, A. H. Fleury à D. M. MacKay, 12 novembre 1943. [MIS-003051]
79. CVR, ARN, Bibliothèque et Archives Canada, RG10, volume 6256, dossier 576-4, partie 1, M. E. McNeill à Neary, 2 décembre 1948. [BRS-000055]
80. CVR, ARN, Église anglicane du Canada, Archives du Synode général, ACC-MSCC-GS 75-103, série 2.15, boîte 27, dossier 2, J. W. House à L. A. Dixon, 10 janvier 1947, p. 7. [AAC-087429]
81. CVR, ARN, Bibliothèque et Archives Canada, RG10, volume 8760, dossier 901/25-1, partie 2, R. F. Davey au directeur, 14 mars 1956, p. 4. [AEMR-120651]
82. Linteau et coll., *Histoire de Québec contemporain*, p. 660-662.
83. Québec, Comité Catholique du Conseil de l'Instruction Publique, *Programme d'Études des Écoles Élémentaires,* p. 481-482, cité dans Hodgetts, *Quelle culture? Quel héritage?*, p. 35, 45.
84. CVR, ARN, MAINC, dossier 1/25-1 (E.10), « Report on Textbooks », p. 6-9; [AEMR-019193A] Le rapport de Sluman a été publié sous le titre Norma Sluman, « The Text Book Indian », *Toronto Education Quarterly* 5, n° 3 (1967).
85. Manitoba, Indian and Métis Conference, Committee of the Community Welfare Planning Council, « Survey of Canadian History Textbooks », ministère de l'Éducation du Manitoba, 1964, 18, cité dans McDiarmid et Pratt, *Teaching Prejudice,* p. 23.
86. Commission Parent, *Rapport de la Commission royale,* vol. 3, partie A, par. 210, http://classiques.uqac.ca/contemporains/quebec_commission_parent/rapport_parent_4/rapport_parent_vol_4.pdf.
87. Vanderburgh, *Canadian Indian,* p. 18.
88. Pour un exemple de ces lettres aux ministres provinciaux de l'Éducation, voir : CVR, ARN, Bibliothèque et Archives Canada, RG10, volume 7187, dossier 301/25-1, partie 1, G. F. Davidson à J. L. Page, 19 décembre 1960. [NCA-013226]
89. CVR, ARN, MAINC, dossier 1/25-1 (E.10), « Report on Textbooks », p. 1-6. [AEMR-019193A]
90. CVR, ARN, MAINC, dossier 1/25-1 (E.10), R. F. Davey à tous les surintendants des écoles, 29 juillet 1968. [AEMR-019193]
91. CVR, ARN, MAINC, dossier 1/25-1, volume 22, R. F. Davey à Bergevin, 15 septembre 1969, p. 2. [AEMR-019616]
92. McDiarmid et Pratt, *Teaching Prejudice,* vii-viii, p. 33.
93. McDiarmid et Pratt, *Teaching Prejudice,* p. 41.
94. McDiarmid et Pratt, *Teaching Prejudice,* p. 88-90.
95. McDiarmid et Pratt, *Teaching Prejudice*, p. 51.
96. McDiarmid et Pratt, *Teaching Prejudice*, p. 68.
97. Fraternité des Indiens du Manitoba, *The Shocking Truth,* iii.
98. Fraternité des Indiens du Manitoba, *The Shocking Truth,* Appendix IV, List of Most Frequently Used Terms, p. 12.
99. CVR, ARN, Archives de l'Église presbytérienne au Canada, Toronto (Ont.), Dossier de Tyler Bjornson, Presbyterian Research, « Presbyterian Indian Residential School Staff Handbook », p. 1. [IRC-041206]

100. CVR, ARN, Archives de l'Église presbytérienne au Canada, Toronto (Ont.), Dossier de Tyler Bjornson, Presbyterian Research, « Presbyterian Indian Residential School Staff Handbook », p. 2–3. [IRC-041206]
101. CVR, ARN, Archives de l'Église presbytérienne au Canada, Toronto (Ont.), Dossier de Tyler Bjornson, Presbyterian Research, « Presbyterian Indian Residential School Staff Handbook », p. 3–4. [IRC-041206]
102. CVR, ARN, Archives de l'Église presbytérienne au Canada, Toronto (Ont.), Dossier de Tyler Bjornson, Presbyterian Research, « Presbyterian Indian Residential School Staff Handbook », p. 4. [IRC-041206]
103. CVR, ARN, AINC — Secteur de la résolution — Collection des dossiers historiques des pensionnats indiens — Ottawa, dossiers GRS, boîte 16A, dossier 10, « Staff Manual: Gordon's Indian Residential School, Anglican Church of Canada », non daté, non paginé, 6 pages sur 17. [GDC-043268]
104. CVR, ARN, Section des archives du diocèse anglican Cariboo n° 205, pensionnat indien St. George, Carte D.C. 2C11, pensionnat de Lytton-St.-George's, n° 88.44, A. W. Harding, vice-directeur, « All Saints Indian Residential School Staff Manual 2nd Revision, 1967 », p. 5. [AEMR-177341]
105. CVR, ARN, Bibliothèque et Archives Canada, RG10, volume 6160, dossier 577-1, partie 2, bobine de microfilm C-8651, B. F. Neary à G. E. Trudeau, 10 mai 1947. [120.00515]
106. CVR, ARN, Bibliothèque et Archives Canada, RG10, volume 6160, dossier 577-1, partie 2, G. E. Trudeau à B. F. Neary, 9 juin 1947. [CLD-001047]
107. Snow, *These Mountains are our Sacred Places*, p. 110.
108. Snow, *These Mountains are our Sacred Places*, p. 110.
109. CVR, ARN, Bibliothèque et Archives Canada, RG10, volume 7936, dossier 32-104, J. W. House à M. Gooderham, 26 janvier 1942. [OLD-004156-0001]
110. CVR, ARN, Bibliothèque et Archives Canada, RG10, volume 7936, dossier 32-104, G. H. Gooderham à C. P. Schmidt, 17 février 1942. [OLD-004156-0000]
111. CVR, ARN, Bibliothèque et Archives Canada, RG10, volume 7936, dossier 32-104, J. Crowfoot au ministère des Affaires indiennes, 20 février 1942. [OLD-004154]
112. CVR, ARN, Bibliothèque et Archives Canada, RG10, volume 7936, dossier 32-104, C. P. Schmidt au Secrétaire, Division des affaires indiennes, 5 août 1942. [OLD-004158]
113. CVR, ARN, Bibliothèque et Archives Canada, 875-1, partie 4, volume 6426, 1937-1947, ANC, F. E. Anfield aux anciens élèves et diplômés de l'agence Kwawkewlth, 6 avril 1943. [MIK-002742-0001]
114. Conseil canadien du bien-être, *Indian Residential Schools*, p. 97–98.
115. CVR, ARN, Bibliothèque et Archives Canada, RG10, volume 7183, dossier 1/25-1-1-4, partie 2, Panel on Indian Research - Committee on Scientific Problems of Indian Affairs. 1952–1959, bobine de microfilm C-9695, n° d'instr. de recherche 10-28, H. M. Jones à E. Bussiere, 13 septembre 1954. [AEMR-255680]
116. MacGregor, *Chief*, p. 23.
117. Willis, *Geniesh*, p. 45–46.
118. Knockwood, *Out of the Depths*, p. 28.
119. Canadien, *From Lishamie*, p. 56.
120. CVR, ARN, AINC — Secteur de la résolution — Collection des dossiers historiques des pensionnats indiens — Ottawa, dossier E4974-2, volume 2, « Prince Albert District Chiefs Meeting on the Prince Albert Student Residence, 16 April 1973 », p. 2. [PAR-123592-0000]

121. CVR, ARN, Archives de l'Église presbytérienne au Canada, Toronto (Ont.), n° d'acquisition 1988-7004, boîte 18, dossier 2, Kathleen [Stewart] à Frieda [Matthews], 25 juin 1953. [CJC-007878]
122. Comeau, *Elijah,* p. 49.
123. CVR, ARN, AINC — Secteur de la résolution — Collection des dossiers historiques des pensionnats indiens — Ottawa, dossier 81/25-1 (Ctrl n° 240-13), R. Morris aux chefs, région de Petahbun [Pehtabun], 9 février 1979, p. 2-3. [NCA-001721]
124. CVR, ARN, aucun emplacement de document, Sœurs Grises de Montréal, Prov. S. Albert Archives, pensionnat Blue Quills, Eliza Marie Lagre, « Two New Teachers », *The Moccasin Telegram,* volume 8, Numéro 1, septembre-octobre 1950, page 5 d'un document de 9 pages en format PDF. [GNA-000524] Pour le contexte du programme, voir : Persson, *Blue Quills,* p. 130-132.
125. CVR, ARN, aucun emplacement de document, aucun dossier source de document, « Rev. Jean Lessard Leaves Blue Quills », *St. Paul Journal,* 1er juin 1951, page 7 d'un fichier de 110 pages en format PDF. [GNA-000409]
126. CVR, ARN, aucun emplacement de document, aucun dossier source de document, « Education Week at Blue Quills: Open House for Parents and Visitors », *St. Paul Journal,* 18 mai 1951, page 5 d'un document de 110 pages en format PDF. [GNA-000409]
127. CVR, ARN, aucun emplacement de document, aucun dossier source de document, « Education Week at Blue Quills: Open House for Parents and Visitors » *St. Paul Journal,* 18 mai 1951, page 5 d'un document de 110 pages en format PDF. [GNA-000409]
128. CVR, ARN, Archives provinciales de l'Alberta, PAA 71.220 B132 5770, Eva Cardinal, « On the Air », *Moccasin Telegram,* volume 8, numéro 1, page 8 d'un document de 143 pages en format PDF. [OGP-010021]
129. CVR, ARN, Sœurs Grises de Montréal, Prov. S. Albert Archives, pensionnat Blue Quills, Edna Minoose, « Girl's Choir on the Air »; Eric Cardinal, « Junior Boys on the Air », *Moccasin Telegram,* volume 8, numéro 3, janvier-février 1951, page 3 d'un document de 10 pages en format PDF. [GNA-000526]
130. CVR, ARN, Archives provinciales de l'Alberta, PAA 71.220 B132 5770, "Recording Indian Songs », Romeo Paul, *Moccasin Telegram,* volume 8, nombre 1, septembre-octobre, page 28 d'un document de 143 pages en format PDF. [OGP-010021]
131. Persson, *Blue Quills,* p. 132.
132. CVR, ARN, aucune source de document, aucun emplacement de document, « CCC Brief on Indian Welfare and Education », *Indian Record,* juin 1960, p. 3. [BVT-001818]
133. Hawthorn, *Étude sur les indiens contemporains,* p. 2 : 31-32.
134. Conseil canadien du bien-être, *Indian Residential Schools,* p. 100.
135. CVR, ARN, Archives provinciales de l'Alberta, PAA 71.220 B56 2429, J. Weitz, « Report on the use of the language, history and customs of the Blood Indians in the classes of Level I, during the school year 1968-69 », 30 juin 1969. [OGP-023347]
136. Canada, *Rapport annuel du ministère des Affaires indiennes, 1974-1975,* p. 32-33.
137. Canada, *Rapport annuel du ministère des Affaires indiennes, 1971-1972,* p. 29.
138. CVR, ARN, AINC — Secteur de la résolution — Collection des dossiers historiques des pensionnats indiens — Ottawa, dossier 675/25-13-1, volume 1, « Minutes Qu'Appelle Boarding Meeting Held at Lebret Student Residence », 18 août 1972, p. 2. [PLD-007652]
139. Canada, *Rapport annuel du ministère des Affaires indiennes, 1974-1975,* p. 32-33.

140. CVR, ARN, Bibliothèque et Archives Canada, RG29, volume 973, dossier 388-6-1, partie 1, 03/1948-08/1948, Division de l'hygiène alimentaire, ministère de la Santé nationale et du Bien-être social, « Health Aspects in Relation to Food Services: Indian Residential Schools », novembre 1946, p. 1. [AEMR-170062A]
141. CVR, ARN, Bibliothèque et Archives Canada, RG29, volume 974, dossier 388-6-4, partie 1, D. S. Pitts à L. B. Pett, 2 avril 1948. [CJC-002035]
142. Canada, *Rapport annuel du ministère des Affaires indiennes, 1942*, p. 143.
143. CVR, ARN, Bibliothèque et Archives Canada, RG10, volume 6033, dossier 150-61, partie 1, R. A. Hoey à McGill, 2 octobre 1944, p. 5. [NRD-001524-0000]
144. CVR, ARN, Bibliothèque et Archives Canada, RG10, volume 6014, dossier 1-1-6 MAN, partie 1, A. J. Doucet à P. Phelan, 3 juillet 1946. [NCA-002446]
145. CVR, ARN, Église anglicane du Canada, Archives du Synode général, ACC-MSCC-GS 75-103, série 2.15, boîte 27, dossier 2, J. W. House à L. A. Dixon, 10 janvier 1947. [AAC-087429]
146. Canada, *Rapport annuel du ministère des Affaires indiennes, 1956-1957*, p. 62-63.
147. Conseil canadien du bien-être, *Indian Residential Schools*, p. 100.
148. CVR, ARN, Bibliothèque et Archives Canada, RG22, volume 1209, dossier 979/1-1, v. 1, G. H. Barry à D. M. MacKay, 8 janvier 1941, p. 6. [IRC-049021]
149. CVR, ARN, Bibliothèque et Archives Canada, RG10, volume 6307, dossier 653-1, partie 2, M. Christianson à F. Rhodes, 28 octobre 1940. [FHR-000237-0001]
150. CVR, ARN, Bibliothèque et Archives Canada, NAC — Ottawa, 772/3-6, volume 1, 1940-1954, Procès-verbal de la réunion du conseil de l'agence indienne de Stony, 15 octobre 1946, p. 3. [MOR-006118]
151. CVR, ARN, Bibliothèque et Archives Canada, RG10, volume 6358, bobine de microfilm C-8713, dossier 757-10, partie 2, 1943-1952, G. H. Gooderham à la Division des Affaires indiennes, ministère des Mines et des Ressources, 13 novembre 1946. [IRC-041316-0000]
152. CVR, ARN, Bibliothèque et Archives Canada, RG10, volume 6210, dossier 468-10, partie 4, L. Doxtator au ministère des Affaires indiennes, 20 avril 1943. [MER-003563-0002]
153. CVR, ARN, Bibliothèque et Archives Canada, RG10, volume 6210, dossier 468-10, partie 4, O. B. Strapp à P. Phelan, 24 avril 1943. [MER-003564-0000]
154. CVR, ARN, Bibliothèque et Archives Canada, RG10, volume 6210, dossier 468-10, partie 4, R. A. Hoey à O. B. Strapp, 28 avril 1943. [MER-003566]
155. Bibliothèque et Archives Canada, RG10, volume 6205, dossier 468-1, partie 3, S. H. Soper à R. A. Hoey, 18 septembre 1944.
156. Bibliothèque et Archives Canada, RG10, volume 6205, dossier 468-1, partie 3, R. A. Hoey à S. H. Soper, 19 septembre 1944.
157. Bibliothèque et Archives Canada, RG10, volume 6205, dossier 468-1, partie 3, Rapport mis à jour sur l'étude de l'éducation des Indiens dans les réserves de l'Ouest de l'Ontario, non daté, 1944, p. 3.
158. CVR, ARN, MAINC, dossier 6-21-1, volume 1, Indian Work Investigation Commission au Synode général, Winnipeg, « Report to the General Synod », 1946, p. 7. [AEMR-016149]
159. CVR, ARN, Bibliothèque et Archives Canada, RG10, volume 6255, dossier 576-1, partie 4, R. T. Chapin à A. G. Hamilton, 10 septembre 1941. [BRS-000461-0001] Pour l'âge du garçon, voir : CVR, ARN, Bibliothèque et Archives Canada, RG10, volume 6258, dossier 576-10, partie 8, « Application for Admission », Kenneth Smith, 1er juillet 1938. [BRS-002184-0007]
160. CVR, ARN, Bibliothèque et Archives Canada, RG10, volume 6054, dossier 265-1, partie 2, R. A. Hoey à J. P. Mackey, 18 mai 1942. [SRS-000115]

161. CVR, ARN, Bibliothèque et Archives Canada, RG10, volume 6054, dossier 265-1, partie 2, J. P. Mackey au secrétaire, MAINC, 23 mai 1942. [SRS-000116]
162. CVR, ARN, Bibliothèque et Archives Canada, RG10, volume 6259, dossier 576-23, partie 1, G. C. Elwyn à la GRC, 20 avril 1949. [BRS-000332]
163. CVR, ARN, Bibliothèque et Archives Canada, RG10, volume 6259, dossier 576-10, partie 16, T. R. L. MacInnes à B. F. Neary, 11 mai 1949. [BRS-000333]
164. CVR, ARN, Bibliothèque et Archives Canada, RG10, volume 6251, dossier 575-1, partie 3, R. A. Hoey à A. G. Smith, 24 septembre 1942. [BIR-000272]
165. CVR, ARN, Bibliothèque et Archives Canada, RG10, volume 6352, dossier 753-23, partie 1, 1935-1944, bobine de microfilm C-8709, directeur par intérim à J. T. Faunt, 18 décembre 1944. [EDM-003369]
166. CVR, ARN, Bibliothèque et Archives Canada, RG10, volume 11973, dossier 466/32-25-2, partie 1, W. J. Zimmerman à R. J. Stallwood, 4 décembre 1953. [TAY-001852-0001]
167. CVR, ARN, AINC — Secteur de la résolution — Collection des dossiers historiques des pensionnats indiens — Ottawa, dossier 501/23-5-065, volume 1, C. A. F. Clark au surintendant de l'Éducation, 10 octobre 1949. [BRS-000556]
168. CVR, ARN, Bibliothèque et Archives Canada, RG10, volume 7194, dossier 511/25-1-015, P. Phelan à O. B. Strapp, 10 juin 1952. [BRS-000884]
169. CVR, ARN, Bibliothèque et Archives Canada, RG10, volume 7194, dossier 511/25-1-015, O. B. Strapp à P. Phelan, 27 septembre 1952. [BRS-000909]
170. CVR, ARN, Bibliothèque et Archives Canada, 773/25-1-004, volume 1, 1936-1956, P. Phelan à L. G. P. Waller, 4 mars 1952. [IRC-048232]
171. CVR, ARN, Bibliothèque et Archives Canada, 773/25-1-004, volume 1, 1936-1956, L. G. P. Waller au surintendant de l'Éducation, Division des affaires indiennes, 8 avril 1952. [IRC-048233]
172. CVR, ARN, AINC — Secteur de la résolution — Collection des dossiers historiques des pensionnats indiens — Ottawa, dossier 501/25-1-067, volume 1, P. Phelan à R. S. Davis, 4 mars 1952. [PLP-000051]
173. CVR, ARN, AINC — Secteur de la résolution — Collection des dossiers historiques des pensionnats indiens — Ottawa, dossier 501/23-5-076, volume 1, G. H. Marcoux au MAINC, « Report Concerning the Sandy Bay Indian Residential School », 22 février 1952. [SBR-000453]
174. CVR, ARN, AINC — Secteur de la résolution — Collection des dossiers historiques des pensionnats indiens — Ottawa, dossier 1/25-1-5-2, volume 1, Surintendant général, MAINC, « Regulations with respect to teaching, education, inspection, and discipline for Indian Residential Schools, Made and Established by the Surintendant General of Indian Affairs Pursuant to Paragraph (a) of Section 114 of the Indian Act », 20 janvier 1953; [PAR-001203-0001] H. M. Jones au sous-ministre. [PAR-001203-0000]
175. CVR, ARN, Bibliothèque et Archives Canada, RG10, volume 6466, dossier 888-10, partie 12, C. F. Hives au secrétaire, Division des affaires indiennes, 11 octobre 1948. [GRG-003692]
176. CVR, ARN, Bibliothèque et Archives Canada, RG55, n° d'instr. de recherche 55-22, Acq. 1980-81/069, sans titre, 1948-1965 (194 boîtes), boîte 191, dossier 1703, partie 2, *Loi sur les Indiens*, janvier-décembre 1961, G. F. Davidson au secrétaire, Conseil du Trésor, 7 juin 1961. [AEMR-152038]
177. CVR, ARN, Archives nationales du Canada — Burnaby, n° d'instr. de recherche 10-138, 07/1956, Volume perm. 13528, C. G. Brown, G. J. Buck, B. O. Filoteau au MAINC, « Report of

the Educational Survey Commission on the Educational Facilities and Requirements of the Indians of Canada », 26 juillet 1956, p. 11. [AEMR-254362]

178. CVR, ARN, emplacement du dossier à déterminer, aucune information sur le dossier source, K. Kingwell à A. V. Parminter, 16 mai 1958. [GRG-028080]
179. CVR, ARN, AINC — Secteur de la résolution — Collection des dossiers historiques des pensionnats indiens — Ottawa, dossier 128/25-2-575, volume 1, J. R. Bell à R. D. Ragan, 17 février 1959. [IRC-041312]
180. CVR, ARN, AINC — Secteur de la résolution — Collection des dossiers historiques des pensionnats indiens — Ottawa, dossier 128/25-2-575, volume 1, J. R. Bell à H. G. Sprott, 29 octobre 1959. [BIR-000397]
181. CVR, ARN, AINC — Secteur de la résolution — Collection des dossiers historiques des pensionnats indiens — Ottawa, dossier 487/25-1-015, volume 1, G. S. Lapp à la Division des affaires indiennes, 13 décembre 1963. [KNR-000265]
182. CVR, ARN, AINC — Bureau régional des dossiers de la C.-B. — Vancouver, 987/25-1, volume 6, 1974-03/1975, BC — CR, A. J. Aleck à A. H. Friesen, 28 février 1975. [MIS-002867-0001]
183. Willis, *Geniesh*, p. 150.
184. Joe, *Song of Rita Joe*, p. 47.
185. CVR, ARN, Bibliothèque et Archives Canada, 774/25-1-016, partie 1, 1938-1957, ANC, P. Phelan à G. Labonté, 31 juillet 1945. [ERM-002063]
186. CVR, ARN, Archives provinciales de l'Alberta, PAA 71.220 B94 3972, Directeur, pensionnat Ermineskin, à la Division des affaires indiennes, « Principal's Report for the Year ending 31 March 1947 », 31 mars 1947. [OGP-032545] Pour le nom de Labonté, voir : CVR, ARN, Archives provinciales — Alberta, PAA 71.220 B92 3894, G. Labonté à H. Moore, 31 mars 1947. [OGP-030504]
187. CVR, ARN, Archives provinciales — Alberta, PAA 71.220 B33 1341, D. Minde et autres au père, Directeur des pères oblats, 29 mars 1947. [OGP-050216]
188. CVR, ARN, Bibliothèque et Archives Canada, RG10, volume 8681, dossier 774/6-1-016, partie 7, R. F. Davey à G. K. Gooderham, 14 décembre 1964. [ERM-003450-0000]
189. CVR, ARN, AINC — Secteur de la résolution — Collection des dossiers historiques des pensionnats indiens — Ottawa, 774/25-1-016 1950-1966, volume 2, CRPA, K. Gooderham au directeur des Services d'éducation, 15 janvier 1965, p. 1-2. [ERM-000077]
190. CVR, ARN, Bibliothèque et Archives Canada, 985/25-1, partie 1, Éducation des Indiens — Généralités, 1963-1964, n° d'instr. de recherche 10-144, Acq. V1984-85, boîte 3 [500797], Archives nationales du Canada — Burnaby, feuillet de promotion, juin 1963, Sœur Albertine-Marie, juin 1964. [LEJ-009119-0006]
191. King, *The School at Mopass*, p. 78-83.
192. Cardinal, *La tragédie des Indiens du Canada*, p. 117.
193. Canadien, *From Lishamie*, p. 57.
194. Canadien, *From Lishamie*, p. 65.
195. Blondin-Perrin, *Mon cœur palpitait comme un tambour*, p. 46.
196. Fontaine, *Broken Circle*, p. 132.
197. Fontaine, *Broken Circle*, p. 118.
198. CVR, ARN, AINC — Secteur de la résolution — Collection des dossiers historiques des pensionnats indiens — Ottawa, CRPA, dossier 772/25-1-001, volume 1, 05/37-12/72, G. H. Gooderham, 31 décembre 1945. [CFT-000351]

199. CVR, ARN, AINC — Secteur de la résolution — Collection des dossiers historiques des pensionnats indiens — Ottawa, dossier 501/23-5-075, volume 1, R. W. Dalton à la Division des affaires indiennes, « Inspector's Report », 4 février 1949. [PCR-000106-0000]
200. CVR, ARN, AINC — Secteur de la résolution — Collection des dossiers historiques des pensionnats indiens — Ottawa, dossier 673/23-5-038, volume 1, C. Thacker à la Division des affaires indiennes, « Inspector's Report », 13 décembre 1956. [MRS-000099]
201. CVR, ARN, Bibliothèque et Archives Canada, RG10, volume 8451, dossier 772/23-5-001, O. P. Larson à la Division des affaires indiennes, « Inspector's Report », 27 avril 1948. [NCA-003630]
202. CVR, ARN, Bibliothèque et Archives Canada, RG10, volume 8451, dossier 772/23-5-001, O. P. Larson, 29 mai 1951, p. 2. [NCA-002205]
203. CVR, ARN, Bibliothèque et Archives Canada, RG10, volume 8451, dossier 772/23-5-001, L. G. P. Waller au Directeur, Division des affaires indiennes, 14 avril 1954. [NCA-003667]
204. CVR, ARN, AINC — Secteur de la résolution — Collection des dossiers historiques des pensionnats indiens — Ottawa, dossier 951/23-5, volume 1, Rapports des pensionnats, résidence des élèves Christie, District de South Island, British Columbia, 1919-1964, balise 40-10, IRSRC — Dossiers historiques, A. V. Parminter à la Division des affaires indiennes, « Inspector's Report », 7 et 8 avril 1954. [CST-000333-0006] Pour les avis des catholiques sur Parminter, voir : CVR, ARN, Bibliothèque et Archives Canada, dossier 976/2, Agence indienne de Kamloops (C.-B.) — Dossier des pensionnats, 04/1939-12/1968, nº d'instr. de recherche 22-2, Volume perm. 1209, J. P. Mulvihill à H. M. Jones, 24 janvier 1956; [KAM-200818] CVR, ARN, aucun emplacement de document, aucun dossier source de document, « PS: to notes on meeting at Ahousat, B.C., April 6, 1954 »; [BVT-001463] CVR, ARN, aucun emplacement de document, aucun dossier source de document, J. P. Mulvihill à L. K. Poupore, 9 juin 1957. [OKM-000580]
205. CVR, ARN, aucun emplacement de document, aucun dossier source de document, Forbes au très révérend père et père provincial, 16 décembre 1940, p. 2. [CIS-000175]
206. CVR, ARN, Bibliothèque et Archives Canada, volume 6332, dossier 661-1, partie 2, pétition de parents à l'agence Crooked Lakes, 25 juillet 1949. [IRC-041159]
207. CVR, ARN, Bibliothèque et Archives Canada, volume 6332, dossier 661-1, partie 2, J. P. B. Ostrander à la Division des affaires indiennes, ministère des Mines et des Ressources, 12 août 1949. [RLS-000512-0000]
208. CVR, ARN, Bibliothèque et Archives Canada, NAC — Ottawa, 772/3-6, volume 1, 1940-1954, J. N. R. Iredale, Procès-verbal de la réunion du conseil de l'agence indienne de Stony, 15 octobre 1946. [MOR-006118]
209. CVR, ARN, AINC — Secteur de la résolution — Collection des dossiers historiques des pensionnats indiens — Ottawa, 773/25-1-003, 05/36-09/70, volume 1, CRPA, R. D. Ragan, « Extract from minutes of Blood Indian Council Meeting, March 15, 1948. » [MRY-000302] Pour les initiales de Charron, voir : CVR, ARN, Archives nationales du Canada, RG29, volume 974, dossier 388-6-4, partie 1, 02/1948-07/1949, B. F. Neary à P. A. Charron, 21 juillet 1948. [120.03363]
210. CVR, ARN, Bibliothèque et Archives Canada, 773/3-6, partie 1, 1942-1953, ANC, « Minutes of meeting of Eaglechild Residence », 3 avril 1948. [BPD-001635]
211. CVR, ARN, Bibliothèque et Archives Canada, RG10, Dossiers des écoles, volume 6352, dossier 753-10, partie 1, bobine de microfilm C-8708, P. Phelan à J. F. Woodsworth, 22 janvier 1941; [EDM-003580] « The Honourable R. G. Steinhauer, 1974-79 », Assemblée législative

de l'Alberta, http://www.assembly.ab.ca/lao/library/lt-gov/steinhau.htm (consulté le 13 septembre 2013).

212. Meijer Drees, *Healing Histories*, p. 168-170.
213. CVR, ARN, Bibliothèque et Archives Canada, RG10, volume 8756, dossier 673/25-1-003, 25 août 1949. [MRS-046113-0001]
214. CVR, ARN, Bibliothèque et Archives Canada, RG10, volume 8756, dossier 673/25-1-003, J. P. B. Ostrander à Neary, 24 janvier 1950. [MRS-046113-0005]
215. CVR, ARN, AINC — Secteur de la résolution — Collection des dossiers historiques des pensionnats indiens — Ottawa, Dossiers GRS, boîte 3A, agence de Pelly, p. 56-64, Albert Fiddler à M. et Mme Allen Fiddler, 6 janvier 1956. [IRC-041405]
216. CVR, ARN, AINC — Secteur de la résolution — Collection des dossiers historiques des pensionnats indiens — Ottawa, Dossiers GRS, boîte 3A, agence de Pelly, p. 56-64, A. Southard à M. Davis, 23 janvier 1956. [IRC-041406]

Les écoles en tant qu'institutions de protection de l'enfance : 1940-2000

1. Johnston, *Native Children*, p. 57.
2. Canada, *Rapport annuel du ministère des Affaires indiennes, 1883*, xi.
3. CVR, ARN, Bibliothèque et Archives Canada, RG10, volume 6032, dossier 150-40A, partie 1, Règlement relatif à l'éducation des enfants Sauvages, Ottawa : Imprimerie du gouvernement canadien, 1894, p. 9-10. [AGA-001516-0000]
4. CVR, ARN, Archives provinciales de l'Alberta, APA 71.220 B54 2274, Hugh F. Baker au révérend directeur, École catholique, Stand Off, Alberta, 15 janvier 1919. [OGP-020790]
5. Pour une discussion qui place à la fois l'aide sociale à l'enfance et les pensionnats dans le contexte de la colonisation du peuple autochtone, voir McKenzie et Hudson, *Native Children*.
6. Johnston, *Indian School Days*, p. 7.
7. Charland, *Courage to Change*, p. 29.
8. Voir, comme exemple : Blondin-Perrin, *Mon coeur palpitait*, p. 140-141; *Bear, Boarding School Life*, p. 44; Dickson, *Hey, Monias!*, p. 93.
9. CVR, ARN, Bibliothèque et Archives Canada, RG10, volume 6012, dossier 115A, partie 2, bobine de microfilm C-8140, de R. A. Hoey au D[r] McGill, 31 mai 1940. [AEMR-010817]
10. CVR, ARN, Bibliothèque et Archives Canada, RG10, volume 6205, dossier 468-1, partie 3, « Report Re Survey of Indian Education on Reserves in Western Ontario », s.d., p. 3 [1944]. [MER-000525-0001]
11. CVR, ARN, Église anglicane du Canada, Archives du Synode général, GS 75103, série 3-3, boîte 70, un mémoire soumis par l'Église d'Angleterre du Canada au Comité spécial mixte du Sénat et de la Chambre des communes mandaté pour étudier la *Loi sur les Indiens*, 25 mars 1947, p. 9. [CRS-002139-0000]
12. Canada, Comité spécial mixte, 1947, p. 23.
13. Buckley, *From Wooden Ploughs*, p. 67-69.
14. CVR, ARN, Bibliothèque et Archives Canada, RG10, acquisition 1999-01431-6, boîte 223, dossier 501/6-1-075, partie 7, Pensionnat de la réserve de Sandy Bay, 1963. [NCA-011434]
15. Buckley, *From Wooden Ploughs*, p. 72-73.

16. Hawthorn, *Étude sur les indiens contemporains*, p. 318.
17. CVR, ARN, AINC – Secteur de la résolution – Collection des dossiers historiques des pensionnats indiens – Ottawa, dossier 1/25-2, volume 3, « Admissions and Discharges – Student Residences – General Headquarters, 01/1959-01/1962 », J. H. Gordon à E., 24 février 1959. [RCN-000639]
18. CVR, ARN, Centre de services régional du Manitoba – BAC – Winnipeg, acquisition W84-85/402, boîte 13623, dossier 506/25-2-019, volume 3, G. T. Ross à Wilf Singh, 28 mai 1969. [SBR-004513]
19. CVR, ARN, Bibliothèque et Archives Canada, RG10, acquisition W84-85/402, boîte 13634, dossier 506/23-26, volume 1, « Quarterly Return – Government-Owned Residential Schools, Fort Alexander Student Residence », 31 décembre 1969. [FAR-006002-0001]
20. Hawthorn, *Étude sur les indiens contemporains*, p. 99.
21. Johnston, *Native Children*, p. 68-75; McKenzie et Hudson, *Native Children*, p. 131-133.
22. Voir, en exemple, témoignage de John Tootoosis au Comité spécial mixte du Sénat et de la Chambre des communes, Canada, Comité spécial mixte, 1947, p. 49-50.
23. Iserhoff, *Excerpts from My Life*, p. 158.
24. Hawthorn, *Étude sur les indiens contemporains*, p. 369-370.
25. Bell, *Journeys*, p. 15.
26. CVR, ARN, Bibliothèque et Archives Canada, RG10, volume 6445, dossier 881-10, partie 5, « Agents Report of Stikine Agency for January », Harper Reed, 8 février 1940. [LEJ-002064]
27. CVR, ARN, Bibliothèque et Archives Canada, RG10, volume 6475, dossier 918-1, partie 1, R. A. Hoey à W. A. M. Truesdell, 17 décembre 1941. [FPU-000137]
28. CVR, ARN, Bibliothèque et Archives Canada, RG10, volume 6210, dossier 468-10, partie 4, F. W. Tuffnell au ministère des Affaires indiennes, 6 mai 1943. [MER-003568]
29. CVR, ARN, Bibliothèque et Archives Canada, 971/25-2-2, partie 1, « Admissions and Discharges of Pupils from Lejac, 1949-1952 », n° d'instr. de recherche 143, acquisition V1984-85/280, boîte 47[500621], Archives nationales du Canada – Burnaby, J. V. Boys à la Division des affaires indiennes, 26 octobre 1948. [LEJ-013540-0000]
30. CVR, ARN, Bibliothèque et Archives Canada, RG10, volume 6220, dossier 472-5, partie 4, C. Perrault à G. Swartman, 2 août 1942; [MCI-005222-0001] Bibliothèque et Archives Canada, RG10, volume 6221, dossier 472-10, partie 4, P. Phelan à G. Swartman, 10 août 1943. [MCI-005223]
31. CVR, ARN, Bibliothèque et Archives Canada, RG10, volume 6220, dossier 472-5, partie 4, P. Phelan à C. Perrault, 11 novembre 1943. [MCI-005235]
32. CVR, ARN, Bibliothèque et Archives Canada – Burnaby, 971/25-2-2, partie 1, « Admissions and Discharges of Pupils from Lejac, 1949-1952 », n° d'instr. de recherche 143, acquisiton V1984-85.280, boîte 47[500621], Archives nationales du Canada – Burnaby, J. P. Mulvihill à J. V. Boys, 3 janvier 1949. [LEJ-008571-0000]
33. CVR, ARN, Bibliothèque et Archives Canada, 971/25-2-2, partie 1, « Admissions and Discharges of Pupils from Lejac, 1949-1952 », n° d'instr. de recherche 143, acquisition V1984-85.280, boîte 47[500621] Archives nationales du Canada – Burnaby, J. V. Boys à J. P. Mulvihill, 6 janvier 1949. [LEJ-008571-0000]
34. CVR, ARN, Bibliothèque et Archives Canada, RG10, volume 6307, dossier 653-1, partie 2, M. Christianson à F. Rhodes, 28 octobre 1940. [FHR-0002370001]

35. CVR, ARN, Bibliothèque et Archives Canada, RG10, volume 6209, dossier 468-10, partie 3, Rapport de la Gendarmerie Royale du Canada, A. H. Langille, 17 mars 1941. [MER-001087-0002]
36. CVR, ARN, AINC - Secteur de la résolution - Collection des dossiers historiques des pensionnats indiens - Ottawa, dossier 772/25-1-002, volume 1, 1950-1965, E. S. W. Cole à B. F. Neary, 21 février 1950. [IRC-041163]
37. CVR, ARN, Bibliothèque et Archives Canada, RG10, volume 7190, dossier 492/25-1-009, W. Gowans au superviseur régional, North Bay, 30 janvier 1961. [IRC-041233]
38. CVR, ARN, Bibliothèque et Archives Canada, RG10, volume 7190, dossier 492/25-1-009, F. Matters au surintendant, 14 février 1961. [IRC-041234]
39. CVR, ARN, AINC - Secteur de la résolution - Collection des dossiers historiques des pensionnats indiens - Ottawa, William Gowans au ministère des Affaires indiennes, 14 août 1961. [SJS-004009]
40. CVR, ARN, lieu du document à déterminer, 23-9, 1948-1949, J. Camirand à W. S. Arneil, 4 novembre 1948. [KUP-002091]
41. CVR, ARN, Bibliothèque et Archives Canada, dossier 885-10, partie 8, 1944-1949, « Cowichan Agency - Kuper Island Industrial School - Admissions & Discharges », n° d'inst. de recherche 10-17, volume 6457; [accès restreint] Bibliothèque et Archives Canada - Ottawa, R. H. Moore à la Division des affaires indiennes, 19 octobre 1946. [KUP-064998] Pour l'école industrielle pour garçons de la Colombie-Britannique voir : British Columbia Government, Ministry of Justice, *Youth Corrections*, http://www.pssg.gov.bc.ca/corrections/histories/youth_justice/index.htm (consulté le 10 juin 2014).
42. CVR, ARN, Bibliothèque et Archives Canada - Ottawa, RG10, n° d'inst. de recherche 10-17, volume 6445, dossier 881-10, partie 8, 1946-1949, bobine microfilm C-8769, ANC - Ottawa, B. F. Neary à J. Mulvihill, 5 décembre 1947. [LEJ-008022]
43. CVR, ARN, Bibliothèque et Archives Canada, RG10, volume 6481, dossier 940-10, partie 6, R. J. Meek au ministère des Affaires indiennes, 20 juin 1950. [NCA-010933-0000]
44. CVR, ARN, Bibliothèque et Archives Canada, RG10, volume 6202, dossier 466-10, partie 6, M. W. McCracken au ministère des Affaires indiennes, 8 novembre 1950. [TAY-002392]
45. CVR, ARN, Bibliothèque et Archives Canada, RG10, volume 6202, dossier 466-10, partie 6, Philip Phelan à M. W. McCracken, 13 novembre 1950. [TAY-002393]
46. CVR, ARN, Bibliothèque et Archives Canada, RG10, volume 10386, dossier 506/25-2, partie 2B, J. D. Minnis à R. D. Ragan, 22 avril 1958. [PLP-001798]
47. CVR, ARN, Bibliothèque et Archives Canada - Burnaby, 971/25-2-881, « Admissions and Discharges of Pupils - Lejac Residential School, 1959-1965 », n° d'inst. de recherche 10-143, acquisition V1984-85/280, boîte 45[500619], Archives nationales du Canada - Burnaby, A. H. Markuson à G. F. Kelly, 12 avril 1960. [LEJ008558]
48. CVR, ARN, AINC - Secteur de la résolution - Collection des dossiers historiques des pensionnats indiens - Ottawa, 777/25-2-009, volume 2, « Admission and Discharges Wabasca C. of E. Students Residence Lesser Slave Lake Agency, Alberta, 04/10/1960 to 02/02/1966 », demande d'admission au pensionnat, 16 décembre 1963. [JON-071007-0001, JON-071007-0002]
49. CVR, ARN, AC, dossier 1/252, volume 3, 01/1959-01/1962, André Renaud à R. F. Davey, 14 avril 1960. [AEMR-016623]

50. CVR, ARN, Bibliothèque et Archives Canada, 701/25-2, volume 1, 12/58-02/69, J. D. Leask à L. C. Hunter, 19 août 1963. [MAR-071582]
51. CVR, ARN, Bibliothèque et Archives Canada, [205] 701/25-2, volume 1, 12/58-02/69, G. Kent Gooderham au Dr McPherson, 29 novembre 1963. [MAR-071608-0000]
52. CVR, ARN, AINC - Secteur de la résolution - Collection des dossiers historiques des pensionnats indiens - Ottawa, 774/25-2-016, 09/64-09/66, volume 5, K. R. Brown à la Division des affaires indiennes, 7 décembre 1964. [ERM-072117]
53. CVR, ARN, AINC - Secteur de la résolution - Collection des dossiers historiques des pensionnats indiens - Ottawa, Roy Phillips au surintendant, agence indienne d'Abitibi, 1er mars 1960. [IRC-048268]
54. CVR, ARN, AINC - Secteur de la résolution - Collection des dossiers historiques des pensionnats indiens - Ottawa, dossier 74/25-2-469, Roy Phillips au superviseur régional des agences indiennes, North Bay (ON), 3 avril 1960; [IRC-048270] C. Kuehner à F. M. Shaw, 11 mars 1960; [IRC-048246-0002] F. Matters à Roy Phillips, 30 mars 1960. [SWK-001571-0000]
55. CVR, ARN, Bibliothèque et Archives Canada, RG10, acquisition 1984-85/112, boîte 78, dossier 487/25-2-016, partie 1, G. LeBleu à P. C. Larkin, 17 janvier 1968. [KNR-001449]
56. CVR, ARN, Bibliothèque et Archives Canada, RG10, acquisition 1984-85/112, boîte 78, dossier 487/25-2-016, partie 1, G. LeBleu à P. C. Larkin, 16 janvier 1968. [KNR-001448]
57. CVR, ARN, Bibliothèque et Archives Canada - Edmonton, RG10, acquisition E1996-97/415, boîte 36, dossier 25-2-029, janvier 1967-janvier 1969, E. Turenne à Walter Karawshowski, 6 mai 1968.[SPR-003247]
58. CVR, ARN, Archives provinciales de l'Alberta, APA 71.220 B54 2297, J. R. Tully à J. E. Y. Levaque, 6 mars 1971. [OGP-021360]
59. Canada, Comité spécial mixte, 1947, p. 20.
60. CVR, ARN, Bibliothèque et Archives Canada, RG10, volume 6251, dossier 575-1, partie 3, C. L. St. John au ministère des Affaires indiennes, 24 août 1942. [BIR-000269]
61. CVR, ARN, Bibliothèque et Archives Canada, RG10, volume 6251, dossier 575-1, partie 3, R. A. Hoey à C. L. St. John, 28 août 1942. [AEMR-010830]
62. CVR, ARN, Bibliothèque et Archives Canada - Burnaby, dossier 252, partie 1, « Admissions and Discharges - Residential Schools, 09/1951-09/1956 », no d'inst. de recherche 10-138, volume perm. 11498, 21 avril 1952. [LOW-201864]
63. CVR, ARN, Conseil canadien du bien-être et Caldwell, 1967, p. 74. [AEMR-019759]
64. CVR, ARN, Bibliothèque et Archives Canada, RG10, volume 6262, dossier 578-1, partie 5, « To the Superintendent of Reserves and Trusts », 31 janvier 1944. [ELK-0003920000]
65. CVR, ARN, Bibliothèque et Archives Canada, RG10, volume 6263, dossier 578-5, partie 10, A. G. Hamilton à la Division des affaires indiennes, ministère des Mines et des Ressources, 8 janvier 1948. [ELK-000082]
66. CVR, ARN, Bibliothèque et Archives Canada, RG10, volume 6263, dossier 578-9, partie 2, D. M. MacKay au sous-ministre, 8 août 1949. [ELK-000162]
67. CVR, ARN, Bibliothèque et Archives Canada, RG10, volume 8954, dossier 55/25-2, partie 1, E. J. Blakey à J. W. Brown, 24 juin 1947. [SRS-006641]
68. CVR, ARN, Bibliothèque et Archives Canada, RG10, volume 6445, dossier 881-10, partie 7, A. R. Simpson à R. Howe, 22 juin 1945. [LEJ-001651]
69. CVR, ARN, Bibliothèque et Archives Canada, RG10, volume 6445, dossier 881-10, partie 7, P. Phelan à R. Howe, 12 juillet 1945. [LEJ-001655]

70. CVR, ARN, MAINC AC, dossier 901/29-4, volume 2, 03/1961-05/1970, « Report on Residential School Analysis », 25 juillet 1961. [AEMR-121208A]
71. CVR, ARN, Bibliothèque et Archives Canada - Edmonton, 103/29-4-2, 03/61-09/65, J. E. DeWolf à K. R. Brown, 30 mai 1962. [IRC-0481790001]
72. CVR, ARN, Bibliothèque et Archives Canada, 709/25-1-001, 1951-1961, partie 2, AC, R. F. Battle à R. F. Davey, 5 juillet 1956. [EDM-000619]
73. CVR, ARN, Bibliothèque et Archives Canada - Burnaby, 971/25-2-881, « Admissions and Discharges of Pupils - Lejac Residential School, 1959-1965 », n° d'inst. de recherche 10-143, acquisition V1984-85/280, boîte 45 [500619], Archives nationales du Canada - Burnaby, révérend J. F. Ryan à R. G. Cooper, 18 juin 1964. [LEJ-008544]
74. CVR, ARN, AINC - Secteur de la résolution - Collection des dossiers historiques des pensionnats indiens - Ottawa, Dossiers GRS, boîte 6A, dossier 5, W. P. Starr à C. A. Artibise, 7 juillet 1970. [GDC-014572]
75. CVR, ARN, Conseil canadien du bien-être et Caldwell, 1967, 58. [AEMR-019759]
76. CVR, ARN, MAINC, dossier 901/29-16, volume 1, 1957-1972, F. E. Anfield à la division de la protection de l'enfance, 5 janvier 1961. [AEMR-121112]
77. CVR, ARN, MAINC AC, dossier 901/29-4, volume 2, 03/61-05/70, « Table 4: Enrolment by Categories, Alberni Residential School », 31 mars 1961. [AEMR-014110E]
78. CVR, ARN, MAINC AC, dossier 901/29-4, volume 2, 03/1961-05/1970, « Residential School Survey Appendix A, Alberni », 31 mars 1961. [AEMR-120089]
79. CVR, ARN, MAINC AC, dossier 901/29-4, volume 2, 03/61-05/70, « Table VII: Enrolment by Categories, St. Mary's Residential School », 31 mars 1961. [AEMR-014110I]
80. CVR, ARN, MAINC AC, dossier 901/29-4, volume 2, 03/1961-05/1970, « Residential School Survey Appendix C, St. Mary's », 31 mars 1961. [AEMR-121152]
81. CVR, ARN, MAINC AC, dossier 901/29-4, volume 2, 03/1961-05/1970, M. S. Payne, « Analysis of Residential Schools - British Columbia », 8 décembre 1961. [AEMR-013502]
82. CVR, ARN, MAINC AC, dossier 901/29-4, volume 2, 03/1961-05/1970, « Report on Residential School Analysis », 25 juillet 1961. [AEMR-121208A]
83. CVR, ARN, Conseil canadien du bien-être et Caldwell, 1967, p. 63-64. « Students with education-related needs: 660; students with welfare-related needs: 952 ». [AEMR-019759]
84. CVR, ARN, Bibliothèque et Archives Canada, R776-0-5 (RG55), volume 21178, C.T. n° 683443, « Approval in Principal of a Five Year Training Program for childcare workers in Indian residential schools », Secrétariat du Conseil du Trésor, 3 octobre 1968. [NPC-523196]
85. Canada, *Rapport annuel du ministère des Affaires indiennes, 1968-1969*, p. 160-161.
86. Canada, *Rapport annuel du ministère des Affaires indiennes, 1968-1969*, p. 154-155.
87. CVR, ARN, AINC - Secteur de la résolution - Collection des dossiers historiques des pensionnats indiens - Ottawa, Dossiers GRS, boîte 8A, dossier 1, Harry Morrow, 14 juin 1947. [GDC-014668]
88. CVR, ARN, Bibliothèque et Archives Canada, RG10, volume 8613, dossier 773/1-13-004, partie 1, Ralph Ragan au directeur de la Division des affaires indiennes, 12 février 1954. [IRC-048236] Pour le prénom de DeWolf, voir : CVR, ARN, Archives du Diocèse de Calgary, Église anglicane du Canada, Calgary, AB, H. E. Cook à G. R. Calvert, 17 novembre 1952. [ELK-000608]

89. CVR, ARN, Église anglicane du Canada, Archives du Synode général, GS 75-103, série 3-4, boîte 95, dossier 1 (1956-1960), Henry G. Cook, Rapport du surintendant de l'Administration des écoles indiennes au conseil de direction de la S.M.E.C., 1956. [NCA-010349]
90. CVR, ARN, AINC - Secteur de la résolution - Collection des dossiers historiques des pensionnats indiens - Ottawa, Dossiers GRS, boîte 3A, dossier 27, John J. T. Johnstone à H. G. Cook, 25 février 1958. [GDC-040785]
91. CVR, ARN, AINC - Secteur de la résolution - Collection des dossiers historiques des pensionnats indiens - Ottawa, Dossiers GRS, boîte 13A, dossier 35, John J. T. Johnstone à H. G. Cook, 13 juin 1958. [GDC-026886-0000]
92. CVR, ARN, AINC - Secteur de la résolution - Collection des dossiers historiques des pensionnats indiens - Ottawa, dossier 74/25-2-469, Roy Phillips au superviseur régional des agences indiennes, North Bay (ON), 3 avril 1960. [IRC-048270]
93. CVR, ARN, Bibliothèque et Archives Canada, 709/25-1-001, 1951-1961, partie 2, AC, R. F. Battle à R. F. Davey, 7 novembre 1956. [EDM-000629]
94. CVR, ARN, Archives de la Colombie-Britannique - Victoria, « Care and Control: Oblates of Mary Immaculate, St. Paul's Province », Archives de la Colombie-Britannique - Victoria, cote topographique MS-1513, bobine A00824, boîte 17, article 18, Lejac, pensionnat indien, J. P. Mulvihill à J. Birch, 18 septembre 1950. [LEJ-800008]
95. CVR, ARN, Archives de la Colombie-Britannique - Victoria, « Care and Control: Oblates of Mary Immaculate, St. Paul's Province », Archives de la Colombie-Britannique - Victoria, cote topographique MS-1513, bobine A00824, boîte 17, article 18, Lejac, pensionnat indien, J. P. Mulvihill à J. Birch, 28 septembre 1950. [LEJ-800010-0000]
96. CVR, ARN, Archives de la Colombie-Britannique - Victoria, « Care and Control: Oblates of Mary Immaculate, St. Paul's Province », Archives de la Colombie-Britannique - Victoria, cote topographique MS-1513, bobine A00824, boîte 17, article 18, Lejac, pensionnat indien, J. P. Mulvihill à J. Birch, 24 septembre 1950. [LEJ-800009]
97. CVR, ARN, Archives de la Colombie-Britannique - Victoria, « Care and Control: Oblates of Mary Immaculate, St. Paul's Province », Archives de la Colombie-Britannique - Victoria, cote topographique MS-1513, bobine A00824, boîte 17, article 18, Lejac, pensionnat indien, J. P. Mulvihill à J. Birch, 28 septembre 1950. [LEJ-800010-0000]
98. CVR, ARN, aucun emplacement de document, aucun dossier source de document, John Ryan au frère O'Grady, 24 août 1955. [OMS-000716]
99. CVR, ARN, aucun emplacement de document, aucun dossier source de document, L. K. Poupore à M. Kearney, 20 août 1956. [CIS-000025]
100. CVR, ARN, aucun emplacement de document, aucun dossier source de document, Edward J. Clarke au révérend frère, 23 septembre 1961. [OMS-000786]
101. CVR, ARN, aucun emplacement de document, aucun dossier source de document, L. K. Poupore à E. J. Clarke, 26 septembre 1961. [OMS-000787]
102. CVR, ARN, aucun emplacement de document, aucun dossier source de document, « Oblate News, September 1962 ». [OBG-004140]
103. CVR, ARN, aucun emplacement de document, aucun dossier source de document, « Indian Children "Starved", New Westminster British Columbian », 22 décembre 1955. [WLM-000346]
104. CVR, ARN, aucun emplacement de document, aucun dossier source de document, W. Christie à la British United Press, 22 décembre 1955. [WLM-000349-0001]

105. CVR, ARN, aucun emplacement de document, aucun dossier source de document, Raymond Argyle à William Christie, 10 janvier 1955. [WLM-000328-0000]
106. CVR, ARN, aucun emplacement de document, aucun dossier source de document, Leo Casey au frère, 29 décembre 1955; [WLM-000352] Fergus O'Grady à Leo Casey, 5 janvier 1956. [WLM-000357]
107. CVR, ARN, aucun emplacement de document, aucun dossier source de document, William Christie à F. O'Grady, 7 janvier 1956. [WLM-000358]
108. CVR, ARN, Archives de St. Paul, série [ ], boîte 26, dossier 3, « Cariboo Indian Residential School Correspondence 1953-1956 », L. K. Poupore à Paul Monahan, 22 janvier 1956. [OBG-003879]
109. CVR, ARN, aucun emplacement de document, aucun dossier source de document, J. P. Mulvihill à F. O'Grady, 10 janvier 1956. [WLM-000359]
110. CVR, ARN, Archives de St. Paul, série [ ], boîte 26, dossier 3, « Cariboo Indian Residential School Correspondence 1953-1956 », L. K. Poupore à Paul Monahan, 22 janvier 1956. [OMI-034628]
111. CVR, ARN, aucun emplacement de document, aucun dossier source de document, L. Poupore à Dennis Shea, 31 janvier 1956. [WLM-000373]
112. CVR, ARN, Bibliothèque et Archives Canada, RG55, n° d'inst. de recherche 55-19, volume 20784, « Treasury Board Submission 559690, Req. Authority for the Recommendation and Establishment of Domestic Staff », Laval Fortier, 22 janvier 1960. [120.04620]
113. Canada, *Rapport annuel du ministère des Affaires indiennes, 1963*, p. 26.
114. CVR, ARN, MAINC, dossier 1/25-20-1, Ahab Spence à L. Jampolsky, 29 décembre 1965. [IRC-041368]
115. CVR, ARN, MAINC AC, dossier 1/25-20-1, volume 1, 10/1965-03/1969, Clara Tizya à L. Jampolsky, 31 décembre 1965. [AEMR-011141A]
116. CVR, ARN, Conseil canadien du bien-être et Caldwell, 1967, p. 119. [AEMR-019759]
117. CVR, ARN, Conseil canadien du bien-être et Caldwell, 1967, p. 121. [AEMR-019759]
118. CVR, ARN, Archives du Diocèse anglican de Cariboo, section n° 205, Pensionnat indien de St. George, Card D.C. 2C11, Lytton-St. George's School, 88.44, « All Saints Indian Residential School Staff Manual 2nd Revision, 1967 », A. W. Harding, vice-directeur, p. 18. [AEMR-177341]
119. CVR, ARN, Bibliothèque et Archives Canada, R776-0-5 (RG55), volume 21178, C.T. n° 683443, « Approval in Principle of a Five Year Training Program for childcare workers in Indian residential schools », Secrétariat du Conseil du Trésor, 3 octobre 1968. [NPC-523196]
120. CVR, ARN, Registre du pensionnat indien de Resolution, dossier 1/25-20-1, 10/65-3/69, volume 1, D. Kogawa aux administrateurs des résidences d'élèves, 10 octobre 1968. [AEMR-254416]
121. CVR, ARN, Registre du pensionnat indien de Resolution, dossier 1/25-20-1, 3/69-12/69, volume 2, « Training of Child Care Workers for Indian Student Residences », D. Kogawa, chef, Formation professionnelle et services spéciaux, 19 mars 1969. [AEMR-254443]
122. CVR, ARN, Registre du pensionnat indien de Resolution, dossier 1/25-20-1, 10/70-5/72, volume 4, D. Kogawa, chef des Services de résidences d'élèves, Direction générale de l'éducation, à Colin Wasacase, superviseur de la résidence d'élèves, ministère de l'Éducation, gouvernement des Territoires du Nord-Ouest, Yellowknife, T.N.O., 25 janvier 1971. [AEMR-254440]

123. Canada, Comité spécial mixte, 1947, p. 23.
124. Hawthorn, *Étude sur les indiens contemporains*, p. 369–371. L'article 87 étend la portée de toutes les « lois d'application générale » des provinces aux personnes ayant le statut d'Indien en vertu de la *Loi sur les Indiens*. Voir : *Loi concernant les Indiens*, Statuts du Canada 1951, chapitre 29, article 87, reproduit dans Venne, *Indian Acts*, p. 343.
125. Hawthorn, *Étude sur les Indiens contemporains*, p. 370–371; Johnston, *Native Children*, 4–5.
126. Johnston, *Native Children*, 8, 23.
127. Hawthorn. *Étude sur les Indiens contemporains*, p. 370.
128. Johnston, *Native Children*, p. 66–67.
129. CVR, ARN, Bibliothèque et Archives Canada, RG10, volume 7182, numéro de dossier inconnu, partie 14, R. F. Davey à D. E. Woodsworth, 19 août 1965. [BVL-000104]
130. CVR, ARN, Conseil canadien du bien-être et Caldwell, 1967, 151. [AEMR-019759] Pour la position de Caldwell, voir : CVR, ARN, Archives Deschâtelets, Ottawa, HR 6138.C73R 10, George Caldwell à G. F. Kelly, 18 juillet 1967. [OMI-034150]
131. CVR, ARN, Conseil canadien du bien-être et Caldwell, 1967, p. 65–68. [AEMR-019759]
132. CVR, ARN, Conseil canadien du bien-être et Caldwell, 1967, p. 86. [AEMR-019759]
133. CVR, ARN, Conseil canadien du bien-être et Caldwell, 1967, p. 89. [AEMR-019759]
134. CVR, ARN, Conseil canadien du bien-être et Caldwell, 1967, p. 92. [AEMR-019759]
135. CVR, ARN, Conseil canadien du bien-être et Caldwell, 1967, p. 77. [AEMR-019759]
136. CVR, ARN, AINC, dossier 1/25-20-1, Ahab Spence à L. Jampolsky, 29 décembre 1965. [IRC-041368]
137. CVR, ARN, AINC - Secteur de la résolution - Collection des dossiers historiques des pensionnats indiens - Ottawa, dossier 1/25-13-2, volume 1, « Extract from minutes re: Caldwell Report on Residential School Survey ».
138. CVR, ARN, « School Principals Protest Report Recommendations », *Indian Record*, novembre 1967. [IMR-000382]
139. CVR, ARN, aucun emplacement de document, aucun dossier source de document, Allan F. Noonan à Guy Voisin, 19 juin 1967. [OBG-004287]
140. CVR. ARM, Archives Deschâtelets, Ottawa, HR 6138.C73R 10, George Caldwell à G. F. Kelly, 18 juillet 1967. [OMI-034150]
141. CVR, ARN, Bibliothèque et Archives Canada, RG10, volume 6204, dossier 467-12, partie 4, Philip Phelan à J. S. Allan, 2 novembre 1951. [MFI-001672]
142. CVR, ARN, Bibliothèque et Archives Canada, RG10, volume 6204, dossier 467-12, partie 4, J. S. Allan à Philip Phelan, 26 novembre 1951. [MFI-001673]
143. CVR, ARN, AINC - Secteur de la résolution - Collection des dossiers historiques des pensionnats indiens - Ottawa, dossier 1/25-2, volume 3 (n° de contrôle 119-AC-7), G. K. Gooderham à L. Jampolsky, 23 novembre 1960. [NCA-001932-0001]
144. CVR, ARN, Bibliothèque et Archives Canada [205] 701/25-2, volume 1, 12/58-02/69, ANC, L. C. Hunter à la Division des affaires indiennes, 25 novembre 1960. [ERM-004791-0000]
145. CVR, ARN, MAINC AC, dossier 1/251, volume 19, 1968, J. A. MacDonald au ministre, 9 octobre 1968. [AEMR-121636]
146. CVR, ARN, MAINC, dossier 1/251, volume 22, R. F. Davey à Bergevin, 15 septembre 1969. [AEMR-019616]

147. CVR, ARN, Bibliothèque et Archives Canada, RG10, boîte 98, acquisition 1999-01431-6, dossier 274/25-1-010, partie 1, P. L. McGillvray à la Division des affaires indiennes, 17 novembre 1964. [NCA-010544]
148. CVR, ARN, AINC - Secteur de la résolution - Collection des dossiers historiques des pensionnats indiens - Ottawa, dossier 211/6-1-010, volume 6, R. F. Davey à Michael Kearney, 12 juin 1967. [SRS-000175]
149. CVR, ARN, Bibliothèque et Archives Canada, RG10, acquisition 1984-85/112, boîte 47, dossier 451/25-1, article de journal, « Mohawk Institute may close after 139 years », sans date; [TAY-001133] CVR, ARN, Archives du Diocèse de Huron, Église anglicane du Canada, Huron University College, London (ON), Luxton Papers, boîte 27, Réserves indiennes, Richard Isaac, *Six Nations Council*, à qui de droit, 13 mars 1970; [TAY-001432] CVR, ARN, AINC - Secteur de la résolution - Collection des dossiers historiques des pensionnats indiens - Ottawa, dossier 479/25-13-001, volume 3, G. D. Cromb au sous-ministre, 20 mars 1970. [TAY-003053-0001]
150. CVR, ARN, Centre de services de la région de la Capitale nationale - BAC - Ottawa, dossier 671/6-2-025, volume 4, Résolution du conseil de la bande d'Onion Lake, 31 juillet 1974. [ORC-0087330002]
151. McKenzie et Hudson, *Native Children*, 126.
152. CVR, ARN, Bibliothèque et Archives Canada, 987/25-2-017, volume 1, V1995-96/657, boîte 4, GARRD, J. C. Letcher à J. C. Lawrance, 28 juillet 1967. [SLT-002085]
153. CVR, ARN, AINC - Secteur de la résolution - Collection des dossiers historiques des pensionnats indiens - Ottawa, CRPA [89-22], dossier E4974-2031, résidence d'élèves de St. Mary, région de la C.B., partie 1, 1981-1989, B, « Benefit to Children », notes sans date à partir de 1982. [MIS-008062-0001]
154. CVR, ARN, AINC - Secteur de la résolution - Collection des dossiers historiques des pensionnats indiens - Ottawa, CRPA [89-22], dossier E4974-2031, résidence d'élèves de St. Mary, région de la C.B., partie 1, 1981-1989, « Social situation overview », résumé sans date 1982. [MIS-008062-0003]

Des bâtiments délabrés et surpeuplés : 1940-1969

1. CVR, ARN, Bibliothèque et Archives Canada, RG10, volume 6012, dossier 1-1-5A, partie 2, R. A. Hoey au Dr McGill, 31 mai 1940. [BIR-000248] Pour la fermeture de Portage la Prairie, voir : CVR, ARN, Bibliothèque et Archives Canada, Winnipeg, RG10, acquisition W86-87/083, boîte 001, dossier 501/25-1, volume 2A, J. Malcolm à des amis, 25 mai 1975. [PLP-100300] Pour la fermeture de Pine Creek, voir : CVR, ARN, AINC - Secteur de la résolution - Collection des dossiers historiques des pensionnats indiens - Ottawa, dossier 501/1-13-075, volume 2, D. W. Simpson au directeur régional, Manitoba, 30 octobre 1969. [PCR-006338] Pour la fermeture de Round Lake, voir : CVR, ARN, Bibliothèque et Archives Canada, RG10, volume 8757, dossier 673/25-1-010, partie 1, George Dorey à B. F. Neary, 20 octobre 1950. [RLS-001094] Pour la date de fermeture de Thunderchild, voir : CVR, ARN, Bibliothèque et Archives Canada, RG10, volume 8756, dossier 671/25-1-010, « The Fire at the Thunderchild Residential School » J. B. Cabana, janvier 1948. [THR-000266-0003] Pour le transfert du pensionnat Wabasca, voir : CVR, ARN, AINC - Bureau principal des documents - Ottawa, 777/36-4-009, volume 1,

01/34-11/66, DCDAC, directeur régional des Affaires indiennes, Alberta au directeur des Services d'éducation, 12 août 1966. [JON-003322] Pour la fermeture de Whitefish Lake, voir : CVR, ARN, Fonds du Diocèse anglican d'Athabasca, Archives provinciales d'Alberta, dossier A320/576, « Indian [School] Commission, [Official Correspondence of Bishop Sovereign], 1949-1952 », acquisition PR1970.0387/1645, boîte 41, A. H. Sovereign à Bernard F. Neary, 5 mai 1950. [WFL-800145] Pour la fermeture de Sturgeon Lake, voir : CVR, ARN, AC 1/25-2, 01/59 -01/62, volume 3, AC., L. C. Hunter au ministère des Affaires indiennes, 14 février 1961. [JRD-001808] Pour la fermeture des deux pensionnats de Brocket (Sacred Heart et St. Cyprian), voir : CVR, ARN, Bibliothèque et Archives Canada - Ottawa, RG10, volume 8758, dossier 773-25-1, partie 3, C. A. F. Clark au chef de la Division de l'éducation, 2 juin 1961. [CYP-004054] Pour la fermeture de Kitamaat, voir : CVR, ARN, Bibliothèque et Archives Canada - Ottawa, dossier 883-1, partie 2, Agence Bella Coola - Pensionnat de Kitamaat - Administration générale, 1933-1950 n° d'inst. de recherche 10-17, volume perm. 6451, bobine de microfilm C8773, Bibliothèque et Archives Canada - Ottawa, George Dorey à Harold W. McGill, 21 avril 1941. [KMT-095750] Pour la fermeture de Port Simpson, voir : CVR, ARN, Bibliothèque et Archives Canada, dossier 886-1, partie 3, Agence de Skeena River - Pensionnat pour filles de Port Simpson, 1894-1950, n° d'inst. de recherche, 10-17, volume perm. 6458, Eva Middleton au surintendant de l'éducation des Indiens, 27 septembre 1948. [PSM-200706] Pour la fermeture de Squamish, voir : CVR, ARN, Bibliothèque et Archives Canada - Ottawa, RG10, n° d'inst. de recherche 10-379, 1999-01431-6, boîte 405, 987/25-1-013, partie 1, « Indian Education - Fraser District - St. Paul's School, 1959-1968 », ANC Ottawa, W. S. Arneil à R. F. Davey, 16 février 1959. [SQU-000672]

2. Canada, *Rapport annuel du ministère des Affaires indiennes, 1969-1970,* p. 140-141.
3. CVR, ARN, Bibliothèque et Archives Canada, RG10, volume 6205, dossier 468-1, partie 3, R. A. Hoey au Dr McGill, 9 novembre 1942. [MER-000498]
4. CVR, ARN, Bibliothèque et Archives Canada, RG10, volume 6205, dossier 468-1, partie 1, M. Benson au surintendant général adjoint des Affaires indiennes, 28 novembre 1902. [MER-000328]
5. CVR, ARN, Bibliothèque et Archives Canada, RG10, volume 6205, dossier 468-1, partie 3, R. A. Hoey au Dr McGill, 9 novembre 1942. [MER-000498]
6. CVR, ARN, Bibliothèque et Archives Canada, RG10, volume 6205, dossier 468-1, partie 3, R. A. Hoey à George Dorey, 16 juin 1944. [MER-000532]
7. CVR, ARN, Bibliothèque et Archives Canada, RG10, dossier 4681, volume 6205, partie 3, R. A. Hoey à George Dorey, 12 juin 1943. [IRC-041082]
8. CVR, ARN, Bibliothèque et Archives Canada, RG10, dossier 4681, volume 6205, partie 3, George Dorey à R. A. Hoey, 10 juin 1943. [MER-000505]
9. CVR, ARN, Bibliothèque et Archives Canada, RG10, volume 6210, dossier 468-10, partie 5, Samuel Devlin au ministère des Affaires indiennes, 20 mai 1946. [MER-003826-001]
10. Canada, *Rapport annuel du ministère des Affaires indiennes, 1944,* p. 173.
11. Finkel, *Our Lives,* 8-9.
12. Struthers, *No Fault of Their Own,* 82-83.
13. CVR, ARN, Bibliothèque et Archives Canada, RG10, volume 6192, dossier 462-5, partie 9, H. A. Alderwood à B. F. Neary, 9 juillet 1947. [CRS-001958]

14. CVR, ARN, Bibliothèque et Archives Canada, RG10, volume 6189, dossier 461-5, partie 12, W. M. Benidickson à W. E. Harris, 6 juin 1950. [CJC-001327]
15. Canada, *Rapport annuel du ministère des Affaires indiennes, 1895*, p. 208-209.
16. CVR, ARN, Bibliothèque et Archives Canada, RG10, volume 6255, dossier 576-1, partie 4, R. S. Davis au ministère des Affaires indiennes, 24 mars 1949. [BRS-000551]
17. CVR, ARN, Bibliothèque et Archives Canada, RG10, volume 6503, dossier Indian 13-1-85, « Donald Inspection, Limited Report of Inspection of Belcarres Indian Residential School », 29 août 1948. [FHR000333]
18. CVR, ARN, Bibliothèque et Archives Canada, RG10, volume 11091, dossier Shannon, 1948, lettres à la Division des affaires indiennes, J. L. Whitney à Philip Phelan, 21 juillet 1948; [CRS-002092] RG10, volume 6307, dossier 653-1, partie 2, directeur [illisible] au sous-ministre, 22 juin 1949. [FHR-000356]
19. CVR, ARN, Bibliothèque et Archives Canada, RG10, volume 6349, dossier 752-5, partie 5, 1937-1947, bobine de microfilm C-8706, G. H. Gooderham au ministère des Affaires indiennes, 29 août 1945. [CFT-002623-0000]
20. CVR, ARN, AINC - Bureau principal des documents, Ottawa, G. H. Gooderham à M. Hoey, 6 juin 1946. [RCA-000498-0001]
21. CVR, ARN, Bibliothèque et Archives Canada, RG29, volume 3127, dossier 860-8-X400, partie 1a, E. L. Stone au surintendant des Services de santé aux autochtones, 31 mai 1946. [NPC-621076-01]
22. CVR, ARN, Bibliothèque et Archives Canada, RG10, volume 6354, dossier 754-5, partie 6, D., 1947-1950, bobine de microfilm 8710, L. C. Schmidt à H. N. Woodsworth, 18 octobre 1949. [ERM-001317]
23. CVR, ARN, AINC - Secteur de la résolution - Collection des dossiers historiques des pensionnats indiens - Ottawa, CRPA, dossier 777/23-5-010, volume 1, 1931-1962, « Inspection Report Wabasca Catholic Residential School », 2-3 octobre 1951. [MAR-000938]
24. CVR, ARN, AINC - Secteur de la résolution - Collection des dossiers historiques des pensionnats indiens - Ottawa, « Inspection Report, Wabasca R.C. Residential School », 2 décembre, 1952. [MAR-000953]
25. CVR, ARN, AINC - Secteur de la résolution - Collection des dossiers historiques des pensionnats indiens - Ottawa, CRPA, dossier 777/23-5-010, volume 1, 1931-1962, « Inspector's Report, St. Martin's (R.C.) Res. Indian School », 10 mars 1953. [MAR-000962]
26. CVR, ARN aucun emplacement de document, aucun dossier source de document, mémorandum d'entrevue avec le major MacKay, commissaire des Indiens, archidiocèse de Vancouver, Bureau de l'archevêque, 25 octobre 1946. [ABV-001273]
27. CVR, ARN, Bibliothèque et Archives Canada - Ottawa, RG10, volume 6438, dossier 878-5, partie 6, ANC - Ottawa, sœur J. Baptiste à Mme L. S. SaintLaurent, 3 décembre 1949. [JOE-027396]
28. CVR, ARN, Bibliothèque et Archives Canada - Ottawa, RG10, volume 6438, dossier 878-5, partie 6, ANC - Ottawa, C. Gibson à sœur J. Baptiste, 20 décembre 1949. [JOE-027403]
29. CVR, ARN, Bibliothèque et Archives Canada, RG10, volume 6426, dossier 875-1, partie 4, J. Coleman au commissaire des Indiens pour la Colombie-Britannique, 14 octobre 1947. [MIK-002279-0002]
30. CVR, ARN, aucun emplacement de document, aucun dossier source de document, L. K. Poupore au colonel H. M. Jones, 31 octobre 1956. [OKM-000560]

31. CVR, ARN, Bibliothèque et Archives Canada, RG10, volume 6344, dossier 750-5, partie 5, H. Routhier à Harold McGill, 21 janvier 1941. [MRY-009874]
32. CVR, ARN, Bibliothèque et Archives Canada, RG10, volume 6253, dossier 575-5, partie 6, A. G. Smith au secrétaire, ministère des Affaires indiennes, 30 novembre 1940. [BIR-000253]
33. CVR, ARN, Bibliothèque et Archives Canada, RG10, volume 8625, dossier 511/6-1-014, partie 1, M. M. Rusaw au ministère des Mines et des Ressources, Division des affaires indiennes, 22 janvier 1950. [BIR-000345]
34. CVR, ARN, Bibliothèque et Archives Canada, RG10, volume 8625, dossier 511/6-1-014, partie 3, ministère de la Santé nationale et du Bien-être social, rapport bactériologique, pensionnat indien de Birtle, Manitoba, 30 octobre 1957. [BIR-000385-0002]
35. CVR, ARN, Bibliothèque et Archives Canada, RG10, volume 6496, dossier IND 13-1-15, partie 1, J. P. B. Ostrander au directeur de la Division des enquêtes et de l'ingénierie, 8 septembre 1945. [GDC-008056-0001]
36. CVR, ARN, Bibliothèque et Archives Canada, RG10, volume 6312, dossier 654-5, partie 11, J. P. B. Ostrander au ministère des Affaires indiennes, Ottawa, 18 novembre 1946. [GDC-007097]
37. CVR, ARN, Église anglicane du Canada, Archives du Synode général, GS 75-103, série 2-15, boîte 21, dossier 5, « Memorandum Re: Indian Affairs Branch and C. of E. Residential School (Buildings) 1950 » p. 2. [GDC-008660]
38. CVR, ARN, Bibliothèque et Archives Canada, RG10, volume 6199, dossier 465-5, partie 10, « Report: Ontario Department of Health, Sanitary Engineering Division, A. E. Barry », 16 février 1946. [KNR-000555]
39. CVR, ARN, Bibliothèque et Archives Canada, RG10, volume 8268, dossier 487/6-1-015, partie 9, Frank Gibson à Justice Thompson, 19 mars 1959. [KNR-000939-0001]
40. CVR, ARN, Bibliothèque et Archives Canada, RG10, volume 8266, dossier 487/6-1-015, partie 2, L. M. Stuart à N. Paterson, 15 septembre 1953. [KNR-000974]
41. CVR, ARN, Bibliothèque et Archives Canada, RG10, volume 8268, dossier 487/6-1-015, partie 9, Eric Law au colonel H. M. Jones, 26 janvier 1959; [KNR-000937] RG10, volume 8268, dossier 487/61015, partie 9, R. D. P. Easton à Eric Law, 21 août 1959. [KNR-000945-0001]
42. CVR, ARN, Bibliothèque et Archives Canada, RG10, volume 8269, dossier 487/6-1-015, partie 11, C. J. Crapper, mémorandum, 26 septembre 1962. [KNR-000732]
43. CVR, ARN, AINC - Secteur de la résolution - Collection des dossiers historiques des pensionnats indiens - Ottawa, dossier 501/25-1-019, volume 1, G. H. Marcoux à R. S. Davis, 21 octobre 1953. [FAR-000063]
44. CVR, ARN, Bibliothèque et Archives Canada, RG10, volume 10361, dossier 506/6-1-019, partie 1, ministère de la Santé nationale et du Bien-être social, rapport bactériologique, 6 décembre 1954. [FAR-000045-0003]
45. CVR, ARN, Bibliothèque et Archives Canada, RG10, volume 10361, dossier 506/6-1-019, partie 1, Dr J. J. Pragg à R. S. Davis, 7 février 1955. [FAR-000049]
46. CVR, ARN, Bibliothèque et Archives Canada, RG10, volume 10361, dossier 506/6-1-019, partie 2, O. J. Storsater au ministère des Affaires indiennes, 8 mai 1957; [FAR-000042-000] RG10, volume 10361, dossier 506/6-1-019, partie 2, rapport bactériologique, 8 mai 1957. [FAR-000042-0004]

47. CVR, ARN, Bibliothèque et Archives Canada, RG10, volume 8635, dossier 511/6-1-026, partie 5, Roland Chaput à R. D. Ragan, 1er septembre 1958. [SBR-000493]
48. CVR, ARN, Bibliothèque et Archives Canada, RG10, volume 8634, dossier 511/6-1-025, partie 5, père F. Gélinas à R. F. Davey, 5 septembre 1959. [PCR-010503]
49. CVR, ARN, AINC - Secteur de la résolution - Collection des dossiers historiques des pensionnats indiens - Ottawa, 777[131]6-1-767, volume 4, 12/08/58-12/28/62, Secteur de la résolution - Collection des dossiers historiques des pensionnats indiens, Eric Barrington au surintendant, Lesser, agence indienne de Slave Lake, 8 septembre 1961. [JON-002946]
50. CVR, ARN, aucun emplacement de document, aucun dossier source de document, « Pollution Threatens Closure of School », *Vancouver Sun*, 11 juin 1965. [WLM-000553] Pour commentaires concernant la fin de la vie utile du pensionnat, voir : CVR, ARN, aucun emplacement de document, aucun dossier source de document, mémorandum d'entrevue avec le major MacKay, commissaire des Indiens, archidiocèse de Vancouver, Bureau de l'archevêque, 25 octobre 1946. [ABV-001273]
51. CVR, ARN, Bibliothèque et Archives Canada - Ottawa, RG10, nº d'inst. de recherche 10-379, acquisition 1999-01431-6, boîte 368, 962/61, Bâtiments scolaires - Foyer scolaire du Caribou, partie 12, 1965-1966, ANC - Ottawa, « Treasury Board Minute, Authorization to Enter into a Lease », 25 novembre 1965. [JOE-063038]
52. CVR, ARN, Agness, Jack, « New Use for St. Joseph's Mission: Now Adult Education Centre », *Williams Lake Tribune*, 10 septembre 1981. [WLM-000627]
53. CVR, ARN, Bibliothèque et Archives Canada, [110]774/6-1-753, volume 2, 1/54-12/57, ANC, W. E. Frame à R. F. Battle, 14 novembre 1957. [EDM-004986]
54. CVR, ARN, Bibliothèque et Archives Canada, RG10, volume 8257, dossier 485/6-1-001, partie 3, H. M. Jones au sous-ministre, 6 mai 1958. [FFR-000359-0000]
55. CVR, ARN, Bibliothèque et Archives Canada, RG10, volume 8626, dossier 511/6-1-014, partie 6, J. H. Boulter au chef, Division de l'ingénierie et de la construction, 20 octobre 1960. [BIR-002497]
56. CVR, ARN, Bibliothèque et Archives Canada, RG10, volume 8631, dossier 511/6-1-017, partie 10, J. O. Harris à R. F. Davey, 14 février 1961. [PLP-000733]
57. CVR, ARN, Bibliothèque et Archives Canada, RG10, volume 8279, dossier 494/6-1-015, partie 8, père J. Lamire à G. Swartman, 22 octobre 1961. [MCI-001570-0001]
58. CVR, ARN, Bibliothèque et Archives Canada, RG10, volume 8279, dossier 494/6-1-015, partie 8, père J. Lamire à G. Swartman, 14 avril 1962. [MCI-001564]
59. Ville de Winnipeg, *Historical Buildings Committees*, « 611 Academy — Former Julia Clark School », août 1997, 1-3, 9-10; CVR, ARN, AINC - Secteur de la résolution - Collection des dossiers historiques des pensionnats indiens - Ottawa, dossier 6-21-7, volume 1 (nº de contrôle 25-7), H. M. Jones au sous-ministre, 4 juillet 1958. [NCA-011600-0000]
60. CVR, ARN, Bibliothèque et Archives Winnipeg, RG10, acquisition W86-87/083, boîte 024, dossier 501/23-5-081, volume 1, « Residences and School Environmental Report of Assiniboia School », 11 février 1965, 1-4, 8-13. [ARS-006124-0002]
61. CVR, ARN, AINC - Bureau principal des documents - Ottawa, DCDAC, dossier 772/6-1-001, volume 9, 04/62-03/66, R. Ragan au directeur, Services d'éducation, 17 mars 1965. [CFT-001998]

62. CVR, ARN, Bibliothèque et Archives Canada, ANC, dossier 772/6-1-001, 01/67-10/69, « Cluny Indian School Closing », *by Don Peacock*, [Calgary *Albertan*] 20 décembre 1969. [CFT-002237]
63. CVR, ARN, aucun emplacement de document, aucun dossier source de document, « Excerpt from report of Principal of St. Mary's School, from internal evidence 1967 », le document en soi n'est pas daté, mais il parle des quarante-deux ans qui se sont écoulés depuis la construction de l'école en 1925. [OGP-140149]
64. CVR, ARN, Bibliothèque et Archives Canada - Edmonton, 4700-10-435, volume 1, 9/87-12/88, ANC Edmonton, Sheila CarrStewart à Jim Twigg, 14 janvier 1988. [MRY-008208]
65. Canada, *Rapport annuel du ministère des Affaires indiennes, 1965*, p. 34-37.
66. CVR, ARN, Bibliothèque et Archives Canada, RG10, boîte 2, acquisition 1999-01431-6, dossier 1/1-2-2-21, partie 2, « Comments Regarding Specific Complaints in Brief Presented by Father Levaque », 12 janvier 1968. [NCA-003015-0003]
67. CVR, ARN, AINC - Secteur de la résolution - Collection des dossiers historiques des pensionnats indiens - Ottawa, dossier 6-21-1, volume 4, contrôle 25-2, mémoire de l'Association nationale des directeurs et administrateurs des pensionnats indiens présenté au MAINC tel que demandé par M. E. A. Côté, sous-ministre, rédigé en 1967, présenté le 15 janvier 1968. [NCA-011495] Pour la date d'ouverture du pensionnat de La Tuque, voir : CVR, ARN, AINC - Secteur de la résolution - Collection des dossiers historiques des pensionnats indiens - Ottawa, dossier 21/6-1-355, volume 1, mémorandum de R. F. Davey, chef, Division de l'éducation, MAINC au superviseur régional, Québec et A. J. Doucet, 18 juin 1959. [LTR-000826]
68. CVR, ARN, Bibliothèque et Archives Canada, RG10, volume 13033, dossier 401/25-13, volume 1, R. F. Davey à H. B. Rodine, 5 février 1968. [AEMR-014634]
69. CVR, ARN, AINC - Secteur de la résolution - Collection des dossiers historiques des pensionnats indiens - Ottawa, dossier 6-21-1, volume 4, contrôle 25-2, commentaires sur les plaintes spécifiées dans le mémoire présenté par le père Levaque, sans date. [NCA-011489-0002]
70. CVR, ARN, Bibliothèque et Archives Canada, RG10, boîte 2, acquisition 1999-01431-6, dossier 1/1-2-2-21, partie 2, commentaires sur les plaintes spécifiées dans le mémoire présenté par le père Levaque, 12 janvier 1968; [NCA-003015-0003] Canada, *Rapport annuel du ministère des Affaires indiennes, 1969-1970*, p. 128.
71. CVR, ARN, AINC - Secteur de la résolution - Collection des dossiers historiques des pensionnats indiens - Ottawa, dossier 487/1-18, volume 1, G. LeBleu à H. B. Rodine, 15 octobre 1971. [KNR-000148]
72. CVR, ARN, AINC - Secteur de la résolution - Collection des dossiers historiques des pensionnats indiens - Ottawa, dossier 487/1-18, volume 1, W. McKim à A. Lacerte, 22, sans date. [KNR-000214]
73. CVR, ARN, Archives Deschatelets, oblats de Marie Immaculée, Ottawa, OMI, volume 1, section CD, relieur 4, « Memo: re Authorized Pupilage - Actual Attendance - and Loss to the Churches, in connection with Indian Residential Schools », sans date. [BVL-001174] Cinquante et un est la somme du nombre de pensionnats hébergeant les élèves listés dans la colonne cinq du tableau dans le document.
74. CVR, ARN, Bibliothèque et Archives Canada, RG10, volume 8795, dossier 1/25-13, partie 2, « Re: Further supplementary estimates, per capita grant vote » sans date. [AEMR-120598]

75. CVR, ARN, aucun emplacement de document, aucun dossier source de document, A. H. Fleury au révérend père, 13 mai 1944. [OMS-000619]
76. CVR, ARN, Bibliothèque et Archives Canada, RG10, volume 6487, dossier 42104-3, partie 1, Rapport trimestriel se terminant en mars 1945, sur l'agence indienne des Pieds-Noirs, G. H. Gooderham. [BSS-000654]
77. CVR, ARN, AINC - Secteur de la résolution - Collection des dossiers historiques des pensionnats indiens - Ottawa, dossier 673/25-1-038, volume 1, Philip Phelan au révérend J. Lemire, 31 juillet 1945. [MRS-000621]
78. CVR, ARN, AINC - Secteur de la résolution - Collection des dossiers historiques des pensionnats indiens - Ottawa, dossier 673/25-1-038, volume 1, révérend J. Lemire à Philip Phelan, 5 août 1945. [MRS-000622]
79. CVR, ARN, AINC - Secteur de la résolution - Collection des dossiers historiques des pensionnats indiens - Ottawa, dossier 673/25-1-038, volume 1, Bernard F. Neary à W. J. D. Kerley, 8 avril 1949. [MRS-000623]
80. CVR, ARN, AINC - Secteur de la résolution - Collection des dossiers historiques des pensionnats indiens - Ottawa, dossier 673/25-1-038, volume 1, Bernard F. Neary à W. J. D. Kerley, 28 avril 1949. [MRS-000625]
81. CVR, ARN, Archives Deschatelets, oblats de Marie Immaculée, Ottawa, RH 8005.C73R 3, « Indian Residential School Administration Handbook, 1956 ». [SRS-000370]
82. CVR, ARN, Bibliothèque et Archives Canada, RG10, volume 6320, dossier 658-1, partie 2, J. P. B. Ostrander au ministère des Affaires indiennes, 30 avril 1946. [PAR-000905]
83. CVR, ARN, Bibliothèque et Archives Canada, RG10, volume 6320, dossier 658-1, partie 2, H. A. Alderwood à B. F. Neary, 1er octobre 1947. [PAR-000350]
84. CVR, ARN, Bibliothèque et Archives Canada, RG10, volume 6189, dossier 461-5, partie 12, W. M. Benidickson à W. E. Harris, 6 juin 1950. [CJC-001327]
85. CVR, ARN, AINC - Secteur de la résolution - Collection des dossiers historiques des pensionnats indiens - Ottawa, 773/6-1 [103], volume 1, 1948-1966, CRPA, G. H. Gooderham à B. F. Neary, 23 mars 1950. [EDH-000117]
86. CVR, ARN, Bibliothèque et Archives Canada - Ottawa, RG10, volume 8674, dossier 773/6-1-003, partie 1, bobine de microfilm C-14196, Francis P. Carroll à L. Fortier, 25 mai 1953. [MRY-005673]
87. CVR, ARN, Bibliothèque et Archives Canada, RG10, volume 8611, dossier 658/1-13, partie 1, Philip Phelan à M. Landry, 24 décembre 1952. [BVL-000551]
88. CVR, ARN, Bibliothèque et Archives Canada, RG10, volume 8659, dossier 658/6-1, partie 2, J. R. Bell à E. S. Jones, 28 janvier 1956. [BVL-000661]
89. CVR, ARN, AINC - Secteur de la résolution - Collection des dossiers historiques des pensionnats indiens - Ottawa, 775/3-8, volume 1, 04/1953-09/1966, CRPA, E. A. Robertson à G. H. Gooderham, 22 janvier 1953. [FTV-006251-0002]
90. CVR, ARN, AINC - Secteur de la résolution - Collection des dossiers historiques des pensionnats indiens - Ottawa, dossier 501/25-1-067, volume 1, G. H. Marcoux à tous les directeurs, 1er mars 1956. [PLP-000062-0001]
91. CVR, ARN, Bibliothèque et Archives Canada, 985/25-2, partie 1, 1958-1964, V1984-85/333, boîte 3 [500797], no d'inst. de recherche 10-144, ANC Burnaby/GRB, W. E. Grant au Bureau régional, 13 mai 1959. [LEJ-007595-0000]

92. CVR, ARN, AINC - Secteur de la résolution - Collection des dossiers historiques des pensionnats indiens - Ottawa, dossier 129/25-1-016, volume 1, R. F. Davey au superviseur régional, 3 décembre 1958. [KNR-000247]
93. CVR, ARN, AINC - Secteur de la résolution - Collection des dossiers historiques des pensionnats indiens - Ottawa, dossier 487/25-1-015, volume 1, directeur intérimaire au sous-ministre, ministère des Affaires indiennes, 13 août 1959; [KNR-000275] R. F. Davey à M. Saint-Jacques, 18 août 1959. [KNR-000283]
94. CVR, ARN, AINC - Secteur de la résolution - Collection des dossiers historiques des pensionnats indiens - Ottawa, dossier 487/25-1-015, volume 1, W. N. Benidickson à R. F. Davey, 2 novembre 1959. [KNR-000271]
95. CVR, ARN, Bibliothèque et Archives Canada, RG10, volume 8269, dossier 487/6-1-015, partie 10, père G. LeBleu à Eric Law, 20 septembre 1960. [KNR-000759]
96. CVR, ARN, Bibliothèque et Archives Canada, 775[706]/6-1-020, volume 1, 04/65-11/67, ANC, « Inspection of Assumption Residential School, (Indian) Assumption, Alberta », 4 avril 1961. [AMP-008395]
97. CVR, ARN, Bibliothèque et Archives Canada - Ottawa, RG10, volume 8675, dossier 773/6-1-003, partie 12, bobine de microfilm C-14197, « Re: Special Investigations and Planning Proposals for the Crowfoot and Blood Indian Residential Schools, Alberta », 29 octobre 1964. [MRY-006916-0001]
98. CVR, ARN, AINC - Secteur de la résolution - Collection des dossiers historiques des pensionnats indiens - Ottawa, dossier 487/25-11-236, volume 1, Edward Rooney à L. G. Waller, 24 février 1965. [KNR-001503-0000]
99. CVR, ARN, Bibliothèque et Archives Canada, DAGDD 901/25-13, boîte 13470, volume 3, 1947-1961, P. Deziel au surintendant régional des pensionnats, 31 mai 1967. [SLT-002719]
100. CVR, ARN, AINC - Secteur de la résolution - Collection des dossiers historiques des pensionnats indiens - Ottawa, volume 12, dossier 1/25-13, 03/16/66-12/18/67, Archives CRPA, R. M. Hall au directeur, Services d'éducation, Division des affaires indiennes, 13 juin 1967. [JOE-001986]
101. CVR, ARN, Bibliothèque et Archives Canada - Burnaby, 972/25-2-Sechelt, 07/63-02/73, n° d'inst. de recherche 10-137, V1984-85/353, boîte 11490, DAGDD, J. C. Lawrance à W. B. Bailey, 1er août 1967. [SLT-001253]
102. CVR, ARN, AINC - Secteur de la résolution - Collection des dossiers historiques des pensionnats indiens - Ottawa, dossier 6-21-1, volume 4, contrôle 25-2, mémoire de l'Association nationale des directeurs et administrateurs des pensionnats indiens présenté au MAINC tel que demandé par M. E. A. Côté, sous-ministre, sans date, un document interne indique 1967, p. 14. [NCA-011495]
103. CVR, ARN, Bibliothèque et Archives Canada, RG22, volume 1204, dossier 487/1, partie 2, Edward Stricker à M. Justice Morand, 23 avril 1968. [KNR-000827-0001]

Santé : 1940-2000

1. Grygier, *Long Way from Home*, p. 64.
2. Statistique Canada, reproduit dans Grygier, *Long Way from Home*, p. 84

3. Pour les chiffres de 1943, voir : CVR, ARN, aucun emplacement de document, aucun dossier source de document, Rapport annuel du ministère de la Santé nationale et du Bien-être social pour l'exercice financier prenant fin le 31 mars 1955, p. 83. [AEMR-251213] Pour les chiffres de 1955, voir : CVR, ARN, Bibliothèque et Archives Canada, RG29, volume 3132, dossier 861-2-1, partie 1, section B, Statistiques spéciales sur la tuberculose. [NPC-625218i]
4. Moore, « No Longer Captain », p. 1012.
5. Statistique Canada, reproduit dans Grygier, *Long Way from Home*, p. 84.
6. Wherrett, *Miracle of the Empty Beds*, p. 252.
7. CVR, ARN, Archives provinciales de l'Alberta, PAA 71.220 B54 2279, Harold McGill à tous les agents des Indiens, 14 janvier 1937, [OGP-020890]
8. Lux, *Medicine that Walks*, p. 220.
9. Canada, *Rapport annuel du ministère des Affaires indiennes, 1940,* p. 185-186.
10. Canada, *Rapport annuel du ministère des Affaires indiennes, 1941*, p. 165.
11. Canada, *Rapport annuel du ministère des Affaires indiennes, 1943*, p. 148.
12. Canada, *Rapport annuel du ministère des Affaires indiennes, 1944*, p. 153.
13. Waldram, Herring et Young, *Aboriginal Health in Canada,* p. 191; 194.
14. Nixon, « Percy Elmer Moore », p. 166.
15. Canada, Comité mixte spécial, 1946, p. 4.
16. Canada, *Rapport annuel du ministère des Affaires indiennes, 1946*, p. 202.
17. Waldram, Herring et Young, *Aboriginal Health in Canada,* p. 197-198.
18. Nixon, « Percy Elmer Moore », p. 167.
19. Waldram, Herring et Young, *Aboriginal Health in Canada,* p. 194.
20. Bynum, *Spitting Blood*, p. 146-147, 173-174; McCuaig, *Weariness, Fever, and Fret*, p. 23-24.
21. Lux, *Medicine that Walks*, p. 202-203.
22. Elwood et FitzGerald, « Bacille Calmette-Guérin », p. 349-350.
23. CVR, ARN, Bibliothèque et Archives Canada, RG29, volume 3124, dossier 860-8-X200, partie 1a, « Mémorandum sur la lutte contre la tuberculose », 28 octobre 1949. [NPC-625046]
24. Bynum, *Spitting Blood*, p. 189-200; McCuaig, *Weariness, Fever, and Fret*, p. 197; Grygier, *Long Way from Home*, p. 11.
25. Wherrett, *Miracle of the Empty Beds*, p. 255-256.
26. CVR, ARN, Bibliothèque et Archives Canada, RG29, volume 1224, dossier 311-T7-7, partie 2, W. J. Wood, « Rapport du surintendant régional des Services de santé des Indiens », dans *Lutte contre la tuberculose au Manitoba, 1957; Rapport annuel de la Commission des sanatoriums du Manitoba,* p. 34. [NPC-604086]
27. CVR, ARN, Bibliothèque et Archives Canada, RG29, n° d'acquisition 1985-86/235, boîte 3, dossier 615-6-9, « Rapport sur la participation à la réunion annuelle de l'Association canadienne antituberculeuse », Halifax, Nouvelle-Écosse, du 2 au 5 juin 1959. [NPC-622096a]
28. CVR, ARN, Bibliothèque et Archives Canada, RG29, volume 2869, dossier 851-1-4, partie 4, « Programme de lutte pour éradiquer la tuberculose dans la région de Foothills », septembre 1952, p. 1, 3-4. [NPC-601818-01] Pour plus de renseignements concernant l'étendue géographique de la région de Foothills, voir : CVR, ARN, Bibliothèque et Archives Canada, RG29, volume 2869, dossier 851-1-4, partie 4, « Programme de lutte

pour éradiquer la tuberculose dans la région de Foothills », septembre 1952, p. 8. [NPC-601818-01]

29. Grygier, *Long Way from Home*, p. 66.
30. Waldram, Herring et Young, *Aboriginal Health in Canada*, p. 198–199, 201; Grygier, *Long Way from Home*, p. 195–197.
31. Waldram, Herring et Young, *Aboriginal Health in Canada,* p. 198–199, 202–203.
32. Grygier, *Long Way from Home*, xxi-xxii.
33. CVR, ARN, Bibliothèque et Archives Canada, RG29, volume 2608, dossier 800-1-X328, T. J. Orford au directeur des Services de santé, Ottawa, 20 avril 1965. [MDD-001032]
34. CVR, ARN, Archives du gouvernement des Territoires du Nord-Ouest, dossier A-633/153-1, partie 1, Statistiques scolaires Eskimo Point, T. N.-O., 1959–1966, boîte d'archivage 253-5, n° d'acquisition G-1979-003, Formulaire d'avancement, Promotion des non-finissants d'Eskimo Point, Beryl M. Davies, 10 juillet 1963 (11 des 23 élèves à Clearwater); [EPS-000070] Formulaire d'avancement, Promotion des non-finissants d'Eskimo Point, Beryl M. Davies, 10 juillet 1963 (17 des 33 élèves à Clearwater); [EPS-000071] Formulaire d'avancement, Promotion des finissants d'Eskimo Point, David M Davies, 10 juillet 1963 (5 des 28 élèves à Clearwater). [EPS-000072]
35. CVR, ARN, Bibliothèque et Archives Canada - Ottawa, RG85, boîte 15, n° d'acquisition 1985-86/220, dossier A1000/153, partie 2, Villages et région - Eskimo Point, février 1967–octobre 1969, n° d'instr. de recherche 85-15, Rapport sur la situation à Eskimo Point, 10 mars 1967. [EPS-000402-0001]
36. Waldram, Herring et Young, *Aboriginal Health in Canada,* p. 86.
37. Phypers et coll., « Epidemiology of Tuberculosis », p. 3–4.
38. CVR, ARN, Bibliothèque et Archives Canada, RG29, volume 2912, dossier 851-1-501, partie 1, Rapport de l'agent pour le mois d'avril 1940, 2 mai 1940; [NPC-606119] CVR, ARN, Bibliothèque et Archives Canada, RG29, volume 2912, dossier 851-1-501, partie 1, R. T. Chapin à P. G. Lazenby, 2 juillet 1940. [NPC-606114a]
39. CVR, ARN, Archives provinciales de l'Alberta, PAA, 71.220 B92 3889, Ed. Rheaume à Alphonse Doucet, 3 mai 1943. [OGP-030392]
40. CVR, ARN, Archives provinciales de l'Alberta, dossier 55, Recensement de la tuberculose - Stoneys - Morley, 1943–1948, n° d'acquisition GR 1973.0315, boîte 3, 9 mars 1943. [MOR-800006] Pour le nom de Baker, voir : CVR, ARN, Bibliothèque et Archives Canada, RG29, volume 2920, dossier 851-1-A774, partie 1, C. P. Schmidt à A. H. Baker, 22 novembre 1944, [120.14052]
41. CVR, ARN, Archives provinciales de l'Alberta, dossier 55, Recensement de la tuberculose - Stoneys - Morley, 1943–1948, n° d'acquisition GR 1973.0315, boîte 3, Surintendant médical et directeur, Division de la lutte contre la tuberculose, C. P. Schmidt, 4 juin 1943, p. 7. [MOR-800010]
42. Canada, *Rapport annuel du ministère des Affaires indiennes, 1945*, p. 167; Canada, *Rapport annuel du ministère des Affaires indiennes, 1946*, p. 204.
43. CVR, ARN, Bibliothèque et Archives Canada, RG29, volume 1221, dossier 311-T7-1, partie 3, Division de la prévention de la tuberculose, « Rapport annuel 1942 », ministère provincial de la Santé de l'Ontario, p. 6–7. [NPC-620600]
44. Canada, *Rapport annuel du ministère des Affaires indiennes, 1944*, p. 153.
45. CVR, ARN, Bibliothèque et Archives Canada, RG29, volume 2905, dossier 851-1-A485, partie 1, K. M. Shorey à P. E. Moore, 30 janvier 1940. [NPC-604111]

46. CVR, ARN, Bibliothèque et Archives Canada, RG29, volume 2909, dossier 851-1-A487, partie 1, K. M. Shorey à P. E. Moore, 15 février 1940; [NPC-605227] CVR, ARN, Bibliothèque et Archives Canada, RG29, volume 2909, dossier 851-1-A487, partie 1, K. M. Shorey à P. E. Moore, 16 février 1940. [NPC-605226]
47. CVR, ARN, Bibliothèque et Archives Canada, RG29, volume 2899, dossier 851-1-A411, partie 1b, K. M. Shorey à P. E. Moore, 21 mars 1940. [NPC-601995]
48. CVR, ARN, Bibliothèque et Archives Canada, RG29, volume 2905, dossier 851-1-A485, partie 1, K. M. Shorey à P. E. Moore, 10 juin 1940. [NPC-604103]
49. CVR, ARN, Bibliothèque et Archives Canada, RG29, volume 2910, dossier 851-1-A492, partie 1, K. M. Shorey à P. E. Moore, 24 février 1941. [NPC-602681]
50. CVR, ARN, Bibliothèque et Archives Canada, RG10, volume 2899, dossier 851-1-A411, partie 1b, K. M. Shorey à P. E. Moore, 23 avril 1941. [CRS-003037]
51. CVR, ARN, Bibliothèque et Archives Canada, RG29, volume 2911, dossier 851-1-A494, partie 1, K. M. Shorey à P. E. Moore, 3 novembre 1941. [PLK-001089]
52. CVR, ARN, Bibliothèque et Archives Canada, RG29, volume 2911, dossier 851-1-A494, partie 1, K. M. Shorey à P. E. Moore, 26 novembre 1941. [NPC-605107]
53. CVR, ARN, Bibliothèque et Archives Canada, RG29, volume 2913, dossier 851-1-A501, partie 2, A. G. Hamilton à P. E. Moore, 17 décembre 1941. [NPC-621766]
54. CVR, ARN, Bibliothèque et Archives Canada, RG10, volume 6443, dossier 881-1, partie 2, « Pensionnat indien Lejac, rapport général pour le trimestre se terminant le 31 décembre 1941 », Alex R. Simpson. [LEJ-000806]
55. Pour des exemples, voir ce qui suit. Pour Spanish (Ontario), 1942 et 1943 : CVR, ARN, Bibliothèque et Archives Canada, RG29, volume 2899, dossier 851-1-A411, partie 2, K. M. Shorey à P. E. Moore, 3 février 1942; [NPC-601967] CVR, ARN, Bibliothèque et Archives Canada, RG29, volume 2899, dossier 851-1-A411, partie 2, K. M. Shorey à P. E. Moore, 26 janvier 1943. [NPC-601949] Pour Sioux Lookout (Ontario), 1942 : CVR, ARN, Bibliothèque et Archives Canada, RG29, volume 2911, dossier 851-1-A494, partie 1, K. M. Shorey à P. E. Moore, 10 février 1942. [NPC-605104] Pour Kenora (Ontario), 1942 et 1943 : CVR, ARN, Bibliothèque et Archives Canada, RG29, volume 2909, dossier 851-1-A487, partie 1, K. M. Shorey à P. E. Moore, 20 février 1942; [NPC-605203] CVR, ARN, Bibliothèque et Archives Canada, RG29, volume 2909, dossier 851-1-A487, partie 1, K. M. Shorey à P. E. Moore, 22 février 1943. [NPC-605200] Pour Fort William (Ontario), 1943 : CVR, ARN, Bibliothèque et Archives Canada, RG29, volume 2910, dossier 851-1-A492, partie 1, K. M. Shorey à P. E. Moore, 27 février 1943. [NPC-602669]
56. CVR, ARN, Bibliothèque et Archives Canada, RG29, volume 2920, dossier 851-1-A774, partie 1, A. H. Baker, octobre 1944. [120.14049A]
57. CVR, ARN, Bibliothèque et Archives Canada, RG29, volume 2920, dossier 851-1-A774, partie 1, A. G. B. Lewis à C. P. Schmidt, 20 novembre 1944. [120.14052A]
58. CVR, ARN, Bibliothèque et Archives Canada, RG29, volume 2989, dossier 851-6-4, partie 1, novembre 1944 à janvier 1956, Nutrition dans les pensionnats indiens, Bernard Neary à L. B. Pett, 21 avril 1947. [AEMR-172667]
59. CVR, ARN, Bibliothèque et Archives Canada, RG29, volume 2920, dossier 851-1-A774, partie 1, « Le sixième recensement annuel de la tuberculose au pensionnat indien d'Edmonton, janvier 1943 ». [NPC-605042a]

60. CVR, ARN, Bibliothèque et Archives Canada, RG29, volume 2920, dossier 851-1-A774, partie 2, J. T. Faunt à la direction du ministère des Affaires indiennes, 30 décembre 1945. [NPC-620624]
61. CVR, ARN, Bibliothèque et Archives Canada, RG10, volume 6446, dossier 881-13, partie 2, Extrait du rapport général du révérend Alex. R. Simpson, directeur O. M. I., pensionnat indien Lejac, pour le trimestre se terminant le 31 mars 1946. [LEJ-005148]
62. CVR, ARN, Bibliothèque et Archives Canada, RG29, volume 2910, dossier 851-1-A497, partie 2, W. L. Falconer à K. M. Shorey, 12 novembre 1946. [NPC-602729]
63. CVR, ARN, Bibliothèque et Archives Canada, RG29, volume 2910, dossier 851-1-A497, partie 2, K. M. Shorey à W. L. Falconer, 13 novembre 1946. [NPC-602728]
64. CVR, ARN, Bibliothèque et Archives Canada, RG29, volume 2910, dossier 851-1-A492, partie 1, D. C. Marlatt à G. C. Brink, 14 juin 1947. [NPC-602653]
65. CVR, ARN, Bibliothèque et Archives Canada, RG10, volume 1135, [aucun numéro de dossier], [Illisible] pour le commissaire aux directeurs, 26 mai 1896. [EDH-002544-0000]
66. CVR, ARN, Bibliothèque et Archives Canada, RG10, volume 6113, dossier 350-23, partie 1, H. A. Alderwood à Percy Moore, 25 janvier 1946. [FGA-001121]
67. CVR, ARN, aucun emplacement de document, aucun dossier source document, 988/23-9, p. 2, 1947-1948, R. H. Moore à la direction des Affaires indiennes, 30 juin 1948. [KUP-001240]
68. CVR, ARN, Bibliothèque et Archives Canada, RG10, volume 6279, dossier 584-10, partie 4, R. S. Davies au ministère des Affaires indiennes, 3 octobre 1951. [SBR-004545-0000]
69. CVR, ARN, Bibliothèque et Archives Canada, RG10, volume 6445, dossier 881-10, partie 5, P. E. Moore au surintendant de la division du bien-être et de la formation, 23 décembre 1940. [LEJ-002117]
70. CVR, ARN, AC MAINC, dossier 901/29-4, volume 2, 03/1961-05/1970, Rapport d'analyse sur les pensionnats indiens, p. 3, 25 juillet 1961. [AEMR-121208A]
71. CVR, ARN, PARC MAINC, dossier 201/25-2, volume 1, R. F. Davey aux commissaires des Indiens, superviseurs régionaux des agences des Indiens et surintendants des Indiens, 15 septembre 1953. [AEMR-014494]
72. CVR, ARN, Bibliothèque et Archives Canada, RG29, volume 2909, dossier 851-1-A487, partie 1. G. L. Bell à G. Swartman, 10 avril 1943. [NPC-605199]
73. CVR, ARN, Bibliothèque et Archives Canada, RG29, volume 2920, dossier 851-1-A774, partie 1, W. L. Falconer à C. P. Schmidt, 15 décembre 1943. [120.13959A]
74. CVR, ARN, Bibliothèque et Archives Canada, RG29, volume 2920, dossier 851-1-A774, partie 1, G. B. Lewis à C. P. Schmidt, 29 décembre 1943; [120,13963A] C. P. Schmidt à A. H. Baker, 22 novembre 1944. [120.14052]
75. CVR, ARN Bibliothèque et Archives Canada, RG29, volume 2920, dossier 851-1-A774, partie 1, « Le septième recensement sur la tuberculose dans le pensionnat indien de Youville », novembre 1943, G. R. Davidson. [NPC-605028]
76. CVR, ARN, Bibliothèque et Archives Canada, RG29, volume 2920, dossier 851-1-A774, partie 1, C. Pant. Schmidt à G. C. Laight, 4 janvier 1944. [NPC-605027]
77. CVR, ARN, Bibliothèque et Archives Canada, RG29, volume 2920, dossier 851-1-A774, partie 1, Rose Vincent à C. P. Schmidt, 21 décembre 1943. [NPC-605027b]
78. CVR, ARN, Bibliothèque et Archives Canada, RG29, volume 2920, dossier 851-1-A774, partie 1, G. C. Laight à C. P. Schmidt, 13 janvier 1944. [NPC-605021]

79. CVR, ARN, Bibliothèque et Archives Canada, RG29, volume 2909, dossier 851-1-A487, partie 1, F. J. Milner à P. E. Moore, 29 février 1940. [CJC-003295] La lettre de Milner ne mentionne pas l'état tuberculeux des élèves, mais la réponse de Moore, si; CVR, ARN, Bibliothèque et Archives Canada, RG29, volume 2909, dossier 851-1-A487, partie 1, P. E. Moore à F. J. Milner, 6 mars 1940. [CJC-003296]
80. CVR, ARN, Archives provinciales de l'Alberta, PAA 71.220 B54 2281, « Suggestions de soins pour les cas en observation dans les pensionnats indiens de l'Alberta », A. H. Baker, 27 décembre 1940. [OGP-020962]
81. CVR, ARN, Archives provinciales de l'Alberta, PAA 71.220 B54 2283. « Soin des cas de tuberculose en observation dans les pensionnats indiens », C. Pant. Schmidt, 19 mai 1942. [OGP-020989]
82. CVR, ARN, Bibliothèque et Archives Canada, RG29, volume 2911, dossier 851-1-A494, partie 1, Gordon L. Bell à P. E. Moore, 22 janvier 1943. [PLK-001149]
83. CVR, ARN, Bibliothèque et Archives Canada, RG29, volume 2912, dossier 851-1-A501, partie 2, P. E. Moore à B. S. C. Corrigan, 27 mars 1943. [CLD-000820]
84. CVR, ARN, Bibliothèque et Archives Canada, RG10, volume 6160, dossier 577-1, partie 2, Cameron Corrigan à P. E. Moore, 6 juillet 1943. [CLD-001029-0001]
85. CVR, ARN, Bibliothèque et Archives Canada, RG10, volume 6160, dossier 577-1, partie 2, G. E. Trudeau à R. A. Hoey, 13 août 1943. [CLD-001031]
86. CVR, ARN, Bibliothèque et Archives Canada, RG29, volume 2920, dossier 851-1-A774, partie 2, W. L. Falconer à H. N. Woodsworth, 17 juillet 1950. [120.14976]
87. CVR, ARN, Bibliothèque et Archives Canada, RG29, volume 2920, dossier 851-1-A774, partie 2, W. L. Falconer à H. N. Woodsworth, 29 novembre 1950. [120.15019]
88. CVR, ARN, Bibliothèque et Archives Canada, 774/25-1-016, partie 1, 1938-1957, ANC, B. F. Neary à H. N. Woodsworth, 27 décembre 1950. [ERM-002153]
89. CVR, ARN, Bibliothèque et Archives Canada, RG29, volume 2947, dossier 851-2-2, volume 1, W. L. Falconer au directeur des Services de santé des Indiens, 21 juillet 1955. [NPC-622936a]
90. CVR, ARN, Bibliothèque et Archives Canada, RG29, volume 2910, dossier 851-1-A489, partie 1, J. V. Riches à P. E. Moore, 24 février 1943. [NPC-602686]
91. CVR, ARN, Bibliothèque et Archives Canada, RG29, volume 2938, dossier 851-1-X500, partie 1, « La présence de la tuberculose chez les enfants indiens vaccinés avec le BCG », 4 novembre 1955. [NPC-621717b]
92. CVR, ARN, AINC - Secteur de la résolution - Collection des dossiers historiques des pensionnats indiens - Ottawa, dossier 501/25-1-088, volume 1, Robert Yule au directeur des Services de santé des Indiens, 10 septembre 1949. [GUY-000133-0002]
93. CVR, ARN, Bibliothèque et Archives Canada, RG29, volume 2868, dossier 851-1-4, partie 2, « Test et vaccination au B.C.G. », p. 1, 2. [NPC-601798a]
94. CVR, ARN, Bibliothèque et Archives Canada - Edmonton, dossier [103]/17-14-1, volume 2, Études sur la CT, 06/1956-09/1959, n° d'acquisition E1994-95/653, boîte 1, « Sommaire, Agence des Gens-du-Sang, pensionnat indien R. C., 17 septembre 1957. » [MRY-200480]
95. CVR, ARN, Bibliothèque et Archives Canada, RG29, volume 2916, dossier 851-1-A671, partie 3a, F. J. Porth au surintendant régional de Régina, 17 mars 1964. [NPC-603000]

96. CVR, ARN, Bibliothèque et Archives Canada, RG29, volume 3125, dossier 860-8-X200, partie 4, « Rapport détaillé », Services de santé, AC de la région du sud du Manitoba - Pensionnats indiens, février 1964. [ARS-000217]
97. CVR, ARN, Bibliothèque et Archives Canada - Edmonton, RG10, n° d'acquisition E1997-98/318, boîte 8 de 15, dossier 675/17-14-2, E. D. Ring à M. P. D. Waldron, 19 février 1970. [PLD-012164]
98. CVR, ARN, Bibliothèque et Archives Canada, Centre fédéral de documents - Région de la capitale nationale, dossier DM6-2-3, volume 5, index N346-2, J. H. Wiebe à R. F. Battle, 3 mars 1970. [AEMR-254862]
99. CVR, ARN, AINC - Secteur de la résolution - Collection des dossiers historiques des pensionnats indiens - Ottawa, dossiers GRS, boîte 22, dossier 17, Frank Froh à W. P. Starr, 22 novembre 1972. [GDC-015234-0000]
100. CVR, ARN, Bibliothèque et Archives Canada, RG29, volume 3132, dossier 861-2-1, partie 1, « Statistiques relatives à la tuberculose, population indienne/eskimo 1973 », Direction générale des services de santé. [NPC-625216g]
101. Hawthorn, *Étude sur les Indiens contemporains*, p. 45-53; Robertson, *Reservations Are for Indians*, p. 27-28.
102. Robertson, *Reservations Are for Indians*, p. 193.
103. Robertson, *Reservations Are for Indians*, p. 195.
104. CVR, ARN, AINC - Secteur de la résolution - Collection des dossiers historiques des pensionnats indiens - Ottawa, dossier 492/25-13-009, volume 2, M. R. Warren à W. H. Bury, 9 octobre 1959. [SJS-000447-0001]
105. CVR, ARN, AINC - Secteur de la résolution - Collection des dossiers historiques des pensionnats indiens - Ottawa, dossier 492/25-13-009, volume 2, Paul Deziel à M. Davey, 19 novembre 1959. [SJS-000459]
106. CVR, ARN, AINC - Secteur de la résolution - Collection des dossiers historiques des pensionnats indiens - Ottawa, dossier 492/25-13-009, volume 2, R. F. Davey à sœur M. St. Alban, 27 novembre 1959. [SJS-000460] Au sujet du montant de 375 $, voir : CVR, ARN, AINC - Secteur de la résolution - Collection des dossiers historiques des pensionnats indiens - Ottawa, dossier 492/25-13-009, volume 2, H. M. Jones au sous-ministre responsable des Affaires indiennes, 19 novembre 1959. [SJS-000458]
107. CVR, ARN, Bibliothèque et Archives Canada, RG10, volume 6446, dossier 881-13, partie 2, « Extract from General Report of Rev. Alex. R. Simpson, O.M.I. Principal, Lejac Indian Residential School, for Quarter ended March 31, 1946 ». [LEJ-005148]
108. CVR, ARN, Bibliothèque et Archives Canada, RG29, volume 2970, dossier 851-4-096, partie 3, M. Savoie au directeur général, Services médicaux, 1er février 1968. [NPC-605437]
109. CVR, ARN, Bibliothèque et Archives Canada, RG29, volume 2918, 851-1-A675, partie 2, surintendant médical, Unité de soins pour Indien de Qu'Apelle, au secrétaire du ministère des Affaires indiennes, 20 juin 1940. [NPC-602779]
110. CVR, ARN, Bibliothèque et Archives Canada, RG29, volume 2920, dossier 851-1-A774, partie 1, A. G. B. Lewis au secrétaire, Affaires indiennes, 31 janvier 1941; [NPC-605055] RG29, volume 2918, 851-1-A675, partie 2, J. W. Waddy au secrétaire, Division des affaires indiennes, 3 février 1941. [NPC-602774]

111. TRC, NRA, Archives de l'Église presbytérienne au Canada, Toronto (Ontario), n° d'acquisition 1988-7004, boîte 18, dossier 1, P. F. Playfair à Chas. Ross, 27 avril 1950. [CJC-007886-0001]
112. Au sujet d'Inuvik, voir : CVR, ARN, Bibliothèque et Archives Canada, RG29, volume 1245, dossier 312-2-13, volume 1, Rapport urgent, 10 mars 1961. [120.16489A] Au sujet de Shubenacadie, voir : CVR, ARN, Bibliothèque et Archives Canada, RG10, volume 8954, dossier 55/25-2, partie 3, P. J. Collins à J. H. Sheane, 31 janvier 1962. [SRS-004712] Au sujet de Lytton, voir : CVR, ARN, Bibliothèque et Archives Canada, RG29, volume 1245, dossier 312-2-13, volume 2, Rapport urgent, hépatite infectieuse, pensionnat indien St. George, Lytton (Colombie-Britannique), 26 octobre 1962. [NPC-600583] Au sujet de Fraser Lake, voir : CVR, ARN, Bibliothèque et Archives Canada, RG29, volume 3417, dossier 851-1-A975, partie 2, Rapport urgent, hépatite infectieuse, pensionnat de Lejac, Lejac (Colombie-Britannique), 4 octobre 1962. [NPC-620665] Au sujet de Mission, voir : CVR, ARN, Bibliothèque et Archives Canada, RG29, volume 2925, dossier 851-1-A987, partie 3, Rapport urgent, hépatite infectieuse, réserve indienne de Matsqui, pensionnat de Mission, 16 octobre 1962. [NPC-608050] Au sujet d'Hobbema, voir : CVR, ARN, Bibliothèque et Archives Canada, RG29, volume 1245, dossier 312-2-13, volume 2, Rapport urgent, hépatite infectieuse, Hobbema (Alberta), 26 octobre 1962. [NPC-600579] Au sujet de Portage la Prairie, voir : CVR, ARN, Bibliothèque et Archives Canada, RG29, volume 2969, dossier 851-4-092, partie 1, Rapport urgent pour les pensionnats (seulement), Portage, 4 mai 1964. [120.17117A] Au sujet de Prince Albert, voir : CVR, ARN, Bibliothèque et Archives Canada, RG29, volume 2917, dossier 851-1-A672, partie 2, Rapport urgent, hépatite infectieuse, pensionnat indien de Prince Albert, 7 mai 1964; [NPC-605404] CVR, ARN, Bibliothèque et Archives Canada, RG29, volume 2969, dossier 851-4-092, partie 1, Rapport urgent, hépatite infectieuse et oreillons, pensionnat indien All Saints, Prince Albert (Saskatchewan), 4 décembre 1967. [NPC-622252a] Au sujet de Brandon, voir : CVR, ARN, Bibliothèque et Archives Canada, RG29, volume 1245, dossier 312-2-13, volume 2, Rapport urgent, hépatite infectieuse, pensionnat indien de Brandon, 2 octobre 1964. [120.17173] Au sujet de Dauphin, voir : CVR, ARN, Bibliothèque et Archives Canada, RG29, volume 2969, dossier 851-4-092, partie 1, Rapport urgent, Services de santé des Indiens et des Populations du Nord, hépatite infectieuse, pensionnat de Dauphin, 16 septembre 1964. [NPC-622260b] Au sujet de Duck Lake, voir : CVR, ARN, Bibliothèque et Archives Canada, RG29, volume 2918, dossier 851-1-A674, partie 3, Rapport urgent, Services de santé des Indiens et des Populations du Nord, hépatite infectieuse, Duck Lake (Saskatchewan), 14 avril 1966; [120.17306] CVR, ARN, Bibliothèque et Archives Canada, RG29, volume 2969, dossier 851-4-092, partie 1, Rapport urgent, hépatite infectieuse, pensionnat indien St. Michael, Duck Lake (Saskatchewan), 19 décembre 1967. [NPC-622253] Au sujet de La Tuque, voir : CVR, ARN, Bibliothèque et Archives Canada, RG29, volume 2987, dossier 851-6-A371, partie 9, Rapport urgent, Services de santé des Indiens et des Populations du Nord, La Tuque (Québec), 4 mars 1970. [120.17613]
113. Pour plus de détails, voir les documents déjà cités ci-dessus et l'article de journal non daté, vraisemblablement du *Brandon Sun*, « Care Taken to Check Hepatitis », CVR, ARN, Bibliothèque et Archives Canada, RG29, volume 2969, dossier 851-4-092, partie 1. [NPC-622259a] Pour un exemple de mise en quarantaine, voir : CVR, ARN, Bibliothèque et Ar-

chives Canada, RG10, volume 8954, dossier 55/25-2, partie 3, P. J. Collins à J. H. Sheane, 31 janvier 1962. [SRS-004712]
114. CVR, ARN, Bibliothèque et Archives Canada, RG29, volume 2966, dossier 851-4-040, D. Kelly à T. J. Orford, 25 janvier 1956. [120.15655]
115. CVR, ARN, Bibliothèque et Archives Canada, RG29, volume 2910, dossier 851-1-A487, partie 2, R. F. Hardman à P. Moore, 30 janvier 1958. [120.15976]
116. CVR, ARN, Bibliothèque et Archives Canada, RG29, volume 2910, dossier 851-1-A487, partie 2, Dr Playfair aux Services de santé aux Autochtones, 4 mai 1950. [KNR-001541]
117. CVR, ARN, Bibliothèque et Archives Canada, RG29, volume 2974, dossier 851-4-340, partie 1, ministère de la Santé nationale et du Bien-être social, Rapport urgent, épidémie de méningite, Lac Mistassini et pensionnat de La Tuque, 28 avril 1969; [120.17559B] CVR, ARN, Bibliothèque et Archives Canada, RG29, volume 2898, dossier 851-1-A377, partie 2, Mémoire pour dossier, J. H. Wiebe, 16 avril 1969. [120.17547]
118. CVR, DAE, Women's Missionary Society (division de l'Ouest), Kathleen Stewart, « Educating Indians », travail de semestre pour le cours d'anglais 20, Université Western, mars 1954, p. 10-11. [13c-c000245-d0009-001]
119. Rutty, *Middle-Class Plague*, p. 278, 284.
120. CVR, ARN, Bibliothèque et Archives Canada, RG10, volume 6016, dossier 1-1-13, partie 1, de P. E. Moore à O. Davison, 26 août 1941. [AEMR-400172]
121. CVR, ARN, Bibliothèque et Archives Canada, RG10, volume 6016, dossier 1-1-13, partie 1, R. A. Hoey à C. P. Schmidt, 29 août 1941. [AEMR-400174]
122. CVR, ARN, Bibliothèque et Archives Canada, RG10, volume 6016, dossier 1-1-13, partie 1, de M. Christianson aux agents des Indiens, 29 août 1941. [AEMR-400173]
123. CVR, ARN, Bibliothèque et Archives Canada - Ottawa, RG85, volume permanent 421, dossier 555/119, partie 1, médecin du service de santé - Aklavik, 1928-1952, no d'instr. de recherche 85-1, W. G. Brown à G. E. B. Sinclair, 11 septembre 1951. [AKU-001315]
124. CVR, ARN, AINC - Secteur de la résolution - Collection des dossiers historiques des pensionnats indiens - Ottawa, dossier 487/25-1-015, volume 1, Norman Paterson à la Division de l'éducation, 22 octobre 1953. [KNR-000316]
125. CVR, ARN, Archives de l'Église presbytérienne du Canada, Toronto (Ontario), no d'acquisition 1988-7004, boîte 15, dossier 5, Eric Barrington à Frieda Matthews, 21 octobre 1953. [RCO-002028]
126. CVR, ARN, Bibliothèque et Archives Canada, RG29, volume 2968, dossier 851-4-080, Dr J. Millar, « Report on poliomyelitis Outbreak, September-October 1953 ». [120.15325]
127. CVR, ARN, Bibliothèque et Archives Canada - Ottawa, RG85, volume permanent 392, dossier 552-5, partie 1, Poliomyélite-T.N.O., novembre 1947-décembre 1955, no d'instr. de recherche 85-1, R. A. Bishop à F. Fraser, 6 mai 1955. [RCN-012540-0000]
128. CVR, ARN, Bibliothèque et Archives Canada, RG29, volume 2969, dossier 851-4-092, partie 1, Rapport urgent, hépatite infectieuse et oreillons, pensionnat indien All Saints, Prince Albert (Saskatchewan), 4 décembre 1967. [NPC-622252a]
129. TRC, NRA, gouvernement du Nunavut, pensionnat - CBTT - Correspondance, région de Kitikmeot [Kugluktuk] - boîte 5, Entrepôt des dossiers de la Catholic Guardian Society, Iqaluit, Susan Schulz à Mme Wilson, 18 janvier 1990. [CBS-000916]
130. CVR, ARN, Bibliothèque et Archives Canada, RG10, volume 6329, dossier 660-5, partie 7, R. A. Hoey à M. de Bretagne, 31 décembre 1941. [PLD-008554]

131. CVR, ARN, Bibliothèque et Archives Canada, RG10, volume 6329, dossier 660-5, partie 7, M. de Bretagne à R. A. Hoey, 9 janvier 1942. [PLD-008552]
132. CVR, ARN, Bibliothèque et Archives Canada, RG10, volume 6262, dossier 578-1, partie 5, A. B. Simes à Harold W. McGill, 19 octobre 1944. [ELK-000399-0000]
133. CVR, ARN, Bibliothèque et Archives Canada, RG10, volume 6263, dossier 578-9, partie 2, D. M. MacKay au sous-ministre, 9 août 1949. [ELK-000162]
134. CVR, ARN, Bibliothèque et Archives Canada, RG10, volume 8259, dossier 486/6-1-001, partie 1, D. M. MacKay au sous-ministre, 12 octobre 1950. [MFI-000375]
135. CVR, ARN, Bibliothèque et Archives Canada, RG29, volume 2906, dossier 851-1-A486, partie 5, B. H. Harper à P. E. Moore, 11 décembre 1950. [NPC-603181a]
136. CVR, ARN, Bibliothèque et Archives Canada, RG10, volume 7187, dossier 371/25-1-011, P. E. Moore à H. M. Jones, Ottawa, 1er mai 1962. [FGA-001131]
137. CVR, ARN, Bibliothèque et Archives Canada - Burnaby, dossier 985/6-1-012, partie 5, Bâtiments scolaires - pensionnat indien de Lejac, 1966-1967, n° d'instr. de recherche 10-144, no d'acquisition V1984-85/334, boîte 14 [500824], Archives nationales du Canada - Burnaby, T. J. Tevendale à W. G. Robinson, 26 juillet 1966. [LEJ-010280-0000]
138. CVR, ARN, Bibliothèque et Archives Canada, 775[706]/6-1-020, volume 1, 04/65-11/67, ANC, « Sewage Disposal From Residential School at Assumption », M. A. Butler au directeur de la région, 30 août 1966. [AMP-008403-0001]
139. CVR, ARN, Bibliothèque et Archives Canada, RG10, dossier 501/6-1-088, partie 14, R. F. Davey à Paul Dumouchel, 14 juillet 1966. [GUY-051423]
140. CVR, ARN, AINC - Secteur de la résolution - Collection des dossiers historiques des pensionnats indiens - Ottawa, dossier 6-1-015, P. F. Playfair à J. McGilp, 10 juillet 1968, [MCI-001381-0001]
141. CVR, ARN, AINC - Secteur de la résolution - Collection des dossiers historiques des pensionnats indiens - Ottawa, F. N. Gibson à L. Whiteman, 15 juin 1979. [MRS-001225]
142. CVR, ARN, AINC - Secteur de la résolution - Collection des dossiers historiques des pensionnats indiens - Ottawa, dossier E4974-0963, volume 3, « Foodborne Illness Investigation », Alan Sales, document non daté. [SMD-000207]
143. CVR, ARN, Bibliothèque et Archives Canada, RG29, volume 2905, dossier 851-1-A486, partie 1, P. E. Moore à B. T. McGhie, 19 février 1942. [NPC-620532]
144. CVR, ARN, Bibliothèque et Archives Canada, Ottawa, RG10, volume 8697, dossier 957/6-1, partie 3, P. E. Moore à H. M. Jones, 22 juillet 1960. [MIS-000240]
145. CVR, ARN, Bibliothèque et Archives Canada, RG10, volume 8797, dossier 1/25-13, partie 10, André Renaud à R. F. Davey, 10 août 1959, [NRD-300276]
146. CVR, ARN, Bibliothèque et Archives Canada, RG29, volume 2915, dossier 851-1-A578, partie 3, P. E. Moore au surintendant régional, Région du centre, SSIPN, 15 mai 1961. [NPC-602638]
147. CVR, ARN, Bibliothèque et Archives Canada, RG10, n° d'acquisition 2000-01063-6, boîte 8, dossier 377/17-1, partie 1, R. F. Davey à P. E. Moore, 1965. [LTR-000633]
148. CVR, NRA, Centre de services régional du Québec - BAC - Ville de Québec, n° d'acquisition 81-116, boîte 303441, dossier 377/17-1, J. E. DeWolf à R. L. Boulanger, 21 janvier 1965. [LTR-001513-0005]
149. CVR, NRA, Centre de services régional du Québec - BAC - Ville de Québec, n° d'acquisition 81-116, boîte 303441, dossier 377/17-1, J. E. DeWolf à D. M. Savoie, 24 février 1965. [LTR-001513-0003]

150. CVR, ARN, Archives provinciales de l'Alberta, PAA 71.220 B161 2419, J. E. Y. Levaque à M. Tully, 19 novembre 1967. [OGP-023087]
151. Au sujet de l'orthophonie, voir : CVR, ARN, AINC – Secteur de la résolution – Collection des dossiers historiques des pensionnats indiens – Ottawa, dossiers GRS, boîte 16, dossier 10, Karen Gess, 12 janvier 1988. [GDC-048377-0001] Au sujet des soins dentaires, voir : CVR, ARN, AINC – Secteur de la résolution – Collection des dossiers historiques des pensionnats indiens – Ottawa, dossiers GRS, boîte L3, formulaire de renvoi au Programme dentaire pour enfants, 10 septembre 1987. [GDC-055838] Au sujet de l'immunisation, voir : CVR, ARN, AINC – Secteur de la résolution – Collection des dossiers historiques de pensionnats indiens – Ottawa, dossiers GRS, boîte 130, dossier 11, « Consent Form for required immunization », 7 janvier 1988. [GDC-006001-0015] Au sujet des tests de la vue, voir : CVR, ARN, AINC – Secteur de la résolution – Collection des dossiers historiques des pensionnats indiens – Ottawa, dossiers GRS, boîte 16, dossier 10, « Vision Screening Program Referral », 18 novembre 1987. [GDC-048381-0001]
152. CVR ARN, gouvernement des Territoires du Nord-Ouest – Éducation, Culture et Emploi, Réunion du personnel, 1991–1993, Transfert n° 1419, boîte 10, Procès-verbal de la réunion du personnel, 7 février 1992, p. 5. [AHU-005121]
153. Collier, *Art of Otology*. Pour les préoccupations en milieu canadien, voir : Francis, *Recurrent Otitis Media*, p. 1121–1122. (La maladie chronique de l'oreille dans cet examen comprend l'otite moyenne suppurée chronique et l'antro-mastoïdite.)
154. Thomson, *Otitis Media*.
155. Ogilvy, *Displacement Therapy*, p. 549.
156. Francis, *Recurrent Otitis Media*, p. 1121.
157. CVR, ARN, Bibliothèque et Archives Canada, RG29, volume 2910, dossier 851-1-A487, partie 2, Cecilia Jeffrey, pensionnat indien, Kenora (Ontario), Registre des traitements d'otites et enquête : septembre 1953 à avril 1954, rapport de Kathleen Stewart. [CJC-007582-0001] Pour le nom complet du Dr Ling, voir : CVR, DAE, Kay Blake, « Remembering Cecilia Jeffrey », *Glad Tidings*, volume 61, numéro 6, juin/juillet 1985, p. 10–14. [13c-c001295-d0001-001]
158. CVR, ARN, Bibliothèque et Archives Canada, RG29, volume 2910, dossier 851-1-A487, partie 2, Ivan B. Robson à H. G. Mingay, 4 octobre 1954. [CJC-003284-0001] Au sujet des notes, voir : CVR, ARN, Bibliothèque et Archives Canada, RG29, volume 2910, dossier 851-1-A487, partie 2, « Details concerning the ten cases of active ear disease remaining at the end of the 1953–54 term at The Cecilia Jeffrey Indian School », [CJC-007582-0004] CVR, ARN, Bibliothèque et Archives Canada, RG29, volume 2910, dossier 851-1-A487, partie 2, Cecilia Jeffrey, pensionnat indien, Kenora (Ontario), Registre des traitements d'otites et enquête : septembre 1953 à avril 1954, rapport de Kathleen Stewart. [CJC-007582-0001]
159. CVR, ARN, Bibliothèque et Archives Canada, RG29, volume 2910, dossier 851-1-A487, partie 2, Cecilia Jeffrey, pensionnat indien, Kenora (Ontario), Registre des traitements d'otites et enquête : septembre 1953 à avril 1954, rapport de Kathleen Stewart. [CJC-007582-0001]
160. CVR, ARN, Bibliothèque et Archives Canada, RG29, volume 2910, dossier 851-1-A487, partie 2, Cecilia Jeffrey, pensionnat indien, Kenora (Ontario), Registre des traitements d'otites et enquête : septembre 1953 à avril 1954, rapport de Kathleen Stewart. [CJC-007582-0001]

161. CVR, ARN, Bibliothèque et Archives Canada, RG29, volume 2910, dossier 851-1-A487, partie 2, W. J. Wood au directeur, Services de santé aux Autochtones, 30 novembre 1954. [CJC-003297]
162. CVR, ARN, Archives de l'Église presbytérienne du Canada, Toronto (Ontario), n° d'acquisition 1988-7004, boîte 18, dossier 3, Kathleen Stewart à Frieda, 3 juin 1954. [CJC-007871]
163. CVR, ARN, Bibliothèque et Archives Canada, RG29, volume 2910, dossier 851-1-A487, partie 2, Cecilia Jeffrey, pensionnat indien, Kenora (Ontario), Registre des traitements d'otites et enquête : septembre 1953 à avril 1954, rapport de Kathleen Stewart. [CJC-007582-0001]
164. Geier, Sykes et Geier, *Review of Thimerosal.*
165. CVR, ARN, Bibliothèque et Archives Canada, RG29, volume 2910, dossier 851-1-A487, partie 2, Cecilia Jeffrey, pensionnat indien, Kenora (Ontario), Registre des traitements d'otites et enquête : septembre 1953 à avril 1954, rapport de Kathleen Stewart. [CJC-007582-0001] Au sujet de l'éphédrine comme décongestionnant, voir : The Merck Manual, *Home Health Handbook, Patients & Caregivers, Ear, Nose, and Throat Disorders,* http://www.merckmanuals.com/home/ear_nose_and_throat_disorders/middle_ear_disorders/otitis_media_secretory.html (consulté le 31 mai 2014).
166. CVR, ARN, Archives de l'Église presbytérienne du Canada, Toronto (Ontario), n° d'acquisition 1988-7004, boîte 18, dossier 3, Kathleen Stewart à Frieda, 3 juin 1954; [CJC-007871] CVR, ARN, Bibliothèque et Archives Canada, RG29, volume 2910, dossier 851-1-A487, partie 2, Ivan B. Robson à H. G. Mingay, 4 octobre 1954. [CJC-003284-0001]
167. CVR, ARN, Bibliothèque et Archives Canada, RG29, volume 2910, dossier 851-1-A487, partie 2, P. E. Moore au Dr J. Wood, 9 novembre 1954. [CJC-003284-0000] Au sujet des retards dans la prestation de l'équipement médical, voir : CVR, ARN, Archives de l'Église presbytérienne du Canada, Toronto (Ontario), n° d'acquisition 1988-7004, boîte 18, dossier 3, Kathleen Stewart à Mlle Matthews, 18 janvier 1955. [CJC-007867]
168. CVR, ARN, Archives de l'Église presbytérienne du Canada, Toronto (Ontario), n° d'acquisition 1988-7004, boîte 18, dossier 3, Kathleen Stewart à Mlle Matthews, 18 janvier 1955. [CJC-007867]
169. CVR, ARN, Bibliothèque et Archives Canada, RG29, volume 2910, dossier 851-1-A487, partie 2, « 2nd report Experimentation and treatment of ear disease among 165 pupils », Kathleen Stewart, 25 juin 1954. [CJC-007582-0002]
170. CVR, ARN, Archives de l'Église presbytérienne du Canada, Toronto (Ontario), n° d'acquisition 1988-7004, boîte 18, dossier 3, Kathleen Stewart à Mlle Matthews, 18 janvier 1955. [CJC-007867]
171. Organisation mondiale de la santé, *Chronic Suppurative Otitis Media*, p. 2.
172. Gullett, *History of Dentistry*, p. 223.
173. CVR, ARN, Bibliothèque et Archives Canada, RG29, volume 2873, dossier 851-1-9, partie 1, Programme de soins dentaires, 1931-1959, L. V. Janes à P. E. Moore, 21 février 1946. [AEMR-173980]
174. Gullett, *History of Dentistry*, p. 237-238.
175. CVR, ARN, Bibliothèque et Archives Canada, RG29, volume 3420, dossier 851-4-530, partie 1, Services médicaux : Maladies dentaires 1931-1978, J. W. Brown au secrétaire, Division des affaires indiennes, 22 mars 1946. [AEMR-174377]

176. CVR, ARN, Bibliothèque et Archives Canada, RG29, volume 3420, dossier 851-4-530, partie 1, Services médicaux : Maladies dentaires 1931-1978, C. E. Cameron à Philip Phelan, 20 février 1943. [AEMR-171990]
177. CVR, ARN, Bibliothèque et Archives Canada, RG29, volume 3420, dossier 851-4-530, partie 1, Services médicaux : Maladies dentaires 1931-1978, P. E. Moore à R. Chas, 25 février 1943. [AEMR-171989]
178. CVR, ARN, Bibliothèque et Archives Canada, RG29, volume 3420, dossier 851-4-530, partie 1, Services médicaux : Maladies dentaires 1931-1978, W. L. Falconer à Norman Paterson, 22 janvier 1947. [AEMR-171986]
179. CVR, ARN, Bibliothèque et Archives Canada, RG29, volume 3420, dossier 851-4-530, partie 1, Services médicaux : Maladies dentaires 1931-1978, N. Paterson à la Division des affaires indiennes, 18 février 1947. [AEMR-171984]
180. CVR, ARN, Bibliothèque et Archives Canada, RG29, volume 3420, dossier 851-4-530, partie 1, Services médicaux : Maladies dentaires 1931-1978, Caldwell au Commissaire des Indiens pour la Colombie-Britannique, 3 juin 1946; [AEMR-174364A] W. L. Falconer à D. M. MacKay, 15 juin 1946. [AEMR-174363]
181. CVR, ARN, Bibliothèque et Archives Canada, RG29, volume 3420, dossier 851-4-530, partie 1, Services médicaux : Maladies dentaires 1931-1978, W. L. Falconer à N. W. Paterson, 8 mai 1946. [AEMR-174372]
182. CVR, ARN, Bibliothèque et Archives Canada, RG29, volume 3420, dossier 851-4-530, partie 1, Services médicaux : Maladies dentaires 1931-1978, Norman Paterson à la Division des affaires indiennes, 14 mai 1946; [AEMR-174370] A. Keane pour G. Swartman au ministère de la Santé nationale et du Bien-être social, 29 mai 1946. [AEMR-174367]
183. CVR, ARN, Bibliothèque et Archives Canada, RG29, volume 3420, dossier 851-4-530, partie 1, Services médicaux : Maladies dentaires 1931-1978, W. L. Falconer à W. P. B. Pugh, 15 mars 1946. [AEMR-174378]
184. CVR, ARN, Bibliothèque et Archives Canada, RG29, volume 3420, dossier 851-4-530, partie 1, Services médicaux : Maladies dentaires 1931-1978, J. R. Oliver à F. A. Donnelly, 10 mai 1946. [AEMR-174371A]
185. CVR, ARN, Bibliothèque et Archives Canada, RG29, volume 3420, dossier 851-4-530, partie 1, Services médicaux : Maladies dentaires 1931-1978, W. L. Falconer à R. P. G. Laurence, 30 avril 1945. [AEMR-174390]
186. CVR, ARN, Bibliothèque et Archives Canada, RG29, volume 3420, dossier 851-4-530, partie 1, Services médicaux : Maladies dentaires 1931-1978, agent des Indiens, Portage la Prairie à la Division des affaires indiennes, 7 novembre 1945. [AEMR-174383]
187. CVR, ARN, Bibliothèque et Archives Canada, RG29, volume 3420, dossier 851-4-530, partie 1, Services médicaux : Maladies dentaires 1931-1978, Donald W. Cameron à Affaires indiennes, 6 avril 1945. [AEMR-174392]
188. CVR, ARN, Bibliothèque et Archives Canada - Ottawa, RG85, volume permanent 892, dossier 9453A, partie 1, Clinique dentaire - Mission de l'Église anglicane à Aklavik 1938-1949, n° d'instr. de recherche 85-44, « Report for 1945, All Saints Hospital Dental Clinic », Charlotte Wesier. [AKU-001572-0001]
189. CVR, ARN, Bibliothèque et Archives Canada, RG29, volume 3420, dossier 851-4-530, partie 1, Services médicaux : Maladies dentaires 1931-1978, « Indian Health Services Dental Report », H. M. McCaffery, 4 octobre 1947. [AEMR-174337]

190. CVR, ARN, Bibliothèque et Archives Canada, RG29, volume 3420, dossier 851-4-530, partie 1, Services médicaux : Maladies dentaires 1931-1978, « Indian Health Services Dental Report », H. M. McCaffery, 25 octobre 1947. [AEMR-174334]
191. CVR, ARN, Bibliothèque et Archives Canada, RG29, volume 3420, dossier 851-4-530, partie 1, Services médicaux : Maladies dentaires 1931-1978, « Indian Health Services Dental Report », H. M. McCaffery, 19 novembre 1947. [AEMR-174332]
192. CVR, ARN, Bibliothèque et Archives Canada, RG29, volume 3420, dossier 851-4-530, partie 1, Services médicaux : Maladies dentaires 1931-1978, O. G. Shepherd, 20 janvier 1949. [AEMR-174287]
193. CVR, ARN, Bibliothèque et Archives Canada, RG29, volume 2900, dossier 851-1-A411, partie 4b, C. W. Weir à R. N. Simpson, 20 décembre 1949; [NPC-602354] Bibliothèque et Archives Canada, RG29, volume 2753, dossier 822-1-A191, partie 2a, W. L. Falconer au directeur, Services de santé aux Autochtones, 15 novembre 1949. [NPC-622202]
194. CVR, ARN, Bibliothèque et Archives Canada, RG29, volume 3420, dossier 851-4-530, partie 1, Services médicaux : Maladies dentaires 1931-1978, W. Ewart à P. S. Tennant, 6 mai 1948. [AEMR-174298]
195. CVR, ARN, Bibliothèque et Archives Canada, RG29, volume 3420, dossier 851-4-530, partie 1, Services médicaux : Maladies dentaires 1931-1978, P. S. Tennant à A. E. Caldwell, 9 juin 1949. [AEMR-174272]
196. CVR, ARN, Bibliothèque et Archives Canada, RG29, volume 3420, dossier 851-4-530, partie 1, Services médicaux : Maladies dentaires 1931-1978, P. S. Tennant au directeur Sheehan, 9 juin 1949. [AEMR-174273]
197. CVR, ARN, Bibliothèque et Archives Canada, RG29, volume 3420, dossier 851-4-530, partie 1, Services médicaux : Maladies dentaires 1931-1978, Fred Mayo à Bernard Neary, 10 février 1949. [AEMR-174279]
198. CVR, ARN, Bibliothèque et Archives Canada, RG29, volume 3420, dossier 851-4-530, partie 1, Services médicaux : Maladies dentaires 1931-1978, W. Barr Murray à E. L. Stone, 17 janvier 1950. [AEMR-174269]
199. CVR, ARN, Bibliothèque et Archives Canada, RG29, volume 3420, dossier 851-4-530, partie 1, Services médicaux : Maladies dentaires 1931-1978, H. G. Cook à P. E. Moore, 28 juillet 1950. [AEMR-174265]
200. CVR, ARN, Archives provinciales - Alberta, PAA 71.220 B92 3897, G. M. Latour à H. N. Woodsworth, 2 juin 1950. [OGP-030642]
201. CVR, ARN, Bibliothèque et Archives Canada, RG29, volume 3420, dossier 851-4-530, partie 1, Services médicaux : Maladies dentaires 1931-1978, J. R. Oliver à R. P. G. Laurence, 18 octobre 1949; [AEMR-174271A] R. N. Simpson à R. P. G. Laurence, 26 octobre 1949. [AEMR-174270]
202. CVR, ARN, Bibliothèque et Archives Canada, RG29, volume 3420, dossier 851-4-530, partie 1, Services médicaux : Maladies dentaires 1931-1978, O. Leroux à B. H. Neary, 11 mai 1950. [AEMR-174267]
203. CVR, ARN, Bibliothèque et Archives Canada, RG29, volume 3420, dossier 851-4-530, partie 1, Services médicaux : Maladies dentaires 1931-1978, B. F. Neary à O. Leroux, 18 mai 1950. [AEMR-174266]
204. CVR, ARN, Bibliothèque et Archives Canada - Edmonton, 23-9, 04/49-06/62, NAC - Edmonton, A. Jean Burgess, « Narrative Report Blood Indian Agency », 1952, p. 2. [MRY-008359]

205. CVR, ARN, Bibliothèque et Archives Canada – Ottawa, RG85, volume permanent 892, dossier 9453A, partie 1, Clinique dentaire – Mission de l'Église anglicane à Aklavik, 1938–1949, nº d'instr. de recherche 85-44, « Report of Dental Work Completed at Aklavik during the summer 1949, as submitted to the Diocese of The Arctic by Dr. St. Claire Wilson », 30 septembre 1949. [AKU-001593-0002]
206. CVR, ARN, Bibliothèque et Archives Canada, RG29, volume 2764, dossier 822-1-A801, partie 1, R. J. Meek à E. L. Stone, 20 octobre 1949. [NPC-602178]
207. CVR, ARN, Bibliothèque et Archives Canada, RG29, volume 2764, dossier 822-1-A801, partie 1, E. L. Stone au surintendant, Yukon Indian Agency, 20 décembre 1949. [NPC-602176]
208. CVR, ARN, Bibliothèque et Archives Canada, RG29, volume 2753, dossier 822-1-A191, partie 2a, W. L. Falconer au directeur, Services de santé aux Autochtones, 15 novembre 1949. [NPC-622202]
209. CVR, ARN, Bibliothèque et Archives Canada, RG29, volume 2776, dossier 822-1-X300, partie 1a, J. P. Harvey au directeur, Services de santé aux Autochtones, 28 mai 1952. [NPC-602874]
210. CVR, ARN, Bibliothèque et Archives Canada, RG29, volume 2775, dossier 822-1-X200, partie 3, Otto Rath, Organisation sanitaire au sein de la population autochtone, 13 octobre 1965, p. 7. [NPC-602294a]
211. CVR, ARN, Bibliothèque et Archives Canada, RG29, volume 2761, dossier 822-1-A501, volume 4, Dr W. G. Hetherington à l'honorable M. Lang, 8 décembre 1966. [NPC-601223]
212. CVR, ARN, Siège social, 772/25-1-010, 06/61-07/68, volume 2 HQ., *The Albertan*, « The Frustrating Indian School at Cluny » par Sandy Cameron, 14 juin 1966. [MOR-000897-0001]
213. Au sujet des soins dentaires, voir : CVR, ARN, AINC – Secteur de la résolution – Collection des dossiers historiques des pensionnats indiens – Ottawa, GRS Dossiers, boîte L3, formulaire de renvoi au Programme dentaire pour enfants, 10 septembre 1987. [GDC-055838]
214. CVR, ARN, Bibliothèque et Archives Canada – Winnipeg, RG10, nº d'acquisition W84-85/402, boîte 13670, dossier 511/25-2, volume 5, directeur de secteur, région du sud du Manitoba, Services médicaux à Ford Bond, 24 mai 1966. [BRS-103051]
215. CVR, ARN, Bibliothèque et Archives Canada, RG10, volume 8332, dossier 88/25-2, partie 2, P. J. Collins à Paul McGillvray, 21 janvier 1963. [SRS-006687]
216. CVR, ARN, AINC – Secteur de la résolution – Collection des dossiers historiques des pensionnats indiens – Ottawa, 116/25-2-759, 03/47-09/58 – CRPA, John Bower à H. N. Woodsworth, 7 janvier 1958. [SAC-071771-0001]
217. CVR, ARN, Bibliothèque et Archives Canada – Edmonton, RG10, nº d'acquisition E1996-97/415, boîte 35 sur 56, dossier 673/25-2-06, volume 1, Witold Zaleski à Mlle Docherty, 13 juin 1968. [PAR-127318] L'installation est désignée dans les lettres comme un « camp de Brown ». Il s'agissait de l'un des établissements d'une série mis sur pied par John Brown, un travailleur social. Voir : Jennissen et Lundy, *One Hundred Years of Social Work*, p. 258, 264.
218. CVR, ARN, AINC – Services régionaux de dossiers de la C.-B. – Dossiers des élèves de Vancouver, Kamloops, nº d'acquisition V79-076, boîte 108669 [nom caviardé], D. R. Hunter à G. R. B. Smillie, 10 mai 1976. [KAM-204776]

219. CVR, ARN, Bibliothèque et Archives Canada - Burnaby, dossier 985/25-8, Aide à l'éducation, 11/1972-1974, n° d'instr. de recherche 10-144, n° d'acquisition V1984-85/333, boîte 5, G. Graham Ellis à D. A. Dolden, 16 avril 1973; [GRG-200290] A. W. Harding au superviseur de district, 19 avril 1973; [GRG-200292] A. W. Harding au surintendant régional adjoint de l'Éducation, 13 août 1973. [GRG-200291-0001]
220. CVR, ARN, Bibliothèque et Archives Canada, RG10, volume 9080, dossier 125/25-8, partie 2, Rapport psychiatrique, G. M. Stephens, 4 novembre 1959. [CLD-000864-0002]
221. CVR, ARN, Bibliothèque et Archives Canada, RG10, volume 9080, dossier 125/25-8, partie 2, W. J. Wood à A. G. Leslie, 28 janvier 1960. [CLD-000864-0000]
222. CVR, ARN, AINC - Secteur de la résolution - Collection des dossiers historiques des pensionnats indiens - Ottawa, dossier 22/25-2, volume 1, E. D. Zarfas à C. L. Rogers, 27 septembre 1962. [TAY-050104-0001]
223. CVR, ARN, Bibliothèque et Archives Canada - Burnaby, Fiches d'inscription des élèves - pensionnats de l'île de Vancouver, n° d'acquisition V1997-98/056, boîte 5, n° d'instr. de recherche 10-225, W. P. Kyne à J. F. Janzen, 9 décembre 1974. [LEJ-200215-0001]
224. CVR, ARN, Bibliothèque et Archives Canada, RG10, n° d'instr. de recherche 10-144, V 1994-95/558, boîte 2, dossier 985/25-8, Aide à l'éducation, 1975-1976, ANC, Burnaby, document sans titre, 1976, p. 2. [JOE-202432-0000]
225. CVR, ARN, Prairies - Centre régional de services du Nord-Ouest - BAC - Edmonton, dossier 111/25-2, M. Demay à D. A. Green, 17 août 1959. [SMD-005351]
226. CVR, ARN, Bibliothèque et Archives Canada - Edmonton, RG10, n° d'acquisition E1998-00764-3, boîte 20, dossier _/29-17-2, volume 1, J. A. Dolan à C. N. Smith, 10 novembre 1969. [PLD-013404]
227. CVR, ARN, Bibliothèque et Archives Canada, RG10, volume 8334, dossier 88/25-12, J. P. Mackey à Fred Perser, 17 février 1955. [SRS-000346-0001]
228. CVR, ARN, Bibliothèque et Archives Canada, RG10, volume 8332, dossier 88/25-2, partie 3, J. P. Mackey à F. B. McKinnon, 28 février 1955. [SRS-004571]
229. CVR, ARN, Bibliothèque et Archives Canada - Ottawa, RG85, volume permanent 1336, dossier 560-3, partie 1, Soin des enfants - T. N.-O., 1954-juillet 1960, n° d'instr. de recherche 85-4, C. L. Merrill au Dr Matas, 14 avril 1959. [RCN-008441]
230. CVR, ARN, Bibliothèque et Archives Canada, 974/18-2, 1965-1968, volume 1, D., ANC, rapport de police, H. P. Costello, 15 juin 1966. [KUP-004731-0000]
231. CVR, ARN, Bibliothèque et Archives Canada - Burnaby, 974/18-2, volume 1, 1965-1968, Accident, noyade, etc., J. A. Andrews, J. V. Boys, 30 mai 1969. [ABR-002330-0001]
232. CVR, ARN, Emplacement du document/fichier source à déterminer, aucun renseignement d'identification disponible, rapport du coroner sur le décès de [nom caviardé], 26 mai 1969. [ABR-001984]
233. CVR, ARN, Centre de services régional du Manitoba - BAC - Winnipeg, RG10, n° d'acquisition W86-87/083, boîte 026, dossier 501/18-28, volume 2, E. J. Coptuik à l'agent adjoint, Dauphin, 29 octobre 1968. [SBR-004308]
234. CVR, ARN, gouvernement des Territoires du Nord-Ouest - Éducation, Culture et Emploi, Akaitcho Hall, 1977-1982, transfert n° 0342, boîte 1, Marvin Marykuca, 7 décembre 1977. [AHU-004173-0001]
235. CVR, DASAG, AADNC, Bureau des dossiers des pensionnats indiens, dossier E4974-2018, volume I, H. S. Lammer à G. W. Sinclair, 22 juin 1981. [AANDC-089544]

236. CVR, ARN, AINC - Secteur de la résolution - Collection des dossiers historiques des pensionnats indiens - Ottawa, dossiers GRS, boîte 37, dossier 42, H. S. Lammer à Marlene Schact, 9 décembre 1981. [GDC-017004]
237. CVR, ARN, AINC - Secteur de la résolution - Collection des dossiers historiques des pensionnats indiens - Ottawa, dossiers GRS, boîte 37, dossier 42, H. S. Lammer à M. Schact, 18 décembre 1981. [GDC-017003]
238. CVR, ARN, Archives du conseil scolaire de Beaufort-Delta, Inuvik (T.N.-O.), [Grollier Hall] Dossiers des élèves : 1989–1993, A-I, ½, Marilyn Beaton à Cecile, 19 juin 1991. [GHU-000318-0003]
239. Voir, par exemple : CVR, ARN, Bibliothèque et Archives Canada - Edmonton, RG10, n° d'acquisition E-1998-01236-0, boîte 58, dossier E6575-1, partie 1, Selwyn Leeks, 21 avril 1983. [PLD-104011-0001]
240. CVR, DASAG, Affaires autochtones et Développement du Nord Canada, AGCA-927114_0001, « A Troubled School: Suicide Attempts at Indian Facility », par Trevor Sutter, *Regina Leader Post*, n.d.; [AANDC-927114] AGCA-927115_0001, « New Policy Developed: Suspend Students Who Try Suicide », par Trevor Sutter, *Regina Leader Post*, n.d. [AANDC-927115]
241. Faden, Beauchamp et King, *History and Theory of Informed Consent*, p. 60–166.
242. En 1913, par exemple, le sous-ministre aux Affaires indiennes, Duncan Campbell Scott, écrit : « Le directeur d'un pensionnat demeure le tuteur d'un élève pendant les vacances et peut rappeler un élève s'il le juge nécessaire pour des motifs valables. » Voir : CVR, ARN, Bibliothèque et Archives Canada, RG10, volume 6039, dossier 160-1, partie 1, Duncan C. Scott à Glen Campbell, 26 novembre 1913. [AEMR-120221]
243. CVR, ARN, Bibliothèque et Archives Canada, RG10, volume 6272, dossier 582-10, partie 2, « Application for Admission », 31 août 1940. [PCR-101331-0007]
244. CVR, ARN, Bibliothèque et Archives Canada, RG10, volume 11287, série B-3-f, dossier 51/25-2-010, partie 3, « Application for Admission », 14 février 1963. [SRS-005921] Pour changer de ministère, voir : CVR, ARN, Bibliothèque et Archives Canada, RG10, volume 6435, microfilm C-8762, dossier 877-10, partie 8, 1950–1952, agence de la côte Ouest — pensionnat d'Alberni — Admissions et congés, ANC, Ottawa, « Application for Admission », 11 juillet 1951; [ABR-095147] CVR, ARN, RG10, volume 6352, dossier 753-10, partie 4, microfilm C-8709, « Application for Admission », 9 août 1951. [EDM-071623-0013]
245. Pour un exemple, consulter : CVR, ARN, Bibliothèque et Archives Canada, RG10, volume 6058, dossier 265-13, partie 4, T. R. L. MacInnes à John S. Rob, 1er mai 1940; [SRS-001722] RG29, volume 2899, dossier 851-1-A411, partie 1b, T. R. L. MacInnes à F. Matters, 29 mars 1941. [NPC-601972]
246. Pour un exemple, consulter : CVR, ARN, Bibliothèque et Archives Canada, RG29, volume 2920, dossier 851-1-A774, partie 1, G. C. Laight à C. P. Schmidt, 13 janvier 1944. [NPC-605021]
247. CVR, ARN, Bibliothèque et Archives Canada, RG29, volume 2905, dossier 851-1-A485, partie 1, J. F. Lockhart au secrétaire de la Direction des Affaires indiennes, 2 juillet 1940. [NPC-604100]
248. CVR, ARN, Bibliothèque et Archives Canada, RG29, volume 2921, dossier 851-1-A777, partie 1, P. E. Moore à E. L. Stone, 12 mars 1946. [NPC-622853]

249. CVR, ARN, Bibliothèque et Archives Canada, RG29, volume 2921, dossier 851-1-A777, partie 1, E. L. Stone à l'agent des Indiens, agence indienne de Petit lac des Esclave (Alberta), 19 mars 1946. [NPC-622852]
250. CVR, ARN, Bibliothèque et Archives Canada, RG29, volume 2899, dossier 851-1-A411, partie 2, S. Smoke au conseil provincial de la santé, 13 mars 1942. [NPC-601960b]
251. CVR, ARN, Bibliothèque et Archives Canada, RG29, volume 2899, dossier 851-1-A411, partie 2, K. M. Shorey à Steve Smoke, 19 mars 1942. [CRS-002123-0001]
252. CVR, ARN, Bibliothèque et Archives Canada, RG29, volume 2921, dossier 851-1-A779, partie 1, W. P. E. Pugh au secrétaire, Direction des Affaires indiennes, 3 juin 1942. [NPC-602979]
253. CVR, ARN, Bibliothèque et Archives Canada, RG29, volume 2920, dossier 851-1-A774, partie 2, W. L. Falconer à J. T. Faunt, 3 avril 1945; [NPC-620627] J. T. Faunt à la Direction des Affaires indiennes, 26 mars 1945. [120.14129]
254. CVR, ARN, Bibliothèque et Archives Canada, RG10, volume 11325, dossier 6-39-3, W. L. Falconer à R. P. G. Laurence, 25 mars 1946. [AGA-000330]
255. CVR, ARN, Bibliothèque et Archives Canada, RG29, volume 2923, dossier 851-1-A974, partie 1, M. Leighton à M. Moore, 24 août 1945. [NPC-602567a]
256. CVR, ARN, Bibliothèque et Archives Canada, RG29, volume 2868, dossier 851-1-4, partie 1a, W. S. Barclay à P. E. Moore, 2 décembre 1947. [NPC-601794]
257. CVR, ARN, Bibliothèque et Archives Canada, Ottawa, RG85, volume permanent 392, dossier 552-5, partie 1, poliomyélite — (T.N-O.), novembre 1947 - décembre 1955, n[o] d'instr. de recherche 85-1, F. J. G. Cunningham à M. Hunt, 13 mai 1955. [RCN-012541-0000]
258. CVR, ARN, AINC — Secteur de la résolution — Collection des dossiers historiques des pensionnats indiens — Ottawa, dossiers GRS, boîte 2A, dossier 29, Henry G. Cook à tout les directeurs I.S.A. - I.A.B., 2 mars 1962. [GDC-005384]
259. CVR, ARN, Bibliothèque et Archives Canada — Ottawa, n[o] d'acquisition 1999-01431-6, boîte 360, dossier 901/17-1, partie 1, Services de santé — Général — Bureau régional C.-B. et Yukon, 09/1944-11/1969, n[o] d'instr. de recherche 10-379, code d'accès 32, Henry G. Cook à H. M. Jones, 26 février 1962. [AEMR-255070]
260. CVR, ARN, AINC — Secteur de la résolution — Collection des dossiers historiques des pensionnats indiens — Ottawa, dossier 1/25-2, volume 4, R. E. Williams au directeur, Direction des Affaires indiennes, 25 octobre 1961. [BRS-000624]
261. CVR, ARN, Bibliothèque et Archives Canada — Burnaby, dossier 801/25-2-892, volume 4, Admission et congés — Pensionnat indien de Lower Post, 04/1963-03/1965, n[o] d'instr. de recherche 10-151, V1989-90/101, boîte 38, « Application for Admission », 24 mai 1963. [LOW-200619]
262. CVR, ARN, Bibliothèque et Archives Canada, RG10, volume 9028, dossier 51/17-1, « Consent for Treatment, Circular No. 335 », H. M. Jones, 18 décembre 1961. [SRS-001633] Pour le formulaire court, consulter : CVR, ARN, Bibliothèque et Archives Canada — Burnaby, dossier 989/25-2-2028, volume 2, Éducation des Indiens — Admission et congés des élèves — pensionnat indien de Cariboo, 05/1962-05/1964, n[o] d'instr. de recherche 10-147, V1985-86/476, boîte 15, Formulaire de consentement — traitements médicaux et dentaires, non daté. [JOE-201441]
263. CVR, ARN, Bibliothèque et Archives Canada - Ottawa, n[o] d'acquisition 1999-01431-6, boîte 360, dossier 901/17-1, partie 1, Services de santé — Général — Bureau régional

C.-B. et Yukon, 09/1944-11/1969, n° d'instr. de recherche 10-379, code d'accès 32, Henry G. Cook à H. M. Jones, 26 février 1962. [AEMR-255070]

264. CVR, ARN, Bibliothèque et Archives Canada, C-V-4, volume 11357, dossier 493/25-1, partie 3, A. R. Aquin aux Affaires indiennes, 7 février 1962. [SWK-000700]

265. CVR, ARN, Bibliothèque et Archives Canada, RG10, volume 10667, dossier 416/25-2, R. F. Davey au superintendant de Sault Ste. Marie, 6 mai 1962. [SWK-002253-0001]

266. CVR, ARN, Bibliothèque et Archives Canada, 988/25-2-008, 1961-1963, volume 3, D., ANC, H. Dunlop à R. S. Sampson, 6 novembre 1962. [KUP-004641]

267. CVR, ARN, Bibliothèque et Archives Canada, Burnaby, 988/25-2-890, partie 2, n° d'acquisition V1984-85/316, 1963-1965, volume 50 [500348], NAC BBY, M. E. Gordon pour J. D. Galbraith à J. V. Boys, 15 novembre 1963. [MIS-008659-0001]

268. CVR, ARN, AINC — Secteur de la résolution — Collection des dossiers historiques des pensionnats indiens — Ottawa 962/25-2, volume 5, Admissions et congés — Pensionnat indien de Cariboo, 01/64-03/68, [60-6], IRSRCHFC, « Application for Admission to Pupil Residence », 15 novembre 1967. [JOE-067848]

269. La « demande d'admission pour les pensionnats » est renommée « demande d'admission pour les résidences d'élèves » à l'automne 1968 pour respecter la politique des Affaires indiennes de reclassifier ses pensionnats. Le nouveau formulaire de demande d'admission requiert du parent qu'il reconnaisse que l'enfant va demeurer « sous la tutelle de l'administrateur pendant le terme que le ministre des Affaires autochtones et Développement du Nord Canada jugera nécessaire » et « de donner à l'administrateur la permission expresse d'autoriser les traitements médicaux ou dentaires qu'il juge nécessaires, à sa discrétion ». Au cours de cette période, il semble que le ministère des Affaires indiennes demande aux parents de remplir à la fois une « demande d'admission pour les élèves des pensionnats » et une « demande d'admission pour les résidences d'élèves » dont l'une transfert la tutelle à la Couronne et donne le consentement pour les « professionnels médicaux » et l'autre transfère la tutelle à l'administrateur. Voir, par exemple, le formulaire de demande du pensionnat anglican de Dauphin, au Manitoba, en 1968 : CVR, ARN, Bibliothèque et Archives Canada, RG10, volume 10392, dossier 511/25-2, partie 18B, « Application for Admission to Pupil Residence » 17 juin 1968; [DRS-121020-0002] CVR, ARN, Bibliothèque et Archives Canada — Winnipeg, RG10, acquisition W84-85/402, boîte 13641, dossier 506/25-2, volume 1, 1968-1969, « Application for Admission to Residential School » 18 juin 1968. [DRS-121605-0002] Pour un exemple, consulter les formulaires de demande du pensionnat de Prince Albert, en Saskatchewan, en 1976 : CVR, ARN, AINC — Secteur de la résolution — Collection des dossiers historiques des pensionnats indiens — Ottawa, dossier E-4974-2, volume 9, « Application for Admission to Pupil Residence » 10 février 1976; [PAR-012797] « Application for Admission to Pupil Residence » 15 février 1976. [PAR-005981]

270. CVR, ARN, AINC — Secteur de la résolution — Collection des dossiers historiques des pensionnats indiens — Ottawa, dossier E4974-2, volume 11, « Application for Admission to Student Residence/Group Home », 17 mai 1977. [PAR-030062]

271. CVR, ARN, Bibliothèque et Archives Canada, RG10, acquisition 1988 - 89/057, boîte 39, dossier 372/25-2-020, partie 7, « Application for Admission to Student Residence/Group Home », 18 juin 1977. [FTG-001335]

272. CCVR, ARN, AINC — Secteur de la résolution — Collection des dossiers historiques des pensionnats indiens — Ottawa, dossiers GRS, boîtes 22, dossier 17, Frank Froh à W. P. Starr, 22 novembre 1972. [GDC-015234-0000]
273. CVR, ARN, AINC — Secteur de la résolution — Collection des dossiers historiques des pensionnats indiens — Ottawa, dossiers GRS, boîte L34A, R. B. Laschuk à D. W. Carnduff, 9 juillet 1981; [GDC-044355-0005] AINC — Secteur de la résolution — Collection des dossiers historiques des pensionnats indiens — Ottawa, dossiers GRS, boîte K1, dossier 2, D. W. Carnduff à E. V. Belt, 17 juillet 1981. [GDC-019555-0001]
274. CVR, ARN, AINC — Secteur de la résolution — Collection des dossiers historiques des pensionnats indiens — Ottawa, dossiers GRS, boîte 8A, dossier 15, L. M. McCaslin à H. Kolakowski, 18 mars 1982. [RCS-000146]
275. CVR, ARN, AINC — Secteur de la résolution — Collection des dossiers historiques des pensionnats indiens — Ottawa, dossiers GRS, boîtes L34A, R. J. MacDonald à G. W. Sinclair, 4 novembre 1981. [GDC-044355-0002]
276. *Loi concernant les Indiens*, Statuts révisés du Canada 1952, chapitre 149, section 52, reproduit dans Venne, *Indian Acts*, p. 376.
277. CVR, ARN, AINC — Secteur de la résolution — Collection des dossiers historiques des pensionnats indiens — Ottawa, dossiers GRS, boîte K1, dossier 2, H. Kolakowski aux administrateurs du pensionnat, 25 novembre 1981. [RCS-000048]
278. CVR, ARN, AINC — Secteur de la résolution — Collection des dossiers historiques des pensionnats indiens — Ottawa, dossiers GRS, boîte 8A, dossier 15, D. Seesequasis à H. Kolakowski, 3 février 1982. [GDC-014654-0004]
279. CVR, ARN, AINC — Secteur de la résolution — Collection des dossiers historiques des pensionnats indiens — Ottawa, dossier E4974-2, « Application Form », 20 juin 1983. [SMD-007461-0002]
280. CVR, ARN, AINC — Secteur de la résolution — Collection des dossiers historiques des pensionnats indiens — Ottawa, dossier E4974-2, Admission et congés des élèves des pensionnaires, région de la Sask., « Application for Admission to Student Residence/ Group Home », 12 août 1983. [SMD-154280-0001]
281. CCVR, ARN, AINC — Secteur de la résolution — Collection des dossiers historiques des pensionnats indiens — Ottawa, dossiers GRS, boîte C11, « Gordon Student Residence, Application for Admission », 31 août 1994. [GDC-054910-0001]
282. Pour un exemple, consulter : CVR, ARN, AINC — Secteur de la résolution — Collection des dossiers historiques des pensionnats indiens — Ottawa, dossiers GRS, boîte 15, dossier 12, E. A. Baer à Starr, 4 février 1970. [GDC-016526] D'autres exemples sont donnés dans les notes de fin de chapitre suivantes.
283. CVR, ARN, AINC — Secteur de la résolution — Collection des dossiers historiques des pensionnats indiens — Ottawa, dossiers GRS, boîte L3, Formulaire de consentement pour le programme de rince-bouche au fluorure, 4 novembre 1987. [GDC-025716]
284. CVR, ARN, AINC — Secteur de la résolution — Collection des dossiers historiques des pensionnats indiens — Ottawa, dossiers GRS, boîte 7A, dossier 8, P. Longman à Donna Prosper, 21 novembre 1989; [GDC-032404] dossiers GRS, boîte K2, P. Longman à Joanne Walters, 24 mars 1993. [GDC-087810-0000]
285. CVR, ARN, AINC — Secteur de la résolution — Collection des dossiers historiques des pensionnats indiens — Ottawa, dossiers GRS, boîte C5, dossier 21, Gerry Worth à Cathy Miller, 31 octobre 1986. [GDC-104049]

286. CVR, ARN, Bibliothèque et Archives Canada, RG10, dossiers scolaires, volume 6476, dossier 918-10, partie 3, 1938-1947, « Application for Admission », 8 octobre 1941. [FPU-070570]
287. CVR, ARN, Bibliothèque et Archives Canada, RG85, volume 1505, dossier 600-1-1, partie 1, T.N.-O. — dossier politique générale — Éducation et écoles, 1905-1944, « Application for Admission to Residential School », 21 avril 1925; [HRU-000192-0001] RG85, volume permanent 1879, dossier 630/109-2, partie 3A, Pensionnat indien anglican de Hay River, 1935-1937, n° d'instr. de recherche 85-8, « Application for Admission to Residential School », 26 avril 1935. [FRU-000233]
288. CVR, ARN, AINC — Secteur de la résolution — Collection des dossiers historiques des pensionnats indiens — Ottawa, dossier 600-1-6, volume 3, Gestion des vastes résidences — T.N.-O. [Général et politique], janv. 1961-oct. 1961, « Application for Admission to Students' Residential School », 4 septembre 1960. [GHU-000245-0001]
289. CVR, ARN, Gouvernement des Territoires du Nord-Ouest — Éducation, Culture et emploi, Demandes d'admission pour les pupilles du pensionnat, 1971-1972, n° de transfert 0330, boîte 3-1, 29 juin 1971. [GHU-000269]
290. CVR, ARN, Entrepôt du conseil scolaire de Beaufort-Delta, Inuvik (T.N.-O.), [Grollier Hall] dossiers d'élèves, 1992-1995 : F-T, « Application for Admission to Student Residence », 3 février 1993. [GHU-000354-0015]
291. CVR, ARN, Bibliothèque et Archives Canada — Burnaby, dossier 801/25-2-892, volume 4, Admission et congés — Pensionnat indien de Lower Post, 04/1963-03/1965, n° d'instr. de recherche 10-151, V1989-90/101, boîte d'archives 38, « Application for Admission », 24 mai 1963. [LOW-200619]
292. Foster, « ESP Tests », p. 94-103.
293. CVR, ARN, archives du gouvernement des Territoires du Nord-Ouest, dossier 630-110/32-2, Rapports de Breynat Hall, Fort Smith, 1957-1959, boîte d'archives 223-1, acquisition d'archives G-1979-003, Directeur régional à B. Thorsteinsson, 4 mai 1966. [BTU-001220-0001]
294. CVR, ARN, AINC — Secteur de la résolution — Collection des dossiers historiques des pensionnats indiens — Ottawa, dossier 600-1-6, volume 9, Gestion des vastes résidences — T.N.-O. [Général et politique], juin 1966-juillet 1967, A. Hodginson à D. Simpson, 30 septembre 1966. [RCN-001009]
295. CVR, ARN, Bibliothèque et Archives Canada — Ottawa, RG85, volume perm. 1930, dossier A140-6, partie 11, Rations pour le personnel ministériel, octobre 1966-mai 1967, n° d'instr. de recherche 85-8, K. Ann Feyrer à G. C. Butler, 13 février 1967. [BTU-001496-0002]
296. CVR, ARN, Bibliothèque et Archives Canada — Ottawa, RG85, boîte 56, acquisition 1995-96/310, dossier 252-1-2, partie 5, Études sur la nutrition pour les Esquimaux [y compris le mélange à bannique, oeufs en poudre, etc.], octobre 1966-février 1971, n° d'instr. de recherche 85-48, K. Ann Feyrer à G. C. Butler, 10 mai 1967. [BTU-000306]
297. CVR, ARN, Archives nationales du Canada, RG29, volume 2990, dossier 851/6-4, partie 4, Jan/62-Oct/69, H. R. Brett à D. W. Simpson, 15 mai 1967. [120.05350]
298. CVR, ARN, Bibliothèque et Archives Canada, RG29, volume 3126, dossier 860-8-X300, partie 3a, rapport narratif de services médicaux, ministère de la Santé nationale et du bien-être, région de la Saskatchewan, mai à août 1964, T. J. Orford, 4; [120.17160] Agence de la santé publique du Canada, Maladies à déclaration obligatoire en direct, « Ami-

biase », http://dsol-smed.phac-aspc.gc.ca/dsol-smed/ndis/list-fra.php) (consulté le 29 mai 2014).

299. CVR, ARN, Bibliothèque et Archives Canada, RG29, volume 2967, dossier 851-4-046, partie 1, T. J. Orford à R. D. P. Eaton, 7 juillet 1965. [120.12420A]
300. Griffin, « Diloxanide Furoate ».
301. CVR, ARN, Bibliothèque et Archives Canada, RG29, volume 2967, dossier 851-4-046, partie 1, R. D. P. Eaton au surintendant régional, Fort Qu'Appelle Indian Hospital, 2 juillet 1965. [NPC-605506]
302. CVR, ARN, Bibliothèque et Archives Canada, RG29, volume 2869, dossier 851-1-4, partie 4, C. Corrigan au surintendant régional, région de Foothills, Edmonton, 8 août 1962. [NPC-601823a] Pour plus de détails sur la portée géographique de la région de Foothills, voir : CVR, ARN, Bibliothèque et Archives Canada, RG29, volume 2869, dossier 851-1-4, partie 4, « Foothills Region Control Program for Eradication of Tuberculosis » septembre 1962, p. 8. [NPC-601818-01] Pour plus de renseignements sur l'utilisation de l'isoniazide (INH) dans le traitement de la tuberculose non-évolutive (latente), voir : Centers for Disease Control and Prevention, Tuberculosis (TB), Treatment for Latent TB Infection, http://www.cdc.gov/tb/topic/treatment/ltbi.htm (consulté le 8 juin 2014).
303. Cobelens et coll., « Research on Implementation », p. 11.
304. CVR, ARN, Bibliothèque et Archives Canada, RG29, volume 2869, dossier 851-1-4, partie 4, C. Corrigan au surintendant régional, région de Foothills, Edmonton, 8 août 1962. [NPC-601823a] Pour plus de détails sur la portée géographique de la région de Foothills, voir : CVR, ARN, Bibliothèque et Archives Canada, RG29, volume 2869, dossier 851-1-4, partie 4, « Foothills Region Control Program for Eradication of Tuberculosis », septembre 1962, p. 8. [NPC-601818-01]
305. CVR, ARN, archives du gouvernement des Territoires du Nord-Ouest, dossier 630-100-10-1, partie 3, Général - Joseph Burr Tyrrell, Fort Smith, 1960-1961, boîte d'archives 219-4, n° d'acquisition G-1979-003, formulaire de consentement parental, 2 novembre 1960. [FSU-001342]
306. CVR, ARN, Bibliothèque et Archives Canada, RG29, volume 2869, dossier 851-1-4, partie 4, C. Corrigan au surintendant régional, région de Foothills, Edmonton, 8 août 1962. [NPC-601823a] Plus plus de détails sur la portée géographique de la région de Foothills, voir : CVR, ARN, Bibliothèque et Archives Canada, RG29, volume 2869, dossier 851-1-4, partie 4, « Foothills Region Control Program for Eradication of Tuberculosis », septembre 1962, p. 8. [NPC-601818-01]
307. CVR, ARN, AINC — Secteur de la résolution — Collection des dossiers historiques des pensionnats indiens — Ottawa, dossiers GRS, boîte 16A, dossier 29, F. Vella à N. Goater, 20 mars 1967; [GDC-036712] RG29, volume 2986, dossier 851-6-1, partie 3, F. Vella à Peter Guzak, 28 février 1967. [NPC-605392]
308. CVR, ARN, AINC — Secteur de la résolution — Collection des dossiers historiques des pensionnats indiens — Ottawa, dossier des pensionnats indiens, boîte 16A, dossier 29, Noel Goater à F. Vella, 23 mars 1967. [GDC-036711]
309. CVR, ARN, AINC — Secteur de la résolution — Collection des dossiers historiques des pensionnats indiens — Ottawa, dossiers GRS, boîte 16A, dossier 29, F. Vella à Noel Goater, 8 mai 1967. [GDC-036709]
310. Vella et Guzak, « Haemoglobin Variants ».
311. Esperanca et Gerrard, « Nocturnal Enuresis », p. 324-327.

312. CVR, ARN, Bibliothèque et Archives Canada — Burnaby, dossier 150-3-10, volume 2, Liaison médicale — médecins indépendants, 04/1968-12/1969, RG29, n° d'acquisition V1992-93/204, boîte 11, R. B. Lowry à J. J. Warner, 31 mai 1968; [MIK-250035] R. B. Lowry à Sweeney, 3 juin 1968; [LEJ-201089] R. B. Lowry à Noonan, 3 juin 1968; [KAM-204195] R. B. Lowry à John W. Hennessey, 3 juin 1968. [JOE-202320]
313. Voir, par exemple : Rajangam et Janakiram, « Dermatoglyphics ».
314. CVR, ARN, Bibliothèque et Archives Canada — Burnaby, dossier 150-3-10, volume 2, Liaison médicale — médecins indépendants, 04/1968-12/1969, RG29, n° d'acquisition V1992-93/204, boîte 11, R. B. Lowry à J. J. Warner, 31 mai 1968; [MIK-250035] R. B. Lowry à Sweeney, 3 juin 1968; [LEJ-201089] R. B. Lowry à Noonan, 3 juin 1968; [KAM-204195] R. B. Lowry à John W. Hennessey, 3 juin 1968. [JOE-202320]
315. CVR, ARN, Bibliothèque et Archives Canada — Burnaby, dossier 801/150-3-10, volume 2, Liaison médicale — médecins indépendants, 04/1968-12/1969, RG29, n° d'acquisition V1992-93/204, boîte 11, R. B. Lowry à J. A. Massel, 31 mai 1968. [KUP-201227]
316. CVR, ARN, Bibliothèque et Archives Canada — Burnaby, dossier 150-3-10, volume 2, Liaison médicale — médecins indépendants, 04/1968-12/1969, RG29, n° d'acquisition V1992-93/204, boîte 11, R. B. Lowry à John W. Hennessey, 15 janvier 1969. [JOE-202340]
317. CVR, ARN, Bibliothèque et Archives Canada, RG10, volume 6214, dossier 469-23, partie 1, Rapport sur la noyade accidentelle de Dudley Shilling, Âge 16 ans, 19 août 1940, Charles Hives. [SWK-001473]
318. CVR, ARN, Bibliothèque et Archives Canada, RG10, volume 6059, dossier 265-23, partie 1, J. P. Mackey au secrétaire des Affaires indiennes, 14 août 1943. [SRS-004209]
319. CVR, ARN, AINC — Secteur de la résolution — Collection des dossiers historiques des pensionnats indiens — Ottawa, dossiers GRS, boîte 8A, dossier 1, Accident, 14 juillet 1947, au pensionnat indien de Gordon, Punnichy (Saskatchewan), S. Golfman; [GDC-014669] Déclaration de D. C. Wickenden, 14 juin 1947; [GDC-014671] Déclaration de William Favel, 15 juin 1947. [GDC-014674]
320. CVR, ARN, Bibliothèque et Archives Canada — Burnaby, 988/18-2 5[500303] V84-85/316, 1950-1960, ANC BBY, M. D. Kearny à N. W. Garrard, 27 juin 1955. [CST-015863]
321. CVR, ARN, Archives du gouvernement des Territoires du Nord-Ouest, Confidentiel, Vastes résidences, 1971-1974, boîte 8-24, n° d'acquisition G1995-004, Leonard P. Holman à J. Coady, 19 juin 1972. [SHU-000488]
322. CVR, ARN, AINC — Secteur de la résolution — Collection des dossiers historiques des pensionnats indiens — Ottawa, 777/42-010, 03/1968-09/1974, DRSRO, W. A. Grant à E. J. Dosdall, 28 mai 1973; [MAR-200008-0000] CVR, ARN, Bibliothèque et Archives Canada — Edmonton, dossier 777/18-2, volume 1, Accidents, noyades, etc., 05/1960-06/1973, BAN N° 1998-00781-2 FRC n° d'acquisition 85-351 EFRC, boîte 40, Glen Johnson à E. J. Dosdall, 12 juin 1973. [MAR-002971]
323. CVR, ARN, Centre des services de la région de la capitale nationale — BAC — Ottawa, dossier 486/18-2, volume 2, boîte V-24-83, 06/26/1946-09/23/1975, M. J. Pierce aux Affaires indiennes, 23 octobre 1974; [FTA-001096] Peter Edwards, « This Is about Reuniting a Family, Even in Death », *Toronto Star*, 4 mars 2011, http://www.thestar.com/news/gta/2011/03/04/this_is_about_reuniting_a_family_even_in_death.html; Peter Edwards, « Star Gets Action: Charlie Hunter Headed Home », *Toronto Star*, 24 mars 2011, http://

www.thestar.com/news/gta/2011/03/24/star_gets_action_charlie_hunter_headed_home.html.

324. Voir, par exemple : CVR, ARN, Entrepôt du conseil scolaire de Beaufort-Delta, Inuvik (T.N.-O.), Grollier Hall, 1965-1966 [boîte 12], E. Duggan à inconnu, 4 avril 1966; [GHU-001279-0001] CVR, ARN, Bibliothèque et Archives Canada — Edmonton, RG10, acquisition 312, boîte 72, dossier 24-11-48, J. G. Smith à Dr Waldron, 1er mai 1969; [PAR-127389] CVR, ARN, AINC — Secteur de la résolution — Collection des dossiers historiques des pensionnats indiens — Ottawa, dossiers GRS, boîte 10A, dossier 15, « Accident and Safety Report: re Students », 9 février 1971. [GDC-041237-0001]
325. CVR, ARN, Bibliothèque et Archives Canada, RG10, volume 6352, dossier 753-23, partie 1, 1935-1944, Microfilm C-8709, « Indian Agent's Report for the Month of January 1942 », G. C. Laight. [EDM-003368]
326. CVR, ARN, Bibliothèque et Archives Canada, RG10, volume 6352, dossier 753-23, partie 1, 1935-1944, Microfilm C-8709, R. A. Hoey à J. F. Woodsworth, 4 février 1942. [EDM-003363-0001]
327. CVR, ARN, Rapport de la Gendarmerie royale du Canada, division F, sous-division de Prince Albert, détachement d'Ile-à-la-Crosse, 6 juillet 1942. [BVL-000431-0001]
328. CVR, ARN, Fonds du diocèse anglican du Yukon, archives du Yukon, COR 266, f. 9, Sunday School Caravan, 1949-1960, 1966, 1967, Église anglicane, Diocèse du Yukon, Évêque à Mlle Hassell, 10 novembre 1960; [DYK-010193] CVR, ARN, Fonds du diocèse anglican du Yukon, archives du Yukon, COR 301, dossier 6, Carcross, « Crash Kills Two From Carcross School », *Whitehorse Star*, 10 novembre 1960. [CDH-090071]
329. CVR, ARN, Quartier général, dossier 772/18-2, volume 3, 1965-1972, A. H. Murray au directeur des Services éducatifs, 5 avril 1965. [CFT-003051]
330. CVR, ARN, archives du gouvernement des Territoires du Nord-Ouest, dossier 630-100/12-1, Breynat Hall, général — Fort Smith, 1957-1962, boîte d'archives 222-3, n° d'acquisition G-1979-003, Administrateurs de l'école Mackenzie au directeur, 22 juin 1960. [BTU-001298]
331. CVR, ARN, Bibliothèque et Archives Canada — Ottawa, RG22, volume permanent 893, dossier 250-8-1, partie 1, Fort Smith — Général, octobre 1957-décembre 1960, n° d'instr. de recherche 22-1, Paul Piché à R. G. Robertson, 13 décembre 1960. [BTU-001595]
332. « Mauled by Polar Bear, Youth Dies », *Winnipeg Free Press*, 18 novembre 1968.
333. « Traffic Injuries Fatal », *Winnipeg Free Press*, 22 mars 1971.
334. CVR, ARN, Bibliothèque et Archives Canada — Ottawa, RG10, volume 6455, dossier 884-23, partie 1, 1935-1950, bureau de Kootenay — pensionnat indien de Kootenay — Décès d'élèves, n° d'instr. de recherche 10-17, microfilm C-8777, ANC, Ottawa, [inconnu] à W. S. Arneil, 3 février 1950. [EGN-008344]
335. CVR, ARN, Bibliothèque et Archives Canada, RG10, volume 6455, dossier 884-23, partie 1, 1935-1950, bureau de Kootenay — pensionnat indien de Kootenay — Décès d'élèves, n° d'instr. de recherche 10-17, microfilm C-8777, ANC, Ottawa, « Inquiry into re Mary Antoinette Pascal - January 21, 1950 », T. J. Sullivan, 2 février 1950. [EGN-008341]

Régime alimentaire et nutrition : 1940-2000

1. Voir le chapitre intitulé « Nourriture et alimentation dans les pensionnats, 1867-1939 », à la partie 1 du présent volume.
2. Mosby, *Making and Breaking Canada's Food Rules*, p. 418-419.
3. Mosby, *Making and Breaking Canada's Food Rules*, p. 410, 418.
4. Au cours de la Première Guerre mondiale, les autorités britanniques redoutaient les répercussions de la pénurie de nourriture, situation courante en période de guerre, et les fonctionnaires américains ont tenté de cerner les besoins alimentaires des troupes alliées. Stiebeling, *Food Budgets*, p. 4, 12; Ostry, Shannon, Dubois et Nathoo, *Origins of Dietary Standard*, p. 62-63.
5. Ostry, Shannon, Dubois et Nathoo, *Origins of Dietary Standard*, p. 62-63.
6. T. K. Murray, « Canadian Dietary Standards », *Actualités prévention = Prevention Review*, 1983, cité dans Santé Canada, Aliments et nutrition — Les guides alimentaires canadiens, de 1942 à 1992 (consulté le 14 décembre 2013), http://www.hc-sc.gc.ca/fn-an/food-guide-aliment/context/fg_history-histoire_ga-fra.php#fnb9.
7. Mosby, *Making and Breaking Canada's Food Rules*, p. 410-412.
8. E. W. McHenry, « Determinants of Nutritional Status », *Canadian Public Health Journal*, 1941, cité dans Ostry, Shannon, Dubois et Nathoo, *Origins of Dietary Standard*, p. 60.
9. Ostry, Shannon, Dubois et Nathoo, *Origins of Dietary Standard*, p. 63-65.
10. Mosby, *Making and Breaking Canada's Food Rules*, p. 414-417.
11. Santé Canada, Aliments et nutrition — Les guides alimentaires canadiens, de 1942 à 1992, (consulté le 14 décembre 2013) http://www.hc-sc.gc.ca/fn-an/food-guide-aliment/context/fg_history-histoire_ga-fra.php#fnb9.
12. CVR, ARN, Bibliothèque et Archives Canada, RG10, volume 6209, dossier 468-10, partie 3, Don Robertson au secrétaire, Affaires indiennes, 13 septembre 1931. [MER-001114]
13. CVR, ARN, Bibliothèque et Archives Canada, RG10, volume 6262, dossier 578-1, partie 5, R. A. Hoey au chanoine L. A. Dixon, 27 octobre 1944. [ELK-000400]
14. CVR, ARN, Bibliothèque et Archives Canada, RG10, volume 6262, dossier 578-1, partie 5, W. Sinclair à M. Alderwood, 5 janvier 1945. [ELK-000406-0001]
15. CVR, ARN, Bibliothèque et Archives Canada — Winnipeg, RG29, acquisition W84-85/482, boîte 005, dossier 11-5-14, volume 1[b.2], « Department of Mines and Resources — Indian Affairs Branch, The Indian Residential School, Elkhorn, Manitoba, Discharges, June 1949 », p. 3. [ELK-000634]
16. CVR, ARN, Bibliothèque et Archives Canada, RG29, volume 2913, dossier 851-1-A501, partie 2, Cameron Corrigan à P. E. Moore, 9 octobre 1941. [NPC-621771]
17. CVR, ARN, Bibliothèque et Archives Canada, RG29, volume 2989, dossier 851-6-4, partie 1, nov. 1944-janv. 1956, Nutrition dans les écoles indiennes, B. Thorsteinsson à Vera Simons; rapport d'inspection, 25 novembre 1944. [AEMR-172705C]
18. CVR, ARN, Bibliothèque et Archives Canada, RG10, volume 3222, dossier 540514, partie 2, R. A. Hoey à L. A. Dixon, 31 octobre 1944. [TAY-000204]
19. CVR, ARN, Bibliothèque et Archives Canada, RG10, volume 11091, dossier Shannon, 1944-1945, Lettres du ministère, G. E. Young au Dr Moore, 28 décembre 1945. [CRS-002081-0001]
20. CVR, ARN, Bibliothèque et Archives Canada, RG10, volume 10752, dossier Shannon, 1944, Correspondance sortante (varia), F. Matters aux Affaires indiennes, Ottawa, 7 janvier 1945. [CRS-001636]

21. CVR, ARN, Bibliothèque et Archives Canada, RG10, volume 6033, dossier 150-44, partie 2, « Report of Food Survey, Indian Residential School, Spanish, Ontario, March 11-15, 1945 ». [AGA-000312-0001]
22. CVR, ARN, Bibliothèque et Archives Canada, RG29, volume 973, dossier 388-6-1, partie 1, 03/1948-08/1948, « Summary of Reports, The Canadian Red Cross Society — Dietary Surveys Shingwauk Residential School, Sault Ste. Marie, March 21-24, 1946 », 16 juillet 1946. [AEMR-170089]
23. CVR, ARN, Bibliothèque et Archives Canada, RG10, volume 6309, dossier 654-1, partie 3, R. S. Davis aux Affaires indiennes, 17 octobre 1945. [GDC-017606]
24. CVR, ARN, Bibliothèque et Archives Canada, RG10, volume 6445, dossier 881-10, partie 7, A. R. Simpson à R. Howe, 22 juin 1945. [LEJ-001651]
25. CVR, ARN, Bibliothèque et Archives Canada, RG10, volume 6056, dossier 265-5, partie 6, J. P. Mackey à Bernard F. Neary, 25 novembre 1948. [SRS-001313]
26. CVR, ARN, Bibliothèque et Archives Canada, RG29, volume 2989, dossier 851-6-4, partie 1, nov. 1944-janv. 1956, Nutrition dans les écoles indiennes, « Extract from letter from Inspector Hamilton », 16 février 1945. [AEMR-172699] Bien que le document en question n'identifie pas l'école en cause, il en mentionne le directeur, M. Cheales. Pour constater que Cheales dirige l'école de Sioux Lookout en mars 1945, voir : CVR, ARN, Bibliothèque et Archives Canada, RG10, volume 6214, dossier 470-2, partie 1, « Indian Residential School Quarterly Report » concernant le pensionnat indien de Sioux Lookout pour le trimestre clos le 31 mars 1945, signé A. B. Cheales. [PLK-000660]
27. CVR, ARN, Bibliothèque et Archives Canada, RG29, volume 2989, dossier 851-6-4, partie 1, nov. 1944-janv. 1956, Nutrition dans les écoles indiennes, A. B. Cheales au secrétaire de la Commission des pensionnats indiens, Winnipeg, 1er avril 1946. [AEMR-172697A] Concernant le nombre maximal d'élèves autorisé, voir : CVR, ARN, Église anglicane du Canada, Archives du Synode général, ACC-MSCC-GS 75-103, série 2:15, boîte 27, dossier 3, document financier sans titre, page 8 d'un document PDF de 22 pages. [ANG-083405]
28. CVR, ARN, Bibliothèque et Archives Canada, RG29, volume 2989, dossier 851-6-4, partie 1, nov. 1944-janv. 1956, Nutrition dans les écoles indiennes, H. A. Alderwood à A. B. Cheales, 12 avril 1946. [AEMR-172697]
29. CVR, ARN, Bibliothèque et Archives Canada, RG29, volume 975, dossier 388-6-18, « Report on Inspection of Food Services at Portage la Prairie Residential School », 18 octobre 1946. [120.14302]
30. CVR, ARN, Bibliothèque et Archives Canada, RG10, volume 2989, dossier 851-6-4, partie 1, nov. 1944-janv. 1956, Nutrition dans les écoles indiennes, rapport d'inspection des services alimentaires au pensionnat indien de Portage la Prairie, 8 octobre 1947. [120.03241A]
31. CVR, ARN, Église anglicane du Canada, Archives du Synode général, GS 75-103, série 2-15, boîte 20, procès-verbal de la réunion de la Commission des pensionnats indiens et esquimaux, Société missionnaire de l'Église d'Angleterre du Canada, 23 janvier 1945. [CRS-002146]
32. CVR, ARN, Bibliothèque et Archives Canada, RG10, volume 6445, dossier 881-10, partie 7, R. Howe aux Affaires indiennes, 26 juin 1945; [LEJ-001652] P. Phelan à R. Howe, 12 juillet 1945. [LEJ-001655]
33. CVR, ARN, AINC, dossier 6-21-1, volume 1, *Indian Work Investigation Commission: Report to the General Synod*, Winnipeg, 1946, p. 7. [AEMR-016149]
34. Concernant la position des anglicans, voir : CVR, ARN, Église anglicane du Canada, Archives du Synode général, GS 75-103, série 3-3, boîte 70, « A Brief Submitted by the Church of

England in Canada to the Special Joint Committee of the Senate and House of Commons Appointed to Consider *The Indian Act* », 25 mars 1947, p. 9. [CRS-002139-0000] Concernant l'Église Unie, voir : Canada, Comité spécial mixte, 1947, p. 5-6.

35. Canada, Comité spécial mixte, 1946, p. 7-8.
36. CVR, ARN, Bibliothèque et Archives Canada, RG29, volume 2989, dossier 851-6-4, partie 1, nov. 1944-janv. 1956, Nutrition dans les écoles indiennes, P. E. Moore à Hamilton, 22 février 1945. [AEMR-172698]
37. CVR, ARN, Bibliothèque et Archives Canada, RG29, volume 973, dossier 388-6-1, partie 1, 03/1948-08/1948, P. E. Moore à L. B. Pett, 1er mars 1945. [AEMR-170107]
38. CVR, ARN, Bibliothèque et Archives Canada, RG29, volume 973, dossier 388-6-1, partie 1, 03/1948-08/1948, L. B. Pett à P. E. Moore, 12 mars 1945. [AEMR-170106]
39. CVR, ARN, Bibliothèque et Archives Canada, RG29, volume 973, dossier 388-6-1, partie 1, 03/1948-08/1948, L. B. Pett à P. E. Moore, 1er mars 1946. [AEMR-170104]
40. CVR, ARN, Bibliothèque et Archives Canada, RG29, volume 973, dossier 388-6-1, partie 1, 03/1948-08/1948, P. E. Moore à L. B. Pett, 5 mars 1946. [AEMR-170103]
41. CVR, ARN, Bibliothèque et Archives Canada, RG29, volume 973, dossier 388-6-1, partie 1, 03/1948-08/1948, directeur à H. A. Alderwood, 26 août 1946. [AEMR-170100]
42. CVR, ARN, Bibliothèque et Archives Canada, RG29, volume 973, dossier 388-6-1, partie 1, 03/1948-08/1948, « Health Aspects in Relation to Food Services: Indian Residential Schools », Division de l'hygiène alimentaire du ministère de la Santé nationale et du Bien-être social, novembre 1946. [AEMR-170062A]
43. CVR, ARN, Bibliothèque et Archives Canada, RG29, volume 975, dossier 388-6-13, « Report on Inspection of Food Service, Cecilia Jeffrey Indian Residential School, Kenora, Ontario, Sept. 17 to 20, 1946 ». [CJC-001927-0000]
44. CVR, ARN, Bibliothèque et Archives Canada, RG29, volume 973, dossier 388-6-1, partie 1, 03/1948-08/1948, « Food Service in Indian Residential Schools for Dominion Provincial Nutrition committee », 6 décembre 1946. [AEMR-170024]
45. CVR, ARN, Bibliothèque et Archives Canada, RG29, volume 973, dossier 388-6-1, partie 1, 03/1948-08/1948, « Food Service in Indian Residential Schools for Dominion Provincial Nutrition committee », 6 décembre 1946. [AEMR-170024]
46. CVR, ARN, Bibliothèque et Archives Canada, RG29, volume 974, dossier 388-6-3, L. B. Pett à B. F. Neary, 22 août 1947. [NPC-600969]
47. CVR, ARN, Bibliothèque et Archives Canada, RG29, volume 2989, dossier 851-6-4, partie 1, nov. 1944-janv. 1956, « Report on inspection of food service, Mohawk Institute, Brantford, Ontario », 10 janvier 1947. [AEMR-172692]
48. CVR, ARN, Bibliothèque et Archives Canada, RG29, volume 973, dossier 388-6-1, partie 1, Henry Cook à G. R. Turner, 20 novembre 1947. [120.00521]
49. CVR, ARN, Bibliothèque et Archives Canada, RG29, volume 973, dossier 388-6-1, partie 1, 03/1948-08/1948, L. B. Pett à G. R. Turner, 28 novembre 1947. [AEMR-170140]
50. CVR, ARN, Bibliothèque et Archives Canada, RG29, volume 975, dossier 388-6-39, « Report and Recommendations on Food Service at Thunderchild School », 20 mai 1947. [120.14503]
51. CVR, ARN, Bibliothèque et Archives Canada, RG29, volume 974, dossier 388-6-3, E. L. Stone au directeur, Services de santé aux Indiens, 3 mars 1947. [120.14442]
52. CVR, ARN, Bibliothèque et Archives Canada, RG29, volume 2989, dossier 851-6-4, partie 1, nov. 1944-janv. 1956, Nutrition dans les écoles indiennes, « Report on Inspection of Food Service, Morley IRS », 28 février 1947. [120.03087A]

53. CVR, ARN, Bibliothèque et Archives Canada, RG29, volume 2989, dossier 851-6-4, partie 1, nov. 1944-janv. 1956, Nutrition dans les écoles indiennes, Ermineskin, 22 février 1947. [120.03083]
54. CVR, ARN, Bibliothèque et Archives Canada, RG10, volume 6426, dossier 875-1, partie 4, M. S. Todd à la Division des affaires indiennes, 11 octobre 1947. [MIK-002278]
55. CVR, ARN, Bibliothèque et Archives Canada, RG10, volume 6426, dossier 875-1, partie 4, J. Coleman au commissaire des Indiens de la Colombie-Britannique, 14 octobre 1947. [MIK-002279-0002]
56. CVR, ARN, Bibliothèque et Archives Canada, RG10, volume 6200, dossier 466-1, partie 5, W. J. Zimmerman à B. F. Neary, 6 décembre 1947. [IRC-042002]
57. CVR, ARN, Bibliothèque et Archives Canada, RG29, volume 973, dossier 388-6-1, partie 1, « Report on Visits to Indian Residential Schools — Autumn, 1947. Alice McCready », 1947. [AEMR-010868]
58. CVR, ARN, Bibliothèque et Archives Canada, RG29, volume 974, dossier 388-6-3, L. B. Pett à B. F. Neary, 22 août 1947. [NPC-600969]
59. CVR, ARN, Bibliothèque et Archives Canada, RG29, volume 973, dossier 388-6-1, partie 1, « Report on Visits to Indian Residential Schools — Autumn, 1947. Alice McCready », 1947. [AEMR-010868]
60. CVR, ARN, Bibliothèque et Archives Canada, RG29, volume 974, dossier 388-6-3, E. L. Stone au directeur, Services de santé aux Indiens, ministère de la Santé nationale et du Bien-être social, 3 mars 1947. [NPC-601017]
61. CVR, ARN, Bibliothèque et Archives Canada, RG29, volume 973, dossier 388-6-1, partie 1, 03/1948-08/1948, L. B. Pett à B. F. Neary, 9 juillet 1947. [AEMR-174127]
62. CVR, ARN, Bibliothèque et Archives Canada, RG29, volume 975, dossier 388-6-24, 1947, « Nutrition Publications », mai 1946. [AEMR-170360F]
63. CVR, ARN, Bibliothèque et Archives Canada, RG29, volume 973, dossier 388-6-1, partie 1, 03/1948-08/1948, L. B. Pett à B. F. Neary, 11 décembre 1946. [AEMR-170057]
64. CVR, ARN, Bibliothèque et Archives Canada, RG29, volume 973, dossier 388-6-1, partie 1, 03/1948-08/1948, P. E. Moore aux directeurs et au personnel enseignant, 2 décembre 1946. [AEMR-170061]
65. CVR, ARN, Bibliothèque et Archives Canada, RG10, volume 6306, dossier 652-5, partie 6, L. B. Pett à P. E. Moore, 8 décembre 1947. [SMD-001897-0000]
66. CVR, ARN, Bibliothèque et Archives Canada, RG29, volume 974, dossier 388-6-4, partie 1, « Nutrition Study in Indian Residential Schools: Outline proposed in April, 1948, by Dr. L. B. Pett, Chief of Nutrition Division, Department of National Health and Welfare Canada ». [CJC-002006-0001] C'est le journaliste David Napier qui, en 2000, porte le premier les études à l'attention de la population dans un article publié dans l'*Anglican Journal*. Voir : Napier, « Ottawa Experimented on Native Kids », *Anglican Journal*, 1er mai 2000 (consulté le 31 août 2014) http://www.napierink.ca/articles_ottawa-experimented-on-native-kids.html. Ian Mosby traite lui aussi des études dans un article paru en 2013 dans la revue *Histoire sociale = Social History*. Voir : Mosby, « Administering Colonial Science », p. 145-172.
67. CVR, ARN, Bibliothèque et Archives Canada, RG29, volume 974, dossier 388-6-4, partie 1, 02/1948-07/1949, « Outline of Nutrition Study in Indian Residential Schools », avril 1948. [AEMR-171753]

68. CVR, ARN, Bibliothèque et Archives Canada, RG29, volume 2989, n° d'inst. de recherche 29-143, dossier 851-6-4, partie 1, 11/1944-01/1956, L. B. Pett à G. D. W. Cameron, 18 octobre 1948. [AEMR-174077]
69. « Sir Norman Haworth », *Encyclopædia Britannica Online* (consulté le 13 décembre 2013) http://www.britannica.com/EBchecked/topic/257576/Sir-Norman-Haworth.
70. Nathoo, Holmes et Ostry, *Analysis of the Development of Canadian Food Fortification*, p. 376; Committee on Cereals, *Cereal Enrichment*, p. 1.
71. Nathoo, Holmes et Ostry, *Analysis of the Development of Canadian Food Fortification*, p. 376. Concernant la définition des vitamines du complexe B, voir : « Vitamin B Complex », *Encyclopædia Britannica Online* (consulté le 16 décembre 2013) http://www.britannica.com/EBchecked/topic/630998/vitamin-B-complex.
72. Nathoo, Holmes et Ostry, *Analysis of the Development of Canadian Food Fortification*, p. 376.
73. Nathoo, Holmes et Ostry, *Analysis of the Development of Canadian Food Fortification*, p. 376.
74. Nathoo, Holmes et Ostry, *Analysis of the Development of Canadian Food Fortification*, p. 376.
75. Britnell et Fowke, *Canadian Agriculture*, p. 151-152,
76. Committee on Cereals, *Cereal Enrichment*, p. 1-2.
77. Committee on Cereals, *Cereal Enrichment*, p. 14-15.
78. Nathoo, Holmes et Ostry, *Analysis of the Development of Canadian Food Fortification*, p. 376-377.
79. Adamson, Jolliffe, Kruse et autres, « Medical Survey of Nutrition », p. 249. Concernant la date de l'étude, voir : Aykroyd, *Jolliffe, Lowry et autres,* « Medical Resurvey of Nutrition », p. 27, 3.
80. Committee on Cereals, *Cereal Enrichment*, p. 16; Nathoo, Holmes et Ostry, *Analysis of the Development of Canadian Food Fortification*, p. 377.
81. Aykroyd, *Jolliffe, Lowry et autres,* « Medical Resurvey of Nutrition *», p. 27.*
82. Goldsmith, Darby, Steinkamp et autres, *Resurvey of Nutritional Status*, p. 64-65.
83. CVR, ARN, Bibliothèque et Archives Canada, RG29, volume 2913, dossier 851-1-A501, partie 2, Cameron Corrigan à P. E. Moore, 9 octobre 1941. [NPC-621771]
84. Moore, Kruse, Tisdall et Corrigan, *Medical Survey*, p. 226-233.
85. CVR, ARN, Bibliothèque et Archives Canada, RG10, volume 8585, dossier 1/1-2-17, Chambre des communes, Comité spécial de la restauration et du rétablissement, *Procès-verbaux et témoignages*, 24 mai 1944, p. 323-325.
86. CVR, ARN, Bibliothèque et Archives Canada, RG29, volume 974, dossier 388-6-4, partie 1, 02/1948-07/1949, A. E. Caldwell à R. A. Hoey, 8 mai 1948. [AEMR-171818A]
87. CVR, ARN, Bibliothèque et Archives Canada, RG10, volume 6306, dossier 652-5, partie 6, L. B. Pett à P. E. Moore, 8 décembre 1947. [SMD-001897-0000]
88. Bibliothèque et Archives Canada, RG10, volume 8585, dossier 1/1-2-17, Chambre des communes, Comité spécial de la restauration et du rétablissement, *Procès-verbaux et témoignages*, 24 mai 1944, p. 326.
89. Vivian, McMillan, Moore et autres, *Nutrition and Health of the James Bay Indian*, p. 517-518.
90. CVR, ARN, Bibliothèque et Archives Canada, RG29, volume 923, dossier 385-7-2, partie 1, mars 1946-janv. 1952, L. B. Pett à R. P. Vivian, 17 février 1949. [AEMR-170910]
91. CVR, ARN, Bibliothèque et Archives Canada, RG29, volume 923, dossier 385-7-2, partie 1, mars 1946-janv. 1952, Percy Vivian à L. B. Pett, 21 février 1949. [AEMR-170909]
92. CVR, ARN, Bibliothèque et Archives Canada, RG29, volume 974, dossier 388-6-4, partie 1, 02/1948-07/1949, L. B. Pett à H. C. Rice, 5 mai 1948; [AEMR-171824] RG29, volume 975, dossier 388-6-13, 10/1943-01/1951, L. B. Pett à N. Patterson, 11 mai 1948; [AEMR-173929]

RG29, volume 974, dossier 388-6-4, partie 1, 02/1948-07/1949, L. B. Pett à N. W. Garrard, 13 mai 1948; [AEMR-171821] RG29, volume 974, dossier 388-6-4, partie 1, 02/1948-07/1949, L. B. Pett à B. F. Neary, 3 août 1948. [AEMR-171781] Concernant l'emploi de l'expression « enquête nutritionnelle » pour désigner les rapports, voir : CVR, ARN, Bibliothèque et Archives Canada, RG29, volume 974, dossier 388-6-4, partie 4, 1951-1955. [AEMR-172556]

93. CVR, ARN, Bibliothèque et Archives Canada, RG29, volume 974, dossier 388-6-4, partie 4, L. B. Pett à R. S. MacCallum, 10 septembre 1951. [CJC-002039]
94. CVR, ARN, Bibliothèque et Archives Canada, RG29, volume 2989, dossier 851-6-4, partie 1, nov. 1944-janv. 1956, Nutrition dans les écoles indiennes, « Report on Inspection of Food Services, Shubenacadie Indian Residential School, Shubenacadie, Nova Scotia, visited May 18 to 19, 1948 ». [AEMR-170493A]
95. CVR, ARN, Bibliothèque et Archives Canada, RG29, volume 975, dossier 388-6-45, 1948-1953, « Report on Inspection of Food Service, Alberni Indian Residential School, Port Alberni, British Columbia, 17 and 18 June 1948 ». [AEMR-170399]
96. CVR, ARN, Bibliothèque et Archives Canada, RG29, volume 975, dossier 388-6-45, 1948-1953, « Report on Inspection of Food Service, Alberni Indian Residential School, Port Alberni, British Columbia, 17 and 18 June 1948 ». [AEMR-170399]
97. Concernant le rapport sur l'école catholique romaine de Kenora, voir : CVR, ARN, Bibliothèque et Archives Canada, RG29, volume 2989, dossier 851-6-4, partie 1, nov. 1944-janv. 1956, Nutrition dans les écoles indiennes, « Report on the Inspection of Food Service, St. Mary's Indian Residential School, Kenora, Ontario, Revisited June 2 to 3, 1948 ». [AEMR-170503A] Concernant le rapport sur l'école presbytérienne de Kenora, voir : CVR, ARN, Bibliothèque et Archives Canada, RG29, volume 2989, dossier 851-6-4, partie 1, nov. 1944-janv. 1956, Nutrition dans les écoles indiennes, « Report on Inspection of Food Service, Cecilia Jeffrey Indian Residential School, Kenora, Ontario, Revisited May 31 to June 2nd, 1948 ». [AEMR-170495A]
98. CVR, ARN, Bibliothèque et Archives Canada, RG29, volume 2989, dossier 851-6-4, partie 1, « Report on Inspection of Food Service, St. Alban's Indian Residential School, Prince Albert, Saskatchewan, 7 June 1948 ». [PAR-003800-0002]
99. Concernant le rapport sur l'école de Shubenacadie, voir : CVR, ARN, Bibliothèque et Archives Canada, RG29, volume 2989, dossier 851-6-4, partie 1, nov. 1944-janv. 1956, Nutrition dans les écoles indiennes, « Report on Inspection of Food Services, Shubenacadie Indian Residential School, Shubenacadie, Nova Scotia, visited May 18 to 19, 1948 ». [AEMR-170493A]
100. CVR, ARN, Bibliothèque et Archives Canada, RG29, volume 2989, dossier 851-6-4, partie 1, « Report on Inspection of Food Service, Edmonton Indian Residential School, Edmonton, Alberta, 10 June 1948 ». [AEMR-170501A]
101. Pour des exemples de préoccupations concernant le fort taux de roulement parmi le personnel de cuisine de l'école d'Alberni, voir : CVR, ARN, Bibliothèque et Archives Canada, RG29, volume 975, dossier 388-6-45, 1948-1953, « Report on Inspection of Food Service, Alberni Indian Residential School, Port Alberni, British Columbia, 17 and 18 June 1948 ». [AEMR-170399] Pour des exemples de préoccupations concernant le personnel de cuisine et les installations de l'école presbytérienne de Kenora, voir : CVR, ARN, Bibliothèque et Archives Canada, RG29, volume 2989, dossier 851-6-4, partie 1, nov. 1944-janv. 1956, Nutrition dans les écoles indiennes, « Report on Inspection of Food Service, Cecilia Jeffrey Indian Residential School, Kenora, Ontario, Revisited May 31 to June 2nd, 1948 ». [AEMR-170495A]

102. CVR, ARN, Bibliothèque et Archives Canada, RG29, volume 2989, dossier 851-6-4, partie 1, nov. 1944-janv. 1956, Nutrition dans les écoles indiennes, « Report on Inspection of Food Service, Cecilia Jeffrey Indian Residential School, Kenora, Ontario, Revisited May 31 to June 2nd, 1948 ». [AEMR-170495A]
103. CVR, ARN, Bibliothèque et Archives Canada, RG29, volume 2989, dossier 851-6-4, partie 1, P. Phelan à E. S. Jones, 5 octobre 1948; [PAR-003800-0000] P. Phelan à N. W. Garrard, 5 octobre 1948; [AEMR-170497] P. Phelan à George Dorey, 5 octobre 1948; [AEMR-170499] P. Phelan à J. P. Mackey, 5 octobre 1948; [AEMR-170493] P. Phelan à Frieda Matthews, 5 octobre 1948; [AEMR-170495] P. Phelan à J. O. Plourde, 5 octobre 1948. [AEMR-170502]
104. CVR, ARN, Bibliothèque et Archives Canada, RG10, volume 6199, dossier 465-5, partie 11, J. O. Plourde à P. Phelan, 15 octobre 1948. [KNR-000532.]
105. CVR, ARN, Bibliothèque et Archives Canada, RG29, volume 2989, dossier 851-6-4, partie 1, « Report on Inspection of Food Service, St. Alban's Indian Residential School, Prince Albert, Saskatchewan, 7 June 1948 ». [PAR-003800-0002]
106. CVR, ARN, Bibliothèque et Archives Canada, RG29, volume 974, dossier 388-6-4, partie 1, 02/1948-07/1949, L. B. Pett à E. J. Staley, 27 juillet 1948. [AEMR-171800]
107. CVR, ARN, Bibliothèque et Archives Canada, RG29, volume 2989, dossier 851-6-4, partie 1, nov. 1944-janv. 1956, Nutrition dans les écoles indiennes, directeur à S. Middleton, 19 juillet 1948; [AEMR-170507] Directeur à P. A. Charron, 19 juillet 1948. [AEMR-170506]
108. CVR, ARN, Bibliothèque et Archives Canada, RG29, volume 2989, dossier 851-6-4, partie 1, nov. 1944-janv. 1956, B. F. Neary à G. R. Turner, 20 janvier 1948. [AEMR-171317]
109. CVR, ARN, Bibliothèque et Archives Canada, RG29, volume 974, dossier 388-6-4, partie 1, 02/1948-07/1949, « Outline of Nutrition Study in Indian Residential Schools », avril 1948. [AEMR-171753]
110. Ogilvie et Pett, *A Long Term Study*, p. 192.
111. CVR, ARN, Bibliothèque et Archives Canada, RG29, volume 974, dossier 388-6-4, partie 1, 02/1948-07/1949, L. B. Pett à J. W. Brown, 3 septembre 1948. [AEMR-171775]
112. CVR, ARN, Bibliothèque et Archives Canada, RG29, volume 923, dossier 385-7-2, partie 1, mars 1946-janv. 1952, L. B. Pett à H. S. Hughes-Caley, 24 novembre 1948. [AEMR-170960]
113. CVR, ARN, Bibliothèque et Archives Canada, RG29, volume 2989, nº d'inst. de recherche 29-143, dossier 851-6-4, partie 1, 11/1944-01/1956, L. B. Pett à G. D. W. Cameron, 18 octobre 1948. [AEMR-174077]
114. CVR, ARN, Bibliothèque et Archives Canada, RG29, volume 974, dossier 388-604, partie 1, 02/1948-07/1949, L. B. Pett à B. F. Neary, 17 janvier 1949. [AEMR-171712]
115. CVR, ARN, Bibliothèque et Archives Canada, RG29, volume 2989, nº d'inst. de recherche 29-143, dossier 851-6-4, partie 1, 11/1944-01/1956, L. B. Pett à G. D. W. Cameron, 18 octobre 1948. [AEMR-174077]
116. CVR, ARN, Bibliothèque et Archives Canada, RG29, volume 974, dossier 388-6-4, partie 2, 08/1949-11/1949, Tableaux de statistiques sur la nutrition et l'état de santé des pensionnaires indiens participant à l'étude — Résultats concernant le pensionnat indien de St. Paul, p. 13, 14, 16. [AEMR-170342A]
117. CVR, ARN, Bibliothèque et Archives Canada, RG29, volume 974, dossier 388-6-4, partie 2, 08/1949-11/1949, Graphiques présentant l'information sur la nutrition et la santé issue des prélèvements sanguins dans les pensionnats indiens, p. 10, 13, 14, 16. [AEMR-170345]

118. CVR, ARN, Bibliothèque et Archives Canada, RG29, volume 974, dossier 388-6-4, partie 2, 08/1949-11/1949, Résumé des journaux sur l'alimentation au pensionnat indien de St. Mary's, Kenora, p. 13, 14, 16. [AEMR-170347]
119. CVR, ARN, Bibliothèque et Archives Canada, RG29, volume 974, dossier 388-6-4, partie 2, 08/1949-11/1949, Tableaux de statistiques sur la nutrition et l'état de santé des pensionnaires indiens participant à l'étude — Résultats concernant le pensionnat indien Cecilia Jeffrey, p. 13, 14, 16. [AEMR-170349]
120. CVR, ARN, Bibliothèque et Archives Canada, RG29, volume 974, dossier 388-6-4, partie 2, 08/1949-11/1949, Tableaux statistiques sur la nutrition et l'état de santé des élèves des pensionnaires indiens participant à l'étude - Résultats concernant le pensionnat indien de Shubenacadie, p. 13, 14, 16. [AEMR-170351]
121. CVR, ARN, Bibliothèque et Archives Canada, RG29, volume 974, dossier 388-6-4, partie 2, 08/1949-11/1949, Graphiques présentant l'information issue de l'enquête nutritionnelle, Alberni, p. 13, 14, 16. [AEMR-170341A]
122. CVR, ARN, Bibliothèque et Archives Canada, RG29, volume 974, dossier 388-6-4, partie 1, 02/1948-07/1949, L. B. Pett à B. F. Neary, 22 juin 1949. [AEMR-171672]
123. CVR, ARN, Bibliothèque et Archives Canada, RG29, volume 2989, dossier 851-6-4, partie 1, nov. 1944-janv. 1956, Nutrition dans les écoles indiennes, « Indian Residential Schools Project Diet Changes to be Started in September 1949 ». [AEMR-170485A]
124. À propos du lait en tant que source de riboflavine, voir : Powers, « Riboflavin (Vitamin B-2) and Health », p. 1352.
125. CVR, ARN, Bibliothèque et Archives Canada, RG29, volume 974, dossier 388-6-4, partie 3, 10/1949-11/1951, L. B. Pett à A. E. Caldwell, 25 avril 1950. [120.03736]
126. À propos de la dose de 100 milligrammes à Shubenacadie, voir : Ogilvie et Pett, « A Long Term Study », p. 191.
127. Au sujet des études sur les aviateurs, voir : Linghorne, McIntosh, Tice et autres, « Relation of Ascorbic Acid Intake », p. 118.
128. À propos de la préparation du pain aux écoles de Kenora, voir : CVR, ARN, Bibliothèque et Archives Canada, RG29, volume 974, dossier 388-6-4, partie 1, 02/1948-07/1949. [AEMR-171662] À propos de la mouture de farine enrichie pour Terre-Neuve à Kenora, voir : CVR, ARN, Bibliothèque et Archives Canada, RG29, volume 974, dossier 388-6-4, partie 1, 02/1948-07/1949, L. B. Pett à C. A. Morrell, 29 juin 1949. [AEMR-171664]
129. À propos de la sélection de l'école anglicane de Cardston comme groupe témoin, voir : CVR, ARN, Bibliothèque et Archives Canada, RG29, volume 974, dossier 388-6-4, partie 1, 02/1948-07/1949, L. B. Pett à S. H. Middleton, 29 juillet 1949. [AEMR-171654]
130. Pett, « Values from Tripling the Milk », p. 426.
131. CVR, ARN, Bibliothèque et Archives Canada, RG29, volume 974, dossier 388-6-4, partie 4, L. Bradley Pett, « Development of Anemia on Newfoundland Enriched Flour », aux fins d'une présentation à l'American Institute of Nutrition, New York, avril 1952. [CJC-002052-0000]
132. CVR, ARN, Bibliothèque et Archives Canada, RG10, volume 8796, dossier 1/25-13, partie 4, L. B. Pett à H. M. Jones, 21 mars 1958. [NPC-400776]
133. CVR, ARN, Bibliothèque et Archives Canada, RG29, volume 974, dossier 388-6-4, partie 1, 02/1948-07/1949, L. B. Pett à B. F. Neary, 22 juin 1949. [AEMR-171672]
134. CVR, ARN, Bibliothèque et Archives Canada, RG29, volume 974, dossier 388-6-4, partie 1, 02/1948-07/1949, L. B. Pett au père St-Jacques, 29 juillet 1949; [AEMR-171651] L. B. Pett à A. E. Caldwell, 29 juillet 1949 [120.03595]

135. CVR, ARN, Bibliothèque et Archives Canada, RG29, volume 974, dossier 388-6-4, partie 3, 10/1949-11/1951, A. E. Caldwell à L. B. Pett, 15 mars 1950. [AEMR-170245]
136. CVR, ARN, Bibliothèque et Archives Canada, RG29, volume 974, dossier 388-6-4, partie 1, 02/1948-07/1949, L. B. Pett à C. A. Morrell, 29 juin 1949; [AEMR-171664] A. Papineau-Couture à L. B. Pett, 4 juillet 1949. [AEMR-171663]
137. CVR, ARN, Bibliothèque et Archives Canada, RG29, volume 974, dossier 388-6-4, partie 1, 02/1948-07/1949, « Outline of Nutrition Study in Indian Residential Schools », avril 1948. [AEMR-171753]
138. CVR, ARN, Bibliothèque et Archives Canada, RG29, volume 974, dossier 388-6-4, partie 1, 02/1948-07/1949, « Outline of Nutrition Study in Indian Residential Schools », avril 1948. [AEMR-171753]
139. Au début de 1949, l'inspecteur des écoles indiennes de la Colombie-Britannique soumet 70 élèves de deuxième et de troisième année qui fréquentent l'école d'Alberni ou un externat des Affaires indiennes au test de maturité mentale de Californie. Les résultats l'amènent à conclure que « les tests d'intelligence en groupe permettent mal de jauger les capacités intellectuelles des enfants indiens de la Colombie-Britannique ». Toutefois, à son avis, les résultats confirment « l'importance du facteur linguistique ». Le test comporte deux volets, dont l'un repose davantage sur la langue. Dans presque tous les cas, les élèves obtiennent de bien meilleurs résultats au volet « non linguistique ». CVR, ARN, Bibliothèque et Archives Canada, RG10, volume 6036, dossier 150-44, partie 1, administration scolaire du Comité de recherche sur les Indiens, 1949-1951, n° d'inst. de recherche 10-17, extrait du rapport de l'inspecteur des écoles indiennes de la Colombie-Britannique daté du 3 mars 1949. [AEMR-255545a]
140. CVR, ARN, Bibliothèque et Archives Canada, RG29, volume 974, dossier 388-6-4, partie 2, 08/1949-11/1949, L. B. Pett à H. K. Brown, 22 août 1949. [AEMR-170337]
141. CVR, ARN, Bibliothèque et Archives Canada, RG29, volume 974, dossier 388-6-4, partie 3, liste, 15 octobre 1949. [CJC-001991-0006]
142. CVR, ARN, Bibliothèque et Archives Canada, RG29, volume 974, dossier 388-6-4, partie 3, 10/1949-11/1951, « Three Little Fruit Songs », 27 octobre 1949. [CJC-006215-0001]
143. CVR, ARN, Bibliothèque et Archives Canada, RG29, volume 974, dossier 388-6-4, partie 3, liste, 15 octobre 1949. [CJC-001991-0006] Voir aussi : Archives nationales du Canada, RG29, volume 974, dossier 388-6-4, partie 3, 10/1949-11/1951, programme d'amélioration de la santé à l'école Cecilia Jeffrey, 3 octobre 1949. [AEMR-170279]
144. CVR, ARN, Bibliothèque et Archives Canada, RG29, volume 974, dossier 388-6-4, partie 3, Catherine M. Ross à Mlle Burns, 3 novembre 1949. [CJC-001994]
145. CVR, ARN, Bibliothèque et Archives Canada, RG29, volume 974, dossier 388-6-4, partie 4, L. B. Pett à R. S. MacCallum, 10 septembre 1951. [CJC-002039]
146. CVR, ARN, Bibliothèque et Archives Canada, RG29, volume 975, dossier 388-6-46, L. B. Pett à B. F. Neary, 23 septembre 1948. [AEMR-170409]
147. CVR, ARN, Bibliothèque et Archives Canada, RG29, volume 973, dossier 388-6-1, partie 2, 09/1948-1958, Bernard Neary à L. B. Pett, 27 octobre 1948; [AEMR-174248] RG29, volume 975, dossier 388-6-14, 1946-1949, L. B. Pett à B. F. Neary, 9 novembre 1948. [AEMR-173935]
148. CVR, ARN, Bibliothèque et Archives Canada - Ottawa, 764-5, partie 8, ANC, R. D. Ragan à la Division des affaires indiennes, 12 mars 1948; [PUL-005803-0000] R. D. Ragan à B. F. Neary, 15 mars 1948. [PUL-005804-0001] Voir aussi : CVR, ARN, Bibliothèque et Archives Canada - Ottawa, 764-5, partie 8, ANC, demande d'achat de B. F. Neary, 23 mars 1948; [PUL-005805]

CVR, ARN, Bibliothèque et Archives Canada - Ottawa, 764-5, volume 6373, partie 9, 1949, ANC, surintendant à B. F. Neary, 16 juillet 1949. [PUL-004781]

149. CVR, ARN, Bibliothèque et Archives Canada - Ottawa, 764-5, volume 6373, partie 9, 1949, ANC, R. D. Ragan aux Affaires indiennes, 20 juin1949. [PUL-004767-0000]
150. CVR, ARN, Bibliothèque et Archives Canada - Ottawa, 764-5, volume 6373, partie 9, 1949, ANC, R. D. Ragan aux Affaires indiennes, 2 octobre 1949. [PUL-004805]
151. CVR, ARN, Bibliothèque et Archives Canada - Ottawa, 764-5, volume 6373, partie 9, 1949 ANC, B. F. Neary à H. G. Cook, 6 octobre 1949. [PUL-004808]
152. CVR, ARN, Bibliothèque et Archives Canada - Edmonton, 103/6-1-750, volume 2, 09/44-05/56, ANC - Edmonton, R. D. Ragan à G. H. Gooderham, 3 octobre 1950. [MRY-004275-0001]
153. CVR, ARN, AINC - Bureau principal des documents - Ottawa, 773/1-13-003, volume 1, 1950-1972, CPD-AC, R. D. Ragan aux Affaires indiennes, Ottawa, 29 novembre 1950. [MRY-005476]
154. CVR, ARN, Bibliothèque et Archives Canada, RG29, volume 974, dossier 388-6-4, partie 1, 02/1948-07/1949, L. B. Pett à B. F. Neary, 6 novembre 1948. [AEMR-171730]
155. CVR, ARN, Bibliothèque et Archives Canada, RG29, volume 2989, dossier 851-6-4, partie 1, nov. 1944-janv. 1956, Nutrition dans les écoles indiennes, « Report on Inspection of Food Service, Cecilia Jeffrey Indian Residential School, Kenora, Ontario, Revisited May 31 to June 2nd, 1948 ». [AEMR-170495A]
156. CVR, ARN, Bibliothèque et Archives Canada, RG29, volume 974, dossier 388-6-4, partie 3, T. C. Ross à L. B. Pett, 27 janvier 1950. [CJC-001990]
157. CVR, ARN, Bibliothèque et Archives Canada, RG29, volume 974, dossier 388-6-4, partie 3, 10/1949-11/1951, Mary Macbeth à T. C. Ross, 1er mai 1950. [AEMR-170218]
158. CVR, ARN, Archives de l'Église presbytérienne du Canada, Toronto (Ontario), acquisition 1988-7004, boîte 14, dossier 9, T. C. Ross à Frieda Matthews, 3 mars 1950. [NCA-009102]
159. CVR, ARN, Bibliothèque et Archives Canada, RG29, volume 974, dossier 388-6-4, partie 3, Catherine Ross à Burns, 9 mai 1950. [CJC-001999-0000]
160. CVR, ARN, Archives de l'Église presbytérienne du Canada, Toronto (Ontario), acquisition 1988-7004, boîte 14, dossier 9, T. C. Ross à Frieda Matthews, 6 juin 1950. [CJC-007787]
161. CVR, ARN, Archives de l'Église presbytérienne du Canada, acquisition 1988-7004, boîte 14, dossier 9, T. C. Ross à Frieda Matthews, 25 août 1950. [CJC-007776]
162. CVR, ARN, Archives de l'Église presbytérienne du Canada, Toronto (Ontario), acquisition 1988-7004, boîte 14, dossier 9, T. C. Ross à Frieda Matthews, 7 décembre 1950. [CJC-007765]
163. CVR, ARN, Archives de l'Église presbytérienne du Canada, Toronto (Ontario), acquisition 1988-7004, boîte 14, dossier 10, T. C. Ross à Frieda Matthews, 1er mai 1951. [CJC-007759]
164. CVR, ARN, Archives de l'Église presbytérienne du Canada, Toronto (Ontario), acquisition 1988-7004, boîte 14, dossier 10, T. C. Ross à Frieda Matthews, 2 juin 1951. [NCA-009114]
165. CVR, ARN, Bibliothèque et Archives Canada, RG29, volume 974, dossier 388-6-4, partie 4, 1951-1955, R. S. MacCallum à L. B. Pett, 31 octobre 1951. [AEMR-172581]
166. CVR, ARN, Bibliothèque et Archives Canada, RG29, volume 974, dossier 388-6-4, partie 4, rapport d'A. Burns et de S. Saint-Hilaire, janvier 1952. [CJC-002042]
167. CVR, ARN, Archives de l'Église presbytérienne du Canada, Toronto (Ontario), acquisition 1988-7004, boîte 14, dossier 7, D. S. Pitts à F. E. Matthews, 31 juillet 1948. [CJC-007796]
168. CVR, ARN, Archives de l'Église presbytérienne du Canada, Toronto (Ontario), acquisition 1988-7004, boîte 14, dossier 7, T. C. Ross à Frieda Matthews, 14 septembre 1948. [CJC-007797]

169. CVR, ARN, Archives de l'Église presbytérienne du Canada, Toronto (Ontario), acquisition 1988-7004, boîte 14, dossier 10, T. C. Ross à Frieda Matthews, 2 juin 1951. [NCA-009114]
170. CVR, ARN, Bibliothèque et Archives Canada, RG29, volume 974, dossier 388-6-4, partie 4, 1951-1955, R. S. MacCallum à L. B. Pett, 5 septembre 1951. [AEMR-172588]
171. CVR, ARN, Centre de services régional de l'Ontario - BAC - Toronto, dossier 129/23-4, volume 1, rapport trimestriel de l'Agence indienne de Kenora, p. 6. [CJC-001713-0001]
172. CVR, ARN, Bibliothèque et Archives Canada, RG29, volume 974, dossier 388-6-4, partie 4, 1951-1955, L. B. Pett à J. E. Andrews, 9 octobre 1952; [AEMR-172480] AINC - Secteur de la résolution - Collection des dossiers historiques des pensionnats indiens - Ottawa, dossier 487/25-1-014, R. F. Davey, note au dossier, 13 octobre 1953. [CJC-000541]
173. CVR, ARN, Bibliothèque et Archives Canada, RG29, volume 974, dossier 388-6-4, partie 4, L. B. Pett à R. S. MacCallum, 19 décembre 1951. [CJC-002032]
174. CVR, ARN, Bibliothèque et Archives Canada, RG29, volume 974, dossier 388-6-4, partie 4, L. B. Pett à R. S. MacCallum, 21 avril 1952. [CJC-002041]
175. CVR, ARN, Bibliothèque et Archives Canada, RG29, volume 975, dossier 388-6-29, 1947-1949, L. B. Pett à S. H. Middleton, 4 janvier 1949. [AEMR-171722]
176. CVR, ARN, Centre de services régional du Manitoba - BAC - Winnipeg, dossiers du personnel d'ANC, James Edward DeWolf, cote nº 01-36769, R. D. Ragan aux Affaires indiennes, 24 novembre 1948. [PUL-009181]
177. CVR, ARN, Bibliothèque et Archives Canada, RG29, volume 974, dossier 388-6-4, partie 1, 02/1948-07/1949, S. H. Middleton à L. B. Pett, 8 janvier 1949. [AEMR-171722]
178. CVR, ARN, Bibliothèque et Archives Canada, 773/25-1-004, 1936-1956, volume 1, ANC, Bernard F. Neary à R. D. Ragan, 22 juin 1949. [PUL-001193]
179. CVR, ARN, Bibliothèque et Archives Canada - Edmonton, 103/6-1-764, volume 1, 09/44-12/54, C. A. F. Clark au surintendant de l'éducation, 9 novembre 1949. [IRC-048180]
180. CVR, ANC, AINC - Secteur de la résolution - Collection des dossiers historiques des pensionnats indiens - Ottawa, dossier 773/25-1-003, volume 1, 10/36-09/70, « Minutes of the Blood Band Council Held in The Indian Agency Office, 22 November 1949 », annoté par C. A. F. Clark. [IRC-041373]
181. CVR, ARN, Bibliothèque et Archives Canada, 773/25-1-004, 1936-1956, volume 1, ANC, extrait de procès-verbal, 3 novembre 1950. [PUL-001163] Voir aussi : Bibliothèque et Archives Canada, 773/25-1-004, 1936-1956, volume 1, ANC, extrait de procès-verbal, 28 novembre 1950. [PUL-001162]
182. CVR, ARN, Bibliothèque et Archives Canada, 773/25-1-004, volume 1, 1936-1956, H. G. Cook à G. H. Gooderham, 20 août 1952. [IRC-048234]
183. CVR, ARN, Bibliothèque et Archives Canada, RG29, volume 974, dossier 388-6-4, partie 1, 02/1948-07/1949, Mary E. Macbeth à A. E. Caldwell, 5 avril 1949. [AEMR-171701]
184. CVR, ARN, Bibliothèque et Archives Canada, RG29, volume 974, dossier 388-6-4, partie 4, 1951-1955, L. B. Pett au père St-Jacques, 5 février 1952. [AEMR-172566]
185. CVR, ARN, Bibliothèque et Archives Canada, RG29, volume 974, dossier 388-6-4, partie 4, 1951-1955, L. B. Pett à A. Lacelle, 25 janvier 1954; [AEMR-172414] L. B. Pett à C. M. Carroll, 8 février 1954. [AEMR-172412]
186. CVR, ARN, Bibliothèque et Archives Canada, RG29, volume 974, dossier 388-6-4, partie 5, 04/1955, L. B. Pett à A. Lacelle, 19 avril 1955. [AEMR-172616]
187. CVR, ARN, Bibliothèque et Archives Canada, RG29, volume 974, dossier 388-6-4, partie 4, 1951-1955, L. B. Pett à J. P. Mackey, 23 mai 1952. [AEMR-172518]

188. CVR, ARN, Bibliothèque et Archives Canada, RG29, volume 2989, dossier 851-6-4, partie 1, nov. 1944-janv. 1956, Nutrition dans les écoles indiennes, L. B. Pett à P. E. Moore, 21 avril 1952. [AEMR-170456]
189. CVR, ARN, Bibliothèque et Archives Canada, RG29, volume 974, dossier 388-6-4, partie 4, 1951-1955, L. B. Pett à J. P. Mackey, 17 juillet 1952. [AEMR-172486]
190. CVR, ARN, Bibliothèque et Archives Canada, RG29, volume 974, dossier 388-6-4, partie 4, 1951-1955, L. B. Pett à J. E. Andrews, 30 janvier 1953. [AEMR-172468]
191. CVR, ARN, Bibliothèque et Archives Canada, RG29, volume 974, dossier 388-6-4, partie 4, J. E. Andrews à L. B. Pett, 18 avril 1953. [CJC-002024-0000]
192. CVR, ARN, Bibliothèque et Archives Canada, RG29, volume 974, dossier 388-6-4, partie 2, « Confidential: Indian Residential School Nutrition Project », sans date [CJC-001930-0000]
193. CVR, ARN, Bibliothèque et Archives Canada, RG29, volume 974, dossier 388-6-4, partie 4, 1951-1955, L. B. Pett à V. H. Harper, 27 avril 1953. [AEMR-172452]
194. CVR, ARN, Bibliothèque et Archives Canada, RG29, volume 2989, n° d'inst. de recherche 29-143, dossier 851-6-4, partie 1, 11/1944-01/1956, M. J. LaFrance à L. B. Pett, 27 septembre 1951. [AEMR-174064]
195. CVR, ARN, Bibliothèque et Archives Canada, RG29, volume 974, dossier 388-6-4, partie 4, 1951-1955, L. B. Pett à A. E. Caldwell, 19 décembre 1951. [AEMR-172571]
196. CVR, ARN, Bibliothèque et Archives Canada, RG29, volume 974, dossier 388-6-4, partie 3, L. B. Pett à H. C. Ross, 15 janvier 1951. [CJC-001997]
197. CVR, ARN, AINC - Secteur de la résolution - Collection des dossiers historiques des pensionnats indiens - Ottawa, dossier 487/25-1-014, R. V. Simpson à Davey, 7 octobre 1953. [CJC-000550-0000]
198. CVR, ARN, Bibliothèque et Archives Canada, RG29, volume 973, dossier 388-6-1, partie 2, 09/1948-1958, Henry G. Cook à L. B. Pett, 27 mai 1952. [AEMR-174213]
199. CVR, ARN, Bibliothèque et Archives Canada, RG29, volume 973, dossier 388-6-1, partie 2, L. B. Pett à Henry Cook, 20 juin 1952. [PAR-000570]
200. CVR, ARN, Bibliothèque et Archives Canada, RG29, volume 974, dossier 388-6-4, partie 1, D. S. Pitts à L. B. Pett, 2 avril 1948. [CJC-002035]
201. CVR, ARN, Bibliothèque et Archives Canada, RG29, volume 2989, n° d'inst. de recherche 29-143, dossier 851-6-4, partie 1, 11/1944-01/1956, A. E. Caldwell à L. B. Pett, 17 avril 1951. [AEMR-174073]
202. CVR, ARN, Bibliothèque et Archives Canada, RG29, volume 974, dossier 388-6-4, partie 4, 1951-1955, A. E. Caldwell à L. B. Pett, 25 novembre 1952. [AEMR-172476]
203. CVR, ARN, Bibliothèque et Archives Canada, RG29, volume 974, dossier 388-6-4, partie 4, 1951-1955, L. B. Pett à Mlles Macbeth, Lock et Sinclair, 29 août 1951. [AEMR-172595]
204. CVR, ARN, Bibliothèque et Archives Canada, RG29, volume 974, dossier 388-6-4, partie 4, L. B. Pett à R. S. MacCallum, 21 avril 1952. [CJC-002041]
205. CVR, ARN, Bibliothèque et Archives Canada, RG29, volume 974, dossier 388-6-4, partie 4, 1951-1955, L. B. Pett au père St-Jacques, 22 avril 1952. [AEMR-172537]
206. Selon la feuille de calcul de l'inflation de la Banque du Canada, 548,27 $ en 1953 correspondait à 470,50 $ en 1948. Banque du Canada, « Feuille de calcul de l'inflation » (consulté le 24 avril 2014), http://www.banqueducanada.ca/taux/renseignements-complementaires/feuille-de-calcul-de-linflation/.

207. CVR, ARN, Bibliothèque et Archives Canada, RG29, volume 2989, dossier 851-6-4, partie 1, nov. 1944-janv. 1956, alimentation dans les pensionnats indiens, George Dorey à B. F. Neary, 31 janvier 1948. [AEMR-170519]
208. CVR, ARN, Bibliothèque et Archives Canada, RG29, volume 2989, dossier 851-6-4, partie 1, nov. 1944-janv. 1956, Nutrition dans les écoles indiennes, L. B. Pett à P. E. Moore, 11 juin 1951. [AEMR-170466A]
209. CVR, ARN, Bibliothèque et Archives Canada, RG29, volume 2989, dossier 851-6-4, partie 1, H. G. Cook à P. E. Moore, 21 juin 1951. [PLK-000803]
210. CVR, ARN, Bibliothèque et Archives Canada, RG29, volume 973, dossier 388-6-1, partie 2, 09/1948-1958, L. B. Pett à P. E. Moore, 9 août 1951. [AEMR-174223]
211. CVR, ARN, Bibliothèque et Archives Canada, RG29, volume 2989, dossier 851-6-4, partie 1, nov. 1944-janv. 1956, Nutrition dans les écoles indiennes, Henry G. Cook à P. E. Moore, 22 août 1951. [AEMR-170459]
212. CVR, ARN, Bibliothèque et Archives Canada, RG10, volume 6200, dossier 466-1, partie 5, W. L. Falconer à B. F. Neary, 2 juin 1948. [TAY-000355]
213. CVR, ARN, Bibliothèque et Archives Canada, RG29, volume 2989, dossier 851-6-4, partie 1, nov. 1944-janv. 1956, Nutrition dans les écoles indiennes, H. I. Palmer à Philip Phelan, 22 juin 1951. [AEMR-170464]
214. Ogilvie et Pett, « A Long Term Study », p. 195; Pett, « Values from Tripling the Milk »; CVR, ARN, Bibliothèque et Archives Canada, RG29, volume 974, dossier 388-6-4, partie 4, « Development of Anemia on Newfoundland Enriched Flour », pour une présentation devant l'American Institute of Nutrition, L. Bradley Pett, New York, avril 1952. [CJC-002052-0000]
215. Pett, « Values from Tripling the Milk », p. 426.
216. Ogilvie et Pett, « A Long Term Study », p. 191-196.
217. CVR, ARN, Bibliothèque et Archives Canada, RG29, volume 974, dossier 388-6-4, partie 4, 1951-1955, L. B. Pett à H. K. Brown, 4 mars 1954. [AEMR-172407]
218. CVR, ARN, Bibliothèque et Archives Canada, RG29, volume 974, dossier 388-6-4, partie 4, « Development of Anemia on Newfoundland Enriched Flour », L. Bradley Pett, ministère de la Santé nationale et du Bien-être social, sans date. [CJC-002052-0003]
219. CVR, ARN, Bibliothèque et Archives Canada, RG29, volume 974, dossier 388-6-4, partie 4, 1951-1955, L. B. Pett à G. D. W. Cameron, 25 mars 1953. [AEMR-172458]
220. CVR, ARN, Bibliothèque et Archives Canada, RG29, volume 974, dossier 388-6-4, partie 4, « Development of Anemia on Newfoundland Enriched Flour », L. Bradley Pett, ministère de la Santé nationale et du Bien-être social, sans date. [CJC-002052-0003]
221. CVR, ARN, Bibliothèque et Archives Canada, RG29, volume 974, dossier 388-6-4, partie 4, L. Bradley Pett, « Development of Anemia on Newfoundland Enriched Flour », pour une présentation devant l'American Institute of Nutrition, L. Bradley Pett, New York, avril 1952. [CJC-002052-0000]
222. CVR, ARN, aucun emplacement de document, aucun dossier source de document, ministère de la Santé nationale et du Bien-être social, *Rapport annuel pour l'année financière terminée le 31 mars 1955*, p. 53. [AEMR-251213]
223. CVR, ARN, Bibliothèque et Archives Canada, RG29, volume 974, dossier 388-6-4, partie 1, « Nutrition Study in Indian Residential Schools: Outline proposed in April, 1948, by Dr. L. B. Pett, Chief of Nutrition Division, Department of National Health and Welfare Canada ». [CJC-002006-0001]

224. CVR, ARN, Bibliothèque et Archives Canada, RG29, volume 974, dossier 388-6-4, partie 4, 1951-1955, « Paper on Anemia to American Institute of Nutrition », L. B. Pett à H. A. Ansley et G. D. W. Cameron, 19 avril 1952. [AEMR-172540]
225. CVR, ARN, Bibliothèque et Archives Canada, RG29, volume 974, dossier 388-6-4, partie 4, 1951-1955, Grace Goldsmith à L. B. Pett, 30 juin 1952. [AEMR-172489]
226. CVR, ARN, Bibliothèque et Archives Canada, RG29, volume 974, dossier 388-6-4, partie 4, 1951-1955, L. B. Pett à Grace Goldsmith, 13 juin 1952. [AEMR-172490]
227. Chapman et Campbell, « Effect of Bone Meal », p. 133.-Nathoo, Holmes et Ostry, « Analysis of the Development of Canadian Food Fortification Policies », p. 378.
228. Aykroyd, *Jolliffe, Lowry et coll.*, « Medical Resurvey of Nutrition », p. 11.
229. Chapman et Campbell, « Effect of Bone Meal », p. 137.
230. Voir, par exemple : CVR, ARN, Bibliothèque et Archives Canada, RG29, volume 973, dossier 388-6-1, partie 2, 09/1948-1958, H. G. Cook à L. B. Pett, 14 février 1955. [AEMR-174181]
231. Voir : Reddy et Cook, « Effect of Calcium Intake »; Minihane et Fairweather-Tait, « Effect of Calcium Supplementation »; Lönnerdal, « Calcium and Iron Absorption ».
232. CVR, ARN, Bibliothèque et Archives Canada, RG29, volume 974, dossier 388-6-4, partie 4, L. B. Pett à R. S. MacCallum, 21 avril 1952. [CJC-002041]
233. CVR, ARN, Archives nationales du Canada, RG29, volume 974, dossier 388-6-4, partie 4, 1951-1955, « Residential Schools Kenora Ontario », sans date. [AEMR-172543]
234. CVR, ARN, Bibliothèque et Archives Canada, RG29, volume 974, dossier 388-6-4, partie 4, 1951-1955, L. B. Pett à J. E. Andrews, 30 janvier 1953. [AEMR-172468]
235. CVR, ARN, Bibliothèque et Archives Canada, RG29, volume 974, dossier 388-6-4, partie 2, 08/1949-11/1949, « Tables of statistics on nutrition and health status of IRS children in study - results from Cecilia Jeffrey IRS », p. 13. [AEMR-170349]
236. CVR, ARN, Bibliothèque et Archives Canada, RG29, volume 974, dossier 388-6-4, partie 3, 10/1949-11/1951, L. B. Pett à Maurice LaFrance, 29 août 1950. [AEMR-170194]
237. CVR, ARN, Bibliothèque et Archives Canada, RG29, volume 974, dossier 388-6-4, partie 3, 10/1949-11/1951, « Children with Deficiencies, Blood RC, Cardston, 3rd Clinic, May 1950 ». [AEMR-170201c]
238. CVR, ARN, Bibliothèque et Archives Canada, RG29, volume 974, dossier 388-6-4, partie 3, 10/1949-11/1951, « Children with Deficiencies, St. Paul's, Cardston, 3rd Clinic, May 1950 ». [AEMR-170201d]
239. CVR, ARN, Bibliothèque et Archives Canada, RG29, volume 974, dossier 388-6-4, partie 4, 1951-1955, L. B. Pett à H. K. Brown, 30 janvier 1953. [AEMR-172470]
240. CVR, ARN, Bibliothèque et Archives Canada, RG29, volume 973, dossier 388-6-1, partie 2, 09/1948-1958, L. B. Pett à Henry G. Cook, 18 février 1955. [AEMR-174180]
241. CVR, ARN, Archives nationales du Canada, RG29, volume 923, dossier 385-7-2, partie 1, mars 1946-janv. 1952, L. B. Pett à P. E. Moore, 18 décembre 1959. [AEMR-171025]
242. CVR, ARN, Bibliothèque et Archives Canada, RG29, volume 2989, dossier 851-6-4, partie 1, nov. 1944-janv. 1956, Nutrition dans les écoles indiennes, H. K. Brown à H. M. McCaffery, 7 avril 1948. [AEMR-170511]
243. CVR, ARN, Bibliothèque et Archives Canada, RG29, volume 974, dossier 388-6-4, partie 2, 08/1949-11/1949, L. B. Pett à Anna Burns, 26 septembre 1949. [AEMR-170319]
244. CVR, ARN, Bibliothèque et Archives Canada, RG29, volume 974, dossier 388-6-4, partie 2, 08/1949-11/1949, H. K. Brown à W. J. Wood, 24 septembre 1949. [AEMR-170314]

245. CVR, ARN, Bibliothèque et Archives Canada, RG29, volume 2989, dossier 851-6-4, partie 1, nov. 1944-janv. 1956, Nutrition dans les écoles indiennes, H. K. Brown à W. J. Wood, 26 septembre 1949. [AEMR-170483]
246. CVR, ARN, Bibliothèque et Archives Canada, RG29, volume 974, dossier 388-6-4, partie 3, 10/1949-11/1951, L. B. Pett à J. P. Mackey, 19 mars 1951. [120.03828]
247. CVR, ARN, Bibliothèque et Archives Canada, RG29, volume 974, dossier 388-6-4, partie 2, 08/1949-11/1949, H. K. Brown à P. S. Tennant, 3 octobre 1949. [AEMR-170311]
248. CVR, ARN, Bibliothèque et Archives Canada, RG29, volume 2989, n° d'inst. de recherche 29-143, dossier 851-6-4, partie 1, 11/1944-01/1956, H. K. Brown à O. Leroux, 16 janvier 1950. [AEMR-174079]
249. CVR, ARN, Bibliothèque et Archives Canada, RG29, volume 974, dossier 388-6-4, partie 2, 08/1949-11/1949, L. B. Pett à J. P. Mackey, 25 août 1949. [120.03608]
250. Ogilvie et Pett, « A Long Term Study », p. 192.
251. CVR, ARN, Archives nationales du Canada, RG29, volume 2989, dossier 851-6-4, partie 1, nov. 1944-janv. 1956, Nutrition dans les écoles indiennes, H. K. Brown à P. E. Moore, 9 mars 1949. [AEMR-170487]
252. CVR, ARN, Bibliothèque et Archives Canada, RG29, volume 3420, dossier 851-4-530, partie 1, Services médicaux : maladies bucco-dentaires 1931-1978, W. L. Falconer à Norman Paterson, 22 janvier 1947. [AEMR-171986]
253. Par exemple, voir : CVR, ARN, Bibliothèque et Archives Canada, RG29, volume 3420, dossier 851-4-530, partie 1, Services médicaux : maladies bucco-dentaires 1931-1978, « Indian Health Services Dental Report », H. M. McCaffery, 4 octobre 1947. [AEMR-174337]
254. CVR, ARN, Bibliothèque et Archives Canada, RG29, volume 3420, dossier 851-4-530, partie 1, Services médicaux : maladies bucco-dentaires 1931-1978, W. Ewart à P. S. Tennant, 6 mai 1948. [AEMR-174298]
255. CVR, ARN, Bibliothèque et Archives Canada, RG29, volume 2938, dossier 851-1-X500, partie 1, « Sodium Fluoride Solutions: Technic [spelling correct] for Application to the Teeth », John W. Knutson, DDS, DPH, Washington D.C., tiré du *Journal of the American Dental Association*, janvier 1948, vol. 36, n° 1. [NPC-621720a]
256. Dalgleish, « Approach to Present Day General Practice », p. 3-8.
257. Gullett, « Fee Schedule », p. 227-229.
258. Hine, « Prophylaxis ».
259. Par exemple, James Morse Dunning affirme ce qui suit : « Cette technique a tellement bien fonctionné au début que les organismes dentaires locaux ont reçu du financement fédéral [États-Unis] à l'appui des programmes pilotes. » Dunning, *Principles of Dental Public Health*, p. 251.
260. Martin, « Dentistry in Canada's National Health Program »; Martin, « Dental Care for Canada's Children », p. 247-251; Brown, « Mass Control of Dental Caries », p. 609-613; Auteur inconnu, « Fluoride to Water Supplies », p. 401.
261. Gullett, *History of Dentistry*, p. 242-243.
262. Quiñonez, « Dental Services in Residential Schools ».
263. CVR, ARN, Bibliothèque et Archives Canada, RG29, volume 2873, dossier 851-1-9, partie 1, P. S. Tennant à P. E. Moore, 14 septembre 1951; [AEMR-171177A] H. K. Brown à P. E. Moore, 1er octobre 1951. [AEMR-171177]
264. Gullett, *History of Dentistry*, p. 241.

265. CVR, ARN, Bibliothèque et Archives Canada, RG29, volume 2938, dossier 851-1-X500, partie 1, W. S. Barclay à P. E. Moore, 23 décembre 1954. [NPC-621722b]
266. CVR, ARN, Bibliothèque et Archives Canada, RG29, volume 2938, dossier 851-1-X500, partie 1, H. K. Brown à W. S. Barclay, 14 janvier 1955. [NPC-621721]
267. Dunning, *Principles of Dental Public Health*, p. 251–252.
268. CVR, ARN, Bibliothèque et Archives Canada, RG29, volume 2873, dossier 851-1-9, partie 1, H. K. Brown à W. S. Barclay, 9 avril 1949. [AEMR-171199]
269. Pour consulter un rapport de 1950 dans lequel il est question d'un pensionnat qui n'a pas reçu la visite d'un dentiste pendant des années, voir : CVR, ARN, Archives provinciales – Alberta, PAA 71.220, b92 3897, G. M. Latour à H. N. Woodsworth, 2 juin 1950. [OGP-030642]
270. Pour consulter deux exemples de cas dans lesquels un dentiste a visité un pensionnat en Alberta en 1947 sans offrir de traitement prophylactique, voir : CVR, ARN, Bibliothèque et Archives Canada, RG29, volume 3420, dossier 851-4-530, partie 1, Services médicaux : maladies bucco-dentaires 1931–1978, « Indian Health Services Dental Report », H. M. McCaffery, 19 novembre 1947; [AEMR-174332] CVR, ARN, Bibliothèque et Archives Canada, RG29, volume 3420, dossier 851-4-530, partie 1, Services médicaux : maladies bucco-dentaires 1931–1978, « Indian Health Services Dental Report », H. M. McCaffery, 25 octobre 1947. [AEMR-174334]
271. CVR, ARN, Bibliothèque et Archives Canada, RG29, volume 974, dossier 388-6-4, partie 4, 1951–1955, J. E. Andrews à L. B. Pett, 26 janvier 1953. [AEMR-172469]
272. CVR, ARN, Bibliothèque et Archives Canada, RG29, volume 974, dossier 388-6-4, partie 4, 1951–1955, L. B. Pett à J. E. Andrews, 30 janvier 1953. [AEMR-172468]
273. En 1947–1948, il y avait soixante-treize pensionnats. Voir : Canada, *Rapport annuel du ministère des Affaires indiennes, 1948*, p. 278.
274. CVR, ARN, Bibliothèque et Archives Canada, RG29, volume 923, dossier 385-7-2, partie 1, mars 1946–janv. 1952, L. B. Pett à R. P. Vivian, 17 février 1949. [AEMR-170910]
275. Pour obtenir des exemples, voir : Pappworth, *Human Guinea Pigs;* et Katz, *Experimentation with Human Beings.*
276. Schafer, « On using Nazi Data », p. 413–419. Voir aussi : Annas et Grodin, *Nazi Doctors;* Katz, « Human Sacrifice », p. 401–418.
277. *Trials of War Criminals before the Nuremberg Military Tribunals*, p. 181–182, *http://www.loc.gov/rr/frd/Military_Law/pdf/NT_war-criminals_Vol-II.pdf* (consulté le 11 juillet 2014).
278. Voir, par exemple : CVR, ARN, Bibliothèque et Archives Canada – Burnaby, dossier 150-3-10, volume 2, Liaison médicale – médecins externes, 04/1968–12/1969, RG29, nº d'acquisition V1992-93/204, boîte d'archives 11, R. B. Lowry à J. J. Warner, 31 mai 1968; [MIK-250035] R. B. Lowry à Sweeney, 3 juin 1968; [LEJ-201089] R. B. Lowry à Allan Noonan, 3 juin 1968; [KAM-204195] R. B. Lowry à John W. Hennessy, 3 juin 1968. [JOE-202320]
279. CVR, ARN, Bibliothèque et Archives Canada, RG10, volume 6272, dossier 582-10, partie 3, « Application for Admission », 11 janvier 1948. [PCR-002372-0003]
280. CVR, ARN, AINC – Secteur de la résolution – Collection des dossiers historiques des pensionnats indiens – Ottawa, dossier 1/25-1-5-2, volume 1, « Regulations With Respect to Teaching, Education, Inspection, and Discipline for Indian Residential Schools, Made and Established for the Superintendent General of Indian Affairs Pursuant to Paragraph (a) of Section 114 of the Indian Act », 20 janvier 1953. [PAR-001203-0001]
281. Voir, par exemple : CVR, ARN, Bibliothèque et Archives Canada, RG10, volume 6058, dossier 265-13, partie 4, T. R. L. MacInnes à John S. Robb, 1er mai 1940. [SRS-001722]

282. CVR, ARN, Bibliothèque et Archives Canada, RG29, volume 2921, dossier 851-1-A779, partie 1, W. P. E. Pugh au secrétaire, Division des affaires indiennes, 3 juin 1942. [NPC-602979]
283. CVR, ARN, AINC – Secteur de la résolution – Collection des dossiers historiques des pensionnats indiens – Ottawa, dossiers GRS, boîte 16A, dossier 29, Noel Goater à F. Vella, 23 mars 1967. [GDC-036711]
284. CVR, ARN, Bibliothèque et Archives Canada, RG29, volume 974, dossier 388-6-4, partie 4, 1951-1955, L. B. Pett à J. E. Andrews, 30 janvier 1953. [AEMR-172468]
285. Santé Canada, Aliments et nutrition, Les guides alimentaires canadiens, de 1942 à 1992, http://www.hc-sc.gc.ca/fn-an/food-guide-aliment/context/fg_history-histoire_ga-fra.php#fnb9.
286. Chapman et Campbell, « Effect of Bone Meal », p. 137.
287. Nathoo, Holmes et Ostry, « Analysis of the Development of Canadian Food Fortification Policies », p. 377-378.
288. CVR, ARN, Bibliothèque et Archives Canada, RG29, volume 974, dossier 388-6-4, partie 4, 1951-1955, L. B. Pett à J. P. Mackey, 17 juillet 1952. [AEMR-172486]
289. CVR, ARN, Bibliothèque et Archives Canada, RG29, volume 973, dossier 388-6-1, partie 2, 09/1948-1958, Henry G. Cook à L. B. Pett, 16 avril 1952; [AEMR-174217] Henry G. Cook à L. B. Pett, 16 avril 1952. [AEMR-174217A] Pour connaître le nom complet de Scrase, consulter : CVR, ARN, Bibliothèque et Archives Canada – Winnipeg, RG10, nº d'acquisition W84-85/402, boîte 13603, dossier 572/25-2-024, volume 4, A. J. Scrase à Q. P. Jackson, 13 juillet 1967. [DRS-110147]
290. CVR, ARN, Bibliothèque et Archives Canada, RG29, volume 973, dossier 388-6-1, partie 2, 09/1948-1958, Henry G. Cook à L. B. Pett, 16 mai 1952. [AEMR-174217D]
291. CVR, ARN, Bibliothèque et Archives Canada, RG29, volume 973, dossier 388-6-1, partie 2, 09/1948-1958, L. B. Pett à chanoine Henry Cook, 20 juin 1952. [AEMR-174215] Voir aussi : Archives nationales du Canada, RG29, volume 973, dossier 388-6-1, partie 2, 09/1948-1958, chanoine Henry Cook à L. B. Pett, 24 juin 1952. [AEMR-174211]
292. CVR, ARN, Bibliothèque et Archives Canada, RG29, volume 973, dossier 388-6-1, partie 2, 09/1948-1958, Henry G. Cook à L. B. Pett, 11 août 1952. [AEMR-174209] Voir aussi : Archives nationales du Canada, RG29, volume 973, dossier 388-6-1, partie 2, 09/1948-1958, Mary E. Macbeth à Henry G. Cook, 31 juillet 1952. [AEMR-174210, AEMR-174210A, AEMR-174210B]
293. CVR, ARN, Bibliothèque et Archives Canada, RG29, volume 973, dossier 388-6-1, partie 2, 09/1948-1958, H. M. Jones à L. P. Pett, 23 décembre 1953. [AEMR-174203]
294. CVR, ARN, AC d'AINC, dossier 1/25-1-4-1, volume 2, 10/1953-11/1971, L. B. Pett à H. M. Jones, 7 janvier 1954. [AEMR-014480]
295. CVR, ARN, Bibliothèque et Archives Canada, RG29, volume 975, dossier 388-6-48, L. B. Pett à R. F. Davey, 9 juin 1954. [NPC-600824]
296. CVR, ARN, Bibliothèque et Archives Canada, RG29, volume 923, nº d'inst. de recherche 29-12, dossier 385-7-2, partie 2, 09/51-11/58, « Nutrition of Indians and Eskimos in Canada », L. Bradley Pett, novembre 1954. [AEMR-171951A]
297. CVR, ARN, Bibliothèque et Archives Canada, RG29, volume 923, dossier 385-7-2, partie 2, sept. 1951-nov. 1958, Services de nutrition : Liaison avec le Ministère et les SSIPN, « New Formula for Vitaminized Biscuits (Indian Schools) », Division de l'hygiène alimentaire, ministère de la Santé nationale et du Bien-être social, janvier 1954. [AEMR-172740A]

298. CVR, ARN, Bibliothèque et Archives Canada, RG29, volume 2990, dossier 851/6-4, partie 4, janv. 1962-oct. 1969, Services médicaux : Nutrition dans les écoles indiennes, J. H. Wiebe au directeur des Services médicaux, 6 mars 1962. [AEMR-171871]
299. CVR, ARN, Bibliothèque et Archives Canada, RG29, volume 923, n° d'inst. de recherche 29-12, dossier 385-7-2, partie 2, 09/51-11/58, L. Bradley Pett, « Nutrition of Indians and Eskimos in Canada », novembre 1954; [AEMR-171951A] AINC – Secteur de la résolution – Collection des dossiers historiques des pensionnats indiens – Ottawa, dossier 201/17-1, volume 2, Services de santé (général), avril 1966-mars 1969, R. F. Davey au directeur régional des Affaires indiennes, Amherst, N.-É., 20 janvier 1967. [SRS-007776]
300. CVR, ARN, Bibliothèque et Archives Canada, RG29, volume 2989, dossier 851-6-4, partie 2, L. B. Pett à P. E. Moore, 19 juillet 1956. [NPC-620151a]
301. CVR, DAE, Archives de l'Église anglicane du Canada, Société missionnaire de l'Église d'Angleterre du Canada, comptes rendus de visite, GS75-103, boîte 24, dossier 1, « Visit of Major-General G. R. Turner to Shingwauk School, 6th–9th February, 1954 ». [13a-c000033-d0029-001]
302. Voir, par exemple : CVR, ARN, Bibliothèque et Archives Canada, RG10, volume 7194, dossier 511/25-1-015, G. H. Marcoux à R. S. Davis, 12 octobre 1951 [BRS-000882]; G. H. Marcoux à Davis, 5 novembre 1953. [BRS-000966]
303. CVR, ARN, Bibliothèque et Archives Canada, RG10, volume 7194, dossier 511/25-1-015, R. F. Davey au directeur, 12 décembre 1956. [IRC-041105]
304. CVR, ARN, Bibliothèque et Archives Canada, RG10, volume 7194, dossier 511/25-1-015, R. D. Ragan à R. F. Davey, 6 décembre 1956. [IRC-041104]
305. CVR, ARN, Bibliothèque et Archives Canada, RG10, volume 8757, dossier 709/25-1-001, partie 2, R. F. Battle à R. F. Davey, 24 août 1956. [BRS-005020]
306. CVR, ARN, Archives de l'Église Unie du Canada et de l'Université de Victoria, n° d'acquisition 83.050C, boîte 112, dossier 16, Pensionnat indien d'Edmonton – 1955-1957/ documents de l'Église Unie du Canada, Toronto, « Edmonton Indian Industrial School Annual Report », O. B. Strapp, 31 décembre 1955. [UCA-080323]
307. CVR, ARN, Bibliothèque et Archives Canada, RG10, volume 8757, dossier 709/25-1-001, partie 2, R. F. Battle à R. F. Davey, 28 décembre 1956. [EDM-000164]
308. CVR, ARN, Archives de l'Église Unie du Canada et de l'Université de Victoria, n° d'acquisition 83.050C, boîte 112, dossier 17, Pensionnat indien d'Edmonton – Correspondance 1958-60/documents de l'Église Unie du Canada, Toronto, R. F. Davey à O. B. Strapp, 10 août 1960. [UCA-080207]
309. CVR, ARN, AINC – Secteur de la résolution – Collection des dossiers historiques des pensionnats indiens – Ottawa, 709/25-13-001, 03/57-03/68, volume 2, CRPA, O. B. Strapp à R. F. Davey, 31 août 1960. [EDM-003169-0000]
310. CVR, ARN, AINC – Secteur de la résolution – Collection des dossiers historiques des pensionnats indiens – Ottawa, 956/1-13, volume 1, 01/51-05/67, « Complaints Regarding St. George's Residential School at Lytton, B.C. », Betty-Marie Barber, 13 décembre 1957. [IRC-041212]
311. CVR, ARN, Bibliothèque et Archives Canada, RG10, volume 8796, dossier 1/25-13, partie 4, D. M. Watters à Laval Fortier, 25 octobre 1957. [NCA-013420]
312. CVR, ARN, Bibliothèque et Archives Canada, RG10, volume 8796, dossier 1/25-13, partie 4, D. M. Watters à Laval Fortier, 25 octobre 1957. [NCA-013420]
313. CVR, ARN, Bibliothèque et Archives Canada, RG10, volume 8796, dossier 1/25-13, partie 4, L. B. Pett à H. M. Jones, 21 mars 1958. [NPC-400776]

314. CVR, ARN, Bibliothèque et Archives Canada, RG29, volume 973, dossier 388-6-1, partie 1, 03/1948-08/1948, « Health Aspects in Relation to Food Services: Indian Residential Schools », Division de l'hygiène alimentaire, ministère de la Santé nationale et du Bien-être social, novembre 1946. [AEMR-170062A]
315. Banque du Canada, Feuille de calcul de l'inflation, http://www.banqueducanada.ca/taux/renseignements-complementaires/feuille-de-calcul-de-linflation/ (consulté le 22 décembre 2013).
316. CVR, ARN, Bibliothèque et Archives Canada, RG10, volume 8796, dossier 1/25-13, partie 4, L. B. Pett à H. M. Jones, 21 mars 1958. [NPC-400776]
317. CVR, ARN, Bibliothèque et Archives Canada, RG55, n° d'inst. de recherche 55-19, volume 20784, présentation au Conseil du Trésor 559690, « Req. Authority for the Recommendation and Establishment of Domestic Staff, Laval Fortier to Secretary, Treasury Board, 22 January 1960 ». [120.04620]
318. CVR, ARN, AINC - Secteur de la résolution - Collection des dossiers historiques des pensionnats indiens - Ottawa, dossier 600-1-6, volume 3, Gestion des foyers - T.N.-O. [Politique générale], janvier 1961-octobre 1961, R. A. Bishop pour B. G. Sivertz à P. E. Moore, 25 mai 1961. [RCN-000806]
319. CVR, ARN, Bibliothèque et Archives Canada, RG55, n° d'inst. de recherche 55-19, volume 20784, présentation au Conseil du Trésor 559690, « Req. Authority for the Recommendation and Establishment of Domestic Staff, Laval Fortier to Secretary, Treasury Board, 22 January 1960 »; [120.04620] Bibliothèque et Archives Canada, RG10, volume 8798, dossier 486/25-13-001, partie 1, R. F. Davey à A. Wheatley, 12 avril 1960. [MFI-000692]
320. CVR, ARN, Bibliothèque et Archives Canada, RG55, n° d'inst. de recherche 55-22, n° d'acquisition 1980-81/069, boîte 66, dossier 701-42, partie 2, Administration des pensionnats indiens, 1958-1966, George F. Davidson au secrétaire du Conseil du Trésor, 7 novembre 1962. [120.04935A]
321. CVR, ARN, Bibliothèque et Archives Canada, R776-0-5 (RG55), volume 20878, C.T. n° 593992-3, 17 janvier 1963, partie 1, « Extract from the minutes of a meeting of the Honourable the Treasury Board, held at Ottawa, on January 17, 1963 ». [NPC-523236]
322. CVR, ARN, Bibliothèque et Archives Canada, RG55, n° d'inst. de recherche 55-22, n° d'acquisition 1980-81/069, boîte 66, dossier 701-42, partie 2, Administration des pensionnats indiens, 1958-1966, George F. Davidson au secrétaire du Conseil du Trésor, 7 novembre 1962. [120.04935A]
323. CVR, ARN, Archives de l'Église Unie, acquisition 83.050C, boîte 141, dossier 6, Archives de l'Église Unie, R. F. Davey aux directeurs des pensionnats indiens, 30 septembre 1966. [UCB-005800]
324. CVR, ARN, AC d'AINC, dossier 1/25-13, volume 12, 03/1966-12/1967, T. E. Jones à R. F. Davey, 28 septembre 1966. [AEMR-013396]
325. CVR, ARN, Registre de résolutions des pensionnats indiens, dossiers GRS, boîte 5A, dossier 25, lettre circulaire à l'intention des directeurs et des administrateurs des pensionnats et des foyers, 30 avril 1968. [AEMR-254157]
326. CVR, ARN, Bibliothèque et Archives Canada, RG29, volume 2990, dossier 851/6-4, partie 4, janv. 1962-oct. 1969, « Alert Bay Student Residence, Report of Visit of Regional Nutritionist, April 21 and 22, 1969 »; [AEMR-173158F] « St. George's Student Residence, Report of Regional Nutritionist's Visit, April 30 and May 1, 1969; [AEMR-173158B] AINC, Bureau des archives des

pensionnats, dossier 1/25-1-4-1, volume 2 (9-1), Pensionnat indien de Cariboo, Rapport de visite du nutritionniste régional, 11 juin 1969. [AEMR-171216A]

327. CVR, ARN, Bibliothèque et Archives Canada, RG29, volume 2989, dossier 851-6-4, partie 3b, K. Ann Feyrer au surintendant régional, Services de santé des Indiens et des populations du Nord, région de Foothills, 2 décembre 1959. [NPC-620161]

328. CVR, ARN, Bibliothèque et Archives Canada, RG29, volume 2989, dossier 851-6-4, partie 3b, K. Ann Feyrer au surintendant régional, région de Foothills, 21 mars 1960. [120.16281]

329. CVR, ARN, AINC - Secteur de la résolution - Collection des dossiers historiques des pensionnats indiens - Ottawa, dossier 129/25-1-016, volume 1, « Inspection of Food Services - Indian Residential Schools, St. Mary's School, Kenora, Ontario », 1961. [KNR-000251-0000]

330. CVR, ARN, Bibliothèque et Archives Canada, RG29, volume 2989, dossier 851-6-4, partie 3b, K. Ann Feyrer au surintendant régional, région de Foothills, Services médicaux, 1er mars 1963. [120.16943]

331. CVR, ARN, aucun emplacement de document, aucun dossier source de document, L. K. Poupore à Alex Morris, 2 août 1959. [OBG-004022] Pour connaître la position de Mulvihill au pensionnat de Kootenay, consulter : CVR, ARN, AINC - Secteur de la résolution - Collection des dossiers historiques des pensionnats indiens - Ottawa 963/25-13, 03/52-02/70, volume 1, CRPA, P. Deziel à J. P. Mulvihill, 27 juillet 1959. [EGN-000336]

332. CVR, ARN, Bibliothèque et Archives Canada, RG29, volume 2989, dossier 851-6-4, partie 2, « Norway House Indian Residential School operated by the United Church of Canada », 4 février 1960. [NPC-620114]

333. CVR, ARN, Bibliothèque et Archives Canada, RG10, volume 8798, dossier 371/25-13-019, partie 2, R. F. Davey à P. E. Moore, 27 juillet 1960. [FGA-001150]

334. CVR, ARN, Bibliothèque et Archives Canada, RG55, nº d'inst. de recherche 55-19, volume 20784, présentation au Conseil du Trésor 559690, « Req. Authority for the Recommendation and Establishment of Domestic Staff, Laval Fortier to Secretary, Treasury Board, 22 January 1960 ». [120.04620]

335. CVR, ARN, Bibliothèque et Archives Canada, RG29, volume 2989, dossier 851-6-4, partie 2, « St. Paul's Indian Residential School, Cardston, January 1961 ». [NPC-620101a]

336. CVR, ARN, Bibliothèque et Archives Canada, RG29, volume 2989, dossier 851-6-4, partie 2, « Morley Indian Residential School, Morley, Alberta », 16 février 1961. [NPC-610006b]

337. CVR, ARN, Bibliothèque et Archives Canada, RG29, volume 2989, dossier 851-6-4, partie 3b, « Inspection of Food Services, Indian Residential Schools, Holy Angels Residence, September 27, 1961 ». [NPC-620195]

338. CVR, ARN, Bibliothèque et Archives Canada, RG29, volume 2989, dossier 851-6-4, partie 3b, « Inspection of Food Services - Indian Residential Schools », pensionnat indien de Crowfoot, 15 décembre 1961. [120.16669]

339. CVR, ARN, Bibliothèque et Archives Canada, RG29, volume 2989, dossier 851-6-4, partie 3b, K. Ann Feyrer, 12 février 1962. [NPC-620192]

340. CVR, ARN, AINC, Bureau des archives des pensionnats, dossier 1/25-1-4-1, volume 2 (9-1), Services alimentaires - pensionnat de Crowfoot, Cluny, Alberta, 9 et 10 février 1967, 21 février 1967; [120.05336B] CVR, ARN, Bibliothèque et Archives Canada, RG29, volume 2990, dossier 851/6-4, partie 4, janv. 1962-oct. 1969, « Food Services, Crowfoot Residential School », 3 mai 1968. [AEMR-173164A]

341. CVR, ARN, Archives provinciales de l'Alberta, PAA 71.220 B93 3949, H. M. Jones à James Mulvihill, 20 décembre 1962. [OGP-032327]

342. CVR, ARN, Bibliothèque et Archives Canada, RG29, volume 2990, dossier 851/6-4, partie 4, janv. 1962-oct. 1969, « Food Services at Ermineskin Residential School », 10 janvier 1966, K. A. Feyrer, 13 janvier 1966. [120.05170A]
343. CVR, ARN, AINC - Secteur de la résolution - Collection des dossiers historiques des pensionnats indiens - Ottawa, dossier 961/25-13, volume 1, 12/52-12/67, Subventions par élève - Pensionnat de l'île Kuper, H. Dunlop à R. F. Davey, 27 janvier 1962. [KUP-000735]
344. CVR, ARN, aucun emplacement de document, aucun dossier source de document, « Annual Meeting, Indian Residential School United Church Principals, United Church Committee for Residential Schools Principals of Presbyterian Residential Schools, and Department », 12-14 février 1964. [UCB-005622]
345. CVR, ARN, AINC - Secteur de la résolution - Collection des dossiers historiques des pensionnats indiens - Ottawa, dossier 501/25-13-018, volume 1, Roland Chaput à R. F. Davey, 25 novembre 1966. [ARS-000148]
346. CVR, ARN, Bibliothèque et Archives Canada, RG29, volume 2989, dossier 851-6-4, partie 2, « Inspection of Food Services, Indian Residential Schools, Onion Lake Indian Residential School », 8 octobre 1959. [NPC-610017-01]
347. CVR, ARN, Administration centrale, 701-25-1-41, 02/65-02/68, volume 1, AC, H. A. Proctor à R. F. Battle, 14 octobre 1966. [AMP-006743]
348. CVR, ARN, Bibliothèque et Archives Canada - Ottawa, [205]701/1-18, volume 1, 07/65-12/68, ANC, M. Matas à R. D. Ragan, 9 mai 1966. [RCA-002189]
349. CVR, ARN, Bibliothèque et Archives Canada, RG29, volume 2990, dossier 851/6-4, partie 4, janv. 1962-oct. 1969, « Food Services, Crowfoot Residential School », 3 mai 1968. [AEMR-173164A]
350. CVR, ARN, Bibliothèque et Archives Canada, RG29, volume 2989, dossier 851-6-4, partie 3b, « Inspection of Food Services - Indian Residential Schools », Pensionnat indien de Crowfoot, 15 décembre 1961, p. 7. [120.16669]
351. CVR, ARN, Bibliothèque et Archives Canada, RG29, volume 2989, dossier 851-6-4, partie 3b, K. Ann Feyrer au surintendant régional, région de Foothills, Services médicaux, 1er mars 1963. [120.16943]
352. CVR, ARN, AINC, Bureau des archives des pensionnats, dossier 501/25-1-065, volume 2, « Inspection of Food Services - Indian Residential Schools », 28 juin 1961. [BRS-000620-0001]
353. Pour obtenir de plus amples renseignements concernant le changement de nom des Règles alimentaires, voir Santé Canada, Alimentation et nutrition, Les guides alimentaires canadiens, de 1942 à 1992, http://www.hc-sc.gc.ca/fn-an/food-guide-aliment/context/fg_history-histoire_ga-fra.php#fnb9.
354. CVR, ARN, Admnistration centrale, 1/25-1-4-1, Éducation des Indiens - Barème alimentaire, Pensionnats, K. A. Feyrer, G. C. Butler, 22 décembre 1966. [LOW-002326-0004]
355. CVR, ARN, emplacement du document inconnu, dossier 901/25-13, Gerald Michaud, 1er avril 1969. [120.08100C]
356. CVR, ARN, Bibliothèque et Archives Canada, RG29, volume 2990, dossier 851-6-4, partie 5a, J. H. Wiebe à J. B. Bergevin, 27 février 1970. [NPC-605555]
357. CVR, ARN, Bibliothèque et Archives Canada, RG29, volume 2990, dossier 851-6-4, partie 5a, J. H. Wiebe à J. B. Bergevin, 8 avril 1970. [120.17618C]
358. CVR, ARN, Bibliothèque et Archives Canada, RG29, volume 2990, dossier 851-6-4, partie 5a, « Alberni Indian Student Residence Regional Nutritionist's Visit - June 17 and 18, 1970 ». [NPC-605546d]

359. CVR, ARN, Bibliothèque et Archives Canada, RG29, volume 2990, dossier 851-6-4, partie 5a, L. Leclerc au directeur régional adjoint, région du Manitoba, 26 novembre 1970. [NPC-605542]
360. CVR, ARN, Archives du gouvernement des Territoires du Nord-Ouest, dossier 72-001-800, volume 2, Programmes scolaires - Frobisher Bay, 01/72-06/73, boîte d'archives 267, n° d'acquisition G1999-047, John Parker au directeur, ministère de l'Éducation, 31 octobre 1972. [FBS-000426]
361. CVR, ARN, Bibliothèque et Archives Canada, RG29, volume 2990, dossier 851-6-4, partie 5a, « Food Services - St. Mary's Residential School, Cardston, Alberta, January 16, 1970 »; [NPC-605562] « Food Services - St. Paul's Residence, Cardston, January 14, 1970 »; [NPC-605560] J. H. Wiebe à J. B. Bergevin, 2 février 1970. [NPC-605559]
362. CVR, ARN, Bibliothèque et Archives Canada, RG29, volume 2990, dossier 851-6-4, partie 5a, J. H. Wiebe à J. B. Bergevin, 2 février 1970. [NPC-605559]
363. CVR, ARN, Bibliothèque et Archives Canada, RG29, volume 2990, dossier 851-6-4, partie 5a, « Food Services Visit, Sechelt Student Residence », Agnes Campbell, 12 mai 1970. [NPC-621169a]
364. CVR, ARN, Bibliothèque et Archives Canada, RG29, volume 2990, dossier 851-6-4, partie 5a, L. Leclerc au directeur régional adjoint, région du Manitoba, 26 novembre 1970. [NPC-605542]
365. CVR, ARN, Bibliothèque et Archives Canada, RG29, volume 2990, dossier 851-6-4, partie 5b, J. Kirkbride à R. Martin, 3 juillet 1973. [NPC-605336g]
366. CVR, ARN, Bibliothèque et Archives Canada, RG29, volume 2990, dossier 851-6-4, partie 5a, L. Leclerc au directeur régional adjoint, région du Manitoba, 26 novembre 1970. [NPC-605542]
367. CVR, ARN, Bibliothèque et Archives Canada - Winnipeg, RG10, n° d'acquisition 2001-01035-4, boîte 015, dossier 501/25-13-11-084G, volume 1, « Food Service, MacKay Student Residence », 8 novembre 1971. [DRS-110140-0002]
368. CVR, ARN, Bibliothèque et Archives Canada, RG29, volume 2990, dossier 851-6-4, partie 5b, J. Kirkbride à Charron, 14 juin 1973. [NPC-605336c]
369. CVR, ARN, Bibliothèque et Archives Canada, RG29, volume 2990, dossier 851-6-4, partie 5a, « Food Services Visit, Sechelt Student Residence », Agnes Campbell, 12 mai 1970. [NPC-621169a]
370. CVR, ARN, Archives du gouvernement des Territoires du Nord-Ouest, Résidences des élèves - Administration générale, 1973-1978, boîte d'archives 4-2, n° d'acquisition G1995-004. Gary Black, 28 février 1973. [FNU-001748]
371. CVR, ARN, Bibliothèque et Archives Canada, RG29, volume 2990, dossier 851-6-4, partie 5a, N. Ross au directeur régional adjoint, région de la Saskatchewan, « Food services at All Saints Indian Residential School as Observed on June 17, 1971 », 5 juillet 1971. [NPC-605536p]
372. CVR, ARN, Bibliothèque et Archives Canada, RG29, volume 2990, dossier 851/6-4, partie 5a, 1969-1972, Services médicaux : Nutrition dans les écoles indiennes, O. J. Rath à Duhaime, 1er décembre 1970. [AEMR-171877]
373. CVR, ARN, Bibliothèque et Archives Canada, RG29, volume 2990, dossier 851-6-4, partie 5a, M. Thomson au directeur de secteur, 31 mars 1970. [NPC-605554a]
374. CVR, ARN, Bibliothèque et Archives Canada, RG29, volume 2990, dossier 851-6-4, partie 5a, M. Thomson au directeur régional, région du Nord, 26 juin 1970. [NPC-605546a]

375. CVR, ARN, Bibliothèque et Archives Canada - Winnipeg, RG10, n° d'acquisition 2001-01035-4, boîte 015, dossier 501/25-13-11-084G, volume 1, « Food Service, MacKay Student Residence », 8 novembre 1971. [DRS-110140-0002]
376. CVR, ARN, Bibliothèque et Archives Canada, RG29, volume 2990, dossier 851-6-4, partie 5a, « Food Service at Qu'Appelle Student Residence », 19 janvier 1972. [NPC-605534c]
377. CVR, ARN, Bibliothèque et Archives Canada, RG29, volume 2990, dossier 851-6-4, partie 5b, J. Kirkbride à W. Starr, 27 juin 1973. [NPC-605336f]
378. CVR, ARN, Bibliothèque et Archives Canada, RG29, volume 2990, dossier 851-6-4, partie 5b, J. Kirkbride à M. Fillion, 13 juin 1973. [NPC-605336b]
379. CVR, ARN, Bibliothèque et Archives Canada, RG29, volume 2990, dossier 851-6-4, partie 5b, J. Kirkbride à L. Whiteman, 23 mai 1973. [120.17682I]
380. CVR, ARN, Bibliothèque et Archives Canada, RG29, volume 3420, dossier 851-6-D355, J. Kirkbride à Michaud, 29 janvier 1973. [ORC-008493]
381. CVR, ARN, Gouvernement des Territoires du Nord-Ouest - Éducation, culture et emploi, dossier 73-500-402, volume 2, Foyer anglican de Fort McPherson - Rapports trimestriels [Fort McPherson], 01/72-12/76, numéro de transfert 0330, boîte 8-21, M. Thomson au directeur régional, région du Nord, 23 novembre 1972. [FHU-002366-0000]
382. CVR, ARN, Bibliothèque et Archives Canada, ANC, RG22, volume 1209, dossier 982/2, partie 1, Procès-verbal d'une réunion extraordinaire du conseil consultatif des résidences indiennes de toute la Colombie-Britannique, 16 janvier 1971, p. 4. [MIS-003460-0001]
383. Santé Canada, Alimentation et nutrition, Les guides alimentaires canadiens, de 1942 à 1992, http://www.hc-sc.gc.ca/fn-an/food-guide-aliment/context/fg_history-histoire_ga-fra.php#fnb9.

Risque d'incendie : 1940-2000

Tableau 38.1. Bâtiments de pensionnat ou de résidence détruits par un incendie

1. Canada, *Rapport annuel du ministère des Affaires indiennes, 1940*, p. 194.
2. Canada, *Rapport annuel du ministère des Affaires indiennes, 1940*, p. 194.
3. Canada, *Rapport annuel du ministère des Affaires indiennes, 1941*, p. 178-179.
4. CVR, ARN, Bibliothèque et Archives Canada, RG10, volume 6308, dossier 653-5, partie 6, E. S. Jones au secrétaire, Division des affaires indiennes, ministère des Mines et des Ressources, 10 avril 1942. [FHR-000252]
5. CVR, ARN, Bibliothèque et Archives Canada, RG10, volume 6112, dossier 350-5, partie 1, Thomas Orford au secrétaire, Affaires indiennes, 3 février 1943. [FGA-001026]
6. Canada, *Rapport annuel du ministère des Affaires indiennes, 1944*, p. 173.
7. CVR, ARN, Bibliothèque et Archives Canada, RG10, volume 6378, dossier 767-5, partie 3, H. A. Alderwood à R. A. Hoey, 3 janvier 1945; [JON-003675] Canada, *Rapport annuel du ministère des Affaires indiennes, 1945*, p. 182.
8. CVR, ARN, Bibliothèque et Archives Canada, RG10, volume 6268, dossier 581-1, partie 2, R. A. Hoey, sous-ministre par intérim, 29 mai 1946. [NHU-000117]
9. CVR, ARN, Archives provinciales de l'Alberta, Fonds du diocèse anglican d'Athabasca, Edmonton (Alberta), no d'acquisition PR1970.0387/1641, boîte 41, Fonds du diocèse anglican d'Athabasca, dossier A320/572, Pensionnats -correspondance générale et officielle de

l'évêque Sovereign, 1941–1947, rapport sur l'incendie du pensionnat All Saints, Lac la Ronge (Saskatchewan), 2 février 1947. [PAR-123539]

10. CVR, ARN, Bibliothèque et Archives Canada, RG10, volume 8756, dossier 671/25-1-010, J. P. B. Ostrander à la Division des affaires indiennes, 19 janvier 1948 [THR-000266-0001]
11. CVR, ARN, Bibliothèque et Archives Canada, RG85, volume 224, dossier 630/111-1, partie 1A, pensionnat - Fort Simpson - T.N.-O, 1950, directeur à LeCapelain, 14 février 1950. [FNU-000211]
12. CVR, ARN, Bibliothèque et Archives Canada, RG10, volume 8638, dossier 511/6-1-038, partie 1, E. S. Jones à J. P. B. Ostrander, 6 septembre 1952. [GUY-000148]
13. CVR, ARN, AINC - Secteur de la résolution - Collection des dossiers historiques des pensionnats indiens - Ottawa, dossier 446/6-1-494, J. Lemire à R. F. Davey, 24 mars 1965; [MCI-004409] AINC - Secteur de la résolution - Collection des dossiers historiques des pensionnats indiens - Ottawa, dossier 494/6-1-015, volume 8, G. S. Lapp aux Affaires indiennes, 26 mars 1965. [MCI-006379]
14. TRC, ARN, Gouvernement des Territoires du Nord-Ouest - Éducation, Culture et Formation, pensionnat d'Ilihakvik, 1972–1985, no de transfert 0341, boîte 5, H. R. Cram à Hodgson, 22 mars 1973. [CBS-000260]
15. CVR, ARN, Archives du gouvernement des Territoires du Nord-Ouest, résidence des élèves - Administration générale, 1974–1978, boîte d'archives 3-3, no d'acquisition G1995-004, J. Milligen au ministère de l'Éducation, 15 octobre 1974. [CBS-000211-0001]
16. CVR, ARN, AINC - Secteur de la résolution - Collection des dossiers historiques des pensionnats indiens - Ottawa, dossier 371/6-1-019, volume 8, Michael Shiner à A. Kroeger, 15 mai 1975. [HFG-000061-0003]
17. CVR, ARN, aucun emplacement de document, aucun dossier source de document, Keith Branston, « Fire Claims 3rd Floor of Breynat Hall », *The Journal*, volume 4, numéro 19, 16 octobre 1980. [GNN-000383]

Tableau 38.2. Dépendances détruites par un incendie, 1940–1997

1. CVR, ARN, Bibliothèque et Archives Canada, RG10, volume 6445, dossier 881-10, partie 5, rapport général sur le pensionnat de Lejac, 31 mars 1940. [LEJ-002066]
2. CVR, ARN, Bibliothèque et Archives Canada, RG10, volume 6444, dossier 881-5, partie 6, 1938–1941, bobine de microfilm C-8768, R. Howe à D. M. MacKay, 24 octobre 1940. [LEJ-003150]
3. CVR, ARN, Bibliothèque et Archives Canada, RG10, volume 6453, dossier 884-5, partie 5, 1936–1941, agence de Kootenay - pensionnat de Kootenay - entretien des bâtiments - fournitures - comptabilité, LFR 10-17, bobine de microfilm C-8775, NAC Ottawa, D. M. MacKay au secrétaire, Affaires indiennes, 21 mai 1941. [EGN-004992]
4. CVR, ARN, Bibliothèque et Archives Canada, RG10, volume 6443, dossier 881-1, partie 2, R. Howe à Sir, 2 décembre 1942. [LEJ-000814]
5. CVR, ARN, Bibliothèque et Archives Canada, RG10, volume 6033, dossier 150-61, partie 1, Philip Phelan à M. Hoey, 1er mai 1945. [NRD-001525]
6. CVR, ARN, Bibliothèque et Archives Canada, RG10, volume 6370, dossier 763-5, partie 6, directeur au sous-ministre par intérim, 24 octobre 1946. [CYP-000862]
7. CVR, ARN, Bibliothèque et Archives Canada, RG10, volume 6278, dossier 584-5, partie 13, J. Waite aux Affaires indiennes, 14 février 1948. [SBR-001426]

8. CVR, ARN, Bibliothèque et Archives Canada, RG10, volume 6255, dossier 576-1, partie 4, R. S. Davis aux Affaires indiennes, 24 mai 1948
9. CVR, ARN, Bibliothèque et Archives Canada, RG10, volume 6333, dossier 661-5, partie 6, W. J. D. Kerley aux Affaires indiennes, 21 mai 1949. [RLS-000493]
10. CVR, ARN, Bibliothèque et Archives Canada, RG10, volume 6333, dossier 661-5, partie 6, W. J. D. Kerley à J. P. B. Ostrander, 20 octobre 1950. [RLS-000533-0001]
11. CVR, CNR, Archives de l'Église presbytérienne du Canada, Toronto (Ontario), acquisition 1988-7004, boîte 14, dossier 10, T. C. Ross à Norman Paterson, 6 février 1951. [CJC-007763]
12. CVR, ARN, Bibliothèque et Archives Canada, RG10, volume 8252, dossier 479/6-1-001, partie 4, J. Stallwood aux Affaires indiennes, 27 janvier 1955. [TAY-003768]
13. CVR, ARN, AINC - Secteur de la résolution - Collection des dossiers historiques des pensionnats indiens - Ottawa, dossier 74/6-1-353, volume 2, H. Lariviere à R. F. Davey, 7 février 1956. [AIR-000121]
14. CVR, ARN, Bibliothèque et Archives Canada, RG10, volume 8275, dossier 494/6-1-014, partie 5, Eric L. Barrington à G. Swartman, 23 février 1957. [PLK-000496-0002]
15. CVR, ARN, Bibliothèque et Archives Canada, RG10, volume 8709, dossier 965/6-1, partie 8, 1959, bobine de microfilm C-14168, G. F. Kelly à W. E. Grant, 3 mars 1959. [LEJ-004875-0001]
16. CVR, ARN, Bibliothèque et Archives Canada, RG85, volume 1295, dossier 311/111-B, partie 4, bâtiments de l'école - Fort Simpson, T.N.-O. [Construction et entretien], 1959-1961, P. Templeton à S. Lesage, 31 juillet 1959. [FNU-001033]
17. Archives provinciales de l'Alberta, acquisition des oblats, 71.220, tome II, boîte 7, 22 novembre 1963, cité dans Persson, « Blue Quills », p. 184.
18. CVR, ARN, AINC - Secteur de la résolution - Collection des dossiers historiques des pensionnats indiens - Ottawa, dossier 672/6-1-007, volume 3, rapport des pertes par incendie, pensionnat de Prince Albert, D. Lawson, 23 juin 1967. [PAR-003379-0001]
19. CVR, ARN, AINC - Bureau principal des documents - Ottawa, dossier 989/40-3-2, volume 1, pertes par incendie - dossier de cas - district de Williams Lake, 01/1958-12/1970, numéro de l'emplacement H77, MAINC, Système central de gestion des dossiers de l'administration centrale, R. G. Cooper au commissaire des Indiens (Colombie-Britannique), 19 octobre 1967. [JOE-019175-0000]

Tableau 38.3. Autres incendies déclarés qui n'ont détruit aucun bâtiment, 1940-1997

1. CVR, ARN, Bibliothèque et Archives Canada, RG10, volume 6266, dossier 579-5, partie 9, E. McPherson aux Affaires indiennes, 5 novembre 1941. [FAR-000024]
2. CVR, ARN, Bibliothèque et Archives Canada, volume 6303, dossier 653-5, partie 6, E. S. Jones au secrétaire, Division des affaires indiennes, ministère des Mines et des Ressources, 10 avril 1942. [FHR-000252]
3. CVR, ARN, Bibliothèque et Archives Canada, RG10, volume 11091, dossier Shannon, diverses lettres envoyées, F. Matters aux Affaires indiennes, 2 février 1944. [CRS-001610]
4. CVR, ARN, Bibliothèque et Archives Canada, RG10, volume 6033, dossier 150-61, partie 1, note de service à M. Hoey, Philip Phelan, 1er mai 1945. [NRD-001525]
5. CVR, ARN, Bibliothèque et Archives Canada, RG10, volume 10759, dossier Shannon, 1946-1947, correspondances reçues sur l'éducation, H. A. Alderwood à F. Matters, 7 mars 1947; [CRS-001655] Bibliothèque et Archives Canada, RG10, volume 6192, dossier 462-5, partie 8, F. Matters aux Affaires indiennes, 5 mars 1947. [CRS-001947]

6. CVR, ARN, Bibliothèque et Archives Canada, [110]774/6-1-753, volume I, 09/45-12/53, ANC, E. A. Robertson aux Affaires indiennes, 1er novembre 1948. [EDM-004918]
7. CVR, ARN, Bibliothèque et Archives Canada, RG10, volume 6192, dossier 462-5, partie 9, Henry Cook à B. F. Neary, 4 mars 1948. [CRS-001978-0001]
8. CVR, ARN, Bibliothèque et Archives Canada, RG10, volume 8634, dossier 511/6-1-025, partie 1, J. H. Staunton à R. S. Davis, 21 décembre 1951. [PCR-004748-0001]
9. CVR, ARN, Bibliothèque et Archives Canada - Ottawa Winnipeg, RG10, no d'acquisition W84-85/402, boîte 13662, dossier 511/23-5-082, volume 1, Lachlan McLean à J. Rayson, 21 septembre 1951. [PLP-100733]
10. CVR, ARN, aucun emplacement de document, aucun dossier source de document, Dennis Shea à F. O'Grady, 27 mars 1954. [OBG-003722]
11. CVR, ARN, Bibliothèque et Archives Canada, RG10, volume 8659, dossier 658/6-1, partie 2, J. R. Bell à E. S. Jones, 28 avril 1956.
12. CVR, ARN, AINC - Secteur de la résolution - Collection des dossiers historiques des pensionnats indiens - Ottawa. 103/6-1-764, 01/58-06/59, volume 5, CRPA, J. E. DeWolf à K. R. Brown, 7 avril 1958. [PUL-001821]
13. CVR, ARN, Archives du gouvernement des Territoires du Nord-Ouest, dossier 630-145/10-2, partie 3, rapports et déclarations - pensionnat fédéral de Coppermine, T.N.-O, 1958-1961, boîte d'archives 246-9, no d'acquisition G-1979-003, T. K. Brady à M. Booth, 25 mai 1959. [CPU-001435]
14. CVR, ARN, AINC - Bureau principal des documents - Ottawa, 779/6-1-011, volume 2, 1957-1971, CR-AC, R. G. Whatmough pour R. A. W. Switzer à Paul Deziel, 11 mai 1960; [AGL-002253] Bibliothèque et Archives Canada, 779[134]/6-726, volume 2, 10/59-08/61, ANC, J. W. Stewart à L. C. Hunter, 11 avril 1960. [AGL-001337]
15. CVR, ARN, AINC - Secteur de la résolution - Collection des dossiers historiques des pensionnats indiens - Ottawa, dossier 675/6-2-018, volume 2, D. Greyeyes aux Affaires indiennes, rapport des pertes par incendie, 22 juin 1968. [GDC-005571]
16. CVR, ARN, Bibliothèque et Archives Canada, RG85, volume permanent 1438, dossier 630/100-1, partie 11, école publique de Fort Smith, T.N.-O [Joseph Burr Tyrrell School] octobre 1962-novembre 1964, no d'inst. de recherche 85-4, R. G. Whatmough à B. Thorsteinson, 29 avril 1964. [FSU-001460-0000]
17. CVR, ARN, Bibliothèque et Archives Canada, dossier 801/6-1-011, volume 12, Carcross IRS, 01/1966-06/1969, RG 10-151, V1989-90/101, M. C. F. Gibbs à A. E. Fry, 6 juin 1966. [CAR-011275-0000]
18. TRC, NRA, Centre de services régional des Prairies et du Nord-Ouest - BAC - Edmonton, no d'acquisition E1996/97-046, boîte 7, dossier 674/25-2, W. Karashowsky à J. Bourbonnais, 31 octobre 1966. [BVL-002314-0000]
19. CVR, ARN, Archives du gouvernement des Territoires du Nord-Ouest, dossier 630.012, partie 2, volume 2, foyer - Churchill, 1965, boîte d'archives 37-3, no d'acquisition M1994-009, R. L. Graves au surintendant régional des pensionnats, 31 janvier 1967. [CVC-002785-0000]
20. CVR, ARN, Archives du gouvernement des Territoires du Nord-Ouest, no d'acquisition N1994-009, boîte 37-3, dossier 631.012, partie 2, statistiques sur Fort Churchill, 1965, R. A. Page au directeur, centre de formation professionnelle de Churchill, 28 mai 1967. [CVC-003198-0002]

21. CVR, ARN, Bibliothèque et Archives Canada - Burnaby, dossier 801/6-1-011, volume 12, Carcross IRS, 01/1966-06/1969, RG10-151, V1989-90/101, M. L. Lintick à G. S. Swanson, 6 mars 1968. [CAR-011277-0003]
22. CVR, ARN, Bibliothèque et Archives Canada - Edmonton, RG10, no d'acquisition. E1996-97/415, boîte 36, dossier 25-2-029, janvier 1967-janvier 1969, E. 1967-janvier 1969, E. Turenne à Walter Karawshowski [mal orthographié dans le texte d'origine; doit s'écrire Karashowsky], 6 mai 1968. [SPR-003247]
23. CVR, ARN, Bibliothèque et Archives Canada - Ottawa Winnipeg, RG10, no d'acquisition 2001-01035-4, boîte 015, dossier 501/25-13-082G, volume 1, J. P. Malcolm à K. Baksh, 12 septembre 1974. [PLP-100393]
24. CVR, ARN, Archives du gouvernement des Territoires du Nord-Ouest, pensionnat - Fort Smith, 1972-1978, boîte d'archives 2-17, no d'acquisition G1995-004, H. J. Darkes à H. Michaud, 17 octobre 1974. [BTU-001619]
25. CVR, ARN, Bibliothèque et Archives Canada, 773/6-1-003, volume 5, 09/74-01/80, E. A. Fontana à R. J. Carney, 26 avril 1976. [MRY-002243-0000]
26. CVR, ARN, AINC - Secteur de la résolution - Collection des dossiers historiques des pensionnats indiens - Ottawa, dossier 675/25-13-1-019, volume 2, Paul Poitras aux Affaires indiennes, 25 mars 1977; [PLD-009229] Paul Poitras aux Affaires indiennes, 24 avril 1977; [PLD-009231] Charles Bellegarde aux Affaires indiennes, 7 mai 1977; [PLD-009233] Paul Poitras aux Affaires indiennes, 25 juin 1977; [PLD-009239] Ann Bellegarde aux Affaires indiennes, 15 septembre 1977; [PLD-009237] Allan Dickie, 19 avril 1978. [PLD-009245]
27. CVR, ARN, Archives du gouvernement des Territoires du Nord-Ouest, résidence des élèves - Administration générale, 1974-1978, boîte d'archives 3-3, no d'acquisition G1995-004, Marvin Marykuca à R. K. Toutant, 1er novembre 1977. [AHU-003894]
28. CVR, ARN, Bibliothèque et Archives Canada - Edmonton, no d'acquisition E1996-97/270, boîte 8, dossier 675/25-13, volume 1, Joe Gerencser à David Seesequasis, 9 mars 1979. [SMD-012138]
29. CVR, ARN, Bibliothèque et Archives Canada - Burnaby, RG10, LFR 10-137, v92-93/201, boîte 2 [10486], dossier 987/40-6-19, volume 1, rapport sur la protection contre les incendies - St. Mary, 09/75-10/80, ANC - Burnaby, L. MacKay à J. Allon, 31 octobre 1980. [MIS-010104]
30. CVR, ARN, AINC - Secteur de la résolution - Collection des dossiers historiques des pensionnats indiens - Ottawa, Dossiers GRS, boîte 140, dossier 3, Ronald J. Pratt, 24 octobre 1986. [GDC-005182-0001]
31. CVR, ARN, AINC - Secteur de la résolution - Collection des dossiers historiques des pensionnats indiens - Ottawa, Muscowequan, boîte 23, dossier 23, déclaration de Susan Start, 12 janvier 1993; [MDD-003931] déclaration de Charity Dawn Nippi (LE NOM SERA PEUT-ÊTRE À CAVIARDER), 14 janvier 1993. [MDD-003932]
32. CVR, ARN, AINC - Secteur de la résolution - Collection des dossiers historiques des pensionnats indiens - Ottawa, Muscowequan, boîte 23, dossier 23, Elaine Pelletier, 1er novembre 1993. [MDD-003933]

Tableau 38.4. Incendies de pensionnat dont on soupçonne ou pour lesquels on a la preuve qu'ils ont été allumés délibérément

1. CVR, ARN, Bibliothèque et Archives Canada, RG10, volume 6307, dossier 6531, partie 2, M. Christianson au secrétaire, Affaires indiennes, 17 avril 1942. [FHR-000585]

2. CVR, ARN, Bibliothèque et Archives Canada, RG10, volume 8754, dossier 651/25-1, partie 1, J. P. B. Ostrander aux Affaires indiennes, 28 avril 1947; [PAR-009230] R. A. Hoey au sous-ministre, 2 juin 1947. [PAR-009238]
3. CVR, ARN, Bibliothèque et Archives Canada, RG10, volume 6337, dossier 663-5, partie 4, enquête de la Gendarmerie royale du Canada, 24 janvier 1948. [THR-003033]
4. CVR, ARN, Bibliothèque et Archives Canada, RG10, volume 6333, dossier 661-5, partie 6, W. J. D. Kerley aux Affaires indiennes, 21 mai 1949. [RLS-000493]
5. CVR, ARN, Bibliothèque et Archives Canada, RG10, volume 8634, dossier 511/61025, partie 1, « Investigation Re Fire - Girls Dormitory, Pine Creek Indian Residential School, Camperville, Manitoba, 19 December 1951. » [PCR-004752-0001]
6. CVR, ARN, Bibliothèque et Archives Canada, RG10, volume 8659, dossier 658/61, partie 2, J. R. Bell à E. S. Jones, 28 avril 1956.
7. CVR, ARN, Bibliothèque et Archives Canada - Edmonton, RG10, n° d'acquisition E199697/415, boîte 36, dossier 252029, janvier 1967-janvier 1969, E. 1967-janvier 1969, E. Turenne à Walter Karawshowski [mal orthographié dans le texte d'origine; doit s'écrire Karashowsky], 6 mai 1968. [SPR-003247]
8. CVR, NRA, Centre de services régional des Prairies et du Nord-Ouest - BAC - Edmonton, n° d'acquisition E1996/97-046, boîte 7, dossier 674/25-2, J. Bourbonnais à R. T. Smith, 21 octobre 1966. [BVL-002314-0001]
9. CVR, ARN, Bibliothèque et Archives Canada, 773/6-1-003, volume 5, 09/74-01/80, E. A. Fontana à R. J. Carney, 26 avril 1976. [MRY-002243-0000]
10. CVR, ARN, AINC - Secteur de la résolution - Collection des dossiers historiques des pensionnats indiens - Ottawa, dossier 675/25-13-1-019, volume 2, Paul Poitras aux Affaires indiennes, 25 mars 1977; [PLD-009229] Paul Poitras aux Affaires indiennes, 24 avril 1977; [PLD-009231] Charles Bellegarde aux Affaires indiennes, 7 mai 1977; [PLD-009233] Paul Poitras aux Affaires indiennes, 25 juin 1977; [PLD-009239] Ann Bellegarde aux Affaires indiennes, 15 septembre 1977; [PLD-009237] Allan Dickie, 19 avril 1978. [PLD-009245]
11. CVR, ARN, AINC - Secteur de la résolution - Collection des dossiers historiques des pensionnats indiens - Ottawa, Muscowequan, boîte 23, dossier 23, déclaration de Susan Start, 12 janvier 1993; [MDD-003931] déclaration de Charity Dawn Nippi (LE NOM SERA PEUT-ÊTRE À CAVIARDER), 14 janvier 1993. [MDD-003932]

Risque d'incendie : 1940-2000

1. CVR, ARN, Bibliothèque et Archives Canada, RG10, volume 6012, dossier 1-1-5A, partie 2, R. A. Hoey au D[r] McGill, 31 mai 1940. [BIR-000248]
2. Pour l'inscription, voir : CVR, ARN, Bibliothèque et Archives Canada, RG10, volume 8645, dossier 651/6-1, partie 4, R. A. W. Switzer à E. S. Jones, 8 octobre 1953. [PAR-017891-0001] Pour le risque d'incendie, voir : CVR, ARN, Bibliothèque et Archives Canada, RG10, volume 8645, dossier 651/6-1, partie 1, ministre de la Citoyenneté et de l'Immigration à Son Excellence le Gouverneur général en conseil, 22 novembre 1950; [PAR-000516] CVR, ARN, AINC - Secteur de la résolution - Collection des dossiers historiques des pensionnats indiens - Ottawa, Prince Albert boîte 1, 1973-74, conférence des chefs du district de Prince Albert, pétition des chefs du district de Prince Albert, Tom Settee et neuf autres, 22 mai 1973. [PAR-000303-0003]

3. CVR, ARN, Bibliothèque et Archives Canada, 957/6-1-019, volume 1, dossier 3, 3/51-2/65, A. Parry au commissaire aux incendies, 19 avril 1960. [MIS-000269-0001]
4. CVR, ARN, AINC - Secteur de la résolution - Collection des dossiers historiques des pensionnats indiens - Ottawa, dossier 675/6-2-018, volume 2, D. Greyeyes aux Affaires indiennes, 22 juin 1968. [GDC-005571]
5. CVR, ARN, Bibliothèque et Archives Canada, RG10, volume 6205, dossier 468-1, partie 3, bobine de microfilm C-7937, R. A. Hoey à G. Dorey, 29 mai 1944. [AEMR-013540]
6. CVR, ARN, Bibliothèque et Archives Canada, RG10, volume 7l[0]1, dossier 772/3-1, partie 1, R. A. Hoey à R. J. Staley, 2 juin 1944. [AEMR-200681]
7. Canada, *Rapport annuel du ministère des Affaires indiennes, 1945*, p. 182.
8. Canada, *Rapport annuel du ministère des Affaires indiennes, 1940*, p. 194.
9. Canada, *Rapport annuel du ministère des Affaires indiennes, 1940*, p. 194.
10. Canada, *Rapport annuel du ministère des Affaires indiennes, 1941*, p. 178-179.
11. CVR, ARN, Bibliothèque et Archives Canada, volume 6303, dossier 653-5, partie 6, E. S. Jones au secrétaire, Division des affaires indiennes, ministère des Mines et des Ressources, 10 avril 1943; [FHR-000252] Canada, *Rapport annuel du ministère des Affaires indiennes, 1942*, p. 143.
12. CVR, ARN, Bibliothèque et Archives Canada, RG10, volume 6112, dossier 350-5, partie 1, Thomas Orford au secrétaire, Affaires indiennes, 3 février 1943. [FGA-001026]
13. Canada, *Rapport annuel du ministère des Affaires indiennes, 1944*, p. 173.
14. CVR, ARN, Bibliothèque et Archives Canada, RG10, volume 6378, dossier 767-5, partie 3, H. A. Alderwood à R. A. Hoey, 3 janvier 1945; [JON-003675] Canada, *Rapport annuel du ministère des Affaires indiennes, 1945*, p. 182.
15. CVR, ARN, Bibliothèque et Archives Canada, RG10, volume 6268, dossier 581-1, partie 2, R. A. Hoey au sous-ministre par intérim, 29 mai 1946. [NHU-000117]
16. CVR, ARN, Archives provinciales de l'Alberta, Fonds du diocèse anglican d'Athabasca, Edmonton (Alberta), n° d'acquisition PR1970.0387/1641, boîte 41, Fonds du diocèse anglican d'Athabasca, dossier A320/572, Pensionnats - correspondance générale et officielle de l'évêque Sovereign, 1941-1947, rapport sur l'incendie du pensionnat All Saints, Lac la Ronge (Saskatchewan), 2 février 1947. [PAR-123539]
17. CVR, ARN, Bibliothèque et Archives Canada, RG10, volume 8756, dossier 671/25-1-010, J. P. B. Ostrander à la Division des affaires indiennes, 19 janvier 1948. [THR-000266-0001]
18. Apetagon, « Smoke and Flying Children, » p. 55-56.
19. CVR, ARN, Bibliothèque et Archives Canada, dossier 876-5, partie 4, agence de la côte Ouest - pensionnat d'Ahousaht - administration générale - fournitures - comptabilité 1938-1944, F.A. 10-17, volume permanent 6430, bobine de microfilm C-8759, P. B. Ashbridge à D. M. MacKay, 3 février 1940. [AST-200085-0001]
20. CVR, ARN, Bibliothèque et Archives Canada, RG10, volume 6378, dossier 767-5, partie 3, H. A. Alderwood à R. A. Hoey, 3 janvier 1945; [JON-003675] Canada, *Rapport annuel du ministère des Affaires indiennes, 1945*, p. 182.
21. CVR, ARN, Bibliothèque et Archives Canada, RG10, volume 6316, dossier 656-5, partie 7, Philip Phelan à T. B. R. Westgate, 15 août 1941. [PAR-008547]
22. CVR, ARN, Archives provinciales de l'Alberta, Fonds du diocèse anglican d'Athabasca, Edmonton (Alberta), n° d'acquisition PR1970.0387/1641, boîte 41, Fonds du diocèse anglican d'Athabasca, dossier A320/572, Pensionnats - correspondance générale et officielle de l'évêque Sovereign, 1941-1947, rapport sur l'incendie du pensionnat All Saints, Lac la Ronge (Saskatchewan), 2 février 1947. [PAR-123539]

23. CVR, ARN, Bibliothèque et Archives Canada, RG10, volume 8756, dossier 671/25-1-010, J. P. B. Ostrander à la Division des affaires indiennes, 19 janvier 1948. [THR-000266-0001]
24. CVR, ARN, Archives provinciales de l'Alberta, acquisition 71.220/1327, Armand Boucher à R. A. Hoey, sans date; [THR-000362] CVR, ARN, Bibliothèque et Archives Canada, RG10, volume 6337, dossier 663-5, partie 4, Bernard F. Neary à J. B. Cabana, 26 avril 1949. [THR-000247-0001]
25. Canada, *Rapport annuel du ministère des Affaires indiennes, 1944*, p. 173.
26. CVR, ARN, Bibliothèque et Archives Canada, RG10, volume 6317, dossier 656-5, partie 8, R. A. Hoey à C. G. Brault, 29 août 1947. [PAR-003667]
27. CVR, ARN, Bibliothèque et Archives Canada, RG10, volume 6320, dossier 658-1, partie 2, George K. Ross aux Affaires indiennes, 28 février 1946; [PAR-001570] CVR, ARN, Bibliothèque et Archives Canada, RG10, volume 6317, dossier 656-5, partie 8, Henry D. Martin à B. F. Neary, 30 avril 1948. [PAR-003700]
28. CVR, ARN, Bibliothèque et Archives Canada, RG10, volume 6317, dossier 656-5, partie 8, R. A. Hoey à C. G. Brault, 29 août 1947. [PAR-003667]
29. CVR, ARN, Église anglicane du Canada, Archives du synode général, ACC-MSCC-GS 75-103, série 2.15, boîte 21, dossier 3, rapport trimestriel du surintendant de l'Administration des pensionnats au Conseil exécutif, Société missionnaire de l'Église d'Angleterre du Canada, 11 mai 1948. [AAC-082727]
30. CVR, ARN, Bibliothèque et Archives Canada, RG10, volume 8645, dossier 651/6-1, partie 2, note de service au sous-ministre, directeur [des Affaires indiennes], 22 août 1951. [PAR-017615-0000]
31. CVR, ARN, Bibliothèque et Archives Canada, RG10, volume 6308, dossier 653-5, partie 6, M. Christianson à M. Hoey, 23 juin 1944. [FHR-000292]
32. CVR, ARN, Bibliothèque et Archives Canada, RG10, volume 6307, dossier 653-1, partie 2, J. P. B. Ostrander à la Division des affaires indiennes, 1er septembre 1948. [FHR-000335]
33. CVR, ARN, Bibliothèque et Archives Canada, RG10, volume 6307, dossier 653-1, partie 2, directeur [illisible] au sous-ministre, 22 juin 1949. [FHR-000356]
34. CVR, ARN, Bibliothèque et Archives Canada, RG10, volume 6307, dossier 653-1, partie 2, directeur à George Dorey, 22 avril 1949. [FHR-000349]
35. CVR, ARN, Bibliothèque et Archives Canada, RG10, volume 6033, dossier 150-61, partie 1, R. A. Hoey à H. McGill, 31. mai. 1944. [NRD-001523]
36. CVR, ARN, Bibliothèque et Archives Canada, RG10, volume 6205, dossier 468-1, partie 3, bobine de microfilm C-7937, R. A. Hoey à G. Dorey, 29 mai 1944. [AEMR-013540]
37. CVR, ARN, Bibliothèque et Archives Canada, RG10, volume 6210, dossier 468-10, partie 5, Samuel Devlin au ministère des Affaires indiennes, 20 mai 1946. [MER-003806-0001]
38. CVR, ARN, Bibliothèque et Archives Canada, RG10, volume 6333, dossier 661-2, partie 6, R. E. Tiffin, commissaire aux incendies à J. P. B. Ostrander, 31 août 1950. [RLS-000552]
39. CVR, ARN, Bibliothèque et Archives Canada, RG10, volume 6333, dossier 661-5, partie 6, Mme C. Maxwell Loveys à D. M. MacKay, 2 juin 1950. [120.06850]
40. CVR, ARN, Bibliothèque et Archives Canada, RG10, volume 10752, dossier Shannon, diverses lettres envoyées, F. Matters aux Affaires indiennes, 2 février 1944. [CRS-001610]
41. CVR, ARN, Bibliothèque et Archives Canada, RG10, volume 10759, dossier Shannon, 1946-1947, correspondance reçue sur l'éducation, H. A. Alderwood à F. Matters, 7 mars 1947. [CRS-001655]

42. CVR, ARN, Bibliothèque et Archives Canada, RG10, volume 6192, dossier 462-5, partie 9, F. Matters à la Division des affaires indiennes, 4 mars 1948. [CRS-001975]
43. CVR, ARN, Bibliothèque et Archives Canada, RG10, volume 6192, dossier 462-5, partie 9, Henry Cook à B. F. Neary, 4 mars 1948. [CRS-001978-0001]
44. CVR, ARN, Bibliothèque et Archives Canada, RG10, volume 6192, dossier 462-5, partie 9, F. Matters aux Affaires indiennes, 24 avril 1948; [CRS-001988] CVR, ARN, Bibliothèque et Archives Canada, RG10, volume 6192, dossier 462-5, partie 9, Bernard Neary à F. Matters, 1er mai 1948. [CRS-001989]
45. CVR, ARN, Bibliothèque et Archives Canada, RG10, volume 11091, dossier Shannon, 1948, lettres à la Division des affaires indiennes, J. L. Whitney à Philip Phelan, 21 juillet 1948. [CRS-002092]
46. CVR, ARN, Bibliothèque et Archives Canada, RG10, volume 6730, dossier 160-2, partie 3, R. A. Hoey à H. McGill, 16 septembre 1941. [FGA-001323-0000]
47. CVR, ARN, Bibliothèque et Archives Canada, RG10, volume 6189, dossier 461-5, partie 8, F. Dubois à F. Edwards, 16 septembre 1940. [CJC-000758-0001]
48. CVR, ARN, Bibliothèque et Archives Canada, RG10, volume 6189, dossier 461-5, partie 9, Philip Phelan à Norman Paterson, 11 décembre 1944. [CJC-000783]
49. CVR, ARN, Bibliothèque et Archives Canada, RG10, volume 6198, dossier 465-5, partie 9, J. O. Plourde à R. A. Hoey, 17 novembre 1942. [KNR-000498]
50. CVR, ARN, Bibliothèque et Archives Canada, RG10, volume 6215, dossier 470-5, partie 4, Gifford Swartman au secrétaire, Affaires indiennes, 14 novembre 1940. [PLK-000163]
51. CVR, ARN, Bibliothèque et Archives Canada, RG10, volume 6434, dossier 877-5, partie 7, ANC, D. M. MacKay au secrétaire, Division des affaires indiennes, 25 février 1941; [ABR-000980-0001] RG10, volume 8453, dossier 985/23-5, rapport de l'inspecteur sur le pensionnat d'Alberni, 11 mars 1941. [ABR-006565-0002]
52. CVR, ARN, Bibliothèque et Archives Canada, RG10, volume 6453, dossier 884-5, partie 5, 1936-1941, agence de Kootenay - pensionnat de Kootenay - entretien des bâtiments - fournitures - comptabilité, nº d'instr. de recherche 10-17, bobine de microfilm C-8775, NAC Ottawa, D. M. MacKay au secrétaire, Affaires indiennes, 21 mai 1941. [EGN-004992]
53. CVR, ARN, Bibliothèque et Archives Canada, RG10, volume 6266, dossier 579-5, partie 9, E. McPherson aux Affaires indiennes, 5 novembre 1941. [FAR-000024]
54. CVR, ARN, Bibliothèque et Archives Canada, RG10, volume 6351, dossier 753-5, partie 6, 1947, bobine de microfilm C-8707, J. H. Leyland à R. R. Moore, 23 décembre 1946. [EDM-004444]
55. CVR, ARN, Bibliothèque et Archives Canada, RG10, volume 6253, dossier 575-5, partie 7, R. Webb au Bureau des Indiens, Birtle, Manitoba, 13 mars 1943. [BIR-000287-0001]
56. CVR, ARN, Archives provinciales de l'Alberta, PAA 71.220 B92 3891, C. Pant. Schmidt au directeur, pensionnat d'Ermineskin, Alberta, 10 janvier 1944, 8-9. [OGP-030428]
57. CVR, ARN, Bibliothèque et Archives Canada, RG10, nº d'instr. de recherche 10-177 v93-94/038 et v95-96/047, volume permanent 13215 23-4, rapports mensuels de l'agent - agence de Kootenay [ancien dossier Shannon, en deux parties à présent], 12/1943-04/1950, NAC Burnaby, J. M. Barre au secrétaire, Affaires indiennes, 2 octobre 1945. [EGN-004086]
58. CVR, ARN, Bibliothèque et Archives Canada, RG10, volume 6274, dossier 583-5, partie 8, Geo. H. Spriggs à J. Waite, 3 décembre 1945. [PLP-000812-0001]

59. CVR, ARN, Bibliothèque et Archives Canada, RG29, volume 3127, dossier 860-8-X400, partie 1a, E. L. Stone au surintendant des Services de santé aux Autochtones, 31 mai 1946. [NPC-621076-01]
60. CVR, ARN, Bibliothèque et Archives Canada, RG10, volume 6380, dossier 769-5, partie 3, G. S. Lapp, surintendant, ministère des Mines et des Ressources, Division des affaires indiennes à la Division des affaires indiennes, 5 novembre 1948. [WFL-000494-0000]
61. CVR, ARN, Bibliothèque et Archives Canada, RG10, volume 6445, dossier 881-5, partie 9, B. F. Neary à W. S. Arneil, 17 janvier 1949. [LEJ-000541]
62. CVR, ARN, Bibliothèque et Archives Canada, RG10, volume 8663, dossier 673/6-1-037, partie 2, R. Beauregard à R. S. Davy, 25 juillet 1955. [SPR-001501]
63. CVR, ARN, Bibliothèque et Archives Canada, RG10, volume 8664, dossier 673/6-1-037, partie 3, G. Ptizel à E. S. Jones, 21 novembre 1955. [SPR-002123-0001]
64. CVR, ARN, AINC - Secteur de la résolution - Collection des dossiers historiques des pensionnats indiens - Ottawa, dossier 74/6-1-350, volume 1, W. J. Harvey aux Affaires indiennes, Ottawa, 9 avril 1956. [FGA-000299]
65. CVR, ARN, Bibliothèque et Archives Canada, RG10, volume 8693, dossier 954/6-1, partie 6, G. J. Bowen à W. S. Arneil, 15 novembre 1956. [LOW-042497-0001]
66. CVR, ARN, Bibliothèque et Archives Canada, dossier 942-5, partie 4, 1950-51, volume 6482, bobine de microfilm C-8796, A. H. Fleury à B. H. Neary, 22 janvier 1951. [LOW-000506]
67. CVR, ARN, Bibliothèque et Archives Canada, RG10, volume 8695, dossier 956/6-1, partie 3, C. F. Hives à J. Meek, 23 mars 1957. [GRG-003055]
68. CVR, ARN, Bibliothèque et Archives Canada, 773/6-1-004, volume 8677, partie 6, 1957-1958, ANC, bureau du commissaire aux incendies, pensionnat de St. Paul, 25 novembre 1957. [PUL-005151-0001]
69. CVR, ARN, AINC - Secteur de la résolution - Collection des dossiers historiques des pensionnats indiens - Ottawa, 103/6-1-750, 12/57-09/58, volume 4, CRPA, bureau du commissaire aux incendies, pensionnat de St. Mary, 26 novembre 1957. [MRY-000939]
70. CVR, ARN, Bibliothèque et Archives Canada - Burnaby, RG10, nº d'instr. de recherche 10-136, nº d'acquisition 1984-85/316, volume 28 [500326], dossier 988/6-1-885-10, pensionnat de l'île Kuper - sécurité-incendie, 1957-1964, J. V. Boys au commissaire des Indiens pour la Colombie-Britannique, 30 mai 1958. [KUP-012371]
71. CVR, ARN, Bibliothèque et Archives Canada, RG10, volume 8685, dossier 777/6-1-007, partie 4, Secrétariat de la province, bureau du commissaire aux incendies, 21 août 1958. [JRD-004129-0001]
72. CVR, ARN, Bibliothèque et Archives Canada, RG10, volume 10361, dossier 506/6-1-019, partie 3, Charles Buck à R. D. Ragan, 28 mai 1958. [FAR-000037-0002]
73. CVR, ARN, Bibliothèque et Archives Canada, RG10, volume 8278, dossier 494/6-1-015, partie 4, J. S. Allan à M. Matters, 21 janvier 1958. [MCI-001918-0001]
74. CVR, ARN, aucun emplacement de document, aucun dossier source de document, Secrétariat de la province, bureau du commissaire aux incendies, objet : pensionnat de Sturgeon Lake, Calais, Alberta, 14 juillet 1959. [GMA-002257-0001]
75. CVR, ARN, Bibliothèque et Archives Canada, RG10, volume 6201, dossier 466-5, partie 5, N. C. Rathburn à W. J. Zimmerman, 9 mars 1946. [TAY-002400-0001]
76. CVR, ARN, Bibliothèque et Archives Canada, RG10, volume 8253, dossier 479/6-1-001, partie 7, N. C. Rathburn à W. J. Zimmerman, 10 février 1958. [TAY-004042]

77. CVR, ARN, Bibliothèque et Archives Canada, RG10, volume 8253, dossier 479/6-1-001, partie 8, R. F. Davey au superviseur régional de Toronto, 31 mars 1959. [TAY-004113]
78. CVR, ARN, Bibliothèque et Archives Canada, RG10, volume 8253, dossier 479/6-1-001, partie 8, inspecteur des incendies à W. J. Zimmerman, 14 novembre 1959. [TAY-004133-0001]
79. CVR, ARN, AINC - Secteur de la résolution - Collection des dossiers historiques des pensionnats indiens - Ottawa, dossier 479/25-1-001, volume 2, J. B. Bergevin pour J. Mussell à Olga Maxwell, 26 août 1970. [TAY-001163]
80. CVR, ARN, Bibliothèque et Archives Canada, RG10, volume 6320, dossier 658-1, partie 2, 13, H. A. Alderwood à T. A. Crerar, 13 décembre 1943. [PAR-001130]
81. CVR, ARN, Bibliothèque et Archives Canada, RG10, volume 8645, dossier 651/6-1, partie 4, R. A. W. Switzer à Chas. Buck, 11 décembre 1953. [PAR-017652]
82. CVR, ARN, Bibliothèque et Archives Canada, RG10, volume 6320, dossier 658-1, partie 2, J. P. B. Ostrander aux Affaires indiennes, 30 avril 1946. [PAR-000905]
83. CVR, ARN, Bibliothèque et Archives Canada, RG10, volume 6322, dossier 658-5, partie 11, D. M. MacKay au sous-ministre, 20 avril 1949. [PAR-017369]
84. CVR, ARN, Bibliothèque et Archives Canada, RG10, volume 8645, dossier 651/6-1, partie 1, ministre de la Citoyenneté et de l'Immigration à Son Excellence le Gouverneur général en conseil, 22 novembre 1950. [PAR-000516]
85. CVR, ARN, Bibliothèque et Archives Canada, RG10, volume 8645, dossier 651/6-1, partie 2, D. N. Morrison à J. P. B. Ostrander, 27 juillet 1951. [PAR-017611-0001]
86. CVR, ARN, Bibliothèque et Archives Canada, RG10, volume 8645, dossier 651/6-1, partie 4, R. A. W. Switzer à E. S. Jones, 8 octobre 1953. [PAR-017891-0001]
87. CVR, ARN, Bibliothèque et Archives Canada, RG10, volume 8645, dossier 651/6-1, partie 5, rapport d'inspection d'incendie, mars 1954, pensionnat de Prince Albert, ministère de la Citoyenneté et de l'Immigration, mars 1954. [PAR-000612]
88. CVR, ARN, Bibliothèque et Archives Canada, R776-0-5 (RG55), volume 195, C.T. n° 475360, 8 septembre 1954, autorité réglementaire en charge des réparations du pensionnat de Prince Albert (Saskatchewan) utilisant la régie de travaux sous la supervision du Ministère, 20 août 1954; [NPC-520206] RG10, volume 8647, dossier 651/6-1, partie 11, Henry G. Cook à R. F. Davey, 20 janvier 1960. [PAR-017046]
89. CVR, ARN, Bibliothèque et Archives Canada, RG10, volume 8622, dossier 506/6-1-019, partie 2, Charles Buck à C. A. Thomson, 9 avril 1954. [FAR-002480]
90. CVR, ARN, Bibliothèque et Archives Canada, RG10, volume 6456, dossier 885-5, partie 7, bobine de microfilm C-8778, C. H. Buck à R. A. Gibson, 20 juillet 1949. [KUP-004163]
91. Pour des informations sur les escaliers de secours de Fraser Lake dans les années 1930, voir : CVR, ARN, Bibliothèque et Archives Canada, RG10, volume 6444, dossier 881-5, partie 4, 1926-1933, bobine de microfilm C-8768, « Extrait tiré du rapport de l'agent des Indiens Moore du mois de février 1932, concernant le pensionnat de Lejac. » [LEJ-004508]
92. CVR, ARN, Bibliothèque et Archives Canada, RG10, volume 6456, dossier 885-5, partie 7, bobine de microfilm C-8778, C. H. Buck à R. A. Gibson, 20 juillet 1949. [KUP-004163]
93. CVR, AVS, Leona Agawa, déclaration devant la Commission de vérité et réconciliation du Canada, Sault Ste. Marie (Ontario), 6 novembre 2010, numéro de déclaration : 01-ON-4-6 NOV10-006.
94. CVR, ARN, Bibliothèque et Archives Canada, RG10, volume 6316, dossier 656-5, partie 7, T. B. R. Westgate au secrétaire, Affaires indiennes, 18 août 1941. [PAR-008548]

95. CVR, ARN, AINC - Secteur de la résolution - Collection des dossiers historiques des pensionnats indiens - Ottawa, dossier 494/25-1-015, volume 1, Philip Phelan au révérend J. Lemire, 21 février 1945. [MCI-000756]
96. CVR, ARN, AINC - Secteur de la résolution - Collection des dossiers historiques des pensionnats indiens - Ottawa, dossier 494/25-1-015, volume 1, G. Swartman aux Affaires indiennes, 1er mars 1945. [MCI-000757]
97. CVR, ARN, Bibliothèque et Archives Canada, RG10, volume 6278, dossier 584-5, partie 11, George H. Spriggs à J. Waite, 27 décembre 1945. [SBR-001317-0001]
98. CVR, ARN, Bibliothèque et Archives Canada, RG10, volume 6278, dossier 584-5, partie 12, J. M. Wardle à R. A. Hoey, 3 janvier 1946. [SBR-001364-0000]
99. CVR, ARN, MAINC, dossier 6-15-1, volume 1, Rapport de la Commission sur les Affaires indiennes, 1946. [AEMR-016240]
100. CVR, ARN, Bibliothèque et Archives Canada - Burnaby, 951/6-1-879, partie 1, Christie IRS, 03/1945-08/1948, F.A. 10-138, volume permanent 13389, Archives nationales du Canada - Burnaby, commissaire aux incendies, D. M. MacKay, 30 décembre 1946. [CST-004152]
101. CVR, ARN, Bibliothèque et Archives Canada, RG10, volume 6199, dossier 465-5, partie 11, Norman Paterson à la Division des affaires indiennes, 15 avril 1947. [KNR-000518]
102. CVR, ARN, Bibliothèque et Archives Canada, RG10, volume 8648, dossier 652/6-1, partie 1, A. Dron aux Affaires indiennes, 29 avril 1948. [SMD-001931-0001]
103. CVR, ARN, Bibliothèque et Archives Canada, RG22, volume 1206, dossier 674-2, partie 1, D. M. MacKay au sous-ministre, 28 juin 1949. [SMD-000908]
104. CVR, ARN, Bibliothèque et Archives Canada, RG10, volume 6380, dossier 769-5, partie 3, G. S. Lapp, surintendant, ministère des Mines et des Ressources, Division des affaires indiennes à la Division des affaires indiennes, 5 novembre 1948. [WFL-000494-0000]
105. CVR, ARN, Bibliothèque et Archives Canada, RG10, volume 8257, dossier 485/6-1-001, partie 1, J. F. Lockhart aux Affaires indiennes, 20 octobre 1950. [FFR-000307]
106. CVR, ARN, Bibliothèque et Archives Canada, RG10, volume 6189, dossier 461-5, partie 12, W. M. Benidickson à W. E. Harris, 6 juin 1950. [CJC-001327]
107. CVR, ARN, Bibliothèque et Archives Canada, RG10, volume 8263, dossier 487/6-1-014, partie 1, T. C. Ross à Norman Patterson, 5 juin 1951. [CJC-000288]
108. CVR, ARN, Bibliothèque et Archives Canada, RG10, volume 8263, dossier 487/6-1-014, partie 1, Norman Paterson à la Division de l'éducation, 28 mars 1952. [CJC-000289]
109. CVR, ARN, Bibliothèque et Archives Canada, RG22, volume permanent 1069, dossier 250-11-17, partie 1, pensionnat - Fort Providence 1957, F.A. 22-3, John Parker à G. Robertson, 22 octobre 1957. [FPU-002206]
110. CVR, ARN, Bibliothèque et Archives Canada, RG22, volume permanent 1069, dossier 250-11-17, partie 1, pensionnat - Fort Providence 1957, F.A. 22-3, Ben Sivertz au sous-ministre, 12 novembre 1957. [FPU-002208]
111. CVR, ARN, Bibliothèque et Archives Canada, RG85, volume permanent 1224, dossier 630/101-3, partie 8, pensionnat catholique - Fort Resolution, T.N.-O. janvier 1956-mars 1958, F.A. 85-3, C. L. Merrill à J. Trocellier, 20 septembre 1957. [FRU-002035]
112. CVR, ARN, Bibliothèque et Archives Canada, RG10, volume 8259, dossier 486/6-1-001, partie 1, Henry Cook à B. F. Neary, 7 janvier 1950. [MFI-000351]
113. CVR, ARN, Bibliothèque et Archives Canada, RG10, volume 8259, dossier 486/6-1-001, partie 1, W. J. Scott aux Affaires indiennes, 12 janvier 1950. [MFI-000352]

114. CVR, ARN, Bibliothèque et Archives Canada, RG10, volume 8259, dossier 486/6-1-001, partie 1, D. Hester à H. G. Cook, 12 août 1950. [MFI-000369]
115. CVR, ARN, Bibliothèque et Archives Canada, RG10, volume 8259, dossier 486/6-1-001, partie 1, D. M. MacKay au sous-ministre, 12 octobre 1950. [MFI-000375]
116. CVR, ARN, Bibliothèque et Archives Canada, RG10, volume 8259, dossier 486/6-1-001, partie 3, S. G. Barker à F. Matters, 9 février 1953. [MFI-000489]
117. CVR, ARN, Bibliothèque et Archives Canada, RG10, volume 8259, dossier 486/6-1-001, partie 4, Note de service, chef - service du génie et de la construction, 29 septembre 1953. [MFI-000506]
118. CVR, ARN, Bibliothèque et Archives Canada, RG10, nº d'acquisition 1999-01431-6, boîte 133, dossier 401/23-17, partie 1, J. F. Lockhart à F. Matters, 16 juin 1954. [MFI-007716]
119. CVR, ARN, Bibliothèque et Archives Canada, RG10, volume 8259, dossier 486/6-1-001, partie 5, F. Matters aux Affaires indiennes, 25 juin 1954. [MFI-000516]
120. CVR, ARN, Bibliothèque et Archives Canada, RG10, volume 8259, dossier 486/6-1-001, partie 5, Henry Cook à R. F. Davey, 17 septembre 1954. [MFI-000519]
121. CVR, ARN, Bibliothèque et Archives Canada, RG10, volume 8274, dossier 494/6-1-014, partie 1, P. Phelan à F. Matters, 24 novembre 1952. [PLK-000419]
122. CVR, ARN, Bibliothèque et Archives Canada, RG10, volume 8274, dossier 494/6-1-014, partie 4, J. E. Ritchie à R. F. Davey, 23 août 1955. [PLK-000405-0001]
123. CVR, ARN, Bibliothèque et Archives Canada, RG10, volume 8275, dossier 494/6-1-014, partie 5, Henry Cook à R. F. Davey, 27 avril 1956. [PLK-000474]
124. CVR, ARN, Bibliothèque et Archives Canada, RG10, volume 8275, dossier 494/6-1-014, partie 6, H. M. Jones au sous-ministre, 12 avril 1957. [PLK-000376]
125. CVR, ARN, Bibliothèque et Archives Canada, RG10, volume 6266, dossier 579-5, partie 9, Philip Phelan à J. Brachet, 9 novembre 1945. [FAR-003245]
126. CVR, ARN, Bibliothèque et Archives Canada, RG10, volume 6266, dossier 579-5, partie 9, J. Brachet à l'agent des Indiens, Selkirk, 11 septembre 1946. [FAR-003250-0001]
127. CVR, ARN, Bibliothèque et Archives Canada, RG10, volume 6266, dossier 579-5, partie 11, B. E. Olson à Bernard F. Neary, 3 septembre 1948. [FAR-003288]
128. CVR, ARN, Bibliothèque et Archives Canada, RG10, volume 6266, dossier 579-5, partie 11, B. F. Neary à B. E. Olson, 10 septembre 1948. [FAR-003289]
129. CVR, ARN, Bibliothèque et Archives Canada, RG10, volume 6266, dossier 579-5, partie 11, B. F. Neary à R. S. Davis, 10 novembre 1949. [FAR-003800]
130. CVR, ARN, Bibliothèque et Archives Canada, RG10, volume 6266, dossier 579-5, partie 11, R. S. Davis aux Affaires indiennes, 22 décembre 1949. [FAR-003801]
131. CVR, ARN, Bibliothèque et Archives Canada, RG10, volume 7185, dossier 1/25-1-6-1, partie 1, E. Scholfield à B. F. Neary, 6 janvier 1950. [SRS-001568-0000]
132. CVR, ARN, Bibliothèque et Archives Canada, RG10, volume 8622, dossier 506/6-1-019, partie 1, rapport d'inspection d'incendie, école industrielle de Fort Alexander, Fort Alexander, 3 août 1950. [FAR-002418-0003]
133. CVR, ARN, Bibliothèque et Archives Canada, RG10, volume 8622, dossier 506/6-1-019, partie 1, R. S. Davis à B. F. Neary, 9 novembre 1950. [FAR-002418-0001]
134. CVR, ARN, Bibliothèque et Archives Canada, RG10, volume 8622, dossier 506/6-1-019, partie 1, R. S. Davis aux Affaires indiennes, 6 septembre 1952. [FAR-002427-0000]
135. CVR, ARN, Bibliothèque et Archives Canada, RG10, volume 8622, dossier 506/6-1-019, partie 1, H. E. Puttee à R. S. Davis, 29 octobre 1952. [FAR-002433-0000]

136. CVR, ARN, Bibliothèque et Archives Canada, RG10, volume 8622, dossier 506/6-1-019, partie 1, Philip Phelan à R. S. Davis, 13 juillet 1953. [FAR-002449-0001]
137. CVR, ARN, Bibliothèque et Archives Canada, RG10, volume 8622, dossier 506/6-1-019, partie 2, extrait du rapport sur la protection contre l'incendie du superviseur régional Davis daté du 18 mai 1954. [FAR-002486]
138. CVR, ARN, Bibliothèque et Archives Canada, RG10, volume 6261, dossier 577-5, partie 8, H. E. Pitre, 12 octobre 1949. [CLD-004322-0001]
139. CVR, ARN, Bibliothèque et Archives Canada, RG10, volume 6261, dossier 577-5, partie 8, R. S. Davis à la Division des affaires indiennes, 24 décembre 1949. [CLD-004325]
140. CVR, ARN, Bibliothèque et Archives Canada, RG10, volume 8641, dossier 511/6-1-054, partie 2, G. E. Trudeau à G. Marcoux, 16 août 1955; [CLD-004399] R. D. Ragan à G. E. Trudeau, 21 août 1956. [CLD-001080]
141. CVR, ARN, Bibliothèque et Archives Canada, RG10, volume 6351, dossier 753-5, partie 6, 1947, bobine de microfilm C-8707, J. H. Leyland à R. R. Moore, 23 décembre 1946. [EDM-004444]
142. CVR, ARN, Bibliothèque et Archives Canada, RG10, volume 6351, [110]774/6-1-753 volume I, 09/45-12/53 ANC, E. A. Robertson aux Affaires indiennes, 1er novembre 1948; [EDM-004918] CVR, ARN, Bibliothèque et Archives Canada, RG10, volume 6351, dossier 753-5, partie 7, 1947-1949, bobine de microfilm C8707 et C8708, E. J. Staley à E. A. Robertson, 28 février 1949. [EDM-007300]
143. CVR, ARN, Bibliothèque et Archives Canada, RG10, volume 6351, dossier 753-5, partie 7, 1947-1949, bobine de microfilm C8707 et C8708, B. F. Neary à G. H. Gooderham, 19 mars 1949. [EDM-007301]
144. CVR, ARN, Bibliothèque et Archives Canada, [110]774/6-1-753, volume I, 09/45-12/53 ANC, Findlay Barnes à N. H. Woodsworth, 30 mars 1953. [EDM-004791-0001]
145. CVR, ARN, Bibliothèque et Archives Canada, [110]774/6-1-753, volume I, 09/45-12/53 ANC, H. N. Woodsworth à F. Barnes, 18 avril 1953. [EDM-004787]
146. CVR, ARN, Bibliothèque et Archives Canada, RG10, volume 8666, dossier 709/6-1-001, partie 3, A. E. Bridges à R. F. Davey, 12 novembre 1953. [EDM-007760-0000]
147. CVR, ARN, Bibliothèque et Archives Canada, [110]774/6-1-753, volume 2, 1/54-12/57 ANC, R. F. Battle au directeur, ministère des Affaires indiennes, 8 septembre 1954; [EDM-005023] dossier 753-5, partie 7, 1947-1949, bobine de microfilm C8707 et C8708, E. J. Staley à E. A. Robertson, 28 février 1949. [EDM-007300]
148. CVR, ARN, Centre de services de la région de la capitale nationale - BAC - Ottawa, dossier 487/6-1-016, volume 1, levés techniques nº 2 sur la protection contre les incendies, pensionnat St. Mary, octobre à novembre 1966. [KNR-000373]
149. CVR, ARN, Bibliothèque et Archives Canada, RG10, nº d'acquisition 1984-85/112, boîte 74, dossier 487/6-1-016, partie 2, R. A. Switzer à C. J. Crapper, 3 décembre 1968. [KNR-001607-0001]
150. CVR, ARN, AINC - Secteur de la résolution - Collection des dossiers historiques des pensionnats - Ottawa, dossier 487/1-18, volume 1, W. McKim à A. Lacerte, p. 22, sans date. [KNR-000214]
151. CVR, ARN, Bibliothèque et Archives Canada, RG10, volume 11552, dossier 312-11, partie 2, Russell T. Ferrier et Duncan C. Scott aux directeurs des pensionnats, 5 février 1932. [AEMR-177210]

152. CVR, ARN, Bibliothèque et Archives Canada, RG10, volume 7185, dossier 1/25-1-6-1, partie 1, R. A. Hoey aux directeurs des pensionnats, 10 février 1938; [SRS-001560-0001] AINC - Secteur de la résolution - Collection des dossiers historiques des pensionnats - Ottawa, 772/23-5-010, 1894-1966, volume DRSRO, J. N. R. Iredale aux Affaires indiennes, 21 février 1946. [MOR-001068]
153. CVR, ARN, Bibliothèque et Archives Canada, RG10, volume 6189, dossier 461-5, partie 8, F. Dubois à F. Edwards, 16 septembre 1940. [CJC-000758-0001]
154. CVR, ARN, Bibliothèque et Archives Canada, RG10, volume 6253, dossier 575-5, partie 7, Philip Phelan à A. G. Smith, 19 août 1945. [BIR-000298]
155. CVR, ARN, AINC - Secteur de la résolution - Collection des dossiers historiques des pensionnats - Ottawa, 772/23-5-010, 1894-1966, volume DRSRO, J. N. R. Iredale aux Affaires indiennes, 21 février 1946. [MOR-001068]
156. CVR, ARN, AINC - Secteur de la résolution - Collection des dossiers historiques des pensionnats - Ottawa, 959/6-1-022B, volume 1, 11/42-01/49, CRPA, [302-19], B. F. Neary à M. S. Todd, 9 janvier 1947. [MIK-002879]
157. CVR, ARN, Bibliothèque et Archives Canada, RG10, volume 6192, dossier 462-5, partie 9, F. Matters aux Affaires indiennes, 24 avril 1948. [CRS-001988]
158. CVR, ARN, Bibliothèque et Archives Canada, RG10, volume 8257, dossier 485/6-1-001, partie 1, Philip Phelan à J. F. Lockhart, 20 décembre 1952. [FFR-002294]
159. CVR, ARN, Centre de services régional des Prairies - Nord-Ouest - BAC - Edmonton, RG10, n° d'acquisition E-1996-97/451, boîte 20, n° de l'emplacement 308257 [18/18], dossier 25-1, Philip Phelan à J. Lemire, 29 janvier 1952. [MRS-002156-0001]
160. CVR, ARN, Centre de services régional des Prairies - Nord-Ouest - BAC - Edmonton, RG10, n° d'acquisition E-1996-97/451, boîte 20, n° de l'emplacement 308257 [18/18], dossier 25-1, J. Lemire à Philip Phelan, 1er février 1952. [MRS-002156-0000]
161. CVR, ARN, Bibliothèque et Archives Canada, RG10, volume 8611, dossier 658/1-13, partie 1, Philip Phelan à M. Landry, 24 décembre 1952. [BVL-000551]
162. CVR, ARN, Bibliothèque et Archives Canada, RG10, volume 8659, dossier 658/6-1, partie 2, J. R. Bell à E. S. Jones, 28 janvier 1956. [BVL-000661]
163. CVR, ARN, AINC - Secteur de la résolution - Collection des dossiers historiques des pensionnats - Ottawa, dossier 501/25-1-067, volume 1, déclaration d'Annie Assiniboine, bande Long Plain, sans date; [IRC-041132] MAINC, Bureau des documents sur les pensionnats, dossier 501/25-1-067, volume 1, déclaration d'Ella Bell, Sioux de Long Plain, 4 mars 1949. [PLP-000030-0013]
164. CVR, ARN, Bibliothèque et Archives Canada, RG10, volume 8630, dossier 511/6-1-017, partie 6, rapport d'inspection d'incendie, pensionnat, Portage la Prairie (Manitoba) H. E. Puttee, 18 avril 1955. [PLP-000697-0002]
165. CVR, ARN, emplacement de document à déterminer, dossier source de document, District, 916/6-1-029, partie 2, 1960-1962, au commissaire aux incendies, objet : Inspection du pensionnat de Alberni, 16 août 1960. [ABR-000471-0001]
166. CVR, ARN, Bibliothèque et Archives Canada, Ottawa, dossier 959/6-1, partie 9, organisme de Kwawkewlth - Correspondance concernant les bâtiments [Plans] du pensionnat d'Alert Bay, 1960-1961, F.A. 10-27, volume 8701, bobine de microfilm C-14163, Archives nationales du Canada - Ottawa, indéchiffrable pour R. A. W. Switzer à H. M. Jones, 16 février 1961. [MIK-013126-0001]

167. CVR, ARN, Bibliothèque et Archives Canada, RG10, volume 8621, dossier 506/6-1-018, partie 3, W. Perrin, 16 octobre 1962; [ARS-005112-0002] R. A. W. Switzer à R. F. Davey, 15 novembre 1962. [ARS-005112-0000]
168. CVR, ARN, Bibliothèque et Archives Canada, RG10, volume 8621, dossier 506/6-1-018, partie 3, rapport d'inspection d'incendie, octobre 1962, pensionnat d'Assiniboia, W. Perrin, 16 octobre 1962. [ARS-005112-0002]
169. CVR, ARN, Bibliothèque et Archives Canada - Ottawa, RG10, volume 8710, dossier 965/6-1, partie 11, 1961-1964, bobine de microfilm C-14169, « Fire Protection Engineering Survey, February 1964, Lejac Indian Residential School, Lejac, B.C., Office of the Dominion Fire Commissioner, Department of Public Works, Ottawa » P. H. Waterson et R. C. Wilson, 14. [LEJ-003418-0002]
170. CVR, ARN, Bibliothèque et Archives Canada, RG10, n° d'acquisition 1999-01431-6, boîte 368, dossier 963/6-1, bâtiments scolaires, résidence de Kamloops, partie 21, 1964-1967 ANC - levés techniques sur la protection contre l'incendie, Ottawa, 23-24 février 1965, pensionnat de Kootenay, Cranbrook, Colombie-Britannique. [EGN-001082]
171. CVR, ARN, Centre de services de la région de la capitale nationale - BAC - Ottawa, dossier 487/6-1-016, volume 1, rapport d'inspection d'incendie, pensionnat de St. Mary, novembre 1966. [KNR-000373]
172. CVR, ARN, Bibliothèque et Archives Canada - Winnipeg, RG10, n° d'acquisition W86-87/083, boîte 030, dossier 127/6-1-014, volume 1, R. A. W. Switzer à W. G. Robinson, 2 mai 1968. [BIR-005188-0001]
173. CVR, ARN, Archives provinciales de l'Alberta, APA 71.220 B160 2336, procès-verbal de la réunion des directeurs des pensionnats et des surintendants scolaires du district, octobre 1968. [OGP-022048]
174. CVR, ARN, AINC - Secteur de la résolution - Collection des dossiers historiques des pensionnats - Ottawa, dossier 501/25-13-083, volume 11, W. J. Hughes au directeur régional, Manitoba, 27 novembre 1970. [BRS-000788-0001]
175. CVR, ARN, AINC - Secteur de la résolution - Collection des dossiers historiques des pensionnats - Ottawa, dossier 675/25-13, volume 1, levés techniques sur la protection contre l'incendie, foyer scolaire de Qu'Appelle, Lebret, Saskatchewan, 10 octobre 1973. [PLD-009024-0001]
176. CVR, ARN, Bibliothèque et Archives Canada - Edmonton, 774/6-1-016, volume 4, 09/75-03/81, ANC Edmonton, A. H. MacBride à J. van de Voort, 19 décembre 1975. [ERM-007201]
177. CVR, ARN, Bibliothèque et Archives Canada - Edmonton 4965-D32, volume 3, 03/81-03/81 ANC Edmonton, Ed Lafreniere à J. Makokis, B. Ward, R. Anderson, J. King, 9 mars 1981. [EDH-002879]
178. CVR, ARN, Bibliothèque et Archives Canada - Edmonton, 4965-1247, volume 1, 05/80-12/82, ANC Edmonton, L. Johnson à E. Lafreniere, 18 mars 1981. [ERM-007912]
179. CVR, ARN, gouvernement des Territoires du Nord-Ouest - Éducation, de la Culture et de la Formation, dossier 73-500-402, volume 2, foyer fédéral de Fort McPherson [anglican] - rapport trimestriel [Fort McPherson], 01/72-12/76, n° de transfert 0330, boîte 8-21, Harry J. Mayne à Joe Coady, 16 janvier 1976. [FHU-002395]
180. CVR, DAE, Kay Blake, « Cecilia Jeffrey, Indian Residential School, 1950-1958. » [13c-c000117-d0025-001]
181. CVR, ARN, Bibliothèque et Archives Canada, RG10, volume 6320, dossier 658-1, partie 2, J. P. B. Ostrander aux Affaires indiennes, 30 avril 1946. [PAR-000905]

182. CVR, ARN, Bibliothèque et Archives Canada, RG10, volume 6434, dossier 877-5, partie 7, ANC, D. M. MacKay au secrétaire, Division des affaires indiennes, 25 février 1941; [ABR-000980-0001] RG10, volume 8453, dossier 985/23-5, rapport de l'inspecteur sur le pensionnat de Alberni, 26 novembre 1941. [ABR-006565-0002]
183. CVR, ARN, Bibliothèque et Archives Canada, RG10, volume 6434, dossier 877-5, partie 7, ANC, R. C. Scott à R. A. Hoey, 15 mars 1941. [ABR-000975]
184. CVR, ARN, Bibliothèque et Archives Canada, RG10, volume 6307, dossier 653-1, partie 2, M. Christianson au secrétaire, Affaires indiennes, 17 avril 1942. [FHR-000585]
185. CVR, ARN, Bibliothèque et Archives Canada, RG10, volume 6308, dossier 653-1, partie 6, M. Christianson au secrétaire, Affaires indiennes, 18 avril 1942. [FHR-000254]
186. CVR, ARN, Bibliothèque et Archives Canada, RG10, volume 6307, dossier 653-1, partie 2, M. Christianson au secrétaire des Affaires indiennes, 28 mai 1942. [FHR-000271]
187. CVR, ARN, Bibliothèque et Archives Canada, RG10, volume 8754, dossier 651/25-1, partie 1, J. P. B. Ostrander aux Affaires indiennes, 28 avril 1947; [PAR-009230] R. A. Hoey au sous-ministre, 2 juin 1947. [PAR-009238]
188. CVR, ARN, Bibliothèque et Archives Canada, RG10, volume 6317, dossier 656-5, partie 8, J. P. B. Ostrander aux Affaires indiennes, 16 mars 1948; [PAR-009258] J. P. B. Ostrander aux Affaires indiennes, 3 août 1948. [PAR-009276]
189. CVR, ARN, Bibliothèque et Archives Canada, RG10, volume 8753, dossier 601/25-1, partie 1, J. P. B. Ostrander aux Affaires indiennes, 24 novembre 1948. [PAR-001188]
190. CVR, ARN, Bibliothèque et Archives Canada, RG10, volume 6317, dossier 656-5, partie 8, J. P. B. Ostrander aux Affaires indiennes, 16 mars 1948; [PAR-009258] J. P. B. Ostrander aux Affaires indiennes, 3 août 1948. [PAR-009276]
191. CVR, ARN, Bibliothèque et Archives Canada, RG10, volume 6337, dossier 663-5, partie 4, enquête de la Gendarmerie royale du Canada, 24 janvier 1948. [THR-003033]
192. Funk, « Une Main Criminelle, » p. 77-78.
193. CVR, ARN, Bibliothèque et Archives Canada, RG10, volume 8634, dossier 511/6-1-025, partie 1, « Investigation Re Fire - Girls Dormitory, Pine Creek Indian Residential School, Camperville, Manitoba, 19 December 1951. » [PCR-004752-0001]
194. CVR, ARN, Bibliothèque et Archives Canada, RG10, volume 8634, dossier 511/6-1-025, partie 1, J. H. Staunton à R. S. Davis, 21 décembre 1951. [PCR-004748-0001]
195. CVR, ARN, Bibliothèque et Archives Canada, RG10, volume 8634, dossier 511/6-1-025, partie 1, G. H. Marcoux à P. Phelan, 8 janvier 1952. [PCR-004752-0000]
196. CVR, ARN, Bibliothèque et Archives Canada, RG10, volume 8659, dossier 658/6-1, partie 2, J. R. Bell à E. S. Jones, 7 avril 1956. [BVL-000669-0001]
197. CVR, ARN, Centre de services régional des Prairies - Nord-Ouest - BAC -Edmonton, n° d'acquisition E1996/97-046, boîte 7, dossier 674/25-2, J. Bourbonnais à R. T. Smith, 21 octobre 1966. [BVL-002314-0001]
198. CVR, ARN, Centre de services régional des Prairies - Nord-Ouest - BAC -Edmonton, n° d'acquisition E1996/97-046, boîte 7, dossier 674/25-2, W. Karashowsky à J. Bourbonnais, 31 octobre 1966. [BVL-002314-0000]
199. CVR, ARN, Bibliothèque et Archives Canada - Edmonton, RG10, n° d'acquisition E1996-97/415, boîte 36, dossier 25-2-029, janvier 1967-janvier 1969, E. Turenne à Walter Karawshowski [mal orthographié dans le texte d'origine; doit s'écrire Karashowsky], 6 mai 1968. [SPR-003247]

200. CVR, ARN, AINC - Secteur de la résolution - Collection des dossiers historiques des pensionnats - Ottawa, AINC - Secteur de la résolution - Collection des dossiers historiques des pensionnats - Ottawa, Paul Poitras aux Affaires indiennes, 25 mars 1977. [PLD-009229]
201. CVR, ARN, AINC - Secteur de la résolution - Collection des dossiers historiques des pensionnats - Ottawa, dossier 675/25-13-1-019, volume 2, Paul Poitras aux Affaires indiennes, 24 avril 1977. [PLD-009231]
202. CVR, ARN, AINC - Secteur de la résolution - Collection des dossiers historiques des pensionnats - Ottawa, dossier 675/25-019, volume 2, Charles Bellegarde aux Affaires indiennes, 7 mai 1977; [PLD-009233] Paul Poitras aux Affaires indiennes, 25 juin 1977. [PLD-009239]
203. CVR, ARN, AINC - Secteur de la résolution - Collection des dossiers historiques des pensionnats - Ottawa, dossier 675/25-13-1-019, volume 2, Ann Bellegarde aux Affaires indiennes, 15 septembre 1977. [PLD-009237]
204. CVR, ARN, AINC - Secteur de la résolution - Collection des dossiers historiques des pensionnats - Ottawa, dossier 675/25-13-1-019, volume 2, Allan Dickie, 19 avril 1978. [PLD-009245]
205. CVR, ARN, Bibliothèque et Archives Canada, RG10, volume 8638, dossier 511/6-1-038, partie 1, E. S. Jones à J. P. B. Ostrander, 6 septembre 1952. [GUY-000148]
206. CVR, ARN, Archives du gouvernement des Territoires du Nord-Ouest, dossier 630.012, partie 2, volume 2, bâtiments du foyer - Churchill, 1965, boîte d'archives 37-3, n° d'acquisition M1994-009, R. L. Graves au surintendant régional des pensionnats, 31 janvier 1967. [CVC-002785-0000]
207. CVR, ARN, AINC - Secteur de la résolution - Collection des dossiers historiques des pensionnats indiens - Ottawa, dossiers GRS, boîte 140, dossier 3, Ronald J. Pratt, 24 octobre 1986. [GDC-005182-0001]
208. Hansen, *Réglementation de la construction des bâtiments*, http://archive.nrc-cnrc.gc.ca/fra/idp/irc/dcc/digest-construction-237.html; Revay and Associates Limited, *Document de travail sur le Code national du bâtiment du Canada,* p. 1-2.
209. CVR, ARN, emplacement de document : inconnu, dossier source de document, dossier 208/6-1 (C1), C. H. Buck à W. S. Arneil, 7 octobre 1957. [AEMR-010121]
210. CVR, ARN, Bibliothèque et Archives Canada - Ottawa, RG10, volume 8697, dossier 957/6-1, partie 2, C. H. Cullem pour R. J. Bickford à E. C. Hicks, 7 octobre 1957. [MIS-000176]
211. CVR, ARN, Bibliothèque et Archives Canada, RG10, volume 7185, dossier 1/25-1-6-1, partie 1, S. S. Wright à Bernard Neary, 17 février 1950. [SRS-001574-0000]
212. CVR, ARN, Bibliothèque et Archives Canada, RG10, volume 7185, dossier 1/25-1-6-1, partie 1, Philip Phelan à J. P. Mackey, 6 mars 1950. [SRS-001577]
213. CVR, ARN, Bibliothèque et Archives - Burnaby, bâtiments scolaires - réparations - pensionnat de Squamish, F.A. 10-593, n° d'acquisition V2005-00480-4, boîte d'archives 1, A. H. Abbott à M. Michaella, 8 janvier 1958. [SQU-206024]
214. CVR, ARN, Bibliothèque et Archives Canada, RG10, F.A. 10-379, 1999-01431-6, boîte 405, 987/25-1-018, partie 1, éducation des Indiens - foyer scolaire de Squamish, district de Fraser, 1950-1969, ANC Ottawa, R. F. Davey au directeur des Affaires indiennes, 17 juillet 1958. [SQU-000573]
215. CVR, ARN, Bibliothèque et Archives Canada - Burnaby, bâtiments scolaires -réparations - pensionnat de Squamish, F.A. 10-593, n° d'acquisition V2005-00480-4, boîte d'archives 1, A. V. Parminter pour W. S. Arneil au chef de la Division de l'éducation, Affaires indiennes, 12 septembre 1958. [SQU-206032]

216. CVR, ARN, AINC - Bureau des dossiers régionaux de la Colombie-Britannique -Vancouver, dossier 989/40-3, volume 1, pertes imputables à un incendie - Administration générale, 05/1958-11/1980, n° d'acquisition V81-352, boîte 24762, MAINC, registre central de la Colombie-Britannique, « 12 Children Dead In Hospital Fire », *Vancouver Sun*, 23 mai 1958; [JOE-019090] CVR, ARN, Bibliothèque et Archives Canada - Burnaby, registres des élèves - pensionnat de Kootenay à l'externat de Chilcotin, n° d'inst. de recherche 10-189, n° d'acquisition d'archives V1996-97/816, boîte d'archives 104, registre des élèves, pensionnat de Cariboo 1958. [JOE-210005]
217. CVR, ARN, aucun emplacement de document, aucun dossier source de document, L. K. Poupore à W. M. Duke, 2 juin 1960. [ABV-002080]
218. CVR, ARN, Bibliothèque et Archives Canada, RG10, volume 8797, dossier 1/25-13, partie 8, H. M. Jones au sous-ministre, 23 décembre 1960. [CST-000469]
219. CVR, ARN, aucun emplacement de document, aucun dossier source de document, A. F. Noonan, 21 octobre 1963; [CIS-000589-0001] CVR, ARN, AINC - Secteur de la résolution - Collection des dossiers historiques des pensionnats - Ottawa, 951/6-1, volume 2, 11/67-10/10/70, DRSRO, levés techniques sur la protection contre l'incendie, objet : pensionnat de Christie (propriété de l'Église), 13 février 1965. [CST-001418]
220. CVR, ARN, Bibliothèque et Archives Canada, F.A. 10-63, volume 13463 901/25-1, partie 1, 1950-1966 GARDD, R. F. Davey à J. Boys, 11 juin 1965. [CST-000832]
221. CVR, ARN, Archives de la Colombie-Britannique - Victoria, dossiers conservés dans des classeurs verticaux - pensionnat de Christie, bobine de microfilm 28, image 1988, Archives de la Colombie-Britannique, George Nicholson, « Indian Children Give up Their School in the Forest », *Vancouver Sun*, 15 juin 1971. [CST-800006]
222. CVR, ARN, Bibliothèque et Archives Canada - Ottawa, RG10, dossier 955/6-1, partie 5, n° d'acquisition 1999-01431-6, boîte 367, 1961-1967, ANC Ottawa, R. C. Wilson pour R. A. W. Switzer à G. J. Bowen, 23 novembre 1965. [SLT-004435]
223. CVR, ARN, Bibliothèque et Archives Canada - Burnaby, dossier 987/25-13-1, volume 1, fermetures des pensionnats, 1975-1977, F.A. 10-137, partie 1, n° d'acquisition V1986-87/243, boîte d'archives 4, Bibliothèque et Archives Canada - Burnaby, rapport n° 5 sur les levés techniques sur la protection contre l'incendie, pensionnat de Sechelt, 10 avril 1973. [SLT-014052-0001]
224. CVR, ARN, Bibliothèque et Archives Canada, RG10, volume 8710, dossier 965/6-1, partie 11, 1961-1964, bobine de microfilm C-14169, levés techniques sur la protection contre l'incendie, septembre 1964, pensionnat de Lejac, Lejac (Colombie-Britannique). [LEJ-003418-0002]
225. CVR, ARN, Bibliothèque et Archives Canada - Burnaby, RG10, n° d'inst. de recherche 10-189, n° d'acquisition v96-97/816, dossier 6-1-963, boîte 3, protection contre l'incendie - K.S.R. ANC - Burnaby, levés techniques sur la protection contre l'incendie, 24-25 septembre 1964, pensionnat de Kamloops, Kamloops (Colombie-Britannique). [KAM-062000]
226. CVR, ARN, Bibliothèque et Archives Canada - Ottawa, RG10, volume 8697, dossier 956/6-1, partie 10, levés techniques sur la protection contre l'incendie, 26 septembre 1964, pensionnat de St. George, Lytton, (Colombie-Britannique). [GRG-002817-0001]
227. CVR, ARN, Bibliothèque et Archives Canada - Ottawa, RG10, volume 8704, dossier 962/6-1, partie 11, bobine de microfilm C-14164, 1961-1965, 1960, Archives nationales - Ottawa, rapport d'inspection d'incendie sur le pensionnat de Cariboo, 22 février 1965. [JOE-060097-0000]
228. CVR, ARN, Bibliothèque et Archives Canada - Ottawa, RG10, n° d'acquisition 1999-01431-6, boîte 368, dossier 963/6-1, bâtiments scolaires, foyer scolaire de Kamloops, partie 21, 1964-

1967, ANC - Ottawa, levés techniques sur la protection contre l'incendie, 23-24 février 1965, pensionnat de Kootenay, Cranbrook, Colombie-Britannique [EGN-001082]

229. CVR, ARN, Bibliothèque et Archives Canada, 775[706]/6-1-020, volume 1, 04/65-11/67, ANC, W. D. MacKay à R. F. Battle, 23 avril 1959. [FTV-006040-0000]
230. CVR, ARN, aucun emplacement de document, aucun dossier source de document, Mgr Routhier à R. F. Battle, 23 juin 1959. [GMA-000699]
231. CVR, ARN, aucun emplacement de document, aucun dossier source de document, H. M. Jones à Mgr Routhier, 16 février 1961. [GMA-000760]
232. CVR, ARN, Bibliothèque et Archives Canada - Ottawa, RG10, volume 8758, dossier 773/25-1, partie 2, R. F. Battle à la Division des affaires indiennes, 11 juin 1959. [SAC-001075-0000]
233. CVR, ARN, aucun emplacement de document, aucun dossier source de document, Maurice McDougall et trois autres personnes aux Chevaliers, 7 décembre 1959. [GMA-003281-0002]
234. CVR, ARN, Bibliothèque et Archives Canada, RG10, volume 8758, dossier 773/25-1, partie 2, H. M. Jones au sous-ministre, 5 janvier 1960. [CYP-004018]
235. CVR, ARN, AINC - Bureau principal des documents - Ottawa, DCD-AC, dossier 772/6-1-001, volume 10, 04/66-02/72, illisible pour W. G. Robinson au directeur de l'Éducation, 16 juillet 1968. [CFT-002054]Pour la date de fermeture de Cluny, voir : CVR, ARN, Bibliothèque et Archives Canada, [205] 701/6-1, volume III, 01/1968-02/1971, ANC, R. D. Ragan à P. Deziel, 31 décembre 1968. [MOR-005193]
236. CVR, ARN, Bibliothèque et Archives Canada, ANC, dossier 772/6-1-001, 01/67-10/69, « Cluny Indian School Closing », de Don Peacock, [*Albertan* de Calgary] 20 décembre 1969. [CFT-002237]
237. CVR, ARN, AINC - Bureau principal des documents - Ottawa, 779/6-1-009, volume 8, 1966 DCD-AC, G. J. Bowen au directeur de l'Éducation, 6 juillet 1966; [BQL-000632] CVR, ARN, AINC - Secteur de la résolution - Collection des dossiers historiques des pensionnats - Ottawa, 779/6-1-009, volume 8, 1966 CRPA, G. J. Bowen à B. Wilson, 21 juillet 1966. [BQL-005674-0000]
238. CVR, ARN, AINC - Secteur de la résolution - Collection des dossiers historiques des pensionnats - Ottawa, 779/6-1-009, volume 8, 1966 CRPA, R. A. W. Switzer à G. J. Bowen, 27 juillet 1966. [BQL-005695-0004]
239. CVR, ARN, ANC - Bureau principal des documents - Ottawa, 775/6-1, volume 1, 1955-72, DCD-AC, R. C. Wilson pour R. A. W. Switzer à G. J. Bowen, 11 juillet 1967. [AMP-009523-0001]
240. CVR, ARN, AINC - Bureau principal des documents - Ottawa, 775/6-1-005, janvier 1964-février 1973, volume 5, MAINC, archives centrales - AC, R. F. Davey à Henri Routhier, 23 août 1968. [FTV-006722-0000]
241. CVR, ARN, Administration centrale 777/6-1-007, 02/65-11/69, volume 6, AC, R. F. Davey à Henri Routhier, 30 décembre 1968. [JRD-001725-0001]
242. CVR, ARN, Centre de services de la région de la capitale nationale - BAC - Ottawa, dossier 701/25-1, volume 6 (n° de l'emplacement H21-316), Jean Chrétien à Martin O'Connell, 22 octobre 1969. [NCA-015260-0000]
243. CVR, ARN, Bibliothèque et Archives Canada, 775/6-1-006, volume II, 01/69-01/75, ANC, P. L. McGillvray pour R. F. Davey au surintendant régional des pensionnats, 6 juin 1969. [AMP-005016-0001]
244. CVR, ARN, AC 775/6-1-006, 1968-1973, volume 8, AC, W. I. Mouat aux Affaires indiennes, 24 décembre 1970. [AMP-007686]

245. CVR, ARN, AINC - Secteur de la résolution - Collection des dossiers historiques des pensionnats - Ottawa, 775/6-1-GHC, volume 1, 05/1973-06/1975, CRPA, E. W. Robinson à Don McBride, 27 avril 1973. [AMP-010378]
246. CVR, ARN, AINC - Bureau principal des documents - Ottawa, 772/6-1-010, volume 8, 1966-1972, DCD-AC, C. J. Crapper pour G. J. Bowen au directeur, Direction générale de l'éducation, 21 mars 1969. [MOR-002787-0000]
247. CVR, ARN, AINC - Bureau principal des documents - Ottawa, 772/6-1-010, volume 8, 1966-1972, DCD-AC, R. F. Davey à C. Crapper, 26 mars 1969. [MOR-002786]
248. CVR, ARN, AINC - Secteur de la résolution - Collection des dossiers historiques des pensionnats - Ottawa, dossier 621/6-1-010, volume 1, levés techniques sur la protection contre l'incendie, pensionnat d'Onion Lake, 27 mai 1965. [ORC-008490]
249. CVR, ARN, Centre de services de la région de la capitale nationale - BAC - Ottawa, dossier 671/6-1-025, volume 12, R. F. Davey au surintendant régional de l'éducation, 11 mars 1969. [ORC-008557]
250. CVR, ARN, Centre de services de la région de la capitale nationale - BAC - Ottawa, dossier 671/6-1-025, volume 12, R. F. Davey à C. J. Crapper, 26 mars 1969. [ORC-008554]
251. CVR, ARN, Centre de services de la région de la capitale nationale - BAC - Ottawa, dossier 671/6-2-025, volume 4, Résolution du conseil de la bande d'Onion Lake, 31 juillet 1974. [ORC-008733-0002]
252. CVR, ARN, Bibliothèque et Archives Canada, RG10, boîte 2, n° d'acquisition 1999-01431-6, dossier 1/1-2-2-21, partie 2, D. Kogawa au directeur des Services d'éducation, 8 février 1968. [NCA-003014]
253. Canada, *Rapport annuel du ministère des Affaires indiennes, 1969-1970,* p. 140.
254. CVR, ARN, AINC - Secteur de la résolution - Collection des dossiers historiques des pensionnats - Ottawa, dossier 672/6-1-016, volume 16, W. G. Robinson au directeur de l'Éducation, 13 mars 1968. [PAR-017715-0000]
255. CVR, ARN, AINC - Secteur de la résolution - Collection des dossiers historiques des pensionnats - Ottawa, Prince Albert, boîte 1, 1973-74, conférence des chefs du district de Prince Albert, pétition des chefs du district de Prince Albert, Tom Settee et neuf autres personnes, 22 mai 1973. [PAR-000303-0003]
256. CVR, ARN, Centre de services de la région de la capitale nationale - BAC - Ottawa, dossier 672/6-1, volume 1 (n° de l'emplacement N-332), G. Gooderham à J. Bennett, 15 août 1973. [NCA-016977]
257. CVR, ARN, AINC - Secteur de la résolution - Collection des dossiers historiques des pensionnats - Ottawa, dossier 601/25-13, volume 5, J. R. Mayor à J. Freeman, 7 septembre 1973. [PAR-019420]
258. CVR, ARN, Bibliothèque et Archives Canada, RG10, volume 10365, dossier 511/6-1-026, partie 16, R. A. W. Switzer à G. W. Richards, 21 avril 1967. [SBR-001650]
259. CVR, ARN, AINC - Secteur de la résolution - Collection des dossiers historiques des pensionnats - Ottawa, dossier 501/6-1-075, volume 8, R. C. Wilson pour R. A. W. Switzer à G. J. Bowen, 17 septembre 1968. [PCR-006373]
260. CVR, ARN, AINC - Secteur de la résolution - Collection des dossiers historiques des pensionnats - Ottawa, dossier 501/6-1-019, volume 10, E. J. Schoenherr au chef, Division de l'ingénierie et de la construction, 27 avril 1967. [FAR-002624]

261. CVR, ARN, AINC - Secteur de la résolution - Collection des dossiers historiques des pensionnats - Ottawa, dossier 1/25-13, volume 15, R. F. Davey au sous-ministre adjoint, Affaires indiennes et esquimaudes, 18 août 1969. [NCA-011279]
262. CVR, ARN, Bibliothèque et Archives Canada, RG10, volume 8278, dossier 494/6-1-015, partie 7, J. Lamire à G. Swartman, 25 janvier 1961. [MCI-001427-0001]
263. CVR, ARN, AINC - Secteur de la résolution - Collection des dossiers historiques des pensionnats - Ottawa, dossier 446/6-1-494, J. Lemire à R. F. Davey, 24 mars 1965. [MCI-004409]
264. CVR, DAV, Lawrence Wanakamik, déclaration devant la Commission de vérité et réconciliation du Canada, Thunder Bay (Ontario), 6 janvier 2011, numéro de déclaration : 01-ON-06JA11-002.
265. CVR, ARN, AINC - Secteur de la résolution - Collection des dossiers historiques des pensionnats - Ottawa, dossier 494/6-1-015, volume 8, G. S. Lapp aux Affaires indiennes, 26 mars 1965. [MCI-006379]
266. Canada, *Rapport annuel du ministère des Affaires indiennes, 1969-1970,* p. 140.
267. CVR, ARN, AINC - Secteur de la résolution - Collection des dossiers historiques des pensionnats - Ottawa, dossier 129/25-2-016, volume 1, H. B. Rodine au directeur surveillant, Inspectorat de Kenora, 28 avril 1966. [KNR-002732]
268. CVR, ARN, Centre de services de la région de la capitale nationale - BAC -Ottawa, dossier 487/6-1-016, volume 1, levés techniques n° 2 sur la protection contre l'incendie, octobre-novembre 1966, pensionnat St. Mary [KNR-000373]
269. CVR, ARN, AINC - Secteur de la résolution - Collection des dossiers historiques des pensionnats - Ottawa, dossier 487/3-8, volume 2, L. Hakenson à Justice King, 22 octobre 1971. [KNR-000992-0001]
270. CVR, ARN, AINC - Secteur de la résolution - Collection des dossiers historiques des pensionnats - Ottawa, dossier 487/1-18, volume 1, W. McKim à A. Lacerte, p. 22, sans date. [KNR-000214]
271. CVR, ARN, Bibliothèque et Archives Canada, RG10, série C-V-4, volume 11337, dossier 493/6-1-009, partie 2, C. J. Crapper au directeur régional, Ontario, 5 janvier 1968. [SWK-000676-0001]
272. CVR, ARN, Bibliothèque et Archives Canada, RG10, série C-V-4, volume 11338, dossier 493/6-1-009, partie 3, A. R. Aquin au directeur régional, 1er mars 1968. [SWK-002204-0001]
273. CVR, ARN, Bibliothèque et Archives Canada, RG10, volume 13121, dossier 40-2, partie 1, N. Goater au surintendant, Sault Ste. Marie, Affaires indiennes, 13 janvier 1970. [SWK-001562-0001]
274. CVR, ARN, Bibliothèque et Archives Canada, RG10, n° d'acquisition 86-87/347, dossier 411/25-2, volume 1, A. F. McWhinnie au superviseur de district - éducation, agence de Sudbury, 8 juin 1970. [SWK-007859]
275. CVR, ARN, Bibliothèque et Archives Canada - Edmonton, 779/6-1-737, volume 2, 05/74-05/76, ANC - Edmonton, R. W. Brown à Allan Rudyk, 8 mai 1974. [AGL-002666]
276. CVR, ARN, Bibliothèque et Archives Canada - Burnaby, RG10, n° d'inst. de recherche 10-189, acquisition v96-97/816, dossier 6-1-963, boîte 3, 1959-1975, bâtiments scolaires- foyer scolaire de Kamloops, ANC Burnaby, levés techniques sur la protection contre l'incendie, rapport n° 5, pensionnat de Kamloops, A. Sim, 29 mai 1972. [KAM-060715-0001]
277. CVR, ARN, AINC - Secteur de la résolution - Collection des dossiers historiques des pensionnats - Ottawa, dossier 371/6-1-019, volume 8, C. A. Edwards à A. Kroeger, 5 mars 1975. [HFG-000057]

278. CVR, ARN, AINC - Secteur de la résolution - Collection des dossiers historiques des pensionnats - Ottawa, dossier 371/6-1-019, volume 8, Michael Shiner à A. Kroeger, 14 mai 1975. [HFG-000061-0003]
279. CVR, ARN, AINC - Secteur de la résolution - Collection des dossiers historiques des pensionnats - Ottawa, dossier 672/6-1-007, partie 6, J. R. Mayor à O. N. Zakreski, 15 avril 1975. [PAR-021768-0003]
280. CVR, ARN, AINC - Secteur de la résolution - Collection des dossiers historiques des pensionnats - Ottawa, dossier 672/25-13-016, volume 4, Sol Sanderson à O. Anderson, 10 mars 1980. [PAR-000077]
281. CVR, ARN, AINC - Secteur de la résolution - Collection des dossiers historiques des pensionnats - Ottawa, dossiers GRS, boîte 2A, dossier 18, Peter McKenzie à E. L. Davies, 25 octobre 1977. [MDD-008753-0001]
282. CVR, ARN, Bibliothèque et Archives Canada - Burnaby, 985/6-1-012, partie 2, 1973-1976, V1984-85/333, boîte 4 [500598], nº d'instr. de recherche 10-144, ANC Burnaby/GRB, rapport d'inspection du pensionnat de Lejac, 8 juillet 1975. [LEJ-008133-0002]
283. CVR, ARN, Bibliothèque et Archives Canada - Ottawa, RG10, volume 6444, dossier 881-5, partie 4, 1926-1933, bobine de microfilm C-8768, « Extract from Indian Agent Moore's Report for the Month of February 1932, regarding the Lejac Indian Residential School. » [LEJ-004508]
284. CVR, ARN, Bibliothèque et Archives Canada - Burnaby, 985/6-1-012, partie 2, 1973-1976, V1984-85/333, boîte 4 [500598], nº d'instr. de recherche 10-144, ANC Burnaby/GRB, rapport d'inspection du pensionnat de Lejac, 8 juillet 1975. [LEJ-008133-0002]
285. CVR, ARN, Bibliothèque et Archives Canada, 773-6-1-003, volume 5, 09/74-01/80, ANC, E. A. Fontana à J. Shot Both Sides, 12 mars 1979. [MRY-002237-0000]
286. CVR, ARN, Bibliothèque et Archives Canada - Edmonton, 4700-10-435, volume 1, 9/87-12/88, ANC Edmonton, Sheila Carr-Stewart à Jim Twigg, 14 janvier 1988. [MRY-008208]
287. CVR, ARN, AINC - Secteur de la résolution - Collection des dossiers historiques des pensionnats - Ottawa, dossier E4974-2017, volume 1, Peter McKenzie à L. A. Parker, 29 avril 1980. [PLD-007624-0003]
288. CVR, ARN, AINC - Secteur de la résolution - Collection des dossiers historiques des pensionnats - Ottawa, dossier E4974-2017, volume 1, Henry Musqua à Doug Drummond, 25 mai 1980. [PLD-007624-0002]
289. CVR, ARN, Bibliothèque et Archives Canada - Ottawa Winnipeg, RG10, nº d'acquisition 2001-01035-4, boîte 015, dossier 501/25-13-082G, volume 1, J. P. Malcolm à K. Baksh, 12 septembre 1974. [PLP-100393]
290. CVR, ARN, Bibliothèque et Archives Canada - Burnaby, RG10, nº d'instr. de recherche 10-138, acquisition v85-86/397, dossier 963/6-1-005-A, volume permanent 2, [502381], partie 5, pensionnat de Kamloops 1973-74, ANC - Burnaby, J. E. Bell à G. S. Boyle, 4 juin 1974. [KAM-007232]
291. CVR, ARN, Bibliothèque et Archives Canada - Burnaby, RG10, nº d'instr. de recherche 10-137, v92-93/201, boîte 2 [10486], dossier 987/40-6-19, volume 1, rapports de protection contre l'incendie - St. Mary, 09/75-10/80, ANC - Burnaby, L. MacKay à J. Allon, 31 octobre 1980. [MIS-010104]
292. CVR, ARN, AINC - Bureau des dossiers régionaux de la Colombie-Britannique - Vancouver, VAN-E 4310-5-2025, volume 1, foyer scolaire de Christie, 7/1981-12/1983, acquisition V93-O16, boîte 93-01-D37/39-052, MAINC - registre central de la Colombie-Britannique, N. A. Duval à F. J. Walchli, 17 juillet 1981. [CST-008511-0001]

293. CVR, ARN, Bibliothèque et Archives Canada, dossier 801/6-1-011, volume 12, pensionnat de Carcross, 01/1966-06/1969, RG 10-151, V1989-90/101, M. C. F. Gibbs à A. E. Fry, 6 juin 1966; [CAR-011275-0000] CVR, ARN, Bibliothèque et Archives Canada - Burnaby, dossier 801/6-1-011, volume 12, pensionnat de Carcross, 01/1966-06/1969, RG10-151, V1989-90/101, M. L. Lintick à G. S. Swanson, 6 mars 1968. [CAR-011277-0003]
294. CVR, ARN, Bibliothèque et Archives Canada - Ottawa, RG85, volume permanent 1297, dossier 311/150-A, partie 1, bâtiments scolaires - Cambridge Bay, T.N.-O. 1955-décembre 1963, F.A. 85-4, Direction de régions septentrionales à Jacobson, 21 novembre 1957. [CBS-000774]
295. CVR, ARN, gouvernement des Territoires du Nord-Ouest - Éducation, Culture et Formation, pensionnat d'Ilihakvik, 1972-1985, n° de transfert 0341, boîte 5, H. R. Cram à Hodgson, 22 mars 1973. [CBS-000260]
296. CVR, ARN, Archives du gouvernement des Territoires du Nord-Ouest, résidence des élèves - Administration générale, 1974-1978, boîte d'archives 3-3, n° d'acquisition G1995-004, J. Milligen au ministère de l'Éducation, 15 octobre 1974. [CBS-000211-0001]
297. CVR, ARN, Archives du gouvernement des Territoires du Nord-Ouest, pensionnat - Fort Smith, 1972-1978, boîte d'archives 2-17, n° d'acquisition G1995-004, H. J. Darkes à H. Michaud, 17 octobre 1974. [BTU-001619]
298. CVR, ARN, Archives du gouvernement des Territoires du Nord-Ouest, dossier 72-451-000, volume 2, foyers, 01/72, boîte d'archives 273, n° d'acquisition G1999-047, Ewan Cotterill au directeur de l'administration, 26 février 1975. [BTU-001622]
299. CVR, ARN, Archives du gouvernement des Territoires du Nord-Ouest, résidence des élèves - Administration générale, 1974-1978, boîte d'archives 3-3, n° d'acquisition G1995-004, Marvin Marykuca à R. K. Toutant, 1er novembre 1977. [AHU-003894]
300. CVR, ARN, Bibliothèque et Archives Canada - Edmonton, RG10, n° d'acquisition E1998-00829-0, boîte 108 [9], dossier E4965-2013, volume 1, R. A. Gaw à A. Bemister, 29 juin 1983. [BVL-002901]
301. CVR, ARN, Bibliothèque et Archives Canada, Edmonton, RG10, n° d'acquisition E1998-00829-0, boîte 108 [9], dossier E4965-2013, volume 1, Hubert Ouimet à H. Ritchie, 28 juin 1984. [BVL-002986]
302. CVR, ARN, AINC - Secteur de la résolution - Collection des dossiers historiques des pensionnats - Ottawa, pensionnat de Beauval, boîte 1, dossier 1-5, Protocole d'entente et accord concernant le centre éducatif indien de Beauval, 6 juin 1995. [BVL-001306]
303. CVR, ARN, Bibliothèque et Archives Canada, RG10, volume 6012, dossier 1-1-5A, partie 2, R. A. Hoey au Dr McGill, 31 mai 1940. [BIR-000248]

Les fugueurs et les élèves absents sans autorisation : 1940-2000

1. CVR, ARN, AINC - Secteur de la résolution - Collection des dossiers historiques des pensionnats indiens - Ottawa, dossier 128/25-2-575, volume 1, N. M. Rusaw à J. R. Bell, 10 février 1959; [IRC-041311] CVR, DAV, Sam Ross, déclaration devant la Commission de vérité et réconciliation du Canada, Nation des Cris d'Opaskwayak (Manitoba), 17 janvier 2012, numéro de déclaration : 2011-0294.
2. CVR, ARN, Bibliothèque et Archives Canada, RG10, volume 6210, dossier 468-10, partie 4, Rapport de la Gendarmerie royale du Canada, W. E. Needham, 6 mai 1943. [MER-003570-0001]

3. CVR, ARN, Bibliothèque et Archives Canada, RG10, volume 6190, dossier 461-10, partie 3, J. Eldon Andrews à Norman Paterson, 25 juillet 1953. [NCA-005170]
4. CVR, ARN, AINC - Secteur de la résolution - Collection des dossiers historiques des pensionnats indiens - Ottawa, dossier 487/18-24, volume 1, A. Lacelle à Norman Paterson, 30 novembre 1954. [CJC-004016-0003]
5. CVR, ARN, Centre de services régional de la région de la capitale nationale - Bibliothèque et Archives Canada - Ottawa, dossier 1/18-24, volume 1 (numéro d'emplacement X-46-4), George Down au ministère des Affaires indiennes, 25 juin 1943. [NCA-014251]
6. CVR, ARN, Bibliothèque et Archives Canada - Ottawa, RG10, volume 6210, partie 4, Lydia Doxtator au ministère des Affaires indiennes, 20 avril 1943. [MER-003563-0002]
7. CVR, ARN, Bibliothèque et Archives Canada, RG10, volume 6210, dossier 468-10, partie 4, Oliver Strapp à Philip Phelan, 9 avril 1943; [MER-003558] Oliver Strapp à Philip Phelan, 24 avril 1943. [MER-003564-0000]
8. CVR, ARN, Bibliothèque et Archives Canada, RG10, volume 6210, dossier 468-10, partie 4, R. A. Hoey à O. B. Strapp, 28 avril 1943. [MER-003566]
9. CVR, ARN, Bibliothèque et Archives Canada, RG10, volume 6210, dossier 468-10, partie 4, George W. Down à O. B. Strapp, 12 juillet 1943; [MER-003600-0005] George W. Down à O. B. Strapp, 16 juillet 1943. [MER-003600-0003]
10. CVR, ARN, Bibliothèque et Archives Canada, RG10, volume 6202, dossier 466-10, partie 6, E. P. Randle à la Division des affaires indiennes, 11 février 1949. [TAY-000362]
11. CVR, ARN, Bibliothèque et Archives Canada, RG10, volume 6202, dossier 466-10, partie 6, Rapport de la Gendarmerie royale du Canada, A. H. Langille, 2 mars 1949. [TAY-002340-0001]
12. CVR, ARN, Bibliothèque et Archives Canada, RG10, volume 6202, dossier 466-10, partie 6, Bernard Neary à E. P. Randle, 9 avril 1949. [TAY-002347]
13. CVR, ARN, Bibliothèque et Archives Canada, RG10, volume 6053, dossier 260-10, partie 1, Rapport de la Gendarmerie royale du Canada, 11 septembre 1941; [SRS-005201-0002] Rapport de la Gendarmerie royale du Canada, 13 septembre 1941; [SRS-005201-0001] volume 6053, dossier 280-10, partie 2, Rapport de la Gendarmerie royale du Canada, 10 décembre 1941; [SRS-008091-0001] volume 6053, dossier 260-10, partie 2, Rapport de la Gendarmerie royale du Canada, 17 avril 1942; [SRS-005569-0001] Rapport de la Gendarmerie royale du Canada, 20 avril 1942; [SRS-005569-0002] Rapport de la Gendarmerie royale du Canada, 21 avril 1942; [SRS-005569-0003] Rapport de la Gendarmerie royale du Canada, 22 avril 1942; [SRS-005569-0004] Rapport de la Gendarmerie royale du Canada, 26 avril 1944; [SRS-005058-0002] Rapport de la Gendarmerie royale du Canada, 5 mai 1944; [SRS-005059-0002] Rapport de la Gendarmerie royale du Canada, 26 novembre 1944; [SRS-005235-0001] Rapport de la Gendarmerie royale du Canada, 23 décembre 1944; [SRS-005240-0001] Rapport de la Gendarmerie royale du Canada, 15 janvier 1945; [SRS-005240-0002] Rapport de la Gendarmerie royale du Canada, 18 février 1945; [SRS-005242-0001] Rapport de la Gendarmerie royale du Canada, 21 février 1945; [SRS-004327-0002] Rapport de la Gendarmerie royale du Canada, 24 septembre 1945; [SRS-008244-0001] Rapport de la Gendarmerie royale du Canada, le 17 février 1946. [SRS-008227-0001]
14. CVR, ARN, Bibliothèque et Archives Canada, RG10, volume 6278, dossier 584-10, partie 2, Rapport de la police, G. N. McRae, 23 avril 1940; [SBR-110686-0001] Rapport de la police, G. L. Tisdale, 30 avril 1940. [SBR-110686-0002]
15. CVR, ARN, Bibliothèque et Archives Canada, RG10, volume 6278, dossier 584-10, partie 2, Rapport de la police, W. Munnoch et R. Sutherland, 27 mai 1940. [SBR-110691-0001]

16. CVR, ARN, Bibliothèque et Archives Canada, RG10, volume 6259, dossier 576-10, partie 15, Rapport de la Gendarmerie royale du Canada, H. B. Lurees, 1er octobre 1942. [BRS-003599]
17. CVR, ARN, Bibliothèque et Archives Canada, RG10, volume 6259, dossier 576-10, partie 15, Rapport de la Gendarmerie royale du Canada, 12 janvier 1943. [BRS-000268]
18. CVR, ARN, Bibliothèque et Archives Canada, RG10, volume 6259, dossier 576-10, partie 15, Rapport de la Gendarmerie royale du Canada, W. H. F. Chilton, 1er février 1943. [BRS-000265]
19. CVR, ARN, Bibliothèque et Archives Canada, RG10, volume 6259, dossier 576-10, partie 15, Rapport de la Gendarmerie royale du Canada, 12 janvier 1943. [BRS-000345]
20. CVR, ARN, Bibliothèque et Archives Canada, RG10, volume 6251, dossier 575-1, partie 3, « Birtle Manitoba Agency », A. G. Smith, 7 avril 1942. [BIR-000262]
21. CVR, ARN, Bibliothèque et Archives Canada, RG10, volume 6254, dossier 575-10, partie 2, Rapport de la police, C. V. Merton, 9 avril 1942. [BIR-001322-0001]
22. CVR, ARN, Église presbytérienne du Canada, Index des noms des pensionnats, 2009, dossier 1988-7004-12-1, N. M. Rusaw à Frieda Matthews, 1er août 1948. [BIR-002711]
23. CVR, ARN, Église presbytérienne du Canada, Index des noms des pensionnats, 2009, dossier 1998-7004-12-1, N. M. Rusaw à Frieda Matthews, 20 septembre 1948. [BIR-002707]
24. CVR, ARN, Bibliothèque et Archives Canada, RG10, volume 6275, dossier 583-10, partie 1, Rapport de la Gendarmerie royale du Canada, H. K. Greaves, 27 octobre 1941. [PLP-000399-0001]
25. CVR, ARN, Bibliothèque et Archives Canada, RG10, volume 6275, dossier 583-10, partie 1, Rapport de la police, W. G. Morley, 6 novembre 1941. [PLP-000400-0001]
26. CVR, ARN, Bibliothèque et Archives Canada, RG10, volume 6275, dossier 583-10, partie 1, Rapport de la police, W. G. Morley, 1er décembre 1941. [PLP-000404-0001]
27. CVR, ARN, Bibliothèque et Archives Canada, RG10, volume 6275, dossier 583-10, partie 1, Rapport de la police, W. G. Morley, 10 décembre 1941. [PLP-000410-0001]
28. CVR, ARN, Bibliothèque et Archives Canada, RG10, volume 6334, dossier 661-10, partie 2, Rapport de la Gendarmerie royale du Canada, 25 octobre 1940. [RLS-001023-0001]
29. CVR, ARN, Bibliothèque et Archives Canada, RG10, volume 9151, dossier 312-11 ACE, Rapport de la Gendarmerie royale du Canada, A. S. Band, 31 janvier 1940. [GDC-051340]
30. CVR, ARN, Bibliothèque et Archives Canada, RG10, volume 9148, dossier 309-11 ACE, Gendarmerie royale du Canada, F. E. Spriggs, 19 mai 1941. [PAR-003418]
31. CVR, ARN, Bibliothèque et Archives Canada, RG10, volume 6320, dossier 657-10, partie 2, Rapport de la Gendarmerie royale du Canada, J. P. Douglas, 7 octobre 1944; [MDD-001704] T. H. Playford, le 10 octobre 1944. [MDD-002258]
32. CVR, ARN, Bibliothèque et Archives Canada, RG10, volume 6320, dossier 657-10, partie 2, Rapport de la Gendarmerie royale du Canada, T. H. Playford, 10 avril 1945. [MDD-007383-0001]
33. CVR, ARN, Bibliothèque et Archives Canada, RG10, volume 6320, dossier 657-10, partie 2, Philip Phelan à R. S. Davis, 27 avril 1945. [MDD-007384]
34. CVR, ARN, Bibliothèque et Archives Canada, RG10, volume 3, dossier 651-10, Rapport de la Gendarmerie royale du Canada, 31 octobre 1944. [MRS-046254]
35. CVR, ARN, Bibliothèque et Archives Canada, RG10, volume 6331, dossier 660-10, partie 6, Rapport de la Gendarmerie royale du Canada, K. G. Pedensen, 15 mars 1949. [PLD-003155-0001]
36. CVR, ARN, Bibliothèque et Archives Canada, 774/25-1-016, partie 1, 1938-1957, ANC, Philip Phelan à Gerard Labonte, 31 juillet 1945. [ERM-002063]

37. CVR, ARN, Bibliothèque et Archives Canada, 774/25-1-016, partie 1, 1938-1957, ANC, Gerard Labonte à Philip Phelan, 20 août 1945. [ERM-002064]
38. CVR, ARN, Archives provinciales de l'Alberta, PAA 71.220 B94 3972, « Principal's Report for Fiscal Year ending 31 March 1948 », pensionnat Ermineskin. [OGP-032546]
39. CVR, ARN, emplacement du document « à déterminer », 988/23-9 1946-1947 R. H. Moore à D. M. MacKay, 17 juillet 1946. [KUP-001598]
40. CVR, ARN, Bibliothèque et Archives Canada, emplacement 6426, dossier 875-1, partie 4, 04/37-11/47, ANC - Ottawa, S. J. Wickens à l'agent des Indiens, 1er octobre 1947. [MIK-006514]
41. CVR, ARN, Centre de services régional de la région de la capitale nationale - Bibliothèque et Archives Canada - Ottawa, dossier 1/18-24, volume 1 (nº d'emplacement X-46-4), George Down à Affaires indiennes, 25 juin 1943. [NCA-014251]
42. CVR, ARN, Bibliothèque et Archives Canada, RG22, volume 1209, dossier 979/1-1, volume 1, G. H. Barry à D. M. MacKay, 8 janvier 1941. [IRC-049021]
43. CVR, ARN, Bibliothèque et Archives Canada, RG10, volume 6053, dossier 260-10, partie 2, Philip Phelan à J. P. Mackey, 22 avril 1942. [SRS-005548]
44. CVR, ARN, Bibliothèque et Archives Canada, RG10, volume 6053, dossier 260-10, partie 2, J. P. Mackey au secrétaire des Affaires indiennes, 25 avril 1942. [SRS-005550]
45. CVR, ARN, AINC - Secteur de la résolution - Collection des dossiers historiques des pensionnats indiens - Ottawa, dossier 1/25-1-5-2, volume 1, « Regulations With Respect to Teaching, Education, Inspection, and Discipline for Indian Residential Schools, Made and Established for the Superintendent General of Indian Affairs Pursuant to Paragraph (a) of Section 114 of the Indian Act », 20 janvier 1953. [PAR-001203-0001]
46. CVR, ARN, Église anglicane du Canada, Archives du synode général, GS 75-103, série 2-15, boîte 24, surintendant, « Superintendent's Conversations with Principal Oran re: Sioux Lookout School, in Winnipeg, Manitoba, December 2, 1961 ». [PLK-000966]
47. CVR, ARN, Bibliothèque et Archives Canada, RG10, volume 6186, dossier 460-23, partie 1, Paul Langlois à l'agent Dexter, 14 juin 1941. [FTA-000105-0001]
48. CVR, ARN, Bibliothèque et Archives Canada, RG10, volume 6186, dossier 460-23, partie 1, Déclaration d'Albert Matinas, 22 juin 1942. [FTA-000116-0011]
49. CVR, ARN, Bibliothèque et Archives Canada, RG10, volume 6186, dossier 460-23, partie 1, Déclaration de Charles Kioki, 22 juin 1942. [FTA-000116-0013]
50. CVR, ARN, Bibliothèque et Archives Canada, RG10, volume 6186, dossier 460-23, partie 1, Philip Phelan à H. Belleau, 17 juillet 1941. [AEMR-010811]
51. CVR, ARN, Centre de services régional de la région de la capitale nationale - Bibliothèque et Archives Canada - Ottawa, dossier 1/18-24, volume 1 (nº d'emplacement X-46-4), T. R. L. MacInnes aux inspecteurs, aux agents des Indiens et aux directeurs des pensionnats, 6 mai 1941. [NCA-014242]
52. CVR, ARN, Bibliothèque et Archives Canada, RG10, volume 6209, dossier 468-10, partie 3, Philip Phelan à O. B. Strapp, 30 mai 1941. [MER-001094]
53. CVR, ARN, Bibliothèque et Archives Canada, RG10, volume 6209, dossier 468-10, partie 3, O. B. Strapp à Philip Phelan, 3 juin 1941. [MER-001095]
54. CVR, ARN, Centre de services régional de la région de la capitale nationale - BAC, Ottawa, dossier 1/18-24, volume 1 (nº d'emplacement X-46-4), Harold W. McGill aux inspecteurs, aux agents des Indiens et aux directeurs des pensionnats, 21 juin 1943. [NCA-014244]
55. CVR, ARN, Bibliothèque et Archives Canada, RG10, volume 6210, dossier 468-10, partie 5, G. E. Hurl au ministère des Affaires indiennes, 25 janvier 1945; [MER-003712-0001] S. H. So-

per à R. A. Hoey, 15 février 1945; [MER-003722] G. E. Hurl à Affaires indiennes, 4 avril 1945; [MER-003734-0001] Philip Phelan à G. E. Hurl, 12 avril 1945; [MER-003734-0000] Philip Phelan à G. E. Hurl, 23 mai 1945. [MER-003742-0000]

56. CVR, ARN, Bibliothèque et Archives Canada, RG10, volume 6254, dossier 575-10, partie 3, « Extract from Indian Agent Rice's letter dated May 6, 1944 ». [SRS-005060]
57. CVR, ARN, Bibliothèque et Archives Canada, RG10, volume 6254, dossier 575-10, partie 3, G. Hamilton au ministère des Affaires indiennes, 21 mars 1945.
58. CVR, ARN, Bibliothèque et Archives Canada, RG10, volume 7194, dossier 511/25-1-015, « Report on Truancy, Brandon Residential School », J. Waite. [IRC-041088]
59. CVR, ARN, Bibliothèque et Archives Canada - Ottawa, RG85, volume permanent 1327, dossier 530-149, partie 4, Décret et règlement scolaire - Territoires du Nord-Ouest, mai 1950 à décembre 1957, n° d'inst. de recherche 85-4, J. D. Cairns à J. V. Jacobson, 17 octobre 1957. [RCN-005480]
60. CVR, ARN, Archives du gouvernement des Territoires du Nord-Ouest, dossier 630-110/32-2, Rapports concernant Breynat Hall, Fort Smith, 1957-1959, boîte d'archives 223-1, n° d'acquisition G-1979-003, C. Gilles à H. J. Darkes, 1er février 1966. [BTU-000804]
61. CVR, ARN, Bibliothèque et Archives Canada, 25-2-940, Admissions et renvois, pensionnat indien de Carcross, 01/59-12/61, Rapport de la Gendarmerie royale du Canada, J. T. Parsons, 6 juin 1960. [AGN-090007]
62. CVR, ARN, Bibliothèque et Archives Canada, RG10, volume 6204, dossier 467-10, partie 2, Gilbert Thompson au secrétaire, Affaires indiennes, 1er décembre 1943. [MFI-001274]
63. CVR, ARN, Archives de l'Église presbytérienne au Canada, Toronto, Ontario, acquisition 1988-7004, boîte 15, dossier 3, J. Eldon Andrews à George Land, 30 janvier 1953. [CJC-007748]
64. CVR, ARN, Centre de services régional de la région de la capitale nationale - BAC, Ottawa, dossier 487/18-24, volume 1, L. A. Marshall au ministère des Affaires indiennes, 20 décembre 1954. [KNR-001380-0003]
65. CVR, ARN, Centre de services régional de la région de la capitale nationale - BAC - Ottawa, dossier 487/18-24, volume 1, « Ontario Provincial Police Crime Report », R. J. MacGarva, 6 décembre 1954. [KNR-001380-0004]
66. CVR, ARN, Centre de services régional de la région de la capitale nationale - BAC - Ottawa, dossier 487/18-24, volume 1, L. A. Marshall au ministère des Affaires indiennes, 20 décembre 1954. [KNR-001380-0003]
67. CVR, ARN, Centre de services régional de la région de la capitale nationale - BAC - Ottawa, dossier 487/18-24, volume 1, F. Matters à la Division des affaires indiennes, 20 décembre 1954. [KNR-001380-0000]
68. CVR, ARN, Bibliothèque et Archives Canada, RG10, volume 6275, dossier 583-10, partie 2, Joseph Jones à A. G. Hamilton, 31 janvier 1949. [PLP-004354]
69. CVR, ARN, Bibliothèque et Archives Canada, RG10, volume 6275, dossier 583-10, partie 2, John W. Kettlewell à M. Hamilton, 3 février 1949. [PLP-004356-0001]
70. CVR, ARN, Bibliothèque et Archives Canada, volume 1, dossier 124/25-1-015, N. Paterson à F. Matters, 5 novembre 1954; [CJC-000273-0000] CVR, DAV, Guy Hunter, déclaration devant la Commission de vérité et réconciliation du Canada, Winnipeg (Manitoba), 17 juin 2010, numéro de déclaration : 02-MB-17JU10-061.
71. CVR, ARN, Bibliothèque et Archives Canada - Ottawa, dossier 882-2, partie 8, Agence de Kamloops - Pensionnat de Kamloops - Relevés trimestriels, 1947-1952, n° d'inst. de

recherche 10-17, volume 6447, bobine de microfilm C-8770, Bibliothèque et Archives Canada - Ottawa, Relevés trimestriels des pensionnats indiens pour le pensionnat de Kamloops, 30 septembre 1947 (pages 8, 9 et 10 d'un fichier PDF de 2 pages); [KAM-002274] DASAG, Gendarmerie royale du Canada, Rapport final du groupe de travail des pensionnats indiens de la division E, M. W. Pacholuk, « Final Report of the Native Indian Residential School Task Force, Project E-NIRS », Gendarmerie royale du Canada, p. 49. [AGCA-564517]

72. CVR, DAE, Kay Blake, dossier 2010-5007, « Cecilia Jeffrey, Indian Residential School, 1950-1958 ». [13c-c000117-d0025-001] Pour l'ancien nom de Kay Blake, voir : CVR, DAE, Kay Blake, « Remembering Cecilia Jeffrey », *Glad Tidings*, volume 61, numéro 6, juin/juillet 1985, p. 10-14. [13c-c001295-d0001-001]
73. CVR, ARN, Bibliothèque et Archives Canada, RG10, volume 6272, dossier 582-23, partie 1, Rapport de la Gendarmerie royale du Canada, 9 avril 1951. [PCR-000190]
74. CVR, ARN, Bibliothèque et Archives Canada, RG10, volume 6272, dossier 582-23, partie 1, R. S. Davis à P. Phelan, 22 mai 1951. [PCR-000188]
75. CVR, ARN, Bibliothèque et Archives Canada, RG10, volume 8610, dossier 655/1-13, partie 1, D. M. Mackay à Paul Piche, 30 juillet 1951. [PLD-000055]
76. CVR, ARN, Centre de services régional de la région de la capitale nationale - BAC - Ottawa, dossier 494/3-3-3, volume 1, « Provincial Police Report », G. A. McMonagle, 19 décembre 1956. [PLK-001205-0001]
77. CVR, ARN, Bibliothèque et Archives Canada, RG10, volume 8275, dossier 494/6-1-014, partie 5, R. F. Davey à G. Swartman, 13 novembre 1956. [PLK-000488]
78. Gouvernement du Canada, Disparus-Canada, Référence du dossier : 2006005399, https://secure.rcmp-grc.gc.ca/missing-disparus/case-dossier.jsf?case=2006005399&id=4 (consulté le 16 septembre 2013).
79. Concernant la date de départ de Barrington du pensionnat de Sioux Lookout, voir : CVR, ARN, AINC - Secteur de la résolution - Collection des dossiers historiques des pensionnats indiens - Ottawa, dossier 494/25-1-014, volume 2, Eric L. Barrington à R. F. Davey, 22 mai 1961. [PLK-000922] Concernant sa nouvelle nomination, voir : CVR, ARN, AINC - Secteur de la résolution - Collection des dossiers historiques des pensionnats indiens - Ottawa, dossier 777[131] 6-1-767, volume 4, 12/08/58-12/28/62 Secteur de la résolution - Collection des dossiers historiques des pensionnats indiens, Eric Barrington au surintendant, agence indienne de Lesser Slave Lake, 8 septembre 1961. [JON-002946]
80. CVR, ARN, AINC - Secteur de la résolution - Collection des dossiers historiques des pensionnats indiens - Ottawa, dossier 961/25-2, volume 15, Admissions et renvois - Pensionnat de l'île Kuper, agence de Cowichan, C.-B., 01/08/1958-02/07/1966, n° de contrôle 3415, RQPIC - Dossiers historiques, J. V. Boys au commissaire des Indiens pour la C.-B., 29 janvier 1959. [KUP-200601]
81. CVR, ARN, Bibliothèque et Archives Canada, Burnaby, dossier 988/25-2-008, volume 1, Admissions et renvois - Pensionnat de l'île Kuper, 1959-1960, n° d'inst. de recherche 10-136, V1984-85/316, boîte d'archives 49, surintendant par intérim, agence de Cowichan, au directeur du pensionnat de l'île Kuper, 29 septembre 1959. [KUP-220036]
82. CVR, ARN, Bibliothèque et Archives Canada - Edmonton, 772/25-1, volume 1, 04/60-06/70, N. Goater à A. H. Murray, 10 mars 1962. [OLD-007287-0005]
83. CVR, ARN, Bibliothèque et Archives Canada - Edmonton, RG10, acquisition E1996-97/415, boîte 36, dossier 25-2-662, 1964-1966, E. Turenne à K. Kerr, 6 juin 1965. [SPR-006307]

84. CVR, ARN, Bibliothèque et Archives Canada, RG10, série C-IV-2, acquisition 1984-85/112, boîte 31, dossier 401/25-2, volume1, H. B. Rodine au directeur des Services d'éducation, 31 janvier 1967. [CJC-000271-0001]
85. CVR, ARN, Archives de l'Église presbytérienne au Canada, Toronto, Ontario, acquisition 1988-7004, boîte 17, dossier 4, « Inquest Hears Tragic Tale of Runaway Boy », *Kenora Miner and News*, 18 novembre 1966; [CJC-007909] CBC News, déclaration du coroner lors de la délivrance d'un mandat pour la tenue d'une enquête dans l'affaire de Charles Wenjack, R. Glenn Davidson, 4 novembre 1966; compte rendu de l'examen post mortem, A-258, Charles Wenjack, 23 octobre 1966, Dr Peter Pan, http://www.cbc.ca/thunderbay/interactives/dyingforaneducation/docs/charles_1966_5308.pdf (consulté le 4 janvier 2015); Adams, « Lonely Death », p. 30-44.
86. Adams, « Lonely Death », p. 38.
87. CVR, ARN, Archives de l'Église presbytérienne au Canada, Toronto, Ontario, acquisition 1988-7004, boîte 17, dossier 4, « Inquest Hears Tragic Tale of Runaway Boy », *Kenora Miner and News*, 18 novembre 1966; [CJC-007909] CBC News, http://www.cbc.ca/thunderbay/interactives/dyingforaneducation/docs/charles_1966_5308.pdf (consulté le 4 janvier 2015), déclaration du coroner lors de la délivrance d'un mandat pour la tenue d'une enquête dans l'affaire de Charles Wenjack, R. Glenn Davidson, 4 novembre 1966; Compte rendu de l'examen post mortem, A-258, Charles Wenjack, 23 octobre 1966, Dr Peter Pan, « Lonely Death », p. 30-44.
88. CVR, ARN, AINC - Secteur de la résolution - Collection des dossiers historiques des pensionnats indiens - Ottawa, dossier 487/25-1-014, Giollo Kelly à R. F. Davey, 7 juin 1966. [CJC-000309]
89. CVR, ARN, AINC, dossier 487/18-2, volume 1, P. C. Clarkin au directeur des Services d'éducation, Ottawa, Ontario, 31 janvier 1967. [CJC-006524]
90. CVR, ARN, Archives de l'Église presbytérienne au Canada, Toronto, Ontario, acquisition 1988-7004, boîte 17, dossier 4, Colin Wasacase à Giollo Kelly, 17 novembre 1966. [CJC-007910]
91. Adams, « Lonely Death », p. 44. Article du magazine *Maclean's* tiré du rapport de la CBC 2000-7004-5-7.
92. CVR, ARN, Archives de l'Église presbytérienne au Canada, Toronto, Ontario, acquisition 1988-7004, boîte 17, dossier 4, « Inquest Hears Tragic Tale of Runaway Boy », *Kenora Miner and News*, 18 novembre 1966; [CJC-007909]
93. CVR, ARN, Archives de l'Église presbytérienne au Canada, Toronto, Ontario, acquisition 1988-7004, boîte 17, dossier 4, « Inquest Hears Tragic Tale of Runaway Boy », *Kenora Miner and News*, 18 novembre 1966. [CJC-007909]
94. Verdict du jury du coroner concernant Charles Wenjack, 17 novembre 1966.
95. R. F. Battle à H. B. Cotnam, 19 décembre 1966.
96. CVR, ARN, AINC - Secteur de la résolution - Collection des dossiers historiques des pensionnats indiens - Ottawa, dossier 1/25-13, R. F. Davey à tous les surintendants des écoles régionales, 26 janvier 1967. [SRS-000923]
97. CVR, ARN, Archives de l'Église presbytérienne au Canada, Toronto, Ontario, acquisition 1988-7004, boîte 19, dossier 9, « To be followed when a student is reported absent without leave (word missing) a hostel or residential school operated under contract with the Indian Affairs Branch by religious body in Ontario », sans date. [NCA-009059-0001]

98. CVR, ARN, Centre de services régional de la région de la capitale nationale - BAC - Ottawa, dossier 487/18-24, volume 1, F. M. Shaw, à H. B. Rodine, 7 novembre 1966. [CJC-002261-0002]
99. CVR, ARN, Centre de services régional de la région de la capitale nationale - BAC - Ottawa, dossier 487/18-24, volume 1, R. F. Davey au directeur régional, 17 novembre 1966. [CJC-002260]
100. CVR, ARN, AINC - Secteur de la résolution - Collection des dossiers historiques des pensionnats indiens - Ottawa, dossier 451/25-2-004, volume 2, « Report on the Death of Joseph Commanda », H. B. Rodine, 6 septembre 1968. [TAY-001114-0001]
101. CVR, ARN, AINC, dossier 487/18-2, volume 1, « 2 Boys Died From Exposure », *Kenora Miner and News*, 18 décembre 1970; [KNR-003158-0002] P. J. Hare au ministère des Affaires indiennes, 7 décembre 1970. [KNR-003168]
102. CVR, ARN, Archives de l'Église presbytérienne au Canada, Toronto, Ontario, acquisition 1988-7004, boîte 19, dossier 9, « To be followed when a student is reported absent without leave (word missing) a hostel or residential school operated under contract with the Indian Affairs Branch by religious body in Ontario », sans date. [NCA-009059-0001]
103. CVR, ARN, AINC, dossier 487/18-2, volume 1, « 2 Boys Died From Exposure », *Kenora Miner and News*, 18 décembre 1970. [KNR-003158-0002]
104. CVR, ARN, AINC, dossier 487/18-2, volume 1, P. J. Hare au ministère des Affaires indiennes, 7 décembre 1970; [KNR-003167] P. J. Hare au ministère des Affaires indiennes, 8 décembre 1970. [KNR-003168]
105. CVR, ARN, AINC, Bureau des archives des pensionnats, dossier 901/25-13, volume 4 (156-2), Verdict du jury du coroner concernant Philip Swain et Roderick Keesick, 17 décembre 1970. [AEMR-201297B]
106. CVR, ARN, AINC - Secteur de la résolution - Collection des dossiers historiques des pensionnats indiens - Ottawa, dossier 901/25-13, volume 4 (emplacement 156-2), J. B. Bergevin à H. B. Cotnam, 1er mars 1971. [NCA-012545-0000]
107. CVR, ARN, Archives confidentielles du gouvernement des Territoires du Nord-Ouest, Foyers, 1971-1974, boîte 8-24, nº d'acquisition G1995-004, Leonard Holman à J. Coady, 7 septembre 1972. [IKU-001764]
108. CVR, ARN, Archives du Synode général, Église anglicane du Canada, Diocèse de l'Arctique, dossier 110-09, Stringer Hall, nº d'acquisition M96-7, série 2:1, Registre des garçons disparus, 1972.
109. CVR, ARN, Archives confidentielles du gouvernement des Territoires du Nord-Ouest, Foyers, 1971-1974, boîte 8-24, nº d'acquisition G1995-004, Leonard Holman à J. Coady, 14 juillet 1972. [SHU-000486] Pour la distance, voir : Route entre Inuvik et Tuktoyaktuk, http://plandaction.gc.ca/fr/initiative/route-entre-inuvik-et-tuktoyaktuk (consulté le 30 septembre 2014).
110. CVR, ARN, Bibliothèque et Archives Canada, RG10, série C-V-4, volume 11325, dossier 6-39-1, partie 1, Charles G. Kehler à R. P. G. Laurence, 5 octobre 1944. [IRC-048219]
111. CVR, ARN, Bibliothèque et Archives Canada, RG10, volume 6459, dossier 887-1, partie 2, F. J. C. Ball au secrétaire de la Division des affaires indiennes, 29 janvier 1940. [SLT-000574]
112. CVR, ARN, Bibliothèque et Archives Canada, RG10, volume 6320, dossier 657-10, partie 2, R. S. Davis au ministère des Affaires indiennes, 14 novembre 1945. [MDD-009551]
113. CVR, ARN, Bibliothèque et Archives Canada, RG10, volume 6275, dossier 583-10, partie 3, D. A. H. Nield au ministère des Affaires indiennes, 23 juillet 1953. [PLP-001749-0000]

114. CVR, ARN, Bibliothèque et Archives Canada, RG10, volume 6859, dossier 494/25-2-014, partie 2, Eric Barrington au surintendant de l'Administration des écoles indiennes, 1er août 1957. [PLK-001210-0001]
115. CVR, ARN, Bibliothèque et Archives Canada, RG10, volume 6859, dossier 494/25-2-014, partie 2, R. F. Davey à F. Matters, 15 août 1957. [PLK-001211]
116. CVR, ARN, Bibliothèque et Archives Canada, RG10, volume 11447, dossier 494/25-2, partie 1, L. R. Fawcett au superviseur régional du ministère des Affaires indiennes à North Bay, en Ontario, 18 juin 1964. [PLK-001111]
117. CVR, ARN, AINC - Secteur de la résolution - Collection des dossiers historiques des pensionnats indiens - Ottawa, dossier 431/25-2-485, E. Rooney à H. B. Rodine, 25 février 1965; [FFR-001552-0001] H. B. Rodine au directeur surveillant, 22 mars 1965. [FFR-001553]
118. CVR, ARN, Bibliothèque et Archives Canada, RG10, volume 6258, dossier 576-10, partie 10, Rapport de la police, A. G. Marsom, 11 mai 1940. [BRS-002302-0001]
119. CVR, ARN, Bibliothèque et Archives Canada, RG10, volume 10693, dossier 43/25-2-471, partie 1, J. R. Oliver à J. A. Marleau, 26 septembre 1951. [AGA-000581]
120. CVR, ARN, Bibliothèque et Archives Canada, 774/25-1-016, partie 1, 1938-1957, ANC, W. P. B. Pugh à Philip Phelan, 7 novembre 1945. [ERM-002072]
121. CVR, ARN, Bibliothèque et Archives Canada, RG10, volume 11507, dossier 676/25-2, partie 1, F. X. Gagnon à C. S. Bell, 10 décembre 1946. [BVL-000435]
122. CVR, ARN, Bibliothèque et Archives Canada, RG10, volume 10759, G. Swartman à Fred Mattinas, 20 octobre 1947. [PLK-003512]
123. CVR, ARN, Bibliothèque et Archives Canada, RG10, volume 10759, D. C. Wickenden à F. Matters, 7 novembre 1947. [PLK-003511]
124. CVR, ARN, Bibliothèque et Archives Canada, RG10, volume 10693, dossier 43/25-2-471, partie 2, Leo Burns à Henry Gauthier, 12 juin 1956. [AGA-000726]
125. CVR, ARN, Bibliothèque et Archives Canada, RG10, série C-V-4, volume 11358, dossier 13/25-2-469, partie 1, Roy Phillips au surintendant, 3 mars 1954. [IRC-048240-0002]
126. CVR, ARN, Bibliothèque et Archives Canada, RG10, volume 8542, dossier 51/25-2, partie 2, surintendant de l'agence de Shubenacadie au surintendant de l'agence de Lennox Island, 6 mai 1958. [SRS-008549]
127. CVR, ARN, Bibliothèque et Archives Canada - Edmonton, RG10, acquisition E-1996-97/415, boîte 36, dossier 661/25-2-654, 1958, J. J. T. Johnstone à H. H. Chapman, 13 février 1958. [GDC-009843]
128. CVR, ARN, Bibliothèque et Archives Canada - Edmonton, RG10, acquisition E-1996-97/415, boîte 36, dossier 661/25-2-654, 1958, J. J. T. Johnstone à [nom supprimé], 25 août 1958. [GDC-009852]
129. CVR, ARN, Bibliothèque et Archives Canada, RG10, volume 6323, dossier 658-10, partie 6, N. D. Pilcher au surintendant de l'agence indienne de Carlton, 15 novembre 1950. [PAR-009391-0002]
130. CVR, ARN, Bibliothèques et Archives Canada - Burnaby, dossier 801/25-2-943, volume 1, Foyer protestant, 1960-1962, nº d'inst. de recherche 10-151, nº d'acquisition V1989-90/101, boîte d'archives 39, W. E. Grant à [nom supprimé], 5 octobre 1960; [YHU-000372] W. E. Grant à [nom supprimé], 5 octobre 1960; [YHU-000373] W. E. Grant à Jack Thom, 14 octobre 1960; [YHU-000368] W. E. Grant à [nom supprimé], 14 octobre 1960; [YHU-000341] W. E. Grant à [nom supprimé], 17 octobre 1960. [YHU-000369] [

131. CVR, ARN, Bibliothèque et Archives Canada - Burnaby, Admissions et renvois, Foyer catholique romain, 25-2-941, volume 4, septembre 1960-décembre 1962, E. A. Cullinane à W. E. Grant, 2 mai 1961. [YKS-000035]
132. CVR, ARN, Bibliothèque et Archives Canada, Burnaby, dossier 988/25-2-030, partie 1, Admissions et renvois - Pensionnat Christie, 1959-1960, n° d'inst. de recherche 10-136, n° d'acquisition V1984-85/316, boîte d'archives 17; [CST-001019-0000] Bibliothèque et Archives Canada - Burnaby, A. F. Noonan au surintendant de l'Agence indienne de la côte ouest, « Recommendation for Discharge », 7 novembre 1960. [CST-001019-0001]
133. CVR, ARN, Bibliothèque et Archives Canada, RG10, volume 6053, dossier 260-10, partie 1, J. P. Mackey au secrétaire du ministère des Affaires indiennes, 15 septembre 1941. [SRS-005200]
134. CVR, ARN, Bibliothèque et Archives Canada, RG10, volume 6053, dossier 260-10, partie 1, Philip Phelan à J. P. Mackey, 24 septembre 1941. [SRS-005202]
135. CVR, ARN, Bibliothèque et Archives Canada, RG10, volume 6053, dossier 260-10, partie 3, J. P. Mackey au secrétaire du ministère des Affaires indiennes, 25 novembre 1943. [NCA-011652]
136. CVR, ARN, Bibliothèque et Archives Canada, RG10, volume 6053, dossier 260-10, partie 3, H. C. Rice au ministère des Affaires indiennes, 16 janvier 1945; [SRS-005236] Philip Phelan à J. W. Brown, 17 janvier 1945. [NCA-011687-0001]
137. CVR, ARN, Bibliothèque et Archives Canada, RG10, volume 6053, dossier 260-10, partie 3, H. C. Rice au ministère des Affaires indiennes, 28 février 1945. [SRS-005241]
138. CVR, ARN, Bibliothèque et Archives Canada, RG10, volume 6330, dossier 660-10, partie 4, Rapport de la Gendarmerie royale du Canada, 8 octobre 1942. [PLD-003035-0001]
139. CVR, ARN, Église presbytérienne du Canada, Index des noms de pensionnats, 2009, dossier 1988-7004-13-1, N. M. Rusaw à F. Matthews, 7 décembre 1956. [BIR-002866]
140. *Loi concernant les Indiens*, Statuts du Canada, 1951, chapitre 29, article 119, reproduit dans Venne, *Indian Acts*, p. 352.
141. Sutherland, *Children in English-Canadian Society*, p. 122.
142. CVR, ARN, Archives de l'Église presbytérienne au Canada, Toronto, Ontario, acquisition 1988-7004, boîte 15, dossier 3, J. Eldon Andrews à George Land, 30 janvier 1953. [CJC-007748]
143. CVR, ARN, Bibliothèque et Archives Canada, RG10, volume 6859, dossier 487/25-2-016, partie 2, R. G. Cooper au surveillant régional de North Bay, en Ontario, 26 septembre 1958. [FFR-001544]
144. CVR, ARN, Bibliothèque et Archives Canada, RG10, volume 11358, dossier 13/25-2-469, partie 2, Roy Phillips à M. Whitney, 25 avril 1958. [SWK-007231]
145. CVR, ARN, Bibliothèque et Archives Canada, RG10, volume 10390, dossier 511/25-2, partie 10B, Père G. Gelinas à D. Minnis, 21 septembre 1959. [PCR-102393]
146. CVR, ARN, AINC - Secteur de la résolution - Collection des dossiers historiques des pensionnats indiens - Ottawa, dossier [205] 701/18-24, volume 2, Fugues et absences non autorisées - Pensionnats indiens, 1952-1965, n° de contrôle 410-A-1, RQPIC, Dossiers historiques, R. F. Battle à K. R. Brown, 26 mai 1959. [RCA-011705]
147. CVR, ARN, AINC - Secteur de la résolution - Collection des dossiers historiques des pensionnats indiens - Ottawa, dossier [205] 701/18-24, volume 2, Fugues et absences non autorisées - Pensionnats indiens, 1952-1965, n° de contrôle 410-A-1, RQPIC, Dossiers historiques, Lyman Jampolsky à J. R. Wild, 13 février 1959. [RCA-011704-0001]

148. CVR, ARN, Bibliothèque et Archives Canada, RG10, volume 10389, dossier 511/25-2, partie 7, 5 janvier 1961, D. A. H. Nield à A. G. Leslie, 5 janvier 1961. [BIR-001215]
149. CVR, ARN, AINC - Secteur de la résolution - Collection des dossiers historiques des pensionnats indiens - Ottawa, dossier 577/25-2-014, volume 1, D. A. H. Nield à Stella Blackie, 20 octobre 1965. [BIR-103399]
150. CVR, ARN, Bibliothèque et Archives Canada, RG10, volume 6445, dossier 881-10, partie 5, « Agent's Report on Stuart Lake Agency for September », Robert Howe, 2 octobre 1940. [LEJ-002079]
151. CVR, ARN, Bibliothèque et Archives Canada, RG10, volume 6445, dossier 881-10, partie 6, Rapport du caporal L. F. Fielder, 14 octobre 1943. [LEJ-001389]
152. CVR, ARN, Bibliothèque et Archives Canada - Ottawa, RG10, volume 6443, dossier 881-1, partie 2, R. Howe à la Division des affaires indiennes, 12 septembre 1946. [LEJ-000855]
153. CVR, ARN, Bibliothèque et Archives Canada, RG10, volume 6445, dossier 881-10, partie 7, R. Howe au ministère des Affaires indiennes, 7 octobre 1946. [LEJ-001830]
154. CVR, ARN, Bibliothèque et Archives Canada, INAC - Secteur de la résolution - Collection des dossiers historiques des pensionnats indiens - Ottawa, dossier 501/25-1-076, volume 1, A. G. Hamilton au ministère des Affaires indiennes, 4 novembre 1943. [SBR-000408]
155. CVR, ARN, Bibliothèque et Archives Canada, RG10, volume 6302, dossier 650-10, partie 3, R. A. Hoey à J. P. B. Ostrander, 11 septembre 1942. [BVL-000433]
156. CVR, ARN, Bibliothèque et Archives Canada, RG10, volume 6204, dossier 467-10, partie 2, R. A. Hoey à Gilbert Thompson, 8 décembre 1943. [MFI-001277]
157. CVR, ARN, Centre de services régional de la région de la capitale nationale - BAC, - Ottawa, dossier 1/18-24, volume 1 (n° d'emplacement X-46-4), Rérérend L. C. Schmidt à Harold McGill, 2 juillet 1943. [NCA-014258]
158. CVR, ARN, Bibliothèque et Archives Canada, RG10, volume 6374, dossier 764-10, partie 2, PARC, H. A. R. Gagnon au directeur de la Division des affaires indiennes, 12 octobre 1945. [PUL-009517-0000]
159. CVR, ARN, Bibliothèque et Archives Canada, RG10, volume 9148, dossier 309-11 ACE, John Baptiste, Peter King et Alex Sapp à l'agent des Indiens de Battleford, 31 août 1945. [PAR-000897-0002]
160. CVR, ARN, Bibliothèque et Archives Canada, RG10, volume 9148, dossier 309-11 ACE, J. Bryce à J. P. B. Ostrander, 19 octobre 1945. [PAR-003393]
161. CVR, ARN, Bibliothèque et Archives Canada, RG10, volume 9148, dossier 309-11 ACE, C. S. Bell à J. P. B. Ostrander, 1er novembre 1945. [PAR-000903]
162. CVR, ARN, Bibliothèque et Archives Canada, RG10, volume 6323, dossier 658-10, partie 6, Bernard Neary à J. P. B. Ostrander, 25 octobre 1948. [PAR-001614]
163. CVR, ARN, Bibliothèque et Archives Canada, RG10, volume 8754, dossier 651/25-1, partie 1, « Extract from Superintendent Jones' Quarterly Report for the period ended September 30th, 1948 ». [PAR-000390]
164. CVR, ARN, Bibliothèque et Archives Canada, RG10, volume 6323, dossier 658-10, partie 6, surintendant de l'administration des écoles indiennes, Société missionnaire de l'Église d'Angleterre du Canada, 21 octobre 1948. [PAR-000392]
165. CVR, ARN, Bibliothèque et Archives Canada, RG10, volume 6317, dossier 656-5, partie 9, C. A. F. Clark au surintendant de l'éducation des Indiens, 2 novembre 1948. [PAR-000395]
166. *Loi concernant les Indiens*, Statuts révisés du Canada, 1927, chapitre 98, article 9.5, reproduit dans Venne, *Indian Acts*, p. 247.

167. CVR, ARN, Bibliothèque et Archives Canada, RG10, volume 6355, dossier 757-1, partie 2, 1928-1948, John E. Pugh au ministère des Affaires indiennes, 8 octobre 1947. [MOR-005548]
168. CVR, ARN, Archives provinciales de l'Alberta, PAA 71.220 B94 3972, le directeur du pensionnat indien Ermineskin à la Division des affaires indiennes, 31 mars 1948. [OGP-032546]
169. CVR, ARN, Bibliothèque et Archives Canada, RG10, volume 6374, dossier 764-10, partie 2, PARC, J. E. Pugh à la Division des affaires indiennes, 7 mars 1946. [PUL-009511]
170. CVR, ARN, Bibliothèque et Archives Canada - Edmonton, 103/6-1-764, volume 1, 09/44-12/54, C. A. F. Clark au surintendant de l'éducation, 9 novembre 1949 [IRC-048180]
171. CVR, ARN, AINC - Secteur de la résolution - Collection des dossiers historiques des pensionnats indiens - Ottawa, dossier 773/25-1-003, volume 1, 10/36-09/70, « Minutes of the Blood Band Council Held in The Indian Agency Office », 22 novembre 1949, annoté par C. A. F. Clark. [IRC-041373]
172. CVR, ARN, Bibliothèque et Archives Canada, 773/25-1-004, volume 1, 1936-1956, G. H. Gooderham à B. F. Neary, 26 janvier 1950. [IRC-041379]
173. CVR, ARN, Bibliothèque et Archives Canada, 773/25-1-004, volume 1, 1936-1956, H. G. Cook à G. H. Gooderham, 20 août 1952. [IRC-048234]
174. CVR, ARN, AINC - Secteur de la résolution - Collection des dossiers historiques des pensionnats indiens - Ottawa, dossier 773/18-24, volume 2, 05/44-04/67, R. D. Ragan à Philip Phelan, 26 novembre 1952. [IRC-048091]
175. CVR, ARN, Bibliothèque et Archives Canada, RG10, boîte 130, acquisition 1999-01431-6, dossier 401/3-8, partie 1, George Land, J. Hunter, J. Henry à W. Harris, 25 octobre 1953. [NCA-006721-0005]
176. CVR, ARN, Bibliothèque et Archives Canada, dossier 124/25-1-015, volume 1, N. Paterson à F. Matters, 5 novembre 1954. [CJC-000273-0000]
177. CVR, ARN, Centre de services régional de la région de la capitale nationale - BAC - Ottawa, dossier 487/18-24, volume 1, « Truant Officer's Report, Cecilia Jeffrey School, Kenora for month of September 1953 ». [CJC-002263-0001]
178. CVR, ARN, Bibliothèque et Archives Canada, dossier 124/25-1-015, volume 1, N. Paterson à F. Matters, 5 novembre 1954. [CJC-000273-0000]
179. CVR, ARN, Bibliothèque et Archives Canada - Burnaby, RG10, n° d'inst. de recherche 10-136, volume 11466, 987/18-24, partie 1, Fugues et absences non autorisées, 1952-1969, H. H. Lyall pour H. E. Taylor à W. S. Arneil, 22 août 1952. [SQU-001302]
180. CVR, ARN, Bibliothèque et Archives Canada - Burnaby, RG10, n° d'inst. de recherche 10-136, volume 11466, 987/18-24, partie 1, Fugues et absences non autorisées, 1952-1969, ANC Burnaby, J. A. Peacock pour M. F. E. Anthony au directeur, Division des affaires indiennes, 8 août 1952; [SQU-001304] H. H. Lyall pour H. E. Taylor à W. S. Arneil, 22 août 1952; [SQU-001302] RG22, volume 852, dossier 6-21-4, partie 1, Philip Phelan à W. M. Cory, 8 octobre 1952; [NCA-014390-0003] ARN, Bibliothèque et Archives Canada, RG22, volume 852, dossier 6-21-4, partie 1, W. S. Arneil à la Division des affaires indiennes, 4 novembre 1952; [NCA-014390-0001] *Loi concernant les Indiens*, Statuts du Canada, 1951, chapitre 29, article 118, reproduit dans Venne, *Indian Acts*, p. 351.
181. CVR, ARN, Bibliothèque et Archives Canada, RG22, volume 852, dossier 6-21-4, partie 1, note de service à M. Phelan, 23 octobre 1952; [NCA-014390-0002] Bibliothèque et Archives Canada - Burnaby, RG10, n° d'inst. de recherche 10-136, volume 11466, 987/18-24, partie 1, Fugues et absences non autorisées, 1952-1969, Archives nationales du Canada, Burnaby, W. M. Cory à P. Phelan, 19 novembre 1952. [SQU-001298-0000]

182. CVR, ARN, Bibliothèque et Archives Canada - Burnaby, RG10, nº d'inst. de recherche 10-136, volume 11466, 987/18-24, partie 1, Fugues et absences non autorisées, 1952-1969, ANC, Burnaby, Philip Phelan à W. S. Arneil, 27 octobre 1952. [SQU-001300]
183. CVR, ARN, Bibliothèque et Archives Canada - Burnaby, RG10, nº d'inst. de recherche 10-136, volume 11466, 987/18-24, partie 1, Fugues et absences non autorisées, 1952-1969, ANC, Burnaby. W. S. Arneil à H. E. Taylor, 28 novembre 1952. [SQU-001296]
184. CVR, ARN, emplacement du document inconnu, Admissions et renvois, Lower Post, dossier 25-2-892, volume 2, boîte 38, date[s] du dossier : 01/59-02/62, RG10, v-1989-90-91/101, J. E. Y. Levaque à W. Grant, 17 septembre 1960. [YKS-007447]
185. CVR, ARN, Bibliothèques et Archives Canada - Burnaby, 985/25-2, partie 4, 1970-1971, V1984-85/333, boîte 3 [500797], nº d'inst. de recherche 10-144, ANC, Burnaby/GRB, J. G. Fitzgerald à L. F. Foster, 22 avril 1971. [LEJ-007670]
186. CVR, ARN, Bibliothèque et Archives Canada - Edmonton, acquisition E1997-98/318, boîte 11, dossier _/18-24, aucun volume, N. Ogrady à W. J. D. Kerley, 4 octobre 1957. [MDD-006316]
187. CVR, ARN, Bibliothèque et Archives Canada - Edmonton, acquisition E1997-98/318, boîte 11, dossier _/18-24, aucun volume, W. J. D. Kerley à Isabel Windigo, 8 novembre 1957. [MDD-006315]
188. CVR, ARN, Bibliothèque et Archives Canada, 18-24, volume 1, 04/50-12/65, ANC, Rapport de la Gendarmerie royale du Canada, 15 novembre 1957. [PUL-200087]
189. CVR, ARN, Bibliothèque et Archives Canada - Edmonton, dossier [103]/18/24, volume 1, Fugues et absences non autorisées, 08/1965-04/1980, nº d'acquisition E-1994-95/653, boîte d'archives 3, Rapport de la Gendarmerie royale du Canada, 20 février 1958. [PUL-200208]
190. CVR, ARN, Bibliothèque et Archives Canada, 18-24, volume 1, 04/50-12/65, Rapport de la Gendarmerie royale du Canada, 5 mars 1958. [PUL-073808]
191. CVR, ARN, Bibliothèque et Archives Canada - Edmonton, RG10, acquisition E1996-97/415, boîte 34 de 56, dossier _/25-2-660, V. Bilodeau au surintendant de l'agence des Indiens de Pelly, 26 mai 1960. [PLD-007801]
192. CVR, ARN, Bibliothèque et Archives Canada - Edmonton, RG10, acquisition E1996-97/415, boîte 34, dossier 114/25-2, mai 1961-nov. 1961, F. J. Dosdall au superviseur régional, 8 septembre 1961. [PLD-035584-0000]
193. CVR, ARN, Bibliothèque et Archives Canada, RG10, acquisition 97-98/311, dossier 111/25-2, 1962-1969, P. Kaweski au directeur régional du ministère des Affaires indiennes, 7 novembre 1967. [SMD-002625]
194. CVR, ARN, Prairies - Centre des services régionaux du Nord-Ouest - BAC - Edmonton, dossier 674/25-2, A. Duhaime à F. Frey, 8 novembre 1967. [SMD-015030]
195. CVR, ARN, Bibliothèque et Archives Canada - Burnaby, dossier 801/25-2-14, volume 2, Admissions et renvois - Foyer catholique, 05/1967-01/1969, nº d'inst. de recherche 10-151, V1989-90/101, boîte 38, note de service, G. Michaud, 9 novembre 1967. [CDH-001182]
196. CVR, ARN, Bibliothèque et Archives Canada - Burnaby, dossier 801/25-2-14, volume 2, Admissions et renvois - Foyer catholique, 05/1967-01/1969, nº d'inst. de recherche 10-151, V1989-90/101, boîte 38, G. Michaud à la Division des affaires indiennes, 28 novembre 1967. [CDH-001202]
197. CVR, ARN, AINC - Secteur de la résolution - Collection des dossiers historiques des pensionnats indiens - Relevés trimestriels d'Ottawa, Résidence du Yukon, 853/23-26, volume 1, 9/60-3/69, Relevés trimestriels, Résidence Coudert, 31 décembre 1967. [CDH-005030]

198. CVR, ARN, Archives du gouvernement des Territoires du Nord-Ouest, Élèves d'Akaitcho Hall, 1971-1972, boîte 9-15, n° d'acquisition G1995-004, A. J. Boxer à R. Toutant, 2 novembre 1971. [AHU-003867]
199. CVR, ARN, Bibliothèque et Archives Canada, Winnipeg, RG10, acquisition W84-85/402, boîte 13636, dossier 506/23-5-021, volume 1, G. T. Ross à Fr. Masse, 14 mars 1968; [FAR-006028] RG10, volume 10386, dossier 506/25-2, partie 8B, « Report on Pupil Leaving and Recommendation for Discharge of Pupil From Residential School », 21 janvier 1969. [FAR-002075]
200. CVR, ARN, Bibliothèque et Archives Canada, RG10, volume 10386, dossier 506/25-2, partie 7B, G. T. Ross au superviseur régional des programmes sociaux, 18 décembre 1968. [FAR-002063]
201. CVR, ARN, Bibliothèque et Archives Canada, Winnipeg, RG10, acquisition W84-85/402, boîte 13642, dossier 506/25-2-18, volume 1, L. P. Joubert à J. Wright, 5 décembre 1969. [ARS-004699]
202. CVR, ARN, Bibliothèque et Archives Canada, Winnipeg, RG10, acquisition W84-85/402, boîte 13640, dossier 506/25-2-018, volume 1, Roland Chaput à [nom supprimé], 29 mars 1968. [ARS-008406-0000] Pour l'âge du garçon, voir : ministère de la Citoyenneté et de l'Immigration, Division des affaires indiennes, Relevé trimestriel, Pensionnats indiens appartenant au gouvernement, 31 mars 1968. [ARS-000022-0001]
203. CVR, ARN, Bibliothèque et Archives Canada - Edmonton, dossier 674/25-2-021, A. Duhaime à F. M. Frey, 4 décembre 1968. [SMD-007771]
204. CVR, ARN, Bibliothèque et Archives Canada - Edmonton, dossier 611/23-26-021, Duck Lake, « Listed December 31, 1968, omitted March 31, 69 return », 31 mars 1969. [SMD-007632]
205. CVR, ARN, Bibliothèques et Archives Canada - Burnaby, 985/25-2, partie 5, 1971-1973, V1984-85/333, boîte 3 [500797], n° d'inst. de recherche 10-144, ANC Burnaby/GRB, J. Fitzgerald à F. Thomas, 3 décembre 1971; [LEJ-007725-0001] J. Fitzgerald à D. Fraser, 16 décembre 1971. [LEJ-007725-0000]
206. CVR, ARN, AINC - Secteur de la résolution - Collection des dossiers historiques des pensionnats indiens - Ottawa, dossier 487/6-1-461, volume 3, E. Weigeldt à M. Rehaluk, 24 janvier 1975. [CJC-002016]
207. CVR, ARN, Bibliothèque et Archives Canada, dossier 487/18-2, volume 1, [nom supprimé] au ministère des Affaires indiennes, 13 janvier 1970. [RCO-000243]
208. CVR, ARN, Bibliothèque et Archives Canada, RG10, série B-3-e-xv, volume 12025, dossier 487/23-26-014, partie 3, « Residence/Group Home Enrolment Report, Cecilia Jeffrey Student Residence », 31 mars 1976. [CJC-001539-0001]

Discipline : 1940-2000

1. CVR, ARN, AINC, AC, dossier 1/25-20-1, volume 1, 10/65-03/69, W. C. Thomas à L. Jampolsky, 22 décembre 1965. [IRC-041367]
2. CVR, ARN, AINC, AC, dossier 1/25-20-1, volume 1, 10/1965-03/1969, Russell Moses, 1966. [AEMR-011142A]
3. CVR, DAV, Edmund Metatawabin, déclaration devant la Commission de vérité et réconciliation du Canada, Fort Albany (Ontario), 28 janvier 2013, numéro de déclaration : SP098.

4. CVR, DAV, Flora Moore, déclaration devant la Commission de vérité et réconciliation du Canada, Montréal (Québec), 24 avril 2013, numéro de déclaration : 2011-3435.
5. CVR, ARN, Bibliothèque et Archives Canada, RG10, volume 6187, dossier 461-1, partie 3, Frank Edwards au secrétaire, Division des affaires indiennes, 13 juin 1930 [la date de cette lettre paraît erronée, date appropriée : 1940]; [CJC-000650] E. W. Byers à R. A. Hoey, 14 juin 1940. [CJC-000649]
6. CVR, ARN, Bibliothèque et Archives Canada, RG10, volume 6200, dossier 466-1, partie 3, R. A. Hoey à H. W. Snell, 3 septembre 1937. [TAY-003122]
7. CVR, ARN, Bibliothèque et Archives Canada, RG10, volume 6355, dossier 757-1, partie 2, 1928-1948, Bernard F. Neary à George Dorey, 6 février 1947. [IRC-048200]
8. CVR, ARN, Bibliothèque et Archives Canada, RG10, volume 6422, dossier 869-1, partie 3, Cecil Perkins au commissaire des Indiens, Vancouver, 20 juin [1940]. [IRC-041349]
9. CVR, ARN, Bibliothèque et Archives Canada, RG10, volume 6422, dossier 869-1, partie 3, « Re: Joseph Hans: Pupil of this school and Ray Carter, Farm Instructor », 24 juin 1940. [IRC-041351-0002]
10. CVR, ARN, Bibliothèque et Archives Canada, RG10, volume 6422, dossier 869-1, partie 3, « Statement by Mr. R. H. Carter, Farm Instructor, Coqualeetza Indian Residential School ». [IRC-041351-0003]
11. CVR, ARN, Bibliothèque et Archives Canada, RG10, volume 6422, dossier 869-1, partie 3, Gerald H. Barry à D. M. McKay, 24 juin 1940. [IRC-041351-0000]
12. CVR, ARN, Bibliothèque et Archives Canada, RG10, volume 10412, boîte Shannon 39, partie B, 1940-1941, « Edmonton Indian Agency, Report on Investigation Held at Youville Residential School ». [IRC-041324]
13. CVR, ARN, Bibliothèque et Archives Canada, RG10, volume 10412, boîte Shannon 39, partie B, 1940-1941, Philip Phelan à G. C. Laight, 8 février 1941. [IRC-041323]
14. CVR, ARN, Bibliothèque et Archives Canada, RG10, volume 6205, dossier 468-1, partie 3, affidavit de Jessie Seneca, 25 mai 1943. [IRC-041076]
15. CVR, ARN, Bibliothèque et Archives Canada, RG10, volume 6205, dossier 468-1, partie 3, affidavit de Jessie Seneca, 25 mai 1943. [IRC-041076]
16. CVR, ARN, Bibliothèque et Archives Canada, RG10, volume 6205, dossier 468-1, partie 3, affidavit d'Annie Waddilove, 7 juin 1943. [IRC-041079]
17. CVR, ARN, Bibliothèque et Archives Canada, RG10, volume 6205, dossier 468-1, partie 3, affidavit de Charlotte French, 8 juin 1943. [IRC-041081]
18. CVR, ARN, Bibliothèque et Archives Canada, RG10, volume 6205, dossier 468-1, partie 3, affidavit de Jessie Seneca, 25 mai 1943; [IRC-041076] affidavit d'Annie Waddilove, 7 juin 1943. [IRC-041079]
19. CVR, ARN, Bibliothèque et Archives Canada, RG10, volume 6205, dossier 468-1, partie 3, « Resolution No. 1 of the Chippewas of the Thames », 24 juin 1943. [IRC-041085]
20. CVR, ARN, Bibliothèque et Archives Canada, RG10, volume 6205, dossier 468-1, partie 3, R. W. MacDonald au ministère des Affaires indiennes, 12 janvier 1944. [MER-000519]
21. CVR, ARN, Église Unie du Canada/Archives de l'Université Victoria, nº d'acquisition 92.164C, boîte 33, dossier 2, dossiers de personnel des directeurs J. F. Woodsworth et O. B. Strapp. [UCA-080521]
22. CVR, ARN, Bibliothèque et Archives Canada, RG10, volume 6259, dossier 576-10, partie 17, John Dowan au ministère des Affaires indiennes, 12 septembre 1950. [BRS-000944]

23. CVR, ARN, Bibliothèque et Archives Canada, RG29, acquisition W84-85/482, boîte 006, dossier 11-5-20, volume 2, « Brandon Indian Residential School List Pupils Home for Vacation Who Returned for 1950-51 Term »; [BRS-004374-0001] Bibliothèque et Archives Canada, RG10, acquisition W84-85/482, boîte 005, dossier 11-5-14, volume 1a, O. B. Strapp à J. Rayson, 9 juin 1951. [Dans les archives, le nom est donné alternativement comme étant Evan, Avin et Avon]. [BRS-004319]
24. CVR, ARN, Bibliothèque et Archives Canada, AINC - Secteur de la résolution - Collection des dossiers historiques des pensionnats indiens - Ottawa, dossier 501/23-5-056, volume 1, C. A. F. Clark au surintendant de l'éducation, 10 octobre 1949. [BRS-000556]
25. CVR, ARN, Bibliothèque et Archives Canada, RG10, volume 6259, dossier 576-10, partie 15, O. B. Strapp à Philip Phelan, 15 septembre 1945. [BRS-000278]
26. CVR, ARN, Bibliothèque et Archives Canada, RG10, volume 6259, dossier 576-10, partie 15, T. C. Douglas à J. A. Glen, 28 septembre 1946. [BRS-000292-0001]
27. CVR, ARN, Bibliothèque et Archives Canada, RG10, volume 6259, dossier 576-10, partie 16, T. C. Douglas à J. A. Glen, 11 décembre 1946. [BRS-001203-0001]
28. CVR, ARN, Bibliothèque et Archives Canada, RG10, volume 6255, dossier 576-1, partie 4, J. P. B. Ostrander au ministère des Affaires indiennes, 2 décembre 1946. [BRS-000523]
29. CVR, ARN, Bibliothèque et Archives Canada, RG10, volume 6255, dossier 576-1, partie 4, A. G. Hamilton au ministère des Affaires indiennes, 11 janvier 1947; [BRS-000526] RG10, volume 6259, dossier 576-10, partie 16, Bernard Neary à A. G. Hamilton, 7 janvier 1947. [BRS-001205]
30. CVR, ARN, Bibliothèque et Archives Canada, RG10, volume 6255, dossier 576-1, partie 4, T. C. Douglas à J. A. Glen, 11 janvier 1947. [BRS-000527-0001]
31. CVR, ARN, Bibliothèque et Archives Canada, RG10, volume 6255, dossier 576-1, partie 4, A. G. Hamilton au ministère des Affaires indiennes, 11 janvier 1947. [BRS-000526]
32. CVR, ARN, Bibliothèque et Archives Canada, RG10, volume 6256, dossier 576-2, 1, « Indian Residential School Quarterly Return », Brandon, Manitoba, école industrielle, trimestre se terminant le 31 mars 1946, p. 7. [BRS-000096]
33. CVR, ARN, Bibliothèque et Archives Canada, RG22, volume 1206, dossier 673/1-1, partie 1, T. C. Douglas à J. A. Glen, 14 octobre 1947. [MRS-003525]
34. CVR, ARN, Bibliothèque et Archives Canada, RG10, volume 6259, dossier 576-10, partie 16, George Dorey à B. F. Neary, 27 décembre 1946. [BRS-000301]
35. CVR, ARN, Bibliothèque et Archives Canada, RG10, volume 6309, dossier 654-1, partie 3, R. S. Davis au ministère des Affaires indiennes, 13 février 1947. [GDC-010362-0001]
36. CVR, ARN, Bibliothèque et Archives Canada, RG10, volume 6332, dossier 661-1, partie 2, M. Christianson à la Division des affaires indiennes, ministère des Mines et Ressources, 9 mars 1943. [IRC-041074]
37. CVR, ARN, Bibliothèque et Archives Canada, RG10, volume 6332, dossier 661-1, partie 2, W J. D. Kerley à M. Christianson, 6 mars 1943. [IRC-041073]
38. CVR, ARN, Bibliothèque et Archives Canada, RG10, volume 6332, dossier 661-1, partie 2, M. Christianson à W. J. D. Kerley, 13 mars 1943. [IRC-041072]
39. CVR, ARN, Bibliothèque et Archives Canada, RG10, volume 6187, dossier 461-1, partie 3, G. W. Dodds à T. A. Crerar, sans date. [IRC-048098-0003]
40. CVR, ARN, Bibliothèque et Archives Canada, RG10, volume 6187, dossier 461-1, partie 3, R. A. Hoey à A. G. Hamilton, 20 mars 1944; [IRC-048098-0000] A. G. Hamilton à la Division des affaires indiennes, 4 avril 1944. [IRC-048100-0001]

41. CVR, ARN, AINC - Secteur de la résolution - Collection des dossiers historiques des pensionnats indiens - Ottawa, dossier 487/25-1, volume 1, G. W. Dodds à G. Diefenbaker, sans date. [IRC-041262]
42. CVR, ARN, Bibliothèque et Archives Canada, RG10, volume 6304, dossier 651-10, partie 3, J. Lemire à W. J. D. Kerley, 26 novembre 1945. [MRS-003568]
43. CVR, ARN, Bibliothèque et archives du Canada, RG10, volume 6304, dossier 651-10, partie 3, Alex Peepeech, 13 novembre 1945. [MRS-003567]
44. CVR, ARN, Bibliothèque et Archives du Canada, RG10, volume 6304, dossier 651-10, partie 3, W. J. D. Kerley au ministère des Affaires indiennes, 30 novembre 1945. [MRS-003569]
45. CVR, ARN, AINC - Secteur de la résolution - Collection des dossiers historiques des pensionnats indiens - Ottawa, dossier 772/25-1-001, volume 1, 05/37-12/72, Rapport de la Gendarmerie royale du Canada, 3 octobre 1944, R. J. Wall. [IRC-047127]
46. CVR, ARN, Bibliothèque et Archives Canada, RG10, volume 9148, dossier 309-11 ACE, J. Bryce à J. P. B. Ostrander, 19 octobre 1945. [PAR-003393]
47. CVR, ARN, Bibliothèque et Archives Canada, RG10, volume 6380, dossier 769-1, partie 1, J. M. Morris à Hoey, 6 mars 1946. [IRC-040067]
48. CVR, ARN, Bibliothèque et Archives Canada, volume 6426, dossier 875-1, partie 4, 1937-1947, Loretta, 9 septembre 1947. [IRC-048090-0002]
49. CVR, ARN, Bibliothèque et Archives Canada, 875-1, partie 4, volume 6426, 1937-1947, S. J. Wickens à l'agent des Indiens, Alert Bay, 27 septembre 1947. [MIK-002782-0003]
50. CVR, ARN, Bibliothèque et Archives Canada, volume 6426, dossier 875-1, partie 4, 1937-1947, F. Earl Anfield à D. M. MacKay, 29 septembre 1947. [IRC-048090-0000]
51. CVR, ARN, Bibliothèque et Archives Canada, volume 6426, dossier 875-1, partie 4, 1937-1947, S. J. Wickens à l'agent des Indiens, 24 septembre 1947. [IRC-048090-0001]
52. CVR, ARN, Bibliothèque et Archives Canada, RG10, volume 6426, dossier 875-1, partie 4, M. S. Todd au commissaire des Indiens, Colombie-Britannique, 3 octobre 1947. [MIK-002271]
53. CVR, ARN, Bibliothèque et Archives Canada, RG10, volume 6426, dossier 875-1, partie 4, J. Coleman au commissaire des Indiens de la Colombie-Britannique, 14 octobre 1947, p. 7. [MIK-002279-0002]
54. CVR, ARN, Bibliothèque et Archives Canada, RG10, volume 6358, dossier 757-10, partie 2, 1943-1952, « Re; - Complaint - School. Rosie Wesley, age 14 years », 7 novembre 1946, Florence Hodgson à J. N. R. Iredale, 8 novembre 1946. [IRC-041316-0003]
55. CVR, ARN, Église Unie du Canada/Archives de l'Université Victoria, n° d'acquisition 83.050C, boîte 110, dossier 21, Pensionnat indien de Morley - Correspondance 1940-1947/documents de l'Église Unie du Canada, Toronto, G. H. Gooderham à Division des affaires indiennes, ministère des Mines et des Ressources, 29 janvier 1947. [UCA-081594]
56. CVR, ARN, Église Unie du Canada/Archives de l'Université Victoria, n° d'acquisition 83.050C, boîte 110, dossier 21, Pensionnat indien de Morley - Correspondance 1940-1947/documents de l'Église Unie du Canada, Toronto, E. J. Staley à George Dorey, 31 janvier 1947. [UCA-081593]
57. CVR, ARN, Bibliothèque et Archives Canada, RG10, volume 6355, dossier 757-1, partie 2, Bernard F. Neary à Hoey, 5 février 1947. [IRC-041116]
58. CVR, ARN, Bibliothèque et Archives Canada, RG10, volume 6355, dossier 757-1, partie 2, 1928-1948, Bernard F. Neary à George Dorey, 6 février 1947. [IRC-048200]
59. CVR, ARN, Église Unie du Canada/Archives de l'Université Victoria, n° d'acquisition 83.050C, boîte 110, dossier 21, Pensionnat indien de Morley - Correspondance 1940-1947/documents

de l'Église Unie du Canada, Toronto, George Dorey à G. R. Inglis, 10 février 1947. [UCA-081599]

60. CVR, ARN, Bibliothèque et Archives Canada, RG10, volume 6355, dossier 757-1, partie 2, 1928-1948, Bernard F. Neary à George Dorey, 6 février 1947. [IRC-048200]
61. CVR, ARN, Bibliothèque et Archives Canada, RG10, volume 6355, dossier 757-1, partie 2, G. Roy Inglis à George Dorey, 13 février 1947. [IRC-048224]
62. CVR, ARN, Église Unie du Canada/Archives de l'Université Victoria, nº d'acquisition 83.050C, boîte 27, dossier 464, Pensionnat indien de Morley - Correspondance 1946-47/documents de l'Église Unie du Canada, Toronto, « Memo. Re Morley Indian Residential School, &c. », George Dorey, 24 mars 1947. [UCA-081605]
63. CVR, ARN, Bibliothèque et Archives Canada, volume 1, dossier 772/3-6, 1940-1954, « Copy of Minutes, Council Meeting of the Stoney Council Members », 25 novembre 1947. [IRC-048121]
64. CVR, ARN, Bibliothèque et Archives Canada, dossier 772/3-6, volume 1, 1940-1954, « Copy of the Council Meeting Minutes of the Stoney Band of Indians », 27 octobre 1948. [IRC-048120]
65. CVR, ARN, AINC - Secteur de la résolution - Collection des dossiers historiques des pensionnats indiens - Ottawa, dossier 672/1-13-016, volume 1, C. A. F. Clark à A. J. W. Scrase, 20 juin 1949. [IRC-041371]
66. CVR, ARN, Bibliothèque et Archives Canada - Edmonton, 103/6-1-764, volume 1, 09/44-12/54, C. A. F. Clark au surintendant de l'éducation, 9 novembre 1949. [IRC-048180]
67. CVR, ARN, Bibliothèque et Archives Canada, RG10, volume 6275, dossier 583-10, partie 2, Joseph Jones à A. G. Hamilton, 31 janvier 1949. [PLP-004354]
68. CVR, ARN, Bibliothèque et Archives Canada, RG10, volume 6275, dossier 583-10, partie 2, John W. Kettlewell à M. Hamilton, 3 février 1949. [PLP-004356-0001]
69. CVR, ARN, Bibliothèque et Archives Canada, RG10, volume 6275, dossier 583-10, partie 2, A. G. Hamilton aux Affaires indiennes, 1er février 1949. [PLP-004355]
70. AINC - Secteur de la résolution - Collection des dossiers historiques des pensionnats indiens - Ottawa, dossier 501/25-1-067, volume 1, « Statement of Lillian Daniels, Swan Lake Band », 4 mars 1949. [IRC-041137]
71. CVR, ARN, AINC - Secteur de la résolution - Collection des dossiers historiques des pensionnats indiens - Ottawa, dossier 501/25-1-067, volume 1, déclaration de Pearl Woods. [PLP-000030-0008]
72. CVR, ARN, AINC - Secteur de la résolution - Collection des dossiers historiques des pensionnats indiens - Ottawa, dossier 501/25-1-067, volume 1, déclaration d'Ella Bell, Sioux de Long Plain, 4 mars 1949. [IRC-041138]
73. CVR, ARN, AINC - Secteur de la résolution - Collection des dossiers historiques des pensionnats indiens - Ottawa, dossier 501/25-1-067, volume 1, Joseph Jones à A. G. Hamilton, 28 février 1949. [IRC-041147]
74. CVR, ARN, AINC - Secteur de la résolution - Collection des dossiers historiques des pensionnats indiens - Ottawa, dossier 501/125-1-067, volume 1, déclaration de Mme Ross, surveillante, 4 mars 1949. [IRC-041126]
75. CVR, ARN, Bibliothèque et Archives Canada, RG10, dossier 583-10, volume 6275, partie 2, A. G. Hamilton, « Truancy - Portage school, Jan. 29, 1949 ». [PLP-004355]
76. CVR, ARN, AINC - Secteur de la résolution - Collection des dossiers historiques des pensionnats indiens - Ottawa, dossier 501/25-1-067, volume 1, Joseph Jones à A. G. Hamilton, 28 février 1949. [IRC-041147]

77. CVR, ARN, AINC, dossier 501/25-1-067, volume 1, Bernard F. Neary à A. G. Hamilton, 21 février 1949. [AEMR-016158]
78. CVR, ARN, AINC, Bureau des archives des pensionnats, dossier 501/25-1-067, volume 1, Joseph Jones à A. G. Hamilton, 28 février 1949. [IRC-041147]
79. CVR, ARN, AINC, Bureau des archives des pensionnats, dossier 501/25-1-067, volume 1, Joseph Jones à A. G. Hamilton, 28 février 1949. [IRC-041146]
80. CVR, ARN, AINC, Bureau des archives des pensionnats, dossier 501/25-1-067, volume 1, déclaration de M. Roxborough, surveillant des garçons, 4 mars 1949; [PLP-000030-0004] Déclaration de Mme Hayward, 4 mars 1949. [PLP-000030-0005]
81. CVR, ARN, AINC - Secteur de la résolution - Collection des dossiers historiques des pensionnats indiens - Ottawa, dossier 501/25-1-067, volume 1, R. S. Davis à D. M. McKay, 4 mars 1949. [PLP-000030-0001]
82. CVR, ARN, AINC - Secteur de la résolution - Collection des dossiers historiques des pensionnats indiens - Ottawa, dossier 501/25-1-067, volume 1, R. S. Davis à D. M. MacKay, 7 mars 1949. [PLP-000031]
83. CVR, ARN, Bibliothèque et Archives Canada, RG10, volume 6307, dossier 653-1, partie 2, Révérend George Dorey au Colonel B. F. Neary, 26 mai 1949. [FHR-000352]
84. CVR, ARN, AINC - Secteur de la résolution - Collection des dossiers historiques des pensionnats indiens - Ottawa, dossier 772/25-1-002, volume 1, 1950-1965, G. H. Gooderham à E. S. W. Cole, 18 février 1950. [IRC-041162]
85. CVR, ARN, AINC - Secteur de la résolution - Collection des dossiers historiques des pensionnats indiens - Ottawa, dossier 772/25-1-002, volume 1, 1950-1965, E. S. W. Cole à B. F. Neary, 21 février 1950. [IRC-041163]
86. CVR, ARN, AINC - Secteur de la résolution - Collection des dossiers historiques des pensionnats indiens - Ottawa, dossier 772/25-1-002, volume 1, 1950-1965, W. P. B. Pugh à G. H. Gooderham, 1er mars 1950. [IRC-041168]
87. CVR, ARN, Bibliothèque et Archives Canada, dossier 956/25-1, volume 1, 11/50-02/62, Lila Whitehead à R. F. Davey, 18 juin 1952. [IRC-049037]
88. CVR, ARN, AINC - Secteur de la résolution - Collection des dossiers historiques des pensionnats indiens - Ottawa, dossier 956/25-1, volume 1, 11/50-02/62, R. F. Davey à F. A. McLellan, 24 juin 1952. [IRC-049017]
89. CVR, ARN, Église anglicane du Canada, Archives du synode général, MSCC-GS 75-103, série 2-15, boîte 29, dossier 10, document anglican n° 52.63, Victoria Ketcheson et Patricia Watson, 29 novembre 1952. [PAR-001992]
90. CVR, ARN, Église anglicane du Canada, Archives du synode général, MSCC-GS 75-103, série 2-15, boîte 29, dossier 10, A. J. Scrase à H. G. Cook, 3 décembre 1952. [ACC-000990-0000]
91. CVR, ARN, Église anglicane du Canada, Archives du synode général, MSCC-GS 75-103, série 2-15, boîte 29, dossier 10, lettre anonyme, 3 décembre 1952. [ACC-000990-0001]
92. CVR, ARN, Église anglicane du Canada, Archives du synode général, ACC, MSCC-GS75-103, série 2-15, boîte 29, dossier 10, H. G. C. à Charles Fielding, 8 décembre 1952. [AAC-084476]
93. CVR, ARN, Bibliothèque et Archives Canada, RG10, volume 8542, dossier 51/25-1, partie 2, Philip Phelan, 14 avril 1953. [FAR-000067]
94. CVR, ARN, aucun emplacement de document, aucun dossier source de document, Manuel opérationnel du ministère des Affaires indiennes, 1958, section 17.12, page 203 de 330, fichier PDF. [AEMR-011711]

95. CVR, ARN, AINC – Secteur de la résolution – Collection des dossiers historiques des pensionnats indiens – Ottawa, dossier 1/25-1-5-2, volume 1, « Regulations with respect to teaching, education, inspection, and discipline for Indian Residential Schools, Made and Established by the Superintendent General of Indian Affairs Pursuant to Paragraph (a) of Section 114 of the Indian Act », sans date; [PAR-001203-0001] H. M. Jones au sous-ministre, 20 janvier 1953. [PAR-001203-0000]
96. Axelrod, « No Longer a "Last Resort" », p. 267.
97. Axelrod, « No Longer a "Last Resort" », p. 267.
98. Axelrod, « No Longer a "Last Resort" », p. 266.
99. CVR, ARN, Bibliothèque et Archives Canada, 205/25-1, volume II, 06/48-12/55, « Calgary School Board, Report on Corporal Punishment in Calgary Schools », 6 décembre 1951. [IRC-041400-0001]
100. CVR, ARN, AINC – Secteur de la résolution – Collection des dossiers historiques des pensionnats indiens – Ottawa, dossier 501/25-1-064, volume 1, G. H. Marcoux à M. Davis, 21 octobre 1953; [IRC-041191] George Spencer à AINC, 29 septembre 1953. [BIR-000434-0001]
101. CVR, ARN, AINC – Secteur de la résolution – Collection des dossiers historiques des pensionnats indiens – Ottawa, dossier 501/25-1-064, volume 1, G. H. Marcoux à M. Davis, 21 octobre 1953. [IRC-041191]
102. CVR, ARN, AINC – Secteur de la résolution – Collection des dossiers historiques des pensionnats indiens – Ottawa, dossier 501/25-1-064, volume 1, R. F. Davey à D. A. H. Neild, 19 novembre 1953. [IRC-041193]
103. CVR, ARN, AINC, Bureau des archives des pensionnats, dossier 501/25-1-064, volume 1, R. F. Davey à George B. Spencer, J. P., 6 octobre 1953. [IRC-041188]
104. CVR, ARN, AINC, dossier 801/25-9, volume 1, 1955-1956, région de la Colombie-Britannique, Conférence des directeurs de pensionnats, 24 novembre 1955. [100.00633]
105. CVR, ARN, emplacement du document à déterminer, Hance/Aleck/Michell – Liste de documents de l'Église anglicane du Canada et Église anglicane de Cariboo, Helen Clafton à l'évêque Dean, 5 mars 1957. [ANG-063238]
106. CVR, ARN, AINC – Secteur de la résolution – Collection des dossiers historiques des pensionnats indiens – Ottawa, 956/1-13, volume 1, 01/51-05/67, « Complaints Regarding St. George's Residential School at Lytton, B.C. », Betty-Marie Barber, 13 décembre 1957. [IRC-041212]
107. CVR, ARN, Bibliothèque et Archives Canada, RG10, (8758), nº d'inst. de recherche 10-25,dossier 772/25-1-010, 1949-1961, « Statements given to Mr. Wild on February 28, 1951, re Morley Indian Residential School ». [IRC-048228-0001]
108. CVR, ARN, Bibliothèque et Archives Canada, RG10, (8758), nº d'inst. de recherche 10-25, dossier 772/25-1-010, 1949-1961, « Meeting of the Stony Parents and Councillors. Re: Complaints about Residential School — 7 March 1951 » [IRC-048228-0002]
109. CVR, ARN, Bibliothèque et Archives Canada, RG10, [1858], nº d'inst. de recherche 10-25, dossier 772/25-1-010, 1949-1961, G. H. Gooderham à Mackay, 12 mars 1951. [IRC-048089]
110. CVR, ARN, Bibliothèque et Archives Canada, RG10, (8758), nº d'inst. de recherche 10-25, dossier 772/25-1-010, 1949-1961, G. Dorey à P. Phelan, 18 avril 1951. [IRC-048231]
111. CVR, ARN, Bibliothèque et Archives Ottawa, 772/6-1-010 partie 2, volume 8672, 1949-1953, ANC, G. H. Gooderham au surintendant de l'éducation, Division des affaires indiennes, 5 août 1953. [MOR-005873]
112. CVR, ARN, Bibliothèque et Archives Canada, RG10, volume 8757, dossier 709/25-1-001, partie 2, R. F. Davey à M. C. Macdonald, 7 septembre 1955. [EDM-000200]

113. CVR, ARN, Bibliothèque et Archives Canada, RG10, volume 7194, dossier 511/25-1-015, R. F. Davey à R. D. Ragan, 20 février 1957. [IRC-041108]
114. CVR, ARN, Bibliothèque et Archives Canada, RG10, volume 7194, dossier 511/25-1-015, R. D. Ragan à R. F. Davey, 20 mars 1957. [BRS-000987]
115. CVR, ARN, Bibliothèque et Archives Canada, RG10, [8758], n° d'inst. de recherche 10-25, dossier 772/25-1-010, 1949-1961, W. A. Betts à R. F. Battle, 15 février 1956. [IRC-048094]
116. CVR, ARN, Bibliothèque et Archives Canada, RG10, [8758], n° d'inst. de recherche 10-25, dossier 772/25-1-010, 1949-1961, E. A. Robertson pour R. F. Battle à W. A. Betts, 2 mars 1956. [IRC-048095]
117. CVR, ARN, AINC, dossier 494/18-28, volume 1, G. Swartman à la Division des affaires indiennes, 12 mai 1955. [PLK-002025]
118. CVR, ARN, AINC - Secteur de la résolution - Collection des dossiers historiques des pensionnats indiens - Ottawa, dossier 487/25-1-014, n° d'emplacement 63-7, 10 octobre 1956, Grace Peterson. [IRC-041201]
119. CVR, ARN, AINC, dossier 487/25-1-014, n° 63-7, Bureau des archives des pensionnats, R. F. Davey à I. B. Robson, 19 octobre 1956; [IRC-041204] I. B. Robson à R. F. Davey, 25 octobre 1956. [IRC-041205]
120. CVR, ARN, AINC - Secteur de la résolution - Collection des dossiers historiques des pensionnats indiens - Ottawa, dossier 675/25-1-018, volume 2, n° d'emplacement 11-10, R. F. Davey à H. B. Rodine, 4 juillet 1957. [IRC-040040]
121. CVR, ARN, AINC - Secteur de la résolution - Collection des dossiers historiques des pensionnats indiens - Ottawa, dossier 675/25-1-018, volume 2, n° d'emplacement 11-10, H. B. Rodine à R. F. Davey, 12 juillet 1957. [IRC-040041]
122. CVR, ARN, Bibliothèque et Archives Canada, RG10, dossier 118/3-3-8, partie 1, 1958-66, 10416, M. et Mme Matthew Houle, 14 janvier 1959. [IRC-048104]
123. CVR, ARN, Bibliothèque et Archives Canada, RG10, dossier 118/3-3-8, partie 1, 1958-66, 10416, S. C. Knapp au superviseur régional, 12 janvier 1959. [IRC-048103-0000]
124. CVR, ARN, Bibliothèque et Archives Canada RG10, volume 6445, dossier 881-10, partie 5, « Lejac Indian Residential School General Report », 31 mars 1940. [LEJ-002066]
125. CVR, ARN, Bibliothèque et Archives Canada, RG10, n° d'inst. de recherche 10-17, volume 6445, dossier 881-10, partie 8, 1946-1949, ANC - Ottawa, B. F. Neary à J. Mulvihill, 5 décembre 1947. [LEJ-008022]
126. CVR, ARN, Bibliothèque et Archives Canada, RG10, volume 6255, dossier 576-1, partie 4, Roy B. Hunter à R. T. Chapin, 23 mars 1942; [BRS-000474-0002] Raport de la Gendarmerie royale du Canada, 11 mars 1942. [BRS-000463-0001]
127. CVR, ARN, Bibliothèque et Archives Canada, RG10, volume 6255, dossier 576-1, partie 4, A. G. Hamilton au secrétaire des Affaires indiennes, 27 mars 1942. [BRS-000470]
128. CVR, ARN, Bibliothèque et Archives Canada, RG10, volume 6255, dossier 576-1, partie 4, Harold McGill au sous-ministre, 2 avril 1942. [BRS-000474-0000]
129. CVR, ARN, Bibliothèque et Archives Canada, RG10, volume 6255, dossier 576-1, partie 4, A. J. Doucet au colonel Neary, 11 juin 1948. [BRS-000540]
130. CVR, ARN, Bibliothèque et Archives Canada, RG10, volume 6255, dossier 576-1, partie 4, « Extract from letter from Regional Supervisor Davis, dated June 28, 1948, Original on file 77-133 », 28 juin 1948. [BRS-000541]

131. CVR, ARN, AINC - Secteur de la résolution - Collection des dossiers historiques des pensionnats indiens - Ottawa, dossier 501/23-5-065, volume 1, C. A. F. Clark au surintendant de l'éducation, 10 octobre 1949. [BRS-000556]
132. CVR, ARN, Église anglicane du Canada, Archives du synode général, GS 75-103, série 2-15, boîte 24, surintendant, « Superintendent's Conversations with Principal Orman re: Sioux Lookout School, in Winnipeg, Manitoba, December 2, 1961 », 2 décembre 1961. [PLK-000966]
133. CVR, ARN, AINC - Secteur de la résolution - Collection des dossiers historiques des pensionnats indiens - Ottawa, dossier 959/1-13, 05/1951-05/1977, volume 1, John C. Lawrance, sans date 1963. [IRC-041250]
134. CVR, ARN, AINC - Secteur de la résolution - Collection des dossiers historiques des pensionnats indiens - Ottawa, dossier 959/1-13, 05/1951-05/1977, volume 1, J. V. Boys à R. F. Davey, 17 janvier 1964. [IRC-041235]
135. CVR, ARN, Archives du diocèse de la Colombie-Britannique, Église anglicane du Canada, Victoria, C.-B., dossier 63-11-7-18, T. E. Jones à H. E. Sexton, 20 avril 1964. [GDC-064198]
136. CVR, ARN, AINC - Secteur de la résolution - Collection des dossiers historiques des pensionnats indiens - Ottawa, dossier 321/25-1-352, Wallace Regis à M. Jolicoeur, 10 avril 1961. [SIR-000050-0001]
137. CVR, ARN, AINC - Secteur de la résolution - Collection des dossiers historiques des pensionnats indiens - Ottawa, dossier 321/25-1-352, A. R. Jolicoeur à Léo Laurin, 18 avril 1961. [SIR-000050-0000]
138. Adams, « The Indians ».
139. CVR, ARN, Bibliothèque et Archives Canada, RG10, volume 8799, dossier 487/25-13-014, partie 1, G. S. Lapp au chef du secrétariat, 9 août 1965. [CJC-000011-0000]
140. CVR, ARN, AINC - Secteur de la résolution - Collection des dossiers historiques des pensionnats indiens - Ottawa, dossier 487/25-1-014, n° de contrôle 63-7, H. B. Rodine à P. Deziel, 30 novembre 1965. [CJC-000584]
141. CVR, ARN, AINC - Secteur de la résolution - Collection des dossiers historiques des pensionnats indiens - Ottawa, dossier 487/25-1-014, Giollo Kelly à R. F. Davey, 7 juin 1966. [CJC-000309]
142. CVR, ARN, AINC - Secteur de la résolution - Collection des dossiers historiques des pensionnats indiens - Ottawa, dossier 117/24-4, K. Kerr au superviseur régional, 27 mai 1995. [IRC-041240]
143. LeBeuf, *Le rôle de la Gendarmerie royale du Canada*, p. 525-526.
144. CVR, ARN, Bibliothèque et Archives Canada - Edmonton, RG10, acquisition E-1996-97/415, dossier 25-1, boîte 31/56, J. G. McGilp au surintendant, 19 juin 1965. [IRC-041241]
145. CVR, ARN, Bibliothèque et Archives Canada - Edmonton, RG10, acquisition E-1996-97/415, dossier 25-1, boîte 31/56, K. Kerr au superviseur régional, 28 juin 1965. [IRC-041243]
146. CVR, ARN, AINC - Secteur de la résolution - Collection des dossiers historiques des pensionnats indiens - Ottawa, dossier 774/25-1-016, volume 2, 1950-1966, Juliette Pomerleau au surintendant en chef de l'éducation, Division de l'éducation, Affaires indiennes, 24 mai 1966. [IRC-041247]
147. CVR, ARN, AINC - Secteur de la résolution - Collection des dossiers historiques des pensionnats indiens - Ottawa, dossier 774/25-1-016, volume 2, 1950-1966, Mildred Roasting. [IRC-041248]

148. CVR, ARN, AINC – Secteur de la résolution – Collection des dossiers historiques des pensionnats indiens – Ottawa, dossier 774/25-1-016, volume 2, 1950–1966, Arlène Simon. [IRC-041249]
149. CVR, DAE, Paul Ant. Hudon à Georges-Marie Latour, 30 juillet 1966. [10a-c900151-d0019-002]
150. CVR, ARN, Centre fédéral d'archives – Région de la capitale nationale, dossier DM6-2-3, volume 5, nº d'emplacement N346-2, Jacqueline Bisson au sous-ministre, 18 septembre 1967. [120.07837]
151. CVR, ARN, AINC – Secteur de la résolution – Collection des dossiers historiques des pensionnats indiens – Ottawa, Pensionnat indien St George, D.C. 2C11, Pensionnat St. George de Lytton, nº 88.44, section 205, « All Saints Residential School Staff Manual », 1967. [PAR-000233]
152. CVR, ARN, AINC – Secteur de la résolution – Collection des dossiers historiques des pensionnats indiens – Ottawa, dossiers GRS, boîte 41, Warner, Albert, 1967, L. C. Bishop au révérend Goater, 21 avril 1967. [IRC-044060]
153. CVR, ARN, AINC – Secteur de la résolution – Collection des dossiers historiques des pensionnats indiens – Ottawa, dossiers GRS, boîte 41, Warner, Albert, 1967, Relevé d'Emploi pour Albert Warner. [IRC-044061]
154. Axelrod, « No Longer a "Last Resort" », p. 273.
155. Axelrod, « No Longer a "Last Resort" » p. 262, 274, 280.
156. Comité sur l'abrogation de l'article 43, « School Corporal Punishment », http://www.repeal43.org/school-corporal-punishment/ (consulté le 16 janvier 2014); *Canadian Foundation for Children, Youth and the Law c. Canada (Procureur général)*, 2004 CanLII 4 (CSC), p. 103–104.
157. CVR, ARN, Archives de St-Paul, série 4, boîte 10, dossier 1, « Discipline and Our Children, Father Allan Noonan, Principal, Kamloops Residential School », sans date. [OMI-034228] Bien que le discours ne soit pas daté, Noonan était le directeur de l'école de Kamloops de 1964 à 1968 lorsque l'école s'est vue transformée en résidence. AINC – Bureau principal des archives – Ottawa, 963/16-1, volume 3, Rapports de vérification – Résidence de Kamloops, 1960–1970, HQ-CR, S. W. Kaiser pour R. F. Davey à A. Noonan, 1er septembre 1964; [KAM-004077] « An Era Is Coming to an End at Red Brick Indian School », *Vancouver Province*, 13 mai 1968. [OKM-000773]
158. CVR, ARN, Bibliothèque et Archives Canada, volume 13, dossier 701/25-1, W. C. Thomas aux directeurs et aux surintendants de district en matière d'éducation, région de l'Alberta, 31 mai 1971. [IRC-046009]
159. CVR, ARN, AINC – Secteur de la résolution – Collection des dossiers historiques des pensionnats indiens – Ottawa, dossier 901/25-1, volume 13, Éducation des Indiens – Bureau régional de la Colombie-Britannique, 20/05/1973–22/04/1974, nº d'emplacement N-337-415, V. A. LaPlante à James McCallum, 24 septembre 1973. [IRC-041267]
160. CVR, ARN, AINC – Secteur de la résolution – Collection des dossiers historiques des pensionnats indiens – Ottawa, dossier 372/25-13-024, volume 1, C. T. Blouin et L. Poulin à A. R. Jolicoeur, 13 octobre 1970. [LTR-001178-0001]
161. CVR, ARN, AINC – Secteur de la résolution – Collection des dossiers historiques des pensionnats indiens – Ottawa, dossier 372/25-13-024, volume 1, C. T. Blouin et L. Poulin à A. R. Jolicoeur, 13 octobre 1970. [LTR-001178-0001]
162. CVR, ARN, Bibliothèque et Archives Canada, « Native Mission School Shut Down over Discipline Controversy », par Margaret Loewen Reimer, *Mennonite Reporte*r, volume 19, numéro 22, 13 novembre 1989. [PHD-000143]

163. CVR, ARN, Bibliothèque et Archives Canada, « Native Groups Clash over Poplar Hill School », par Margaret Loewen Reimer, *Mennonite Reporter*, volume 20, numéro 1, 8 janvier 1990. [PHD-000144]
164. CVR, ARN, Bibliothèque et Archives Canada, « Mennonite Workers Protest Mission's Role in Native School Controversy », par Margaret Loewen Reimer, *Mennonite Reporter*, volume 20, numéro 5, 5 mars 1990. [PHD-000145]
165. CVR, ARN, Bibliothèque et Archives Canada, « Native students and parents have high regard for school », courrier des lecteurs, Doris Shantz et onze autres, *Mennonite Reporter*, volume 20, numéro 8, 16 avril 1990. [PHD-000146]
166. CVR, ARN, Bibliothèque et Archives Canada, « Northern Light and MCC Draft Joint Statement on Native School », par Margaret Loewen Reimer, *Mennonite Reporter*, volume 20, numéro 10, 14 mai 1990. [PHD-000148]
167. CVR, ARN, Bibliothèque et Archives Canada, RG10, volume 11447, dossier 494/25-2, partie 3, C. Schnupp à S. W. Thordarson, 5 janvier 1965. [PHD-000337]
168. CVR, ARN, AINC - Secteur de la résolution - Collection des dossiers historiques des pensionnats indiens - Ottawa, dossier 81/25-1 (n° de contrôle 240-13), Richard Morris aux chefs, région de Petahbun, 9 février 1979. [NCA-001721]
169. « Student Protesters Wanted Free Time », *Winnipeg Free Press*, 13 mars 1987.
170. « Student, 19 Admits Guilt in School Brawl », *Toronto Star*, 29 mai 1987.
171. *Fontaine c. Canada (Procureur général)*, 2011 CanLII 4938 (ON SC), p. 6.
172. CVR, ARN, Bibliothèque et Archives Canada, « Police Lay No charges in Poplar Hill Investigation », *Mennonite Reporter*, volume 21, numéro 4, 18 février 1991. [PHD-000173]
173. CVR, ARN, AINC - Secteur de la résolution - Collection des dossiers historiques des pensionnats indiens - Ottawa, dossiers GRS, boîte 131, Dossier de l'employé- [nom supprimé] « Record of Discussion Between Mr. G. Worth et [nom supprimé] », 3 juin 1970. [IRC-047140]
174. CVR, ARN, Emplacement du document inconnu, dossiers GRS, boîte 128, dossier 10, W. P. Starr à [nom supprimé], 11 mars 1975. [IRC-047146]
175. CVR, ARN, AINC - Secteur de la résolution - Collection des dossiers historiques des pensionnats indiens - Ottawa, dossiers GRS, boîte 128, dossier 10, 23 février 1977. [IRC-047143]
176. CVR, ARN, AINC - Secteur de la résolution - Collection des dossiers historiques des pensionnats indiens - Ottawa, dossiers GRS, boîte 128, Dossier de l'employé- [nom supprimé], W. P. Starr à [nom supprimé], 25 février 1977. [IRC-047144-0001]
177. CVR, ARN, AINC - Secteur de la résolution - Collection des dossiers historiques des pensionnats indiens - Ottawa, dossiers GRS, boîte 127, Dossier de l'employé- [nom supprimé], W. P. Starr à [nom supprimé], 17 mai 1978. [IRC-047149-0001]
178. CVR, ARN, AINC - Secteur de la résolution - Collection des dossiers historiques des pensionnats indiens - Ottawa, dossiers GRS, boîte 9A, dossier 9, Correspondance diverse, 1959-1985, [nom supprimé], rapport du chef de département, 10 avril 1984. [IRC-047156]
179. CVR, ARN, AINC - Secteur de la résolution - Collection des dossiers historiques des pensionnats indiens - Ottawa, dossiers GRS, boîte L13, Élèves, 1986, Anthony Whitehead, Duane Chatsis, 23 mai 1986. [IRC-047159]
180. CVR, ARN, AINC - Secteur de la résolution - Collection des dossiers historiques des pensionnats indiens - Ottawa, dossiers GRS, boîte L13, Rapports du comité consultatif, 1984-1985, Extrait du rapport du comité consultatif, janvier 1984-juin 1985. [IRC-047071]

181. CVR, ARN, AINC - Secteur de la résolution - Collection des dossiers historiques des pensionnats indiens - Ottawa, dossiers GRS, boîte 140, Divers 1968-1990, « A few items for your child care meeting », 4 novembre 1986. [IRC-047161]
182. CVR, ARN, AINC - Secteur de la résolution - Collection des dossiers historiques des pensionnats indiens - Ottawa, dossiers GRS, boîte L1., A. Bemister à P. Lizee, 30 juin 1987. [IRC-047035]
183. *A. (M.) c. Canada (Procureur général),* 2001 CanLII 504 (SK QB); *A. (M.) c. Canada (Procureur général),* 2003 CanLII 002 (SK CA).
184. CVR, ARN, AINC - Secteur de la résolution - Collection des dossiers historiques des pensionnats indiens - Ottawa, dossiers GRS, boîte 19, Élèves 1987-1988, « Student incident report », [nom supprimé], 17 septembre 1987. [IRC-047165]
185. CVR, ARN, AINC - Secteur de la résolution - Collection des dossiers historiques des pensionnats indiens - Ottawa, dossiers GRS, boîte 19, Élèves 1987-1988, « Student incident report », R. J. Pratt, 1er décembre 1987. [IRC-047167]
186. CVR, ARN, AINC - Secteur de la résolution - Collection des dossiers historiques des pensionnats indiens - Ottawa, dossiers GRS, boîte 19, dossier 13, « Student incident report », Ron Pratt, 9 décembre 1987. [IRC-047175-0000]
187. CVR, ARN, AINC - Secteur de la résolution - Collection des dossiers historiques des pensionnats indiens - Ottawa, dossiers GRS, boîte 19, Élèves 1987-1988, « Student incident report », Thomas W. Pratt, 14 juin 1988. [IRC-047177]
188. CVR, ARN, AINC - Secteur de la résolution - Collection des dossiers historiques des pensionnats indiens - Ottawa, dossiers GRS, boîte L27A, dossier 5, « Student incident report », 6 septembre 1988. [IRC-047178]
189. CVR, ARN, AINC - Secteur de la résolution - Collection des dossiers historiques des pensionnats indiens - Ottawa, dossiers GRS, boîte L2, Élèves, Gerry Worth à Garth/Elaine Geddes, 19 septembre 1988. [IRC-047180-0000]
190. CVR, ARN, AINC - Secteur de la résolution - Collection des dossiers historiques des pensionnats indiens - Ottawa, dossiers GRS, boîte R2, volume 1, Ronald J. Pratt et Herman Blind à [nom supprimé], 14 mars 1991. [IRC-047201]
191. CVR, ARN, AINC - Secteur de la résolution - Collection des dossiers historiques des pensionnats indiens - Ottawa, dossiers GRS, boîte R2, [nom supprimé], Ronald J. Pratt et Herman Blind à [nom supprimé], 8 décembre 1993. [IRC-047202-0002]

Mauvais traitements : 1940-2000

1. Phil Fontaine, interviewé par Barbara Frum, Société Radio-Canada, *The Journal*, 30 octobre 1990, http://archives.cbc.ca/society/education/clips/11177/.
2. Annexe D : Processus d'évaluation indépendant (PEI) pour les demandes continues relatives aux abus subis dans les pensionnats indiens, www.residentialschoolsettlement.ca/French/Annexe_D.pdf.
3. Secrétariat d'adjudication des pensionnats indiens, Statistiques du Secrétariat d'adjudication, du 19 septembre 2007 au 31 juillet 2015, http://iap-pei.ca/information/stats-fra.php (consulté le 20 février 2015).
4. Lettre, Julian N. Falconer à Paul Vickery et Catherine Coughlan, 9 janvier 2014. (La lettre porte la mauvaise date, soit le 9 janvier 2013.)

5. CVR, ARN, AINC – Sous-section des archives – Ottawa, dossier 772/3-1, volume 2, 10/11-05/66, C. Pant. Schmidt à Harold McGill, 17 août 1944; [IRC-047003] T. R. L. MacInnes au directeur des Affaires indiennes, 25 août 1944. [IRC-047005]
6. Sarah Elizabeth Brown, « Ex-residential School Student Files Suit », *Whitehorse Star,* 21 avril 2003; Elizabeth Asp, Jackie McLaren, Jim Sheldon, Michelle Tochacek, Ruby Van Bibber, « Bishop's comments invalidated any apology », Tribune libre, *Whitehorse Star,* 11 août 1999.
7. « Former Students File Suit over Sexual, Physical Abuse », *StarPhoenix* de Saskatoon, 26 novembre 1996; Caroline Murray, « Abuse Victims Recall Atrocities », *Daily Star* de Whitehorse, 25 novembre 1996; Shea, *Shea, Les sévices infligés aux enfants placés en établissements au Canada,* p. 2. *R. c. Maczynski,* 1997 CanLII 2491 (BC CA); Lawson, « Yukon and Northwest Territories », p. 245.
8. « Man Accused of Child Sex Abuse Dies in Jail », *Vancouver Sun,* 2 juin 1995; LeBeuf, *Le Rôle de la GRC,* p. 522–523.
9. CVR, ARN, Bibliothèque et Archives Canada, RG10, volume 6309, dossier 645-1, partie 3, R. S. Davis, extrait du rapport trimestriel se terminant en mars 1945, sur l'Agence Touchwood. [IRC-047128]
10. CVR, DASAG, Affaires autochtones et Développement du Nord Canada, Rapport de la Gendarmerie royale du Canada, Division de l'Arctique de l'Ouest, numéro de dossier de division 628-626-1, code 0559, à propos de Martin Houston, 29 août 1962. [AADNC-234684]
11. CVR, ARN, AINC – Secteur de la résolution – Collection des dossiers historiques des pensionnats indiens – Ottawa, dossiers GRS, boîte 1A, dossier 22, enseignant principal [illisible] à Monseigneur l'évêque, 10 janvier 1956. [IRC-040120]
12. CVR, ARN, AINC – Secteur de la résolution – Collection des dossiers historiques des pensionnats indiens – Ottawa, dossiers GRS, boîte 1A, dossier 22, Professeur principal [illisible] à Monseigneur l'évêque, 10 janvier 1956. [IRC-040120]
13. CVR, ARN, Bibliothèque et Archives Canada, 709/25-1-001, 1951–1961, partie 2, L. C. Hunter à R. F. Davey, 30 novembre 1960. [IRC-040054]
14. CVR, ARN, Église Unie du Canada/Archives de l'Université Victoria, n° d'acquisition 8 [illisible].050C, boîte 112, dossier 17, Pensionnat indien d'Edmonton – Correspondance, 1958–60/Documents de l'Église Unie du Canada Toronto, Dwight Powell à E. E. M. Joblin, 25 novembre 1960. [UCA-080215] Pour connaître le poste de Joblin au sein de l'Église Unie, voir : Bibliothèque de l'Université Trent, fonds Révérend Elgie E. M. Joblin, http://www.trentu.ca/library/archives/95-019.htm (consulté le 13 novembre 2013).
15. CVR, ARN, AINC – Secteur de la résolution – Collection des dossiers historiques des pensionnats indiens – Ottawa, dossiers GRS, boîte 15A, dossier 28, J. J. Johnstone à F. C. Jackson, 28 septembre 1961. [IRC-040043]
16. *F. S. M. c. Clarke,* 1999 CanLII 9405 (BC SC).
17. *R. c. Frappier,* [1990] YJ n° 163 (Cour territoriale) (Frappier).
18. CVR, DASAG, Affaires autochtones et Développement du Nord Canada, R. F. Davey à G. K. Gooderham, 21 janvier 1964. [AADNC-694911]
19. CVR, DASAG, Gendarmerie royale du Canada, Regina c. Amyot, Keavin Clark, article 148 du Code criminel x 2 – Attentat aux mœurs, article 149 du Code criminel x 2 – Grossière indécence, pas de date, non paginé, page 16 d'un dossier de documentation portable de 189 pages. [GRC-564573]
20. CVR, ARN, aucun emplacement de document, aucun dossier source de document, E. Morriset à R. B. Kohls, 28 octobre 1974. [OBG-002922]

21. CVR, DASAG, Affaires autochtones et Développement du Nord Canada, Ben Sivertz à l'administrateur de Mackenzie, Fort Smith (T. N.-O.), 24 août 1962. [AADNC-234693]
22. CVR, ARN, AINC – Secteur de la résolution – Collection des dossiers historiques des pensionnats indiens – Ottawa, dossiers GRS, boîte 3A, Santé et bien-être des élèves, p. 54–60, Albert Southard au Dr Perth et Mlle Meade, 31 janvier 1956. [IRC-047233]
23. Pour l'évaluation des élèves victimes de mauvais traitements, voir : CVR, DASAG, Affaires autochtones et Développement du Nord Canada, W. G. Fraser au directeur de la Direction générale de l'Administration du Nord du ministère des Affaires du Nord et des Ressources naturelles, 10 octobre 1962. [AADNC-264032]
24. CVR, ARN, Bibliothèque et Archives Canada, dossier 117/24–4, K. Kerr au superviseur régional de la Saskatchewan, 27 mai 1965. [SPR-000721]
25. Glenn Taylor, « Arrest in Grollier Hall Sex Case: Former Boys' Supervisor Faces 32 Counts of Sexual Assault on His Student », *Northern News Services*, 16 juin 1997, http://www.nnsl.com/frames/newspapers/1997–06/jun16_97sex.html; juge J. Vertes, « In the Supreme Court of the Northwest Territories, Between Her Majesty the Queen and Paul Leroux » 10 août 1998.
26. Dawn Ostrem, « Back to Court: Paul Leroux Challenges Convictions, Sentence », *Northern News Services*, 26 juin 2000, http://www.nnsl.com/frames/newspapers/2000–06/jun26_00back.html; « Paul Leroux Gets 3 Years for Residential School Abuse », *CBC News*, 12 décembre 2013, http://www.cbc.ca/news/canada/saskatoon/paul-leroux-gets-3-years-for-residential-school-abuse-1.2461629.
27. Par exemple, voir : *F. S. M. c. Clarke*, 1999 CanLII 9405 (BC SC); King, *School at Mopass*, p. 56–57.
28. « Ex-residential School Worker Convicted of Abusing Boys », *CBC News*, 5 novembre 2013, http://www.cbc.ca/news/canada/saskatchewan/ex-residential-school-worker-convicted-of-abusing-boys-1.2415810.
29. Andrew Raven, « Grollier Hall Supervisor Sentenced », *Northern News Services*, 20 août 2004, http://www.nnsl.com/frames/newspapers/2004–08/aug20_04crt.html.
30. *E. B. c. Order of the Oblates of Mary Immaculate in the Province of British Columbia, http://www.scc-csc.gc.ca/case-dossier/info/sum-som-fra.aspx?cas=29890* (consulté le 12 novembre 2013); *E. B. c. Order of Oblates*, 2001 BCSC 1783; CVR, ARN, aucun emplacement de document, aucun dossier source de document, « Notes on visits to West Coast Missions ... February–April/51 » [BVT-001249]
31. *R. c. Frappier,* [1990] YJ n° 163 (Cour territoriale) (Frappier).
32. *R. c. Plint,* [1995] B.C.J. n° 3060 (BCSC); « Former Employee of Residential School Jailed for Sex Abuses », *Victoria Times Colonist*, 24 janvier 2004.
33. Frank *et al.*, « Schools of Shame ».
34. *F. S. M. c. Clarke*, 1999 CanLII 9405 (BC SC).
35. Sa Majesté la Reine et Harold Daniel McIntee, Motifs du jugement, juge C. C. Marnett, Cour provinciale de la Colombie-Britannique, 1er juin 1989. [BKM-000204]
36. « Ex-residential School Worker Convicted of Abusing Boys », *CBC News*, 5 novembre 2013, http://www.cbc.ca/news/canada/saskatchewan/ex-residential-school-worker-convicted-of-abusing-boys-1.2415810.
37. CVR, ARN, Bibliothèque et Archives Canada, RG10, volume 6309, dossier 654–1, partie 3, R. S. Davis aux Affaires indiennes, 13 février 1947. [GDC-010362–0001]
38. Il est clair que bon nombre des personnes reconnues coupables d'agressions contre des élèves de pensionnat ont elles-mêmes été victimes de mauvais traitements dans leur enfance.

Derek Clarke a été mis en adoption à l'âge de deux ans, et a grandi dans des orphelinats où il a été victime d'agressions sexuelles par d'autres garçons. À son procès, Paul Leroux a déclaré avoir été victime de mauvais traitements dans sa jeunesse alors qu'il était membre d'une chorale à Granby, au Québec. Keavin Amyot a déclaré avoir été victime de mauvais traitements durant son enfance. Martin Houston a été agressé par des garçons plus âgés dans une école de réforme du Manitoba. L'avocat de George Maczynski, Greg Nearing, a déclaré à la Cour que Maczynski avait passé une bonne partie de sa jeunesse dans des camps de travail soviétiques dans l'Est de la Sibérie. Selon Nearing : « Enfant, il a été témoin d'atrocités. Comme enfant-soldat, il a été forcé de tuer. Il a été victime de ce dont il est accusé aujourd'hui. » Même s'il n'a pas subi d'abus, à partir de l'âge de cinq ans, Bruce Haddock a grandi dans une école de garçons en Grande-Bretagne. CVR, ARN, AINC – Secteur de la résolution – Collection des dossiers historiques des pensionnats indiens – Ottawa, 1, « Ex-school Official Jailed for Sex Attacks », Gerry Warner, *Vancouver Sun*, 21 avril 1988 [GRG-027030]; Dawn Ostrem, « Back to Court: Paul Leroux Challenges Convictions, Sentence », *Northern News Services*, 26 juin 2000, http://www.nnsl.com/frames/newspapers/2000-06/jun26_00back.html; Tonda MacCharles, « Crown Urges Long Jail Term for Social Worker Who Abused Inuit Boys », *Ottawa Citizen*, 25 juillet 1987; dossiers de la Gendarmerie royale du Canada, SF 565 Martin HOUSTON (suspect), page 3 de la déclaration à la police de Martin Houston, pas de date, pas de lieu, page 71 d'un dossier de documentation portable de 117 pages; [AGCA-907781] Richard Gleeson, « Four Years for Sex Assault », *Northern News Services*, 8 août 1997, http://www.nnsl.com/frames/newspapers/1997-08/aug8_97jail.html; Shea, *Les sévices infligés aux enfants placés en établissements au Canada*, p. 9; Gendarmerie royale du Canada, Regina c. Haddock, Donald Bruce (R.T.C.C.), Groupe de travail sur les pensionnats indiens, Division E, Section des crimes majeurs, Déclaration de Donald Bruce Haddock, 10 octobre 2002, page 170 d'un dossier de documentation portable de 273 pages. [AGCA-564535]

39. « Nun Forced Native Students to Eat Their Own Vomit », *Edmonton Journal*, 25 juin 1999.
40. Pour l'affaire de *R. c. Wesley*, voir : Shea, *Les sévices infligés aux enfants placés en établissements au Canada*, p. 15.
41. Andrew Raven, « Grollier Hall Supervisor Sentenced », *Northern News Services*, 20 août 2004, http://www.nnsl.com/frames/newspapers/2004-08/aug20_04crt.html; « Former Employee of Residential School Jailed for Sex Abuses », *Victoria Times Colonist*, 24 janvier 2004; Gerry Klein, « Priest Jailed for Sex Assaults », *StarPhoenix* de Saskatoon, 10 janvier 2004; *R. c. Frappier*, [1990] YJ nº 163 (Cour territoriale) (Frappier).
42. Harris, *Unholy Orders*, p. xxiii–xxv.
43. CVR, ARN, Église anglicane du Canada, Archives du synode général, ACC-MSCC-GS 75-103, série 2:15, boîte 25, dossier 15, H. G. Cook à tous les directeurs, 13 juillet 1960. [ANG-083789]
44. CVR, ARN, AINC – Secteur de la résolution – Collection des dossiers historiques des pensionnats indiens – Ottawa, Dossiers GRS, boîte 13A, dossier 19, George Cook aux directeurs et aux administrateurs, 17 avril 1962. [GDC-005341]
45. CVR, ARN, Archives nationales du Canada, acquisition E1996-97/312, volume 2, dossier 672/25-1, R. F. Davey à tous les surintendants d'écoles, 7 mai 1968. [120.07885]
46. CVR, ARN, Bibliothèque et Archives Canada – Burnaby, volume 11500, dossier 901/1-13, partie 1, Établissement scolaire, 1968–1972, nº d'inst. de recherche 10-138, A. H. Friesen à tous les surintendants scolaires de district, 1er juin 1968. [120.07891]

47. CVR, ARN, AINC – Sous-section des archives – Ottawa, dossier 772/3-1, volume 2, 10/11-05/66, C. Pant. Schmidt à Harold McGill, 17 août 1944; [IRC-047003] T. R. L. MacInnes au directeur des Affaires indiennes, 25 août 1944. [IRC-047005]
48. CVR, ARN, Archives de l'Église Unie, acquisition 86.158C, boîte 1, dossier 3, note de service concernant le rév. Earl Stotesbury et le pensionnat d'Edmonton, 5 décembre 1960. [UCC-050079-0006]
49. CVR, ARN, aucun emplacement de document, aucun dossier source de document, Justice Alberta, greffier de la Cour provinciale de l'Alberta, condamnation, 28 septembre 1960. [EDM-003354]
50. CVR, ARN, Bibliothèque et Archives Canada, RG10, volume 8791, dossier 984/25-11, partie 1, J. E. Inget au bureau régional, Vancouver, Affaires indiennes, 6 décembre 1960. [IRC-047238]
51. CVR, ARN, pensionnat indien d'Edmonton – Correspondance, 1960/Documents des ANC Vancouver, L. C. Hunter à F. E. Anfield, pas de date. [UCA-080780]
52. CVR, ARN, Église Unie du Canada/Archives de l'Université Victoria, n° d'acquisition [illisible].050C, boîte 112, dossier 1[illisible], pensionnat indien d'Edmonton – Correspondance, 1958-60/Documents de l'Église Unie du Canada, Toronto, Procès-verbal de la réunion du comité du pensionnat indien du consistoire d'Edmonton tenue au Collège St. Stephen le jeudi 27 octobre 1960. [UCA-080212]
53. CVR, ARN, Bibliothèque et Archives Canada, 709/25-1-001, 1951-1961, partie 2, L. C. Hunter à R. F. Davey, 30 novembre 1960. [IRC-040054]
54. CVR, ARN, Église Unie du Canada/Archives de l'Université Victoria, n° d'acquisition 8[illisible].050C, boîte 112, dossier 17, pensionnat indien d'Edmonton – Correspondance, 1958-60/Documents de l'Église Unie du Canada Toronto, Dwight Powell à E. E. M. Joblin, 25 novembre 1960. [UCA-080215] Pour connaître le poste de Joblin au sein de l'Église Unie, voir : Bibliothèque de l'Université Trent, Fonds Révérend Elgie E. M. Joblin, http://www.trentu.ca/library/archives/95-019.htm (consulté le 13 novembre 2013).
55. CVR, ARN, Église Unie du Canada/Archives de l'Université Victoria, n° d'acquisition 8[illisible].050C, boîte 112, dossier 17, pensionnat indien d'Edmonton – Correspondance, 1958-60/Documents de l'Église Unie du Canada, Toronto, O. B. Strapp à E. E. M. Joblin, 28 novembre 1960. [UCA-080225]
56. CVR, ARN, Église Unie du Canada/Archives de l'Université Victoria, [illisible], pensionnat indien d'Edmonton– Joblin Scrapbooks/Documents de l'Église Unie du Canada, Toronto. [UCA-080256-0005]
57. CVR, ARN, Bibliothèque et Archives Canada, dossier 709/25-1-001, partie 2, 1951-1961, A. E. Caldwell à Bob, 30 janvier 1961. [IRC-047017]
58. CVR, ARN, Archives de l'Église Unie, documents sur le personnel et la pension de Ludford, Révérend James C. Ludford, expérience de travail. [UCA-080133]
59. CVR, ARN, Archives de l'Église Unie, documents du personnel et des pensions de Ludford, certificat de décès, James Clarence Ludford, (date du décès, 27 mars 1990), 30 mars 1990. [UCA-080127-0001]
60. CVR, ARN, aucun emplacement de document, aucun dossier source de document, 901/25-1, volume 1, 10/50 1/66, Reg., Lonnie George Young à Chers maman et papa, 8 janvier 1962. [EDM-002198]
61. CVR, ARN, aucun emplacement de document, aucun dossier source de document, /25-1, volume 1, 10/50 1/66, Reg., L. C. Hunter à J. V. Boys, 29 janvier 1962. [EDM-002200]

62. CVR, ARN, AINC - Secteur de la résolution - Collection des dossiers historiques des pensionnats indiens - Ottawa, dossier 772/25-1-010, volume 2, G. Kent Gooderham au directeur adjoint de l'éducation, 10 mai 1963. [IRC-049052-0000]
63. Centre de services régional du Manitoba - BAC - Winnipeg, Dossier du personnel de la Couronne, Pooley, Robert George, n° 05-51566 FRC Winnipeg, Robert Pooley à A. MacKinnon, 31 mai 1963. [MOR-006216-0001]
64. CVR, ARN, Centre de services régional du Manitoba - BAC - Winnipeg, Dossier du personnel de la Couronne, Pooley, Robert George, n° 05-51566 FRC Winnipeg, A. MacKinnon au surintendant régional des écoles - Alberta, 12 juin 1963. [MOR-006219-0001]
65. CVR, DASAG, R. G. Pooley à R. F. Davey, 23 novembre 1963; [AADNC-261608] CVR, DASAG, M. Brodhead au surintendant régional des écoles - Alberta, 3 janvier 1964; [AADNC-261599] « Jail Teacher for One Year », *Winnipeg Free Press*, 26 septembre 1963.
66. CVR, DASAG, R. F. Davey à G. K. Gooderham, 21 janvier 1964. [AADNC-694911]
67. CVR, ARN, Église Unie du Canada/Archives de l'Université Victoria, n° d'acquisition 83.050C, boîte 111, dossier 3, pensionnat indien de Morley - Correspondance 1963/Documents de l'Église Unie du Canada, Toronto, Lettre non signée à Donald Littlejohns, E. S. Reikie, C. D. Powell, 12 juin 1963; [UCA-081465] Centre de services régional du Manitoba - BAC - Winnipeg, Dossier du personnel de la Couronne, Pooley, Robert George, n° 05-51566 FRC Winnipeg, L. C. Hunter au directeur adjoint (Éducation), 13 juin 1963; [MOR-006219-0000] M. Brodhead au surintendant régional des écoles - Alberta, 3 janvier 1964. [AADNC-261599]
68. CVR, DASAG, M. Brodhead à W. Skuba, 16 janvier 1964; [AADNC-168449] M. Brodhead à Hazel P. Larson, 22 juin 1964. [AADNC-168440]
69. CVR, DASAG, W. G. Schmidt, « Report of Superintendent of Schools: Teacher Mr. Robert Pooley », 28 octobre 1964. [AADNC-694925]
70. CVR, DASAG, R. G. Pooley à R. F. Davey, 17 décembre 1964; [AADNC-694926] CVR, DASAG, R. F. Davey à G. K. Gooderham, 28 décembre 1964; [AADNC-168437] CVR, ARN, Centre de services régional du Manitoba - BAC - Winnipeg, Dossier du personnel de la Couronne, Pooley, Robert George, n° 05-51566 FRC Winnipeg, R. F. Davey à E. E. M. Joblin, 15 juin 1964. [MOR-006220-0000]
71. CVR, ARN, aucun emplacement de document, aucun dossier source de document, 987/3-8, partie 2, 02/1959 10/1962, Reggie Paul, Clarence Joe et Charles Craigen à W. S. Arneil, 15 février 1959. [SLT-005428]
72. CVR, ARN, aucun emplacement de document, aucun dossier source de document, Wm. Bernardo à L. K. Poupore, 11 mars 1959. [SEC-001406]
73. CVR, ARN, aucun emplacement de document, aucun dossier source de document, L. K. Poupore au Père Bernardo, 19 mars 1959. [SEC-000395]
74. CVR, ARN, AINC - Bureau des dossiers régionaux de la C.-B. - Vancouver, 987/3-8-5 volume 1, 02/1959-05/1971, CR-BC, J. N. Neville à A. V. Parminter, 2 mars 1959. [SLT-004960-0002]
75. CVR, ARN, aucun emplacement de document, aucun dossier source de document, Visite canonique, 20-21 avril 1962, Joseph Fitzgerald; AINC - Secteur de la résolution - Collection des dossiers historiques des pensionnats indiens - Ottawa, 957/16-2, 05/57-10/70, volume 2, CRPA; [SEC-000860] E. Latham à J. B. Currier, 17 avril 1967, page 17 d'un dossier de documentation portable de 19 pages. [MIS-002305-0001]
76. CVR, ARN, AINC - Bureau des dossiers régionaux de la C.-B. - Vancouver, 987/3-8-5 volume 1, 02/1959 05/1971, CR-BC, J. N. Neville à A. V. Parminter, 2 mars 1959; [SLT-004960-0002]

aucun emplacement de document, aucun dossier source de document, Wm. Bernardo à L. K. Poupore, 11 mars 1959. [SEC-001406]

77. CVR, DASAG, Gendarmerie royale du Canada, M. W. Pacholuk, Rapport final du Groupe de travail sur les pensionnats indiens, Projet E-NIRS, Gendarmerie royale du Canada, pas de date, p. 1, 11, 12, 26, 51, 52, 56, 57, 58, 62, 65; [GRC-564517] Conseil tribal Nuu-chah-nulth, *Pensionnats indiens.*
78. *R. c. Plint,* [1995] B.C.J. n° 3060 (BCSC); « Former Employee of Residential School Jailed for Sex Abuses », *Times Colonist* de Victoria, 24 janvier 2004.
79. Gerard Young, « Elderly Sex Offender Gains Parole », *Times Colonist* de Victoria, 21 août 2003.
80. « Former Employee of Residential School Jailed for Sex Abuses », *Times Colonist* de Victoria, 24 janvier 2004; Archives de l'Église Unie du Canada, projet d'archives sur les pensionnats, « The Children Remembered », pensionnat d'Alberni, http://thechildrenremembered.ca/schools-history/alberni/ (consulté le 6 novembre 2013).
81. CVR, ARN, Église anglicane du Canada, Archives du Synode général, ACC-MSCC-GS 75-103, série 2:15, boîte 23, dossier 9, visite du surintendant à Alert Bay, 20 au 22 janvier 1952. [ANG-083539]
82. CVR, ARN, Bibliothèque et Archives Canada, RG10, volume 8803, dossier 958/25-13, partie 2, Logement des employés, école d'Alberni, 9 mars 1959. [ABR-000275-0001]
83. Claudia Rowe, « Charges in B.C. Sex Abuse Case », *Seattle Post-Intelligencer*, 15 novembre 2003, http://www.poynter.org/archived/abuse-tracker/18350/charges-in-b-c-sex-abuse-case.
84. Communiqué de la Gendarmerie royale du Canada, « Native Indian Residential School Task Force », 12 septembre 2007, remis à la Commission de vérité et réconciliation le 18 novembre 2013.
85. CVR, ARN, Bibliothèque et Archives Canada, RG55, R776-0-5, volume 22002, MAINC 1970, partie 2, C.T. n° 696386, Dossier sur le congédiement d'un employé, Conseil du Trésor à Affaires indiennes et du Nord canadien, 23 mars 1970. [IRC-049050]
86. CVR, ARN, Bibliothèque et Archives Canada, 978/2, volume 1209, 05/1965-06/1971, ANC, V. A. Stephens à H. B. Robinson, 29 mai 1970. [ABR-094456]
87. CVR, ARN, aucun emplacement de document, aucun dossier source de document, [nom caviardé] dossier du personnel de la Couronne, A. W. Harding à [nom caviardé], 26 février 1973. [GRG-006512]
88. CVR, ARN, aucun emplacement de document, aucun dossier source de document, [nom caviardé] Dossier du personnel de la Couronne, A. W. Harding à N. B. Chapple, 5 mars 1973. [GRG-006513]
89. CVR, CNR, Administration centrale, HQ 956/25-13, volume 3, Antécédents de travail et scolaires de Derek Clarke, document non daté; [GRG-006131-0001] *F. S. M. c. Clarke*, 1999 CanLII 9405 (BC SC).
90. CVR, ARN, AINC - Secteur de la résolution - Collection des dossiers historiques des pensionnats indiens - Ottawa, Dossiers GRS, boîte 2A, dossier 29, circulaire n° 11/60, Henry Cook à tous les directeurs et administrateurs, 4 avril 1960. [IRC-043028]
91. *F. S. M. c. Clarke*, 1999 CanLII 9405 (BC SC).
92. CVR, ARN, aucun emplacement de document, aucun dossier source de document, Dossier du personnel, Derek Clarke, volume 1, Derek Clarke à A. W. Harding, 20 mai 1973. [GRG-006260]

93. CVR, ARN, aucun emplacement de document, aucun dossier source de document, A. W. Harding à D. Clarke, 22 mai 1973. [GRG-006261]
94. CVR, ARN, AINC – Secteur de la résolution – Collection des dossiers historiques des pensionnats indiens – Ottawa, dossier E4700-1, Résidences étudiantes – Litiges, 1988–1990, RQPIC – Dossiers historiques, « Ex-school Official Jailed for Sex Attacks », Gerry Warner, *Vancouver Sun*, 21 avril 1988. [GRG-027030]
95. *F. S. M. c. Clarke*, 1999 CanLII 9405 (BC SC).
96. CVR, ARN, AINC – Secteur de la résolution – Collection des dossiers historiques des pensionnats indiens – Ottawa, dossier E4700-1, Résidences étudiantes – Litiges, 1988–1990, RQPIC – Dossiers historiques, « Ex-school Official Jailed for Sex Attacks », Gerry Warner, *Vancouver Sun*, 21 avril 1988. [GRG-027030]
97. LeBeuf, *Le Rôle de la GRC*, 530–531; « School Sex Assaults Bring Jail », *Vancouver Sun*, 4 octobre 1996.
98. CVR, ARN, AINC – Secteur de la résolution – Collection des dossiers historiques des pensionnats indiens – Ottawa, dossier E4700-1, Résidences étudiantes – Litiges, 1988–1990, RQPIC – Dossiers historiques, « Clergyman Cleared of Sex Charges », *Vancouver Sun*, 9 juin 1989. [GRG-027034]
99. CVR, ARN, AINC – Secteur de la résolution – Collection des dossiers historiques des pensionnats indiens – Ottawa, dossier E4700-1, Résidences étudiantes – Litiges, 1988–1990, RQPIC – Dossiers historiques, Terry Glavin, « Alleged Victim of Sodomy out for Money, Lawyer Says », *Vancouver Sun*, 31 mai 1989. [GRG 027032]
100. CVR, ARN, AINC – Secteur de la résolution – Collection des dossiers historiques des pensionnats indiens – Ottawa, dossier E4700-1, Résidences étudiantes – Litiges, 1988–1990, RQPIC – Dossiers historiques, « Clergyman Cleared of Sex Charges », *Vancouver Sun*, 9 juin 1989. [GRG-027034]
101. *F. S. M. c. Clarke*, 1999 CanLII 9405 (BC SC).
102. CVR, ARN, aucun emplacement de document, aucun dossier source de document, Aleck/Michell – Église anglicane du Canada, 1re liste supplémentaire de documents, « Memorial Requiem in Memory of Reverend William Anthony Harding, 26 May 1992 ». [ANG-063554]
103. *E. B. c. Order of the Oblates of Mary Immaculate in the Province of British Columbia, http://www.scc-csc.gc.ca/case-dossier/info/sum-som-fra.aspx?cas=29890* (consulté le 12 novembre 2013); CVR, NRA, aucun emplacement de document, aucun dossier source de document, « Notes on visits to West Coast Missions ... February-April/51 ». [BVT 001249]
104. CVR, ARN, aucun emplacement de document, aucun dossier source de document, J. P. Mulvihill à L. K. Poupore, 9 juin 1957. [OKM-000580] Pour connaître le prénom de Kearney, voir : Bibliothèque et Archives Canada – Burnaby, 988/23-16-879, volume 3, 06/1957–06/1958, D. NAC – C.-B., Rapport mensuel du directeur, pensionnat indien Christie, signé M. D. Kearney, 2 décembre 1957. [CST-001186]
105. CVR, ARN, aucun emplacement de document, aucun dossier source de document, pensionnat indien Christie, Aux amis de la mission, 18 septembre 1957. [BVT-001633]
106. Eva Salinas, « Four-year Hunt Ends in Arrest », *Globe and Mail*, 3 août 2006. http://www.theglobeandmail.com/news/national/four-year-hunt-ends-in-arrest/article713735/.
107. CVR, ARN, emplacement de document inconnu, dossier source de document inconnu, Edward J. Clark au révérend père, 23 septembre 1961. [OMS-000786] Pour les dates du service de Kearney à Mission, voir : CVR, ARN, Bibliothèque et Archives Canada – Ottawa, RG10, volume 8803, dossier 957/25-13, partie 2, 1957–1965, P. Deziel pour R. F. Davey à M. Kearney,

22 juillet 1960; [MIS-001799] CVR, NRA, Archives Deschâtelets, Ottawa, HR 6553.C73 63, G. E. Cousineau à R. F. Davey, 28 juin 1963. [OMI-030165]

108. CVR, ARN, emplacement de document inconnu, dossier source de document inconnu, Liste des employés des pensionnats en Colombie-Britannique et en Alberta, pas de date. [CAR-090087]

109. CVR, ARN, Bibliothèque et Archives Canada - Ottawa, RG10, volume 8803, dossier 957/25-13, partie 2, 1957-1965, S. W. Kaiser pour R. F. Davey à H. Dunlop, 26 juin 1964; [MIS-001924] « Historic Transfer of Authority », *Fraser Valley Record*, 5 septembre 1973. [OMS-000307]

110. Eva Salinas, « Four-year Hunt Ends in Arrest », *Globe and Mail*, 3 août 2006, http://www.theglobeandmail.com/news/national/four-year-hunt-ends-in-arrest/article713735/.

111. « Former Residential School Official in B.C. Court », *CBC News*, 5 mars 2007, http://www.cbc.ca/news/canada/british-columbia/former-residential-school-official-in-b-c-court-1.685064.

112. « Pretrial Date Set in Residential School Case », *Abbotsford Times*, 14 septembre 2007, http://www.canada.com/story.html?id=e39d3f61-34d7-413d-9cda-6bcb56939fa5.

113. CVR, DASAG, Rapports de suivi/note d'information/lettres de la GRC, diffusion de la division E - Divulgation aux avocats et conseillers juridiques de la CVR à partir de DocID : AGC.GRC.00009.00002.0001074, Note d'information de la Gendarmerie royale du Canada, sans date, page 36 d'un dossier de 83 pages. [GRC-904100]

114. CVR, DASAG, Affaires autochtones et Développement du Nord Canada, J. M. Allard à W. J. Trudeau, 31 mars 1966; [AADNC-589171] V. Goyette à J. Allard, 22 avril 1966. [AADNC-589163]

115. CVR, DASAG, Gendarmerie royale du Canada, Regina c. Amyot, Keavin Clark, article 148 du Code criminel x 2 -Attentat à la pudeur, article 149 du Code criminel x 2 - Grossière indécence, sans date, non paginé, page 16 d'un dossier de documentation portable de 189 pages. [GRC-564573]

116. CVR, ARN, Archives provinciales - Alberta, PAA 71.220 B160 2333, Guy Voisin au Cher Père Principal, 28 octobre 1966. [OGP-021921] Pour connaître le poste de Voisin, voir : CVR, ARN, Archives Deschâtelets, Ottawa HR 8004.C73E 8, 12 octobre 1966. [OMI-031356]

117. CVR, DASAG, Affaires autochtones et Développement du Nord Canada, Keavin Amyot à LaMarsh, 25 novembre 1966. [AADNC-029792]

118. CVR, DASAG, Affaires autochtones et Développement du Nord Canada, demande d'emploi de Keavin Amyot, 12 novembre 1968. [AADNC-589325] Dans sa demande d'emploi, Amyot déclare qu'il a travaillé au pensionnat de Qu'Appelle à Lebret, en Saskatchewan, de novembre 1965 à juin 1966, et a commencé à travailler au pensionnat de Mission, en Colombie-Britannique, en septembre 1967. Il s'agit soit d'une erreur ou d'une fausse déclaration de sa part : d'après les autres documents, il est clair qu'il a commencé à travailler au pensionnat de Qu'Appelle en novembre 1966. Il a probablement visité le pensionnat de Mission en septembre 1967.

119. CVR, ARN, Bibliothèque et Archives Canada - Burnaby, 901/25-13, partie 3, subventions proportionnelles au nombre d'habitants - pensionnats, dossier 2 de 2, 07/1964-11/1969, n° d'inst. de recherche 10-138, volume permanent 13470, sans date. [MIS-201916-0006]

120. CVR, DASAG, Affaires autochtones et Développement du Nord Canada, Keavin Amyot à Cher monsieur, 9 juillet 1969. [AADNC-589314]

121. Karen Mackenzie, « Sex Assault Victims Launch Lawsuit », *Northern News Services*, 13 octobre 2008, http://www.nnsl.com/frames/newspapers/2008-10/oct13_08sex.html; Sherri Barron, « Man Jailed for Abusing Inuit Boys », *Ottawa Citizen*, 30 juillet 1987.

122. Tonda MacCharles, « Crown Urges Long Jail Term for Social Worker Who Abused Inuit boys », *Ottawa Citizen*, 25 juillet 1987.
123. Sherri Barron, « Man Jailed for Abusing Inuit Boys », *Ottawa Citizen*, 30 juillet 1987.
124. CVR, DASAG, Gendarmerie royale du Canada, M. W. Pacholuk, Rapport final du Groupe de travail sur les pensionnats indiens, Projet E-NIRS, Gendarmerie royale du Canada, pas de date, p. 40. [GRC-564517]
125. CVR, ARN, Sa majesté la Reine et Harold Daniel McIntee, Motifs de jugement, Juge C. C. Marnett, Cour provinciale de la Colombie-Britannique, 1er juin 1989; [BKM-000204] Ann Rees, « Priest's Victims Admit Sexual Abuse », *Province* de Vancouver, 19 juillet 1989.
126. CVR, ARN, aucun emplacement de document, aucun dossier source de document, formulaire du personnel des oblats pour Glenn Doughty, 4 mai 1960. [OBG-004074]
127. CVR, ARN, Archives Deschâtelets, Ottawa, emplacement du dossier inconnu, titre illisible, Répertoire du personnel des oblats, 1964, p. 101. [OMI-031511]
128. CVR, DASAG, Affaires autochtones et Développement du Nord Canada, Glenn Doughty au Père MacKay, 22 décembre 1972. [AADNC-364945]
129. Kevin Donovan, « Police Charge Second Catholic Cleric with Sexual Assaults on Native Boys », *Toronto Star*, A15, 28 mars 1990.
130. Shea, *Les sévices infligés aux enfants placés en établissements au Canada*, p. 2.
131. « Oblate Brother Facing Sex Charges », *CBC News*, 1er juin 2000, http://www.cbc.ca/news/canada/oblate-brother-facing-sex-charges-1.231517.
132. LeBeuf, *Le Rôle de la GRC*, p. 530–531.
133. Jack Keating, « Charges Laid in Sex Abuse of Natives », *Province* de Vancouver, 24 avril 2003.
134. Eva Salinas, « Four-year Hunt Ends in Arrest », *Globe and Mail*, 3 août 2006, http://www.theglobeandmail.com/news/national/four-year-hunt-ends-in-arrest/article713735/.
135. Frank Peebles, « Last Residential School Suspect Eludes Police », *Prince George Citizen*, 21 août 2006, http://*archives.algomau.ca/main/sites/default/files/2010-061_004_032.pdf.*
136. CVR, DASAG, rapports de suivi/note d'information/lettres de la GRC, diffusion div. E – Divulgation aux avocats et conseillers juridiques de la CVR à partir de DocID : AGC. GRC.00009.00002.0001074, Rapport de suivi, Caporal M. Pacholuk, 8 juin 2011, page 1 d'un document de 83 pages. [GRC-904100]
137. CVR, ARN, aucun emplacement de document, aucun dossier source de document, L. K. Poupore à Harrington, 28 juin 1961; [BKM-000167-0066] AINC – Secteur de la résolution – Collection des dossiers historiques des pensionnats indiens – Ottawa, 962/25-1, volume 1, Éducation autochtone – renseignements généraux, Résidence étudiante Cariboo (C.-B.), 1948-11/02/73, [29-4], IRSRHFC, R. F. Davey à G. E. Cousineau, 4 juillet 1967. [JOE-062040-0001]
138. CVR, ARN, Archives St. Pauls, série 4, boîte 18, dossier 4, E. E. A. Worth à Hubert O'Connor, 28 octobre 1969. [OMI-033909]
139. CVR, ARN, aucun emplacement de document, aucun dossier source de document, Communiqué « For release, Tuesday, October 26 », 25 octobre 1971. [WLM-000611]
140. Diocèse catholique de Prince George, Profil du diocèse, http://www.pgdiocese.bc.ca/our-diocese/diocesan-profile/ (consulté le 13 novembre 2013).
141. *R. c. O'Connor*, [1996] B.C.J. no 1663.
142. *R. c. O'Connor*, 1996 CanLII 8393 (BC CA) (refus d'accorder la liberté sous caution dans l'attente de l'issue de l'appel); *R. c. O'Connor*, 1996 CanLII 3348 (BC CA) (alléguant que la demande d'examen de la décision de refus d'accorder la liberté sous caution dans l'attente de

l'issue de l'appel n'était pas frivole et ordonnant un examen de cette décision); *R. c. O'Connor*, 1997 CanLII 4071 (BC CA) (accordant la liberté sous caution dans l'attente de l'issue de l'appel). En mai 1997, le Parlement a modifié le *Code criminel* pour exiger que le respect de la vie privée d'un plaignant soit inclus dans les facteurs dont doit tenir compte un juge avant d'ordonner que des dossiers médicaux soient remis à un accusé. *R. c. Mills* [1999] 3 S.C.R. 668.

143. *R. c. O'Connor*, 1998 CanLII 14987 (BC CA).
144. Barbara McLintock, « Finally, He Confesses: A Roman Catholic Bishop Apologizes for His Sins, and a Proud Native Woman Can Start Putting the Past Behind Her ». *Province* de Vancouver, 18 juin 1998.
145. Douglas Todd, « O'Connor Appeal Dropped after Healing Circle: The Ceremony Allowed the Women the Former Bishop Had Sex with to Confront Him and Hear His Apology », *Vancouver Sun*, 18 juin 1998.
146. *R. c. Constant* (28 septembre 2005), Cour du Banc de la Reine (Centre Dauphin), Mise en accusation (5 mai 2003), et disposition (26 septembre 2005), n° 03-05-00069, Documents obtenus de la Cour du Banc de la Reine (Centre Dauphin), Dauphin, Manitoba, 28 janvier 2014; CVR, DASAG, Affaires autochtones et Développement du Nord Canada, Directeur, Direction des pensions de retraite, Avis de document sur le statut de cotisant pour Ernest Constant, surveillant, Résidence étudiante McKay, Dauphin, Manitoba, 14 novembre 1969; [AADNC-013057] LeBeuf, *Le Rôle de la GRC*, p. 530-531.
147. CVR, ARN, Bibliothèque et Archives Canada - Ottawa, RG85, volume perm. 1062, dossier 630/125-8, partie 2, pensionnat gouvernemental [anglican - Inuvik - T.N.-O.] septembre 1959 - février 1961, n° d'inst. de recherche 85-3, J. V. Jacobson au directeur, 21 septembre 1959. [RCN-008506]
148. CVR, ARN, AINC - Secteur de la résolution - Collection des dossiers historiques des pensionnats indiens - Ottawa, dossier 600-1-6, volume 2, Gestion des vastes résidences - T.N.-O. Général et politique, mai 1960-décembre 1960, Pensionnats, Territoires du Nord-Ouest, octobre 1959. [RCN-000696-0001]
149. CVR, ARN, Brent Pushkarenko, « Demolition of Former Residential School Called for to Put Bad Memories to Rest », *Edmonton Journal*, 13 août 1998. [GNN-000298-0026]
150. *R.* c. *Comeau* [1998] N.W.T.J. n° 34 (NTSC).
151. CVR, DASAG, Affaires autochtones et Développement du Nord Canada, Walter Rudnicki au directeur, Affaires indiennes, 17 août 1962; [AADNC-234696] Affaires autochtones et Développement du Nord Canada, rapport de la Gendarmerie royale du Canada, Division de l'Arctique Ouest, numéro de dossier de la Division 628-626-1, code 0559, au sujet de Martin Houston, 29 août 1962. [AADNC-234684]
152. CVR, ARN, Archives du conseil scolaire de Beaufort-Delta, Inuvik (T.N.-O.), liste de paie, de 1959 à 1966 [boîte 1], M. Ruyant au ministère du Nord canadien et des Ressources nationales, liste de paie des employés de la résidence pour septembre 1966, septembre 1966; [GHU-002427] Archives du conseil scolaire de Beaufort-Delta, Inuvik, Territoires du Nord-Ouest, liste de paie, de 1967 à 1970 [boîte 1], ministère du Nord canadien et des Ressources nationales, Direction des régions septentrionales : liste de paie - résidence, mai 1967. [GHU-002435]
153. CVR, DASAG, Glenn Taylor, « Grollier Man Pleads Not Guilty to Sex Offences », *Northern News Services*, 28 novembre 1997, http://www.nnsl.com/frames/newspapers/1997-11/nov28_97sex.html.

154. CVR, DASAG, Affaires autochtones et Développement du Nord Canada, Ben Sivertz à l'administrateur de Mackenzie, Fort Smith, T.N.-O., 24 août 1962; [AADNC-234693] fichiers de la GRC, SF 565 Martin HOUSTON (suspect) Déclaration de Robert Donald Clement, 21 août 1962 (pages 72 et 73 d'un document portable de 117 pages; [GRC-907781] CVR, DASAG, Affaires autochtones et Développement du Nord Canada, Rapport de la GRC, Division de l'Arctique Ouest, numéro de dossier de la Division 628-626-1, code 0559, au sujet de : Martin Houston, 29 août 1962. [AADNC-234684] Pour l'âge du garçon, voir : CVR, DASAG, Affaires autochtones et Développement du Nord Canada, Walter Rudnicki au directeur, Affaires indiennes, 17 août 1962. [AADNC-234696]
155. CVR, DASAG, Affaires autochtones et Développement du Nord Canada, Ben Sivertz au surintendant du bien-être, Administrateur de Mackenzie, Fort Smith (T.N.-O.), 10 octobre 1962. [AADNC-234670]
156. Ed Struzik, « Priest's Sordid Past Shocks Parish: Father Houston Was Declared Dangerous Sexual Offender, Sent to Prison in 1962 », *Edmonton Journal*, 6 juin 2002; CVR, DASAG, Gendarmerie royale du Canada, SF 565-8, Rapport sur la libération conditionnelle de Martin HOUSTON, Rapport spécial sur la levée des obligations de la libération conditionnelle, Martin Houston, 20 décembre 1989. [GRC-906568]
157. CVR, DASAG, Affaires autochtones et Développement du Nord Canada, Ben Sivertz aux administrateurs de Mackenzie, Fort Smith (T.N.-O.), 24 août 1962. [AADNC-234693] Pour le poste de Sivertz, voir : CVR, ARN, Bibliothèque et Archives Canada, RG85, volume 1444, dossier 630/302-1, partie 3, B. G. Sivertz à Fred B. Munroe, 21 juin 1962. [GWR-000171-0000]
158. CVR, DASAG, Affaires autochtones et Développement du Nord Canada, Rapport de la Gendarmerie royale du Canada, Division de l'Arctique Ouest, Numéro de dossier de la Division 628-626-1, code 0559, au sujet de : Martin Houston, 29 août 1962. [AADNC-234684]
159. CVR, DASAG, Affaires autochtones et Développement du Nord Canada, Rapport de la Gendarmerie royale du Canada, Division de l'Arctique Ouest, numéro de dossier de la Division 628-626-1, code 0559, au sujet de : Martin Houston, 29 août 1962. [AADNC-234684]
160. CVR DASAG, Dossiers de la Gendarmerie royale du Canada, SF 565 Martin HOUSTON (suspect), page 3 de la déclaration à la police par Martin Houston, sans date, sans emplacement, page 71 d'un document portable de 117 pages. [AGCA-907781; autre numéro d'identification du document : [GRC-907781]
161. CVR, DASAG, Affaires autochtones et Développement du Nord Canada, Ben Sivertz aux administrateurs de Mackenzie, Fort Smith (T.N.-O.), 24 août 1962. [AADNC-234693] Pour le prénom de Piché et le lieu, voir : Affaires autochtones et Développement du Nord Canada, David Searle à Paul Piché, 23 octobre 1952. [AADNC-694853]
162. CVR, DASAG, Affaires autochtones et Développement du Nord Canada, David Searle à Gordon Robertson, 23 octobre 1962. [AADNC-886831]
163. CVR, ARN, Archives du gouvernement des Territoires du Nord-Ouest, dossier 630/125-12-1, 2, 3B Grollier Hall, Inuvik R.C. 1961-1964, boîte d'archives 244-4, acquisition d'archive G-1979-003, Compte rendu d'une réunion des surintendants des pensionnats pour partager des renseignements confidentiels concernant Martin Houston, 10 septembre 1962. [IKU-001424]
164. « Father Houston », *Winnipeg Free Press*, 28 août 2010, http://passages.winnipegfreepress.com/passage-details/id-168256/name-Father_Houston/keyword-martin_houston/order-publish_date|DESC,last_name|ASC,first_name|ASC/.

165. CVR, DASAG, Dossiers de la Gendarmerie royale du Canada, SF 565 Martin HOUSTON (suspect), page 3 de la déclaration à la police par Martin Houston, sans date, sans emplacement, page 71 d'un document portable de 117 pages. [AGCA-907781; autre numéro d'identification du document : [GRC-907781]
166. CVR, ARN, *The Indian Record*, mars 1957; [IMR-000370] CVR, ARN, AINC – Secteur de la résolution – Collection des dossiers historiques – Ottawa, dossier 501/25-1-019, volume 1, J. Slobodzian à R. D. Ragan, 26 novembre 1957. [FAR-060209-0001]
167. CVR, ARN, AINC – Secteur de la résolution – Collection des dossiers historiques – Ottawa, dossier 501/25-1-019, volume 1, J. Slobodzian à R. D. Ragan, 26 novembre 1957. [FAR-060209-0001]
168. CVR, ARN, AINC – Secteur de la résolution – Collection des dossiers historiques – Ottawa, dossier 501/25-1 019, volume 1, J. Slobodzian à R. D. Ragan, 26 novembre 1957. [FAR-060209-0001]
169. CVR, ARN, Bibliothèque et Archives Canada, RG10, volume 9080, dossier 125/25-8, partie 1, R. F. Davey à R. S. Davis, 10 août 1955; [FAR-002291-0001] CVR, ARN, Bibliothèque et Archives Canada, RG10, volume 8775, dossier 511/25-8, partie 1, R. F. Davey à S. J. Kitella, 22 novembre 1956; [FAR-008032-0001] CVR, ARN, Bibliothèque et Archives Canada, RG10, numéro d'acquisition 1999-01431-6, boîte 242, dossier 501/25-8, volume 4, J. Slobodzian au directeur, Services d'éducation, 16 novembre 1966. [FAR-004523-0000]
170. CVR, DASAG, Affaires autochtones et Développement du Nord Canada, J. T. Parsons au directeur, 25 octobre 1962. [AADNC-264030]
171. Dans une lettre adressée à Gordon Robertson, le commissaire des Territoires du Nord-Ouest, David Searle, l'homme qui avait poursuivi Houston au nom du gouvernement fédéral, écrit « Il est également sous-entendu dans le rapport de police de la GRC qu'il y a des preuves de tels comportements [homosexuels] datant de la période où il fréquentait le séminaire. » Voir : CVR, DASAG, Affaires autochtones et Développement du Nord Canada, David Searle à Gordon Robertson, 23 octobre 1962. [AADNC-886831]
172. CVR, DASAG, Affaires autochtones et Développement du Nord Canada, J. T. Parsons au directeur, 25 octobre 1962. [AADNC-264030]
173. CVR, DASAG, Affaires autochtones et Développement du Nord Canada, David Searle à Gordon Robertson, 23 octobre 1962. [AADNC-886831]
174. CVR, DASAG, Affaires autochtones et Développement du Nord Canada, le directeur à l'administrateur de Mackenzie, Fort Smith (T.N.-O.), 29 octobre 1962. [AADNC-234662]
175. Ed Struzik, « Priest's Sordid Past Shocks Parish: Father Houston Was Declared Dangerous Sexual Offender, Sent to Prison in 1962 », *Edmonton Journal*, 6 juin 2002; CVR, DASAG, Gendarmerie royale du Canada, SF 565-8 Rapport sur la libération conditionnelle de Martin HOUSTON, Rapport spécial sur la levée des obligations de la libération conditionnelle, Martin Houston, 20 décembre 1989. [GRC-906568]
176. Andrew Raven, « Grollier Hall Supervisor Sentenced », *Northern News Services*, 20 août 2004, http://www.nnsl.com/frames/newspapers/2004-08/aug20_04crt.html.
177. CVR, DASAG, Gendarmerie royale du Canada, SF 565-8 Rapport de libération conditionnelle de Martin HOUSTON, Rapport spécial sur la libération conditionnelle, Martin Houston, 20 décembre 1989. [GRC-906568]
178. Ed Struzik, « Schools Scandal: Child Abuser Now a Manitoba Priest », *Edmonton Journal*, 11 mai 2002.

179. Ed Struzik, « Priest's Sordid Past Shocks Parish: Father Houston Was Declared Dangerous Sexual Offender, Sent to Prison in 1962 », *Edmonton Journal*, 6 juin 2002.
180. Ed Struzik, « Priest's Sordid Past Shocks Parish: Father Houston Was Declared Dangerous Sexual Offender, Sent to Prison in 1962 », *Edmonton Journal*, 6 juin 2002.
181. Ed Struzik, « Schools Scandal: Child Abuser Now a Manitoba Priest », *Edmonton Journal*, 11 mai 2002. Le nom de famille d'Antoine Hacault est mal orthographié dans les nouvelles. Pour l'orthographe correcte, voir : « Archbishop Antoine Hacault », http://www.catholic-hierarchy.org/bishop/bhacault.html (consulté le 18 novembre 2013).
182. Ed Struzik, « Priest's Sordid Past Shocks Parish: Father Houston Was Declared Dangerous Sexual Offender, Sent to Prison in 1962 », *Edmonton Journal*, 6 juin 2002.
183. Andrew Raven, « Grollier Hall Supervisor Sentenced », *Northern News Services*, 20 août 2004, http://www.nnsl.com/frames/newspapers/2004-08/aug20_04crt.html.
184. « Father Houston », *Winnipeg Free Press*, 28 août 2010, http://passages.winnipegfreepress.com/passage-details/id-168256/name-Father_Houston/keyword-martin_houston/order-publish_date|DESC,last_name|ASC,first_name|ASC/.
185. Derek Neary, « Grollier Hall Supervisor Gets 12 Months », *Northern News Services*, 9 février 1998, http://www.nnsl.com/frames/newspapers/1998-02/feb9_98sex.html; *R.* c. *Comeau* [1998] N.W.T.J. n° 34 (NTSC).
186. *R.* c. *Comeau* [1998] N.W.T.J. n° 34 (NTSC).
187. Jennifer McPhee, « More Grollier Hall Charges », *Northern News Services*, 21 avril 2003, http://www.nnsl.com/frames/newspapers/2003-04/apr21_03sex.html.
188. Andrew Raven, « Grollier Hall Supervisor Sentenced », *Northern News Services*, 20 août 2004, http://www.nnsl.com/frames/newspapers/2004-08/aug20_04crt.html.
189. CVR, DASAG, Affaires autochtones et Développement du Nord Canada, Demande d'emploi d'enseignant dans les pensionnats indiens, 18 octobre 1956, George Maczynski; [AADNC-358703] CVR, DASAG, George Maczynski à A. V. Parminter, 12 novembre 1958. [AADNC-358688]
190. CVR, ARN, « No Blame in Crash », *Whitehorse Yukon Star*, 1er octobre 1964. [LOW-002200-0001]
191. CVR, DASAG, Affaires autochtones et Développement du Nord Canada, Ministère de l'aide sociale, Whitehorse, « Confidential Report on Mr. Maczynski », 15 février 1966. [AADNC-358667]
192. CVR, ARN, Archives du conseil scolaire de Beaufort-Delta, Inuvik (T.N.-O.), Liste de paie, 1959 à 1966 [boîte 1], M. Ruyant au ministère des Affaire du Nord et des Ressources nationales, Liste de paie des employés de la résidence de septembre 1966, septembre 1966. [GHU-002427]
193. CVR, ARN, Archives du conseil scolaire de Beaufort-Delta, Inuvik (T.N.-O.), Liste de paie, 1967 à 1970 [boîte 1], Ministère des Affaire du Nord et des Ressources nationales, Direction des régions septentrionales : liste de paie - foyer, mai 1967. [GHU-002435]
194. CVR, ARN, aucun emplacement de document, aucun dossier source de document, E. Morriset à R. B. Kohls, 28 octobre 1974. [OBG-002922]
195. CVR, ARN, Harry H. Lavallee à D. J. Lavin, 17 octobre 1974. [OBG-002921]
196. CVR, ARN, aucun emplacement de document, aucun dossier source de document, E. Morriset à R. B. Kohls, 28 octobre 1974. [OBG-002922]
197. CVR, DASAG, Affaires autochtones et Développement du Nord Canada, G. Maczynski à E. Morriset, 16 novembre 1974. [AADNC-358638]

198. « Accused of 22 Sex Offences ». *Province* de Vancouver, 21 juillet 1993.
199. « Former Students File Suit Over Sexual, Physical Abuse », *StarPhoenix* de Saskatoon, 26 novembre 1996; Caroline Murray, « Abuse Victims Recall Atrocities », *Daily Star* de Whitehorse, 25 novembre 1996; Shea, *Les sévices infligés aux enfants placés en établissements au Canada*, p. 2.
200. *R.* c. *Maczynski*, 1997 CanLII 2491 (BC CA); Lawson, « Yukon and Northwest Territories », p. 245.
201. Richard Gleeson, « Four Years for Sex Assault », *Northern News Services,* 8 août 1997, http://www.nnsl.com/frames/newspapers/1997-08/aug8_97jail.html; Shea, *Les sévices infligés aux enfants placés en établissements au Canada*, p. 9.
202. CVR, DASAG, Gendarmerie royale du Canada, Rapport final de la force opérationnelle, Division E des pensionnats indiens, « Final Report of the Native Indian Residential School Task Force », p. 34, 37. [AGCA-564517]
203. « Assault Charges Go Back 40 Years ». *Vancouver Sun,* 24 juin 1993; Douglas Todd, « Compensate Victims, Bishop Says: Financial Settlements with Native Victims of Abuse Are Necessary, Says Catholic Bishop Thomas Lobsinger. Says the Church Must Show It Is Serious about Reconciling with Native Victims of Abuse », *Vancouver Sun,* 14 décembre 1998; « Man Accused of Child Sex Abuse Dies in Jail », *Vancouver Sun,* 2 juin 1995; LeBeuf, *Le Rôle de la GRC,* p. 522-523.
204. Sarah Elizabeth Brown, « Ex-residential School Student Files Suit », *Whitehorse Star,* 21 avril 2003; Elizabeth Asp, Jackie McLaren, Jim Sheldon, Michelle Tochacek , Ruby Van Bibber, « Bishop's comments invalided any apology », Lettre à l'éditeur, *Whitehorse Star,* 11 août 1999.
205. CVR, ARN, Archives du conseil scolaire de Beaufort-Delta, Inuvik (T.N.-O.), liste de paie, de 1959 à 1966 [boîte 1], M. Ruyant au ministère du Nord canadien et des Ressources nationales, liste de paie des employés du foyer pour septembre 1966, septembre 1966; [GHU-002427] Archives du conseil scolaire de Beaufort-Delta, Inuvik, Territoires du Nord-Ouest, liste de paie, de 1967 à 1970 [boîte 1], ministère du Nord canadien et des Ressources nationales, Direction des régions septentrionales : liste de paie - foyer, mai 1967. [GHU-002435]
206. Glenn Taylor, « Grollier Man Pleads Not Guilty to Sex Offences », *Northern News Services,* 28 novembre 1997, http://www.nnsl.com/frames/newspapers/1997-11/nov28_97sex.html.
207. Hannah Spray, « Dorm Supervisor Guilty of Molesting Boys », *StarPhoenix* de Saskatoon, 6 novembre 2013, http://www.thestarphoenix.com/Dorm+supervisor+guilty+molesting+boys/9131431/story.html.
208. Glenn Taylor, « Grollier Man Pleads Not Guilty to Sex Offences », *Northern News Services,* 28 novembre 1997, http://www.nnsl.com/frames/newspapers/1997-11/nov28_97sex.html.
209. Juge J. Vertes, « In the Supreme Court of the Northwest Territories, Between Her Majesty the Queen and Paul Leroux », 10 août 1998; Glenn Taylor, « Arrest in Grollier Hall Sex Case: Former Boys Supervisor Faces 32 Counts of Sexual Assault on His Student », *Northern News Services,* 16 juin 1997, http://www.nnsl.com/frames/newspapers/1997-06/jun16_97sex.html.
210. CVR, DASAG, Affaires autochtones et Développement du Nord Canada, Paul Leroux à Ken King, 15 décembre 1980. [AADNC-759052]
211. Glenn Taylor, « Grollier Man Pleads Not Guilty to Sex Offences », Northern News Services, 28 novembre 1997, http://www.nnsl.com/frames/newspapers/1997-11/nov28_97sex.html.

212. Glenn Taylor, « Arrest in Grollier Hall Sex Case: Former Boys Supervisor Faces 32 Counts of Sexual Assault on His Student », *Northern News Services*, 16 juin 1997, http://www.nnsl.com/frames/newspapers/1997-06/jun16_97sex.html.
213. Dawn Ostrem, « Back to Court: Paul Leroux Challenges Convictions, Sentence », *Northern News Services*, 26 juin 2000, http://www.nnsl.com/frames/newspapers/2000-06/jun26_00back.html.
214. Jennifer McPhee, « More Grollier Hall Charges », *Northern News Services*, 21 avril 2003, http://www.nnsl.com/frames/newspapers/2003-04/apr21_03sex.html.
215. CVR, DASAG, dossiers de la Gendarmerie royale du Canada, Noel Sinclair à Sidney Gray, 7 septembre 2004, p. 2-5 d'un document portable de 117 pages. [GRC-907781]
216. Dawn Ostrem, « Hung Jury in [Name redacted] Trial: New Trial Expected in Inuvik Sex Case », *Northern News Services*, 26 mai 2000, http://www.nnsl.com/frames/newspapers/2000-05/may26_00trial.html; Dawn Ostrem, « Inuvik Teacher Back on Trial », *Northern News Services*, 8 décembre 2000, http://www.nnsl.com/frames/newspapers/2000-12/dec8_00trial.html; Dawn Ostrem, « End of the [Name redacted] Trials: Crown Will Not Go to Jury a Third Time », *Northern News Services*, 22 décembre 2000, http://www.nnsl.com/frames/newspapers/2000-12/dec22A_00crt.html.
217. Glenn Taylor, « Grollier Victims Form Support Group », *Northern News Services*, 19 décembre 1997, http://www.nnsl.com/frames/newspapers/1997-12/dec19_97grol.html.
218. Andrew Raven, « Grollier Hall Supervisor Sentenced », *Northern News Services*, 20 août 2004, http://www.nnsl.com/frames/newspapers/2004-08/aug20_04crt.html.
219. CVR, ARN, Bibliothèque et Archives Canada - Ottawa, RG85, volume perm. 1483, dossier 311/118-B, partie 2, Établissements scolaires - Fort Macpherson, T.N.-O. [Construction et entretien] décembre 1955 - juin 1958, n° d'inst. de recherche 85-4, John I. Nicol à Edgar Hyett, 23 avril 1958. [FHU-002024]
220. CVR, ARN, archives du gouvernement des Territoires du Nord-Ouest, dossier 600-1-6, partie 1, Politique de gestion des résidences, 1962-1963, boîte d'archives 204-3, acquisition d'archives G-1979-003, R. A. Hodgkinson à Gillie, 18 septembre 1962. [FHU-002049]
221. CVR, ARN, archives du gouvernement des Territoires du Nord-Ouest, dossier 630-118/12-1, 2, 3, partie 1, Fleming Hall, Rapports généraux, fournitures 1961-1968, boîte d'archives 239-3, acquisition d'archives G-1979-003, Rapport du surveillant de la résidence, 1er mai 1963. [FHU-001740]
222. CVR, ARN, archives du gouvernement des Territoires du Nord-Ouest, dossier 10-13, partie 1A, Rapports de Fort McPherson, Généralités et fournitures, 1963-1967, boîte d'archives 239-1, acquisition d'archives G-1979-003, O. G. Tucker à H. Darkes, 26 mars 1963. [FHU-001914]
223. CVR, DASAG, Affaires autochtones et Développement du Nord Canada, dossier du personnel de la Couronne, 06-334000 - Perdue, Donald Arthur, ministère des Transports, Demande d'emploi, Donald Perdue, 24 juin 1965. [AADNC-765693]
224. CVR, ARN, Bibliothèque et Archives Canada - Ottawa, RG22, volume perm. 1074, dossier 250-26-17, partie 2, Fort McPherson - École, 1959, n° d'inst. de recherche 22-3, David Searle à D. M. Christie, 23 avril 1964. [FHU-001380-0001]
225. CVR, ARN, archives du gouvernement des Territoires du Nord-Ouest, dossier 630-118/12-1, 2, 3, partie 1, Fleming Hall, Rapports généraux, fournitures 1961-1968, boîte d'archives 239-3, acquisition d'archives G-1979-003, B. Thorsteinsson à B. C. Gillie, 7 mai 1964. [FHU-001758]

226. CVR, ARN, Bibliothèque et Archives Canada — Ottawa, RG22, volume perm. 1074, dossier 250-26-17, partie 2, Fort McPherson - École, 1959, n° d'inst. de recherche 22-3, David Searle à D. M. Christie, 23 avril 1964. [FHU-001380-0001]
227. CVR, DASAG, Affaires autochtones et Développement du Nord Canada, dossier du personnel de la Couronne, 06-334000- Perdue, Donald Arthur, T. E. Jones à B. Thorsteinsson, 24 juin 1964. [AADNC-765642]
228. CVR, DASAG, Affaires autochtones et Développement du Nord Canada, dossier du personnel de la Couronne, 06-334000 - Perdue, Donald Arthur, ministère des Transports, Demande d'emploi, Donald Perdue, 24 juin 1965. [AADNC-765693]
229. CVR, ARN, Archives du gouvernement des Territoires du Nord-Ouest, CR n°71-602-000 Résidence étudiante - généralités, 04/1968-12/71, boîte d'archives 266, acquisition d'archives G1999-046, G. Devitt au directeur scolaire, 5 décembre 1969. [CIU-001807]
230. Peterson, *Sir Joseph Bernier Federal Day School*, p. 1-2; Irniq, « Mending the Past », p. 48.
231. Gregoire, « Marius Tungilik », http://www.nunatsiaqonline.ca/stories/article/65674marius_tungilik_inuit_leader_whistleblower_and_public_servant_dead_at/.
232. Tungilik, « Marius Tungilik », p. 150.
233. Irniq, « Mending the Past », p. 48.
234. Peterson, *Sir Joseph Bernier Federal Day School*, p. 1-2, p. 39. Pour la date de fermeture de Turquetil Hall, voir : CVR, ARN, archives du gouvernement des Territoires du Nord-Ouest, dossier 630.116, partie 1, installations des pensionnats - Chesterfield Inlet, 1963, boîte d'archives 37, acquisition d'archives W. G. Devitt à M. Mowatt, 25 juillet 1969. [CIU-001804]
235. Peterson, *Sir Joseph Bernier Federal Day School*, p. 1-2, p. 12.
236. Peterson, *Sir Joseph Bernier Federal Day School*, p. 5.
237. Peterson, *Sir Joseph Bernier Federal Day School*, p. 5.
238. Peterson, *Sir Joseph Bernier Federal Day School*, p. 6.
239. Peterson, *Sir Joseph Bernier Federal Day School*, p. 6-7.
240. Peterson, *Sir Joseph Bernier Federal Day School*, p. 7.
241. Peterson, *Sir Joseph Bernier Federal Day School*, p. 6.
242. Peterson, *Sir Joseph Bernier Federal Day School*, p. 7.
243. Peterson, *Sir Joseph Bernier Federal Day School*, p. 29-31.
244. Ross Howard, « Probes Document Abuse at NWT Church Schools Inuit Students Were Powerless to Stop Assaults 25 Years Ago by Clergy, Teachers », *Globe and Mail*, 28 juin 1995.
245. Peter Moon, « Hundreds of Cree and Ojibwa Children Violated », *Globe and Mail*, 19 octobre 1996.
246. CVR, DASAG, Affaires autochtones et Développement du Nord Canada, Réunion et conférence sur le pensionnat St. Anne, Rapport de témoignage/Composition du comité, Première Nation de Fort Albany, 20 août 1992. [AGCA-154140]
247. Peter Moon, « Hundreds of Cree and Ojibwa Children Violated », *Globe and Mail*, 19 octobre 1996.
248. CVR, DASAG, Affaires autochtones et Développement du Nord Canada, Réunion et conférence sur le pensionnat St. Anne, Rapport de témoignage/Composition du comité, Première Nation de Fort Albany, 20 août 1992. [AGCA-154140]
249. CVR, DAV, Edmund Metatawabin, déclaration devant la Commission de vérité et réconciliation du Canada, Fort Albany (Ontario), 28 janvier 2013, numéro de déclaration : [SP098] Pour plus de détails sur la chaise, voir : Metatawabin, *Up Ghost River*, p. 63, 79, 80, 222.

250. Peter Moon, « School's Electric Chair Haunts Natives », *Globe and Mail*, 21 octobre 1996.
251. Lorraine O'Grady, « School's Former Staff Face Assault Charges », *Toronto Star*, 19 septembre 1997.
252. « Nun Forced Native Students to Eat Their Own Vomit », *Edmonton Journal*, 25 juin 1999.
253. Shea, *Les sévices infligés aux enfants placés en établissements au Canada*, p. 12.
254. Shea, *Les sévices infligés aux enfants placés en établissements au Canada*, p. 10.
255. Shea, *Les sévices infligés aux enfants placés en établissements au Canada*, p. 14-15.
256. Shea, *Les sévices infligés aux enfants placés en établissements au Canada*, p. 12.
257. Shea, *Les sévices infligés aux enfants placés en établissements au Canada*, p. 10.
258. Pour le dossier d'emploi de Hands à La Tuque, qui contient uniquement des renseignements concernant son salaire et le nombre de jours pendant lesquels il a travaillé comme enseignant suppléant, voir : CVR, ARN, AINC - Secteur de la résolution - Collection des dossiers historiques - Ottawa, dossier 371/25-13-024, volume 1, Direction des services de vérification, ministère de la Citoyenneté et de l'Immigration, « La Tuque Indian Residential School: Analysis of Salaries, Room and Board », s.d. [1964]; [LTR-001004] CVR, ARN, Bibliothèque et Archives Canada, RG10, volume 8604, dossier 301/1-13, partie 1, Dossier de A. R. Jolicoeur, surintendant régional des pensionnats indiens, Bureau régional du Québec à MAINC, Ottawa, 15 février 1966. [PTB-000758]
259. CVR, ARN, Bibliothèque et Archives Canada - Winnipeg, RG10, acquisition W95-96/120, boîte 002, dossier 494/17/14/1, volume 1, Examen de radiographie des poumons, pensionnat de Pelican , 19 octobre 1966, p. 2. [PLK-003046-0002]
260. CVR, DASAG, L. P. Hands à qui de droit, Affaires autochtones et Développement du Nord Canada, 6 septembre 1971. [AADNC-586475]
261. Angeconeb, « Speaking My Truth », p. 302.
262. « Twenty Other Victims Came Forward », *Anglican Journal*, 2 mai 2000, http://www.anglicanjournal.com/articles/twenty-other-victims-came-forward-6863; Angeconeb, « Speaking My Truth », p. 302-305.
263. *R.* c. *Hands* [1996] O.J. n° 264.
264. CVR, ARN, Bibliothèque et Archives Canada, R776-0-5 (RG55), volume 21216, C. T. n° 693304, Conseil du Trésor, « Discharge of Employee, Indian Affairs and Northern Development », 12 novembre 1969. [NPC-523500]
265. CVR, ARN, Bibliothèque et Archives Canada, R776-0-5 (RG55), volume 21280, C. T. n° 705706, Roger Michaud, directeur régional du personnel, Québec à I. Harlock, conseiller en personnel, MAINC, 21 mai 1971. [NPC-523762-0005]
266. CVR, ARN, Bibliothèque et Archives Canada, R776-0-5 (RG55), volume 21280, C. T. n° 705706, révérend J. M. Bonnard, administrateur, MAINC à [nom caviardé], résidence de La Tuque, 19 mai 1971. [NPC-523762-0006]
267. CVR, ARN, AINC - Secteur de la résolution - Collection des dossiers historiques - Ottawa, dossier 377/25-1-006, volume 1, n° d'emplacement 58-7, J. Serre à qui de droit, 20 mai 1970. [IRC-048296-0004]
268. CVR, ARN, AINC - Secteur de la résolution - Collection des dossiers historiques - Ottawa, dossier 372/25-13-024, volume 1, G. D. Cromb, directeur, direction de l'éducation, MAINC, Ottawa au surintendant régional de l'éducation, directeur régional, MAINC, Québec. [LTR-001176-0000]
269. CVR, ARN, AINC - Secteur de la résolution - Collection des dossiers historiques - Ottawa, dossier 372/25-13-024, volume 1, note de service de C. T. Blouin, superviseur régional

du bien-être social, MAINC et L. Poulin, conseiller régional en éducation à A. R. Jolicœur, directeur régional à l'éducation, MAINC, 13 octobre 1970. [LTR-001178-0001]

270. CVR, ARN, Bibliothèque et Archives Canada, RG10, volume 6309, dossier 645-1, partie 3, R. S. Davis, extrait du rapport trimestriel pour la période prenant fin en mars 1945, sur l'Agence de Touchwood; [IRC-047128] CVR, ARN, Bibliothèque et Archives Canada, RG10, volume 6309, dossier 654-1, partie 3, Philip Phelan à M. Christianson, 30 janvier 1945; [GDC-011650] CVR, ARN, Bibliothèque et Archives Canada, RG10, volume 6309, dossier 654-1, partie 3, Philip Phelan au révérend E. H. Knowles, 24 septembre 1945. [GDC-026958]

271. CVR, ARN, Église anglicane du Canada, archives du Synode général, aucun dossier source de document, J. H. Corkhill à F. E. R. Badham, 25 janvier 1945. [GDC-007325]

272. CVR, ARN, Bibliothèque et Archives Canada, RG10, volume 6309, dossier 645-1, partie 3, R. S. Davis, extrait du rapport trimestriel pour la période prenant fin en mars 1945 sur l'Agence de Touchwood. [IRC-047128]

273. CVR, ARN, Bibliothèque et Archives Canada, RG10, volume 6309, dossier 654-1, partie 3, Gendarmerie royale du Canada, gendarme A. Zimmerman, 28 juillet 1945. [GDC-010369-0001]

274. CVR, ARN, Bibliothèque et Archives Canada, RG10, volume 6309, dossier 654-1, partie 3, R. S. Davis aux Affaires indiennes, 13 février 1947. [GDC-010362-0001]

275. CVR, ARN, Bibliothèque et Archives Canada, RG10, volume 6309, dossier 654-1, partie 2, E. H. Knowles à A. F. MacKenzie, 6 décembre 1920; [GDC-005931] RG10, volume 6309, dossier 654-1, partie 3, F. E. R. Badham à H. McGill, 2 septembre 1944. [GDC-017576]

276. CVR, ARN, Bibliothèque et Archives Canada, RG10, dossier 645-1, volume 6309, partie 3, H. A. Alderwood à R. A. Hoey, 15 février 1947. [IRC-040091]

277. CVR, ARN, AINC – Secteur de la résolution – Collection des dossiers historiques des pensionnats indiens – Ottawa, dossiers GRS, boîte 4A, dossier 27, [nom caviardé] à M. Kerley, 26 juin 1955. [GDC-000495]

278. CVR, ARN, Bibliothèque et Archives Canada, RG10, volume 8754, dossier 654/25-1, volume 1, Henry G. Cook à R. F. Davey, 2 décembre 1955. [IRC-047015]

279. CRV, ARN, AINC – Secteur de la résolution – Collection des dossiers historiques des pensionnats indiens – Ottawa, dossiers GRS, boîte 1A, dossier 22, [nom caviardé] à monseigneur l'évêque, 9 janvier 1956. [IRC-040117]

280. CRV, ARN, AINC – Secteur de la résolution – Collection des dossiers historiques des pensionnats indiens – Ottawa, dossiers GRS, boîte 1A, dossier 22, enseignant en chef [illisible] à monseigneur l'évêque, 10 janvier 1956. [IRC-040120]

281. CRV, ARN, AINC – Secteur de la résolution – Collection des dossiers historiques des pensionnats indiens – Ottawa, dossiers GRS, boîte 1A, dossier 22, [nom caviardé] à monseigneur l'évêque, 9 janvier 1956. [IRC 040118]

282. CRV, ARN, AINC – Secteur de la résolution – Collection des dossiers historiques des pensionnats indiens – Ottawa, dossiers GRS, boîte 3A, Santé et bien-être des élèves, p. 54-60, [nom caviardé] à Dr Perth et Mlle Meade, 31 janvier 1956. [IRC-047233]

283. CVR, ARN, AINC – Secteur de la résolution – Collection des dossiers historiques des pensionnats indiens – Ottawa, dossiers GRS, boîte 16A, dossier 7, Révérend Cook à [nom caviardé], 6 juin 1957. [GDC-004810]

284. CVR, ARN, AINC – Secteur de la résolution – Collection des dossiers historiques des pensionnats indiens – Ottawa, dossiers GRS, boîte 15A, dossier 28, J. J. Johnstone à F. C. Jackson, 28 septembre 1961. [IRC-040043]

285. CVR, ARN, AINC - Secteur de la résolution - Collection des dossiers historiques des pensionnats indiens - Ottawa, dossiers GRS, boîte 15A, dossier 28, J. J. Johnstone à F. C. Jackson, 28 septembre 1961. [IRC-040043]
286. CRV, ARN, AINC - Secteur de la résolution - Collection des dossiers historiques des pensionnats indiens - Ottawa, dossiers GRS, boîte 3A, dossier 7, Santé et bien-être des élèves, 54-60, J. J. Johnstone à Dr Porth, 10 septembre 1958. [IRC-047235]
287. Mandryk, *Uneasy Neighbours*, p. 210.
288. CVR, ARN, Bibliothèque et Archives Canada, RG10, volume 8798, dossier 371/25-13-019, partie 2, R. F. Davey à William Starr, 19 juillet 1962; [FGA-001179] CVR, ARN, Église anglicane du Canada, archives du Synode général, ACC-MSCC-GS 75-103, série 2:15, boîte 24, dossier 3, extrait du rapport sur la visite du major-général G. R. Turner au pensionnat indien anglican St. Paul, Cardston (Alberta), p. 6-8, 1958. [AAC-090593]
289. CVR, ARN, AINC, 595/1-13, volume 1, 05/51-05/77, W. P. E. Pugh à R. F. Davey, 9 avril 1956. [IRC-040068]
290. CVR, DAE, Église anglicane du Canada, archives du Synode général, ACC-MSCC-GS 75-103, série 2:15, boîte 24, dossier 1, visite du surintendant à l'école Old Sun, 11, 14 et 15 juin 1954. [13a-c000033-d0017-001]
291. CVR, ARN, Église anglicane du Canada, archives du Synode général, ACC-MSCC-GS 75-103, série 2:15, boîte 24, dossier 1, visite du surintendant à l'école Old Sun, Gleichen, 13, 14 et 15 décembre 1954. [AAC-090540]
292. CVR, ARN, AINC - Secteur de la résolution - Collection des dossiers historiques des pensionnats indiens - Ottawa, dossiers GRS, rapport du conseil consultatif, 1984, compte-rendu de la réunion du conseil consultatif de la résidence Gordon, 11 décembre 1984. [GDC-000025]
293. Mandryk, *Uneasy Neighbours*, p. 210.
294. CVR, ARN, AINC - Secteur de la résolution - Collection des dossiers historiques des pensionnats indiens - Ottawa, dossiers GRS, boîte L1, dossier 2, « Pressline : Sexual Abuse Charges - Former Employee », 5 mars 1992. [GDC-065139]
295. CVR, ARN, Trevor Sutter, « Starr Admits to Sexual Assaults », *Regina Leader-Post*, 3 février 1993. [GDC-026641]
296. Mandryk, *Uneasy Neighbours*, p. 210.
297. CVR, ARN, AINC - Secteur de la résolution - Collection des dossiers historiques des pensionnats indiens - Ottawa, dossiers GRS, boîte 148, [nom caviardé] p. 71-73, M. Dickinson à P. Woods, 15 septembre 1972. [IRC-047240]
298. CVR, ARN, AINC - Secteur de la résolution - Collection des dossiers historiques des pensionnats indiens - Ottawa, dossiers GRS, boîte 6A, dossier d'employé - [nom caviardé], W. P. Starr à [nom caviardé], 2 septembre 1975. [IRC-047018-0001]
299. CVR, ARN, AINC - Secteur de la résolution - Collection des dossiers historiques des pensionnats indiens - Ottawa, dossiers GRS, boîte 146, Moose, Peggy, p. 88-90, Gerry Worth, sans date. [IRC-047020]
300. CVR, ARN, AINC - Secteur de la résolution - Collection des dossiers historiques des pensionnats indiens - Ottawa, dossiers GRS, boîte 7, dossier d'employé, Cyr, Henry, p. 84-88, Gerry Worth à Henry Cyr, 19 octobre 1988; [IRC-047061] dossier GRS, boîte L34A, G. Worth/Adm GRS, p. 88-89, assignation de témoin, 2 janvier 1989; [IRC0 47062] LeBeuf, *Le Rôle de la GRC*, p. 524-525.

301. CVR, ARN, AINC - Secteur de la résolution - Collection des dossiers historiques des pensionnats indiens - Ottawa, dossiers GRS, boîte R2, volume 1, Ronald Pratt et Herman Blind à [nom caviardé], 14 mars 1991. [IRC-047201]
302. CRV, ARN, AINC - Secteur de la résolution - Collection des dossiers historiques des pensionnats indiens - Ottawa, dossiers GRS, boîte L27B, dossier 7, Incidents majeurs, élèves actuels, p. 90–91, Tom Pratt à Herman Blind, 9 avril 1991. [IRC-047290]
303. CRV, ARN, AINC - Secteur de la résolution - Collection des dossiers historiques des pensionnats indiens - Ottawa, dossiers GRS, boîte L27B, dossier 7, Incidents majeurs, élèves actuels, p. 90–91, service du souper, 16 avril 1991. [IRC-047195]
304. Marceau-Kozicki, « Onion Lake Indian Residential Schools », p. 198–199.
305. Gerry Klein, « Priest Jailed for Sex Assaults », *StarPhoenix* de Saskatoon, 10 janvier 2004.
306. Gerry Klein, « Priest Jailed for Sex Assaults », *StarPhoenix* de Saskatoon, 10 janvier 2004.
307. Pour la date de départ de Dufault, voir : CRV, ARN, AINC - Secteur de la résolution - Collection des dossiers historiques des pensionnats indiens - Ottawa, dossier 676/23-16-005, volume 1, rapport mensuel du directeur, juin 1965, signé par N. Dufault; [BVL-003363] R. F. Davey à Staff, 16 juillet 1965. [BVL-001100] Pour le travail ultérieur de Dufault, voir : Gregoire, « Norbert Dufault ».
308. Gerry Klein, « Priest Jailed for Sex Assaults », *StarPhoenix* de Saskatoon, 10 janvier 2004.
309. Gregoire, « Norbert Dufault ».
310. Hannah Spray, « Dorm Supervisor Guilty of Molesting Boys », *StarPhoenix* de Saskatoon, 6 novembre 2013, http://www.thestarphoenix.com/Dorm+supervisor+guilty+molesting+boys/9131431/story.html.
311. « Beauval Indian Boys », The Boy Choir & Soloist Directory, http://www.boysoloist.com/artist.asp?VID=3448 (consulté le 7 novembre 2013).
312. « Former Residential School Official Facing New Charges Had Prior Convictions », *Canadian Press*, 30 septembre 2011, http://globalnews.ca/?s=former+residential+school+official+facing+new+charges+had+prior+convictions.
313. « Ex-residential School Worker Convicted of Abusing Boys », *CBC News*, 5 novembre 2013, http://www.cbc.ca/news/canada/saskatchewan/ex-residential-school-worker-convicted-of-abusing-boys-1.2415810.
314. « Paul Leroux Gets 3 Years for Residential School Abuse », *CBC News*, 12 décembre 2013, http://www.cbc.ca/news/canada/saskatoon/paul-leroux-gets-3-years-for-residential-school-abuse-1.2461629.
315. « Paul Leroux Gets Parole after Serving 1 Year for Residential School Abuse », *CBC News*, 10 février 2015, http://www.cbc.ca/news/canada/north/paul-leroux-gets-parole-after-serving-1-year-for-residential-school-abuse-1.2952615.
316. CVR, ARN, Bibliothèque et Archives Canada, RG10, acquisition E-1996-97/415, boîte 31/56, dossier 25-1, Rapport confidentiel, révérant E. Turenne, 24 mai 1965. [SPR-000722]
317. CVR, ARN, Bibliothèque et Archives Canada, dossier 117/24-4, K. Kerr au superviseur régional, Saskatchewan, 27 mai 1965. [SPR-000721]
318. LeBeuf, Le *Rôle de la GRC*, p. 526–527.
319. *Windspeaker* Staff, « Man Sentenced to Five Years ».
320. CVR, ARN, AINC - Secteur de la résolution - Collection des dossiers historiques - Ottawa, dossier 1/25-1-13, volume 12, R. D. Ragan à D. Kogawa, 8 décembre 1967. [CJC-003244]
321. *R. c. Frappier* [1990] YJ No 163 (cour territoriale) (Frappier).
322. Shea, *Les sévices infligés aux enfants placés en établissements au Canada*, p. 17.

323. CVR, ARN, AC MAINC, dossier E6575-18, volume 10, 05/90-12/90, « Frappier Case in Yukon : Press Line », Bill Van Iterson, 20 juillet 1990. [AEMR-019499B]

Victimisation des élèves par les élèves : 1940-2000

1. « Données de la CVR - 7 octobre 2014 », document électronique reçu du Secrétariat d'adjudication des pensionnats indiens, joint à un courriel de Shelley Trevethan destiné à Kim Murray, 10 octobre 2014.
2. Affaires autochtones et Développement du Nord Canada, Carte de la répartition des demandes dans le cadre du PEI avec abus commis par un élève contre un autre, données du 19 septembre 2007 au 31 décembre 2012.
3. CVR, ARN, Bibliothèque et Archives Canada, RG10, volume 6209, dossier 468-10, partie 2, M. W. McCracken aux Affaires indiennes, 20 février 1940. [AEMR-001130]
4. CVR, ARN, Bibliothèque et Archives Canada, RG10, volume 6309, dossier 654-1, partie 3, Rapport de la Gendarmerie royale du Canada, Objet : [nom supprimé], (Juv.) Indien visé par un traité, lésions corporelles graves (274) C. Cr. 1er mai 1945. [IRC-047229-0001]
5. CVR, ARN, Bibliothèque et Archives Canada, RG10, volume 6589, dossier 494/25-2-015, volume 3, J. F. Orman à F. Shaw, 5 janvier 1961. [PLK-002760-0001]
6. CVR, ARN, MAINC, dossier 487/25-2-014, volume 3, nº de contrôle nº31-1, Service des dossiers des pensionnats, G. S. Lapp à la Division des affaires indiennes, Ottawa, 16 octobre 1962. [IRC-048031-0000]
7. CVR, ARN, AINC - Secteur de la résolution - Collection des dossiers historiques des pensionnats indiens - Ottawa, dossier 487/25-2-014, volume 3, Stephen T. Robinson à F. M. Shaw, 3 octobre 1962. [CCM-001425-0001]
8. CVR, ARN, MAINC, dossier 487/25-2-014, volume 3, nº de contrôle 31-1, Service des dossiers des pensionnats, G. S. Lapp à la Division des affaires indiennes, Ottawa, 16 octobre 1962. [IRC-048031-0000]
9. CVR, ARN, AINC - Secteur de la résolution - Collection des dossiers historiques des pensionnats indiens - Ottawa, dossier 487/25-2-014, volume 3, Stephen T. Robinson à G. Swartman, 7 janvier 1963. [IRC-048113-0002]
10. CVR, ARN, Bibliothèque et Archives Canada - Burnaby, dossier 988/25-008, volume 4, Admissions et congés - nº d'inst. de recherche 10-136, nº d'acquisition des archives V1984-85/316, boîte d'archives 49, [nom supprimé] à M. Larson, 16 août 1965. [KUP-266221]
11. CVR, ARN, Entrepôt du Conseil de l'éducation de Beaufort-Delta, Inuvik, T.-N.-O., Grollier Hall 1965-1966 [boîte 12], Max Ruyant à Russell M. Buie, 6 février 1967. [GHU-001292]
12. Gleeson, Richard, *Four Years for Sex Assault*, Northern News Services, 8 août 1997, http://www.nnsl.com/frames/newspapers/1997-08/aug8_97jail.html; *Les sévices infligés aux enfants placés en établissements au Canada*, p. 9.
13. CVR, ARN, Bibliothèque et Archives Canada - Ottawa RG10, Acc. 2003-00196-4, boîte 4, dossier AQR 250-5/304, partie 1, Jani Innukpak, 30 juillet 1968. [PHQ-007470-0003]
14. CVR, ARN, Bibliothèque et Archives Canada, RG10, volume 11539, dossier 677/25-2, Révérend N. D. Pilcher à J. A. Davis, 13 janvier 1955; [SPR-002517] J. A. Davis à E. S. Jones, 17 janvier 1955. [SPR-002516]
15. CVR, ARN, Bibliothèque et Archives Canada, 773/25-4, 01/1968-10/1968, E. O. Drouin, 30 mars 1968. [IRC-048254]

16. CVR, ARN, Bibliothèque et Archives Canada, Admissions et congés, Yukon Hostel, dossier 25-2-012, volume 1, janvier 1965 à mars 1967, boîte 37, K. W. Johnson à A. E. Fry, 7 novembre 1966. [YKS-003027]
17. CVR, ARN, Bibliothèque et Archives Canada, RG10, compte 97-98/311, dossier 111/25-2, 1962 à 1969, P. Kaweski au directeur régional, Affaires indiennes, 7 novembre 1967. [SMD-002625]
18. CVR, ARN, Bibliothèque et Archives Canada - Edmonton, RG10, compte E2003-01593-0, boîte 5, dossier 671/25-8, partie 4, David Seesequasis à George Larocque, 2 octobre 1973. [SMD-003832]
19. CVR, ARN, Bibliothèque et Archives Canada - Edmonton, RG10, compte E1996-97/407, boîte 10, dossier 4721-1, partie 3, Demande d'aide aux études, 11 octobre 1973. [SMD-003850]
20. CVR, ARN, Bibliothèque et Archives Canada - Edmonton, 4810-D32, volume 2, 07/1983-11/1985, G. M. Buffalo, 28 mars 1984. [IRC-048256]
21. CVR, ARN, AINC - Secteur de la résolution - Collection des dossiers historiques des pensionnats indiens - Ottawa, dossiers GRS, boîte L-27B, Rapport d'incident 90-91. Rapport d'incident impliquant un élève, 14 septembre 1990. [IRC-047285]
22. CVR, ARN, Bibliothèque et Archives Canada 773/18-24, partie 1, janvier 1940 à mars 1943, Rapport de la Gendarmerie royale du Canada concernant la plainte de [nom supprimé], 9 février 1949. [IRC-048194]
23. CVR, ARN, Bibliothèque et Archives Canada, 773/25-1-004, volume 1, 1936 à 1956, S. H. Middleton à J. H. Pugh, 19 mars 1940. [IRC-042018]
24. CVR, ARN, Bibliothèque et Archives Canada, RG10, volume 6200, dossier 466-1, partie 5, bobine de microfilm C-7933, W. J. Zimmerman à B. F. Neary, 6 décembre 1947. [IRC-042002]
25. CVR, ARN, Bibliothèque et Archives Canada, RG10, volume 6200, dossier 466-1, partie 5, bobine de microfilm C-7933, B. F. Neary à W. J. Zimmerman, 15 décembre 1947. [IRC-042003]
26. CVR, ARN, Bibliothèque et Archives Canada, RG10, [1858], n° d'inst. de recherche 10-25, dossier 772/25-1-010, 1949 à 1961, John E. Pugh à la direction générale des Affaires indiennes, 22 mars 1950. [IRC-048022]
27. CVR, ARN, Bibliothèque et Archives Canada, RG10, [1858], n° d'inst. de recherche 10-25, dossier 772/25-1-010, 1949 à 1961, W. Barr Murray à John Pugh, 23 mars 1950. [IRC-048023-0001]
28. CVR, ARN, Bibliothèque et Archives Canada, RG10, volume 8942, dossier 26/25-2, partie 1, R. E. Lauder à C. R. Nadeau, 16 novembre 1955. [IRC-047232]
29. CVR, ARN, Commission royale sur les peuples autochtones, 25-2-764, novembre 1961 à mai 1963, volume 6, J. E. DeWolf à K. R. Brown, 3 juillet 1962. [IRC-048247]
30. CVR, ARN, Bibliothèque et Archives Canada, RG10, dossier 51/25-4, volume 8542, R. E. Lauder à F. A. Dunsworth, 3 mai 1956. [IRC-042013]
31. CVR, ARN, Bibliothèque et Archives Canada - Burnaby, série C-IV-8, Bureau régional du Yukon - Whitehorse, 1940-1982, volume 1989-90/10, boîtes 1-58, Rapport de la Gendarmerie royale du Canada, Objet : [nom supprimé] (Indien) [date de naissance supprimée] 17 juin 1958; [IRC-049035] J. T. Parsons à N. C. O. Tac, 25 juillet 1958; [IRC-049027-0000] Rapport de la Gendarmerie royale du Canada, Objet : 29 juillet 1958; [IRC-049025] Rapport de la Gendarmerie royale du Canada, cas de l'avant-poste de Carcross, 17 septembre 1958. [IRC-049029]
32. CVR, ARN, Bibliothèque et Archives Canada - Burnaby, 988/25-2-030, partie 2, 1/61 à /65, D. L. Jampolsky à J. C. Lawrance, 19 décembre 1962. [IRC-042012]

33. CVR, ARN, AINC - Secteur de la résolution - Collection des dossiers historiques des pensionnats indiens - Ottawa, dossier 42/25-2-461, volume 1, [noms supprimés] 8 août 1961. [CJC-001420-0001]
34. CVR, ARN, AINC - Secteur de la résolution - Collection des dossiers historiques des pensionnats indiens - Ottawa, dossier 42/25-2-461, volume 1, J. F. Lockhart au superviseur régional adjoint, 23 août 1961. [CJC-001419]
35. Verdict du jury du coroner, Charles Wenjack, 17 novembre 1966.
36. CVR, ARN, Archives provinciales - Alberta, APA 71.220 B160 2329, de E. O. Drouin au directeur Levaque, 3 octobre 1966. [OGP-021773]
37. CVR, ARN, Archives provinciales de l'Alberta, APA 71.220 B54 2304, 1966-1967, Effectif scolaire à compter du 8 février 1967, 5, 13. [OGP-021539]
38. CVR, ARN, AINC - Service régional des documents de l'Alberta - Edmonton, dossier 773/3-8, volume 1, 08/1964-09/1969, Formulaire d'entrevue, 21 mars 1968; [IRC-048253] Formulaire d'entrevue, 21 mars 1968. [IRC-048252]
39. CVR, ARN, Archives provinciales - Alberta, compte 71.220 B160 2313, Père Levaque, 29 avril 1968. [IRC-049045]
40. CVR, ARN, AINC - Service régional des documents de l'Alberta - Edmonton, 773/3-8, volume 1, 08/64-09/69, CR-ALB, E. O. Drouin à Jerry Dawson, 26 novembre 1968. [MRY-010767-0011]
41. CVR, ARN, AINC - Secteur de la résolution - Collection des dossiers historiques des pensionnats indiens - Ottawa, pensionnat de Muskowekwan, boîte 25, dossier 5, rapport de fin de mois, travailleur en chef des services à l'enfance, du 16 mars au 27 avril 1989. [IRC-048266-0002]
42. CVR, ARN, AINC - Secteur de la résolution - Collection des dossiers historiques des pensionnats indiens - Ottawa, dossiers GRS, boîte L-27A, dossier 6, pensionnat pour élèves de Gordon, Ronald Pratt, Carol Flaman et Melinda McNab, 7 avril 1990. [IRC-047274]
43. CVR, ARN, AINC - Secteur de la résolution - Collection des dossiers historiques des pensionnats indiens - Ottawa, dossiers GRS, boîte L-27B, dossier 6, résumé des discussions tenues lors de la réunion du Regina Child and Youth, 6 juillet 1990. [IRC-047279]

Sports et arts : 1940-2000

1. CVR, ARN, aucun emplacement de document, aucun dossier source de document, « Excerpts from two letters received at the Christie Indian School, Kakawis, B.C. » [CIS-000161] Pour la position d'Ian Eisenhardt, voir : CVR, ARN, Bibliothèque et Archives Canada - Ottawa, 879-1, partie 2, agence de la côte Ouest - pensionnat de Christie, Admission générale, 1930-1947, n° d'inst. de recherche 10-17, bobine de microfilm C-8764, volume 6439, Archives nationales du Canada - Ottawa, R. A. Hoey à G. Forbes, 4 janvier 1941; [CST-008096] CVR, ARN, Bibliothèque et Archives Canada, RG10, volume 6189, dossier 461-5, partie 8, R. A. Hoey à J. Florence Lang, 11 janvier 1941. [CJC-000762]
2. CVR, ARN, aucun emplacement de document, aucun dossier source de document, Ian Eisenhardt à Brooke Claxton, 17 mai 1945; [OMS-000626] CVR, ARN, Bibliothèque et Archives Canada, RG29, volume 821C, dossier « Scrapbooks of Major Ian Eisenhardt », *The Grotto*, numéro 3, avril 1945, p. 2. [NPC-601235]

3. CVR, ARN, aucun emplacement de document, aucun dossier source de document, Ian Eisenhardt à R. A. Hoey, 18 mai 1945. [OMS-000627]
4. CVR, ARN, Bibliothèque et Archives Canada, RG10, volume 6446, dossier 882-1, partie 3, George Beete au père O'Grady, 25 juin 1950. [KAM-000151]
5. CVR, ARN, Bibliothèque et Archives Canada, RG10, volume 6431, dossier 877-1, partie 4, bobine de microfilm C-8759, A. E. Caldwell à B. F. Neary, 8 juillet 1950. [ABR-000140]
6. CVR, DAV, Christina Kimball, déclaration devant la Commission de vérité et réconciliation du Canada, Winnipeg (Manitoba), 17 janvier 2011, numéro de déclaration : 03-001-10-020.
7. CVR, DAV, Noel Starblanket, déclaration devant la Commission de vérité et réconciliation du Canada, Regina (Saskatchewan), 16 janvier 2012, numéro de déclaration : 2011-3314.
8. CVR, DAV, Geraldine Shingoose, déclaration devant la Commission de vérité et réconciliation du Canada, Winnipeg (Manitoba), 19 juin 2010, numéro de déclaration : 02-MB-19JU10-033.
9. CVR, DAV, Paul Andrew, déclaration devant la Commission de vérité et réconciliation du Canada, Inuvik (Territoires du Nord-Ouest), 30 juin 2011, numéro de déclaration : NNE202.
10. CVR, DAV, John Kistabish, déclaration devant la Commission de vérité et réconciliation du Canada, 26 avril 2013, Montréal (Québec), Déclaration privée : 2011-6135.
11. CVR, DAV, Pierre Papatie, déclaration devant la Commission de vérité et réconciliation du Canada, 23 juin 2012, Saskatoon (Saskatchewan), Déclaration privée : 2011-1794.
12. CVR, ARN, Bibliothèque et Archives Canada, RG10, volume 6316, dossier 656-5, partie 7, T. B. R. Westgate au secrétaire, Affaires indiennes, 18 août 1941. [PAR-008548]
13. CVR, ARN, Bibliothèque et Archives Canada, RG10, volume 6189, dossier 461-5, partie 8, R. A. Hoey à J. Florence Lang, 11 janvier 1941. [CJC-000762]
14. CVR, ARN, Bibliothèque et Archives Canada, RG10, volume 6470, dossier 890-5, partie 6, bobine de microfilm C-8787, R. A. Hoey au Major D. M. Mackay, 24 juin 1944. [MIS-004501]
15. Morton, *Histoire militaire du Canada*, p. 205-206.
16. CVR, ARN, Bibliothèque et Archives Canada, RG10, volume 6487, dossier 42104-3, partie 1, Rapport trimestriel se terminant en mars 1945 sur l'agence de Sioux Lookout. [MCI-005293]
17. CVR, ARN, MAINC, dossier 6-21-1, volume 1, Indian Work Investigation Commission, Rapport au Synode général, Winnipeg, 1946, p. 7. [AEMR-016149]
18. CVR, ARN, Bibliothèque et Archives Canada, RG10, volume 6470, dossier 890-5, partie 7, bobine de microfilm C-8788, W. S. Arneil à la Division des affaires indiennes, 29 septembre 1948. [MIS-004272]
19. CVR, ARN, Bibliothèque et Archives Canada, RG10, volume 6470, dossier 890-5, partie 7, bobine de microfilm C-8788, P. Phelan à W. A. Arneil, 4 octobre 1948. [MIS-004273]
20. CVR, ARN, Bibliothèque et Archives Canada, RG10, volume 6202, dossier 466-10, partie 6, Philip Phelan à M. W. McCracken, 13 novembre 1949. [SBR-001486]
21. CVR, ARN, Bibliothèque et Archives Canada, RG10, volume 6220, dossier 472-5, partie 7, Philip Phelan à G. Swartman, 30 novembre 1949. [MCI-005609]
22. CVR, ARN, Bibliothèque et Archives Canada, RG10, volume 8610, dossier 655/1-13, partie 1, P. Piché à Bernard F. Neary, 28 juillet 1950. [PLD-008512]
23. CVR, ARN, Bibliothèque et Archives Canada, RG10, volume 7188, dossier 411/25-1-010, Bernard Neary à I. Eisenhardt, 9 mai 1950. [AGA-001462]
24. CVR, ARN, Bibliothèque et Archives Canada - Ottawa, RG10, volume 6429, dossier 875-5, partie 13, H. G. Cook à B. F. Neary, 18 juillet 1950. [MIK-000640]
25. CVR, ARN, Bibliothèque et Archives Canada - Burnaby, RG10, Acq. 1984-85/316, volume 27 (500325), dossier 988/6-1-885-1, partie 1, Bâtiments scolaires - Pensionnat indien de l'île

Kuper, 1941–1950, I. Eisenhardt à J. Camirand, 20 juillet 1950; [KUP-014088] CVR, ARN, Bibliothèque et Archives Canada, RG10, volume 8645, dossier 651/6-1, partie 1, Bernard F. Neary à J. P. B. Ostrander, 27 octobre 1950. [PAR-000505]

26. CVR, ARN, Bibliothèque et Archives Canada – Ottawa, volume perm. 803, dossier 6-25-16, partie 1, Infrastructures de sport et de loisirs destinées aux Autochtones – Athlètes autochtones, février 1938-octobre 1971, n° d'inst. de recherche 22-1, Hugh Keenleyside à D. M. MacKay, 13 octobre 1048. [RCN-007390]
27. CVR, ARN, aucun emplacement de document, aucun dossier source de document, « Physical Education, Adult Education, Recreation » *Indian School Bulletin*, volume 4, numéro 4, mars 1950, p. 18–19. [GMA-001452]
28. Kidd, *Struggle for Canadian Sport*, p. 247–250.
29. CVR, ARN, aucun emplacement de document, aucun dossier source de document, « Physical Education, Adult Education, Recreation » *Indian School Bulletin*, volume 4, numéro 4, mars 1950, p. 18–19. [GMA-001452]
30. Kidd, *Struggle for Canadian Sport*, p. 253–254.
31. CVR, ARN, aucun emplacement de document, aucun dossier source de document, Ian Eisenhardt à R. A. Hoey, 18 mai 1945. [OMS-000627]
32. CVR, ARN, aucun emplacement de document, aucun dossier source de document, « Physical Education, Adult Education, Recreation », *Indian School Bulletin*, volume 4, numéro 4, mars 1950, p. 18–19. [GMA-001452]
33. Forsyth et Heine, « Higher Degree of Social Organization », p. 268. Voir entre autres : CVR, ARN, Bibliothèque et Archives Canada, Ontario Centre de services de la région de Toronto, dossier 129/23-4, volume 1, Norman Paterson à F. Matters, 3 juillet 1950; [CJC-001721]; CVR, ARN, Bibliothèque et Archives Canada – Ottawa, RG10, volume 6429, dossier 875-5, partie 13, H. G. Cook à B. F. Neary, 18 juillet 1950; [MIK-000640]; CVR, ARN, AINC – Secteur de la résolution – Collection des dossiers historiques des pensionnats indiens – Ottawa, 779/24-4, volume 1, 1950–1974, CRPA, Bernard F. Neary à Ian Eisenhardt, 27 septembre 1950. [BQL-004158]
34. Forsyth et Heine, « Higher Degree of Social Organization », p. 264.
35. CVR, ARN, AINC – Secteur de la résolution – Collection des dossiers historiques des pensionnats indiens – Ottawa, 779/24-4, volume 1, 1950–1974, CRPA, « Report on Blue Quills School », 19 octobre 1950. [BQL-004157] Pour le serpent à neige, voir : Parker, « Snow-Snake ».
36. CVR, ARN, AINC – Secteur de la résolution – Collection des dossiers historiques des pensionnats indiens – Ottawa, 779/24-4, volume 1, 1950–1974, CRPA, Ian Eisenhardt à Bernet Rollande, 13 novembre 1950. [BQL-004156]
37. CVR, ARN, AINC – Secteur de la résolution – Collection des dossiers historiques des pensionnats indiens – Ottawa, 779/24-4, volume 1, 1950–1974, CRPA, Ian Eisenhardt à W. K. Taylor, 13 novembre 1950. [BQL-004155]
38. CVR, ARN, Archives provinciales de l'Alberta, 71.220 B92 3899, G. M. Latour à Ian Eisenhardt, 29 janvier 1951. [OGP-030732]
39. CVR, ARN, Bibliothèque et Archives Canada, RG10, volume 8788, dossier 487/25-10-014, partie 1, T. C. Ross à Ian Eisenhardt, 26 août 1950. [CJC-000935]
40. CVR, ARN, AINC, dossier 487/24-4, volume 1, Ian Eisenhardt à T. C. Ross, 8 septembre 1950. [CJC-006792]
41. CVR, ARN, AINC, dossier 487/24-4, volume 1, I. Eisenhardt à T. C. Ross, 8 juin 1950. [CJC-006793]

42. CVR, ARN, Bibliothèque et Archives Canada, RG29, volume 1363, dossier 6, Eisenhardt, Ian, « The Canadian Red Man of Today: Physical Fitness and Recreation among the Canadian Indians », *The Journal of the American Association for Health, Physical Education, and Recreation,* juin 1951, p. 9–10. [NPC-601192]
43. Forsyth et Heine, « Higher Degree of Social Organization », p. 272.
44. Forsyth et Heine, « Higher Degree of Social Organization », p. 272, 277; CVR, ARN, aucun emplacement de document, aucun dossier source de document, « The Supervisor of Physical Education Resigns », *Indian School Bulletin*, volume 6, numéro 2, novembre 1951, p. 10; [GMA-001506] CVR, DASAG, Affaires autochtones et Développement du Nord Canada, Ian Eisenhardt à J. F. Lockhart, 29 novembre 1951. [AANDC-199951]
45. Scher, *Un-Canadians*; Forsyth et Heine, « Higher Degree of Social Organization », p. 277.
46. Forsyth, « Power to Define », p. 87–88.
47. CVR, ARN, AINC – Bibliothèque ministérielle – Ottawa, « Annual Trophies for Indian Athletes », *The Indian Missionary Record*, janvier 1952, p. 3. [IMR-000365]
48. Forsyth, « Power to Define », p. 93–94.
49. Forsyth, « Power to Define », p. 114.
50. CVR, ARN, Église anglicane du Canada, Archives du Synode général, GS 75–103, série 2–15, boîte 23, « Visit to Sioux Lookout Indian Residential School by Major-General G. R. Turner, 31st May and 1st and 2nd June, 1951 », p. 2. [PLK-000297–0000]
51. CVR, ARN, Archives de l'Église presbytérienne au Canada, Toronto (Ontario), n° d'acquisition 1988–7004, boîte 15, dossier 5, Eric Barrington à Frieda Matthews, 23 novembre 1953. [CJC-007752]
52. CVR, ARN, AINC – Secteur de la résolution – Collection des dossiers historiques des pensionnats indiens – Ottawa, dossier 487/18–24, volume 1, A. Lacelle à Norman Patterson, 30 novembre 1954. [CJC-004016–0003]
53. CVR, ARN, Archives nationales du Canada – Burnaby, n° d'inst. de recherche 10–138, 07/1956, volume 13528, C. G. Brown, G. J. Buck, B. O. Filteau, « Report of the Educational Survey Commission on the Educational Facilities and Requirements of the Indians of Canada », 10 juillet 1956. [120.18398]
54. CVR, ARN, Bibliothèque et Archives Canada – Ottawa, RG10, volume 8703, dossier 962/6–1, partie 7, ANC – Ottawa, L. K. Poupore à H. M. Jones, 14 octobre 1957. [JOE-063234]
55. CVR, ARN, Bibliothèque et Archives Canada – Edmonton [118]779/6–1–751, volume V, 09/61–03/65, ANC – Edmonton, P. H. Lyonnais à T. R. Kelly, 29 mars 1963. [BQL-003405–0002]
56. CVR, ARN, aucun emplacement de document, aucun dossier source de document, P. H. Lyonnais à R. F. Battle, 6 août 1965. [OGP-130070]
57. CVR, ARN, Bibliothèque et Archives Canada – Edmonton, 779/6–1–009, volume 1, 04/65–12/66, NAC – Edmonton, « Indians Deplore Conditions at Blue Quills », *St. Paul Journal*, 16 septembre 1965. [BQL-004831–0001]
58. CVR, ARN, AINC – Secteur de la résolution – Collection des dossiers historiques des pensionnats indiens – Ottawa, 779/2, 03/60–12/70, volume 2, D., Arthur Laing à Frank Fane, 29 août 1967. [BQL-002187]
59. CVR, ARN, AINC – Bureau principal des documents – Ottawa, 779/6–1–009, volume 10, 04/68–12/69, CR-AC, S. R. Gagnon à R. F. Davey, 29 avril 1969. [BQL-000840]
60. CVR, ARN, AINC – Secteur de la résolution – Collection des dossiers historiques des pensionnats indiens – Ottawa, dossier 577/6–1–583, volume 2, J. O. Harris à D. A. H. Nield, 8 novembre 1963; [PLP-003440] A. G. Leslie à J. O. Harris, 2 décembre 1963. [PLP-003435]

61. CVR, ARN, aucun emplacement de document, aucun dossier source de document, extrait d'un rapport du directeur de l'école St. Mary's, 1967 selon une information interne [le document en soi ne porte pas de date, mais il signale les quarante-deux ans qui se sont écoulés depuis la construction de l'école en 1925. [OGP-140149]
62. CVR, ARN, Bibliothèque et Archives Canada, RG10, boîte 2, n° d'acquisition 1999-01431-6, dossier 1/1-2-2-21, partie 2, commentaires sur des plaintes spécifiques dans le mémoire présenté par le père Levaque; sans date. [NCA-003015-0003]
63. CVR, ARN, AC d'AINC, dossier 6-21-1, volume 4, 03/1966-05/1968, Commentaires supplémentaire relatifs à la note, sans date. [120.01644A]
64. CVR, ARN, AINC - Sous-section des archives - Ottawa, dossier 774/25-1, volume 1 (H-72-340), W. I. Turnbull à Jean Chrétien, 28 octobre 1970. [NCA-013075-0000]
65. CVR, ARN, Bibliothèque et Archives Canada - Edmonton, 774/6-1-019, volume 2, 01/72-07/75, ACN, Edmonton, M. G. Jutras au surveillant de district, Edmonton/Hobbema, 14 décembre 1970. [ERM-007242]
66. CVR, ARN, AINC - Secteur de la résolution - Collection des dossiers historiques des pensionnats indiens - Ottawa, Dossiers GRS, boîte 2A, dossier 40, bulletin de l'Administration des écoles indiennes, novembre 1962, non paginé, pages 11, 14, 17 d'un fichier en format PDF de 22 pages. [GDC-005398]
67. CVR, ARN, AINC - Secteur de la résolution - Collection des dossiers historiques des pensionnats indiens - Ottawa, 853/25-13, 01/65-09/70, volume 3, R. F. Davey à G. Michaud, 21 octobre 1968. [YKS-000425]
68. CVR, ARN, Archives Deschâtelets, Ottawa, HR 6116.C73R 18, J. F. Ryan à J. P. Mulvihill, 21 janvier 1964. [OMI-035127]
69. CVR, ARN, Bibliothèque et Archives Canada - Edmonton, RG10, n° d'acquisition E1998-00792-8, boîte 1 de 7, dossier 601/13-7, volume 2, D. Lawson à F. Misiurski, 18 avril 1972. [PAR-019266-0000]
70. CVR, ARN, AINC - Secteur de la résolution - Collection des dossiers historiques des pensionnats indiens - Ottawa, M. F. Frank à G. Gauthier, 22 mars 1972. [SMD-002376]
71. CVR, ARN, AINC - Bibliothèque du ministère - Ottawa, « St. Michael's Indian School Wins Service Club Trophy », *The Indian Record*, avril 1946. [SMD-002822]
72. CVR, ARN, Bibliothèque et Archives Canada, RG10, volume 8610, dossier 652/1-13, partie 1, George Roussel à B. F. Neary, 25 mars 1949. [SMD-001575-0001]
73. CVR, ARN, Bibliothèque et Archives Canada, RG10, volume 8610, dossier 652/1-13, partie 1, Geo.-L. Roussel à B. F. Neary, 25 mars 1949. [SMD-001575-0001]
74. Marks, *They Call Me Chief*, p. 31. Sasakamoose a joué avec les Blackhawks de Chicago au cours de la saison 1952-1953. Il est né en 1963 dans la réserve de Sandy Lake (Saskatchewan). CVR, ARN, AINC -Bibliothèque ministérielle - Ottawa, « Saskatchewan Midget Hockey Champions », *Indian Record*, volume 12, numéro 5, mai 1949. [SMD-002829]
75. Zeman et coll., *Hockey Heritage*, p. 237.
76. Zeman et coll., *Hockey Heritage*, p. 239-240. Le nom de Piché est incorrectement écrit comme étant Piechet.
77. CVR, ARN, AINC - Bibliothèque du ministère - Ottawa, Indian Missionary Record, numéro 2, février 1949, « Qu'Appelle Valley News », *Indian Missionary Record*, février 1949, p. 4. [IMR-000098]

78. CVR, ARN, Bibliothèque et Archives Canada, « Qu'Appelle Indian School Won Numerous Awards in 1948 », *Indian Missionary Record*, avril 1949, p. 4. (Information sur le ski et Arthur Obey dans la légende de la photo.) [IMR-000411]
79. Bibliothèque publique de Saskatoon, « Prairie Gold: Sports Heroes from Saskatchewan », http://spldatabase.saskatoonlibrary.ca/ics-wpd/exec/icswppro.dll?AC=MENU_QUERY&XC=/ics-wpd/exec/icswppro.dll&TN=LH_SHOWS&SN=pg+Biography+opq&RF=www_PG%20Full%20Record&EF=&DF=&MR=20&RL=0&EL=0&DL=0&NP=255&MF (consulté le 28 janvier 2014).
80. Zeman et coll., *Hockey Heritage,* p. 240.
81. CVR, ARN, Archives des Sœurs Grises, St. Boniface, Manitoba, M6/04/17, « Sports », *Teepee Tidings*, pensionnat indien de Lebret, Saskatchewan, volume 3, numéro 4, 1955, page 16 d'un document de 22 pages en format PDF. [GNB-000558]
82. CVR, ARN, Archives Deschâtelets, Oblats de Marie-Immaculée, Ottawa, « Sports Leaders Honoured: Arthur Obey and Tony Cote », *Saskatchewan Indian*, février-mars 1980, volume 10, numéro 2–3, p. 6. [PLD-030530]
83. Zeman et coll., *Hockey Heritage,* p. 240–243.
84. CVR, ARN, Bibliothèque et Archives Canada – Edmonton, RG10, nº d'acquisition E1996–97/435, boîte 7 de 48, Papiers pellicule – mai 1973, J. P. Woods à Art Obey, 8 mai 1973. [PLD-009041]
85. CVR, ARN, Bibliothèque et Archives Canada, RG10, volume 7190, dossier 493/25–1–001, H. A. Overwood à R. A. Hoey, 7 mars 1947. [SWK-000391]
86. CVR, ARN, Église presbytérienne du Canada, Index des noms de pensionnat, 2009, dossier 1988–7004–12–2, N. M. Rusaw à Frieda Matthews, 25 février 1949. [BIR-002765]
87. CVR, ARN, aucun emplacement de document, aucun emplacement de document, aucun numéro de dossier de document, *Indian Schools Bulletin*, volume 4, numéro 5, articles 36–48, p. 13–14. [OKM-000393]
88. CVR, ARN, AINC – Secteur de la résolution – Collection des dossiers historiques des pensionnats indiens – Ottawa, dossier 494/25–1–015, volume 1, David Beaver, « A Trip To Sioux Lookout, 1950 »; [MCI-004071–0003] J. Brachet à G. Swartman, 6 mai 1950. [MCI-004070–0001]
89. « All Indian Bantam Team to Play Here », *Ottawa Citizen*, 4 avril 1951, p. 24, http://news.google.com/newspapers?nid=2194&dat=19510404&id=pHgvAAAAIBAJ&sjid=ltwFAAAAIBAJ&pg=7119,552644.
90. CVR, ARN, Bibliothèque et Archives Canada, RG29, volume 792, dossier 344, « 12 Indian Puck-Toters Here for Bantam Series », sans date, aucun journal cité. Un reportage photographique sur les joueurs paraît dans le numéro du 12 avril 1951 d'un journal d'Ottawa. [120.12345]
91. Wilf Bell, « All Indian Bantams Beat Ottawa East Six: Polish off City Champs in Fast and Clean Clash », *Ottawa Citizen*, 14 avril 1951, p. 22, http://news.google.com/newspapers?nid=2194&dat=19510414&id=q3gvAAAAIBAJ&sjid=ltwFAAAAIBAJ&pg=7062,2641413.
92. « Sioux Lookout Indians Nosed out by Combines », *Ottawa Journal,* 16 avril 1951, p. 17.
93. « Sioux Black Hawks' Trip Successful ». *Ottawa Journal*, 17 avril 1951, p. 17.
94. CVR, ARN, Église anglicane du Canada, Archives du Synode général, GS 75–103, série 2–15, boîte 23, « Report by Major-General G. R. Turner on Visit to Sioux Lookout Anglican Indian School, 16th and 17th June, 1950 », p. 4–5. [PLK-000296]

95. CVR, ARN, Archives provinciales – Alberta, PAA, 71.220 B94 3985, « Hobbema Juniors and Ermines Deadlocked »; « Our Intra-Mural Hockey League », *Moccasin News*, pensionnat Ermineskin, Hobbema, sans date. [OGP-032616]
96. CVR, ARN, Archives provinciales – Alberta, PAA, 71.220 B94 3985, F. R. Littlechild, « Hockey », *The Moccasin News: Hobbema Indian School,* non paginé. [OGP-032614]
97. CVR, ARN, Sœurs Grises de Montréal, Archives provinciales de S. Albert, *Moccasin Telegram* de l'école de Blue Quills, Alex Janvier, « More Hockey », *Moccasin Telegram*, volume 9, numéro 3, janvier-février 1952, p. 10–11. [GNA-000531]
98. CVR, ARN, Archives du Musée Glenbow – Alberta, cote topographique M-2022, journal du pensionnat anglican de St. Paul, « Sokapi Aginixin » [Good News], 1955–1957, fonds de la famille James Gladstone, Oliver Soop, « Hockey Season 1954–55 », *Sokapi Aginixin of St. Paul's Anglican Indian Residential School*, Pâques 1955. [PUL-800349]
99. CVR, ARN, aucun emplacement de document, aucun dossier source de document, « Hockey Season Roundup? » *Moccasin Telegram*, volume 16, numéro 2, janvier à juin 1959, pensionnat de Blue Quills, St. Paul, Alberta, non paginé.
100. Littlechild, « INSPOL », p. 247.
101. CVR, ARN, Archives provinciales de l'Alberta, PAA 71.220 B161 2440, M. St. Jacques, « St. Mary's Residential School Wins Hockey Tournament », *Indian Record*, volume 21, numéro 2, février 1958, p. 4. [OGP-023540]
102. CVR, ARN, Archives du gouvernement des Territoires du Nord-Ouest, dossier 630–105/10, 12–2, Rapport et états, École professionnelle et secondaire de Yellowknife, 1957–1959, boîte d'archives 228–11, n° d'acquisition G-1979–003, « Welfare Report, Sir John Franklin School, Yellowknife, N.W.T., January 1959 ». [YKU-000209–0000]
103. CVR, ARN, Bibliothèque et Archives Canada, RG10, n° d'acquisition 2002–00101–4, boîte 74, dossier 87/24–1, partie 1, R. L. Boulanger au directeur de l'information, 15 mars 1961. [PTB-001144–0000]
104. Littlechild, « INSPOL », p. 247–249; Littlechild, « Native Hockey Council », p. 249–250; Temple de la renommée sportive de Wetaskiwin et du comté, membre 2007, sportif bâtisseur, J. Wilton Littlechild, http://wetaskiwinsportsfame.com/inductees/Inductees%202007/athlete_builder07_littlechild.htm (consulté le 18 mars 2015).
105. CVR, ARN, Bibliothèque et Archives Canada, RG29, volume 792, dossier 344, Pratt, Gerry, « Little Indians Are Big Fighters », Supplément de la revue, *Vancouver Sun*, 31 mars 1951. [NPC-600625]
106. CVR, ARN, AINC – Bibliothèque du ministère – Ottawa, « First Winner of the Tom Longboat Trophy », *The Indian Missionary Record*, volume 15, numéro 3, mars 1952, p. 3. [IMR-000400]
107. CVR, ARN, Bibliothèque et Archives Canada – Ottawa, RG10, n° d'inst. de recherche 10–379, 1999–01431–6, boîte 405, 987/25–1–018, partie 1, Éducation des Indiens – Résidence d'élèves de Squamish, District de Fraser, 1950–1969, ACN, Ottawa, I. Eisenhardt à W. S. Arneil, 20 novembre 1950; [SQU-000617] I. Eisenhardt à W. S. Arneil, 2 janvier 1951. [SQU-000619]
108. CVR, ARN, Bibliothèque et Archives Canada – Ottawa, dossier 987/1–13, partie 1, District d'éducation de la côte Sud – [Agence de Fraser] – Établissement scolaire – Généralités, 1952–1966, n° d'inst. de recherche 10–27, volume perm. 8615, bobine de microfilm C-14234, P. Phelan à W. S. Arneil, 21 novembre 1952; [SLT-200092] Bibliothèque et Archives Canada – Burnaby, RG10, n° d'inst. de recherche 10–332, v1998–00325–6, boîte 3, dossier 153/24–4, partie 1, Sports, 1951/08–1967/10, NAC – Burnaby, Genevieve Mussell à M. Dunn, 3 novembre 1959. [MIS-009240]

109. « Nuns Are Sponsoring Amateur Boxing Show », *Tuscaloosa News*, 15 avril 1952, p. 6, http://news.google.com/newspapers?nid=1817&dat=19520415&id=zQwdAAAAIBA-J&sjid=LpgEAAAAIBAJ&pg=6037,4490842; « Nuns Staging Ring Tourney in Vancouver », *Ottawa Citizen*, 15 avril 1952, p. 21, http://news.google.com/newspapers?nid=2194&-dat=19520415&id=ttc-AAAAIBAJ&sjid=3UwMAAAAIBAJ&pg=7314,2918004.
110. Rod Mickleburgh, « Proud Leader Ernie Campbell Helped Musqueam Stand Tall », *Globe and Mail*, 29 novembre 2013, http://m.theglobeandmail.com/news/british-columbia/proud-leader-ernie-campbell-helped-musqueam-stand-tall/article15699081/?service=mobile.
111. CVR, ARN, Maison des Oblats de Marie-Immaculée - Vancouver, boîte 44 - Mission [Kelleher] - Mission [Abbey], chemise 2 - Coupures de presse de Mission, 1865–1997, série un plus les descriptions des repères, communauté locale de C.-B./Yukon des Oblats de Marie-Immaculée, province de Lacombe, Canada [auparavant la province de St. Paul], « Junior Golden Glovers Start Swapping Punches Here Tonight », *Trail Times*, 16 avril 1956. [MIS-800035]
112. Zeman, *Run with Longboat*, p. 82–83, p. 91–93; « Chief Goes to Jail for Fishing », *Indian World*, juillet 1982, p. 7.
113. CVR, ARN, Bibliothèque et Archives Canada, R776-0-5 (RG55), volume 21412, C.T. n° 733124, 704920, École de rodéo d'Hobbema, sans date. [120.11935B]
114. Wall, *Game Plan*, p. 216.
115. Pour un exemple des années 1940, voir : CVR, ARN, Archives des Sœurs Grises, St. Boniface (Manitoba), M6/04/03, sœur Claire Sauve à la révérende mère Anna Trottier, 12 avril 1946. [GNB-000078] Pour un exemple des années 1950, voir : CVR, ARN, Archives d'Edmonton des Sœurs de la charité [Sœurs Grises] - Alberta, dossier L59-N09, Réserve des Gens-du-Sang, bulletin *The Voice of St. Mary's*, 12/1954, « St. Mary's Boys Switch From Softball to Baseball », et « St. Mary's Girls Are the Queens of the Softball Diamonds », 18, *The Voice of St. Mary's*, juin 1954. [GNA-001725] Pour un exemple des années 1960, voir : CVR, ARN, AINC - Secteur de la résolution - Collection des dossiers historiques des pensionnats indiens - Ottawa, dossiers GRS, boîte 1A, dossier 17, Équipe de baseball des garçons de Gordons 1962. [GDC-009075]
116. Johnston, *Indian School Days*, p. 200–206.
117. Johnston, *Indian School Days*, p. 207.
118. Canadien, *From Lishamie*, p. 257–258.
119. Forsyth, « Power to Define », p. 10, 102.
120. Forsyth, « Power to Define », p. 100.
121. CVR, ARN, Église presbytérienne du Canada, Index des noms de pensionnat, 2009, 1988-7004-13-3, N. M. Rusaw à Frieda Matthews, 22 février 1959. [BIR-001251]
122. CVR, ARN, Église presbytérienne du Canada, Index des noms de pensionnat, 2009, 1988-7004-13-3, N. M. Rusaw à Frieda Matthews, 16 mars 1959. [BIR-001250]
123. CVR, ARN, Collection personnelle d'Anthony Shaw, « Lower Post Teams Visit Whitehorse », 23 avril 1969. [LOW-002634]
124. Coates, « Father J. M. Moucet », p. 285–286.
125. Cross Country Ski de Fond, « The History of Test », http://www.cccski.com/About/History/Photos-and-Stories/The-History-of-T-E-S-T — %281%29.aspx#.UvukJV6Lnv0 (consulté le 12 février 2014).
126. Cross Country Ski de Fond, « The Firth Sisters: Northern Lights ». 10 janvier 2011, http://www.cccski.com/About/History/Our-Olympians/The-Firth-Sisters — Northern-Lights-%281%29.aspx?lang=fr-CA#.UvugsV6Lnv0 (consulté le 12 février 2014).

127. Cross Country Ski de Fond, « The Firth Sisters: Northern Lights », 10 janvier 2011, http://www.cccski.com/About/History/Our-Olympians/The-Firth-Sisters — Northern-Lights-%281%29.aspx?lang=fr-CA#.UvugsV6Lnv0 (consulté le 12 février 2014).
128. Cross Country Ski de Fond, « The Firth Sisters: Northern Lights », 10 janvier 2011, http://www.cccski.com/About/History/Our-Olympians/The-Firth-Sisters — Northern-Lights-%281%29.aspx?lang=fr-CA#.UvugsV6Lnv0 (consulté le 12 février 2014); Ian Stewart, « Skiing Legend Shares Secrets of Success », *Yukon News*, 14 mai 2006, http://www.yukon-news.com/news/skiing-legend-shares-secrets-of-success.
129. Zeman, *Run with Longboat*, p. 103.
130. CVR, ARN, aucun emplacement de document, aucun dossier source de document, *Excerpts from Oblate Fathers' Codex Historiens and Grey Nuns Chronicles, Grollier Hall*, 9, page 14 d'un document de 19 pages en format PDF. [GNN-000179]
131. Cross Country Ski de Fond, « The Firth Sisters: Northern Lights ». 10 janvier 2011, http://www.cccski.com/About/History/Our-Olympians/The-Firth-Sisters — Northern-Lights-%281%29.aspx?lang=fr-CA#.UvugsV6Lnv0 (consulté le 12 février 2014).
132. Cross Country Ski de Fond « The Firth Sisters: Northern Lights », 10 janvier 2011, http://www.cccski.com/About/History/Our-Olympians/The-Firth-Sisters — Northern-Lights-%281%29.aspx?lang=fr-CA#.UvugsV6Lnv0 (consulté le 12 février 2014).
133. Album-souvenir de Grollier Hall, 1970–1971, non paginé, page 23 d'un document de 58 pages en format PDF, https://*archives.algomau.ca/main/sites/default/files/2012-21_002_016.pdf*, (consulté le 12 février 2014).
134. Ian Stewart, « Skiing Legend Shares Secrets of Success », *Yukon News*, 14 mai 2006, http://www.yukon-news.com/news/skiing-legend-shares-secrets-of-success.
135. Glenn Taylor, « Grollier Victims Form Support group », *Northern News Services*, 19 décembre 1997, http://www.nnsl.com/frames/newspapers/1997-12/dec19_97grol.html; Manning, *Guts and Glory*, p. 133.
136. Phil Fontaine, cité dans Jaine, *Residential Schools*, p. 51.
137. Voir, par exemple : Graham, *Mush Hole*, p. 390.
138. CVR, ARN, Bibliothèque et Archives Canada, RG10, volume 11325, dossier 6-39-3, *The Club Star*, Pensionnat Garnier, Spanish (Ontario), volume III, numéro 12, décembre 1947. [AGA-000437]
139. CVR, ARN, aucun emplacement de document, aucun dossier source de document, « Excerpts from two letters received at the Christie Indian School, Kakawis, B.C. »; [CIS-000161] CVR, ARN, Bibliothèque et Archives Canada - Ottawa, 879-1, partie 2, agence de la côte Ouest - pensionnat Christie, Admission générale, 1930-1947, nº d'inst. de recherche 10-17, bobine de microfilm C-8764, volume 6439, Archives nationales du Canada - Ottawa, R. A. Hoey à G. Forbes, 4 janvier 1941. [CST-008096]
140. MacGregor, *Chief*, p. 34-35.
141. « Everybody Wants Place on Team When Singing Indians Audition », *Winnipeg Tribune*, 20 octobre 1969. [PLP-003416-0001]
142. « Beauval Indian Boys », Le répertoire de la chorale des garçons et des solistes, http://www.boysoloist.com/artist.asp?VID=3448 (consulté le 17 février 2014).
143. CVR, ARN, aucun emplacement de document, aucun dossier source de document, « Kamloops Indian School Loses Dance Instructor », article d'un journal, aucune publication citée. [OKM-000712]

144. CVR, ARN, « K.I.R.S. Dancers Score Top Marks in Festival », *Indian Record,* juin 1960, p. 8. [BVT-001818]
145. CVR, ARN, aucun emplacement de document, aucun dossier source de document, « Kamloops Indian School Loses Dance Instructor », article d'un journal, aucune publication citée. [OKM-000712]
146. CVR, ARN, Église anglicane du Canada, Archives du Synode général, ACC-MSCC-GS 75-103, série 2-15, boîte 30, dossier 3, « Residential Schools & Hostels, Division of M.S.C.C. », Bulletin du printemps -1963. [AAC-084493]
147. Cruikshank, *Life Lived Like a Story*, p. 71.
148. CVR, ARN, AINC - Secteur de la résolution - Collection des dossiers historiques des pensionnats indiens - Ottawa, dossiers GRS, boîte 14A, dossier 10, John J. T. Johnstone à W. M. Green, 24 janvier 1959. [GDC-016040]
149. CVR, ARN, AINC - Secteur de la résolution - Collection des dossiers historiques des pensionnats indiens - Ottawa, dossiers GRS, boîte C21, dossier 19, « The Gordon Indian Dancers », sans date; [GDC-007680-0001] CVR, ARN, AINC, dossier 675/25-13, volume 1, W. P. Starr à E. Korchinski, 17 mars 1972; [GDC-085829] CVR, ARN, AINC - Secteur de la résolution - Collection des dossiers historiques des pensionnats indiens - Ottawa, dossier 675/25-13, volume 5, J. B. Freeman à J. D. Leask, 7 avril 1978; [GDC-005579] CVR, ARN, AINC - Secteur de la résolution - Collection des dossiers historiques des pensionnats indiens - Ottawa, dossiers GRS, boîte 9A, dossier 21, Gerry Worth au surintendant de district de l'Éducation, MAINC, 16 juillet 1979. [GDC-042619-0000]
150. Canadien, *From Lishamie*, 253-254.
151. Canadien, *From Lishamie,* 264-265.
152. CVR, ARN, aucun emplacement de document, aucun dossier source de document, Esther Tervo au président, Comité des missions intérieures, Église Unie du Canada, 2 novembre 1963. [UCB-005579]
153. Première Nation Tseshaht, « George Clutesi », http://www.tseshaht.com/history-culture/influential-figures/george-clutesi (consulté le 12 février 2014). Pour le lien de Clutesi avec Carr, voir : « Carr Brushes Go East », *The Province*, 4 janvier 1967, Vancouver Art in the Sixties, http://vancouverartinthesixties.com/archive/133 (consulté le 12 février 2014).
154. CVR, ARN, aucun emplacement de document, aucun dossier source de document, EEMJ à John Andrews, 6 novembre 1963. [UCB-005585] Pour des rapports sur les critiques antérieures de Clutesi, voir : CVR, ARN, aucun emplacement de document, aucun dossier source de document, Robert Hall à R. W. Henderson, 15 septembre 1961. [UCB-005393]
155. CVR, ARN, aucun emplacement de document, aucun dossier source de document, J. A. Andrews à E. E. M. Joblin, 12 novembre 1963. [UCB-005587]
156. CVR, ARN, R. T. Sullivan, « Visit to the Alberni Valley », 28 février 1965. [UCB-005689]
157. CVR, ARN, aucun emplacement de document, aucun dossier source de document, « Alberni Indian Students Fully Integrated in Fall », *The Sun*, 21 juin 1965. [UCB-005731]
158. CVR, ARN, aucun emplacement de document, aucun dossier source de document, 958/25-13, volume 3, J. A. Andrews à R. F. Davey, 28 juin 1966. [ABR-000402]
159. Clutesi, *Son of Raven*, 10. Pour les deux autres livres de Clutesi, voir : Première Nation Tseshaht, « George Clutesi », http://www.tseshaht.com/history-culture/influential-figures/george-clutesi (consulté le 12 février 2014).
160. « Carr Brushes Go East », *The Province*, 4 janvier 1967, Vancouver Art in the Sixties, http://vancouverartinthesixties.com/archive/133 (consulté le 12 février 2014).

161. Canada, *Rapport annuel du ministère des Affaires indiennes, 1967–68*, p. 81.
162. CVR, ARN, aucun emplacement de document, aucun dossier source de document, « Education Week at Blue Quills: Open House for Parents and Visitors », *St. Paul Journal*, 18 mai 1951, page 5 d'un document de 110 pages en format PDF. [GNA-000409]
163. CVR, ARN, AINC – Secteur de la résolution – Collection des dossiers historiques des pensionnats indiens – Ottawa, 779/24-4, volume 1, 1950–1974, CRPA, Ian Eisenhardt à Bernet Rollande, 13 novembre 1950. [BQL-004156]
164. Chau, « Profile of Alexandre (Alex) Simeon Janvier », 380; Janvier, « Biography », http://www.alexjanvier.com/aa1.html (consulté le 17 février 2014). David Staples, « I Went Right into the Jugular Vein », *Edmonton Journal*, 31 janvier 1988. [GNA-000409]
165. Hughes et Beardy, *Jackson Beardy*, p. 4–6.
166. Hughes et Beardy, *Jackson Beardy*, p. 6–7.
167. Hughes et Beardy, *Jackson Beardy*, p. 7.
168. Hughes et Beardy, *Jackson Beardy*, p. 8.
169. Hughes et Beardy, *Jackson Beardy*, p. 10.
170. CVR, ARN, Bibliothèque et Archives Canada, RG10, volume 6431, dossier 877-1, partie 4, « 17-Year-Old Girl Wins Arts Scholarship », *Victoria Daily Times*, 9 juillet 1947. [ABR-001417]
171. « Judith Morgan », Archives de la Colombie-Britannique, http://www.bcarchives.gov.bc.ca/exhibits/timemach/galler03/frames/morgan.htm (consulté le 12 février 2014); "Judith Morgan", Vancouver Art in the Sixties, http://vancouverartinthesixties.com/people/70 (consulté le 12 février 2014).
172. *Art Magazine* (1974): 29, cité dans Hughes et Beardy, *Jackson Beardy*, p. 7.
173. Morrisseau, « Je m'appelle Norval Morrisseau », p. 41–42.
174. CVR, ARN, Bibliothèque et Archives Canada, GARDD, n° d'inst. de recherche 10-63, volume 13464, dossier 901/25-1, partie 4, 1968, A. H. Friesen au directeur régional, Affaires sociales, 29 novembre 1968. [MIS-002514]
175. CVR, DAE, 10a Les Œuvres Oblates de l'Ontario (Archives Deschâtelets), PC 101 K15C 28 I, « Outstanding Display of Indian Handicraft: Fine Work of Indian Residential School Pupils Will Be Shown at Vancouver », article de journal sans date, nom du journal inconnu. [10a-c902189-d0028-010]
176. CVR, ARN, Archives du gouvernement des Territoires du Nord-Ouest, dossier 630-105/10, 12-2 Rapport et états, école professionnelle et secondaire de Yellowknife 1957–1959, boîte d'archives 228-11, numéro d'acquisition G-1979-003, « Welfare Report, Sir John Franklin School, Yellowknife, N.W.T., January 1959 ». [YKU-000209-0000]
177. CVR, ARN, MAINC, Bureau des documents des pensionnats, dossier 501/25-13-067, volume 3, J. R. Wright, surintendant de district des écoles, Dauphin au surintendant régional des écoles, Manitoba, 10 février 1969. [PLP-000088]
178. Haig-Brown, *Resistance and Renewal*, p. 77.
179. Val Werier, « Norway House Indians See City for First Time on Trip to Join Army », *Winnipeg Evening Tribune*, 10 août 1942; CVR, ARN, Bibliothèque et Archives Canada, RG10, volume 6269, dossier 581-10, J. D. Sutherland à P. G. Lazenby, 2 décembre 1936; [NHU-002018] CVR, ARN, Bibliothèque et Archives Canada, RG10, volume 6269, dossier 581-10, R. T. Chapin à P. G. Lazenby, 8 juillet 1937; [NHU-080211-0001] CVR, ARN, Bibliothèque et Archives Canada, RG10, volume 6269, dossier 581-10, R. T. Chapin à P. G. Lazenby, 25 mars 1938; [NHU-080235-0001] CVR, ARN, Bibliothèque et Archives Canada, RG10, volume 6269, dossier 581-10, P. G. Lazenby au secrétaire, Affaires indiennes, 25 avril 1935; [NHU-080175] CVR,

ARN, Bibliothèque et Archives Canada, RG10, volume 6269, dossier 581-10, W. W. Shoup aux Affaires indiennes, 30 juin 1934. [NHU-080158]

180. Poulin, *Invisible Women*, p. 57, 79, 109, 117.
181. CVR, ARN, Église anglicane du Canada, Archives du Synode général, Elizabeth Atwater à Mme Knowles, 27 octobre 1944. [GDC-008724] Pour son poste d'enseignante, voir : CVR, ARN, AINC – Secteur de la résolution – Collection des dossiers historiques des pensionnats indiens – Ottawa, dossier 675/23-5-018, volume 1, ministère des Affaires indiennes, Rapport de l'inspecteur sur le pensionnat indien de Gordon, 22 octobre 1940. [GDC-005536-0001]
182. Sheffield, *Red Man's on the Warpath*, p. 45.
183. Sealey et Van de Vyvere, *Thomas George Prince*, p. 1, 6, 9, 13-14, 18-25, 25; Anciens combattants, « Médaille militaire », http://www.veterans.gc.ca/fra/remembrance/medals-decorations/orders-decorations/mm (consulté le 14 février 2014); Historica Canada, « Tommy Prince », https://www.historicacanada.ca/fr/content/heritage-minutes/tommy-prince (consulté le 14 février 2014).
184. CVR, ARN, Bibliothèque et Archives Canada, RG24, nº d'acquisition 83-84/215, boîte 170, dossier 2001-12/1103, le secrétaire, ministère de la Défense nationale, Ottawa à R. O. Alexander, 20 novembre 1940; [GDC-064072-0000] CVR, ARN, Bibliothèque et Archives Canada, RG10, volume 6308, dossier 653-17, partie 1, M. Christianson au secrétaire, division des Affaires indiennes, 15 avril 1941; [FHR-000800-0000] CVR, ARN, Bibliothèque et Archives Canada, RG10, volume 6195, dossier 463-17, partie 1, le directeur au sous-ministre, 15 octobre 1945; [FFR-000404] CVR, ARN, Bibliothèque et Archives Canada, RG10, volume 6216, dossier 470-5, partie 6, « Quarterly Report Ending March, 1945, on Sioux Lookout Agency » , G. Swartman. [PLK-000220]
185. CVR, DASAG, Affaires autochtones et Développement du Nord Canada, S. H. Middleton à R. A. Hoey, 2 mars 1944. [AANDC-935913]
186. Candy, « History of the Royal Canadian Army Cadets », Musée et Archives du Grand Vernon, http://www.vernonmuseum.ca/ex_cadets.html (consulté le 14 février 2014).
187. CVR, ARN, AINC – Secteur de la résolution – Collection des dossiers historiques des pensionnats indiens – Ottawa, dossier 675/25-1-020, volume 1, Philip Phelan à V. de Varennes, 17 septembre 1945. [MDD-000565-0001]
188. CVR, ARN, AINC – Secteur de la résolution – Collection des dossiers historiques des pensionnats indiens – Ottawa, dossier 675/25-1-020, volume 1, V. de Varennes à Philip Phelan, 21 septembre 1945. [MDD-000565-0002]
189. CVR, DASAG, Affaires autochtones et Développement du Nord Canada, C. A. F. Clark à Bernard Neary, 13 février 1947. [AANDC-935768]
190. CVR, DASAG, Affaires autochtones et Développement du Nord Canada, R. A. Hoey à C. Foulkes, 28 mars 1947; [AANDC-935762] W. J. F. Pratt au directeur, Affaires indiennes, 1er mai 1947. [AANDC-935763]
191. CVR, ARN, Bibliothèque et Archives Canada, RG10, volume 8788, dossier 487/25-10-014, partie 1, D. S. Pitts à A. G. Hamilton, 27 février 1947. [CJC-000934]
192. CVR, DASAG, Affaires autochtones et Développement du Nord Canada, A. J. Coulter au Sous-ministre, Affaires indiennes, 28 mars 1947; [AANDC-935614] Bernard Neary à Norman Paterson, 22 avril 1947. [AANDC-935617]
193. CVR, ARN, Bibliothèque et Archives Canada RG24, nº d'acquisition 83-84/215, boîte 170, dossier 2001-12/1103, C. Vokes au Quartier général de l'Armée, ministère de la Défense nationale, Ottawa, 19 février 1952. [GDC-064055]

194. CVR, DASAG, Affaires autochtones et Développement du Nord Canada, J. M. Delamere, 26 octobre 1959; [AANDC-936394] CVR, ARN, AINC – Secteur de la résolution – Collection des dossiers historiques des pensionnats indiens – Ottawa, dossiers GRS, boîte 13A, dossier 9, G. G. Vickers à Sirs, 30 avril 1962. [GDC-014929]
195. CVR, ARN, AINC – Bibliothèque du ministère – Ottawa, *Indian Record*, sept. 1967, « Red Letter Day at Duck Lake », *Indian Record*, septembre 1967, 5. [SMD-000465]
196. CVR, ARN, Centre de service régional du Québec – BAC – Québec, dossier 371/25-1-Rapports, volume 2, Simonne Minvielle au surintendant des écoles de district, District indien d'Abitibi, 30 juin 1969. [NCA-001520-0003]
197. CVR, ARN, Bibliothèque et Archives Canada, RG24, n° d'acquisition 1983-1984/232, boîte 7, dossier 1086-11-7225, Arthur Macdonald au directeur des cadets, Quartier général des Forces canadiennes, Ottawa, 2 novembre 1970; [PAR-019156] Arthur Macdonald au directeur des cadets, Quartier général de la Défense nationale, Ottawa, 26 mars 1975; [PAR-019164-0000] J. W. Bordon à TCHQ, 2 avril 1975. [PAR-019165]
198. CVR, ARN, Bibliothèque et Archives Canada, RG24, n° d'acquisition 1983-1984/232, boîte 7, dossier 1086-11-7225, C. L. Fox, à A. Macdonald, 2 février 1977. [PAR-019170]
199. CVR, ARN, Bibliothèque et Archives Canada – Ottawa, RG22, volume perm. 859, dossier 40-2-17, partie 7, Écoles… T.-N.-O.… Généralités, janvier 1962-décembre 1962, n° d'inst. de recherche 22-1, « Memorandum to Deputy Minister », G. G. Sivertz, 21 novembre 1962. [RCN-009081-0001]
200. CVR, ARN, Bibliothèque et Archives Canada – Ottawa, RG22, volume perm. 1019, dossier 40-2-17, partie 8, Écoles – T.-N.-O. – Bâtiment général… Entretien du… Personnel de… janvier 1963-décembre 1963, n° d'inst. de recherche 22-3, G. Rowley à Sivertz, 23 avril 1963. [IKU-000573]
201. CVR, ARN, Archives du gouvernement des Territoires du Nord-Ouest, Résidence d'élèves – Généralités, 1973-1978, Boîte d'archives 4-2, numéro d'acquisition G1995-004, Gary Black, 28 février 1973. [FNU-001748]
202. CVR, CVR, DASAG, Affaires autochtones et Développement du Nord Canada, G. P. Dunlop à R. F. Davey, 28 juin 1955. [AANDC-935595]
203. CVR, ARN, AINC – Secteur de la résolution – Collection des dossiers historiques des pensionnats indiens – Ottawa, 956/25-1, 11/50-02/62, volume 1, RCAP-R, C. F. Hives à W. S. Arneil, 18 septembre 1958. [GRG-001396]
204. *St. Paul Journal*, 13 mai 1954, cité dans Persson, « Blue Quills », p. 153.
205. CVR, ARN, Bibliothèque et Archives Canada – Ottawa, 773/25-10-004, volume 10316, 1925-1958, ANC, J. G. McGilp à K. R. Brown, 21 janvier 1958. [PUL-003084-0001] La Ligue des Cadets de l'air du Canada est établie en 1940. Voir : Ligue des Cadets de l'air du Canada, « Historique », http://aircadetleague.com/fr/propos-de-nous/370-2/ (consulté le 14 février 2014).
206. CVR, ARN, Centre de services de la région de la Capitale nationale – BAC – Ottawa, dossier 672/1-13-016, partie 1, G. R. Turner, à R. F. Davey, 31 octobre 1958. [PAR-017892-0001]
207. CVR, CAR, Les Œuvres oblates de l'Ontario (Archives Deschâtelets), *The Indian School Bulletin*, volume 9, numéro 5, mai 1955, p. 2. [10a-c902220-d0002-001] Un programme de cadets de la Ligue navale est organisé en 1948. Voir : Ligue navale, « Dates importantes », http://www.navyleague.ca/fr/about-us/our-history/significant-dates/ (consulté le 14 février 2014).
208. CVR, ARN, MAINC Library, *The Indian School Bulletin*, volume 11, numéro 4, mars 1957, p. 1-2. [AEMR-010999]

209. CVR, DASAG, Affaires autochtones et Développement du Nord Canada, « Gordon Cadet Corp Wins Top Honours », sans date. [AANDC-935677]
210. CVR, ARN, AINC – Secteur de la résolution – Collection des dossiers historiques des pensionnats indiens – Ottawa, dossiers GRS, boîte 13A, dossier 9, « Gordon's Indian Residential School, Punnichy, Saskatchewan, Permission to Camp Form », 1960. [GDC-014937]
211. CVR, ARN, Archives provinciales – Alberta, PAA 71.220 B93 3924, G. M. Latour à Hunter, 3 juillet 1961. [OGP-031726]
212. CVR, ARN, Bibliothèque et Archives Canada, RG85, n° d'acquisition 1997-98/076, boîte 131, dossier 680-1-15, volume 1, le directeur à l'administrateur de l'Arctique, 10 février 1967; [CVC-001824] le directeur à M. Gordon, 25 août 1967. [CVC-001770]
213. CVR, ARN, Bibliothèque et Archives Canada – Ottawa, RG10, n° d'inst. de recherche 10-28, volume 8788, bobine de microfilm C-9715, dossier 976/25-10, partie 1A, 1955-1957, Agence de Kootenay – Correspondance concernant les cadets du pensionnat de Kootenay [Coupures de journal], ACN, Ottawa, J. S. Dunn à W. S. Arneil, 29 janvier 1957. [EGN-004732]
214. CVR, ARN, Bibliothèque et Archives Canada – Ottawa, RG10, n° d'inst. de recherche 10-28, volume 8788, bobine de microfilm C-9715, dossier 976/25-10, partie 1A, 1955-1957, Agence de Kootenay – Correspondance concernant les cadets du pensionnat de Kootenay [Coupures de journal], ACN, Ottawa, J. S. Dunn à W. S. Arneil, 18 février 1957. [EGN-004739]
215. CVR, ARN, Bibliothèque et Archives Canada – Ottawa, RG10, n° d'inst. de recherche 10-28, volume 8788, bobine de microfilm C-9715, dossier 976/25-10, partie 1A, 1955-1957, Agence de Kootenay – Correspondance concernant les cadets du pensionnat de Kootenay [Coupures de journal], ACN, Ottawa, W. S. Arneil à J. S. Dunn, 24 janvier 1957. [EGN-004733]
216. CVR, ARN, Bibliothèque et Archives Canada – Ottawa, RG10, n° d'inst. de recherche 10-28, volume 8788, bobine de microfilm C-9715, dossier 976/25-10, partie 1A, 1955-1957, Agence de Kootenay – Correspondance concernant les cadets du pensionnat de Kootenay [Coupures de journal], ACN, Ottawa, J. S. Dunn à W. S. Arneil, 29 janvier 1957. [EGN-004732]
217. CVR, ARN, Bibliothèque et Archives Canada – Ottawa, RG10, n° d'inst. de recherche 10-28, volume 8788, bobine de microfilm C-9715, dossier 976/25-10, partie 1A, 1955-1957, Agence de Kootenay – Correspondance concernant les cadets du pensionnat de Kootenay [Coupures de journal], ACN, Ottawa, D. H. Christie au directeur, Division des affaires indiennes, 1er mars 1957. [EGN-004740]
218. CVR, ARN, Bibliothèque et Archives Canada – Ottawa, RG10, n° d'inst. de recherche 10-28, volume 8788, bobine de microfilm C-9715, dossier 976/25-10, partie 1A, 1955-1957, Agence de Kootenay – Correspondance concernant les cadets du pensionnat de Kootenay [Coupures de journal], ACN, Ottawa, H. M. Jones à W. S. Arneil, 4 mars 1957. [EGN-004741]
219. CVR, DASAG, Affaires autochtones et Développement du Nord Canada, Rapport d'inspection annuel des cadets des Forces canadiennes, pour l'année de formation se terminant le 31 mai 1972. [AANDC-935665]
220. CVR, DASAG, Affaires autochtones et Développement du Nord Canada, Rapport d'inspection annuel des cadets des Forces canadiennes, pour l'année de formation se terminant le 7 juin 1973. [AANDC-935978]
221. CVR, DASAG, Affaires autochtones et Développement du Nord Canada, Rapport de visite d'unités des cadets des Forces canadiennes, G. S. Doucette, 6 décembre 1976. [AANDC-935822]

222. CVR, ARN, Rapport de la Croix-Rouge Junior, année scolaire 1957–1958 [il ressort de preuves internes qu'il s'agit du rapport pour la section de la Saskatchewan de la Croix-Rouge Junior], p. 1. [MRS-000337-0001]
223. McCallum, « Make Good Canadians », p. 58–59, 90, 102–104, 140–141.
224. CVR, ARN, Archives provinciales – Alberta, PAA 71.220 B94 3988, « Girl Guiding », Amy Dion, non paginé, *Moccasin News*, volume 6, numéro 2, mai 1956, page 16 d'un document de 20 pages en format PDF. [OGP-032633]
225. CVR, ARN, Bibliothèque et Archives Canada – Ottawa, ACN – Ottawa, RG22, 772/2, volume 1207, 1937–1971, « Junior Red Cross », Elsie Black, non paginé, *Old Sun Rays*, sans date, page 19 d'un document de 20 pages en format PDF. [La publication n'est pas datée, mais de l'information à la page 12 indique qu'elle date de 1953]. [BSS-001326]
226. CVR, ARN, Archives provinciales – Alberta, PAA 71.220 B132 5770, « Red Cross Club », Elizabeth Cardinal, *Moccasin Telegram*, volume 8, numéro 1, septembre-octobre, non paginé, page 7 d'un document de 143 pages en format PDF. [OGP-010021]
227. CVR, ARN, Bibliothèque et Archives Canada, RG10, volume 6036, dossier 150–92, partie 1, Constance Fraser à Bernard F. Neary, 3 mars 1947. [PAR-017328-0000]
228. CVR, ARN, Église anglicane du Canada, Archives du Synode général, dossier 4, Pensionnat All Saints – Aklavik – Notes historiques 1941–08/46, page 006985–007028, n° d'acquisition GS 75–103, série 2:15, boîte 27, Rapport de Mabel Jones. [ASU-002800]
229. CVR, ARN, AINC – Bureau principal des documents – Ottawa, 772/24–6, volume 1, 1958–1964, CR-HQ, L. C. Hunter aux Affaires indiennes, 16 juillet 1963. [BSS-002325-0000]
230. CVR, ARN, Bibliothèque et Archives Canada – Ottawa, RG85, volume perm. 1470, dossier 630/1023–1, partie 1, École du gouvernement – Île Broughton (T.-N.-O.), 1959-juin 1967, n° d'inst. de recherche 85–4, « Principal's Half-Yearly Progress Report », Orland Larsen, 31 janvier 1965. [BIS-000174-0001]
231. CVR, ARN, Bibliothèque et Archives Canada – Ottawa, RG85, boîte 12, n° d'acquisition 1985–86/220, dossier A660–6, partie 1, Association des guides, janvier 1967-octobre 1969, n° d'inst. de recherche 85–15, Mme D. Ouchterlony à A. Stevenson, 7 avril 1967. [CVC-002789]
232. CVR, ARN, Bibliothèque et Archives Canada – Ottawa, RG85, boîte 12, n° d'acquisition 1985–86/220, dossier A660–6, partie 1, Association des guides, janvier 1967-octobre 1969, n° d'inst. de recherche 85–15, R. A. Graves à Mme D. Ouchterlony, 28 avril 1967. [CVC-002465]
233. CVR, ARN, Église anglicane du Canada, Archives du Synode général, ACC-MSCC-GS 75–103, série 2.15, boîte 25, dossier 5, H. G. Cook à tous les directeurs, 5 mai 1950. [AAC-083489]
234. CVR, ARN, aucun emplacement de document, aucun dossier source de document, T. W. S. Parsons à Coudert, 12 décembre 1951. [OBG-000927] Pour les initiales de Coudert, voir : Archives Canada, « Roman Catholic Church, Whitehorse Diocese collection », http://www.archivescanada.ca/english/search/ItemDisplay.asp?sessionKey=1143412449030_206_191_57_196&l=0&lvl=2&v=0&coll=1&itm=268856&rt=1&bill=1 (consulté le 17 février 2014).
235. CVR, ARN, Bibliothèque et Archives Canada – Burnaby, n° d'inst. de recherche 10–138, volume perm. 13348, 208/1–2–1–1, Comité consultatif provincial sur les affaires indiennes, partie 2, 1956/01–1957/10, « Native Indian in Scouting », Association des scouts, Conseil provincial de la Colombie-Britannique, 23 octobre 1956. [125.00391E]
236. McCallum, « Make Good Canadians », p. 145–148.
237. CVR, ARN, Bibliothèque et Archives Canada – Edmonton, dossier 773/24–1–2, volume 1, Activités sociales, 06/1965–07/1975, numéro d'acquisition E-1994–95/653, boîte d'archives 47, R. D. Ragan à H. B. Holloway, 20 mars 1967; [PUL-200219] CVR, ARN, Bibliothèque

et Archives Canada, RG10, volume 9082, dossier 521/25-1, Jack Strong à Garth Crockett, 27 avril 1967. [DRS-122499-0001]

238. CVR, ARN, Bibliothèque et Archives Canada - Burnaby, RG10, nº d'inst. de recherche 10-138, volume perm. 13462, 901/24-6, scouts, guides, partie 1, 1964/05-1968/01, R. M. Hall à RSVT, 6 juin 1967. [125.02528]
239. CVR, ARN, Archives provinciales de l'Alberta, R. F. Battle à tous les surintendants, Région de l'Alberta, directeurs et enseignants d'externats et de pensionnats indiens, 19 novembre 1958; [OGP-031492] CVR, ARN, Bibliothèque et Archives Canada - Ottawa, RG85, volume 643, dossier 630/101-1, partie 3, École du gouvernement - Fort Resolution (T.-N.-O.), 1953-1960, W. G. Brown à Kathleen Herman, 20 août 1959; [FRU-001575] CVR, ARN, Archives provinciales de l'Alberta, PAA 71.220 B160 2316, L. C. Hunter à M. J. Lafrance, 14 juin 1961. [OGP-021711]
240. Graham, *Mush Hole*, p. 390.
241. Graham, *Mush Hole*, p. 422.
242. Pour un exemple de la participation de Starr dans le corps des cadets au pensionnat anglican de Cardston (Alberta), voir : CVR, ARN, Archives du Musée Glenbow - Alberta, cote topographique. M-2022, journal du pensionnat anglican St. Paul's « Sokapi Aginixin » [Bonnes nouvelles], 1955-1957, fonds familial James Gladstone, « St. Paul's Kainai Cadet Corps », Alex Good Striker, *Sokapi Aginixin*, juin 1957, p. 7. [PUL-800351-0001]
243. CVR, ARN, AINC, dossier 675/25-13, volume 1, W. P. Starr à E. Korchinski, 17 mars 1972; [GDC-085829] CVR, ARN, AINC - Bibliothèque du ministère - Ottawa, « Bantams European Tour », Ivan McNab, *The Saskatchewan Indian*, volume 5, numéro 1, 31 janvier 1975, p. 8; [TSI-000020] CVR, ARN, Bibliothèque et Archives Canada, RG10, nº d'acquisition 88-89/057, dossier 675/25-13-018, W. P. Starr à O. N. Zakreski, 21 août 1974. [GDC-085834]
244. CVR, ARN, AINC - Secteur de la résolution - Collection des dossiers historiques des pensionnats indiens - Ottawa, dossier 675/25-13, volume 5, J. B. Freeman à J. D. Leask, 7 avril 1978. [GDC-005579]
245. Mandryk, « Uneasy Neighbours », p. 210.
246. CVR, ARN, AINC - Secteur de la résolution - Collection des dossiers historiques des pensionnats indiens - Ottawa, dossiers GRS, boîte C21, dossier 17A, Corps des cadets de Gordon, 16e inspection annuelle, 14 mai 1986, page 10 d'un document de 11 pages en format PDF; [GDC-007742] *A. (M.) c. Canada (Procureur général)* 2001, SKQB 504 (CanLII).
247. Dawn Ostrem, « Back to Court: Paul Leroux Challenges Convictions, Sentence », *Northern News Services*, 26 juin 2000, http://www.nnsl.com/frames/newspapers/2000-06/jun26_00back.html; « Paul Leroux Gets 3 Years for Residential School Abuse », *CBC News*, 12 décembre 2013, http://www.cbc.ca/news/canada/saskatoon/paul-leroux-gets-3-years-for-residential-school-abuse-1.2461629.
248. CVR, DAV, Fred Sasakamoose, Déclaration devant la Commission de vérité et réconciliation du Canada, Prince Albert (Saskatchewan), 2 février 2012, numéro de déclaration : SP043.
249. Chau, « Profile of Alexandre (Alex) Simeon Janvier », p. 380; Janvier, « Biography », http://www.alexjanvier.com/aa1.html (consulté le 17 février 2014).
250. Kelm, *Wilder West*, p. 166, p. 211.

Le personnel : 1940–2000

1. Canada, *Rapport annuel du ministère des Affaires indiennes, 1955*, p. 53.
2. CVR, ARN, AINC - Secteur de la résolution - Collection des dossiers historiques des pensionnats indiens - Ottawa, dossier 1/25-13-2, volume 1, R. F. Battle au ministre, Affaires indiennes, 30 décembre 1966. [MRS-001464]
3. Par exemple, voir : CVR, ARN, AINC - Secteur de la résolution - Collection des dossiers historiques des pensionnats indiens - Ottawa, NCR-E4974-1 (pièce jointe 1), volume 3 (nº de contrôle 446-19), « Saskatchewan Region, Student Residences: An Issue Management Discussion Paper », 8 février 1994. [NCA-016023-0002]
4. CVR, ARN, Archives du diocèse anglican de Cariboo, section 205, Pensionnat indien St. George, carte D.C. 2C11, école de Lytton-St.-George, nº 88.44, « All Saints Indian Residential School Staff Manual 2nd Revision, 1967 », A. W. Harding, directeur adjoint, p. 22-23. [AEMR-177341]
5. Par exemple, voir : CVR, ARN, AINC - Secteur de la résolution - Collection des dossiers historiques des pensionnats indiens - Ottawa, NCR-E4974-1 (Pièce jointe 1), volume 3 (nº de contrôle 446-19), « Saskatchewan Region, Student Residences: An Issue Management Discussion Paper », 8 février 1994. [NCA-016023-0002]
6. La question de la capacité des écoles catholiques d'embaucher plus de personnel en raison de « la rémunération moindre versée aux ordres religieux » est abordée dans : CVR, ARN, Bibliothèque et Archives Canada, RG10, volume 8795, dossier 1/25-13, partie 2, H. M. Jones au sous-ministre, 2 janvier 1957. [AEMR-011022]
7. CVR, ARN, Bibliothèque et Archives Canada, RG55, nº d'inst. de recherche 55-22, nº d'acquisition 1980-1981/069, boîte 118, dossier 1105, partie 1, 1964-1972, Taux de rémunération et conditions d'emploi du personnel enseignant, « Authority to Revise Teachers' Salaries », présentation au Conseil du Trésor, 14 mai 1965. [AEMR-150661]
8. CVR, ARN, Église anglicane du Canada, Archives du Synode général, GS 75-103, série 2-15, boîte 24, « Visit to Sioux Lookout Anglican Indian Residential School, 11th and 12th September 1955, Major G. R. Turner ». [PLK-000960]
9. CVR, ARN, aucun emplacement de document, aucun dossier source de document, Commission to Study Indian Work, Église Unie du Canada, 1958, p. 28-29. [UCB-005240]
10. CVR, ARN, Archives du diocèse anglican de Cariboo, section 205, Pensionnat indien St. George, carte D.C. 2C11, école de Lytton-St.-George, nº 88.44, « All Saints Indian Residential School Staff Manual 2nd Revision, 1967 », A. W. Harding, directeur adjoint, p. 26-27. [AEMR-177341]
11. CVR, ARN, Bibliothèque et Archives Canada, R776-0-5 (RG55), volume 22001, AINC 1970, partie 1, C.T. nº 664524, procès-verbal du Conseil du Trésor, « Acceptance of Transfer of Administration and Control of Land », 6 janvier 1967. [120.11069]
12. CVR, ARN, Archives du diocèse anglican de Cariboo, section 205, Pensionnat indien St. George, carte D.C. 2C11, école de Lytton-St.-George, nº 88.44, « All Saints Indian Residential School Staff Manual 2nd Revision, 1967 », A. W. Harding, directeur adjoint, p. 16-19. [AEMR-177341]
13. CVR, ARN, AINC - Bureau principal des documents - Ottawa, 963/16-1, volume 3, Rapports de vérification - Pensionnat de Kamloops, 1960-1970, AC-CR, M. J. Horrocks à J. B. Currier, 28 avril 1967, déclaration nº 3, Pensionnat indien de Kamloops, Kamloops, C.-B., Salaires, logement et nourriture pour l'année se terminant le 31 décembre 1966, page 10 d'un fichier de 15 pages en format PDF. [KAM-004130] Au sujet de l'effectif scolaire, voir : CVR, ARN,

Bibliothèque et Archives Canada - Ottawa, PARC 963/1-13, 11/51-1974, volume 2, AC : « Kamloops Budget 1967, Authorized 1966 ». [KAM-001082]

14. Au sujet de l'effectif du pensionnat de Sechelt, voir : CVR, ARN, AINC - Secteur de la résolution - Collection des dossiers historiques des pensionnats indiens - Ottawa, 955/23-6, volume 1, 1953-1968, CRPA [67-1], Rapport mensuel de la direction, Pensionnat de Sechelt, novembre 1966. [SLT-002516] Au sujet du personnel du pensionnat de Sechelt, voir : CVR, ARN, AINC - Bureau des documents, région de la C.-B. - Vancouver, 955/16-2, volume 1, 09/1935-04/1967, CR-BC, R. G. S. Yates à J. B. Currier, 29 mars 1967. [SLT-009725-0001] Au sujet de l'effectif du pensionnat de Cardston, voir : CVR, ARN, AINC - Secteur de la résolution - Collection des dossiers historiques des pensionnats indiens - Ottawa, 773/23-16-755, 09/66-02/68, volume 1, CRPA, « Principal's Monthly Report, St. Paul's Residential School », janvier 1967. [PUL-002356] Au sujet du personnel du pensionnat de Cardston, voir : CVR, ARN, AINC - Bureau principal des documents - Ottawa, 773/16-2-004, 1935-1967, volume 1, CR-AC, G. H. Cheney au délégué en chef du Trésor, ministère des Affaires indiennes et du Nord canadien, 4 mai 1967, déclaration n° 3, pensionnat anglican St. Paul, Cardston (Alberta), Salaires, logement et nourriture pour l'année se terminant le 31 décembre 1966, page 10 d'un fichier de 18 pages en format PDF. [PUL-002640]
15. CVR, ARN, Bibliothèque et Archives Canada, 985/2, partie 1, District de Stuart Lake, C.-B., dossier scolaire, 03/1937-09/1971, n° d'inst. de recherche 22-2, volume permanent 1209, Archives nationales du Canada - Ottawa, Robert Howe à R. A. Hoey, 18 mars 1942. [LEJ-015079]
16. CVR, ARN, Bibliothèque et Archives Canada, boîte 5604, 08, A6, Fol., Église d'Angleterre du Canada, 2 mai 1946. [AEMR-177258]
17. CVR, ARN, Bibliothèque et Archives Canada, RG10, volume 6040, dossier 160-2, partie 4, R. F. Davey à H. G. Cook, 31 octobre 1952. [AEMR-014535]
18. Canada, *Rapport annuel du ministère des Affaires indiennes, 1954*, p. 59.
19. CVR, ARN, Bibliothèque et Archives Canada, RG10, volume 8843, dossier 709/16-2-001, partie 1, C. H. Birdsall à Dr Dorey, 2 juin 1948. [EDM-000371]
20. CVR, ARN, aucun emplacement de document, aucun numéro de dossier de document, « Minutes of the Indian School Committee of the Edmonton Presbytery of the United Church Held at St. Stephen's College, December 18, 1961, at 8 P.M ». [UCA-080553]
21. Archives de l'Église anglicane du Canada, MSSC-GS 103, boîte 24, dossier 1, « Superintendent's Visit to Prince Albert Indian School, June 16-18, 1954 ».
22. CVR, ARN, aucun emplacement de document, aucun dossier source de document, Commission to Study Indian Work, Église Unie du Canada, 1958, p. 14-15. [UCB-005240]
23. CVR, ARN, Église anglicane du Canada, Archives du Synode général, GS 75-103, série 2-15, boîte 21, Rapport trimestriel du surintendant, Administration des écoles indiennes, au Comité exécutif, SMEC, 15 février 1949. [GDC-007261]
24. CVR, ARN, Bibliothèque et Archives Canada, RG55, n° d'inst. de recherche 55-22, n° d'acquisition 1980-1981/069, boîte 118, dossier 1105, partie 1, 1964-1972, Taux de rémunération et conditions d'emploi du personnel enseignant, « Authority to Revise Teachers' Salaries », présentation au Conseil du Trésor, 14 mai 1965. [AEMR-150661]
25. CVR, ARN, Église anglicane du Canada, Archives du Synode général, GS 75-103, série 2-15, boîte 24, « Superintendent's Visit to Sioux Lookout Indian School », 31 octobre 1956. [PLK-000818]

26. CVR, ARN, Église anglicane du Canada, Archives du Synode général, ACC-MSCC-GS 75-103, série 2.15, boîte 22, dossier 3, « Report of the Superintendent, Indian School Administration to the M.S.C.C. Executive, Toronto, February 12th, 1957 ». [AAC-090809] Au sujet des initiales de Godwin, voir : CVR, ARN, Fonds du diocèse anglican d'Athabasca, Archives provinciales de l'Alberta, dossier A320/413, Godwin, Rév. A. E. W. - [Pensionnat indien de Wabasca], [Correspondance officielle de l'évêque Sovereign] 1950-1956, n° d'acquisition PR1970.0387/1482, boîte 36, évêque à A. E. W. Godwin, 22 juin 1956. [JON-800492]
27. CVR, ARN, Église Unie du Canada/Archives de l'Université Victoria, n° d'acquisition [illisible].050C, boîte 112, dossier 1[illisible], Pensionnat d'Edmonton - Correspondance 1958-1960/documents de l'Église Unie du Canada, Toronto, « Minutes of Meeting of Indian School Committee of Edmonton Presbytery Held at St. Stephen's College Board Room », 3 décembre 1958. [UCA-080191]
28. CVR, ARN, aucun emplacement de document, aucun numéro de dossier de document, « Minutes of Meeting of the Indian School Committee of Edmonton Presbytery Held at the School at 8 p.m., Friday, March 11th, 1960 ». [UCB-005314]
29. CVR, ARN, Église Unie du Canada/Archives de l'Université Victoria, n° d'acquisition [illisible].050C, boîte 112, dossier [illisible], Pensionnat d'Edmonton - Correspondance 1958-60/documents de l'Église Unie du Canada, Toronto, « Minutes of Meeting of Indian School Committee of Edmonton Presbytery Held at St. Stephen's College at 2:30 p.m., May 11th, 1960 ». [UCA-080205]
30. Elliott, *Briefcase Boys*; CVR, DAV, Mark DeWolf, déclaration devant la Commission de vérité et réconciliation du Canada, Halifax (Nouvelle-Écosse), 22 et 27 février 2011, numéro de déclaration : 2011-0217.
31. CVR, DAV, Lorraine Arbez, déclaration devant la Commission de vérité et réconciliation du Canada, Winnipeg (Manitoba), 18 juin 2010, numéro de déclaration : 02-MB-18JU10-007.
32. CVR, DAV, Anonyme, déclaration devant la Commission de vérité et réconciliation du Canada, numéro de déclaration : 2011-1506.
33. CVR, DAV, Noreen Fischbuch, déclaration devant la Commission de vérité et réconciliation du Canada, Beaver Mines (Alberta), 3 août 2011, numéro de déclaration : 2011-1692.
34. CVR, DAV, Anonyme, déclaration devant la Commission de vérité et réconciliation du Canada, numéro de déclaration : 2011-0259.
35. CVR, DAV, Anonyme, déclaration devant la Commission de vérité et réconciliation du Canada, numéro de déclaration : 2011-1649.
36. CVR, DAV, Eleanor Jackson, déclaration devant la Commission de vérité et réconciliation du Canada, Vancouver (Colombie-Britannique), 2 décembre 2011, numéro de déclaration : 2011-0054.
37. CVR, DAV, George Takashima, déclaration devant la Commission de vérité et réconciliation du Canada, Lethbridge (Alberta), 3 août 2011, numéro de déclaration : 2011-1700.
38. CVR, DAV, Mary Hamilton, déclaration devant la Commission de vérité et réconciliation du Canada, Yarmouth (Nouvelle-Écosse), 26 février 2011, numéro de déclaration : 2011-0219.
39. CVR, DAV, Anonyme, déclaration devant la Commission de vérité et réconciliation du Canada, numéro de déclaration : 2011-2033.
40. CVR, DAV, Anonyme, déclaration devant la Commission de vérité et réconciliation du Canada, numéro de déclaration : 2011-0254.

41. CVR, DAV, Noreen Fischbuch, déclaration devant la Commission de vérité et réconciliation du Canada, Beaver Mines (Alberta), 3 août 2011, numéro de déclaration : 2011-1692; CVR, DAV, Bernice Logan, déclaration devant la Commission de vérité et réconciliation du Canada, Tangier (Nouvelle-Écosse), 24 février 2011, numéro de déclaration : 2011-0227.
42. CVR, DAV, Gladys Ellis, déclaration devant la Commission de vérité et réconciliation du Canada, Campbell River (Colombie-Britannique), 30 septembre 2011, numéro de déclaration : 2011-1520; CVR, DAV, George McMillan, déclaration devant la Commission de vérité et réconciliation du Canada, Kenora (Ontario), 9 juillet 2011, numéro de déclaration : 2011-2035.
43. CVR, ARN, Archives du diocèse anglican de Cariboo, section 205, Pensionnat indien St. George, carte D.C. 2C11, école de Lytton-St.-George, n° 88.44, « All Saints Indian Residential School Staff Manual 2nd Revision, 1967 », A. W. Harding, directeur adjoint, p. 26-27. [AEMR-177341]
44. CVR, DAV, James Fiori, déclaration devant la Commission de vérité et réconciliation du Canada, Vancouver (Colombie-Britannique), 19 mai 2010, numéro de déclaration : S-BC-01-007.
45. CVR, DAV, Lawrence Brennan, déclaration devant la Commission de vérité et réconciliation du Canada, Pickering (Ontario), 30 mai 2011, numéro de déclaration : 2011-1641.
46. Shanahan, *Jesuit Residential School*, p. 210.
47. Archives des jésuites du Haut-Canada, Correspondance, 1855-1958, Maurice au Père provincial, 14 juillet 1955, cité dans Shanahan, *Jesuit Residential School*, p. 215.
48. CVR, ARN, Archives des jésuites du Haut-Canada, Collège Regis, Toronto (Ontario), Archives des pères jésuites du Haut-Canada, Raymond Oliver au Père provincial, 31 juillet 1946. [AGA-000341]
49. CVR, DAV, Isobel Lee, déclaration devant la Commission de vérité et réconciliation du Canada, Winnipeg (Manitoba), 26 novembre 2011, numéro de déclaration : 2011-0060.
50. CVR, ARN, Bibliothèque et Archives Canada, RG29, volume 2989, dossier 851-6-4, partie 2, « Norway House Indian Residential School operated by the United Church of Canada », 4 février 1960. [120.16249]
51. CVR, ARN, aucun emplacement de document, aucun emplacement de dossier, H. à L. A. Dixon, 29 octobre 1952. [CGY-081872]
52. CVR, DAV, Mark DeWolf, déclaration devant la Commission de vérité et réconciliation du Canada, Halifax (Nouvelle-Écosse), 22 et 27 février 2011, numéro de déclaration : 2011-0217; Elliott, *Briefcase Boys*, p. 65, 77.
53. CVR, DAV, Bernice Logan, déclaration devant la Commission de vérité et réconciliation du Canada, Tangier (Nouvelle-Écosse), 24 février 2011, numéro de déclaration : 2011-0227.
54. CVR, DAV, Anonyme, déclaration devant la Commission de vérité et réconciliation du Canada, numéro de déclaration : 2011-0221.
55. CVR, DAV, Anonyme, déclaration devant la Commission de vérité et réconciliation du Canada, numéro de déclaration : 2011-0259.
56. CVR, DAV, Anonyme, déclaration devant la Commission de vérité et réconciliation du Canada, numéro de déclaration : 2011-0043.
57. CVR, DAV, Lawrence Brennan, déclaration devant la Commission de vérité et réconciliation du Canada, Pickering (Ontario), 30 mai 2011, numéro de déclaration : 2011-1641.

58. CVR, DAV, Theresa Reid, déclaration devant la Commission de vérité et réconciliation du Canada, Powell River (Colombie-Britannique), 28 septembre 2011, numéro de déclaration : 2011-0263.
59. CVR, DAV, George Takashima, déclaration devant la Commission de vérité et réconciliation du Canada, Lethbridge (Alberta), 3 août 2011, numéro de déclaration : 2011-1700.
60. CVR, DAV, Olive Saunders, déclaration devant la Commission de vérité et réconciliation du Canada, Thunder Bay (Ontario), 7 et 8 mars 2011, numéro de déclaration : 2011-0042.
61. CVR, DAV, Danny Saunders, déclaration devant la Commission de vérité et réconciliation du Canada, Thunder Bay (Ontario), 7 et 8 mars 2011, numéro de déclaration : 2011-0041.
62. Archives de l'Église anglicane du Canada, MSSC-GS 103, boîte 24, dossier 1-5, « Superintendent's Visit to Moose Factory School, (Bishop Horden), September 8-15th, 1954 ».
63. CVR, ARN, AINC - Secteur de la résolution - Collection des dossiers historiques des pensionnats indiens - Ottawa, dossiers GRS, boîte 4A, dossier 27, W. J. D. Kerley aux directeurs, pensionnats, Agence indienne de Touchwood, 28 novembre 1955. [RCS-000147]
64. CVR, ARN, Église anglicane du Canada, Archives du Synode général, ACC-MSCC-GS 75-103, série 2:15, boîte 24, dossier 1, « Superintendent's Visit to St. Paul's School, Cardston, January 14th to 16th, 1954 ». [AAC-090555] Au sujet du prénom d'Ellcome, voir : CVR, ARN, Bibliothèque et Archives Canada - Ottawa, 773/6-2-004, partie 1, 1956-1958, ANC, « Information Re: Quarters for Teachers (Form QT) ». École St. Paul, Agence des Gens-du-Sang, 1956, page 6 d'un fichier de 6 pages en format PDF. [PUL-006469]
65. CVR, DAE, Église anglicane du Canada, Archives du Synode général, MSSC-GS 75-103, boîte 24, fichier 1, « Superintendent's Visit to St. Philip's School, Fort George, PQ, September 9-12, 1954 ». [13a-c000033-d0012-001]
66. CVR, ARN, Église anglicane du Canada, Archives du Synode général, GS 75-103, série 2:15, boîte 24, dossier 1, Rapports de visite du surintendant 02/54-12/54, p. 004126-004227, « Superintendent's Visit to Chooutla School, Carcross, Y.T., December 3th-6th, 1954 ». [DYK-201620]
67. CVR, ARN, Bibliothèque et Archives Canada - Burnaby, dossier 801/6-1-940, volume 2, bâtiment scolaire, pensionnat de Carcross, 1952-1956, n° d'inst. de recherche 10-151, n° d'acquisition V198990/101, boîte 10, R. J. Meek à W. S. Arneil, 8 octobre 1954. [CAR-013738]
68. CVR, DAE, Église anglicane du Canada, Archives du Synode général, MSSC-GS 75-103, boîte 24, dossier 1, « Superintendent's Visit to St. Philip's School, Fort George, PQ, September 9-12, 1954 ». [13a-c000033-d0012-001]
69. CVR, DAV, Anonyme, déclaration devant la Commission de vérité et réconciliation du Canada, numéro de déclaration : 2011-005;
70. CVR, DAV, Larry McMahon, déclaration devant la Commission de vérité et réconciliation du Canada, Winnipeg (Manitoba), 16 juin 2010, numéro de déclaration : 02-MB-16JU10-149.
71. CVR, DAV, John Tritschler, déclaration devant la Commission de vérité et réconciliation du Canada, Deroche (Colombie-Britannique), 19 janvier 2010, numéro de déclaration : 2011-5060.
72. CVR, DAV, Anonyme, déclaration devant la Commission de vérité et réconciliation du Canada, numéro de déclaration : S-BC-01-004.
73. CVR, DAV, Merle Nisly, déclaration devant la Commission de vérité et réconciliation du Canada, Thunder Bay (Ontario), 14 décembre 2011, numéro de déclaration : 2011-4199.

74. CVR, ARN, Archives de l'Église presbytérienne du Canada, Toronto (Ontario), dossier Tyler Bjornson, « Presbyterian Research », « Cecilia Jeffrey Presbyterian Indian Residential School Staff Handbook », p. 9. [IRC-041206]
75. CVR, ARN, Archives de l'Église presbytérienne du Canada, Toronto (Ontario), Tyler Bjornson File, « Presbyterian Research », « Presbyterian Indian Residential School Staff Handbook », p. 5. [IRC-041206]
76. CVR, ARN, Bibliothèque et Archives Canada, RG10, volume 8610, dossier 654/1-13, partie 1, J. T. Warden à R. F. Davey, 3 novembre 1953. [GDC-020142]
77. CVR, ARN, Bibliothèque et Archives Canada, RG10, volume 8274, dossier 494/6-1-014, partie 3, Henry Cook à R. F. Davey, 12 avril 1954. [PLK-000353]
78. CVR, ARN, Église anglicane du Canada, Archives du Synode général, ACC-MSCC-GS 75-103, série 2:15, boîte 24, dossier 1, « Superintendent's Visit to St. Paul's School, Cardston, January 14th to 16th, 1954 ». [AAC-090555]
79. CVR, ARN, Bibliothèque et Archives Canada, RG10, volume 8796, dossier 1/25-13, partie 7, Bernard Lee à R. F. Davey, 28 avril 1960. [NCA-018648-0002]
80. CVR, ARN, Bibliothèque et Archives Canada, RG29, volume 2989, dossier 851-6-4, partie 2, « Norway House Indian Residential School operated by the United Church of Canada », 4 février 1960. [NPC-620114]
81. CVR, DAV, Anonyme, déclaration devant la Commission de vérité et réconciliation du Canada, numéro de déclaration : 2011-3475.
82. CVR, DAV, Elizabeth Pearson, déclaration devant la Commission de vérité et réconciliation du Canada, Richmond (Colombie-Britannique), 16 mai 2011, numéro de déclaration : 2011-1648.
83. CVR, DAV, Anonyme, déclaration devant la Commission de vérité et réconciliation du Canada, numéro de déclaration : S-BC-01-004.
84. CVR, DAE, Église anglicane du Canada, Archives du Synode général, ACC-MSCC-GS 75-103, numéro de sous-série 2:15, boîte 24, dossier 5, « Superintendent's Visit with Principal Dalton in Vancouver, October 8, 1960 ». [13a-c000037-d0016-002]
85. CVR, DAV, Anonyme, déclaration devant la Commission de vérité et réconciliation du Canada, numéro de déclaration : 2011-1645.
86. CVR, ARN, Archives confidentielles du gouvernement des Territoires du Nord-Ouest, Foyers, 1971-1974, boîte 8-24, n° d'acquisition G1995-004, « Ukkivik Residence, Frobisher Bay, Northwest Territories: A Report and Recommendations », 24 décembre 1973, p. 11, 12. [FBS-000431]
87. CVR, ARN, Bibliothèque et Archives Canada, RG10, volume 6255, dossier 576-1, partie 4, R. S. Davis aux Affaires indiennes, 24 mars 1949. [BRS-000551]
88. CVR, ARN, Archives de l'Église presbytérienne du Canada, Toronto (Ontario), n° d'acquisition 1988-7004, boîte 13, dossier 1, N. Rusaw à Freida Matthews, 6 février 1956. [BIR-000492]
89. CVR, ARN, Bibliothèque et Archives Canada, RG10, volume 6251, dossier 575-1, partie 3, « Extract from letter dated January 26, 1943, received from Miss J. Florence Lang, Indians Secretary, Women's Missionary Society, Presbyterian Church in Canada », 26 janvier 1943. [BIR-000283]
90. CVR, ARN, Bibliothèque et Archives Canada, RG10, volume 6281, dossier 604-1, partie 2, « Report on Pelly Indian Agency for the Month of September, 1944 ». [CTS-000347]

91. CVR, ARN, Bibliothèque et Archives Canada, RG10, volume 6309, dossier 654-1, partie 3, Kyle, Ferguson et Hnatyshyn au ministère des Affaires indiennes du Dominion, 17 septembre 1946. [GDC-017634-0002]
92. CVR, ARN, Église anglicane du Canada, Archives du Synode général, ACC-MSCC-GS 75-103, série 2:15, boîte 24, dossier 1, « Superintendent's Visit to Sioux Lookout School, December 17, 1954 ». [AAC-090539] Au sujet du prénom de Salmon, voir : CVR, ARN, Archives Deschâtelets, oblats de Marie Immaculée, Ottawa, dossier sur les écoles HR 6553. C73R. [BVL-000053]
93. CVR, ARN, Archives de l'Église presbytérienne du Canada, Toronto (Ontario), n° d'acquisition 1988-7004, boîte 14, dossier 9, T. C. Ross à Frieda Matthews, 13 février 1950. [NCA-009100]
94. CVR, DAE, Église anglicane du Canada, Archives du Synode général, MSSC-GS 75-103, boîte 24, dossier 2 (1955-1956), « Superintendent's Visit to St. John's Residential School, Wabasca (Alberta), 26th August, 1956 ». [13a-c000034-d0002-022]
95. CVR, ARN, Église anglicane du Canada, Archives du Synode général, ACC-MSCC-GS 75-103, série 2:15, boîte 24, dossier 1, « Superintendent's Conversations with Principal DeWolf in Calgary re St. Paul's School, Cardston - November 30, 1954 ». [AAC-090542]
96. CVR, ARN, Bibliothèque et Archives Canada - Ottawa, RG10, volume 6443, dossier 881-1, partie 2, déclaration d'Alex R. Simpson, 1er mars 1941; [LEJ-000800] Robert Howe à D. M. Mackay, 3 mars 1941. [LEJ-000799]
97. CVR, ARN, Bibliothèque et Archives Canada - Ottawa, RG10, volume 6443, dossier 881-1, partie 2, Philip Phelan à A. R. Simpson, 13 mars 1941. [LEJ-000805]
98. CVR, ARN, Bibliothèque et Archives Canada - Ottawa, RG10, volume 6443, dossier 881-1, partie 2 R. A. Hoey à J. Sherwin, 2 décembre 1940. [LEJ-000797]
99. Église anglicane du Canada, Archives du Synode général, MSSC-GS 103, boîte 24, dossier 1, « Superintendent's Visit to Moose Factory School, (Bishop Horden), September 8-15th, 1954 ».
100. CVR, DAE, Église anglicane du Canada, Archives du Synode général, MSSC-GS 75-103, « Superintendent's Visit to Moose Fort Indian School - June 19th-23rd, 1959 ». [13a-c000036-d0021-001]
101. CVR, ARN, Bibliothèque et Archives Canada, RG85, volume permanent 310, dossier 1010-7, partie 1A, Corporation épiscopale catholique romaine du district de Mackenzie - Correspondance générale, 1921-1952, n° d'inst. de recherche 85-1, V. Phillippe à R. A. Gibson, 18 janvier 1945. [RCN-004689]
102. CVR, ARN, aucun emplacement de document, aucun dossier source de document, sœur Mary Mark au révérend père Scannell, 14 novembre 1940. [OMS-000595]
103. CVR, ARN, aucun emplacement de document, aucun dossier source de document, Tetrault à Henri Routhier, 9 octobre 1956. [GMA-001993] Au sujet des initiales de Tetrault, voir : CVR, ARN, Archives provinciales - Alberta, PAA 71.220 B161 2435, « Residential Education for Indian Acculturation, Indian and Eskimo Welfare Commission, Oblate Fathers in Canada, Ottawa, 1958 », p. 12. [OGP-023476]
104. CVR, ARN, Maison des O.M.I. - Vancouver, boîte 39, Fort St. John - Développement familial Kakawis, dossier 20, Correspondance de Kakawis, 1942-1979, instrument de recherche de la série Un Plus, communauté locale C.-B./Yukon, province O.M.I. Lacombe Canada [autrefois province St. Paul], Mary Gemma à M. Kearney, 3 février 1958. [CST-800117] Au sujet des sœurs bénédictines de Mount Angel, voir : The Benedictine Sisters of Mount Angel, « About

Us, A Brief History of the Benedictine Sisters of Mt. Angel », http://www.benedictine-srs.org/history.html (consulté le 12 juin 2014).

105. CVR, ARN, aucun emplacement de document, aucun dossier source de document, L. K. Poupore à M. Kearney, 22 avril 1958. [CIS-000039]
106. CVR, ARN, aucun emplacement de document, aucun dossier source de document, Mary Gemma à James M. Hill, 2 mai 1958. [BVT-001684]
107. CVR, ARN, « Hollywood Nuns Joint Front Line in B.C.'s Toughest Missions », *Indian Record*, juin 1960, p. 6. [BVT-001818]
108. CVR, DAV, Tom Cavanaugh, déclaration devant la Commission de vérité et réconciliation du Canada, Vancouver (Colombie-Britannique), 19 mai 2010, numéro de déclaration : S-BC-01-005.
109. CVR, ARN, Bibliothèque et Archives Canada, Edmonton, dossier 773(103)/6-2, volume 1, 07/1956-04/1969, R. F. Davey à R. F. Battle, 28 novembre 1957. [AEMR-200969] Au sujet des initiales de Lafrance, voir : CVR, ARN, Bibliothèque et Archives Canada - Edmonton, dossier 773(103)/6-2, volume 1, 07/1956-04/1969, M. Lafrance à R. F. Battle, 21 novembre 1957. [120.05902C]
110. CVR, ARN, Bibliothèque et Archives Canada, Edmonton, dossier 773(103)/6-2, volume 1, 07/1956-04/1969, R. F. Battle à la Division des affaires indiennes, 20 novembre 1957. [AEMR-200957]
111. CVR, ARN, Église anglicane du Canada, Archives du Synode général, ACC-MSCC-GS 75-103, série 2:15, boîte 24, dossier 2, « Report of Superintendent re his stay at St. Cyprian's School, July 22nd to July 28th, 1955 ». [AAC-090560] Au sujet des initiales de Waller, voir : CVR, ARN, Bibliothèque et Archives Canada - Edmonton, ANC, 116/23-5, 05/50-05/61, Edmonton, « Department of Mines and Resources, Indian Affairs Branch, Inspector's Report, St. Cyprian's Residential Indian School », 12 mai 1952, Leslie G. P. Waller. [SAC-001110-0003]
112. CVR, ARN, AINC - Secteur de la résolution - Collection des dossiers historiques des pensionnats indiens - Ottawa, 116/6-1-763, 01/54-03/57, volume 2, CRPA, H. N. Woodsworth à R. F. Battle, 1er août 1955. [CYP-000132]
113. CVR, ARN, AINC - Bureau principal des documents - Ottawa, 777/6-2-009, 1950-1966, volume 1, CR-AC, R.F. Battle à la Division des affaires indiennes, 1er avril 1959. [MOR-000768-0001]
114. CVR, ARN, Bibliothèque et Archives Canada, 774[112]/6-2, volume 1, 07/56-03/64 ANC, R. F. Battle aux Affaires indiennes, 22 juillet 1959. [MOR-000732]
115. CVR, ARN, Bibliothèque et Archives Canada, 774[112]/6-2, volume 1, 07/56-03/64, ANC, J. A. Coady à R. F. Davey, 6 janvier 1960. [ERM-002960-0001]
116. Archives de l'Église anglicane du Canada, MSSC-GS 103, boîte 24, dossier 2, « Superintendent's Visit to Wabasca, March 26, 1955 ».
117. CVR, ARN, Église anglicane du Canada, Archives du Synode général, GS 75-103, série 2-15, boîte 24, « Superintendent's Visit to Sioux Lookout School, July 1955 ». [PLK-000959]
118. CVR, ARN, AINC - Secteur de la résolution - Collection des dossiers historiques des pensionnats indiens - Ottawa, dossiers GRS, boîte 3A, dossier 27, directeur, Pensionnat indien de Gordon, à M. Buckle, 14 mai 1957. [GDC-005459]
119. CVR, ARN, Bibliothèque et Archives Canada, RG10, volume 8796, dossier 1/25-13, partie 7, Bernard Lee à R. F. Davey, 28 avril 1960. [NCA-018648-0002]
120. CVR, ARN, Bibliothèque et Archives Canada, RG10, volume 9148, dossier 309-11 ACE, F. E. Spriggs, 1er décembre 1943. [PAR-000891]

121. CVR, ARN, Bibliothèque et Archives Canada, RG10, volume 8451, dossier 655/23-5, B. F. Neary à J. P. B. Ostrander, 16 décembre 1948. [PLD-008756]
122. CVR, ARN, Bibliothèque et Archives Canada, RG10, volume 8757, dossier 674/25-1-001, « Indian School Loss in Blaze Seen $6,000 », *Prince Albert Herald*, 24 janvier 1949. [PAR-001147]
123. Le document source n'indique pas clairement si l'incendie a eu lieu à la fin de 1952 ou au début de 1953. CVR, ARN, Bibliothèque et Archives Canada, RG10, volume 8273, dossier 493/6-1-001, partie 2, Affaires indiennes à Geo. V. Harman, 23 janvier 1953. [SWK-001227]
124. CVR, ARN, Archives du diocèse anglican de Cariboo, section 205, Pensionnat indien St. George, carte D.C. 2C11, école de Lytton-St.-George, n° 88.44, « All Saints Indian Residential School Staff Manual 2nd Revision, 1967 », A. W. Harding, directeur adjoint, p. 20. [AEMR-177341]
125. CVR, DAV, Elizabeth Pearson, déclaration devant la Commission de vérité et réconciliation du Canada, Richmond (Colombie-Britannique), 16 mai 2011, numéro de déclaration : 2011-1648.
126. CVR, DAV, Trudy Parker, déclaration devant la Commission de vérité et réconciliation du Canada, Digby (Nouvelle-Écosse), 26 février 2011, numéro de déclaration : 2011-0234.
127. CVR, ARN, Église presbytérienne du Canada, Répertoire des pensionnats, 2009, 1988-7004-13-1, N. Rusaw à Frieda Matthews, 7 décembre 1956. [BIR-002866]
128. CVR, ARN, Église anglicane du Canada, Archives du Synode général, ACC-MSCC-GS 75-103, série 2.15, boîte 20 A 3.1, fiche de l'employé d'Eva Lilley, sans date. [AAC-082466]
129. CVR, ARN, Église anglicane du Canada, Archives du Synode général, ACC-MSCC-GS 75-103, série 2.15, boîte 20 A 3.1, fiche de l'employé de Berit Klaveness Rasmussen, sans date. [AAC-082103]
130. CVR, ARN, Église anglicane du Canada, Archives du Synode général, ACC-MSCC-GS 75-103, série 2.15, boîte 20 A 3.1, fiche de l'employé de Lilian Page, sans date. [AAC-082088]
131. Au sujet du pensionnat de Gleichen, voir : CVR, ARN, Église anglicane du Canada, Archives du Synode général, ACC-MSCC-GS 75-103, série 2.1.5, boîte 25-A-2, document sans titre, listes de personnel. [AAC-083517] Au sujet du pensionnat de Gordon, voir : CVR, ARN, AINC – Secteur de la résolution – Collection des dossiers historiques des pensionnats indiens – Ottawa, dossiers GRS, boîte 3A, dossier 23, « The Indian School Administration MSCC, Principal's Annual Report for the Year Ending 30 June 1954 », pensionnat de Gordon. [GDC-026827] Au sujet du pensionnat de Birtle, voir : CVR, ARN, Église presbytérienne du Canada, Répertoire des pensionnats, 2009, 1988-7004-13-1, N. Rusaw à Frieda Matthews, 7 décembre 1956. [BIR-002866]
132. CVR, ARN, Église anglicane du Canada, Archives du Synode général, ACC-MSCC-GS 75-103, série 2.15, boîte 20A, dossier 3.1, fiche de l'employé d'Enid Jubb, sans date; [ANG-083059] CVR, ARN, Église anglicane du Canada, Archives du Synode général, ACC-MSCC-GS 75-103, série 2.15, boîte 24, dossier 4 « Superintendent's Visit to Blood School. March 27-28, 1955 ». [ANG-090565]
133. CVR, ARN, Église anglicane du Canada, Archives du Synode général GS 75-103, série 2-15, boîte 30, dossier 3, « Newsletter December 1967 », p. 17. [ACC-001851]
134. CVR, ARN, Administration centrale 959/1-13, 05/51-05/77, volume 1, AC, Phyllis Ursel à E. Fairclough, 18 février 1960. [MIK-001000-0001]

135. CVR, ARN, Bibliothèque et Archives Canada - Ottawa, RG10, volume 8803, dossier 959/25-13, partie 2, Henry Cook à Frank Howard, 29 mars 1960. [MIK-002122]
136. CVR, ARN, Église anglicane du Canada, Archives du Synode général, GS 75-103, série 2-15, boîte 20-A-2, Listes du personnel du pensionnat St. Michael's, Alert Bay, de juin 1952 à septembre 1959. [GDC-070001]
137. CVR, ARN, Bibliothèque et Archives Canada - Ottawa RG10, volume 8803, dossier 959/25-13, partie 2, Henry Cook à Frank Howard, 29 mars 1960. [MIK-002122]
138. CVR, DAE, Église anglicane du Canada, Archives du Synode général, ACC-MSCC-GS 75-103, série 2:15, boîte 24, dossier 5, « Superintendent's Visit with Principal Dalton in Vancouver, October 8, 1960 ». [13a-c000037-d0016-002]
139. CVR, DAE, Église anglicane du Canada, Archives du Synode général, MSCC-GS 75-103, boîte 23, dossier 5, série 2:15, « Report of Visit of Acting Superintendent to St. Alban's Residential School, Prince Albert, January 19-20, 1948 ». [13a-c000027-d0038-001]
140. CVR, ARN, Administration centrale, 959/1-13, 05/51-05/77, volume 1, AC, J. B. Dennys à R. F. Davey, 3 mars 1960. [MIK-000996]
141. CVR, DAE, Église anglicane du Canada, Archives du Synode général, MSCC-GS 75-103, série 2:15, boîte 23, dossier 6, « Visit of Major General G. R. Turner to All Saints & St. Alban's Schools, Prince Albert, Saskatchewan », 10 janvier 1949. [13a-c000028-d0037-001]
142. CVR, DAE, Église anglicane du Canada, Archives du Synode général, MSSC-GS 103, série 2:15, boîte 24, dossier 1, « Visit of Superintendent to the Shingwauk School, Sault Ste Marie, May 24-26, 1955 ». [13a-c000033-d0029-001]
143. CVR, DAE, Église anglicane du Canada, Archives du Synode général, MSSC-GS-103, série 2:15, boîte 24, dossier 1, « Visit to Shingwauk by Major General G. R. Turner, 16th-18th May, 1954 ». [13a-c000033-d0022-001] Au sujet du prénom de Phillips, voir : CVR, ARN, Église anglicane du Canada, Archives du Synode général, ACC-MSCC-GS 75-103, série 2:15, boîte 29, dossier 8, H. G. C. à Roy Phillips, 26 mai 1954. [AAC-084442]
144. Au sujet d'A. L. Davis, directeur en 1950, voir : CVR, ARN, Bibliothèque et Archives Canada, RG29, volume 3388, dossier 804-1-7, partie 1, E. L. Stone au directeur, Services de santé aux Indiens, 19 juin 1950. [120.14972] Au sujet d'A. E. W. Godwin, directeur en 1950, voir : CVR, ARN, Fonds du diocèse anglican d'Athabasca, Archives provinciales de l'Alberta, dossier A320/576, Commission des [pensionnats] indiens, [Correspondance officielle de l'évêque Sovereign] 1949-1952, n° d'acquisition PR1970.0387/1645, boîte 41, H. G. Cook à l'évêque d'Athabasca, 22 août 1950. [JON-800440] Au sujet du capitaine Babcock, directeur en 1957, voir : CVR, ARN, Église anglicane du Canada, Archives du Synode général, ACC-MSCC-GS 75-103, série 2.15, boîte 22, dossier 3, « Report of the Superintendent, Indian School Administration to the M.S.C.C. Executive, Toronto, February 12th, 1957 ». [AAC-090809] Au sujet de L. G. Comley, directeur en 1957, voir : CVR, ARN, Fonds du diocèse anglican d'Athabasca, Archives provinciales de l'Alberta, dossier A.330/63, Administration des écoles indiennes [Correspondance officielle de l'évêque Pierce], 1955-1961, n° d'acquisition PR1972.0285/46, boîte 68, H. G. Cook à R. J. Pierce, 8 avril 1957. [JON-800549] Au sujet de Dean Thain, directeur par intérim en 1957, voir : CVR, ARN, Église anglicane du Canada, Archives du Synode général, ACC-MSCC-GS 75-103, série 2.15, boîte 22, dossier 3, « Report of the Indian School Administration Superintendent to the M.S.C.C. Executive, November 12th, 1957 ». [AAC-090778] Au sujet d'E. P. Williston, directeur en 1957, voir : CVR, ARN, Église anglicane du Canada, Archives du Synode général, ACC-MSCC-GS 75-103, série 2.15, boîte 22, dossier 3, « Report of the Indian School Administration Superintendent to the

M.S.C.C. Executive, November 12th, 1957 ». [AAC-090778] Au sujet d'Eric Barrington, directeur en 1961, voir : CVR, ARN, Fonds du diocèse anglican d'Athabasca, Archives provinciales de l'Alberta, dossier A.330/250, Wabasca [Correspondance officielle de l'évêque Pierce], 1961-1969, n° d'acquisition PR1972.0285/160, boîte 71, Edward P. Williston à R. J. Pierce, 15 juin 1961. [JON-800692] Au sujet de R. Martin, directeur en 1961, voir : CVR, ARN, Bibliothèque et Archives Canada, 777/16-2-009, 1936-1965, volume 1, ANC, H. Oldring à G. H. Cheney, 22 février 1962. [JON-000676] Au sujet D. Lawson, directeur en 1961, voir : CVR, ARN, Bibliothèque et Archives Canada, 777/16-2-009, 1936-1965, volume 1, ANC, H. Oldring à G. H. Cheney, 22 février 1962. [JON-000676] Au sujet de R. A. Mayling, directeur en 1962, voir : CVR, ARN, Église anglicane du Canada, Archives du Synode général, ACC-MSCC-GS 75-103, Série des procès-verbaux, dossier 3, A. H. Davis et Ivor Brandon au président et aux membres du Comité exécutif de la Société missionnaire de l'Église d'Angleterre du Canada (M.S.C.C), 21 août 1962. [AAC-083395] Au sujet de G. Wilkinson, directeur en 1962, voir : CVR, ARN, Bibliothèque et Archives Canada - Ottawa, RG10, volume 8802, dossier 777/25-13-009, partie 1, R. F. Davey à G. Wilkinson, 15 janvier 1963. [JON-000917] Au sujet de H. A. Reid, directeur en 1964, voir : CVR, ARN, Bibliothèque et Archives Canada - Edmonton, RG10, dossier 701/29-8, volume 1, 01/58-12/66, H. A. Reid à L. C. Hunter, 5 février 1964. [GDC-070684] Au sujet de R. H. Purdy, directeur en 1964, voir : CVR, ARN, Bibliothèque et Archives Canada - Ottawa, RG10, volume 8802, dossier 777/25-13-009, partie 1, Paul Deziel à R. H. Purdy, 15 décembre 1964. [JON-000956] Au sujet de la location du pensionnat de Wabasca à la division scolaire de Northland, voir : CVR, ARN, AINC - Bureau principal des documents - Ottawa, 777/36-4-009, volume 1, 01/34-11/66, CR-AC, J. W. Chalmers à la Division des affaires indiennes, Ottawa, 12 octobre 1966. [JON-003317]

145. CVR, ARN, aucun emplacement de document, aucun emplacement de dossier, H. à L. A. Dixon, 29 octobre 1952. [CGY-081872]
146. CVR, ARN, AINC - Secteur de la résolution - Collection des dossiers historiques des pensionnats indiens - Ottawa, 772/25-1-002, [772/25-0002], 1950-1965, volume 1, CRPA, L. A. Dixon au directeur, Division des affaires indiennes, ministère de la Citoyenneté et de l'Immigration, Ottawa, Ontario, 26 janvier 1955. [OLD-000943]
147. CVR, ARN, Fonds du diocèse anglican d'Athabasca, Archives provinciales de l'Alberta, dossier A320/576, Commission des [pensionnats] indiens, [Correspondance officielle de l'évêque Sovereign] 1949-1952, n° d'acquisition PR1970.0387/1645, boîte 41, H. G. Cook à l'évêque d'Athabasca, 22 août 1950. [JON-800440]
148. CVR, ARN, Bibliothèque et Archives Canada - Ottawa, RG10, volume 8613, dossier 772/1-13-002, partie 1, L. A. Dixon au directeur, Division des affaires indiennes, ministère de la Citoyenneté et de l'Immigration, Ottawa, Ontario, 8 août 1956. [OLD-001542]
149. CVR, ARN, aucun emplacement de document, aucun dossier source de document, « Minutes of the Indian School Committee of the Edmonton Presbytery of the United Church Held at St. Stephen's College, December 18, 1961, at 8 P.M ». [UCA-080553] Don McBride, qui a finalement été embauché, travaillait à l'Hôpital indien Charles Camsell à Edmonton. Voir : CVR, ARN, Église Unie du Canada/Archives de l'Université Victoria, n° d'acquisition 83.050C, boîte 112, dossier 18, Pensionnat d'Edmonton - Correspondance 1961-62/documents de l'Église Unie du Canada, Toronto, Dwight Powell à E. E. M. Joblin, 30 décembre 1961. [UCA-080555]
150. CVR, ARN, Bibliothèque et Archives Canada, RG10, volume 6054, dossier 265-1, partie 2, Philip Phelan à B. F. Neary, 13 février 1947; [SRS-000132] J. T. McNally à R. A. Hoey,

28 juillet 1948. [SRS-000145] Au sujet des initiales de McNally, voir : CVR, ARN, Bibliothèque et Archives Canada, RG10, volume 6054, dossier 265-1, partie 2, R. A. Hoey à J. T. McNally, 22 décembre 1947. [SRS-000136]

151. CVR, ARN, Bibliothèque et Archives Canada, RG10, volume 6054, dossier 265-1, partie 2, J. P. Mackey à Phelan, 28 décembre 1943. [SRS-000124] Au sujet de la nomination initiale de Mackey, voir : CVR, ARN, Bibliothèque et Archives Canada, RG10, volume 6054, dossier 265-1, partie 1, D. C. Scott à J. L. Isley, 1er mars 1929. [SRS-000048]
152. CVR, ARN, Bibliothèque et Archives Canada, RG10, volume 8538, dossier 51/2-32-265, partie 1, H. C. Rice à R. F. Davey, 25 avril 1955. [SRS-001846]
153. CVR, ARN, Église Unie du Canada/Archives de l'Université Victoria, nº d'acquisition 92.164C, boîte 33, dossier 2, dossiers d'employé des directeurs J. F. Woodsworth et O. B. Strapp. [UCA-080521] Bien que certains documents indiquent que Strapp a été directeur jusqu'en 1961, il a quitté ses fonctions à la fin de 1960. Voir : CVR, ARN, Église Unie du Canada, « Rev. O. B. Strapp »; [UCA-080516] Église Unie du Canada, Archives de l'Université Victoria, [illisible], Pensionnat d'Edmonton - albums de Joblin/documents de l'Église Unie du Canada, Toronto. [UCA-080256-0005]
154. CVR, ARN, Église Unie du Canada/Archives de l'Université Victoria, nº d'acquisition 92.164C, boîte 33, dossier 2, dossiers d'employé des directeurs J. F. Woodsworth et O. B. Strapp. [UCA-080521]
155. CVR, ARN, Archives de l'Église Unie, nº d'acquisition 86.158C, boîte 1, dossier 3, note de service au sujet du révérend Earl Stotesbury et du pensionnat d'Edmonton, 5 décembre 1960; [UCC-050079-0006] Cour provinciale de l'Alberta, « Conviction », 28 septembre 1960, Église Unie du Canada - emplacement du document à déterminer, ministère de la Justice de l'Alberta, greffier de la Cour provinciale de l'Alberta. [EDM-003354]
156. CVR, ARN, Église Unie du Canada/Archives de l'Université Victoria, [illisible], Pensionnat d'Edmonton - albums de Joblin/documents de l'Église Unie du Canada, Toronto. [UCA-080256-0005]
157. CVR, ARN, Église Unie du Canada, « Rev. O. B. Strapp ». [UCA-080516]
158. CVR, ARN, aucun emplacement de document, aucun numéro de dossier de document, « Minutes of the Indian School Committee of the Edmonton Presbytery of the United Church Held at St. Stephen's College, December 18, 1961, at 8 P.M ». [UCA-080553] Au sujet du remplacement de Strapp par Caldwell, voir : CVR, ARN, Église Unie du Canada/Archives de l'Université Victoria, nº d'acquisition 8 [illisible].050C, boîte 112, dossier 17, Pensionnat d'Edmonton - Correspondance 1958-60/documents de l'Église Unie du Canada, Toronto, EEM. J à A. E. Caldwell. [UCA-080231]
159. CVR, ARN, Bibliothèque et Archives Canada, RG10, volume 6355, dossier 757-1, partie 2, ANC, George Dorey à Philip Phelan, 17 août 1946. [EDM-010018]
160. CVR, ARN, Bibliothèque et Archives Canada, RG10, volume 8757, dossier 709/25-1-001, partie 2, R. F. Davey à M. C. Macdonald, 7 septembre 1955. [EDM-000200]
161. CVR, ARN, Bibliothèque et Archives Canada, RG10, volume 7194, dossier 511/25-1-015, R. Ragan à R. F. Davey, 14 mars 1957. [BRS-001006] Au sujet du prénom d'Inglis, voir : CVR, ARN, Bibliothèque et Archives Canada, RG10, [8758], nº d'inst. de recherche 10-25, dossier 772/25-1-010, 1949-1961, ANC, R. F. Davey à M. C. Macdonald, 5 août 1955. [EDM-002379] Au sujet du prénom de Ragan, voir : CVR, DASAG, ANC, dossier de l'employé, James Edward DeWolf, cote nº 01-36739, Emil Small Face et autres à Ralph Ragan, août 1952. [AANDC-530938]

162. CVR, ARN, AINC – Secteur de la résolution – Collection des dossiers historiques des pensionnats indiens – Ottawa, dossier 501/23-16-065, volume 1, « Principal's Monthly Report, Brandon Indian Residential School, May 1957 », directeur intérimaire Harry Atkinson. [BRS-002002]
163. Canada, *Rapport annuel du ministère des Affaires indiennes, 1909*, p. 394; Canada, *Rapport annuel du ministère des Affaires indiennes, 1917*, vol. 2, p. 78.
164. CVR, ARN, Bibliothèque et Archives Canada, RG10, volume 6211, dossier 469-1, partie 3, S. Gould à D. C. Scott, 7 août 1929. [SWK-001511]
165. CVR, ARN, Bibliothèque et Archives Canada, RG10, volume 6462, dossier 888-1, V.5., R. A. Hoey à L. A. Dixon, 12 septembre 1941. [GRG-006480]
166. CVR, ARN, Administration centrale, 956/1-13 v.1 [51-67], H. E. L. Fairclough à E. D. Fulton, 13 juin 1958. [GRG-006286-0003]
167. CVR, ARN, AINC – Secteur de la résolution – Collection des dossiers historiques des pensionnats indiens – Ottawa, 956/25-1, 11/50-02/62, volume 1, CRPA-R, C. F. Hives à W. S. Arneil, 18 septembre 1958. [GRG-001396]
168. CVR, ARN, emplacement du document à déterminer, Hance/Aleck/Michell – Église anglicane du Canada et Église anglicane de Cariboo, Liste de documents, auteur inconnu à Winnifrith, 31 octobre 1958. [ANG-063281]
169. CVR, ARN, Archives de l'Église presbytérienne du Canada, Toronto (Ontario), n° d'acquisition 1988-7004, boîte 14, dossier 9, T. C. Ross à Frieda Matthews, 3 mars 1950. [NCA-009101]
170. CVR, ARN, Archives de l'Église presbytérienne du Canada, Toronto (Ontario), n° d'acquisition 1988-7004, boîte 14, dossier 9, T. C. Ross à Frieda Matthews, 13 février 1950; [NCA-009100] Frieda Matthews à T. C. Ross, 21 mars 1950. [CJC-007790]
171. CVR, ARN, Archives de l'Église presbytérienne du Canada, Toronto (Ontario), n° d'acquisition 1988-7004, boîte 14, dossier 9, T. C. Ross à Frieda Matthews, 28 mars 1950. [NCA-009104]
172. CVR, ARN, Église anglicane du Canada, Archives du Synode général, ACC-MSCC-GS 75-103, série 2:15, boîte 24, dossier 1, « Superintendent's Visit to St. Paul's School, Cardston, January 14th to 16th, 1954 ». [AAC-090555]
173. CVR, ARN, aucune source de document, aucun emplacement de dossier de document, H. G. Cook à A. E. W. Godwin, 21 avril 1955. [CGY-081832]
174. CVR, ARN, Église anglicane du Canada, Archives du Synode général, ACC-MSCC-GS 75-103, série 2:15, boîte 24, dossier 2, « Superintendent's Conversation with Principal Crocker re: Old Sun at Lethbridge – September 15, 1955 ». [AAC-090557] Au sujet des initiales de Crocker, voir : CVR, ARN, Bibliothèque et Archives Canada, RG10, volume 6871, dossier 772/25-2-002, partie 1, 1955-1956, bobine de microfilm C-13732, 1955-1956, ANC – Ottawa, R. J. Crocker à J. R. Wild, 6 août 1956. [OLD-071622]
175. CVR, ARN, Bibliothèque et Archives Canada, RG10, volume 6332, dossier 661-1, partie 2, J. P. B. Ostrander à B. F. Neary, 14 juillet 1949. [IRC-041155]
176. CVR, ARN, Bibliothèque et Archives Canada, RG10, volume 6332, dossier 661-1, partie 2, Mme Joe Francis et coll. à l'Agence de Crooked Lake, 25 juillet 1949. [RLS-000512-0002]
177. CVR, ARN, Bibliothèque et Archives Canada, RG10, volume 6332, dossier 661-1, partie 2, J. P. B. Ostrander à la Division des affaires indiennes, 12 août 1949. [IRC-041158]
178. CVR, ARN, Bibliothèque et Archives Canada, RG10, volume 11539, dossier 677/25-2, James D. Ormiston à l'agent des Indiens, Kamsack, 31 août 1950. [RLS-001087]

179. CVR, ARN, Bibliothèque et Archives Canada, RG10, volume 6332, dossier 661-2, partie 1, Pensionnat de Round Lake, relevé trimestriel, Saskatchewan, Pensionnat, 30 juin 1950. [RLS-000589]
180. CVR, ARN, Fonds du diocèse anglican d'Athabasca, Archives provinciales de l'Alberta, dossier A320/575, Commission des [pensionnats] indiens, [Correspondance officielle de l'évêque Sovereign] 1946-1949, n° d'acquisition PR1970.0387/1644, boîte 41, H. A. Alderwood à A. H. Sovereign, 11 juillet 1947. [JON-800412]
181. CVR, ARN, AINC - Secteur de la résolution - Collection des dossiers historiques des pensionnats indiens - Ottawa, 777/25-1-010, volume 1, 10/01-09/65, CRPA, G. H. Gooderham à la Division des affaires indiennes, 11 février 1948. [MAR-000021]
182. CVR, ARN, Fonds du diocèse anglican d'Athabasca, Archives provinciales de l'Alberta, dossier A320/575, Commission des [pensionnats] indiens, [Correspondance officielle de l'évêque Sovereign] 1946-1949, n° d'acquisition PR1970.0387/1644, boîte 41, « Quarterly Report of the Superintendent of the Indian School Administration to the Executive Committee, MSCC », Henry Cook, 11 mai 1948, p. 3. [JON-800438]
183. CVR, ARN, Fonds du diocèse anglican d'Athabasca, Archives provinciales de l'Alberta, dossier A320/576, Commission des [pensionnats] indiens, [Correspondance officielle de l'évêque Sovereign], 1949-1952, n° d'acquisition PR1970.0387/1645, boîte 41, Henry Cook à A. H. Sovereign, 20 août 1948; [WFL-800139] Fonds du diocèse anglican d'Athabasca, Archives provinciales de l'Alberta, dossier A320/575, Commission des [pensionnats] indiens, [Correspondance officielle de l'évêque Sovereign] 1946-1949, n° d'acquisition PR1970.0387/1644, boîte 41, « Quarterly Report of the Superintendent of the Indian School Administration to the Executive Committee, MSCC », Henry Cook, 11 mai 1948, p. 3. [JON-800438]
184. CVR, ARN, Église anglicane du Canada, Archives du Synode général, ACC-MSCC-GS 75-103, série 2.15, boîte 21, dossier 3, « Quarterly Report of the Superintendent of the Indian School Administration to the Executive Committee of the M.S.C.C., 9 September 1948 », Henry Cook. [ANG-083489]
185. CVR, ARN, Église anglicane du Canada, Archives du Synode général, GS 75-103, série 2-15, boîte 21, « Quarterly Report of the Superintendent, Indian School Administration to the Executive Committee M.S.C.C ». Henry Cook, 15 February 1949. [GDC-007261]
186. CVR, ARN, Église anglicane du Canada, Archives du Synode général, ACC-MSCC-GS 75-103, série 2.15, boîte 22, dossier 3, « Report of the Superintendent, Indian School Administration to the M.S.C.C. Executive, Toronto, February 12th, 1957 ». [AAC-090809]
187. CVR, ARN, Centre de services régional du Manitoba - BAC - Winnipeg, dossier de l'employé, ANC, Jame Edward DeWolf, cote n° 01-36769, Emil Small Face et autres à Ralph Ragan, août 1952; [PUL-009199-0001] G. H. Gooderham à H. Cook, 15 août 1952. [PUL-009196] Au sujet des initiales de Pitts, voir : CVR, ARN, Centre de services régional du Manitoba - BAC - Winnipeg, dossier de l'employé, ANC, James Edward DeWolf, cote n° 01-36769, George Calvert à L. Waller, 25 septembre 1952. [PUL-009204]
188. CVR, ARN, aucun emplacement de document, aucun emplacement de dossier, H. à L. A. Dixon, 29 octobre 1952. [CGY-081872]
189. CVR, ARN, AINC - Secteur de la résolution - Collection des dossiers historiques des pensionnats indiens - Ottawa, dossiers GRS, boîte 16A, dossier 10, C. Anne Baker aux conseillers en soins aux enfants des pensionnats et foyers, 30 avril 1968; [GDC-043283]

CVR, DAV, Christine Lynch, déclaration devant la Commission de vérité et réconciliation du Canada, Wolfville (Nouvelle-Écosse), 25 février 2011, numéro de déclaration : 2011-0228.
190. CVR, ARN, Église anglicane du Canada, Archives du Synode général, ACC-MSCC-GS 75-103, série 3:3, boîte 70, dossier 3, H. A. Alderwood, « Memorandum Concerning Visit of Secretary to Eastern Canada, February 14th to March 1st, 1946 ». [AAC-092178]
191. CVR, ARN, Bibliothèque et Archives Canada - Ottawa, RG10, volume 6358, dossier 758-1, partie 2, L. A. Dixon à R. A. Hoey, 13 février 1948. [OLD-002035]
192. CVR, DAE, Église anglicane du Canada, Archives du Synode général, ACC-MSCC-GS 75-103, série 2:15, boîte 24, dossier 8, « Superintendents Visit to Old Sun School, April 3rd & 4th, 1951 ». [13a-c000030-d0026-001]
193. CVR, ARN, Église anglicane du Canada, Archives du Synode général, ACC-MSCC-GS 75-103, série 2:15, boîte 24, dossier 1, « Superintendent's Visit to Old Sun School, Gleichen, December 12-13-14 », 1954. [AAC-090540] Au sujet des initiales de Cole, voir : CVR, ARN, Église anglicane du Canada, Archives du Synode général, ACC-MSCC-GS 75-103, série 2:15, boîte 24, dossier 2, « Superintendent's Stay at Old Sun School, January 4-28th, 1955 ». [AAC-090568]
194. CVR, ARN, dossier source de document, emplacement du document à déterminer, Hance/Aleck/Michell - Église anglicane du Canada et Église anglicane de Cariboo, liste de documents, auteur inconnu à E. S. W. Cole, 29 décembre 1955. [ANG-063199]
195. CVR, ARN, emplacement du document à déterminer, dossier source, Mowatt/Clarke - première liste générale de l'Église anglicane, à Horace G. Watts, 24 décembre 1955. [ANG-062348]
196. Voir l'exposé sur la carrière de Hive dans les pages précédentes.
197. CVR, ARN, Bibliothèque et Archives Canada - Ottawa, RG10, volume 8613, dossier 772/1-13-002, partie 1, L. A. Dixon au directeur, Division des affaires indiennes, 8 août 1956. [OLD-001542]
198. CVR, ARN, Église anglicane du Canada, Archives du Synode général, ACC-MSCC-GS 75-103, Série de procès-verbaux, « Report of the Indian School Administration Superintendent to the M.S.C.C. Executive - Toronto, November 10th, 1958 ». [AAC-083389]
199. CVR, ARN, AINC - Secteur de la résolution - Collection des dossiers historiques des pensionnats indiens - Ottawa, dossier 901/25-1-011, volume 2, 1957-1970, Ellen L. Fairclough à Erik Nielsen, 28 juillet 1958. [YKS-003808]
200. CVR, ARN, Église anglicane du Canada, Archives du Synode général, ACC-MSCC-GS 75-103, série 2:15, boîte 24, dossier 2, « Superintendent's Conversation with Principal Crocker re: Old Sun at Lethbridge - September 15, 1955 ». [AAC-090557] Au sujet des initiales de Crocker, voir : CVR, ARN, Bibliothèque et Archives Canada, RG10, volume 6871, dossier 772/25-2-002, partie 1, 1955-1956, bobine de microfilm C-13732, 1955-1956, ANC - Ottawa, R. J. Crocker à J. R. Wild, 6 août 1956. [OLD-071622]
201. CVR, ARN, Bibliothèque et Archives Canada - Ottawa, RG10, volume 6871, dossier 772/25-2-002, partie 1, Henry Cook à R. F. Davey, 5 juillet 1956. [OLD-007227]
202. CVR, ARN, AINC - Secteur de la résolution - Collection des dossiers historiques des pensionnats indiens - Ottawa, 772/25-1-002, [772/25-0002], 1950-1965, volume 1, CRPA, L. A. Dixon au directeur, Division des affaires indiennes, ministère de la Citoyenneté et de l'Immigration, Ottawa, Ontario, 26 janvier 1955. [OLD-000943]
203. CVR, ARN, AINC - Secteur de la résolution - Collection des dossiers historiques des pensionnats indiens - Ottawa, dossier 906/1-13-011, volume 1, Établissement scolaire

– Pensionnat de Carcross, District de l'éducation du Yukon, Territoire du Yukon, 05/16/60–01/08/70, n° de contrôle 48–9, H. M. Jones à J. Parker, 25 mai 1962. [CAR-013811]

204. CVR, ARN, AINC – Secteur de la résolution – Collection des dossiers historiques des pensionnats indiens – Ottawa, dossier 772/1–13–002, volume 2, 1957–1971, membres du personnel d'Old Sun à W. E. Frame, 2 mars 1959. [PAR-020019–0001]
205. CVR, ARN, AINC – Secteur de la résolution – Collection des dossiers historiques des pensionnats indiens – Ottawa, dossier 772/1–13–002, volume 2, 1957–1971, R. F. Battle au chef, Division de l'éducation, Ottawa, 16 mars 1959. [PAR-020019–0000]
206. CVR, ARN, Église anglicane du Canada, Archives du Synode général, ACC-MSCC-GS 75–103, série 2:15, boîte 24, dossier 3, « Superintendent's Visit to Old Sun School – January 15, 16, 1958 ». [AAC-090606]
207. CVR, ARN, AINC – Secteur de la résolution – Collection des dossiers historiques des pensionnats indiens – Ottawa, 772/1–13–002, volume 2, 1957–1971, Henry Cook à L. Jampolsky, 4 mai 1959. [IRC-048261]
208. CVR, ARN, AINC – Secteur de la résolution – Collection des dossiers historiques des pensionnats indiens – Ottawa, 772/25–1–002, [772/25–0002], 1950–1965, volume 1, CRPA, Lyman Jampolsky à W. E. Frame, 25 avril 1959. [OLD-000881]
209. CVR, ARN, AINC – Secteur de la résolution – Collection des dossiers historiques des pensionnats indiens – Ottawa, 772/25–1–002, [772/25–0002], 1950–1965, volume 1, CRPA, R. F. Battle à Division des affaires indiennes, Ottawa, à l'attention du chef, Division de l'éducation, 30 avril 1959. [OLD-000880]
210. CVR, ARN, Bibliothèque et Archives Canada, 772/6–2–010, partie 2, 1959–1967, ANC, J. S. Hardy aux Affaires indiennes, 4 septembre 1959. [MOR-002730]
211. CVR, ARN, Bibliothèque et Archives Canada, [781]772/25–17, volume 1, 01/64–12/67, ANC – Edmonton, Richard Grovum à J. R. Muir, 14 avril 1965. [BSS-002254]
212. CVR, ARN, Église anglicane du Canada, Archives du Synode général, ACC-MSCC-GS 75–103, série 2.15, boîte 22, dossier 7, Henry G. Cook, surintendant, Administration des écoles indiennes, « Report of the Indian School Administration Superintendent to the M.S.C.C. Executive, Toronto, Ontario, May, 1962 ». [AAC-083327] Au sujet du nom complet de McTaggart, voir : CVR, ARN, AINC – Secteur de la résolution – Collection des dossiers historiques des pensionnats indiens – Ottawa, dossier 371/25–1–019, volume 1, Henry G. Cook, surintendant, Administration des écoles indiennes de l'Église anglicane du Canada, Ottawa, à R. F. Davey, 27 août 1962. [FGA-100125]
213. CVR, ARN, Centre de services régional de la région de la capitale nationale – BAC – Ottawa, dossier 401/25–1, volume 2 (emplacement X-51–104), Henry G. Cook à R. F. Davey, 4 juillet 1962. [NCA-017240]
214. CVR, ARN, AINC – Secteur de la résolution – Collection des dossiers historiques des pensionnats indiens – Ottawa, dossier 371/25–1–019, volume 1, Henry G. Cook à R. F. Davey, 27 août 1962. [FGA-100125]
215. CVR, ARN, AINC – Secteur de la résolution – Collection des dossiers historiques des pensionnats indiens – Ottawa, dossier 371/25–1–019, volume 1, R. F. Davey à H. G. Cook, 31 août 1962. [FGA-000886]
216. CVR, ARN, Archives de l'Église presbytérienne du Canada, Toronto (Ontario), dossier de Tyler Bjornsone, « Presbyterian Research », « Cecilia Jeffrey Presbyterian Indian Residential School Staff Handbook », p. 7–8. [IRC-041206]

217. CVR, ARN, Archives de l'Église presbytérienne du Canada, Toronto (Ontario), dossier de Tyler Bjornson, « Presbyterian Research », « Cecilia Jeffrey Presbyterian Indian Residential School Staff Handbook », p. 5-6. [IRC-041206]
218. CVR, DAE, Église anglicane du Canada, Archives du Synode général, MSCC-GS 75-103, boîte 23, dossier 9, « Superintendent's Visit to Bishop Horden School, Moose Factory, April 3rd-8th, 1952 ». [13a-c000031-d0022-001]
219. CVR, ARN, AINC - Secteur de la résolution - Collection des dossiers historiques des pensionnats indiens - Ottawa, dossiers GRS, boîte 3A, dossier 27, directeur, Pensionnat de Gordon, à M. Buckle, 14 mai 1957. [GDC-005459] La lettre n'est pas signée. Des éléments indiquant que Southard était directeur à ce moment se trouvent dans : CVR, ARN, AINC - Secteur de la résolution - Collection des dossiers historiques des pensionnats indiens - Ottawa, dossiers GRS, boîte 40, dossier 62, Albert Southard à Bernice Glazier, 4 juin 1957. [GDC-020188]
220. Église anglicane du Canada, Archives du Synode général, MSCC-GS 75-103, boîte 24, dossier 4, « Superintendent's Visit to the Prince Albert Indian School, December 3rd to 5th, 1959 ».
221. CVR, DAE, Église anglicane du Canada, Archives du Synode général, MSCC-GS 75-103, série 2:15, boîte 24, dossier 5, « Superintendent's Visit to St. Phillip's Residential School, Fort George, PQ - June 28th to July 2, 1960 ». [13a-c000037-d0022-001]
222. CVR, DAE, Église anglicane du Canada, Archives du Synode général, ACC-MSCC-GS 75-103, série 2:15, boîte 24, dossier 1, « Superintendent's Visit to Old Sun School, June 11, 14 & 15, 1954 ». [13a-c000033-d0017-001]
223. CVR, DAE, Église anglicane du Canada, Archives du Synode général, ACC-MSCC-GS 75-103, série 2:15, boîte 24, dossier 1, « Memorandum re Subjects to be discussed with Mr. Davey, Ottawa 20/10/54 ». [13a-c000033-d0010-001]
224. CVR, ARN, Église anglicane du Canada, Archives du Synode général, ACC-MSCC-GS 75-103, série 2:15, boîte 24, dossier 1, « Superintendent's Visit to St. Paul's School, Cardston, June 12 & 13, 1954 ». [AAC-090546]
225. CVR, ARN, Église anglicane du Canada, Archives du Synode général, ACC-MSCC-GS 75-103, série [illisible], boîte [illisible], dossier [illisible], « Brocket », sans date. [AAC-085433] Bien qu'il ne soit pas daté, ce document porte sur des questions soulevées dans d'autres rapports de la période 1948-1949. Voir : CVR, ARN, Église anglicane du Canada, Archives du Synode général, ACC-MSCC-GS 75-103, série 2.15, « Superintendent's Visit to Brocket, October 24 and 25, 1948 »; [AAC-083346] Église anglicane du Canada, Archives du Synode général, ACC-MSCC-GS 75-103, « Superintendent's Visit to Brocket, April 4 1949 ». [AAC-083362]
226. CVR, ARN, AINC - Secteur de la résolution - Collection des dossiers historiques des pensionnats indiens - Ottawa, dossier 956/1-13, volume 1, 01/51-05/67, Mildred Rae Beattie à C. F. Hives, 7 novembre 1957; [IRC-049011] G. M. West à M. Parminter, 19 novembre 1957; [IRC-049012] Marian Hurley à E. D. Fulton, 13 décembre 1957; [IRC-049048] C. F. Hives à Marion Hurley, 28 novembre 1957. [IRC-049014]
227. CVR, ARN, aucun emplacement de document, aucun dossier source de document, P. J. Sheahan au Père Provincial, 24 décembre 1947. [CIS-000277]
228. CVR, ARN, aucun emplacement de document, aucun dossier source de document, J. R. Birch au père Sheahan, 28 décembre 1947. [CIS-000276]
229. CVR, ARN, Archives du diocèse anglican de Cariboo, section 205, Pensionnat indien St. George, carte D.C. 2C11, école de Lytton-St.-George, nº 88.44, « All Saints Indian Residential

School Staff Manual 2nd Revision, 1967 », A. W. Harding, directeur adjoint », p. 26-27. [AEMR-177341]

230. CVR, DAV, Merle Nisly, déclaration devant la Commission de vérité et réconciliation du Canada, Thunder Bay (Ontario), 14 décembre 2011, numéro de déclaration : 2011-4199.
231. CVR, DAV, Anonyme, déclaration devant la Commission de vérité et réconciliation du Canada, numéro de déclaration : 2011-2033; CVR, DAV, Anonyme, déclaration devant la Commission de vérité et réconciliation du Canada, numéro de déclaration : 2011-0268; CVR, DAV, Eleanor Jackson, déclaration devant la Commission de vérité et réconciliation du Canada, Vancouver (Colombie-Britannique), 2 décembre 2011, numéro de déclaration : 2011-0054.
232. CVR, ARN, Église anglicane du Canada, Archives du Synode général, ACC-MSCC-GS 75-103, série 2:15, boîte 24, dossier 1, « Superintendent's Visit to St. Paul's School, Cardston, January 14th to 16th, 1954 »; [AAC-090555] Bibliothèque et Archives Canada - Burnaby, dossier 801/6-1-940, volume 2, bâtiment scolaire, pensionnat de Carcross, 1952-1956, n° d'inst. de recherche 10-151, n° d'acquisition V198990/101, boîte 10, R. J. Meek à W. S. Arneil, 8 octobre 1954. [CAR-013738] Au sujet des prénoms de James et Evelyn Ellcome, voir : CVR, ARN, Bibliothèque et Archives Canada - Ottawa, 773/6-2-004, partie 1, 1956-1958, ANC. [PUL-006469]
233. CVR, ARN, aucun emplacement de document, aucun numéro de dossier de document, « Minutes of Meeting of the Indian School Committee of Edmonton Presbytery Held at the School at 8 p.m., Friday, March 11th, 1960 ». [UCB-005314]
234. CVR, ARN, Église anglicane du Canada, Archives du Synode général, ACC-MSCC-GS 75-103, série 2:15, boîte 24, dossier 3, « Superintendent's Visit to I.A.B. Edmonton - January 20, 1958 »; [AAC-090601] « Superintendent's Visit to Old Sun School - January 15, 16, 1958 ». [AAC-090606] Ce document n'est pas signé. Cependant, Henry Cook, surintendant de l'Administration des écoles indiennes de l'Église anglicane du Canada, était dans le Sud de l'Alberta en janvier 1958. Voir, par exemple : CVR, ARN, aucun emplacement de document, aucun dossier source de document, Henry Cook à L. A. Dixon, 29 janvier 1958. [CGY-081786]
235. Archives de l'Église anglicane du Canada, MSSC-GS 103, boîte 24, dossier 5, « Memorandum - re: Superintendent's Visit to Winnipeg, Oct 19, 60 », 18 octobre 1960.
236. CVR, ARN, Bibliothèque et Archives Canada, RG10, volume 7194, dossier 511/25-1-024, A. J. Scrase à H. G. Cook, 27 novembre 1960. [DRS-000097]
237. CVR, ARN, Bibliothèque et Archives Canada, RG10, volume 7194, dossier 511/25-1-024, A. G. Leslie à R. F. Davey, 22 décembre 1960. [DRS-000096]
238. CVR, DAV, Olive Saunders, déclaration devant la Commission de vérité et réconciliation du Canada, Thunder Bay (Ontario), 7 et 8 mars 2011, numéro de déclaration : 2011-0042.
239. CVR, DAV, Jack Lee, déclaration devant la Commission de vérité et réconciliation du Canada, Winnipeg (Manitoba), 18 juin 2010, numéro de déclaration : SC111.
240. CVR, DAV, Mark DeWolf, déclaration devant la Commission de vérité et réconciliation du Canada, Halifax (Nouvelle-Écosse), 22 et 27 février 2011, numéro de déclaration : 2011-0217.
241. CVR, ARN, Bibliothèque et Archives Canada - Edmonton, ANC, 116/23-5, 05/50-05/61, Edmonton, « Department of Mines and Resources, Indian Affairs Branch, Inspector's Report, St. Cyprian's Residential Indian School », 12 mai 1952, Leslie G. P. Waller. [SAC-001110-0003]
242. CVR, ARN, Bibliothèque et Archives Canada, RG10, volume 6255, dossier 576-1, partie 4, O. B. Strapp à Philip Phelan, 21 septembre 1949. [BRS-000442]

243. CVR, ARN, aucun emplacement de document, aucun dossier source de document, C. H. Best à George Dorey, 3 février 1950. [UCB-005207]
244. CVR, ARN, Bibliothèque et Archives Canada, RG10, volume 6255, dossier 576-1, partie 4, Bowser à Bernard F. Neary, 24 mars 1949. [BRS-000550]
245. CVR, ARN, Bibliothèque et Archives Canada, RG10, volume 8667, dossier 709/6-1-001, partie 5, O. B. Strapp à R. F. Davey, 19 mai 1956; [BRS-005007] CVR, ARN, Bibliothèque et Archives Canada, RG10, volume 8667, dossier 709/25-1-001, 1951-1961, partie 2, O. B. Strapp à R. F. Davey, 14 avril 1956. [EDM-000611]
246. CVR, ARN, Église Unie du Canada/Archives de l'Université Victoria, n° d'acquisition 83.050C, boîte 112, dossier 16, Pensionnat d'Edmonton - 1955-1957/documents de l'Église Unie du Canada, Toronto, Thos. Hart à M. C. Macdonald, 8 mai 1956. [UCA-080326]
247. CVR, ARN, AINC - Bureau principal des documents - Ottawa, dossier 774/25-1, volume 1, O. B. Strapp à G. S. Lapp, 28 mai 1956; [BRS-005044] CVR, ARN, AINC - Secteur de la résolution - Collection des dossiers historiques des pensionnats indiens - Ottawa, 774/25-1, volume 1, 1952-1966, CRPA, R. F. Battle au surintendant de l'éducation, Affaires indiennes, 5 septembre 1956. [EDM-003308]
248. CVR, ARN, Église anglicane du Canada, Archives du Synode général, MSCC-GS 75-103, série 2-15, boîte 29, dossier 10, document de l'Église anglicane n° 52.63, Victoria Ketcheson et Patricia Watson, 29 novembre 1952. [PAR-001992]
249. CVR, ARN, Église anglicane du Canada, Archives du Synode général, MSCC-GS 75-103, série 2-15, boîte 29, dossier 10, A. J. Scrase à H. G. Cook, 3 décembre 1952; voir aussi : « We, the members of the whole personnel ... », sans date. [ACC-000990-0000]
250. CVR, ARN, Archives provinciales de l'Alberta, n° d'acquisition 71.220 B252 2351, « Mrs. Marjorie Crews », 14 avril 1969; [IRC-049046] Marjorie Crews à E. R. Donsdale, 17 juin 1969; [IRC-049047-0001] E. O. Drouin à E. R. Daniels, 28 juin 1969; [IRC-049047-0000] E. O. Drouin à qui de droit, 28 juin 1969. [IRC-049047-0002]
251. CVR, ARN, AINC, 772/25-1-011, volume 2, 06/61-07/68, Dave W. Gilholm à M. Davey, 8 mai 1963. [IRC-040059]
252. CVR, ARN, Église Unie du Canada/Archives de l'Université Victoria, n° d'acquisition 83.050C, boîte 111, dossier 2, Pensionnat de Morley - Correspondance 1961-62/documents de l'Église Unie du Canada, Toronto, Ron Campbell à M. Joblin, 12 décembre 1962. [UCA-081434]
253. CVR, ARN, AINC - Secteur de la résolution - Collection des dossiers historiques des pensionnats indiens - Ottawa, dossier 772/25-1-010, volume 2, G. Kent Gooderham au directeur de l'enseignement adjoint, 10 mai 1963. [IRC-049052-0000]
254. CVR, DAE, Église anglicane du Canada, Archives du Synode général, MSCC-GS 75-103, série 2:15(c), boîte 23, dossier 5, « Report of Visit of Acting Superintendent to St. Alban's Residential School, Prince Albert, January 19-20, 1948 ». [13a-c000027-d0038-001]
255. CVR, DAE, Église anglicane du Canada, Archives du Synode général, MSCC-GS 75-103, série 2:15, boîte 23, dossier 6, « Visit of Major General G. R. Turner to All Saints & St. Alban's Schools, Prince Albert, Saskatchewan », 10 janvier 1949. [13a-c000028-d0037-001]
256. CVR, DAE, Église anglicane du Canada, Archives du Synode général, MSCC-GS 75-103, série 2:15, boîte 23, dossier 5, « Superintendent's visit to St. Albans School, Prince Albert December 3 1949 ». [13a-c000028-d0004-001]
257. CVR, ARN, Église anglicane du Canada, Archives du Synode général, ACC-MSCC-GS 75-103, série 2:15, boîte 24, dossier 1, « Superintendent's Visit to Old Sun School, Gleichen, December 12-13-14 1954 ». [AAC-090540]

258. Église anglicane du Canada, Archives du Synode général, MSSC-GS 103, boîte 24, dossier 1, « Superintendent's Visit to Aklavik, NWT, July 28th–August 7, 1954 ».
259. Archives de l'Église anglicane du Canada, MSSC-GS 103, boîte 24, dossiers 1 et 2, « Superintendent's Visit to Aklavik, NWT, July 28th–August 7, 1954 », « Superintendent's Visit to All Saint's Residential School, Aklavik, NWT, 20–25, 1956 ».
260. CVR, ARN, gouvernement des Territoires du Nord-Ouest - Éducation, culture et emploi, réunions du personnel de cuisine, 1970–1971, n° de transfert 1530, boîte 14, « Report - Meeting of Kitchen Staff, Akaitcho Hall, July 10, 1970 », A. J. Boxer. [AHU-004956]
261. CVR, ARN, Gouvernement des Territoires du Nord-Ouest - Éducation, culture et emploi, réunions du personnel, 1990–1991, n° de transfert 1530, boîte 17, « Staff Meeting - Minutes - November 5, 1990 ». [AHU-005115]
262. CVR, ARN, Gouvernement des Territoires du Nord-Ouest - Éducation, culture et emploi, réunions du personnel, 1991–1993, n° de transfert 1419, boîte 10, procès-verbal de réunion avec le personnel, 7 février 1992, p. 3. [AHU-005121]
263. CVR, ARN, Bibliothèque et Archives Canada - Ottawa, RG10, volume 6015, dossier 1-1-6-Alta, partie 1, « Indian Education in Alberta », rapport non daté d'une réunion tenue le 22 août 1946. [RCA-000036]
264. Canada, *Rapport annuel du ministère des Affaires indiennes, 1960*, p. 58.
265. CVR, ARN, Bibliothèque et Archives Canada, RG10, volume 6443, dossier 881-1, partie 2, « Lejac Indian Residential School General Report for Quarter Ending December 31st, 1942 ». [LEJ-000816]
266. CVR, ARN, Église anglicane du Canada, Archives du Synode général, ACC-MSCC-GS 75–103, série [illisible], boîte [illisible], dossier [illisible], « Brocket », sans date. [AAC-085433] Bien qu'il ne soit pas daté, ce document porte sur des questions soulevées dans d'autres rapports de la période 1948–1949. Voir : CVR, ARN, Église anglicane du Canada, Archives du Synode général, ACC-MSCC-GS 75–103, série 2.15, Visite du surintendant à Brocket, 24 et 25 octobre 1948; [AAC-083346], CVR, ARN, Église anglicane du Canada, Archives du Synode général, ACC-MSCC-GS 75–103, Visite du surintendant à Brocket, 4 avril 1949. [AAC-083362]
267. CVR, ARN, Église anglicane du Canada, Archives du Synode général, ACC-MSCC-GS 75–103, série 2:15, boîte 24, dossier 1, « Superintendent's Visit to St. Paul's School, Cardston, June 12 & 13, 1954 ». [AAC-090546]
268. Archives de l'Église anglicane du Canada, MSSC-GS 103, boîte 24, dossier 1, Henry G. Cook, « Superintendent's Visit to Moose Factory School, (Bishop Horden), September 8–15th, 1954 ».
269. CVR, ARN, Église anglicane du Canada, Archives du Synode général, ACC-MSCC-GS 75–103, série 2.15, boîte 22, dossier 3, « Report of the Superintendent, Indian School Administration to the M.S.C.C. Executive, Toronto, February 12th, 1957 ». [AAC-090809]
270. CVR, ARN, Église anglicane du Canada, Archives du Synode général, GS 75–103, série 2–15, boîte 24, « Superintendent's Visit to Sioux Lookout Indian School, October 30, 31, 1956 ». [PLK-000818]
271. CVR, DAE, Église anglicane du Canada, Archives du Synode général, GS 75–103, « Superintendent's Visit to Moose Fort Indian School - June 19th–23rd, 1959 ». [13a-c000036-d0021-001]
272. Archives de l'Église anglicane du Canada, MSCC-GS 75–103, boîte 24, dossier 4, H. G. Cook, Visite du surintendant au pensionnat de St. Philip, Fort George, du 3 au 6 juin 1961.

273. CVR, ARN, Église anglicane du Canada, Archives du Synode général, dossier 1, Rapports de visite du surintendant 02/54-12/54, page 004126-004227, n° d'acquisition GS 75-103, série 2:15, boîte 24, « Superintendent's Visit to Chooutla School, Carcross, Y.T., December 3th-6th, 1954 ». [DYK-201620]
274. CVR, DAE, Église anglicane du Canada, Archives du Synode général, MSSC-GS 75-103, série 2:15, boîte 24, dossier 2, « Superintendent's Visit to St. John's Residential School, Wabasca (Alberta), 26th August, 1956 ». [13a-c000034-d0002-022]
275. CVR, DAE, Église anglicane du Canada, Archives du Synode général, MSCC-GS 75-103, série 2:15, boîte 23, dossier 10, « Superintendent's Visit to St. Philip's School, Fort George - March 24-25 », 1953. [13a-c000032-d0025-001]
276. CVR, DAE, Église anglicane du Canada, Archives du Synode général, ACC-MSCC-GS 75-103, série 2:15, boîte 24, dossier 2, « Superintendent's Visit to St. Philip's School, Fort George, P.Q. January 16 and 17 1956 ». [13a-c000034-d0002-004]
277. CVR, DAE, Église anglicane du Canada, Archives du Synode général, GS 75-103, série 2-15, boîte 24, « Superintendent's Visit to Hostel, Fort McPherson, NWT, March 10th, 11th and 12th, 1960 ». [13a-c000037-d0037-001]
278. King, *School at Mopass*, p. 63.
279. CVR, ARN, Bibliothèque et Archives Canada, 757-1, partie 2, volume 6355, 1928-1948, ANC, C. Pant. Schmidt à R. A. Hoey, 9 janvier 1945. [MOR-004315]
280. CVR, ARN, Bibliothèque et Archives Canada, 757-1, partie 2, volume 6355, 1928-1948, ANC, G. L. Wilson au directeur, Affaires indiennes, 9 janvier 1945. [MOR-004314]
281. CVR, ARN, Bibliothèque et Archives Canada, RG10, volume 6355, dossier 757-1, partie 2, 1928-1948, J. A. Millican à R. A. Hoey, 15 décembre 1944. [IRC-048075]
282. CVR, ARN, Bibliothèque et Archives Canada, 757-1, partie 2, volume 6355, 1928-1948, ANC, C. Pant. Schmidt à R. A. Hoey, 9 janvier 1945. [MOR-004315]
283. CVR, ARN, Bibliothèque et Archives Canada, 757-1, partie 2, volume 6355, 1928-1948, ANC, C. Pant. Schmidt à R. A. Hoey, 9 janvier 1945. [MOR-004315]
284. CVR, DAV, Ida Ralph-Quisess, déclaration devant la Commission de vérité et réconciliation du Canada, Thunder Bay (Ontario), 24 novembre 2010, numéro de déclaration : 01-ON-24NOV10-002.
285. CVR, DAV, Jeanne Rioux, déclaration devant la Commission de vérité et réconciliation du Canada, Vancouver (Colombie-Britannique), 18 septembre 2013, numéro de déclaration : 2011-3207.
286. CVR, DAV, Mary Chapman, déclaration devant la Commission de vérité et réconciliation du Canada, Vancouver (Colombie-Britannique), 4 octobre 2011, numéro de déclaration : 2011-1529.
287. CVR, DAV, Ronalee Lavallee, déclaration devant la Commission de vérité et réconciliation du Canada, Saskatoon (Saskatchewan), 24 juin 2012, numéro de déclaration : 2011-1776.
288. CVR, DAV, Vitaline Elsie Jenner, déclaration devant la Commission de vérité et réconciliation du Canada, Winnipeg (Manitoba), 16 juin 2010, numéro de déclaration : 02-MB-16JU10-131.
289. CVR, DAV, Vitaline Elsie Jenner, déclaration devant la Commission de vérité et réconciliation du Canada, Winnipeg (Manitoba), 16 juin 2010, numéro de déclaration : 02-MB-16JU10-131.
290. Canada, *Rapport annuel du ministère des Affaires indiennes, 1960*, p. 58.
291. CVR, DAV, Stanley McKay, déclaration devant la Commission de vérité et réconciliation du Canada, Winnipeg (Manitoba), 13 juillet 2011, numéro de déclaration : 2011-0269.

292. *Moderators of the United Church of Canada*, Université de Toronto, Université Victoria, bibliothèque E. J. Pratt, http://library.vicu.utoronto.ca/emmanuel/research_resources/subject_guides/moderators_united_church.html (consulté le 2 juillet 2014).
293. Kirkness, *Creating Space*, p. 3-12, 29-40.
294. Kirkness, *Creating Space*, p. 29-30.
295. Kirkness, *Creating Space*, p. 31-32.
296. Kirkness, *Creating Space*, p. 34-40.
297. CVR, ARN, Bibliothèque et Archives Canada, 779/3-8, partie 2, 1952-1962, RG10, 7150, ANC, Ellen L. Fairclough à Frank J. W. Fane, 22 novembre 1961. [BQL-005531]
298. CVR, ARN, AINC - Secteur de la résolution - Collection des dossiers historiques des pensionnats indiens - Ottawa, 779/25-1-009, 05/63-11/70, volume 1, CRPA, Gerald W. Baldwin à Jean Chrétien, 30 juillet 1970. [BQL-000158] Au sujet du séjour de Linklater comme élève à Qu'Appelle, voir : CVR, ARN, Bibliothèque et Archives Canada, RG10, volume 8775, dossier 655/25-8, partie 1, « List of High School Pupils Attending the Qu'Appelle Indian Res. School, Lebret, Sask. Term: 1952-1953 ». [PLD-006041]
299. « N.I.B. Honours Indian Leaders », p. 6.
300. CVR, ARN, R. T. Sullivan, « Visit to the Alberni Valley », 28 février 1965. [UCB-005689]
301. CVR, ARN, Église anglicane du Canada, Archives du Synode général, GS 75-103, série 2-15, boîte 30, dossier 3, « Newsletter December 1967 », p. 19. [ACC-001851]
302. CVR, ARN, Bibliothèque et Archives Canada, RG10, n° d'inst. de recherche 10-437, n° d'acquisition E-1997-98/161, boîte 5, dossier [205]701/1-13-6, volume 1, 01/1970-10/1970, Établissement d'enseignement, enseignants et auxiliaires à la maternelle, 14 avril 1970. [ERM-200196-0001] Au sujet du séjour de Louttit comme pensionnaire, voir : CVR, ARN, Bibliothèque et Archives Canada, RG10, volume 6193, dossier 462-10, partie 1, T. J. Godfrey à Alf Vale, 5 juillet 1935. [CRS-000137]
303. CVR, ARN, Bibliothèque et Archives Canada, RG10, dossier 494/1-13-014, volume 1, T. B. Jones à R. F. Davey, 21 juin 1963. [PLK-001867] Au sujet du séjour de Spence comme pensionnaire, voir : Canada, Comité mixte spécial, 1947, 1066-1067.
304. CVR, ARN, AINC - Secteur de la résolution - Collection des dossiers historiques des pensionnats indiens - Ottawa, dossier 144/25-7, volume 1 (emplacement 180-1), Ahab Spence au surintendant, Agence de Sioux Lookout, 16 avril 1964. [NCA-007457-0004]
305. CVR, ARN, AINC - Secteur de la résolution - Collection des dossiers historiques des pensionnats indiens - Ottawa, dossier 494/25-1-014, volume 2, « The Anglican Indian Residential School, Sioux Lookout, Ontario », 10 juin 1965. [PLK-000304-0001]
306. CVR, ARN, AINC - Secteur de la résolution - Collection des dossiers historiques des pensionnats indiens - Ottawa, dossier 494/25-1-014, volume 2, « The Anglican Indian Residential School, Sioux Lookout, Ontario », 10 juin 1965. [PLK-000304-0001]
307. « Ahab Spence », article nécrologique, *Winnipeg Free Press*, 7 avril 2001, http://passages.winnipegfreepress.com/passage-details/id-60169/name-Ahab_Spence/.
308. CVR, ARN, AINC - Secteur de la résolution - Collection des dossiers historiques des pensionnats indiens - Ottawa, dossier 487/25-1-014, R. F. Davey à Giollo Kelly, 10 juin 1966. [CJC-000308]
309. CVR, ARN, Archives de l'Église presbytérienne du Canada, Toronto (Ontario), n° d'acquisition 1988-7004, boîte 43, dossier 4, Giollo Kelly à Mme Colin Wasacase, 8 juillet 1966. [NCA-009161-0002]

310. Au sujet de Mission, voir : CVR, ARN, « Historic Transfer of Authority », *Fraser Valley Record*, 5 septembre 1973. [OMS-000307] Au sujet du pensionnat de Kamloops, voir : CVR, ARN, Bibliothèque et Archives Canada – Burnaby, RG10, n° d'inst. de recherche 10-138, n° d'acquisition v85-86/353, dossier 963/1-13, volume permanent 6 [502372], partie 1, Pensionnat, 1969-1978, ANC – Burnaby, A. H. Friesen à A. H. Noonan, 18 avril 1973. [KAM-008144] Au sujet du pensionnat Blue Quills, voir : CVR, ARN, AINC – Secteur de la résolution – Collection des dossiers historiques des pensionnats indiens – Ottawa, dossier 779/25-2-009, volume 1, n° de contrôle 55-4, « Confidential: Notes: Re Blue Quills », sans date. [NCA-007302] Au sujet du pensionnat de Prince Albert, voir : CVR, ARN, AINC – Secteur de la résolution – Collection des dossiers historiques des pensionnats indiens – Ottawa, dossier 601/25-13-1, J. B. Freeman à James A. Roberts, 2 avril 1973. [PAR-019374] Au sujet du pensionnat de Duck Lake, voir : CVR, ARN, AINC – Secteur de la résolution – Collection des dossiers historiques des pensionnats indiens – Ottawa, dossiers GRS, boîte 8A, dossier 15, D. Seesequasis à H. Kolakowski, 3 février 1982. [GDC-014654-0004] Au sujet du pensionnat de Qu'Appelle, voir : LaRose, « Wrecker's Ball », http://www.ammsa.com/publications/saskatchewan-sage/wreckers-ball-claims-white-calf-collegiate-0. Au sujet du pensionnat de Fort George, voir : CVR, ARN, AINC – Secteur de la résolution – Collection des dossiers historiques des pensionnats indiens – Ottawa, dossier 371/25-1-019, volume 2, Très révérend James A. Watton à A. Gill, 7 septembre 1971. [FGA-000225-0001]
311. CVR, ARN, AINC – Secteur de la résolution – Collection des dossiers historiques des pensionnats indiens – Ottawa, NCR-E4974-1 (Pièce jointe 1), volume 3, n° de contrôle 446-19, « Saskatchewan Region, Student Residences: An Issue Management Discussion Paper », 8 février 1994. [NCA-016023-0002]
312. Archives de l'Église anglicane du Canada, MSSC-GS 103, boîte 24, dossier 1, « Superintendent's Visit to Aklavik, NWT, July 28th–August 7, 1954 ».
313. Archives de l'Église anglicane du Canada, GS 103, boîte 24, dossier 2 (1955-56), « Superintendent's Visit to Wabasca, March 26, 1955 ».
314. CVR, DAV, Phyllis Molyneux, déclaration devant la Commission de vérité et réconciliation du Canada, Edmonton (Alberta), 4 mai 2011, numéro de déclaration : 2011-1644; CVR, DAV, Ruth Millward, déclaration devant la Commission de vérité et réconciliation du Canada, Coquitlam (Colombie-Britannique), 5 octobre 2011, numéro de déclaration : 2011-1527; CVR, DAV, Mark DeWolf, déclaration devant la Commission de vérité et réconciliation du Canada, Halifax (Nouvelle-Écosse), 22 et 27 février 2011, numéro de déclaration : 2011-0217; CVR, DAV, Christine Lynch, déclaration devant la Commission de vérité et réconciliation du Canada, Wolfville (Nouvelle-Écosse), 25 février 2011, numéro de déclaration : 2011-0228.
315. CVR, DAV, Mavis Gould, déclaration devant la Commission de vérité et réconciliation du Canada, Mayerthorpe (Alberta), 28 novembre 2011, numéro de déclaration : 2011-0050.
316. CVR, DAV, Jack Lee, déclaration devant la Commission de vérité et réconciliation du Canada, Winnipeg (Manitoba), 18 juin 2010, numéro de déclaration : SC111.
317. CVR, DAV, Mark DeWolf, déclaration devant la Commission de vérité et réconciliation du Canada, Halifax (Nouvelle-Écosse), 22 et 27 février 2011, numéro de déclaration : 2011-0217; Christine Lynch, déclaration devant la Commission de vérité et réconciliation du Canada, Wolfville (Nouvelle-Écosse), 25 février 2011, numéro de déclaration : 2011-0228.
318. CVR, ARN, Archives du diocèse anglican de Cariboo, section 205, Pensionnat indien St. George, carte D.C. 2C11, école de Lytton-St.-George, n° 88.44, « All Saints Indian Residential

School Staff Manual 2nd Revision, 1967 », A. W. Harding, directeur adjoint, p. 22-23. [AEMR-177341]

319. CVR, ARN, Église anglicane du Canada, Archives du Synode général, ACC-MSCC-GS 75-103, série 2:15, boîte 24, dossier 1, « Superintendent's Visit to Sioux Lookout School, December 17, 1954 ». [AAC-090539]

320. CVR, DAV, George Takashima, déclaration devant la Commission de vérité et réconciliation du Canada, Lethbridge (Alberta), 10 octobre 2013, numéro de déclaration : SP128.

321. CVR, ARN, aucun emplacement de document, aucun dossier source de document, « Commission to Study Indian Work, The United Church of Canada, 1958 », p. 28. [UCB-005240]

322. CVR, ARN, Église Unie du Canada/Archives de l'Université Victoria, n° d'acquisition [illisible].050C, boîte 112, dossier [illisible], Pensionnat d'Edmonton - Correspondance 1958-60/documents de l'Église Unie du Canada, Toronto, « Minutes of Meeting of the Indian School Committee of the Edmonton Presbytery Held at St. Stephen's College on Thursday, November 24th, 1960, at 7:30 p.m ». [UCA-080218]

323. CVR, ARN, Église Unie du Canada/Archives de l'Université Victoria, n° d'acquisition 83.050C, boîte 112, dossier 18, Pensionnat d'Edmonton - Correspondance 1961-62/documents de l'Église Unie du Canada, Toronto, « Minutes of the Indian School Committee of the Edmonton Presbytery held at the School May 11th, 1961, 8 p.m ». [UCA-080535]

324. CVR, ARN, AINC - Secteur de la résolution - Collection des dossiers historiques des pensionnats indiens - Ottawa, dossier 371/25-13-024, volume 2, « Is it Wrong to Force Kids into Church? » John Beaufoy, *Globe and Mail*, 10 septembre 1973; [LTR-001190] CVR, ARN, AINC - Secteur de la résolution - Collection des dossiers historiques des pensionnats indiens - Ottawa, dossier 1/25-13, volume 19, Scott Honeyman, « Dismissal Means Denial of Rights », *Ottawa Citizen*, 21 mars 1973, p. 48. [LTR-001254]

325. CVR, ARN, AINC - Secteur de la résolution - Collection des dossiers historiques des pensionnats indiens - Ottawa, dossier 371/25-1-024, volume 2, J. V. Jacobson à Gooderham, 18 janvier 1973. [LTR-000497-0001]

326. CVR, ARN, AINC - Secteur de la résolution - Collection des dossiers historiques des pensionnats indiens - Ottawa, dossier 1/25-13, volume 20, « Freedom of Religion for Indians », *Toronto Star*, 14 septembre 1973. [LTR-000256]

327. CVR, DAE, Église anglicane du Canada, Diocèse de l'Arctique, Fonds du Diocèse de l'Arctique, 1850-1999, Dossiers de John Reginald Sperry, [texte, dessins d'architecture, graphique], 1955-1991, surtout 1974-1989; 4-4 dossiers diocésains, 1935-1994, surtout 1974-1989; n° d'acquisition M96-7, boîte 151, dossier 6, *Fardella c. La Reine*, [1974] 2 C.F. 465 [39b-c000876-d0001-002]

328. CVR, DAV, James Fiori, déclaration devant la Commission de vérité et réconciliation du Canada, Vancouver (Colombie-Britannique), 19 mai 2010, numéro de déclaration : S-BC-01-007.

329. CVR, DAV, Vincent LaPlante, déclaration devant la Commission de vérité et réconciliation du Canada, Vancouver (Colombie-Britannique), 19 mai 2010, numéro de déclaration : S-BC-01-002.

330. CVR, DAV, Tom Cavanaugh, déclaration devant la Commission de vérité et réconciliation du Canada, Vancouver (Colombie-Britannique), 19 mai 2010, numéro de déclaration : S-BC-01-005.

331. CVR, DAV, Anonyme, déclaration devant la Commission de vérité et réconciliation du Canada, numéro de déclaration : 2011-0254.
332. CVR, DAV, Olive Saunders, déclaration devant la Commission de vérité et réconciliation du Canada, Thunder Bay (Ontario), 7 et 8 mars 2011, numéro de déclaration : 2011-0042.
333. CVR, DAV, James Fiori, déclaration devant la Commission de vérité et réconciliation du Canada, Vancouver (Colombie-Britannique), 19 mai 2010, numéro de déclaration : S-BC-01-007.
334. CVR, DAV, A. I. Avery, déclaration devant la Commission de vérité et réconciliation du Canada, Victoria (Colombie-Britannique), 1er octobre 2011, numéro de déclaration : 2011-1696.
335. CVR, DAV, Anonyme, déclaration devant la Commission de vérité et réconciliation du Canada, numéro de déclaration : 2011-2033.
336. CVR, DAV, Anonyme, déclaration devant la Commission de vérité et réconciliation du Canada, numéro de déclaration : 2011-2033.
337. CVR, DAV, Anonyme, déclaration devant la Commission de vérité et réconciliation du Canada, numéro de déclaration : 2011-0055.
338. CVR, DAV, Joe Aleck, déclaration devant la Commission de vérité et réconciliation du Canada, Rosedale (Colombie-Britannique), 30 novembre 2011, numéro de déclaration : 2011-0049.
339. CVR, DAV, Mary Chapman, déclaration devant la Commission de vérité et réconciliation du Canada, Vancouver (Colombie-Britannique), 4 octobre 2011, numéro de déclaration : 2011-1529.
340. CVR, DAV, Vincent LaPlante, déclaration devant la Commission de vérité et réconciliation du Canada, Vancouver (Colombie-Britannique), 19 mai 2010, numéro de déclaration : S-BC-01-002.
341. CVR, DAV, John Fitzgerald, déclaration devant la Commission de vérité et réconciliation du Canada, Vancouver (Colombie-Britannique), 19 mai 2010, numéro de déclaration : S-BC-01-003.
342. CVR, DAV, Terrance McNamara, déclaration devant la Commission de vérité et réconciliation du Canada, Vancouver (Colombie-Britannique), 19 mai 2010, numéro de déclaration : S-BC-01-006.
343. CVR, DAV, Tom Cavanaugh, déclaration devant la Commission de vérité et réconciliation du Canada, Vancouver (Colombie-Britannique), 19 mai 2010, numéro de déclaration : S-BC-01-005.
344. Larry Kusch, « "How Cold and Uncaring Can This Get?" Pilot Recounts Anguish of Kids Wrested from Parents », *Winnipeg Free Press*, 18 juin 2010, http://www.winnipegfreepress.com/local/how-cold-and-uncaring-can-this-get-96636974.html.
345. CVR, DAV, Lynn Bishop, déclaration devant la Commission de vérité et réconciliation du Canada, Winnipeg (Manitoba), 16 juin 2010, numéro de déclaration : SC093.
346. CVR, DAV, Dorothy McKay, déclaration devant la Commission de vérité et réconciliation du Canada, Winnipeg (Manitoba), 13 juillet 2011, numéro de déclaration : 2011-2036.
347. CVR, DAV, Elizabeth Pearson, déclaration devant la Commission de vérité et réconciliation du Canada, Richmond (Colombie-Britannique), 16 mai 2011, numéro de déclaration : 2011-1648.
348. CVR, DAV, Anonyme, déclaration écrite à la Commission de vérité et réconciliation du Canada, numéro de déclaration : 2011-3457.

349. CVR, DAV, Mary Hamilton, déclaration devant la Commission de vérité et réconciliation du Canada, Yarmouth (Nouvelle-Écosse), 26 février 2011, numéro de déclaration : 2011-0219.
350. CVR, DAV, Marion Adams, déclaration devant la Commission de vérité et réconciliation du Canada, Ottawa (Ontario), 13 juin 2011, numéro de déclaration : 2011-1630.
351. CVR, DAV, Richard Nerysoo, déclaration devant la Commission de vérité et réconciliation du Canada, Inuvik (Territoires du Nord-Ouest), 30 juin 2011, numéro de déclaration : NNE202.
352. CVR, DAV, Nellie Ningewance, déclaration devant la Commission de vérité et réconciliation du Canada, Sault Ste. Marie (Ontario), 1er juillet 2011, numéro de déclaration : 2011-0305.
353. CVR, DAV, Daniel Andre, déclaration devant la Commission de vérité et réconciliation du Canada, Whitehorse (Yukon), 23 mai 2011, numéro de déclaration : 2011-0202.
354. CVR, DAV, Cameron Reid, déclaration devant la Commission de vérité et réconciliation du Canada, Powell River (Colombie-Britannique), 28 septembre 2011, numéro de déclaration : 2011-1509.
355. CVR, DAV, Mary Hamilton, déclaration devant la Commission de vérité et réconciliation du Canada, Yarmouth (Nouvelle-Écosse), 26 février 2011, numéro de déclaration : 2011-0219.
356. CVR, DAV, George Takashima, déclaration devant la Commission de vérité et réconciliation du Canada, Lethbridge (Alberta), 10 octobre 2013, numéro de déclaration : SP128.
357. CVR, DAV, George Takashima, déclaration devant la Commission de vérité et réconciliation du Canada, Lethbridge (Alberta), 10 octobre 2013, numéro de déclaration : SP128.
358. CVR, DAV, Donald Hepburn, déclaration devant la Commission de vérité et réconciliation du Canada, Red Deer (Alberta), 4 août 2011, numéro de déclaration : 2011-1693.
359. CVR, ARN, Bibliothèque et Archives Canada, RG85, volume 1338, dossier 600-1-1, partie 19, « Northern Education - Façade for Failure », D. W. Hepburn, février 1963, p. 19, 21. [NCA-005960] Au sujet de la démission d'Hepburn, voir : CVR, ARN, Bibliothèque et Archives Canada - Ottawa, RG85, volume permanent 1436, dossier 610-1, partie 17, Instituteurs et moniteurs en bien-être social - T.N.-O. [Fichier général] 1960-1961, n° d'inst. de recherche 85-4, D. W. Hepburn à B. Thorsteinsson, 30 mai 1961. [IKU-000488-0002]
360. CVR, DAV, Mary Hamilton, déclaration devant la Commission de vérité et réconciliation du Canada, Yarmouth (Nouvelle-Écosse), 26 février 2011, numéro de déclaration : 2011-0219.
361. CVR, DAV, Terri Welsh, déclaration devant la Commission de vérité et réconciliation du Canada, Winnipeg (Manitoba), 16 juin 2010, numéro de déclaration : SC093.
362. CVR, DAV, George McMillan, déclaration devant la Commission de vérité et réconciliation du Canada, Kenora (Ontario), 9 juillet 2011, numéro de déclaration : 2011-2035.
363. CVR, DAV, Danny Saunders, déclaration devant la Commission de vérité et réconciliation du Canada, Thunder Bay (Ontario), 7 et 8 mars 2011, numéro de déclaration : 2011-0041.
364. CVR, DAV, George Takashima, déclaration devant la Commission de vérité et réconciliation du Canada, Lethbridge (Alberta), 10 octobre 2013, numéro de déclaration : SP128.
365. CVR, DAV, Elizabeth Pearson, déclaration devant la Commission de vérité et réconciliation du Canada, Richmond (Colombie-Britannique), 16 mai 2011, numéro de déclaration : 2011-1648. Au sujet du nom du directeur, voir : CVR, ARN, Bibliothèque et Archives Canada, RG29, volume 2767, dossier 822-1-A978, partie 1, J. Edwin Allsopp à M. S. Todd, 2 novembre 1950. [120.15014B]
366. CVR, DAV, Anonyme, déclaration devant la Commission de vérité et réconciliation du Canada, numéro de déclaration : S-BC-01-004.

367. CVR, DAV, James Fiori, déclaration devant la Commission de vérité et réconciliation du Canada, Vancouver (Colombie-Britannique), 19 mai 2010, numéro de déclaration : S-BC-01-007.
368. CVR, DAV, Lawrence Brennan, déclaration devant la Commission de vérité et réconciliation du Canada, Pickering (Ontario), 30 mai 2011, numéro de déclaration : 2011-1641.
369. CVR, DAV, Merle Nisly, déclaration devant la Commission de vérité et réconciliation du Canada, Thunder Bay (Ontario), 14 décembre 2011, numéro de déclaration : 2011-4199.
370. CVR, DAV, Anonyme, déclaration écrite à la Commission de vérité et réconciliation du Canada, numéro de déclaration : 2011-3478.
371. CVR, DAV, Betty Ann Caldwell, déclaration devant la Commission de vérité et réconciliation du Canada, Clear Lake (Manitoba), 7 juillet 2011, numéro de déclaration : 2011-1647.
372. CVR, DAV, George Takashima, déclaration devant la Commission de vérité et réconciliation du Canada, Lethbridge (Alberta), 10 octobre 2013, numéro de déclaration : SP128.
373. Kirkness, *Creating Space*, p. 30.
374. Église anglicane du Canada, Archives du Synode général, MSSC-GS 103, boîte 24, dossier 1, G. R. Turner, « Visit to Shingwauk by Major General G. R. Turner, 25th and 26th November, 1954 ».
375. CVR, ARN, Église anglicane du Canada, Archives du Synode général, ACC-MSCC-GS 75-103, série 2:15, boîte 24, dossier 1, « Superintendent's Visit to St. Paul's School, Cardston, January 14th to 16th, 1954 ». [AAC-090555] Au sujet du nom complet de Buckle, voir : CVR, ARN, AINC – Secteur de la résolution – Collection des dossiers historiques des pensionnats indiens – Ottawa, 773/23-5-004, 01/54-05/57, volume 2, CRPA, « Department of Citizenship and Immigration, Indian Affairs Branch, Inspector's Report, St. Paul's Residential School, Cardston (Alberta) », 20 janvier 1954. [PUL-002222]
376. CVR, DAV, Anonyme, déclaration devant la Commission de vérité et réconciliation du Canada, numéro de déclaration : S-BC-01-004.
377. CVR, DAV, Anonyme, déclaration devant la Commission de vérité et réconciliation du Canada, numéro de déclaration : 2011-1636.
378. CVR, DAV, Terrance McNamara, déclaration devant la Commission de vérité et réconciliation du Canada, Vancouver (Colombie-Britannique), 19 mai 2010, numéro de déclaration : S-BC-01-006.
379. CVR, DAV, Tom Cavanaugh, déclaration devant la Commission de vérité et réconciliation du Canada, Vancouver (Colombie-Britannique), 19 mai 2010, numéro de déclaration : S-BC-01-005.
380. CVR, DAV, John Fitzgerald, déclaration devant la Commission de vérité et réconciliation du Canada, Vancouver (Colombie-Britannique), 19 mai 2010, numéro de déclaration : S-BC-01-003.
381. Exemple de l'application de ce type de règle en 1940 : CVR, ARN, Bibliothèque et Archives Canada, RG10, volume 6422, dossier 869-1, partie 3, Gerald H. Barry à D. M. McKay, 24 juin 1940. [IRC-041351-0000]
382. CVR, ARN, AINC – Secteur de la résolution – Collection des dossiers historiques des pensionnats indiens – Ottawa, dossiers GRS, boîte 16A, dossier 10, « Staff Manual, Gordon's Indian Residential School, Anglican Church of Canada », sans date, non paginé, page 13 d'un document de 17 pages. [GDC-043268]
383. CVR, ARN, Église anglicane du Canada, Archives du Synode général, ACC-MSCC-GS 75-103, série 2:15, boîte 24, dossier 2, « Conversation at Fort Macleod re: Brocket School, March 29th,

1955 ». [AAC-090564] Au sujet des initiales de Woods, voir : CVR, ARN, Bibliothèque et Archives Canada - Edmonton, 116/23-4, 03/47-12/63, ANC - Edmonton, Rapport trimestriel du surintendant - 1er avril-30 juin 1955, H. N. Woodsworth. [BPD-000847]

384. CVR, ARN, Bibliothèque et Archives Canada - Edmonton, 116/23-4, 03/47-12/63, ANC - Edmonton, Rapport trimestriel du surintendant - 1er avril-30 juin 1955, H. N. Woodsworth. [BPD-000847]

385. CVR, ARN, AINC - Secteur de la résolution - Collection des dossiers historiques des pensionnats indiens - Ottawa, dossiers GRS, boîte 3A, dossier 27, directeur, Pensionnat de Gordon, à M. Buckle, 14 mai 1957. [GDC-005459] La lettre n'est pas signée. Des éléments indiquant que Southard était directeur à ce moment se trouvent dans : CVR, ARN, AINC - Secteur de la résolution - Collection des dossiers historiques des pensionnats indiens - Ottawa, dossiers GRS, boîte 40, dossier 62, Albert Southard à Bernice Glazier, 4 juin 1957. [GDC-020188]

386. CVR, ARN, AINC - Secteur de la résolution - Collection des dossiers historiques des pensionnats indiens - Ottawa, dossier 675/25-1-018, volume 2 (balise 11-10), R. F. Davey à H. B. Rodine, 4 juillet 1957; [IRC-040040] Église anglicane du Canada, Archives du Synode général, GS 75-103, série 2-15, boîte 22, dossier 3, Henry Cook au Comité exécutif de la Société missionnaire de l'Église d'Angleterre du Canada, 9 septembre 1957. [GDC-007195]

387. CVR, ARN, Fonds du diocèse anglican d'Athabasca, Archives provinciales de l'Alberta, dossier A320/575, Commission des [pensionnats] indiens, [Correspondance officielle de l'évêque Sovereign] 1946-1949, nº d'acquisition PR1970.0387/1644, boîte 41, « Quarterly Report of the Superintendent of the Indian School Administration to the Executive Committee, MSCC », Henry Cook, 11 mai 1948,p. 3; [JON-800438] Église anglicane du Canada, Archives du Synode général, GS 75-103, série 2-15, boîte 21, dossier 2, « Superintendent's Visit to Gordon's School, March 20-21, 1955 ». [ACC-001151]

388. CVR, DAV, Delores Pflanz, déclaration devant la Commission de vérité et réconciliation du Canada, Courtney (Colombie-Britannique), 1er décembre 2011, numéro de déclaration : 2011-0053.

389. CVR, DAV, Anonyme, déclaration devant la Commission de vérité et réconciliation du Canada, numéro de déclaration : 2011-2033.

390. CVR, DAV, Tom Cavanaugh, déclaration devant la Commission de vérité et réconciliation du Canada, Vancouver (Colombie-Britannique), 19 mai 2010, numéro de déclaration : S-BC-01-005.

391. CVR, DAV, Tom Cavanaugh, déclaration devant la Commission de vérité et réconciliation du Canada, Vancouver (Colombie-Britannique), 19 mai 2010, numéro de déclaration : S-BC-01-005.

392. CVR, DAV, Donald Hepburn, déclaration devant la Commission de vérité et réconciliation du Canada, Red Deer (Alberta), 4 août 2011, numéro de déclaration : 2011-1693.

393. CVR, DAV, Anonyme, déclaration devant la Commission de vérité et réconciliation du Canada, numéro de déclaration : 2011-5004.

394. CVR, DAV, Anonyme, déclaration devant la Commission de vérité et réconciliation du Canada, numéro de déclaration : 2011-1645.

395. CVR, ARN, Bibliothèque et Archives Canada, RG10, volume 8542, dossier 51/25-1, partie 2, Philip Phelan, 14 avril 1953. [FAR-000067]

396. CVR, DAV, Marianne Kingma, déclaration devant la Commission de vérité et réconciliation du Canada, canton d'Adelaide (Ontario), 1er juin 2011, numéro de déclaration : 2011-1631.

397. CVR, DAV, Eleanor Jackson, déclaration devant la Commission de vérité et réconciliation du Canada, Vancouver (Colombie-Britannique), 2 décembre 2011, numéro de déclaration : 2011-0054.
398. CVR, DAV, Anonyme, déclaration devant la Commission de vérité et réconciliation du Canada, numéro de déclaration : 2011-1697.
399. CVR, DAV, Tom Cavanaugh, déclaration devant la Commission de vérité et réconciliation du Canada, Vancouver (Colombie-Britannique), 19 mai 2010, numéro de déclaration : S-BC-01-005.
400. Par exemple, voir : CVR, DAV, Donald Hepburn, déclaration devant la Commission de vérité et réconciliation du Canada, Red Deer (Alberta), 4 août 2011, numéro de déclaration : 2011-1693; CVR, DAV, Anonyme, déclaration devant la Commission de vérité et réconciliation du Canada, numéro de déclaration : 2011-1649; CVR, DAV, Anonyme, déclaration écrite à la Commission de vérité et réconciliation du Canada, numéro de déclaration : 2011-3482.
401. CVR, DAV, Tom Cavanaugh, déclaration devant la Commission de vérité et réconciliation du Canada, Vancouver (Colombie-Britannique), 19 mai 2010, numéro de déclaration : S-BC-01-005.
402. CVR, DAV, Eleanor Jackson, déclaration devant la Commission de vérité et réconciliation du Canada, Vancouver (Colombie-Britannique), 2 décembre 2011, numéro de déclaration : 2011-0054.
403. CVR, DAV, Anonyme, déclaration devant la Commission de vérité et réconciliation du Canada, numéro de déclaration : 2011-2033.
404. CVR, DAV, Edward Lynch, déclaration devant la Commission de vérité et réconciliation du Canada, Vancouver (Colombie-Britannique), 19 mai 2010, numéro de déclaration : S-BC-01-004.
405. CVR, ARN, « A Dinner at Oblate House », transcription d'*Ideas*, émission conçue et présentée par Jim Carney et Keith Watt, produite par Don Mowatt, CBC RadioWorks, 30 janvier 1995, p. 10. [MIS-001144] Au sujet de la date de la nomination de Lorne Mackey à la direction du pensionnat Christie, voir : CVR, ARN, Bibliothèque et Archives Canada - Burnaby, RG10, n° d'inst. de recherche 10-138, volume permanent 13463, dossier 208/25-1, Éducation - Général, partie 1, dossier 2 de 3, 1962/06-1965/12, G. E. Cousineau à R. F. Davey, 25 juin 1964. [125.02031A] Au sujet de la publication de Lascelles, voir : Lascelles, *Roman Catholic Indian Residential Schools.*
406. *E. B. c. Order of the Oblates of Mary Immaculate in the Province of British Columbia*, 2001 BCSC 1783.
407. CVR, ARN, AINC - Secteur de la résolution - Collection des dossiers historiques des pensionnats indiens - Ottawa, 951/25-13, 1957-1964, volume 1, CRPA, Inspection des services alimentaires, Pensionnat indien Christie, M. E. Lock, 22 septembre 1964. [CST-000376-0003]
408. *E. B. c. Order of the Oblates of Mary Immaculate in the Province of British Columbia,* 2001 BCSC 1783, p. 4, 40-41, 65-67.
409. CVR, ARN, « A Dinner at Oblate House », transcription d'*Ideas*, émission conçue et présentée par Jim Carney et Keith Watt, produite par Don Mowatt, CBC RadioWorks, 30 janvier 1995, p. 10. [MIS-001144] Au sujet de la date de la nomination de Dunlop à la direction du pensionnat de Mission, voir : CVR, ARN, aucun emplacement de document, aucun numéro de dossier de document, G. E. Cousineau à R. F. Davey, 28 juin 1963. [OKM-000691] Au sujet

du transfert de son poste, voir : CVR, ARN, Administration centrale, 957/25-13, 1965-1973, volume 3, AC, J. W. Hennessy à R. F. Davey, 23 novembre 1968. [MIS-002019-0001]

410. CVR, DASAG, Affaires autochtones et Développement du Nord Canada, Walter Rudnicki au directeur, Affaires indiennes, 17 août 1962; [AANDC-234696] Affaires autochtones et Développement du Nord Canada, Rapport de la Gendarmerie royale du Canada, Division de l'Arctique de l'Ouest, dossier de la Division 628-626-1, code 0559, objet : Martin Houston, 29 août 1962. [AANDC-234684]

411. CVR, ARN, AINC, Bureau des documents relatifs aux pensionnats, dossier 1/25-1-7-6, volume 1, 03/1953-12/1970, J. P. Mulvihill à S. W. Kaiser, 6 juillet 1962. [120.06002]

412. CVR, ARN, aucun emplacement de document, aucun emplacement de dossier, Commission oblate des œuvres indiennes et esquimaudes, *Missionary Information Bulletin*, mars 1966. [OBG-002431]

413. CVR, DASAG, Affaires autochtones et Développement du Nord Canada, Keavin Amyot à Cher monsieur, 9 juillet 1969. [AANDC-589314]

414. Karen Mackenzie, « Sex Assault Victims Launch Lawsuit », *Northern News Services*, 13 octobre 2008, http://www.nnsl.com/frames/newspapers/2008-10/oct13_08sex.html; Sherri Barron, « Man Jailed for Abusing Inuit Boys », *Ottawa Citizen*, 30 juillet 1987.

415. Tonda MacCharles, « Crown Urges Long Jail Term for Social Worker Who Abused Inuit Boys », *Ottawa Citizen*, 25 juillet 1987.

416. CVR, DASAG, Gendarmerie royale du Canada, « Final Report of the Native Indian Residential School Task Force, Project E-NIRS, Royal Canadian Mounted Police », M. W. Pacholuk, sans date, p. 39, 40. [RCMP-564517]

417. CVR, ARN, Bibliothèque et Archives Canada, RG10, volume 6309, dossier 645-1, partie 3, R. S. Davis à la Division des affaires indiennes, 6 février 1947. [IRC-040084] Au sujet de la déclaration de culpabilité de l'ingénieur, voir : CVR, ARN, Bibliothèque et Archives Canada, RG10, volume 6309, dossier 654-1, partie 3, Gendarmerie royale du Canada, gendarme A. Zimmerman, 28 juillet 1945. [GDC-010369-0001] Au sujet de la déclaration de culpabilité du superviseur, voir : CVR, ARN, Bibliothèque et Archives Canada, RG10, volume 6309, dossier 654-1, partie 3, R. S. Davis aux Affaires indiennes, 6 février 1947. [GDC-010362-0001]

418. CVR, ARN, Bibliothèque et Archives Canada, RG10, volume 6309, dossier 654-1, partie 3, Bernard Neary à R. S. Davis, 13 février 1947. [GDC-017641]

419. CVR, ARN, Église anglicane du Canada, Archives du Synode général, GS 75-103, série 2-15, boîte 24, dossier 2, « Visit to Gordon's School, 11th-13th July, 1955, Major-General G. R. Turner ». [GDC-007228] Des détails sur les scandales sont fournis à : CVR, ARN, Bibliothèque et Archives Canada, RG10, volume 8754, dossier 654/25-1, volume 1, Henry G. Cook à R. F. Davey, 2 décembre 1955. [GDC-005039]

420. CVR, DAV, Vincent LaPlante, déclaration devant la Commission de vérité et réconciliation du Canada, Vancouver (Colombie-Britannique), 19 mai 2010, numéro de déclaration : S-BC-01-002.

421. CVR, DAV, John Tritschler, déclaration devant la Commission de vérité et réconciliation du Canada, Sto:lo (Colombie-Britannique), 19 janvier 2010, numéro de déclaration : 2011-0245.

Vers la conclusion de la Convention de règlement

1. Canada, ministère des Affaires autochtones, *Jalons importants - Pensionnats indiens,* https://www.aadnc-aandc.gc.ca/fra/1332939430258/1332939552554 (consulté le 4 février 2015).
2. Canada, Débats de la Chambre des communes (11 juin 2008), numéro 110, 39e législature, 2e session, http://www.parl.gc.ca/HousePublications/Publication.aspx?Docid=3568890&Language=F.
3. Commission de vérité et réconciliation du Canada, *Ils sont venus pour les enfants,* p. 83.
4. Miller, *Skyscrapers Hide the Heavens*, p. 318-319.
5. Miller, *Skyscrapers Hide the Heavens*, p. 322-323.
6. Miller, *Skyscrapers Hide the Heavens*, p. 329-330.
7. Miller, *Skyscrapers Hide the Heavens*, p. 339, 351.
8. Marshall *et al.*, « Assemblée des Premières Nations », http://www.thecanadianencyclopedia.ca/fr/m/article/assemblee-des-premieres-nations/ (consulté le 29 octobre 2014).
9. Ralliement national des Métis, « What Is the MNC? », http://www.metisnation.ca/index.php/who-are-the-metis/mnc (consulté le 25 juin 2015).
10. Posluns, « Congrès des Peuples Autochtones », http://www.thecanadianencyclopedia.ca/en/article/congress-of-aboriginal-peoples/ (consulté le 25 juin 2015).
11. Miller, *Skyscrapers Hide the Heavens*, p. 331-341.
12. Freedman, « Inuit Tapiriit Kanatami », http://www.thecanadianencyclopedia.ca/fr/m/article/inuit-tapiriit-kanatami/ (consulté le 8 décembre 2014).
13. Inuit Tapiriit Kanatami, *ITK Origins,* https://www.itk.ca/about-itk/itk-origins (consulté le 9 décembre 2014).
14. Ces organisations et associations sont les suivantes : Association inuite de Qikiqtani, gouvernement de Nunatsiavut, Association inuite de Kivalliq, Association inuite de Kitikmeot, Société régionale inuvialuite, Pauktuutit Inuit Women of Canada, Société Makivik, Nunavut Tunngavik Inc. et National Inuit Youth Council.
15. Stern, « Inuit Tapiriit Kanatami », p. 90.
16. *Accord entre les Inuit de la région du Nunavut et sa Majesté la Reine du chef du Canada, 1993.*
17. Freedman, « Inuit Tapiriit Kanatami », http://www.thecanadianencyclopedia.ca/fr/m/article/inuit-tapiriit-kanatami/ (consulté le 8 décembre 2014).
18. Miller, *Skyscrapers Hide the Heavens*, p. 342-344.
19. Miller, *Skyscrapers Hide the Heavens*, p. 349-350.
20. Canada, Chambre des communes, Comité spécial sur l'autonomie politique des Indiens, Rapport (Ottawa, 1983), cité dans Miller, *Skyscrapers Hide the Heavens*, p. 352.
21. Coates, *Global History of Indigenous Peoples*, p. 244-245.
22. Assemblée des Premières Nations, *Redress for the Harms Inflicted.*
23. Grant, *Moon of Wintertime*, p. 209.
24. Porter, *Anglican Church and Native Education*, p. 222.
25. CVR, DAE, Hendry, *Beyond Traplines*, p. 21. [13d-c000314-d0001-001]
26. CVR, DAE, Hendry, *Beyond Traplines*, p. 23. [13d-c000314-d0001-001]
27. CVR, DAE, Hendry, *Beyond Traplines*, p. 79. [13d-c000314-d0001-001]
28. Barker, « Tangled Reconciliations », p. 435-436.
29. Projet du Nord, « A Call for a Moratorium », p. 155-167. Pour un exemple des travaux d'éducation publique menés par le projet du Nord, voir : McCullum, McCullum, et Olthuis, *Moratorium.*
30. Kairos Canada, *Ethical Reflections*, p. 6.

31. CVR, ARN, Projet du Nord, Coalition pour les droits des Autochtones, lettre à l'honorable Tom Siddon, août 1992. [120.06583]
32. CVR, ARN, administration centrale du MAINC, dossier E4974-1, volume 3, 11/1990, T. Siddon à E. Metatawabin, 14 décembre 1992. [AEMR-019449]
33. Carney, « Native-Wilderness Equation », p. 76.
34. Gregersen, *Dialogue at the Boundaries,* p. 22.
35. Église Unie du Canada, révérend Robert Smith, *Apology to First Nations People,* http://www.united-church.ca/beliefs/policies/1986/a651 (consulté le 23 octobre 2014).
36. Les Missionnaires oblats de Marie Immaculée, révérend Doug Crosby, *Apology to the First Nations of Canada,* http://www.cccb.ca/site/images/stories/pdf/oblate_apology_english.pdf (consulté le 27 octobre 2014).
37. Église anglicane du Canada, archevêque Michael Peers, *Apology to Native People,* http://www.anglican.ca/relationships/files/2011/06/Apology-English.pdf (consulté le 27 octobre 2014).
38. Église presbytérienne du Canada, *Confession of the Presbyterian Church in Canada,* http://presbyterian.ca/?wpdmdl=92& (consulté le 27 octobre 2014).
39. Église Unie du Canada, révérend Bill Phipps, *Apology to Former Students,* http://www.united-church.ca/beliefs/policies/1998/a623 (consulté le 27 octobre 2014).
40. « Phil Fontaine's Shocking Testimony of Sexual Abuse », entrevue avec Barbara Frum, *The Journal,* CBC, http://www.cbc.ca/archives/categories/politics/parties-leaders/phil-fontaine-native-diplomat-and-dealmaker/shocking-testimony-of-sexual-abuse.html.
41. Assemblée des Premières Nations, *Breaking the Silence,* p. 178–180; Million, *Therapeutic Nations,* p. 96, 97.
42. Assemblée des Premières Nations, *Breaking the Silence,* sommaire.
43. Assemblée des Premières Nations, *Breaking the Silence,* sommaire.
44. Miller, *Shingwauk's Vision,* p. 7.
45. The Shingwauk Residential Schools Centre, *Children of the Shingwauk Alumni Association.* http://shingwauk.org/srsc/node/16 (consulté le 10 décembre 2014).
46. « Bernard's Lawsuit Helped Natives Nationwide », *Daily News* de Halifax, 30 décembre 2007, http://www.canada.com/story_print.html?id=983a8b88-a8ac-4e09-9e5c-b2c0e207ac3d; *Affidavit de Darcy Merkur souscrit le 28 juillet 2006,* dossier du tribunal n° 00-CV-192059CP, *Baxter c. Canada (Procureur général),* paragr. 28.
47. National Residential Schools Survivors' Society, *Raymond Mason: Autobiography,* http://www.nrsss.ca/Ray%20bio.htm (consulté le 25 octobre 2014).
48. Sellers, *They Called Me Number One,* p. 169.
49. Mémoire des demandeurs/demandeurs au titre du PEI concernant une demande de directives, à présenter le 17 décembre 2013, dossier n° 00-CV-192059, *Fontaine c. Canada,* 2013 ONSC 684, paragr. 1.
50. CVR, DASAG, Première Nation de Fort Albany, *St Anne's Residential School Reunion and Conference – Report of the Testimonial/Panel Component, St Anne's Residential School Reunion and Conference,* AADNC, 20 août 1992, p. 25–26. [AADNC-937297]
51. Metatawabin, *Up Ghost River,* p. 276, 287.
52. Indian Residential School Survivor Society, *Who We Are,* http://irsss.ca/irsss/about/who-we-are/ (consulté le 25 octobre 2014).
53. Indian Residential School Survivor Society, *Who We Are,* http://irsss.ca/irsss/about/who-we-are/ (consulté le 24 juin 2015).

54. Miller, *Skyscrapers Hide the Heavens,* p. 380-384.
55. Canada, Commission royale sur les peuples autochtones, *Rapport,* volume 1, chapitre 1, « Le point de départ ».
56. White *et al., Aboriginal Policy Research,* 3:138.
57. Canada, Commission royale sur les peuples autochtones, *Rapport,* volume 1, chapitre 10, « Les pensionnats ».
58. Canada, Commission royale sur les peuples autochtones, Rapport, volume 1, chapitre 10, « Les pensionnats », p. 416.
59. Canada, Commission royale sur les peuples autochtones, Rapport, volume 1, chapitre 10, « Les pensionnats », p. 419.
60. Canada, Commission royale sur les peuples autochtones, *Rapport,* volume 1, chapitre 10, « Les pensionnats », p. 365.
61. Canada, ministère des Affaires indiennes et du Nord canadien, *Rassembler nos forces,* p. 2.
62. Fondation autochtone de guérison, *Aboriginal People,* p. 1.
63. Canada, ministère des Affaires indiennes et du Nord canadien, *Rassembler nos forces,* p. 5.
64. Fondation autochtone de l'espoir, *Pensionnats,* http://www.legacyofhope.ca/about-residential-schools/healing-reconciliation (consulté le 24 octobre 2014).
65. *Affidavit de Brian O'Reilly souscrit le 27 juillet 2006,* dossier du tribunal n° L051875, *Quatell c. Canada (procureur général),* 2006 BCSC 1840, paragr. 6.
66. Lleweyn, « Dealing with the Legacy », p. 253, 261.
67. Assemblée des Premières Nations, Rapport de l'Assemblée des Premières Nations, p. 11.
68. Roach, *Blaming the Victim,* p. 568.
69. *T. W. N. A. c. Clarke,* 2001 BCSC 1177, paragr. 305.
70. Feldthusen, « Civil Liability », p. 68, 69.
71. Feldthusen, « Civil Liability », p. 68.
72. Pour le classement original, voir : *W. R. B. c. Plint,* [1998] BCJ n° 1320. Pour la disposition finale, voir : *Blackwater (WRB) c. Plint,* 2005 CSC 58.
73. Moran, « Role of Reparative Justice », p. 533.
74. Assemblée des Premières Nations, Rapport de l'Assemblée des Premières Nations, p. 11.
75. Voir par exemple : *G. S. c. Canada (procureur général),* 2001 SKQB 427.
76. *F. S. M. c. Clarke,* [1999] BCJ n° 1973, paragr. 2.
77. *F. S. M. c. Clarke,* [1999] BCJ n° 1973, paragr. 183.
78. *F. S. M. c. Clarke,* [1999] BCJ n° 1973, paragr. 196 et 197.
79. *F. S. M. c. Clarke,* [1999] BCJ n° 1973, paragr. 184.
80. *T. W. N. A. c. Clarke,* 2001 BCSC 1177, paragr. 290.
81. Pour la décision de Williamson, voir : *T. W. N. A. c. Clarke,* 2001 BCSC 1177, paragr. 291. Pour la décision de la cour d'appel, voir : *T. W. N. A. c. Clarke,* 2003 BCCA 670, paragr. 63, 78.
82. *D. A. c. Canada (procureur général),* [1998] SJ n° 691, paragr. 3-4. Pour la condamnation de Starr, voir : CVR, NRA, Trevor Sutter, « Starr Admits to Sexual Assaults », *Leader-Post* de Regina, 3 février 1993. [GDC-026641]
83. *V. P. c. Canada (procureur général),* 1999 SKQB 180, paragr. 46, 55, 61-64, 113.
84. *D. B. c. Canada (procureur général),* 2000 SKQB 574.
85. *D. B. c. Canada,* 2000 SKQB 574, paragr. 63-65.
86. *H. L. c. Canada,* 2001 SKQB 233.
87. *H. L. c. Canada,* 2001 SKQB 233, paragr. 79-80.
88. *H. L. c. Canada,* 2001 SKQB 233, paragr. 79-80.

89. *H. L. c. Canada,* 2002 SKCA 131, paragr. 258.
90. *H. L. c. Canada,* 2005 CSC 25.
91. *W. R. B. c. Plint,* [1998] BCJ n° 1320, paragr. 11, 14.
92. *W. R. B. c. Plint,* [1998] BCJ n° 1320, paragr. 126, 140.
93. *W. R. B. c. Plint,* 2001 BCSC 997, paragr. 933, 938.
94. *W. R. B. c. Plint.* 2003 BCCA 671, paragr. 49–50; révérend *Blackwater (WRB) c. Plint,* 2005 CSC 58, paragr. 73.
95. Smith, Voisiner, et Choquette, « Catholicisme », http://www.thecanadianencyclopedia.ca/fr/article/catholicisme/ (consulté le 20 janvier 2015).
96. *Re Residential Schools,* 2001 ABCA 216.
97. *Re Residential Schools,* 2002 ABQB 667, paragr. 10, 24.
98. Blair, « Diocese of Cariboo Plans Own Shutdown: Bishop Will Be out of a Job », *Anglican Journal,* 1er septembre 2000, p. 3, http://www.anglicanjournal.com/articles/diocese-of-cariboo-plans-own-shutdown-1049.
99. CVR, DAE, Harvey, Bob, « Catholic Forced to Pay Twice for Native Lawsuit, Negotiator Says », *Ottawa Citizen,* 12 novembre 2001. [13c-c000043-d0016-001]
100. CVR, DAE, Lettre du modérateur de l'Église unie du Canada, B. Phipps, du primat de l'Église anglicane du Canada, M. Peers, du modérateur de l'Église presbytérienne du Canada, G. Davis, O.M.I., et du président de la Conférence des évêques catholiques du Canada, G. Wiesner, au premier ministre Jean Chrétien, « Phipps Residential School correspondence », 29 juin 2000. [13a-c003175-d0048-001]
101. Lleweyn, « Dealing with the Legacy », p. 265.
102. CVR, DAE, communiqué, « Church Organizations Renew Call for Mediator », en date du 11 janvier 2002; [13c-c001424-d0044-001] CVR, CAR, lettre de J. Stagg à M. Zarowny, 23 juillet 2001; [13c-c001431-d0002-001] CVR, CAR, lettre de J. Stagg à M. Zarowny, J. Boyles, D. Iverson et S. Kendall, 21 août 2001. [13c-c000050-d0060-001]
103. CVR, DAE, communiqué, « Residential Schools Update n°12 », J. D. Cruickshank, J. Boyles, A. Whittingham. [38d-c001840-d0012-001]
104. Communications du Synode général, *Gouvernement du Canada et Église anglicanne,* http://www.anglican.ca/news/government-of-canada-and-anglican-church-reach-agreement-in-principle/3001866/ (consulté le 31 octobre 2014).
105. Archives de l'Église presbytérienne du Canada, *Brief Administrative History,* p. 6–7, http://presbyterian.ca/?wpdmdl=94& (consulté le 31 octobre 2014).
106. Église Unie du Canada, *Response to the Government,* http://www.united-church.ca/communications/news/general/011030 (consulté le 6 février 2015).
107. *Affidavit de James Vincent Scott souscrit le 14 juin 2006,* dossier du tribunal n° 00-CV-192059CP, *Baxter c. Canada (procureur général),* paragr. 12.
108. CVR, CAR, lettre du vice-premier ministre J. Manley à M. Zarowny, 24 mai 2002. [13c-c000051-d0017-001]
109. Association du Barreau canadien, *Logical Next Step,* p. 4.
110. Nouvelle-Écosse, Kaufman, *Searching for Justice (Kaufman Report),* p. 384–385.
111. Nouvelle-Écosse, Kaufman, *Searching for Justice (Kaufman Report),* p. 385.
112. Regan, *Unsettling the Settler,* p. 121.
113. Assemblée des Premières Nations, Rapport de l'Assemblée des Premières Nations, p. 14–15.
114. *Affidavit de David Russell souscrit le 25 juillet 2006,* dossier du tribunal n° 00-CV-192059CP, *Baxter c. Canada (procureur général),* paragr. 39.

115. *Affidavit de David Russell souscrit le 25 juillet 2006,* dossier du tribunal n° 00-CV-192059CP, *Baxter c. Canada (procureur général*), paragr. 40 à 42.
116. Assemblée des Premières Nations, Rapport de l'Assemblée des Premières Nations, p. 2, 11.
117. Résolution des questions des pensionnats indiens Canada, Rapport sur le rendement pour la période se terminant le 31 mars 2004, p. 2, 6, et 16, http://www.nrsss.ca/Resource_Centre/IndianAffairs/IRSRC_DPR_31March2004_FINAL_wm.pdf (consulté le 5 février 2015).
118. Assemblée des Premières Nations, Rapport de l'Assemblée des Premières Nations, p. 2.
119. Assemblée des Premières Nations, Rapport de l'Assemblée des Premières Nations, p. 2–3.
120. Assemblée des Premières Nations, Rapport de l'Assemblée des Premières Nations, p. 11.
121. Assemblée des Premières Nations, Rapport de l'Assemblée des Premières Nations, p. 3–4.
122. Assemblée des Premières Nations, Rapport de l'Assemblée des Premières Nations, p. 3–5.
123. Association du Barreau canadien, *Logical Next Step,* p. 6.
124. Association du Barreau canadien, *Logical Next Step,* p. 6.
125. Canada, Chambre des communes, Comité permanent des affaires autochtones et du développement du Grand Nord, Procès-verbaux des réunions p. 1, 18, 19, 20, 25 et 30, http://www.parl.gc.ca/CommitteeBusiness/CommitteeMeetings.aspx?Mode=1&Parl=38&Ses=1&Stac=1119424&Language=F (consulté le 5 février 2015).
126. Canada, Chambre des communes, Comité permanent des affaires autochtones et du développement du Grand Nord, Témoignages, http://www.parl.gc.ca/HousePublications/Publication.aspx?DocId=1648068&Mode=1&Parl=38&Ses=1&Language=F (consulté le 2 novembre 2014).
127. Canada, Chambre des communes, Comité permanent des affaires autochtones et du développement du Grand Nord, Étude de l'efficacité.
128. Canada, Chambre des communes, Comité permanent des affaires autochtones et du développement du Grand Nord, Étude de l'efficacité.
129. Eizenga *et al.*, *Class Actions Law and Practice.*
130. Jones, *Theory of Class Actions,* p. 110.
131. *Loi de 1992 sur les recours collectifs LO 1992,* chap. 6.
132. *Class Proceedings Act,* 1996 RSBC, chap. 50.
133. Saskatchewan : *Loi sur les recours collectifs*, LS 2001, chap. C-12.01; Terre-Neuve-et-Labrador : *Class Actions Act,* SNL 2001, chap. C-18.1; Manitoba : *Loi sur les recours collectifs*, CPLM chap. C-130; Alberta : *Class Proceedings Act,* SA 2003, chap. C-16.5; Nouveau-Brunswick : *Loi sur les recours collectifs*, LRN-B 2011, chap. 125; Nouvelle-Écosse : *Class Proceedings Act,* SNS 2007, chap. 28. (Toutes les lois citées correspondent aux lois provinciales sur les recours collectifs dans leur version moderne.)
134. Règles des Cours fédérales, DORS/98–106, modifiées par les *Règles modifiant les Règles des Cours fédérales,* 1998, DORS/2002–417, art. 17.
135. Eizenga *et al*, *Class Actions Law and Practice,* 1–5; *Western Canadian Shopping Centres Ltd c. Dutton,* [2001] 2 RSC 534; *Anderson v. Bell Mobility Inc,* 2010 NWTSC 65, paragr. 2.
136. *Affidavit de Darcy Merkur souscrit le 28 juillet 2006,* dossier du tribunal n° 00-CV-192059CP, *Baxter c. Canada (procureur général*), paragr. 28.
137. *Affidavit de Darcy Merkur souscrit le 28 juillet 2006,* dossier du tribunal n° 00-CV-192059CP, *Baxter c. Canada (procureur général),* paragr. 30.
138. *Affidavit de Darcy Merkur souscrit le 28 juillet 2006,* dossier du tribunal n° 00-CV-192059CP, *Baxter c. Canada (procureur général),* paragr. 34.
139. *Re Indian Residential Schools,* 1999 ABQB 823.

140. *Re Indian Residential Schools*, 2002 ABQB 308, paragr. 4.
141. *Affidavit de Darcy Merkur souscrit le 28 juillet 2006,* dossier du tribunal nº 00-CV-192059CP, *Baxter c. Canada (procureur général),* paragr. 51.
142. *Déclaration,* dossier du tribunal nº 29762, *Cloud c. Canada (procureur général).*
143. *Cloud c. Canada (procureur général),* [2001] OJ nº 4163, paragr. 7.
144. *Déclaration,* dossier du tribunal nº 29762, *Cloud c. Canada (procureur général).*
145. *Affidavit de Darcy Merkur souscrit le 28 juillet 2006,* dossier du tribunal nº 00-CV-192059CP, *Baxter c. Canada (procureur général),* paragr. 19–21.
146. Pour la Cour fédérale, voir : dossier du tribunal nº T-848-05, *Sparvier c. Canada (procureur général)*; dossier du tribunal nº T-1620-05, *Lalibertie c. Canada (procureur général)*. Pour le Québec, voir : dossier du tribunal nº 550-06-0000210-056, *House c. Canada (procureur général)*; dossier du tribunal nº 550-06-000308-502, *Cardinal c. Canada (procureur général*). Pour le Manitoba, la Saskatchewan, l'Alberta et la Colombie-Britannique, voir : *Affidavit de Donald I. M. Outerbridge souscrit le 8 août 2006,* dossier du tribunal nº 00-CV-192059-CP, *Baxter c. Canada (procureur général),* paragr. 75–76.
147. *Déclaration publiée le 13 juin 2000,* dossier du tribunal nº 00-CV-192059CP, *Baxter c. Canada (procureur général).*
148. *Mémoire conjoint des demandeurs, motion en vue de l'approbation du règlement* – à présenter les *29–31 août 2006,* dossier du tribunal nº 00-CV-192059CP, *Baxter c. Canada (procureur général),* paragr. 256.
149. *Affidavit de Darcy Merkur souscrit le 28 juillet 2006* dossier du tribunal nº 00-CV-192059CP, *Baxter c. Canada (procureur général),* paragr. 30, 72.
150. Spirit Wind, « Spirit Wind Signs Agreement », http://www.turtleisland.org/resources/spiritwind.pdf (consulté le 3 novembre, 2014).
151. *Baxter c. Canada (procureur général),* [2005] OJ nº 2165.
152. Résolution des questions des pensionnats indiens Canada, Avis de recours collectifs, http://web.archive.org/web/20060526232444/http://www.irsr-rqpi.gc.ca/francais/reglement_extrajudiciaire_avis_recours.html (consulté le 24 juin 2015).
153. Résolution des questions des pensionnats indiens Canada, Avis de recours collectifs, http://web.archive.org/web/20060526232444/http://www.irsr-rqpi.gc.ca/francais/reglement_extrajudiciaire_avis_recours.html (consulté le 24 juin 2015).
154. Résolution des questions des pensionnats indiens Canada, Avis de recours collectifs, http://web.archive.org/web/20060526232444/http://www.irsr-rqpi.gc.ca/francais/reglement_extrajudiciaire_avis_recours.html (consulté le 24 juin 2015).
155. *Cloud c. Canada (procureur général),* [2001] OJ nº 4163, paragr. 63, 74, 80.
156. *Cloud c. Canada (procureur général),* [2003] OJ nº 2698, paragr. 18–36.
157. *Cloud c. Canada (procureur général),* [2004] OJ nº 4924.
158. *Cloud c. Canada (procureur général),* [2004] OJ nº 4924, paragr. 47.
159. *Cloud c. Canada (procureur général),* [2004] OJ nº 4924, paragr. 87.
160. *Cloud c. Canada (procureur général),* [2004] OJ nº 4924, paragr. 92.
161. *Cloud c. Canada (procureur général),* [2005] SCCA nº 50.
162. *Baxter c. Canada (procureur général),* [2005] OJ nº 2165, paragr. 20.
163. Accord politique, Entente entre l'Assemblée des Premières Nations et Sa Majesté la Reine du chef du Canada (représentée par la vice-première ministre Anne McLellan), en date du 30 mai 2005, https://web.archive.org/web/20070319141417/http://www.afn.ca/cmslib/general/IRS-Accord.pdf (consulté le 3 novembre 2014).

164. *Lettre à Lorenzo Girones de Frank Iacobucci datée du 1er juin 2005, pièce n° B de l'affidavit de Frank Iacobucci souscrit le 28 juillet 2006,* dossier du tribunal n° 00-CV-192059CP, *Baxter c. Canada (procureur général).*
165. *Lettre à l'honorable Frank Iacobucci, représentant du gouvernement fédéral, datée du 10 août 2005, pièce n° A de l'affidavit of Nellie J. Cournoyea souscrit le 19 novembre 2012,* dossier du tribunal n° 00-CV-192059CP, *Fontaine c. Canada (procureur général), 2014 ONSC 4585.*
166. *Lettre à l'honorable Frank Iacobucci, représentant du gouvernement fédéral, datée du 10 août 2005, pièce n° A de l'affidavit of Nellie J. Cournoyea souscrit le 19 novembre 2012,* dossier du tribunal n° 00-CV-192059CP, *Fontaine c. Canada (procureur général),* 2014 ONSC 4585.
167. *Résumé d'une réunion entre les dirigeants inuits et Iacobucci, 1er septembre 2005, pièce n° B de l'affidavit de Nellie J. Cournoyea souscrit le 19 novembre 2012,* dossier du tribunal n° 00-CV-192059CP, *Fontaine c. Canada (procureur général).*
168. *Kuptana c. Canada (procureur général),* 2007 NWTSC 1; *Ammaq c. Canada (procureur général),* 2006 NUCJ 24.
169. *Affidavit de Frank Iacobucci souscrit le 28 juillet 2006,* dossier du tribunal n° 00-CV-192059CP, *Baxter c. Canada (procureur général),* paragr. 12.
170. *Affidavit de Frank Iacobucci souscrit le 28 juillet 2006,* dossier du tribunal n° 00-CV-192059CP, *Baxter c. Canada (procureur général),* paragr. 13.
171. *Affidavit de Phil Fontaine souscrit le 28 juillet 2006,* dossier du tribunal n° 05-CV-294716CP, *Fontaine c. Canada (procureur général),* paragr. 3.
172. Entente de principe, 20 novembre 2005, p. 1, http://www.residentialschoolsettlement.ca/French/AIP_French.pdf
173. Convention de règlement relative aux pensionnats indiens, http://www.residentialschoolsettlement.ca/French/settlement.html
174. Convention de règlement relative aux pensionnats indiens, http://www.residentialschoolsettlement.ca/French/AnnexeJ.pdf.
175. Convention de règlement relative aux pensionnats indiens, http://www.residentialschoolsettlement.ca/French/AnnexeJ.pdf.
176. Convention de règlement relative aux pensionnats indiens, art. 3.03, http://www.residentialschoolsettlement.ca/French/settlement.html
177. Convention de règlement relative aux pensionnats indiens, art. 3.02, annexe M, art. 3.03, et citation tirée de l'Entente de financement (p. 6), http://www.residentialschoolsettlement.ca/French/settlement.html
178. Convention de règlement relative aux pensionnats indiens, http://www.residentialschoolsettlement.ca/French/AnnexeJ.pdf
179. Convention de règlement relative aux pensionnats indiens, annexes O-1 (Partie III), O-2 (Partie III), O-3 (Partie III), O-4 (Partie IV), http://www.residentialschoolsettlement.ca/French/settlement.html.
180. *Baxter c. Canada (procureur général),* [2006] OJ n° 4968, paragr. 4.
181. *Quatell c. Canada,* 2006 BCSC 1840, paragr. 7.
182. *Quatell c. Canada,* 2006 BCSC 1840, paragr. 9.
183. *Baxter c. Canada (procureur général),* [2006] OJ n° 4968, paragr. 85; *Bosum c. Canada (procureur général),* 2006 QCCS 5794, paragr. 17; *Fontaine c. Canada (procureur général),* 2006 YKSC 63, paragr. 63; *Northwest c. Canada (procureur général),* 2006 ABQB 902, paragr. 87; *Quatell c. Canada,* 2006 BCSC 1840, paragr. 4, 38; *Semple c. Canada (procureur général),* 2006 MBQB 285, paragr. 34; *Sparvier c. Canada (procureur général),* 2006 SKQB 533, paragr. 83.

184. *Ammaq c. Canada (procureur général)*, 2006 NUCJ 24; *Kuptana c. Canada (procureur général)*, 2007 NWTSC 1.
185. *Convention de règlement relative aux pensionnats indiens*, paragr. 4.06*e*) et art. 4.14, http://www.residentialschoolsettlement.ca/French/settlement.html
186. Canada, Débats de la Chambre des communes : compte rendu officiel, Ottawa : Mclean, Roger (9 mai 1883), 5e législature, 1re session, 1107–1108, http://eco.canadiana.ca/view/oocihm.9_07186_1_2/369?r=0&s=1 (consulté le 6 février 2015).
187. Canada, Débats de la Chambre des communes (11 juin 2008), numéro 110, 39e législature, 2e session, http://www.parl.gc.ca/HousePublications/Publication.aspx?Docid=3568890&Language=F.
188. Canada, Débats de la Chambre des communes (11 juin 2008), numéro 110, 39e législature, 2e session, http://www.parl.gc.ca/HousePublications/Publication.aspx?Docid=3568890&Language=F.
189. Canada, Débats de la Chambre des communes (11 juin 2008), numéro 110, 39e législature, 2e session, http://www.parl.gc.ca/HousePublications/Publication.aspx?Docid=3568890&Language=F.
190. Canada, Débats de la Chambre des communes (11 juin 2008), numéro 110, 39e législature, 2e session, http://www.parl.gc.ca/HousePublications/Publication.aspx?Docid=3568890&Language=F.
191. Canada, Débats de la Chambre des communes (11 juin 2008), numéro 110, 39e législature, 2e session, http://www.parl.gc.ca/HousePublications/Publication.aspx?Docid=3568890&Language=F.
192. Canada, Débats de la Chambre des communes (11 juin 2008), numéro 110, 39e législature, 2e session, http://www.parl.gc.ca/HousePublications/Publication.aspx?Docid=3568890&Language=F.
193. Canada, Débats de la Chambre des communes (11 juin 2008), numéro 110, 39e législature, 2e session, http://www.parl.gc.ca/HousePublications/Publication.aspx?Docid=3568890&Language=F.
194. Canada, Débats de la Chambre des communes (11 juin 2008), numéro 110, 39e législature, 2e session, http://www.parl.gc.ca/HousePublications/Publication.aspx?Docid=3568890&Language=F.
195. Canada, Débats de la Chambre des communes (11 juin 2008), numéro 110, 39e législature, 2e session, http://www.parl.gc.ca/HousePublications/Publication.aspx?Docid=3568890&Language=F.
196. Canada, Débats de la Chambre des communes (11 juin 2008), numéro 110, 39e législature, 2e session, http://www.parl.gc.ca/HousePublications/Publication.aspx?Docid=3568890&Language=F.
197. Smith, « Schools 'Atrocity' Affected Generations, Survivor Says », *Toronto Star,* 11 juin 2008, http://www.thestar.com/news/canada/2008/06/11/schools_atrocity_affected_generations_survivor_says.html.
198. Stan Beardy, cité dans « Reaction to Harper's Apology », *Wawatay News,* 26 juin 2008, http://www.wawataynews.ca/node/13502.
199. Décret C.P. no 2008-0793; Décret C.P. no 2008-0794; Décret C.P. no 2008-0795; Décret C.P. no 2008-0796; Décret C.P. no 2008-0797; Décret C.P. no 2008-0798; Décret C.P. no 2008-0799; Décret C.P. no 2008-0800; Décret C.P. no 2008-0801; Décret C.P. no 2008-0802; Décret C.P. no 2008-0803; Décret C.P. no 2008-804.

Bibliographie

Sources primaires

1. Bases de données de la Commission de vérité et réconciliation

Les notes en fin de chapitre du rapport débutent souvent par CVR, suivi d'un des sigles suivants : DASAG, DAV, DAE, ASPI, ARN, RNE et BAC. Les documents ainsi cités se trouvent dans la base de données de la Commission de vérité et réconciliation du Canada, au Centre national pour la vérité et réconciliation. À la fin de chacune des notes, on trouve, entre crochets, le numéro d'identification de chacun des documents. Voici une brève description des bases de données.

Base de données des documents actifs et semi-actifs du gouvernement (DASAG) : Cette base de données contient les documents actifs et semi-actifs du gouvernement recueillis auprès de ministères fédéraux qui sont possiblement liés à l'administration et à la gestion du système des pensionnats. Conformément aux obligations du gouvernement fédéral découlant de la Convention de règlement relative aux pensionnats indiens (CRRPI), les documents ayant trait à l'histoire ou aux séquelles du système ont été communiqués à la Commission de vérité et réconciliation du Canada (CVR). Les autres ministères fédéraux concernés étaient notamment : le ministère de la Justice, Santé Canada, la Gendarmerie royale du Canada et la Défense nationale. Affaires autochtones et Développement du Nord Canada avait la responsabilité de rassembler et de communiquer les documents de ces autres ministères fédéraux à la CVR.

Base de données des déclarations audio-visuelles (DAV) : Cette base de données regroupe les déclarations audio et vidéo faites à la CVR dans le cadre d'audiences communautaires et d'événements régionaux et nationaux tenus par la Commission ainsi que d'autres événements spéciaux auxquels la Commission a participé.

Base de données des documents d'archives des Églises (DAE) : Cette base de données contient les documents recueillis auprès de diverses Églises et organisations religieuses ayant participé à l'administration et à la gestion des pensionnats indiens. Il s'agit notamment des entités associées à l'Église catholique romaine, à l'Église anglicane du Canada, à l'Église presbytérienne du Canada et à l'Église Unie du Canada. Les documents ont été recueillis conformément au mandat de la CVR, tel qu'il est énoncé dans la Convention de règlement relative aux pensionnats indiens, soit de « repérer les sources et créer un dossier historique le plus complet possible sur le système des pensionnats et ses séquelles ».

Base de données des administrations scolaires des pensionnats indiens (ASPI) : Cette base de données regroupe des documents sur chacun des pensionnats, conformément à la CRRPI.

Base de données de l'analyse et de la recherche nationale (ARN) : Cette base de données rassemble des documents recueillis par la Direction nationale de recherche et d'analyse d'Affaires autochtones et Développement du Nord Canada, anciennement Résolution des questions des pensionnats indiens Canada (RQPIC). Les documents contenus dans cette base de données visaient au départ la recherche sur diverses allégations, notamment sur les cas d'abus dans les pensionnats, et sont principalement issus de la procédure judiciaire dans des affaires criminelles et civiles puis de la Convention de règlement relative aux pensionnats indiens (CRRPI), ainsi que de processus de règlement extrajudiciaires tels que le règlement alternatif des différends. La plupart des documents proviennent d'Affaires autochtones et Développement du Nord Canada. La collection regroupe également des documents d'autres ministères fédéraux et d'organisations religieuses. Pour certains documents fournis par des organismes externes, l'information comprise dans la base de données est incomplète. Le cas échéant, la note en fin de chapitre contient l'information suivante : « aucun emplacement de document, aucun dossier source de document ».

Base de données des séries rouge, noire et sur les écoles (RNE) : Cette base de données contient les documents fournis à la Commission par Bibliothèque et Archives Canada. Les trois sous-séries regroupent des documents auparavant compris dans le Système central de gestion des dossiers de l'administration centrale, ou système de gestion des documents, pour les ministères qui ont précédé Affaires autochtones et Développement du Nord Canada. Les documents d'archives sont liés au fonds du ministère des Affaires indiennes et du Nord canadien et font partie de la collection de Bibliothèque et Archives Canada.

Base de données des documents et des contenants (fichiers) de documents d'archives de Bibliothèque et Archives Canada (DABAC) : Cette base de données contient des documents recueillis auprès de Bibliothèque et Archives Canada. Les documents d'archives des ministères fédéraux possiblement liés à l'administration et à la gestion du système des pensionnats faisaient partie de la collection de Bibliothèques et Archives Canada. Au départ, les documents ayant trait à l'histoire ou aux séquelles du système des pensionnats indiens ont été recueillis par la Commission de vérité et réconciliation du Canada (CVR), en collaboration avec Affaires autochtones et Développement du Nord Canada, dans le cadre de leur mandat, tel qu'il est énoncé dans la Convention de règlement relative aux pensionnats indiens. Affaires autochtones et Développement du Nord Canada a poursuivi la collecte de documents, conformément à l'obligation du gouvernement fédéral de divulguer ces documents dans le cadre de la Convention.

2. Rapport annuel des Affaires indiennes, 1864–1997

Dans le présent rapport, « *Rapport annuel du ministère des Affaires indiennes* » désigne les rapports annuels publiés du gouvernement du Canada en lien avec les Affaires indiennes pour la période comprise entre 1864 et 1997.

Le ministère des Affaires indiennes et du Nord canadien a vu le jour en 1966. En 2011, il est devenu Affaires autochtones et Développement du Nord Canada. Avant 1966, divers ministères ont eu la responsabilité des portefeuilles des Affaires indiennes et des Affaires du Nord.

Par ordre chronologique, voici les ministères qui ont eu la responsabilité des Affaires indiennes au fil des ans :

- département du Secrétaire d'État du Canada (jusqu'en 1869)
- département du Secrétaire d'État pour les Provinces (1869-1873)
- ministère de l'Intérieur (1873-1880)
- département des Affaires des Sauvages (1880-1936)
- ministère des Mines et des Ressources (1936-1950)
- ministère de la Citoyenneté et de l'Immigration (1950-1965)
- ministère du Nord canadien et des Ressources nationales (1966)
- ministère des Affaires indiennes et du Nord canadien (de 1966 à ce jour)

Le titre exact des rapports annuels du ministère des Affaires indiennes a changé au fil des années en fonction du ministère responsable.

3. Bibliothèque et Archives Canada

RG10 (groupe d'archives des Affaires indiennes) Le groupe d'archives RG10 de Bibliothèque et Archives Canada fait partie du fonds R216 du ministère des Affaires indiennes et du Nord canadien. À des fins de clarté et de concision, les archives appartenant au groupe d'archives RG10 mentionnées dans les notes en fin de chapitre du présent rapport sont présentées simplement à l'aide de l'information relative au groupe RG10. Lorsqu'une copie d'un document du groupe d'archives RG10 contenue dans une base de données de la CVR a été utilisée, la base de données de la Commission dans laquelle se trouve cette copie a été clairement indiquée tout comme l'information relative au groupe d'archives RG10 associée au document original.

RG85 (Programme des affaires du Nord)

4. Autres archives

Église anglicane du Canada, Archives du Synode général, Toronto.

Musée Glenbow, Calgary.

Archives des jésuites, Toronto.

5. Publications gouvernementales

Alberta. Assemblée législative de l'Alberta. « The Honourable R.G. Steinhauer, 1974–79 », http://www.assembly.ab.ca/lao/library/lt-gov/steinhau.htm (consulté le 13 septembre 2013).

Assemblée générale des Nations Unies. « Déclaration des Nations Unies sur les droits des peuples autochtones », adoptée par l'Assemblée générale le 2 octobre 2007, http://www.un.org/esa/socdev/unpfii/documents/DRIPS_fr.pdf (consulté le 15 mars 2015).

Canada. Affaires autochtones et Développement du Nord. « Carte : Les nations du Québec, Innu Takuaikan Uashat mak Mani-Utenam », http://www.aadnc-aandc.gc.ca/Mobile/Nations/profile_uashatmaliotenam-fra.html (consulté le 12 novembre 2014).

Canada. Affaires autochtones et Développement du Nord. « Jalons importants – Pensionnats indiens », https://www.aadnc-aandc.gc.ca/fra/1332939430258/1332939552554 (consulté le 10 décembre 2014).

Canada. Affaires autochtones et Développement du Nord. « La politique indienne du gouvernement du Canada, 1969 », http://www.aadnc-aandc.gc.ca/DAM/DAM-INTER-HQ/STAGING/texte-text/cp1969_1100100010190_fra.pdf.

Canada. Affaires autochtones et Développement du Nord. « Personnes responsables des Affaires indiennes et du Nord canadien, de 1755 à 2006 », https://www.aadnc-aandc.gc.ca/eng/1100100016471/1100100016472 (consulté le 13 avril 2014).

Canada. Affaires autochtones et Développement du Nord. « Répartition des demandes dans le cadre du Processus d'évaluation indépendant (PEI) avec abus commis par un élève contre un autre », statistiques du 19 septembre 2007 au 31 décembre 2012.

Canada. Banque du Canada. « Feuille de calcul de l'inflation », http://www.banqueducanada.ca/taux/renseignements-complementaires/feuille-de-calcul-de-linflation/ (consulté le 22 décembre 2013).

Canada. Chambre des communes. Comité permanent des affaires autochtones et du développement du Grand Nord. Étude de l'efficacité du mode alternatif de règlement des conflits du gouvernement dans le règlement des revendications *relatives aux pensionnats indiens*, 12 avril 2005, 38e législature, 1re session, quatrième rapport.

Canada. Chambre des communes. Comité permanent des affaires autochtones et du développement du Grand Nord. Procès-verbaux des réunions 1, 18, 19, 20, 25 et 30 sur l'efficacité du mode alternatif de règlement des conflits concernant les pensionnats autochtones, 38e législature, 1re session, http://www.parl.gc.ca/CommitteeBusiness/CommitteeMeetings.aspx?Mode=1&Parl=38&Ses=1&Stac=1119424&Language=F (consulté le 5 février 2015).

Canada. Chambre des communes. Comité permanent des affaires autochtones et du développement du Grand Nord. *Témoignages,* 17 février 2005, 38e législature, 1re session, http://www.parl.gc.ca/HousePublications/Publication.aspx?DocId=1648068&Language=F&Mode=1&Parl=38&Ses=1#Int-1137136 (consulté le 2 novembre 2014).

Canada. Chambre des communes. Comité spécial mixte du Sénat et de la Chambre des communes institué pour étudier la *Loi des indiens*. Procès-verbaux et témoignages, sous la présidence de D.F. Brown, avril-mai 1974.

Canada. Commission de vérité et réconciliation du Canada. *Ils sont venus pour les enfants : le Canada, les peuples autochtones et les pensionnats,* Winnipeg : Commission de vérité et réconciliation du Canada, 2012.

Canada. Commission royale sur les peuples autochtones. *Rapport de la Commission royale sur les peuples autochtones,* Ottawa : Approvisionnements et Services Canada, 1996.
Canada. Direction de l'éducation, Division des affaires indiennes, ministère de la Citoyenneté et de l'Immigration. *Statistical Report and Analysis of the Distribution of Indian School Children by Age, Grade, and Sex,* janvier 1958.
Canada. Gendarmerie royale du Canada. Disparus – Canada, « Référence du dossier : 2006005399 », https://secure.rcmp-grc.gc.ca/missing-disparus/case-dossier.jsf?case=2006005399&id=4&lang=fr (consulté le 16 septembre 2013).
Canada. Ministre des Affaires indiennes et du Nord canadien. *Rassembler nos forces – Le plan d'action du Canada pour les questions autochtones*, Ottawa : Ministre des Travaux publics et Services gouvernementaux Canada, 1997.
Canada. Parlement. Comité spécial mixte du Sénat et de la Chambre des communes institué pour étudier la *Loi des indiens*. Procès-verbaux et témoignages, 1946–1948.
Canada. Parlement. *Débats de la Chambre des communes*, 39e législature, 2e session, 11 juin 2008, http://www.parl.gc.ca/HousePublications/Publication.aspx?Docid=3568890&Language=F.
Canada. Parlement. *Débats de la Chambre des communes*, 27e législature, 1re session, vol. II, 16 février 1966, http://parl.canadiana.ca/view/oop.debates_CDC2701_02#oop.debates_CDC2701_02/1?r=0&s=1&_suid=143887056446506089845606049642.
Canada. Parlement. *Débats de la Chambre des communes*, 5e législature, 1re session, 9 mai 1883, http://parl.canadiana.ca/view/oop.debates_CDC0501_02#oop.debates_CDC0501_02/423?r=0&s=1&_suid=1438871823208014334674051422397 (consulté le 6 février 2015).
Canada. Parlement. Décrets, C.P. nos 2008–0793 à 2008–0804.
Canada. Parlement. « Livres blancs », http://www.parl.gc.ca/parlinfo/pages/WhitePapers.aspx?Language=F (consulté le 15 avril 2014).
Canada. Santé Canada, Aliments et nutrition. « Les guides alimentaires canadiens, de 1942 à 1992 », http://www.hc-sc.gc.ca/fn-an/food-guide-aliment/context/fg_history-histoire_ga-fra.php#fnb9 (consulté le 14 décembre 2013).
Committee on Cereals. *Cereal Enrichment in Perspective, 1958*, Washington (D.C.) : National Academy of Sciences, 1958.
Committee on Cereals. *Outlook for Bread and Flour Enrichment: Review of Events during 1947–48*, Washington (D.C.) : National Research Council, 1948, http://books.google.ca/books?id=l2UrAAAAYAAJ&printsec=frontcover&source=gbs_ge_summary_r&cad=0#v=onepage&q&f=false.
Gendarmerie royale du Canada. « Groupe de travail sur les pensionnats indiens », communiqué de presse, 12 septembre 2007.
Hawthorn, H.B. *Étude sur les Indiens contemporains du Canada : besoins et mesures d'ordre économique, politique et éducatif* [Rapport Hawthorn], vol. 1, Ottawa : Division des affaires indiennes, 1966, https://www.aadnc-aandc.gc.ca/DAM/DAM-INTER-HQ/STAGING/texte-text/ai-arp-ls-pubs-sci3_1326997109567_fra.pdf.
Hawthorn, H.B. *Étude sur les Indiens contemporains du Canada : besoins et mesures d'ordre économique, politique et éducatif* [Rapport Hawthorn], vol. 2. Ottawa : Division des affaires indiennes, 1967.

Kaufman, Fred. *Searching for Justice: An Independent Review of Nova Scotia's Response to Reports of Institutional Abuse* [Rapport Kaufman], Halifax : Gouvernement de la Nouvelle-Écosse, 2002.

Ladner, Kiera L., et Michael McCrossan. *La participation des Autochtones aux élections*, Ottawa : Élections Canada, 2007, http://elections.ca/res/rec/part/paper/aboriginal/aboriginal_f.pdf.

LeBeuf, Marcel-Eugène. *Le rôle de la Gendarmerie royale du Canada sous le régime des pensionnats indiens*, Ottawa : Gendarmerie royale du Canada, 2011.

Manitoba. Indian and Métis Conference. Committee of the Community Welfare Planning Council, « Survey of Canadian History Textbooks », mémoire présenté au comité de révision des programmes, Winnipeg : ministère de l'Éducation du Manitoba, 1964.

Marotta, Eugene. *Fire Safety Planning for Federal Buildings*, Ottawa : Ressources humaines et Développement des compétences Canada – Programme du travail, 2007, http://www.scribd.com/doc/166941506/Focus-Speaker041807-e (consulté le 20 septembre 2013).

Peterson, Katherine. *Sir Joseph Bernier Federal Day School, Turquetil Hall Investigation Report*, présenté au leader du gouvernement, gouvernement des Territoires du Nord-Ouest, novembre 1994.

Pickersgill, John Whitney. « Au sujet du Parlement », http://www.parl.gc.ca/parlinfo/Files/Parliamentarian.aspx?Item=5996b081-97f6-4bde-8dec-52df3dca3f76&Section=ALL&Language=F (consulté le 31 mars 2014).

Québec. Comité catholique du Conseil de l'instruction publique. *Programme d'études des écoles élémentaires, 1959.*

Québec. Commission de toponymie du Québec. « Amos », http://www.toponymie.gouv.qc.ca/ct/ToposWeb/fiche.aspx?no_seq=1229 (consulté le 26 avril 2014).

Québec. *Rapport de la Commission royale d'enquête sur l'enseignement dans la province de Québec*, Québec : Gouvernement du Québec, 1966, http://classiques.uqac.ca/contemporains/quebec_commission_parent/rapport_parent_4/rapport_parent_vol_4.pdf (consulté le 7 août 2012).

Stiebeling, Hazel K. *Food Budgets for Nutrition and Production* Programs, Washington : Département américain de l'agriculture, 1933.

Tribunaux militaires de Nuremberg. *Trials of War Criminals before the Nuernberg Military Tribunals*, 1946–1949, *http://www.loc.gov/rr/frd/Military_Law/pdf/NT_war-criminals_Vol-II.pdf* (consulté le 11 juillet 2014).

6. Législation

Class Actions Act, Statutes of Saskatchewan 2001, chap. C-12.01.

Class Actions Act, Statutes of Newfoundland 2001, chap. C-18.1.

Loi sur les recours collectifs, Lois de l'Ontario 1992, chap. 6.

Loi sur les recours collectifs, Lois du Manitoba 2002, chap. C130.

Class Proceedings Act, Statutes of British Columbia 1996, chap. 50.

Loi sur les recours collectifs, Lois du Nouveau-Brunswick 2011, chap. 125.

Class Proceedings Act, Statutes of Alberta 2003, chap. C-16.5.

Class Proceedings Act, Statutes of Nova Scotia 2007, chap. 28.

7. Affaires judiciaires

A. (M.) c. Canada (Procureur général) [2001] SKQB 504 (CanLII), http://canlii.ca/t/5htn (consulté le 18 février 2014).

A. (M.) c. Canada (Procureur général) [2003] SKCA 002, http://canlii.ca/t/5clp (consulté le 18 février 2014).

Ammaq c. Canada (Procureur général) [2006] NUCJ 24.

Anderson c. Bell Mobility Inc. [2010] NWTSC 65.

Baxter c. Canada (Procureur général) [2005] OJ 2165.

Baxter c. Canada (Procureur général) [2006] OJ 4968.

Blackwater (WRB) c. Plint [2005] CSC 58.

Bosum c. Canada (Procureur général) [2006] QCCS 5794.

Canadian Foundation for Children, Youth and the Law c. Canada (Procureur général) [2004] 1 RCS 76, [2004] CSC 4, p. 103-104.

Cardinal c. Canada (Procureur général), numéro du greffe : 550-06-000308-502.

Cloud c. Canada (Procureur général) [2001] OJ 4163.

Cloud c. Canada (Procureur général) [2003] OJ 2698.

Cloud c. Canada (Procureur général) [2004] OJ 4924.

Cloud c. Canada (Procureur général) [2005] SCCA 50.

D.B. c. Canada (Procureur général) [2000] SKQB 574.

E.B. c. Order of Oblates [2001] BCSC 1783.

E.B. c. Order of the Oblates of Mary Immaculate in the Province of British Columbia. http://www.scc-csc.gc.ca/case-dossier/info/sum-som-fra.aspx?cas=29890 (consulté le 12 novembre 2013).

F.S.M. c. Clarke [1999] CanLII 9405 (BCSC).

Fontaine c. Canada (Procureur général) [2006] YKSC 63.

Fontaine c. Canada (Procureur général) [2011] ONSC 4938 (CanLII).

Fontaine c. Canada (Procureur général) [2014] ONSC 283.

FSM c. Clarke [1999] BCJ 1973.

G.S. c. Canada (Procureur général) [2001] SKQB 427.

H.L. c. Canada [2001] SKQB 233.

H.L. c. Canada [2002] SKCA 131.

H.L. c. Canada [2005] CSC 25.

House c. Canada (Procureur général), numéro du greffe : 550-06-0000210-056.

Kuptana c. Canada (Procureur général) [2007] NWTSC 1.

Lalibertie c. Canada (Procureur général) [2005], numéro du greffe : T-1620-05.

Northwest c. Canada (Procureur général) [2006] ABQB 902.

Ordonnance du juge en chef de la Cour supérieure du Québec François Rolland, 27 mars 2013.

Quatell c. Canada [2006] BCSC 1840.

R. c. Comeau [1998] NWTJ 34 (NTSC).

R. c. Constant [2005] Man. QB (Dauphin) (CR03-05-00069).

R. c. Frappier [1990] YJ 163 (Cour territoriale).

R. c. Hands [1996] OJ 264.

R. c. Leroux [1998] NWTJ 139 (SC).

R. c. Maczynski [1997] CanLII 2491 (BCCA). http://canlii.ca/t/1dzbw (consulté le 17 avril 2012).

R. c. Mills [1999] 3 RCS 668.
R. c. O'Connor [1996] BCJ 1663
R. c. O'Connor [1996] CanLII 3348 (BCCA).
R. c. O'Connor [1996] CanLII 8393 (BCCA).
R. c. O'Connor [1997] CanLII 4071 (BCCA).
R. c. O'Connor [1998] CanLII 14987 (BCCA).
Règles des Cours fédérales, 1998, DORS 98/106, telles qu'elles ont été modifiées par les *Règles modifiant les* Règles des Cours fédérales, 1998, DORS 2002-417, art. 17.
Re Indian Residential Schools [1999] ABQB 823.
Re Indian Residential Schools [2002] ABQB 308.
Re Residential Schools [2001] ABCA 216.
Re Residential Schools [2002] ABQB 667.
Sa Majesté la Reine et Harold Daniel McIntee. Motifs du jugement, juge C.C. Marnett, Cour provinciale de la Colombie-Britannique, 1er juin 1989.
Semple c. Canada (Procureur général) [2006] MBQB 285
Sparvier c. Canada (Procureur général) [2005], numéro du greffe : T-848-05.
Sparvier c. Canada (Procureur général) [2006] SKQB 533
TWNA c. Clarke [2001] BCSC 1177.
TWNA c. Clarke [2003] BCCA 670.
V.P. c. Canada (Procureur général) [1999] SKQB 180.
W.R.B. c. Plint [1998] BCJ 1320.
W.R.B. c. Plint [2001] BCSC 997.
W.R.B. c. Plint [2003] BCCA 671.
Western Canadian Shopping Centres Ltd. c. Dutton [2001] 2 RCS 534.

8. Documents judiciaires

Affidavit de Brian O'Reilly souscrit le 27 juillet 2006, dossier du greffe L051875, *Quatell c. Canada (Procureur général)*.
Affidavit de Darcy Merkur souscrit le 28 juillet 2006, dossier du greffe 00-CV-192059CP, *Baxter c. Canada (Procureur général)*.
Affidavit de David Russell souscrit le 25 juillet 2006, dossier du greffe 00-CV-192059CP, *Baxter c Canada (Procureur général)*.
Affidavit de Donald I.M. Outerbridge, souscrit le 8 août 2006, dossier du greffe 00-CV-192059-CP, *Baxter c. Canada (Procureur général)*.
Affidavit de Frank Iacobucci souscrit le 28 juillet 2006, dossier du greffe 00-CV-192059CP, *Baxter c. Canada (Procureur général)*.
Affidavit de James Vincent Scott souscrit le 14 juin 2006, dossier du greffe 00-CV-192059CP, *Baxter c. Canada (Procureur général)*.
Affidavit de Nellie J. Cournoyea souscrit le 19 novembre 2012, dossier du greffe 00-CV-192059, *Fontaine c. Canada (Procureur général)*, 2014 ONSC 4585.
Affidavit de Phil Fontaine, souscrit le 28 juillet 2006, dossier du greffe 05-CV-294716CP, *Fontaine c. Canada (Procureur général)*.
Demande introductive d'instance, dossier du greffe 00-CV-192059CP, *Baxter c. Canada (Procureur général)*.

Demande introductive d'instance, dossier du greffe 29762, *Cloud c. Canada (Procureur général)*.
Mémoire des demandeurs/demandeurs au titre du PEI pour l'obtention d'instructions, à présenter le 17 décembre 2013, dossier du greffe 00-CV-192059, *Fontaine c. Canada*, 2013 ONSC 684.
Mémoire conjoint des demandeurs, motion en vue de l'approbation du règlement, à présenter les 29–31 août 2006, dossier du greffe 00-CV-192059CP, *Baxter c. Canada (Procureur général)*.

9. Autres sources

Accord entre les Inuit de la région du Nunavut et Sa Majesté la Reine du chef du Canada, la Fédération Tungavik du Nunavut et le ministre des Affaires indiennes et du Nord canadien, 1993.
Convention de règlement relative aux pensionnats indiens, 8 mai 2006, http://www.residentialschoolsettlement.ca/french/settlement.html.
Entente de principe entre le Canada, représenté par l'honorable Frank Iacobucci et les codemandeurs, représentés par le Consortium national et les conseillers juridiques soussignés, et l'Assemblée des Premières Nations et coll., 10 novembre 2005. http://www.residentialschoolsettlement.ca/aip.pdf (consulté le 3 novembre 2014).
Entente politique entre l'Assemblée des Premières Nations et Sa Majesté la reine du chef du Canada, repésentée par la vice-première-ministre Anne McLellan, 30 mai 2005, https://web.archive.org/web/20070319141417/http://www.afn.ca/cmslib/general/IRS-Accord.pdf (consulté le 3 novembre 2014).
Secrétariat d'adjudication des pensionnats indiens. « Statistiques du Secrétariat d'adjudication du 19 septembre 2007 au 31 janvier 2015 », http://iap-pei.ca/information/stats-fra.php (consulté le 20 février 2015).

Sources secondaires

1. Livres et rapports publiés

Annas, G.J., et M.A. Grodin. *The Nazi Doctors and the Nuremberg Code: Human Rights in Human Experimentation*, New York : Oxford University Press, 1992.
Assemblée des Premières Nations. *Rapport sur le plan de règlement des conflits du gouvernement du Canada qui vise à indemniser les victimes de sévices infligés dans les pensionnats indiens*, Ottawa : Assemblée des Premières Nations, 2004.
Assemblée des Premières Nations. *Breaking the Silence: An Interpretive Study of Residential School Impact and Healing as Illustrated by the Stories of First Nations Individuals*, Ottawa : Assemblée des Premières Nations, 1994.
Association du Barreau canadien. *La prochaine étape logique : des paiements de redressement versés à tous les élèves survivants de pensionnats indiens*, Toronto : Association du Barreau canadien, 2005.

Auger, Donald J. *Indian Residential Schools in Ontario*, Ontario : Nation Nishnawbe Aski, 2005.

Barron, F. Laurie. *Walking in Indian Moccasins: The Native Policies of Tommy Douglas and the CCF*, Vancouver : University of British Columbia Press, 1997.

Blondin-Perrin, Alice. *Mon coeur palpitait comme un tambour : ce que j'ai appris dans les pensionnats destinés aux Indiens, Territoires du Nord-Ouest*, Ottawa : Borealis Press, 2013.

Blue Quills First Nations College. *Pimohteskanaw, 1971–2001: Blue Quills First Nations College*, St. Paul (Alberta) : Blue Quills First Nations College, 2002.

Britnell, George E., et Vernon C. Fowke. *Canadian Agriculture in War and Peace, 1935–50*, Stanford : Stanford University Press, 1962.

Buckley, Helen. *From Wooden Ploughs to Welfare: Why Indian Policy Failed in the Prairie Provinces*, Montréal et Kingston : McGill-Queen's University Press, 1992.

Bynum, Helen. *Spitting Blood: The History of Tuberculosis*, Oxford : Oxford University Press, 2012.

Canadien, Albert. *From Lishamie*, Penticton : Theytus Books, 2010.

Cardinal, Harold. *La tragédie des Indiens du Canada*, Montréal : Éd. du Jour, 1970.

Castellano, Marlene Brant, Linda Archibald, et Mike DeGagné, dir. *De la vérité à la réconciliation : transformer l'héritage des pensionnats*, Ottawa : Fondation autochtone de guérison, 2008.

Clutesi, George. *Son of Raven, Son of Deer*, Sidney (Colombie-Britannique) : Grey's Publishing, 1967.

Coates, Kenneth. *A Global History of Indigenous Peoples: Struggle and Survival*, New York : Palgrave Macmillan, 2004.

Comeau, Pauline. *Elijah: No Ordinary Hero*, Vancouver : Douglas and McIntyre, 1993.

Conseil canadien du bien-être, et George Caldwell. *Indian Residential Schools: A Research Study of the Child Care Programs of Nine Residential Schools in Saskatchewan*, étude à l'intention du ministère des Affaires indiennes et du Nord canadien, Ottawa : Conseil canadien du bien-être, 1967.

Conseil tribal des Nuu-chah-nulth. *Indian Residential Schools: The Nuu-Chah-Nulth Experience: Report of the Nuu-Chah-Nulth Tribal Council Indian Residential School Study, 1992–1994*, Port Alberni (Colombie-Britannique) : Conseil tribal des Nuu-chah-nulth, 1996.

Cruikshank, Julie, en collaboration avec Angela Sidney, Kitty Smith, et Annie Ned. *Life Lived Like a Story: Life Stories of Three Yukon Native Elders*, Vancouver : University of British Columbia Press, 1991.

Dickson, Stewart. *Hey, Monias! The Story of Raphael Ironstand*, Vancouver : Arsenal Pulp Press, 1993.

Dunning, James Morse. *Principles of Dental Public Health*, Cambridge : Harvard University Press, 1986.

Dyck, Noel. *Differing Visions: Administering Indian Residential Schooling in Prince Albert 1867–1995*, Halifax : Fernwood Publishing, 1997.

Eizenga, Michael, et coll. *Class Actions Law and Practice*, deuxième édition, Toronto : LexisNexis Canada, 2008.

Elliott, Russell. *The Briefcase Boys: Reflections of a Church Activist*, Hantsport (Nouvelle-Écosse) : Lancelot Press, 1996.

Faden, Ruth R., Tom L. Beauchamp, et Nancy M. P. King. *A History and Theory of Informed Consent*, New York : Oxford University Press, 1986.

Finkel, Alvin. *Our Lives: Canada after 1945*, Toronto : James Lorimer and Company, 1997.
Fondation autochtone de guérison. *Peuples autochtones, résilience et séquelles du régime des pensionnats*, Ottawa : Fondation autochtone de guérison, 2003.
Fontaine, Theodore. *Broken Circle: The Dark Legacy of Indian Residential Schools*, Vancouver : Heritage House, 2010.
Ford, Clellan S. *Smoke From Their Fires: Life of a Kwakiutl Chief*, 1941, Hamden (Connecticut) : Archon Books, 1968.
Fraternité des Indiens du Manitoba. *The Shocking Truth About Indians in Textbooks!* Winnipeg : Centre éducatif et culturel indien du Manitoba, 1977.
Fraternité nationale des Indiens. *Indian Control of Indian Education: Policy Paper Presented to the Minister of Indian Affairs and Northern Development*, Ottawa : Fraternité nationale des Indiens, 1972.
French, Alice. *Je m'appelle Masak*, Montréal : Cercle du livre de France, 1979.
Gélinas, Claude. *Entre l'assommoir et le godendart: Les Atikamekw et la conquête du Moyen-Nord québécois, 1870–1940*, Sillery (Québec) : Septentrion, 2003.
Gibson, Mark. *The Feeding of Nations: Redefining Food Security for the 21st Century*, Boca Raton (Florida) : CRC Press, 2012.
Goodwill, Jean, et Norma Sluman. *John Tootoosis*, Winnipeg : Pemmican Press, 1984.
Graham, Elizabeth. *The Mush Hole: Life at Two Indian Residential Schools*, Waterloo : Heffle Publishing, 1997.
Grant, John Webster. *Moon of Wintertime: Missionaries and the Indians of Canada in Encounters since 1534*, Toronto : University of Toronto Press, 1984.
Grygier, Pat Sandiford. *A Long Way from Home: The Tuberculosis Epidemic among the Inuit*, Montréal et Kingston : McGill-Queen's University Press, 1994.
Gullet, D.W. *A History of Dentistry in Canada*, Toronto : publié pour l'Association dentaire canadienne par la University of Toronto Press, 1971.
Haig-Brown, Celia. *Resistance and Renewal: Surviving the Indian Residential School*, Vancouver : Arsenal Pulp Press, 1988.
Harris, Michael. *Les Ordres trahis : la tragédie de Mount Cashel*, Montréal : Libre Expression, 1991.
Heron, Craig. *The Canadian Labour Movement: A Brief History*, Toronto : J. Lorimer, 1996.
Hodgetts, A.B. *Quelle culture? Quel héritage?: une étude de l'éducation civique au Canada*, Toronto : Institut d'études pédagogiques de l'Ontario, 1968.
Hughes, Kenneth James, et Jackson Beardy. *Jackson Beardy, Life and Art*, Winnipeg : Canadian Dimension Publishers, 1979.
Indian Chiefs of Alberta. *Citizens Plus*, 1970, réimprimé dans *Aboriginal Policy Studies*, vol. 1, nº 2 (2011), p. 188–281.
Jack, Agnes, dir. *Behind Closed Doors: Stories from the Kamloops Indian Residential School*, Kamloops (Colombie-Britannique) : Secwepemc Cultural Education Society, Penticton : Theytus Books, 2006.
Jaine, Linda, dir. *Residential Schools: The Stolen Years*, Saskatoon : Université de la Saskatchewan, University Extension Press, 1995.
Jennissen, Therese, et Colleen Lundy. *One Hundred Years of Social Work: A History of the Profession in English Canada, 1900–2000*, Waterloo : Wilfrid Laurier University Press, 2011.
Joe, Rita. *Song of Rita Joe: Autobiography of a Mi'kmaq Poet*, Lincoln : University of Nebraska Press, 1996.

Johnston, Basil H. *Indian School Days*, Toronto : Key Porter Books, 1988.

Johnston, Patrick. *Native Children and the Child Welfare System*, Toronto : Conseil canadien de développement social, en collaboration avec J. Lorimer, 1983.

Jones, Craig. *Theory of Class Actions*, Toronto : Irwin Law, 2003.

KAIROS Canada. *Ethical Reflections on the Northern Gateway Pipeline*, Toronto : KAIROS Canada, juillet 2012.

Katz, Jay, A.M. Capron, et E. Swift Glass. *Experimentation with Human Beings: The Authority of the Investigator, Subject, Professions, and State in the Human Experimentation Process*, New York : Russell Sage Foundation, 1972.

Kidd, Bruce. *The Struggle for Canadian Sport*, Toronto : Université de Toronto, 1996.

King, A. Richard. *The School at Mopass: A Problem of Identity*, New York : Holt, Rinehart, and Winston, 1967.

Kirkness, Verna J. *Creating Space: My Life and Work in Indigenous Education*, Winnipeg : University of Manitoba Press, 2013.

Knockwood, Isabelle. *Out of the Depths: The Experiences of Mi'kmaw Children at the Indian Residential School at Shubenacadie*, Halifax (Nouvelle-Écosse) : Fernwood Publishing, 2001.

Lascelles, Thomas A. *Roman Catholic Indian Residential Schools in British Columbia*, Vancouver : Ordre des Oblats de Marie Immaculée de la Colombie-Britannique, 1990.

Linteau, Paul-André, René Durocher, Jean-Claude Robert, et François Ricard. *Histoire du Québec contemporain: Le Québec depuis 1930*, vol. 2, Montréal : Boréal, 1989.

Lux, Maureen K. *Medicine that Walks: Disease, Medicine and Canadian Plains Native People, 1880–1940*, Toronto : University of Toronto Press, 2001.

MacGregor, Roy. *Chief: The Fearless Vision of Billy Diamond*, Toronto : Viking, 1989.

Manning, Sally. *Guts and Glory: The Arctic Skiers Who Challenged the World*, Yellowknife : Outcrop, The Northern Publishers, 2006.

Marks, Don. *They Call Me Chief: Warriors on Ice*, Winnipeg : J. Gordon Shillingford, 2008.

McCuaig, Katherine. *The Weariness, The Fever, and The Fret: The Campaign Against Tuberculosis in Canada, 1900–1950*, Montréal et Kingston : McGill-Queen's University Press, 1999.

McCullum, Hugh, Karmel McCullum, et John Olthuis. *Moratorium: Justice, Energy, the North, and the Native People*, Toronto : Anglican Book Centre, 1977.

McDiarmid, Garnet, et David Pratt. *Teaching Prejudice: A Content Analysis of Social Studies Textbooks Authorized for Use in Ontario*, Toronto : Institut d'études pédagogiques de l'Ontario, 1971.

McNally, Vincent. *The Lord's Distant Vineyard: A History of the Oblates and the Catholic Community in British Columbia*, Edmonton : University of Alberta Press et Western Canadian Publishers, 2000.

Meijer Drees, Laurie. *Healing Histories: Stories from Canada's Indian Hospitals*, Edmonton : University of Alberta Press, 2013.

Metatawabin, Edmund. *Up Ghost River: A Chief's Journey Through The Turbulent Waters Of Native History*, Toronto : Alfred A. Knopf Publishing, 2014.

Miller, J.R. *Skyscrapers Hide the Heavens: A History of Indian-White Relations in Canada*, Toronto : University of Toronto Press, 2000.

Miller, J.R. *Shingwauk's Vision: A History of Native Residential Schools*, Toronto : University of Toronto Press, 1996.

Million, Dian. *Therapeutic Nations: Healing in an Age of Indigenous Human Rights*, Tuscon : University of Arizona Press, 2013.
Milloy, John S. *A National Crime: The Canadian Government and the Residential School System, 1879–1896*, Winnipeg : University of Manitoba Press, 1999.
Morton, Desmond. *Histoire militaire du Canada*, Outremont (Québec) : Athéna éditions, 2009.
Neufeld, Henry, et Elna Neufeld. *By God's Grace: Ministry with Native People in Pauingassi*, Winnipeg : CMBC Publications, 1991.
Newman, Morton. *Indians of the Saddle Lake Reserve*, Edmonton : Human Resources and Development Council, 1967.
Organisation mondiale de la santé. *Chronic Suppurative otitis media: Burden of Illness and Management Options*, Genève : Organisation mondiale de la santé, 2004.
Pappworth, M.H. *Human Guinea Pigs: Experimentation on Man*, Boston : Beacon Press, 1967.
Poulin, Grace. *Invisible Women: WWI Aboriginal Servicewomen in Canada*, Thunder Bay : Association des femmes autochtones de l'Ontario, 2007.
Rea, J.E. *T.A. Crerar: A Political Life*, Montréal : McGill-Queen's University Press, 1997.
Regan, Paulette. *Unsettling the Settler Within: Indian Schools, Truth-telling and Reconciliation in Canada*, Vancouver : University of British Columbia Press, 2010.
Revay and Associates Limited. *Document de travail sur le Code national du bâtiment du Canada :* rapport à l'intention de la Société canadienne d'hypothèques et de logement, Montréal, Ottawa, Toronto, Calgary, Vancouver, Gaithersburg (Maryland), 1994.
Robertson, Heather. *Reservations are for Indians*, Toronto : James, Lewis and Samuel, 1970.
Rozovsky, Lorne Elkin. *The Canadian Law of Consent to Treatment*, Toronto : LexisNexis Butterworths, 2003.
Scher, Len. *The Un-Canadians*, Montréal : Joanne Smale Communications et l'Office national du film du Canada, 1996.
Sealey, B. Bruce, et Peter Van De Vyvere. *Thomas George Prince*, Winnipeg : Peguis Publishers Limited, 1981.
Sellers, Bev. *They Called Me Number One: Secrets and Survival at an Indian Residential School*, Vancouver : Talonbooks, 2013.
Shanahan, David F. *The Jesuit Residential School at Spanish: "More than mere talent"*, Toronto : Canadian Institute for Jesuit Studies, 2004.
Shea, Goldie. *Les sévices infligés aux enfants placés en établissements au Canada : jurisprudence en matière criminelle*, Ottawa : Commission du droit du Canada, 1999.
Sheffield, R. Scott. *The Red Man's on the Warpath: The Image of the "Indian" and the Second World War*, Vancouver : University of British Columbia Press, 2004.
Snow, John. *These Mountains are Our Sacred Places: The Story of the Stoney Indians*, Toronto : Samuel and Stevens, 1977.
Stern, Pamela. *The Historical Dictionary of the Inuit*, Lanham : Scarecrow Press, 2013.
Struthers, James. *No Fault of Their Own: Unemployment and the Canadian Welfare State 1914–1941*, Toronto : University of Toronto Press, 1983.
Sutherland, Neil. *Children in English-Canadian Society: Framing the Twentieth-Century Consensus*, Waterloo : Wilfrid Laurier University Press, 2000.
Thrasher, Anthony Apakark. *Notre silence a déjà trop duré*, Montréal : Éditions Bellarmin, 1978.

Vanderburgh, Rosamond M. *The Canadian Indian in Ontario's School Texts: A study of Social Studies textbooks, Grade 1 through 8*, Port Credit (Ontario) : University Women's Club of Port Credit, groupe d'études sur les Indiens et les Esquimaux du Canada, 1968.

Venne, Sharon, dir. *Indian Acts and Amendments: 1868–1975: An Indexed Collection*, Saskatoon : Native Law Centre, Université de la Saskatchewan, 1981.

Waldram, James B., D. Ann Herring, et T. Kue Young. *Aboriginal Health in Canada: Historical, Cultural, and Epidemiological Perspectives*, deuxième édition, Toronto : Université de Toronto, 2006.

Wall, Karen L. *Game Plan: A Social History of Sport in Alberta*, Edmonton : University of Alberta Press, 2012.

Weaver, Sally M. *Making Canadian Indian Policy: The Hidden Agenda, 1968–70*, Toronto : University of Toronto Press, 1981.

Wherrett, George Jasper. *The Miracle of the Empty Beds: A History of Tuberculosis in Canada*, Toronto : University of Toronto Press, 1977.

White, Jerry, et coll. *Aboriginal Policy Research, Volume VII: History of Treaties and Policies*, Toronto : Thompson Educational Publishing, 2010.

Willis, Jane. *Geniesh: An Indian Girlhood*, Toronto : New Press, 1973.

Zeman, Brenda, et David Williams. *To Run with Longboat: 12 Stories of Indian Athletes in Canada*, Edmonton : GMS Ventures, 1988.

Zeman, Brenda, Joe Zeman, Stephen Scriver, et Wayne D. Schafer. *Hockey Heritage: 88 Years of Puck-Chasing in Saskatchewan*, Regina : WDS Associates et le Saskatchewan Sports Hall of Fame, 1983.

2. Chapitres de livres et articles de périodiques

Adams, Ian. « The Indians: An Abandoned and Dispossessed People », *Weekend Magazine*, vol. 15, nº 31 (31 juillet 1965).

Adams, Ian. « The Lonely Death of Charlie Wenjack », *Maclean's*, février 1967, p. 30–44.

Adamson, J.D., N. Jolliffe, H.D. Kruse, O.H. Lowry, P.E. Moore, B.S. Platt, W.H. Sebrell, J.W. Tice, F.F. Tisdall, R.M. Wilder et P.C Zamecnik, « Medical Survey of Nutrition in Newfoundland », *Journal de l'Association médicale canadienne = Canadian Medical Association Journal*, vol. 52, nº 3 (mars 1945), p. 227–250.

Angeconeb, Garnet, en collaboration avec Kateri Akiwenzie-Damm. « Clamer ma vérité : un cheminement vers la réconciliation », *De la vérité à la réconciliation : transformer l'héritage des pensionnats*, sous la direction de Marlene Brant Castellano, Linda Archibald et Mike DeGagné, p. 349–368, Ottawa : Fondation autochtone de guérison, 2008.

Apetagon, Byron. « Smoke and Flying Children », en fonction des témoignages de Ruby Beardy et de Charles Queskekapow, *Norway House Anthology: Stories of the Elders, Volume I*, sous la direction de Byron Apetagon, p. 55–56, Winnipeg : Division scolaire Frontier, 1991.

Association dentaire canadienne. « Canadian Dental Association News: Fluoride to Water Supplies », *Journal of the Canadian Dental Association* (1953), p. 401.

Axelrod, Paul. « No Longer a "Last Resort": The End of Corporal Punishment in the Schools of Toronto », *Canadian Historical Review*, vol. 91, nº 2 (2010), p. 261–285.

Aykroyd, W.R., N. *Jolliffe,* O.H. *Lowry,* P.E. *Moore,* W.H. Sebrell, R.E. Shank, F.F. Tisdall, R.M. Wilder et P.C. Zamecnik. « *Medical resurvey of nutrition in Newfoundland, 1948* », *Journal de l'Association médicale canadienne = Canadian Medical Association Journal,* vol. 60 (avril 1949), p. 3–30

Barker, John. « Tangled reconciliations: The Anglican Church and the Nisga'a of British Columbia », *American Ethnologist,* vol. 25, n° 3 (1998), p. 433–451.

Bear, Shirley. « Boarding School Life », « *... And then they told us their stories »: A Book of Indian Stories,* sous la direction de Jack Funk et Gordon Lobe, Saskatoon : Saskatoon District Tribal Council, 1991.

Bell, Rosa. « Journeys », *Residential Schools: The Stolen Years,* sous la direction de Linda Jaine, p. 8–16, Saskatoon : Université de la Saskatchewan, University Extension Press, 1995.

Blair, Kathy. « Diocese of Cariboo plans own shutdown », *Anglican Journal,* vol. 126, n° 7 (septembre 2000), p. 3, http://www.anglicanjournal.com/articles/diocese-of-cariboo-plans-own-shutdown-1049 (consulté le 30 octobre 2014).

Brown, H. « Mass Control of Dental Caries by Fluoridation of a Public Water Supply », *Journal of the Canadian Dental Association,* vol. 17 (1951), p. 609–613.

Carney, Robert. « The Native-Wilderness Equation: Catholic and Other School Orientations in the Western Arctic », *Sessions d'*étude *: Société canadienne d'histoire de l'*église *catholique = Canadian Catholic Historical Association : Study Sessions,* vol. 48 (1981), p. 61–77.

Chapman, D.G., et J.A. Campbell. « Effect of bone meal in enriched flour on the utilization of iron by anaemic and normal rats », *British Journal of Nutrition,* vol. 11, n° 2 (1957), p. 133–137.

Charland, Elise. « The Courage to Change », *Residential Schools: The Stolen Years,* sous la direction de Linda Jaine, p. 28–34, Saskatoon : Université de la Saskatchewan, University Extension Press, 1995.

Chau, Phyllis. « Profile of Alexandre (Alex) Simeon Janvier (1935–): Dene, Artist, and Educator », *Hidden in Plain Sight: Contributions of Aboriginal People to Canadian Identity and Culture,* sous la direction de Cora J. Voyageur, David R. Newhouse, et Dan Beavon, p. 380–383, Toronto : University of Toronto Press, 2011.

Coates, Ken. « Father J.M. Moucet », *Arctic Profiles,* vol. 32, n° 3 (1989), p. 285–286.

Cobelens F., S. Van Kampen, E. Ochodo, R. Atun, et C. Lienhardt. « Research on Implementation of Interventions in Tuberculosis Control in Low- and Middle-Income Countries: A Systematic Review », *PLoS Med,* vol. 9, n° 12 (2012), p. 1–17, doi:10.1371/journal.pmed.1001358.

Collier, J. « The Art of Otology: the President's Address », *Proceedings of the Royal Society of Medicine,* vol. 48 (1954), p. 253.

Dalgleish, R. « An Approach to Present Day General Practice », *Journal of the Canadian Dental Association,* vol. 11, n° 1 (1945), p. 3–8.

Elwood, Kevin et Mark FitzGerald. « La vaccination par le bacille de Calmette-Guérin (BCG) au Canada », *Normes canadiennes pour la lutte antituberculeuse,* sixième édition, sous la direction de Richard Long et Edward Ellis, p. 383–392, Section de la lutte antituberculeuse, Agence de la santé publique du Canada et Association pulmonaire du Canada/Société canadienne de thoracologie, ministère de la Santé, 2007.

Esperanca, M. et J.W. Gerrard. « Nocturnal enuresis: Studies in Bladder Function in Normal Children and Enuretics », *Journal de l'Association médicale canadienne = Canadian Medical Association Journal,* vol. 101 (20 septembre 1969), p. 324–327.

Feldthusen, Bruce. « Civil Liability for Sexual Assault in Residential Schools: The Baker Did It », *Revue canadienne Droit et Société = Canadian Journal of Law and Society,* vol. 22, n° 1 (2007), p. 61-92.

Forsyth, Janice, et Michael Heine. « "A Higher Degree of Social Organization": Jan *Eisenhardt* and Canadian Aboriginal Sport Policy in the 1950s », *Journal of Sport History,* vol. 35, n° 2 (2008), p. 261-277.

Forsyth, Janice. « Bodies of Meaning: Sports and Games at Canadian Residential Schools », *Aboriginal People and Sports in Canada: Historical Foundations and Contemporary Issues,* sous la direction de Janice Forsyth et d'Audrey R. Giles, p. 15-34, Vancouver : University of British Columbia Press, 2013.

Fortin, Jean-Charles. « La ruée vers le nord », *Histoire de la Côte-Nord,* sous la direction de Pierre Frenette, p. 423-458, Sainte-Foy (Québec) : Institut québécois de recherche sur la culture, 1996.

Foster, A.A. « ESP Tests with American Indian Children: A Comparison of Methods », *Journal of Parapsychology,* vol. 7, n° 2 (1er juin 1943), p. 94-103.

Francis, G.H. « Recurrent otitis media in children: editorial comments », *Journal de l'Association médicale canadienne = Canadian Medical Association Journal,* vol. 77 (1957), p. 1121-1122.

Frank, Steven, Melanie Collison, Laura Eggertson, Kevin Rollason, Cindy Waxer, Leigh Anne Williams. « Schools of Shame », *Time Magazine,* vol. 162, n° 4 (28 juillet 2003).

Frenette, Pierre. « Une société en voie d'urbanisation », *Histoire de la Côte-Nord,* sous la direction de Pierre Frenette, p. 489-520, Sainte-Foy (Québec) : Institut québécois de recherche sur la culture, 1996.

Funk, Jack. « Une main criminelle », *Residential Schools: The Stolen Years,* sous la direction de Linda Jaine, p. 61-82, Saskatoon : Université de la Saskatchewan, University Extension Press, 1995.

Geier, D.A., L.K. Sykes, M.R. Geier. « A review of Thimerosal (Merthiolate) and its ethylmercury breakdown product: specific historical considerations regarding safety and effectiveness », *Journal of Toxicology and Environmental Health,* vol. 10, n° 8 (2007), p. 575-596.

Girard, Camil, et Normand Perron. « Le peuplement du territoire », *Histoire du Saguenay-Lac-Saint-Jean,* p. 115-154, *Les régions du Québec,* vol. 2, Saint-Laurent (Québec) : Institut québécois de recherche sur la culture, 1989.

Goldsmith, Grace, W.J. Darby, R.C. Steinkamp, A. Stockell Beam, E. McDevitt. « Resurvey of Nutritional Status in Norris Point, Newfoundland », *Journal of Nutrition,* vol. 40, n° 1 (1950), p. 64-65.

Griffin, Paul M. « Diloxanide furoate », *Kucers' the Use of Antibiotics A Clinical Review of Antibacterial, Antifungal, Antiparasitic and Antiviral Drugs,* sous la direction de M. Lindsay Grayson, p. 2121-2124, London : Hodder Arnold, 2010.

Gullet, D. « Fee Schedule - Department of Veterans Affairs », *Journal of the Canadian Dental Association,* vol. 11, n° 5 (1945), p. 227-229.

Hine, M.K. « Prophylaxis, Toothbrushing, and Home Care of the Mouth as Caries Control Measures », procédure relative au cours de perfectionnement en cours d'emploi de l'école de santé publique et de dentisterie de l'Université du Michigan pour ce qui est de l'évaluation des techniques de contrôle des caries dentaires, *Journal of Dental Research,* vol. 27, n° 2 (1948), p. 223-234.

Irniq, Peter. « Mending the Past: Memory and the Politics of Forgiveness », *Naniiliqpita*, décembre 2011, p. 47-49.

Iserhoff, Annie Neeposh. « Excerpts from My Life », *Our Own Agendas: Autobiographical Essays by Women Associated with McGill University*, sous la direction de Margaret Gillett et Ann Beer, p. 147-162, Montréal et Kingston : McGill-Queen's University Press, 1996.

Jules, Eddy. « Eddy Jules », *Behind Closed Doors: Stories from the Kamloops Indian Residential School*, sous la direction d'Agnes Jack, p. 72-77, Société éducative et culturelle Secwepemc, Kamloops (Colombie-Britannique), Penticton : Theytus Books, 2006.

Katz, Jay. « Human Sacrifice and Human Experimentation: Reflections at Nuremberg », *Yale Journal of International Law*, vol. 22 (1997), p. 401-418.

Kulchyski, Peter. « "A Considerable Unrest": F.O. Loft and the League of Indians », *Native Studies Review*, vol. 4, n°s 1 et 2 (1988), p. 95-117.

Lanthier, Pierre. « L'émergence des nouvelles villes de la Mauricie », *Histoire de la Mauricie*, sous la direction de René Hardy et Norman Séguin, 601-630, *Les régions du Québec*, vol. 17, Sainte-Foy (Québec) : Institut québécois de recherche sur la culture, 2004.

Lawson, James. « Yukon and Northwest Territories », *Canadian Annual Review of Politics and Public Affairs, 1996*, sous la direction de David Mutimer, p. 235-248, Toronto : University of Toronto Press, 2002.

Linghorne, W.J., W.G. McIntosh, J.W. Tice, F.F. Tisdall, J.F. McCreary, T.G.H. Drake, A.V. Greaves et W.M. Johnstone. « Relation of Ascorbic Acid Intake to Gingivitis », *Journal de l'Association médicale canadienne = Canadian Medical Association Journal*, vol. 54, nº 2 (1946), p. 106-119.

Littlechild, J. Wilton. « INSPOL (Indian Sports Olympics) Thunderbirds to Hobbema Hawks », *Alberta on Ice*, sous la direction de Gary Zeman, p. 247-249, Edmonton (Alberta) : GMS Ventures.

Lleweyn, Jennifer. « Dealing with the Legacy of Native Residential School Abuse in Canada: Litigation, ADR and Restorative Justice », *University of Toronto Law Journal*, vol. 52, nº 3 (1er juillet 2002), p. 253-300.

Lönnerdal, B. « Calcium and iron absorption--mechanisms and public health relevance », *International Journal for Vitamin and Nutrition Research*, vol. 80, nos 4-5 (2010), p. 293-299.

Mandryk, Murray. « Uneasy Neighbours: White-Aboriginal relations and agricultural decline », *Writing Off the Rural West: Globalization, Governments and the Transformation of Rural Communities*, sous la direction de Roger Epp et Dave Whitson, p. 205-221, Edmonton : University of Alberta Press, en collaboration avec le Parkland Institute, 2001.

Marshall, T. « Survey of Dental Service Need », *Journal of the Canadian Dental Association*, vol. 11, nº 5 (1945), p. 201-210.

Martin, P. « Dental Care for Canada's Children », *Journal of the Canadian Dental Association*, vol. 15, nº 5 (1949), p. 247-251.

Martin, P. « Dentistry in Canada's National Health Program », *Journal of the Canadian Dental Association*, vol. 14, nº 12 (1948), p. 605-610.

McKenzie, Brad, et Pete Hudson. « Native Children, Child Welfare, and the Colonization of Native People », *The Challenge of Child Welfare*, sous la direction de Ken Levitt et de Brian Wharf, p. 125-141, Vancouver : University of British Columbia Press, 1985.

Meijer Drees, Laurie. « White paper red paper aboriginal contributions to Canadian Politics and Government », *Hidden in Plain Sight: Contributions of Aboriginal People to Canadian*

Identity and Culture, Volume II, sous la direction de Cora J. Voyageur, David R. Newhouse, Dan Beavon, p. 282–299, Toronto : University of Toronto Press, 2011.

Mercier, Clément, et Jean-Pierre Marquis. « La population et son territoire : des mondes en mutation », *Histoire de l'Abitibi-Témiscamingue*, sous la direction d'Odette Vincent, p. 481–525, *Les régions du Québec*, vol. 7, Sainte-Foy (Québec) : Institut québécois de recherche sur la culture, 1995.

Minihane, A.M., et S.J. Fairweather-Tait. « Effect of calcium supplementation on daily nonheme-iron absorption and long-term iron status », *American Journal of Clinical Nutrition*, vol. 68, nº 1 (1998), p. 96–102.

Moore, P.E., H.D. Kruse, F.F. Tisdall et R.S.C. Corrigan. « Medical Survey of Nutrition Among the Northern Manitoba Indians », *Journal de l'Association médicale canadienne = Canadian Medical Association Journal*, vol. 54 (mars 1946), p. 223–233.

Moore, Percy. « No Longer Captain: A History of Tuberculosis and its Control Amongst Canadian Indians », *Journal de l'Association médicale canadienne = Canadian Medical Association Journal*, vol. 8, nº 18 (6 mai 1961), p. 1012–1016.

Moran, Mayo. « The Role of Reparative Justice in Responding to the Legacy of Indian Residential Schools », *University of Toronto Law Journal*, vol. 64, nº 4 (2014), p. 529–565.

Morrisseau, Norval. « Je m'appelle Norval Morrisseau », *Norval Morrisseau*, sous la direction de Lister Sinclair et de Jack Pollock, p. 41–49, Montréal : France-Amérique, 1979.

Mosby, Ian. « Administering Colonial Science: Nutrition Research and Human Biomedical Experimentation in Aboriginal Communities and Residential Schools, 1942–1952 », *Histoire sociale/Social History*, vol. 46, nº 91 (2013), p. 145–172.

Mosby, Ian. « Making and Breaking Canada's Food Rules: Science, the State, and the Government of Nutrition, 1942–1949 », *Edible Histories, Cultural Politics: Towards A Canadian Food History*, sous la direction de Franca Iacovetta, Marlene Epp, et Valerie Korinek, p. 409–432, Toronto : University of Toronto Press, 2012.

Napier, David. « Ottawa experimented on Native kids », *Anglican Journal*, 1er mai 2000, http://www.napierink.ca/articles_ottawa-experimented-on-native-kids.html (consulté le 7 février 2014).

Nathoo, Tasnim, Christina P. Holmes, et Aleck Ostry. « An analysis of the development of Canadian food fortification policies: The case of Vitamin B », *Health Promotion International*, vol. 20, nº 4 (2005), p. 375–382.

Nixon, P.G. « Percy Elmer Moore (1899–1987) », *Arctic*, vol. 42, nº 2 (juin 1989), p. 166–67.

O'Hara, Jane, et Patricia Treble. « Abuse of Trust », *Maclean's Magazine*, 26 juin 2000, p. 16–23.

Ogilvie, G.F., et L.B. Pett. « A long term study on ascorbic acid supplementation », *Canadian Services Medical Journal*, vol. 10, nº 3 (octobre 1954), p. 191–197.

Ogilvy, W.O. « Displacement Therapy in Chronic Suppurative Otitis Media », *Journal of Laryngology and Otology*, vol. 64 (1950), p. 547–553

Ostry, Aleck, Tara Shannon, Lise Dubois, et Tasnim Nathoo. « The origins of Canada's first nation dietary standard », *Michael*, vol. 3 (2006), p. 55–68.

Parker, Arthur C. « Snow-Snake as Played by the Seneca-Iroquois », *American Anthropologist*, New Series, vol. 11, nº 2 (1909), p. 250–256.

Pett, L.B. « Values from Tripling the Milk Used in an Institution », *Federation Proceedings*, vol. 12 (1953), p. 426.

Phypers, Melissa, Dennis Kunimoto, Marcel Behr, Derek Scholten et Edward Ellis. « L'épidémiologie de la tuberculose au Canada », *Normes canadiennes pour la lutte antituberculeuse*, sixième édition, sous la direction de Richard Long et Edward Ellis, p. 1–18, Ottawa : Agence de la santé publique du Canada, 2007.

Powers, Hilary J. « Riboflavin (vitamin B-2) and health », *American Journal of Clinical Nutrition*, vol. 77 (2003), p. 1352–1360.

Project North. « A Call for a Moratorium: Some Moral and Ethical Considerations Relating to the Mackenzie Valley Pipeline », *Canadian Churches and Social Justice*, sous la direction de John Williams, Toronto : Anglican Book Centre, 1984.

Quiñonez, Carlos. « Dental Services in Residential Schools Between 1945 and 1954 », document non publié commandé par la Commission de vérité et réconciliation du Canada, 2014.

Rajangam, S., S. Janakiram, et I.M. Thomas. « Dermatoglyphics in Down's Syndrome », *Journal of the Indian Medical Association*, vol. 93, nº 1 (janvier 1995), p. 10–13.

Reddy, M.B., et J.D. Cook. « Effect of calcium intake on non-heme iron absorption from a complete diet », *American Journal of Clinical Nutrition*, vol. 65, nº 6 (1997), p. 1820–1825.

Renaud, André. « Indian education today », *Anthropologica* (1958), p. 1–49.

Roach, Kent. « Blaming the Victim: Canadian Law, Causation, and Residential Schools », *University of Toronto Law Journal*, vol. 64 (2014), p. 566–596.

Rutty, Christopher J. « The Middle-Class Plague: Epidemic Polio and the Canadian State, 1936–1937 », *Bulletin canadien d'histoire de la médecine = Canadian Bulletin of Medical History*, vol. 13 (1996), p. 277–314.

Schafer, Arthur. « On using Nazi Data », *Dialogue*, vol. 25 (1986), 413–419.

Sluman, Norma. « The Text Book Indian », *Toronto Education Quarterly*, vol. 5, nº 3 (1967).

Thomson, M. « Otitis media: How are First Nations children affected? », *Médecin de famille canadien = Canadian Family Physician*, vol. 40 (1994), p. 1943–1950.

Titley, Brian. « Industrious, but Formal and Mechanical: The Sisters of Charity of Providence in Residential School Classrooms », *Historical Studies in Education*, vol. 22, nº 2 (automne 2010).

Tungilik, Marius. « Marius Tungilik », *Nous étions si loin : l'expérience des Inuits dans les pensionnats*, sous la direction de la Fondation autochtone de l'espoir, p. 145–156, Ottawa : Fondation autochtone de l'espoir, 2010.

Vella, F., et P. Guzak. « Haemoglobin variants and thalassaemia in Saskatchewan Indians », *Clinical Biochemistry*, vol. 2 (1968), p. 153–157.

Vivian, R.P, Charles McMillan, P. E. Moore, E. Chant Robertson, W. H. Sebrell, F. F. Tisdall et W. G. McIntosh. « The Nutrition and Health of the James Bay Indian », *Journal de l'Association médicale canadienne = Canadian Medical Association Journal*, vol. 59, nº 6 (décembre 1948), p. 505–519.

Weaver, Sally M. « Indian Policy in the New Conservative Government, Part I: The Nielsen Task Force of 1985 », *Native Studies Review*, vol. 2, nº 1 (1986), p. 1–43.

3. Sources en ligne

ABC Bookworld. « Kay Cronin », http://www.abcbookworld.com/view_author.php?id=5600 (consulté le 14 mai 2014).

Archives de l'Église presbytérienne du Canada. « Brief Administrative History of the Residential Schools & The Presbyterian Church in Canada's Healing and Reconciliation

Efforts », septembre 2010, http://presbyterian.ca/?wpdmdl=94& (consulté le 31 octobre 2014).

Benedictine Sisters of Mount Angel. « About Us, A Brief History of the Benedictine Sisters of Mt. Angel », http://www.benedictine-srs.org/history.html (consulté le 12 juin 2014).

Bibliothèque du Collège Emmanuel. Université de Toronto. « Moderators of the United Church of Canada », http://library.vicu.utoronto.ca/emmanuel/research_resources/subject_guides/moderators_united_church.html.

Boy Choir and Soloist Directory. « Beauval Indian Boys », http://www.boysoloist.com/artist.asp?VID=3448 (consulté le 7 novembre 2013).

Comité pour l'abrogation de l'article 43. « School Corporal Punishment », http://www.repeal43.org/school-corporal-punishment/ (consulté le 16 janvier 2014).

Driedger, Leo et Frank Epp, révisé par Millette, Dominique. « Mennonites », *L'Encyclopédie canadienne* en ligne, http://encyclopediecanadienne.ca/fr/article/mennonites/?sessionid= (consulté le 30 avril 2014).

Église anglicane du Canada. Archevêque Michael Peers. « Apology to Native People », 6 août 1993, http://www.anglican.ca/relationships/files/2011/06/Apology-English.pdf (consulté le 27 octobre 2014).

Église anglicane du Canada. Communications du Synode général. « Government of Canada and Anglican Church Reach Agreement-in-Principle », 20 novembre 2002, http://www.anglican.ca/news/government-of-canada-and-anglican-church-reach-agreement-in-principle/3001866/ (consulté le 31 octobre 2014).

Église anglicane du Canada. Mission et relations de justice. « Gordon's School – Punnichy, SK », www.anglican.ca/relationships/histories/gordons-school-punnichy (consulté le 5 mai 2014).

Église presbytérienne du Canada. « The Confession of the Presbyterian Church in Canada, as Adopted by the General Assembly », 9 juin 1994, http://presbyterian.ca/?wpdmdl=92& (consulté le 27 octobre 2014).

Église Unie du Canada. « Response to the Government Announcement related to Residential Schools Settlement », 30 octobre 2001, http://www.united-church.ca/communications/news/general/011030 (consulté le 6 février 2015).

Église Unie du Canada. Révérend Bill Phipps. « Apology to Former Students of United Church Indian Residential Schools, and to Their Families and Communities », 27 octobre 1998, http://www.united-church.ca/beliefs/policies/1998/a623 (consulté le 27 octobre 2014).

Église Unie du Canada. Révérend Robert Smith. « Apology to First Nations People, 31st General Council, 1986 », http://www.united-church.ca/beliefs/policies/1986/a651 (consulté le 23 octobre 2014).

Encyclopædia Britannica en ligne. « Vitamin B complex », http://www.britannica.com/EBchecked/topic/630998/vitamin-B-complex (consulté le 16 décembre 2013).

Encyclopædia Britannica en ligne. « Sir Norman Haworth », http://www.britannica.com/EBchecked/topic/257576/Sir-Norman-Haworth (consulté le 13 décembre 2013).

Fondation autochtone de l'espoir. « Pensionnats – Guérison et réconciliation », http://www.fondationautochtonedelespoir.ca/pensionnats/guerison-et-reconciliation (consulté le 24 octobre 2014).

Fraser River Heritage Park. « The Oblate Cemetery », http://www.heritagepark-mission.ca/omicemetery.html (consulté le 14 mai 2014).

Freedman, Minnie. « Inuit Tapiriit Kanatami », *L'Encyclopédie canadienne* en ligne, http://encyclopediecanadienne.ca/fr/article/inuit-tapiriit-kanatami/ (consulté le 8 décembre 2014).

Getty, Ian A.L. « Harold Cardinal », *L'Encyclopédie canadienne* en ligne, http://encyclopediecanadienne.ca/fr/article/harold-cardinal/ (consulté le 15 avril 2015).

Gingerich, Melvin et Henry Hostetler. « Northern Light Gospel Mission Conference (NLGMC) », *Global Anabaptist Mennonite Encyclopedia* en ligne, http://gameo.org/index.php?title=Northern_Light_Gospel_Mission_Conference_(NLGMC)&oldid=76467 (consulté le 3 décembre 2013).

Gingerich, Melvin. « Northern Light Gospel Mission Conference, NLGMC », *Global Anabaptist Mennonite Encyclopedia* en ligne, http://gameo.org/index.php?title=Northern_Light_Gospel_Mission_Conference_%28NLGMC%29 (consulté le 25 avril 2014).

Hansen, A. T. *Réglementation de la construction des bâtiments*, Ottawa : Conseil national de recherches du Canada, 1985, http://archive.nrc-cnrc.gc.ca/fra/idp/irc/dcc/digest-construction-237.html (consulté le 20 septembre 2013).

Historica Canada. « Affaires autochtones et Développement du Nord Canada », http://encyclopediecanadienne.ca/fr/article/affaires-autochtones-et-developpement-du-nord-canada/ (consulté le 31 décembre 2014).

Hostetler, Henry. « Northern Light Gospel Mission Conference, NLGMC: 1990 Update », *Global Anabaptist Mennonite Encyclopedia* en ligne. http://gameo.org/index.php?title=Northern_Light_Gospel_Mission_Conference_%28NLGMC%29 (consulté le 25 avril 2014).

Indian Residential School Survivor Society. « Who We Are », http://irsss.ca/irsss/about/who-we-are/ (consulté le 25 octobre 2014).

Inuit Tapiriit Kanatami. « ITK Origins », https://www.itk.ca/about-itk/itk-origins (consulté le 9 décembre 2014).

KAIROS Canada. « Indigenous Rights », http://www.kairoscanada.org/dignity-rights/indigenous-rights/ (consulté le 11 décembre 2014).

Manitoba Historical Society. « Memorable Manitobans, Robert Alexander Hoey », http://www.mhs.mb.ca/docs/people/hoey_ra.shtml (consulté le 18 avril 2013).

Marshall, Tabitha, et coll. « Assemblée des Premières nations », *L'Encyclopédie canadienne* en ligne, http://www.thecanadianencyclopedia.ca/fr/m/article/assemblee-des-premieres-nations/ (consulté le 29 octobre 2014).

Missionnaires oblats de Marie Immaculée. Révérend Doug Crosby. « An Apology to the First Nations of Canada by the Oblate Conference of Canada », 24 juillet 1991, http://www.cccb.ca/site/images/stories/pdf/oblate_apology_english.pdf (consulté le 27 octobre 2014).

Miyamoto, Richard T. « Otitis Media (Secretory) », http://www.merckmanuals.com/home/ear_nose_and_throat_disorders/middle_ear_disorders/otitis_media_secretory.html (consulté le 31 mai 2014).

National Residential Schools Survivors Society. « Raymond Mason: Autobiography », http://www.nrsss.ca/Ray%20bio.htm (consulté le 25 octobre 2014).

Our Campaigns. « MacNicol, J.R. », http://www.ourcampaigns.com/CandidateDetail.html?CandidateID=122403 (consulté le 13 avril 2014).

Posluns, Michael. « Congrès des peuples autochtones », *L'Encyclopédie canadienne* en ligne, http://www.thecanadianencyclopedia.ca/fr/m/article/congres-des-peuples-autochtones/ (consulté le 25 juin 2015).

Ralliement national des Métis. « What is the MNC? », http://www.metisnation.ca/index.php/who-are-the-metis/mnc (consulté le 25 juin 2015).

Résolution des questions des pensionnats indiens Canada. « Avis de recours collectif », http://web.archive.org/web/20060526232444/http://www.irsr-rqpi.gc.ca/francais/reglement_extrajudiciaire_avis_recours.html (consulté le 24 juin 2015).

Résolution des questions des pensionnats indiens Canada. « Performance Report for the Period Ending March 31, 2004 », http://www.nrsss.ca/Resource_Centre/IndianAffairs/IRSRC_DPR_31March2004_FINAL_wm.pdf (consulté le 19 janvier 2015).

Roman Catholic Diocese of Prince George. « Diocesan Profile », http://www.pgdiocese.bc.ca/our-diocese/diocesan-profile/ (consulté le 13 novembre 2013).

Shingwauk Residential Schools Centre. « Children of the Shingwauk Alumni Association », http://shingwauk.org/srsc/node/16 (consulté le 10 décembre 2014).

Shingwauk Residential Schools Centre. « Gathering and Conference », http://shingwauk.org/srsc/node/17 (consulté le 10 décembre 2014).

Smith, T. Allen, Nive Voisiner, et Robert Choquette. « Catholicisme », *L'Encyclopédie canadienne* en ligne, http://www.thecanadianencyclopedia.ca/fr/article/catholicisme/ (consulté le 20 janvier 2015).

Spirit Wind. « Spirit Wind signs Agreement Supporting the Baxter National Class Action » (communiqué de presse), 19 janvier 2005, http://www.turtleisland.org/resources/spiritwind.pdf (consulté le 3 novembre 2014).

Université de la Colombie-Britannique. « The title and degree of doctor of laws (honoris causa) conferred at congregation, May 26, 1976 », Archives de l'Université de la Colombie-Britannique - diplômes honorifiques, http://www.library.ubc.ca/archives/hdcites/hdcites7.html (consulté le 15 avril 2014).

4. Journaux et médias électroniques

Anglican Journal. « Twenty Other Victims Came Forward », 2 mai 2000, http://www.anglicanjournal.com/articles/twenty-other-victims-came-forward-6863 (consulté le 6 novembre 2013).

Asp, Elizabeth, Jackie McLaren, Jim Sheldon, Michelle Tochacek, et Ruby Van Bibber, « Bishop's comments invalided any apology » (courrier des lecteurs), *Whitehorse Star*, 11 août 1999.

Barron, Sherri. « Man jailed for abusing Inuit boys », *Ottawa Citizen*, 30 juillet 1987.

Brown, Sarah Elizabeth. « Ex-residential school student files suit », *Whitehorse Star*, 21 avril 2003.

Calgary Herald. « Catholic Indian Groups Adds to Protest », 10 juin 1966.

CBC News. « Ex-residential school worker convicted of abusing boys », 5 novembre 2013, http://www.cbc.ca/news/canada/saskatchewan/ex-residential-school-worker-convicted-of-abusing-boys-1.2415810 (consulté le 7 novembre 2013).

CBC News. « Oblate brother facing sex charges », 1er juin 2000, http://www.cbc.ca/news/canada/oblate-brother-facing-sex-charges-1.231517 (consulté le 6 novembre 2013).

CBC News. « Paul Leroux gets 3 years for residential school abuse », 12 décembre 2013, http://www.cbc.ca/news/canada/saskatoon/paul-leroux-gets-3-years-for-residential-school-abuse-1.2461629 (consulté le 12 décembre 2013).

CBC News. « Paul Leroux gets parole after serving 1 year for residential school abuse », 10 février 2015, http://www.cbc.ca/news/canada/north/paul-leroux-gets-parole-after-serving-1-year-for-residential-school-abuse-1.2952615.

CBC News, *The Journal*. « Phil Fontaine's Shocking Testimony of Sexual Abuse », 30 octobre 1990, http://www.cbc.ca/archives/categories/politics/parties-leaders/phil-fontaine-native-diplomat-and-dealmaker/shocking-testimony-of-sexual-abuse.html (consulté le 4 février 2015).

CBC News, *The Journal*. « Barbara Frum interview with Phil Fontaine », 30 octobre 1990, http://archives.cbc.ca/society/education/clips/11177/ (consulté le 9 mai 2011).

Daily News (Halifax). « Bernard's Lawsuit Helped Natives Nationwide », 30 décembre 2007, http://www.canada.com/story_print.html?id=983a8b88-a8ac-4e09–9e5c-b2c0e207ac3d (consulté le 24 octobre 2014).

Donovan, Kevin. « Police charge second Catholic cleric with sexual assaults on native boys », *Toronto Star*, 28 mars 1990, A15.

Edmonton Journal. « Come to us Indians tell Chretien », 16 juillet 1970.

Edmonton Journal. « Indian sit-in », 22 juillet 1970.

Edmonton Journal. « Indian students picket CN Tower », 20 juillet 1970.

Edmonton Journal. « Indians stage sit-in over school transfer proposal », 15 juillet 1970.

Edmonton Journal. « Indians will operate Blue Quills School », 1er août 1970.

Edmonton Journal. « Nun forced native students to eat their own vomit », 25 juin 1999.

Gleeson, Richard. « Four years for sex assault », *Northern News Services*, 8 août 1997, http://www.nnsl.com/frames/newspapers/1997–08/aug8_97jail.html (consulté le 17 avril 2012).

Gregoire, Lisa. « Marius Tungilik: Inuit Leader, Whistleblower and Public Servant, Dead at 55 », *Nunatsiaq Online*, 20 décembre 2012, http://www.nunatsiaqonline.ca/stories/article/65674marius_tungilik_inuit_leader_whistleblower_and_public_servant_dead_at/.

Gregoire, Nestor. « Norbert Dufault », *Info Lacombe*, vol. 8, nº 5 (4 février 2011).

Journal (St. Paul, Alberta). « Blue Quills – Another First for Indians Across the Nation », 7 octobre 1970.

Journal (St. Paul, Alberta). « Indian educational seminar at Blue Quills School », 29 juillet 1970.

Klein, Gerry. « Priest jailed for sex assaults », *Saskatoon Star-Phoenix*, 10 janvier 2004.

Kusch, Larry. « "How cold and uncaring can this get?" Pilot recounts anguish of kids wrestled from parents », *Winnipeg Free Press*, 18 juin 2010, http://www.winnipegfreepress.com/local/how-cold-and-uncaring-can-this-get-96636974.html (consulté le 11 janvier 2014).

Lamirande, Todd. « The Power of the Indian Agent: The story behind this 1935 letter », APTN National News, http://aptn.ca/news/2014/10/02/power-indian-agent-story-behind-1935-letter (consulté le 5 octobre 2014).

La Presse canadienne. « Former residential school official facing new charges had prior convictions », 30 septembre 2011, http://globalnews.ca/?s=former+residential+school+official+facing+new+charges+had+prior+convictions (consulté le 17 avril 2012).

LaRose, Stephen. « Wrecker's ball claims White Calf Collegiate », *Saskatchewan Sage*, vol. 3, nº 8 (1999), http://www.ammsa.com/publications/saskatchewan-sage/wreckers-ball-claims-white-calf-collegiate-0 (consulté le 5 novembre 2013).

LaRose, Stephen. « Wrecker's ball claims White Calf Collegiate », *Saskatchewan Sage*, vol. 3, n° 8 (1999), http://www.ammsa.com/publications/saskatchewan-sage/wreckers-ball-claims-white-calf-collegiate-0 (consulté le 5 novembre 2013).

MacCharles, Tonda. « Crown urges long jail term for social worker who abused Inuit boys », *Ottawa Citizen*, 25 juillet 1987.

Mackenzie, Karen. « Sex assault victims launch lawsuit », *Northern News Services*, 13 octobre 2008, http://www.nnsl.com/frames/newspapers/2008-10/oct13_08sex.html (consulté le 20 novembre 2013).

McLintock, Barbara. « Finally, he confesses: A roman catholic bishop apologizes for his sins, and a proud native woman can start putting the past behind her », *The Province* (Vancouver), 18 juin 1998.

McPhee, Jennifer. « More Grollier Hall Charges », *Northern News Services*, 21 avril 2003, http://www.nnsl.com/frames/newspapers/2003-04/apr21_03sex.html (consulté le 17 avril 2012).

Moon, Peter. « School's electric chair haunts natives », *Globe and Mail*, 21 octobre 1996.

Murray, Caroline. « Abuse victims recall atrocities », *Whitehorse Daily Star*, << NO DATE>>.

Native People. « Blue Quills School: Signing of Historic Agreement », février 1971.

O'Grady, Lorraine. « School's Former Staff Face Assault Charges », *Toronto Star*, 19 septembre 1997.

Ostrem, Dawn. « Back to court: Paul Leroux challenges convictions, sentence », *Northern News Services*, 26 juin 2000, http://www.nnsl.com/frames/newspapers/2000-06/jun26_00back.html (consulté le 17 avril 2012).

Ottawa Journal. « Another $100,000 Raised by UNICEF in Canada », 2 mars 1950, p. 16.

Peebles, Frank. « Last residential school suspect eludes police », *Prince George Citizen*, 21 août 2006.

Province (Vancouver). « Accused of 22 Sex Offences », 21 juillet 1993.

Raven, Andrew. « Grollier Hall case goes to trial », *Northern News Services*, 1er mars 2004, http://www.nnsl.com/frames/newspapers/2004-03/mar1_04crt.html (consulté le 17 avril 2012).

Raven, Andrew. « Grollier Hall supervisor sentenced », *Northern News Services*, 20 août 2004, http://www.nnsl.com/frames/newspapers/2004-08/aug20_04crt.html (consulté le 17 avril 2012).

Rowe, Claudia. « Charges in B.C. Sex Abuse Case », *Seattle Post-Intelligencer*, 15 novembre 2003, http://www.poynter.org/archived/abuse-tracker/18350/charges-in-b-c-sex-abuse-case (consulté le 6 novembre 2013).

Salinas, Eva. « Four-year hunt ends in arrest », *Globe and Mail*, 3 août 2006, http://www.theglobeandmail.com/news/national/four-year-hunt-ends-in-arrest/article713735/ (consulté le 6 novembre 2013).

Saskatchewan Indian. « N.I.B. Honours Indian Leaders », septembre 1978, http://www.sicc.sk.ca/archive/saskindian/a78sep06.htm (consulté le 2 juillet 2014).

Saskatoon Star-Phoenix. « Former Students File Suit Over Sexual, Physical Abuse », 26 novembre 1996.

Smith, Joanna. « Schools "atrocity" affected generations, survivor says », *Toronto Star*, 11 juin 2008, http://www.thestar.com/news/canada/2008/06/11/schools_atrocity_affected_generations_survivor_says.html (consulté le 6 février 2015).

Spray, Hannah. « Dorm supervisor guilty of molesting boys », *Saskatoon Star-Phoenix*, 6 novembre 2013, http://www.thestarphoenix.com/Dorm+supervisor+guilty+molesting+boys/9131431/story.html (consulté le 7 novembre 2013).

Struzik, Ed. « Priest's sordid past shocks parish: Father Houston was declared dangerous sexual offender, sent to prison in 1962 », *Edmonton Journal*, 6 juin 2002.

Taylor, Glenn. « Arrest in Grollier Hall sex case: Former boys supervisor faces 32 counts of sexual assault on his student », *Northern News Services*, 16 juin 1997, http://www.nnsl.com/frames/newspapers/1997-06/jun16_97sex.html (consulté le 16 juin 1997).

Taylor, Glenn. « Grollier man pleads not guilty to sex offences », *Northern News Services*, 28 novembre 1997, http://www.nnsl.com/frames/newspapers/1997-11/nov28_97sex.html (consulté le 17 avril 2012).

Todd, Douglas. « Compensate Victims, Bishop Says », *Vancouver Sun*, 14 décembre 1998.

Todd, Douglas. « O'Connor appeal dropped after healing circle », *Vancouver Sun*, 18 juin 1998.

Toronto Star. « Student, 19 Admits Guilt in School Brawl », 29 mai 1987.

Vancouver Sun. « Man Accused of Child Sex Abuse Dies in Jail », 2 juin 1995.

Vancouver Sun. « Assault Charges Go Back 40 Years », 24 juin 1993.

Wawatay News. « Reaction to Harper's Apology », 26 juin 2008, http://www.wawataynews.ca/node/13502 (consulté le 3 novembre 2014).

Windspeaker. « Man sentenced to five years for sexually assaulting Native girls », http://www.ammsa.com/publications/windspeaker/man-sentenced-five-years-sexually-assaulting-native-girls (consulté le 8 novembre 2013).

Winnipeg Free Press, « Ahab Spence », article nécrologique, 7 avril 2001, http://passages.winnipegfreepress.com/passage-details/id-60169/name-Ahab_Spence/ *(consulté le 2 juillet 2014).*

Winnipeg Free Press. « Father Houston » (notice nécrologique), http://passages.winnipegfreepress.com/passage-details/id-168256/name-Father_Houston/keyword-martin_houston/order-publish_date|DESC,last_name|ASC,first_name|ASC/ (consulté le 17 avril 2012).

Young, Gerard. « Elderly sex offender gains parole », *Victoria Times-Colonist*, 21 août 2003.

5. Thèses et mémoires

Daniels, E.R. « The Legal Context of Indian Education in Canada », thèse de doctorat, Université de l'Alberta, 1973

Forsyth, Janice Margaret. « The Power to Define: A History of the Tom Longboat Awards, 1951-2001 », thèse de doctorat, Université de Western Ontario, 2005.

Gregersen, Bruce. « Dialogue at the Boundaries: An Exploration of the Native Apology (1986) and Its Relationship to an Understanding of Mission Within The United Church of Canada », thèse de doctorat en théologie, Collège Emmanuel, 1999.

Leslie, John F. « Assimilation, Integration or Termination?: The Development of Canadian Indian Policy, 1943-1963 », thèse de doctorat, Université Carleton, 1999.

Marceau-Kozicki, Sylvie. « Onion Lake Indian Residential Schools, 1892-1943 », mémoire de maîtrise, Université de la Saskatchewan, 1993.

McCallum, Mary Jane. « To Make Good Canadians: Girl Guiding in Indian Residential Schools », mémoire de maîtrise, Université Trent, 2002.

Persson, Diane Iona. « Blue Quills: A Case Study of Indian Residential Schooling », thèse de doctorat, Université de l'Alberta, 1980.

Porter, Eric. « The Anglican Church and Native Education: Residential Schools and Assimilation », thèse de doctorat, Université de Toronto, 1981.

6. Autres sources

Assemblée des Premières Nations. « Redress for the Harms Inflicted upon First Nations by the Residential School Policy », Résolution n° 25/90, 11 décembre 1990.